Fritz Reuter · Das Leben auf dem Lande

Fritz Reuter

Das Leben auf dem Lande

Ut mine Stromtid

Hochdeutsche Übertragung von Friedrich und Barbara Minssen

LANGEN MÜLLER

Umschlagentwurf: Christel Aumann, München,
unter Verwendung eines Fotos von Klaus Rohmeyer
Printed in Germany 1975
ISBN 3-7844-1604-7

EINLEITUNG

»Ich will es erzählen . . .«

Ja, ja! So war es nicht immer.
Wer heute mit einem weißledernen Kutschgeschirr zur Stadt fährt und seine paar Fläschchen Champagner trinkt, dessen Vater saß möglicherweise bei Dünnbier, und seine Pferdeleine hat Mutter vielleicht mit dem Strumpfband zusammengebunden. Damals, als man den Scheffel Weizen, Großmaß, für sechzehn Groschen kleinviertweise auf der Landstraße als Schweinefutter an die Tagelöhner verhökerte und als eine ganze Fuhre Hafer in Rostock gegen einen Zuckerhut eingetauscht wurde – ach, damals stand es schlimm im Lande Mecklenburg.
Mecklenburg ist ein schönes Land. Es ist ein reiches Land, und vor allem dem Landmann mag es wohl gefallen. Aber dazumal ging die Not im Lande um, und der Landreiter pochte an die Türen, um Pacht zu holen. Und wer sie noch geben konnte, der gab sein Letztes, und wer sie nicht mehr geben konnte, der wurde abgemeiert und von Haus und Hof gejagt. Aber darum braucht keiner zu glauben, daß unsere Landleute zu jener Zeit wie die Schmachtlappen im Lande umherwankten oder daß man ihnen das Vaterunser durch die Backen hätte ablesen können – nein, das waren genauso richtige Landkinder wie heutzutage, nur daß sie damals andersherum rechnen mußten.
Jetzt heißt es: »Das Pfund Butter bringt zehn Groschen, macht soundsoviel auf einen Zentner, und wenn ich soundsoviel Zentner verkaufe, dann kann ich mir allein aus lauter Butter eine Glaskutsche und vier gleichfarbige Gäule anschaffen.«
Damals hieß es: »Was, Mutter? die Butter bringt zwei Groschen? Dafür können wir sie auch selber aufessen. – Was, Mutter? der Schlachter will fünf Taler für das Mastschwein geben? Schneid ihm den Hals ab, Mutter! das pökeln wir uns selber ein.«
Und dabei waren die alten Burschen ganz gesund, und was die strammen Bäuche anbetrifft, die heutzutage sich über den Damm wälzen, die waren damals, in den zwanziger Jahren, ebenso zugange wie

gegenwärtig, bloß mit Schuster- und Schneiderrechnungen stand es schlechter, und was *bar* Geld heißt, das bekamen die alten Knaben erst zu wissen, wenn sie Pacht zahlen mußten.
Ja, es ist besser geworden in der Welt. Und wenn die Pfaffen auch tausendmal sagen, daß die Welt schlechter wird, *in* der Welt wird es doch allgemach besser.

»Gu'n Morgen, Herr Amtmann Wilbrandt!« – »Gu'n Morgen, alter Freund, kommen Sie her, wollen bißchen frühstücken.« – »Gu'n Morgen, Vater Hellwig!« – »Ach, bleiben Sie mir vom Leibe, ich bin verdrießlich.« – »Na, was ist Ihnen?« – »Was mir ist? Viel ist mir. Beinahe das Doppelte haben sie mir auf Pacht gesetzt, und dies Jahr hat Zirzow das Seinige getan, und jetzt sitz ich da mit zwanzigtausend Talern und weiß nicht, wo ich sie unterbringen soll. Die Rostocker Bank nimmt kein Geld mehr an, und was nu? Nee, Wilbrandt, die Welt ist *zu* schlecht!« –
»Ja, sie ist schlecht«, sagt der Herr Amtmann, und ich sage auch: »Ja, schlecht ist sie«, und denke dabei noch gar nicht einmal an das viele Geld, das ich zum nächsten Termin unterbringen muß.
»Ja«, sagt Wilbrandt, »wer, Deuwel, hat vordem an Hypotheken gedacht?« – »Nicht wahr, Bruder«, sagt Vater Hellwig, »da dachte kein Mensch dran. Süh mal, wenn ich mit mein Gesicht zum alten Salomon in Stavenhagen kam und Geld haben wollte, denn sagte er zu mir: Hellwigching, Sie haben ein ehrlich Gesicht. Sie haben ein Pockengesicht – schad't ihm nicht – Geld sollen Sie doch haben. Und denn mußte ich bei ihm die Nacht bleiben und mußte bei ihm in *einer* Stube schlafen, und dieweil ich die schlechte Gewohnheit an mir habe, mich in den Schlaf zu rauchen und mit ner frisch angebrannten Pfeife zu Bett zu gehn und er ne große Angst vor Feuer hatte, rief er immer von Zeit zu Zeit: Hellwigching, rauchen Sie noch? – Ja, das war ne schöne Zeit!« – »Ja«, sagt der Herr Amtmann, »und was war das für ne Lust, wenn wir so'n lütten Posten Schulden abbezahlen konnten! – Meine beste Zeit ist eigentlich mit meinen letzten Schulden flöten gegangen. – Ja, es war doch ne schöne Zeit.« – »Nee«, sage ich, »die Zeit war schlecht. Ihr habt es geschafft euch durchzuschlagen, und dafür gebührt euch allen Ehre und Respekt. Aber manch einer hat es nicht geschafft und war doch auch ein braver Kerl.«
Dann kam der Herr Gutsbesitzer, Herr XYZ, an den Tisch und schlug mit seinen dicken Fingern vor uns auf die Tischplatte, daß die Flaschen

zu tanzen anfingen, und sagte: »Die es damals nicht geschafft haben, das waren Lumpenhunde.« – »Was?« sagte der Amtmann. »Haben Sie hier etwas zu sagen?« – Und der alte Vater Hellwig stand auf und sah ihn aus seinem ehrlichen, eisengrauen Gesicht voll an: »Sie sind ein Jüngling. Sie haben das schöne Gut von Ihren Herren Eltern geerbt. Was es mit *der* Zeit auf sich hatte, davon haben Sie keine Ahnung. – Aber *Sie* wissen es, alter Freund«, und damit wandte er sich mir zu, »und jetzt erzählen Sie.« –

»Ja«, sagte ich, »ich will es erzählen.«

ERSTER TEIL

Kapitel 1

Auktion und Begräbnis

Es war im Jahre 1829 am Johannistag, da saß ein Mann in tiefer Traurigkeit in einer Eschenlaube in einem recht verwahrlosten Garten. Das Gut, zu dem der Garten gehörte, war ein Pachtgut und lag an der Peene zwischen Anklam und Demmin, und der Mann, der im kühlen Schatten der Laube saß, war der Pächter – das heißt, er war es bis dahin gewesen. Denn nun war er abgemeiert, und auf seiner Hofstelle war heute Auktion, und sein Hab und Gut ging in alle vier Winde.
Es war ein großer, breitschultriger, vierundvierzigjähriger Mann mit dunkelblondem Haar, und was Arbeit aus einem Menschen machen kann, das hatte sie aus diesem Holze geschnitzt, und besseres hätte sich dafür wohl nirgends finden lassen. »Arbeit«, sagte sein ehrliches Gesicht, »Arbeit«, sagten seine verläßlichen Hände, die nun still in seinem Schoß lagen und ineinandergefaltet waren – wie zum Beten.
Ja, zum Beten. Und im ganzen lieben Pommerland hatte wohl keiner soviel Grund und Ursach, sich mit seinem Herrgott zu bereden wie dieser Mann. Es ist eine schlimme Sache für einen jeden, wenn er seinen Hausrat, den er sich unter Mühe und Plage Stück für Stück erworben, in alle Welt wandern sieht. Es ist eine schlimme Sache für einen Landmann, wenn er das Vieh, das er sich unter Not und Sorgen aufgezogen, fremden Händen übergeben muß, die nichts von den Bedrängnissen wissen, die ihm sein Leben lang zugesetzt haben. Doch das war es nicht, das ihm so schwer auf der Seele lag. Da war noch ein anderes schweres Leid, das ihn die müden Hände falten und die müden Augen nach oben richten ließ.
Seit gestern war er Witwer. Seine Frau lag auf ihrem letzten Lager. – Seine Frau! Zehn Jahre hatte er um sie geworben, zehn Jahre hatte er gewirkt und geschafft, was Menschenkraft vermag, um sie endlich heimführen zu können und eine Heimstatt zu haben für die tiefe, gewaltige Liebe, die sein ganzes Wesen so durchdrang wie das Läuten

der Pfingsttagsglocken über grünen Feldern und blühenden Obstbäumen. Vor vier Jahren war es so weit gewesen. Er hatte alles zusammengescharrt, was er besaß: ein Bekannter von ihm, der von seinen Eltern zwei Höfe ererbt hatte, hatte ihm den einen verpachtet – für teures, sehr teures Geld – er wußte es selber am besten, aber die Liebe gibt Mut, hellen Mut, der sich durchzuschlagen weiß.

Oh, es wäre auch gegangen, ganz gut gegangen, wenn das Unglück nicht über ihn gekommen wäre, wenn seine liebe kleine Frau nicht morgens vor Tau und Tag aufgestanden wäre, weil sie doch ihre Arbeit verrichten wollte, und wenn sich nicht die hitzigen roten Flecken auf ihren Backen gezeigt hätten. Oh, es wäre auch gegangen, ganz gut gegangen, wenn sein Bekannter nicht bloß ein Bekannter, wenn er ein Freund gewesen wäre. Er war es nicht: heute ließ er sein Inventar zur Auktion bringen.

Freunde? – Ein Mann wie der, der unter der Eschenlaube saß, der sollte keine Freunde haben? – Ach, er hatte Freunde, und er hatte auch Verwandte. Aber sie alle konnten ihm nicht helfen, sie hatten selber nichts zu verschenken und zu verborgen. Wo er hinblickte, da drängte es sich wie eine dunkle Wand vor sein Auge und preßte und engte ihn ein, so daß er mit lauter Stimme zu unserem Herrgott hätte schreien mögen, ihm seine Not zu klagen. Und über ihm in den Eschenzweigen sangen Stieglitz und Buchfink, und ihre bunten Farben spielten in der Sonne, und die Blumen in dem verwahrlosten Garten verströmten ihren Duft umsonst, und die Eschen schenkten ihren kühlen Schatten umsonst, und es hätte das schönste Brautpaar in der Welt darunter sitzen können, und es hätte Ort und Stunde sein Lebtag nicht vergessen.

Und hatte er nicht auch in diesem Schatten gesessen, eine weiche Hand in seiner eigenen, harten? Hatten die Vögel nicht gesungen, hatten die Blumen nicht geduftet? Hatte er unter den Eschen nicht geträumt von kühlen Schatten für seine alten Tage? Und wer war es denn, der ihm einen frischen Trunk nach heißem Tagewerk gebracht? Und wer hatte Mühen und Sorgen getreulich mit ihm geteilt und ihm Trost und Mut zugesprochen?

Dies war vorbei, dies alles war gewesen. Sein Mühen und Sorgen stand zur Auktion, und die weiche warme Hand war kalt und steif. Und dann kann dem Menschen zumute werden, als ob die Vögel nicht mehr für ihn singen, die Blumen nicht mehr für ihn duften und die liebe Sonne nicht mehr für ihn scheint. Und wenn das arme Herz dann immer noch weiterschlägt, dann streckt sich seine Hand wohl über Vögel und Blumen und über die goldene Sonne hinweg einem Tröster entgegen, vor dem diese Erdenfreuden nicht bestehen sollen, vor dem aber das Menschenherz einmal bestehen soll.

So saß Hawermann vor seinem Herrgott. Seine Hände waren gefaltet, und seine hellen, klaren blauen Augen blickten nach oben, und in ihnen spiegelte sich ein noch schönerer Glanz als der von Gottes Sonne. Dann trat ein kleines Mädchen zu ihm heran und legte ein Maßliebchen in seinen Schoß, und seine beiden Hände lösten sich und umfaßten das Kind – es war *sein* Kind –, und er stand auf von der Bank und nahm sein Kind auf den Arm, und aus seinen Augen lösten sich langsam die Tränen, und das Maßliebchen hielt er in der Hand und ging mit seinem Kinde den Steig entlang, den Garten hinunter.

Er kam an einen jungen Baum, den hatte er selber gepflanzt. Das Strohseil, mit dem der Baum am Stocke festgebunden war, hatte sich gelöst, und er neigte seine Krone abwärts. Er richtete den Baum wieder auf und band ihn fest, ohne sich dabei viel zu denken, denn seine Gedanken waren weit fort, und Sorgen und Helfen lag in seiner Natur.

Doch wenn die Gedanken des Menschen so ins Weite wandern, und wäre es in den blauen Himmel, so ruft ihn sein tägliches Geschäft, wenn es ihm vor Augen gerät – und sei es auch nur eine vertraute Hantierung, an die er sich macht, weil er das nun einmal so gewohnt ist – aus der Ferne zurück und läßt ihn erkennen, was in seiner Nähe vor sich geht und was not tut. Und daß dem so ist, das ist ein großes Geschenk von unserem Herrgott.

Er ging den Garten hinauf und hinunter, und sein Auge nahm wahr, was um ihn geschah, und seine Gedanken kehrten wieder zur Erde zurück. Und wenn sie sich auch vor dem Himmel seiner Zukunft wie schwarze und düstere Wolken auftürmten, *ein* Stück des blauen Himmels konnten sie ihm nicht verdunkeln. Dies war sein Töchterchen, das er im Arm hielt und das mit seiner weichen Kinderhand in seinen Haaren spielte. Er hatte seine Lage überdacht, ernst und entschlossen hatte er die dunklen Wolken ins Auge gefaßt – er mußte dafür sorgen, daß er und sein Kind dem Unwetter nicht erlagen.

Er ging vom Garten in den Hof. Du lieber Gott, wie wurde ihm zumute! – Gleichgültig und auf ihren kleinlichen Vorteil bedacht, drängten sich die Menschen um den Tisch, an dem der Aktuar die Auktion abhielt. Stück für Stück wurde seine langjährige Mühe dem Meistbietenden zugeschlagen, wurde sein dürftiger Hausrat feilgehalten, und was er sich unter Sorge und Not Stück für Stück ins Haus geschafft hatte, das ging nun unter Witzen und Lachen in alle Welt – auch Stück für Stück. Der Schrank stammte noch von seiner alten Mutter, die Kommode hatte ihm seine Frau eingebracht, den kleinen Nähtisch hatte er ihr einmal geschenkt, als sie noch Braut war. In einer Reihe stand sein Vieh, an ein Stangengeländer gebunden, und brüllte nach Futter und Weide. Die braune Färse mit dem weißen Fleck, die seine Frau selber aufgetränkt hatte, ihr Liebling, stand dazwischen. Er trat an sie heran und strich ihr mit der Hand über den Rücken. »Herr«, sagte sein Gesindevogt Niemann, »es ist jammerschade.« – »Ja, Niemann, es ist schade. Aber was hilft das alles?«, und er wandte sich um und ging auf die Menschen zu, die sich um den Auktionstisch drängten.

Wie die Leute merkten, daß er zum Tisch wollte, machten sie ihm bereitwillig und freundlich Platz. Er wandte sich an den Auktionator, ob er wohl ein Wort mit ihm reden könne. »Gleich, Herr Hawermann«, sagte der, »gleich, im Augenblick. Ich bin gleich mit dem Hausinventar durch, dann ... Eine Kommode! Zwei Taler, vier Schilling! Sechs Schilling! Zwei Taler, zwölf Schilling! – Kein Gegengebot? – Zum ersten! Zum zweiten! Zum dritten! – Wer nimmt sie?« – »Schneider Brandt«, war die Antwort.

Just in diesem Augenblick kam eine Gesellschaft von Landwirten auf den Hof geritten, die es vermutlich auf das Vieh abgesehen hatte, das jetzt an der Reihe war. An ihrer Spitze hielt sich ein dicker Mensch, auf dessen feistem, geröteten Gesicht die Überhebung so richtig Platz hatte sich auszubreiten. Die Menschenart ist nicht gerade selten, was aber dies Exemplar von den gewöhnlichen seinesgleichen unterschied, das waren die kleinen, listigen Augen, die über die feisten Backen hinüberblickten, als wollten sie sagen: Ihr seid zwar gut im Stand, aber das habt ihr uns zu verdanken, denn wir sind es, die euren Vorteil wahrzunehmen wissen. Der Besitzer dieser Augen war auch der Besitzer jenes Hofes, den Hawermann gepachtet hatte.

Der Mann ritt dicht auf die Menschenmenge zu, und als er seinen unglücklichen Pächter in ihrer Mitte stehen sah, schoß es ihm als eine Möglichkeit durch den Kopf, ihm könne seine volle Pachtsumme entgehen, und so sprachen seine listigen Augen, die ihren Vorteil so gut wahrzunehmen wußten, zu seinem Hochmut, der über Mund und Mienen lag: Bruder, jetzt ist es Zeit, jetzt kannst du dich so richtig ausbreiten, hier kostet es kein Geld. Und so rief der Mensch, sein Pferd näher an Hawermann drängend, mit einer Stimme, daß alle sie hören mußten: »Ja, das sind die klugen Mecklenburger, die uns lehren wollen, wie man wirtschaften soll. Was haben sie uns beigebracht? Rotspohn trinken und Karten fuschern, das haben sie uns gelehrt, aber Wirtschaften? – Das Bankrottmachen, das können sie uns beibringen.«

Alle waren verstummt. Die Blicke richteten sich bald auf den, von dem die Schimpfrede ausging, bald auf den, an den sie gerichtet war. Wie Hawermann den Klang der Stimme und die Worte vernahm, war er zusammengezuckt, als werde ihm ein Messer ins Herz gestoßen. Danach aber stand er starr und blickte vor sich hin, als wolle er alles stumm über sich ergehen lassen.

Unter der Menge aber brach ein Murren los: »Pfui! – Pfui! – Sie sollten sich was schämen! – Der Mann hat nicht Rotwein getrunken und nicht Karten gefuschert! – Der Mann hat gewirtschaftet wie ein ordentlicher Kerl!« – »Was ist das für ein Großmaul, das so daherreden darf?« fragte Altbauer Drenkhahn aus Liepen und drängte sich mit seinem Knotenstock etwas näher heran. – »Das ist der Kerl, Vadder«, rief der Schmied aus Stolpe, »dessen Leute meilenweit hierher zum Schnorren kommen.«

»Und die nicht mal nen Rock am Leibe haben«, rief Schneider Brandt aus Jarmen, »und die zur Arbeit ihren Sonntagsstaat tragen müssen.« – »Ja«, lachte der Schmied, »das ist der Kerl, dem es glatt eingeht, wenn seine Leute zur Feldarbeit immer so schöne Tuchröcke tragen, dieweil sie kein Geld haben, sich Kittel anzuschaffen.«

Der Aktuar war aufgesprungen und sprach auf den Pachtherrn ein, der ihn mit frecher Überheblichkeit anhörte: »Um Gotteswillen, Herr Pomuchelskopp, wie können Sie so etwas sagen!« – »Ja«, bekräftigte einer aus der Gesellschaft, der mit ihm hergeritten war, »die Leute haben recht! Du solltest dich was schämen! Pfui! Du willst den Mann, der sein alles hergibt, um dir gerecht zu werden, und der morgen am Bettelstab davongeht, noch tiefer ducken?« – »Ach Gott«, fiel der Auktionator ein, »wenn es nur das allein wäre! Aber gestern ist zu alledem noch seine Frau gestorben und liegt auf ihrem letzten Lager, und nun sitzt er da mit dem kleinen Wurm, und was soll jetzt aus ihm werden?«

Das Murren war inzwischen von der Menge auf die Begleitung des

Herrn Verpächters übergesprungen, und es dauerte nicht lange, da war um ihn und sein Pferd ein leerer Raum entstanden: die mit ihm gekommen waren, waren beiseite geritten. »Hab ich das wissen können«, murrte er verdrießlich und betreten und ritt vom Hof. Und die kleinen, listigen Augen sprachen zu seinem feisten Hochmut: Bruder, diesmal haben wir uns ganz schön festgefahren.
Jetzt trat der Auktionator zu Hawermann: »Herr Hawermann, Sie wollten mir etwas sagen?« – »Ja – ja«, entgegnete der Pächter, wie wenn ein Gemarterter nach unerträglichen Qualen langsam wieder zur Besinnung gelangt, »ja, ich wollte Sie bitten, ob Sie nicht auch noch den Hausrat, der von Gerichts wegen zurückgestellt ist, das Bett und das andere, versteigern lassen wollten.« – »Herzlich gern, aber Hausrat verkauft sich schlecht, die Leute haben kein Geld. Wenn Sie etwas abstoßen wollen, dann tun Sie besser daran, es unter der Hand zu verkaufen.« – »Dazu habe ich nicht die Zeit, und ich brauche das bißchen Geld.« – »Wenn Sie es also wünschen, will ich es ausbieten«, und der Aktuar ging an sein Geschäft.

»Hawermann«, sagte Pächter Grot, der mit der berittenen Gesellschaft gekommen war, »Sie sind mit Ihrem Unglück hier so allein. Kommen Sie doch mit Ihrem Mädelchen herüber und bleiben Sie ein bißchen bei uns. Meine Frau wird sich sehr freuen ...« – »Ich danke Ihnen recht sehr für Ihren guten Willen, aber ich kann es nicht, ich habe hier noch einiges zu erledigen.« – »Hawermann«, sagte Pächter Hartmann, »Sie meinen das Begräbnis Ihrer lieben Frau. Wann soll sie denn begraben werden? Wir alle möchten ihr doch noch gern gemeinsam die letzte Ehre erweisen.« – »Auch dafür muß ich Ihnen Dank sagen. Aber ich kann Sie nicht so aufnehmen, wie es sich gehört. Und nachgerade habe ichs gelernt, daß man sich nach der Decke strecken muß.«
»Alter Freund, lieber alter Nachbar und Landsmann«, sagte Inspektor Wienk und schlug ihm auf die Schulter, »überlassen Sie sich doch nicht der stillen Verzweiflung! Es wird schon wieder besser werden in der Welt.« – »Verzweiflung, Wienk?« fragte Hawermann mit großem Ernst, drückte sein Kind fester an sich und blickte den Inspektor eindringlich aus seinen ehrlichen blauen Augen an. »Ist das Verzweiflung, wenn man seiner Zukunft unbeirrt ins Auge sieht und nur darauf aus ist, sein Schicksal zu wenden? Aber hier ist meines Bleibens nicht. Vor der Sandbank, auf der ein Schiff einmal auf Grund gelaufen ist, hütet man sich. Ich muß ein Haus weiter gehen und dort wieder anfangen,

wo ich einmal aufgehört habe. Ich muß wieder um Brot dienen und meine Füße unter fremder Leute Tisch setzen. Und nun leben Sie alle recht wohl! Sie sind mir immer gute Freunde und Nachbarn gewesen. — Leben Sie wohl! — Adjüs! — Gib dein Händchen, Wising! — Adjüs! — Und grüßen Sie alle zu Hause vielmals; meine Frau — . . .« Er wollte noch etwas sagen, aber es war, als ob es ihn überkäme, und er drehte sich rasch um und ging seiner Wege.
»Niemann«, sagte er zu seinem Vogt, als er an die andere Ecke des Hofes gelangt war, »sag Ers auch den andern Leuten: morgen früh Klock vier Uhr will ich die Frau begraben lassen.« Damit ging er ins Haus, in seine Schlafkammer.
Alles war ausgeräumt, auch sein Bett und das bißchen Klapperkram, das sie ihm noch gelassen hatten. Nichts als die nackten vier Wände. Nur in der Ecke am Fenster stand eine alte Kiste, und auf ihr saß eine junge Tagelöhnerfrau mit rotgeweinten Augen, und in der Mitte stand ein schwarzer Sarg, und darin sah man ein bleiches, feierliches, stilles Gesicht, und die Tagelöhnerfrau hielt ein grünes Büschel in der Hand und vertrieb die Fliegen von dem stillen Gesicht.
»Stine«, sagte Hawermann, »geh nach Haus. Ich bleibe jetzt hier.« — »O Herr, so lassen Sie mich doch!« — »Nein, Stine, ich bleib über Nacht.« — »Soll ich die Kleine denn nicht mitnehmen?« — »Nein, laß sie hier. Sie wird schon einschlafen.« — Die junge Frau ging. Der Auktionator kam und händigte ihm die Summe aus, die er für seinen Hausrat ersteigert hatte. Die Leute auf dem Hof verloren sich nach und nach. Es wurde draußen so still wie im Hause.
Hawermann setzte das Kind nieder und zählte auf dem Fensterbrett das Geld ab: Das bekommt der Tischler für den Sarg. — Das ist für das Kreuz auf dem Grabe. — Das ist für das Begräbnis. — Das soll Stine bekommen. — Und das reicht für die Reise zu meiner Schwester.

Der Abend brach herein. Die junge Tagelöhnerfrau brachte ein Licht in die Stube, stellte sich vor den Sarg und betrachtete lange das bleiche Gesicht. Dann trocknete sie sich die Augen mit der Schürze ab: »Gute Nacht auch.« Und Hawermann war wieder allein mit seinem Kinde.
Er öffnete das Fenster und blickte in die Nacht hinaus. Sie war dunkel für die Jahreszeit. Kein Stern stand am Himmel, alles war schwarz verhangen, und warm und dunstig wehte eine leise Luft und seufzte in der Ferne. Vom Feld herüber schlug die Wachtel ihren Schlag, und der Wachtelkönig rief seinen Regenruf. Leise fielen die ersten Tropfen auf

die durstige Erde, und sie ließ zum Dank für die Gabe den schönsten Duft aufsteigen, den der Landmann kennt, den Brodem und Dunst der Scholle, in dem aller Segen für seine Mühe und Arbeit einherströmt. Wie oft hatte er ihm die Seele erfrischt, die Sorgen vertrieben und die Hoffnung auf ein gutes Jahr bestärkt! – Nun war er die Sorgen los, aber die Freuden auch. *Eine* große Freude war ihm untergegangen und hatte alle kleinen Freuden mit sich genommen.
Er schloß das Fenster. Als er sich umdrehte, sah er seine kleine Tochter am Sarge stehen, wie sie vergeblich sich mühte, an das stille Gesicht hinanzulangen, als wolle sie es liebkosen. Er hob das Kind höher, so daß es heranreichte, und die Kleine gab zärtliche Laute von sich, tastete mit ihren warmen Händen nach ihrer stillen Mutter und dem kalten Tod und sah dann den Vater aus großen Augen an, als wolle sie nach etwas Unbegreiflichem fragen, und lallte: »Mudding – huh!« – »Ja«, sagte Hawermann, »Mudding friert«, und er setzte sich auf die Kiste, nahm sein Töchterchen auf den Schoß und weinte bitterlich. Und die Kleine fing auch an zu weinen und weinte sich leise in den Schlaf. Er bettete sie weich an sich und schlug zärtlich seinen Rock um sie. Und so saß er die Nacht hindurch und hielt treue Totenwacht bei seiner Frau und seinem Glück.

Am anderen Morgen pünktlich um vier erschien der Gesindevogt mit den anderen Tagelöhnern. Der Sarg wurde zugeschraubt. Der Zug bewegte sich langsam nach dem kleinen Friedhof. Er und sein kleines Mädchen waren das ganze Gefolge. Der Sarg wurde in die Grube versenkt – ein stilles Vaterunser – eine Handvoll Erde – und das Bild all dessen, das ihn lange Jahre hindurch erquickt und getröstet, das ihm Freude und Lebenskraft gegeben hatte, war seinen Blicken entzogen, und wenn er seiner wieder ansichtig werden wollte, so mußte er sein Herz aufschlagen wie ein Buch, Blatt für Blatt, bis auch dies einmal zugeschlagen wurde. Und dann? – Ja, dann endlich sollte ihm das liebe Bild wieder schön und herrlich vor Augen stehen.
Er trat zu seinen Tagelöhnern, drückte jedem die Hand und bedankte sich bei ihnen für den letzten Dienst, den sie ihm erwiesen hatten, sagte ihnen Lebewohl, gab seinem Vogt das Geld für Sarg, Kreuz und Begräbnis und trat in Gedanken versunken seinen Weg in die dunkle Zukunft an.
Wie er in dem kleinen Dorfe an das letzte Haus gelangt war, stand dort vor der Tür die junge Tagelöhnerfrau mit einem Kind auf dem

Arm. Er trat an sie heran: »Stine, du hast so treu meine arme Frau in ihrer letzten Krankheit gepflegt, hier, Stine ...«, und er wollte ihr ein paar Taler in die Hand drücken. – »Herr, Herr«, rief die junge Frau, »tun Sie mir das nicht an! Sie haben in guten Tagen Gutes an uns getan, warum soll unsereins in schlimmen Tagen das nicht wieder vergelten? – Ach, Herr, ich habe eine Bitte an Sie! Lassen Sie mir das Kind hier. Ich will es hegen und pflegen, als wäre es mein eigenes. Und ist es nicht so gut wie mein eigen? Ich habe ihm doch die Brust gegeben, als die Frau damals so schwach war ... Lassen Sie mir das Kind hier!« – Hawermann stand und bedachte sich lange.

»Herr«, fuhr die Frau fort, »soviel ich davon verstehe, müssen Sie sich am Ende doch von der Kleinen trennen und – sehn Sie, da kommt Jochen. Er wird Ihnen dasselbe sagen.«

Der Tagelöhner kam heran, und als er hörte, wovon die Rede war, sagte er: »Ja, Herr, sie soll gehalten werden wie eine Prinzessin. Wir sind gesund und gut zu Rande, und was Sie für uns getan haben, das soll reichlich vergolten werden.« – »Nein«, sagte Hawermann und riß sich aus seinen Gedanken. »Es geht nicht. Ich kann es nicht. Vielleicht ist es unrecht, daß ich mein Kind mit mir ins Ungewisse nehme. Aber ich habe so manches hier lassen müssen, das Letzte kann ich nicht missen. – Nein, nein! – Ich kann es nicht«, rief er hastig und wandte sich zum Gehen. »*Mein Kind* muß bleiben, wo *ich* bin. – Adjüs, Stine! – Adjüs, Rassow!«

»Wenn Sie uns das Kind nicht lassen wollen, Herr«, sagte der Tagelöhner, »dann will ich wenigstens mitgehen und will Ihnen das Kind tragen.« – »Nein, nein!« wehrte Hawermann ab, »das ist für mich keine Last.« Doch er konnte nicht hindern, daß die junge Frau sein Töchterchen streichelte und küßte und immer wieder küßte und daß die beiden treuen Menschen, wie er seiner Wege ging, ihm lange nachblickten. Sie, mit Tränen in den Augen, dachte mehr an das Kind, er, in ernsten Gedanken, mehr an den Mann. – »Stine«, sagte er, »so einen Herrn kriegen wir nicht wieder.« – »Das weiß der liebe Gott«, sagte sie, und beide gingen traurig an ihr Tagwerk zurück.

Kapitel 2

Die Staatshaube

Etwa acht Meilen von dem Ort entfernt, an dem Hawermann seine Frau ins stille Grab gesenkt hatte, lag in Mecklenburg ein Gut von Untermittelgröße, das hatte Hawermanns Schwager Jochen Nüßler in Pacht.

Das Anwesen war wenig zweckmäßig angelegt und wirkte stark vernachlässigt; auch sah es auf dem Hof alles andere als aufgeräumt aus: *hier* lag ein Häufchen Dung und *da* lag ein Häufchen Dung, und Kutsch- und Ackergeschirr drängten so wild durcheinander wie die Menschen auf einem Jahrmarkt, und der Düngerwagen sagte zum Reisewagen: Bruder, wie kommst du hierher? und der Pflug hatte die Egge umarmt und schien ihr zuzureden: Komm, Dirn, wollen tanzen gehn!

Doch dazu fehlte die Musik, denn auf dem Hof war alles still, ganz still. Des schönen Wetters wegen waren alle hinaus nach der Wiese zum Heuen, und selbst aus den winzigen, offenstehenden Fenstern des langen, niederen, strohgedeckten Pächterhauses drang kein Laut, denn es war Nachmittag, und die Köchin hatte ihre Küchenarbeit beendet und das Stubenmädchen das Ausfegen, und beide waren mit zur Wiese gezogen. Und sogar die Pächtersfrau, die doch sonst ein kräftiges Wörtchen mitzureden pflegte, ließ sich nicht hören, denn auch sie war mit der Harke vom Hof gegangen: das Heu mußte noch vor dem Abendtau zu großen Stiegen geschichtet werden.

Aber Leben regte sich doch noch im Hause, aber nur kleines und stilles Leben. In der Stube rechts neben der Diele, im Wohnzimmer mit dem blau angestrichenen Eckschrank – der »Schenke«, wie man das nannte –, mit dem schwarzen Sofa, dessen Wachstuch jeden Sonnabend mit Schuhwichse frisch aufpoliert wurde, mit der Eichenkommode und ihren gelben Messingbeschlägen, saßen zwei kleine Mädchen von drei Jahren mit runden Flachsköpfen und runden roten Backen. Sie spielten an einem Sandhaufen und machten backe-backe-Kuchen: sie füllten den feuchten Sand in Mutters Fingerhut und in zwei kleine, billige, irdene Töpfe, stülpten sie um und lachten und freuten sich, wenn der Kuchen heil stehen blieb.

Dies waren Lining und Mining Nüßler. Mit ihren roten Backen und ihrem gelben Haar sahen sie wahrhaftig aus wie zwei kleine Druwäppel, die zusammen an einem Zweige gewachsen sind, und dies stimmte ja auch, denn sie waren ein Paar kleine Zwillinge. Und wer es nicht genau wußte, daß Lining nicht Mining und Mining nicht Lining war, der wäre sein Lebtag aus ihnen nicht schlau geworden, denn von ihren Gesichtern waren ihre Namen nicht abzulesen, und hätte die Mutter sie nicht durch andersfarbige Bändchen am Arm gekennzeichnet, so wäre es leicht zu sehr unliebsamen Verwechslungen gekommen. Und Vater Jochen Nüßler hatte es sich auch bis zum heutigen Tag noch nicht ausreden lassen, daß Lining eigentlich Mining und Mining eigentlich Lining wäre, denn sie seien gleich beim ersten Eintritt in ihr kleines Leben ausgetauscht worden. Im Augenblick aber hatte es damit keine Not, denn vor kurzem hatte die Mutter Lining ein blaues und Mining ein rotes Band in die einzelnen Stränge ihrer kleinen Zöpfe geflochten. Und wenn einer nur ein klein wenig darauf acht gab, dann konnte es für ihn keinerlei Zweifel mehr geben, daß Jochen Nüßler unrecht hatte, denn Lining war eine halbe Stunde älter als Mining, und obwohl dieser Unterschied nur geringfügig war, so machte sich die Erstgeburt doch geltend, denn Lining schulmeisterte schon recht altklug an Mining herum, aber sie tröstete ihr Schwesterchen auch, wenn es Kummer hatte.

Außer diesem kleinen, unerfahrenen Pärchen befand sich noch ein anderes Zwillingspaar in der Stube, das aber war alt, erfahren und überaus bedächtig. Es sah von der Kommode auf die beiden Kinder hinunter und schüttelte im leisen Luftzug, der durch die geöffneten Fenster hereinkam, fortwährend mit den Köpfen hin und her. Dies waren Großvaters Perücke und Großmutters Staatshaube, die auf zwei Haubenstöcken bereitstanden, um morgen, wie an jedem Sonntag, so richtig Staat machen zu können.

»Kuck, Lining«, sagte Mining, »da steht Großvaters Pük.« – Sie konnte mit dem »r« noch nicht so ganz zurechtkommen. – »Du sagst ja immer ›Pük‹, du mußt ›Pü-k‹ sagen«, erklärte Lining, denn auch sie selber hatte mit dem »r« noch Schwierigkeiten, aber sie war nun einmal die Älteste und mußte ihre kleine Schwester doch ein wenig zurechtweisen.

Dann war das kleine Zwillingspärchen aufgestanden, um sich vor die Kommode zu stellen und das alte Zwillingspaar auf den Haubenstöcken genauer zu betrachten. Und Mining, die wirklich noch sehr kindisch war, griff nach dem Perückenstock, holte Großvaters Perücke herunter, stülpte sie sich – haste nicht gesehen! – über den Kopf, trat vor den Spiegel und benahm sich daraufhin in allem justament genauso, wie sie es bei Großvater gesehen hatte, wenn Sonntag war. Jetzt wäre es an Lining gewesen, Einsicht zu zeigen. Doch Lining prustete los und ließ sich von der Freude anstecken, nahm Großmutters Bänderhaube von dem anderen Haubenstock herunter und benahm sich dann auch justament genauso, wie Großmutter es tat, wenn Sonntag war. Und nun brach Mining in helles Gelächter aus, und nun lachten sie beide, gaben sich die Hände und tanzten Ringelreihen, ließen sich dann wieder los und lachten aufs neue, gaben sich wieder die Hände und tanzten abermals.

Aber Mining war wirklich noch gar zu kindisch. Sie hatte währenddessen ihr billiges irdenes Töpfchen in der Hand behalten, und als sie so recht in Freuden war, ließ sie es – klack! – zur Erde fallen, und das Töpfchen zerbrach, und die Freude auch. Da begann nun Mining gar jämmerlich um ihr Töpfchen zu weinen, und Lining heulte zur Gesellschaft mit wie ein kleiner Roggenwolf. Als dies aber eine Weile gedauert hatte, begann Lining mit dem Trösten: »Laß man sein, Mining! Der Rademacher macht es schon wieder heil.« – »Ja«, und Mining weinte schon leiser, »der Rademacher macht es schon wieder heil.« Damit gingen die beiden kleinen Leidtragenden zur Tür hinaus und hatten darüber ganz und gar vergessen, daß sie noch Großvaters und Großmutters Sonntagsheiligenscheine auf ihren Köpfen trugen.

Vielleicht mag mancher nun meinen, Linings Vorschlag mit dem Rademacher sei doch ziemlich dumm gewesen. Wer aber einmal mit einem richtigen Rademacher auf dem Lande zu tun gehabt hat, der weiß auch genau, daß es so gut wie nichts gibt, das ein solcher Mensch nicht zustandebrächte. Muß ein Hammel geschlachtet werden, so heißt es: Ruft den Rademacher her! Ist eine Fensterscheibe zerbrochen, so muß der Rademacher ein Brett vornageln, damit Wind und Wetter nicht hindurchpusten können. Hat sich ein alter Stuhl das Bein verrenkt, so ist der Rademacher der Doktor. Ist ein Pflaster für ein Stück Vieh zu schmieren, so ist er der Apotheker. Kurzum, er ist es, der alles wieder ins rechte Lot zu bringen hat, und aus diesem Grunde war Lining als verständiges Kind des zerbrochenen Topfes wegen auch auf den Ausweg mit dem Rademacher verfallen.

Als die beiden Kleinen den Hof betraten, schritt durchs Hoftor gerade ein untersetzter Mann mit rötlichem Gesicht und einer recht stattlichen roten Nase, die er ziemlich hoch hinaus trug. Auf dem Kopfe saß ihm eine vierzipflige Mütze, vorne mit einer Troddel, doch eine richtige Farbe hatte sie eigentlich nicht. Am Leibe trug er einen grauen Leinenkittel mit langen Schößen, und seine kurzen Beinchen, die beträchtlich nach auswärts gestellt waren und so aussahen, als hätte man sie in seinen langen Oberleib verkehrt eingeschraubt, steckten in einer kurzen, blaugestreiften Hose aus Drell und in langen Stiefeln mit gelben Stulpen. Er war nicht gerade korpulent, aber auch nicht mager, und es war ersichtlich, daß er gerade dabei war, sich ein Bäuchlein zuzulegen.

Die beiden Kinder mußten ihm auf ihrem Wege begegnen, und als sie sich ihm so weit genähert hatten, daß der Herr Inspektor – denn diesen Posten versah der Mann mit den kurzen Beinen – ihren Aufzug gewahren konnte, blieb er stehen. Dabei zog er seine gelben, buschigen Augenbrauen so hoch in die Stirn, daß sie zur Gänze unter dem Schirm seiner Zipfelmütze verschwanden – als wären diese Augenbrauen der schönste Teil seines Angesichts und müßten vorab bei so gefährlichen Vorfällen, wie er ihrer hier ansichtig wurde, in Sicherheit gebracht werden: »Gott, du bewohr uns!« rief er aus, »wo seht ihr aus? Was macht ihr for Mowemangs! Wo? Ihr habt ja woll die beiden ollen Großherrn ihren ganzen sünndagschen Zierat auf den Kopp?« – Die beiden kleinen Mädchen ließen sich ganz geduldig den Kopfschmuck abnehmen, zeigten ihm die Scherben ihres zerbrochenen Töpfchens und gaben zu verstehen, der Rademacher werde es schon wieder heil machen. – »Wo?« rief der Herr Inspektor Bräsig – denn so schrieb er sich, »wo kann so ne Dummheit in de Welt assistieren! – Lining, du büst doch de Öllst, ich hätte dir for verständiger taxiert; un, Mining, laß das Weinen man sin, du büst mein lütt Patchen, ich geb dich zum Sommermark einen neuen Pott. Abersten nu, allong mit euch! in die Stube.«

Und derart schob er die Kinder vor sich her und folgte ihnen hintennach, in der einen Hand die Perücke, in der anderen die Haube. Wie er in die Stube trat und dort niemanden antraf, begann er ein Selbstgespräch: »Woll all nach's Heuen. – Je, ich sollt eigentlich auch nach mein Heu sehen; abersten das oll lütt Kropzeug hat die beiden Biester hier so zugericht't, daß sie in Ungelegenheit kommen werden, wenn die beiden ollen Größings den Umstand zu sehen krigen. Ich muß die beiden Kreturen man en bitschen aufreparieren.«

Damit zog er einen kleinen Taschenkamm heraus, den er immer bei sich trug – denn sein Haar wurde schon ein wenig schütter, so daß er es vom Nacken hinauf nach vorn kämmen mußte – und begann, die Perücke zu bearbeiten. Dies ging soweit ganz gut, doch nun kam die Haube dran: »Daß du die Nas ins Gesicht behältst! Lining, wo hast du ihr zugericht't! ne richtige Fassong is ja gar keine Menschenmöglichkeit mehr. Na, ich muß mir mal besinnen, wo die Ollsch des Sünndags-Nahmiddags aussehen tut.

Vorn hat sie an jeder Seite en ziemlichen Büschel von seidene Locken, un da klappt das Vorderteil von der ollen Fladdus so'n Zollner drei rüber; also muß das Biest mehr aufs Vorderteil gesetzt werden. Oben hat sie nichts von besondere Anstalten, da grimmelt ihr kahler Kopp ümmer durch. Aber ans Hinterteil, da hat sie ümmer en Dutt, den stoppt sie sich ümmer mit en Bausch Werg ut, un das hat das Gör ganz verrungeniert, das muß besser ausgebeult werden«, – und damit steckte er seine Faust in die Höhlung der Haube und weitete den Haarknoten ein wenig aus. Dieser aber war hinten mit einer Schlinge verfestigt, und als er es besonders gut machen wollte, riß das Band in der Schlinge, und der ganze Haarknoten schoß heraus.

»So, nu heul!« rief er, und seine Augenbrauen gingen wieder nach oben. »Wo? Dies ist ja doch ganz nichtswürdig verfestigt – mit en Twirnsfaden! Und zusammenknüppen läßt sich das auch nich. Gott sall mi bewohren! Was laß ich mir in Haubengeschichten ein! Abersten wart! dir wollen wir krigen.« Und damit holte er eine Handvoll allerlei Bandwerks aus der Hosentasche – dies muß ein richtiger Inspektor immer bei sich tragen – und wollte es entwirren: »Sacksband is zu dick; aber dieser hier, der wird woll passen«, und fing an, eine ziemlich kräftige Schnur durch die Schlinge zu ziehen. Dies ging aber nur langsam, und als er knapp zur Hälfte damit fertig war, klopfte es an der Tür. Er warf seine Handarbeit auf den nächsten besten Stuhl, denn diese Art Tätigkeit war ihm doch etwas genierlich, und rief: »Herein!«

Die Tür ging auf, und Hawermann trat ein, sein Töchterchen auf dem Arm. Inspektor Bräsig fuhr in die Höhe: »Daß du! . . .« – die Nase ins Gesicht behältst, wollte er sagen, aber sobald ihn etwas ernstlich betroffen machte, fiel er leider stets in die plattdeutsche Redeweise zurück, »Korl Hawermann, wo kümmst *du* her?« – »Guten Tag, Bräsig«, sagte Hawermann und setzte die Kleine ab. – »Korl Hawermann«, rief Bräsig noch einmal, »wo kümmst *du* her?« – »Von einem Ort, Bräsig, an dem ich jetzt nichts mehr zu suchen habe«, erwiderte sein Freund. »Ist meine Schwester nicht zu Hause?« – »All ins Heu; aber woans soll ich dir verstehen?« – »Daß es mit mir aus ist: vorgestern hat man mir auf der Auktion alles versteigert, und gestern früh« – hier wandte er sich dem Fenster zu –, »gestern früh habe ich meine Frau begraben.« – »Wat? Wat? Ach, du leiwer Gott!« rief der gutherzige Inspektor. »Deine Frau? Deine kleine gute Frau?« – und die Tränen liefen ihm über das rote Gesicht: »Fründ, oll Fründ, segg, wo is dat so kamen?« – »Ja, wie ist es gekommen?« wiederholte Hawermann, setzte sich nieder und berichtete in aller Kürze von seinem Unglück.

Inzwischen waren Lining und Mining an das fremde Kind herangetreten. Langsam und scheu, ohne etwas zu äußern, näherten sie sich ihm allmählich immer mehr und mehr, bis Lining sich ein Herz faßte und den Ärmel seines Kleidchens berührte und Mining ihm die Scherben ihres Topfes vorwies: »Guck, mein Topf ist kaputt.« Der kleine Neuankömmling aber sah mit seinen großen Augen fremd um sich und richtete seinen Blick zuletzt nur auf den Vater.

»Ja«, schloß Hawermann seinen kurzen Bericht, »mir ist es schlecht ergangen, Bräsig, und du kriegst auch noch 200 Taler von mir; aber dräng mich nicht, wenn Gott mich am Leben läßt, sollst du sie ehrlich wiederbekommen.« – »Korl Hawermann – Korl Hawermann«, sagte Bräsig, wischte sich die Augen und schnupfte an seiner stattlichen Nase herum, »du büst – du büst en Schapskopp! – Ja«, bekräftigte er, schob entschlossen sein Schnupftuch in die Tasche und hob trotzig seine Nase noch höher, »du büst noch eben son Schapskopp, as du vordem wirst!« Und wie wenn er seinen alten Freund auf andere Gedanken bringen wolle, griff er Lining und Mining beim Wickel und setzte sie beide auf Hawermanns Knie: »Da, ihr lütt Kropzeug, das ist euer Unkel!« – nicht anders, als seien Lining und Mining Spielzeugpuppen und Hawermann ein kleines Kind, das in seinem Kummer getröstet werden müsse. Und er selber nahm Hawermanns kleine Luise auf den Arm und tanzte mit ihr in der Stube umher, und dabei strömten ihm die Tränen wieder über die Backen. Und zum guten Ende setzte er die Kleine auf einen Stuhl nieder – und just auf den, auf dem er sein halbbeendetes Haubenmachwerk niedergelegt hatte.

Mittlerweile kamen denn auch die Hausleute vom Heuen zurück, und draußen konnte man eine frische, kräftige Frauenstimme vernehmen, die die Mädchen vermahnte, sich zu sputen: »Nu macht schon, daß ihr mit Eimern und Tragholz zurechtkommt! Die Sonne geht uns noch unter, und dies Jahr ist es weit bis zum Melkplatz. Am Ende werden wir noch im Dunkeln melken müssen. – Dirn, wo hast du den Melkteller gelassen? Gleich gehst du hin und holst ihn! – Macht mal flink zu, ich muß erst nach meinen Lütten sehn.« Und in die Stube trat eine stattliche Frau von fünfundzwanzig Jahren, voller Leben und Freude in Gesicht und Figur, die Backen rot von Gesundheit, Arbeit und Sommerluft, die Haare und Augen hell und die Stirne weiß wie Schnee dort, wo der Kiephut die Sonne abgehalten hatte. Auf den ersten Blick war die Ähnlichkeit zwischen Hawermann und ihr unverkennbar. Doch Gesichtszüge und Mienenspiel, die bei ihm nach innen gekehrt waren, blickten bei ihr frisch in die Welt, und ihre ganze Erscheinung verriet, daß sie ebenso aus Lebenslust wirken und schaffen mußte wie er aus Ehr- und Pflichtgefühl.

Ihren Bruder sehen und auf ihn losstürzen war eines: »Karl, mein Karlbruder, mein zweiter Vater«, rief sie und hing an seinem Halse. Wie sie ihn aber genauer betrachtet, schob sie ihn von sich ab: »Dir ist was passiert, dir ist was Schlimmes passiert! – Was ist es?«

Bevor er aber noch Antwort geben konnte, erschien ihr Ehemann Jochen Nüßler in der Türe. Er ging auf Hawermann zu, reichte ihm die Hand und bemerkte – und sprach dabei so schleppend langsam, wie die Zeit der Not vergeht –: »Guten Tag, Schwager; setz dich ein bißchen hin.« – »Laß ihn doch erzählen, was ihm passiert ist«, rief seine Frau ungeduldig. – »Ja«, bemerkte Jochen, »setz dich ein bißchen hin und denn erzähl. – Guten Tag auch, Bräsig, setz dich auch hin, Bräsig.« Und damit nahm Jochen Nüßler oder, wie er gewöhnlich genannt wurde, Jung-Jochen, seinen Platz in seiner Ecke neben dem Ofen ein, die er offenbar noch separat zu seinem Hof gepachtet hatte.

Er war ein magerer, langer Mensch, hielt sich dabei aber etwas ducknackig, und es schien, als hätten seine Gliedmaßen stets etwas dagegen, nach ihrer gewöhnlichen Bestimmung gebraucht zu werden. Er war etwa um die vierzig. Sein Gesicht war blaß und ebenso langgezogen wie seine Sprache, und seine weichen, dunkelblonden Haare hingen ihm gleichmäßig vorn und hinten über Stirne und Rockkragen. Nach der Mode mit Scheitel und Locken hatte er sich nie zu richten brauchen, denn Mudding hatte ihm von klein auf die Haare ins Gesicht gekämmt, und dabei war es geblieben. Und wenn die Haare ein bißchen arg verruschelt aussahen, dann pflegte Mudding zu sagen: »Schad't ihm nicht, Jöching, aus den strubbligsten Fohlen werden die glattesten Pferde.« Mochte es nun daran liegen, daß seine Augen unausgesetzt durch seine langen Haare hatten hindurchblinzeln müssen, oder lag es in seinem Wesen, jedenfalls hatte sein Blick etwas Scheues, als könne er kein Ding richtig ins Auge fassen und nie zu einem Entschluß gelangen. Und wenn er gleich Rechtshänder war, so war sein Mund doch links – dies kam vom Tabakrauchen. Denn das war das einzige Geschäft, das er mit Ausdauer betrieb, und da er seine Pfeife immer nur aus dem linken Mundwinkel rauchte, hatte sich dieser beträchtlich nach links unten verzogen, und deshalb sah sein Mund, wenn man ihn von rechts ansah, so aus, als könne er nicht »zipp« sagen, von links aber, als wolle er Kinder fressen.

So saß er also jetzt in seiner separaten Ofenecke und rauchte aus seinem separaten Mundwinkel, und während seine temperamentvolle Ehefrau sich unter Hawermanns Worten vor Trauer und Mitleid immer stärker ereiferte, als wolle sie sich fast umbringen, und bald ihren Bruder und bald sein Töchterchen umarmte und tröstete, saß Jung-Jochen bloß da und blickte unbewegt an den Hauptpersonen seitlich vorbei nach Bräsig hinüber. Von Zeit zu Zeit fielen aus seinem linken Mundwinkel mit dem Tabakrauch zusammen unbeholfen stockende Worte: »Tja, 's is alles so, wie 's is. – Alles so, wie 's Leder is. – Was soll einer dabei tun?«

Doch das genaue Gegenteil von Jung-Jochen war der Herr Inspektor Bräsig: bald lief er in der Stube umher, bald nahm er auf einem Stuhle Platz, dann wieder auf einer Tischkante, wobei er vor Aufregung und innerer Unruhe mit seinen kurzen Beinen herumfuhrwerkte wie ein Leineweber. Und wenn Madame Nüßler ihren Bruder umarmte und streichelte, dann umarmte und streichelte er ihn auch, und wenn Madame Nüßler die Kleine auf den Arm nahm und sie herzte und küßte, dann nahm er sie ihr wieder ab und trug sie in der Stube umher und setzte sie dann abermals auf einen Stuhl – und immer wieder genau auf Großmutters Haube.

»Lieber Gott«, fiel es der Hausfrau endlich ein, »ich vergesse ja auch rein alles. Bräsig, daran hätten Sie auch denken können. Ihr habt ja überhaupt noch nichts zu essen und zu trinken bekommen!« und damit lief sie an den blauen Eckschrank und holte schönes, weißes Landbrot und frische Butter heraus, und lief nach draußen und brachte Mettwurst, Schinken und Käse sowie ein paar Flaschen von dem Starkbier herbei, das eigens für Großvater gebraut wurde, und einen Topf mit

Milch für die Kleine. Und als alles säuberlich auf dem weißen Tischtuch angerichtet war, zog sie ihren Bruder zum Tisch, ergriff den Stuhl mit dem Kind, trug ihn heran, schnitt Brot und schenkte ein. Und dies ging alles so munter einher mit Hand und Fuß und Mund und Rede, so blink und blank mit Messer und Gabel und Mienen und Augen, und so reinlich und adrett mit Schürze und Tischtuch – und alles kam aus gutem ehrlichem Herzen.

»Ihr kriegt gleich auch was ab«, sagte sie zu ihren kleinen Druwäppeln und strich ihnen über die Flachsköpfe, »aber erst kommt das Schwesterchen. – Bräsig, setzen Sie sich doch. – Jochen, komm doch auch herüber.« – »Je, denn hilft das nicht«, bemerkte Jochen, tat einen letzten langen Zug aus seiner Pfeife und schob den Stuhl mit sich selbst heran.

»Korl«, sagte Bräsig, »ick kann dich diese Mettwurst rekummandieren. Was deine Swester is, die Nüßlern, is darin hellisch bewand't, und ich habe unsere Wirtschafterin schon ümmer gesagt, sie soll sich den Rezept geben lassen, denn das olle Frauenzimmer muddelt mich da ümmer allerlei unnatürliche Geschichten zusammen, die gar nich zusammenstimmen, kurzum es is keine Passung und kein Verhältnis darin, obschonst die Taudahten so gut sünd, as sie ein regelrecht mit Erbsen ausgemist'tes Swein liwern kann.«

»Mudding, schenk doch Bräsig ein«, bemerkte Jochen. – »Ich danke, Madam Nüßlern, aber ich bitte mich meinen kleinen Kümmel aus. Korl, seit die Zeit, daß ich mit dir und den Halunken, den Pomuchelskopp, bei den ollen Knirkstädt in Kunditschon war, habe ich mir zu's Frühstück un zu's lütt Abendbrot einen kleinen Kümmel angewöhnt, und er bekommt mich ja, Gott sei Dank! Aber, Korl, wo konntest du dich mit diesen Halunken von Pomuchelskopp inlassen? Ich sagte dir dunn schon: Der Bengel daugt nich. Er is so'n ollen Hinterhältgen, er is en tückschen Hund, kurzum, er is ein Jesuwiter.« – »Ach, Bräsig«, entgegnete Hawermann, »wollen nicht davon reden. Möglich, daß er anders an mir hätte handeln können. Aber es war doch meine Schuld, warum bin ich auf seinen Vorschlag auch eingegangen. – Mir liegt jetzt anderes im Sinn: hätte ich nur erst wieder eine Stelle!« – »Natürlicherweise mußt du ne Stelle wieder haben. Mein gnedigster Herr Graf sucht freilich für dem Hauptgute einen düchtigen Entspekter, aber, Korl, nimm's mich nich übel, du paßt dich nich dahin. Sühst du, da mußt du alle Morgen mit blankgewichste Stiewel un in en Kledrock zum Apport un mußt mit ihm hochdeutsch reden, denn Plattdeutsch hält er for Ungebildetheit. Un denn hast du all die Frauenzimmer auf dem Halse, denn die regieren alle mit. Un wenn du auch mit Stieweln un Kledrock un Hochdeutsch zu Gange kommst – denn du konntest jo vordem un büst nu woll man en bischen außer Übung –, aber mit die Frauenzimmer wirst du nich fertig, die gnedigst Gräfin kuckt dir in die Kuhställ un in die Sweinställ – kurzum, es is ne Zucht as – na, wo soll ich sagen? – as in Sodom un Gomorrha.«

»Herreje«, rief die Hausfrau, »da fällt mir ein, von Pümpelhagen der Inspektor, der soll ja zu Johanni ziehen: das wäre eine Stelle für dich, Korling.« – »Madam Nüßlern hat ümmer recht!« erläuterte Bräsig. »Was der Herr Kammer*rat* auf Pümpelhagen is« – denn bei diesem Titel legte er den Ton immer auf den *Rat,* so daß es sich anhörte, als hätten er und der Kammerrat gemeinsam Kriegsdienst geleistet, zumindest aber mit dem gleichen Löffel aus derselben Schüssel gegessen – »was der Herr Kamerad auf Pümpelhagen is, der hält seine Leute gut und gibt auch en guten Salehr, un is noch en Mann ganz nah de olle Welt. Un er kennt dir ja auch von vordem, Korl. Das wäre die richtige Stelle für dich, un morgen geh ich mit dir rüber. – Was sagst du dazu, Jung-Jochen?« – »Ja«, bemerkte Herr Nüßler, »'s is schon so, wie 's Leder is.«

»Lieber Gott«, rief die junge Frau, und ein Anflug von Ängstlichkeit zog dabei über ihr hübsches Gesicht, »ich vergesse heute ja wirklich alles. Wenn Großvater und Großmutter das zu wissen kriegen, daß wir hier in Gesellschaft vespern, und sie sind nicht dabei, dann werden sie mir wohl mein Lebtag nicht wieder gut. Kinnings, rückt ein bißchen zusammen. Du hättest dran auch ein bißchen denken können, Jochen.« – »Je, was soll ich dabei tun«, bemerkte Jochen, als seine Frau schon draußen war.

Es währte auch nicht lange, da schlurften, von ihr gefolgt, die beiden Alten auf ihren Lederpantoffeln in die Stube. Auf ihren Gesichtern lag jene lauernde Spannung und unbestimmte Aufmerksamkeit, wie die sehr Schwerhörigen sie annehmen und die allzu leicht in den Ausdruck von Dummheit und Mißtrauen übergeht.

Mit Recht wird gesagt, daß Eheleute, die lange miteinander gelebt und miteinander gedacht, gesorgt und geschafft haben, schließlich einander ähnlich werden, und wenn das auch nicht immer für den Gesichtsschnitt zutrifft, so doch für den Gesichtsausdruck. Beide sahen sauer in die Welt hinein, wie Menschen, die sich ein Leben hindurch nie eine Freude und nie ein Vergnügen gegönnt hatten, sofern es etwas kostete. Beide wirkten in ihrer Kleidung so schäbig und schmuddelig, als müßten sie immer noch sparen und knausern und als koste auch das Wasser noch Geld. Nichts von der behaglichen Gelassenheit des Alters, nicht einmal der gelegentliche Anflug einer leisen Belustigung war aus ihren Mienen abzulesen, denn sie hatten ihr ganzes Leben hindurch immer nur eine einzige Freude gekannt, und das war ihr Jöching und sein Gedeihen. Nun saßen sie auf dem Altenteil, und die Langeweile warf ihren Schatten über ihr Leben und seine einzige Freude, denn ihr Jöching war doch wirklich gar zu ledern. Aber für sein Gedeihen sorgten und knauserten sie immer noch, dies war zum Inhalt ihrer letzten Lebenstage geworden.

Der alte Mann fing schon an, ein wenig kindisch zu werden, aber die alte Frau hatte ihr Tun und Lassen noch völlig in der Gewalt, und ihre Augen huschten in allen Ecken herum wie ein Paar Spitzbuben, die auf eine gute Gelegenheit lauern.

Hawermann war aufgestanden und hatte den beiden Alten die Hand gereicht. Seine Schwester stand neben ihm und blickte ängstlich nach ihren Mienen, um herauszufinden, was sie über den Besuch dachten. In aller Eile hatte sie ihnen den Grund seiner Ankunft schon angedeutet, und daran lag es wohl, daß die alten Gesichter noch verdrießlicher dreinblickten als gewöhnlich, vielleicht aber kam es auch von dem reichlichen Vesperbrot, das sie aufgetischt sahen.

Die Alten nahmen am Tische Platz. Die alte Frau richtete ihren Blick auf Hawermanns Kleine: »Ist das seines?« fragte sie. – Die junge Frau nickte. – »Bleibt das hier?« fragte sie weiter. Die junge Frau nickte abermals. »Soo«, sagte die Alte und zog dabei das Wort »so« in die Länge, als wolle sie damit allen Schaden zudecken, der ihrem Jöching daraus möglicherweise erwachsen könne. »Ja, es sind schlimme Zeiten«, setzte sie hinzu, als müsse sie beizeiten vorbeugen, »und ein jeder hat genug damit zu tun, selber durch die Welt zu kommen.«

Der Alte hatte währenddessen unausgesetzt die Bierflasche und Bräsigs Glas angeblickt: »Ist das von *meinem* Bier?« fragte er. – »Ja«, schrie ihm Bräsig in die Ohren, »un't is schön Bier, was die Madam Nüßlern braut hat, ne ordentliche Rekolljierung for en swacken Magen!« – »Zu reichlich, viel zu reichlich«, brummte der Alte vor sich hin.

Die alte Frau aß, doch ihre Blicke gingen dabei fortwährend über den Tisch hinweg nach der Kommode hinüber. Die junge Frau, die sich in den Gewohnheiten der Alten nur zu gut auszukennen schien, folgte ihren Blicken und sah zu ihrem Schrecken, daß die Haube auf dem Haubenständer fehlte: Mein Gott, wo war die Haube geblieben! Sie hatte sie doch heute früh noch eigenhändig gebügelt und über den Haubenständer gehängt. – »Wo ist meine Haube für morgen?« fragte endlich die Alte. – Lassen Sie gut sein, Mutter«, rief die junge Frau und beugte sich zu ihr hinüber, »ich bring sie Ihnen gleich.« – »Ist sie schon geplättet?« Die junge Frau nickte und war anscheinend des Glaubens, Großmutter werde sich damit zufrieden geben. Doch deren Blicke huschten fast noch rastloser durchs Zimmer, als sie es vor fünfzig Jahren hinter den jungen Mannsbildern her getan hatten. Dem Herrn Inspektor Bräsig fielen, als die Rede auf die Haube kam, alle seine Sünden ein, und er sah sich denn auch mehrmals hastig um, um sich zu vergewissern, wo das Ungetüm wohl abgeblieben sei. Doch es dauerte nicht lange, da schoß ein bittersüßes, hinterhältiges Grinsen über die Züge der Alten, so daß ihr Gesicht aussah wie eine ausgetrocknete Semmel, die in vergällten Sirup getaucht wird, um Fliegen damit zu vergiften. *»Die* soll sie wohl noch bißchen plätten?« fragte sie und wies dabei auf Hawermanns kleine Luise. »Herregott, was ist denn *das*?« – Die junge Frau fuhr hoch und sah denn auch gleich, daß ein Ende des Haubenbandes unter dem Kleidchen des Kindes hervorkam. Sie hob das Kind auf und wollte die Bänderhaube schon an sich nehmen, aber die Alte kam ihr zuvor. Hastig riß sie ihr verunglimpftes Prachtstück an sich, und als sie den herausgequollenen Haarknoten und Bräsigs halb durchgezogenen Bindfaden gewahrte, brach das Gift aus ihr heraus. Sie hob ihre Kopfbedeckung hoch: »Unnützes Gör!« rief sie und machte eine Bewegung, als wolle sie dem Kinde die Haube um die Ohren schlagen.

Aber Bräsig fiel ihr in den Arm und rief: »Was kann das Kind dafor?« und vor sich hin brummte er: »Olle Drak!« Und hinter Großmutters Stuhl hob ein großes Weinen an, und Mining heulte: »Nicht wieder tun! Nicht wieder tun!« und Lining heulte mit: »Nicht wieder tun! Nicht wieder tun!« – »Lieber Gott!« rief die junge Frau, »das haben die beiden Gören angestellt! Mutter, das haben *unsere* getan!« Doch die Alte, die zeitlebens ihren Vorteil immer gut wahrzunehmen verstanden hatte, wußte auch im Alter aus ihrer Taubheit Gewinn zu schlagen: was sie nicht hören wollte, das hörte sie nicht, und dies wollte sie nicht hören. Sie rief und winkte ihrem Ehemann: »Komm!« – »Mutter, Mutter«, bat die junge Frau, »geben Sie mir die Haube, ich will sie

Ihnen wieder zurechtmachen.« – »Wer ist beim Melken?« fragte die Alte nur und schlurfte mit Alt-Jochen zur Tür hinaus.
Jung-Jochen steckte sich seine Pfeife wieder an. »Du lieber Gott!« rief die junge Frau, »sie hat ja recht, ich muß zum Melkplatz. Ach, in den nächsten vier Wochen wird mir Großmutter nicht wieder gut.« – »Murrjahn«, bemerkte Bräsig, »war en alter Hund, un Murrjahn hat sich zuletzt auch geben müßt.« – »Nun laßt mal das Heulen sein, ihr dummen kleinen Würmer«, sagte die Mutter und wischte ihren Dirnchen die Tränen ab. «Ihr könnt ja noch nichts dafür, ihr seid ja noch zu dummerhaft. Und nu seid schön artig und spielt mit dem neuen Schwesterchen; ich muß fort. Jochen, paß du ein bißchen auf die Kinder auf«, und damit stülpte sie sich den Kiephut auf und ging zum Melkplatz.
»Swigermudder«, bemerkte Bräsig, »is Deuwelsunnerfutter. Abersten du«, wandte er sich an Jung-Jochen, der dasaß, als gingen ihn weder Mutter noch Frau das geringste an, »du solltst dich was schämen, daß du deine Frau von de Ollsch so mißhandeln läßt.« – »Je, was soll ich als Sohn dabei tun?« bemerkte Jung-Jochen. – »Hauen brauchst du ihr grade nich«, sagte Bräsig, »weil das deine von Gott angeborene Eltern sünd. Aber ne kindliche Vermahnung kannst du ihr ab un an machen, als gehorsamer Sohn, daß der Deuwel dreinschlagen sollt, wenn sie nich Fried in 'n Haus hielten. Un du, Korl Hawermann, zieh dir so'n klein Verdruß nich zu Gemüt, denn deine liebe Swester hat ne gute Natur un hat en fröhlich Herz. Sie verwinnt das bald, un die ollen Zackermenters müssen sich zuletzt doch woll geben, denn sie können nich ohne ihr prästieren, denn die jung Frau is das Ganze in dem Haus. Abersten« – hier zog er eine mächtige, dreigehäusige Uhr aus der Tasche, so ein Ding, das man eine Warmbieruhr nennt – »wahrhaftig, schon stark auf söben! Ich muß machen, daß ich nach mein Gesinde seh.« – »Wart«, sagte Hawermann, »ich komm ein Stückchen mit dir. Adjüs so lang, Jochen.« – »Adjüs auch, Schwager«, murmelte Jochen und blieb in seiner Ecke sitzen.

Als sie draußen waren, sagte Hawermann: »Aber Bräsig, wie kannst du nur vor dem Sohn so von den Eltern reden!« – »Das is er gewennt, Korl. Kein Deuwel mag die beiden ollen Krippensetzers leiden, sie haben sich mit die ganze Nahwerschaft verfeindt, un was die Dienstboten sünd, die laufen ihr meilenweit aus dem Weg.«
»Du lieber Gott«, sagte Hawermann, »meine arme Schwester. Sie war

ein so fröhliches Kind, und nun in solchem Haus und mit solcher Nuß von einem Mann.« – »Da hast du recht, Korl, er is ne olle Nuß, und Nüßler heißt er. Aber deiner Schwester tut er nichts Slimmes, un obschonst er en ollen Schapskopp und man düsig is und nichts von Allertigkeit an sich hat, so is er doch nich so dumm, daß er nich einsieht, daß deine Swester das Ganze regiert.« – »Die arme Dirn! Um meinetwillen, um mir nicht zur Last zu fallen, wie sie sagte, und unserer alten Mutter wegen, damit sie noch zu ihren Lebzeiten wenigstens eins ihrer Kinder versorgt sah, hat sie den Mann genommen.«
«Ich weiß allens, Korl, ich weiß es aus eigene Erfahrung. Weißt du woll noch? Es war in ne Roggenernt, un du sagtst zu mir: ›Zacharies‹, sagtst du, ›dich plagt ja woll der Leibhaftige, du fährst deinen Roggen jo woll noch naß ein‹, un ich sagte: ›Wo so? Den Sonntag haben wir schon Streichelbir gehabt, wo deine Swester auch war, un denn soll ich bei son Wetter meinen Roggen nich einfahren?‹
Un dunn sagte ich zu dir, wenn ich mich mal veränderte, denn heuratete ich von alle meine drei Brauten keine andere als deine Swester. Dunn lachtst du noch so spött'sch un sagtst, sie wär noch zu jung. ›Was hat die Jungigkeit damit zu tun?‹ fragte ich. Dunn sagtst du noch, meine andern beiden Brauten hätten die Vorhand, un lachtst dabei in Ungläubigkeit von meiner Ernstlichkeit, un dunn trödelt sich die Sach noch ne Zeitlang hin, indem daß mein gnedigst Herr Graf sein Wort nich hielt un keinen verheurat'ten Entspekter haben wollt. Un nahsten wars zu spät, da hätte Jung-Jochen um ihr angehalten, un deine olle Mutter hätte ihr zu stark zugeredt. – Na, es hat nich sein sollen«, sagte der redliche alte Bursche und sah längs seiner Nase hinunter, »aber wenn ich ihr klein Kropzeug von Dirns so seh un mir das denn so nachdenk, daß das eigentlich meine sein müßten, hör mal, Korl, denn wird mich so zu Mut, as wenn ich de Ollsch un Oll-Jochen un Jung-Jochen in die graue Grund rin treten müggt. – Aber for die ollen Jesuwiter is 's en wahres Glück, daß deine Swester ins Haus gekommen is mit ihren liebreichen Herzen un fröhlichen Temprament, denn wenn da ne andre ringekommen wär, denn hätt's schon lang Murd un Dodslag geben.«

Wie sie unter diesen Reden aus dem Dorf kamen und um den Hofgarten herumgingen, sagte Hawermann: »Mein Gott, da oben auf der Höhe, da stehn ja wohl die beiden Alten?« – »Ja«, lachte Bräsig säuerlich vor sich hin, »da steht de olle Jesuwiterpackage wieder auf ihr heimliches Flag.« – »Heimlich?« fragte Hawermann, »und dann oben auf der Anhöhe?« – »Das is's jo eben, Korl. Das olle Wurmzeug traut keinen Menschen und ihre eignen Kinner nich, un wenn sie sich was sagen wollen, wo ihre gewöhnlichen Mienen und Pantemienen nich ausreichen, denn gehn sie ümmer hier auf den spitzen Barg, dat sie um sich sehen können, ob sie auch einer hören kann, un denn bröllen sie sich ihre Geheimnissen in die Ohren. Ja, nu's die ganze Kanalljerie wieder zusammen, die Ollsch hätte nu woll wieder en Drakenei gelegt, un das sitten sie nu zusammen aus.«

»Sie machens aber auch zu auffällig und eifrig«, sagte Hawermann. »Sieh bloß, wie die alte Frau herumhantiert! Was haben sie bloß?« – »Ich weiß 's recht gut, worüber sie judizieren und ruminieren; *die* Art höre ich schon auf hundert Schritt laufen, denn ich kenne ihr. Un Korl«, setzte er nach kurzem Bedenken hinzu und zog dabei die Augenbrauen sehr hoch, »'s is am besten, du krigst alles gleich zu wissen, daß du dich darnach haben kannst: Sie reden von dir un das Kleine.« – »Von mir und der Kleinen?« fragte Hawermann verwundert. – »Ja, Korl. Sühst du, wärst du mit einen großen Beutel mit Geld angekommen, denn würden sie dich mit aller Liebreichigkeit aufgenommen haben, denn Geld is das einzigste, vor das sie Respekt haben. Aber in deine augenblickliche Verlegenheit halten sie dich und das lütt Dirning nicht besser als for en paar Freifresser, die ihnen und ihren ollen Ossenpantöffel von Jöching das Brot aus die Mund nemen.«

»Lieber Gott!« rief Hawermann, »warum hab ich das Kind nicht bei den Rassows gelassen? Wo soll ich nur mit dem Wurm hin? Weißt du nicht einen Rat? Hier laß ichs nicht, hier kann ichs schon meiner Schwester wegen nicht lassen.« – »Aber natürlichemang auf de Neh möchtest du sie gerne haben. Nu will ich dir was sagen, Korl, diese Nacht mußt du nu noch bei die Nüßlers-Leut bleiben; morgen gehn wir nach den Herrn Kammer*rat* auf Pümpelhagen: wird das was, denn sehn wir uns für dem Kinde hier in der Nahwerschaft rum, wird das nichts, denn fahren wir zu Stadt, un da muß sich denn ne Gelegenheit finnen, wenn nich anders, bei Kaufmann Kurzen. Un nu adjüs, Korl! Nimm dich die Sache nich zu sehr zu Herzen, 's wird allens wieder besser, Korl.« Und damit ging er.

»Ja, wenn sie alle so wären wie du«, dachte Hawermann, als er zu seiner Schwester Haus zurückging, »dann käm ich wohl über den steilen Berg. Und rüber muß ich und will ich«, setzte er mit Nachdruck hinzu, und seine Lebenszuversicht, die aus seiner Arbeit und seinem

Pflichtgefühl erwachsen war, brach durch seine Verdüsterung hindurch wie die Sonne durch Nebelgewölk. »Meine Schwester soll durch mich keine Ungelegenheiten haben, und für mein Kind will ich selber sorgen.«

Am Abend, nachdem die Milch durchgeseiht worden war, gingen Hawermann und seine Schwester im Garten auf und ab, und sie sprach von seinen, und er von ihren Lebensumständen: »Ih, Körling«, sagte sie, »über mich gräm dich nicht. Ich bin das nu schon gewohnt. Ja, es ist wahr, die alten Leute sind gar zu eigen und schnurrig; aber wenn sie auch wochenlang mit mir maulen, ich hab das in der ersten Stunde schon wieder vergessen, und Jochen muß ich das nachsagen, er legt mir nichts in den Weg und hat mir noch kein hartes Wort gesagt. Wenn er man ein bißchen umsichtiger und mehr zur Hand wäre! Aber das ist in ihn nicht zu kriegen.

Du lieber Gott, ich habe mit der Hauswirtschaft genug zu tun, und wenn ich mich auch noch um die Außenwirtschaft kümmern wollte! – ein Frauenzimmer versteht doch nichts davon. Da ist mir denn nu Bräsig eine wahre Stütze, denn er guckt alle Augenblicke mal über die Feldscheid und auf den Hof und ins Haus und bringt denn auch Jochen ab und an ein bißchen auf Trab.«

»Geht es denn mit der Wirtschaft im ganzen gut, und kommt ihr einigermaßen zurecht?« fragte der Bruder. – »Wie sie gehen sollte, geht sie nicht. Dafür wollen wir zu viel sparen, und die Alten leiden nicht, daß wir was ans Inventar wenden und daß wir ein bißchen andersrum wirtschaften. Auskommen tun wir ja, und die Pacht ist noch immer richtig bezahlt worden. Aber da sind nu Jochens ältere Schwestern, die Kaufmännin Kurz und die Rektorin Baldrian – na, sie haben damals ne kleine Aussteuer gekriegt – die liegen nu den Alten und uns immer in den Ohren, daß sie ihr Erbteil haben wollen. Der Rektor hat es nicht gerade nötig, aber er ist ein alter Pfennigfuchser. Kurz aber kann sein Geld brauchen, denn er ist Kaufmann und will doch sein Geschäft vergrößern. Nu wollen die beiden Alten aber Jochen beinah das Ganze zukommen lassen, und von dem, was sie für sich selbst zurückgelegt haben, können sie sich nicht trennen, und die Alte, die hat so nen alten fatalen Spruch, den betet sie ihnen immer her, wenn sie mit solchen Anliegen kommen:

Wer seinen Kindern gibt das Brot
Und leidet endlich selber Not,
Den schlag man mit der Keule tot.

Aber es ist Unrecht, großes Unrecht, und Segen kann nicht dabei sein, denn *ein* Kind ist so gut als das andere. Und das habe ich den beiden Alten im Anfang auch geradeheraus gesagt. Oh, was wurde das für ein Hallo! *Sie* hatten es verdient, und ob *ich* etwas zugebracht hätte? Auf den Knien sollt ich ihnen und Gott danken, daß sie Jochen zum Mann machen wollen.
Aber ich hab Jochen doch dazu gekriegt, daß er Kurz wenigstens so nach und nach an die fünfzehnhundert Taler gegeben hat. Die Alte hat es wohl gemerkt und hat auch schon immer drauf gespitzt, aber den richtigen Grund weiß sie doch nicht. Denn dieweil Jochen ein bißchen zu umständlich ist und er auch mit dem Rechnen nicht so ganz zurecht kommt, habe *ich* die Kasse, und da laß ich Großmudding absolut nicht reingucken. Nee, Großmudding, so dumm bin ich nicht! Wenn ich einen eigenen Hausstand habe, denn will ich auch meine eigene Kasse haben. Und das ist der Hauptärger von den beiden Alten, daß sie nu nicht mehr über Jochen Vormund spielen können. Aber Jochen ist jetzt immerhin schon gegen vierzig, und wenn er sich nicht selbst regieren will, denn will ich ihn regieren, denn ich bin seine Frau und bin die Nächste dazu, wie unsere Frau Pastern zu sagen pflegt. Nu sag, Korl, hab ich recht oder hab ich unrecht?«
»Du hast recht, Dürten«, schloß Hawermann. Und danach sagten sie einander gute Nacht und gingen zu Bett.

Kapitel 3

Die Bildergalerie

Am andern Morgen erschien Bräsig rechtzeitig, um Hawermann nach Pümpelhagen abzuholen. Die junge Frau saß in der Diele und zahlte die Leute aus. Jochen saß an ihrer Seite und rauchte Tabak, aber das Geschäft besorgte sie. Von den beiden Alten hatte sich noch keines sehen lassen, denn Großmudding hatte ihrer Schwiegertochter mitgeteilt, sie wenigstens komme heute nicht nach unten, denn sie habe nichts auf den Kopf zu setzen, und Großvadding hatte geäußert, das lustige Leben ginge sicher auch ohne ihn.

»Das is recht nüdlich von die ollen Burßen«, sagte Bräsig, »daß sie uns das Mittagessen nicht ansäuren wollen, denn, Madam Nüßlern, ich bleib heute mittag hier bei Korlen. – Abersten, Korl, wir müssen gehn. Adjüs, lütt Kropzeug.«

Kaum waren sie auf den Hof gelangt, hielt Bräsig ein: »Süh mal, Korl, sieht das hier nich aus as in der Wüste Sara? – Hier en Klacken Meß und dor en Klacken Meß! Un süh mal, diesen Graben hat Oll-Jochen noch aufsmeißen lassen, daß doch beileibe all das bischen Jauch in den Dorfteich laufen kann. Un denn die Dächer«, sagte er im Weitergehen. »Sie haben Stroh genug zu neue Dächer, aber 's is bloß, daß die Ollen zu der Ausgabe von das Dächerlohn schief sehen. Ich geh hier eigentlich bloß aus zwei Ursachen her, einmal wegen meinen Magen un einmal wegen meinen Herzen; denn ich habe das befunden, daß mich das gut bekommt, wenn ich en bischen stark gegessen habe un ärgere mich dann gelinde. Un von meinen Herzen wegen geh ich her wegen deiner Swester un das lütte Kropzeug, daß ich ihr doch en bischen unter die Arm greifen kann; denn Jung-Jochen, der zieht sich sonst ganz zu as en Rad an'n Reis'wagen 's Winters von hier nach Rostock. Oh, ich möcht ihn man bloß mal vorn Meßwagen haben, mit dreien un vorn auf die Spitz un denn mit der Peitsch dorachter!«

»Sieh«, meinte Havermann, als sie aufs Feld kamen, »hier haben sie doch recht ordentlichen Weizen.« – »Ih ja, er hat ne ganz gute Farbe; aber was meinst du, was sie hier säen wollten? – Roggen! Un worüm? – Weil daß Oll-Jochen hier einundzwanzig Jahr lang in'n Winterslag ümmer Roggen gehabt hätte.«

»Geht der Schlag über den ganzen Berg rüber?« – »Nee, Korl, so fett fidelt Luchs nich: Speck in Butter gebradt un denn mit Leffeln essen; nee, Korl, der da über den Berg herüber, das's schon meiner.« – »Tja, wie man das doch in so ein paar Jahren vergessen kann. Bis hier heran geht also dein Revier?« – »Ja, Korl, denn Warnitz dehnt sich mächtig in die Längde; auf dieser Seite schießt es bis hier hinein un auf der andern swenkt es sich bis gegen Haunerwiem ranne. Aber, sühst du, von diesen Barg hier kann ich dir die ganzen Verhältnissen von der Gegend zeigen.

Wo wir hier stehen, das is deinen Swager sein, un das geht man rechtsch bis an meinen Weizen un linksch bis an das lütte Dannenholz, denn Rexow is man klein, un auf dem Jennseit von dem Dorf liegt man ne Wenigkeit von Acker. Rechtsch hinter den Weizenslag liegt nu also Warnitz, un vor uns, wo die Brach anfängt, liegt Pümpelhagen, un hir linksch hinter den kleinen Dannenwald, das's schon Gürlitzer.« – »Warnitz ist also wohl das größte?« – »Nee, Korl, auch das nich! Pümpelhagen hat acht Last mehr un is en Hauptgut, auch von Boniteh; zweiundvierzig Last gebornen Weizenboden. – Ja, wenn das andere all so wär!

Na, der Kammer*rat* is en guter Mann, auch als Landmann. Aber sühst du, da sitzt er nu in Swerin, und um Pümpelhagen kann er sich nich kümmern – da hat er denn männigmal auch so'ne Art von Entspektors gehabt! –, un das Gut hat er dunnmals noch in den teuren Zeiten gekauft, un da stehen ne Menge Apotheken darin, daß ihn woll männigmal die Haare weh tun. Un denn soll auch sie, was die Kammer*rätin* is, mächtig ins Geschirr mit Vesiten un Traktierungen gehen. Aber *er* is en ordentlicher Mann un hält auch seine Leute gut, un obschonst die Herren von Rambows von alter Herkunft sünd – denn mein gnedigst Herr Graf ladt ihn männigmal zu's Middagbrod, un der geht man mit Uradligen um –, ist er doch man so ganz dusemang vor sich weg, ahn vel Ümstänn.«

Hawermann hatte aufmerksam zugehört, denn dies alles konnte, wenn es gut ging, für seine Zukunft von Bedeutung werden. Doch so anziehend das für ihn auch war, seine Gedanken kehrten doch immer wieder zu seiner gegenwärtigen Bedrängnis zurück. »Bräsig«, fragte er also, »hast du dir die Sache mit meiner Kleinen durch den Kopf gehn lassen?« – »Was wollt ich nich, Korl! Abersten – weiß der Deuwel! – ich glaub, wir müssen doch am End zu Stadt nach Kaufmann Kurzen. Sie, die Kurzen, is ne ordentliche Fru, un *er* – na, er is auch so'n Vokativus, als die Kaufmänner all sünd. Denk dir, hat mich der Kerl

vorigen Sommer ne Art Hosenzeug angesnackt – was ich for sonntags tragen wollt – war so'ne Art Schakoladen-Kalür – un denk dir, als ich damit des Morgens in'n Tau durch meinen Klee geh, is sie bis an die Knie ganz krebsrot – rein scharlachen! Un en Köm hat er mich geschickt, war so'n preußschen, so'n ollen süßen, den sie mit allerhand Troppen fabrizieren. Hab en ihm aber wieder retuhr geschickt mit en guten Vers. Die Hose will er aber nich wieder nemen un ließ mich sagen: er säß auch nich in das Zeug. Na, meint der Kerl denn, daß ich in rote Hosen sitzen will?
Un, Korl, süh! Dies linksch hier is nu schon Gürlitzer.« – »Das ist denn ja auch der Gürlitzer Kirchturm?« fragte Hawermann. – »Ja, Korl«, sagte Bräsig, blieb stehen, streckte seine Nase hoch in die Luft, zog die Augenbrauen bis unter die Hutkrempe – denn sonntags trug er einen Hut –, sperrte seinen Mund weit auf und sah Hawermann mit Augen an, die durch ihn hindurchblickten und sich weit hinter ihm in der Ferne verloren.
»Korl!« rief er endlich, »daß du von den Kirchturm sagst! – Daß du die Nase ins Gesicht behältst! – Uns Gürlitzer Paster muß ja dein lütt Dirning nemen.« – »Pastor Behrens?« fragte Hawermann. – »Ja, Paster Behrens, unser alter Paster Behrens, der mir un dir noch bei den alten Knirkstädt in der Provat gehabt hat.«
»Ach, Bräsig, ich wills dir nur sagen, ich hab beinah die ganze Nacht daran gedacht, ob das wohl möglich wär – falls ich hier in der Nähe unterkomme?« – »Mäglich? Er muß: denn das is ihm gut, wenn er son klein Würming um sich hat, was ihm mittlerweil in die Hand rinwächst, indem daß er selbst keine Kinder hat un seinen Acker verpacht hat un nu weiter nichts nich tut, als in die Bücher lesen un studieren, das's en andern Menschen schon grün un gelb vor die Augen wird, wenn einer's bloß von ferne mit ansieht. Das is ihm gut! Un sie, die Frau Pastern, is so kinderlieb, daß alle Gören im ganzen Dorf an ihr hacken, un dabei is sie ne betriebliche un reinliche Frau un ümmer lustig und paßt sich mit deine Schwester ganz kaptal.«
»Ja, wenn das ginge!« rief Hawermann. »Was verdanken wir beiden diesem Mann nicht alles, Zacharies! Weißt du noch, wie er uns, als er noch Kandidat beim alten Knirkstädt war, im Winter abends Privatstunde gab und uns Schreiben und Rechnen beibrachte, und wie freundlich er zu uns beiden dummen Jungs war?« – »Ja, Korl, un wo denn ümmer Zamel Pomuchelskopp hinterm Ofen lagg un snorkte, daß sich

die Balken bögten, während dem daß wir in den Wissenschaften waren. Weitst woll noch mit's Rechen, as wir in die Regeldetri kamen? Man suche die vierte unbekannte Größe – un denn wurd erst der Ansatz genommen, un denn gung's los!
In der Fixigkeit war ich dir über, aber in der Richtigkeit warst du mir über, auch in der Ottographie. Aber in dem Stiel, in Briefschreiben un's Hochdeutsche, da war ich dir wieder über, un in diesen Hinsichten habe ich mir nachher ümmer weiter befleißigt, denn jeder Mensch hat sein Lieblingsthema. Un wenn ich zu dem Paster komm, denn bedank ich mich noch ümmer bei ihm, daß er mir Bildung beigebracht hat, un denn lacht er so vor sich hin un sagt, er müßte sich mehr bei mir bedanken dafür, daß ich ihm dazumalen seinen Acker verpacht hätte un daß er nu auf en guten Kuntrakt säße. Er hält was auf mir, und wenn du hier ankommst, gehen wir nach ihm rüber, un du sollst sehn, er tut's.«

Unterdessen waren sie in die Nähe von Pümpelhagen gelangt. Bräsig hatte Hawermann nun schon ganz in sein vornehmeres Fahrwasser gelotst, wie er auf dem Gutshof auf einen alten Bedienten lossteuerte und diesen fragte, ob der Herr Kammer*rat* wohl zu Hause und zu sprechen sei. Er wolle die Herren anmelden, sagte der Diener: ob er nicht der Herr Inspektor Bräsig sei: »Ja«, sagte Bräsig, »sühst du, Korl, er kennt mir, un der Herr Kammer*rat* kennt mir auch. Un – hast du's woll bemerkt? – ordentlich anmellen! Unner dem tuns die Adligen nich. Mein gnedigst Herr Graf läßt sich ümmer von drei Stück anmellen, das heißt, einer meldt's ümmer den annern, bis's der Herr Kammerdiener zuletzt ihm meldt, wobei denn männigmal hellsche Spaßigkeiten passieren, als neulich mit den Kammerjäger. Der Erste meldte den Zweiten staats Kammerjäger Oberjäger, un der Zweite setzte noch en Meister an, un der Dritte meldte den Herrn Grafen einen Oberjägermeister, un as nu mein gnedigst Herr Graf den frömden Herrn recht mit en Avec empfangen wollte, dunn war's de olle Rattenfänger Tibäul.«
Der Diener kam zurück und führte sie in ein geräumiges Zimmer, das wohl anständig, aber keineswegs übermäßig vornehm möbliert war. In der Mitte stand ein großer, einfacher Tisch voller Papiere und Rechnungen.
Hinter dem Tisch erhob sich bei ihrem Eintritt ein recht großer, hagerer Mann, in dessen Gesicht ein nachdenklicher Ausdruck stand. Seine ganze Erscheinung verriet ruhige Besonnenheit, und an seinem Anzug,

obwohl korrekt zum Ausgang hergerichtet, war doch die gleiche Einfachheit zu bemerken wie am Hausrat des Zimmers. Er konnte anfangs der Fünfziger sein, und sein dunkles Haar spielte schon stark ins Graue. Auch war er wohl kurzsichtig, denn als er um den Tisch herumging, um die beiden Gäste zu begrüßen, langte er erst nach einer Lorgnette, nahm sie dann jedoch nicht in Gebrauch, sondern trat dicht an seine Besucher heran: »Ah, Herr Inspektor Bräsig«, sagte er zurückhaltend. »Womit kann ich dienen?«

Nun hatte sich aber Unkel Bräsig bereits so beträchtlich in vornehmen Redensarten verfangen, daß er sich im Augenblick nicht gleich wieder herauszuwinden vermochte. Ohne sich also länger mit ihm aufzuhalten, blickte der Kammerrat jetzt aus kurzer Entfernung Hawermann ins Gesicht: »Sie wünschen ...? Aber«, unterbrach er sich, »ich sollte Sie kennen. Warten Sie – waren Sie nicht vor zehn oder zwölf Jahren in Kondition bei meinem Bruder?« – »Ja, Herr Kammerrat, und mein Name ist Hawermann.« – »Richtig, richtig! Und was verschafft mir das Vergnügen, Sie bei mir zu sehen?« – »Ich habe erfahren, daß der Herr Kammerrat einen Inspektor suchen, und da mir mit einer solchen Stelle gedient wäre ...« – »Aber Sie haben ja eine Pachtung in Pommern, wie ich gehört zu haben glaube«, unterbrach ihn der Gutsherr.

Nun war es aber höchste Zeit für Bräsig, wollte er überhaupt noch bedeutungsvoll zu Worte kommen, sich ins Mittel zu legen: »Das hätte er auch, Herr Kammer*rat* von Rambow, aber gehabt, un dafor gibt der Jude nichts mehr. Er is auch, wie viele Ökonomiker, in die schlechten Konjekturen geraten, un die Miserabligkeit un Slechtigkeit von seinen Verpächter hat ihn rungeniert. Was sagen Sie dazu, Herr Kammer*rat*?«

Hinter dem Rücken des alten Burschen lachte es bei diesen Worten hell auf. Als er sich umsah, blickte ihm das hübsche Gesicht eines zehn- bis zwölfjährigen Knaben entgegen, das aussah wie: Paß auf, da kommt gleich noch was nach! Auch der Kammerrat verzog seine Miene ein wenig zum Lächeln. Zum Glück aber war es Bräsig nicht gegeben, hinter solcher Heiterkeit je etwas anderes zu vermuten als das natürliche Wohlgefallen an seiner wohlgesetzten Rede. So schloß er also ganz ernsthaft: »Un da is er denn kopphester gegangen.«

»Das bedaure ich recht von Herzen«, sagte der Kammerrat. »Ja«, setzte er mit einem leisen Seufzer hinzu, »es sind harte Zeiten für den Landmann gewesen; aber wir müssen hoffen, daß es besser kommt.

Was nun Ihr Anliegen betrifft – Axel, geh einmal nach drüben und sieh zu, ob das Frühstück aufgetragen ist –, so ist Ihre Voraussetzung richtig: ich habe meinen bisherigen Inspektor plötzlich entlassen müssen wegen – nun, ich will sagen, wegen nachlässiger Rechnungsführung, und ich suche einen passenden Mann an seiner Stelle. Aber«, unterbrach er sich, als sein Sohn mit der Nachricht hereinkam, daß das Frühstück angerichtet sei, »die Herren haben noch nicht gefrühstückt, wir machen die Sache am besten beim Frühstückstisch ab.«

Damit ging er zur Tür, hielt inne und machte eine Geste, die seine Gäste zum Vortritt einladen sollte. »Korl«, flüsterte Bräsig, »nich wohr? Ganz wie unserein!« Doch als Hawermann, der Einladung folgend, ruhig voranschritt, zog Bräsig die Augenbrauen hoch und streckte die Hand aus, als wolle er seinen Freund an den Rockenden wieder zurückholen. Zugleich stellte er seine kurzen, verschrobenen Beinpfähle beträchtlich nach außen und dienerte wie ein Klappmesser: »Ih, wo werd ich! Bitte äußerst! Herr Kammer*rat* haben ümmer das Preh!« – Und seine Verbeugungen fielen nicht schlecht aus, denn er hatte einen langen Oberleib und kurze Beine, und die gehören zum richtigen Dienern. Der Kammerrat mußte seinen Komplimenten schon deshalb aus dem Wege gehen, auf daß der alte Bursche sich nicht wirklich das Kreuz verrenke.

Beim Frühstück wurde die Angelegenheit dann abgesprochen und beschlossen: Hawermann wurde angestellt mit einem guten, auskömmlichen Gehalt, das sich alle fünf Jahre erhöhen sollte. Die einzige Bedingung, auf die der Kammerrat Wert legte, war, Hawermann solle seinen Posten sofort antreten. Dies versprach der neue Inspektor denn auch.

Nachdem zur Übernahme der nächste Tag festgesetzt worden war, damit der Kammerrat seinen neuen Inspektor vor seiner Abreise noch einiges mitteilen und ihn mit seinen Absichten bekanntmachen konnte, und nachdem Bräsig noch zum Schluß in aller Kürze »den betrübten Lebenslauf« eines alten, fünfzehnjährigen Vollblutwallachs geschildert hatte, der gerade als Vorbeipferd auf dem Hofe seinen Dienst tat: daß er nämlich noch »die Ehre hätte, den ollen Schinder ungeboren zu kennen«, daß die Kreatur in ihren jungen Jahren »ein Fohlen gewesen wär, wie's in's Buch steht«, sich aber danach mit »Spatt und Hasenhacken un allerlei Deuwelszeug bemengt hätte, wofür er nu vör den Meßwagen seine Bestrafung krigte«, nahmen die beiden Inspektoren ihren Abschied.

»Bräsig«, sagte Hawermann, als sie draußen waren, »mir ist ein Stein vom Herzen gefallen. Gott sei Dank! Ich hab wieder etwas zu tun, und das wird mich auf andere Gedanken bringen. Jetzt nach Gürlitz! Ach, wenn es dort doch auch nur so glücken wollte!«
»Ja, Korl, du kannst von Glück sagen, denn, nimm mich's nich übel, es fehlt dich die Lebensart un der feine Plüh, mit Edelmänner umzugehen. Wo konntest du *so* woll sein? Wo konntest du woll *vor* den Kammer*rat* durch die Tür gehn?« – »Bräsig, als er mich dazu aufforderte, da war ich sein Gast, und er war noch nicht mein Herr. Jetzt werde ich es nicht mehr tun, und, verlaß dich drauf, er auch nicht ...« – »Na, Korl, ich sag auch man, abersten bei dem Paster, da überlaß mir die Sache; das will mit Finessen angefaßt sein.« – »Ja, Zacharies, in Gottes Namen. Wenn es nicht für meine Kleine wäre, ich hätte nicht den Mut, einen Menschen in einer so wichtigen Sache um etwas zu bitten. Willst du's mir abnehmen, so wär's ein wahrer Freundschaftsdienst.«
Als sie in der Nähe der Gürlitzer Kirche vorbeikamen, hörten sie Gemeindegesang; der Gottesdienst war noch nicht vorüber.

Beim Betreten des Pastorenhauses kam ihnen schon aus der Wohnstube eine zierliche, agile, rundliche Frau von etwa vierzig Jahren entgegen. Alles war an ihr rund: die Arme, die Hände und die Finger, der Kopf, die Wangen und die Lippen, und dabei blickten ihre runden Augen so lebhaft aus ihrem runden, prallen Gesicht, als hätten Leid oder Trauer ihr nie die Augenlider beschwert. All ihre Mienen und Gesten atmeten eine solch heitere Lebendigkeit, daß man meinte, durch sie hindurchsehen zu können, wie das rote, pulsierende Blut tief im Innern ihr warmes Herz durchströmte.
»Guten Tag, Herr Bräsig, na, nehmen Sie doch Platz! Nehmen Sie doch auch Platz! Ja, das hilft nicht! Mein Pastor ist noch in der Kirche. Er würde schön schelten, wenn ich Sie fortlassen würde. Setzen Sie sich doch auch, Herr ... Wie ist doch Ihr Name? – Ja, ich wäre heut auch gern zur Kirche gegangen. Aber denken Sie sich, der Predigerstuhl ist vergangenen Sonntag durchgebrochen. Du lieber Gott, da drängt sich doch alles hinein, und man mag denn auch nicht gerade nein sagen – und unser alter Tischler Prüßhawer soll ihn wieder zurechtmachen, aber der alte Mann hat sich plötzlich mit Fieber legen müssen.« So rund und prall und angenehm kam dies alles aus ihrem runden kleinen Mund, als wären ihre Worte bunte, glatte, blanke

Billardkugeln, die ein fröhliches Kind über das grüne Tuch eifrig hin- und herrollen läßt.
Bräsig stellte darauf Hawermann als einen Bruder der Madame Nüßler vor. »Sie sind Ihr Bruder? Ihr Karl-Bruder? — Nun, setzen Sie sich, setzen Sie sich! Was wird mein Pastor sich freuen! Immer, wenn Madam Nüßler bei uns ist, wird von Ihnen gesprochen — immer Gutes — der Herr Inspektor weiß es. Mein Gott, Bräsig, was haben Sie mit meinem Gesangbuch vor? Lassen Sie mir das Buch liegen! Sie lesen doch nicht darin, Sie sind ein alter Heide. Das sind Sterbelieder, und was haben Sie mit Sterbeliedern zu tun? Sie wollen ja wohl ewig leben? Sie sind nicht besser wie der Ewige Jude. Lieber Gott, man muß doch auch einmal ans Sterben denken, und weil unser Kirchenstuhl gebrochen ist und der alte Tischler das Fieber hat, so habe ich für mich ein paar Todesbetrachtungen gelesen.« Und dabei lief sie quecksilbrig hin und her, legte die Bücher beiseite, wischte Staub da und dort an Stellen, an denen gar kein Staub lag, und polierte und putzte in ihrer Stube herum, die schon ohnehin blitzsauber war wie ein Schmuckkästchen. Plötzlich aber hielt sie ein, horchte nach der Küche hinunter und rief: »Richtig! Jetzt lassen sie mir doch noch die Suppe überkochen!« Und draußen war sie.
»Nich wohr, Korl«, sagte Bräsig, »dor's Temperament in. Un was for ne gediegene Gesundheit! — Nu laß mich aber, ich bring's nu ins gleiche«, und schritt hinter der Frau Pastorin hinaus.
Hawermann sah sich in der Stube um: wie war das alles so reinlich und behaglich, so heimelig und voller Friede! Dort über dem Sofa hing ein schöner Christuskopf, und darum und darunter hingen die Bilder der Eltern des Herrn Pastors und der Frau Pastorin und von deren Verwandten — einige in bunten Farben, einige schwarz-weiß, manche in großem, manche in kleinem Format — und unser Herr Christus hielt seine Hände segnend auferhoben, und unter diese Hände hatte die Frau Pastorin nun ihre ganze Verwandtschaft placiert — damit sie das Beste vom Segen abbekomme, weil sie sie doch als die Nächsten dafür ansah. Ihr eigenes Bild aus jüngeren Jahren und das ihres Pastors hatte sie bescheiden neben das Fenster und ein wenig entfernter aufgehängt. Doch Gottes Sonne, die durch die schlohweißen Gardinen hindurchschien und die anderen Bilder vergoldete, traf ihrer beiden Bilder erst recht mit der Fülle ihres Glanzes.
Dort stand ein kleiner Bücherschrank voller geistlicher und weltlicher Bücher, ein bißchen kunterbunt durcheinander, aber sie machten sich

doch sehr schön, denn sie waren mehr nach dem Einband als nach dem Inhalt geordnet. Und wenn jemand glauben sollte, weil Frau Pastorin auch plattdeutsch sprach, finde sie an hochdeutschen Schriften keinen Gefallen oder bringe für sie kein Verständnis auf, der brauchte nur ein Buch aufzuschlagen, in dem ein Lesezeichen lag, und er hätte bemerkt, daß die angezeichneten Stellen auch ihm zu Herz und Gemüt sprachen, sofern er freilich ebensoviel Herz und Gemüt besaß wie die Frau Pastorin. Und hätte er gar das Kochbuch aufgeschlagen, dann hätte er eingesehen, daß die Frau Pastorin sich auf das Studieren ebensogut verstand wie der Herr Pastor selber, denn genau wie er hatte sie mit eigener Hand ihre Anmerkungen an den Rand geschrieben. Und dort, wo nichts vermerkt war, darauf konnte man sich verlassen, standen die Lieblingsgerichte des Herrn Pastors verzeichnet – »und dabei«, pflegte sie zu sagen, »brauche ich keine Feder anzusetzen, denn die weiß ich auswendig.«
Und hier, in diesem Frieden, in diesem schlichten, traulichen Behagen sollte Hawermanns Töchterchen, wenn Gott seinen Segen dazu gab, seine Kinderjahre verleben! Die Segenshände dieses Christusbildes würden auch über sein Kind sich ausbreiten, diese Gottessonne sollte auch über ihm leuchten, und das, was große und gute Menschen in diesen Büchern zum Besten der Menschheit niedergelegt hatten, das sollte eine junge Seele einmal auferwecken aus dem Kindheitstraum, ihr Freude und neue Kraft schenken. Ihm wurde weich ums Herz.
Wie es aber noch so zwischen Hoffen und Bangen schwebte, trat die Frau Pastorin mit rotgeweinten Augen wieder ins Zimmer. »Sagen Sie mir nichts mehr, Herr Hawermann, sagen Sie mir gar nichts mehr! Bräsig hat mir schon alles erzählt, und Bräsig ist ein richtiger Heide, aber er ist auch ein guter Mensch und ist ja Ihr treuer Freund, und mein Pastor denkt ebenso wie ich, das weiß ich, denn wir sind uns immer einig, und das lütt Dirning? Du lieber Gott, ja! Die alten Nüßlers sind eine hartherzige Art«, und dabei trat sie heftig mit dem Fuße auf. »Die Alte«, warf Bräsig eilig angesichts ihres Redeflusses ein, »die Alte ist eine Nimmersatterin.« – »Recht, Bräsig, das ist sie auch; aber mein Pastor soll den beiden Alten ins Gewissen reden. Nicht wegen des kleinen Mädchens, das kommt hier zu uns her, oder ich müßte meinen Pastor nicht kennen.«
Und wie Hawermann eben dabei war, seinem tiefen Dankgefühl Wort zu geben, da traf Frau Pastors Pastor ein. Sie nannte ihn stets, wenn sie von ihm sprach, *ihren* Pastor, weil er ihr wirklich mit Leib und

Seele angehörte, und ihren *Pastor* nannte sie ihn in Anbetracht der ihm eigenen Würde, und weil es ihm von Amts wegen zukam.

Er war bloßen Hauptes über den Kirchhof zum Pfarrhof herübergekommen, denn die hohen Samtmützen, die unsere guten Protestantenprediger so aussehen lassen wie russische Popen, waren damals noch nicht Mode, zum wenigsten nicht auf dem Lande. Statt der großen Halskrause, die an den weißen Prozellanteller erinnert, auf dem das Töchterlein Herodias ihrem Stiefvater das Haupt Johannes des Täufers zum Geschenk überreichte, trug er ein Paar kleine, unschuldige Bäffchen, die seine liebe Frau Regine in aller christlichen Ehrfurcht selbst genäht, gesteift, gebügelt und ihm umgebunden hatte, denn diese kleinen, unscheinbaren Dinger hielt sie zu recht für die passende Geistlichenuniform, und nicht jenes häßliche Mäntelchen, das wie ein vierkantiges Brett oben in den Rockkragen hineingesteckt wird. »Denn«, sagte sie, »meine liebe Madame Nüßler, so einen kleinen Mantel hat unser Küster auch, aber Bäffchen darf er nicht umbinden. Und wenn ich meinen Pastor so mit der Zierde seines Standes auf der Kanzel sehe, ich weiß nicht, dann kommen mir die kleinen weißen Dinger, wenn sie sich bei seinen Worten, bald das eine, bald das andere, so heben und senken, wie ein Paar Engelflügelein vor, auf denen einer geradewegs zum Himmel fahren kann, bloß daß mein Pastor die Flügel vorn und die Engel sie hinten haben.«

Immerhin, ein Engel war ihr Pastor eben nun gerade nicht, und er war auch der letzte, der sich dafür ausgegeben hätte. Doch bei aller Aufrichtigkeit, die aus seinen Gesichtszügen sprach und die keinerlei Rücksicht zu kennen schien, lag darauf zugleich eine freundliche Nachsicht, eine stille Güte, die auf den ersten Blick erkennen ließ, daß er ein aufrechter und guter Mensch war. Und wenn man ihm auch ansah, daß er sich sein Lebtag mit ernsten Dingen abgegeben hatte, so konnte man doch auch – freilich erst, nachdem die Frau Pastorin ihm den Talar und die Bäffchen abgenommen hatte – aus seinen Augen ein fröhliches Herz, und aus den Zügen um seinen Mund auch den Sinn für einen harmlosen Scherz ablesen. Und hatte er den Geistlichen ausgezogen, dann stand er da als ein Mann, der auch in weltlichen Dingen einen gesunden Rat zu geben und eine hilfreiche Hand entgegenzustrecken wußte.

Wie er eintrat, erkannte er Hawermann gleich wieder und ging ihm entgegen: »Guten Tag, lieber Freund, wie? seh ich Sie einmal wieder? Wie geht es? – Guten Tag, Herr Inspektor!« – Als Hawermann ihn seinerseits begrüßte und Bräsig gerade vom Anlaß ihres Besuches zu reden anfangen wollte, warf sich die Frau Pastorin dazwischen, nahm ihrem Pastor das geistliche Rüstzeug ab und rief dabei: »Nichts! Nichts, Herr Hawermann. – Bräsig, wollen Sie wohl! – Das sollst du alles von mir zu wissen kriegen«, sagte sie zu ihrem Ehemann, »denn wenn die Veranlassung eine traurige ist – ja, Herr Hawermann, eine gar zu traurige! –, so wird es für dich doch eine Freude sein. – Komm, komm!« Und damit zog sie ihn in sein Studierzimmer. »Denn ich bin die Nächste dazu!« rief sie noch gleichsam entschuldigend aus der Tür zurück.

Nach einer Weile kehrte der Pastor in der Begleitung seiner Ehefrau zurück und ging festen Schritts und mit entschlossenem Gesichtsausdruck auf Hawermann zu: »Ja, lieber Hawermann, ja! Wir wollen es tun, und was an uns liegt, *gerne* tun«, und er drückte ihm die Hand. »Aber«, setzte er hinzu, »wir haben keine Übung in der Kinderpflege, doch wir werdens lernen. Nicht wahr, Regine, wir werdens lernen«, als wolle er mit diesem kleinen Scherz Hawermann über die tiefe Rührung hinweghelfen, die ihn, wie aus seinen Zügen und seinem Verhalten hervorging, sichtlich überkommen hatte.

»Herr Pastor«, brach es schließlich aus Hawermann hervor, »Sie haben schon so viel an mir getan, aber dies . . .!« Und die kleine Frau Pastorin griff nach ihrem Trostmittel und Handwerkszeug, das sie bei jeder Überraschung in Freud und Leid zur Hand nahm, nach ihrem Staubtuch, und wischte hier und wischte dort und hätte vielleicht auch Hawermanns Tränen damit abgewischt, wenn er sich nicht abgewendet hätte, und rief aus der Tür nach Friederike: »Du, Rike, lauf mal gleich hin zur Weberfrau, und sie soll mir mal ihre Wiege schicken – denn sie braucht sie grade nicht«, setzte sie für Bräsig hinzu. Und Bräsig – als müsse er für die Ehre des Hauses Hawermann einstehen – sagte sehr wichtigtuerisch: »Fru Pastern, wo denken Sie hin, das oll lütt Dirning is all ganz hartlich!« Und die Frau Pastorin lief abermals zur Tür und rief das Mädchen zurück: «Rike! Rike! Keine Wiege – eine kleine Bettstelle soll sie mir leihen. Und denn geh mal gleich bei der Küsterstochter vorbei, ob sie heute nachmittag nicht – ach, du lieber Gott, heute ist ja Sonntag! Aber wenn dir dein Esel in den Brunnen gefallen ist, undsoweiter – ja, sag ihr, ob sie mir nicht helfen kann, ein paar kleine Kissen zu stopfen. – Denn das ist nicht heidnisch, Bräsig, das ist eine Notsache und hat was anders im Sinn, als wenn Sie Sonntag nachmittags ihrem Herrn Grafen den Weizen einfahren lassen. – Und, mein lieber Herr Hawermann, noch heute muß das kleine Mädchen zu uns her, denn, Franz«, sagte sie zu ihrem Ehemann, »die alten Nüßlers gönnen nicht einmal solchem kleinen Wurm das Mittagessen, und, Bräsig, ungegönntes Brot...«

Hier aber war sie ein wenig außer Atem geraten, und so fiel Bräsig ein: »Ja, Frau Paster, ungegönntes Brot soll fett machen, aber diese Art Fettigkeit hol der Deuwel!« – »Sie alter Heide, wie können Sie in einem christlichen Pastorhause so fluchen!« rief die Frau Pastorin. »Aber das Kurze und das Lange von der Sache ist: das kleine Mädchen muß heute noch her.« – »Ja, Frau Pastorin«, sagte Hawermann überglücklich, »ich bringe sie Ihnen heute noch. Meiner armen Schwester wirds sehr leid tun; aber es ist besser so für sie und ihren Hausfrieden und für mein Kind...!« Er trat auf das geistliche Ehepaar zu und dankte so bewegt, wie sein dankbares Herz es ihm eingab.

Und als sie sich verabschiedet hatten und draußen waren, holte er tief Atem und sagte zu Bräsig: »Heute morgen sah mir die Welt noch so dunkel aus, und jetzt scheint mir die Sonne schon wieder hell ins Herz, und ich hab heute doch noch einen schweren Gang zu tun. Aber es ist ein Glückstag, und da mag es wohl auch übereinkommen.« – »Was hast du denn noch for einen Gang?« fragte Bräsig. – »Ich muß nach Rahnstädt zum alten Moses. Er hat seit anderthalb Jahren einen Wechsel über fünfhundert Taler von mir. Er hat sich bei meinem Bankrott gar nicht gemeldet, und ich muß die Angelegenheit mit ihm ins reine bringen.« – »Das mußt du, Korl, und zworsten auch darum, weil der alte Moses noch lang kein von de Slimmsten is.

Nu will ich dir sagen, was wir for en Schlachtplan auf heute machen: wir gehn nu beide nah Rexow retuhr und essen da Mittag. Nahmiddag muß Jung-Jochen anspannen lassen, un du bringst deine Kleine nach Gürlitz, fährst von da nach der Stadt un kommst auf den Abend zu mir nach Warnitz un bleibst die Nacht da, un kannst denn ja morgen schon nach Pümpelhagen rübergehn, weil der Herr Kammer*rat* doch schon auf deine baldige Anwesenheit respektiert.« – »Recht«, sagte Hawermann, »so solls sein.«

Sie kamen nach Rexow, das Mittagessen wurde eingenommen, und Bräsig brachte bei Jung-Jochen die Sache mit der Fahrt nach Rahnstädt an. – »Versteht sich von selbst«, rief Madame Nüßler. – »Ja, das versteht sich von selbst«, bemerkte Jochen und ging sogar selber nach draußen und bestellte das Anspannen. – »Karl«, sagte die

Schwester, »mein lieber Bruder, wie gern, wie herzlich gern ...! Du weißt Bescheid, Bräsig wird dirs gesagt haben. – Aber, du lieber Gott, wenn Friede im Haus sein soll! – Glaub man ja nicht, daß Jochen anders denkt als ich. Er hat das Durchgreifen bloß nicht in sich und kann die Worte nicht von sich geben. – Ich will mich aber um dein Kind kümmern, als wenns mein eigen wäre, obschon das bei Pastors nicht nötig tut.«

Der Wagen fuhr vor. – »Wo Deuwel!« rief Bräsig, »Jung-Jochen, du hast jo woll gor deine Staats-Ekklepasch, de oll gelbeinig Kutsch spandiert?« – »Ja, Herr«, sagte Krischan, der vorn auf dem Kutschersitz saß, »wenn wir mit der alten Dame man heil hinkommen, denn sie ist schon mächtig aus dem Bock, und die alten Räder klappern, als wenn man Leinsaat siebt.« – »Krischan«, sagte Bräsig, »du mußt erst en bischen in den Dorfteich fahren un nahsten in den Gürlitzer Bach, un denn vor Rahnstädt in den Poggenpfuhl, daß die Räder anziehen.« – »Na«, sagte Krischan, »denn werd ich wohl nen richtigen Seefahrer werden.«

Als Hawermann Abschied genommen hatte und seine Kleine im Wagen saß, drängte sich Jung-Jochen mit solcher Hast durch die Gesellschaft, daß alles ihm erschreckt aus dem Wege ging und seine Frau ausrief: »Na, was geht denn da an?« – »Da!« sagte er und steckte der kleinen Luise ein Pfund »Fliegenden Merkur« ins Händchen, denn anderen rauchte er nicht. Aber dies sah nur von außen so aus, denn als Hawermann genauer hinblickte, fand er ein großes Stück Rosinenkuchen, das Jung-Jochen nur ein bißchen in Tabakspapier eingeschlagen hatte, da gerade nichts anderes zur Hand war.

Die Fahrt ging los. Krischan nahm Teich und Bach vorschriftsmäßig mit. In Gürlitz wurde die Kleine abgesetzt, und ich will weiter nichts davon erzählen, als daß das kleine, schmucke Gör unter Küssen und Streicheln von einem zum anderen ging und sich in seinem unschuldigen Unverstand in die fremden Menschen leicht zu schicken schien. – Hawermann fuhr nach Rahnstädt zu Moses.

Moses war ein Mann hoch in den Fünfzigern. Er hatte große, kluge Augen unter starken, schwarzen Brauen, obwohl sein Kopf schon fast weiß war. Schwere Augenlider und dunkle Wimpern gaben ihm einen Anschein von Sanftmut. Er war mittelgroß und von behaglicher Korpulenz. Seine linke Schulter trug er ein wenig höher als die rechte, und das kam von seinem Handgriff. Wenn er nämlich von seinem Stuhle

aufstand, dann griff er sich mit der linken Hand in die linke Rocktasche und faßte unterhalb des Hosenbunds in seine Hose hinein, damit sie ihm links nicht herabrutsche, denn er trug nur einen Hosenträger und den auf seiner rechten Seite. – »Woßu?« sagte er zu seinem Blümchen, wenn sie ihn zum zweiten Hosenträger bereden wollte, »as ich war jung un war arm un hatte kein Geld, hab ich gemacht Geschäfte mit *einem* Hosenträger, un habe gefreit um de Blümche mit *einem* Hosenträger, nu daß ich bin alt un bin raich und habe Geld un habe de Blümche, woßu brauch ich denn ßwai Hosenträger?« Und dabei streichelte er Blümchen flüchtig, griff in die linke Rocktasche und ging wieder ans Geschäft.
Als Hawermann bei ihm eintrat, sprang er auf: »Wahrhaftigen Gott! Wahrhaftigen Gott, 's ist der Hawermann! Hab ich dir nich immer gesagt«, wandte er sich an seinen Sohn David, »der Hawermann is gut, der Hawermann is en ehrlicher Mann.« – »Ja, Moses«, sagte Hawermann, »ehrlich wohl – aber ...« – »Steh auf, David, laß Herr Hawermann sitzen, hier bei mir sitzen, Herr Hawermann hat mir was zu sagen, und ich hab Herr Hawermann was zu sagen.
Siehst du«, wandte er sich an seinen Sohn, »David, was hast du gesagt? Ich soll mich melden bei die preußschen Gerichten. Was hab ich gesagt? Ich werd mich doch nich melden bei die preußschen Gerichten; Herr Hawermann is en ehrlicher Mann. Ich hab mich *einmal* gemellt, es war in ner Sach mit en preußschen Kannedaten, as ich hab gemahnt den Kerl, hat er mir Brief geschrieben, ich soll nachlesen en Vers aus 'm christlichen Gesangbuch. David, wie haißt noch?« – »Es war en ganz entfahmter Vers«, sagte David:

»Mein Gewissen beußt mich nicht,
Moses kann mich nicht verklagen,
Der mich frai und ledig spricht,
Würd aach maine Schulden tragen.«

»Ja«, rief Moses, »so hat er geheißen! Un as ich nu hab den Brief geßaigt, da haben die preußschen Gerichten gelacht, un as ich hab meinen Wechsel geßaigt, da haben sie mit de Schulter geßogen und haben auch gelacht. – Haha! hab ich gesagt: Sie mainen, das Peppier is gut, aber der Kerl daugt nichts. Da haben sie gesagt, ich hätt recht, haben sie gesagt; aber ich könnt en lassen einsperren, müßt en aber beköstigen. Daß du krigst den Dalles! Muß ich beßahlen Auslagen un Kosten un en Termin un den ganzen Prozeß un nu noch Futterkosten for den Schweinigel? – Laß en laufen! hab ich gesagt. – Nein, der Herr Hawermann is mir besser als die preußschen Gerichten.«

»Ja, das ist alles recht gut, Moses«, sagte Hawermann bedrückt, »aber bezahlen kann ich nicht, wenigstens im Augenblick nicht.« – »Na«, sagte Moses und sah ihn ein wenig fragend an, »Sie werden doch was übrig behalten haben?« – »Keinen roten Schilling«, sagte Hawermann niedergeschlagen. – »Gott du gerechter!« rief Moses, »keinen roten Schilling!« und sprang auf und fuhr seinen Sohn an: »David, was stehst du? was kuckst du? was hörst du? Geh hin un hols Buch her.« Dabei fing er an, unruhig hin und her zu gehen.

»Moses«, sagte Hawermann, »lassen Sie mir Zeit, Sie sollen das Geld mit den Zinsen bei Heller und Pfennig wiederbekommen.« – Moses stand unbeweglich und hörte sich die Worte nachdenklich an. – »Hawermann«, sagte er schließlich auf platt, »Sei sünd doch en ihrlichen Mann!« Denn die Juden von damals machten es genau wie die Christen: wenn es ihnen ans Herz griff, sprachen sie plattdeutsch. Und als David dann mit dem Buch kam, sagte der Alte: »David, was soll das *Buch*? Trag's *Buch* weg. – Nu, was is?« wandte er sich Hawermann zu, »ich hab anfungen mit nichts, Sie haben auch anfungen mit nichts, ich hab gemacht en Geschäft. Sie haben auch gemacht en Geschäft, mir hat's glückt, Sie hat's nich glückt. Ich bin tüchtig darin, Sie sind auch tüchtig darin, denn Sie kennen Ihr Sach. Was nich heut is, is morgen. Können Sie doch morgen wieder ne Stell kriegen, können Sie mich beßahlen, denn Sei sünd en ihrlichen Mann.«

»Eine Stelle«, warf Hawermann ein, dem schon viel leichter ums Herz war, »hab ich schon wieder, und die Stelle ist gut.« – »Wo?« fragte Moses. – »Beim Kammerrat auf Pümpelhagen.« – »Schön, Hawermann, schön. Is en guter Mann! Hat er auch mit de schlechten Szaiten zu tun, is er doch en guter Mann; macht er auch kein Geschäft mit mir, is er doch en guter Mann.

Blümche!« rief er aus der Tür, »Herr Hawermann is hir. Bring heut ßwai Tassen Kaffee rein!« Und als Hawermann den Kaffee ausschlagen wollte, setzte er hinzu: «Lassen Sie, Herr Hawermann, lassen Sie! As ich war jung un mußt mit den Packen gehen zu Land, und es war kalt, hat mir Ihre Mutter oft gegeben ne warme Tasse Kaffee. As Sie noch Entspekter waren, haben Sie mich lassen fahren ganz for umsonst. Na, wi sünd doch ok Minschen. Drinken Se! Herr Hawermann, drinken Se.«

So kam auch diese Sache in Ordnung, und als Hawermann abends bei

Bräsig eintraf, war sein Herz leichter, viel leichter. Und als er dann, im Bette liegend, den Tag überdachte, war ihm, als habe eine liebe Stimme oben für ihn gebetet und eine liebe Hand habe das verworrene Knäuel seiner Zukunft entwirrt, auf daß sein Leben fortan geordneter und gradliniger verlaufen könne.

Am nächsten Morgen stellte er sich in Pümpelhagen ein, und als der Kammerrat mit seinem kleinen Sohn nach einigen Tagen abreiste, hatte Hawermann sich in seine neue Aufgabe schon hineingefunden und war in voller Tätigkeit. So blieb es für ihn in stillem Genügen manches Jahr hindurch. Der Schmerz war zur Ruhe gekommen und was ihm Freude bereitete, das war von jener Art, die der Mensch nicht allein genießen mag, die er mit anderen teilen möchte.

Kapitel 4

In der Laube

Auf dem Schlag an der Mühle stand heuer wiederum Brachweizen, wie in dem Jahre, als Hawermann auf dem Gut angelangt war. In elf Schläge war das Gutsland eingeteilt; elf Jahre waren also seit damals vergangen.

Hawermann kam aus der Kirche, denn es war Sonntag; er hatte des Pastors Predigt gehört und sein Töchterchen besucht. Er ging zu Fuß den Kirchsteig entlang, denn der Weg war nicht weit und der Tag war schön, so schön, wie Johanniswetter es nur zustandebringen kann. Er schritt durch seinen Weizenschlag, und eine von den reinsten, lautersten Freuden kam über ihn: die über den sichtbaren Segen, den unser Herrgott ausgegossen hat über alles, was wir in menschlicher Hoffnung, aber auch in menschlichem Unverstand ausgesät haben. *Er* hatte von diesem Segen nichts, der gehörte seinem Herrn. Doch die Freude war sein, und sie machte ihm das Herz weit und den Sinn hell, und in der Heiterkeit seines Gemüts schossen fröhliche Gedanken hin und her wie Fische im klaren Wasser.

Er pfiff eine lustige Melodie vor sich hin und mußte beinah lachen, als er sich selber pfeifen hörte, denn zu einem derartigen Ausbruch von Lustigkeit kam es bei ihm nicht oft. »So«, sagte er vor sich hin, »einmal in den elf Jahren bin ich nun das Feld rund. Das Gröbste ist geschafft, jetzt noch einmal rund! – dann soll die Wirtschaft schon anders aussehen.«

Er schlug den Weg nach dem Gutsgarten ein, der etwas höher lag und an ein Eichen- und Buchengehölz stieß, dessen Wege und Steige heute sauber gefegt und geharkt worden waren, denn der Kammerrat wollte heute mit seiner Familie auf dem Gutshof einziehen und hatte sich zum frühen Nachmittag anmelden lassen.

Als Hawermann die Anhöhe erreicht hatte, hielt er ein, blickte nach dem Weizenschlag zurück und lachte vor sich hin: »Ja, der sieht schon anders aus als der, den ich vor elf Jahren einbringen ließ. Aber alles, was recht ist: heuer hat es auch besser gejahrt. – Na, was der alte Herr wohl sagen wird! – Bis zur Ernte wird allerdings noch Zeit vergehn, aber den Raps haben wir doch schon so gut wie sicher. Wenn er bloß nicht schon wieder vorweg verkauft worden ist!« seufzte

er. »Weiß der Kuckuck ...«, und dabei fielen ihm die Summen ein, die er im Laufe der langen elf Jahre abgeliefert hatte. »Der alte Herr kommt und kommt nicht übern Berg. Aber, du lieber Gott, er hat nun einmal seine fünf Töchter und seine zwei Herren Schwiegersöhne, die ihn melken. Und die gnädige Frau, die zu glauben scheint, weil das Geld rund ist, muß es auch rollen ... Und dann der Sohn – was der ihn bei den preußischen Kürassieren wohl kosten mag! – Ja, die Zeiten sind besser geworden, viel besser, als zu meiner Zeit; aber wer einmal in der Klemme sitzt ... Es ist schon schlimm. Und sein Aussehen gefällt mir auch nicht: von Mal zu Mal wirkt er älter und älter.«
Er hatte noch viel Zeit, denn sie wollten heute auf den Kammerrat mit dem Mittagessen warten, obwohl er nicht darum gebeten hatte, aber dies gehöre sich nicht anders, hatte Hawermann erklärt. »Ja«, bekräftigte er für sich und nahm in der kühlen Laube Platz, »freuen wird er sich über den Weizen, und eine Hilfe wird er ihm sein, denn der Weizen bringt jetzt wieder etwas. Die Zeiten sind besser geworden.«

Ja, die Zeiten waren besser, die Zeiten waren aber auch angespannter geworden. Denn was sind die Zeitläufte für den Landmann in Norddeutschland und für die Menschen auf der ganzen Erde anderes als lange, lange Schnüre, die mit dem *einen* Ende irgendwo weit hinten in England oder in Amerika oder an einem anderen Orte der Erde festgemacht sind und mit dem *anderen* am Menschen, und die ihn regieren und die mitunter so vollkommen schlaff liegen, daß der Mensch und alles, was an ihm hängt – und das ist bei unserem Landmann fast das ganze Land –, sich kaum zu rühren vermag, die dann aber ein anderes Mal wiederum so straff angezogen werden, daß alles lustig durcheinanderpurzelt und mancherlei bis in den äußersten Winkel des Landes hinein geradezu um- und umgewälzt wird.
Auch in unserer kleinen Menschenecke waren die Schnüre straffer angezogen worden und hatten Jung-Jochens Pfeifenkopf aus Porzellan, seine Schwammdose aus Blei, seinen blau angestrichenen Eckschrank und das schwarze Wachstuchsofa aus dem Haus, und die alte, gelbbeinige Dame von Kutsche aus der Wagenscheuer herausgezogen und dafür einen silberbeschlagenen Pfeifenkopf aus Meerschaum, einen Mahagoni-Sekretär sowie ein ansehnliches Geschöpf von Diwan in seine Stube hineinbefördert. Und in Jung-Jochens Wagenscheuer stand nun ein stattliches Gebilde von Fuhrwerk, das irrtümlich von Bräsig

immer nur »das Phantom« genannt wurde, weil er auf der Rechnung einmal versehentlich ein n für ein e und ein m für ein n gelesen hatte. Und übrigens hatte er mit dieser Bezeichnung gar nicht einmal so unrecht, denn das Gebilde sah fast so aus, als könne es einem im Traume begegnen.

Und die gleiche Schnur hatte auch die Hand von Bräsigs Herrn Grafen geführt, so daß Bräsig nach nun fast zwanzig Jahren die schriftliche Erlaubnis erhalten hatte, sich mit seinem Einverständnis jetzt jederzeit verheiraten zu können, und daß ihm überdies eine Verschreibung »auf eine zuständige Pension für seine alten Tage« zuteil geworden war. Und in diese Schnur, als sie etwas schlaffer hing, hatte sich die kleine Frau Pastor hineingewickelt gleich einem Brummkreisel, wie ihn die Jungen aufziehen, und als die Schnur gestrafft wurde, da sirrte und surrte sie um ihren Pastor herum und lag ihm tagtäglich in den Ohren: wenn der Priesteracker nun wieder verpachtet werde, könnten sie gut das Doppelte dafür verlangen. Und als Moses beim letzten Jahresabschluß sein Fazit zog und unten im Buch eine kleine Eins mit vier großen Nullen eingetragen hatte, da riß es ihn plötzlich am Arm, und aus den vier Nullen waren fünf geworden: »David, legs Buch weg«, sagte er, »es stimmt.«

Aber mittels dieser Schnur, wie weit entfernt sie auch befestigt ist und wie kräftig sie auch angezogen werden kann, wird doch nur Erden- und Menschenwerk regiert. Und wenn unser Herrgott auch dahintersitzt und Obacht gibt, damit das Lockerlassen und das Strammziehen mit Maßen geschieht, auf daß die Menschheit nicht ganz bewegungslos auf *einem* Haufen liege und krank und faul werde oder wild durcheinanderpurzele, wie wenn ein Sack mit Erbsen platzt — der einzelne Mensch an dieser Schnur hat darum doch nicht mehr eigenen Willen als ein Maikäfer an der seinen; wenn die Kinder ihn an einem Faden fliegen lassen, kann er auch nur hier und dort ein wenig umherschwirren. Denn noch eine andere Schnur regiert die Welt. Sie geht von oben nach unten, und unser Herrgott hält ihr Ende selbst in der Hand, und an ihr kann kein Käfer herumschwirren, und ein Spielzeug ist sie auch nicht. Es war nur ein ganz klein wenig daran gezogen worden, und über Zacharias Bräsig war das Podagra gekommen. Und es wurde ein wenig kräftiger gezogen, und das hatte die beiden alten Nüßlerschen Großherren auf ihr letztes Lager geworfen, und es wurde ein Knoten am Ende ihres Lebensfadens gemacht, und sie waren begraben worden.

Zacharias Bräsig hatte freilich gefährlich geschimpft und schandiert, als er das Rucken bemerkte und es in seinem Unverstand nicht begriff, denn Schuld daran gab er der neuen Mode der einnähtigen Wichsstiefel und dem naßkalten Frühjahr, was er mit größerem Recht doch seinen fetten, gesegneten Mahlzeiten und seinem gebräuchlichen kleinen Kümmel hätte zurechnen sollen.

Er war verdrießlich, wie man so sagt, wie eine Hundefliege. Hawermann traf ihn, wenn er ihn unter diesen Umständen aufsuchte, ein und das andere Mal mit dem Schreiben in der Hand, das er von seinem Herrn Grafen, das Heiraten und die Pension betreffend, erhalten hatte. Dann war Bräsig sehr ärgerlich, fuchsteufelswild, und sagte: »Nu denk dich mal, Bruder, in was for ein infamtes Verhältnis ich durch das gnedige gräfliche Poppier hineingeraten bün! Will ich heuraten, denn sagt mein gnedigst Graf, ich bün noch zu jung zu ner Pangsion, un forder ich die Pangsion, denn muß ich zu mir selber sagen: ich bün zu alt zu's Heuraten. Oh! mein gnedigst Herr Graf is auch nicht viel besser as en ganz gewöhnlicher Jesuwiter. Er hat's mit's Maul, er hat's mit's Maul und geht einen unter die Augen. Aber schriftlich setzt er einen allerlei hundsvöttsche Paddagrafen ins Poppier, daß en Mann, der *achtuntwintig* Johr lang seine Knochen for ihn abstrappziert hat, nich mal ohne perßönliche Blamierung seine Pangsion verzehren kann, un daß en Mann, der schon vor zwanzig Johr *drei* würkliche Brauten gehabt hat, nu in seine Fünfzigerjohren nich einmal eine *enzelne* heuraten kann. – Oh, ich lach über die gnedigsten Paddagrafen un die gnedigsten Grafen!«

Aber, wie man so sagt: »Wat den einen sin Uhl, is den annern sin Nachtigal.« Bräsig war verdrießlich über das Schnürerucken, doch in Jung-Jochens Haus war nach dem Knoteneinschlag ein Gast eingekehrt, den die junge Frau freilich schon immer durch die Tür hatte hineinkomplimentieren wollen, der aber gleichwohl bisher nie richtig über die Schwelle hatte treten mögen. Dies war der Hausfriede. Nun hatte er schön behaglich auf dem neuen Diwan Platz genommen und kommandierte von dort aus das Ganze. Die junge Frau verwöhnte ihn aber auch derart, als sei Vaters Brudersohn ins Haus gekommen, und die beiden liebenswerten kleinen Druwäppel taten alles, was sie ihm an den Augen nur absehen konnten. Und auch Jung-Jochen schenkte dem Gast ein und nahm die Sache so, wie das Leder ist, und tat, was er als Hausvater dazu tun konnte.

Freilich – einsilbig blieb er, und andern Tabak als seinen »Fliegenden Merkur« lehnte er ab, und aus der Vormundschaft war er nicht hinausgelangt, denn nach dem Tode der Alten hatten ihm Hawermann und Bräsig über seinen Kopf hinweg die Vormundschaft über die Außenwirtschaft entzogen, hatten die Schläge neu umgelegt, das Inventar in die Reihe gebracht und beträchtlich mergeln und modern lassen. Und dieweil die beiden Alten unter dem Kopfkissen, im Strumpffach, im Ofenloch und sonst noch hier und da allerlei Beutel mit Geld hinterließen, die sie mitzunehmen vergessen hatten, verlief dies alles recht glatt und ohne viel Umstände. Und als alles nun seine Richtigkeit hatte, bemerkte Jung-Jochen nur: »Tja, was soll ich da weiter tun?« und ließ den Dingen ihren Lauf. Aber die Behaglichkeit und der Wohlstand, der sich jetzt ersichtlich um ihn ausbreitete, machten ihn doch erheblich aufgeweckter. Seine angeborene Gutmütigkeit, die so lange durch den Geiz der alten Herrschaften zugedeckt gewesen, ging nun ebenfalls barhäuptig einher, und wenn die langen Haare um den Kopf herum auch ein wenig verruschelt aussahen, so schadete das weiter nicht. Denn wie sagte der Schulmeister, als er mit der roten Weste zum Begräbnis kam: »Herr Pastor, wenn das Herz nur schwarz ist.«

Und wie stand es jetzt mit der Frau Pastorin und ihrem Herrn Pastor? – Da hatte unser Herrgott nur wenig zu ziehen gehabt. Er hatte sich so ähnlich verhalten wie Jung-Jochen. Er hatte gesagt: »Was soll ich weiter dabei tun? Laß den Dingen ihren Lauf!« Und sofern der Herr Pastor gelegentlich einmal ein leises Zucken am Arm verspürte, wenn er seine Predigt vorbereitete und er sich dann umblickte, dann stand nur seine lebhafte, zierliche Frau hinter ihm, freilich mit ihrem Staubtuch, putzte an seinem Lehnstuhl herum und fragte ihn, ob er den Barsch lieber gebraten oder gekocht haben wolle. Und wenn er dann in seiner Predigt gerade bei Petri Fischzug oder bei der großen Fischspeisung aus dem Evangelium hielt, dann mengten sich allerlei verdrießliche, unchristliche Gedanken von Bratfisch, Meerrettich und Butter darein, so daß er seine liebe Not hatte, die Predigt und die Würde seines Amtes aufrechtzuerhalten.

Aber was vermochten diese kleinen Verdrießlichkeiten, an die ihn seine Regine beizeiten schon gewöhnt hatte, gegen seine großen Freuden? – Du lieber Gott! Ich habe von meinem Gärtnerfreund Jühlke in Erfurt eine schöne Lilienzwiebel zum Geschenk erhalten, die jetzt in der Märzsonne ihre ersten Blätter treibt. Mein erster Gang am Morgen führt mich zu ihr, um zu sehen, wieviel Blätter sie über Nacht getrieben hat, und ich ziehe daran herum, um festzustellen, ob sie auch nicht etwa an der Wurzel fault, und ich trage sie vom kalten Fenster an den warmen Ofen und vom dunklen Ofen wieder zurück ans helle Fenster in die Gottessonne, und es ist doch nur erst ein grüner Schößling, der aus der Erde dringt, und noch keine Blumenknospe, und es ist doch nur ein Pflanzen- und kein Menschenleben, und wie freue ich mich doch schon an ihrem Treiben und Wachsen und Grünen.

Und Frau Pastors Herr Pastor hatte ebenfalls von seinem Gärtnerfreund, vom Herrgott im Himmel, eine schöne Lilienzwiebel zum Geschenk erhalten. Er und seine zierliche Frau hatten sie gehegt und gepflegt, und nun war schon eine Blumenknospe daraus entsprossen, eine Menschenblumenknospe, und die warme Maisonne leuchtete auf sie herab, und die Frau Pastorin lief des Morgens zuallererst zu ihr und schwirrte des Mittags um sie herum und freute sich an ihrem gesunden Appetit und füllte ihr noch einen Löffel mehr auf den Teller: denn, sagte sie, Leben will zu leben haben. Und des Abends, unter der Linde vor der Tür, hüllte sie sich und das kleine Mädchen in ein und dasselbe Umschlagetuch, der gegenseitigen Erwärmung wegen. Und wenn es Zeit war, zu Bett zu gehen, dann gab sie ihr einen Gutenachtkuß: »Gott segne dich, mein Töchterchen; aber morgen früh, Klock fünf, bist du mir wieder auf den Beinen!«

Und auch des Pastors erster Gang führte zu ihr, und er wartete ungeduldig auf ihre einzelnen Blätter, auf ihr Grünen und Treiben, und er gab ihr eine Stütze an die Seite und band die fest, damit sie gerade nach oben wachse, und wehrte dem Unkraut und dem Ungeziefer. Und wenn er des Abends schlafen ging, dann sagte er hoffnungsvoll wie ein Kind: »Regina, nun muß sie bald blühen.«

Und so war es denn gekommen, ohne daß die lieben Pastorsleutchen es gewahrten und ohne daß das Kind es gemerkt hätte: sie war im Pastorenhaus der Angelpunkt geworden, um den sich alles drehte, fröhlich drehte, ohne Knurren und Knarren, ohne Kreischen und Zwang. Wenn sie in ihrem einfachen Kleidchen, das Seidentüchlein um den Hals, mit den geröteten Wangen und dem losen, aus Rand und Band geratenen Haar im Haus umhertanzte, dann war ihre Fröhlichkeit das Ein und Alles für das ganze Haus. Und wenn sie still bei ihrem Pflegevater saß und lernte und ihn mit ihren großen Augen ansah, als müsse immer noch etwas Schöneres kommen, und wenn sie dann das Buch schließlich mit einem tiefen Seufzer schloß, als wäre es schade und zugleich doch gut, daß es zuende war, denn mehr hätte ihr kleines Herz nicht fassen können, dann stand Frau Pastorin auf Strümpfen hinter ihr und hielt das Staubtuch hinter ihrem Rücken und hatte die Pantoffeln vor der Tür gelassen. »Denn«, sagte sie, »Kinderlehren ist etwas anderes als Predigtmachen. Den Alten hilft es nur dann und wann, wenn man ihnen einmal ernstlich mit den Höllenstrafen übern Leib kommt; aber eine Kinderseele –, da braucht man nur mit einem Tulpenstengel zu winken, da braucht man keinen Zaunpfahl zu.«

Hawermanns Töchterchen war immer lieblich anzusehen, aber am hübschesten war sie doch, wenn sie, einen Schritt voraus, ihren Vater an die Hand nahm und ihn in den Pfarrhausgarten führte, wo die guten Pastorsleute unter der großen Linde saßen. Dann leuchteten aus ihrem lebhaften, ausdrucksvollen Gesicht alle die schönen Tugenden, die sonst still im Menschenherzen schlummern und nur dann und wann und je für sich einmal ans Tageslicht treten: die Liebe und die Dankbarkeit, die Freude und der Stolz. Und wenn Hawermann still und ein wenig bedrückt neben ihr einherschritt, weil er so wenig für sein eigenes Kind zu tun vermochte, dann strahlte aus ihren Augen die Festtagsfreude, als könne sie allen Dank, den sie ihren guten Pflegeeltern schuldete, dadurch abstatten, daß sie ihren Vater ihnen zuführte.

Sie ging nun in ihr dreizehntes Jahr, und Rechenschaft wußte ihr junges Herz von seinem Fühlen und Treiben nicht sich zu geben. Sie hatte noch nie sich gefragt, warum ihr Vater ihr ans Herz gewachsen war. Mit den Pastorsleuten war das anders, da erhielt sie tagtäglich den Beweis, wie treu und gut sie es mit ihr meinten, und tagtäglich hatte sie Gelegenheit, ihnen ihre Liebe mit kleinen Freundlichkeiten und Zutunlichkeiten zu entgelten – aber hier? Sie wußte nur: dies war ihr Vater. Oft sprach er ein Wort zu ihr, das ihm aus dem Herzen kommen mußte, und manchmal sah er sie mit solch stillen, treuen Blikken an, daß es ihr zu Herzen ging. Hätte sie schon zu rechnen verstanden: die Pastorsleute hatten es besser um sie verdient, doch gleichwohl ... Unser Herrgott hat vielleicht manche Menschenleben dort oben derart miteinander verknüpft, daß sie nebeneinander herlaufen, sich hier auf Erden ineinander verschlingen und hier nicht mehr voneinander gelöst werden können.

Heute, wie Hawermann in der kühlen Laube saß, war es wieder für sein Kind eine solche Festtagsfreude gewesen, und in ihm selbst sah

es nicht anders aus. Er blickte in die Landschaft hinein, die sich vor ihm ausbreitete. Das Frühjahr war vorüber. Die Sommersonne schien warm zwischen den hellen, weißen Wolken hindurch, ein leichter Wind kühlte die Luft ein wenig und brachte das noch grüne Getreide unter den Sonnenstrahlen zum Wogen, wie wenn die Erde vor ihrer Oberbefehlshaberin, der Sonne, eine grünseidene Fahne schwenkte. Die Regimentsmusik mit den vielen tausend Vögeln war mit dem Frühling schon weitergezogen, und nur Kuckucksruf und Wachtelschlag erschallten noch, als ob ein Windstoß aus der Ferne dann und wann einen Pauken- und Beckenschlag über das stille Land heranträgt. Aber statt des Singens und Klingens brachte der Wind einen süßen Duft über die Felder, der freilich auch von einem Schlachtfeld kam, auf dem tausend und abertausend Leichen in Reihen zuhauf lagen, das aber von blutigem Jammer nichts weiß und das den Menschen ein Wohlgefallen ist: die Heuernte hatte begonnen, und Hawermann saß auf der Anhöhe in der kühlen Laube und sah weit über seine Felder hinweg.
Freilich ist eine Landschaft schön, in der die Felder sich in tausend grünen und gelben Streifen und Bändern an den Bergen hinanziehen und weit hinaus leuchten wie ein buntes Kleid, das der Fleiß für die Erde gewebt hat. Aber es wirkt auch unruhig und beängstigend, als sei aller Grund und Boden einmal in eine große Lotterietrommel geworfen worden, und jeder habe sich seinen Flicken herausgerissen und quäle sich nun in seiner Vereinzelung damit ab, seinen kümmerlichen Profit aus seinem Stückchen Erde herauszugraben, und als hätten alle gemeinsam mit diesen Streifen und Bändern an Bergen und Gründen nur das Zeugnis ihrer Armut niedergeschrieben.
Ich weiß wohl, dem *ist* nicht so, es sieht nur so aus.
Bei uns ist es anders: weithin erstrecken sich die Schläge mit einerlei Getreide bis an den blauen Waldrand. Wie ein großer See im goldenen Morgensonnenstrahl dehnen sich die Rapsfelder hin. Weite Weiden und Koppeln herbergen das bunte Vieh, und über die grünen Wiesen ziehen in schrägem Zug die langen Reihen der Schnitter in ihren weißen Hemdsärmeln. Alles ist aus vollem, kräftigem Holze geschnitten, alles wirkt und alles schafft gemeinsam, und wo das Auge sich hinwendet, gewahrt es Stille und Sicherheit, wie sie der Reichtum bietet.
Ich weiß sehr wohl: dem *ist* nicht so; aber es sieht doch so aus.
Doch dies steht auf einem anderen Blatt. Das Auge gewahrt nur den Reichtum und die Stille, und diese zieht im kühlen Schatten unter

Bienengesumm und Schmetterlingsspielen leise ins Herz hinein. So ging es Hawermann heute. Ihm war so still, so glücklich zumute, und dankbar überdachte er die letzten elf Jahre.
Alles war gut und immer besser geworden. Er hatte seine Schulden an Bräsig und Moses bezahlt. Mit seinem Herrn stand er auf bestem Fuß – sein Umgang mit ihm war fast freundschaftlich zu nennen. Denn wenn es auch nicht die Art des Kammerrats war, jedermann mit seinen Privatangelegenheiten zu behelligen, so war Hawermanns Auftreten doch so zuverlässig sicher, er wußte sich so genau in seinen Grenzen zu halten, daß der Kammerrat durchaus auch einmal mit ihm über Angelegenheiten sprach, die mehr ihn selber als die Wirtschaft betrafen. Nur über seine Familienverhältnisse hatte er bisher geschwiegen. Heute sollte dies anders werden.

Nach einiger Zeit vernahm Hawermann das Rollen vorfahrender Wagen. »Mein Gott, sie kommen ja schon!« rief er und sprang auf, um die Herrschaft in Empfang zu nehmen.
Der Kammerrat war mit seiner Ehefrau, seinen drei Töchtern und seinem Sohn eingetroffen. Sie wollten etwa sechs Wochen auf dem Gute verbleiben und die Landluft genießen. »Lieber Herr Hawermann«, sagte er, »wir kommen Ihnen gewiß ein bißchen zu zeitig auf den Hals, aber meine Terminsgeschäfte in Rostock haben sich rascher abgewickelt, als ich glaubte. – Wie steht's hier? Ist alles für die Damen eingerichtet?« – »Alles in Ordnung«, sagte Hawermann, »aber ich fürchte, auf das Mittagessen werden die Herrschaften noch etwas warten müssen.« – »Kein Unglück! Die Damen können während der Zeit Toilette machen, und Sie können mir unsern Weizen zeigen. – Axel!« wandte er sich an seinen Sohn, der, ein stattlicher junger Mensch, in bunter Uniform an seiner Seite stand, »du kannst nachher Mutter und Schwestern ein bißchen in den Garten führen, denn für Ökonomie« – hier machte er einen schwachen Versuch zu lachen – »interessierst du dich doch wohl nicht.« – »Lieber Vater, ich ...«, begann der Sohn ein wenig bedrückt. – »Nein, laß es, mein Sohn«, sagte der Vater freundlich. »Kommen Sie, Herr Hawermann; der Weizen steht ja wohl dicht hinter dem Garten.«
Hawermann begleitete ihn. – Herrgott, was war der Mann in kurzer Zeit alt geworden, und die Jahre waren es leider nicht allein, die ihn zu bedrücken schienen; es war, als ob etwas anderes ihn noch belaste. – Als er seines Weizens ansichtig wurde, wurde er ein wenig munterer:

»Schön, schön! Ich glaube nicht, in Pümpelhagen solchen Weizen gesehen zu haben.« – Das mißfiel nun Hawermann keineswegs, aber wie die alten Inspektoren so sind: ja nichts merken lassen! Und dieweil ihm das Herz im Leibe lachte, kratzte er sich den Schädel und sagte: Man solle nur das Ende abwarten, und außerdem hinge es noch von allerlei ab, und da unten an der Wiesensaumecke, da treibe der Teufel noch immer sein Spiel mit dem Rost. – »Was noch kommen kann, können wir nicht verhindern«, sagte der Kammerrat.

»Es ist eine wahre Freude, die Sie mir heute machen, lieber Herr Inspektor. – Ach«, setzte er nach einem Augenblick hinzu, «warum haben wir uns nicht schon vor zwanzig Jahren gekannt! Es wäre für Sie und für mich besser gewesen!« Hawermann kratzte sich nicht mehr den Schädel. Das bißchen Schelmerei, das durch sein ernstes Auftreten gelegentlich hindurchschimmerte, war verschwunden, und er sah seinem Herrn bekümmert ins Gesicht.

Sie waren an die Gürlitzer Feldscheide gelangt. »Der Weizen drüben sieht nicht so gut aus als unser«, bemerkte der Kammerrat. – »Ja«, sagte Hawermann, »der Boden ist vollkommen so gut wie der unserige; 's ist der Gürlitzer Pastor-Acker; er hat aber wohl sein Recht nicht gekriegt.« – »A propos«, fiel ihm der Kammerrat ins Wort, »wissen Sie, daß Gürlitz verkauft ist? Vor einigen Tagen ist's in Rostock verkauft für 173 000 Taler. Die Güter steigen, nicht wahr, Hawermann, die Güter steigen bedeutend? Wenn Gürlitz 173 000 Taler wert ist, dann ist Pümpelhagen für 240 000 Taler ein guter Kauf.« Und dabei sah er Hawermann recht eindringlich an.

»Das ist's, Herr Kammerrat, aber für Sie führt der Gürlitzer Verkauf noch etwas anderes im Munde. Der Pastor-Acker fällt beim Verkauf kontraktlich aus der Pacht und schießt hier mit einem Keil in unser Feld. *Sie* müssen jetzt den Pastor-Acker pachten!« – »Ach, lieber Hawermann, *ich* und pachten!« rief der Kammerrat, wandte sich um und schritt langsam zurück, als wolle er das schöne Stück Ackerland nicht einmal eines Blickes würdigen, »ich habe schon so viel auf dem Halse, mich verlangt nicht nach neuer Unruhe.« – »Die sollen Sie auch nicht haben. Wenn Sie mir Vollmacht geben, mache ich die Sache mit dem Herrn Pastor ab.« – »Nein, nein, Hawermann, es geht nicht! Die Ausgaben, der Pachtvorschuß, das vergrößerte Inventarium! Ich habe überdies so viele Ausgaben; mir stehen die Haare zu Berge«, und dabei schleppte sich der Mann so mühselig bergan und stolperte über jeden Stein, daß der Inspektor ihm beisprang und ihm

seinen Arm anbot. Schon dicht vorm Garten jedoch erlitt der Kammerrat einen leichten Schwächeanfall, so daß Hawermann ihn halten mußte und ihn nur mit knapper Not in die Laube hineinbekam.
Hier im Kühlen erholte er sich freilich bald wieder, aber sein Betragen war so verändert, daß der Inspektor in diesem verzagten, gebrochenen Menschen fast nicht mehr den ruhigen, bestimmt wirkenden von ehedem wiederzuerkennen vermochte. Der Mann wurde redselig; es war, als müsse er einmal sein Herz ausschütten: »Lieber Hawermann«, sagte er und ergriff seine Hand, »ich habe eine Bitte an Sie: mein Brudersohn Franz – Sie kennen ihn ja von früher – hat das Gymnasium absolviert und soll einmal seine beiden Güter übernehmen, er will meinen Rat befolgen – mein verstorbener Bruder hat mich zum Vormund ernannt –, er will praktischer Landmann werden, und da habe ich Sie zu seinem Lehrmeister ausersehen. Sie müssen den jungen Mann hernehmen, er ist ein verständiger Junge, er ist ein guter Mensch.« – Ja, sagte Hawermann, das werde er gern tun, und was an ihm liege, solle es daran nicht fehlen, und er kenne ihn ja von klein auf, und der Junge sei ihm stets zugetan gewesen.
»Ach«, rief der Kammerrat, »warum konnte mein eigener Junge nicht denselben Weg gehen! Warum war ich schwach genug, gegen meine bessere Einsicht meiner Frau nachzugeben! Es half alles nichts, er mußte Soldat werden. Aber nun kommts, nun kommts, mein alter Freund, nun haben wir Schulden gemacht, mehr, als wir sagen können und mögen, denn ich sehs ja an seinem gedrückten, scheuen Wesen, daß er mir nicht alle gebeichtet hat. Wenn ers doch nur täte, dann wüßte ich doch, woran ich wäre, und ich könnte ihn doch aus Wuchererhänden frei machen. Und wenn ich auch selbst in diese Hände fallen sollte«, setzte er verdüstert nach einer Pause mit schwacher Stimme hinzu.
Hawermann war über die Worte und ihren Ton, mehr aber noch über das Aussehen seines Herrn erschrocken. »So schlimm wirds nicht sein«, sagte er, um etwas zu sagen, »und dann haben der Herr Kammerrat ja noch die Einnahme von circa 1500 Scheffel Raps, denn so veranschlage ich den Ertrag.« – »Und für 1700 Scheffel, die ich verkauft habe, habe ich schon das Geld, und es ist schon ausgegeben; aber das ist nicht das schlimmste, darüber ließe sich hinwegkommen. – Ach, was soll das Quälen!« rief er aus, als müsse er eine Last einmal abschütteln. »Meine Termingeschäfte in Rostock sind *nicht* abgewickelt, wie ich meiner Familie wegen zu Ihnen sagte, ich habe eine Schuld für einen meiner Schwiegersöhne auf 7000 Taler übernommen und konnte

das Geld in Rostock nicht erhalten, und in drei Tagen muß es gezahlt werden. Das Geld ist an den Käufer von Gürlitz zediert, und der muß übermorgen den Kaufpreis zahlen. Geben Sie mir Rat, alter Freund! Sie sind in ähnlicher Lage gewesen, Sie wissen, wie Sie sich geholfen haben – nehmen Sie's nicht übel! Sie sind ein ehrlicher Mann gewesen und geblieben. Aber ich kanns nicht ertragen, mich in meinem ehrlichen Namen, in meinem Besitze nicht sicher zu wissen.« Ja, Hawermann hatte sich öfters in solchen Lagen befunden, er war über ein paar hundert Taler gestürzt; aber dies waren siebentausend.
»Haben Sie mit dem Käufer von Gürlitz gesprochen?« fragte er nach einigem Überlegen. – »Ja«, war die Antwort, »und ich habe ihm über meine augenblickliche Verlegenheit reinen Wein eingeschenkt.« – »Und was war die Antwort?« fragte Hawermann. »Aber ich kanns mir denken: er braucht's Geld notwendig selbst.« – »Das nicht, wie es mir schien, aber der Mann hatte für mich etwas Widerwärtiges, er war mir zu dreist und geradezu, und als er meine Verlegenheit bemerkte, waren mir seine Vorschläge zu listig, so daß ich das Geschäft abbrach, weil ich noch hoffte, anderweitig das Geld zu erhalten. Das hat sich aber auch zerschlagen, und ich befinde mich in größter Verlegenheit.«
»Ich weiß im Augenblick nur eine Hilfe«, sagte Hawermann, »Sie müssen sich an Moses in Rahnstädt wenden.« – »An den Geldjuden?« fragte der Kammerrat. »Nie und nimmermehr!« rief er. »Ich würd's nicht ertragen können, mich in solchen Händen zu wissen. Nein, lieber ertrage ich die Unverschämtheiten des Herrn Pomuchelskopp.« – »Wessen?« fuhr Hawermann auf, als hätte ihn eine Wespe gestochen. – »Nun, des Käufers von Gürlitz, von dem wir sprachen«, entgegnete der Kammerrat und blickte ihn an, als könne er sich seine Aufführung nicht deuten. – »Und ist das ein Pommer aus der Gegend an der Peene, klein und stark, mit einem vollen Gesicht?« – »Ja«, sagte der Kammerrat. – »Und *der* wird unser Nachbar hier? Und mit *dem* wollen Sie in Geldverbindung treten? – Nein, nein, Herr Kammerrat, ich bitte, ich beschwöre Sie, lassen Sie sich mit dem Manne nicht ein! Sie müssen mir das Zeugnis geben, daß ich nie im Guten und im Bösen des Mannes erwähnt habe, der mich ruiniert hat; aber nun, da *Sie* in Gefahr sich befinden, nun halte ich's für meine Pflicht: *dieser* Mensch ist schuld an meinem Unglück«, und dabei war er aufgesprungen, und aus seinen sonst so stillen, freundlichen Augen schoß ein Strahl von Haß, so daß der Kammerrat, obwohl er mit seinen eigenen Angele-

genheiten beschäftigt war, darüber erschrak. »Ja«, rief der Inspektor, «ja, *der* Mensch hat mich einmal von Haus und Hof vertrieben. *Der* Mensch hat einmal alle quälenden Sorgen auf mich und mein armes Weib gehäuft, und *sie* ist darüber zu Grabe gegangen! Nein, nein: meiden Sie den Mann!«

Die Warnung war zu eindringlich, sie konnte der Kammerrat nicht in den Wind schlagen. »Aber wer hilft?« fragte er. – »Moses!« sagte Hawermann fest und bestimmt. Der Kammerrat wollte Einwendungen machen, aber Hawermann stellte sich vor ihn und wiederholte noch eindringlicher: »Herr Kammerrat: Moses! Nach Tische fahren wir zu ihm, und so wie ich ihn kenne, werden Sie's nie zu bereuen haben.«

Der Kammerrat erhob sich und nahm Hawermanns Arm, er stützte sich jedoch nicht allein auf ihn. Augenscheinlich hielt ihn auch der entschiedene Rat aufrecht, den ihm der Inspektor gegeben hatte – denn ein stiller Mensch, der aus seiner Ruhe einmal herausgegangen ist, übt eine große Gewalt über einen anderen aus, und wäre dieser auch nicht so krank und in einer derartigen Verlegenheit gewesen wie der Kammerrat: der Standesunterschied ordnet sich in solchen Lagen unglaublich rasch der Persönlichkeit unter.

Die Unterhaltung bei Tisch verlief nur stockend. Jeder hatte mit sich selber zu tun: Hawermann dachte an seine neue, bedenkliche Nachbarschaft, der Kammerrat an den Geldpunkt, und der Kürassierleutnant machte auch den Eindruck, als habe er sich in eine schwierige Zins- und Zinsesrechnung verwickelt und könne die richtige Lösung nicht finden. Hätte die gnädige Mama sich nicht ein wenig aufs hohe Pferd gesetzt und über vornehmes Visitemachen in der Nachbarschaft sich ausgebreitet, und hätten die drei Fräulein nicht in vorweggenommenen ländlichen Vergnügungen geschwelgt und dabei ungeheuer viel Gras und Blumen und Laub verschwendet, man hätte Todesgeruch wahrnehmen können.

Nach Tische fuhr der Kammerrat mit seinem Inspektor nach Rahnstädt. Als sie bei Moses durch die Haustür traten, war dem Kammerrat zumute, als sei ihm ein Louisdor in den Schmutz gefallen und er solle und müsse ihn sich mit seinen saubergewaschenen Händen wieder hervorholen. Schon auf der Diele kam ihm ein leicht fauliger Geruch entgegen, denn ein Produktengeschäft duftet keinenswegs nach Rosenöl, und die Wolle, wenn sie erst einmal den mütterlichen Schafsrücken verlassen hat, riecht in ihrer Jugend auch ganz anders, als wenn

sie, ein wenig weltläufig geworden und ausgelüftet, als bunter Teppich auf gebohnertem Parkett in einem vornehmen Damenzimmer liegt und mit Lavendelwasser besprengt wird.
Und wie unordentlich sah es in der Diele und in der Stube aus! – denn Blümchen war wohl eine hervorragende Hausfrau, doch mit einer Kuhhaut und einem Haufen Hammelbeinen ein Entrée und ein Kontor wohnlich herzurichten, das verstand auch sie nicht. Und wenn sie darüber Klage führen wollte, sagte Moses nur kurz, dies gehöre zum Geschäft. Und Davidleben brachte ihr fortwährend neue Items in den Weg und ließ das Haus zu einem wahren Rattenparadies werden, denn dies possierliche Kleinvieh zieht hinter dem Wollgeruch eines richtigen Produktengeschäftes nicht anders einher als die Tauben hinter dem Anisöl.
In der Stube fühlte sich der Kammerrat auch nicht gerade behaglicher, denn Moses war altgläubig, und am Schabbes der Christen zog er, wenn das Geschäft es nicht gerade anders verlangte, seinen schmierigsten Rock an, um den geputzten Gojims zu beweisen, wie man das Gesetz aufrechterhält. Und als er jetzt mit seinem Griff in die linke Rocktasche auf- und dem Kammerrat entgegensprang: »Wahrhaftigen Gott, der Herr Kammerrat! – Die Ehre!« und auf Davidleben losfuhr, der den sonntagnachmittäglichen Stillstand des Produktengeschäfts dazu benutzt hatte, es sich ein wenig auf dem Sofa bequem zu machen: »David, was sitzt du? Was liegst du? Was runkst du? Steh auf! laß den Herrn Kammerrat sitzen!« – und wie er dann den Kammerrat auf Davids schön angewärmten Sofaplatz niedernötigen wollte, da hätte der Kammerrat den Louisdor gern im Schmutz liegen lassen, aber – er brauchte ihn gar zu notwendig.
Hawermann schlug sich ins Mittel. Er stellte dem Kammerrat einen Stuhl ans geöffnete Fenster und übernahm die erste Einleitung zu dem Geschäft. Als Moses jedoch merkte, um was es gehen sollte, scheuchte und jagte er erst Davidleben, um ihn aus dem Zimmer zu haben, denn wenn er ihm im Produktengeschäft auch viel freie Hand ließ, für die Geldgeschäfte hielt er ihn mit seinen fünfunddreißig Jahren doch noch nicht für reif. Und als die Luft rein war – das heißt von David –, betonte er ein übers andere Mal, welch große Ehre es für ihn sei, mit dem Herrn Kammerrat ins Geschäft zu kommen. »Was hab ich immer gesagt, Herr Hawermann? Der Herr Kammerrat is en guter Mann, der Herr Kammerrat is gut. Was hab ich immer gesagt, Herr Kammerrat? Der Herr Hawermann is en ehrlicher Mann; er hat sich

lassen werden sauer, daß er mir bezahlt hat den letzten Pfennig.« Als er jedoch hörte, von welcher Summe die Rede war, wurde er hartnäckiger. Er wand sich und brachte Einwände vor, und wenn er nicht große Stücke auf Hawermann gehalten und aus dessen Gebaren entnommen hätte, daß er ihm ernstlich zu dem Geschäft rate, dann wäre wohl nichts daraus geworden.

Wer weiß, ob sich die Sache nicht gleichwohl zerschlagen hätte, wäre nicht die Rede darauf gekommen, daß das Geld zum Gürlitzer Ankauf dienen sollte, und daß der Kammerrat sonst mit Pomuchelskopp in Verhandlung treten müsse. Wie jedoch *dieser* Name fiel, da machte Moses ein Gesicht, als habe ihm jemand ein Stück trefes Fleisch auf den Teller gelegt und rief: »Mit Pömüffelskoppen?« – denn so und nicht anders sprach er diesen Namen auf seine Art aus. – »Wissen Se, was das for einer is? – Das is *so* einer!« und dabei machte er eine Bewegung, als wolle er das Stück trefes Fleisch sich über die Schulter werfen. »David, hab ich gesagt, laß dir nicht ein mit Pömüffelskoppen! – Aber junge Leute! – David hat ihm gekauft ab die Wull. – Schön! hab ich gesagt, du wirst sehn, hab ich gesagt. – Un was hat er gemacht? Da hat er mir eingeflunscht in de gewaschene Wull de Klatten, da hat er mir eingeflunscht de Sterblingswull, da hat er mir eingeflunscht de Schmierwull von de geschlachteten Hammel, da hat er mir eingeflunscht ßwai große Feldstain. – *Szwai große Feldstain* hat er mir eingeflunscht! Is er gekommen, ßu holen sein Geld – Schön! hab ich gesagt –, hab ich ihm bezahlt in preußsche Kassenanweisungen und hab gemacht ümmer kleine Pakete von hundert Talern und habe ümmer in die Mitte hineingeflunscht solche, die nich mehr sind in Kurs und falsche, und ins letzte Paket hab ich hineingelegt ßwai abgespielte Lotterielos – das sind die ßwai Feldstain, hab ich gesagt.

Oh, hat er da en Lärm gemacht! Is er gekommen mit den Notarius Schlitzohr – is auch so einer« – und er warf sich abermals ein Stück trefes Fleisch über die Schulter. – »Sieht aus, wie eine von Daviden seine Rotten – so stehen ihm die Ohren – will auch leben. Nu, er lebt auch wie die Rotten, nährt sich redlich von Abfall und Schmutz und schneid't andere Leute die ehrlichen Leder entzwei.

Oh, haben sie en Lärm gemacht, sie haben mir machen wollen en Prozeß. Wie haißt Prozeß? hab ich gesagt; ich brauch keinen Prozeß. As de Woor is, as das Geld is. Und wissen Sie was Neues, meine Herren, hab ich gesagt – der Herr Notorius und der Herr Pömüffelskopp und ich sünd *drei Jüden* – können auch *vier* draus gemacht werden, wenn de beiden Herren gelten wollen for *drei.* O haben sie'n Lärm gemacht, haben sie schandiert in de Stadt herüm, hat aber der Herr Bürgermeister zu mir gesagt: Moses, Sie machen en groß Geschäft, haben aber noch nie gehabt en Prozeß, lassen Sie sie kommen! – Herr Kammerrat, Sie sollen haben noch heute das Geld ßu's Angebott von de Provision un de Zinsen, denn Sie sind en guter Mann, und Sie halten Ihre Leute gut, und Ihr Name is gut im Land, und Sie sollen nich zu tun haben mit de Pömüffelskopp.«

Geld borgen ist ein schweres Stück Arbeit, und der dies schreibt, weiß es aus langjähriger Erfahrung und weiß davon zu sagen. Aber es ist doch noch immer etwas anderes, ob man sich an die Hilfsbereitschaft eines alten Freundes oder ob man sich an einen Menschen wendet, der aus diesem Geschäft ein Geschäft macht. Der Kammerrat hatte Schulden auf seinem Gut, reichlich viel Schulden. Aber es waren keine bedeutenden Wechselschulden, und seine Geldangelegenheiten hatten sich so oder so bisher immer noch durch Advokaten- oder Kaufmannsvermittlung abwickeln lassen. Jetzt aber war er zum ersten Mal nicht mehr dazu imstande, es in seiner gewohnten Art zu bewerkstelligen. Er hatte sich an einen Geldjuden – wie er diese Art Menschen nannte – wenden müssen.

Die Widerwärtigkeiten, die ihm bei diesem Gang in den Weg traten, das völlig andere Gebaren und die andere Denkungsart, die er hier antraf, der Verdruß, den ihm Moses' anfänglicher Widerstand einbrachte, und zuletzt gar die rasche Hilfe, die ihn dann doch aus seiner dringlichen Verlegenheit riß, das alles war für den kranken Mann zuviel gewesen. Er fiel blaß in den Stuhl zurück, und Hawermann rief nach einem Glas Wasser. – »Herr Kammerrat«, rief Moses dazwischen, »vielleicht en Schnäpschen Wein? Ich laß holen von'n Kopmann gleich en Pegel.« – »Nein, Wasser! Wasser!« rief Hawermann, und Moses lief zur Tür und rannte dabei beinahe David um, denn David hatte ein wenig ins Geldgeschäft hineingehorcht, um endlich einmal reif zu werden: »David, was stehst du, was holst du kain Wasser?«

Und David kam, und der Kammerrat trank Wasser und erholte sich, und Moses zählte die Louisdors auf den Tisch, und der Kammerrat nahm sie aus dem Schmutz auf und betrachtete seine Hände, und sie schienen ihm noch so sauber zu sein wie ehedem.

Und als er den Wagen bestiegen hatte und von dort auf Moses' Diele zurückblickte, da war es ihm, als läge auf den Fellen und den Hammelbeinen von Moses noch ein weiteres Bündel, und das waren seine eigenen Sorgen. Moses stand in der Tür und dienerte und dienerte und sah sich um nach den Nachbarn, ob diese auch bemerkt hatten, daß der Herr Kammerrat bei ihm gewesen. Aber in all dieser glanzvollen Ehre versank er nun doch nicht. Er behielt den Kopf oben und nahm Hawermann beiseite: »Herr Inspektor, Sie sind ein ehrlicher Mann, als ich hab das Geschäft gemacht, hab ich nicht gewußt, daß der Mann so krank war. Sie müssen mir versprechen, daß das Geld eingetragen wird aufs Gut. S'is um Leben un Sterben. Was tu ich mit en kranken Mann un en Wechsel!«

Der Kammerrat war aus seiner Verlegenheit. Die Aufregung verließ ihn, sein Gesundheitszustand besserte sich, er sah die Welt bereits mit anderen Augen an, und als Hawermann ein paar Tage danach wieder auf das Pachten des Pastorenackers zu sprechen kam, ließ er sich darauf ein, und Hawermann erhielt den Auftrag, mit Pastor Behrens zu sprechen. Das tat er denn auch, und unsere kleine Frau Pastorin schwirrte bei diesem Geschäft im Zimmer umher, und ihrem Herrn Pastor und Hawermann klangen die Ohren, als hörten sie in einem fort: »Eine höhere Summe! Eine höhere Summe!« – »Ja«, sagte Hawermann, »das versteht sich, Frau Pastorin, die Pachtsumme muß erhöht werden, die Zeiten sind anders geworden. Hier ist's aber nicht schwierig übereinzukommen: der Vorteil liegt auf beiden Seiten.« – »Regina«, sagte ihr Pastor, »mir fällt ein, die Blumen sind am Ende nicht begossen.« – »Ach, du meines Lebens!« rief Frau Pastorin und schwirrte aus der Tür, »die Blumen!«

»So«, sagte der Pastor, »nun wird's rascher gehen. Ich muß Ihnen gestehen, daß ich lieber mit einem Pächter von auswärts her zu tun habe als mit einem aus demselben Orte. Es gibt so viele kleine Berührungen, die der unmittelbaren Nachbarschaft entspringen und ein solches Verhältnis so mißlich und verdrießlich machen, wie es zwischen Gutsherrn und Prediger nicht sein sollte. Und dann ist mir der Kammerrat persönlich viel lieber als der neue Besitzer; ich kenne ihn ja schon seit langen Jahren. Und Sie meinen, ich kann auf eine höhere Pachtsumme Anspruch machen?« – »Jawohl, Herr Pastor! und ich bin beauftragt, Ihnen die Hälfte mehr zu bieten. Wenn ich selbst Ihnen den Acker abpachten wollte, könnte ich Ihnen noch mehr bieten; aber ...« – »Wir verstehen uns, lieber Hawermann«, fiel der Pastor ein, «wir sind handelseins.« – Und als die Frau Pastorin mit der kleinen Luise zusammen wieder hereinschwirrte und ausrief: »Das wäre nicht nötig gewesen! Luise hatte die Sache schon abgemacht«, da war die Sache mit ihrem Herrn Pastor auch schon abgemacht, und die kleine Luise fiel ihrem Vater um den Hals: »Ach, Vater, Vater, *das* ist mal schön!«

Was aber hatte sie ihrem Vater um den Hals zu fallen? Was hatte sie mit dem Pachtkontrakt zu tun? Viel, sehr viel. Ihr Vater mußte ja nun bis dicht an den Pastorgarten heran pflügen und ernten lassen, und sie bekam ihn öfter zu Gesicht.

Als Hawermann auf dem Gürlitzer Kirchsteig wieder nach Pümpelhagen zurückging, begegnete ihm Zacharias Bräsig, der aus seinen recht unphilosophischen Podagra-Touren glücklich wieder in seine philosophischen hineingeraten war, denn die kamen stets über ihn, wenn er die Schmerzen überstanden hatte.

»Gun Dag, Korl«, sprach er, »ich bün ein bitschen all in deinem Quattier gewesen, indem daß ich auf dich lauerte. Das währte mich aber zu lang, und da hab ich währenddem den Herrn Kammer*rat* mein Kumplimang abgestattet. Er freute sich über mir und hat mich mit einer großen Lieblichkeit aufgenommen; aber wo sieht der Mann aus!« – Ja, sagte Hawermann, sein Herr sei – leider Gottes – sehr alt und schwach geworden, und er für seine Person müsse fürchten, den Mann, von dem er so viel hielt, bald zu verlieren. – »Ja«, nickte Bräsig, »abersten was ist das Lebent, Korl? Was ist das menschliche Lebent? Süh mal, Korl, wenn einer das um und um kehrt, as en leddigen Geldbeutel, dann fällt noch lang kein Schilling raus.« – »Bräsig«, sagte Hawermann, »ich weiß nicht, wie andere darüber denken, aber mir kommt es so vor, als wenn Leben und Arbeiten ein- und dasselbe ist.« – »Hoho, Korl! nu hör ich dir laufen; diesen Sinnspruch hast du von Pastor Behrens. Der hat unterweilen auch mit mir über diesen Thema gesprochen und hat mir von's menschliche Lebent ne Beschreibung gemacht, as wär es hier unten man bloß so ne Ort Meßführerzeit, und der christliche Glaube wäre die Sonne und der Regen, die die Saat wachsen ließen, und da oben erst, in den höhern Religionen, da käme der Aust; aber der Mensch müßte arbeiten und sorgen und das Seinige tun. Aber, Korl, es stimmt nich, es streit't gegen die Bibel. Die Bibel besagt von die Lilien auf dem Felde: sie arbeiten nicht und sie spinnen nicht, und unser himmlischer Vater ernähret sie doch. Und wenn unser Herrgott sie ernährt, dann leben sie doch, un dabei arbeiten sie nich, und wenn ich das entfahmtige Podagra habe und tu nichts – dauh gor nicks, as daß ich mir die verfluchten, ßackermentschen Fliegen aus das Gesicht jage – arbeit ich denn? und leben tu ich doch und noch dazu unter die nichtswürdigste Weihdag'.

Un Korl«, sagte er und zeigte nach rechts ins Feld hinein, »ßüh dor mal die beiden Lilien an, die da herüber zu staken kommen, deinen gnedigsten Herrn Leutnant, und was das jüngste Frölen is. Hast du denn schon gehört, daß die Kürassierleutnants sich mit Arbeit befießen und die gnedigsten Frölens spinnen täten? Und doch kommen sie bei lebendigen Leibe über deine Rappstoppel rüber.« – »Laß uns stehnbleiben, Zacharias, sie wollen zu uns her, sie haben vielleicht mit uns zu reden.« – »For meinentwegen!« sagte Bräsig. »Aber sieh bloß mal das Frölen an, wo das in die Rappstoppel mit die langen Kledaschen und das dünne Schuhzeug rümmer wadt! Ne, Korl, Weihdag is das Leben! Und das fängt ümmer mit die äußersten En'n an, mit die Beinen, und das kannst du bei mir bei das ßackermentsche Podagra und bei's Frölen bei die Rappstoppeln und die dünnen Schuhsohlen betrachten.

Aber was ich sagen wollt, Korl – deine beste Zeit hast du nu hier auch gehabt, denn wenn de Herr Kammer*rat* hier erst dod is, denn paß Achtung! Denn sollst du din blaues Wunner tau seihn krigen mit die gnedigste Frau und die drei unbegebenen Töchter und den Herrn Leutnant. – Korl«, begann er nach einem Augenblick des Nachdenkens aufs neue, »ich würd's *nu* all mit den Erbprinzen halten.« – »Ach was! Bräsig, was redest du da?« fiel Hawermann hastig ein, »ich geh meinen geraden Weg.« – »Ja, Korl, das tu ich auch, und das tut jedwerein, der kein Jesuwiter ist! Aber sieh dir das gnedigst Frölen mal an! Sie geht auch ihren graden Weg, aber in die Rappstoppeln – Korl ...« Nun waren aber die beiden Herrschaften schon zu nahe. Er konnte nicht weitersprechen, er sagte nur noch beiseite: «En Jesuwiter? Ne! aber ein Vokativus is er.«

»Ich danke Ihnen, Herr Hawermann, daß Sie hier auf mich gewartet haben«, sagte Axel von Rambow, als er sich näherte; »meine Schwester und ich sind auf zwei verschiedene Expeditionen ausgegangen: sie auf Kornblumen und ich auf Füllen. Sie hat keine Kornblumen gefunden, und ich keine Füllen.« – »Gnedigstes Frölen«, bemerkte Bräsig, »wenn Sie mit die Kornblumen unsere gewöhnlichen Tremsen meinen – aber« – unterbrach er sich – »wo hat Ihnen die entfamte Rappstoppel das schöne Kleid rungeniert, all die Balangzen abgerissen!« und dabei bückte er sich nach unten, als wolle er beim Fräulein von dort her Kammerjungferndienste verrichten. »Schadet nicht!« rief das Fräulein und sprang ein wenig zurück, »'s ist ein altes Kleid. Aber wo finde ich Kornblumen?« – »Die will ich Ihnen weisen, daß es ne wahre Lust is, hier ganz dichting bei auf's Gürlitzer, da stehen Tremsen un Feuerblumen un witten Wesel un Distelköpp, kurzum die ganze Plantasch.«

»Das paßt ja gut, liebe Fidelia«, sagte der Leutnant, »du gehst mit dem Herrn Inspektor Bräsig zu den Kornblumen, und ich bitte Herrn Hawermann, mich zu den Füllen zu begleiten. Denn, wissen Sie«, sagte er zu Hawermann, »mein guter, alter Papa war heute morgen so guter Laune, daß er mir die Erlaubnis gegeben hat, mir das beste von den vierjährigen Füllen zum Gebrauchspferd auswählen zu können.« – »Mit Vergnügen«, sagte Hawermann, »werde ich Ihnen die Tiere zeigen, und es sind brave Bursche drunter.«

So trennten sich die beiden Gesellschaften, und Hawermann hörte nur noch, wie Zacharias Bräsig dem Fräulein Fidelia beteuerte, er freue sich sehr, ihre Bekanntschaft zu machen, indem er auch einmal einen Hund gehabt habe, der auch »Fidel« hieß und ein prächtiger Rattenbeißer gewesen sei.

Hawermann ging mit dem Herrn Leutnant zur Fohlenkoppel. Sie sprachen miteinander – natürlich über landwirtschaftliche Angelegenheiten. Der Leutnant war ein recht aufgeweckter Mensch, und Hawermann kannte ihn ja bereits von klein auf, aber er hatte auch nicht das geringste dazugelernt. Alle seine Ansichten waren so obenhin, keine seiner Fragen schlug richtig ins Fach, so daß Hawermann sich sagen mußte: gutmütig ist er, sehr gutmütig, aber wissen tut er leider gar nichts, und – du lieber Gott! – wenn der alte Herr einmal aus der Welt geht, dann muß er doch das Gut übernehmen und muß davon leben.

Als sie zur Koppel gekommen waren und die einzelnen Fohlen gemustert hatten, stellte sich der Leutnant vor Hawermann und fragte: »Na, was sagen Sie? Welchen soll ich nehmen?« – »Den Braunen«, sagte Hawermann. – »Ich möchte lieber den Rappen wählen, sehn Sie die schöne Halsung, den feinen Kopf!« – »Herr von Rambow«, sagte Hawermann, «auf Kopf und Hals reiten Sie nicht, Sie reiten auf Puckel und Beinen, Sie wollen ein Gebrauchspferd haben, der Braune macht drei solcher Rappen tot.« – »In dem Rappen steckt augenscheinlich englisches Blut.« – »Das ist wahr, er ist vom Wildfire gefallen. Aber in dem Braunen ist altes mecklenburgisches Blut, und es

ist ne Schande, daß man das untergehen läßt, daß man das Gute, welches das Vaterland bietet, nicht beachtet und es mit englischen Windschneidern vertauscht.« – »Das mag wahr sein«, sagte Axel, »aber in unserm Rrr-ment haben die Kameraden nur Rappen; ich entscheide mich für den Rappen.«
Das war denn nun ein Grund, den Hawermann nicht recht begreifen konnte. Er schwieg also, und während sie zurückgingen, lief die Unterhaltung ein wenig einsilbig. Doch wie sie fast schon am Hause waren – dicht vor dem Eingangstor, als habe er sich das bis zum letzten Schritt aufgespart –, da hielt der Leutnant den Inspektor fest, und mit einem tiefen Seufzer, als wolle er sich eine Last vom Herzen wälzen, sagte er: »Hawermann, ich habe lange gewünscht, Sie einmal unter vier Augen zu sprechen. – Hawermann, ich habe Schulden – *Sie* müssen mir helfen! – Es sind neunhundert Taler, die *muß* ich bezahlen, *muß* ich haben.«
Das war ein heikler Antrag für Hawermann, doch in wirklich ernsthaften Angelegenheiten macht sich das Lebensalter förderlich geltend. Er blickte dem jungen dreiundzwanzigjährigen Menschen offen in die Augen und sagte kurz: »Herr von Rambow, das tue ich *nicht*.« – »Hawermann, lieber Hawermann, ich brauche das Geld höchst notwendig.« – »Dann müssen Sie's Ihrem Vater sagen.« – »Meinem Vater? Nein, nein! er hat schon für mich bezahlt, und nun ist er krank, es könnte ihn zu sehr alterieren.« – »Und dennoch müssen Sie's ihm sagen! Solche Sachen müssen nicht mit fremden Leuten, die müssen zwischen Vater und Sohn abgemacht werden.« – »Fremde Leute?« fragte Axel und blickte ihn ebenso bittend wie herzlich an, »Hawermann, bin ich Ihnen denn so fremd?« – »Nein, Herr von Rambow, nein!« rief Hawermann und griff nach der Hand des jungen Herrn, rührte sie aber nicht an. »Sie sind mir *nicht* fremd! Und was ich für Sie tun könnte, würde ich gerade für *Sie* tun. Die Sache selbst ist eine Kleinigkeit, und wo's mir fehlen sollte, würde mein Freund Bräsig aushelfen. Aber, lieber Herr von Rambow, Ihr Vater ist der natürlichste Helfer, diese Stufe darf nicht überschlagen werden.« – »Meinem Vater kann ich's nicht sagen«, sagte Axel und pflückte an einem Weidenstrauch herum. – »Sie *müssen's* ihm sagen«, rief Hawermann mit warnender Eindringlichkeit. »Er vermutet es, daß Sie ihm Schulden verschwiegen haben, und das quält ihn.« – »Hat er mit Ihnen darüber gesprochen?« – »Ja«, sagte Hawermann, »aber nur infolge seiner eigenen großen Verlegenheit, die Ihnen bekannt ist.« – »Ich

weiß«, sagte Axel, »und ich kenne auch den Brunnen, aus welchem er gepumpt hat. Nun, was mein Vater tat, kann ich ja auch tun«, setzte er kalt und kurz hinzu und trat durchs Hoftor. – »Herr von Rambow«, rief Hawermann und folgte ihm eilig, »ich bitte Sie um des Himmels willen, tun Sie diesen Schritt nicht, er ist vergebens, oder er stürzt Sie in größere Verlegenheit.« Axel hörte nicht.

Einige Stunden danach stand Leutnant von Rambow mit Moses zwischen den Wollsäcken und Fellen in der Diele des Judenhauses, wo David zwischen den Hammelbeinen sein Vergnügen fand und, wie man so sagt, sich entfalten konnte wie die Laus im Schorf, und unternahm augenscheinlich noch eine letzte, verzweifelte Attacke auf Moses' achtsamen Geldbeutel; doch wie zumeist verhielt sich Moses auch hier sehr reserviert: »Wiß un wahrhaftig, Herr Baron, ich kann nich! Nu, warum denn nich? Warum sollt ich nich! Kann ich doch verdienen, kann ich doch schön verdienen bei's Geschäft. – Sehn Se, Herr Baron, da steht David. – David, was stehst du, was kuckst du? Komm her, David. – Sehn Se, Herr Baron, nu steht er hier, nu steht er vor Ihnen und steht er vor mir, ich will ihm nich sagen, ich will ihm nich winken, ich will ihm nich plinken, ich will reingehn in de Stub, nu fragen Se Daviden.« Und damit schob er sich, mit seiner rechten Hosenträgerschulter voran, in die Stube zurück.

Mit den Angelegenheiten des armen Leutnants mußte es schon schlimm stehen, wenn er sich überhaupt mit David einließ, denn wenn Axel im Schmuck seiner bunten Uniform wie vor des Königs Galakutsche einherzustolzieren schien, so war Davids Äußeres derart ungepflegt, als habe er immerzu hinter der Mergel- und Moderkarre herzutrotten. Bei diesem Geschäft aber kommt es weniger auf das stattliche Aussehen als darauf an, wer die Karre am besten aus dem Dreck zu ziehen weiß, und eben hierin kannte David sich trefflich aus.

David hatte drei Eigenheiten, die ihm dabei zustatten kamen. Zum ersten besaß er eine in ihrer Art unübertreffliche Judenjünglings-Visage, und wie er so lässig vor dem Leutnant stand und dabei Zimtrinde kaute, die er wegen des argen Geruchs in seinem Geschäft seiner Memmeleben aus der Speisenkammer zu mausen pflegte, und den Leutnant, eine Hand in der Hosentasche, mit schiefem Kopf anblickte, da sah er derart frech darein, als sei in ihn der Geist aller vergifteten Ratten aus seinem Produktengeschäft gefahren. Zum zweiten aber hatte er es an sich, daß er wirklich zäh war, weitaus zäher als sein Tateleben, und in

Anbetracht seines tagtäglichen Umgangs mit dem zähesten Zeug der Welt, mit Wolle, Fellen und Flechsen, konnte dies auch nicht gut ausbleiben. Und zum dritten verstand er es, sich in aller Ruhe von jedermann anfahren und einen jeden sodann mit ebenderselben Seelenruhe auch wieder abfahren zu lassen, was er teils seinen mütterlichen Anlagen, teils seinem Geschäftsverkehr zu verdanken hatte.
Mit einem so hochbegabten Menschen konnte denn also der Leutnant begreiflicherweise nur schlecht übereinkommen. Binnen kurzem verließ er ihn also schweren Herzens auch wieder. Aber David hatte an seinem eigenen Gebaren ein derartiges Wohlgefallen gefunden, daß ihm richtig mitleidig ums Herz ward und er dem Leutnant noch den christlichen Rat mit auf den Weg gab, er möge sich doch an den Notarius Schlitzohr wenden: »Der hat's«, sagte er, »und der tut's.«
Kaum hatte der junge Mann das Haus verlassen, sprang Moses aus seinem Zimmer: »David, hast du en Gewüssen? Ich will dir sagen was Neues: du hast kains! Wie kannst du schicken den jungen Mann mang die Halsabschneiders?« – »Hab ich ihn doch bloß geschickt«, sagte David verächtlich, »zu seine eigene Leut; is er en Soldat, is er doch aach en Halsabschneider. Schneidt der Notarjus ihm den Hals ab, nu was kümmert's *dich?* Schneidt er den Notarjus den Hals ab, *nu* was kümmert's *mich*?« – »David«, sagte der Alte und schüttelte den Kopf, »ich sag, du hast kain Gewüssen.« – »Wie haißt Gewüssen?« brummte David vor sich hin, »als du machst en Geschäft, jagst du mich fort, als du machst kain Geschäft, rufst du mich ran.« – »David«, sagte der Alte, »du büst noch ßu jung!« und ging auf sein Zimmer. – »Bün ich ßu jung«, sagte David giftig, »bleib ich aach ßu jung; aber ich weiß ne Stell, wo ich *nich* bün ßu jung.«
Damit warf er sich einen anderen Rock über und ging den gleichen Weg, den der Leutnant gegangen war, zum Notarius Schlitzohr.
Was er dort zu erledigen hatte und was dort überhaupt abgemacht wurde, das weiß ich nicht. Ich weiß nur, daß der junge Herr von Rambow an diesem Abend in Pümpelhagen sehr viele Briefe zu schreiben und Geld einzusiegeln hatte und daß er, als er damit fertig war, tief aufseufzte, als sei ihm eine Last von der Seele genommen. Die erste Not war beseitigt. Doch er hatte sich dabei nicht viel anders verhalten, wie man so sagt, als jene alte Frau, die ihren Backtrog zu Kleinholz machte, um ihr Sauerteigwasser zu hitzen.

Kapitel 5

Nachtseiten der menschlichen Natur

Wenige Tage danach blickte die Sonne morgens so gegen zehn gerade hinter einer Regenwolke hervor, genau in den herrschaftlichen Garten von Gürlitz hinunter. Ihr Töchterchen, die Erde, hatte Waschtag gehalten, und sie wollte ihrem geliebten Kinde jetzt ein wenig beim Wäschetrocknen zur Hand gehen. Ja, das war dann damals, genau wie heute noch immer, ein Hauptspaß, wenn Mutter Sonne sich die Sache angelegen sein ließ und mit ihrem alten, breiten, freundlichen Gesicht bald hier, bald dort hinter den weißen Wolkenlaken hervorsah und dann auch wieder zur Brause griff, um die weiße Wäsche ein wenig anzufeuchten. Bei solcher Gelegenheit war Mudding denn auch immer mächtig spaßhaft aufgelegt. Sie kam auf die schnurrigsten Einfälle und trieb auf ihre alten Tage oft noch so dummes Zeug wie knapp die jüngste Dirn, wenn sie zum ersten Male verliebt ist. Bald war ihr zum Weinen traurig, bald lachte sie aus vollem Halse.

Heute aber hatte das Gelächter die alte Frau mit aller Gewalt überkommen, als sie in den Gürlitzer Garten hinunterblickte. »Nein, nun sieh einer nur an!« rief sie und lachte gellend über Wiesen und Saaten hinweg. »Was man doch alles erleben kann in dieser dämlichen Welt. Da stand hier nun Jahre hindurch immer der schmucke weiße Jüngling und hielt mir seinen Schreibstift hin, damit das armselige, hungrige Menschenkindergewürm doch wußte, wann's Zeit war zum Mittagessen, und jetzt steht dies alte, dicke, mürrische Geschöpf in grünkarierten Hosen auf seinem Platz und raucht Tabak. Nirgends geht es doch närrischer zu als in der Welt!«

Und dabei lachte die Alte so recht aus voller Kehle über den Rittergutsbesitzer Herrn Pomuchelskopp, der in gelbem Nankingrock und grünkarierten Hosen neben den Überresten eines verfallenen Sonnenzeigers stand, in genau der gleichen Positur, die vordem der schöne Heidengott Apollo eingenommen hatte, nur daß dieser in der Hand eine Leier getragen und jener eine kurze Pfeife hielt. Doch des öfteren verschattete sich auch ihr Angesicht, wenn ihr Blick wieder auf ihren schmucken, artigen Herrn Sekretär fiel, der mit seinem Stift so viele Jahre hindurch ihre Taten getreulich verzeichnet hatte und der nun

achtlos unter Nesseln und Kletten lang hingestreckt im Grase lag. Aber lachen mußte sie denn doch immer wieder.
Pomuchelskopp lachte ebenfalls, auf seinem Gesicht aber war vorläufig noch keine Fröhlichkeit zu bemerken. Reckte er sich aber so hoch auf, wie es seine kurze Natur erlaubte, und blickte er um sich her, dann quoll doch eine Art von Gelächter aus seinem Innern hervor: »Das alles gehört mir! Alles mir!« Den Sonnenschein, der über der Erde lag, den sah er nicht und der rührte ihm weder Herz noch Angesicht, aber der Sonnenstrahl, der in ihm aufgegangen war und der eigentlich nichts anderes vorstellte als ein ganz gewöhnliches Rechenexempel, der erwärmte ihn kräftig von innen. Auf seinem Gesicht war freilich nichts davon zu bemerken, denn wenn er auch nach außen hin sichtbar lachen sollte, so mußte es schon ein derber, ein richtiger Spaß sein – und daran sollte es ihm in diesem Augenblick auch nicht fehlen.
Seine beiden Jüngsten, Ferdinandchen und Philippchen, Nanting und Philipping genannt, hatten sich zu ihm gesellt, und Philipping hatte sich eine Rute aus Kletten und Nesselstauden zusammengebunden und peitschte damit die verstümmelte Bildsäule des Apoll, so daß Vater Pomuchelskopp so recht von Herzen lachen mußte. Und Nanting war in die Küche gelaufen, hatte ein Stück Kohle geholt und wollte ihm schon einen Schnurrbart anmalen, doch das ließ Vater nicht zu: »Nanting«, sagte er, »das laß unterwegs, das könnt ihn schampfieren, und wir können ihn ja möglicherweise noch verkaufen, Nanting. Aber hauen könnt ihr ihn.« Und sie hauten ihn, den armen, bleichen Heidengott, und Vater Pomuchelskopp lachte, als ob es ihn aus den grünkarierten Hosen schütteln sollte.
Inzwischen war denn auch »Madame« eingelangt, welches Pomuchelskopps trockenere Ehehälfte war. Sie war eine richtige Bohnenstange und so dürr wie König Pharaos sieben magere Kühe. Ihre Stirn zog sich stets in Runzeln nach oben, als ob die Sorgen der ganzen Welt ihrer Seele aufgeladen seien, oder sie schnurrte am Nasenansatz in verdrießlichen Falten zusammen, als sei alles Geschirr, das die Dienstmädchen dieser Welt in einem ganzen Jahr zerbrachen, ihr persönliches Eigentum. Ihr Mund sah sauer, als wäre er sein Lebtag mit Essig getränkt und mit Sauerampfer gefüttert worden. Sie trug in dieser schönen warmen Jahreszeit am Morgen einen schwarzen Merinoüberrock, der, gelegentlich eines Trauerfalls einst angeschafft, nun doch einmal aufgetragen werden mußte, am Tage jedoch Kattunkleider, die mit Ellernborke olivgrün aufgefärbt wurden. Doch wenn es darauf

ankam, wenn Pomuchelskopp in seinem blauen Frack mit den blanken Knöpfen in Erscheinung trat, dann wirrte sie sich um ihren Kopf soviel Bänder- und Haubenkram, daß ihr versorgtes Gesicht darunter hervorsah wie eine halbverhungerte Maus unter einem Flausch Werg, und hängte sich um ihr übriges Gestell Schabracke auf Schabracke so übereinander, daß schließlich ihre armen, bescheidenen Beine so aussahen wie ein Paar Stricknadeln, die sich in einen Flickenkasten verirrt haben. Dann aber hätte ich jedem Dienstboten geraten, ihr aus dem Wege zu gehen, denn wenn ihre armen Knochen auch leichtfertig wie auf samtenen und seidenen Flügeln einherschwebten, so lastete ihre besorgte Seele doch schwer auf ihrer Umgebung wegen der Anschaffungs- und Abnutzungskosten.

Sie war eine Mutter wie sie im Buche steht. Sie sorgte Tag und Nacht, wie sich aus Malchens altem Rock noch eine Unterjacke für Philipping zurechtschneidern ließ. Sie liebte ihre Kinder nach der Schrift, und darum *züchtigte* sie sie auch, und Nanting konnte des öfteren für jeden Flecken auf seiner Jacke zweie auf dem Rücken und für jeden Flecken auf der Hose zweie auf seinem Hosenboden aufweisen. Ja, sie war streng gegen sich selber und gegen ihr eigen Fleisch und Blut, aber sie war auch geneigt, sich zu freuen, ebenfalls nach der Schrift, nämlich mit Maßen. Und wie sie heute herantrat und das muntere Treiben ihrer jüngsten Nachkommenschaft gewahrte, da flog über ihr Gesicht ein hoffnungsvoller Schimmer, wie wenn die Februarsonne auf den festgefrorenen Acker niederblickt und zu ihm spricht: »Paß auf! Hier werden bald Kartoffeln wachsen.«

Und sie war auch eine Ehefrau, wie sie im Buche steht. Kein Nachbar hätte ihr nachsagen können, sie habe sich jemals in Taten, Worten oder Gedanken auch nur um das Schwarze unterm Nagel gegen ihre Pflicht und Schuldigkeit vergangen, obwohl Pomuchelskopp auch nur so so war. Denn ihrer Meinung nach war er überaus leichtsinnig, weil er öfters, wenn der Spaß danach war, auch lauthals darauflos wiehern konnte, was sich für einen sorgsamen Hausvater nicht schickt, dieweil es doch auf die Dauer seinen Wohlstand ruinieren und sie und ihre Kinder an den Bettelstab bringen konnte. Sie tat also ein übriges, zu welchem sie der Geistliche bei der Trauung keineswegs verpflichtet hatte: sie dämpfte diese Ausgelassenheit und gab ihm tagtäglich von ihrem eigenen Essig zu trinken und von ihrem Sauerampfer zu essen. Sie schulmeisterte an ihm herum – das heißt, wenn sie allein waren – genau wie an ihrem Jüngsten, an Philipping, und verhielt sich nicht anders,

als seien Pomuchelskopps grünkarierte Hosen noch von hinten zuzuknöpfen: kurz, sie zog ihn nach ihrem Sinn. Sie schlug ihn nicht – Gott bewahre! – nein, alles nur mit Worten, die sie wie Dornen in die empfindlichsten Teile seines Fleisches bohrte. Schon durch die bloße Anrede wußte sie ihn in die ihr eigene Stimmung zu versetzen. Betrug er sich leichtsinnig, dann sprach sie ihn hart und kurz mit der letzten Silbe seines Namens an und nannte ihn barsch bloß »Kopp!« Für gewöhnlich nannte sie ihn mit den mittelsten Silben: »Muchel«, und wenn er so recht nach ihrem Sinn war und verdrießlich in der Sofaecke saß und nach den Fliegen schlug, dann sprach sie ihn mit der ersten Silbe an und in einem lieblichen Tone: »Pöking«.
Heute nannte sie ihn nicht »Pöking«. »Kopp!« sagte sie wegen seiner leichtfertigen Ausgelassenheit über das Treiben der Jungen. »Kopp, was stehst du hier und rauchst wie ein Backofen? Ich meine, wir wollen nach dem Paster gehn.« – »Mein Küchlein«, antwortete Pomuchelskopp und nahm dabei unwillkürlich die Pfeife aus dem Munde, »wir können ja auch hingehn. Ich will mir gleich meine Frack anziehen.« – »Frack? Wieso? Meinst du, ich soll mich noch groß erst in mein Schwarzseidenes werfen? – es ist ja man bloß nach *unsern* Paster.« – Dabei legte sie auf das *unseren* einen Nachdruck, als rede sie von ihrem Schäfer und sei der Ansicht, der Pfarrer stünde bei ihr in Lohn und Brot. – »Mein Hühnchen«, sagte Pomuchelskopp, »wie du willst; ich kann ja auch meinen braunen Überrock anziehn. – Philipping, laß nu das Hauen sein. Mama mag das nich.« – »Kopp, kümmer dich nicht um die Kinder, kümmer dich um dich selbst. Du behältst deinen Nanking-Rock an, der ist sauber und gut.« – »Mein Kluckchen«, sagte Pomuchelskopp, denn wenn er mit seiner lieben Frau anderer Meinung war, versuchte er es zuerst mit dem Küken und kam dann zuletzt auf die Klucke, »mein Kluckchen, ümmer nobel, mein liebes Kluckchen! Wenn wir's auch nicht um die Pastorleute tun, so müssen wir's doch um unser selbst willen tun. Und wenn Malchen und Salchen mitgehen sollen, denn müssen sie sich doch putzen und denn stechen wir gegen ihnen ab.«
Dies aber gab den Ausschlag und verschaffte Pomuchelskopp die Erlaubnis, sich den braunen Überrock anzuziehen. Er empfand tiefe Genugtuung darüber, seinen Willen durchgesetzt zu haben, was ihm sonst nicht so leicht widerfuhr, und in seiner überschwenglichen Dankbarkeit wollte er seinem Kluckchen auch etwas Gutes tun und sie an seiner eigenen Freude teilhaben lassen – denn es darf keiner glauben,

daß Pomuchelskopp so unartig gewesen wäre, in seinem eigenen Hause übermütig zu werden – dort war er vielmehr de- und wehmütig. Er zeigte also über die Felder hin und sagte: »Küchlein, sieh mal, das ist alles uns!« – »Muchel, du zeigst zu weit«, sagte Madame sehr kurz, »das dahinten ist schon Pümpelhäger.«

»Du hast recht, Hühnchen, das ist schon Pümpelhäger. – Aber«, setzte er hinzu, und die kleinen Augen blickten begehrlich nach Pümpelhagen hinüber, »wer weiß? – Wenn mir Gott das Leben läßt und ich in Pommern alles gut verkauft kriege und die Zeiten bleiben gut und der alte Kammerrat ist tot und der Sohn macht Schulden ...« – »Ja, Muchel«, fiel ihm seine liebe Frau ins Wort, und über ihr Gesicht flog eine Spur von Spott, die man wohl oder übel für Lachen nehmen mußte, weil man es anders vermutlich nie hätte lachen sehen, »ja, gerade so wie oll Strohpagel sagt: wenn ich zehn Jahre jünger wäre und hätt nich das faule Bein und hätt auch meine Frau nich – denn sollt't ihr mal sehn, was ich für ein Kerl bin!« – »Hühnchen«, fiel Pomuchelskopp ein und machte ein Gesicht, als sei er tief in seiner Seele beleidigt, »wie kannst du *so* was sagen! Ich sollte wünschen, *dich* nicht mehr zu haben? Ohne die dreißigtausend Taler, die du von Vatern geerbt hast, wäre ich ja gar nicht kumpabel gewesen, Gürlitz zu kaufen. – Und was ist Gürlitz doch für ein schönes Gut! Sieh! dies ist doch alles Gürlitzer!« und dabei zeigte er wieder übers Feld. – »Ja, Kopp«, sagte seine Frau hart, »bis auf den Priesteracker, den du dir hast aus den Fingern reißen lassen.« – »Ach Gott, Kluckchen«, sagte Pomuchelskopp, als sie aus dem Garten gingen, »immer mit dem Priesteracker! Was kann *ich* dafür? – Sieh, ich bin ein grader, ehrlicher Mann. Was kann *ich* dafür, daß ich mit so'n paar olle Schleichers, wie Hawermann und der Pastor sünd, zu tun habe. – Aber wir sünd noch nicht zu Bett, Musche Hawermann! Wir sprechen uns noch weiter, Herr Pastor!«

Im Gürlitzer Pfarrhaus saßen an diesem Morgen drei schmucke kleine Mädchen in Frau Pastors guter Stube und hatten es gar eifrig mit ihrem Hand- und Mundwerk, denn sie nähten nicht nur, sie schwatzten auch um die Wette und sahen zwischen all dem weißen Leinen so rot und frisch aus wie saftige Erdbeeren auf einem weißen Teller. Dies waren Luise Hawermann und die beiden kleinen Druwäppel, Lining und Mining Nüßler.

»Kinder«, sagte die zierliche, runde Frau Pastor, wenn sie dann und wann einmal von der Küche ins Zimmer hineintrudelte, »ihr glaubt gar nicht, was es mir jetzt in älteren Tagen für Vergnügen macht, wenn ich meine reine Wäsche in den Leinenkoffer lege und bei jedem Stück weiß, wann ich's gesponnen und wann ich's genäht habe! Und wie redlich geht man damit um, wenn man selbst weiß, was es für Mühe gekostet hat. – Mining, Mining, die Naht ist ja schief! – Gott im Himmel! Luise! Ich glaube, du guckst allenhalben herum und nähst immer fort und hast keinen Knoten vor den Faden geschlagen. – Aber nun muß ich die Kartoffeln aufsetzen lassen, denn mein Pastor muß bald kommen«, und damit lief sie aus der Tür, schaute aber noch einmal hinein: »Mining und Lining, ihr bleibt heute zu Mittag hier!« Und so flog sie von der Küche ins Zimmer und vom Zimmer in die Küche wie das Perpendikel in der Uhr und hielt alles im richtigen Gang.

Wie aber waren Lining und Mining Nüßler in Frau Pastors Nähschule gekommen? Dies hing so zusammen:

Als die beiden Kleinen so weit waren, daß sie das »r« aussprechen konnten, nicht mehr mit Sand spielen mochten und den ganzen Tag hinter Frau Nüßler herliefen: »Mudding, was sollen wir nu tun?«, da sagte Frau Nüßler zu Jung-Jochen, jetzt sei es allerhöchste Zeit, daß die Kinder etwas lernten: sie müßten ein Schulfräulein einstellen. Jochen hatte nichts dagegen, und sein Schwager, Rektor Baldrian, erhielt den Auftrag, eine solche zu beschaffen. Als diese ein halbes Jahr in Rexow gewirkt hatte, sagte Frau Nüßler, sie sei eine zänkische Person, sie zaustere den ganzen Tag an den Kleinen herum und mache sie so kopfscheu, daß sie nicht mehr wiederzuerkennen seien; sie mußte also fort. Darauf beschaffte Kaufmann Kurz eine neue. Und eines Tages, als in Rexow kein Mensch Böses ahnte, trat eine Art Grenadier zur Tür herein mit dunkelschwarzen Augenbrauen, einer gelben Gesichtsfarbe und mit einer Brille auf der Nase und gab sich als die neue »Erzieherin« zu erkennen. Sie redete die beiden kleinen Mädchen gleich auf französisch an, und als sie herausgefunden hatte, daß die beiden noch so unschuldig waren, auch nicht das geringste davon zu verstehen, wandte sie sich auf französisch an Jung-Jochen. Derlei aber war nun Jung-Jochen sein Lebtag noch nicht vorgekommen, er ließ darüber sogar seine Pfeife ausgehen. Und weil sie gerade beim Kaffeetrinken waren, bemerkte er, um doch etwas zu sagen: »Mutter, schenk doch der neuen Schulmamsell wieder ein.«

Ja, *die* hielt es nun mit dem Kommandieren im ganzen Haus, und als Frau Nüßler dies eine Weile tapfer mit angesehen hatte, da sagte sie endlich: »Stopp! Die Sache, die geht nicht; wenn hier kommandiert werden soll, dann bin ich die Nächste dazu, wie Frau Pastern sagt«, und sie trommelte dem Grenadier den Marsch.

Darauf legte sich Unkel Bräsig ins Mittel, »daß das Kropzeug doch was lernen täte«, sagte er, und schaffte eine an, »ne hellsche«, sagte er, »ümmer lustig un auf den Klawezimbel gor nich dodzumachen.« Er hatte recht. Eines Abends im Winter traf eine kleine, blaubackige, lachlustige Person in Rexow ein, die in den ersten zehn Minuten über das neue, auf der Auktion erworbene Piano herfiel und drauf herumarbeitete, als dresche sie um das letzte Scheffel. Als sie zu Bett gegangen war, schlug Jochen das Piano auf, und als er entdeckte, daß sie drei Saiten entzweigetrommelt hatte, machte er das Piano wieder zu und fragte: »Ja, was soll einer dabei tun?«

Im Hause wurde es nun überaus lustig. Das Gör von Erzieherin jagte und hetzte sich mit den beiden Gören von Frau Nüßler herum, so daß Frau Nüßler zu dem Schluß gelangte, ihre Älteste, Lining, sei eigentlich verständiger als das Fräulein. Sie mußte sich nun aber doch davon überzeugen, was das Fräulein in den Schulstunden mit den Kindern eigentlich treibe. Sie verlangte also doch einmal nach einer Art von Stundenplan, und am nächsten Tag kam Lining denn auch mit einem großen Bogen angezogen, auf dem alles Mögliche verzeichnet war. Da stand der Deuwel weiß was aufgeschrieben: Deutsch und Französisch und Orthographie und Geographie und Religion und Biblische Geschichte und andere Geschichte und sogar Biblische Naturgeschichte, und dann zum Schluß immer wieder: Musik und Musik und Musik und Musik. »Ih«, sagte sie zu Jochen, »meinetwegen können sie ja soviel Musik machen, wie sie wollen, wenn das mit der Religion nur seine Richtigkeit hat. Was sagst du, Jochen?« – »Je«, bemerkte Jochen, »das is alles so, wie das Leder is.«

Ja, und so wäre es wohl auch geblieben, wenn Frau Nüßler nicht bei kleinem durch Lining erfahren hätte, daß sie mit dem Fräulein in der Biblischen Geschichte Stripp-Strapp-Strull gespielt hätten. Und als sie nun einmal oben während der Religionsstunde ein lebhaftes Herumgejage vernahm, trat sie unversehens ins Zimmer, um sich doch zu vergewissern, welche Art von Religion dort betrieben werde, – und siehe da! das Fräulein spielte mit den Kleinen ein wenig Blinde Kuh. Aber von dieser Art lustiger Religion wollte Madame Nüßler nun nicht viel wissen, und Fräulein Springinsfeld mußte hinter dem Grenadier herspringen.

Dies war nun aber besonders verdrießlich, weil es sich mitten im Quartal ereignete. Und wenn Frau Nüßler sich jetzt darüber beklagte, daß die Kinder sich immerzu herumtrieben, bemerkte Jochen nur: »Je, was soll ich dabei tun?«, fing aber an, ungeheuer eifrig in der »Rostocker Zeitung« zu lesen. Und eines Tages legte er die Zeitung beiseite und rief nach Krischan, er solle das »Phantom« anspannen. Seine liebe Frau geriet ein wenig sehr in Aufregung, weil sie nicht wußte, was er beabsichtigte. Doch nachdem sie ihn von seiner Pfeifenseite betrachtet und dabei festgestellt hatte, daß sein Mund sich links noch ein wenig höher zum Ohre hinaufzog, was bei ihm ein freundliches Lächeln bedeutete, da gab sich ihre Unruhe wieder und sie sagte sich: »Na, laß ihn, er hat was Gutes im Sinn.« Nach drei Tagen kehrte Jochen in der Gesellschaft einer vollauf erwachsenen, fast durchsichtigen Dame zurück, und in der ganzen Gegend verbreitete es sich wie ein Lauffeuer: »Denkt euch! Jung-Jochen hat sich selber ne Erzieherin angeschafft.«
Bräsig kam am nächsten Sonntag und besah sie sich, und er war so ziemlich mit ihr zufrieden, »aber«, setzte er hinzu, »paß auf, Jung-Jochen, sie hat Nerven.« Bräsig war nicht allein ein großer Pferdekenner, er war auch ein Menschenkenner. Er hatte recht: das Fräulein hatte wirklich Nerven, und nicht wenige. Die beiden kleinen Zwillinge mußten auf den Zehenspitzen einhergehen, das Fräulein nahm Mining ihren Ball weg, weil sie damit einmal aus Versehen an ihr Fenster geworfen hatte, und sperrte das Piano zu, damit Lining nicht mehr »Unse Katt hat negen Junge« spielen konnte, das einzige Musikstück, das sie bei Fräulein Springinsfeld gelernt hatte.
Nach einiger Zeit stellten sich bei dem Fräulein zu ihren Nerven auch noch Krämpfe ein, und Frau Nüßler mußte mit allerlei Tropf-Flaschen umherlaufen, und Fik und Korlin mußten nachts selbzweit bei ihr wachen, weil es einer allein zu sehr gruselte. »Nu würd ich ihr abschaffen«, sagte Unkel Bräsig, doch Frau Nüßler war eine gutherzige Frau, sie schaffte für sie lieber noch den Doktor an. Doktor Strumpf aus Rahnstädt ward gerufen, und als er der Patientin gründlich auf den Zahn gefühlt hatte, bekundete er, dies sei ein für ihn ungewöhnlich interessanter Fall, dieweil er sich in letzter Zeit sehr eingehend mit den »Nachtseiten der menschlichen Natur« beschäftigt habe. Jung-Jochen und seine Frau dachten sich weiter nichts Böses dabei, als daß er in letzter Zeit des Nachts seiner Patienten wegen häufiger habe aus dem Bett heraus müssen. Doch hier sollte es, wie man so sagt, noch ganz anders kommen als mit der »Frau selig«.

Eines Tages, als der Doktor wieder bei ihr war, stürzte Karline aufgeregt nach unten: »Frau, Frau! Nu ist das Unglück in vollem Gang. Der Doktor hat ihr immer vorm Gesicht herumgefuschert, und jetzt schläft sie und sagt im Schlafe wahr. Mir hat sie gesagt, ich hätte einen Bräutigam.« – »Gott soll mir in den hogen Himmel bewohren«, sagte Bräsig, der gerade zugegen war, »was betreibt das Frauenzimmer for Anstalten!« und ging darauf mit Frau Nüßler nach oben. Nach einer Weile kam er wieder herunter und fragte: »Na, was sagst du *nu*, Jung-Jochen?«

Jochen besann sich ein Weilchen und bemerkte dann: »Je, denn hilft das nich, Bräsig.«

»Jochen«, sagte Bräsig und ging mit großen Schritten in der Stube auf und nieder, »ich hab dir *vordem* gesagt, du sollst ihr abschaffen. Nu sage ich, schaff ihr *nicht* ab! – Ich habe ihr gefragt, was das morgen regnen würde, un sie hat mir in ihrem sonnenbuhlerischen Zustand gesagt, morgen käm ein Platzregen. Platzregent es morgen, dann smeiß deinen Prometer von der Wand – 's ist nichts mehr mit die Prometers, und deiner steht schon seit zwei Jahren ümmer auf gut Wetter – und häng ihr da an. Du kannst dir und die ganze Umgegend glücklich machen.« Jung-Jochen sagte nichts. Doch als am nächsten Morgen tatsächlich ein großer Platzregen niederkam, sagt er erst recht nichts und verwunderte sich nur drei Tage lang ungemein im stillen. In der Nachbarschaft aber ging dies um: Jung-Jochen habe sich eine Wahrsagerin angeschafft, und sie habe den großen Platzregen am Sonnabend prophezeit, und Korlin Kräuger und Inspektor Bräsig sollten dies Jahr noch heiraten.

Dr. Strumpf tat verständlicherweise auch das Seinige, den interessanten Fall ins rechte Licht zu rücken, und so konnte es denn nicht ausbleiben, daß Frau Nüßlers stilles Haus bald zu einem Wallfahrtsort geworden war, in welchem alles, was neugierig oder wissenschaftlich oder gar naturwissenschaftlich war, einander die Klinke in die Hand gab. Und da Frau Nüßler nichts damit zu tun haben wollte und Jochen nichts dazu tun konnte, übernahm Zacharias Bräsig die Honneurs, wenn der Doktor nicht da war, und führte die Gäste immer schaarenweise zum Fräuleinzimmer hinauf und erklärte den somnambulischen Zustand. Und vorm Bette des Fräuleins saß Kutscher Krischan, der sich vor dem Teufel nicht fürchtete, denn Korlin und Fik wollten nun selbst zu zweien nicht mehr wachen, weil sie sich sogar am Tage fürchteten und es auch nicht für schicklich hielten, denn sie hatten sich Bräsigs Gerede von somnambulisch ins Plattdeutsche übersetzt und sagten: das Fräulein sei »sündenbuhlerisch«.

Unter den Gästen, die sich zur Besichtigung des Wunders einfanden, war denn nun auch der junge Herr Baron von Mallerjahn auf Grünenmoor, der tagtäglich kam und naturforschte und sich sogar die Freiheit nahm, auch ohne Bräsigs Begleitung zum Fräulein hinaufzugehen. Frau Nüßler ärgerte sich allerdings nicht wenig über diese Unverfrorenheit und verlangte von Jochen, er solle dem Unwesen steuern, worauf Jochen bemerkte: dafür sei ja Krischan eingesetzt. Doch als Krischan eines Tages herunterkam und berichtete, der junge Herr Baron habe ihn aus dem Zimmer gejagt, weil er ein bißchen sehr nach Pferden röche, da brach sich der Ärger bei Frau Nüßler in hellen Tränen Bahn, und wenn nicht zufällig Bräsig vorbeigekommen wäre, dann hätte sie dem Herrn Baron wohl selber die Tür gewiesen. So aber sprang Bräsig ritterlich ein und übernahm diesen Dienst.

Er ging nach oben und sagte sehr höflich und bestimmt: »Gnedigster Herr Baron, kucken Sie sich gefälligst die andre Seite von der Tür mal en bitschen an!« Für den Herrn Baron war diese Andeutung möglicherweise zu diskret gewesen. Er lachte ein wenig verlegen und erklärte, er stehe augenblicklich mit dem Fräulein in einem magnetischen Rapport. »Was hier monetischen Apport!« rief Bräsig, »wir brauchen hier Ihre Moneten nich und brauchen hier keine Apportendräger weiter, dazu is Krischan hier gesetzt.« Und dabei stand Bräsig selber in magnetischem Rapport, nur wußte er es nicht, denn als Frau Nüßler aufschluchzte, geriet er in Wut, und voller Zorn rief er dem Baron entgegen: »Herr, scheren Sie sich aus dem Dings raus!« Der Herr Baron erstarrte verständlicherweise bei diesen Worten und fragte ein wenig sehr von oben herab, ob Bräsig wohl wisse, daß er grob werde. »Das nennen Sie Grobigkeit?« rief Bräsig und packte den Baron am Arm, »denn will ich Sie gleich was anders weisen!« Über diesem Lärm aber konnte das Fräulein nun nicht gut umhin, aus ihrem Schlaf zu erwachen. Sie sprang vom Sofa auf und bekam den Baron am andern Arm zu fassen: hier sei ihres Bleibens nicht länger, hier verstünde sie niemand, er allein verstehe sie, sie bleibe bei ihm. »Das ist auch das beste«, sagte Bräsig. »Reisend Leut muß keiner aufhalten. Zwei Fliegen mit einer Klapp!« und geleitete sie die Treppe hinunter.

Der Wagen des Herrn Baron war noch angespannt und fuhr vor. Der Herr Baron selbst war in beträchtlicher Verlegenheit, doch das Fräulein blieb standhaft. »Je, denn hilft das nich«, bemerkte Jung-Jochen, als er ihre Abreise von der Stube aus beobachtete. »Jung-Jochen«, sagte Bräsig, als das Pärchen vom Hof fuhr, »die ist auch so, as das Leder is, die is zäh. Und Madamming«, sagte er zu Frau Nüßler, »lassen Sie das man sein, nu kann er sehn, wo er mit seinen monetischen Schatz bleibt.«

Hawermann war in letzter Zeit viel für seinen Herrn unterwegs gewesen, und wenn er auf einen oder zwei Tage nach Hause kam, dann hatte er mancherlei in der Wirtschaft zu erledigen, so daß er sich um anderes nicht viel kümmern konnte. Er war vordem des öfteren zu seiner Schwester hinübergegangen und hatte sie wegen des Fräuleins getröstet: es sei vermutlich nur eine Krankheit und werde sich wohl geben. Doch als er diesmal zurückkehrte, ging in der ganzen Gegend das Gerücht um, Jung-Jochens Schlaffräulein wäre mit dem Baron von Mallerjahn durchgegangen, habe aber vorher noch Bräsig mit der Prophetengabe angesteckt und Krischan mit dem Schlafe: Bräsig prophezeie, wo er gehe und stehe, und Krischan schlafe sogar im Stehen.
Hawermann begab sich also zu Pastor Behrens und fragte ihn, was er von der Geschichte wisse, und bat ihn, gemeinsam mit ihm seine Schwester aufzusuchen. »Recht gern, lieber Hawermann«, sagte der Pastor, »aber um die Sache selbst habe ich mich nicht bekümmert, grundsätzlich nicht. Ich weiß recht wohl, daß sich in unserm guten Vaterlande manche meiner Herren Brüder in Christo mit Heilung von Besessenen und Teufelsbannerei befaßt haben. Aber ich meine, dergleichen Fälle müssen vor das Forum der Ärzte oder auch« – hier lächelte er ein wenig anzüglich – »vor das der Polizei gebracht werden.«
Als sie nach Rexow kamen, war die rüstige und tüchtige Frau Nüßler, die sonst das schlimmste Mißgeschick, den ärgerlichsten Verdruß mit Leichtigkeit von sich abzuschütteln wußte, ganz durcheinander. »Herr Pastor«, sagte sie, »Karl-Bruder, dies war ein verdrehtes Frauenzimmer, und geärgert hab ich mich genug, und so waren sie alle, die ich bisher hatte. Aber das schadet nicht, das könnte ich leicht verwinden.
Es geht mir man um meine beiden guten kleinen Würmer, das weiß nichts und das lernt nichts. Und wenn ich daran denke, daß meine lieben beiden lütten Dirns zwischen anderen ihres Alters und Standes sitzen sollen wie Trumpf sechs und wissen nicht mal, wovon die Rede ist, und können nicht mal einen Brief schreiben! – Nee, Herr Paster, Sie, der Sie so viel gelernt haben, Sie können nicht wissen, wie einem

dabei zumut ist – aber ich weiß es, und Karl, du kannst es auch wissen. Nee, Herr Pastor, und wenn sich mein Herz umkrempeln und wenn mein Haus auch so groß werden sollte, daß ich mit Jochen darin wie im Traum herumgehe, lieber gebe ich die Gören aus dem Haus, als daß sie zeitlebens dämlich bleiben sollen. Sehn Sie, wenn Luise hierherkommt, sie weiß doch Bescheid, einer kann sie doch fragen, und sie kann doch auch schon Jochen die Zeitungen vorlesen. Lesen können meine auch, aber sobald ein fremdes Wort vorkommt, dann geht das Gestammel los. Neulich las Luise ›Burdoh‹ und so wird das Wort auch wohl richtig heißen. Meine lesen nu aber Bo-ur-de-aux. Was tu ich nu aber mit Bo-ur-de-aux, wenn die Stadt ›Burdoh‹ heißt?«
Der Pastor war unter ihrer langen Rede aufgestanden und ging in Gedanken in der Stube umher. Schließlich blieb er vor Frau Nüßler stehen, sah sie ein wenig nachdenklich an und sagte: »Frau Nachbarin, ich will Ihnen einen Vorschlag machen – Luise mag wohl etwas weiter sein, aber das macht nichts – Sie sollen sich nicht von Ihren Kleinen trennen. Geben Sie mir die Kinder in Unterricht.« – Hatte Frau Nüßler vielleicht schon einmal an diesen Ausweg gedacht und fiel ihr dies Anerbieten nun wie das große Los in den Schoß, oder kam es ihr so überraschend, wie wenn man unversehens aus Schatten in Sonnenschein tritt, jedenfalls sah sie den Pastor aus ihren hellen blauen Augen an: »Herr Pastor!« rief sie und sprang vom Stuhl hoch: »Jochen! Jochen! hast dus gehört? Der Herr Pastor will uns' Lütten in die Schule nehmen.«
Und Jochen hatte es auch gehört, war auch aufgestanden und wollte etwas bemerken, sagte aber nichts, sondern fummelte und grabbelte nur nach des Herrn Pastors Hand, bis er sie zu fassen bekam und drückte sie und zog ihn auf das Sofa hinter den Vesperbrottisch, und erst nachdem Frau Nüßler und Hawermann ihrer Freude reichlich Ausdruck gegeben hatten, da war er nachgerade mit der seinen auch so weit gekommen, daß er zu reden vermochte. Und er bemerkte: »Mudding, schenk doch dem Herrn Pastor ein.«
So waren also Mining und Lining tägliche Gäste im Gürlitzer Pastorenhaus geworden. Und doch waren sie die beiden kleinen, einander völlig gleichenden Zwillinge geblieben – nur daß Lining als die Älteste einen knappen halben Zoll größer war als Mining, und daß Mining einen guten halben Zoll mehr an Rundungen besaß, und daß – wenn man sehr genau hinsah – Minings Näschen noch eine Kleinigkeit stumpfer war als Linings.

Und so befanden sie sich denn auch an jenem Tag, an dem Pomuchelskopp seinen Antrittsbesuch unternahm, bei Frau Pastorin in der Nähschule, weil diese selber doch an den Kindern, wenn ihr Herr Pastor in Amtsgeschäften unterwegs war, auch das ihre tun wollte.

»Gott im Himmel!« stürzte Frau Pastor plötzlich ins Zimmer, »Kinder, werft das Nähzeug beiseite! Luise, trag alles in die Schlafstube, Mining, sammle die Flicken und Fäden auf, Lining, setz die Stühle in Ordnung! Der neue Gutsbesitzer kommt mit Frau und Töchtern übern Kirchhof grade aufs Haus los – lieber Gott! und mein Pastor ist nach Warnitz zur Taufe!« – und damit griff sie unwillkürlich zum Staubtuch, mußte aber wieder von ihm ablassen, denn schon klopfte es an der Tür, und auf ihr »Herein« traten jetzt strahlend Pomuchelskopp mit seiner Frau und seinen beiden Töchtern Malchen und Salchen ins Zimmer. »Die Ehre nehmen« – sagte Pomuchelskopp und versuchte eine höfliche Verbeugung, was ihm seiner Bauart wegen nur mäßig gelang – »den Herrn Pastohr und die Frau Pastohrin – aufwarten – Bekanntschaft – Nachbarschaft...« Sie, die Pomuchelsköppin, stand derweil so steif und aufrecht daneben, als habe sie heute morgen eine Bohnenstange verschluckt, und Malchen und Salchen blickten aus ihren bunten Seidenkleidchen auf die drei kleinen Mädchen in ihren verwaschenen Kattunkleidern herab wie der Stieglitz auf die Grasmücke.
Ihren Freunden gegenüber war die Frau Pastorin der argloseste Mensch von der Welt. Hatte sie es aber mit Fremden zu tun und war ihr Pastor nicht zugegen, so daß sie sein Ansehen mit zu vertreten hatte, dann nahm sie seine Amtswürde auch noch auf ihre Schultern. Dann reckte sie sich energisch auf ihren Zehen nach oben und stand dann so rund und vollkommen da wie ein Gänseei, das man auf seine Spitze gestellt hat. Und unter ihrem kleinen würdevollen Doppelkinn bewegten sich dann die beiden lila Haubenbänder bei jedem Worte, das sie sprach, so gewichtig hin und her, als wollten sie jedem raten: »Fahr mir keiner an den Wagen!«
»Ehre – ganz auf unserer Seite«, sagte sie, »mein Pastor leider nicht zu Hause. – Nicht ein wenig Platz nehmen?« – und dabei nötigte sie die beiden Eltern Pomuchelskopp auf das Sofa unter der Bildergalerie und die segnenden Christushände nieder, die sich ja wie Regen und Sonnenschein über Gerechte und Ungerechte ausbreiten.
Während nun die älteren Personen nach altem Herkommen über gleichgültige Angelegenheiten ungemein gewichtig hin und her konversierten

und beide Seiten unablässig bestrebt waren, ihre Vorposten aufzustellen, auf daß ihr die Gegenseite nicht über den Hals komme, ging Luise liebenswürdig, als müsse es so sein, auf die beiden jungen Damen zu und reichte ihnen die Hand, und die beiden kleinen Druwäppel trollten hinter ihr her, als müsse dies auch so sein. Nun waren Malchen und Salchen allerdings erst achtzehn und neunzehn Jahre alt, aber sie waren keine Schönheiten: Salchen hatte eine graue Gesichtsfarbe und gar zu viele Hitzepickel, und Malchen hatte, woran sie freilich unschuldig war, gar zuviel Pomuchelskoppsches mitbekommen, und zu alledem waren sie – leider Gottes – gebildet und hatten in jüngster Zeit auf dem Rostocker Pfingstmarkt und dem Trinitatisball ihre Erfahrungen gemacht, so daß der Abstand zwischen ihnen und den anderen Gören wirklich sehr beträchtlich geworden war. Und da sie beide nun auch nicht gerade von ausgemacht freundlicher Gemütsart waren, so ließen sie die kleinen Mädchen ein bißchen sehr links liegen. Die mochten das nun vielleicht gar nicht bemerkt haben oder sie fanden es vielleicht auch ganz in der Ordnung, jedenfalls ließen sie sich durch zurückhaltende Antworten nicht einschüchtern, und Luise äußerte in aufrichtiger Bewunderung zu Malchen: »Ach, was haben Sie für ein schönes Kleid an!« Derartiges gefällt nun auch den allergebildetsten Damen, und Malchen wurde ein wenig artiger, als sie antwortete: »Es ist nur ein altes, mein neues kostet mit Besatz und Schneiderlohn gut zehn Taler mehr.« – »Das hat uns Papa zum Trinitatisball geschenkt. Ach, da haben wir getanzt!« setzte Salchen hinzu.

Nun hatte Luise sehr wohl von einer Predigt am Sonntag vor und nach Trinitatis vernommen, doch von einem Trinitatisball wußte ihre Seele noch nichts. Zudem besaß sie überhaupt noch nicht die richtige Vorstellung von einem Ball, denn Frau Pastorin, die dann und wann gelegentlich in der Landschaft ihrer Jugendzeit ein wenig umherflanierte, hatte bei ihren Schilderungen wohl auch einmal den Fuß in einen Ballsaal gesetzt, ihn dann aber, in Anbetracht ihrer derzeitigen geistlichen Stellung, auf Luisens Frage, was denn auf einem Ball eigentlich vor sich gehe, mit den Worten: »Lauter Leichtfertigkeiten!« schleunig wieder zurückgezogen. Ja, und Lining und Mining wußten erst recht nichts von Bällen, denn ihre liebe Mutter hatte zwar in jüngeren Jahren getanzt, aber nur auf Erntebällen, und Jung-Jochen war wohl auch einmal auf einem Ball gewesen, war aber nur bis an die Saaltür gelangt, danach war es ihm zu beängstigend geworden, so daß er reißaus genommen hatte. Aus Unkel Bräsigs Erzählungen hatten sie sich freilich ein verworrenes Bild machen können von vielen weißen Kleidern mit grünen und roten Bändern, von Klarinetten und Violinen, von Walzern und Kegelquadrillen und vielen, vielen Gläsern Punsch. Und wenn Unkel Bräsig dies geschildert und ihnen mit seinen kleinen, kurzen Beinen den Unterschied von Schleifer und Hopser begreiflich gemacht hatte, dann hatten sie immer herzlich lachen müssen – doch was ein »Ball«, so ein »Ball«, wie ihn das letzte Schulfräulein Mining fortgenommen hatte, damit zu tun habe, das wollte ihnen nicht in den Kopf hinein.

Mining fragte denn also ganz unschuldig: »Na, wenn Sie denn da tanzen, spielen Sie denn mit einem Ball?« Mining war wirklich ein kleines, unverständiges Gör, und diese Frage hätte sie nicht stellen sollen, aber auch in Anbetracht dessen, daß sie die Jüngste und Unerfahrenste war, hätten die beiden Fräulein Pomuchelskopp doch nicht so hell auflachen dürfen, wie sie es taten. »Nein«, sagte Salchen, »die ist doch zu dumm!« – »Ja – du lieber Gott! – noch allzusehr vom Lande!« bemerkte Malchen und sah dabei so städtisch gebildet und hochmütig aus, als habe sie den Rostocker Petriturm schon von der Wiege aus betrachtet und der Erste Bürgermeister von Rostock sei ihr Nachbarskind gewesen. Klein-Mining wurde denn auch so rot wie eine Päonie, denn sie hatte es im Gefühl, daß sie mit einer schrecklichen Dummheit herausgeplatzt war, und auch Luise wurde rot, jedoch vor Ärger, denn ihr ging es mit dem Lächerlichmachen so ähnlich wie anderen mit dem Schwindel: selber können sie es nicht wagen, an die gefährliche Stelle heranzutreten, doch wenn ein Freund oder jemand, den sie gern haben, sich in diese Gefahr begibt, dann geht ihnen ein Kribbeln durch den ganzen Leib. »Warum lachen Sie?« rief sie erregt, »warum lachen Sie, daß wir nichts vom Ball wissen?« – »Sieh, sieh! wie heftig!« – lachte Malchen, »liebes Kind ...«

Sie konnte aber in ihrer altklugen Rede nicht fortfahren, denn vom Sofa her wurden auch erregte Worte vernehmlich: »Frau Pastohrin, ich halt es für unrecht; ich bin der Besitzer von Gürlitz, und wenn der Pastohrenacker verpachtet werden sollte ...« – »Das hat mein Pastor getan, und der Kammerrat ist ein alter Freund von uns und ist hier eingepfarrt, und der Acker stößt an den seinen so gut als an den Gürlitzer, und der Inspektor Hawermann ...« – »Ist ein alter Schleicher«, warf Pomuchelskopp ein. – »Der uns schon *ein*mal betrogen hat«, setzte sein Hühnchen hinzu. – »Was?« fuhr die kleine Frau Pastor hoch, »was?« Aber in ihrer gewohnten, liebenswerten Herzensgüte dachte sie zuallererst an ihre kleine Luise, bezwang ihren Ärger und verlegte sich auf ein beruhigendes Winken und Augenblinzeln.

Doch es war zu spät: Das Kind hatte den Namen seines Vaters vernommen und hatte gehört, wie er verunglimpft wurde, und stand nun vor dem hoffärtigen Menschen und der kalten, harten Frau: »*Was* ist mein Vater? *Was* hat mein Vater getan?« Ihre Augen glühten und schossen Blitze auf die beiden, die ihres Vaters Namen angetastet hatten, und das junge Ding, das bis auf diesen Augenblick in Frieden und Freude dahingelebt hatte, erbebte durch und durch.

Wie die Leute erzählen, soll mitunter die schöne, grüne Erde so beben, und Feuer und Flammen sollen hervorbrechen, und die graue Asche soll Tempel und Menschenwohnungen unter sich begraben. So war auch ihr geschehen. Ihr war auch eine Andachtsstätte, an der sie oft liebevoll verweilt, unter grauer Asche begraben worden, und ihr Jammer darüber brach sich in einem Tränenstrom Bahn, als ihre gute Pflegemutter sie in den Arm nahm und sie aus dem Zimmer führte. Muchel sah sein Kluckchen an, und Kluckchen sah ihren Muchel an; er war tief erschrocken. Dies war ja ganz etwas anderes, als wenn eine von seinen Tagelöhnersfrauen vor ihn trat und ihm mit blutigen Tränen ihren Jammer und ihre Not klagte, derartiges wußte er zu nehmen. Diesem aber stand er hilflos gegenüber. Und als er in seiner Verlegenheit um sich blickte und an der Wand die Segenshände unseres Herrn Christus gewahrte, da schien es ihm, als leuchteten hinter diesen Händen Luises glühende Augen hervor, und aus seiner Jugendzeit stieg es ihm auf, daß jener Mann mit den schönen Händen einmal gesagt haben soll:

»Lasset die Kindlein zu mir kommen, denn ihrer ist das Himmelreich.«

Ihm war gar nicht wohl. Und auch sie, sein braves, tapferes Kluckchen, war recht bestürzt. Sie hatte zwar oftmals ihre eigenen Kinder, wenn sie das Regiment unter ihnen aufrecht erhielt, weinen hören, aber dies war anders gewesen. Oh, und auch ihr Malchen und ihr Salchen hatten manchmal Feuer und Flammen aus den Augen gespien und dabei mit den Beinen gestrampelt, doch dies war etwas anderes.

Indes faßte sie sich bald wieder und sagte: »Kopp, mach nicht so ein schafsdämliches Gesicht! – Was sagte sie von ihrem Vater? Ist Hawermann ihr Vater?« – »Ja«, weinten Mining und Lining, »das ist ja Luise Hawermann«,und damit gingen sie aus der Tür, um mit ihrer kleinen Schulkameradin weiter zu weinen, denn wenn sie auch nicht

wissen konnten, wie sehr das Herz ihrer kleinen Cousine blutete, so hielten sie doch in Freud und Leid mit ihr zusammen.
»Hab ich das wissen können?« fragte Pomuchelskopp. Es waren die gleichen Worte, die vor Jahren über seine Lippen gekommen waren, als er erfuhr, daß Hawermanns Frau auf dem Totenbett lag. »Ein verzogenes Gör!« sagte sein Hühnchen. »Malchen und Salchen, kommt, wir wollen gehn, die Pastorsfrau kommt ja doch wohl nicht wieder rein.«
Und somit zogen sie ab wie das Jahr 1822, wobei Hühnchen wegen ihrer Magerkeit und weil sie die erste war, die 1 darstellte, Pomuchelskopp wegen seiner Korpulenz und Rundlichkeit die 8, und die beiden Töchter die beiden zweien, denn eine solche 2 kommt mir immer vor wie eine Gans, die auf dem Wasser schwimmt.
Als sie aus der Tür traten, war gerade der Pastor von seinen Amtsgeschäften aus Warnitz zurückgekehrt und hatte Unkel Bräsig mitgebracht. Er wußte sich den Auftritt der Familie Pomuchelskopp sofort als Staatsvisite zu deuten und sprang vom Wagen, um auch noch beizeiten seinen Anteil entgegennehmen zu können. »Ah, guten Tag! Wie geht es Ihnen? – Aber«, setzte er verdutzt hinzu, »wo ist denn meine Frau?« – »Von uns fortgegangen«, erwiderte die Pomuchelsköppin hart. – »Ei, das muß ein Mißverständnis sein! Bitte, treten Sie wieder ein, ich bin gleich wieder hier«, und damit schritt er eilig ins Haus.
Währenddessen hatte Bräsig sich seinem Jugendkameraden Pomuchelskopp genähert: »Gu'n Dag, Zamel, wo geht es dich?« – »Ich danke Ihnen, Herr Inspektor, sehr wohl«, war die Antwort. – Bräsig zog die Augenbrauen hoch, sah Pomuchelskopp scharf an und begann laut und ausdrucksvoll zu pfeifen. Und als Frau Pomuchelskopp ihm sehr von oben herab die Andeutung einer Abschiedsverbeugung erweisen wollte, hätte sie diese zwar zustandebringen können, jedoch hätte sie ihr Kompliment dann seiner Kehrseite erwiesen, denn er hatte sich umgedreht und ging ebenfalls ins Pastorenhaus. »Kopp, komm!« sagte sie böse, und die Gesellschaft fuhr davon.
Als der Pastor das Haus betrat, traf er dort niemanden an. Er ging also rufend in den Garten, und es dauerte denn auch nicht lange, da kamen die beiden kleinen Druwäppel mit rotgeweinten Augen hinter einer Himbeerhecke zum Vorschein, wiesen mit verängstigten Gesichtern nach der Hagebuchenlaube unten im Garten und gaben ihm auf ihre Weise zu verstehen, dort möge er hingehen, dort werde er Leides

genug vorfinden. Er ging also zur Laube. Dort saß seine Regine, hatte das Kind auf ihrem Schoß und versuchte es zu trösten. Als sie ihren Pastor gewahrte, setzte sie es vorsichtig auf die Bank, zog ihn aus der Laube und erzählte ihm den Hergang der Geschichte. Pastor Behrens hörte ihr schweigend zu. Doch als seine Frau ihm die niederträchtigen Worte hinterbrachte, die der Herr Gutsbesitzer von sich gegeben hatte, da zog über seine klugen und feinen Züge ein bitterböser Ärger, und aus seinen klaren Augen leuchtete ein tiefes Mitleid. Er bedeutete seiner Frau, sie solle ins Haus gehen, er wolle mit dem Kinde reden.

So war es nun also geschehen. Nun war seine schöne Menschenblume von dem giftigen Wurme berührt worden. Nun hatte die erbarmungslose Welt mit ihrer schmutzigen, unbarmherzigen Hand an das reine, weiche Herz gegriffen, und die Spuren dieses Zugriffs würde es zeitlebens tragen müssen. Nun war dies Herz hineingerissen worden in den großen, ewigen Streit, der hier auf Erden ausgetragen wird, bis die Herzen zu schlagen aufhören. Es hatte kommen müssen, ja, es hatte einmal kommen müssen, dies wußte er nur allzu genau. Doch er wußte ebenso genau, daß die schwerste Aufgabe für den, dem eine Menschenseele anvertraut ist, darin besteht, solange als möglich das weiche Herz von dem Zugriff dieser schmutzigen Faust zu bewahren, bis es gefestigt und gehärtet ist. Und wenn der schnöde Griff dann vielleicht auch noch größeren Schmerz bereitet, die schmutzigen Fingermale drücken sich dann doch nicht so tief hinein in ein Herz, das bis zu jenem Augenblick vor der Begegnung mit dem großen, ewigen Streit bewahrt geblieben ist. – Er ging in die Laube. – Du bist noch glücklich, Luise; wohl dem Menschen, dem in solchen Stunden eine treue Seele zur Seite steht!

Die Frau Pastorin hatte unterdessen ihr Wohnzimmer betreten und hatte dort Bräsig vorgefunden. Statt auf dem bequemen Sofa unter der Bildergalerie oder auf einem richtigen Stuhle Platz zu nehmen, hatte er sich auf eine Tischkante gesetzt und fuhrwerkte dort oben in seiner Aufregung über Pomuchelskopps vornehmes »Sie« wieder mit den Beinen herum wie ein Leineweber.

»Da sühst du mir, da hast du mir!« rief er voller Ingrimm, »der Jesuwiter!« – Als aber die Frau Pastorin die Stube betrat, sprang er von seinem Tisch herab und rief: »Frau Pastern, woans soll einer *das* nennen, wenn einer sich mit einen zehn Jahre lang tagtäglich geprügelt hat, wenn einer mit einen sich virzig Jahr gedutzt hat, und einer begegnet einen denn, und einer red't einen denn an, und einer wird denn von einen gesieet?« – »Ach, Bräsig . . « – »Das is mich eben mit Pomuchelskoppen passiert.« – »Lassen Sie den Mann! Der hat hier noch ganz was andres angerichtet«, und sie schilderte den Vorfall. Bräsig war ärgerlich, er war fuchsteufelswild über die Beleidigung, die ihm zugefügt worden war, und niemand konnte ihm das verdenken. Doch als er dies vernahm, da geriet er völlig aus Rand und Band, schnaufte und keuchte in der Stube umher und bediente sich derartiger Redensarten, daß die Frau Pastorin, wäre sie nicht selbst überaus ärgerlich gewesen, ihm dies ernstlich hätte verwehren müssen. Schließlich warf er sich in die Sofaecke und blickte, ohne ein Wort zu äußern, stumm vor sich hin.

Der Pastor trat ein, und seine Regina sah fragend zu ihm auf. »Sie begießt jetzt die Blumen«, sagte er, als wolle er sie beruhigen, und ging in seiner stillen Weise in der Stube auf und nieder. Schließlich wandte er sich an Bräsig: »Woran denken Sie, lieber Freund?« – »Höllenstrafen! – Ich denk an die Höllenstrafen, Herr Pastohr.« – »Warum denn *das*?« fragte der Pastor. Doch anstatt zu antworten, sprang Bräsig auf und fragte: »Sagen Sie mich mal, Herr Pastohr, assistiert es in der Würklichkeit, daß es Berge geben tut, die Feuer spucken?« – »Gewiß«, sagte der Pastor. – »Un is das was Guts oder is das was Legs for die Menschheit?« – »Die Leute in der Nachbarschaft solcher Berge halten es für eine Wohltat, weil die Erdbeben dann nicht so verheerend auftreten.« – »So? so?« meinte Bräsig, augenscheinlich nicht zufrieden mit der Antwort. »Abersten«, fragte er weiter, »das is doch gewiß, daß der helle Läuchen aus so'n Barg rausschlägt as bei uns aus en Schostein?« – »So ungefähr«, sagte der Pastor und wußte immer noch nicht, worauf Bräsig hinauswollte. »Na«, sagte Bräsig und stampfte mit dem Fuße auf, »denn wollt ich, daß der Deuwel Zamel Pomuchelskoppen bei den Kanthaken kreg un setzte ihn baben auf so'n feuerspuckigen Ekel, daß ihm da gehörig was ansengte.« – »Pfui!« rief die kleine Frau Pastor. »Bräsig, Sie sind ein Heide. Wie können Sie einen so unchristlichen Wunsch in einem Predigerhause aussprechen?« – »Frau Pastohrin«, sagte Bräsig und warf sich wieder in die Sofaecke, »es soll jo ne Wolltat sein for die Menschheit, un diese Art Wolltat gönn ich Zamel Pomuchelskoppen aus der ersten Hand.«

»Lieber Bräsig«, sagte der Pastor, »wir müssen annehmen, daß jene Leute die schmählichen Worte ohne Absicht hingeworfen haben.« – »Is mich ganz parti egal«, rief Bräsig, »mit ner Absicht oder ohne ne

Absicht! Mich hat er geärgert *mit* ner Absicht. Aber was er hier *ohne* ne Absicht angestift hat, is dausendmal doller.

Herr Pastohr, Ärger muß sin, un jeder richtige Ökonomiker muß sich dagdäglich zwei- oder dreimal ärgern, das gehört zu's Geschäft; aber gelinde, was ich en Hofjungsärger benenne. Zum Exempel gestern: ich laß die Brach abmergeln un hab die ßacktermentschen Hofjungs das eingeremst, daß sie mich mit den Karren Reih halten sollen. Steh ich also in der Mergelkuhl und allens geht ja auch. Sehn Sie, da kommt der Bengel, der Krischan Kohlhaas – ein wahres Rindvieh von Kretur – mit die volle Mergelkarr wieder in die Kuhl an. Verdammter Schlüngel, sage ich, was? Willst du uns die Kuhl hier wieder zufahren? Sehn Sie, kuckt mich der Dämlack grade in dem Gesicht un sagt, er wär nich so fixing prat geworden mit das Ausschütten un hätte doch Reih halten wollen. Na, muß ich mir denn darüber nich ärgern? Ich ärgert mir denn auch: aber die verschiedentlichen Ärger sünd ganz verschieden. Dies war en richtiger Hofjungsärger, und die Art bekommt mir, vorzüglich gleich nach's Mittagessen. Aber hier! – ich kann doch Pomuchelskoppen nich for en Hofjungen taxieren – aber hier? Hier hört allens auf, allens hört hier auf! Und Sie sollen sehn, Frau Pastohrin, morgen hab ich den verfluchten Podagra wieder.«

»Bräsig«, sagte die kleine Frau Pastorin, »nun tun Sie mir nur den einzigen Gefallen und sagen Sie Hawermann nichts von der Sache!« – »Ih, wo werd ich, Frau Pastohrin! Abersten zu das kleine Lowisenkindting will ich hingehn un will ihr trösten un ihr sagen, daß Zamel Pomuchelskopp der niederträchtigste, entfamteste Jesuwiter is, den de Sünn beschint!« – »Nein, nein!« fiel der Pastor hastig ein, »das lassen Sie. Das Kind wird es überwinden, und hoffentlich wird alles wieder gut werden.«

»Na, denn adjes!« sagte Bräsig und langte nach seiner Mütze. – »Mein Gott, Bräsig, wollen Sie denn heut nicht bei uns essen?« – »Danke schön, Frau Pastohrin! Allens mit en Unterschied: Ärger muß sin, abersten, wenn er sin muß, denn muß er *nach* das Mittagessen sin, nich *vorher*, denn das bekommt mich nich. Ich will man lieber gleich in die Mergelkuhl fahren; aber Gott segen dir, Krischan, kommst du mir heut wieder mit die volle Karr in die Kuhl! – Na, nochmals adjes!« Und damit ging er.

Kapitel 6

Der Semmelfuchs

Vor Hawermann wurde dieser Vorfall verborgen gehalten. Sein Kind verriet ihm nichts und verhielt sich ihm gegenüber womöglich noch zärtlicher und liebevoller als ohnedies, als müsse es mit vermehrter Zuneigung das Unrecht wieder gutmachen, das ihm menschliche Niedertracht angetan. Frau Nüßler, die von dem Vorfall durch ihre beiden kleinen Mädchen erfuhr, hätte es nie übers Herz gebracht, vor ihrem Karl-Bruder etwas verlauten zu lassen, das ihm hätte Schmerzen zufügen oder Verdruß bereiten mögen. Die Pastorsleute hatten den gleichen Grund zu schweigen und zudem noch den Wunsch, die Angelegenheit bei ihrer Pflegetochter in Vergessenheit zu bringen. Jochen Nüßler sagte sowieso nichts, und Unkel Bräsig hielt ebenfalls stand, freilich nur Hawermann gegenüber. Für die Unbill nämlich, die ihm durch sein Stillschweigen zugefügt worden war, und für den Podagraanfall, der sich wirklich am Tage danach eingestellt hatte, hielt er sich dadurch schadlos, daß er die ganze Gegend gegen die Familie Pomuchelskopp aufstachelte. Und da diese nun just auch nicht das Zeug dazu hatte, sich Ansehen oder Liebe zu verschaffen, war es bald so weit gekommen, daß ihr Umgang mit der Nachbarschaft das gleiche Bild bot wie die Stubendiele meiner Frau zu Pfingsten – so blankgeputzt und leer sah es damit in dieser Hinsicht aus.

Für Pomuchelskopp war der tägliche Umgang gleichsam ein Garten, der ihm einzig und allein dazu herhalten mußte, um seine Prahlbohnen hochzuziehen. Ob der Garten ihm Schatten gab, ob ihm dort Blumen blühten, das war ihm außerordentlich gleichgültig, wenn er nur ein Feldstück sein eigen nannte, das sich mit seinem dummen Dünkel kräftig düngen ließ, damit er selber mitsamt allem, was sein war, in strotzender Fülle darauf wuchern konnte.

Er war nach Mecklenburg hinübergezogen, zum einen, weil er den Kauf von Gürlitz für ein gutes Geschäft hielt, zum andern aber auch, weil er dunkle, aber angenehme Vorstellungen von seiner künftigen Rolle als Mitglied der Landstände hegte. »Hühnchen«, sagte er zu seiner Frau, »hier in Pommern schurigelt uns ein jeder, und der Landrat sagt hier: so soll's sein. Aber in Mecklenburg sünd *wir* die Gesetzgeber, *ich* immer mitten mang. Und wie ich man gehört habe, so soll es da gebräuchlich sein, daß die *reichen* Bürgerlichen, wenn sie sich man immer zu dem Adel halten, mit der Zeit selbst adlig werden. Kückchen, denk dir, daß sie dich mal: gnädige Frau *von* Pomuchelskopp titulieren müssen – aber man ja nich wegschmeißen! ja nich wegschmeißen!«

Und er warf sich nicht weg. Sogar sein Hauptvergnügen, das Prahlen und Dicketun mit seinem Gelde, gab er auf, nur um nicht mit den Pächtern und Inspektoren aus der Nachbarschaft in Umgang zu geraten. Deshalb hatte er Bräsig mit »Sie« angeredet, und deshalb hatte er einzig und allein nur Bräsigs Herrn Grafen mit einer Antrittsvisite beehrt. Im blauen Frack mit den blanken Knöpfen und in der blanken Kutsche mit den vier Braunen hatte er dort seinen Einzug gehalten und hatte es dort angetroffen, wie man so sagt, wie die Sau im Judenhaus. Denn als er wieder zurückgekommen war, saß er verdrießlich in der Sofaecke und schlug nach den Fliegen. Und weil seine liebe Frau stets, wenn er verdrießlich war, zu ihm zärtlich wurde und sie ihn fragte: »Pöking, was ist dir?«, brummte er zur Antwort: »Was soll mir sein? Nichts ist mir als bloß mit den verdammten Edelleuten. Das ist freundlich in die Augen, und nachher ist's alles nicht wahr. Ih, ja, er bot mir ja auch nen Stuhl an, und danach fragte er mich mächtig höflich, worin er mir dienen könne – ich brauch ihn nich, ich bin in bessern Verhältnissen als er. Aber ich wußte in dem Augenblick auch nich viel zu sagen, und denn wurde es mang uns so still, daß ich man gehen mußte.«

Und gleichwohl warf sich Pomuchelskopp nicht weg. Vielmehr trottete er hinter den Edelleuten einher wie der Schwanz hinterm Hammel, und wenn er auch seinem eigenen Gesinde keinen Groschen Vorschuß einräumte und wenn die armen Handwerker in der Stadt auch jahrelang auf ihren sauer erworbenen Verdienst lauern mußten, für jeden vertrottelten Junker hatte er Geld. Und wenngleich er jeden armen Teufel, der einmal versehentlich über seinen Acker lief, auch erbarmungslos pfänden ließ, so erhielt dafür Bräsigs gnädigster Herr Graf die Erlaubnis, zur Herbstzeit mit seiner vielköpfigen Parforce-Meute über seine Saaten zu hetzen. Und wenn er gerade seinen Pfarrer mit dem Osterlamm aufs niederträchtigste schikaniert hatte, so konnten die Jäger des Herrn Grafen ihm die Rehböcke vor seiner Haustür abknallen, ohne daß er im geringsten dagegen aufbegehrte. Nein! Zamel Pomuchelskopp warf sich nicht weg!

Hawermann ging ihm aus dem Wege. Er war für Zank und Streit nicht geschaffen und hatte sich viel zu gut in seine gegenwärtigen Lebensverhältnisse geschickt, um da und dort nach möglichen Änderungen noch Ausschau zu halten. Ihm war zumute wie einem Menschen, der nach schwerem Unwetter endlich im Trocknen und am warmen Ofen sitzt, und wenn ihn etwas bedrückt, so war es die Sorge um seinen Herrn. Vor einiger Zeit hatte er einen schwarzgesiegelten Brief von fremder Hand erhalten, in dem ihm der Kammerrat mitteilen ließ, er habe einen Schlaganfall erlitten und den Gebrauch seiner rechten Hand noch nicht völlig wiedererlangt. Das schwerste Unglück aber, das ihn getroffen habe, sei der Tod seiner Ehefrau, die plötzlich bei voller Gesundheit verstorben sei. Und als Nachschrift war noch hinzugefügt, daß sein Neffe Franz gegen Michaeli in Pümpelhagen eintreffen werde, um dort die Landwirtschaft zu erlernen: »nach seinem eigenen Wunsche will er aber von der Pike auf dienen und alles selbst mit durchmachen; ich halte es auch für das beste«, dies waren des Kammerrats eigene Worte. Einige Wochen danach hatte er wiederum ein Schreiben erhalten, in welchem der Kammerrat ihm mitteilen ließ, er habe sein Amt in Schwerin aufgegeben und die Absicht, zu Ostern mit seinen drei unverheirateten Töchtern gänzlich nach Pümpelhagen überzusiedeln; den Winter über müsse er aber wegen einer Kur noch in Schwerin bleiben. Hawermann möge aber im Herrenhaus alles aufs beste herrichten lassen.

Das waren denn nun Veränderungen, die auch auf Hawermanns eigene Verhältnisse Einfluß haben mußten, und wenn er das Auge seines Herrn auch nicht zu scheuen brauchte und zudem gern zu dessen Wohlbefinden beitrug, so mußte er sich doch sagen: mit der ruhigen Einförmigkeit und dem schlichten Zuschnitt seines Lebens werde es vorbei sein, und danach – wie lange konnte es noch dauern? – mußte eine noch größere Veränderung eintreten.

Michaeli kam ins Land, und mit ihm kam Franz von Rambow. Er war nicht, was man einen schönen, jungen Mann nennt. Aber er war gesund und kräftig und, sah man genauer hin, dann wurde bei aller Festigkeit seines Auftretens ein Untergrund von Güte bemerkbar. Mitunter lag ein Schatten von Trauer über seinen Zügen, der gewiß daher rührte, daß er schon in frühester Kindheit seine Eltern verloren und als Waise in der Welt hatte stehen müssen. Auch was seine Geistesgaben anbetraf, war er kein Blender. Er besaß recht gesunde, natürliche Anlagen und hatte das Seinige gelernt – aber es war ihm nicht leicht ge-

fallen, alle Klassen der Hohen Schule zu durchlaufen, um zu einem guten Abgangszeugnis und zur Universität zu gelangen. Aber dabei hatte er etwas für das Leben sehr Wesentliches erlernt: er hatte gelernt zu *arbeiten*. Er war wie ein junger Baum, in einer Baumschule auf kargem Boden hochgezogen: sein Holz war langsam gewachsen, doch es war fest. Er hatte keine üppigen Spitzen in die Höhe getrieben, seine Zweige gingen in die Breite. Und wurde er in einen anderen Boden verpflanzt, so war es nicht notwendig, ihn noch wesentlich zurechtzustutzen. Der Gärtner hätte sagen können: »Den laß nur *so* stehen, er ist kraus und stämmig, der braucht keinen Pfahl.«
Jetzt war er zwanzig Jahre alt, und aus ihm, den Hawermann noch als kleinen, dreijährigen Jungen gekannt hatte, war inzwischen ein gesetzter junger Mann geworden, mit einer gesicherten Zukunft wie wenige seines Alters im Lande. Zwei schöne große Güter, die während seiner Minderjährigkeit von einer getreuen Vormundschaft schuldenfrei gemacht worden waren, nannte er sein eigen. Die Zeit freilich, da Hawermann vor Jahren bei seinem Vater als Inspektor gedient hatte, lag lange vor seinem Denken. Zugleich aber hatte man ihm erzählt, wie liebevoll sich der Inspektor mit dem kleinen Jungen abgegeben hatte, der er damals war. Und wenn ein einfacher, gutherziger Mensch weiß, daß jemand ihn schon als Kind auf dem Arm getragen hat, dann erschließt sich sein Herz leise und leicht dem Vertrauen. Und fast ist es ihm, als erblicke er die Flaumkissen seines Kinderbettes wieder und brauche sich nur sanft und getröstet darauf niederzulegen, um den Traum der Kindheit weiterzuträumen.
Und Hawermann vergalt ihm dies Vertrauen von ganzem Herzen und mit großer Freude. Mit ruhiger, sicherer Hand geleitete er den jungen Menschen in die neue und ungewohnte Tätigkeit hinüber, wies ihm auf Hof und Feld Bescheid. Er sagte ihm die Gründe, weshalb eine Arbeit vorgenommen wurde und weshalb sie gerade so und nicht anders erledigt werden müsse, und dabei suchte er ihn zu schonen. Als er aber gewahr wurde, daß der Schüler nicht geschont werden, daß er seinen Pflichten sorgfältig nachkommen wollte, da ließ er ihm seinen Willen und sagte zu sich selbst wie der Gärtner: »Den laß nur so stehen, der braucht keine Stütze und keinen Pfahl.«

In diesem Kreis friedlichen Behagens sollte sich bald darauf noch ein weiterer Gast einfinden, der Leben in die Bude brachte: dies war Fritz Triddelfitz. Der Schwager der kleinen Frau Pastorin war der

Apotheker Triddelfitz in Rahnstädt. Als dieser hörte, daß Hawermann sich damit abgebe, junge Landwirte anzubändigen, hatte er es sich partout in den Kopf gesetzt, sein Fritz, der ein recht durchtriebener Schlaks von siebzehn Jahren war, solle unter Hawermanns Anleitung die Landwirtschaft erlernen. »Das Höhere«, sagte Fritz, »denn das Gewöhnliche kenn ich schon, weil ich schon zweimal in den Hundstagen bei Möller in Boltz gewesen bin und dort den Erntewagen herumgefahren habe.«

Die kleine Frau Pastorin wollte an die Vermittlung nicht recht heran, denn sie kannte ihren Windhund von Neffen sehr genau und wollte Hawermann mit ihm ungern zur Last fallen. Doch der Schwager ließ nicht locker, und das Anliegen mußte also vorgebracht werden. Hawermann wäre zwar für die Pastorsleute durchs Feuer gegangen, aber auf eigene Verantwortung konnte er das nun doch nicht entscheiden. Er schrieb deswegen also an seinen Herrn: Der junge Triddelfitz wäre bis nach Tertia gelangt, habe wohl viele Raupen im Kopf, sei aber gutwillig, und was sein Hauptvorzug wäre: er sei der Neffe der Frau Pastorin, der er, Hawermann, mancherlei zu verdanken habe, wie der Herr Kammerrat ja wisse. Im übrigen wolle der Vater zwei Jahre hindurch einhundert Taler Kostgeld für ihn bezahlen. Ob der Herr Kammerrat unter diesen Umständen nicht genehmigen wolle, daß Fritz Triddelfitz auf Pümpelhagen seine landwirtschaftliche Ausbildung erhalten könne. Der Kammerrat ließ ihm umgehend wieder schreiben: von Kostgeld könne keine Rede sein, die hundert Taler seien Lehrgeld, damit habe er nichts zu tun, das sei Hawermanns Sache. Wenn er es für gut ansehe, dann solle er den jungen Menschen in Gottes Namen annehmen.

Dies war nun für Hawermann eine große Freude. Von Kostgeld und Lehrgeld war nun natürlich keine Rede mehr, denn er konnte derart ja doch ein weniges von der großen Schuld abtragen, die auf seinen Namen bei den Pastorsleuten angeschrieben stand.

Fritz Triddelfitz trat also an, und *wie* trat er an! Er war von seiner lieben Mutter als einziger Sohn – Töchter hatte sie noch mehrere – für seinen neuen Stand so ausgerüstet worden, daß er einen Lehrling, einen Spreuschreiber, einen Reiseschreiber, einen Inspektor und einen adligen Gutsbesitzer hätte vorstellen können, je nachdem, was von ihm verlangt wurde oder je nachdem ihn die Lust ankam, Landmann auf diese oder jene Art zu spielen. Da gab es Wichsstiefel, da gab es Schmierstiefel, da gab es Riemenstiefel, da gab es Stulpenstiefel und

Krempstiefel. Da gab es Morgenschuhe und Tanzschuhe und Randschuhe. Da gab es Überknopfgamaschen und Reitgamaschen und andere Gamaschen. Da gab es Fräcke und Leinenkittel und Tuchröcke und Flauschröcke. Da gab es Überziehjacken und Unterziehjacken und Regenröcke, von den unterschiedlichsten Sorten langer und kurzer Hosen gar nicht zu reden.

Diese landwirtschaftliche Aussteuer traf eines schönen Tages in mehreren großen Koffern, dazu ein recht vollständiges weiches Bett mitsamt einem gewaltigen Monstrum von Schreibsekretär, in Pümpelhagen ein. Der Fuhrmann brachte die erfreuliche Nachricht, der junge Herr werde gleich nachkommen, er sei schon unterwegs. Er komme zu Pferde und sei auf der Strecke nur mit seines Vaters altem Einspännerfuchs in Zwistigkeiten geraten, indem der Fuchs nicht habe weiter wollen als nur bis zum Gürlitzer Pastorenhause, sintemal er überhaupt noch nie über diesen Punkt der Welt hinaus gelangt sei. Wie der Streit ausgegangen sei, das wisse er auch nicht, denn er sei an ihm vorübergefahren, aber kommen werde der junge Herr bestimmt.

Und, wie ich schon gesagt habe, er kam – und *wie* er kam! Diesmal also in der Aufmachung eines über zwei große gräfliche Güter gesetzten Inspektors, dem die Ehre zugefallen, mit seinem gnädigsten Herrn Grafen auf Parforcejagd reiten zu dürfen: in einem grünen Jagdfrack, in weiß-ledernen Hosen, in Stulpenstiefeln mit gelben Stulpen und mit Anschnallsporen, und über all dem noch einen Regenrock, nicht weil es nach Regen aussah, sondern weil dies damals noch ganz etwas Neues war und Fritz doch gerne hören wollte, was die Leute dazu sagten. Und auf seines Vaters Fuchs war er gekommen, und allen beiden war recht genau anzusehen, daß ihr gegenseitiges Verhältnis nicht ohne Verdruß abgelaufen war. Genau in der großen Pfütze vor dem Gürlitzer Pastorenhaus hatte der Fuchs nicht weitergewollt, und Fritz hatte darin gute zehn Minuten zum Schrecken der kleinen Frau Pastorin herumexerziert, bis er mit Sporen und Reitpeitsche endlich seinen Willen bekommen hatte. Jetzt, wie er in Pümpelhagen von Vössing herunterstieg, sah er aus, als habe ihm der Teufel den Regenrock mit Unrat glasiert. Und Vössing stand unbeweglich vor dem Pümpelhagener Wirtschaftshaus, sah unverwandt auf einen Fleck und schien sich zu fragen: »Ist *er* dämlich, oder bin *ich* dämlich. Ich bin 17 Jahre und er ist auch 17 Jahre. Ich bin ein Semmelfuchs, und er ist auch ein Semmelfuchs. Diesmal hat *er* seinen Willen bekommen, das nächste Mal kriege *ich* meinen Willen. Und wenn er mich mit

Reitpeitsche, Sporen und Stangenzaum traktieren will, dann lege ich mich das nächste Mal mit ihm zusammen ganz sanft in eine Pfütze nieder.«

Als Fritz Triddelfitz bei Hawermann, der mit dem jungen Herrn von Rambow und der Wirtschafterin Marie Möllers gerade beim Mittagessen saß, in die Stube trat, durchfuhr Hawermann ein gelinder Schreck, denn er hatte Fritzing vordem noch nie gesehen. Fritz hatte in seinem grünen Jagdfrack etwas von einer Spargelstange, die ins Kraut schießen will, und war so dünn und schmächtig von Leibe, daß man ihn mit einem Schlag seiner eigenen Reitpeitsche bequem in zwei Hälften hätte teilen können.

Er war, wie es Vössing vor der Haustür bereits herausgefunden hatte, ein Semmelfuchs. Er hatte hohe Backenknochen und trug Sommersprossen, die ihm auch im Winter treu blieben, und in seinem ganzen Auftreten lag etwas Dreistes, kein bißchen Bescheidenheit, so daß Hawermann bei sich denken mußte: »Gott bewahre mich! Der soll zu dir in die Lehre? Der ist dir ja jetzt schon über.« Er wurde aber aus seiner Bedenklichkeit durch ein recht helles Gelächter herausgerissen, das von Franz von Rambow ausging und in das Marie Möllers insgeheim einstimmte, indem sie sich die Serviette vor den Mund hielt.

Fritz hatte gerade angefangen: »Guten Tag, Herr Inspektor, wie geht es Ihnen?« – als er durch dies Gelächter unterbrochen wurde, und als er sich nach dessen Ursprung umschaute, mußte er Franz, seinen Schulkameraden aus Parchim, erblicken, der sich vor Lachen ausschütten wollte. Fritz setzte anfangs ein etwas dummes Gesicht auf, doch es währte nicht lange, da mußte er selbst in das Gelächter mit einstimmen, und nun konnte sich auch Hawermann in seiner gesetzten Art dessen nicht länger enthalten: er lachte, daß ihm die Augen übergingen. – »Mensch«, rief Franz, »wie hast du dich herausgeputzt!« – »Ümmer nobel!« sagte Fritz, und Marie Möllers versank aufs neue hinter der Serviette. – »Na, Triddelfitz«, sagte Hawermann, »nun setzen Sie sich mal erst hin und essen Sie ein bißchen Mittag.« Das tat denn Fritz nun auch. Und das muß man ihm lassen, der Schlingel hatte Glück: er traf in seiner neuen Stellung just im nahrhaften Vierteljahr ein, mitten in der Gänsebratenzeit, und weil es gerade Sonntag war, stand vor ihm solch schöner brauner Gansvogel, und der Anfang seiner ökonomischen Ausbildung mußte denn auch sein Wohlgefallen finden. Er schonte den Gänsebraten auch in keiner Hinsicht, und Hawermann mußte ihm im stillen zugestehen, wenn er so gut zu Pferde sitze wie zu Tische, wenn er auf Hofjungen und Knechte so gut Obacht gebe wie auf den Gänsebraten, wenn er über das Pferdefutter so sorgfältig wache wie über seine eigene Nahrung, und wenn er mit seinen Angelegenheiten stets so sauber fertig werde wie mit seinem Teller, dann könne doch noch etwas Auserlesenes aus ihm werden.

»So«, sagte Hawermann, als das Essen vorüber war, »Triddelfitz, jetzt gehen Sie mal in Ihre Stube und ziehen sich etwas anders an. Und verwahren Sie den hübschen Reitanzug, damit Ihnen die Motten nicht hineinkommen, denn in den ersten paar Jahren werden Sie ihn wahrscheinlich nicht wieder brauchen. Hier wird überhaupt nicht geritten, wir gehen hier alle zu Fuß. Und wenn einmal etwas zu reiten ist, dann besorge ich das selbst so nebenbei.« Es dauerte denn auch nicht lange, da zeigte sich Fritz wiederum mit einem Paar solider Schmierstiefel, in kurzen Hosen und einem grasgrünen Flauschrock. »So ist's recht«, sagte Hawermann, »jetzt kommen Sie, jetzt will ich Sie vorläufig einweisen.« Sie gingen nach draußen, und am nächsten Morgen stand Fritz Triddelfitz mit sieben Hofjungen und Mägden am Rahnstädter Weg und ließ Wasser aus den Pfützen ableiten – ein pläsierliches Geschäft, vor allem, wenn im November den ganzen Tag über ein leiser Fisselregen vom Himmel niederkommt. – »Pfui Deuwel!« sagte Fritz Triddelfitz, »das hab ich mir ganz anders vorgestellt.«

Wenige Wochen nach Fritzings Ankunft erschien eines Sonntagnachmittags Bräsig zu Pferde auf dem Hofe. Fritz war unterdes schon von Hawermann sowie von der einförmigen Tätigkeit und dem ewigen Regenwetter soweit geduckt worden, daß er seinen Stand als Lehrling halbwegs begriffen und in seiner ihm eigenen Gutmütigkeit sich nun sogar auch schon auf allerlei kleine Aufmerksamkeiten eingelassen hatte. Er stürzte also nach draußen und wollte Bräsig das Pferd abnehmen; doch Bräsig schrie ihm entgegen: »Bleiben Sie mich vom Leibe! Fassen Sie mir nich an! Bleiben Sie mich zehn Schritt vom Leibe! – Korl Hawermann soll rauskommen.«

Hawermann kam: »Mein Gott, Bräsig, warum steigst du denn nicht ab?« – »Korl – holl di jo nich up! –, hol mich mal son rechten weichen Stuhl, daß ich man erst von Lieschen run komm, un denn leg mich hir unner den Stuhl son Hümpel Bedden oder Hammelfellen oder sonst was Weichliches hin, denn ich hab den verdammten Podagra wieder.« Das geschah denn auch: unterhalb des Stuhls wurden Fußsäcke hingelegt, und Bräsig kroch vom Pferd herunter und humpelte in die Stube. – »Mein Gott, Bräsig, warum hast du mir das nicht sagen lassen, ich wär ja gern zu dir rausgekommen«, sagte Hawermann. – »Kann mich nichts nützen, Korl, ich mußt mal aus das verfluchte Loch raus. – Aber was ich sagen wollt, ich hab mich das begeben.« – »Was hast du aufgegeben?« – »Das Heuraten. Ich nehm die Pangsionierung von meinen gnedigsten Herrn Grafen.« – »Bräsig, ich glaub, das würde ich auch tun.«

»Korl, das sagst du, das sagst *du* woll. Aber es ist schwer for einen Menschen in meine Jahren, von einer lieblichen Hoffnung Abschied zu nehmen un in eine Wasserkunst zu gehen; denn da will mich nu Dokter Strump hinschicken. Was Dokter Strump is, der behandelt mir. Nich weil daß ich glaube, daß er da was von versteht – nee, weil er selbst den ßackermentschen Podagra hat, un wenn er nu so bei mir sitzt un redt so klug un redt von Polchikum un Kolchikum, süh! denn kitzelt mir das, un's is ne kleine Aufmünterung für mich, daß so'n kluger Mann auch den Podagra hat.« – »Also in eine Wasserheilanstalt sollst du!« – »Ja, Korl, aber erst aufs Frühjahr. Ich habe mir meinen Überschlag so gemacht: diesen Winter quäl ich mich noch hin, in dem Frühjahr geh ich in die Wasserkunst, und Johanni laß ich mir pangsionieren und zieh ins olle Müllerhaus zu Haunerwiem. Ich dachte erst: sollst nach Rahnstädt ziehn. Aber da hätte ich keine freie Wohnung und keinen Torf nich gehabt, und sie hätten mir for einen Fetthammel geschimpft und taxiert, was mich zu despektierlich und auch zu kostbar geworden wäre.« – »Du hast recht, Bräsig, bleib auf dem Lande, das ist besser für dich. Und bleib hier in unserer Nähe. Mir würde doch manches fehlen, wenn ich nicht alle paar Tage dein altes ehrliches Gesicht sehe.« – »Oh, du hast jo woll nu genug umgänglichen Verkehr. Du hast ja nu die beiden jungen Leute, und, was ich sagen wollt, der olle Bröker zu Kniep un Schimmel zu Radboom wollen dich auch noch gerne ihre beiden Jungens hergeben. In deiner Stelle nähm ich sie un bauete mir noch so ne Art Suteräng as Apanage oben auf das olle Wirtschaftshaus, daß ich mehr Platz for meine Räumlichkeiten kriegte, und richtete mir ne vollständige landwirtschaftliche Aquademie ein.«

»Na, du machst wohl nur Spaß, Bräsig. Ich habe an diesen beiden genug.« – »So? – Na, sünd sie denn woll?« – »Tja, Bräsig, du kennst sie ja beide, und ich hab mir schon immer gedacht, ich wollte dich mal fragen, was du von ihnen hältst.« – »Das kann ich *so* nich, Korl, ich muß ihre Gangart erst sehn. Mit en jungen Ökonomiker is's just so as mit en Fohlen: aufs Aussehen kommts gar nich an, bloß auf ne regelrechte Gangart. – Süh, da geht dein junger Eddelmann: ruf ihn doch mal bis neger ran, daß ich ihn mustern kann.«

Hawermann lachte, ging aber auf Bräsigs Vorschlag ein und rief den jungen Menschen. – »Hm«, sagte Bräsig, »strammer Gang, nich zu flüchtig, hält sich auch nich mit Nebending'n auf, hat auch ne gesetzte Faßong. Korl, der wird. – Nu den andern!« – »Herr von Rambow«, fragte Hawermann, als der junge Mann bei ihm angelangt war, »wo ist Triddelfitz?« – »Wohl auf seinem Zimmer«, war die Antwort. – »Hm«, sagte Bräsig, »ruht sich wohl en bischen.« – »Das weiß ich nicht.« – »Sagen Sie ihm«, sagte Hawermann, »er soll einmal herkommen, und Sie kommen auch wohl, der Kaffee wird inzwischen wohl soweit sein.«

»Korl«, sagte Bräsig, als sie allein waren, »du sollst sehn, der Apothekersohn schläft sich heut nachmittag en Strämel im voraus.« – »Laß ihn, Bräsig, er ist jung und hat heute morgen schon zeitig Futterkorn ausgegeben.« – »Muß er nich, Korl, das Nachmittagsschlafen wird bei junge Leute leicht ne Angewohnheit. Süh, da kommt er. Nu schick ihn mal dwars vor dem Fenster vorbei, daß ich ihn von der Seite mustern kann.« – »Triddelfitz«, rief Hawermann aus dem Fenster, »gehn Sie mal in den Stall und sagen Sie Jochen Boldt, er solle sich bereit halten, er soll später mit seinen beiden Vorderpferden den Herrn Inspektor Bräsig nach Hause fahren.« – »Bon!« sagte Fritz Triddelfitz und schaukelte den Damm entlang. – »Gott soll mir bewohren«, rief Bräsig, »was hat das Undiert for eine Aktion in seine Knochen! Nu kuck dir mal diese Kuhhessigkeit an un diese Weichigkeit in die Fesseln un diese Dünnigkeit in die Flanken! Korl, da kannst du lang auf futtern, eh du da en gehörigen Rump rin krigst. Wo das dahin dammelt! Das is en lauer Hund, Korl, en richtiger Windhund, und paß Achtung, mit dem krigst du noch was zu tun.« – »Ih, Bräsig, er ist ja noch jung, das muß sich erst bei ihm setzen.« – »Setten? Schläft des Nachmittags? Sagt ›bong‹ zu dir? – Un nu süh mal – wahrhaftig – kommt wieder retuhr, is gar nich in dem Stall gewesen!«

Und wirklich kam Fritz zurück, stellt sich vors Fenster und rief: »Herr Inspektor, sagten Sie nicht: Jochen Boldt sollt fahren?« – »Ja«, rief Bräsig verärgert, »Jochen Boldt sollt fahren und sollt nicht vergessen, was ihm geheißen is. – Hast nu gesehen, daß ich recht hab, Korl?« – »Ih, Bräsig«, sagte Hawermann, ein wenig verdrießlich über Fritzens Dummheit, »laß man sein! Alle sind wir nicht gleich, und wenn's auch ein bißchen Mühe kostet, werden soll er doch noch.«

Launen und Stimmungen waren bei Hawermann seltene Gäste; wenn sie sich gelegentlich einstellten, wurden sie meist schon vor der Tür abgefertigt. Bedenken, Sorgen, wirkliches Herzeleid, die verschloß er in sich, wenn sie über ihn kamen. Doch jene zudringlichen Bettler, die sich von jedem der anderen drei ihren Anteil erheischen und den Menschen gern tagelang in den Ohren liegen mit allerlei Lügen und Quengeleien, die warf er kopfüber aus der Tür. So währte es denn auch nicht lange, da waren die beiden schon wieder in einem freundschaftlich munteren Gespräch begriffen, bis Bräsig davonritt.

Kapitel 7

Julklapp!

Ohne daß sich etwas Besonderes ereignet hätte, ging der Winter so hin. Hawermann war die Eintönigkeit gewohnt und verlangte auch nichts anderes, soweit es ihn selber betraf. Doch die jungen Leute dauerten ihn manchmal recht in ihrer Einsamkeit, vor allem der junge Herr von Rambow, denn Fritz Triddelfitz hatte in der Nachbarschaft seine Pastorentante zu wohnen, sodann, ein wenig weiter entfernt, in Rahnstädt, seine liebe Mutter, und schließlich, ganze nahe bei, Marie Möllers, die Wirtschafterin, die ihm in seiner Verlassenheit mit mancherlei Stückchen Spickgans und mancherlei Enden Wurst denn doch gewisse Tröstungen einzuflößen wußte, und so waren sie bald in eine Art von Verhältnis geraten.

Zuweilen gingen sie miteinander um wie Mutter und Kind, denn Marie Möllers, die sieben Jahre älter war als Fritz, war *schon* vierundzwanzig Jahre alt. Zuweilen bekam ihr Umgang aber auch einen lebhafteren Anstrich, denn Marie Möllers war *erst* vierundzwanzig Jahre, und Fritzing hatte schon auf der Schule lieber in Romanen als in lateinischen Vokabeln seine Nahrung gesucht und zudem in schöner Regelmäßigkeit die Krippe der Leihbücherei frequentiert, so daß er es fast schon auswendig wußte, was es mit solchem Verhältnis auf sich habe. Und dieweil ihm sein Papa zum Abschied noch ans Herz gelegt hatte: alles, was der Mensch betreibe, müsse er praktisch anfassen, und Hawermann ihm das gleiche tagtäglich einschärfte, hatte er auch den Vorsatz gefaßt, seine reichen Kenntnisse in Herzensdingen auch nutzbringend anzuwenden, und das geschah, jedoch – man verstehe mich recht, damit hieraus keine Klatscherei entsteht – vorläufig nur im Hinblick auf Spickgans und Wurst.

Um Fritz brauchte Hawermann es also nicht geradewegs leid zu tun, bei Franz war dies hingegen schon eher angebracht. Ins Pastorenhaus hatte er ihn schon einmal mitgenommen, und als Weihnachten sich näherte, schlug er ihm vor, den Heiligabend im Pastorenhaus zu verbringen. Der junge Herr nahm dies an – Fritz war nach Rahnstädt zu seiner lieben Mudding.

Und als sie abends in einem Schlitten – denn es war die schönste Schlittenbahn – bei Pastors eintrafen, stand die zierliche, runde Frau

Pastor vor der Wohnstubentür und verwehrte ihnen den Eintritt mit Händen und Füßen: »Nein, Hawermann, nein! Hier kommen Sie nicht herein. – Herr von Rambow, Sie müssen sich nach meines Pastors Stube bemühen.« Und als sie dort eintraten, sprang Luise auf ihren Vater los und küßte ihn und flüsterte ihm ins Ohr, was sie alles verschenken wolle, wie sie es verpackt und wo sie es versteckt habe, wie sie es machen wolle und wer den Julkapp werfen solle, und hatte gerade noch soviel Zeit, dem Herrn von Rambow eine flüchtige Verbeugung zu machen. Dies machte der Pastor nun aber wieder wett. Er schüttelte dem jungen Herrn die Hand und hob hervor, wie sehr er sich freue, mit ihm gemeinsam dies frohe Fest zu begehen. »Aber«, setzte er hinzu, »wir müssen uns fügen, heute hat meine Regina das Regiment, und in deren Kopf sieht es nie herrschsüchtiger und bunter aus als am Weihnachtsabend.« Und darin hatte er sicherlich recht, denn alle Augenblicke steckte sie ihren Kopf zur Tür hinein: »Wartet nur noch einen Augenblick! Sitzt ganz rein still! Es wird bald klingeln.« Und dann schwirrte sie plötzlich durchs Zimmer und hatte ein blaues Paket unter der Schürze, und dann wieder konnte man sie im Zimmer nebenan hell auflachen hören.

Endlich, endlich klingelte es. Die Tür ging auf, und – ah! – da stand der Tannenbaum mitten in der Stube auf dem runden Tisch, und unter dem Tannenbaum lagen so viele Schüsseln mit Äpfeln und Nüssen und Pfeffernüssen, wie es Hausbewohner gab, und noch zwei dazu, eine für Hawermann und eine für den jungen Herrn. Und die Frau Pastorin schwirrte um den Tisch herum und bekam Hawermann und den Herrn von Rambow bei der Hand zu fassen und führte sie an den Tisch heran: »Und dies ist *Ihre* Schüssel, und dies ist *Ihre* Schüssel, und Luise und mein Pastor werden ihre schon finden«, und drehte sich um und rief: »Nu kommt man ran!«

Denn der Knecht Jürn des Pastors und die Mädchen der Frau Pastorin, Rike und Dürten, standen auch schon an der Türe, bereit für ihre Weihnachtsbescherung: »Nu mal ran! Und wo der blanke Taler im Apfel steckt, das ist euer, und wo die roten Tücher liegen, das ist für die beiden Mädchen, und wo die rote Weste liegt, das ist für Jürn. – Und Luising ...« – Je ja, jeja! mit *dieser* Rede wurde sie nicht mehr fertig, denn Luise faßte sie um, küßte ihr die Worte vom Munde und hatte ein wunderhübsches, kirschrotes Wollkleid in der Hand: »Mutter, das hast *du* getan!« Und hier muß ich leider berichten, daß die kleine Frau Pastorin sich im Pastorenhaus soweit vergaß, daß sie die

Unwahrheit sagte, zwar nicht geradezu ausdrücklich, aber doch mit Kopfschütteln und Winken zu ihrem Pastor hinüber. Und Luise sprang nun auf ihren Pflegevater zu: »Du hast's getan!« Der aber schüttelte auch den Kopf und erklärte, er sei daran unschuldig, und Luise schloß also ihren eigenen Vater in die Arme und rief: »Nein, nein! Es ist von dir!« Hawermann wurde das Herz schwer, als er den überschwenglichen Dank seines Kindes abwehren mußte, den andere Menschen sich um sie verdient hatten. Er strich ihr über die glatten Haare und hatte feuchte Augen, als er sie bei der Hand nahm und zur Frau Pastorin führte: »Nein, Wising, nein! *Hier* mußt du dich bedanken.«

Doch zumindest *jetzt*, in *diesem* Augenblick, hatte die Frau Pastorin nun gar keine Zeit, den Dank entgegenzunehmen, denn sie war gerade dabei, ihren Pastor auszuziehen, nur um zu sehen, wie ihn der neue Schlafrock kleidete und wie er ihm saß. Und es war noch ein Glück, daß sie auf einen Schlafrock und nicht auf ein Paar Hosen verfallen war, denn in der Hast und Freude dieses Abends hätte sie des Anstands sicherlich vergessen. Und als sich erwies, daß der Schlafrock gut saß und auch schön kleidete, trat sie einige Schritte zurück und betrachtete ihren Pastor wie ein Kind, wenn es in der Sofaecke seine neue Puppe in Augenschein nimmt. Und als sie sich dann umdrehte, da sah sie zu ihrer Überraschung auf ihrem Teller ein blaues Paket liegen, das hatte ihr Pastor ihr heimlich daraufgeschoben. Und als sie hastig die Verschnürung aufgeknotet und dabei fortwährend munter drauflosgeschwatzt hatte: was dies wohl sein könne, und es fühle sich doch so sonderbar an, und jemand wolle sich gewiß einen Scherz mit ihr erlauben, dann war es schließlich ein schönes schwarzes Seidenkleid. Jetzt war die Freude vollkommen! Hawermann hatte auf seinem Teller eine neue Pfeife gefunden, die steckte er sich in den Mund und rauchte vergnüglich daraus, wenn auch nur kalt, der Pastor lag in dem neuen Schlafrock wie die Puppe in der Sofaecke und freute sich über die Freude der anderen, und Frau Pastor und Luise gingen in der Stube auf und nieder und hielten sich die Stoffe für die neuen Kleider an den Leib und blickten daran herunter, wie sie ihnen wohl stehen würden, und strichen daran herum, als ob die Röcke schon jetzt glatt sitzen sollten.

Franz aber? – Franz saß ein wenig abseits, und eine leise Wehmut war über ihn gekommen, daß er diese Freuden von klein auf hatte entbehren müssen. Er stützte den Kopf in die Hand, und alle Weihnachtsabende, die er je erlebt, zogen an ihm vorüber. Gute Freunde und Verwandte hatten ihm ihren Heilchrist gebracht, doch die beiden Gesichter, die unter dem Strohblumenkranz in seiner Stube hingen, die fehlten unter ihnen. Er gehörte heute nicht hierher, dies fühlte er schwer; doch verderben durfte er die Freude nicht. Er raffte sich auf, und als er dann gefaßt aufsah, blickte er in ein Paar große, schöne Kinderaugen, die gedankenvoll und mitleidig auf ihm lagen, als hätten sie in seinem Herzen gelesen.

»Julklapp!« rief Rikes laute Stimme, und ein Paket flog durch die Tür: »An die Frau Pastorin Behrens«, und es war eine hübsche Fußbank, und keiner wußte, wo sie herkam. Und: »Julklapp!« rief es wieder, und diesmal war es ein neues gesticktes Kissen für Herrn Pastors Lehnstuhl, keiner aber war es gewesen – ach, was wurde heute im Pastorenhause gelogen! – Und wieder: »Julklapp!« und es lag ein Zettel in einem Brief, und der Zettel verwies auf einen anderen Zettel, der lag oben auf dem Dachboden, und der wieder auf einen anderen, der lag unten im Keller, und der wieder auf einen anderen, und der wieder ... Und wenn die Frau Pastorin den hübschen gestickten Kragen haben wollte, der für sie bestimmt war, dann mußte sie erst einmal eine Rundreise durch ihr ganzes Haus antreten, bis sie ihn zuletzt ganz dicht nahebei in einem Stiefelschaft fand, und der gehörte ihrem eigenen Pastor. – Und wieder: »Julklapp!« – Ach, was war das für ein großes Paket! – »An den Herrn Pastor«, und als er die Verpakkung abriß, da war es für die Frau Pastorin, und dann war es für Jürn, und dann für Rike, und schließlich war es für Luise, und als sie das allerletzte Papier abgerissen hatte, da war es ein kleiner Nähtisch, genau so ein Nähtisch, wie Hawermann ihn vor langen Jahren einmal seiner verstorbenen Frau geschenkt hatte. – Keinem war es bekannt, er aber wußte es. – Und wieder: »Julklapp!« – Bücher für Luise. – Und: »Julklapp!« – Eine gestickte Fußdecke für Hawermann. – Rike konnte kein Ende finden.

Aber dann war es doch vorbei, Rike kam herein und sammelte das Packpapier und die Bindfäden ein. Doch ging die Tür noch einmal auf, und eine helle, glockenreine Stimme rief noch einmal: »Julklapp!« und als das Paket in Augenschein genommen wurde, da war es »An Seine Hochwohlgeboren den Herrn Franz von Rambow«, und leise schlich sich auf den Zehen durch die Zimmertür des Pastors ein Kind hinein, und eine große Freude strahlte von seinem Angesicht.

Franz war sehr verlegen. Doch als er das Paket geöffnet hatte, fiel ihm ein Brief von seiner jüngsten Cousine, Fidelia, entgegen. Die drei noch unverehelichten Töchter des Kammerrats hatten ihm seine Weihnachtsgeschenke übersandt: Albertine ein Rückenkissen, aber er räkelte sich nicht auf dem Sofa, Berta eine Satteldecke, aber er hielt sich noch kein Pferd, und Fidelia eine Zigarrentasche, aber er rauchte nicht. – Doch was schadet das schon? Ob einer etwas gebrauchen kann, das ist gleichgültig; nicht die Gabe, sondern der Geber und sein guter Wille sind zu Weihnachten die Hauptsache. – Er kam sich denn also auch nicht mehr ganz so verlassen vor, und als er die große Freude auf Luises Angesicht wahrnahm, kehrte sie auch bei ihm ein. Er lachte und spaßte über seine Geschenke, und ob Luise es nun wollte oder nicht, sie mußte vorläufig den Dank dafür in Empfang nehmen, denn er hatte ihre Stimme zu gut wiedererkannt.

Nun kam Rike wieder herein: »Frau Pastern, nu sünd sei all dor.« – »Na, denn wollen wir hinausgehen«, war die Antwort. – »Nein, liebe Regina«, sagte der Pastor, »laß sie hereinkommen!« – »Ach, Pastor, sie treten mir die Stube so voll Schnee.« – »Schadt ihm nicht! Nicht wahr, Rike, du stehst morgen früh ein bißchen zeitiger auf und scheuerst die Stube?« – Das wollte Rike denn nun gerne auch tun, und die Tür wurde aufgemacht, und herein schob sich, Kopf an Kopf, Flachsköpfe und Schwarzköpfe bunt durcheinander, das ganze kleine Görenvolk aus dem Dorfe. Und da standen sie nun und wischten an den Nasen herum, und die Augen wurden immer größer und blickten auf die Äpfel und Pfeffernüsse, und die Münder zogen sich auseinander, als wollten sie den Äpfeln und Pfeffernüssen den richtigen Weg weisen, auf dem sie getrost hereinspazieren konnten.
»So«, sagte Frau Pastorin, »nu mal all de Päten irst vör! – Hawermann«, setzte sie hinzu, »nächst den Eltern sind wir, mein Pastor und ich, ja doch die Nächsten zu unsern Paten.« Und über die Hälfte der Gesellschaft drängte sich nach vorn, denn gut bei der Hälfte von allen Dorfkindern hatten Herr und Frau Pastor Gevatter gestanden. Auch ein Mogelant hatte sich dazwischen gedrängt. Es war Jöching Rührdanz, der im vergangenen Jahr gesehen hatte, daß die Patenkinder mehr abbekamen als die anderen. Doch Stine Wasmuths hatte es gemerkt, schob ihn zurück und sagte: »Jung, du büst jo gor kein Pät«, wodurch denn seine unverfrorenen Ansprüche hinfällig werden mußten.
Nun erschien der Herr Pastor mit Büchern unter dem Arm, und was nun die Patenkinder waren, die schon im Winter bei ihm zur Bibel-

stunde gingen, so erhielten sie jeder ein Gesangbuch, und die anderen bekamen Schreibhefte und Tafeln und Fibeln und Katechismen, je nach dem Stande ihrer Einsicht, und jedes der Kinder sagte: »Ick bedank mi ok, *Pät*!«, aber die ein Gesangbuch erhalten hatten, sagten: »Ick bedank mi ok *velmal*, Herr Paster!« So war es Brauch von alters her.

Und nun kam Frau Pastorin: »So! Ich nehme die Nüsse, Luise, du nimmst die Pfeffernüsse, und Herr von Rambow, Sie nehmen die Äpfelkörbe. Und nu immer die Reihe entlang. – So, nu stellt jug mal all in Reihen hen und hollt jug Geschirr parat!« – Aber ganz ruhig ging dies nicht ab. Es gab ein Drängen und Schubsen, denn jeder wollte in die erste Reihe, und jeder hielt nun sein Geschirr vor sich hin, in welchem er den Heilchrist fassen wollte: die kleinen Dirnchen hielten ihre Schürzen auf, doch die Jungs hatten alles mitgebracht, was hohl war: der hatte eine Schüssel, der einen Mehlbeutel, der seines Vaters Hut, und einige hielten ohne alle Verlegenheit, ganz dreist, Fünf-Scheffel-Säcke auf, als könne es ihnen nicht daran fehlen, sie bis obenhin voll zu bekommen.

Nun ging das Verteilen los! »Süh da! – Da! – Da! – Holt!« rief die Frau Pastorin, als sie bei einem richtig durchtriebenen Schlingel angekommen war, »Herr von Rambow, *dieser* kriegt keine Äpfel, der hat sie sich schon im Sommer voraus aus dem Garten selbst geholt.« – »Oh, Fru Pastern ...« – »Jung, hab ich dich nicht selber aus dem großen Apfelbaum, der an der Mauer steht, mit der Stange herausgeholt?« – »Oh, Fru Pastern ...« – »Nichts da, wer Äpfel stiehlt, kriegt keine zum heiligen Christ ...« So ging es nun weiter, aber als sie zu Jöching Rührdanz kam, hielt sie wieder ein: »Hast du dich nicht vergangene Woche mit Krischan Kasbom vorm Pastorhaus so geprügelt, daß meine Rike euch hat auseinanderbringen müssen?« – »Ja, Fru Pastern, hei säd ok to mi ...« – »Still! – Luise, der kriegt keine Pfeffernüsse.« – »Ja, Fru Pastern, wi hewwen uns äwer all wedder verdragen.« – »Na, Luise, dann kriegt er auch Pfeffernüsse.«

So waren denn nach einer Weile die Reihen zu Ende, und die Kinder zogen ab mit ihrer Bescherung: »Gu'n Abend ok! Gu'n Abend ok!«, denn bei dieser Art war das Bedanken noch nicht Mode. Und als sie draußen waren, kam ein ganz anderes Geschlecht hustend und hinkend zur Türe hinein: Dies waren die alten Spinnfrauen und Besenbinder und Holzpantinenmacher aus dem Dorf, und auch solche, die keine Hantierung mehr zustandebrachten. Mit ihnen redete der Pastor ein christliches Wort, das ihnen sehr zuträglich sein mochte, und die Frau Pastorin übergab einem jeden einen großen Stollen, der ihnen ebenfalls sehr zuträglich sein mochte, und wie sie wieder hinaushumpelten, wünschten sie: »Gottes Segen« auf die Pastorsleute herab.

Gegen neun hielt Pastors Jürn mit Hawermanns Schlitten vor der Tür, und die beiden Gäste verabschiedeten sich. Als Hawermann draußen war, ging er stillschweigend zu den beiden Pferden und nahm ihnen die Schlittenglocken ab, denn oben vom Kirchturm herab erklangen jetzt andere Glocken, die läuteten für die ganze weite Welt, und die Schlittenglocken nur für die Landstraße. Im langsamen Schritt fuhren sie durch das Dorf, und da und dort stieg ein frommes Weihnachtslied aus den geduckten, armseligen Tagelöhnerkaten zum stillen Himmel empor, und oben hatte unser Herrgott seinen großen Tannenbaum mit den tausend Lichtern angesteckt, und die Welt lag darunter wie ein Weihnachtstisch, den der Winter mit seinem weißen Schneelaken sauber gedeckt hatte, damit Frühjahr, Sommer und Herbst ihre Bescherung darauf herrichten konnten.
Sie fuhren langsam aus dem Dorf, und als der Weg eine Biegung machte, gewahrte Franz das Herrenhaus von Pomuchelskopp mit den hellen Fenstern: »Dort wird auch Weihnachten gefeiert«, sagte er. Ja, Geschenke gab es dort auch, aber Weihnachten gab es dort nicht.
Pomuchelskopp hatte nichts aus Rahnstädt gekauft, alles *nur* aus Rostock. »Ümmer nobel!« sagte er, und er verriet auch, was Malchens und Salchens Kleider gekostet hatten. Und als Salchen vernahm, daß Malchens Kleid zwei Taler teurer war, mochte sie ihre Schwester nicht mehr leiden, Malchen aber hielt sich für ein gut Teil besser als Salchen. Und Philipping und Nanting gerieten in Streit um eine Zuckerpuppe, und nachdem Pomuchelskopp seinem Liebling Philipping die Puppe zugesprochen hatte, wurde Nanting böse und wollte Philipping eine Spielzeugschachtel an den Kopf werfen, warf aber vorbei und traf den großen Spiegel, so daß der in Scherben ging. Und Hühnchen hielt das Regiment aufrecht und holte den Gelben hinter dem Schrank hervor und schlug erst Nanting für seine Missetat und dann Philipping und danach die anderen Jungen zur Gesellschaft mit. Und kein einziges Mal nannte sie ihren Mann »Pöking«. Sogar als ihr Pomuchelskopp den neuen Winterhut mit den großen Federn überreichte, sagte sie nur: »Kopp, willst du mich zum Ulenspiegel machen?«
Als Franz an diesem Abend zu Bette ging, mußte er sich eingestehen,

sein Lebtag habe er noch keinen so schönen Weihnachtsabend begangen. Und als er sich fragte, woran das eigentlich liege, da trat ihm das heitere Bild von Luise Hawermann mit den sanften Augen entgegen, und er sprach zu sich selbst: »Ja, ja! Solch unschuldiges, fröhliches Kind gehört zu einem richtigen Weihnachten.«

Zwischen Weihnachten und Neujahr geschah etwas, das nicht oft vorkam. Jochen Nüßlers blauer Mantel mit den sieben Kragen kam nämlich im Phantom auf den Pümpelhäger Gutshof gefahren, und als Hawermann genauer hinblickte, saß Jochen Nüßler selber leibhaftig in diesem Mantel. Absteigen könne er nicht, denn er sei von zu Hause schon anderthalb Stunden fort, sei schon bei Pastors gewesen, und die wollten zum Silvesterabend kommen, und Bräsig auch, und nun möge sein Schwager auch zusagen und möge seine beiden jungen Leute mitbringen, und was er als Wirt dabei tun könne, das wolle er mit einer schönen Punschbowle ins Werk setzen. Nachdem er diese lange Rede gehalten hatte, schnappte es mit einem Male bei ihm ab, und als Hawermann zugesagt und Krischan gewendet hatte, murrte nur noch etwas aus den sieben Kragen heraus, was sich fast anhörte wie: Adjüs auch, Schwager. Doch Krischan drehte sich noch einmal um und sagte: »Äwer all tau'm Koffe, Herr Entspekter! hett mi de Madam utdrücklich seggt.«
Franz ließ nun Fritz, der noch bei Mudding in Rahnstädt war, die Einladung zugehen und schrieb ihm, da sein Urlaub nun doch abgelaufen sei, solle er sich am Tage vor Neujahr am besten gleich nach Rexow begeben, und von dort könne er dann abends mit nach Pümpelhagen zurückfahren.
Als Hawermann mit Franz am festgesetzten Tage auf dem gefährlich morastigen Hof in Rexow eintraf – es war Tauwetter geworden –, stand dort Jochen Nüßler, der den Wagen hatte kommen sehen, in einem schwarzen Frack und mit schwarzen Hosen, die ihm seine Frau zu Weihnachten geschenkt, knickebeinig in der Tür. Und dieweil er die rote Kappe aufgesetzt, die ihm Mining zu Weihnachten gehäkelt hatte, sah er aus der Entfernung wahrhaftig aus wie ein ausgestopfter Dompfaff, bis Bräsig ihn endlich auf den Hof hinausschob: »Laß dir was merken, Jochen, und mach die Hannöhrs, daß Korlen sein junger Eddelmann ne Meinung von deiner Lebensart krigt.«
Als Jochen den Empfang notdürftig gemeistert hatte und die erste Begrüßung mit dem Pastor und seiner Frau, mit Luise und den kleinen

Druwäppeln vorüber war, nahm Frau Nüßler ihren Karlbruder in Beschlag und setzte ihn erst einmal vom Stande ihrer Wirtschaft in Kenntnis. Der Pastor war bald in ein Gespräch mit dem jungen Herrn von Rambow vertieft, Frau Pastorin plauderte mit den kleinen Mädchen über ihre Weihnachtsgeschenke, Jochen saß an seinem gewohnten Platz am Ofen und sagte nichts, und Bräsig ging mit großen Pelzstiefeln aus Seehundsfell, die ihm bis an den Magen reichten, von einem zum andern, als wäre heute wieder Weihnachtsabend und er müsse den Niklas spielen und die Kinder gruseln machen.
Die Sonne schien dann und wann ins Fenster hinein. In der Stube war es recht behaglich warm. Der Kaffeedampf kräuselte sich in dünnen Wolken nach oben und vermengte sich mit dem leichten Tabakrauch des Herrn Pastors, bis es in der Stube so freundlich aussah, als wiegten sich zur Sommerzeit leichte Federwolken im Sonnenstrahl. Nur hinter dem Ofen zog es blau wie ein Unwetter auf, denn hier saß Jochen und rauchte, wie man so sagt, wie wenn ein Tagelöhner backt. Und das mußte er auch, denn seine Ehefrau hatte ihm aus gegebenem Anlaß den »Fliegenden Merkur« aus dem Tabakskasten entfernt und ihm für diese Gesellschaft ein Pfund »Fin Old Mild« hineingeschüttet, und mit diesem leichten Zeug konnte er die geballte vaterländische Kraft des Merkur nicht anders zustandebringen, als daß er es in doppelten Portionen verschwelen ließ. Aber draußen zog sich ebenfalls ein Unwetter zusammen, zwar nicht gerade oben am Himmel, vielmehr tief unten an der Erde. Es sollte gleichwohl die Gemütlichkeit in der Stube eine Zeitlang stören.
Das Stubenmädchen von Frau Nüßler kam herein und meldete, draußen halte ein Mann mit einer Karre, die habe einen Reisekoffer von dem Apotheker aus Rahnstädt hergebracht, und wo der nun hingebracht werden solle. – »Ach, du lieber Gott!« rief Frau Pastorin, »das sind Fritzen seine Sachen. Du sollst sehen, Pastor, mein Schwager ist so unverständig gewesen und läßt den Jungen wieder reiten. Auf dem wilden Fuchs, Hawermann, den sonst noch keiner geritten hat.« – »Oh, ängstigen Sie sich nur nicht, Frau Pastorin«, lächelte Hawermann ein wenig spöttisch, »der Fuchs ist nicht so böse.« – »Ach, Hawermann, ich hab's ja doch mit angesehen, als er damals nach Pümpelhagen ritt: der Fuchs wollte ja doch nicht von der Stelle.« – »Frau Pastorin«, sagte Bräsig, »das ist nicht so slimm, wenn son Kretur mit Bockigkeit behaft't is, aber wenn son Racker den Durchgang krigt, denn fallen die lateinischen Reuter männigmal ab.« Doch die kleine

Frau Pastor konnte sich nicht beruhigen. Sie machte das Fenster auf und fragte den Mann, der die Karre hergeschoben hatte, ob Fritz zu Pferde komme und ob der Fuchs sehr wild sei. »Wie ein Lamm«, war die Antwort, »und wenn *er* dem Fuchs nichts tut, der Fuchs tut *ihm* bestimmt nichts. Er ist auch schon ganz nahebei.«

Ja, das war denn nun auch tröstlich, und die Frau Pastorin setzte sich mit einem Seufzer wieder auf das Sofa nieder: »Ach Gott, ich zittere schon immer in der Seele meiner Schwester, wenn ich den Jungen bloß seh. Er macht gar zu viele dumme Streiche.« – »Die wird er wohl machen«, bemerkte Bräsig. Und ich meine, er hatte sie bereits gemacht. In der kurzen Zeit zwischen Weihnachten und Neujahr hatte Fritzing in Rahnstädt deren schon eine ganze Menge zustandegebracht, und das alles in seinen Inspektorenkostümen. Obwohl das Wetter kalt und unangenehm war, hatte er doch den grünen Jagdfrack, die weißen Lederhosen und die gelben Stulpenstiefel keinen Tag ausgelassen, und oftmals auch des Nachts nicht. Einmal zumindest, als er spät aus einer fröhlichen, gebildeten, ökonomischen Gesellschaft nach Hause gekommen war, hatte ihn das Dienstmädchen morgens mit Stiefeln und Sporen im Bett liegen sehen.

Ja, hierüber könnte man nun seine schlechten Witze reißen, aber es wäre unrecht, denn Fritz hatte in dieser fröhlichen Gesellschaft seinen alten Jugendfreund Gust Prebberow wiedergetroffen, der schon anderthalb Jahre länger in gelben Stulpenstiefeln einherging, und in der Freude an ihrem Wiedersehen und an der gebildeten ökonomischen Unterhaltung hatte er sich ein wenig übernommen. Gust Prebberow hatte ihm allerlei kluge Ratschläge gegeben, wie er sich mit seinem »Ollen« – damit war Hawermann gemeint – stellen müsse. Er hatte ihm allerlei feine Kunstgriffe beigebracht, wie man es machen müsse, um dem »Ollen« ein x für ein u vorzumachen, und er hatte ihm aus seinem eigenen Lebenslauf die vorzüglichsten Beispiele für die Behandlung von Hofjungs mitgeteilt, die alle auf Koppheisterschießenlassen und auf Knotenstöcke hinausliefen.

Und wie nun derart die eigentliche Ökonomie gründlich abgehandelt worden war, waren sie auf die Pferde geraten, und da hatte denn nun Fritz sein Verhältnis zu seinem Fuchs auseinandergesetzt: Vössing sei eigentlich von Natur ein recht begabtes Pferd, im ganzen auch gutmütig, aber was sein Vater sei, der Apotheker, der habe den Fuchs eigentlich auf dem Gewissen, indem er ihn von Jugend auf falsch behandelt und ihm allerlei Untugenden nachgesehen habe. Die hätten sich nun in seinen langen Lebensjahren bei ihm so festgesetzt, daß er, Fritz, auch nicht mehr wisse, was er mit ihm anstellen solle, obwohl er sich vorgenommen habe, Vössing auf andere Gedanken zu bringen. Sein Hauptfehler sei, daß er absolut nicht weiter wolle, wenn er sich das in seinen dummen Schädel gesetzt habe, und dann hülfen denn auch weder Stangenzaum noch Kandare, weder Reitpeitsche noch Sporen. – »Und das läßt du dir bieten?« hatte Gust Prebberow gefragt. »Nein, Brüderchen, da will ich dir ein Mittel sagen! Sieh, du setzest dich auf ihn und nimmst einen mittelgroßen Topf und füllst ihn voll Wasser, und denn reitest du immer sacht voran und tust, als liege dir gar nichts daran, und wenn er denn an so'ne Stelle kommt, wo er nicht weiter will, – sag ich dir – denn setzest du ihm mit dem Stangenzaun aufs Hinterteil und gibst ihm die beiden Sporen in die Rippen und schlägst ihm den Topf voll Wasser um die Ohren – alles zugleich! –, so daß ihm die Scherben am Kopf herunterklatschen und ihm das Wasser in die Augen spritzt.«

Dies hatte sich nun Fritz doch recht genau gemerkt, und als er heute in seinem Inspektorenaufzug auf Vössing davonritt, da hielt er den Zügel in der linken Hand, die Reitpeitsche unter dem linken Arm, und in der rechten Hand hielt er einen mittelgroßen Topf voll Wasser.

Ja, hetzen konnte er daraufhin nun gerade nicht, weil ihm sonst das Wasser übergeschwappt wäre, und da Vössing nun ebenfalls nicht fürs Hetzen war, verlief die Reise Schritt vor Schritt in der erfreulichsten Übereinstimmung, freilich gerade nur so lange, bis sie auf Hof Rexow gelangt waren. Hier wollte Fritz nun stolz im schlanken Trabe bis vors Haus reiten und gab dem Fuchs die beiden Sporen in die Rippen. Sei's nun aber, daß Vössing doch einen schlechten Charakter hatte und heimtückisch und nachtragend war, dieweil ihm das damalige Herumexerzieren in der Pfütze vor des Pastors Haus einfiel – jedenfalls blieb er urplötzlich mit einem Ruck stehen. Nun war's aber auch nachgerade so weit: Stangenzaum angezogen! Sporen in die Rippen und schwapp! den Topf zwischen die Ohren! – »Öff!« stöhnte Vössing tief auf, schüttelte seinen Kopf zum Zeichen, daß er nicht weiter wolle, mußte aber doch wohl von dem Schlage recht mitgenommen sein, denn er legte sich ganz sanft darnieder. Fritz mußte verständlicherweise mit, und wenn er auch noch soviel Besinnung besaß, sich nicht *unter* den Fuchs geraten zu lassen, so reichte seine Contenance doch nicht so weit, daß er nicht *neben* Vössing zu liegen kam.

Die Gesellschaft in Frau Nüßlers Stube hatte das ganze Scharmützel zwischen Fritzing und Vössing mit angesehen, und anfänglich, als Fritz sich im Steigbügel aufhob und mit dem mittelgroßen Küchentopf auf seinen Widerpart herniederdonnerte, da hatte die kleine Frau Pastorin um das Glück ihrer Schwester gebebt. Als sie dann aber Vössings edlen und besonnenen Anstand in sich aufnahm und Fritzing zudem weich, wenngleich ein wenig kühl »auf dem Bette der Ehre« zu liegen gelangt war, das von unserem Herrgott mit Tauwetter und Regen, und von Jochen Nüßler mit seinen Mistfuhren sorgsam ihm zugerüstet worden war, da mußte auch sie in das allgemeine Gelächter mit einstimmen und sagte zu ihrem Pastor: »Das ist ihm mal recht gesund!« – »Ja«, sagte Bräsig, »un en guten Snuppen schadt ihm auch nich. Was hat er an das olle Kretur da herum zu drainieren!«

Fritz kam nun dahergewandelt wie der Halbmond: auf der einen Seite noch im vollen Glanz, auf der andern aber schwarz verdunkelt. »Du siehst lecker aus, mein lieber Sohn«, rief die Frau Pastor aus dem geöffneten Fenster. »Komm uns *so* nicht in die Stube hinein! Es ist ein Glück, daß dein Reisekoffer hier schon angekommen ist, nun kannst du dich wenigstens umziehen.«

Das geschah denn nun auch, und Fritzing erschien binnen kurzem in seinem vornehmsten Aufzug in der Tür, im blauen Frack mit langen, schwarzen Hosen. Er stolzierte im Zimmer einher als junger Gutsbesitzer, wenngleich in nicht geringer Verdrießlichkeit, die ihm in Anbetracht von Bräsigs anzüglichen Reden und den Bemerkungen der Frau Pastor ja auch durchaus nicht zu verdenken war. Franz hingegen war in seiner lustigsten Laune. Er scherzte nach Herzenslust mit den drei kleinen Mädchen, ließ sich von den beiden Zwillingen ihre Weihnachtsgeschenke zeigen und wollte sich halbtot lachen, als die beiden Dirnchen endlich jede mit einem großen Fußsack angeschleppt kamen, den sie von Unkel Bräsig zum Präsent erhalten hatten, »daß das Kropzeug die Potentaten warm halten könnte und sie nicht vor der Zeit den verfluchten Podagra krigten«.

Franz war bisher noch nie Gelegenheit geworden, mit kleinen Mädchen umzugehen, die soviel jünger waren als er selbst. So machten das zutrauliche Geplapper und die harmlose Fröhlichkeit, die sich über mancherlei zu belustigen wußte, das in seinen Augen eigentlich bedeutungslos war, doch großen Eindruck auf ihn, so daß er, als es abends zu Tisch ging, sich inmitten dieser kleinen Gesellschaft niederließ und er Frau Nüßler, die ihn als Edelmann ein Stückchen höher hinaufsetzen wollte, eine bündige Absage erteilte.

Es war ein fröhliches Abendessen. Die Reden gingen munter hin und her, und ein jeder gab sein redlich Teil dazu, bis auf Fritz und Jochen.
Fritzens Petersilie war, wie man so sagt, ganz und gar verhagelt, und er ärgerte sich darüber, daß er nicht auch so lustig zu sein vermochte wie Franz. Jochen bemerkte freilich ebenfalls nichts, aber er besorgte doch das Lachen, und wenn Bräsig den Mund nur aufmachte, dann zog sich Jochens schiefer rechter Mundwinkel bis ans Ohr hinan. Und als der Punsch aufgetragen war und Lining, als die Verständigste von den Kleinen, das Einschenken übernommen hatte, kam auch ihm die Sprache wieder zurück, und er wollte doch auch tun, was er als Wirt dazu tun konnte, und bemerkte von Zeit zu Zeit still vor sich hin: »Lining, schenk doch Bräsigen ein!«
Auch Fritzing verhalf der Punsch zur Sprache. Ärgerlich war er freilich noch immer, vornehmlich über Franzens ungebildetes Gerede, denn wenn die kleinen Mädchen in seinen Augen auch erst nur halbe Backfische waren, so hätten sie, wenn es nach ihm ginge, doch schon allgemach ein wenig mit feiner Lebensart vertraut gemacht werden müssen. Er befleißigte sich denn also wieder der gleichen gehobenen Umgangsformen, deren er auf dem Ball zu Rahnstädt hatte genießen dürfen, als er mit der 25jährigen Tochter des Herrn Bürgermeisters den Cotillon tanzte, und er redete Luise mit »Fräulein Hawermann« an. Die Kleine blickte sehr verwundert, und als er sein »Fräulein« noch ein zweites Mal anbrachte, lachte sie ihm hell ins Gesicht: »Ich bin doch kein Fräulein, ich bin ja Luise Hawermann«, und Franz mußte mitlachen.
Dies war nun wieder ärgerlich für Fritzing. Doch er wußte recht genau, daß er sich auf einem guten und gebildeten Wege befand und daß eine richtige Unterhaltung mit Damen auf diese und keine andere Art eingefädelt werden mußte. Er ließ sich also auch keineswegs beirren, sondern schilderte in großer Ausführlichkeit seine Ballabenteuer zu Rahnstädt: was er zu der Bürgermeisterstochter gesagt und was sie zu ihm gesagt hatte, und zudem befräuleinte er unentwegt auch noch die beiden kleinen Druwäppel rechts und links von ihm. Und dieweil nun in der kleinen Gesellschaft große Freude und helles Gelächter ausbrachen, mußte er verständlicherweise immer lauter sprechen, um durchzudringen, bis schließlich die ganze Gesellschaft stilleschwieg und ihn groß ansah. Jochen, der neben ihm saß, war ein Stückchen von ihm abgerückt und betrachtete ihn verwundert, wie es nur möglich

sei, daß *ein* Mensch das alles zustandebringen könne. Bräsig blickte an Jochens Sitzecke vorbei mit einer über seine eigene Menschenkenntnis ungeheuer selbstzufriedenen Miene und blinzelte dann und wann zu Hawermann hinüber, als wolle er sagen: »Sagt ich's dich nich, Korl, en verfluchter Windhund!« Und Hawermann sah verdrießlich auf seinen Teller, Frau Nüßler aber war in großer Verlegenheit, ob es sich ihr als Gastgeberin gezieme, gegen eine derartige Ungehörigkeit einzuschreiten, und der Pastor wiegte leise den Kopf hin und her. Doch die am meisten in Aufruhr geriet, war die kleine Frau Pastor. Sie warf den Kopf in den Nacken, daß die Mützenbänder unter ihrem Doppelkinn erzitterten, und rutschte auf ihrem Stuhl so unruhig hin und her, als werde es ihr zu warm. Und als Fritz gerade bei einer überaus anschaulichen Schilderung eines Bummelschottschen war, auf welche Art der Herr die Dame dabei zu umfassen habe, da hielt sie es nicht länger aus, sprang auf und rief: »Schweigt alle rein still! Ich bin als Tante die Nächste dazu! Fritz, komm hier mal her!« Und als Fritz nun lang und langsam aufstand und sich sehr vornehm und kühl in ihre Nähe begab, da faßte sie ihn vorn in seinen Gutsbesitzerfrack und schnob an ihm empor: »Mein allerliebster Junge, komm mal heraus!« und damit zog sie ihn mit sich zur Diele. Von dort her hörte die Gesellschaft dann bruchstückweise eine energische Strafpredigt, die sich von keinerlei Einwendung unterbrechen ließ, und als die Tür wieder aufging, zog die Frau Pastorin Fritzing wieder hinter sich her und wies ihm seinen Platz an und sagte: »Da setzt du dich ruhig wieder hin und sprichst wie ein vernünftiger Mensch.«

Ja, dies tat denn nun Fritz auch, freilich mehr das erste, das zweite ließ er bleiben, konnte auch niemand von ihm verlangen. Denn nach einer gebildeten Unterhaltung nimmt sich ein vernünftiges Gespräch nur sehr mager aus, und weshalb sollte er sich einen schönen Anfang durch einen schlechten Schluß verderben? Wie Franz nun mit den drei Kindern schon wieder im munteren Geleise war und die älteren Personen, bis auf die Frau Pastor, die eine Art von Sicherheitspolizei über den Verbrecher ausübte, gemächlich auf der guten alten Landstraße eines vernünftigen Gesprächs daherkutschierten und nur ab und an ein bißchen aufkreischten, wenn Bräsig an einen Stein gefahren war, saß Fritz da, grollte innerlich und nährte seinen Zorn mit Punsch, der glatt wie Öl auf sein Feuer floß, und nannte insgeheim Franz »einen heimtückischen Schleicher« und die drei kleinen Mädchen »görige Pakkage«, die nichts von den Perlen verstünde, die er ihnen vorgeworfen.

Aber trotzdem und trotz der großen Verachtung, die er gegen eine solche Kinder-Gesellschaft hegte, stieg neben seinem Zorn in ihm eine Art von Eifersucht darüber auf, daß nicht er Hahn im Korbe war. Und als er wahrzunehmen meinte, daß Franz sich am meisten mit Luise Hawermann abgab, da schwur er sich heimlich zu, die Sache solle baldigst ihr Ende haben, er selbst, Fritz Triddelfitz, wolle doch einmal sehen, was er ausrichten könne, vorausgesetzt, seine Tante sei nicht dabei.

Mittlerweile war es schon recht spät geworden, und keiner dachte daran, daß es schon *so* spät geworden war. Und dann stand mit einem Mal eine furchterregende Gestalt im Zimmer, von oben bis unten mit allerlei warmem Flickenzeug behangen, und blies auf einem Kuhhorn, was sich schrecklich anhörte, und fing dann an zu singen, was sich noch viel schrecklicher anhörte. Dies war Gust Stöwsand, der seinen Verstand nur noch halb besaß und den Jochen Nüßler deswegen, und weil er auch sonst zu anderem nicht recht zu gebrauchen war, zum Nachtwächter ernannt hatte. Und zur Stubentür hinein blickten Knechte und Mägde, die auch sehen wollten, wie Gust seine Sache wohl machte, und lachten und schoben und drängten sich vor und wieder zurück. Und dann ging das Gratulieren an, und alle wünschten sich Glück zum neuen Jahr.
Und als alles wieder still geworden war, da hielt der Pastor eine kleine Rede, die fing ungeheuer spaßig an und schloß sehr ernsthaft. Er sprach davon, wie der Mensch jedes Jahr einen großen Schritt näher an sein Grab herantrete und daß ihn darüber das eine trösten müsse, daß jedes Jahr auch ein neuer Knoten geschlagen werde, der Freundschaft und Liebe enger miteinander verknüpft. Und als er nach seinen guten Worten im Kreis umherblickte, da hatte seine kleine Frau Pastorin den Arm um ihn gelegt, und Jochen stand neben seiner Ehefrau, und Hawermann und Bräsig hatten sich die Hände gereicht, und die beiden kleinen Druwäppel lagen sich weich in den Armen, und Franz stand neben Luise Hawermann – Fritz war nicht zu sehen, er war in seiner Verdrießlichkeit wohl nach draußen gegangen. – So schloß das Jahr 1839.

Kapitel 8

Daniel

Als im neuen Jahr Ostern ins Land gekommen war, reiste Bräsig in seine Wasserkunst, und auf Pümpelhagen zog der Kammerrat mit seinen drei Töchtern Albertine, Berta und Fidelia ein.

»Nein, mit *dem* Mann kann es nicht wieder werden, mit *dem* geht es zu Ende«, sagte sich Hawermann, und Franz mußte sich das gleiche sagen. Und als sie am nächsten Abend nach seiner Ankunft beisammensaßen, wurde es ein trauriges Gespräch zwischen den beiden. Und da Franz nun natürlich am nächsten Tag zu seinem Onkel ins Herrenhaus zog und mit seinen Kusinen gemeinsam speisen mußte, war es für Hawermann in seinem alten Wirtschaftshaus recht einsam geworden. Er hatte sich an den näheren Umgang mit dem jungen Menschen zu sehr und gar zu gern gewöhnt.

In diesen ersten acht Tagen hatte sich beim Kammerrat auch schon ein Besuch eingestellt. Dies war Pomuchelskopp in seinem blauen Frack mit den blanken Knöpfen und in der blanken Kutsche, die noch beträchtlich stattlicher aussah, weil sie jetzt auch noch mit einem Wappen verziert worden war, das er sich vom Wappenamt in Wien für einen halben Louisdor hatte kommen lassen und das einen Dorschkopf im blauen Felde führte, was die dummen Tagelöhner, die nichts von Dorsch und blauem Feld verstanden, immer nur als »Döskopp im blauen Fell« bezeichneten, weil sie vielleicht auch noch irgendeine persönliche Ähnlichkeit zwischen dem Wappenbild und ihrem Herrn herausgefunden hatten. Den Umgang mit Bräsigs Herrn Grafen hatte Pomuchelskopp inzwischen aufgegeben, und andere Edelleute wohnten nicht in seiner Nähe. So kam ihm das Eintreffen des Kammerrats sehr gelegen; aber er hatte kein Glück. Nachdem er Daniel Sadenwater, dem alten Bedienten des Kammerrats, mit wehleidiger Stimme sein Bedürfnis dargelegt, das er wirklich empfand, *persönlich* sich nach dem Befinden des Herrn Kammerrats zu erkundigen, und hinzugesetzt hatte, er kenne den Herrn Kammerrat sehr genau von Rostock her, ging Daniel mit seinem alten, stillen Gesicht auch richtig hinein, um ihn anzumelden. Er kam aber mit dem gleichen unbewegten Gesicht alsbald wieder heraus und bekundete, der Herr Kammerrat bedauere, sein Befinden sei nicht von der Art, Besuche anzunehmen. Das war

denn nun wieder sehr verdrießlich für Pomuchelskopp. Er saß am Nachmittag aufs neue in seiner Sofaecke und ärgerte sich, und seine liebe Frau, die dann ja immer recht aufgekratzt und zärtlich wurde, nannte ihn an diesem Nachmittag immer nur »Pöking«, was ihm begreiflicherweise seinen Ärger hinlänglich vergüten mußte.
Der Kammerrat benötigte in seiner Krankheit nun auch tatsächlich keine andere Unterhaltung, als er sie in seiner Umgebung vorfand. Die beiden ältesten Fräulein waren von morgens bis abends darauf bedacht, ihn zu hegen und zu pflegen. Und auch die Jüngste, Fidelia, das Schoßkind der ganzen Familie, ein wenig verzogen und für ihr Alter ein wenig zu jugendlich geblieben, und die sich zudem noch einiges auf ihre kindliche Fröhlichkeit zugute tat, sorgte nach Kräften für seine Aufmunterung. Franz hatte sich in seiner Gutwilligkeit auch gleich als Sekretär erbötig gemacht und kümmerte sich zudem noch um all die kleinen Scherereien, die in einem derartigen Hausstand nicht ausbleiben, zumal wenn Krankheit in ihm eingezogen ist.
Vor allen anderen aber war es Hawermann, an dessen Umgang der Kammerrat Gefallen fand. Nicht allein, daß Hawermann ihn über den Fortgang der Wirtschaft unterrichten mußte, sondern auch über mancherlei anderes, das weit davon ablag, wünschte er sein Urteil zu erfahren und beriet sich mit ihm. So hatte denn Hawermann keine Zeit, im Gürlitzer Pastorenhaus vorzusprechen, und wenn Luise ihren Vater sehen wollte, dann mußte sie ihn in der unruhigen Zeit der Aussaat auf den Feldern oder mittags auf dem Hof aufsuchen. So konnte es denn auch nicht ausbleiben, daß ihr das Fräulein Fidelia öfters über den Weg lief. Und da es nun eine alte Erfahrung ist, daß junge Mädchen, die eigentlich schon ältere Mädchen sind und nur noch gerade so auf der Grenze zwischen Alt und Jung einhertänzeln, sich zumeist besonders nach der jüngeren Seite hingezogen fühlen, weil sie an einer noch jüngeren Jugend sich wieder ein bißchen auffrischen möchten, so lag es denn nahe, daß Fräulein Fidelia bald an Luise ein großes Wohlgefallen fand, und es währte gar nicht lange, da waren die beiden ein Herz und eine Seele.
Ob es nun immer das richtige ist, wenn ein sehr junges Mädchen eine sehr viel ältere Freundin findet, das möchte ich nicht ein für allemal mit ja beantworten; es kommt hier außerordentlich viel auf die Umstände der *älteren* Dame an. Luise aber trug nun gerade keinen Schaden davon, denn Fräulein Fidelia hatte ein sehr, sehr gutes Herz. Sie war auch nur ein ganz klein wenig von der Eitelkeit und dem vor-

nehmen, faden Geschwätz ohne rechten Inhalt angekränkelt, wie es sich, dem Vernehmen nach, in der besseren Gesellschaft breitmachen soll. Und wenn ihre selige Mama – die alte Gnaden, wie Daniel Sadenwater sie zu nennen pflegte – auch sehr darauf aus gewesen war, sie *noch* ein wenig aristokratischer zu machen, hier, bei seinem Liebling, hatte der Kammerrat ihr mit Erfolg Widerpart leisten können. Doch ohne daß er es wahrgenommen hatte, war auch er schuld geworden an der Verspieltheit seiner jüngsten Tochter und daran, daß sie nicht älter werden wollte. Sie hatte ihm von klein auf seine Mühen und Sorgen fortlachen und forttändeln müssen und war nun dabei stehen geblieben, ohne es eigentlich darauf anzulegen. Dies tägliche Geschäft nahm sie denn auch derart in Anspruch, daß Luise gar nicht einmal darauf hätte verfallen können, es ihr in dieser Hinsicht gleichtun oder gegen sie aufkommen zu wollen. Und was sonst Luise vielleicht hätte ankränkeln können, wurde nun geradezu zum Schutzmittel gegen die Krankheit: Luise ward um vieles gesetzter und besaß zudem selbst genug Verstand, um sich aus dem nichtigen, bunten Trödel von Fräulein Fidelia gerade dasjenige an Manieren herauszusuchen, das zu ihr paßte.

Doch sie nahm nicht allein, sie gab auch. Kannte Luise sich in der vornehmen Welt nicht aus, dann wußte aber Fräulein Fidelia noch viel weniger Bescheid in jener Welt, die um sie herum lebte und webte, und drüber gerade vermochte ihr nun wieder Luise genauestens Rechenschaft zu geben. Doch eine äußerst verdrießliche Angelegenheit mußte Fräulein Fidelia erst einen empfindlichen Rippenstoß versetzen, um diese Welt überhaupt in ihr Blickfeld geraten zu lassen.

Die Sache war so: Der Kammerrat hatte zu ihrem Geburtstag für Fräulein Fidelia ein wunderhübsches Kleid aus Schwerin kommen lassen, Fräulein Albertina aber hatte an einen neuen Sommerhut gedacht und Fräulein Berta an einen schönen Schal. Als nun die Bescherung stattgefunden hatte, machten sich die beiden älteren Schwestern auch gleich daran und veranstalteten eine Anprobe mit ihrem Schoßkind. Sie standen um sie herum, bewunderten sie von rechts und von links und konnten sich nicht lassen vor Begeisterung über ihr hübsches Aussehen, und Fräulein Berta rief aus: »Nein, sie ist ne kleine Fee!« Nun mußte aber gerade Korlin Kegels, das Stubenmädchen, durchs Zimmer hindurchgehen, und die hatte ja nun nichts Eiligeres zu tun, als in der Küche zu erzählen: »Dirns, weit ji wat? Frölen Berta seggt, uns lütt Frölen süht ut as en lütt Veih.«

Ja, dieser Spaß mußte nun natürlich Gefallen finden, und so währte es gar nicht lange, da wurde Fräulein Fidelia in der Gesindestube nur noch das »lütte Vieh« genannt. Doch so etwas geht nur so lange gut, wie es geht. Schließlich mußte dies auch Fidelia selber zu Ohren kommen, und daraus entstand eine gewaltige Aufregung. Es kam zu einer großen Untersuchung, und Korlin Kegels sollte trotz Flehens und Weinens aus dem Hause. Just an diesem Tage kam Luise zu Besuch, und auf der Treppe kam ihr Korlin Kegels weinend entgegen, und in ihrem Zimmer weinte Fräulein Fidelia. Nun, ein Wort gab das andere, und als Luise die Sache begriffen hatte, legte sie, voller Mitleid mit den beiden, ihre Hand auf Fräulein Fidelias Schulter: »Ach, das haben sich die Leute nicht so böse gedacht.« – »Ja«, rief das Fräulein heftig, »das haben sie, das haben sie. Das rohe, ungeschliffene Volk!« – »Nein, nein! Sagen Sie das nicht!« rief Luise richtiggehend erschrocken. »Unsere Dienstleute sind nicht roh, sie haben ebensoviel Gemüt wie vornehme Leute. Mein Vater sagt, man muß sie erst kennenlernen, und das ist nicht so leicht: die Sprache scheidet sie von ihren Herren.« – »Das ist ganz gleich!« rief Fidelia, »›lütt Vieh‹ ist ein grober, roher Ausdruck.« – »'s ist ein Mißverständnis«, sagte Luise, »das Wort ›Fee‹ ist den Leuten unbekannt, und da haben sie das ähnlich lautende genommen, und es ist ihnen komisch vorgekommen. Eine beleidigende Absicht haben sie nicht gehabt. – Sie, Fräulein, sind ja der Liebling aller Ihrer Dienstboten.«
Dieses kleine Kompliment, das Luise, ohne ihr deswegen schmeicheln zu wollen, dem Fräulein verabreicht hatte, vertrieb schon ein wenig den bitteren Nachgeschmack des »lütten Viehs«. Und als Luise nun warm und eindringlich erzählte, wieviel der Pastor, der in Freud und Leid tagtäglich mit den Tagelöhnern umging, auf ihre Ehrenhaftigkeit und ihre unverdorbene Herzensbildung gab, da beruhigte sich das Fräulein und schließlich, in ihrem gutherzigen Überschwang, begann sie sogar, darauf zu brennen, mit den Leuten näher bekannt zu werden, und Korlin Kegels ward in Gnaden wieder aufgenommen.

Das Fräulein befragte Franz, und der lobte die Tagelöhner in Pümpelhagen samt und sonders, und auch der Kammerrat gab seinen Leuten das beste Zeugnis und erzählte beiläufig, daß die Ur-Ur-Eltern der Dienstleute schon seit Menschengedenken unter seinen Vorfahren gehaust hätten. Der erste Herr von Rambow, von dem man überhaupt Kunde habe, habe nur zwei Dienstmannen besessen, von denen der eine

Äsel und der andere Egel geheißen habe – so werde wenigstens erzählt. Diese hätten nun aber zahlreiche Nachkommenschaft erzeugt, und so sei denn mit der Zeit eine große Verwirrung zwischen den Egels und den Äsels eingerissen, indem der eine Egel öfters einen Scheffel Korn erhalten habe, der eigentlich einem anderen Egel zustand, und ein Äsel eine Tracht Prügel, die von rechts wegen dem anderen Äsel gebührte. Diese Verwechslungen seien nun aber unter einem seiner Vorfahren, der – er müsse dies zur Schande seiner Familie eingestehen – doch ein wenig schwerfällig von Geist gewesen sei, derart weit gediehen, daß die damalige Frau von Rambow, die ein ganzes Stück klüger gewesen sei als ihr Ehemann, geglaubt habe einschreiten zu müssen. Sie hatte einen Einfall, und weil sie im Hause auch das Regiment aufrecht hielt, führte sie ihn auch durch. Alle Hausväter des ganzen Dorfes mußten eines Sonntagsmorgens zusammentreten, und jeder mußte seinen Vornamen und seinen Vatersnamen ansagen, und die schrieb sie sich auf – denn schreiben konnte sie ebenfalls – und nun fügte sie den ersten Buchstaben des Vornamens dem Vaternamen hinzu und taufte das ganze Dorf um. So wurde denn also aus »Korl Egel«: »Kegel«, aus »Pagel Egel«: »Pegel«, aus »Florian Egel«: »Flegel«, und aus »Vulrad Äsel« wurde »Väsel«, aus »Peiter Äsel«: »Päsel«, und aus »David Äsel« wurde »Däsel« und so weiter und so fort. Und – setzte der Kammerrat noch hinzu – dies sei merkwürdig: nach den Überlieferungen sei der Stammvater der Egellinie ein Flachskopf gewesen, und der der Äsellinie ein Schwarzkopf, und so sei es bei der Nachkommenschaft noch heutigen Tages. Aber nicht allein die äußeren Anlagen, auch deren Innenseiten hätten sich bis auf den heutigen Tag vererbt: nach den alten Berichten sollte der Urur-Egel überaus geschickt im Schnitzen von Kellen und Löffeln, von Harkenzinken und Holzpantinen gewesen sein, und der Urur-Äsel habe eine ganz auserlesene Kehle fürs Singen gehabt, und das sei auch so geblieben. Und darum hätten seine Vorfahren und er selbst auch immer streng darauf gehalten, die Nachtwächter aus der Äsellinie und die Rademacher aus der Egellinie zu nehmen. – »Und das kannst du noch heute«, fügte er für seine Fidelia hinzu, »an dem Nachtwächter David Däsel und an dem Rademacher Fritz Flegel sehn.«

Diese Geschichte gefiel nun Fräulein Fidelia ungemein, und in ihrem flatterhaften Übereifer hatte sie nun nichts Eiligeres zu tun, als in alle Tagelöhnerkaten zu laufen, die Hausfrauen durch langes Gerede von der Arbeit abzuhalten und die Kinder mit abgelegten Kleidern zu beschenken. Und wenn Luise nicht dabei gewesen wäre, hätte sie wohl auch Päsels elfjährige Marik mit einem abgelegten Schleier und Federhut, und Däsels Stine, die am Teich die Gänse hüten mußte, mit einem Paar wunderschöner hellblauer Atlasschuhe erfreut.

Die Familienväter im Dorf schüttelten über diese fahrige Geschäftigkeit freilich ein wenig die Köpfe. Die Mütter aber hielten es ihr zugute und sagten: Wenn sie auch nicht ganz richtig sei – das heißt im Kopfe –, so meine sie es doch sehr gut, und wenn sie von ihr sprachen, dann nannten sie sie statt gewöhnlich schlankweg »lütt Vieh« jetzt »gemeines, niederträchtiges, niedliches lütt Vieh« – und gemeint war: »freundliches, zutunliches, flattriges lütt Vieh«.

Pastor Behrens schüttelte auch den Kopf, als er von dieser Art Wohltätigkeit vernahm. Er gab zu verstehen, die Pümpelhäger Leute seien die besten in seiner Gemeinde, und dies habe seinen Grund darin, daß sie immer noch unter ihren angestammten Herren säßen, von denen sie gut gehalten würden. Die Gürlitzer Leute seien ihm hingegen durch den Wechsel ihrer Herrschaft ein wenig sehr außer Rand und Band geraten, denn nichts verderbe den Menschen leichter als eine unüberlegte und unverdiente Wohltätigkeit; er werde einmal mit dem Fräulein reden. Und dies geschah bei der nächsten Gelegenheit. Er setzte ihr auseinander, daß die Leute in Pümpelhagen so gestellt seien, daß – wenn nicht Krankheit und Viehsterben oder anderes Unglück sie träfen – ein ordentlicher Kerl und eine tüchtige Hausfrau sich selber helfen könnten und daß eine Wohltat, die so von obendrein gegeben werde, die Leute nur lehre, sich auf fremde Hilfe zu verlassen. Auch diese Art Mensch müsse so gut wie jede andere ihren eigenen, freien Weg gehen, und niemand dürfe – nicht einmal im Guten – in ihre Angelegenheiten unberufen eingreifen.

Zu meiner Freude kann ich berichten, daß Fräulein Fidelia dies einsah und daß sie ihre Wohltaten fortan auf jene Hofleute beschränkte, die sich selbst *nicht* zu helfen vermochten, auf die Alten und Kranken, und daß sie für diese aus einem »lütt Vieh« bald wieder zu einer »lütten Fee« wurde. Luise half ihr bei diesem Samaritergeschäft, und Franz, der dann und wann einmal dazustieß, entdeckte zu seiner Verwunderung, daß das lustige kleine Mädchen von ehedem sehr ernsthaft aussehen und sehr überlegt und besonnen zu handeln vermochte und daß die schönen Augen ebenso mitleidig und nachdenklich auf einer alten kranken Tagelöhnerfrau ruhen konnten wie auf ihm an jenem Weihnachtsabend. Er freute sich darüber und wußte doch nicht recht warum.

Das Frühjahr war vergangen, der Sommer war gekommen. Da erhielt Hawermann an einem Sonntagmorgen einen Brief von Bräsig aus Warnitz, er möge sich doch den Tag über zu Hause halten: Bräsig sei wieder daheim und wolle ihn am Nachmittag besuchen. Und so geschah es. Bräsig kam auf seiner Lieschen angeritten und sprang mit einem Aplomb vom Pferd, als wolle er mit beiden Beinen durch den Damm hindurch. – »Hoho!« begrüßte ihn Hawermann, »du bist ja mächtig verwegen, du bist ja so fix wie'n Vogel.« – »Frisch verstahlt, Korl! Ich habe noch einmal auf't frisch angenommen.« – »Na, wie ist's dir denn ergangen, alter Knabe?« fragte Hawermann, als sie auf dem Sofa saßen und die Pfeifen in Gang gebracht waren.

»Hör mal, Korl! Naßkolt, waterig, kläterig – süh, das 's gar nichts dagegen. Sie machen den Menschen rein zu ne Pogg. Und eher sich ne menschliche Natur an ne Poggennatur gewöhnt, da hat die menschliche Kretur soviel auszuhalten, daß man ümmer wünschen mögt, man wär als Pogg auf die Welt gekommen. Aber gut ist's doch!

Süh, erstens morgens die gewöhnliche Abswitzung. Da wickeln sie dir in kolle Laken ein – ganz natt – un dann in wollne Decken un premsen dir so zusammen, daß du nichts von deinem menschlichen Leibe rögen kannst als bloß die Tehnen. Denn nehmen sie dir in diesen Zustand un ledden dir in eine Badestube un klingeln ümmer vor dir auf, daß sie die Dams wegklingeln wegen der Schanierlichkeit. Süh, denn setzen sie dir, wie dich Gott erschaffen hat, in ne Badewanne un stülpen dir drei Eimer Wasser über deinen kahlen Kopp, wenn du einen hast, un denn kannst du ihrentwegen gehn. – Nu meinst du, daß es zu End ist? – Das meinst *du*, Korl, aber nu gehts erst recht an. Aber gut ist's doch.

Süh, nu mußt du spazieren gehn auf Fläg, wo du gar nichts zu tun hast. Ich bün in meinem Leben viel spazieren gegangen, bei's Haken un Eggen, bei's Meßstreuen un Erbsensäen, hab aber ümmer dabei was zu tun gehabt; aber hier gor nicks! Un dabei mußt du nu Wasser trinken, ümmer zu, ümmer zu! – Korl, welche sünd da unter, das ist doch grad, as wenn du Wasser in's Sieb gießt, un denn stehn sie da un stähnen: ›Ah, das schöne Wasser!‹ Glaub ihnen nicht, Korl, sie verstellen sich: Wasser auswendig is schon slimm, sehr slimm, aber inwendig da hat es ne grausame Wirkung.

Aber gut ist's doch!

Denn kommst du in ein Sitzbad. Weitst du, woans das bei 4 Grad Null is? Justement as wenn du in der Höll bist, und der Deuwel hat dir auf einen eisernen, gläugnigen Stuhl gesetzt un legt ümmer frisch unner, süh, so brennt das. Aber gut ist's doch.

Denn läufst du wieder bis Mittag, un denn ißt du Mittag. Aber, Korl, davon hast du keine Einbildung: was kann der Mensch in einer Wasserkunst zu sich nehmen! Das Wasser muß doch hellschen zehren! Korl, ich hab Dams gesehen, small un dünn als die leibhaftigen Engels, un Karmenaden as die Waschhölter groß haben sie drei Stück aufgegessen – un Tüften? – Gott, du bewohre! – wo du jo woll en Schepel Aussaat Land mit abpflanzen kannst. Darum sünd die Wasserdoktors auch sehr zu bedauern, denn sie fressen ihnen power.

's Nahmiddags geht's Wassersaufen wieder munter los, un denn kannst du dir auch mit die Dams anständig unterhalten, denn's Morgens stehn sie dir nich Rede, indem sie das Bewußtsein haben, daß sie in einem wilden Zustand umherlaufen, einige mit nasse Strümpfen, as wenn sie von's Krebsfangen herkommen, andere mit nasse Tücher um den Kopp, alle aber mit fliegende Haaren un mit en Fenusgürtel, der aber nicht augenscheinlich ist. Du kannst dir mit ihnen erzählen, was du willst, wirst aber swerlich ne Antwurt krigen, wenn du nich von ihre Krankheitsgeschichten anfängst, wo oft sie schon Pückeln über den ganzen Leib gekrigt haben un Swären un blinde Dinger, denn das ist in einer Wasserkunst die gebildtste Unterhaltung.

Hast du dir nun in dieser Art amusiert, dann mußt du in die Tusche. Brauchst dir aber nich zu denken, daß sie swarz is, nein, lauter klores Water. Aber gut is sie auch! Überall, Korl, kannst du dir merken: allens, was slecht smeckt, was en Minschen eklich is un wovor er einen Grugel hat, das is gesund vor dem menschlichen Leibe.«

»Ja, dann mußt du dein Podagra ja ganz los sein, denn du hast ja nen mächtigen Grusel vor kaltem Wasser gehabt.« – »Da kann nu einer gleich hören, Korl, daß du meindag noch nich in einer Wasserkunst gewesen büst. Süh – der Doktor hat mich das auseinandergesetzt – der verfluchte Podagra ist die öbberste von alle Krankheiten – das is die Mutterkrankheit, woraus alle andern Seuchen kommen. Und er kommt aus dem Gichtstoff, der in die Knochen liegt und dir darin herum reißt, un der Gichtstoff kommt aus dem Giftstoff, den du als menschliche Nahrung, zum Exempel Kümmel oder Tobak, oder aus der Apotheke zu dir genommen hast. Süh, nu muß einer, der den Podagra hat, so lange in den nassen Laken switzen, bis er all den Tobak, den er in seinem Leben geraucht hat, un all die kleinen Kümmel, die er in seinem Leben getrunken, ausgeswitzt hat. Süh, denn geht der

Giftstoff weg un denn der Gichtstoff und denn der verfluchte Podagra.« – »Na, hast du das so gehabt?« – »Nee.« – »Na, warum bist du denn nicht länger dort geblieben? Dann hätte ich's doch noch bis zu Ende ausgehalten.« – »Korl, du redst! Das hält jo kein Mensch aus, un is auch noch bei keinen Menschen passiert. Einen haben sie mal gehabt, der hat so lange geswitzt, bis er gleich as ne Lowisiana von Justussen in Hamburg gerochen hat. Na, da hat denn nu der Wasserdoktor auch alle Kranken raufgebracht, daß sie sich eigenhändig mit der Nase von den Geruch haben überzeugen müssen, un hat's auch in die Wasserschriften setzen lassen. Aber nahsten is's rausgekommen: der Karnallj hat heimlich ne Zichalie geraucht, was verboten is – auch Kümmel is verboten.

Abersten weiter in den täglichen Lebenslauf! Nach der Tusche läufst du wieder, un bei das Laufen is das Abend geworden. Nu kannst du noch in'n Düstern rumlaufen, was welche auch tun, Herrn un Dams, kannst aber auch reingehn und dir mit Lesen behaben. Ich hab denn ümmer in die Wasserbücher gelesen, die ein gewisser Rausse, der eigentlich Frank heißt, gemacht hat, was der öbberste von die ganzen Wasserdokters is.

Korl, da steht's all in, allens kurzfertig in! Aber es ist swer for en Menschen zu verstehn. Ich bün derentwegen auch nich weiter gekommen als bis auf die ersten beiden Seiten, und ich hab vollkommen genug dran, denn als ich die gelesen hatte, da würd mich so wirbelig zu Sinn, as wenn mich einer ne halwe Stun'n auf den Kopp gestellt hätte. Du meinst, Korl, frische Luft is frische Luft? – denk nich daran! – und du meinst, das Wasser aus deiner Pump is Wasser? – fällt ihm gar nich ein! Süh, die frische Luft teilt sich in drei Teilen: in den sauren Stoff, in den Stinkstoff und in die swarze Kohlensäure. Und dein Wasser in die Pump teilt sich in zwei Teilen: in den sauren Stoff und in den wässerigen Stoff. Auf Wasser und auf Luft is nu die ganze Wasserkunst gebaut.

Und nu süh mal, Korl, wo weise die Natur das eingericht hat: die menschliche Natur, wenn sie in der frischen Luft geht, nimmt durch die gewöhnliche, gebräuchliche Luftröhre die swarze Kohlensäure un den Stinkstoff in sich auf, die sie beide nich vertragen kann. Und da kommt nu die Wasserkunst und schafft dir diese beiden abscheulichen Dünste vom Halse, indem daß der saure Stoff in dein Pumpenwasser dir die swarze Kohlensäure fest macht und der wässerige Stoff dir den Stinkstoff mit Switzen aus dem Leibe treibt. Verstehst du mir, Korl?«

– »Nein«, sagte Hawermann und lachte herzlich, »das kannst du nicht verlangen!« – »Lach nich über ne Sach, Korl, die du nich verstehst. Süh, den rausgetriebenen Stinkstoff hab ich bei's Switzen selbst gerochen; aber wo bleibt die festgemachte swarze Kohlensäure? Süh, das ist der Punkt, und weiter bün ich in den Wasserwissenschaften nich gekommen: un glaubst du woll, daß Paster Behrens was davon weiß? Ich hab ihn gestern gefragt – der weiß erst recht nichts davon. Und du sollst sehn, Korl, die swarze Kohlensäure steckt noch in meinem Leibe, un davon werd ich den verfluchten Podagra doch wieder krigen.« – »Aber Zacharias, warum bist du denn nicht noch ein bißchen länger dageblieben und hast dich ordentlich auskurieren lassen?«

»Korl«, sagte Bräsig, schlug die Augen nieder und nahm ein sehr gedrücktes Wesen an, »es ging nich! Es ist mich da was passiert. Korl«, sagte er und blickte Hawermann offen ins Gesicht, »du kennst mich von lütt auf an, hast du all mein Dag an mir ein unrespektierliches Wesen gegen die Frauenzimmer bemerkt?« – »Nein, Bräsig, dies Zeugnis kann ich dir geben.« – »Na, un nu doch! Denk dir, wo mich das gehn muß! Diesen Freitag vor acht Tagen krig ich wieder so'n entfahmtes Muckern in den großen Zehen – denn in das äußerste En'n fängt's ümmer an –, und der Wasserdoktor sagt: ›Herr Entspekter, wir müssen Ihnen eine Extra-Einwickelung apoplexieren, Doktor Strumpen sein verdammtes Apteker-Kolchikum meldt sich, das muß raus.‹

Na, das geschieht. Er wickelt mir selbst, un so drang, daß ich knapp Aten holen kann, wobei er sagt, Luft is mich weniger nötig as Wasser; und dabei will er sogar das Fenster zumachen. Nee, sag ich, so viel versteh ich nachgradens auch davon, frische Luft muß sein, lassen Sie das Fenster auf, und er tut's und geht ab. Nu lieg ich denn in meiner bedrückten Lage sachten fort und denke mir auch weiter nichts Slimms. Da wird das mit en Mal so'n Gebrumm un Gesumm um mich rum, und als ich richtig zu Höchten seh, swarmt en ganzer Immenswarm ins Fenster rein und der Weiser vorauf – denn ich kenn ihn, Korl, du weißt, ich bün en Imker; bün mal in Zittelwitz mit den Schulmeister zusammen Frühjors mit siebenundfufzig Stöck in's Feld gezogen –, un dieser Weiser will sich jo woll nu in meine wollne Deck, die der Dokter mir über den Kopp gezogen hatte, ordentlich anbauen. Na, was sollt ich nu machen? Rühren könnte ich mich nich. Ich pust also nach ihm, ich pust, bis mich der Aten ausgeht, aber Essig, reiner Essig! Das

Biest setzt sich geradenwegs auf meinen kahlen Kopf – denn die Perük, Korl, nehm ich ümmer ab, um ihr zu schonen –, und nu kommt der ganze Swarm un swenkt sich an mein Gesicht heran. Na, da war's all! Ich wälz mir aus das Bett. Quuck! fall ich auf die Erde un wölter mir nu aus die wollne Deck heraus un aus die nassen Laken bis an die Tür heran, un über mir war der Deuwel los, der leibhaftige Deuwel! Un *so* spring ich nu aus der Tür heraus, un *so* slag ich mir mit die nachfolgenden Immen herum wie blind un doll, und *so* schrei ich um Hülfe.

Gott sei Lob und Dank, der Existent von dem Wasserdokter – der Mann heißt Ehrfurcht – traf mich und brachte mich in einem andern Lokale und von da in die notwendige Bekleidung, so daß ich nach einer mehrstündlichen Beruhigung in die Eßstube, was sie einen Salong nennen, hinuntergehen konnte – das heißt mit einem halben Schock Immenangeln in dem Leibe. Ich fange an mit die Herren zu reden, un sie lachen sich. – Worüm lachen sie sich, Korl? *Du* weißt's nich, und *ich* weiß's auch nich. – Ich wend mir also an eine von die Dams und red sie freundschaftlich aufs Wetter an: da wird sie rot. – Warum wird sie bei's Wetter rot? Das weiß *ich* nich, und *du* weißt's auch nich, Korl. – Ich wend mich an eine, was ne Sängerin war, un bitt ihr freundlich, sie soll das schöne Lied noch mal singen, was sie alle Abend gesungen hatte: ›Schamhaft schämt sich das Weib zu ihm zu kommen!‹ Was tut sie, Korl? – sie zeigt mich ihren Rücken. Und als ich mir den nu so in meinen besondern Gedanken betrachte, kommt der Wasserdokter und sagt sehr höflich zu mir: ›Herr Entspekter, nehmen Sie's nich übel, Sie haben sich heute nachmittag zu sehr bemerklich gemacht.‹ – ›Wo so?‹ frag ich. – ›Ja‹, sagt er, ›wie Sie aus der Tür rausgesprungen sind, is grad das Fräulein von Hinkefuß über den Corydon gegangen, und die hat's in aller Verschwiegenheit den andern erzählt.‹ – ›Und derentwegen‹, sag ich, ›wollen Sie mich von das natürliche Mitleid entblößen? Derentwegen wollen die Herren lachen und die Dams mich ihre angenehme Rücksicht genießen lassen? – Nein, davor bin ich nich hier! – Wenn mir Fräulein von Hinkefuß so mit dem halben Schock Immenangeln im Leibe entgegengetreten wäre, ich hätte mir alle Morgen in Bescheidenheit nach ihrem Befinden erkundigt. Aber lasse ihr! Menschliches Gefühl kann sich keiner auf keinen Jahrmarkt kaufen. Aber nu kommen Sie, Herr Dokter, und ziehn Sie mir die Immenangeln aus dem Leibe.‹ – Süh, Korl, da könnte er es nich.

›Was?‹ sag ich, ›nich mal eine Immenangel können Sie aus der Haut ziehn?‹ – ›Nein‹, sagt er, ›ich könnte es wohl, aber ich dürfte es nicht, denn das sind Operamente, wie sie sich for einem Gregorius gebühren, un dazu bin ich nicht von der meckelnbürger Regierung qualifikaziert.‹ – ›Was?‹ sag ich, ›Sie wollen mir die Gicht aus den Knochen kurieren und dürfen mir gesetzlich nich mal ne Immenangel aus der Haut ziehn? Sie dürfen sich nich mal mit der Haut von einem auswendigen Menschen befassen und wollen mir mein geheimnisreiches Inwendiges mit Ihr ßackermentsches Wasser ausspülen? Ich danke Ihnen!‹

Un süh, Korl, von dem itzigen Augenblicke an hatte ich das Zuvertrauen zu dem ganzen Wasserdokter verloren, und ohne das können sie nichts machen, das sagen sie jeden selbst, wenn er ankommt. Ich reiste also furtsen ab und habe mir die Angeln von dem alten Gregorius Metz in Rahnstädt ausziehen lassen. Un somit schließt sich meine Geschichte in der Wasserkunst. Aber gut is sie doch: der Mensch krigt en ganz andern Glauben, und wenn sie auch nicht den verfluchten Podagra vertreibt, so krigt man doch einen Begriff davon, was die menschliche Kretur allens aushalten kann. Und hier, Korl, hab ich dir auch ein Wasserbuch mitgebracht, da kannst du dir's Winterabends in den Wissenschaften mit belernen.«

Hawermann bedankte sich nun, und die Rede kam auf die Wirtschaft und bei dieser Gelegenheit auch auf die beiden Eleven. – »Na, Korl«, fragte Bräsig, »wo geht es denn mit deinem Herrn Junker?« – »Sehr gut, Bräsig, der läßt sich in allem gleich gut an. Mir tut es bloß leid, daß ich den jungen Mann nicht mehr um mich haben kann. Er tut seine Arbeit, wo du ihn hinstellst, und mehr als das. Ich weiß von Daniel Sadenwater, daß er oft und gern bei unserem kranken alten Herrn nachts gewacht hat, wenn er auch noch so müde war. Das ist ein junger Mann, wie er im Buch steht. Da ist Drang zur Arbeit, und da ist auch Herz drin und Anhänglichkeit.« – »Na, Korl, aber dein Windhund?« – »Ach, der ist auch nicht so schlimm. Im Kopf hat er viele Raupen, allzuviele! aber schlecht ist der Junge nicht. Er tut auch, was ihm geheißen wird, und wenn er's auch mal vergißt – na, wir sind ja alle auch mal jung gewesen.« – »Das Best bei deine beiden jungen Elemente is, dat sie schon aus dem Gröbsten sind. Süh, da bün ich bei Krischan Klockmannen gewesen, der hat einen, vierzehn Jahr alt, just ingesegnet! Das is den ganzen Tag müd, das släft in't Stehent, das släft in't Gehent! Wenn das essen soll, denn ißt das nich, wenn das trinken soll, denn trinkt das nich, und wenn er das aufs Feld schickt, denn verfriert er sich.« – »O nee! So sind meine beiden nicht«, sagte Hawermann. – »Und der Junker wacht's nachtens bei den ollen Herrn?« fragte Bräsig. »Mag den jungen Menschen wohl leiden! – Denn is der Herr Kammer*rat* woll schon sehr swächlich? Grüß ihn von mir, Korl, denn ich will nu adjüs sagen, ich muß noch zu meinen gnedigsten Grafen, der hat mich hinbestellt in ner besonderen Angelegenheit.« Und damit ritt Bräsig davon.

Und der Kammerrat war wirklich in den letzten Tagen sehr schwach geworden. Er hatte wieder einen kleinen Schlaganfall erlitten, zum Glück aber hatte er die Sprache behalten. An diesem Abend kam Franz und bat Hawermann, er möge doch ein bißchen herüberkommen, sein Onkel wünsche ihn zu sprechen.

Als der Inspektor ins Zimmer trat, war Fidelia dort und plauderte und berichtete in ihrer kindlichen Art dem alten Herrn von diesem und jenem. Ach Gott! das arme alte Mädchen konnte nicht wissen, wie lange sie mit ihrem guten Vater überhaupt noch würde plaudern können. Der Kammerrat bat sie, ihn mit Hawermann allein zu lassen, und als Fidelia gegangen war, heftete er einen tieftraurigen Blick auf seinen Inspektor und sagte mit schwacher Stimme: »Hawermann, lieber Hawermann, wenn von dem, was uns sonst Freude macht, nichts mehr anschlägt, dann geht's zu Ende.« – Hawermann blickte rasch zu ihm hinüber, als könne er sich das Schlimmste nicht verhehlen, denn er hatte schon manchen Menschen auf seinem Sterbebett gesehen, schlug bedrückt die Augen nieder und fragte: »Ist der Doktor heute nicht hier gewesen?« – »Ach, lieber Hawermann, der *Doktor*! Was soll der? Ich möchte lieber den Pastor Behrens wieder einmal bei mir sehn. Doch vorher habe ich mit Ihnen noch von andern Sorgen zu sprechen. Setzen Sie sich hier zu mir heran!«

Als dies geschehen war, sprach er hastig weiter, sich oftmals unterbrechend, als werde ihm die Zeit ebenso knapp wie die Luft: »Mein Testament liegt in Schwerin. Ich habe alles bedacht, aber – wenn meine Krankheit nicht so plötzlich gekommen wäre, der rasche Tod meiner Frau – ich fürchte, meine Angelegenheiten stehen nicht so, wie sie sollten.«

Gleich darauf hatte er sich wieder ein wenig gesammelt: »Mein Sohn erhält das Gut, die beiden verheirateten Töchter sind abgefunden. Aber die drei unverheirateten – die armen Kinder! –, sie konnten nur mäßig bedacht werden. Axel muß für sie sorgen – ach Gott, er wird genug mit sich selbst zu tun haben. Er schreibt mir, er wünscht noch einige Jahre beim Militär zu bleiben – gut, ganz gut, wenn er sparsam lebt – dann kann etwas aus der Wirtschaft erübrigt werden – Schulden zu bezahlen. Aber der Jude, Hawermann, der Jude! Wird er warten? – Sagten Sie etwas?« – »Nein, Herr Kammerrat. Aber Moses wird warten, ich hoffe es ganz gewiß. – Und wenn nicht, es ist viel Geld im Lande, viel mehr als vor einem Jahre.« – »Nicht wahr? Ja, ja, und die Güter sind gestiegen. – Aber was dann! Axel versteht nichts von der Wirtschaft – ich habe ihm durch Franz Bücher geschickt, ökonomische Bücher – er soll sie studieren – das kann ihm helfen, nicht wahr, Hawermann?«

Ach du lieber Gott, dachte Hawermann, dies hatte sein Herr, der selber stets so praktisch und vernünftig war, sogar in gesunden Tagen nicht erhofft. Aber was nützte es schon, wenn er ihm diesen Trost nahm? Er sagte also: ja, er hoffe dies auch. – »Und, lieber Freund, Sie bleiben bei ihm«, rief der Kammerrat eindringlich, »geben Sie mir Ihre Hand, *Sie* bleiben bei ihm.« – »Ja«, sagte Hawermann und die Tränen standen ihm in den Augen, »so lange ich Ihnen oder Ihrer Familie nützen kann, gehe ich nicht aus Pümpelhagen.« – »Ich wußte es«, sagte sein Herr und sank matt in die Kissen zurück, »aber – Fidelia soll schreiben – ihn noch einmal sehen – mit Ihnen zusammen sehen.« Seine Kraft war zu Ende, er holte schwer Atem und röchelte.

Leise stand Hawermann auf und zog die Klingel, und als Daniel Sadenwater kam, ging er mit ihm ins Vorzimmer: »Sadenwater, mit unserm Herrn ist es schlimmer geworden; ich fürchte, es dauert nicht mehr lange. Rufen Sie die Fräulein und den jungen Herrn; aber sagen Sie noch nichts für gewiß.« Über das gleichmütige Gesicht des alten Dieners flog ein leiser Schmerz, wie wenn der Abendwind über den stillen See zieht. Er blickte nach der halbgeöffneten Türe des Krankenzimmers zurück, als ob es ihn von dort anwehe, und sprach vor sich hin, wie wenn er sich entschuldigen müsse: »Lieber Gott, es sind nun über dreißig Jahre ...«, drehte sich um und ging.

Franz und die Fräulein kamen. Die armen Mädchen ahnten nichts davon, daß der Stein so rasch den Berg hinabrollte; sie hatten doch immer sicher damit gerechnet, daß etwas ihn aufhalten werde, der Doktor oder, wenn der es nicht vermochte, unser Herrgott. Sie hatten in der letzten Zeit immer abwechselnd bei ihrem Vater gewacht, und nun war es ihnen sonderbar und beängstigend, alle zusammen sich gleichzeitig hier vorzufinden, und dazu noch Franz und Hawermann und Daniel Sadenwater.

»Mein Gott, was ist ... was ist ...?« drang Fidelia auf Hawermann ein. Er ergriff ihre Hand und drückte sie: »Ihr Vater« – er hätte in diesem Augenblick um alles in der Welt nicht »Ihr Herr Vater« sagen können – »Ihr Vater ist kränker geworden, er ist sehr krank, er wünscht Ihren Bruder zu sprechen. – Herr von Rambow, schreiben Sie schnell ein paar Worte, ich will den Wagen für den Arzt bestellen, der Kutscher kann den Brief zur Post mitnehmen. – In drei Tagen kann Ihr Bruder hier sein.« – »Das dauert keine drei Stunden mehr«, sagte Sadenwater, der aus dem Krankenzimmer kam, leise zu Hawermann.

Und in der Krankenstube saßen und standen die drei Töchter um ihres Vaters Lager und weinten und jammerten leise vor sich hin und wollten die Stütze halten, die sie so lange gehalten hatte, und ihre Herzen versuchten, von ihren Gedanken sich Rat zu erbetteln, was lindern und was helfen könne, und die *drei* Herzen schlugen immer beklommener und immer rascher, und das *eine* Herz immer stiller und leiser.

Und im Vorzimmer saß Franz und horchte auf jeden Laut und stand auf und ging in die Krankenstube und kam wieder zurück. Er hatte noch nie einen Menschen aus dem Leben scheiden sehen und hören und dachte an seinen eigenen Vater, den er sich immer wie seinen Onkel vorgestellt hatte, und ihm war zumute, als stürbe ihm sein eigener Vater zum zweiten Male. Und er dachte auch an seinen Vetter, der jetzt nicht zur Stelle war und dessen Stelle er einnahm, und meinte, der müsse ihm dafür gut sein zeitlebens.

Hawermann stand am offenen Fenster und blickte in die Nacht hinaus, in genau solch eine dunstige Nacht, wie sie es damals war, als sein Herz für immer seine Wunde empfing. Damals war es seine Frau, jetzt war es sein Freund – wer kam nun heran? War er es selbst? Ober vielleicht ... Nein, nein, das konnte unser Herrgott nicht wollen, dann wäre doch er der nächste dazu ...

Und am Ofen saß Daniel Sadenwater und tat genau das, was er seit dreißig Jahren jeden Abend verrichtet hatte. Er hielt einen Korb mit silbernen Löffeln und Gabeln auf seinem Schoß, und auf dem Stuhl neben ihm lagen ein Putzlappen und ein blaugewürfeltes Schnupftuch, und er putzte abwechselnd mit dem Lappen die Löffel und Gabeln und mit dem Schnupftuch seine Augen, und als er die silberne

Gabel zur Hand nahm, auf der der Name seines Herrn eingraviert war und die er an die dreißig Jahre hindurch jeden Abend geputzt hatte, da verdunkelten sich seine Augen. Er konnte nicht mehr richtig erkennen, ob sie schon blank war oder noch nicht, und er stellte den Korb beiseite und betrachtete die Gabel, bis ihm die Augen ganz und gar übergingen. Und als er sich besann, an was er eigentlich dachte, da war es: wer nun wohl mit dieser Gabel speisen werde.
Und in all dieser Unruhe und in all diesem Herzeleid schlug das Pendel der Stutzuhr seinen ruhigen Schlag, als ob die Zeit an einer Wiege sitze, und wiege ihr Kind leise und unbeirrt in den Schlaf, in den letzten Schlummer. Und es schlief ein. Zwei Augen schlossen sich für immer, der dunkle Vorhang zwischen hier und dort glitt leise hernieder. Und auf dieser Seite standen die armen Mädchen und jammerten laut und reckten vergebens die Arme nach dem, was gewesen, und rangen die Hände um das, was geschehen war. Fidelia warf sich über ihres Vaters Leichnam und klagte und weinte, bis sie in Krämpfe verfiel. Franz richtete sie voller Mitleid auf und brachte sie aus dem Zimmer. Die beiden andern Schwestern folgten ihm, nun auch noch in Sorge um ihren Liebling, und Hawermann war allein mit Daniel Sadenwater. Und als er dem Toten die Augen zugedrückt hatte und nach einer Weile schweren Herzens davonging, da saß Daniel zur Seite des Bettes und blickte aus seinem stillen Gesicht auf das Gesicht seines Herrn, das nun noch ebenmäßiger war. Die Gabel hielt er in seiner Hand.

Kapitel 9

Wohlgerüche

Drei Tage danach kam Axel mit Extrapost auf den Gutshof gefahren. Er kam zu spät, um die letzten Worte seines Vaters noch zu vernehmen, aber noch zeitig genug, um ihm die letzte Ehre zu erweisen. Der Postillon blies sein lustig Stücklein, als er auf den Hof fuhr, und aus der Tür des Herrenhauses traten drei bleiche Jammergestalten in schwarzen Kleidern. – Was kehrt sich die Welt an unseren Jammer? Der junge Herr wußte nun also Bescheid, und mit einem Male brach alles, an dem er schuldig und unschuldig war, über ihn herein: Gottes Schickung, sein eigener Leichtsinn und Unverstand, die aussichtslose Lage seiner Schwestern, sein eigenes Unvermögen, ihnen helfen zu können, und vor allem das Gedenken an die Wohltaten seines Vaters, die in guten noch in bösen Tagen keinen Augenblick ausgesetzt hatten. Er war völlig gebrochen. Es war nun einmal seine Natur, daß sie wie in hellen Flammen bei allen Anlässen aufloderte, seien diese auch nicht so ernsthaft, wie sie ihm hier vor Augen traten. Er weinte und lamentierte und erging sich in Selbstbeschuldigungen. Er erkundigte sich immer aufs neue, wie dies gewesen, wie das gewesen sei, und als er von Franz erfuhr, seines Vaters letzte Worte in diesem Leben seien an Hawermann gerichtet gewesen, nahm er den alten Inspektor beiseite und befragte ihn eindringlich. Hawermann war denn auch sehr offen und bedeutete ihm, die letzten Sorgen, die seinen Vater hier auf Erden bedrückt hätten, seien solche um die Zukunft seines Sohnes gewesen, und wie er sich und seine Schwestern durch verständiges Wirtschaften auf dem Gute durchbringen könne.

Ach, das wollte er ja alles! Das schwur er sich ja alles unter dem blauen Himmel zu, als er danach allein durch den Garten ging. Er wollte den Schilling zum Taler machen. Er wollte sich von der Welt und von seinen Kameraden zurückziehen. Und das konnte er ja auch, sehr gut konnte er es sogar. Aber jetzt gleich schon den Dienst quittieren und irgendwo regelrecht die Landwirtschaft erlernen, wie Hawermann es ihm vorgeschlagen hatte, dies konnte er nun auch wieder nicht, dazu war er denn doch schon zu alt, und auch sein Stand als Offizier ließ es nicht zu. Aber dies tat ja auch just nicht so nötig. Wenn er später das Gut übernahm, dann lernte sich das ja alles von selber. Doch sparsam wollte er leben, seine Schulden wollte er bezahlen, und dann wollte er fleißig in den landwirtschaftlichen Büchern lesen, die ihm sein guter Vater so dringlich ans Herz gelegt hatte. – So lügt sich der Mensch etwas vor, und auch die ernstesten und heiligsten Stunden sind vor der Lüge nicht sicher.

Am Tage darauf war das Begräbnis. Einladungen dazu waren nicht ausgesandt worden. Doch der Kammerrat hatte zuviel Liebe und Verehrung im Umkreis seines Besitzes genossen, als daß sich nicht ein zahlreiches Trauergefolge aus der engeren und weiteren Nachbarschaft eingestellt hätte. Bräsigs Herr Graf war erschienen, und es war, als wollte er dort Ehre in Empfang nehmen, wo er Ehre erweisen sollte. Bräsig selber war gekommen und stand auf der Diele beim Sarge, und wenn die anderen die Augenbrauen senkten und die Augen niederschlugen, dann riß er seine Augen weit auf und zog die Augenbrauen kreisförmig nach oben. Und als Hawermann an ihm vorbeiging, bekam er ihn an einem Rockzipfel zu fassen und schüttelte den Kopf und fragte ihn eindringlich: »Korl, was ist das menschliche Lebent?«, aber auf weiteres ließ er sich nicht ein. An seiner Seite stand Jochen Nüßler und bemerkte leise vor sich hin: »Je, was soll einer dabei tun?« Und um sie herum standen die Tagelöhner, alle die Pegels und Degels und Päsels und Däsels, und als Pastor Behrens mit der jüngsten Tochter an der Hand aus der Stube an den Sarg trat und seine Leichenrede hielt, die auch einem fremden Menschen ans Herz gegangen wäre, fiel manche Träne aus alten Augen in Trauer um den guten Herrn. Danktränen waren es und Bangtränen, Danktränen um das, was der alte Herr ihnen gewesen, und Bangtränen vor dem, was ihnen der junge Herr bringen würde.
Als die Rede beendet war, brach der Zug zum Gürlitzer Kirchhof auf. Der Sarg wurde in eine Kutsche gehoben, und neben ihm saß Daniel Sadenwater, so steif und so bewegungslos mit seinem alten, stillen Gesicht, als habe er sich selber schon bei Lebzeiten als Postament für seinen Herrn aufs Grab gesetzt. Dann kam die Kutsche mit den vier Kindern, dann die des Herrn Grafen, dann Pastor Behrens und Franz, die Hawermann mitnehmen wollten. Doch Hawermann wollte nicht, er wollte mit den Tagelöhnern gehen. Dann die und die und die und Jochen Nüßlers Kutsche, und zuletzt Hawermann zu Fuß mit Bräsig und den Tagelöhnern.
Dicht vor Gürlitz drängte Bräsig sich an Hawermann heran und flüsterte ihm zu: »Korl, ich hab ihr nu.« – »Was hast du, Zacharies?«

fragte Hawermann. – »Die Pangsionierung von meinen gnedigsten Herrn Grafen. Als ich letzthin bei dir war, ritt ich nach ihm hin, und da hab ich sie denn in allen Gnaden un Paddegraf for Paddegraf gekrigt: zweihundertfufzig Taler Geld, zehndausend Torf, freie Stationierung ins Müllerhaus zu Haunerwiem – auch en lütten Goren is dabei fürs Gartengetreide und denn auch en bitschen Tüftenland.« – »Na, Zacharies, das freut mich, da kannst du in deinen alten Tagen recht ruhig vor dich hinleben.« – »Ih ja, Korl, das könnt ich, un wenn ich meine andern Elemente, meine Zinsen von's Kaptal, was ich mir verdient habe, dazu nehm, is mich nichts nich weg. – Aber was wird da vorn for ein Aufstand?« – »Ach, sie wollen jetzt wohl die Leiche vom Wagen herunternehmen«, sagte Hawermann und wandte sich den Tagelöhnern zu: »Kegel, Päsel, ihr müßt nun wohl hin, Leute, und müßt den Sarg anfassen.« Und damit ging er mit den Leuten nach vorn, um das Notwendige anzuordnen. Bräsig folgte ihm.

Während dies besorgt wurde, war das Leichengefolge den Wagen entstiegen, und wie Axel mit seinen drei Schwestern zu ebener Erde stand, traten die kleine Frau Pastor und Luise Hawermann in Trauerkleidern zu ihnen. Die Frau Pastor drückte den beiden ältesten Töchtern, denen sie sonst ihres adligen Standes wegen stets Zurückhaltung bezeigt hatte, heute zutunlich und überströmenden Mitgefühls die Hände – denn Tod und Herzeleid machen alle gleich: die Vornehmen beugen sich unter Gottes Hand, weil sie wissen, daß sie vor ihm nichts sind, und die Niederen richten sich auf, eingedenk dessen, daß das Mitgefühl, das in ihnen spricht, von Gott kommt. Heute hätte getrost auch David Däsel die Hände der gnädigen Fräulein ergreifen dürfen, und sie hätten in Dankbarkeit ein treues Herz ihm von den nassen Augen abgelesen.

Luise hielt ihre Freundin Fidelia im Arm und wußte nicht, was sie sagen und was sie tun sollte. »Da!« rief sie mit einem tiefen Seufzer und drückte ihr einen Strauß von weißen und roten Rosen in die Hand, als wolle sie mit ihm das Köstlichste an Liebe und Mitleid dahingeben, als könne sie mit der Fülle ihres Herzens nicht verschwenderisch genug umgehen.

Aller Augen richteten sich auf das vierzehnjährige Kind – aber war es noch ein Kind? Ist es noch Knospe oder ist es schon Laub, wenn der Birkenbusch nach einem warmen Maienregen grün aufschimmert? Und für eine Menschenseele, wenn ihre Zeit gekommen ist, wird jede Bewegung des Herzens zu einem warmen Regen, der das Grün durch die Knospe drängt.

»Wer ist das?« wurde Franz, der wie gebannt nach dem Kinde hinüberblickte, von Axel gefragt. »Wer ist das junge Mädchen, Franz?« wiederholte Axel seine Frage und faßte Franz am Arm. »Das junge Mädchen?« entgegnete Franz, als befinde er sich an einem Ort, von dem Abschied zu nehmen ihm schwer falle, »das *Kind* meinst du? 's ist die Tochter vom Inspektor Hawermann.« Und auch Hawermann hielt seinen Blick auf sein Kind gerichtet, und er entsann sich seiner Gedanken in jener Nacht, als der Kammerrat starb: Nein, wiederholte er leise, das kann unser Herrgott nicht wollen. Lächerlich! sie war ja gar nicht krank. Ach Gott! aber dies soll sich ja vererben, und seine arme Frau hatte doch auch solch schöne rote Backen gehabt ...

»Na, was wird nu jung?« hörte er es auf einmal hinter sich, und Bräsig riß ihn aus seinen Gedanken. »Wahrhaftig! Süh mal, Korl, Zamel Pomuchelskopp! Heut in swarten Kledrock!« Und richtig, es war so. Pomuchelskopp im schwarzen Frack trat heran und erwies den Fräulein eine Verbeugung, so schmerzbewegt, wie er sie mit seinem kurzen Untergestell nur zustandebringen konnte. Darauf wandte er sich dem Herrn Leutnant zu: »Entschuldigen – nachbarliche Freundschaft – *höchstes* Mitgefühl für das traurige Ereignis – *tiefste* Achtung für den Dahingeschiedenen – Hoffnung auch auf ein späteres gutes Vernehmen zwischen Pümpelhagen und Gürlitz.« Kurz, er brachte all das vor, was ihm im Augenblick zu Gebote stand, und als der Leutnant ihm für seine Aufmerksamkeit gedankt, ward ihm so leicht, als habe er alles aus sich herausbefördert, was er an Mitgefühl je besessen. Er musterte danach die Gesellschaft, und als er außer dem Herrn Grafen darunter weiter keinen Gutsbesitzer bemerkte, da wußte er es beim Gang nach dem Friedhof derart einzurichten, daß er zumindest doch unmittelbar *hinter* dem Herrn Grafen einherschritt. Er trat nun immer genau in dessen Fußstapfen, was dem gnädigsten Herrn Grafen ungemein gleichgültig war, für ihn aber einen starken Wohlgeruch enthielt.

Die Leiche war begraben. Im Pastorenhause fanden sich für eine kurze Zeit die Leidtragenden noch einmal zusammen und nahmen eine bescheidene Erfrischung entgegen. Die kleine Frau Pastor war rein auseinander, ganz und gar in zwei Hälften zerrissen. Ihre eine Hälfte hätte sich gern mit den drei Töchtern aufs Sofa gesetzt und sich zwischen ihnen als Trostmittel niedergelassen, und die andere Hälfte wäre gern in der Stube umhergeschwirrt, um Butterbrote und Wein zu reichen. Und als Luise ihr nun den Wein und die Butterbrote und ihr Pastor die Tröstungen abgenommen hatte, da war sie erst recht unglücklich und saß in ihrem Korblehnstuhl so ratlos, als habe der alte Chirurgus Metz in Rahnstädt ihre beiden Hälften wieder zusammengeflickt und sie habe nun die Schmerzen davon. Luise hatte die ihr zugefallene Pflichtenhälfte umsichtig versehen, und es währte nicht lange, bis sich die Trauergäste einer nach dem anderen verabschiedeten. Jochen Nüßler war der letzte. Nachdem er dem Leutnant eine etwas verschrobene Verbeugung erwiesen hatte, trat er zur Frau Pastorin, gab ihr die Hand und drückte sie so eindringlich, als wenn deren Vater das Zeitliche gesegnet habe, und bemerkte schmerzbewegt: »Ja, 's is alles so, wie 's Leder is.«

Auch ihr Pastor hatte die andere, die Tröstungshälfte, nach Kräften wahrgenommen. Doch es ist leichter, einen leeren Magen mit Butterbrot und Wein zu sättigen, als einsame Herzen mit Leben und Hoffnung zu erfüllen. Er hatte es aber doch richtig angefangen, hatte mit leichtem Zügel das Angedenken dessen, das vordem so schön und so gesichert schien und nun für immer dahin war, zu dem hinübergelenkt, was für die allernächste Zukunft nun nottat: auf die Sorge des Tages, auf einen Plan für ein neues Leben. Er wußte das Sinnen und Trachten der armen Töchter darauf zu richten, was sie nun beginnen, was sie sinnvollerweise unternehmen und wo sie bleiben sollten, so daß sie, als sie mit ihrem Bruder nach Hause fuhren, doch schon wieder Mut in sich fühlten, die Zukunft wie einen Kleiderstoff vor sich auszubreiten, an ihm die Schere anzusetzen und ihn sich zuzuschneiden, ihn sich *so* oder auch *so* zurechtzulegen, um sich daraus auf die schicklichste Art ein passendes Kleid für die Zukunft zu schneidern.

Doch auch andere Leute schneiderten an der Zukunft herum und machten sich einen Überschlag dessen, was nun geschehen könne und geschehen müsse. Auf dem Grabe des Kammerrates wuchsen nicht nur Trauerblumen, vielmehr entsprossen dem Brandschutt des Pümpelhäger Glücks auch Kletten, Nesseln und Bilsenkraut, und die goldgelben Wucherblumen schlossen einen schönen, giftigen Kranz um diese Unkrautgewächse. Wer freilich hier ernten wollte, der durfte sich vor ein bißchen Gift nicht fürchten und auch nicht davor, daß an ihm etwas haften blieb oder daß er sich an den Nesseln verbrannte. Wer es mit Nesseln zu tun hat, der muß kräftig zupacken. Und der Mann, der heute mit grünkarierten Hosen im Gutsgarten von Gürlitz stand und nach Pümpelhagen hinüberblickte, der *wollte* auch kräftig zupacken. Aber

die richtige Zeit mußte er abpassen: erst mußten seine schönen goldgelben Wucherblumen in voller Blüte prangen.
»*Der* Stein wäre aus dem Wege«, sprach er so recht vergnüglich vor sich hin, und »*das*« war der Eckstein. Wer nun weiter? – Der Herr Leutnant? Oh, den machen wir uns erst fett, den füttern wir mit Wechseln und Hypotheken, mit Prozenten und Provisionen, bis er so weit ist, und denn schlachten wir ihn uns. Oder sollte er vielleicht? ... Malchen ist ein hübsches Mädchen, oder auch Salchen ... Der Herr von Zwippelwitz sagte neulich, als ich ihm den Kaufpreis für das Fuchsfohlen borgte, Salchen habe ein Paar Augen – wie sagte er doch – wie ein paar Feuerräder oder ein paar Kanonenschläge – na, Salchen wird es wohl selber wissen. – Aber nein, nein! *Die* Art kenn ich nun, mit *der* lasse ich mich nicht ein. Ja, in der höchsten Not, da langen sie möglicherweise zu. Aber sicher ist sicher – immer mit dem Knopf auf dem Beutel! Na, will er denn wirklich, denn ließe sich *denn* auch nachher noch drüber reden; erst muß er aber fett sein. – Aber was denn? Hawermann. Der infame schlitzohrige Schleicher! – Was? Heute morgen? Grüßt mich nicht? – Meint er, ich soll ihn zuerst grüßen? – So'n Knecht! – Was ist er denn weiter als 'n Knecht? – Na, wart, hab ich nur erst den Leutnant in den Fingern, du sollst wohl springen!
Und denn Bräsig – Hanswurst! – Willst mir auch noch Steine in den Weg schmeißen? Ha, ha! 's ist lustig, das weiß der Narr noch gar nicht, daß *ich* ihn eigentlich von Warnitz weggebracht habe, daß der Notar dem Herrn Grafen auf mein Anstiften nen Floh ins Ohr gesetzt hat, wegen der schlechten Wirtschaft in Warnitz. – Nu sitz du man in Haunerwiem! – Und denn der Herr Pastor! – Ja, der Herr Pastor! – Oh, ich sollte heut morgen zu ihm ins Haus kommen und war so freundschaftlich – oh, ich kenn deine Freundschaft! Hier liegt der Priesteracker vor meinen Augen! – Was? Mir diesen Vorteil nicht zu gönnen, und denn *Freundschaft*? – Ah! – wartet nur ein bißchen, ich werde mit euch allen fertig, denn *ich hab's ja.* Ich hab's Geld.«
Und damit schlug er sich überaus selbstzufrieden mit seiner feisten Hand auf die Hosentasche, daß die goldenen Petschaften auf seinem Bauch, wie man so sagt, zu tanzen anfingen wie der Schneider auf der Mehlpampe. Aber im gleichen Augenblick wurde es sehr still in seinem Gemüt, denn eine harte Hand schlug ihm auf die Schulter, und sein Hühnchen sagte: »Muchel, da ist wer.« – »Wer ist da, mein Kückchen?« fragte Pomuchelskopp, ungemein sanftmütig, denn die Anwesenheit seiner Ehefrau duckte ihn stets. – »Notar Schlitzohr ist es und

der David vom alten Moses.« – »Schön, schön!« sagte Pomuchelskopp und schlang seinen Arm um sein Hühnchen, so daß es aussah, als wolle ein Kürbis sich an einer Hopfenstange emporranken, »aber sieh dir bloß Pümpelhagen an, das schöne Gut! Ist es nicht eine Sünde und eine Schande, daß es in solchen Händen ist? Aber daß die *beiden* gerade *heute* kommen – ist dies nicht ein Fingerzeig Gottes, Kluckchen?« – »Ach, du quasselst und quasselst, Kopp! Triff lieber erst Anstalten und komm rein und red mit den Leuten. So'n Plan, wie *du* ihn dir in den Kopf gesetzt hast, der dauert mir viel zu lange.« – »Ümmer pianoforte! Ümmer pianoforte, mein Kluckchen!« erwiderte Pomuchelskopp, als er hinter seiner Frau dem Hause zuschritt.

In Pomuchelskopps Zimmer warteten derweil Notar Schlitzohr und David. David hatte Judasmartern auszustehen, denn zum Unglück hatte er diesen Mittag, weil er ausfuhr, seinen dicken Siegelring an den Finger gesteckt und die goldene Uhrkette in die Weste eingeknüpft. Wie er nun ins Zimmer trat und trotz all seines Glanzes sich bescheiden mit dem Rücken zum Fenster stellte, hatten Philipping Pomuchelskopp doch den blitzenden Ring und Nanting die glitzernde Uhrkette erspäht. Sie fuhren alsbald wie zwei Raben auf Davids Juwelen los und drehten am Ring und rissen an der Kette, Nanting trat ihm auf die Plattfüße, und Philipping, der zur Hälfte auf einem Stuhl kniete, stieß ihm mit dessen Kante gegen die Schienbeine. Dies aber waren just die beiden Punkte, an denen David in seiner Leiblichkeit schwach war, denn seine Plattfüße gemahnten an ein Erbsenfeld im Monat März, auf dem der Teufel Hühneraugen statt Erbsen ausgesät hat, und mit seinen Schienbeinen mußte er vorsichtig umgehen, auf daß sie ein ganzes Leben lang vorhielten: sie allein hatten ihn zu tragen, denn die Natur hatte ihm die Hilfe von Waden versagt.

Am andern Fenster stand der Herr Notar vor Salchens Stuhl, die, in schwierige Stickereiarbeiten vertieft, gerade dabei war, für Vating ein Rückenkissen anzufertigen, welches ein landwirtschaftliches Gemälde mit einer schönen langen Scheune sowie mit einem Pflaumenbaum darstellte, an dem faustdick die blauen Zwetschgen prangten. Und vor der Scheune kratzten die Hühner mit einem wunderschönen bunten Hahn inmitten, und auf der Mistpfütze schwammen Enten und Gänse, schön wie die Schwäne, und ganz im Vordergrund räkelte sich ein allerliebstes, sauber gewaschenes, unschuldiges Ferkel, schon ganz schön fett.

Der alte Moses hatte recht gehabt: der Herr Notar sah aus wie eine

Ratte, und auch seine Ohren standen wie bei einer Ratte. Er war noch klein und schmächtig, wie es die Ratten in Rahnstädt im allgemeinen waren, bevor sie sich in Davids Produktengeschäft ordentlich sattgefressen hatten. Er war graugelb von Angesicht und graugelb von Augen und graugelb von Haaren und Schnurrbart. Doch Malchen und Salchen Pomuchelskopp hielten ihn für ungewöhnlich »interessant« – Bräsig hätte es womöglich »interessiert« genannt –, er wisse so viel zu erzählen – Bräsig hätte gesagt: nur von sich selbst und von seiner eigenen Niederträchtigkeit. Aber war es nicht eigentlich ganz natürlich, daß der Herr Notar lieber von seiner eigenen Pfiffigkeit als von der Dummheit anderer Menschen redete? Kein Geschäftsmann weist den anderen auf das Feld hin, auf dem er so recht mühelos und mit Behagen ernten kann. Und was konnte der Herr Notar dafür, daß seine Klugheit so übermäßig glänzte, daß sie sich unter einen Scheffel nicht mehr stellen ließ? Und was konnte er dafür, daß sie so wucherte, daß in einem Scheffel kein Platz mehr für sie gewesen wäre, hätte er das kleine bißchen dumme Ehrlichkeit nicht hinausgeworfen? Darüber können wir Menschen gar kein Urteil abgeben – Rattenkram ist Rattenkram –, und David sagte selber, wenn er auf Ratten zu sprechen kam: sie seien ihm über.

Heute nachmittag erzählte der Herr Notar denn nun mit ungemeinem Vergnügen das Stückchen, wie er einem ungewöhnlich dummen Menschen versprochen hatte, eine reiche Frau zu verschaffen, und wie er ihm bei den einzelnen Brautbesichtigungen nach und nach die Hahnenschwanz- und -schwungfedern eine nach der anderen ausgerupft hatte, bis von dem armen Kerl auf der letzten Brautschau nicht viel anderes mehr übrig geblieben war als ein schäbiger Kapaun. – »Ungeheuer interessant«, bemerkte gerade Salchen, als Pomuchelskopp eintrat: »Ah, sehr angenehm! Freut mich sehr, Herr Notarius! Guten Tag, Herr David!« Salchen wollte sich immer noch weiter vor Lachen ausschütten, doch wie Vater Pomuchelskopp mit dem Kopf eine Bewegung zur Tür machte, da sammelte sie ihre Pflaumen, Hühner, Gänse und Ferkel ein und rief: »Nanting und Philipping, kommt, Vati will *arbeiten*!« und ging mit ihnen hinaus. Dies war nämlich das Stichwort, sofern Pomuchelskopp sich an seinen goldgelben Wucherblumen erlustigen wollte.

»Herr Pomuchelskopp«, sagte David, »ich komm wegen de Fell'n, un denn wollt' ich fragen wegen de Wull – ich hab Brief gekriegt...« – »Ach was? Wolle und Felle«, rief der Herr Notar, »das können Sie nachher abmachen. Wir sind hergekommen in der bewußten Angelegenheit.« Man mag hieraus entnehmen, daß der Herr Notar ein neumodischer Geschäftsmann war, der sich nicht lange mit unnötigen Vorreden aufhielt. Er packte die Katze am Schwanz, und Pomuchelskopp mochte solche Menschen gern leiden, die beherzt in seine Nesseln faßten. Er ging also auf ihn zu, drückte ihm die Hand und nötigte ihn aufs Sofa. »Ja«, sagte er, »es ist ein schwieriges, weit aussehendes Geschäft.« – »Weit aussehend?« fragte der Herr Notar. »Hm? es kommt doch nur auf uns an, wie lange wir stunden wollen. Und schwierig? Ich hab schon schwierigere Geschäfte gemacht. David hat zweitausendfünfhundert auf Wechseln; ich selbst habe ihm beim letzten Termin achthundertunddreißig geschickt. – Wollen Sie sie haben? Hier sind sie.« – »Es sind gute Papiere«, sagte Pomuchelskopp sanft und gleichmütig, stand auf und holte das Geld dafür aus dem Schrank. – »Wollen Sie meine auch haben?« fragte David. – »Auch die nehme ich«, erwiderte Pomuchelskopp und nickte dabei mit dem Kopf so ehrwürdig, als verrichte er ein großes Werk für die Menschheit.

»Aber, meine Herren«, fügte er hinzu, als er das Geld aufzählte, »ich habe dabei eine Bedingung. Sie stellen mir einen Wechsel darüber aus, daß Sie mir den Betrag schuldig sind, und behalten ihre Wechsel und ängstigen ihn damit. Er muß bloß geängstigt werden, denn wenn er ruhig und verständig ist, denn kann er das Geld allentwegen geborgt kriegen, aber die richtige Zeit dafür ist noch nicht da.« – »Ja«, sagte der Notar. »Die Sache läßt sich hören, und dies können wir ja auch tun. Aber David hat noch etwas im Sinn, was Sie wissen müssen.«

»Ja«, sagte David, »Ich hab Brief kriegt aus Pasewalk, wo er bei's Militär steht, von Markus Seelig, und schreibt mir, zweitausend Taler Wechsel auf den Herrn Leutnant kann er bequem da aufkaufen – un wenn Sie sie noch haben wollen. Nu, warum denn nich?« – »Hm!« sagte Pomuchelskopp, »für den Augenblick wird mir das ein bißchen viel – aber – na, kaufen Sie ruhig die Wechsel.« – »Hab aber aach ne Bedingung«, sagte David, »Sie müssen mir verkaufen de Wull.« – »Na, warum nich?« bemerkte der Herr Notar und trat dem Herrn Rittergutsbesitzer auf die Zehen. »Warum soll er sie sich nicht mal ansehn?«

Und Pomuchelskopp verstand den Wink und komplimentierte David zur Tür hinaus, damit er sich die Wolle ansah, und als er sich wieder zum Herrn Notar aufs Sofa setzte, lachte der laut auf und sagte: »Wir kennen einander.« – »Wieso?« fragte Pomuchelskopp, als sei er aus seiner Glaskutsche heraus unversehens in den Schmutz getreten. – »Freundchen«, sagte der Notar und schlug ihm auf die Schulter, »was *Sie* wollen, weiß ich schon lange, und wenn Sie mit mir an einem Strang ziehen, dann soll's Ihnen nicht fehlen.« – Herrje, was war der Mann klug! Pomuchelskopp erschrak geradezu.

»Herr Notarius, ich leugne nicht ...« – »Nee, das lassen Sie auch man sein. Dabei kommt nichts heraus zwischen uns beiden. Wenn's so geht, wie's gehen soll, kriegen *Sie* mit der Zeit Pümpelhagen und *David* seine landesbräuchlichen Zinsen, und *ich* – ach Gott, ich könnte das Geschäft ja selber machen, aber es ist mir ein bißchen zu groß – und *ich* nehme lieber eine Mühle oder nen Bauernhof, und die mach ich mir dann zum Rittergut. – Aber Sie wird das Geld kosten.«

»Ja, ja! das weiß der liebe Gott, viel Geld. Aber das schad't ihm nicht. Es jammert mich doch zu sehr, wenn ich das schöne Gut so sehe. Ist es nicht niederträchtig, ist das nicht ne Sünde und ne Schande, daß es in solchen Händen ist?«

Der Notar blickte ihn von der Seite an, als wolle er sagen: ist dies wirklich dein Ernst? »Je«, sagte Pomuchelskopp, »Sie sehn mich so an.« – »Ja«, lachte der Notar, »und Sie kommen mir ganz spaßig vor. Wer das eine will, muß das andre auch wollen, und Sie glauben doch wohl nicht, daß Sie mit lumpigen fünftausend Talern Wechsel ein Gut wie Pümpelhagen zum Konkurs bringen? Dazu müssen Sie ganz andere Anlagen machen: all die letzten Hypotheken müssen Sie aufkaufen.« – »Das will ich ja auch«, flüsterte Pomuchelskopp, »aber da ist Moses mit seinen siebentausend Talern, dagegen ist nicht anzukommen.« – »Ich habe nichts mit Moses zu tun und mag auch nichts mit ihm zu tun haben, aber da ist ja David, der muß uns das besorgen. Aber das ist noch lange nicht alles, was getan werden muß. Sie müssen sich an den Herrn Leutnant ein bißchen ranmachen, Sie müssen ihm als *Freund* ein bißchen unter die Arme greifen, wenn er in einer augenblicklichen Verlegenheit sitzt, müssen denn seine Wechsel, auch in ner augenblicklichen Verlegenheit – meinetwegen an mich – verkaufen, damit ich ihn ein bißchen triezen kann, und denn zuletzt – wenn die ganze Geschichte zu knistern anfängt – denn ...« – »Herre Jesus«, flüsterte Pomuchelskopp eindringlicher, »das will ich ja auch, das will ich ja schon, aber ich muß ihn doch erst einmal *hier* haben. Und darum grade sollen Sie ihm mit den Wechseln auf den Pelz rücken, damit er sich beim Militär nicht länger halten kann.« – »Das is ne Kleinigkeit, und wenn's weiter nichts ist ...«

»Je ja, je ja! Da ist aber noch was anderes«, flüsterte Pomuchelskopp weiter in einem Verschwörerton, als sei er dabei, wie man so sagt, Prenzlau zu verraten, »da ist der Hawermann, und so lange er *den* schleichrigen Hund hat, kommen wir nicht an ihn ran.« – »Ach, was sind *Sie* dumm!« lachte ihm der Notar frech ins Gesicht. »Haben Sie denn schon jemals gehört, daß ein junger Mann, der in Geldverlegenheiten sitzt, sich ausgerechnet an einen älteren Freund wendet und dem dazu auch noch *ganz* reinen Wein einschenkt? Und dies ist gut so in der Welt, denn wovon sollte unsereins sonst leben? Nee, deswegen könnte Hawermann noch lange in Pümpelhagen bleiben. Aber, wenn's möglich wäre, fort muß er doch! Er soll ein zu guter Wirt sein, und wenn er das aus Pümpelhagen herauswirtschaftet, was er bis jetzt rausgeholt hat, denn kann uns der Leutnant lange zappeln lassen.« – »Ein guter Landwirt? Er? Er hat ja nicht einmal für sich selber wirtschaften können.« – »Na, na! Da lassen Sie ihn man lieber bleiben. Man darf nichts unter Preis taxieren. Aber fort muß er.« – »Je, aber *wie* denn?« fragte Pomuchelskopp. – »Je, *ich* kann's nicht«, lachte der Herr Notar, »aber *Sie*? Was? Wenn *Sie* erst dem Herrn Leutnant mit den blanken Talern unter die Augen getreten sind, denn sollen *Sie* nicht einen alten, ausgedienten Inspektor vom Hof bringen können? Ih, das müßt ja mit dem Deuwel zugehn.« – »Ja, ja«, rief Pomuchelskopp sehr ärgerlich, »aber das dauert alles so lange, und meine Frau ist so ungeduldig!« – »Je, darein wird sie sich wohl geben müssen«, entgegnete der Notar sehr gelassen, »auf den Sturz geht so etwas nicht. Bedenken Sie bloß, wie lange Pümpelhagen schon der Familie Rambow gehört. In so kurzer Zeit läßt sich so was nicht auseinanderbringen. Aber jetzt – stopp! David kommt, und was wir hier besprochen haben, darf er nicht wissen. Hören Sie! Nichts weiter mit ihm als bloß von seinen Geldgeschichten.«
David erschien, und wie er eintrat, blickte er in zwei ungemein erheiterte Gesichter. Pomuchelskopp lachte, als habe der Herr Notarius einen ungeheuerlichen Witz gemacht, und der Herr Notarius lachte, als habe Pomuchelskopp ihm einen ungeheuerlichen Spaß erzählt. Doch David war nicht so dumm, wie er in diesem Augenblick aussah. Er wußte recht gut, daß er in den April geschickt wurde und daß seine beiden Kollegen etwas ganz anderes getrieben hatten als Spaß. »Sie haben *ihre* Heimlichkeiten«, sagte er sich, »ich hab *meine.*« Und damit setzte er sich mit dem allerdümmsten Judenjünglingsgesichtsausdruck an den Tisch, nickte Pomuchelskopp zu und sagte: »Ich hab se ge-

sehn.« – »Na?« fragte Pomuchelskopp. – »Nu«, sagte David und zuckte mit der Schulter, »Sie sagen, es ist Spritzwäsch' – nu, mainentwegen kann's auch Spritzwäsch' sain.« – »Was? das glauben Sie nicht? Ist sie nicht weiß wie Schwanendaunen?« – »Nu, wenn se sain soll ne Schwanendaun, kann se mainentwegen ne Schwanendaun sain.« – »Na, was bieten Sie denn?« – »Sehn Sie hier! Wir haben Brief gekriegt von Löwenthal aus Hamborg – das große Haus Löwenthal aus Hamborg – den Schtain vürzehn un en halben Taler.« – »Ja, das weiß ich schon; das laßt ihr Rackerzeug euch immer schreiben.« – »En Haus, wie's Haus Löwenthal, schreibt an kein Rackerßeug.« – »Ih, Kinderchen«, fiel der Herr Notar ein, »dies wird ja kein Handel, dies wird ja ein Streit. Pomuchelskopp, lassen Sie ein paar Buddeln Wein kommen. Zu jedem Kauf gehört Weinkauf.« Der Herr Notarius war schon mächtig unverfroren zu dem Herrn Rittergutsbesitzer.

Der Herr Rittergutsbesitzer klingelte, und als Stin-Dürting erschien, sagte er recht zutunlich und freundlich zu ihr – denn in seinem Hause war er stets freundlich, vor allem gegen die Frauensleut, von seinem Hühnchen angefangen bis hin zum Kindermädchen –: »Dürting, zwei Flaschen Wein, von *dem* mit dem blauen Proppen.« Und als der Wein auf dem Tisch stand, schenkte Pomuchelskopp ein und trank sein Glas auf einmal aus, und David roch nur daran. Und als der Herr Notar sein Glas ausgetrunken hatte, sagte er: »So, Herrschaften, jetzt will ich euch was sagen«, und blinzelte über den Tisch hinüber David zu und trat unter dem Tisch Pomuchelskopp auf die Zehen. »Sie, David, machen die fünfzehn Taler voll für den Stein, und Sie, Pomuchelskopp« – und er trat ihn abermals – »Sie brauchen im Augenblick kein Bargeld, und wenn Sie zu Antoni gute Obligationen kriegen können, so wär Ihnen das lieber.« – »Ja«, sagte Pomuchelskopp, der begriffen hatte, worauf der Notar hinauswollte, »wenn Sie mir so die Pümpelhäger Obligationen von Ihrem Alten besorgen können, dann gebe ich Ihnen den Überschuß auf das Wollgeld zu.« – »Nu, warum nich?« sagte David, »aber wie wird's mit de Klatten?« Darauf hörte im Augenblick niemand, und David fragte abermals: »Wie wird's denn nu aber mit de Klatten?« – »Die Klatten«, sagte Pomuchelskopp, »die müssen Sie natürlich mit dem halben ...« – »Halt!« unterbrach ihn der Herr Notar, »die Schafslocken kriegen sie umsonst zu, wenn Sie die Obligationen besorgen.« – »Nu, warum nich«, sagte David.

Und als sie ihren Wein ausgetrunken hatten und den Wagen besteigen wollten, sagte der Herr Notarius leise und ungeheuer spaßig zu Pomuchelskopp: »Morgen muß *David* den Herrn Leutnant ängsten, und in der nächsten Woche geh *ich* ihm ans Leder.« – Und Pomuchelskopp schüttelte ihm wieder die Hand, als habe der Herr Notar seinen Philipping aus dem Wasser gezogen. Und setzte sich, als sie abgefahren waren, mit seinem Hühnchen zusammen und schnitt und schneiderte vergnüglich am Kleiderstoff der Zukunft herum. Und auf dem Wagen saß der Herr Notarius mächtig aufgekratzt, denn er war sehr mit sich zufrieden, er war ja klüger als die anderen beiden zusammen. Und David saß an seiner Seite und murmelte vor sich hin: »Laß se! *Se* haben die Heimlichkeiten, und *ich* hab de Klatten.«

Aber mit den Schaflocken hatte es doch nicht so ganz seine Richtigkeit: denn als David nach Hause kam und seinem Tateleben den Handel erzählte und die Pümpelhäger Obligationen gern gehabt hätte, da sah der Alte ihn seitlich über die Schulter hinweg an und sagte: »So? Bist du gewesen mit den Notorjus, mit den Halsabschneider, bei den Pömüffelskopp – is auch en Halsabschneider – und hast de Wull gekauft, denn beßahl se mit *deine* Obligatschonen und nich mit *meine* Obligatschonen. – Hast *du* zu tun mit de Rotten, *ich* will nichts zu tun haben mit de Rotten.« – Dies war für David und seine Klatten sehr unangenehm.

Kapitel 10

Konduitenlisten

Doch noch unangenehmer, weitaus unangenehmer wurde es für den armen Herrn Leutnant am nächsten Morgen, als David ihm auf die Bude rückte. David war beileibe nicht eine Schönheit, das konnte keiner sagen – auch seine eigene Mutter sagte es nicht –, aber wie hatte der Mensch sich verändert seit der Zeit, da ihn der Leutnant zum ersten Male gesehen hatte! Damals, als er beim Notar dem Leutnant das Geld vorschoß, da hatte tatsächlich etwas Menschenfreundliches in seinem Wesen gelegen. Nun aber, da er das Geld wiederhaben wollte, wirkte er so ruppig und schmuddelig, daß sich der Leutnant, ohne sich dabei viel zu denken, erst einmal Handschuhe anzog, bevor er sich mit ihm einließ. Und als er sich mit ihm einlassen mußte – *mußte* –, da dünkte es dem Leutnant, als blickten ihm Moses und alle Propheten aus Davids Gesicht mit ihrer Kehrseite entgegen, und als David zu ihm sagte: »Sziehn Se de Hanschen aus, Herr Leutnant, un schreiben Sie«, da zog er die Handschuhe richtig wieder aus und schrieb quer – und Davids Gesicht wirkte wieder so menschenfreundlich wie bei ihrer ersten Bekanntschaft. »Gott sei Lob und Dank«, sagte der Herr Leutnant, »das ist abgemacht.«

Doch einige Tage danach fuhr wieder ein Wagen auf den Hof, und im Wagen saß der Herr Notarius Schlitzohr, und Hawermann schüttelte den Kopf und sagte: »Gott soll mich bewahren, auch mit *dem*?« – Und als der Herr Notar zum Herrn Leutnant ins Zimmer trat, sagte der auch: »Gott soll mich bewahren, auch *der* noch.«

Dies ließ sich aber sehr viel besser an als mit David. Der Herr Notar sah aus wie ein gebildeter Mensch, mit dem sich reden ließ. Er hielt stets auf saubere und gepflegte Kleidung, und von außen wirkte er insgesamt recht nobel, und diesen Anschein verstand er auch in seiner Redeweise aufrechtzuerhalten – so lange, wie er es beabsichtigte, oder besser: so lange er sich derart zu verstellen beliebte. Anfänglich war dies nun auch hier sein Bestreben. Der Leutnant bat ihn denn also, auf dem Sofa Platz zu nehmen und ließ Kaffee bringen.

Es hatte wirklich den Anschein, als werde es zwischen den beiden zu einer freundschaftlichen Unterhaltung über das Wetter, über die Nachbarschaft und über die Niederträchtigkeit der Menschen kommen: über letztere wußte der Herr Notar sich stets besonders geläufig zu verbreiten, dieweil er es sich anbequemt hatte, immer nur aus sich heraus – und nie in sich hineinzublicken. – »Ja«, sagte er und berichtete während dieses freundschaftlichen Gesprächs über einen Kaufmann in Rahnstädt: »Denken Sie sich, Herr von Rambow, wie schlecht die Menschen sind! Da habe ich diesem Kerl aus reiner Gefälligkeit – das heißt gegen einen Zinsfuß, den ich selber geben muß – denn ich habe soviel Geld nicht liegen, ich muß selbst borgen – da habe ich ihm nun das Geld geliehen, habe ihm aus seiner Verlegenheit geholfen, und er war so dankbar – und nun? – Nun, da ich es wieder haben will, haben muß? – Grob ist er geworden, hat mir gedroht, mich wegen übermäßiger Zinsforderung zu verklagen.«

Selbstverständlich war an dieser Geschichte kein wahres Wort, und der Herr Notar schickte sie nur als Knecht Ruprecht voraus, um den Herrn Leutnant ein wenig das Gruseln zu lehren, und dem Leutnant begann es auch wirklich zu gruseln. Er fragte, um die Rede auf ein anderes Thema zu bringen, womit dieser Kaufmann denn eigentlich handele? Jetzt aber hatte der Herr Notar seiner Meinung nach schon hinreichend seine feine Lebensart unnütz verschwendet. Er ging also nicht darauf ein, sondern fuhr in seinem Text fort: »Aber ich habe *ihn* verklagt, nun mag *er* zusehen! Sein Kredit ist futsch – und denn der Schimpf! – Ist bis dahin noch *nie* verklagt, hat's sich's aber selbst zuzuschreiben. – Was sagen *Sie* dazu?«

Derart rückte der Notar dem Herrn Leutnant häßlich ans Leder, und in dem armen Leutnant begann allmählich eine düstere Ahnung aufzusteigen, dies könne das Vorspiel für ein nasses Jahr sein, das auf ihn herniederbrechen werde. Er räusperte sich und hüstelte denn auch recht verlegen herum, sagte aber nichts dazu, weil er nicht recht wußte, was er dazu sagen sollte. Dies war aber auch völlig gleichgültig, denn der Herr Notar segelte in seinem Fahrwasser weiter und rückte ihm dabei noch näher auf den Leib: »Aber, Gott sei Dank! Ich habe nicht immer mit solchen Lumpen zu tun, der Kerl ist ne Ausnahme – und da wir nun doch zufällig von Geldgeschäften reden« – hier zog er sein Taschenbuch heraus – »so erlauben Sie mir wohl, Ihnen Ihren Wechsel zurückzugeben«, und damit präsentierte er ihm den Wechsel über 830 Taler. Und die Rattenohren, die spitzten sich, und aus dem gelbgrauen Gesicht stachen die grauen Augen heraus, und die trockenen Lippen verzogen sich zu einem Schnuppern, wie wenn sein Ebenbild den Speck wittert.

Und unser armer Leutnant nahm den Wechsel entgegen und machte den schwächlichen Versuch, den Mahner mit einem Anschein von Gleichgültigkeit abzuwehren. Ja, sagte er, er solle ihn nur wieder an sich nehmen, er wolle ihm das Geld schicken. Er sei so Hals über Kopf hergereist, und die Veranlassung zu dieser Reise sei so traurig gewesen, daß er an derartiges nicht habe denken können. – Ja, entgegnete der Herr Notar, dies glaubte er ihm gerne, denn er habe es an sich selber erfahren, wie *sein* Vater gestorben sei, da denke der Mensch an nichts anderes als an seinen Verlust – und dabei wurde sein Ausdruck so teilnahmsvoll, daß der Leutnant gleich wieder frischen Mut schöpfte –, aber, sagte der Notar, in letzter Zeit habe er ständig an diesen Wechsel gedacht und an ihn denken müssen, denn er sei große Verpflichtungen eingegangen und müsse alles zusammenkratzen – das Geld müsse er haben.
»Aber es ist ja doch nur eine Kleinigkeit«, fiel Axel ein. »Ja – ja wohl!« sagte der Herr Notar, und holte weitere Papiere aus seiner Brieftasche hervor, »und denn noch diese Kleinigkeit«, und damit legte er die Wechsel über zweitausend Taler auf den Tisch, die David für ihn in der Garnison des Leutnants aufgekauft hatte. Der Leutnant verfärbte sich; mit dem Anschein von Gleichgültigkeit hatte es ein Ende: »Wie kommen Sie zu diesen Papieren?« rief er. – »Herr von Rambow, ich glaube, der Name ›Wechsel‹ kommt davon her, daß diese Papiere fortwährend ihren Besitzer wechseln. Es kann Sie daher nicht befremden, daß ich diese hier an Zahlungs Statt angenommen habe, um so mehr, da ich wußte, daß mir dadurch viel Schreiberei und Postgeld erspart würde.«
Der Leutnant wurde immer verlegener, doch an ein abgekartetes Spiel dachte er darum noch lange nicht. »Aber, lieber Herr Notarius, ich habe augenblicklich kein Geld.« – »Nicht?« rief der Notar und sah auf seinen Schuldner mit einem Ausdruck, als habe der ihm eben einen schaudervollen Blick in die Abgründe des menschlichen Herzens verstattet und ihm eröffnet, er habe einen Pakt mit Satan abgeschlossen. – »Nein«, setzte er hinzu, »das glaube ich nicht.« Und was der Leutnant jetzt auch immer erklären, beteuern und erflehen mochte, hart und kalt stand der Notar vor ihm und sagte ihm frech ins Gesicht: das glaube er nicht, er wolle nur nicht bezahlen.
Schließlich und ganz zuletzt kam dann doch wieder die altbewährte, erfreuliche Auskunft der Prolongation zu ihrem Recht, zu der sich der Leutnant ja gern von Anfang an verstanden hätte, wäre sie ihm nur

vorgeschlagen worden. Doch sie paßte erst *jetzt* in des Notars Kram, denn er wollte eine höhere Provision einstreichen als David, und er wollte auch sein Vergnügen bei der Sache haben. Denn er war ein Mann, der Spaß gut leiden mochte, und sein Hauptspaß war, wenn er sich sagen konnte: Gegen deine Klugheit kommt niemand auf, sie setzt ihren Fuß auf den Nacken von Vornehm und Gering, und ein Spaß ist es, wenn sie darunter zappeln.
Dies waren die Ängste und Nöte, in denen Axel von Rambow bis zum Halse steckte und die ihm die Trauer um seinen Vater vergällten.

Aus einem schweren Leid, das unser Herrgott geschickt hat, vermag die Seele sich wohl auch wieder emporzuarbeiten, wie ein Mensch, über dem die Wogen der weiten, ewigen See zusammengeschlagen sind. Er muß sich kraftvoll wehren, doch gelangt er ans Ufer, so steht er geläutert und gelassen da und blickt sich begierig um nach neuer Tätigkeit. Wer aber durch seinen eigenen Vorwitz in gemeine Not herabgesunken ist, der gerät in den Sumpf; der Schmutz bleibt an ihm haften, und er schämt sich, den Menschen wieder vor Augen zu treten.
So erging es dem jungen Herrn. Er schämte sich, daß er leichtsinnig gelebt, er schämte sich, daß er sich mit schwarzen und weißen Juden eingelassen hatte, er schämte sich, daß er in sich selbst keinerlei Hilfe fand, sich aus dem Sumpf zu ziehen, und daß die Hilfen, die andere ihm dafür unter die Füße gelegt hatten, ihn nur noch tiefer absinken ließen. Und wie leicht hätte er alledem aus dem Wege gehen können, hätte er sich Hawermann anvertraut! Wie gern hätte ihm der jetzt geholfen, da der Grund entfallen war, der ihn damals daran gehindert: der Kammerrat. Doch das Menschenherz ist ein verstocktes und zugleich ein verzagtes Ding. Und dies verzagte Ding vermeinte mehr Ruhe zu finden, wenn der Abstand von Meilen zwischen sich und seinen Schimpf gelegt würde. Axel reiste also von seinem Gute zeitiger wieder ab, als seine Schwestern es erwartet hatten.
In seiner Garnison traf er alles noch so, wie er es verlassen. Jedoch *er* war anders geworden, zum wenigsten beteuerte er dies tagtäglich vor sich selber. Hätte man aber seine Kameraden gefragt, so hätten diese sicher bekundet, nichts Außergewöhnliches an ihm wahrgenommen zu haben, und dies war durchaus verständlich, denn was sich bei ihm vor allem geändert hatte, das waren seine guten Vorsätze, und eben mit ihnen kam er nicht voran. Er wollte weniger aufwendig leben, er wollte seines Vaters Ratschläge befolgen, er wollte, so gut es ging, die Land-

wirtschaft aus Büchern erlernen, er wollte ... er wollte ... ach, was wollte er nicht alles!

Zu sparen begann er des Morgens schon in der Frühe, bereits beim Kaffee. Er nahm ihn von nun an eine ganze Woche lang ohne Zucker, »denn«, sagte er, »wer's Kleine nicht ehrt, ist's Großen nicht wert.« Nach dem Kaffee rauchte er seine Zigarre, statt wie bisher zu zwanzig, nunmehr zu neunzehn Talern die Kiste; dies sollte ihm auf angenehme Weise dazu verhelfen, sich ans Sparen zu gewöhnen. Der Bursche wurde ernstlich verwarnt, als er ihm zum Frühstück belegte Butterbrote servierte, und er erhielt den Befehl, jedem seiner beiden Pferde ein halbes Maß Hafer weniger einzuschütten, denn es seien magere Jahre, sagte er. Allein dies letzte hatte von allen seinen Neuerungen Bestand – wahrscheinlich, weil er nicht mit seinen Pferden zusammen sich aus der gleichen Krippe ernähren mußte – und alles andere schlief nach einer Woche wieder ein. Warum? Weil, so sagte er sich, es eben doch nicht mit aller Konsequenz durchgehalten werden könne, und konsequent müsse derartiges nun doch einmal angefaßt werden.

Mit dem Studieren in den Büchern verlief es nicht viel anders. Die ersten drei Seiten in jedem seiner Bücher wußte er nahezu auswendig, so oft hatte er sie gelesen, denn er hatte immer wieder neu anfangen müssen, weil immerzu etwas dazwischen gekommen war, das ihn aus dem Text gebracht hatte. Nachdem er es sich mit dem Anfang derart hatte sauer werden lassen, belohnte er sich für seinen Fleiß auf die Weise, daß er sich alsbald das jeweils Interessanteste aus seinen Büchern herausklaubte. Und als er sie derart alle durchgeblättert und hier und da auch ein Kapitel über die höhere Pferdezucht angelesen hatte, legte er die Bücher beiseite und sagte: dies wisse er bereits und wisse es sogar besser: in *dieser* Hinsicht sei Väterchen Thaer, der alte, brave Albrecht Thaer, jedenfalls nicht auf der Höhe.

Überhaupt – was half ihm das Lesen in Büchern, sofern er die Sache selbst nicht praktisch betreiben konnte? Denn dies wußte er sehr genau, jeder Landwirt muß nun einmal Praktiker sein, weiter gar nichts als praktisch. Er machte daraufhin also die Bekanntschaft des Herrn von Soundso, der in der Nähe ein Gut besaß, ritt mit ihm zu Feld und befragte genau wie der Herr von Soundso den Inspektor, was heute getan werde. Und wenn er darauf nach Hause kam, da wußte er es genauso gut wie der Herr von Soundso, daß in Seelsdorf am fünfzehnten Juni Mist gefahren worden war und daß der Schimmelwallach des Herrn von Sowieso in Basedow vom Gray-Momus abstammte. Oder er ging in der Gesellschaft des Herrn von Soundso, die Flinte geschultert, über die Gerstenstoppel und erfuhr auf diese Weise, daß das letzte Fuder Gerste am siebenundzwanzigsten August eingefahren worden war, und schoß einige Rebhühner, und wenn er abends schlafen ging, da wußte er es ebenso genau wie der Herr von Soundso, wie die Rebhühner geschmeckt hatten.

Diese Art praktischer Landwirtschaft mochte ihm recht sehr gefallen. Und was dem Menschen gefällt, davon pflegt er auch gern zu reden, und daran ließ es unser lieber Axel denn auch nicht fehlen. Und so konnte es nicht ausbleiben, daß er bald in einen überaus landwirtschaftlichen Geruch geriet und als ein stattliches, solide gegossenes ökonomisches Talglicht, von denen vier aufs Pfund zu gehen pflegen, unter seinen Kameraden herumgereicht wurde. Da aber nun die meisten von ihnen ebenfalls Söhne von adligen Gutsbesitzern waren, die auch einmal diesen schwierigen Beruf ausüben wollten und die einstweilen nur mit Schaudern daran dachten, daß sie dereinst aus dem lustigen Soldatendasein in die mühselige Lebensform eines solchen Gutsbesitzers hinüberwechseln sollten, so geriet Axel noch nebenbei in den absonderlichen Geruch des ungeheuerlichsten Fleißes, und die Kameraden betrachteten ihn schier als ein Wundertier, das sich aus reinem Übermut freiwillig ins Arbeitsgeschirr und ins Joch hatte spannen lassen. Die meisten bewunderten ihn, aber auch einige Dummköpfe fanden sich zwischen ihnen, die über ihn die Nase rümpften und der Meinung waren, für einen Leutnant rieche seine Unterhaltung doch zu sehr nach Stalldung.

Da er sich in landwirtschaftlichen Angelegenheiten des öfteren zum Schiedsrichter aufgeworfen hatte, durfte er, um an Ansehen in dieser Hinsicht nichts einzubüßen, auch nicht nachlassen. Er mußte demzufolge auch mit der Zeit gemeinsam voranschreiten. Und das Zeitalter schritt damals gerade in der Landwirtschaft machtvoll voran, denn der Professor Liebig hatte für die Herren Landwirte ein ganz infames Buch geschrieben. Das krimmelte und wimmelte nur so von Kohle und Salpeter und Schwefel und Gips und Kalk und Salmiakspiritus und Hydrat und Hydrophosphat – es war reineweg zum Verrücktwerden! Und diejenigen, die nun ein wenig höher hinaus und ihre Finger gar in die Wissenschaften eintauchen wollten, die schafften sich dies Buch an, und dann saßen sie da und lasen und lasen, bis ihnen die Köpfe rauchten, und wenn sie zusammenkamen, dann stritten sie sich darüber, ob der Gips ein Reizmittel sei oder ein Nahrungsmittel – das heißt für den Klee, nicht für den Menschen –, und ob der Mist des Salmiakspiritus wegen oder aufgrund seiner ihm eigentümlichen stinkigen Natur so röche, wie er riecht.

Auch Axel hatte sich jenes Buch angeschafft, und ihm ging es nicht anders als den anderen allen. Er las und las, aber ihm wurde immer schwindliger, und es begann sich in seinem Kopfe zu drehen, bis er es mit der Angst zu tun bekam, ihm könne eine Schraube locker werden, worauf er das Buch zuklappte. Ihm wäre es nun vielleicht ebenso ergangen wie allen den anderen: er hätte diese ganze Wissenschaft vergessen, hätte er nicht das Glück gehabt, ein gutmütiges Apothekersubjekt kennenzulernen, das ihm all das Teufelszeug, über das der Professor geschrieben, in seine eigene Hand gab und ihn mit seiner eigenen Nase daran riechen ließ. Dies war denn nun der praktische Weg, und von diesem Augenblick an war Axel mit der Sache vertraut und kannte sie genauso gut wie Liebig selber, so daß er in jenem Buche nicht weiterzulesen brauchte.

Indes gab es *ein* Feld in der Landwirtschaft, das ihm vor allen andern zusagte: dies waren das Ackergeschirr und die landwirtschaftlichen Maschinen. Er hatte von klein auf ein großes Wohlgefallen an allerlei Schnitz- und Werkelarbeiten gefunden. Als Junge hatte er sich kleine Mühlen gebastelt, hatte gepappt und geklebt, und obwohl seine selige Mutter einen erheblichen Abscheu gegen alles bezeigte, was nach Handwerk aussah, so hatte er seinen Willen doch durchgesetzt und während seiner Schulzeit Privatstunden bei einem Buchbinder nehmen dürfen. Diese kleinen Fertigkeiten kamen ihm jetzt sehr zustatten. Er verstand sich darauf, der Zeichnung eines neumodischen amerikanischen Pflugs oder einer schottischen Egge Wesentliches zu entnehmen, und es währte nicht lange, da ergab er sich ganz und gar dem unschuldigen Vergnügen, mit eigener Hand kleine Pflüge und Eggen und Walzen zu basteln. Hierbei hielt er sich jedoch nicht auf. Er schritt voran und wagte sich langsam auch schon an Rapsklappern, Heu- und Kornrummeln, an Reinigungsmaschinen für Raps, Leinsaat und Getreide heran.

Dabei wäre er nun vielleicht stehengeblieben – und es war für einen Leutnant ja auch schon aller Ehren wert, wenn er sich den Uniformrock auszog und mit Schnitzmesser, Handbohrer und Leimtiegel herumhantierte –, hätte er nicht die Bekanntschaft eines alten, halbverdrehten Uhrmachers gemacht, der den Rest seiner Lebenstage und sein bißchen Hab und Gut daran setzte, für die undankbare Menschheit das Perpetuum Mobile zu erfinden. Dieser greise Wohltäter der Menschheit weihte Axel nun in die Geheimnisse seiner Kunst ein und zeigte ihm, wie ein Rad dem anderen eingepaßt werden muß, und an dies Rad eine Rolle, und daran eine Schraube und daran eine Kurbel und daran wiederum ein Rad – und danach alles wieder von vorn. Er zeigte ihm Maschinen, die *nicht* gingen, und wieder einige, die gingen, und einige, die nicht gingen, wie sie sollten. Er zeigte ihm Maschinen, deren Funktionieren Axel begriff, und einige, deren Funktionieren sich für Axel nicht begreifen ließ, und wieder andere, deren Funktionieren der Uhrmacher nicht einmal selber begriff. Aber die Sache war nun doch zu interessant für Axel, und so warf er sich ebenfalls zum Menschheitsbeglücker auf und wollte auch etwas erfinden. Ja, er wollte eine Maschine erfinden, ein kombiniertes Ackergerät, das alle Arbeit auf den Äckern möglichst gleichzeitig verrichtete, das zugleich pflügte, eggte, walzte und Schollen brach, und es war rührend anzusehen, wie der junge, frische Kavallerieleutnant und der alte, ausgetrocknete und verschrumpelte Uhrmacher beisammen hockten und darüber nachsannen, wie sich mit Hebeln und Schrauben die Menschheit in die Höhe winden ließe.

Und so hätte es dann ja auch meinetwegen und seinetwegen weiterhin bleiben können. Er hätte die Menschheit möglicherweise in die Höhe gebracht, während sie gleichzeitig ihn selber mit Provisionen und Diskont und derlei Trödelkram in einem fort wieder herunter brachte, denn ans Bezahlen seiner Schulden war nicht zu denken. Wenn auch Pümpelhagen ein schönes Stück Geld abwarf, so waren doch zuallererst seines seligen Vaters Wechselschulden zu bezahlen, wie dies im Testament festgesetzt worden war, und seine Schwestern wollten doch auch leben. Aber im übrigen lebte er selber, wann immer nur die ärgste Not beseitigt war, gedankenlos in den Tag hinein.

Doch es gibt ein Geschwisterpaar in der Welt, das rüttelt auch den Gleichgültigsten aus seinen Träumen und jagt ihn rücksichtslos fort von der warmen Ofenbank und in Sturm und Regen hinaus: dies sind der Haß und die Liebe. Der Haß stößt den Menschen Kopf voran nach draußen und spricht: Hier, Hundsfott, wehr dich! Die Liebe nimmt ihn leise an die Hand, geleitet ihn aus der Tür ins Freie und spricht: Komm mit, ich zeige dir einen schöneren Ort. Doch es ist beides eines so wie das andere: von der schönen, bequemen, warmen Ofenbank muß man herunter. Axel sollte mit beiden bekannt werden, und dies ereignete sich ganz von ungefähr. Er selber brauchte gar nicht viel dazu zu tun.

Ob es heute noch so ist, weiß ich nicht. Aber dazumal war es bei den Preußen üblich, daß die Regimentskommandeure regelmäßig Konduitenlisten ihrer Offiziere nach Berlin einsenden mußten, und was König Friedrich Wilhelm anbetraf, der blätterte wohl auch selber manchmal ein wenig in diesen Papieren, nur um zu sehen, wie seine Gesellschaft sich anließ. Ja, und Axels braver alter Oberst war dem Herrn Leutnant im ganzen sehr gewogen, dieweil er selber auch einmal zwischen Bütow und Lauenburg – dort hinten im blauen Ländchen – ein Gut besessen hatte, mit welchem es jedoch infolge seiner recht schnurrigen Wirtschaftsweise ganz unversehens ein rasches Ende genommen. Und außerdem mochte er Axel recht gut leiden, weil er in ihm einen Zuhörer gefunden hatte, vor dem er seine landwirtschaftlichen Ideen ausbreiten konnte, die alle darauf hinausliefen, man solle durchaus nicht düngen, dieweil er keinerlei Sinn darin zu erblicken vermochte. Kurzum, der Oberst hatte seine Eigenheiten, und ihm ging es auch wie den alten Fuhrleuten: wenn sie selbst nicht mehr fahren können, so knallen sie doch noch gern mit der Peitsche. Er erzählte immer noch bereitwillig von seiner Landwirtschaft, Axel hörte ihm eifrig zu, und weil dies unhöflich gewesen wäre, widersprach er ihm auch nicht. Deswegen hielt der Oberst Axel für ungewöhnlich gescheit, und Axels Zeugnisse fielen demgemäß auch immer hervorragend aus. Aber leider Gottes hatte der alte Oberst sich nur recht unzulänglich mit der Orthographie beschäftigt, und so schrieb er denn einmal: »Leutnant von Rambow ist ein durchaus ›fe-iger‹ Offizier« – er wollte eigentlich »fähiger« schreiben. Dies hatte nun der König selber gelesen und dazu am Rande eigenhändig vermerkt: »Einen feigen Offizier kann ich nicht gebrauchen, ist auf der Stelle zu entlassen.« Dies war nun für den alten Obersten eine recht unangenehme Sache; auch mußte sie wieder in Ordnung gebracht werden.

Er sah nun keinen anderen Ausweg, als seinen Adjutanten um Rat anzugehen, wie und auf welche Weise dies geschehen könne. Der Adjutant renkte ihm die Orthographie und die ganze Angelegenheit denn auch wieder ein, aber der Giftzwerg vermochte nicht seinen Mund zu halten, und so währte es nicht lange, da hatte die ganze Bande mit ihren schlechten Witzen unsern unschuldigen Axel aufs Korn genommen. Am tollsten trieb es ein arroganter Herr »aus altem Hause«, der Axel schon seit langem mit seiner Ökonomie aufgezogen hatte, nicht etwa, weil er sie auf dumme Art, vielmehr, daß er sie überhaupt betrieb, und dieser setzte die Schraube nun so unverschämt an, daß alle Kameraden es merken mußten. Nur Axel selber merkte nichts, weil er von der ganzen Vorgeschichte nichts wußte.

Noch etwas anderes kam hinzu: Herr von Soundso, bei dem Axel zu Pferde und mit dem Schießgewehr praktisch die Landwirtschaft betrieb, hatte eine wunderhübsche Tochter – nein, man lache hier nicht! Es war wirklich ein Prachtmädchen. Auf sie hatte der Herr Leutnant »aus altem Hause« ein Auge geworfen. Sie aber ließ ihn ein wenig links liegen und hielt sich mehr rechts an Axel, der in ihrer Gegenwart ebenfalls seine angenehmsten Seiten hervorkehrte. Sei es nun, daß die junge Dame am dümmlich arroganten Auftreten des Herrn Leutnant »aus altem Hause« keinen Gefallen fand und daß sie, für den Fall, daß es einmal zum Heiraten kommen sollte, dann nach einem *ganzen* Kerl, nämlich auch nach einem solchen mit Waden, Ausschau hielt, oder sei es, daß Axels angeborene Gutmütigkeit und seine zurückhaltende Art beim Umgang mit Damen ihr gefielen, jedenfalls konnte es nicht ausbleiben, und Axel saß weich als Hahn im Korbe, und der Herr Leutnant »aus altem Hause« saß auf den Hechelzinken der Eifersucht.

Nun begab es sich einmal, daß das Offizierskorps Vorbereitungen zu einem großen Ball traf und daß der Leutnant »aus altem Hause« sich für diese Festlichkeit falsche Waden anschnallte. Von unterwärts vermochten seine eigenen Kameraden ihn nun fast nicht mehr wiederzuerkennen. Und weil unter so zahlreichen lustigen jungen Leuten in der Regel auch ein Spaßvogel mitläuft, welches hier der Adjutant war, so verwandte dieser die baumwollenen Waden von Axels Nebenbuhler als eine Art Stickvorlage und dekorierte ihn dortselbst, ohne daß er's merkte, mit einer ansehnlichen Schmetterlingssammlung, mit der ausgestattet der Leutnant »aus altem Hause« dann munter einhertanzte. Nun, das versteckte Hinzeigen und Hinblicken und das heimliche Kichern konnten da nicht gut ausbleiben, und als der Herr Leutnant schließlich der Schwalbenschwänze und Trauermäntel auf seinem Wadenembonpoint ansichtig ward, da wurde er mit Recht sehr ungehalten, und in heller Wut stürzte er auf das erste beste lachende Gesicht los, das ihm vor Augen kam, und das war Axels. »Wenn Sie nicht«, schrie er wütend, »durch des Obersten Konduitenliste hinlänglich gezeichnet wären, so würde ich mir ein Vergnügen daraus machen, Sie zeitlebens zu zeichnen.« Axel begriff zwar nicht, was mit diesen Worten gemeint war, er hörte jedoch recht deutlich aus ihrem Ton die Absicht der Beleidigung heraus, und weil er nun wirklich nicht feige und zudem auch

leicht erregbar war, schrie er seinen Nebenbuhler nicht minder wütend an: Was er mit seinen Worten sagen wolle, verstehe er zwar nicht, aber sein Ton sei von solcher Art, daß er ihm an einem stillen Ort dafür gelegentlich einmal eins überstreicheln wolle. Und darauf begab er sich zu seinem Hauptmann, mit dem er auf gutem Fuß stand, und fragte ihn, welche Bewandtnis es mit dieser Bemerkung habe. Doch was er zu hören bekam, war just auch nicht dazu angetan, seinen Zorn zu beschwichtigen. Ein grimmiger Haß kam in ihm hoch. Er forderte den Leutnant »aus altem Hause« und dazu den Adjutanten, weil dieser die Sache ausgekramt hatte, und der Leutnant »aus altem Hause« forderte den Adjutanten ebenfalls, wegen der Schmetterlingssammlung. Und so fuhren sie denn alle drei eines schönen Sonntagnachmittags mit einem ansehnlichen Geleit von Sekundanten, Zeugen, Unparteiischen, Doktoren und Feldschers hinaus in ein kühles Wäldchen, schlugen sich die Gesichter blutig und schossen sich die Knochen entzwei, und danach war der Friede wieder hergestellt. Axel hatte einen Hieb quer über die Nase erhalten, weil er unklugerweise statt mit dem Degen mit seinem Gesicht hatte parieren wollen.
Nun, wenn ihn dies auch nicht gerade verschönte, Schaden trug es ihm jedenfalls auch nicht ein: der hübschen Tochter des Herrn von Soundso mußte von dieser Affäre einiges zu Ohren kommen. Sie reimte sich manch kleine Stichelei, die zwischen den Nebenbuhlern schon früher vorgefallen war, damit zusammen, und wer möchte es selbst einem recht verständigen Mädchen verdenken, wenn sie meinte, sie selber sei der unschuldige Anlaß zu dieser Heldentat, und daß sie seit diesem Vorfall Axel noch ein weniges mehr bevorzugte als vordem schon.

Nun könnte ich hier die ganze Liebesgeschichte zwischen Axel und Frida ausführlich beschreiben, und jedermann müßte mir zugestehen, daß ich mir für diesen Roman Personen ausgesucht habe, wie sie für diesen Zweck nicht einmal in der Bibel aufzufinden sind: einen Kürassierleutnant und ein Fräulein von Adel. Aber – ich *will* es nicht, ich *tu* es nicht! Denn erstens tue ich überhaupt nicht mehr, als ich muß. Und wer will mich zwingen, daß ich den jungen Bürgertöchtern, die dies möglicherweise lesen, Privatunterricht in der Liebe mit einem Kürassierleutnant erteile, oder daß ich junge Handlungsdiener unterweise, wie sie es mit einem Fräulein von Adel anstellen sollen? Wer gibt mir was dafür? Und zweitens will ich hier nur frei heraus und ein für allemal bekunden: ich schreibe überhaupt nicht für die *jungen Leute*, ich

schreibe bloß für die ehrenwerten älteren Herrschaften, die sich nachmittags aufs Sofa legen und ein Buch zur Hand nehmen, um sich damit die Fliegen von der Nase und die Grillen aus dem Kopf zu vertreiben. Und drittens: ich habe in diesem Buch noch überdies drei junge Mädchen unter die Haube zu bringen, und wer wissen will, was das heißt, der frage deswegen nur bei einer Mutter von drei unverehelichten Töchtern an. Luise Hawermann muß doch einen Ehemann bekommen, und wäre es nicht jammerschade, wenn die beiden liebenswerten kleinen Druwäppel sich als alte Jungfern durch die Welt trollen müßten? Und viertens und letztens: ich bin auch gar nicht imstande, die Liebesgeschichte eines Kürassierleutnants angemessen wiederzugeben. Das geht, wie man so sagt, noch über Jochen hinaus, also weit über meine Möglichkeiten. Dazu gehören ein Shakespeare oder eine Luise Mühlbach, und wer weiß denn überhaupt, ob Shakespeare selber dies auch fertiggebracht hätte, denn soviel *ich* weiß, hat er sich an derlei nicht herangetraut.
Kurz und gut, sie kriegten sich, und 1843 zu Pfingsten wurde die Hochzeit gehalten, und Herr von Soundso gab seinen Segen als Aussteuer dazu, weil er sonst nicht recht etwas zu bieten hatte. Wir aber wollen christlich an ihm handeln und wollen ihm etwas bieten, nämlich ihm einen Namen geben, denn da er nun doch einmal unser Schwiegervater werden soll, muß er auch einen Namen erhalten. Und heißen soll er also: Herr von Satrup auf Seelsdorf, von welchem Gute ihm freilich noch weniger gehörte als Axel von seinem Gute Pümpelhagen.
Frida von Satrup war ein verständiges Mädchen und hatte bereits vor der Hochzeit eingesehen, daß ein »Herr Leutnant« nur ein *großes* Stück eines *kleinen* Apfels und eine »Frau Leutnant« erst recht nur ein *kleines* Stück von einem *großen* Apfel ist. Sie bestand also darauf, Axel solle dem Soldatenstande Valet sagen. Und Axel war auch nach einiger Zeit zu der Überzeugung gelangt, die Häkeleien wegen des fe-igen Offiziers seien noch keineswegs ausgestanden, und die Schnitzer, die seinem alten Obersten in der Konduitenliste unterlaufen waren, würden ihm wohl auch noch künftig mit roter Tinte im Gesicht eingezeichnet werden. Und zudem fühlte er nachgerade auch den allergrößten Trieb und Drang, seine landwirtschaftlichen Kenntnisse auf Pümpelhagen endlich in bares Geld umzusetzen und damit seine Schulden zu bezahlen.
Er nahm also seinen Abschied, packte seine Galauniform, seine Schärpe und die Epauletten in eine Kiste, hielt tränenden Auges eine gerührte

Abschiedsrede an seinen tapferen Degen, packte ihn ebenfalls darein, nagelte und siegelte die Kiste sorgfältig zu und vermerkte darauf: »Im Falle eines plötzlichen Todes von meinen Erben zu erbrechen«, schickte das Ganze nach Pümpelhagen, beging seine Hochzeit in einem schwarzen Frack und reiste mit seiner jungen Frau für einige Zeit an den Rhein.

Wie er dann zu Johanni 1843 in Pümpelhagen seinen Einzug hielt, das gehört schon wieder in ein anderes Kapitel.

Kapitel 11

Palmsonntag

Die drei Jahre, die Axel nach seines Vaters Tode in seiner Garnison mit Landwirtschaft, Heldentaten und Liebesaffären hinbrachte, wurden in Pümpelhagen und Umgebung justament genauso mit eben diesen drei Dingen nutzbringend angewendet. Von der Landwirtschaft verstand sich dies von allein. Die Heldentaten und die Liebesaffären jedoch wären beträchtlich zu kurz gekommen, hätte sich Fritz Triddelfitz in seinen Feierabendstunden ihrer nicht ein wenig angenommen.

Seine Beziehung zu Marie Möllers war aus einer, von ihrer Seite aus, eher mütterlichen, so ganz allmählich in eine schwester- und brüderliche und von dort, von *ihrer* Seite wenigstens, vollends in eine zärtliche übergegangen. Obwohl ihre Beziehung immer noch ihre reelle Grundlage in Schinken und Mettwurst besaß, mengten sich bei Marie Möllers doch allgemach schwankende, himmelblaue Hoffnungen von Pfarrer und Küster, Brautkranz, Pachtverhältnis und Grundeigentum darein, so daß die Angelegenheit anfing, eine bedenkliche Wendung zu nehmen und in Fritz langsam die Furcht aufstieg, Hawermann könne ihm hinter sein Viktualiengeheimnis kommen. Auch seine Tante, sein Mudding oder sein Vadding könnten einmal zu guter Stunde ihm vorhalten, was er für Dummheiten mache, und seine Angelegenheiten würden daraufhin vielleicht sogar eine äußerst unangenehme Wendung nehmen können. Kurz, mit den Liebesaffären war es auch nur so so, und obwohl er es sich nicht verkneifen konnte, seine verliebten Anbändelungsversuche auch noch hier und dort anderwärts anzustellen, zum Beispiel bei den kleinen Druwäppeln, oder auch, wenn seine Tante nicht gerade darauf acht hatte, bei Luise Hawermann, so mußte er sich doch eingestehen, wollte er ehrlich sein, daß all sein Glück in der Liebe einzig und allein auf Marie Möllers hinauslief.

Auch Fritzens Pümpelhäger Heldentaten spielten sich ausnahmslos innerhalb seines eigenen Reviers ab. Er hatte solche anfänglich nur an den Hofjungen vollbracht, und auch dies nur heimlich, denn hätte Hawermann davon erfahren, so hätte das Ansehen, das er sich mit seinem Handstock auf dem Rücken der Jungen verschafft, vermutlich einen häßlichen Sprung erhalten. Nun aber, nachdem alles gut abgelaufen war, war er kecker geworden. Er hatte sich in einer bösen

Stunde auch einmal an einen Pferdeknecht gewagt, und der verdammte Kerl war doch so unverschämt gewesen, ihn keineswegs als Respektsperson zu estimieren und ihm den Rücken bereits zur Zeit des zweiten Frühstücks, und dies sogar am heiligen Palmsonntagmorgen, so mürbe zu schlagen, daß Marie Möllers ihm den ganzen Sonntagnachmittag hindurch die Schulterblätter kühlen mußte. Und das weitaus Unangenehmste bei der ganzen Sache war, daß Marie Möllers ihm mit jedem kalten Umschlag, den sie ihm auf den Nacken legte, auch einen aufs Gewissen lud, dieweil sie ihm alle ihre Wohltaten vorrechnete und ihn ganz offen, bestimmt und geradezu nach seinen festen Absichten und zukünftigen Plänen befragte und ihm entschieden beteuerte: sie glaube an seine Liebe und sie werde alle seine Hoffnungen getreulich mit ihm teilen.

Dies war ihm denn nun äußerst unangenehm, denn er selber war weitaus mehr von seinem Appetit auf Schinken und Wurst als von seiner Liebesleidenschaft durchdrungen, und seine bescheidenen Zukunftshoffnungen wollte er auch lieber für sich allein behalten. Er stotterte denn auch allerlei zurecht, was sie als ehrlich gemeint weder hinnehmen konnte noch wollte. Und je kühler sein Nacken wurde, desto mehr kühlte sich auch ihr Verhältnis ab. Er wollte sie auf andere Gedanken bringen, sie aber ließ sich auf gar nichts ein und fuhr in ihrer Samaritertätigkeit unverdrossen fort, nur wurde ihre Hand dabei immer unsanfter.

»Triddelfitz«, sagte sie endlich, als er durchaus nicht Rede stehen wollte, »was soll ich eigentlich von Ihnen denken?« und dabei stellte sie sich, die bisher hinter seinem Rücken hantiert und gesprochen hatte, stramm vor ihn hin, stemmte die Hände in die Seiten und nahm ihn sich jetzt zu seinem Schrecken auch noch von vorn vor. – »Meriken«, fragte er bestürzt, »wieso?« – »Was? ›Wieso?‹ – Soll ich Ihnen das noch deutlicher sagen?« – und dabei verloren ihre Augen vollends den süßen, zärtlichen Ausdruck von vordem, »bin ich eine Person, die sich an der Nase herumführen läßt?« Und damit trat sie wieder hinter ihn und warf ihm einen kalten Umschlag ins Genick, daß es nur so knallte. »Au! Donnerwetter!« rief er, »das tut ja weh!« – »So? das tut *Ihnen* weh? Glauben Sie, daß *mir* das nicht wehtut, wenn ich sehe, daß ein Mensch, der so mancherlei Wohltat von mir gekriegt hat, mich betrügen will?« – »Meriken, ich bitte Sie, wie meinen Sie das?« – »Wie ich das mein? *So* meine ich das!« – und sie schmetterte ihm abermals eine Ladung auf den Rücken: »Wollen Sie mir endlich sagen, woran ich bin?« – »Gottsdonner! das brennt ja wie Feuer!« – »Das soll's auch! Und brennt es Sie nicht im Gewissen, wenn Sie einem armen Mädchen mit allerlei Versprechungen und Hoffnungen unter die Augen treten, und denn wollen Sie kneifen?« – »Herregott doch, Meriken, ich bin doch gerade erst neunzehn Jahre alt.« – »Na, und was denn?« – »Ja, und dann muß ich doch erst anderwärts in Dienst gehn und dann ...« – »Na, und dann?« – und damit bekam er wieder eins ins Genick: »Gottshimmeldonnerwetter, so nehmen Sie sich doch bei mir in acht!« – »Nehmen *Sie* sich man vor mir in acht! – Na, und dann?« – »Je, dann muß ich doch erst ne Pachtung übernehmen, und das kann schon noch gut zehn Jahre dauern.« – »Na, und dann?« fragte Marie Möllers mit einer ganz infamen Offenherzigkeit weiter. – »Ja, und dann«, stotterte Fritz Triddelfitz endlich in seiner Herzensangst, »dann sind Sie mir denn doch schon zu alt.«

Sein Meriken Möllers stand anfänglich starr wie vom Donner gerührt – das helle Gift schoß ihr aus den Augen –, dann aber beugte sie sich zu ihm hinüber, ergriff den feuchten Umschlag, den sie gerade zur Hand hatte, und schlug ihm den genau auf den Mund, so daß ihm der Saft um die Ohren spritzte: »Zu *alt*? Du Rotzlümmel! Zu *alt*, sagst du?« langte nach der Schüssel mit dem Wasser, stülpte ihm die zum Überfluß auch noch über den Kopf und lief zur Tür hinaus. Und wie Fritz nun dastand und prustete und schnaubte, riß sie die Tür noch einmal auf und rief herein: »Komm du mir nur wieder in die Speisekammer!«

Diese Liebe hatte hiermit, zumindest vorderhand, ihr Ende gefunden, und damit zugleich auch das Viktualienvergnügen. Und wie Fritz Triddelfitz nun klatschnaß dastand und in seinen betrübten Nachgedanken befand, daß die ganze Affäre nicht mit seinen Anschauungen über Liebe und auch nicht mit denen von einem einzigen seiner Romane übereinstimmte, sprach er in gerechtem Ärger die gleichen Worte, die er bei seinem Amtsantritt gesprochen, als er im Novemberregen Wege ausbessern lassen mußte: »Das habe ich mir ganz anders vorgestellt! – Nur gut«, setzte er hinzu, »daß der Alte nicht zu Hause ist, der hätte sonst wahrscheinlich den Krach gehört.«

Hawermann war an diesem Morgen mit Franz nach Gürlitz zur Kirche gegangen. Hatte er sonst diesen Gang in stillen, erbaulichen Gedanken angetreten, so war sein Herz heute erfüllt vom Dank für Gottes treue Vaterhand, die ihn und sein Kind bis hierher geleitet, denn an diesem Palmsonntagmorgen sollte sein Töchterchen eingesegnet werden. Er schritt still vor sich hin auf dem festen, getrockneten Fußsteig, denn in der Nacht hatte es ein wenig gereift. Sein Blick ruhte auf einer geschmückten Landschaft, in der der Schnee noch in weißen Streifen an den Grabenrändern und im Schatten der dunklen Fichten lag und die grüne Roggensaat im hellen Sonnenschein doch schon von Ostern und von Auferstehung kündete. Der Rauch aus den Schornsteinen lag niedrig über den kleinen Dörfern, und die Sonne drückte ihn herab, als solle dies Zeichen von Menschenmüh und Sorge die helle Welt nicht verdunkeln, als wäre anders nicht Raum genug für das feierliche Läuten der Kirchenglocken, das von weit und breit über Felder und Wälder einherklang. »Ach, wenn *sie* doch diesen Tag erlebt hätte!« sagte der Alte halblaut vor sich hin, als glaube er sich allein. – »Wer?« fragte Franz, leise und zaghaft, ein wenig scheu, als fürchte er, zudringlich zu erscheinen. – »Meine arme Frau, die Mutter meines Kindes«, sagte der Alte leise und blickte den jungen Menschen aus seinen hellen, klaren Augen freundlich an, als sagten sie: Lies du nur immerzu in uns und tief im Herzensgrund. Wir wollen dir Antwort geben, und die mag wohl lange in dir nachklingen –; »Ja«, wiederholte Hawermann, »meine gute Frau – aber was sag ich? Sie *sieht* heute mehr *nach* ihr und sie *tut* mehr *für* ihr Kind als ich, und ihre Gedanken sind höher als der blaue Himmel, und ihre Freude quillt reiner als die goldene Sonne.«

Franz ging schweigend neben ihm her. Er scheute sich, den Alten zu stören. Er liebte ihn, und heute hatte er für ihn etwas Ehrwürdiges. Seine weißen Haare lagen hell um die breite Stirn wie der weiße Schnee auf der Erde. Aus seinen frischen Zügen und seinen klaren Augen sprach die gleiche Zuversicht, die *auch* von Auferstehung kündete, wie aus der jungen Roggensaat, und alles schien wie von innerer Wärme durchflutet. Der junge Mann konnte schließlich nicht mehr an sich halten. Er ergriff seine Hand: »Hawermann, mein lieber Hawermann, Sie haben gewiß mancherlei Trauriges erlebt.« – »Nicht mehr«, war die Antwort, »als andere Menschen auch, aber genug, um zeitlebens daran zu denken.« – »Wollen Sie's mir nicht erzählen? Es ist keine müßige Neugier, die mich treibt.« – »Warum nicht«, und Hawermann erzählte ihm seine Geschichte, jedoch Pomuchelskopps Namen nannte er dabei nicht. Er schloß seine Erzählung und sprach von seinem Kinde: »Ja, wie sie einmal mein einziger Trost war, so ist sie nun meine einzige Freude.«

Sie kamen zum Pastorenhaus. Die kleine Frau Pastorin war mit der Zeit ein wenig älter und auch ein wenig rundlicher geworden, und so rasch wie ehedem ging es mit dem Schwirren und Drehen nun auch nicht mehr. Heute lief sie erst recht keinem in den Weg, und ihr Handwerkszeug, das Staubtuch, lag unbeachtet in seiner Ecke und langweilte sich, wie man so sagt, auf eigene Hand wie der Mops im Tischkasten. Heute war es zudem noch die bevorstehende geistliche Feierlichkeit, die ihr das Herumschwirren verwehrte, denn sie als Pastorenfrau war denn doch die Nächste dazu. Aber alles konnte sie ihren zierlichen Füßen denn doch nicht erlassen. Sie mußten zumindest, wenn auch nicht rundumher im Kreise, so doch hierhin und dorthin ein wenig geradeaus schwirren, einmal zu ihrem Pastor, um ihm die Bäffchen umzubinden und ihm ein Glas Wein zu reichen, ein andermal zu Luise, um ihr die Halskrause ein wenig zu richten und ihr ein zärtliches Wort zuzuflüstern. Und als nun gar Jung-Jochen mit Frau Nüßler, den beiden kleinen Druwäppeln und mit Bräsig eingetroffen waren, da wäre sie fast wieder ins Umherschwirren geraten, hätte der Küster nicht ein Einsehen gehabt und zum allerletzten Male geläutet. Die beiden kleinen Druwäppel sollten heute ebenfalls eingesegnet werden.
Und wie die ganze Gesellschaft nun zur Kirche ging und Frau Pastor die drei lieblichen Kinder auf dem Steig vor sich über den Kirchhof einherschreiten sah – Luise in ihrer Mitte, einen Kopf größer als ihre beiden Cousinchen –, da sagte sie zu Hawermann, und die runden Tränen tropften ihr aus den freundlichen Augen: »Hawermann, unser Kind hat keine goldenen Ketten und Broschen um und an sich, wie das heutzutage törichter Brauch ist. Und das schwarzseidene Kleid, lieber Hawermann, ist auch schon dreißig Jahre alt. Ich hab's zuletzt auf meinem Kirchgang getragen, und ein glücklich Herz hat einst darin geschlagen, denn in dem Herzen wohnte mein Pastor – es ist mir nachher zu eng geworden, denn, sehn Sie, ich wurde schon damals etwas stark, aber es ist so gut wie neu, und daß unten etwas angesetzt ist, ist gar nicht mal zu sehn. Und, Hawermann, das Geld, was Sie mir zum Kleide geschickt haben, habe ich in Luisens Sparbüchse getan, Sie nehmen's doch nicht übel? Ich wollte doch so gerne mein altes Kleid einst wieder in seinem vollen Glücke sehen.«
Und Bräsig zog Hawermann vor der Kirchtür am Rock, und als der sich umdrehte, sah Bräsig sehr gerührt aus und sagte: »Korl, 's is markwürdig, 's is ganz *markwürdig* mit so ner Konfirmatschon! Süh, as ich die drei kleinen Mätens da so vor mir hingehen sah, fiel mich meine

eigene ein, un daß das entfamtige Schafhüten bei meinen seligen Vater damit seine Endschaft krigte und ich in die Wirtschaft kam. Just so as die drei kleinen Mätens gung ich damals mit zwei Mitkollegen, Korl Brandten un Krischan Guhlen, in die Kirche, bloß daß wir keine swarzseidenen Kleider anhatten. Nee, Krischan hatt' en gräunen, Korl en braunen un ich en grisen Rock an, un staats daß die kleinen Mätens en Blumenstrutz in der Hand haben, hatten wir en bitschen was Gräunes in die Ärmelaufsläg stechen, un staats daß sie in eine Reih gingen, gingen wir ein achter'n annern as de Gäns inner Gerst. – Ja, 's war just so.«

Nachdem die Gemeinde die Choräle gesungen hatte, hielt Pastor Behrens seine Predigt. Er war sehr viel älter geworden im Aussehen, aber seine Stimme war kräftig, seine Gedanken waren klar, und aus seinen Worten sprach ein mildes, nachsichtiges Gemüt. Und zudem ist gewiß, daß das Alter keinen Stand weniger zu beeinträchtigen vermag als den geistlichen, wenn der Mann, der in ihm steht, ihn nur ehrenhaft wahrnimmt. Die Gemeinde hört nicht nur auf seine Worte, sie sieht auch auf seine lange, treue, rechtschaffene Lebensführung, und für das, was er predigt, steht er selbst ihnen als lebendiges Beispiel vor Augen. So war es denn auch mit *diesem* Geistlichen.

Jetzt sollte das Examen anfangen. Die jungen Mädchen legten ihre Umschlagetücher ab, Luise umarmte mit feuchten Augen ihren Vater und ihre Pflegemutter, Frau Nüßler küßte in Liebe und Treue ihre beiden kleinen Zwillinge; auch Jochen wollte etwas bemerken, sagte aber nichts, und die drei Kinder traten aus dem Predigerstuhl an den Altar heran. »Mich soll doch wunnern«, sagte Bräsig zu Franz, der neben ihm stand, »as das Kropzeug seine Lex woll weiß: ich glaub, was mein Pät is, Mining, bleibt hacken.« Und dabei schnaubte er sich ausdrucksvoll die Nase und wischte sie sich, statt unten, oben zwischen den Augen.

Franz antwortete ihm nicht, ihm schien alles um ihn her wie versunken. Er sah nur *ein* Gesicht, und dies Gesicht kannte er, aber ihm war, als habe er es bisher noch nie gesehen. Er sah nur *eine* Gestalt: sie war sonst fröhlich umhergesprungen, aber jetzt durchfuhr sie ein leiser, wundersamer, feierlicher Schauer. Er sah nur *ein* Paar Hände, und die hatten sich sonst ihm fröhlich entgegengestreckt, doch nun richteten sie sich aufwärts, einem Höheren entgegen, und ihm war, als habe unser Herrgott sich hinunterwinken lassen und stünde jetzt neben der leise erschauernden Gestalt in ihrem einfachen schwarzen Kleide, in dem einst ein anderes glückliches Herz geschlagen, und wiese auf dies reine Menschenherz und spräche: Sorge du für deines, daß es mit *diesem* übereinstimme.

Ihm war, als habe er vor langer Zeit einmal eine wundersame Landschaft in hellem Sonnenschein liegen sehen und sei darin umhergewandelt, dabei nichts anderes empfindend als heiterstes Behagen, und sei nun nach langen Jahren wiedergekehrt und erblicke wieder die gleiche Landschaft, nun aber wie verzaubert unter dem stillen Mondenschimmer, und er finde sich kaum zurecht, denn über Wald und Berg, über Strohdach und Kirchturm breite sich der dichte Schleier des Abendnebels, über dem der stille Mondenschein sich wiege, so daß er nur diesen gewahrte und nicht die heitere Landschaft von ehedem. Ihm war, als ob ein leiser Hauch durch die hohen Wipfel der Bäume wehe und wundersame Worte zu ihm spreche. Ihm war, wie wenn seine Seele aus einem Abgrund ihre Hände nach oben richte und um Erbarmen flehe, und ein tiefes Mitgefühl mit sich selber ergriff ihn, weil sein eigenes Herz zu arm war, sich zu verschenken. Und dies tiefe Mitgefühl, dies heimliche Sehnen nach einem besseren Herzen, das wie Mondesschimmer aus Ahnung und Dämmerlicht gewebt in uns hineinfällt, das nennen wir Menschenkinder »Liebe«.

Bräsig stand neben ihm und flüsterte ihm von Zeit zu Zeit Worte zu, die Franz nicht vernahm, und die er, hätte er sie vernommen, wohl als Torheiten angesehen hätte und über die er vielleicht sogar ärgerlich geworden wäre. Und doch hatten die Worte des alten Burschen ihren Ursprung in dem gleichen Gefühl, das ihn selbst ergriffen hatte, nur daß es nicht so himmelblau und rosenrot mehr war wie das seine – daß das Alter es schon ein wenig grau eingefärbt hatte.

Bräsig stand Höllenqualen aus, daß sein Patenkind Mining steckenbleiben könne. Bei jeder richtigen Antwort, die Mining gab, wurde hinter ihr aus dem Predigerstuhl ein tiefer Seufzer vernehmbar, so daß Pastor Behrens, hätte er zu den neumodischen Pfarrern gehört, vielleicht auf den Gedanken hätte kommen können, er habe einen ausgepichten Sünder in Reu- und Bußstimmung gebracht. »Gott sei Lob und Dank!« sprach dieser Sünder halblaut, »Mining weiß ihr.« Nach einiger Zeit gab er Franz einen Rippenstoß: »Nu kommt's, passen Sie Achtung, nu kommt's«, – und einen anderen Stoß erhielt Hawermann auf Bräsigs anderer Seite: »Korl, du sollst sehen, Mining krigt sie. Mining krigt die große Wasserfrag – ich hab sie gewußt, Krischan Guhl konnt sie nich, un ich mußt sie sagen. Nu hab ich sie abersten auch ver-

gessen un weiß bloß den Anfang: ›Wasser tut's freilich nicht, sondern der Geist Gottes‹ . . .«
Und als Mining, ohne zu stocken, die Antwort hersagte, betete der Alte die ganze Wasserfrage nach, und als danach der Küster mit dem Klingelbeutel erschien, da warf er einen harten Taler hinein, als habe er sich damit von seinen Ängsten loskaufen wollen. Und drehte sich um und drückte Frau Nüßler die Hand und rief recht vernehmlich: »Madam Nüßler, haben Sie woll uns klein Kropzeug gehört?« und schnaubte so kräftig an seiner Nase herum, daß Frau Pastorin ihm in Gedanken für die Störung der heiligen Handlung schon eine gehörige Kappe zurechtschneiderte.
Und wenn nun jemand dem Bande, das Bräsig an Klein-Mining fesselte, ein wenig weiter nachgegangen wäre, dann hätte er dessen Ende vermutlich in Frau Nüßlers Herz eingeknüpft gefunden, wo es mit einem mächtigen Kreuzknoten festgemacht war, der für immer halten sollte. Und freilich sah dieser ganz anders aus und war sehr viel derber als die rosenrote Seidenschleife, mit der Franz sein Herz mit Luise Hawermanns Herzen verknüpfen wollte und die ihm für dies liebliche Herz noch viel zu derb und zu unedel dünkte.
Die Liebe ist allenthalben in der Welt, doch sie nimmt sonderbare Gestalten an. Sie fliegt als Engel auf Rosenflügeln und kriecht mit einem Buckel vorne und hinten auf Holzpantinen einher. Sie redet mit »Zungen«, wie die Apostel am ersten Pfingsttag, und sitzt da wie ein unmündiges Kind, dem der Schulmeister mit der Fibel auf den Mund geschlagen hat. Sie verschenkt Diamanten und Kronen, und der alte Inspektor Schecker warb um die Hand meiner Tante Christiane mit einem fetten Kapaun.

Als die Einsegnung vorüber war und die jungen Christen das Abendmahl empfangen hatten, begab sich Pastor Behrens in seinen Beichtstuhl. Am Predigerstuhl vorüber bewegte sich schnaufend in seinem blauen Frack Samuel Pomuchelskopp, der heute ebenfalls seinen kleinen Gustav hatte einsegnen lassen. Er schritt dem Pastor nach, riß die Tür zum Beichtstuhl auf und stellte sich davor anstatt hineinzugehen – »daß's doch alle Leute sehn, was er for en Schafskopp is«, sagte Bräsig zu Hawermann – und lud den Pastor zu einem Löffel Rindfleischsuppe, einem Stück Braten und zu einer Flasche Rotwein ein, mit einer Stimmstärke, als sei er auf dem Jahrmarkt – »daß's doch alle Leut hören, was er for ein abgesagter Jesuwiter is«, sagte Bräsig. Doch der

Pastor bedankte sich und bedauerte, er sei für heute zu angegriffen, und außerdem habe er selber Besuch. Pomuchelskopp entfernte sich wieder, warf aber über die linke Schulter hinweg einen Blick zum Predigerstuhl und trieb es ganz auserlesen, um recht vornehm aufzutreten. Doch all dies ging daneben, wie er Bräsigs giftige Miene zu Gesicht bekam, denn Bräsig war ein zu schlechter Christ – wie die Frau Pastorin gesagt haben würde, hätte sie es gesehen –, um nicht sogar in unseres Herrgotts eigenem Hause seine bösen Gedanken aus seinem Angesicht herausleuchten zu lassen.

Ach, wie ganz anders aber sollte sein altes Gesicht aussehen, als die kleinen Mädchen mit feuchten, glückstrahlenden Augen dann auch an ihn herantraten, um auch ihm die Hand zu geben und den Mund zum Kuß zu bieten, wie sie es bei ihren Eltern und Pflegeeltern getan! Wie sehr zog er die Augenbrauen in die Höhe und wie schrecklich die Stirne in Falten, um sich einen recht väterlichen Anstrich zu geben! Doch dies gelang ihm nur bei Lowising und Lining, denn als sein Patenkind Mining auf ihn zukam, da wurde ihm so sonderbar, als sei er selbst noch ein Kind, und er faßte sie rundum und flüsterte ihr ins Ohr: »Laß man sin, Mining, laß man sining, ich schenk dich auch was!« Und weil er nun im Augenblick nicht wußte, was er schenken sollte, und weil er gerade sein Schnupftuch zur Hand nehmen mußte, sagte er: »Ich schenk dich auch en Dutzend Snuwdäuk, rechte bunte«, denn er wollte seine Sache besonders gut machen.

Alle aus dieser Gesellschaft hatten jetzt ihre Glückwünsche angebracht, und jeder hatte von den roten, frischen Lippen den frommen Dank hinweggeküßt, nur zweie waren dabei zu kurz gekommen: Jung-Jochen hatte immer nur einen halben Kuß erhalten, und Franz gar keinen. Jung-Jochen war daran freilich selber schuld, und er hätte recht wohl dabei etwas tun können, denn warum setzte er sich so verquer in die Ecke, daß sein verlängerter linker Mundwinkel darin verblieb und die kleinen Mädchen sich mit dem verkürzten rechten begnügen mußten, der doch nur für einen halben gelten konnte? Und Franz? Daran dachte er nun durchaus nicht, er war noch gar nicht wieder auf der Erde, er war noch im Himmel. Und erst, als alles die Kirche verließ und er vor der Kirchentür wieder mit Luise zusammentraf, da fiel's ihm ein, ihr die Hand zu reichen und etwas zu sagen, das er draußen vor der Kirchentür schon wieder vergessen hatte. Ja, er war in Liebe! Das schöne, andächtige Gesicht hatte es ihm angetan – für immer angetan.

Mag sein, daß eine sehr fromme Ehefrau oder eine sehr züchtige Jungfrau – ich meine hier nicht bloß die älteren, ich meine auch jene in den bedenklichen Jahren – mir hier bei meiner Erzählung einen Stein in den Weg werfen wird und mich fragen: »Wie? Hätte der junge Mann sich nicht einen anderen Ort aussuchen können, sofern er sich mit solch irdischem Geschäft, wie das Verlieben es ist, befassen wollte?« – Und ich würde antworten: »Geehrte Madame und insonders geehrtes Fräulein, der junge Mann war noch so dumm und naiv in derlei Angelegenheiten, die Ihnen bereits aus früheren Erfahrungen so schön genau vertraut sind, daß er das Verlieben keineswegs für ein irdisches Geschäft ansah. Und wie denn überhaupt soll sich ein junger Mensch verlieben? Nur in der Sommerdämmerung in einer Holunderlaube und zur Winterszeit beim Kotillon auf einem Ball? Es führen gar viele Wege nach Rom, und zur Hochzeit sogar noch viel zahlreichere, und wer eine Brautfahrt antritt, tut klüger, er fängt damit in der Kirche an und nicht im Ballsaal. Er hat dann den Traualtar ganz dicht in seiner Nähe und kann in reinlichem Zustand an den Altar treten. Zwischen Ballsaal aber und Traualtar erstreckt sich eine lange, schmutzige, staubige Straße, und manch einer muß mit schmutzigen Schuhen und Stiefeln in den Ehestand treten. – Nicht wahr, geehrteste Madame? Und 's ist viel sicherer, geehrtes Fräulein!«

Im Pastorenhaus wurde ein einfaches Mittagessen genommen. Bräsig war überaus munter und sah drein wie Sonnenschein nach Regen. Auch der alte Pastor war recht aufgeräumt, denn er wußte mit Salomo, daß alles seine Zeit hat, »Steine sammeln und Steine zerstreuen«. Doch über all dem läuteten noch die Kirchenglocken, und erst der Kaffeetisch brachte bei Frau Pastorin und bei Frau Nüßler das Mund- und Zungenregister in Gang. Der alte Pastor hatte nach der Anstrengung des Vormittags gleich nach Tisch ein paar Augen voll Schlafs auf seinem Sofa genommen. Hawermann war mit seinem Töchterchen und seinen beiden Schwesterkindern ein wenig an die Luft gegangen, damit das leise Erwachen des Frühlings sich als sanftes, linderndes Trostmittel auf die jungen aufgeregten Seelen lege, und Franz war mitgegangen, auch er in einer heimlichen Frühlingsahnung, jener freilich, die in seiner eigenen Brust grünen und blühen wollte. Jochen Nüßler hatte eine Ecke gefunden, die beinahe so bequem war wie seine Pachtecke hinter dem eigenen Ofen. Bräsig ging mit kurzen Beinen und langer Pfeife in der Stube auf und nieder und stellte seine Füße ganz unnatürlich nach außen, denn seitdem er seine Pension bezog, hatte seine

Gangart einen ganz anderen Schwung genommen, und er zeigte seine zierlichen Füße gern breitlings, damit die Leute doch merkten, daß ihm kein Deuwel mehr etwas zu befehlen habe, daß er in seinen eigenen Stiefeln stehe und daß das langjährige Schollentreten ihm nicht jenen Akkih genommen, der sich denn doch für einen älteren Herrn schickt, welcher von seinen Einkünften lebt. Frau Pastor und Frau Nüßler aber saßen auf dem Sofa unter der Bildergalerie.

»Ja, liebe Nüßlern«, sagte die Frau Pastorin, »Gott sei Dank! So weit wären wir nun mit den Kindern. Luise ist nun sechzehntehalb Jahr alt und Ihre beiden noch ein halb Jahr älter. Mein Pastor sagt's und ich weiß es auch, sie haben gut was gelernt, und wenn ihnen noch hie und da etwas nachgeholfen wird, so können sie alle Tage als Erzieherinnen ihr Brot verdienen.« Bräsig blieb stehen, zog die Augenbrauen nach oben und atmete gegen das Sofa eine Dampfwolke aus, so daß selbst Jung-Jochen darob sich verjagte.

»Ach Gott«, rief Frau Nüßler bewegt, »und das verdanken die beiden lieben Gören nur Ihnen und dem Herrn Pastor!« und griff nach Frau Pastors Hand. »Lieber Gott, mein Karl-Bruder sagt, und ich sag es auch, wir können wohl einiges dazu tun, daß sie ihr täglich Brot haben und daß sie ordentlich und reinlich in ihrer Kleidung gehn und daß sie nicht lügen und werden folgen, wenn man sie was heißt, kurzum in solchen Sachen, die sich so von allein und fürs Haus gehören. Aber zu dem, was den Menschen eigentlich zum Menschen macht, dazu sind wir doch nicht kumpabel. – Nicht wahr, Jochen?« – Von hinterm Ofen wurde ein beistimmender, behaglicher Ton vernehmbar, als komme er von einem treuen alten Haushund, dem man den Rücken kratzt. »Hören Sie, Frau Pastorn, Jochen sagt's auch.« – »Ach, ich habe nichts dazu getan«, entgegnete die kleine Frau Pastorin, um den Dank abzuwehren, »das heißt bei Ihren beiden. Mit Luise war das allerdings anders, denn da war ich denn doch die Nächste dazu. Aber – was ich sagen wollte – wir haben noch nie darüber gesprochen, sollen denn vielleicht Ihre Kinder oder eine von den beiden, etwa Mining, Erzieherinnen werden?« – »Was?« fragte Frau Nüßler und sah Frau Pastorin so groß an, als habe diese so beiläufig erwähnt, Klein-Mining habe Aussicht, Papst zu werden. Wie die Frau Pastorin ihre Ansicht eben noch weitläufiger auseinandersetzen wollte, da wurden ihre Worte schon unter einem fürchterlichen Lachausbruch begraben: »Hah – hah – hah! Schpaß! Schpaß! – Jung-Jochen hast's gehört? Was uns' lütt Mining is, soll die Kinder belernen! Hah – hah – hah!«

Dies war Bräsig, doch damit kam er schön an. Frau Pastorin erstarrte wie eine Puppe, die auf Draht gezogen wird. Ihr rotes Gesicht wurde vor Ärger von einem nahezu bläulichen Schimmer überzogen und unter diesem lila Angesicht bewegte das lila Haubenband sich energisch hin und her: »Was lachen Sie, Bräsig? Lachen Sie vielleicht über *mich*? Lachen Sie darüber, daß ich meine, Mining soll Erzieherin werden? Oh, Herr Inspektor!« und sie setzte sich noch etwas mehr in Positur, »ich bin *auch* einmal Erzieherin gewesen, und es ist etwas anderes, Kinder zu erziehen als Hofjungen abzuprügeln.« – »Ja, aber! Nehmen Sie's nich for übel, Frau Pastorin. – Hah – hah – hah! – uns' Mining ne Schaulmamsell!« Doch die Frau Pastorin war in die Strömung geraten und schwamm nun auf ihren Fluten voran, ohne sich an weiteres zu kehren: »Und es ist ein großer Unterschied, ob einer was gelernt hat oder ob er nichts gelernt hat, und ein Mensch wie Sie kann keine Erzieherin werden!«

Just als sie diese Worte ausstieß, trat ihr Pastor ins Zimmer, den Bräsigs Lachen aufgeweckt hatte. Und auch dem alten Herrn kam es ein wenig lächerlich vor, daß die Frage aufgeworfen worden war, ob Bräsig eine Erzieherin werden könne oder nicht, und weil er kurzsichtig war und derart die zornige Erregung seiner lieben Ehefrau nicht wahrnehmen konnte, war er in das Gelächter eingefallen: »Hah – hah! Bräsig eine Erzieherin!«

Auf die Frau Pastorin hatte das Erscheinen ihres Pastors eine ganz eigenartige Wirkung. Ihre See ging zwar mächtig hoch, doch mit einemmal war es, als sei Öl über die stürmischen Wogen gegossen worden. Freilich konnte sie sich in seiner Gegenwart auch wohl manchmal bis zum Feuerroten ärgern, aber offen in hellodernden Zorn auszubrechen, das stand nicht in ihrem Ehekatechismus. So begann denn in ihrem Innern ein absonderliches Spiel, und es wetterleuchtete aus ihrem runden, treuherzigen Angesicht wie aus einer Kürbislaterne: anfänglich loderte noch einmal die helle Flamme ihres Zorns hoch auf, versank dann aber in der dunkelroten Glut der Beschämung darüber, daß sie, als Pastorenfrau und zudem noch am heutigen Tage, sich derart hatte vergessen können. Und diese Glut erlosch allgemach unter der grauen Asche eines recht verdrießlichen Ärgers über sich selbst. Und als sie sich ihrer eigenen Worte, daß Bräsig keine Erzieherin werden könne, entsann, und ihres Pastors herzlichen Gelächters darüber, da blies auch sie sich mit einem Lacher die Asche vom Leibe, hielt sich dabei aber das Taschentuch vors Gesicht, um nicht allzusehr aufzufallen.

Frau Nüßler hatte derweil wie auf Nadeln gesessen. Als der Pastor eintrat, war sie aufgesprungen und hatte ihm fast verzagt zugerufen: »Lieber Gott, Herr Pastor, ich bin die unschuldige Ursache von diesem Streit – Bräsig, lassen Sie doch Ihr dummes Lachen unterwegs! – Frau Pastorin meint, mein Mining soll ne Erzieherin werden – du lieber Gott, ja! Wenn Sie und die Frau Pastorin das für gut halten, dann soll sie das ja auch, Sie haben uns ja immer zum Guten geraten. Nicht wahr, Jochen, sie soll das?« Jochen kroch hinterm Ofen hervor: »Ja, 's is schon so, wie das Leder is; wenn sie aber muß, denn muß sie«, und damit ging er aus der Stube, offenbar, um sich draußen in der Einsamkeit die Sache durch den Kopf gehen zu lassen.

»Aber was heißt dies alles?« fragte jetzt der Pastor. »Regina, ist dies wirklich dein Ernst?« – Und Frau Nüßler trat auf die kleine Frau Pastorin zu: »Frau Pastorin, das soll ja auch alles – Bräsig, schämen Sie sich was! – Frau Pastorin, weinen Sie nicht länger!« und wollte ihr das Taschentuch vom Gesicht ziehen und prallte einen Schritt zurück, als ihr dahinter ein rundliches Gesicht entgegenlachte. »Was soll denn das bedeuten?« rief sie. – »Ein Mißverständnis, Frau Nachbarin«, lachte der alte Herr. »Kein Mensch hat daran gedacht, aus Mining eine Erzieherin zu machen. Nein! Unsere Kinder sollen nicht die Anzahl der armen, unglücklichen Mädchen vermehren, die, herumgestoßen in der Welt, für alle Mühe und Sorge, die sie dem schwersten Berufe opfern, mit dem kümmerlichen Brot nur Demütigung der Seele und Krankheit des Leibes ernten. Nein, unsere Kinder sollen mit Gottes Hilfe erst frische, gesunde und tüchtige Hausfrauen werden, und wenn sie das geworden, dann mögen sie unserntwegen Erzieherinnen werden – das heißt ihrer eigenen Kinder.«

»Herr Pastor, mein lieber Herr Pastor«, rief Frau Nüßler, als wäre ihr ein Stein von der Seele gewälzt, »Gott segne Sie für *dies* Wort! Uns' Mining soll keine Erzieherin werden, Jochen – wo bist du, Jochen? – ach, er ist in seiner Traurigkeit wohl rausgegangen. Ja, Herr Pastor, und wirtschaften sollen sie lernen! Sie sollen mal sehn, ich will meine schon dazu anhalten.« »Ja«, rief Bräsig dazwischen, »un en guten Mund voll Essent müssen sie kochen können.« – »Versteht sich, Bräsig! – Ach, Herr Pastor, ich hab das ja damals mit den Erzieherinnen alles selbst erlebt, und vergangene Woche war ich mit der neuen Frau Amtmännin zusammen – ist auch ne Erzieherin gewesen – sehn Sie, das schwankt und schwebt und jappt und jankt im Haus herum und sieht so bläßlich aus wie 's Leiden Christi – *interessant* sagt man ja dazu . . .« – »Die ganze Interessantigkeit is for en Proppen!« warf Bräsig ein. – »Aber, sehn Sie, Frau Pastorin, das kocht die Eier hart und verbrennt den Braten. Herregott, ja, ich sag ja gar nichts davon, daß einer nicht was lernen soll, *viel* lernen, damit er doch die Zeitungen lesen kann und was weiß vom alten Fritzen und von solchen Leuten und weiß, wo die Apfelsinen wachsen und die Zimtstangen. Aber, Frau Pastorin, ich sag ja nur, wenn einer 's nicht weiß, denn kann er ja warten, bis er mit einem Gelehrten zusammenkommt, und kann ihn ja fragen – aber, Frau Pastorin, mit nem Braten! Warten kann ich da nicht mit, denn das Mittag soll auf dem Tisch stehn, und fragen kann ich auch keinen – auf dem Lande, Frau Pastorin! – vielleicht die dummen Dienstdirns? Na, das würde ein schönes Gericht werden!« – »Recht, Frau Nachbarin«, sagte der Pastor, »vor allem müssen die Mädchen erst die Hauswirtschaft lernen.« – »Das *sag* ich ja, Herr Pastor, das *sag* ich ja! Du lieber Gott, mit dieser kleinen Amtmannsfrau! Das möchte gern und das kann nicht! Was meine beiden mit sieben Jahren sich schon an den Schuhsohlen abgelaufen haben, das fragt sie nach: sie fragt, ob die Schweine schon gemolken sind und ob die kleinen Kücken schon gesogen haben. – Und, Herr Pastor, Luise soll auch kein Schulfräulein werden?« – »Nein, mit unserem Willen nicht, und da Hawermann mit uns derselben Meinung ist, so soll sie hier die Wirtschaft führen. Regina wird mir schon ein bißchen zu bequem und, nicht wahr?« – und er setzte sich neben seine Frau aufs Sofa und legte den Arm um sie –, »auch schon zu alt, sie nimmt schon gern junge Hilfe an und würd' es nicht ertragen, sich von ihrer Luise zu trennen.« – »Aber du erst recht nicht, Pastor! Wirklich, ich fühle mich schon vollständig abgesetzt, das geht vom Morgen bis zum Abend: Luise, bring mir dies! und Luise, hol mir das!« – »Nun ja, ich wills nicht streiten, mir würde viel fehlen, wenn das Kind nicht um mich wäre.«

Mittlerweile war nun Hawermann mit den Kindern und mit Franz zurückgekehrt. Sie hatten draußen Jung-Jochen getroffen, der dort barhäuptig in sichtlicher Aufregung umhergelaufen war. Er war auf sein Mining losgestürzt, hatte sie in den Arm genommen, sie abgeküßt und hatte bemerkt: »Mining, ich kann da auch weiter nix bei tun«, und als Hawermann ihn gefragt hatte, was ihm fehle, hatte er bloß geantwortet: »Schwager, was muß, das muß.« Und wie es im Pastorenhaus nun zum Aufbrauch kam und er auf dem Wagen saß, da hatte er das Gefühl, als fahre er mit einem Schlachtopfer über Feld, und als seine

Frau zu Hause es ihm weitläufig auseinandergesetzt hatte: Mining solle nun *doch* keine Erzieherin werden, da hatte die ganze Angelegenheit nachgerade einen solch tiefen Eindruck bei ihm hinterlassen, daß er sein Mining seit dieser Zeit für ein unglückliches, einem schweren Weiber-Schicksal anheimgegebenes Geschöpf ansah und sie deshalb ihrer Schwester meist vorzog. Sie mußte fortan bei Tische stets neben ihm sitzen, und er legte ihr die besten Stücke auf den Teller, wie wenn sie alle Tage ihre Henkersmahlzeit zu verzehren habe.

Kapitel 12

Liebesbriefe

So schien denn nun fürs erste die Zukunft der kleinen Mädchen gesichert, soweit Menschen überhaupt imstande sind, anderen ihre Lebensläufe vorzuzeichnen. Das Schicksal hat jedoch einen wunderlichen Heiligen zum Gevatter. Er wirft die solidest begründeten Lebenspläne, die alte, ernsthafte, weißhaarige Menschen ersinnen, so manches Mal durch Dummejungenstreiche, an die vordem niemand hat denken können, völlig über den Haufen. Das Närrischste bei solcher Plänemacherei ist aber, daß gerade die weisesten Pläne am meisten durcheinandergeraten, weil nämlich die guten, alten, weißhaarigen Leute nur mit ihrem eigenen weißen Kopf kalkulieren und für gewöhnlich vergessen, auch die dunklere Haarfärbung, die ihnen in jüngeren Jahren durchaus zu eigen gewesen, mit in Rechnung zu stellen.
Der alte Herr Pastor hatte sich noch nie ernstlich Gedanken darüber gemacht, daß ihm sein Pflegekind einmal von einem jungen Mann aus der Hand genommen werden könnte, und die Frau Pastorin, die freilich nach Frauenart dieses Hauptstück im Frauenkatechismus des öfteren erwog, hatte sich doch stets damit getröstet, Luise sei ja mit keinem Mannsbild bekannt, wobei sie Franz seines Adels wegen für keinen jungen Mann und Fritz Triddelfitz in Anbetracht seiner dummen Streiche und ihrer energischen mütterlichen Zurechtweisungen noch für einen unerfahrenen dummen Jungen hielt. Aber gerade von dieser Seite her sollten ihr die Augen geöffnet werden. Sie sollte erfahren, daß ein schönes junges Mädchen, und sei es auch in einem Pastorenhause versteckt, die jungen Männer so anlockt wie die Blüte den Schmetterling, und daß die buntgesprenkelte Raupe, die ihr zum Verdruß so oft über den Weg gekrochen war, sich nun in einen wunderschönen, gelben Schwalbenschwanz verwandelt hatte, der die Blüte in ihrem Garten umgaukelte, sich niederließ und seine bunten Flügel ausbreitete, was ihr gewiß viel Vergnügen bereitet hätte, wäre der Schmetterling nicht gerade ihr Neffe gewesen und hätte die Blüte nicht gerade Luise Hawermann geheißen.
Fritzing kam einige Tage nach der Einsegung nach Gürlitz hinüber, noch erfüllt von einer starken und gerechten Abneigung gegen das ganze weibliche Geschlecht. Die Schüssel voll Wasser, die ihm über den

Kopf gestülpt worden war, sowie seine Austreibung aus dem Speisekammerparadies hatten eine naßkalte, appetitanregende Wirkung auf ihn ausgeübt. Da er aus seinen Romanen auch wußte, daß jeder verliebte junge Mensch, wenn er mit seiner Liebsten so oder so auseinandergerät, ein Recht darauf hat, seinen begründeten Haß auf *alle* andern Weibspersonen zu werfen, machte er von diesem Recht auch Gebrauch. Er hatte sich längere Zeit nicht in Gürlitz blicken lassen, weil er seine Tante ihrer Schulmeisterei wegen, mit der sie ihm unablässig zusetzte, ein bißchen hatte bestrafen wollen. Und wie er nun nach langer Zeit wieder einmal im Pastorenhaus auftauchte, dabei seinen Haß wie mit Löffeln in sich hineinfraß und sich deswegen allen gegenüber – mit Ausnahme des Pastors – recht schweigsam verhielt, da freute sich die kleine Frau Pastorin aus Herzensgrund über sein gesetztes Wesen und meinte draußen in der Küche zu Luise: »Fritz ist mal verständig geworden. Gott sei Dank, er kommt mit den Jahren zu Vernunft.«
Luise sagte nichts dazu und lächelte nur still vor sich hin, denn wenn sie die jungen Männer auch nicht gründlich studiert hatte, so kannte sie Fritzing doch, wie man so sagt, nicht weniger genau als ein Dreierlicht. Eines mußte man nämlich dem Jüngling lassen: wenn er sich zu verstellen versuchte, dann ging es ihm wie dem Esel, der auf der Zither spielen wollte: hatte er mühsam genug ein Gebaren angenommen, das ihm fremd war, wie gegenwärtig seinen Weiberhaß, dann währte es nicht lange, und der ganze An- und Aufputz blätterte von ihm ab, so daß er alsbald splitterfasernackt als Fritz Triddelfitz wieder zum Vorschein kam und jedermann sich von diesem Schauspiel nicht gerade angenehm berührt fühlte, allen voran seine leibliche Tante.
Kaum war Fritzing also heute mit Luise einige Augenblicke beisammen, da warf er seinen Weiberhaß mitsamt den Erinnerungen an Marie Möllers, an Waschschüssel und Speisekammer über Bord und verlud aufs neue seine Romanideen schiffslastenweise als Ballast für seine »junge, aufkeimende Liebe zu Luise« – wie er vor sich selbst seine neue Schiffsfracht deklarierte. Und nachdem er diese süße Last unter seine Herzensluken weggestaut hatte und die Fahrthindernisse, die seine Jugend ihm noch auferlegte, beiseitegeräumt zu haben glaubte, da war er alsbald mit sich selbst, mit seiner Liebe und seinem Fahrzeug schon wieder klargekommen und stach beherzt in See. Anfänglich kreuzte und lavierte er noch umher, und seine liebe Tante stand am Ufer und begriff noch nicht so recht, wohin die Reise gehen sollte. Doch es dauerte

nicht lange, da hatte sein Kurs schon beträchtlich an Entschiedenheit gewonnen, und als er erst auf der hohen See »seiner Gefühle« angelangt war und die Topsegel gehißt hatte, da wurde sie mit Schrecken gewahr, welches Ziel er ansteuerte und daß ihr lieber Neffe um nichts besser war als ein ruchloser Seeräuber, Pirat oder Korsar, der schamlos Jagd machte auf die kleine, schmucke Brigg, in die sie all ihre mütterlichen Hoffnungen verstaut hatte.

Mehrmals setzte sie Zeichen und Signale: Wohin der Kurs? Was geht da vor? Doch der Pirat ließ sich nicht stören. In ihrer Herzensangst schoß sie sogar einige Male Notzeichen ab, zu ihrem Pastor hinüber. Dem aber machte die Sache ersichtlich Spaß – wahrscheinlich, weil er für die kleine, schmucke Brigg keinerlei Gefahren zu erblicken glaubte. Er saß still da und lächelte vor sich hin, wenn er auch dann und wann einmal den Kopf schüttelte. – Die kleine Frau Pastorin aber geriet rein außer Rand und Band über dies Vorgehen ihres Schwestersohns. »Dummer Junge, Ulenspiegel, Hanswurst«, so nannte sie ihn in ihren Selbstgesprächen.

Wie aber der Pirat anfing, sich auf das kleine Fahrzeug mit Honigkuchenredensarten und Bonbonversen einzuschießen, da stach auch sie in See und enterte sich den Piraten. Als sie ihn beim Rockkragen hatte, segelte sie mit ihm los, und zwar aus der Stubentür hinaus: »Komm mit, mein Söhnchen, komm! Ich hab dir was zu sagen, Fritz! Und nimm deinen Hut gleich mit!« Und als sie ihn in der Speisekammer hatte, manövrierte sie ihn erst in eine Ecke hinein, aus der er der Schüsseln und Töpfe wegen nicht gut entwischen konnte, griff dann nach einem Landbrot, schnitt eine rundum zolldicke Schnitte ab und schnaubte dabei heraus: »Du bist hungrig, Fritzing; hast nen leeren Magen, mein Söhnchen, und ein leerer Magen verfällt auf allerlei Undinge – sieh, hier hab ich dir Butter drauf geschmiert, und hier hast du auch Käse – und nun iß, mein Söhnchen, nun iß auch.« Fritz stand unbeweglich und wußte nicht recht, wie ihm geschah. Er hatte ein Herz gewinnen wollen und bekam nun eine Butterschnitte. Er wollte etwas einwenden, doch seine Tante ließ ihn nicht zu Wort kommen: »Ich weiß schon, mein Jünging, was du sagen willst, laß sein, mein Kind! Hier aber – tu mir den Gefallen! – hier ist ne Flasche Bier, Hawermann ist hinter unserm Garten und läßt auf dem Pastoracker Erbsen säen, trag sie ihm hinaus, und nun komm! und grüß ihn vielmal – ich weiß, er trinkt gerne von dem Stavenhäger Burmeisterbier.«

Und damit hatte sie ihn durch Küche und Hintertür hinausgelotst, und bevor sie die Tür zumachte, rief sie ihm noch durch die Ritze zu: »In der nächsten Zeit, Fritzing, wirst du uns nun wohl nicht besuchen können, denn nun kommt die Saatzeit – nein, laß nur sein, mein Jünging, es tut auch nichts –, aber wenn du dann wiederkommst, vielleicht zum Herbst, sieh, dann ist Luise schon siebenzehn Jahr, dann mußt du mit ihr nicht mehr von solchen Kindereien sprechen wie heute, sie wird dann doch schon zu verständig. So, mein Söhnchen, nun iß dein Butterbrot.« Und damit machte sie die Tür zu, und Fritz stand da, in der *einen* Hand die Schwarzbrot-Butterschnitte, in der *andern* die Flasche Bier.

Pfui! Dies war nun doch eine ganz niederträchtige Manier von seiner Tante. Er war richtig böse auf sie. Er wollte im ersten Augenblick das Butterbrot durchs Küchenfenster werfen und die Bierflasche hinterdrein. Er schwor sich zu, mit keinem Fuße je wieder das Pastorenhaus zu betreten. Doch die Besinnung ist das beste am Menschen. Und so wandelte er schließlich den Gartensteig entlang, betrachtete abwechselnd sein Butterbrot und seine Flasche Bier und schimpfte vor sich hin: »Das weiß der Deuwel, ich bin ja gar nicht hungrig. Und der Alte ist auch gar nicht auf dieser Ackerseite. Weg hat sie mich nur haben wollen. Aber wart nur, das soll dir nicht gelingen! Ich weiß, wann und wo Luise spazieren geht. *Mein* muß sie werden! Und wenn die Hölle platzt, *mein* muß sie werden!«

Und damit setzte er sich auf den Gartenzaun und überdachte seine neue Lage. Aber wie wäre er erst ergrimmt, hätte er gewußt, daß Luise ihm in diesem Augenblick von ihrer Giebelstube aus zusah. Dies blieb ihm aber verborgen, und weil seine Butterstulle vielleicht in den Sand gefallen wäre, wenn er sie auf den Zaun gelegt hätte, so aß er sie doch lieber gleich auf und sprach zu sich selbst, als er damit fertig war: »Ich lache über meine Tante! Und über Marie Möllers erst recht. Luise ist ein Engel! *Mein* muß sie werden! Meine Verwandten begünstigen unsere Liebe *nicht*, das ist klar. – Bong! Ohne Kampf wird keine Luise gewonnen. Ich will ... ja, was will ich?« Und ehe er etwas anderes wollen konnte, wollte er doch lieber erst einmal seine Flasche Bier austrinken. Und dies tat er auch, und nachdem er sie ausgetrunken, schritt er erfrischten Muts über den Erbsenacker, und mit jedem Fußtritt stampfte er seinen festen Entschluß in die lockere Saat hinein: »*Mein* muß sie werden!« – und wäre diese Saat nach einiger Zeit aufgegangen, so hätten die Bauern aus der Nachbarschaft bei ihren Wagenfahrten an dieser Stelle angehalten und sich gewundert: Wie? Da

hat ja wohl der Deuwel dem alten Hawermann nichts wie Disteln und Dornen zwischen die Erbsen gesät!
So fand sich Fritz denn abermals fest in Liebesbanden, aber dies hatte für ihn auch sein Gutes. Er wurde gegen seinen alten Inspektor überaus zuvorkommend, dieweil er ihn als seinen künftigen Schwiegervater ansah und dementsprechend respektierte. Er saß des Abends bei ihm, berichtete in gedrängter Kürze von seinen Zukunftsaussichten von Vaters wegen und erbat seinen Rat, ob er Land pachten oder kaufen solle und ob für ihn der Erwerb einer hübschen Grafschaft in Livland oder in Ungarn vorzuziehen sei. Der Alte versuchte ernstlich, ihm diese hochgestochenen Phantastereien in aller Ruhe auszureden, aber es nahm ihn doch wunder, welche Verwandlung in seinem Eleven vorgegangen war. Der Bengel hatte bisher nur von Reiten, Tanzen und auf die Jagd gehen schwadroniert, und mit einemmal sprach er doch schon von ernsthafteren Dingen, wenn auch noch in recht einfältiger Weise.
Indes sollte er sich noch ganz anders verwundern, als Fritz ihm eines Abends, als Franz gerade einen Ausflug gegen Gürlitz zu machte, unter vier Augen anvertraute: er werde, falls er in Mecklenburg bleibe, bei einer Pachtung oder einem Kauf vor allem auf ein stattliches Wohnhaus und einen Park sehen – er sagte *Park,* nicht *Garten* –, denn das sei er seiner zukünftigen Ehefrau schuldig, und die solle es gut haben. Auch für ihre nächsten Angehörigen wolle er sorgen wie ein Vater, und dabei blickte er den alten Inspektor so gerührt an, daß Hawermann ganz sonderbar zumute wurde. – »Triddelfitz«, fragte der Alte, »Sie werden doch nicht ein Leichtfuß sein und sich vorzeitig Liebesgeschichten in den Kopf setzen?« – Das könne schon sein, meinte Fritz, es könne aber auch *nicht* sein. Soviel sei aber gewiß, sein alter Schwiegervater solle bei ihm wohnen, und *ein* Flügel des Herrenhauses solle ganz und gar für ihn allein eingerichtet werden, und weil sein alter Schwiegerpapa an Bewegung in frischer Luft gewohnt sei, so müßten für ihn immer ein paar Pferde zum Reiten oder Fahren bereitstehen. Und damit erhob er sich, ging mit großen Schritten in der Stube auf und ab und fuhrwerkte dabei mit seinen Händen so sonderbar umher, daß Hawermann, der in der Sofaecke saß, wie eine chinesische Pagode unaufhörlich den Kopf hin- und herwenden mußte, wollte er die eigenartigen Bewegungen seines Eleven im Auge behalten. Zum Abschied an diesem Abend drückte Fritz dem alten Herrn die Hand, als ginge es um Leben und Sterben, und als Hawermann sich weiter nichts Schlimmes versah, da fuhr ihm eine warme Hand von hinten über sein weißes

Haar, bog ihm den Kopf sanft nach rückwärts und seine Stirn empfing einen heißen Kuß, so daß der alte Mann aus seiner Verblüffung erst dann zu sich kam, als Fritz schon wieder mit großen Schritten zur Tür hinaus war.

Fritz war eben ein alter, guter Junge, der in seiner Verliebtheit alle Welt glücklich machen wollte. Seine *Ge*sinnung war gut, doch seine *Be*sinnung hinkte noch, ein wenig schwächlich ausgebildet, hinterher. Nach Gürlitz zu seiner Tante Pastor ging er entschieden nicht mehr. Er wütete zudem gegen sich selber. Die Schmerzen, die ihm durch die Trennung von Luise erwuchsen, waren für ihn wie ein bittersüßer Trank, den er sich gleichwohl tagtäglich einverleibte. Aber auch derlei hat sein Maß, und wenn solch bitterer Medizin einmal zu allem Überfluß auch noch Galle zugesetzt wird, denn schluck sie der Deuwel! Und eben dies mußte ihm widerfahren. Ihm wurde noch Galle dazugesetzt, und wer war der Übeltäter? Niemand anderer als *Franz*! – Franz war in diesem Frühjahr einmal ums andere, und wenn er irgend Zeit hatte, nach Gürlitz zu unterwegs, und als die drei unverehelichten Töchter im Sommer wieder in Pümpelhagen eintrafen, war auch Luise des öfteren dort zu Besuch, und Franz war dann auch nicht weit. Er aber – unser armer Fritz – stand ganz am Rande und mußte alles aus der Ferne mit ansehen, was ihm nur ein sehr bescheidenes Vergnügen gewährte.

Ich will damit durchaus nichts angedeutet haben. Und auch niemand, der dieses Buch bis hierher gelesen hat, wird Fritzing für einen Spitzkopf oder ein Schlitzohr von der Sorte halten, die sich ständig aus allerlei Anzeichen und Andeutungen etwas zusammenkombiniert oder zusammenphantasiert. Aber er wäre doch entschieden ein völlig vernagelter Dummkopf gewesen, hätte er nicht gemerkt, daß es mit Franz nicht so ganz seine Richtigkeit hatte. Aber selbst, wenn dem nicht so gewesen wäre, so kann doch ein regelrecht verliebter junger Mensch kaum ohne Eifersucht auskommen, denn die gehört nun einmal dazu. Ein Mensch, der verliebt ist und meint, keinen Nebenbuhler zu haben, kommt mir immer so vor wie mein Nachbar Hamann, der zu Pferde sitzt und mit nur *einem* Sporen reitet. Und hier war es nun wirklich der Fall, Franz war wirklich sein Nebenbuhler, und Fritz behandelte ihn auch dementsprechend. Und so währte es nicht lange, da war er mit Franz genauso weit gekommen wie seinerzeit mit Marie Möllers und mit seiner Tante; auch mit ihm sprach Fritz nicht mehr. Er hatte seinen ganzen Umgang auf seinen alten, braven, künftigen Schwiegervater eingeschränkt.

Nun kann der Mensch aber nur ein bestimmtes Maß von Leiden ertragen. Was zuviel ist, ist zuviel. Eine Linderung ist unumgänglich, und die einzige Linderung, die bei einem Verliebten anschlägt, ist der Umgang mit seiner Geliebten. Dieser also mußte nun alsbald von Fritz ins Werk gesetzt werden, und er ging dabei sehr energisch und planmäßig vor: überall lauerte er Luise auf.

Jede hohle Weide war für ihn ein Schilderhaus, um seine Liebste zu bewachen, jeder Pümpelhäger Graben ein Laufgraben, um sie zu belagern, jede Anhöhe eine Bastion, um dort Wache zu halten, und hinter jedem Busch lag er im Hinterhalt. So konnte es nicht ausbleiben, daß er auch zum Ziel gelangte und Luise immer wieder aufs neue einen tödlichen Schreck einjagte. Denn – weiß der Deuwel, was er davon hatte – jedesmal, sofern sie gerade an gar nichts oder aber etwa an ... – sagen wir einmal: Franz – dachte, schoß Fritz mit seinem langen Oberkörper wie Ziethen aus dem Busch hervor, tauchte wie ein Seehund mit dem Kopf aus einem grünen Roggenfeld heraus oder sprang von einem Baum herab, auf dem er wie ein Luchs dem Reh aufgelauert hatte, ihr genau vor die Füße.

Anfänglich erholte sie sich immer wieder rasch von ihrem Schreck, weil sie dies für einen seiner üblichen dummen Streiche ansah, die ihr ja längst vertraut waren. Sie amüsierte sich dann darüber und sprach mit ihm von gleichgültigen Angelegenheiten. Bald aber merkte sie doch, daß es mit dem Jungen eine eigenartige Bewandtnis hatte. Er war in seiner Redeweise so feierlich, das Allergleichgültigste sprach er mit so eigenartiger Betonung aus, er rieb seine Stirn, als müßten ihr die tiefsten Gedanken entspringen, er legte die Hand aufs Herz, wenn sie vom Wetter sprach, als fühle er dort Stiche, er schüttelte betrübt den Kopf, wenn sie ihn nach Gürlitz einlud, und beteuerte: dies litte seine Ehre nicht. Wenn sie ihn nach ihrem Vater fragte, so rauschte es ihm von den Lippen, als sei der Zapfen aus dem Faß gezogen: dies sei ein wahrer Engel von Inspektor, dies sei ein *alter Greis*, wie er nie wieder geboren werden könne, *sein* Vater sei schon gut, doch dieser Vater sei der Vater aller Väter. Fragte sie nach Fräulein Fidelia, so behauptete er: er kümmere sich nicht um die Weiber, sie wären ihm *fast* alle gleichgültig. Und als sie ihn einmal unglückseligerweise nach Franz fragte, da schossen Blitze aus seinen Augen. Er rief einige Male: Ha!, lachte danach gräßlich auf, griff nach ihrer Hand, steckte ihr ein zusammengefaltetes Papier hinein und stürzte sich Kopf voran in ein hohes Roggenfeld, in welchem er dann verschwunden war.

Und als sie das Papier entfaltete, fand sie die folgende Bescherung:

An *Sie*.
Wenn mit zartem Silberblicke
Luna durch die Wolken zieht
Und trotz nächt'gem Mißgeschicke
Sonnengluth am Himmel glüht,
Wenn die leisen Wogen rauschen
Und der Epheu Bäum' umrankt,
Oh, dann laß uns Blicke tauschen,
Die die Sehnsucht uns verdankt.

Wo Du gehst mit frohem Muthe,
Geht die schönste Liebe nur,
Mit der Frühlingsblum' am Hute
Folg' ich lauschend Deiner Spur;
Aber ach! Dahingeschwunden
Ist die Liebe, wenn du gehst.
Ach! ein Jüngling hat auch Stunden,
Die du **leider!** nicht verstehst.

Aber **Rache!** will ich üben
An dem Feinde, der mich kränkt,
Ich! der dies Gedicht geschrieben
Und der nur an **Rache!!** denkt

Fritz Triddelfitz

Pümpelhagen, den 3. Juli 1842.

Als Luise dieses Gedicht einmal las, verstand sie es nicht. Als sie es zum zweiten Male gelesen hatte, verstand sie es immer noch nicht, und als sie es zum dritten Male las, verstand sie es erst recht nicht. Mit anderen Worten: zwar blieb ihr es völlig versagt zu erraten, an wem der unglückliche Dichter seine Rache üben wollte – indes *so* unerfahren war sie nun auch nicht mehr, daß sie nicht bald herausgefunden hatte, daß mit der »Sie« sie selber gemeint war.
Nun hätte sie gern die Angelegenheit für einen von Fritzens närrischen Streichen genommen und wollte sich schon einreden, es sei wieder einmal mit ihm durchgegangen. Wie sie sich aber seine Verrichtungen, seine Reden und sein verändertes Gehabe ins Gedächtnis zurückrief, da

mußte sie sich eingestehen, daß dies alles von einer bloßen Neckerei doch schon recht weit entfernt lag. So beschloß sie denn also, ihm wenn irgend möglich fortan aus dem Wege zu gehen. Und dabei war sie noch so unverbogen, daß sie dies als ein großes Unglück für Fritz ansah und darüber in ein tiefes Mitleid mit seinen Kümmernissen geriet.
Das Mitleid ist eine Brücke, die zur Liebe führt, und hier wurde ihr nun zum ersten Male das schöne Ufer jenseits dieser Brücke mit seinen Rosenlauben und Jasminhecken sichtbar gemacht, und dies ist für ein junges Mädchen von rund siebzehn Jahren etwa ebenso verlockend wie Kirschen für die Amsel. Und wer weiß, ob sie nicht doch über diese Brücke ein wenig nach drüben geschlendert wäre, hätte sie dort zwischen den Rosenlauben nicht Fritz in seinen gelben Stulpenstiefeln und im grünen Jagdschniepel auf Vössing herumexerzieren oder ihn auf dem Gartenzaun hinter den Jasminhecken sitzen sehen, mit einer Butterstulle und einer Flasche Bier in der Hand und mit seinen Beinen in der Luft umherschlenkernd. So erschien ihr Fritzing trotz ihres Mitleids ein wenig lächerlich, und deshalb blieb sie diesseits der Brücke und zog es vor, ihn aus sicherer Entfernung zu betrachten, denn Vössing konnte sich abermals in die Pfütze legen, und die Butterstulle machte möglicherweise doch Fettflecken.
Die dümmsten Jungen bringen es fertig, ein junges Mädchen von siebzehn Jahren an der Nase herumzuführen. Selbst Kerle, die statt des Herzens einen Bovist unter der Weste haben, vermögen ein junges Herz zu gewinnen, und nur die armen Schelme, die einen Streifen von der Narrenjacke an sich tragen, gelangen nicht zum Ziel, denn nichts vermag eine junge Liebe stärker zu beeinträchtigen als Lächerlichkeit.
So fühlte sie sich denn zum guten Ende über Fritzings Gedicht doch eher belustigt. Nachdem sie sich darüber herzlich ausgelacht hatte, verspürte sie aber doch so etwas wie einen leisen Stich in der Herzgegend. Ihr war, als habe eine weiche Hand ihre Hand berührt und ein Paar freundliche Augen hätten tief in sie hineingeblickt. Und darüber geriet ihr Franz in den Sinn, wahrscheinlich aber auch, weil sie ihn gerade von weitem auf sich zukommen sah. Sie zerriß das Rachegedicht in lauter kleine Fetzchen, und als Franz vor ihr stand und sie begrüßte, wurde sie rot. Als sie spürte, daß sie rot geworden war, ärgerte sie sich über sich selbst und wurde noch röter, und als Franz sich nun mit ihr in einfachen Worten über ganz einfache und gleichgültige Dinge unterhielt, da wurde sie verlegen, gab verkehrte Antworten und verstreute

in Gedanken die Schnipsel von Fritzings Rachegelöbnis in der Luft. »Weiß der Himmel«, ging es Franz durch den Kopf, als er sie ein Stückchen begleitet hatte und nun den Weg zurückging, »was mit ihr heute wohl ist? – Sie ist ja ganz anders als sonst. – Bin *ich* daran schuld? Hat sie sich geärgert? Was war das für ein Papier, von dem sie die Schnipsel in den Wind streute?« In solchen Gedanken gelangte er an die Stelle, an der er ihr begegnet war, und – siehe da! – dort lagen noch einige von den Papierfetzen, und ohne sie aufzuheben, las er auf einem »... an **Rache!!** denkt Fritz Triddelfitz«, denn Fritz hatte hinter »denkt« den Punkt vergessen. Dies machte ihn nun neugierig, denn er kannte ja Fritzings Handschrift. So suchte er weiter, fand aber nur noch wenige Fetzchen, und als er sie notdürftig zusammengelegt hatte, ergab sich nichts weiter als: »umrankt, ... laß uns Blicke tauschen ... Sehnsucht uns verdankt ... Mit der Frühlings ... Folg' ich lauschend Deiner Spur ... Dahingeschwunden ... Liebe, wenn Du gehst ... Ach! ein Jüngling ... **Rache!** will ich üben ... Feinde ... an **Rache!** denkt *Fritz Triddelfitz*«. Das übrige hatte der Wind verweht.
Dem war nun nicht viel zu entnehmen. Das einzige, das er nach einigem Grübeln mit Bestimmtheit zu wissen glaubte, war, daß Fritz Triddelfitz in Luise verliebt war, daß er ihr auflauerte und **Rache!!** an ihr üben wollte. Die Sache war eher komisch. Indes war Fritz ein Mensch, der so voller törichter Streiche steckte wie der Esel voll grauer Haare. Er konnte immerhin irgendeine Verrücktheit anstellen und Luise in Peinlichkeiten bringen. Also beschloß er, hübsch aufzupassen und Fritz, sobald er nach Gürlitz aufbrach, nicht aus den Augen zu lassen.
Bei Fritz aber war das Eis nun gebrochen: *er* hatte gesprochen, *er* hatte das Seinige getan. Nun war die Reihe an Luise: jetzt mußte *sie* sprechen, wenn überhaupt aus der Sache etwas werden sollte. Er wartete und wartete, aber es geschah nichts. »Das ist doch recht verdrießlich«, sagte er zu sich selber, »aber sie ist in derlei Angelegenheiten wohl noch nicht bewandert, und das ist mir soweit auch ganz recht. Ich muß ihr also den Weg weisen.« So setzte er sich denn abermals hin und schrieb einen Brief, mit verstellter Handschrift:

Aufschrift: *An die Bewußte.*
Überschrift: Holder Traum meiner Gedanken!!
Dieser Brief ist stumm, er sagt nur das *Nothwendige* und wird auf dem **dritten** Rosenstock in der **zweiten** Reihe zu finden sein; *mündlich* ein Mehreres. Vorläufig *dies:* Wenn an der Gartenthür ein *Kreuz* mit *wei-*

ßer Kreide geschrieben ist, dann liegt der *Inhalt meines Herzens* unter dem *Topf* des dritten Rosenstockes in der zweiten Reihe. **Taschentücher-Wehen** von **Gürlitzer** Seite bedeutet Anwesenheit und *Wunsch* der Sehnsucht; **mein** Zeichen hingegen ist ein dreimaliger **Pfiff** auf der Krücke meines Handstockes. (Unser Schäfer hat es mich gelehrt, die Liebe lernt alles). *Rangdewuh:* der große Wassergraben, *rechts* von der Brücke.

Auf ewig!!
Der Bewußte.

P. S. Die *Liebe* wird entschuldigen, daß ich dies in Hemdsärmeln geschrieben habe, es ist eine **hahnebüchene** Hitze.

Dieser Brief aber kam in die unrechten Hände. Die kleine Frau Pastorin war es, die ihn fand, als sie die Blumen begießen wollte, denn Luise, die jetzt in der Hauswirtschaft tüchtig herangenommen wurde, war just beim Stachelbeereinmachen. Die Frau Pastor machte sich gar kein Gewissen daraus, den Briefumschlag zu öffnen und den Brief zu lesen, und als sie sich mit seinem Inhalt bekanntgemacht hatte, zweifelte sie nicht mehr im geringsten daran, daß der Brief an Luise gerichtet war und von ihrem lieben Neffen Fritz stammte.
Luise aber durfte sie von ihrem Fund durchaus nichts sagen, denn damit hätte sie Fritz nur in die Hände gearbeitet. Freilich spielte sie einmal ein wenig mit verblümten Redensarten auf einen törichten Briefwechsel an, nur um zu erfahren, ob Luise vordem schon ähnliche Episteln gefunden habe. Dies war aber vergeblich, das Kind bemerkte die Anspielung nicht einmal, und so beschloß sie nun auch, ihrem Pastor ebenfalls nichts zu sagen, denn wozu sollte der sich auch noch ärgern? Und schließlich, daß ich es zugebe, war es ihr überaus zuwider, sich eingestehen zu müssen, daß ihr eigen Fleisch und Blut – denn dazu mußte sie Fritz doch leider rechnen – derart verliebte Torheiten beging. Aber der, mit dem sie gern ein Wörtchen geredet hätte, Fritz selber nämlich, der ließ sich nicht blicken.
Sie ging einige Tage in mancherlei Bedenklichkeit umher und entzog Luise das Blumenbegießen ein- und für allemal, damit sie nichts merken sollte. Und es war sehr richtig von ihr, daß sie dies tat, denn es blieb nicht lange aus, da fand sie tatsächlich einen halb durchgeweichten Brief unter dem dritten Rosenstock in der zweiten Reihe. Dieser war schon deutlicher:

Aufschrift: An die **Einzige,** mir **allein** Bewußte.
Überschrift: Seele meines Daseins!!
Tücke umgarnt uns; ich weiß, daß der *Feind* mich beobachtet. – Feiger **Spion,** ich **belache** Dich! – Habe keine Furcht, Geliebte, ich befreie uns. – Eine kühne *That* wird unsere Liebe in **Aufschwung** bringen. Morgen nachmittag um 2 Uhr, wenn der **Drache** schläft, der meinen **Schatz** bewacht, erwarte ich das Zeichen mit dem Taschentuch, ich bin dann bei den Miststreuern auf der Brache hinter dem Wassergraben, ein **dreimaliger Pfiff** auf dem Krückstock wird dich locken. Und wenn auch die **Hölle** platzt – ich hab's *geschworen* – immer der

Deinige.

Als die Frau Pastorin dies gelesen hatte, war sie rein aus dem Häuschen: »Dieser ...! Dieser ...! – Oh, du heilloser Bengel! ›Drache schläft‹! – damit meint der Schlingel *mich*! Aber warte! Ich werde *dich* locken, und wenn die *Hölle* auch nicht platzt, *dir* soll doch etwas an die Ohren platzen, hab ich dich nur erst!«
Am nächsten Tag noch vor zwei Uhr nachmittags erhob sich die Frau Pastorin von ihrem Sofa und ging in den Garten. Die Stubentür hatte geknarrt, und ihr Pastor hatte das Klinken der Hoftür gehört. Er stand also auf und blickte aus dem Fenster, um zu sehen, was seine liebe Frau zu dieser ungewohnten Stunde im Garten hinter dem Hause wohl treibe, denn ihre Schlummerzeit dauerte sonst bis drei Uhr. Er gewahrte sie hinter einem Busch, und da stand sie und wedelte in einem fort mit dem Taschentuch in der Luft. – »Sie winkt vielleicht Hawermann«, sagte er sich und legte sich wieder hin. Sie hatte aber nur ihrem Neffen ein freundschaftliches Zeichen geben wollen, um ihm ein wenig näher auf den Pelz zu rücken. Aber er erschien nicht, und auch keine drei Pfiffe ließen sich hören.
Recht verärgert kehrte sie in ihr Zimmer zurück, und als ihr Pastor sie zur Kaffeezeit fragte, weshalb sie im Garten gewinkt habe, geriet sie *derart* in Verlegenheit, daß sie log, wie ich leider gestehen muß, obwohl sie eine Pastorenfrau war. Sie beteuerte, ihr sei so beklommen gewesen, sie habe sich bloß ein bißchen frische Luft zuwedeln wollen.
Am dritten Tage fand sie abermals einen Brief:

Aufschrift: An die **Meinige,** mir vom Schicksal **Bestimmte.**
Überschrift: **Sonne** meines **dunkeln** Innern!!
Kennst *Du* **Höllenqualen?** – Ich habe sie ausgehalten vorgestern

nachmittag um 2 Uhr beim Miststreuen. – Die Luft war rein, der **Feind** war beim Kleeheu, und dein Taschentuch flatterte wie eine von meinen vorigen Tümmlertauben in den balsamirten Lüften; grade war ich in Anschlag, unsere verabredeten **drei Pfiffe** erklingen zu lassen, als das alte **Rindvieh** von Bräsig bei mir zu stehen kam und mich eine **Klockenstunde** lang von dem Miste unterhielt. Als er weg war, stürzte ich in den Wassergraben; aber **Essig!** Da hatte eine Eule gesessen; Dir war wohl die Zeit lang geworden, und Du warst fort. – Aber nun **höre!** Heute abend **Punkt Klock Schlag halb neun Uhr,** wenn ich meine saure Milch gegessen habe, bin ich auf der bewußten **Rangdewuh-Stelle;** heut ist Sonnabend, der Paster macht seine Predigt und der **Drache** scheuert; die **Gelegenheit** ist günstig, und der **Hollunderstrauch** verbirgt uns dort (Schiller!). Warte nur, balde ruhest Du auch (Göthe!) in den Armen Deines **Anbeters,** der Alles, was ihm theuer ist, *verkaufen* könnt, um Dir was dafür zu *kaufen,* was Dir theuer ist.

Oh, Wiedersehn, oh Wiedersehn!
Bis dahin will ich schlafen gehn,
Will all mein Sehnen, all mein Denken
In der Lethe stillen Strom versenken,
Und seh ich mein Liebchen dann wieder,
Und reißen die Fluthen mich *nicht* nieder,
Dann sage ich, Liebchen, ich geh,
Ich weiß, daß ich morgen Dich wieder seh!

(Der **Anfang** ist von **mir** selber, das **Mittelste** von Schillern und das *Ende* von einem gewissen Anonymus, der auch viel geschrieben hat, was aber von **mir** zu Paß gemacht ist.)

Mit Qualen der Sehnsucht

der Deinige.

»Nein!« rief die kleine Frau Pastorin aus, als sie dies Machwerk gelesen hatte, »dies geht mir denn doch über Kreid' und Rotstein! Ja, meine liebe Schwester, du hast dir eine schöne Pflanze aufgezogen, und sie trägt ja auch schon recht niedliche Früchte. Aber da müssen denn doch *andere* Leute zutreten, und ich meine, ich bin als Tante denn doch die Nächste dazu. – Und das will ich!« rief sie mit lauter Stimme, und dabei trat sie heftig mit dem Fuße auf, »und ich will mal sehen, wer mich daran hindern will!«

»Ich vor meine Perßohn nich, Frau Pastern«, sagte Bräsig, der unversehens hinterm Bienenstand hervorkam.

»Haben Sie vielleicht gehorcht, Bräsig?« fragte die Frau Pastor noch sehr ärgerlich. – »Horken?« fragte Bräsig. »Ich horke nie nich, ich halte bloß meine Ohren offen, un denn höre ich was, und halte meine Augen offen, un denn seh ich was. Zum Exempel: nu seh ich, daß Sie hellschen in der Ravage sind.« – »Ja, aber ein Engel könnte bei solcher Geschichte wild werden.« – »Na, Frau Pastern, die Engels mit ihre Flüchten werden so schon wild genug sein, die brauchen wir nich hierher zu inkommandieren, wenn wir was Wildes sehen wollen, denn ich glaub', hier dicht bei in Pümpelhagen is der Deuwel los.« – »Mein Gott, hat Fritz vielleicht wieder ...?« – »Nein, das sag' ich nicht«, sagte Bräsig, »ich weiß auch nicht, was das ist; aber sein tun tut da etwas.« – »Wieso denn?« – »Frau Pastern, Hawermann is ärgerlich, un denn kann sich einer drauf verlassen, daß ein unangenehmes Verhältnis in der Luft ist.

Sehn Sie, vor en Tagener acht komm ich nach Pümpelhagen, indem daß er viel mit Heuernt un auch Rappmähen zu tun hatte, un sag: Gun Morrn, sag ich. – Gun Morrn, sagt er. – Korl, sag ich un will was sagen, da sagt er: Hast du meinen Triddelfitz nicht gesehen? – Ja, sag ich. – Wo? fragt er. In den großen Wassergraben sitzt er, sag ich. – Hast denn den jungen Herrn von Rambow nicht gesehen? fragt er. – Der sitzt in den negsten Graben ganz dichting bei, sag ich. – Was tun sie da? fragt er. – Sie spielen da, sag ich. – Du bist woll nich bei Troste, sagt er, in dieser hilden Zeit, un denn spielen? – Ja, Korl, sag ich, un ich hab auch mitgespielt. – Was habt ihr denn gespielt? fragt er. – *Kik*! haben wir gespielt, Korl. Süh! Was dein Windhund is, der kuckte über die Grabenburt ümmer nah Gürlitz zu, und was dein Eddelmann is, der kuckte wieder nach den Windhund, und ich kuckte aus der Mergelkuhl an dem Scharnberg wieder nach die beiden, und wenn einer ne Wendung machte, denn dukerten wir uns, und so saßen wir un kuckten und dukerten uns ümschichtig, bis mich die Sache langweilig wurde und ich auf den Eddelmann losgung: Gun Tag, sag ich. – Gun Tag, sagt er. – Um Vergebung, sag ich, was haben Sie hier for ein ökonomisches Geschäft? – Ich, sagt er un stamert, ich wollt mir nur mal unsre Erbsen ansehn, was sie gut angesetzt haben. – Hm! sag ich, so? sag ich, na! sag ich – gun Tag, sag ich un geh auf den Windhund zu. – Sie nehmen's nich übel, Frau Pastern, so nenne ich ümmer Ihren Herrn Newöh.« »Nein, gar nicht«, bemerkte Frau Pastorin dazu, sie bezeichne ihn noch ganz anders.

»Gun Tag! sag ich also, was betreiben *Sie* denn hier for Geschäften? –

O nichts nich, sagte er un gung ab as en schulschen Hund; ich besah mich man unsere Erbsen. – Korl, sagt ich zu Hawermann, wenn deine Erbsen von't Ansehen Pfähle ansetzen, denn ernt's du 's zwanzigste Korn. – Das weiß der Kuckuck, sagt er hellschen verdrießlich, alle beide machen nichts als Dummheiten; den jungen Herrn kenn ich diesen Sommer gar nicht wieder; er geht as in en Drom herum, vergißt mir allens und ist nicht mehr auf den Fleck, und der andere dumme Bengel is leger als leg. – Sie nehmen's Hawermann nich übel, Frau Pastern, daß er ›dummer Bengel‹ zu Ihren Herrn Newöh sagte.« – »Ih bewahre«, bemerkte Frau Pastorin, das sei ihr ganz recht.

»Sehn Sie, das war nu vor ein Tagener acht. Nu geh ich aber gestern morgen mit der Angelrute bei Dau un Dag aus dem Haus un will doch mal sehn, was der Bars nich beißt; was seh ich? Ihren Herrn Newöh, den Windhund; geht stantepeh hier in den Goren hinein und kommt nach ner Weile wieder raus, un achter den her sleicht sich der Eddelmann ümmer mang die Dornbüscher un Grabens entlang, as wenn er en Voß belauert, un as der an meiner Beobachtungsstelle vorüber war, da kommt mein guter Korl Hawermann übern Berg rüber, und das wieder achter diesen her, und als der an mein Flag vorbei war, da gung ich auch achter her, un so gungen wir in'n großen Bogen, in en großen Spatium auseinander, ganz ums Dorf herum, indem daß ein jeder bloß die sah, die vor ihm waren, was for mir hellschen lustig war. Morgen geht's wieder los, un wenn Sie, Frau Pastorin, an so was Plesir finden, oder der Herr Paster, denn können Sie ja wieder achter mir her gehen – denn Hawermann sagt, er will die Sache partuh auf den Grund kommen, indem daß er nu schon dreimal achter hergelaufen ist.«

»Ich danke vielmals für das Vergnügen«, erwiderte Frau Pastorin, »ich hatt schon Vergnügen genug von der Geschichte. – Können Sie ein Geheimnis bei sich behalten, Bräsig?« – »As en Sieb, wo en Loch in is.« – »Nein, lassen Sie das Spaßen sein. Können Sie schweigen?« – »Ausverschamten«, sagte Bräsig, und dabei schlug er sich mit der Hand so auf die Mundpartie, daß, hätte es ein anderer bei ihm getan, er diesem kräftig unter die Augen getreten wäre.

»Na, dann hören Sie«, sagte die Frau Pastorin und erzählte ihm, was sie wußte. – »Wo, das ist ja ein rechter dummer Bengel, Ihr Herr Newöh!« rief Bräsig, und Frau Pastorin las ihm nun die Briefe vor. – »Nee, Frau Pasturin, wo krigt dieser dumme Bengel so ne Redensorten her; ja, er is dumm, abersten seine Schriften sünd gor nich so dumm, das hat ordentlich as so'n Turnus.« Und als die Frau Pastorin nun von dem

Drachen vorlas, lachte Bräsig hell auf: »Frau Pastern, da meint er Ihnen mit.« – »Das weiß ich«, sagte sie verdrießlich, »aber hier das Rindvieh in dem dritten Brief, das sind *Sie*, und wir haben uns nun weiter nichts vorzuhalten. – Nun ist bloß die Sache diese, Bräsig, ich muß den Schlingel vor mir haben, daß ich ihm mal ordentlich den Kopf waschen kann.« – »Richtig. Und nichts leichter as dies. Sehn Sie, wir beiden, Sie und ich, legen uns hir achter den Gartenzaun üm Klock achten. Klock halwig negen nehmen wir Lowise un setzen sie in den Wassergraben, und Sie sollen sehen, er kommt as de Bor nah'n Honnig, un wenn er nu da anfangen will zu lecken, denn brechen wir beide los un greifen ihn.« – »Ach, Sie sind nicht recht gescheut, Bräsig. Wenn ich die Sache an die große Glocke binden will, denn brauche ich Sie nicht. Es wäre ja das größte Unglück, wenn Luise etwas davon erführe; auch Hawermann, selbst nicht einmal mein Pastor darf etwas davon erfahren.« – »Hm, hm!« sagte Bräsig, »denn . . ., denn . . . Halt! Nu weiß ich's: denn müssen Sie, Frau Pasturin, sich hellschen dünn machen un müssen Lowise ihr Zeug anziehen un müssen auf Rangdewuh gehn, un wenn er denn kommt und setzt sich bei Sie nieder und will Ihnen karessieren, denn krigen Sie ihn furtsen bei die Gördel, *so*, mit *diesen* Griff, bis ich ran komm«; und dabei hätte er an die kleine Frau Pastorin fast Hand angelegt.

»Sie sind unklug, Bräsig.« – »Je, das sagen Sie, Frau Pastorin; abersten wenn er seine Liebste nicht in den Graben sitzen sieht, geht er nicht hinein, un wenn wir ihn nicht mit ner Überrumpelung fassen, dann können wir ihm nachflöten, denn er is ein hellisch langschinkiger, dünnriwwiger Hund, und wir können vergews achter ihm her pusten mit unsere kurzen Beine und unserer Komplettigkeit.« – Das war freilich wahr – aber nein! sie sollte zu einem Rendezvous gehen? Bräsig war ja schon ziemlich verdreht, aber wie sollte sie sich Luises Kleid überziehen?

Doch Bräsig ließ nicht locker. Er stellte ihr vor, daß es sich ja nur um eine Zusammenkunft mit ihrem eignen Herrn Neffen handele und daß sie, wenn sie sich auf den Grabenrand setze, ja nur das Tuch umzulegen und den italienischen Strohhut von Luise aufzusetzen brauche; »aber in'n Sitzen müssen Sie den Rangdewuh abhalten, denn wenn Sie stehen, denn sieht er gleich, daß Sie en Fuß kleiner sünd as Lowise und daß Sie in der Dickde en Fuß Rundholz mehr haben.«

Endlich – endlich ließ sich die Frau Pastorin dazu bereden, und als sie gegen acht Uhr mit Luises Hut und Tuch aus der Hintertür schritt, da dachte sich Pastor Behrens, der in Gedanken an seine Predigt versunken am Fenster stand: »Mein Gott, was will Regina mit Luises Hut und Tuch? – Und da kommt ja wohl auch Bräsig aus der Laube hervor. Nun, er wird wohl hereinkommen, wenn er von mir etwas will – aber sonderbar ist's doch!«

Frau Pastorin schritt nun zu allem bereit mit Bräsig den Gartensteig entlang, öffnete die Gartentür, und wie sie nun alleine durch die Pforte weiterging, weil Bräsig im Garten blieb und sich wie ein großer Frosch hinter dem Zaun niederhockte, da wurde es ihr zum ersten Male bedenklich zumut: »Bräsig«, sagte sie, »kommen Sie weiter mit zum Graben, wir sitzen zu weit auseinander, denn wenn ich ihn gegriffen habe, dann müssen Sie ganz dicht bei der Hand sein.« – »Meinswegens«, sagte Bräsig und ging hinter Frau Pastorin her bis zum Graben.

Diese Art Gräben, wie es der Wassergraben war, wird nun bald nirgends mehr zu finden sein, weil sie durch die Drainage überflüssig werden: Aber jeder Landmann kennt sie noch von früher her, als sie oft durch Anhöhen hindurchgelegt waren, sechzehn, ja zwanzig Fuß breit oben am Rande und unten ganz schmal, an den Rändern hier und dort mit Dornenhecken bewachsen, fast immer trocken, nur im Frühjahr und im Herbst mit anderthalb Fuß hohem Wasserstand, aber mitunter auch im Sommer nach einem kräftigen Gewitterregen. Dies war nun heute der Fall. »Bräsig«, sagte die kleine Frau Pastorin, »legen Sie sich hier unter den Dornbusch, dicht bei mir, damit Sie mir gleich zu Hilfe kommen können.« – »Warum das nicht? Meinswegen«, sagte Bräsig. »Aber Frau Pasturin, Sie müssen sich en Stichwort ausdenken, auf welchem ich losbrechen soll.« – »Je so! Ja, das ist nötig – aber was? – – Warten Sie! Wenn ich rufe: ›*Philister über dir*‹, dann springen Sie auf ihn los.« – »Schön, Frau Pasturin!«

»Gott im Himmel!« sprach sie zu sich selbst, »ich komme mir wirklich wie eine Delila vor. Des Abends um halb neun zum Rendezvous bestellt! In meinen Jahren! Ach, was ich als junges Mädchen verabscheut haben würde, das muß ich nun in meinen alten Tagen tun! – Bräsig! Schnauben Sie doch nicht so schauderhaft, das kann man ja viertelwegs hören. – Und das alles um den Jungen, um den sakrementschen Jungen! Lieber Gott, wenn dies mein Pastor wüßte! – Bräsig, was lachen Sie! Das dumme Lachen verbitt ich mir!« – »Ich lach ja nicht, Frau Pasturin.« – »Ja, Sie lachen: ich hab Sie deutlich lachen gehört.« – »Ich habe bloß aus Langeweil gehujahnt, Frau Pasturin.« – »Und bei solcher Geschichte können *Sie* gähnen? *Ich* fliege an Händen und Füßen. Oh, du heilloser Schlingel! Was hast du aus mir gemacht! Und ich kann's doch keinem andern sagen, ich muß es selbst ausfechten. Bräsig, den hat mir Gott geschickt.«

Mit einmal rief Bräsig – es sollte geflüstert sein, aber es hörte sich an, wie wenn aus der Ferne der Wiesenknarrer lockt –: »Frau Pasturin, recken Sie sich so lang aus as Lewerenzen sin Kind, und machen Sie sich ganz dünn im Leibe, un nehmen Sie ne liebliche, verschämte Miene an, denn da kommt er über den Berg, ich seh ihn gegen den Abendhewen.«

Und in der kleinen Frau Pastorin pochte das Herz, und der Grimm stieg in ihr auf gegen den Jungen, und der Schimpf über ihre Lage übergoß sie glühend und heiß, und jetzt wäre sie sicher davongelaufen, wenn Bräsig nicht abermals gelacht hätte.

Dies verdroß sie, und so wollte sie doch zeigen, daß ihr die Angelegenheit ernst war.

Diesmal hatte Bräsig nun aber wirklich gelacht, denn hinter der ersten schwarzen Gestalt, die über den Hügel schritt, kam eine zweite und nach ihr wieder eine dritte, und er murmelte mit unterdrücktem Lachen hinter seinem Dornbusch heimlich vor sich hin: »So! Nu's Korl Hawermann auch da, nu's de ganze Pümpelhäger Entspekschon in die Beine un wollen sich mäglicher Wis mal ansehen, woans die Erbsen des Abends in'n Düstern lassen. Na, dies wird aber ne Kemedi!« Die Frau Pastorin sah die andern nicht, sie sah bloß ihren lieben Neffen, der spornstreichs auf sie zukam. Jetzt lief er über die Brücke, jetzt lief er den Grabenrand entlang, jetzt sprang er einige Fuß hinab und umschlang seine liebe Tante rundum: »Geliebter Engel!« – »Warte, du Bengel!« rief sie zurück, und mit dem Griff, den Bräsig ihr beigebracht hatte, bekam sie ihn, wenn auch nicht an der Gurgel, so doch oben am Rockkragen zu fassen, und rief mit heller Stimme: »Philister über dir!« und der Bräsig-Philister rappelte sich auf – Gotts Donner, sein Fuß war eingeschlafen! – aber das hilft nicht! Er humpelte auf dem einen Bein den Grabenrand entlang und wollte jetzt auf Fritz die halbe Grabensenke herunter losspringen, und er tat es auch. Doch das eine Bein versagte den Dienst für seine hundertachtzig Pfund, die es in Schwung bringen sollte: Bräsig fiel rücklings in einen Dornbusch, überschlug sich und schoß wie ein Häufchen Unglück in die anderthalb Fuß Grabenwasser hinein.

Da saß er nun vorläufig steif und starr, als wäre er noch in seiner Wasserkunst und nehme ein Sitzbad. Auch Fritz stand steif und starr, auch ihm war so zumute wie in einem Bade. Dies aber war ein Sturzbad, denn er stand ungeschützt unter dem Strahl der kräftigen Redensarten seiner lieben Frau Tante, die auf ihn niederbrausten und sausten und immer mit den Worten schlossen: »Nun *hat dich* aber der Drache, mein Sohn! Nun *hat dich* aber der Drache!« – »Un nu kommt das Rindvieh!« schrie Bräsig, der sich nachgerade aufgerafft hatte und auch auf ihn losfuhr. Doch auch Fritz war zur Besinnung gelangt: er riß sich von seiner Tante los und wäre wohl entkommen, wenn ihm nicht quer über den Graben ein neuer Feind in die Flanke gefallen wäre. Dies war Franz, und über ein Kleines war auch Hawermann da, und als Frau Pastorin sich von diesem Schrecken gerade eben erholt hatte, da stand auch ihr Pastor vor ihr und fragte: »Um Gottes willen, Regina, was ist dies? Was soll das bedeuten?«

Die kleine Frau Pastorin war am Ende. Doch Bräsig war noch lange nicht am Ende, obwohl es so aussah, wie wenn er unterwärts in lauter fließend Wasser verwandelt sei und nun allgemach seiner gänzlichen Auflösung entgegenflösse: »Entfamter Windhund!« rief er und gab Fritz ein paar Püffe unter die kurzen Rippen, »um deinetwillen muß ich mich den verfluchten Podagra wieder holen? Aber nu sollen doch alle zu wissen kriegen, was du for ein verdammter Jesuwiter bist. Hawermann, er . . .«

»Um Gottes Willen!« rief die Frau Pastorin, die sich angesichts dieses aufziehenden Unwetters rasch wieder erholt hatte, und warf sich dazwischen, »höre keiner auf Bräsig! Hawermann, Herr von Rambow, ich bitte Sie! Gehn Sie ruhig nach Hause, die Geschichte ist zu Ende. Sie ist rein zu Ende, und was noch nicht zu Ende ist, das bringt mein Pastor zu Ende, es ist ne Familiengeschichte, ne bloße Familiengeschichte. Nicht wahr, Fritz, mein Söhnchen? – Es ist ne Familiengeschichte, die eigentlich nur uns beide etwas angeht. – Aber nun komm, mein Sohn! Wir wollen's meinem Pastor doch erzählen. Adieu, Herr von Rambow! Adieu, Hawermann! Fritz kommt Ihnen bald nach. – Bräsig, kommen Sie, Sie müsssen sich fix ins Bett legen.«

Und so trieb sie die Gesellschaft auseinander. Die beiden, die nichts wissen sollten, gingen, jeder für sich, mit Kopfschütteln nach Hause: Hawermann verdrießlich über das unerklärliche Gebaren seiner beiden jungen Leute und daß er ihnen nicht auf die Sprünge kommen konnte, Franz mehr als mißtrauisch über die ganze Angelegenheit, denn er hatte recht gut Luises Hut und ihr Tuch auch in der halben Dunkelheit erkannt, und mit Luise mußte dies zusammenhängen, aber einen Vers wußte er sich darauf nicht zu machen.

Fritz war sehr durcheinander. Vor ihm schritten der Pastor mit der Frau Pastorin, und diese berichtete unter Schimpfen und Schmerzen den Zusammenhang. Der Zug näherte sich nun dem Pastorenhaus, und dieweil der Missetäter sich dort auf ein nasses Jahr gefaßt machte, hatte er sich doch schon soweit erholt, daß er abermals Anstalten traf auszureißen. Aber Bräsig hielt sich so enggeschlossen an seiner Flanke, daß er äußerlich sich wohl fügen mußte. Aber um so toller brauste und gärte es inwendig. Und als Bräsig die Frau Pastorin fragte, wer das gewesen, der so zu rechter Zeit in den Weg getreten sei, und die Frau Pastorin Franz von Rambows Namen nannte, da blieb Fritzing stehen, reckte drohend die Fäuste über die Erbsen zur Brache nach Pümpelhagen hinüber und rief: »Verraten bin *ich*, und *sie* soll verkauft werden, an den Junker soll sie verkauft werden!« – »Junge«, rief die Frau Pastorin, »willst du dein Zetermaul halten!« – »Still, Regina!« sagte der Pastor, der nun so ziemlich Bescheid wußte, »geh hinein und besorge, daß Bräsig zu Bett kommt; ich werde hier ein paar Worte mit Fritz reden.«

Dies geschah, und soviel Vernunft, wie Fritz überhaupt aufzunehmen imstande war, wurde ihm nun vom alten Herrn Pastor in aller Ruhe und Glimpflichkeit eingenötigt. Doch in ein volles Faß geht gerade nur soviel an klarem Wein hinein, als die Gärung an Schaum und Bärme wieder hinausstößt. Und während der Pastor es ihm tropfenweise eintrichterte, kam es aus Fritzings Spundloch schäumend wieder heraus: die eigenen Verwandten hätten sich gegen sein Glück verschworen, und der reiche Junker gälte ihnen mehr als das eigene Schwesterkind.

Und im Hausflur war es gar nicht viel anders. Nur daß das Faß, vor dem die Frau Pastorin stand, nicht schäumte, sondern leckte: dies war Unkel Bräsig, der nicht ins Bett wollte. »Das könnte ich nich, Frau Pasturin«, sagte er, »ich könnte es wohl, aber ich dürfte es nich, indem daß ich nach Rexow müßte. Was die Madam Nüßlern ist, hätte mich Order geschrieben, daß meine Notwendigkeit in Rexow vorhanden sei.« Die gleiche Hefe, die bei Fritz Schaum hervorbrachte – freilich etwas unreinlichen –, gärte auch in ihm, allerdings langsam und gemäßigt, jedoch unaufhaltsam, obwohl das alte Faß lange im Keller gelegen hatte und fast schon leck geworden war. Und als er sich schließlich aus Rücksicht auf die Frau Pastorin und die Frau Podagra ins Bett hatte hineinkomplimentieren lassen, da drehten sich seine Gedanken immer noch um genau den gleichen Angelpunkt, um den sich Fritzings Gedanken auch drehten, als er auf dem Erbsenacker hinter dem Pastorengarten abermals einen heldenmütigen Entschluß in die Erde stampfte: »Entsagen wollt er! Entsagen! Aber den verfluchten Junker soll der Deuwel holen!«

Kapitel 13

Die Krähe

Am andern Morgen – es war der Sonntagmorgen – wachte Bräsig auf, blieb liegen und reckte sich noch ein wenig im weichen Bett. »En Plesier«, meinte er, »was ich mir sonsten meindag nich habe gönnen künnt, was mich aber woll gefallen kann. 's is aber auch woll man wegen der Neulichkeit, auf die Längde wird einen das auch über.« Und er wollte schon aufstehen, als das Stubenmädchen von Frau Pastor zur Tür hineinwitschte, mit *einem* Griff seine Kleidungsstücke an sich nahm und mit ihnen davoneilte, ihm aber dafür einen schwarzen Rock, schwarze Hosen und eine schwarze Weste über den Stuhl gelegt hatte.

»Hoho!« lachte er in sich hinein und besah sich die schwarze Ausrüstung. »Sünndag is't, un in'n Pasterhaus is't auch. Sie werden doch nich glauben, daß ich heut predigen soll?« Er hob ein Kleidungsstück nach dem andern hoch und meinte schließlich: »Nu versteh ich dir! 's is bloß wegen den gestrigen Graben, wegen der Nassigkeit un der Dreckigkeit von meine eigene Appanage, daß ich mich's nu in den Herrn Paster seine bequem machen soll. Na, denn man zu!« Aber so schnell ging dies nicht, und bequem war es auch nicht gerade. Mit der Länge ging es noch einigermaßen, aber hinsichtlich der Weite fand er in der Hose des Herrn Pastors nur unzulänglich Unterschlupf. Bei der Weste waren die untersten Knöpfe auf keine Weise zu schließen, und als er den Rock anziehen wollte, da knackte es äußerst unangenehm zwischen den Schulterblättern, und die Arme standen ihm derart vom Leibe ab, als sei er an diesem Sonntagmorgen darauf aus, die ganze Welt an seine biedere Brust zu drücken.

Und auf diese Weise erschien er nun unten in der Stube bei der Frau Pastorin: schrägelbeinig, mit auswärts gestelltem Beinsatz, was seit seiner Pensionierung seine gewöhnliche Fußstellung war, jedoch nun noch dazu oberhalb mit weit auswärts gebreiteten Armen, so daß die Frau Pastorin hell auflachen mußte, aber hinter den Kaffeetisch zurückwich, als Bräsig ihr derart mit geöffneten Armen entgegentrat, als sei sie zum ersten Opfer seiner Weltumarmung auserkoren.

»Bleiben Sie mir vom Leibe, Bräsig!« rief sie. »Das hätte ich nur ahnen sollen, daß meines Pastors gute Kleider sich so abscheulich an

Ihrem ungeschickten Leibe ausnehmen würden. Sie hätten mir bis Mittag im Bette bleiben müssen, denn so lange wird es dauern, bis die Ihrigen gewaschen und getrocknet sind.« – »Hoho!« lachte Bräsig, »also derentwegen! Und ich hab mich schon eingebildt, daß Sie mich die Pasterkledaschen geschickt hätten, daß ich Ihnen doch bei das Rangdewuh heut morrn lieblicher vor Augen käme.« – »Hören Sie mal, Bräsig«, fuhr die kleine Frau Pastorin auf und war feuerrot im Gesicht, »solche Anspielungen verbitte ich mir! Und wenn Sie in der Nachbarschaft umhergehn – Sie haben ja jetzt nichts weiter den lieben langen Tag zu tun, als Geschichten von einem zum andern zu tragen – und erzählen die Geschichte von gestern abend und von dem verdammten Rendezvous, – Gott verzeih mir die Sünde an dem heiligen Sonntagmorgen! – dann sind wir geschiedene Leute.« – »Frau Pasturin, wo werd ich!« beteuerte Bräsig und drang mit weit ausgebreiteten Armen wiederum auf sie ein, so daß sie sich abermals hinter den Tisch zurückzog. »Na, fürchten Sie sich doch nich vor mir, ich bün jo doch kein Jesuwiter!« – »Nein, Bräsig, ein alter Heide sind Sie, aber ein Jesuit nicht. Doch, *sagen* sie etwas davon ... Ach, du lieber Gott! Hawermann muß es wissen, mein Pastor sagt es selbst. – Aber, wenn er danach fragt, lassen Sie mich aus dem Spiele – denken Sie bloß, wenn die Pomuchelskopps dies erführen, ich wäre die unglücklichste Frau in der Welt. – Ach, du lieber Gott! Und ich hab's doch nur aus gutem Herzen für das unschuldige Kind getan, Bräsig. Ich habe mich doch nur für sie aufgeopfert.«

»Das haben Sie, Frau Pasturin«, erwiderte Bräsig recht treuherzig, »und darum lassen Sie sich keine grauen Haare mehr wachsen, denn sehn Sie, wenn Korl Hawermann mich fragt, wo Sie da mang gekommen sind, denn sag ich – denn, nee – denn sag ich, Sie haben mich selbsten auf Rangdewuh bestellt.« – »*Sie*? Schämen Sie sich!« – »Na, Frau Pasturin, bün *ich* nich ebenso gut as der Windhund? Und passen unsere Jahren nich besser zusammen?« Und dabei blickte Bräsig so unschuldig, als habe er den besten nur denkbaren Ausweg vorgeschlagen. Frau Pastorin sah ihm eindringlich ins biedere Angesicht, faltete ihre Hände andächtig über dem Magen und beteuerte: »Bräsig, ich glaube Ihnen. Aber, Bräsig, *lieber* Bräsig, richten Sie alles zum Guten. – Und – und ... nu kommen Sie und trinken Sie eine Tasse Kaffee und setzen Sie sich«, und dabei ergriff sie ihn an einem seiner steifen Arme und drehte ihn zum Kaffeetisch hinüber, wie wenn ein Müller seine Mühle gegen den Wind dreht.

»Schön!« sagte Bräsig, nahm die Tasse und hielt sie mit steifem Arme von sich ab, als sei er ein Jahrmarktskünstler, die Tasse wiege hundert Pfund und er habe mit ihr vor einem verehrungswürdigen Publikum in der Luft zu jonglieren. Er wollte sich auch hinsetzen, aber es gelang ihm nicht ganz, denn als er seine Knie beugte, da fing es an zu knacken, und er schoß wieder in die Höhe. War es der Pastorenstuhl oder war es die Pastorenhose, er wußte es nicht genau, trank aber seinen Kaffee im Stehen und erklärte: das sei auch ganz partie egal, denn Zeit habe er doch nicht, er müsse zu Frau Nüßlern »wegen den Brief«.
Und wie eindringlich die Frau Pastor ihn auch bat, er möge doch das Trocknen seiner eigenen Garderobe erst abwarten, es half ihr nichts: Frau Nüßlers bloßer Wunsch war für ihn ein Befehl, der ins Wachbuch seines Gewissens unverbrüchlich eingetragen war. Und so segelte er denn davon und flatterte mit den langen schwarzen Rockschößen des geistlichen Gewandes in den schönen Sommermorgen hinaus gen Pümpelhagen und Rexow, schwerfällig und langsam, als sei er eine Krähe und es sei üblich geworden, diese Vögel auf die Mast zu treiben und sie danach probeweise auffliegen zu lassen.

Einstweilen gelangte er nur bis Pümpelhagen. Dort rief ihn Hawermann an, der über den Gartenzaun hinüberblickte: »Mein Gott, Zacharies, wie siehst du aus?« – »Verhältnissen, Korl, lauter Verhältnissen! As du weißt, bün ich gestern in den swarzen Modder gefallen. Aber Zeit hab ich nich, ich muß zu deine Swester.« – »Bräsig, die Sache mit meiner Schwester wird nicht so eilig sein wie meine eigene. Ich hab's in letzter Zeit doch gemerkt, hinter meinem Rücken geht was vor, das ich nicht wissen soll. Das wär ja auch einerlei. Doch seit gestern abend weiß ich, daß der Herr Pastor und die Frau Pastorin auch von diesen Geschichten wissen. Und wenn *die beiden* vor mir etwas vertuschen wollen, dann weiß ich auch, daß es nur aus gutem Herzen geschieht.« – »Wohrhaftig, Korl, bloß aus guten Herzen«, fiel Bräsig ein. – »Gewiß, Bräsig, und ich bin ja auch gar nicht mißtrauisch. Aber seit einiger Zeit will es mir scheinen und es bedrückt mich, daß diese Sache mich vielleicht doch verteufelt nah angeht. Was hast *du* gestern abend damit zu tun gehabt?« – »*Ich*, Korl, *ich* hab bloß mit die Frau Pasturin ne Rangdewuh in den Wassergraben gehabt.« – »Und was hatte der Herr Pastor damit zu tun?« – »Korl, von den haben wir selbsten nichts gewußt, der hat uns übergerascht.« – »Und was hat der Herr von Rambow damit zu tun gehabt?« –

»Der hat deinen Windhund in'n Kragen gekrigt und mir vermutlich in den Graben geschmissen.« – »*Was hatte Fritz Triddelfitz mit der Geschichte zu tun*?« fragte Hawermann danach sehr eindringlich. »Und was hatten Luises Hut und Tuch mit der Sache zu tun?« – »Weiter gor nichts, Korl, als daß sie die Frau Pasturin gor nich paßten, indem daß die Frau Pasturin for sie viel zu vüllig war.« – »Zacharies«, sagte Hawermann und streckte ihm die Hand über den Gartenzaun hinüber, »das sind Ausflüchte. – *Willst* du mir's nicht sagen – wir sind doch schließlich alte Freunde –, oder *darfst* du's mir nicht sagen?«

»Korl – hol der Deuwel die ganze Rangdewuhgeschicht und die Frau Pasturin ihre Angst dazu!« rief Bräsig, drückte Hawermanns Hand jenseits des Gartenzauns und schüttelte sie dabei so kräftig inmitten der hohen Nesselstauden, die um den Zaun herum wucherten, daß alle beide zusammenzuckten: »Korl, ich sag's dir – der Paster will's dir ja selbsten sagen – worüm *ich nich*? Dein Fritz Triddelfitz, der verfluchte Windhund, hat sich in dir verliebt, vermutlich wegen deine väterlichen Vermahnungen um ihn, un nu is seine Liebe auch auf deine Tochter übergesprungen, denn die Liebe springt ümmer über, zum Exempel: mit mir bei deine Swester und bei Mining.« – »Bräsig, red ernsthaft!« – »Red ich nich irnstlich, Korl, wenn ich von deine Swester un Mining red?« – »Das weiß ich«, sagte Hawermann und griff trotz der Nesseln wieder nach Bräsigs Hand: »Aber was hat *Franz* damit zu tun?« – »Hat sich meinswegens *auch* in dir verliebt wegen deiner Väterlichkeit un is meinswegen *auch* von dir zu die Tochter übergesprungen.« – »Das wäre ein Unglück!« rief Hawermann, »ein großes Unglück. Und um das wieder in Ordnung zu bringen, gehört ein Größerer dazu als ich ...« – »Das wüßt ich gor nich, Korl, denn er hat zwei Güter ...« – »Sag nichts, Zacharies, komm rein und erzähl mir, was du weißt.«

Und als Bräsig ihm alles erzählt hatte, was er wußte, und danach wieder auf dem Fußweg in Richtung Rexow einherflatterte, stand Hawermann am Gartenzaun, sah ihm nach und dachte bei sich: »Er ist ein guter Mensch, sein Herz sitzt auf dem richtigen Fleck, und wenn's sich so verhält, dann nehm ich es wohl auch auf mich – doch ... aber ...« – Er meinte diesmal aber nicht Bräsig, er meinte Franz.

An diesem Sonntagmorgen saß Jung-Jochen um die Frühstückszeit in seiner separaten Ofenecke und in seinem Lehnstuhl. Mining und Lining deckten den Frühstückstisch und trugen abwechselnd die Teller mit Schinken und Wurst, mit Brot und Butter auf, und als alles appetitlich und komplett angerichtet war, erschien auch Frau Nüßler selber und stellte die Pfanne mit den heißen Spiegeleiern noch dazu: »So, Jochen, nu laß sie auch nicht kalt werden!« und ging wieder nach draußen, um dort nach dem rechten zu sehen.

Die Eier brutzelten noch in der Pfanne – es war eine recht feierliche Stimmung –, doch Jung-Jochen rührte sich nicht. Vielleicht weil er seine Pfeife noch nicht so ausgeraucht hatte, wie es erforderlich gewesen wäre, oder vielleicht weil er über die beiden Briefe nachdachte, die er vor sich auf dem Schoß liegen hatte – jedenfalls rührte er sich nicht und blickte fortwährend nur auf *eine* Stelle, nur auf diese *eine* Stelle. Und auf genau dieser Stelle unter dem Ofen, ganz dicht an seiner Seite, lag Jung-Bauschan und blickte ihn seinerseits an.

Jung-Bauschan war der jüngste Nachkomme des zahlreichen Bauschan-Geschlechts, das seit den Tagen Alt-Jochens im Hause aufgezogen und in Zucht genommen worden war. Rief man ihn, so hieß er Bauschan. Wurde aber von ihm gesprochen, dann hieß er der »Thronfolger«, nicht um seinetwillen, sondern um Jung-Jochens willen, weil dies seit Menschengedenken der einzige Witz war, den Jung-Jochen einmal in einer guten Stunde zustande gebracht hatte.

Wie also bereits erwähnt, blickten die beiden jungen Leute, Jung-Jochen und Jung-Bauschan, einander unverwandt an, und jeder dachte sich dabei sein Teil. Jung-Jochen dachte an die Briefe, und Jung-Bauschan offenbar an den Duft, der ihm aus der Eierpfanne verlockend in die Nase stieg. Jochen rührte sich nicht, aber der Thronfolger strich sich nach einer Weile mit der Pfote leicht über seine nachdenklichen Züge. Seine Nase wurde dabei erheblich spitzer, und die Nasenlöcher witterten unruhig in der Luft. Er kroch vorsichtig unter dem Ofen hervor, nahm einen liebenswürdigen Ausdruck an und erwies Jung-Jochen mit dem Schweif höflich sein Kompliment. Jung-Jochen rührte sich immer noch nicht. Jung-Bauschan konnte daraus entnehmen, daß offenbar alles seine richtige Ordnung hatte. Er schob sich also näher an den Tisch heran, warf einen Blick schräg nach hinten, mehr nach Frau Nüßler als nach Jung-Jochen hin, legte seinen Kopf auf den Frühstückstisch und sog sich voll mit seliger Hoffnung, wie das überall die Art junger Leute ist. Nun kann man sich zwar mit der Hoffnung allein wohl eine Zeitlang behelfen, jedennoch braucht man mitunter auch etwas Reelles für den Schnabel. Der Thronfolger stellte also seine beiden Beine – nur die Vorderbeine – auf einen Stuhl und kam noch etwas näher heran. Seine Nase schob sich über den Teller mit dem roten Schinken, und – wie junge Leute so sind – Bauschan schnappte zu, nicht anders als unsereiner in jüngeren Jahren, wenn ein Paar rote Lippen uns anlachten, und genauso wie wir war er in diesem Augenblick über seine eigene Untat erschrocken und verkroch sich darauf, jedoch – daß ich es sagen muß – nicht ohne den roten Schinken.

»Bauschan«, rief Jung-Jochen eindringlich wie eine Mutter, die über die roten Lippen zu wachen hat, rührte sich selbst aber nicht. Indes Bauschan – sei es nun, weil er als Thronfolger vermeinte, eine Art Hoheitsrecht über alle roten Lippen in seinem Bereich ausüben zu können, oder weil er bereits so verdorben war, daß solch heimliche Wonne bei ihm keinerlei Eindruck mehr hinterließ –, Bauschan jedenfalls sah Jochen nur frech ins Gesicht, putzte sich lediglich die Schnauze und leckte sich das Maul nach mehr. Und auch Jochen starrte ihm nur geradewegs in die Augen, aber er rührte sich nicht.

Nach einer kleinen Weile war Bauschan abermals auf den Stuhl geklettert, diesmal aber auch mit den Hinterbeinen, und war dabei, einen ganzen Teller mit Wurst aufzufressen. – »Bauschan!« rief Jochen, »Mining! Bauschan frißt unsere Wurst auf!«, rührte sich selber aber nicht. Der Thronfolger aber rührte sich sehr wohl, und als er die Wurst im Leibe hatte, machte er sich an's Hauptgericht, die Pfanne mit den Spiegeleiern. »Mudding! Mudding!« rief Jung-Jochen jetzt, »er frißt uns die Eier auf!«

Doch Jung-Bauschan hatte sich an der heißen Pfanne seine naseweise Schnauze verbrannt. Er prallte zurück, stieß die Pfanne um, nahm mit dem Schweif noch die Kümmelflasche mit, und der ganze Tisch, der rührte sich nicht wenig. Nur unser Jung-Jochen rührte sich nicht, sondern rief abermals aus seiner Ecke: »Mudding! Mudding! der verfluchte Hund! Mudding! Er frißt uns die Eier auf.«

»Was bröllst du denn, Jung-Jochen, in deinen eigen Haus?« rief jemand, der just zur Tür hereinkam, aber auch keinesfalls dazu angetan schien, Jochen wieder zu beruhigen. Jochen ließ vielmehr vor Schreck seine Pfeife aus dem Munde fallen, streckte beide Hände in die Luft und rief: »Alle guten Geister loben Gott den Herrn! Herr Pastor, sind *Sie's*, oder Bräsig, bist *du's*?«

Ja, Bräsig war es. Zumindest konnte man, sah man genauer hin und nahm sich Zeit dazu, ihn unterwärts an seinen gelben Stulpenstiefeln noch als Inspektor erkennen. Aber Jochen wurde dazu keine Zeit gelassen, denn die Gestalt, die eingetreten war, hatte doch gleich Bauschans Untat bemerkt, fuhr in allen Ecken der Stube umher und suchte nach einem kräftigen Stock für den Rücken des Thronfolgers, und hinter ihr flogen und flatterten ein Paar lange, kummerschwarze Rockschöße durch die Luft, wie wenn ein Drache einherzieht, und aus dem hohen schwarzen Rockkragen und unter dem hohen schwarzen Hut, der halb über die Augen gerutscht war, leuchtete ein feuerrotes, wütendes Gesicht hervor, wie wenn ein Schornsteinfeger eine glühende Kohle in seinen Mund genommen hätte, um die Kinder damit gruseln zu machen.

Jung-Jochen war nun freilich nicht gerade ein Kind mehr, aber es gruselte ihn doch beträchtlich. Er war aufgesprungen, hielt sich krampfhaft an der Lehne seines Stuhles und rief immer abwechselnd: »Herr Pastor! Bräsig! – Bräsig! Herr Pastor!« Der Thronfolger aber war noch in seinen Kinderjahren. Ihm war schrecklich gruselig zumut. Er fuhr in allen Ecken umher und jaulte, kam aber aus der Stube nicht heraus, denn die Tür war zugeschnappt. Als ihm aber die schwarze Gestalt mit einem gelben Stock zuleibe rückte, da – Not bricht Eisen – fuhr er durch die Fensterscheibe hindurch und nahm noch den halben Fensterrahmen mit sich hinaus auf die Straße.

Bei diesem Lärm hätten selbst Tote aufwachen können, und so mußte ihn denn auch Frau Nüßler in ihrer Küche vernehmen. Und just in dem Augenblick, wie sie zur Tür hineinstürzte, schob sich Bräsig mit der einen Hand seinen Hut aus den Augen, wies mit der anderen auf den gelben Stock und den leeren Fensterrahmen und brach in die auf ewig denkwürdigen Worte aus: »Da hättest *du* eigentlich durchmüssen, Jung-Jochen! Denn was versteht die unverständige Kretur von Thronfolger davon? All de *schöne Käm*!«

»Mein Gott«, unterbrach ihn Frau Nüßler, und die Hände fielen ihr am Leibe herab, »Jochen, was soll das heißen? – Bräsig, Gott im Himmel, wie sehn Sie aus?!« – »Mudding«, bemerkte Jung-Jochen, »der Hund und Bräsig ... Was soll ich denn da noch bei tun?« – »Schämen sollst du dir, Jung-Jochen«, rief Bräsig und ging mit großen Schritten gravitätisch in der Stube auf und ab, so daß seine langen Rockschöße beinahe in den Kümmel tauchten: »Wer is hier Herr in den Haus, du oder Jung-Bauschan?«

»Aber, Bräsig, wozu haben Sie sich denn so grauslich verkleidet?« fragte Frau Nüßler. – »So?« fragte Bräsig und blickte sie groß an,

»sünd *Sie* bei'n Rangdewuh mit die Frau Pastern gestern abend in nen Graben gefallen, daß heut morrn noch der reine Modder an Ihre nassen Kledaschen sitzt? Haben *Sie* gestern en Brief gekrigt, daß Sie hier in Rexow sein sollen zu ner Fomilienberatslagung? Und wo sollt ich das machen? Kann *ich* davor, daß uns Herr Paster lang is as Lewerenzen sein Kind un dünndarwig as ne Mad und en weitläuftigern Kopp hat als *ich*? Worum hat mich die Frau Pastern heut morrn in die ganze Appanage von ihren Herrn Pastern hereinkumplementiert? Worum haben die ollen dummen Bauern mir ümmer von firn von den Kirchweg aus: ›Gun Morrn Herr Paster!‹ tituliert, as daß ich aus guten Herzen mir mit die Fomiliengeschichte bemengen wollte?« – »Bräsig«, bemerkte Jung-Jochen aufgeregt, »ich schwör dir . . .« – »Swör nich, Jung-Jochen! Du swörst dir in die Höll. – Nennst du das ne Fomilienberatslagung, wo der Käm in der Stub rumläuft, und ich mir hier in ne Pasterkledasch zu'n Ulenspiegel machen muß?«
»Bräsig, Bräsig«, rief Frau Nüßler, die ihren alten Jugendfreund in seinem Zorn beinahe nicht wiedererkannte, während sie die Scherben vom Fußboden aufsammelte und das Tischtuch zurechtzog, »das ist ja ne Kleinigkeit. Sehn Sie, nu ist alles wieder in der Reih.« Gegen Frau Nüßlers freundliche Worte hatte Bräsigs Zorn noch nie aufkommen können, und so knurrte er nur leise vor sich hin, als er am Frühstückstisch Platz genommen hatte: »Weiß der Deuwel, Jung-Jochen, ich hab ümmer noch in der Hoffnung geswebt, daß du mit die Jahren von die Unnußligkeit los werden würdst. Aber ich seh woll, es is alls gehuppt wie gesprungen. Indessen dennoch – was is denn hier passiert?«

»Je«, sagte Frau Nüßler . . . »Je«, sprach auch Jochen, und seine Ehefrau verstummte, denn sie glaubte, Jochen wolle wirklich etwas sagen. Er bemerkte aber nur: »Es is alles so, wie das Leder is.« – »Je«, begann also Frau Nüßler von neuem, »da ist dem Rektor Baldrian sein Gottlieb, was Jochens Schwestersohn ist – 'n recht frommer Mensch, und recht gesetzt, und soll auch als Kandidat sein Teil gelernt haben – na, Sie haben ihn hier ja auch schon öfters gesehn.« – »Ja«, nickte Bräsig, »en rechter netter junger Mensch, is ne Art von Petist, hat sich die Haar hinter die Ohren gekämmt, daß er aussehen möcht, as unser leibhaftiger Herr Christus, und hat mir mal bekehren wollen, daß ich's Sünndagsmorrns nich zu's Angeln gehen sollte.« – »Ja, den mein ich. Und er ist mit seinen Schulen wohl noch nicht ganz durch, und nu bittet der Rektor, daß wir ihn für etzliche Zeit hierher nehmen sollen, damit er hier still vor sich hin noch das letzte in den Kopf reinstudieren soll. Und nu wollten wir Sie doch mal fragen, was Sie dazu denn so meinen.« – »*Worum* nich? Die Petisten sünd stille Leut, un das einzigst, was sie an sich haben, ist das Bekehren. Un Sie, Frau Nüßlern, Sie werden ihnen doch wohl Gegenstand leisten, un Jung-Jochen, der is ja – Gott sei Dank! – so, daß er sich nich vor mir und Jung-Bauschan bekehren läßt.«

»Ja, das ist ja alles recht gut, Bräsig, aber das dicke Ende kommt nach: da ist nu noch Kurzen sein Rudolf, hat ja auch auf Pfarrer studiert, ist ja auch ein Schwestersohn von Jochen. Hat der das nu gehört, daß der andere sich hier bei uns einmieten will – der schreibt nu gestern auch an uns, er hätt in Rostock ein bißchen sehr rumgebummelt und wollte nu hier in Rexow das Notwendigste nachex-ieren. – Nu bitt ich Sie! hat in Rostock all die gelehrten Perfessers und hier in Rexow bloß Jochen und mich!« – »Oh, ich kenn ihn ja«, rief Bräsig, »is ein hellschen netter Mensch! Als er grad anfing zu studieren, da holt er mir schon ein halb Dutzend Bors aus das swarte Söll, der kleinst wog gut annerthalben Pund.« – »Ih, was wollen Sie ihn nicht kennen! Er war 's ja, der Mining, als sie mit sechs Jahren in ihrer Dummerhaftigkeit auf der Dachdeckerleiter ins Storchennest reingeklettert war und nu oben stand und vor Freude in die Hände klatschte, daß uns unten grün und gelb vor Augen wurde, der sie uns heil und ganz wieder runterbrachte. Ja, auf so was wird er sich ja wohl ganz gut verstehn, aber mit dem Belernen will das nicht so recht, und Rektor Baldrian sagt, er hat sich da in Rostock herumgefechtet. Denken Sie sich, mit blanke Degens haben sie sich dort gefechtet, und er ist da mittenmang gewesen, und das soll ja von ner reichen, hübschen Kaufmannstochter herkommen.«

»Daß du die Nase ins Gesicht behältst!« rief Bräsig. – »Kik den Deuwel an, wat er för Schuh verdrägt! Un hat sich orndlich gefecht't, un wegen ne hübsche Kaufmannsdochter! Ja, Jung-Jochen, von die Frauensleut kommt allens Ungemach.« – »Ja, Bräsig, das sagst du wohl, aber was sollen wir hier nu bei tun?« – »Na, was is denn dabei groß los? Wollt ihr die beiden jungen geistlichen Elemente nich haben, denn schreibt ihnen ab. Wollt ihr sie haben, denn schreibt ihnen zu. Platz habt ihr, und aufs Essen und Trinken kann's nich ankommen. Aber vor die Auslagen for die vielen Bücher, da hüt't euch, denn das soll hellschen ins Laken reißen. Un wollt ihr bloß *einen* nehmen, denn nehmt diesen, den Fechter, denn ich for meine Perßohn will mir dausendmal lieber mit einen rumfechten, als mir von einen bekehren lassen.«

»Ja, Bräsig, das ist ja alles recht schön«, sagte Frau Nüßler, »aber Gottlieb Baldrian haben wir schon zugeschrieben, und nu können wir Kurzens doch nicht so vorn Kopf stoßen, daß wir ihrem Rudolf abschreiben.« – »Na, denn nehmt die beiden.« – »Je, Bräsig, das sagen Sie wohl; aber unsere beiden lütten Dirns ... eingesegnet sind sie doch schon ... Na, Jochen, nu red du!« – Und Jochen begann wirklich zu reden: »Es is alles so, wie das Leder is – süh mal, Bräsig, Mining ist doch so – du weißt das ja auch – als Erzieherin erzogen worden, und mein sel' Mudding pflegte immer zu sagen, ne Erzieherin und ein Kandidat in ein und demselbigen Haus, das hat keine Art.« – »Hoho! Jung-Jochen! Nu hör ich dir laufen. Du meinst mit Liebschaften – aber das lütte Kropzeug un Liebschaften!« – »Nee, Bräsig«, fiel Frau Nüßler eilfertig ein, »werfen Sie das nicht so weit weg! Ich als Mutter muß das wissen. – Sehn Sie, ich war noch nicht so alt wie die beiden, da kam ...« – Frau Nüßler schnappte ab, denn Bräsig hatte ein ungemein langes Gesicht gezogen und sah ihr ungemein fragend in die Augen.

Zum Glück aber war Jung-Jochen ins Reden gekommen: »Bräsig – Mudding, schenk doch Bräsigen ein – Bräsig, da *kann* doch was draus entstehen, und was sollen wir als Eltern denn dabei tun?« – »*Laß* sie, Jung-Jochen. Wozu hat ihnen unser Herrgott als junge Leute in die Welt gesetzt, und was haben sie for andere Geschäften als Liebesgeschichten? – Aber das lütte Kropzeug!« – »Das ist ein Schnack von Ihnen, Bräsig«, unterbrach ihn Frau Nüßler heftig. »So sollen Sie *nicht* von solch ernsten Sachen reden, denn aus einem glatten Ei kraucht männigmal doch ein Basilisk.« – »Lassen Sie ihn rausser kraufen!« rief Bräsig. – »So?« fragte Frau Nüßler. »Das sagen *Sie*! – *Ich* aber sag anders. Jochen ist nicht so angetan, daß er sich um so was kümmert. Seinentwegen können sich all unsere Dienstdirns verlieben, verplempern und verheiraten, und *ich* – du lieber Gott – *ich* hab alle Hände voll zu tun und muß mit meinen Augen nach vorn soviel aufpassen, daß ich nicht auch noch sehen kann, was hinter meinem Rücken passiert.« – »Na, wofor bün *ich* denn?« fragte Bräsig. – »Ach, *Sie*!« murmelte Frau Nüßler wegwerfend beiseite, »in solchen Sachen wissen Sie auch nicht Bescheid.« – »Wat!« rief Bräsig, »*ich*, der ich mal *drei* Brauten ...« – Weiter kam er nicht, denn Frau Nüßler hatte nun

ihrerseits ein langes Gesicht aufgesetzt und sah ihn derart fragend an, daß er in seiner Verlegenheit den kleinen Kümmel wieder absetzen mußte, den Frau Nüßler ihm eingeschenkt hatte.
»Ne verfluchte Geschicht!« rief er und stand auf, »und wer is doran schuld? Jung-Jochen!« – »Je, Bräsig, was soll ich dabei tun?« – »*Was*? Du läßt dir hier von den Thronfolger das Frühstück vor die Nase auffressen, nimmst dir hier zwei geistliche Kannedaten ins Haus und weißt denn deinem Leibe keinen Rat! – Aber lassen Sie man sin, Frau Nüßlern, nehmen Sie getrost die beiden geistlichen jungen Herrn in Ihr Haus. *Ich – ich* paß auf, ich paß auf das lütte Kropzeug, un die beiden ßackermentschen Bengels soll das Donnerwetter holen! Den Fechter, den Duwellfechter, den nehm ich über mir, smeißen Sie man ab un an en Aug auf den Bekehrer, denn das ist der slimmste.« – »Je, anders geht's wohl auch nicht«, sagte Frau Nüßler und stand ebenfalls auf.

Und auf Michaeli rückten die beiden geistlichen Rekruten ins Quartier, und Franz nahm Abschied und bezog die Landwirtschaftliche Schule in Eldena. Als er aus dem Gürlitzer Pastorengarten schritt, da blickte ihm über den Zaun, von der gleichen Stelle aus, an der Fritz mit der Butterstulle und der Bierflasche gesessen hatte, ein frisches, liebliches Mädchenangesicht nach, und dies frische Mädchenangesicht hatte zugleich doch auch ein wenig von einem allerliebsten, rosenroten Seitenbeutelchen, einem Ridikül, wie man das nannte, aus dem der allerletzte Silbergroschen zugunsten des allerbesten aller Freunde ein für allemal verausgabt worden war.
Als Luise an diesem Abend in der Dämmerung in ihr Zimmer trat, da zog die Frau Pastorin das große, schöne Mädchen auf ihren Schoß und küßte ihr den frischen Mund und drückte das reine Herz an ihre Brust. – Ja, die Frauensleut können es doch nicht lassen!

ZWEITER TEIL

Kapitel 14

Die Ehrenpforte

Am Tage vor Johanni 1843, als David Däsels ältester Sohn mit Jehann Degelns jüngster Tochter im Gutsgarten zu Pümpelhagen im Mondschein auf den Bänken ein bißchen spazierensaß, sprach Fiek Degels zu Krischan Däsel: »Krischan, hast du sie damals gesehn, als du dem jungen Herrn seine Pferde holen mußtest?« – »Natürlich hab ich sie gesehn, er nahm mich ja richtig in die Stube mit rein und zeigte sie mir und sagte: ›Sieh, das ist deine Gnädigste Frau!‹, und sie schenkte mir noch eine Tasse Kaffee ein, die mußte ich dort austrinken.« –
»Na, und wie sieht sie denn aus?«
»Je«, sagte Krischan, »sie ist schwer zu beschreiben. Süh, sie ist so von deiner Größe, und so helle Haare hat sie auch, und sie sieht ebenso rot und weiß im Gesicht aus und hat auch graue Augen wie du und hat auch genauso ein süßes, kleines Kußmäulchen«, und dabei drückte er Fieken einen recht herzhaften Kuß auf die roten Lippen. – »Herreje, Krischan«, rief Fieken und machte sich aus seinen Armen los, »denn sieht sie ja wohl genauso aus wie ich?« – »Dirn, Dirn, du bist ja wohl nicht recht bei Verstand?« sagte Krischan, »nee, das laß dir nicht einfallen! Süh, die Art hat immer noch so was um und an sich, was mit unserer Art gar nicht zusammenstimmt. Meinswegens hätte die Gnädige Frau heute abend hier mit mir auf der Bank sitzen können, bis sie im Johannismond anfriert, mir wär es nicht in den Sinn gekommen, ihr einen Kuß zu geben.«
»So?« sagte Fieken Degels, stand auf und warf ihren schmucken Kopf in den Nacken, »also dazu bin *ich* dir gut genug?« – »Fieken«, sagte Krischan und legte den Arm wieder um sie, obwohl sie sich ein bißchen sträuben wollte, »süh, *die* Art ist für uns zu schmächtig von Leibe und hat ein zu schwaches Beinwerk unter sich. Wenn ich *das* so umfassen wollte wie *dich*, denn müßt ich ja immer denken, daß ich ihr das Kreuz verrenk oder daß es sie reineweg umschmeißt. – Nee«,

sagte er, als sie langsam wieder nach Hause gingen und er ihr eins hinten drauf gab, »was zusammen stimmt, daß paßt auch zusammen.« Und als sie sich trennten, da war Fieken schon wieder gnädig gestimmt gegen ihren Krischan und blickte so freundlich, als ob sie Krischans Gnädigste Frau werden wollte. »Na, ich werd sie morgen ja sehn«, sagte sie und flitschte Krischan unter dem Arm weg: »Herrje, ich muß helfen, die Mädchen binden ja noch die Kränze für morgen.«
Und so war es. Ja, in Pümpelhagen wurden Kränze gewunden, und eine Ehrenpforte ward aufgerichtet. Und wie Hawermann am anderen Morgen die Vorbereitungen inspizierte und Marie Möllers noch hier und da ein bißchen Grünzeug und ein bißchen Blumenzeug hineinstopfte, und wie Fritz Triddelfitz mit einem grünen Jagdrock, mit weißledernen Hosen, gelben Stulpenstiefeln und blutrotem Halstuch, ganz Volontär erster Klasse, zwischen den Hofjungs und Tagelöhnern umherstolzierte, da erschien denn endlich auch Unkel Bräsig, ganz in Wichs: in hellblauen engen Sommerhosen und einem Torfstecher, wie man das nannte, einem braunen Frack von annodazumal, der ihm hinterwärts gerade knapp bis an die Waden reichte, der aber von vorne so aussah, als habe der Blitz einmal in ihn eingeschlagen und die braune Borke abgerissen, und nun kam das gelbe Holz in einem breiten Streifen zum Vorschein, denn Bräsig trug darunter eine schöne, gelbe Pikeeweste. Auf dem Kopf – wie sich das gehört – natürlich einen dreiviertel Ellen hohen Seidenzylinder.
»Gu'n Morgen, Korl! – Na, wo stehts? Haha! – Da steht ja schon die ganze Appanage! – Schön, Korl! – Die Ehrenpforte hätt aber was höher müssen, und rechtsch und linksch hätt sie as mit en paar Türme verposamentiert werden müssen. Ich hab das mal zu den ollen Friedrich Franzen seine Zeit zu Güstrow gesehen, als er da hinein triumphierte. – Aber wo habt ihr denn die Fahn?« – »Eine Fahne?« fragte Hawermann, »die haben wir nicht.« – »Korl, besinn dir! – Wo könnt ihr ohne Fahn assistiren? Der Herr Leutnant is ja bei's Militär gewesen, er muß ja doch ne Fahn haben. – Möllern«, rief er, ohne sich an weiteres zu kehren, »holen Sie mich mal zwei Leute-Bettlaken, un nähen Sie die mal in die Längde zusammen! Krischan Däsel, hol mich mal einen recht en glatten, schiren Bohnenschacht, und Sie, Triddelfitz, holen Sie mich mal den Pinsel, wo die Säcke mit gezeichnet werden, un en Tintfaß!« – »Aber, mein Gott, Zacharies, was machst du uns jetzt noch für Geschichten!« sagte Hawermann und schüttelte den Kopf. – »Korl«, entgegnete Bräsig, »es ist ne Gnad von Gott,

daß er bei die Preußen gestanden hat. Hätt er bei die Meckelnbürger gestanden, wir hätten die Kalören nich raus gekriegt; aber bei die Preußen? Schwarze Tinte, weißes Laken, und die Kalören sind da.« – Hawermann wollte zuerst widersprechen, doch er dachte bei sich: Ach, laß ihn! Der junge Herr wird wohl merken, daß alles gut gemeint ist. Und Bräsig machte sich nun darüber her und malte mit dem Pinsel ein großes »VIVAT!!!« – »Halt't stramm«, rief er Marie Möllers und Fritz Triddelfitz zu, die ihm dabei helfen mußten, »daß der Herr Leutnant und die Frau Leutnanten richtig raufkommen auf die Fahn!« Denn er hatte sich dafür entschieden, hinter das VIVAT die Inschrift »für Herrn Leutnant und Frau Leutnanten« anzubringen, obwohl er anfänglich an »A. v. Rambow und F. v. Satrup« gedacht hatte. Doch dies waren bloß ein paar Edelmannsnamen, und damit hatte er sein Leben lang zu tun gehabt und hielt es für nichts Besonderes: mit Leutnants hingegen war er bisher noch kaum umgegangen, und deswegen erachtete er dies für einen sehr hohen Titel.

Und als er nun seine Fahne fertig hatte, lief er damit auf dem Hof herum und hißte sie auf dem obersten Boden des Herrenhauses und keuchte die Treppe wieder hinunter, um sie sich von unten anzusehen, und probierte, wie sie sich aus der Kornbodenluke und aus der Schafstalluke ausnahm, aber sie wollte ihm nirgends so recht gefallen. »Korl, es läßt nicht«, sagte er verdrießlich. Nach kurzem Überlegen jedoch pflanzte er sich vor der grünen Ehrenpforte auf und rief: »Korl, was such ich länger? – Dies ist ihr richtiger Punkt, von wo sie sich ausnimmt.«

»Je, aber Bräsig«, sagte Hawermann, »jetzt verdeckst du uns aber ganz die Ehrenpforte, und hinter den hohen Pappeln kommt ja kein Luftzug an die Fahne, und die alten schweren Werglaken hängen an der Bohnenstange ja wie Eiszapfen vom vergangenen Winter.« – »Wird allens gemacht, Korl«, rief Bräsig, holte ein langes Stück Bindfaden aus der Tasche und befestigte es am obersten, äußersten Ende seiner Fahne. – »Gust Kegel«, rief er dem Schweinejungen zu, »kannst du gaud stigen?« – »Ja, Herr Entspekter«, sagte August. – »Na, mein lieber Schweinemarkür«, sagte er und lachte über seinen Witz, und alle Knechte und Hofjungs und -dirns lachten mit, »denn nimm dich mal das End von den Band un klatter in die Pappel un zieh stramm.« Und Gust machte seine Sache ganz ausgezeichnet und zog die Fahne stramm und hißte das Segel, wie wenn ganz Pümpelhagen nun aussegeln wollte, und Bräsig stand an der Bohnenstange, als stünde

er während einer Seeschlacht am Mast und kommandiere das Ganze: »Meinswegens kann er nu kommen, Korl, ich bün prat.«
Aber Fritz Triddelfitz war noch nicht parat, denn er hatte sich selbst zum Kommandeur der Landtruppen eingesetzt und wollte sie in militärischem Spalier längs des Schafstalls aufziehen lassen, auf der einen Seite die alten Tagelöhner und die Knechte und die Hofjungs, auf der anderen die Hausfrauen, die Hausmädchen und die Hofdirns. Mit der Hosen-Kompanie kam er nach vielen Instruktionen noch so halbwegs zurecht, doch mit der Schürzen-Kompanie wollte es aber durchaus nicht klappen. Die Hausfrauen hatten, statt des Gewehrs, jede ein Exemplar ihrer kleinen Nachkommenschaft auf dem Arm, denn Jöching und Hinning sollten doch auch zugucken, und exerzierten mit ihnen ungemein regelwidrig umher. Die Hausmädchen bekundeten, sie erkennten Fritz keineswegs als ihren Kommandeur an, und Fiek Degels rief ihm zu, er habe ihr einen Quark zu befehlen, *ihre* Korporalschaft stünde unter Mamsell Möllers Kommando, und die leichten Truppen der Hofmägde, die plänkelten hinter den Pappeln und Steinmauern herum, als sei der Feind schon in Sicht, und eine jede von ihnen wolle sich davon einen schmucken Kerl zum Gefangenen machen. – Fritz Triddelfitz warf seinen Krückstock, den er als Kommandostab benutzt hatte, seinen Truppen vor die Füße, sagte, sie wären die Luft nicht wert, und ging zu Hawermann und erklärte: *er* wolle mit dem Lärm nichts weiter zu tun haben, und wenn Hawermann nichts dagegen habe, denn wolle er lieber auf dem Schimmel des Herrn Inspektor auf Kundschaft reiten, ob die Herrschaften bald kämen. Hawermann wollte erst nicht recht heran, wohl aus Besorgnis um seinen alten Schimmel, aber Bräsig flüsterte ihm sehr vernehmlich zu: »Laß ihn, Korl, denn sünd wir den Windhund los, und es wird feierlicher.«
Fritz jagte denn auch auf dem Schimmel davon – nach Gürlitz zu, doch für Bräsig erschien eine neue Verdrießlichkeit auf dem Plan. Dies war Schulmeister Strull, der mit der schulpflichtigen Äsel- und Egel-Nachkommenschaft mit aufgeschlagenen Gesangbüchern ins Treffen ging. Die Ordnung, die Fritz nicht einmal *eine* Stunde lang hatte herstellen können, hielt Meister Strull das ganze Jahr über aufrecht. Er rückte in zwei Treffen an: im ersten Glied standen die Äsel – weil er sich auf ihren Gesang verlassen konnte –, im zweiten Glied waren die Egel aufgestellt, von denen er – leider – wußte, daß jeder von ihnen seine eigenen Ansichten von Melodie und Takt hatte.
»Gott soll mir bewohren, Korl, was sollen die?« fragte Bräsig, als er

den Schulmeister anrücken sah. – »Je, Zacharies, Meister Strull will seinem jungen Herrn wohl auch die Ehre erweisen, und warum sollen seine Schulkinder es nicht so gut machen, wie sie's gelernt haben?« – »Viel zu geistlich, Korl, für en *Leutnant* viel zu geistlich! – Habt ihr nich ne Trummel oder ne Trumpet?« – »Ne«, lachte Hawermann, »so'n Handwerkszeug haben wir hier nicht.« – »Das is mich sehr malkontang«, entgegnete Bräsig. »Aber halt! – Krischan Däsel, faß mich mal die Fahn an! – Es kommt allens zurecht, Korl«, sagte er, als er wegging.

Hätte Hawermann aber gewußt, was seine Absicht war, er hätte wohl Einspruch erhoben. Bräsig winkte nämlich den Nachtwächter David Däsel beiseite und fragte ihn, wo er sein Instrument habe. – David dachte ein wenig nach und sagte endlich: »Hier!« und hielt dabei seinen Handstock in die Höhe, den jeder Tagelöhner auf Befehl von Fritz Triddelfitz hatte mitbringen müssen, um dem Herrn Leutnant damit die Honneurs zu machen, hatte er gesagt. – »Schafskopp«, sagte Bräsig, »ich mein Sein musikalisches.« – »Sie meinen mein Tuthorn? – Das hab ich zu Haus.« – »Kann Er Stückschen darauf blasen?« – »Ja«, erwiderte David Däsel, *eines* könne er. – »Hundsfott gibt mehr, als er hat«, sagte Bräsig, »nu hol Er man sein Instrument, und komm Er man dahinten in den Ossenstall, ich will Ihn da ausprobieren.«

Und als sie dort beide für sich allein waren, setzte David das Mundstück an und blies, als ob der Ochsenstall in Flammen stünde: Die Preußen haben Paris genommen, es werden wohl bessere Zeiten kommen. Tuht! Tuht! – denn er war überaus musikalisch. »Holt!« unterbrach ihn Bräsig: »Hier soll Er dusemang tuten, denn es soll for Hawermann eine fröhliche Überraschung sein: Nahsten, wenn der Herr Leutnant kommt, denn kann Er parforst tuten. Und wenn der Schulmeister mit seinem geistlichen Kram durch is, denn paß Er auf mir: Ich werde Ihm einen Akki geben, indem daß ich dreimal mit die Fahn schwenke, denn legt Er los.« – »Ja, Herr Inspektor, aber denn muß unser alter Kettenhund an die Kette gelegt werden. Wir stehn uns beide in der letzten Zeit nicht gut, und so ich mich mit dem Horn sehen lasse, fährt er auf mich los.« – »Soll besorgt werden«, sagte Bräsig und ging mit Däsel wieder zum Festplatz, faßte wieder selber die Fahnenstange an und kam gerade rechtzeitig, um Fritz Triddelfitz den Berg hinaufjagen zu sehen, so schnell der alte Schimmel noch laufen konnte: »Sie kommen! Sie kommen! Sie sind schon in Gürlitz!«

Und sie kamen. Langsam fuhr Axel von Rambow mit seiner schönen jungen Frau durch den schönen Sommermorgen. Das Verdeck der Halbchaise war zurückgeschlagen, und schon jenseits von Gürlitz wies Axel über die weiten, grünen, sonnenbeschienenen Felder hinweg nach den kühlen Schatten des Pümpelhagener Parks hinüber: »Sieh, teuerste Frida, da ist's, das ist unser Gut.« Dies waren freilich nur wenige und schlichte Worte, aber viel Glück lag in ihnen und viel Stolz darüber, daß er imstande war, dem Liebsten, das er auf Erden besaß, ein weiches Lager zu bereiten, und hätte er es auch mit tausend Worten gesagt, für sie hätte er es nicht verständlicher ausdrücken können. Sie fühlte sein Glück und den Stolz in seiner Seele, und Liebe und Dank durchströmten sie wie klare Wellen.

Alles an ihr war kühl und frisch und klar. Sie war wie ein kühler Bach: bisher war er abseits der Straße, durch Berg und Wald im grünen, stillen Schatten geflossen, und nun springt er hinein in den goldenen Sonnenschein, und da werden auf seinem Grunde bunte Steine und schwarzglänzende Muscheln sichtbar, wie verborgene Schätze, deren vordem niemand gedacht, und darüberhin schießen lustig und munter die kleinen, blitzenden Fische, wie ebensoviele heimliche Wünsche, die nun sich zum Wirken und Schaffen drängen, und im klaren Wasser spiegeln sich das Wiesengrün und die Blumen, wie ebensoviele erträumte Freuden, die nun hell im Lichte der Zukunft erglänzen.

Und kühl und frisch und klar war auch ihr Äußeres und stimmte ganz und gar mit Krischan Däsels Beschreibung überein. Doch hätte jemand sie just in diesem Augenblick gesehen, wie sie nach dem Pümpelhagener Gutsgarten Ausschau hielt und danach auf ihren jungen Ehemann blickte, er hätte wohl bemerkt, daß die frischen Wangen sich auch wärmer einzufärben vermochten und daß über das klare Tageslicht, das aus ihren grauen Augen leuchtete, auch eine leise, zärtliche Dämmerung sich legen konnte, wie wenn der Sommerabend auf die lichte Erdenwelt herniedersinkt und sie mit einem Liebeslied sanft in den süßen Schlummer wiegt.

»Ach«, rief sie und griff nach seiner Hand, »wie schön ist es hier bei euch! Welch reiche Felder! Sieh bloß, wie schön das Korn steht! So etwas habe ich früher nie gesehen.« – »Ja«, sagte Axel und spürte überglücklich ihre Freude in sich selbst, »wir haben ein reiches Land, viel reicher als eure Mark.« Nun hätte er schweigen können, und es wäre ebensogut gewesen. Doch warum war sie auch so unvorsichtig, ihn auf seine Liebhaberei und Marotte zu bringen, auf die Landwirtschaft? Hier mußte er nun doch beweisen, daß er etwas von der Sache verstand: »Aber das muß noch ganz anders kommen«, setzte er also hinzu. »Uns fehlt die Intelligenz, wir wissen unsern Boden noch nicht zu nutzen. – Sieh! dort hinten, wo über die Hügel hinüber jetzt Weizen steht, das ist schon Pümpelhäger Acker. Warte nur ein paar Jahre, dann sollen dort Handelsgewächse aller Art wachsen und sollen mir den dreifachen Ertrag abwerfen.« Und nun erntete er darauf los zwischen Hanf und Hopfen, Ölsaaten, Korn und Anis, und mittendarein schob er als wohlinformierter Landwirt auch noch Luzerne und Wickenklee nach, »um sein Vieh gut zu halten und Dünger zu gewinnen«, sagte er. Und als er just bei den Farbgewächsen hielt und den roten Krapp und den blauen Waid und den gelben Wau für ein schwindelerregendes Stück Geld verkaufte und so recht hoch zu Rosse saß, da kamen ihm vor Gürlitz bei der Biegung des Weges eben diese bunten Farben unversehens in den Weg geschossen und saßen ebenfalls hoch zu Pferde, auf einem Schimmel. Dies war Fritz Triddelfitz, der wie ein prächtiger Regenbogen aufging und wie eine Sternschnuppe wieder verschwand.

»Was war das?« rief Frida, und Axel rief: »Heda! Heda!«, doch Fritz ließ sich nicht beirren. Er mußte Nachricht an die Ehrenpforte bringen und hatte knapp so viel Zeit wie geboten war, um eilig durch Gürlitz zu preschen und Pomuchelskopp, der in seinem Hoftor stand, zuzurufen, nun kämen sie, in fünf Minuten seien sie in Gürlitz. Und Pomuchelskopp rief über den Gartenzaun hinüber nach der Laube: »Malchen und Salchen, kommt! Nun ist's Zeit.« Und Malchen und Salchen warfen das neue landwirtschaftliche Gemälde, an dem sie gerade wieder stickten, in die Nesseln neben der Laube, stülpten sich ihre italienischen Strohhüte auf die Köpfe und hakten sich – jede auf einer Seite – bei Vater Pomuchelskopp ein. Und Vater Pomuchelskopp sagte: »Nun seht euch beileibe nicht um, denn das muß aussehn, als wenn wir nur so ungefähr spazierengehn, meinswegens von wegen der schönen Natur.«

Doch das Unglück schläft nicht ... Als Muchel mit seiner weiblichen Nachkommenschaft aus dem Tor schritt, Axel langsam durchs Dorf fuhr und seine junge Frau ihn fragte: »Was war das für ein liebliches Mädchen, die uns grüßte?« und er ihr bedeutet hatte, dies sei Luise Hawermann, die Tochter seines Inspektors, und das Haus, vor dem sie gestanden, sei das Pfarrhaus, da mußte der Wirtschaftsteufel unser altes Hühnchen reiten, daß sie mit der weißen Fladrusche auf dem Kopf und mit dem schwarzen Merino-Überrock angetan – denn er hielt immer noch und war auch gerade gut genug dafür – die kleinen Puttenten mit Malztrebern füttern mußte. Als sie nun Pomuchelskopp mit ihren beiden Töchtern aus dem Tor schreiten sah, hielt sie es geradezu für eine Unverschämtheit von Muchel, ohne sie fortzugehen. Sie wischte sich also die Treberhände an dem alten, abgetragenen Schwarzen ab und schritt hinterher, weiß und schwarz, steif und gerade, als wäre eine der alten, halb verwitterten Gedenktafeln vom Kirchhof nebenan auf den Einfall gekommen, auch ein wenig spazierenzugehen.

»Muchel!« rief sie hinter ihrem Gatten her. – »Seht euch nicht um«, sagte Muchel, »es muß ganz natürlich herauskommen.« – »Kopp«, rief sie, »willst du stehn! Soll ich mich deinetwegen außer Puste laufen?« – »Meinswegen«, sagte Pomuchelskopp ärgerlich. – »Seht euch nicht um, Kinder, ich hör den Wagen schon, es muß ganz von ungefähr herauskommen.« – »Aber Vater«, sagte Salchen, »'s ist ja Mutter.« – »Ach Mutter hier und Mutter da!« rief Pomuchelskopp in hellem Ärger, »sie verdirbt mir die ganze Geschichte. – Aber, liebe Kinder«, setzte er nach kurzer Überlegung hinzu, »sagt Muttern das nicht wieder.« Und Kluckchen kam herangekeucht: »Kopp! . . .«, doch zum vollständigen Ausbruch gelangte sie nicht, denn auch der Wagen war herangekommen, und Muchel stand nun da und dienerte: »Aah! – Gratuliere, gratuliere! Viel Segen! Viel Gottessegen!« Und Malchen und Salchen knixten, und Axel ließ den Kutscher halten und sagte, er freue sich sehr, seinen Nachbarn und dessen Familie wohlauf zu sehen, und Muchel zog immerfort heimlich an dem widerspenstigen Schwarzen, damit Hühnchen doch auch knixen sollte. Aber sie blieb aufrecht und atmete stark währenddessen, als sei ihr der Empfang ein wenig zu heiß geworden, und Frida saß auch so kühl da, als ginge die Sache sie wenig an. Und Muchel wollte sich gerade anschicken, von dem sonderbaren Zufall zu reden, daß er gerade heute, hier zu dieser Stunde, mit seinen beiden Töchtern spazieren gehen mußte, als er einen zarten Stoß von Hühnchens spitzem Ellenbogen verspürte und hinter sich es giftig flüstern hörte: »Und deine Frau steht hier wohl als Trumpf sechs?«, so daß er ganz aus dem Text fiel und in allerlei Redensarten herumstolperte, bis es Axel schließlich zuviel ward und er seinen Kutscher weiterfahren hieß mit der Bemerkung: er hoffe, den Herrn Pomuchelskopp bald wieder einmal zu sehen.

Und Pomuchelskopp stand in tausend Ängsten an der Landstraße und ließ die Ohren hängen, und Malchen und Salchen hakten sich wieder bei ihm ein, und anstatt nun ganz natürlich und wie von ungefähr weiter spazieren zu gehen, schritt er zu seinem Gutshof zurück, und hinter ihm schritt Hühnchen und führte ihn an ihrem sanften Zügel aufs neue seiner Pflicht entgegen. Aber noch nach Jahr und Tag mußte er an diese Stunde denken, und ihre Vermahnungen hat er sein Lebtag nicht vergessen.

»Das scheinen sehr unliebenswürdige Leute zu sein«, bemerkte Frida, als sie weiterfuhren. – »Das sind sie wohl«, erwiderte Axel, »aber sie sind sehr reich.« – »Ach«, rief Frida, »wie wenig Empfehlendes bietet doch der bloße Reichtum!« – »Wahr, teure Frida! Aber der Mann soll ein sehr tüchtiger Landwirt sein, und dies, sowie die unmittelbare Nachbarschaft wird uns dennoch bestimmen müssen, Umgang mit den Leuten zu pflegen.« – »Ist das dein Ernst, Axel?« fragte sie. – »Gewiß«, erwiderte er, und sie saß eine Zeitlang nachdenklich und fragte dann plötzlich: »Was ist der Pastor für ein Mann?« – »Ich selbst kenne ihn wenig, aber mein verstorbener Vater hielt große Stükke auf ihn, und mein Inspektor verehrt ihn frömlich. – Aber«, fuhr er nach einer Weile fort, »das ist natürlich! Der Pastor hat ihm die einzige Tochter von ihrer ersten Jugend an erzogen.« – »Ach ja, das reizende Mädchen vor der Türe des Pastorhauses. Aber dabei hat gewiß die Frau Pastorin das Beste getan. – Kennst du sie?« – »Nun ja – das heißt, ich habe sie gesehen – sie soll eine alte, muntere Frau sein.« – »Das sind gewiß gute Leute«, sagte Frida bestimmt. – »Liebe Frida«, erwiderte Axel und setzte sich ein bißchen in Positur, »wie rasch urteilt ihr Frauen doch! Weil diese Leute ein fremdes Kind erzogen haben und – angenommen – gut erzogen haben, so ...«, und nun wollte er wieder in seine tönerne Weisheit verfallen, die er vor sich selber »Menschenkenntnis« nannte. Denn es ist eine alte Geschichte, daß all jene, die blind wie junge Hunde auf die Welt gekommen sind und den neunten Tag noch nicht hinter sich gebracht haben, vorzugsweise sich mit »Menschenkenntnis« befassen und darauf sich sogar noch etwas einbilden.
Doch diesmal blieb es ihm, zum Nachteil der Mitwelt, leider versagt, seine Weisheiten zu verkünden, denn seine junge Frau sprang von ihrem Sitz auf und rief: »Sieh, Axel, sieh! Eine Fahne und eine Ehrenpforte! Die Leute haben uns einen feierlichen Empfang zugedacht!«

Und Kutscher Degel wandte sich um und schmunzelte zufrieden: »Ja, gnädige Frau, ich sollt's nicht sagen, aber nun sehen Sie's ja selbst, und es soll ne große Freude werden – aber ich will man langsam fahren, sonst machen sie mir die Pferde noch scheu.«

Kapitel 15

Justus v. Liebig

Und nun kamen sie an. Und Hawermann trat an den Wagen und sprach einige wenige Worte, wie sie ihm vom Herzen zu Munde kamen, und das klare Auge der jungen Frau strahlte auf das weiße Haar des alten Mannes hell wie ein Sonnenstrahl, der wärmen will. Und ehe noch Axel sich dessen versah – der noch nicht mit seiner verworrenen Menschenkenntnis und damit, wie er sich in diesem Falle angemessen zu verhalten habe, zurechtgekommen war –, streckte sie ihm schon die Hand entgegen, und mit diesem Händedruck ward eine Freundschaft besiegelt, ohne daß sie dies recht wußten und darüber sprachen, denn sie hatten sich dabei in die Augen gesehen und hatten miteinander darin Klarheit, Wahrheit und Vertrauen gefunden.

Und Axel streckte nun auch seine Hand aus, und Schulmeister Strull rückte mit seiner Äsellinie vor und stimmte ein »Danklied in besondern Fällen« an, Nr. 545 aus dem mecklenburgischen Gesangbuch: »Nach schwerem Ungewitter«, begann aber vernünftigerweise mit dem zweiten Vers, weil der auf seinen Gutsherrn haargenau zutraf: »Herr, Deine Macht wir preisen«, und Bräsig wollte nun die Fahne schwenken, aber Gust Kegel hielt fest. – »Willst du, Slüngel, den Band loslaten!« rief Bräsig. – »Dein Zorn ist uns bekannt«, sang der Schulmeister unbeirrt weiter. – »Jung, lat doch den Band ut de Hand!« rief Bräsig dazwischen. – »Wie Deine Gnadenhand, die Dich anflehen, schützt«, sang der Schulmeister. – »Jung, krig ik di, ik slag di de Knaken in den Liw intwei!« rief Bräsig. – »Wer sich zu Dir bekehret, der bleibet unversehret«, sang der Schulmeister. – »Herr, sie sitzt in der Pappel fest«, rief der Junge, und Bräsig riß nun an der Fahne und riß einen halben Ast mit herunter, und der Schulmeister sang: »Wie sehr es kracht und blitzt.«

Und Fritz Triddelfitz lief nach der Essensglocke, die im Torweg hing, und läutete Sturm, und Bräsig schwenkte die Fahne, und Männer und Frauen und Knechte und Mägde und Hofjungs und Gören riefen: Vivat! und Hurra! und David Däsel blies auf dem Tuthorn: Die Preußen haben Paris genommen, es werden bald bessere Zeiten kommen. Tuht! tuht! tuht! Und es ward so feierlich, daß es einen Hund jammern konnte, denn beim letzten Tuht! fuhr der alte Kettenhund, den Gust Kegel zum Spaß ein bißchen losgemacht hatte, damit er sich doch auch verlustieren sollte, David Däsel an die Beine, und die beiden Braunen vor dem Kutschwagen fingen auch an, so sonderbar zu schnauben und zu schnarchen, daß es ein wahres Glück war, daß Kutscher Degel sich auf etwas gefaßt gemacht und Vorsorge getroffen hatte. Denn diesmal lief noch einmal alles gut ab, und es währte nicht lange, da hielt die Kutsche unbeschädigt vor dem Herrenhaus, und Axel hob seine liebe junge Frau aus dem Wagen.

Und im Hause selbst war alles, ebenso festlich und wirkungsvoll wie draußen, mit Blumen und Grünzeug dekoriert, und zwischen den Kränzen und Girlanden schoß Marie Möllers in ihrem neuen roten Musselinkleid, feuerrot im Gesicht und mit feuerroten Armen, hin und her, und so wie sie sich zwischen dem Grün ein bißchen abgekühlt hatte, stürzte sie wieder in die Küche zum Küchenofen, als sei sie ein Plättbolzen, der ab und zu einmal wieder angeheizt werden müsse. Und als nun die junge gnädige Frau über ihre Türschwelle getreten war, da kam Marie auf sie zu und hielt ihre roten Feuerarme weit auseinandergebreitet, als sei sie eine leibliche Tochter von Moloch selig, und setzte der jungen Frau einen Kranz von feuerroten Rosen auf den Kopf, prallte drei Schritt zurück und hantierte mit den roten Armen, als schlügen die hellen Feuerflammen aus ihr heraus, und sagte einen Vers auf, den sie sich mit Bräsig drei Monate lang kurzerhand ausgedacht hatte:

»Heil Dir, o Herrin aller Kräfte!
Zu weihen im Berufsgeschäfte
Mit treuem Fleiß und treuem Sinn;
Nimm gnädigst dies Gelöbnis hin!
Des Hauses ganz ergeben, untertänigste
Dienerin.«

Und nachdem sie ihre Lektion aufgesagt hatte, riß sie die Tür zum Speisezimmer sperrangelweit auf, und da stand ein gedeckter Tisch, gerade zu rechter Zeit, denn es war hoher Mittag geworden. Und Axel sprach ein paar Worte abseits mit seiner Frau, und sie nickte freundlich unter dem Rosenkranz hervor und wandte sich an den alten Inspektor: er müsse heute ihr Gast sein und auch der Schullehrer und der junge Wirtschafter, und ob der alte prächtige Herr, der die Fahne geschwenkt hatte, ihr wohl einen Korb geben würde, wenn sie ihn auch einlüde. Und ging zu Marie Möllers und bedankte sich nochmals für ihre schöne Rede und für alles, was sie vorbereitet und getan hatte und sagte: nun werde sie aber doch wohl auch Zeit haben, mit ihr gemeinsam das zu genießen, was sie so sorgsam angerichtet habe. Und Marie Möllers wurde nun vor Freude so rot, als sei der ganze Küchenofen ihr ins Herz gerutscht und werde mit den glühendsten Buchenscheiten angeheizt.

Und über ein kurzes kamen sie denn schon an. Hawermann hatte Bräsig abgeholt und stellte ihn vor als seinen langjährigen treuen Freund, der auch sehr gut mit dem seligen Herrn bekannt gewesen sei und es sich nicht hätte nehmen lassen wollen, an der Freude von Pümpelhagen teilzunehmen. Und Bräsig ging auf Axel zu und bekam mir nichts dir nichts seine Hand zu fassen und drückte sie und schüttelte dabei mit dem Kopf hin und her, als versichere er ihn seiner Freundschaft auf Leben und Sterben: »Herr Leutnant – sehr lieb und woll zu sehen! indem daß ich Korlen schon gesagt habe, daß ich mich freuen würde, wenn Sie nach Ihren Herr Vater slachten.« Und dann ging er auf die junge Frau zu: »Gnedigste Frau Leutnanten«, und dabei suchte er nach ihrer Hand, bekam sie auch richtig zu fassen, und es war, als ob er sie küssen wolle. Doch mit einemmal hielt er sie ein Stück von sich ab: »Nein, dieses nich! – Ich hab ümmer die Hand von meine gnedigste Gräfin küssen müssen, und das war als in den Hofdienst. Ich will mir den Geschmack an Ihnen nich verderben, denn dazu sünd Sie zu lieblich in Ihre Augen anzusehn. Aber wenn Sie einmal en Menschen brauchen können – ich heiß Zacharias Bräsig – denn schicken Sie zu mich – ne lütte Meil von hier – Hauhnerwiem – und der Dag soll mich nich zu heiß un die Nacht nich zu swarz sein.«

Mit derlei Reden und Anreden ist es ein eigen Ding. Die ehrlichen Leute reden frisch von der Leber weg und denken im Augenblick nicht daran, wie ihre Worte wohl aufgenommen werden könnten. Axel nahm sie nicht so auf, wie sie gemeint waren. Daß ihm durch einen Inspektor Bräsig ein Vorbild hingestellt wurde – und sei dies auch sein eigener Vater, dem er so großen Dank schuldig war –, das war ihm nicht recht; er war empfindlich verstimmt. Frida, die allen Dingen auf den Grund ging, nahm die Rede des alten Inspektors gleichsam wie eine Zwiebel zur Hand und schälte die alten, vertrockneten und widerborstigen Hülsen eine nach der anderen ab, und daraus lachte ihr ein gediegener, blanker, fester Kern entgegen, und als sie den noch auseinanderschnitt, da war ein prachtvoll gesundes Herzblatt darin, so daß sie den alten Burschen bei der Hand faßte und ihn bat, bei Tisch ihr Nachbar zu sein.

Nun kam Fritz Triddelfitz, versteht sich: als junger Gutsbesitzer, denn er hatte sich noch rasch in den blauen Frack mit den blanken Knöpfen geworfen, der gerade so aussah, als sei er expreß als Ableger von Pomuchelskopps blauem Frack bestellt worden. Und dann erschien Schulmeister Strull, ein großer, forscher Kerl, den der liebe Gott eher zum Holz- als zum Kinderhauen bestimmt hatte. Eigentlich wirkte der alte Knabe mit seinem dicken Kopf und in seinem schwarzen Anzug, der nun schon stark ins Rötliche schimmerte, eher wie ein stabiler Radnagel, den das Schicksal schief in die Wand geschlagen hatte und der nun dort allgemach eingerostet war. Auch sein Gesicht sah ein wenig verrostet aus, und das einzig Muntere an ihm war sein Vorhemd, das die Schulmeistersfrau, weil es vom Liegen schon ein bißchen vergilbt war, gehörig mit Wäscheblau bearbeitet hatte, woher denn seine meergrüne Farbe stammte.

Triddelfitz und Strull wurden von Axel vor allen anderen wohlgefällig aufgenommen, und als er nun hörte, daß Fritzings Vater Apotheker in Rahnstädt sei und auch Analysen machen könne, da mußte Fritz neben ihm sitzen. Als Unkel Bräsig das Wort Analysen hörte, schnappte er es dem Leutnant kurzerhand vom Munde weg und flüsterte beiseite zu Hawermann: »Allelüsen? Allelüsen? Was meint er mit Allelüsen? Meint er da Ungeziefer mit?« – Und ohne eine Antwort abzuwarten, sagte er zu Axel: »Gnedigst Herr Leutnant, for das Zeug müssen Sie sich von den Apthekersohn hier ne Kruk ›umgewendten Napoleon‹ mitbringen lassen«, was natürlich Axel nicht verstand. Und wenn er es verstanden hätte, so hätte er keine Zeit gehabt, sich darauf einzulassen, denn als sie nun alle Platz genommen hatten – der Schulmeister nur zu einem Viertel, denn er balancierte auf der einen Ecke seines Stuhls –, kam Axel gleich auf die Hauptsache, auf die Wirtschaft von Pümpelhagen, und fing an, sein ganzes Gutsgelände zu rigolen, und warf mit Knochenmehl und Chilisalpeter und Guano um sich her und legte dicht hinter dem Garten eine große Hopfenplantage an, so daß der arme alte Hawermann sich eingestehen mußte, so schlimm habe er sich die Landwirtschaft seines Herrn denn doch nicht vorgestellt, und daß er insgeheim sich wunderte, wie Bräsig nur immerzu lauthals darüber lachen konnte. Doch war das sehr verständlich, denn Bräsig hielt Axels ökonomische Ansichten für nichts als Ulk und Witz, und als der junge Herr schließlich seine Hopfenplantage mit den Worten auf volle Touren gebracht hatte: »Natürlich muß der Boden dazu erst gehörig präpariert sein«, da wieherte Bräsig laut los und rief: »Ja – un wenn wir denn mit dieser Preposition farig sünd, denn fikatzen wir ihn noch en bischen, und denn bauen wir nichts anders als Rosinen un Mandeln da auf, un mit die futtern wir die Swein – un denn sollen Sie mal sehn, gnedigste Frau Leutnanten«, – hiermit wandte er sich an die junge Frau – »wo süß en Swein smeckt, was mit Rosinen un Mandeln fett gemacht is.«

Dies konnte Axel nun nicht so recht gefallen, und er sah auch ziemlich betreten vor sich hinunter und zog die Augenbrauen ein wenig zusammen. Doch er war gerade zu schön im ökonomischen Zuge, um noch einhalten zu können. Er gelangte nun auf die Ackerwirtschaft, auf seine Erfindung – die kombinierte Ackermaschine mit dem Schollenbrecher – und wandte sich dabei gnädigst an seinen Nachbarn, an Fritzing Triddelfitz, der so ungemein gebildete Antworten gab, daß Marie Möllers mit offnem Munde dasaß und sich insgeheim immerzu an die Brust schlug und bekannte: »Gott sei mir Sünderin gnädig! Und nach diesem mußte ich unverständiges Geschöpf die Hand ausstrecken! – Nee! das wäre ja gerade, als wenn Gans und Adler in *ein* Nest legen sollten.«

Als das Mittagessen beendet war, stand die gnädige Frau auf, verabschiedete sich von der Gesellschaft und sagte zu Hawermann, Axel und sie hätten sich vorgenommen, morgen das Gutsgelände zu besichtigen, und sie rechnete damit, daß er sich ihnen anschließen werde, um ihnen alles zu zeigen. Dies sagte Hawermann auch freudig zu, und nachdem sie den Raum verlassen hatte, kreiste die Flasche noch ein wenig um den Tisch, und Daniel Sadenwater mußte Zigarren bringen.

Den alten Bedienten hatte Axel auf Fridas Fürsprache behalten, und dafür hatte Daniel heute mittag das Messer und die Gabel des alten Herrn vor Axel hingelegt und ihn dadurch, wie ihm dünkte, gleichsam als seinen neuen Herrn anerkannt, und zu jedem Gericht, das er auf dem Präsentierteller seinem jungen Herrn vorlegte, hatte er sich selbst mit Kopf und Kragen als Zugabe beigefügt, und aus seinen alten Augen sprach es ausdrücklich: sein junger Herr könne mit ihm machen, was er wolle, er habe sich ihm ganz und gar bedingungslos ergeben.

Bräsig nahm sich auch ne »Zichalie«, wie er die Dinger nannte, und erzählte dem Herrn von Rambow: ab un an rauche er auch son Ding, aber die von Küster Brökern. Na, die wären ja auch nicht schlecht, aber ein bißchen streng wären sie, und dann wären sie ihm auch eklig,

denn die Leute sagten, Bröker kleistere sie immer mit seiner natürlichen Spucke zusammen, was er nicht für appetitlich taxieren müsse.
Axel antwortete nicht darauf, denn – er wußte es auch nicht so recht – Bräsig wollte ihm durchaus nicht gefallen. Bräsig hatte für ihn etwas zu Spöttisch-Lustiges an sich, das mit seiner eigenen ökonomischen Begeisterung schlecht übereinstimmte. Dagegen war Fritz Triddelfitz ein ganz anderer Zuhörer gewesen. Er hatte so viel mit dem Kopf genickt und geschüttelt und sich vor Bewunderung nicht lassen können, daß Axel sich selbst wie ein dickes, solide gegossenes ökonomisches Talglicht vorkam, das hoch auf dem Leuchter stand, um Pümpelhagen und die umliegenden Dörfer, ja – weshalb auch nicht? – die ganze Welt zu erleuchten. Doch, wie ich schon oft genug gesagt habe, Axel war ein guter Mensch, er wollte nicht nur, daß es heller, er wollte auch, daß es um ihn wärmer werde. Das gute Mittagessen, der köstliche Wein, das Gefühl, *Herr* zu sein, ließen nach Tisch allerlei Gedanken in ihm aufsteigen, die er loswerden mußte. Er rief also Hawermann zu sich ans Fenster und fragte ihn, wie er mit Fritz zufrieden sei. Hawermann sagte: so ziemlich, er habe ja schon so manches angenommen, und er hoffe, daß er mit der Zeit einen ganz brauchbaren Landwirt abgeben könne. Das war für Axels gnädige Laune vollauf genug. Er fragte weiter, was Fritz als Gehalt bekäme und ob ihm wohl auch ein Pferd gehalten werde. Nein, sagte Hawermann, ein Pferd habe er noch nicht und ein Gehalt kriege er auch nicht, er gebe nichts und erhalte nichts.
Axel trat daraufhin zu Fritz: »Lieber Triddelfitz, zu meiner Freude habe ich von dem Herrn Inspektor erfahren, daß er sehr mit Ihnen zufrieden ist. Ich mache mir daher das Vergnügen, Ihnen für das nächste Jahr ein kleines Gehalt von fünfzig Talern und die Haltung eines Pferdes zu offerieren.« Fritz wußte nicht, wo ihm der Kopf stand: Hawermann sehr mit ihm zufrieden, das schien ihm sehr verwunderlich. Fünfzig Taler, das war auch ganz nett. Aber ein *Pferd* – dies benahm ihm so gründlich Luft und Besinnung, daß er kaum dazu imstande war, sich bei Axel zu bedanken.
Der ließ ihm im übrigen auch keine Zeit dazu und zog Hawermann wieder zu sich ans Fenster. Und nun galoppierten durch Fritzens Hirn in zauberischen Gedankenverbindungen alle alten Rösser aus der ganzen Nachbarschaft, Schwarze und Braune, Schimmel und Füchse, und jedes einzelne ward ihm vorgeritten, als habe die mecklenburgische Regierung den Rahnstädter Pferdemarkt in seinen Kopf verlegt,

und ihm gegenüber saß Bräsig und grinste. Mit einem Male rief das überselige Glückskind: »Herr Inspektor, nächsten Monat hält der Großherzog seinen Einzug in Rahnstädt, bis zu *der* Zeit muß ich sie haben, zu der Einholung, denn wir jungen Landleute holen ihn ein.« – »Wen müssen Sie haben?« fragte Bräsig. – »Die Fuchsstute, die Mutterstute, die Whalebonestute, Gust Prebberow hat sie.« – »Ich kenne ihr«, sagte Bräsig sehr kühl. – »Famoses Pferd!« – »En ollen Sch . . .« – *Schinder* wollte er sagen. Er entsann sich aber noch zu rechter Zeit, daß er sich in einem vornehmen, adligen Hause befand und schloß sinngemäß: »En ollen *Scharfrichter* is sie, un wenn der Großherzog seine Antrittsvesite in Rahnstädt hält, denn können Sie ihr nicht brauchen, denn sie kann kein ›Hurra‹ schreien hören.« Dies war allerdings fatal, denn bei der Gelegenheit würde viel »Hurra« geschrien werden. Doch Fritz wußte nur zu gut, daß Bräsig ihm bei jeder Gelegenheit Widerpart hielt, und er ließ sich in seinen Absichten also nicht beirren.

Währenddessen hatte Axel seinem alten Inspektor noch eine kurze Vorlesung über den Fortschritt in der Landwirtschaft gehalten, und zum Schluß drückte er dem alten Mann ein Buch in die Hand mit den Worten: »Ich erlaube mir, Ihnen dies Buch zum Geschenk zu machen; es sollte von jetzt an die Bibel jedes Landwirts sein. Jedes Wort darin verdient in Gold gefaßt zu werden.« Hawermann bedankte sich herzlich, und weil es mittlerweile anfing schummerig zu werden, beurlaubte sich die Gesellschaft. Die beiden alten Inspektoren und Meister Strull, die dazu eingeladen worden waren, gingen mit Hawermann in seine Wohnung. Fritz ging in den Pferdestall.

Was er dort eigentlich wollte, blieb verborgen, er wußte es auch nicht. Eine Art Instinkt trieb ihn förmlich, Pferde zu mustern; er mußte seinen inwendigen Menschen mit der wirklichen Welt in Einklang bringen. Und so ging er denn im Halbdunkel hinter den alten Ackergäulen auf und ab, die er schon tausendmal gesehen hatte, und musterte ihre Beine. Der hatte Spat – ihm sollte keiner einen Spatlahmen verkaufen, dies kannte er. Schifförmige Knochen: der hatte Schiewel – was Schiewel war, wußte er schon seit einigen Jahren. Der hatte Schalm – das mußte ein Döskopp sein, der sich einen Schalmigen andrehen ließ. Der hatte Hasenhacken – nicht gefährlich! ein wenig mit dem kupfernen Brenneisen zu behandeln. Und jetzt kamen Steingallen und Stollschwamm, und inmitten all dieses Pferdeelends erwärmte ein freundliches Lächeln und eine wunderschöne Gestalt sein Herz.

Es war die gnädige Frau, in die er sich seit dem Mittagessen unsterblich verliebt hatte. Und so undankbar war der Bengel, daß er damit spielte, seinen Herrn, dem er sein Pferdevergnügen verdankte, unglücklich zu machen, wenn auch nur in Gedanken.
»Ja«, sprach er zu sich selbst, als er in der Türe des Pferdestalls stand und der Abend leise und dunkel herniedersank, »was ist Luise Hawermann gegen diesen Engel von gnädiger Frau? – Nein, Luise, du jammerst mich! – Ich weiß auch gar nicht, wie ich dazu gekommen bin, mich in dich zu verlieben. – Ach, du lieber Gott, und denn Lining und Mining! – Ein paar unbedarfte Gänschen. – Und nun gar Marie Möllers! – Ein Klumpen Unglück! – Nein, stach sie heute mittag gegen die gnädige Frau ab, wie eine Bauernpflaume gegen einen Pfirsich. – Ja, wenn ich nur erst die Fuchsstute hätte, denn – gnädige Frau, befehlen Sie? – Vielleicht ein Brief zur Post zu besorgen? Oder wenn sie so des Abends einmal von einem Ball aus Rahnstädt zurückkommt, und der alte Daniel Sadenwater ist nicht gleich zur Hand – den Wagenschlag aufgerissen! herausgehoben! – ›Ach Gott, ich habe mein Taschentuch in Rahnstädt vergessen‹, *oder meine Galoschen.* – Versteht sich von selbst, meine Gnädige! ›Soll gleich besorgt werden, verbeuge mich‹, und denn aufgesessen auf die Fuchsstute – ks... hsch... – vorwärts galoppiert sie – in einer halben Stunde bin ich wieder da, die zwei Meilen in einer halben Stunde – Ich komme auf den Hof gesprengt. ›Gnädige Frau, hier sind die Galoschen‹, und denn sagt sie: ›Danke, lieber Triddelfitz, diese Aufmerksamkeit...‹ – Daß dich das Donnerwetter! – die verfluchte Deichsel.« Denn als er nun im Stockdunkel nach Hause gehen wollte, war er – in seine Liebesphantasien ganz versunken – über eine Wagendeichsel gestürzt, die durch seine eigene Nachlässigkeit dort herumlag, und befand sich nun – als junger Gutsbesitzer – auf etwas, das sich in der Tat sehr weich anfühlte. Was es war, das wußte er auch nicht. Doch seine Nase gewann eine Ahnung davon, und so viel wußte er für gewiß, daß er sich erst bei Licht besehen mußte, bevor er sich zu Hawermann in die Stube begab.

In diese waren die drei alten Herren gegangen, und als sie nun so im Schummerlicht beisammensaßen, fragte Bräsig: »Korl, das Buch is woll en Romanenbuch, so's Winters-Abends in zu lesen?« – «Je, Zacharies, ich weiß es auch nicht. Ich will Licht anmachen, denn können wir ja zusehn.« – Und als es nun hell war, wollte Hawermann sich das Titelblatt besehen. Aber Bräsig nahm ihm das Buch aus der Hand: »Nee, Korl, wir haben hier jo en Schriftgelehrten, Strull muß lesen.«

Strull fing nun auch an zu lesen, in einem Atem weg, als wenn er das Sonntags-Evangelium vorläse, und wenn er überhaupt eine Pause machte, dann machte er sie bei den Fremdworten: »Druck und Papier von Friedrich Vieweg und Sohn in Braunschweig die Chemie in ihrer Anwendung auf A-gri-kultur und Phy-si-o-logie.« – »Holt«, rief Bräsig, »so heißt das Wort nicht, es benennt sich Fisionomie.« – »Nee«, sagte Strull, »hier ist die Aussprache Phy-si-o-logie.« – »Meinswegen, Strull«, sagte Bräsig, »mit die ausländschen Wörter is das was Besonders, der eine benennt sie so, der andere so. – Na, man weiter!« – »Von Justus Liebig Drrrr der Medizin und Philosophie Professor der Chemie an der Ludwigs-Universität zu Gießen Ritter des Großherzogl. Hessischen Ludwigs-Ordens und des Kaiserl. Russischen St.-Annenordens dritter Klasse auswärtiges Mitglied der Königl. Akademie der Wissenschaften zu Stockholm der – nu kommt was Lateinsches, was ich nicht lesen kann – zu London Ehrenmitglied der Königl. Akademie zu Dublin – kor-res-pon-die ...« – »Holt!« rief Bräsig, »Gott Du bewohr uns, Korl, was is der Kerl all!« – »'s is aber noch lang nich all, es kommt nu gut noch mal so viel.« – »Das woll'n wir ihn schenken. – Man weiter!« – »Fünfte umgearbeitete sehr vermehrte Auflage Braunschweig Verlag von Vieweg und Sohn 1843. – Nu kommt woll ne Vorrede.« – »Schenken wir ihn auch«, sagte Bräsig, »fangen Sie da an, wo's anfängt.«

»Die Überschrift lautet folgendermaßen: *Gegenstand* mit en Strich unter.« – »Schön«, sagte Bräsig, »man weiter!« – »Die organische Chemie hat zur Aufgabe die Erforschung der chemischen Bedingungen des Lebens und der vollendeten Entwicklung aller Organismen – Absatz« – »Was for en Ding?« fragte Bräsig. – »Aller Organismen«, sagte der Schulmeister. – »Na«, rief Bräsig aus, »hab ich doch schon männig ausländisches Wort gehört, aber Organismen, Organ ... – Holt!« rief er, »Korl, weitst noch: Herr Orgon ging vors Tor, was wir bei Pastor Behrens aus Gellerten auswendig lernen mußten? Möglich, daß dieser Orgon hier mit zusammen hackt.«

»Wollens man sein lassen, Bräsig, das verstehn wir doch nicht.« – »Nee, worum, Korl?« sagte sein alter Freund, »wir können uns jo belernen. Du sollst sehn, dies is en Wasserbuch, die fangen auch immer mit so'ne unverständliche Redensorten an. – Man weiter!« – »Das

Bestehen aller lebendigen Wesen ist an die Aufnahme gewisser Materien geknüpft, die man *Nahrungsmittel* nennt; sie werden in dem Organismus zu seiner eigenen Ausbildung und Reproduktion verwendet — Absatz.« — »Dorin hat der Mann recht«, erklärte Bräsig. »Nohrungsmiddel gehören zu die lebendigen Wesen, und« — hier nahm er Strull das Buch aus der Hand — »sie werden in dem Organismus verwendet — nu weiß ich auch, was er mit Organismus meint. Er meint die Mag.« — »Ja«, sagte der Schulmeister, »aber hier steht noch ›Reproduktion‹.« — »Ach«, sagte Bräsig abfällig, »Produkschon! — Das haben sie sich in de letzten Johren erst angewöhnt. In meine Kinderjahren wußte kein Mensch was von Produkschon. Nu abersten nennen sie jeden Schepel Weiten und jeden Ossen ne Produkschon. Das will ich Sie sagen, Meister, das is en bloßen Zierrat, indem daß sie gelehrt aussehen wollen.«

So ging es nun noch eine Weile weiter, bis der Schulmeister nach Hause ging, und als er fort war, saßen die beiden alten Freunde still und friedlich beisammen — denn Bräsig blieb heute die Nacht über in Pümpelhagen —, bis Hawermann tief aufseufzte und sagte: »Ach, Zacharies, ich glaube, das wird eine schlimme Zeit für mich.« — »Worüm das? Dein junger Herr is ein munterer, spaßiger Mann. Was hat er heute mittag nich all for Sätze angegeben mit seiner Landwirtschaft.« »Je, das ist es ja, du hältst das für Spaß, und er hält das für Ernst.« »Das hält er for Ernst?« — »Sicher tut er das. Er hat die Landwirtschaft aus den neumodischen Büchern studiert, und die stimmen schlecht mit unserer alten Art überein, und wenn ich auch gerne wollte, so kann ich mich in die neue Art und Weise doch nicht mehr reindenken, mir fehlen die Kenntnisse dazu.« — »Da hast du recht, Korl! — Süh, mit die Wissenschaften kommt mich das ümmer vor as mit de Seiltänzer Koltern un Waizmannen. Wenn das von lütt auf an daran gewöhnt wird, auf den Turm raufzugehen, daß das nich düsig in den Kopp wird, denn danzt das in ollen Dagen mit Plesier slankweg jedes Seil entlanke, was die Wissenschaften aufgespannt haben. — Verstehst du mir?« — »Ich versteh dich. Aber das haben wir in unseren jungen Jahren verpaßt, und auf so einem Seil zu tanzen« — er zeigte auf das Buch — »da sind meine alten Knochen doch schon zu steif zu. — Ach, und ich will da auch gar nichts zu sagen, er kann ja meinetwegen selbst die Wirtschaft nach den neuen Moden führen, und ich will ihm nach

Kräften darin beistehn, aber zu der Art Wirtschaft gehört ein großer Geldbeutel, und den haben wir nicht.
Ich glaubte erst, seine Frau würde etwas mitbringen, aber damit ist's wohl nichts, denn selbst die neue Ausstattung und die neuen Möbel hat er ja in Rahnstädt besorgen lassen, und bezahlt ist noch kein Schilling davon.« – »Na, Korl, laß das. En Unkauf hat er doch nich getan. Das Frauenzimmer gefällt mir ungeheuer.« – »Mir auch, Bräsig.« – »Un was en richtiges Frauenzimmer in en Hausstand bedeuten tut, das kannst du an deine liebe Swester sehn. Morgen will ich nach ihr hin, denn da sollen ja allerlei verfluchte Schosen mang die beiden Geistlichen ausgebrochen sein. Und darum nu guten Nacht, Korl.« – »Gu'n Nacht, Bräsig.«

Kapitel 16

Feldgang

Am nächsten Morgen schoß Fritz Triddelfitz auf dem Pümpelhäger Gutshof umher wie ein Grashecht im Karauschenteich. Er hatte seine kleine Uniform angezogen, den grünen Jagdschniepel mit den kurzen, grauen Hosen, der gnädigen Frau zu Gefallen – sagte er –, damit ihre schönen Augen doch auch was Erfreuliches zu sehen bekämen. Seine Augen, die sonst bei allem, was er auf dem Hof unternahm, unablässig auf Hawermanns Fenster gerichtet waren wie der Kompaß auf den Nordstern, schweiften heute früh über die ganze Vorderfront des Herrenhauses hin und her. Und als dort ein Fenster aufging und sein junger Herr heraussah und ihn anrief, schoß er wie ein Grashecht quer über den Hof, als wäre Axel in seinem silbergrauen Schlafrock ein Plötz und der rote Schal um seinen Hals wären die Flossen.

»Triddelfitz«, sagte Herr von Rambow, »ich habe beschlossen, heute morgen eine kleine Ansprache an meine Leute zu halten, bestellen Sie dieselben zu neun Uhr hier vor das Haus.« – »Zu Befehl«, entgegnete Fritz, denn diese Redeweise wollte er sich dem Herrn Leutnant zu Ehren angewöhnen. – »Wo ist der Inspektor? ich wünsche ihn zu sprechen. Es hat aber keine Eile.« – »Er ist mit dem Inspektor Bräsig aus dem vorderen Tor gegangen.« – »Schön, also wenn er wieder zurückkommt.« – Fritz machte eine erlesene Verbeugung, ging ab, drehte sich aber dann noch einmal um und fragte: »Befehlen der Herr von Rambow die Frauen auch?« – »Nein, bloß die Männer. – Aber, warten Sie – ja, Sie können die Hausfrauen auch bestellen.« – »Zu Befehl«, entgegnete Fritz und lief nun im Dorf herum und bestellte die Hausfrauen und die Männer, die auf dem Hofe zu arbeiten hatten, und sie sollten auch ihr bestes Zeug anziehen. Mittlerweile war es acht Uhr geworden, und wenn die Pflüger, die auf der Brache waren, um neun da sein sollten und dazu noch im Sonntagsstaat, dann mußten sie jetzt gerufen werden. Er ging also zur Brache.

Hawermann hatte seinen alten Freund ein Stück Weges begleitet und war dann quer über Feld zu den Pflügern gegangen. Wie er da zwischen ihnen umherging, kam Fritzing über den Berg so pfeilgerade auf ihn zu gesegelt, als seine schlottrige Gangart und die Lehmschollen im gepflügten Acker dies ihm gerade noch erlaubten: »Herr Inspektor,

Sie sollen gleich ausspannen lassen, die Leute sollen um 9 Uhr vor dem Herrenhause sich versammeln, der Herr will ne Rede an sie halten.« – »Was will er?« fragte Hawermann ganz verblüfft. – »Ne Rede halten«, war die Antwort, »die andern Tagelöhner sind schon bestellt, auch die Hausfrauen. Die hatte er vergessen, daran habe ich ihm noch zu rechter Zeit denken helfen.« – »Sie hätten ...« was Besseres tun können, wollte Hawermann sagen, besann sich aber noch und sagte trocken: »Dann sagen Sie den Leuten Ihren Auftrag.« – »Und Sie sollen auch kommen.« – »Schön«, sagte der Alte und ging sehr verstimmt nach Hause.

Er hatte dringende Arbeit für seine Gespanne, und nun wurden sie ihm für einen ganzen Vormittag vom Acker geholt. Doch darüber kam er schon hinweg, das war es nicht. Sein Herr hatte gleich am ersten Tage etwas angeordnet, ohne mit ihm Rücksprache zu halten. Er hatte es mit Triddelfitz ausgemacht, nicht mit ihm, und die Sache war doch eigentlich nicht gerade eilig gewesen. Aber wenn ihn das auch schmerzte, so war es doch nicht dies: die *Rede* war es. Was wollte er den Leuten sagen? Wollte er sie an ihre Schuldigkeit erinnern? Die Leute waren gut, sie leisteten ihre Arbeit genauso natürlich und selbstverständlich, wie sie aßen und tranken ... Es kam ihnen nicht in den Sinn, damit etwas Besonderes auszurichten, und es war Unvernunft, solche Leute an ihre Schuldigkeit zu mahnen. *Redet* man oft davon, dann fängt es bald an, damit zu hapern. In dieser Hinsicht wie in mancher anderen sind unsere Tagelöhner wahre Kinder: sie werden sich bald ihre Schuldigkeit als Verdienst zurechnen. – Oder wollte er ihnen Wohltaten angedeihen lassen? Gutmütig genug war er dafür. Doch *was* wollte er ihnen geben? Sie hatten alles, was sie brauchten, und etwas Bestimmtes konnte er ihnen nicht versprechen, dazu kannte er ihre Lage nicht genau genug. Er konnte ihnen also nur mit allerlei windigen Redensarten und Versprechungen unter die Augen gehen, die ein jeder sich nach seinen eigenen Wünschen und Hoffnungen auslegte und die unmöglich zugestanden werden konnten. So machte er sich die Leute unzufrieden.

Dies waren seine Gedanken, als er zu seinem Herrn ins Zimmer trat. Die junge Frau war schon anwesend, für den verabredeten Spaziergang passend gekleidet. Sie kam ihm freundlich entgegen: »Wir müssen noch warten, Herr Inspektor, Axel will noch erst die Leute anreden.« – »Das wird so lange nicht dauern«, sagte Axel und kramte in

Papieren herum. Dann klopfte es an der Tür. – »Herein!« und Fritz trat ein, einen Brief in der Hand: »Aus Gürlitz«, sagte er. Axel öffnete den Brief und las ihn. Es war ein fataler Brief: er war vom Notarius Schlitzohr, der sich mit David für den Vormittag ansagte. Sie seien zufällig bei Herrn Pomuchelskopp und hätten dort erfahren, daß Herr von Rambow schon eingetroffen sei, und da sie ihn in dringenden Geschäften zu sprechen hätten, so nähmen sie sich die Freiheit usw. usw. Die Geschäfte seien aber sehr dringend, stand in der Nachschrift.

Axel war in arger Bedrängnis, denn zurückweisen konnte er den Besuch nicht. Er ging also nach draußen und sagte dem Boten, die Herren wären ihm angenehm. Und als er wieder hereinkam, war er so unruhig und verstört, daß es der jungen Frau auffallen mußte: »Was hast du?« fragte sie. – »Oh, nichts. Ich denke eben nur, mit meiner Ansprache an die Tagelöhner wird es doch noch eine Zeitlang dauern. Es ist wohl am besten, wenn du mit dem Herrn Inspektor allein das Gut besichtigst.« – »Oh, Axel, ich habe mich so darauf gefreut, mit dir ...« – »Ja, das hilft doch nicht, mein liebes Kind. Ich kenne ja den Hof auch schon. Geh jetzt mit dem Herrn Inspektor, liebe Frida, und – ja – sobald ich irgend kann, komme ich euch nach.« Hawermann wollte es scheinen, als habe er geradezu Angst, sie nur loszuwerden. Er half ihm also bei dieser Absicht, und Frida folgte schließlich seiner Aufforderung, wenngleich ein wenig verstimmt.

Als sie gegangen war und die Dorfbewohner sich einigermaßen vollzählig versammelt hatten, hielt Axel seine Ansprache, obwohl ihm das Vergnügen an dieser Staatsaktion durch den unfeinen Brief ziemlich vergangen war, denn was auch immer er sich vorgegaukelt hatte: sein eigenes Vergnügen und der Genuß, sich als *Herr* fühlen zu können, waren dabei doch die Hauptsache gewesen. Beinahe genau so, wie Hawermann es befürchtet hatte, fiel denn die Ansprache auch aus. Ermahnungen und Versprechungen, in hochtrabenden Worten und mit großartigen Redensarten aufgeputzt, stolzierten vor den Augen der schlichten Tagelöhner unverständlich hin und her, und das einzige, was ihnen von dieser Rede hell in die Augen strahlte, sie aber zugleich blendete, waren die goldenen Flitter von Wohltaten, die er ihnen zusagte, und daß sie mit jedem Wunsch getrost zu ihm kommen sollten, er wolle für sie sorgen wie ein Vater.

»Ja«, sagte Päsel zu Näsel, »Vadder, das laß ich mir gefallen. Er *will* doch! Ich geh morgen nach ihm hin und bitt ihn, daß ich mir dies Jahr ein Kalb ansetzen kann.« – »Du hast ja letztes Jahr schon eins angesetzt gekriegt.« – »Das schad't nicht, das kann ich an den Weber in Gürlitz verkaufen.« – »Ja«, sagte Kegel zu Degel, »ich geh morgen nach ihm hin und bitt ihn, er soll mir zum nächsten Frühjahr zwanzig Ruten Kartoffelland mehr geben, ich bin dies Jahr nicht ausgekommen.« – »Je, du hast deine Kartoffeln man nicht zur rechten Zeit gehackt, und der Alte hat dir deswegen auch ne schöne Standpauke gehalten.« – »Das schad't nicht, er weiß da nen Deuwel von, und er ist nu Herr und nicht der Inspektor.« So waren denn Unruhe und Unzufriedenheit aufs beste in Gang gebracht. Sogar Axel war unruhig und unzufrieden, weil ihm der angekündigte Besuch bevorstand, und der einzige Mensch auf Pümpelhagen, der, wenn auch nicht gerade gelassen, so doch recht zufrieden war, war Fritzing Triddelfitz, und so hatte der junge Herr seine Perlen doch nicht ganz und gar, wie man so sagt, vor die Säue geworfen.

Schlitzohr und David kamen, und was soll ich davon groß erzählen: Sie sangen dieselbige Melodie, die sie vordem schon gesungen, und Axel mußte ihnen die Noten dazu schreiben. Hierin war er mittlerweile schon fast firm geworden. – Borgen ist gewiß ein schlechtes Geschäft. Doch es gibt – bis auf Köpfen und Hängen – kein Gewerbe das so schlecht wäre, daß es nicht der eine oder andere doch mit Lust betriebe. Ich habe Leute gekannt, die sich nicht eher zufrieden gaben, als bis sie in der ganzen Juden- und Christenheit herumgeborgt hatten. Und wenn es auch mit Axel so weit noch gerade nicht gekommen war, so dachte er doch schon ernstlich daran, einen zufällig sich ergebenden Umstand auszunutzen. Er nahm also heute morgen bei David zu seinen bisherigen Anleihen noch eine weitere auf, mit der er die neue Ausstattung seines Hausstandes abdecken wollte, »um nicht mit so vielen Leuten zu tun zu haben, sondern mit einem«, dachte aber wahrscheinlich nicht daran, daß dieser *eine* ebenso schwer wog wie ein paar Dutzend andere.

Währenddessen ging Hawermann mit der jungen Frau über Feld. Der helle Sommermorgen hatte bald die kleinen, verdrießlichen Schatten aus ihrem frischen Gesicht vertrieben, und die klaren Augen blickten um sich mit dem lebhaften Wunsch, sich alles genau anzusehen und etwas zu lernen, und der alte Mann ersah daraus zu seiner großen Freude, daß sie von der Sache etwas verstand. Sie war auf dem Lande aufgewachsen, und es war nun einmal ihre Natur, daß sie auch manches bemerkte, das etwas abseits ihres gewöhnlichen Weges lag, und das nicht nur so obenhin: sie mußte jeder Sache genau auf den Grund gehen. So verstand sie denn schon soviel von der Landwirtschaft, daß sie sich leicht würde zurechtfinden können. Denn wenn ihr hier auch mancherlei Neues entgegentrat, da ihres Vaters Gut eine Sandbüchse war und Pümpelhagen den schönsten Weizenboden besaß, so hatte sie doch einen Faden, um sich an ihm entlangtasten zu können, und wußte sie einmal nicht weiter, dann half ihr der alte Inspektor mit knappen, verständigen Auskünften ein. Der Spaziergang wurde für alle beide zu einer wirklichen Freude, und aus einer gemeinsamen, reinen Freude wächst das Vertrauen empor wie eine schöne Blume.

So waren sie bis an die Gürlitzer Feldscheide gelangt. Hawermann zeigte ihr den Priesteracker und erzählte, daß der selige Kammerrat den noch in Pacht genommen habe. – »Und die Gerste da drüben?« fragte die junge Frau. – »Das ist schon Gürlitzer Grund und Boden, das gehört dem Herrn Pomuchelskopp.« – »Ach, das ist der Gutsbesitzer, der uns gestern mit seiner Familie begrüßte«, rief Frida. »Was ist das eigentlich für ein Mann?« – »Ich habe keinen Umgang mit ihm«, sagte Hawermann ein wenig zurückhaltend. – »Kennen Sie ihn denn nicht?« fragte die junge Frau. – »Ja – nein – das heißt, ich habe ihn früher gekannt. Aber seitdem er hier wohnt, haben wir keinen Umgang miteinander«, entgegnete der Alte und wollte von etwas anderem zu reden anfangen. Aber Frida legte ihre Hand auf seinen Arm: »Herr Inspektor, ich bin hier fremd in der Gegend, Axel scheint mit dem Manne, wenn auch nur oberflächlich, bekannt zu sein. Ist das ein Umgang für uns?« – »Nein«, sagte Hawermann kurz und hart.

Sie gingen weiter, ein jeder in seinen Gedanken. Die junge Frau blieb stehen: »Können und wollen Sie mir den Grund sagen, weswegen Sie den Verkehr mit dem Manne abgebrochen haben?« – Hawermann blickte die junge Frau nachdenklich an: »Ja«, sagte er endlich, mehr als wenn er zu sich selber spräche, »und wenn Sie meine Worte mit demselben Vertrauen aufnehmen, wie's der selige Kammerrat getan hat, wird es Ihnen zum Vorteil gereichen.« Und er erzählte ihr seine Geschichte, gleichmütig und ohne Eifer, aber auch ohne alle Rücksicht. Frida hörte ihm aufmerksam zu, ohne ihn weitläufig zu unterbrechen, und sagte zuletzt nur: »Die Leute sind mir gestern schon halb zuwider gewesen, heute sind sie's mir ganz.«

Sie schritten in diesem Augenblick auf dem Pastorenacker am Garten-

zaun entlang, als über den Zaun hinüber eine helle, fröhliche Stimme zu ihnen drang: »Guten Morgen, Vater! – Guten Morgen!« und gleichzeitig lief das schöne junge Mädchen, das Frida gestern vorm Pastorenhaus gesehen hatte, aus der Gartenpforte heraus auf den alten Inspektor zu. Jäh aber hielt sie in ihrem Überschwang inne, als sie die gnädige Frau gewahrte, und blieb blutübergossen stehen. So mußte Hawermann sich seinen Guten-Morgen-Kuß schon selber holen, falls er überhaupt Wert darauf legte.
Glücklich und stolz stellte der Alte seine Tochter vor. Frida sprach freundlich zu ihr und ermunterte sie, ihren Vater und sie selbst in Pümpelhagen recht oft zu besuchen. Nachdem Hawermann ihr Grüße an Herrn Pastor und Frau Pastor aufgetragen hatte, verabschiedeten sie sich und die beiden Spaziergänger schritten weiter. – »Der Prediger und seine Frau sind wohl gute Leute?« fragte Frida. – »Gnädige Frau«, sagte Hawermann, »Sie wenden sich mit dieser Frage an keinen unparteiischen Mann. *Mir* haben diese Leute alles gerettet, was mir aus meinem Unglück übrig geblieben war. Sie haben mir mein einziges Kind mit Liebe gehegt und gepflegt und zum Guten erzogen. Ich kann nur mit der höchsten Verehrung und dem heißesten Dank an sie denken. Aber fragen Sie in der Umgegend, wen Sie wollen! Arm und reich, hoch und niedrig wird mit Liebe von den Leuten sprechen.« – »Auch der Herr Pomuchelskopp?« fragte die gnädige Frau. – »Wenn er ehrlich und ohne Vorurteil reden wollte: ja«, entgegnete der Alte, »so aber, wie er nun einmal ist, ist er gleich nach seiner Ankunft mit dem Pastor in Zwist geraten, dieses Ackers wegen, auf dem wir hier gehen. Der Pastor kann nichts dafür, *ich* habe die eigentliche Veranlassung zu seinem Zorn gegeben, als ich dem seligen Herrn riet, den Acker unter allen Umständen zu pachten. – Und, gnädige Frau«, setzte er nach einer Weile hinzu, »Pümpelhagen kann diesen Acker gar nicht entbehren, die Vorteile sind zu groß, als daß man sie jemals aufgeben könnte.« Frida ließ sich dies genauer auseinandersetzen, und da sie die Sache sehr wohl begriffen hatte, konnte man es ihr beinahe ansehen, wie sie zu sich sagte: was an ihr liege, so wollte sie den Acker denn auch halten.

Als sie auf dem Pümpelhäger Gutshof eintrafen, fuhren der Herr Notarius Schlitzohr und David gerade ab, und Axel stand vor der Tür und verabschiedete die beiden so höflich, als sei der Herr Notar sein ehemaliger Regimentskommandeur und David ein junger Graf. – »Wer ist das?« wandte sich Frida an Hawermann. – Er sagte es ihr. Sie begrüßte nun auch ihren Ehemann und fragte dann: »Aber Axel, was hast du mit diesen Leuten, und warum bist du so überaus höflich gegen sie?« – »Höflich?« fragte Axel verlegen zurück, »warum nicht? – Ich bin gegen jedermann höflich«, und warf Hawermann, der ihn ruhig und fest ansah, einen Blick zu. – »Das bist du«, sagte seine junge Frau und nahm seinen Arm, um mit ihm ins Haus zu gehen, »aber gegen einen gewöhnlichen Handelsjuden und ...« – »Liebes Kind«, fiel Axel rasch ein, um sie nicht ausreden zu lassen, »der Mann ist Produktenhändler und Wollhändler, ich werde gewiß noch oft Geschäfte mit ihm machen.« – »Und der andere?« fragte sie. – »Oh, der ist – der ist nur so zufällig mitgekommen; mit dem habe ich nichts.« – »Adieu, Herr Inspektor«, sagte Frida und gab dem Alten die Hand, »ich danke viel-vielmal für die freundliche Begleitung.« Damit ging sie ins Haus, und Axel folgte ihr. In der Tür blickte er sich um. Die Augen des alten Inspektors sahen ihn groß und traurig an, so daß er sich abwenden mußte. Er folgte seiner Frau ins Haus.

In diesem redlichen und traurigen Blick lag die ganze Zukunft jener drei Menschen, die eben auseinandergegangen waren. – Axel hatte gelogen, hatte zum erstenmal das Vertrauen seiner jungen Frau verraten, und Hawermann wußte dies, und Axel wußte, daß Hawermann es wußte.

Hier lag ein Stein im Weg, über den ein jeder fallen mußte, der die Straße beschritt, denn der Weg war dunkel geworden durch Unwahrheit und Unaufrichtigkeit, und keiner konnte und wollte dem anderen Bescheid sagen über den Stein und ihn warnen. Frida schritt unschuldig und vertrauensvoll auf dem Wege weiter. Doch wie lange konnte es dauern, da mußte sie an diesen Stein stoßen. Axel log weiter. Er log sich vor, er könne sich und Frida im Dunkeln über den Stein hinwegbringen, ohne daß sie es gewahr würde, und jenseits wäre die Straße dann wieder eben und glatt.

Hawermann sah die Gefahr deutlich und konnte und wollte helfen. Aber wenn er die Hand zum Weisen und Warnen ausstrecken wollte, dann schob sie Axel zurück mit kühlem Gebaren und heimlichem Groll. Die Menschen sagen, ein schlechter Kerl werfe mit der Zeit einen heimlichen Haß auf den, der ihm einmal etwas Gutes erwiesen, und dem mag so sein. Doch dieser Haß ist nichts gegen das heimliche Nagen und Bohren des Grolls, den ein *schwacher* Mensch auf einen anderen wirft, der als einziger auf der Welt einen üblen Streich von ihm kennt. Solch ein Groll flammt nicht mit einem Male auf wie der helle Haß, der aus offenem Streit und Zank emporlodert, sondern unscheinbar und langsam bohrt er sich in das Herz, wie der Totenwurm in den Tragebalken, und frißt sich tiefer und tiefer, bis das Herz ganz erfüllt ist mit Abneigung, wie der Tragebalken mit Holzmehl.

Kapitel 17

Die vertauschte Predigt

Bräsig war am Morgen, wie er es sich vorgenommen hatte, nach Rexow zu Frau Nüßler gegangen. Schon an der Haustür kam ihm der Thronfolger entgegen und wedelte so christlich mit dem Schweif, daß man hätte glauben können, Jung-Bauschan sei ein moralischer Hund, dieweil er seine Angst und seine Prügel von letzthin Bräsig nicht nachtrug, und daß man der stillen Zufriedenheit wegen, die aus seinen gelbbraunen Augen blinkte, auf den Gedanken hätte kommen können, in Rexow sei alles friedlich und wohlauf, und Frau Nüßler sei in der Küche, und Jochen sitze im Lehnstuhl. Doch so war es keineswegs, denn als Bräsig die Tür aufmachte, da saß Jochen freilich an seinem gewohnten Platz, Frau Nüßler aber stand vor ihm und hielt ihm eine eindringliche kleine Predigt darüber, daß er sich um nichts kümmere und zu der Sache kein Wort sage. Als sie Bräsigs ansichtig wurde, ging sie ihm entgegen und sagte recht verärgert: »Und *Sie* lassen sich auch nicht sehen, Bräsig. Ihretwegen kann hier ja wohl alles auf dem Kopf stehn. Aber Sie sind da ja auch mit an schuld, daß wir die beiden hier ins Haus genommen haben.«

»Pianoforte«, entgegnete Bräsig, »Pianoforte! – Man ruhig, Madam Nüßlern! – Was is denn mit die Pasterkannedaten passiert?« – »Viel ist passiert, und ich habe nichts davon sagen mögen, denn es ist Jochens Freundschaft, und es ist ein schlechter Vogel, der sein eigen Nest beschmutzt. Aber seitdem die beiden Burschen in meinem Haus sind, ist da kein Friede und keine Ruh, und wenn das noch länger so währt, erzürne ich mich am Ende ja wohl noch mit Jochen selber.« – »Mudding«, bemerkte Jung-Jochen, »was soll ich dabei tun?« – »Sweig rein still, Jung-Jochen«, rief Bräsig, »schuld hast du. – Kannst du nich aufstehn und ihnen Moritzen lehren?« – »Nee, Bräsig«, ereiferte sich Frau Nüßler, »lassen Sie mir Jochen zufrieden, diesmal haben *Sie* schuld. Sie versprachen uns, Sie wollten ein Auge hierher werfen, daß die beiden jungen Menschen ihr Ding täten und nicht auf Unfug verfallen, und stattdessen lassen Sie den einen laufen und kümmern sich gar nicht um ihn, und den andern stiften Sie zu lauter Dummheiten an, so daß er, statt in den Büchern zu lernen, mit der

Angelrute auf den Feldern herumläuft und mir des Abends denn einen Haufen Barsche, wie ein Finger lang, ins Haus bringt. Und wenn ich denk, ich hab alles in Schick, denn muß ich mich noch hinstellen und muß das Kleinzeug noch ausnehmen und zurechtmachen.«

»Was? so ne Dinger as en Finger lang bringt er, un ich hab ihn die richtigen Flaeg wis't, wo's en großen Bors gibt. Ih, so soll dich doch . . .! Na, täuw man!« – »Ach was!« rief Frau Nüßler, »Sie sollen ihm das Angeln ganz und gar verbieten, denn dazu ist er nicht hier! Er soll hier was lernen, sagt sein Vater, und der will heut auch kommen.« – »Nein«, rief Bräsig, »Frau Nüßlern, da muß ich mich sehr über emigriren, daß er die Befolgung von meine Ratsläg bei's Angeln so retiriert. – Hat er sonst noch was anstift't?«

»Ach, viel! Alle beide haben sie was angestiftet! Aber, wie ich schon sagte, ich mochte nicht darüber reden, denn es ist Jochen seine Freundschaft, und anfangs ließ sich's ja auch so an, als wenn alles seinen guten Gang gehn würde. Anfangs war das hier im Haus ein eitel lustig Leben. Meine beiden kleinen Dirns, die tauten ordentlich auf. Das ging bloß immer: Mining hier und Rudolf da, und Lining hier und Gottlieb da, und sie erzählten sich was mit Gottlieb und jacherten mit Rudolf, und die beiden alten Jungen waren ja auch ganz fleißig bei ihrem Kram, und Gottlieb saß oben auf seiner Stube und lehrte sich, daß ihm der Kopf rauchte, und Rudolf las ja auch in den Büchern. Aber das währte nicht lange, da kriegten sie sich das Streiten und Zürnen über geistliche Sachen, und Gottlieb, der ja doch wohl viel mehr gelernt hat als der andere, der sagte, er stünde gar nicht auf einem christlichen Standpunkt.« – »Standpunkt?« warf Bräsig ein. – »Ja, Standpunkt sagte er«, war Frau Nüßlers Antwort. – »Hoho!« rief Bräsig, »denn hör ich ihn schon laufen. Wo andere Leut mit aufhören, mit en Standpunkt, da fangen die Petisten ümmer mit an. Denn hat er ihn auch bekehren wollen.« – »Ja«, sagte Frau Nüßler, »darauf kams raus. Nu ist ja doch wohl der andere viel klüger als Gottlieb. Na, der fing ja nu mit allerlei Witzen an und hielt Gottlieb zum Narren, und so wurde der Unfriede immer ärger. Und nu weiß ich nicht, wie das kam: nu fingen meine beiden Lütten auch an in der Sache zu reden, und Lining, als die Verständigste, die stand auf Gottliebs Seite und ließ die Ohren just so hängen wie er, und Mining lachte über Rudolfs Witze und jacherte mit ihm herum.« – »Ja«, warf Jochen ein, »das is alles so, wie das Leder is.« – »Du sollst dich was schämen, Jung-Jochen«, sagte Bräsig, »daß du so'n Hopphei in deinen Haus leidst.«

»Nee, Bräsig«, fuhr Frau Nüßler fort, »das lassen Sie man sein: Jochen hat das Mögliche getan, daß er Frieden stiften wollte. Wenn Gottlieb vom Teufel redete, um ihn damit gruseln zu machen, denn hat er auch an den Teufel geglaubt, und wenn Rudolf über den Teufel lachte und seinen Spott damit trieb, hat er auch tüchtig mitgelacht. Aber dann, als der Streit am ärgsten war, da kam mein klein Mining auf einen drolligen Einfall. Sie vertauschte ihnen die Bücher und trug Rudolfs in Gottliebs Stube und Gottliebs in die von Rudolf. Und als die beiden sich nun darüber wunderten, da sagte sie ganz keck: es wär am besten, sie lernten mal um, denn könnten sie möglicherweise zusammenkommen.« – »Mining is ne lütte, hellsche Dirn!« unterbrach sie Bräsig. – »Na, sie wollten erst nicht recht ran. Aber Gottlieb ist ja bei alldem nen alten Gutmütigen, der fing damit an. Und den andern, weil es nu Winter geworden war und er nicht herumstromern konnte, trieb die Langeweile dazu. Und das hätten Sie mal mit ansehn müssen! Es währte gar nicht lang, da war's, als ob sie mit den Büchern sich selber ausgetauscht hätten. Gottlieb machte schlechte Witze und lachte über den Teufel, und das andere alte Wurm, das quälte sich und seufzte und redete so vom Teufel, als wenn er allen Mittag bei uns am Tisch sitzt und seine Kartoffeln ißt wie'n anderer ehrlicher Mensch. Und jetzt kamen meine beiden Lütten ganz aus der Reih: Mining schlug sich nu zu Gottlieb und Lining zu Rudolf, denn nu sagte Rudolf, *Gottlieb* stünde nicht auf nem christlichen Standpunkt.«

»Pfui«, sagte Bräsig, »*das* hätt er nich sagen müßt. Na, täuw man! Büst du so einer, un kannst nich mal en hartlichen Bors angeln?« – »Je«, rief Frau Nüßler, überaus verärgert, »und von Ihrem dämlichen sakermentschen Barschangeln kommt ja die ganze Geschichte wieder her. Denn als es Frühjahr wurde und der Barsch biß, da warf Rudolf ja seinen ganzen christlichen Standpunkt wieder beiseit und nahm die Angelrut und lief mit ihnen über die Äcker, und der andere nahm ja nu den Teufel wieder an, denn er soll sein Examen machen, und ohne Teufel kommen sie doch heutzutage da nicht mehr mit durch. Und meine armen beiden Lütten wußten nun schon gar nicht mehr, zu wem sie sich halten sollten.«

»Ja, es sünd ein paar verfluchte Bengels!« rief Bräsig, »aber der Bekehrer ist an allens schuld, was hat er den andern mit en Deuwel un en Standpunkt zu kommen?« – »Na, das wollen wir man sein lassen! Denn er hat doch was gelernt und hat sein Examen auch richtig gemacht und kann von seinetwegen alle Tage Priester werden. Aber der andere Kujon tut ja auch rein gar nichts, und denn macht er uns dies gräßlichen Stück und dies Elend.«

»Was hat er denn *nu* wieder anstift't? Hat am En'n gor Witings angelt?« fragte Bräsig und zog die Augenbrauen steil in die Höhe. – »Ach was, Weißlinge! Ne Predigt hat er sich geangelt. Sehn Sie, da ist die Rektorin Baldrian, na, die Frau will ja nun doch ihren Gottlieb auch einmal predigen hören, und sie bittet den Pastor in Rahnstädt darum, und der erlaubt ihr das auch, daß Gottlieb vergangenen Sonntag predigen soll, und nu erzählt sie das ihrer Schwester, der Kurzen. Na, die ärgert sich nu natürlich darüber, daß ihr Junge noch nicht so weit ist wie der andre, und geht auch nach dem Pastor, und der alte Pastor ist auch son Schaf und erlaubt ihr das auch, daß Rudolf an demselbigen Sonntag predigen soll. Und nu losen sie beide, wer vormittags und wer nachmittags predigen soll, und Rudolf kriegt den Vormittag.

Na, und Gottliebchen, der belehrte sich nu nach Möglichkeit, und von morgens bis abends saß er in der Laube im Garten, und da er keinen anschlägigen Kopf hat, lehrte er sich immer laut. Und der andere, der schlug draußen die Zeit tot. Aber die beiden letzten Tage setzte er sich ebenfalls hinter die Laube auf die Grasbank und tat auch so, als wenn er Predigten machen wollte. Na, nu kam der Sonntag, und Jochen ließ sie reinfahren, und wir fuhren auch alle mit und gehn in den Pasterstuhl. Und ich sage Ihnen, ich hatt ne große Angst für Rudolf. Aber der Bengel stand da, als wär ihm das gar nicht weg, und als es soweit war, ging er auf die Kanzel und hielt Ihnen da ne Predigt, daß alle nur so Mund und Nase aufsperrten. Und ich freute mich so über den Jungen und will das Gottlieb sagen, der bei mir saß. Da sitzt das Wurm da und fuchtelt mit Händen und Füßen, wie wenn er auch auf die Kanzel und den andern runterholen will, und sagt: Tante, das ist ja *meine* Predigt. Und so wars, Bräsig: der verdammte Bengel hatte die ganze Predigt vom Zuhören gelernt, weil der andere sich laut lehren mußte.«

»Haha«, lachte Bräsig aus vollem Hals, »das is en Spaß, das is en Hauptspaß!« – »Und das nennen *Sie* nen *Spaß*?« rief Frau Nüßler in hellem Ärger. »So'n Stück im Gotteshaus ist für Sie ein Spaß?« – »Ih, nee«, rief Bräsig und lachte immer noch laut, »was wollt's en Spaß sein, den Deuwel is's en Spaß, en enfamtes Stück is's. Aber ich kann mir nich helfen, ich muß mir hellschen drüber lachen.« – »O ja«, sagte Frau Nüßler empfindlich, »dazu sind Sie imstand. Wenn wir andern alle aus der Haut fahren möchten vor Schimpf und vor Ärger, denn stehn *Sie* ja wohl dabei und lachen sich eins.« – »Na, lassen Sie man«, beruhigte sie Bräsig, »wo wurds nu mit dem Bekehrer? Haha! Ich hätt wohl sein Gesicht sehn mögen.« – »Je, wie wurds? Dieselbige Predigt konnte er ja des Nachmittags nicht halten, und der alte Pastor mußte man ne alte Predigt aufwärmen für diesen Notfall, war aber schön falsch und sagte, wenn er die Sache anzeigen täte, denn könnt Rudolf seinen Priester man an den ersten besten Baum hängen. – »Na, und der Bekehrer?« – »Ach, das arme fromme Wurm war so zunichte, das sagte gar nichts, desto mehr sagte aber die Rektorin und verzürnte sich mit ihrer Schwester, der Kurzen, so gründlich, daß sie heut noch nicht wieder zusammen sind. Oh, das war ein Lärm! Geschämt hab ich mich, geärgert hab ich mich, denn Kurz und der Rektor kamen nu auch noch damit mang, und sogar Jochen wollte da mang loslegen. Zum Glück fuhr aber unser Wagen schon vor, und ich machte, daß ich ihn raufbekam.«

»Was sagte denn abersten der Duwellfechter?« – »Ih, *der* Racker war klug genug, *der* ging dem Lärm aus dem Weg und hat sich gleich nach seiner sauberen Predigt auf die Socken gemacht und war hier raus gelaufen.« – »Na, da hat er denn nu aber wohl nahsten ne orntliche Invitatschon von Sie gekriegt?« fragte Bräsig. – »Nee«, sagte Frau Nüßler sehr bestimmt, »das hat er *nicht*. Da steck ich mich nicht rein. Sein Vater kommt heut, und das ist der Nächste dazu, wie die Frau Pastern sagt. Und Jochen hab ich das auch scharf verboten, er soll nicht so viel über die Sache reden, denn der hat sich in letzter Zeit auch ganz und gar verändert, indem daß er immer den Hals aufmacht und über Dinge redet, die ihn gar nichts angehn. – Schweig still, Jochen!« – »Ja, Jochen, sweig rein still!«

»Und meine beiden Lütten, die kenn ich gar nicht wieder. Nach der Predigt haben sie den ganzen Weg lang ihre blutigen Tränen geweint, und jetzt gehn sie sich so scheu aus dem Weg und reden kaum miteinander, und sonst gingen sie immer Arm in Arm zusammen, und was die eine auf dem Herzen hatte, das mußte die andere gleich wissen. Nee, mein Haus ist ganz und gar auf den Kopf gestellt.« – »Mudding«, bemerkte Jung-Jochen und stand recht patzig von seinem Stuhl auf, »das is man, daß ich davon red, aber davon will ich doch reden. Du sollst sehn, die Jungs haben ihnen was in den Kopf gesetzt.« – »Was sollen sie ihnen in den Kopf setzen, Jochen?« fragte Frau Nüßler ein wenig ärgerlich. – »Liebesgeschichten«, bemerkte Jochen und setzte sich wieder in seine Ecke. »Mein sel-Mudding pflegte immer zu sagen, ein Kandidat und ne Erzieherin in einem Haus... Du sollst sehn: Gottlieb und Mining.« – »Na, Jochen, so red und red. Gott erhalt dich bei richtiger Besinnung! Was schnackst du da alles zusammen? Wenn das der Fall wär, denn soll mir doch der Kandidat noch heut aus dem Haus, und der andere mit. Kommen Sie raus, Bräsig, ich hab Ihnen was zu sagen.«

Als sie draußen waren, winkte Frau Nüßler Bräsig in den Garten und setzte sich mit ihm in die Laube. »Bräsig«, sagte sie, »ich kann das ewige Gedröhn von Jochen gar nicht mehr mit anhören. Und das hat er auch bloß von Rudolf. Der hat letzten Winter des Abends immer so viel mit ihm geredet, und nu ist er so in die Übung gekommen, nu reißt das gar nicht mehr bei ihm ab. – Nu sagen Sie mir mal aufrichtig eines: Sie haben doch das versprochen, Sie wollen drauf aufpassen – haben Sie in solchen Sachen überhaupt was gemerkt?« – »Ih, bewohr uns!« erwiderte Bräsig, »keine entfernte Einbildung davon!« – »Ich kann mir das auch gar nicht denken«, sagte Frau Nüßler und rechnete in Gedanken nach: »Zuerst stimmten Lining und Gottlieb zusammen und Mining und Rudolf. Nachher hielt Mining sich zu Gottlieb und Lining sich zu Rudolf, und nach dem Examen ging Lining wieder mit Gottlieb. Aber Mining und Rudolf sind auseinander, denn seit dem saubern Stückchen mit der Predigt sieht sie ihn gar nicht mehr an.«

»Madam Nüßlern«, erläuterte Bräsig, was die Liebe is, entspinnt sich zuerst ümmer in'n verborgenen Zustand, meinswegens mit en Blaumenstruz, oder daß sich en Paar ›Gu'n Morr'n‹ sagen un drücken sich dabei die Hände, oder daß sich en Paar zu gleicher Zeit nach en Knäuel Bomwull bücken un stoßen sich dabei die Köpp zusammen, un for en Zuschauer is weiter nichts davon zu bemerken. Aber mit der Weil wird so was augenscheinlicher, indem daß die Weiblichen sich oftmals rot ansticken, un die Männlichen mit die Augen rum figurieren, oder indem daß die Weiblichen die Männlichen in die Speiskammer rin inventieren un ihnen da Mettwurst und Ossentungen und Sweinkopp vorsetzen, un die Männlichen die Weiblichen mit blage und rode Scherfen unter die Augen gehen, oder, wenn's schon doll is, daß sie's Sommerabends in'n Mondschein spazieren gehn un dabei süfzen. Is das mit das lütte Kropzeug schon passiert?« – »Nee, das kann ich *nicht* sagen, Bräsig. In der Speisekammer sind sie mir mal wohl ab und an gewesen, aber ich hab sie da schön wieder aus der Tür gebracht, denn die Speise-

kammeresserei will ich nicht. Und daß meine Lütten rot geworden sind, hab ich auch nicht gemerkt, aber daß sie sich auf die letzt die Augen oft rot geweint haben, das hab ich wohl gesehen.« – »Hm«, sagte Bräsig, »dies letzt is nich ohne.
Nu will ich Sie sagen, Madam Nüßlern, verlassen Sie sich ganz auf mir, ich weiß darauf zu laufen. Hawermannen seinen entfamten Windhund habe ich ja auch in seiner Liebesgeschichte abgefaßt. Ich bün en ollen Jäger, ich spör ihnen nach bis ins Lager. Aber Sie müssen mich sagen, wo sie ihren Wechsel den Tag über haben, das heißt, wo sie sich möglich treffen können.« – »Das ist hier, Bräsig, hier in dieser Laube. Meine Lütten sitzen hier des Nachmittags und nähen hier, und denn kommen die beiden auch dazu, und ich habe mir auch dabei weiter nichts Schlimmes gedacht.« – »Schadt auch nich«, sagte Bräsig und trat aus der Laube und blickte rasch um sich, wobei er einen großen Weichselkirschbaum ins Auge faßte, der in vollem Grün an der Laube stand. »All schön«, sagte er, »was gemacht werden kann, wird gemacht.«
»Lieber Gott«, sagte Frau Nüßler, als sie ins Haus zurückgingen, »was wird das heute noch all für Elend in meinem Haus geben! Kurz kommt heute nachmittag um die Kaffeezeit, und er ist bitterbös auf seinen Jungen und überhaupt so unangenehm. Sie sollen sehn, der wird nen tollen Aufstand hier vollführen.« – »Das is ümmer so bei kleine Leut«, sagte Bräsig, »da sitzt der Kopp un die unterwärtsige Konstitutschon so dicht zusammen, daß das gleich Feuer fängt.« – »Ja«, seufzte Frau Nüßler und trat in die Stube, »ein Elend wird's.« Sie wußte aber nicht, daß das Elend in ihrem Haus bereits in vollem Gange war.

Als unten diese Verhandlungen vor sich gingen, saßen die beiden kleinen Druwäppel oben in ihrer Giebelstube und nähten. Lining saß vor einem Fenster und Mining saß vor dem anderen, und beide sahen nicht von ihrer Arbeit auf. Sie sprachen auch gar nicht einmal miteinander, wie damals in der Nähschule bei der Frau Pastor. Sie nähten und nähten, als sei die Welt entzweigegangen und sie müßten sie mit Nadel und Zwirn wieder zusammenflicken. Und so ernsthaft sahen sie dabei drein und seufzten derart dabei, als wüßten sie recht gut, was für ein wichtiges Werk sie unter den Fingern hatten.
Es war sonderbar, daß ihre Mutter Bräsig nichts davon gesagt hatte, daß ihre schönen roten Backen gefährlich ausgebleicht waren, und dies

mußte schon sehr allmählich gekommen sein, wenn sie es nicht gemerkt hatte. Doch es war nun einmal so: die beiden kleinen Druwäppel wirkten jetzt derart bläßlich, als seien sie auf der Nordseite des Lebensbaumes gewachsen, wo kein Sonnenstrahl sie traf, um ihre Backen rot zu färben, und es sah beinahe schon so aus, als seien sie gar nicht einmal mehr auf einem und demselben Zweig gewachsen.

Schließlich ließ Lining ihr Nähzeug in den Schoß sinken, sie vermochte nicht weiter zu nähen. Die Augen gingen ihr über, die Tränen liefen ihr über die bleichen Wangen, und Mining langte nach ihrem Taschentuch und legte es sich über die Augen, und darunter tropften die hellen Tränen in ihren Schoß. Und so saßen sie beide und weinten, als wäre die schöne, unschuldige Welt in ihrer eigenen Brust auch entzweigegangen und sie könnten sie nicht wieder zusammenflicken.

Plötzlich aber sprang Mining auf und lief zur Tür hinaus, als müsse sie ins Freie. Doch sie besann sich: *so* unbemerkt konnte sie nicht vom Dachzimmer nach unten gelangen, Mudding könnte sie sehen und würde fragen. Sie blieb also jenseits der Türe stehen, hörte aber mit dem Weinen nicht auf. Und Lining sprang ebenfalls auf und wollte Mining trösten. Doch sie entsann sich, daß sie ja eigentlich nicht recht wußte, wie und womit sie trösten sollte, und so blieb sie diesseits der Türe stehen, hörte aber auch mit dem Weinen nicht auf. So schiebt sich oftmals zwischen zwei Herzen ein dünnes Brett, und das eine Herz hört das andere seufzen und weinen. Und das dünne Brett hat auf jeder Seite eine Klinke, und man braucht sie bloß herunterzudrücken, und was die Herzen getrennt hält, das schiebt sich dann zurück. Aber keiner will die Klinke zuerst anrühren, und die Herzen hören mit dem Weinen nicht auf.

Aber Gott sei Dank! diese Art eigensüchtigen Stolzes gegeneinander kannten diese beiden jungen Herzen noch nicht. Mining machte also die Tür auf und fragte: »Lining, warum *weinst* du?« und Lining streckte ihr die Hände entgegen und fragte: »Ach, Mining, warum weinst *du?«* Und sie fielen sich beide um den Hals und hörten mit dem Weinen nicht auf, aber die Backen färbten sich schon röter, als habe der Sonnenstrahl sie wieder getroffen, und sie hielten sich so fest aneinander, als säßen sie wieder auf ein und demselben Zweig: »Mining«, rief Lining, »ich will ihn dir ja lassen, und *du* sollst glücklich mit ihm werden.« – »Nein, Lining«, rief Mining, »er hält mehr von dir, und *du* bist auch viel besser als ich.« – »Nein, Mining, ich bin mit mir im klaren. Onkel Kurz kommt heut nachmittag, und ich will Vadding und Mudding bitten, sie sollen mich mit ihm gehen lassen, denn dies alles hier mitanzusehen, das könnte mir zu schwer werden.« – »Tu das, Lining, dann bist du ja bei seinen Eltern. Und ich will Gottlieb bitten, daß er mir, wenn ihr dann beide wieder hierher zurückkommt, durch seinen Vater eine Stelle als Erzieherin verschafft, weit, weit weg von hier, denn mir tut das Herz doch gar zu weh.« – »Mining«, fragte Lining, schob ihre Schwester ein Stück von sich ab und sah ihr sehr erstaunt in die Augen, *»bei seinen Eltern?* Wen meinst du eigentlich?« – »Nun – Rudolf.« – »Du meinst Rudolf?« – »Ja, wen meinst *du* denn?« – *»Ich* – ich, ich meine Gottlieb!« – »Nein, nein«, rief Mining und fiel Lining wieder um den Hals, »wie ist das möglich! wie ist das möglich! Wir meinen ja gar nicht denselben!« – »Ach, du lieber Gott!« rief Lining als die Verständigste, »und was haben wir uns für Kummer gemacht!« »Und nun ist alles schön«, rief Mining und tanzte als die Unverständigste in der Stube umher, »nun ist alles gut!« – »Ja, Mining, nun ist alles schön!« und Lining, als die Verständigste, tanzte jetzt ebenfalls in der Stube umher. Und Mining als die Unverständigste fiel dann abermals ihrer Schwester um den Hals – aber vor Freude.

Ja, berührt man zu rechter Zeit die Klinke und schiebt die Scheidewand zurück, dann stimmen die Herzen wohl auch wieder überein, und alles kommt wieder schön in die Reihe, wenn auch nicht gleich ein derartiger Jubel ausbricht wie hier oben in der kleinen Giebelstube. Denn einmal weinten die beiden, einmal lachten sie, dann tanzten sie in der Stube umher. Einmal saßen sie einander auf dem Schoß und erzählten sich, wie das alles so gekommen war, und klagten über ihre Dummheit, daß sie nicht gemerkt hatten, wie es mit ihnen stand, und verwunderten sich über die Maßen, wie es möglich war, daß sie die Sache nicht längst schon aufgeklärt hatten. Und dann beichteten sie wieder einander, wie weit jede mit ihrem Vetter schon war und daß die beiden Vettern noch gar nichts Ernstliches gesprochen hätten. Und dann beschuldigten sie auch wieder die beiden halb im bösen, daß sie doch eigentlich an der ganzen fürchterlichen Verwirrung schuld seien. Und Lining sagte, sie habe ja schon immer starke Zweifel gehabt, aber seit letzten Sonntag sei sie fest davon überzeugt gewesen, daß Mining es mit Gottlieb hielte, denn warum sonst hätte sie unterwegs so viel geweint? Und Mining fragte, warum sie denn nicht darüber weinen sollte, daß Rudolf mit der Predigt einen so fürchterlichen Streich gespielt habe, und ihr sei es mit Lining genauso gegangen, weshalb *sie* denn so viel zu weinen gehabt habe? Und Lining sagte, ob sie das denn nicht kränken müsse, daß ihr armer Gottlieb so angeführt worden sei.

Aber nun war alles gut. Und als die Essenglocke läutete, da trudelten die beiden kleinen Druwäppel rosenrot und Arm in Arm die Treppe hinunter. Als sie in die Stube traten, war Bräsig, der sich mit dem Rücken gegen das Licht gesetzt hatte, um sie besser beobachten zu können, heftig erschrocken über ihre lustigen Gesichter und ihre hellen Augen, und er sagte sich: »Wo? Die sollen koppschu sin? Die sollen Smerzen haben? Die sollen in Liebe sin? In ner Fröhlichkeit sünd sie.«

Auf das Läuten der Essensglocke hin erschien nun auch Bräsigs Bekehrer, der Priesteramtskandidat Gottlieb Baldrian. Lining errötete und wandte sich von ihm ab, keineswegs im Bösen, vielmehr nur in Anbetracht der Beichte, die sie in der Giebelstube abgelegt hatte, und Bräsig sagte sich: »Dies is mich denn nu doch wieder ganz kuriosen: Lining stickt sich an. Wo is das möglich? Um des Schugels von Petisten seinentwillen?«

Bräsig hatte sich mit »Vogelscheuche« zu kräftig ausgedrückt, aber eine Schönheit war Gottlieb beileibe nicht, die Natur hatte ihm nicht viel Staat auf den Weg gegeben, und das wenige hatte er auch noch auf unverständige Weise angewendet. So zum Beispiel sein Haar. Er hatte dichtes Haar, und wenn es von der Schere in Ordnung gehalten worden wäre, so wäre es ganz ansehnliches, blondes Haar gewesen, und er hätte sich überall damit sehen lassen können, ohne die Menschen damit zu erschrecken. So aber hatte er sich in seinem geistlichen Herzen Johannes, den Lieblingsjünger unseres Herrn Christus, zum Vorbild genommen und sich einen Scheitel zugelegt (»ne Lausebahn« nannte es Bräsig) und seine Borsten nach abwärts gequält und gestriegelt, die doch von Natur aus dazu bestimmt waren, pfeilgerade in die Höhe zu wachsen.

Ih ja, ich habe gar nichts dagegen, wenn so ein kleiner Schlingel von zehn bis zwölf Jahren mit einem Lockenköpfchen herumläuft, und die Mütter der kleinen Schlingel werden noch weniger etwas dagegen haben und werden ihnen ab und an die Locken aus dem Gesicht streichen und sie, falls Besuch kommt, auch glattkämmen. Unverständige Mütter werden natürlich zudem noch mit Wickeln und mit Brenneisen daran herumhantieren. Ich hätte auch gar nichts dagegen, wenn es Mode würde, daß ältere Menschen mit Locken einhergingen, denn auf den alten Bildern nimmt sich das recht schön aus. Doch wer keine

Waden hat, sollte keine engen Hosen tragen, und wer keine Locken hat, der sollte sich das Haar kurz schneiden.
Unseres Gottliebchens widerborstiges Haar hing ihm also, von der Sommersonne fuchsrot verbrannt, hinten herunter, als habe er sich im Nacken einen Posten verrosteter Lattennägel eingeknöpft, und weil er sie nun auch des Glattsitzens wegen ein bißchen stark einölen mußte, so ramponierte ihm dies lediglich seinen Rockkragen, doch weiter hatte es keinen großen Sinn. Unter diesem überreichlichen Geschenk der Natur blickte ein unbedeutendes, blasses Gesichtchen hervor, das für gewöhnlich einen wehleidigen Ausdruck zeigte, weshalb Bräsig ihn schon immer gefragt hatte, bei welchem Schuster er arbeiten lasse und ob ihn die Hühneraugen drückten. Seine sonstige Figur stimmte mit diesem Ausdruck überein. Sie war lang und schmal und eckig. An jenem Teil aber, dessen die Weltkinder sich ein bißchen zu erfreuen pflegen, fehlte es ihm gänzlich: er hatte keinen Bauch, und die Stelle, an der dies notwendige und nützliche Inventarstück sich allgemach auszubilden pflegt, war bei ihm so hohl wie Frau Nüßlers Backmulde, freilich von ihrer Innenseite her betrachtet. Für Bräsig war er dadurch zu einer Art Naturwunder geworden, denn er aß wie ein Scheunendrescher, aber bislang ohne jegliches Ergebnis.
Nun darf man aber nicht glauben, daß die Pietisten sich von etwas anderem ernähren als von Essen und Trinken. Ich habe welche gekannt und kenne heute noch welche, gegen die selbst ich in dieser Hinsicht nicht aufkomme. Ja, es ist wohl an dem, im Kandidatenstande sind sie noch dünn und schmächtig, wie man dies am besten an den Kandidaten aus dem Hannöverschen sehen kann, deren Anzahl bei uns jetzt rasch zunimmt. Erhalten sie aber eine fette Pfarre, dann polstern sie sich beträchtlich aus, und darum verlor Bräsig auch keineswegs die Hoffnung, er werde es doch noch einmal erleben, wie Gottlieb einen Talar würdig ausfülle, obwohl ihm dies viel heimliches Kopfzerbrechen bereitete.
So also sah Gottlieb Baldrian aus. Aber dies Bild wäre nicht ganz vollständig, wenn ich nicht noch hinzufügte, daß über dem Ganzen sich eine klitzekleine Spur von Pharisäertum ausbreitete. Es war nur eine Kleinigkeit, aber mit dem Pharisäertum geht es nicht anders als mit Lab aus getrocknetem Kälbermagen: mit einer kleinwinzigen Spur davon kann man einen ganzen Bottich voll Milch ansäuern.
Sie setzten sich nun zum Mittagessen, und Jochen fragte: »Wo bleibt denn Rudolf?« – »Mein Gott, Jochen, was redst du?« antwortete Frau

Nüßler ärgerlich, »das könntst du doch nachgerade auch wissen, daß der niemals zur rechten Zeit kommt. Der ist angeln gegangen: äwer wer nich kümmt tau rechter Tid, den geiht de Maltid quit.«
Das Essen verlief sehr still, denn Bräsig redete nicht. Er lag mit all seinem Sinnen und Trachten gespannt auf der Lauer, und Frau Nüßler hatte im stillen genug damit zu tun, sich darüber zu verwundern, was für eine Veränderung mit ihren Töchtern vorgegangen war. Da saßen sie und lachten sich zu und flüsterten leise zusammen und sahen so glücklich aus, als seien sie aus einem bösen Traum erwacht und freuten sich nun, daß alles nicht wahr gewesen und daß ihnen die liebe Sonne wieder schien.

Kapitel 18

Im Kirschbaum

Als das Mittagessen vorüber war, fragte Mining, der es heute zufiel, ihrer Mutter beim Abräumen, Stubenfegen und Kaffeemachen zu helfen: »Lining, wo gehst du hin?« – »Ich will mir nur mein Nähzeug holen«, entgegnete diese, »dann geh ich in die Laube.« – »Na, ich komm auch bald«, sagte Mining. – »Und ich komme auch«, sagte Gottlieb langsam, »ich habe ein Buch, das muß ich heute noch auslesen.« – »Das 's recht«, sagte Bräsig, »das wird ne hellsche Unterhaltung for Lining sein.« Gottlieb wollte Bräsig eigentlich schon eine kleine Predigt über den Mißbrauch des Wortes »höllisch« halten, hielt sich dann aber zurück, weil er einsah, daß dies bei Bräsig wohl ganz und gar vergeblich sein würde, sagte also nichts und ging mit den beiden Druwäppeln aus der Stube.

»Herre Gott«, rief Frau Nüßler, »was ist das nur mit meinen Kindern? Da werde ich nicht toll und klug aus: nu sind sie wieder ein Herz und eine Seele?« – »Still, Madam Nüßlern!« sagte Bräsig, »heut krig ich's raus. Jochen, komm mal mit mich, aber daß du gor nich red'st!« Jochen folgte ihm in den Garten. Bräsig griff ihm unter den Arm: »Sweig ganz still, Jochen, un sieh dich nich um un tu so, as wenn du mit mich ne Promenade nach's Essen machst.« Jochen tat das auch mit viel Geschick. Als sie am Kirschbaum vor der Laube angelangt waren, blieb Bräsig stehen: »So, Jochen, nu mach dir mal krumm – mit den Kopp gegen den Baum.« Jochen wollte etwas sagen, aber Bräsig drückte ihm den Kopf herunter: »Sweig still, Jochen, mit den Kopp gegen den Baum.« Und damit kletterte er auf Jochens Rücken: »So, nu richt dich in der Höhe. – Wahrhaftig, es langt grad«, bekam den untersten Ast zu fassen und hangelte sich an dem in den Baum hinein. Noch hatte Jochen nichts gesagt, nun aber brach es aus ihm heraus: »Bräsig, sie sind ja noch nicht reif.« – »Schafskopp«, rief Bräsig und sah mit seinem roten Gesicht zwischen den grünen Blättern herab, wie wenn ein Zierkürbis dazwischen hinge, »meinst du, ich will um Johanni Sauerkirschen pflücken? Nu mach, daß du fortkommst, un steh hier nich vor den Baum as en Hund, wenn ne Katt in den Bom hüppt is.« – »Ja, was soll einer dabei tun«, bemerkte Jochen und überließ Bräsig seinem Schicksal.

Lange sollte Bräsig nicht warten, da hörte er einen leichten, flinken Schritt über den Sand knirschen, und Lining setzte sich mit einem großen Packen Nähzeug in die Laube, und wenn sie dies alles hätte heute fertig nähen wollen, dann hätte sie unverweilt damit anfangen müssen. So aber legte sie es vor sich auf den Tisch, stützte den Kopf in die Hand, blickte in die blaue Luft, an Bräsigs Kirschbaum vorbei, und saß in tiefen Gedanken. »Ach, was bin ich doch glücklich!« sprach ihre dankbare junge Seele, »daß Mining mir wieder gut ist, und Gottlieb ist mir auch gut, denn warum sonst trat er mich heute mittag immer auf den Fuß? Und warum sah uns Bräsig immer so scharf an? Ich glaube, ich bin ganz rot geworden. – Ach, und was ist Gottlieb doch für ein guter Mensch! Wie ernsthaft und gelehrt kann er reden, wie gesetzt ist er. Dem ist der Priester so recht ausdrücklich ins Gesicht geschrieben. – Sehr schön ist er nicht, Rudolf sieht eigentlich besser aus. Aber er hat so etwas Besonderes an sich, als wenn er immer nur sagte: bleibt mir mit eurem erbärmlichen, jämmerlichen Kram vom Leib, ich habe höhere Gedanken, ich bin geistlich. – Die Haare hinten schneide ich ihm demnächst ab.«

Es ist auf Erden doch schön eingerichtet, daß die jungen Mädchen nicht alle nur auf die äußerliche Schönheit sehen, sonst wären wir Häßlichen alle als Junggesellen übrig geblieben, und das wäre eine gar saubere Kumpanei geworden, denn was kann wohl häßlicher sein als ein alter, häßlicher Junggeselle? – In Linings Schlußfolgerung, *sie* wolle Gottlieb demnächst die Haare abschneiden, lag eine derart zuversichtliche Hoffnung, daß sie darüber rot wurde, und als sie den Sand unter langsamen, würdevollen Schritten knirschen hörte, griff sie nach ihrem Nähzeug und stach gar erschröcklich darin herum.

Gottlieb erschien mit seinem Buch, setzte sich drei Schritt von ihr entfernt und las, sah aber des öfteren über sein Buch hinweg, als überlege er sich, was er gelesen – oder auch etwas anderes. Mit den Pietistenkandidaten verhält es sich nun aber so, das heißt, wenn sie ihren richtigen Schick haben und selber auch an das glauben, was sie den Leuten vorerzählen: *vor* dem Examen haben sie nichts wie geistliche Gedanken, aber *nach* dem Examen kommen auch die weltlichen Gedanken zu ihrem Recht, und statt sogleich an eine Pfarre zu denken, denken sie vorerst einmal, wie man so sagt, an eine Quarre, ans Kleinkindergeschrei.

Gottlieb ging das nicht anders, und weil ihm *nach* dem Examen keine anderen Mädchen über den Weg gelaufen waren als Lining und Mining, und weil Lining sehr viel genauer auf seine geistlichen Ermahnungen hörte als ihr Weltkind von Schwester, war er auf den weltlichen Gedanken verfallen, sie zu einer Pastorenfrau zu machen. Doch waren ihm derlei Angelegenheiten ein wenig unvertraut. Er stümperte also in rechter Verlegenheit darin herum und hatte es auch noch nicht weiter gebracht als bis zum Füßeln, wobei er eigentlich noch mehr darüber erschrak, wenn er selber trat, als Lining, wenn sie seinen Tritt verspürte.

Heute aber hatte er beschlossen, die Sache richtig anzufassen. Er sagte also: »Lining, dies Buch habe ich eigentlich nur um deinetwillen mitgebracht. Willst du mal zuhören?« – »Ja«, sagte Lining. – »Das wird ne langwierige Geschicht«, sprach Bräsig vor sich hin, der da oben in den Kirschbaumästen nicht gerade wie auf Rosen gebettet saß. Gottlieb las ihr nun eine nicht eben kurze Predigt über die christliche Ehe vor, wie sie eingegangen werden und wie sie beschaffen sein müsse. Als er geendet hatte, rückte er ihr ein Stück näher und fragte: »Was sagst du dazu, Lining?« – »Es ist gewiß sehr schön«, sagte Lining. – »Das Heiraten?« fragte Gottlieb. – »Oh, Gottlieb«, erwiderte Lining und bückte sich tiefer über ihr Nähzeug. – »Nein, Lining«, sprach Gottlieb und rückte abermals ein Stück näher, »es ist *nicht* schön. Gott segne dich dafür, daß du diesen wichtigen Akt des menschlichen Lebens nicht leichtsinnig aufgefaßt hast. Es ist schrecklich schwer, das heißt im christlichen Sinne«, und er gab nun eine grausige Schilderung von den schweren Pflichten und den Mühen und Sorgen in der Ehe, als müsse er Lining aufs Zuchthaus vorbereiten, so daß Bräsig in seinem Kirschbaum sich bekreuzigte und glücklich pries, vor solch scheußlichem Geschick bewahrt geblieben zu sein. »Ja«, sprach Gottlieb, »Lining, die Ehe ist ein Teil des Fluches, mit dem Gott unsere Voreltern aus dem Paradiese trieb«, griff nach der Bibel und las dem jungen Ding das dritte Kapitel aus dem ersten Buch Mose vor, so daß Lining am ganzen Leibe zu zittern begann und am liebsten vor Angst und Scham in den Boden versunken wäre.

»Entfamter Jesuwiter!« entfuhr es Bräsig halblaut in seinem Baum, »was bringst du mich das unschüllige Kind in so ne Schanierung!« und wäre fast vom Baum gesprungen, und Lining wäre beinahe weggelaufen, wäre es nicht die Bibel gewesen und hätte Gottlieb es nicht vorgelesen, denn was darin stand, das konnte doch nur gut sein. Sie hielt sich die Hände vor die Augen und weinte bitterlich.

Gottlieb war aber nun uneingeschränkt in seinen geistlichen Eifer hineingeraten, hatte dabei seinen Arm um sie geschlungen und rief aus: »Ich schone dich nicht in dieser feierlichen Stunde! Karoline Nüßler, willst du unter diesen christlichen Bedingungen mein christliches Eheweib werden?« Ach, und Lining war in solch gräßlicher Verwirrung, daß sie nichts zu reden und nichts zu denken vermochte, sie konnte nur weinen und immerzu nur weinen.

Da schallte ein lustiges Lied vom Gartensteig her:

Fischlein im Silberbach
Schwimmet dem andern nach;
Fischlein so grau
Sucht eine Frau.

Und Lining nahm ihre letzte Kraft zusammen und stürzte trotz Bibel und christlicher Bedingungen aus der Laube an Mining vorüber, die nun ebenfalls mit ihrem Nähzeug eintraf. Und hinter Lining her stelzte Gottlieb langen, langsamen Schritts, und sein Gesicht wirkte so überaus verblüfft, wie das jenes Geistlichen, dem der Küster bei seiner langen Predigt den Kirchentürschlüssel auf die Kanzel legte mit den Worten: wenn er geendet habe, solle er nur selber zuschließen, denn er jedenfalls müsse jetzt auch zum Mittagessen. Und verblüfft mußte Gottlieb wohl aussehen, denn er hatte es, wie jener Geistliche, besonders gut machen wollen, und nun stand seine Kirche leer.

Mining war zwar noch ein kleines, unerfahrenes Gör, denn sie war ja die Jüngste, aber so gewitzigt war sie denn doch schon, daß sie begriff, hier sei etwas vorgefallen, und daß sie sich fragte, ob sie nicht ebenfalls weinen würde, falls *ihr* derartiges zustieße, und ob Tröstung hier wohl eigentlich angebracht sei. Sie setzte sich also beruhigt auf die Bank in der Laube, wickelte ihr Nähzeug auseinander und begann, auch in Anbetracht ihrer eigenen ungeklärten Verhältnisse, ein wenig zu seufzen, dieweil sie auch sonst anderes nicht recht zu tun wußte.

»Gott soll mir bewohren!« murmelte Bräsig im Baum, »nu setzt sich das Kropzeug auch noch dahin, un ich kann meine Knochen nich mehr fühlen, un die Sach wird mich langweilig.«

Doch so langweilig sollte es nicht bleiben, denn kaum hatte Mining Platz genommen, da bog um die Laubenecke ein schmucker junger Mann mit einer Angelrute auf der Schulter und einem Fischnetz um den Hals. »Das ist schön, Mining«, rief er, »daß ich dich hier treffe. Ihr habt gewiß schon lange gegessen?« – »Das kannst du dir wohl denken, Rudolf«, antwortete sie, »die Uhr ist ja gleich zwei.« –

»Nun, dann wird Tante gewiß wieder recht böse auf mich sein.« – »Oh, darüber beruhige dich nur, das ist sie doch auch ohne dein Ausbleiben beim Mittagessen. Ich fürchte aber, am meisten böse wird dein eigener Magen sein, denn für den hast du heute schlecht gesorgt.« – »Desto besser für den eurigen zu heute abend. Ich konnte nicht früher kommen, es ging nicht, der Fisch biß zu schön. Ich bin heute nach dem schwarzen Söll gewesen, das will Bräsig immer nicht, und nun weiß ich auch warum: das ist seine Speisekammer, wenn er sonst nichts fangen kann. Das ganze Loch steckt voll Schleien. Sieh mal! sieh mal, was für prächtige Kerle!« und dabei machte er seinen Beutel auf und zeigte seinen Schatz vor. »Diesmal hab ich den alten Bräsig tüchtig angeführt.« – »Entfamter Kujon!« rief Bräsig im Baum, und seine Nase kam wie eine stattliche Salzgurke zwischen den Kirschblättern zum Vorschein, wie sie Frau Nüßler in solchen Blättern für den Winter einzumachen pflegte: »Entfamter Kujon! Is er mich *doch* mang meine Sli gekommen! Daß du die Nas' ins Gesicht behältst! Was hat der Bengel for Fisch gefangen!« – »Gib her, Rudolf«, sagte Mining, »ich will sie hineintragen und will dir etwas zu essen holen.« – »Oh, nee, nee! Das laß nur.« – »Ih, du kannst ja doch nicht hungern.« – »Na, denn ... denn nur zu, Mining. Ein paar Butterbröte, Mining!«
Mining ging, und Rudolf nahm Platz in der Laube. »Das weiß der Deuwel!« sagte Bräsig und bewegte vorsichtig seine Beine in den Ästen, um an seinem Leibe eine Stelle zu finden, die er sich noch nicht mürbe gesessen hatte, »nu sett't sich *das* Undiert hir in de Lauw, sie laichen hir orntlich.«
Rudolf saß auf der Bank, in Gedanken versunken, was sonst seine Sache nicht war. Er hatte in seinem Wesen etwas Gleichgültiges, als wolle er eine Angelegenheit erst richtig an sich herankommen lassen, war aber dann, wenn sie ihm an die Nieren ging, ebenso energisch darauf aus, sie wieder von sich abzuschieben. Und das Zeug dazu hatte er, denn er war ein ranker und dabei doch stämmiger Bursche, und zwischen all der Schelmerei in den braunen Augen blickte ein Stück eigenwilligen Trotzes heraus, zu dem der feine Schmiß über der braunen Wange ganz gut paßte und so nebenher auch Zeugnis davon gab, daß er seine Zeit nicht nur mit Dogmatik vertan hatte. »Ja«, sprach er vor sich hin, als er so dasaß, »aus *einem* Loch muß der Fuchs raus! Ich hab mich schon lange genug darum herumgedrückt, und ich hatte ja auch immer noch Zeit, und es war ja auch so weit noch immer ganz nett hier. Aber heute müssen *zwei* Dinge zum Abschluß kommen.

Heute kommt der Alte. Nur schön, daß Mutter nicht mitkommt, sonst hätte ich am Ende nicht die Courage. Ich passe zum Geistlichen wie der Esel zum Zitherspielen und wie Gottlieb zum Kürassierobersten. Wenn Bräsig heute nur hier wäre, der stünde mir schon ein bißchen bei. – Ach Gott, aber mit Mining! Wenn *die* mir nur erst wieder gut wäre.«

Darauf erschien Mining mit einem Teller voller Butterbrote. Rudolf sprang auf: »Mining, was bist du für eine gute, kleine Dirn!« und legte den Arm um sie. Mining machte sich von ihm los: »Ach, laß! laß! Was hast du für Unheil angestiftet. Mutter ist gar zu böse auf dich.« – »Du meinst wegen der Predigt? Nu ja, es war ein dummer Streich.« – »Nein«, sagte Mining hitzig, »das war ein schlechter Streich. Du hast das Heiligste damit verspottet.« – »Oh, oh! So heilig sind solche Kandidaten-Predigten nicht! Und wenn sie auch von unserm frommen Gottlieb kämen.« – »Aber Rudolf, in der *Kirche*!« – »Ach Mining, ich sag dir ja, es ist ein dummer Streich von mir gewesen, ich hab mir die Sache nicht gehörig überlegt. Ich dachte bloß an das schafsdämliche Gesicht, das Gottlieb machen würde, und das kitzelte mich so, daß ich die Tollheit beging. – Nun laß es aber auch sein, Mining!« und er legte abermals den Arm um sie. – »Nein, laß«, sagte Mining, ließ es aber zu, »und der Pastor hat gesagt, wenn er es anzeigte, du kriegtest in deinem Leben keine Pfarre.« – »Dann soll er's nur anzeigen, dann wäre ich mit einem Male aus der Tinte raus.« – »Was?« fragte Mining, machte sich von ihm los und schob ihn ein Stück von sich ab, »das sagst du im Ernst?« – »In vollem Ernst. Dies ist das erste und das letzte Mal, daß ich die Kanzel betreten habe.«

»Rudolf!« rief Mining verstört. – »Ach, was soll das Quälen!« rief Rudolf erregt. »Sieh *Gottlieb* an, sieh *mich* an! Tauge ich zum Pastor? Und wenn ich die ganze Theologie im Leibe hätte, daß ich den gelehrtesten Professoren davon noch etwas in den Trog schütten könnte, sie ließen mich doch nicht durchs Examen, sie verlangen bloß, daß man ihre sogenannte fromme Gesinnung wiederkäuen soll. Und wär ich der Apostel Paulus selber, sie ließen mich durchfallen, wenn sie den kleinen Schmiß auf meiner Backe gewahr würden.« – »Aber was willst du denn«? fragte Mining und legte ihm rasch die Hand auf den Arm. »Ach, werd nur kein Soldat!« – »Oh, bewahre! Denk nicht dran! Nein, *Landmann* will ich werden!« – »Ein verfluchter Bengel!« murmelte Bräsig im Baum.

»Nein, mein liebes kleines Mining«, sagte Rudolf und zog Mining zu sich auf die Bank, »ein *Landmann* will ich werden! Ein rechter fleißiger, tüchtiger Landmann, und du mein altes liebes lüttes Mining, du sollst mir dazu verhelfen.« – »Sie soll ihm woll haken un eggen lernen«, knurrte Bräsig. – »*Ich*, Rudolf?« fragte Mining. – »Ja, *du* mein liebes süßes Kind«, und er strich ihr über die glatten Haare und die weichen Wangen und hob ihr das Kinn in die Höhe und sah ihr voll in die blauen Augen: »Wenn ich mit Gewißheit weiß, daß du über Jahr und Tag meine kleine Frau werden willst, dann wird mir das so leicht werden, einen tüchtigen Landmann aus mir zu machen. Willst du, Mining, willst du?« Und aus Minings Augen flossen die Tränen, und Rudolf küßte sie ihr weg, hier und dort, immer die Backen hinunter bis zum roten Mund, und Mining legte ihren kleinen rundlichen Kopf an seine Brust, und als er ihr Gelegenheit zum Sprechen gab, da flüsterte sie ihm leise zu, sie wolle, und er küßte sie aufs neue und küßte sie immer wieder, und Bräsig rief halblaut aus dem Baum: »Das halt aber der Deuwel aus! Macht fixing zu!«

Und Rudolf setzte ihr nun während des Küssens auseinander, daß er heute mit seinem Vater reden wolle und sagte auch so beiläufig, es sei schade, daß Bräsig nicht zur Stelle wäre, der könne ihm schön bei seinem Vorhaben helfen, und er wisse genau, daß der Alte auf ihn etwas gebe. »Verfluchter Bengel!« murmelte Bräsig, »fängt mich die Sli weg!« Und Mining sagte, Bräsig sei ja hier und halte wohl gerade seine Nachmittagsruhe. »Nu seh mal einer das Kropzeug an!« murmelte Bräsig, »dies soll ne Nachmittagsruh sein! Aber nu is ja allens fertig. Was soll ich meine Knochen noch länger abstrappzieren?« Und als Rudolf nun sagte, er möchte wohl den Alten vorher noch sprechen, da rutschte Bräsig den Kirschbaum herab, so daß sich seine Hosen bis an die Knie hochstreiften, und an den untersten Ästen baumelnd rief er: »Hier hängt er!« und ließ sich mit einem Plumps fallen und stand nun unmittelbar vor dem Liebespaar, mit einem Ausdruck in seinem verschwitzten Gesicht, der deutlich zu verstehen gab, selbst in den allerdelikatesten Angelegenheiten halte er sich zum Richter für berufen.

Die beiden jungen Leute waren denn auch nicht wenig erschrocken. Genau wie Lining hielt sich Mining die Hände vor die Augen, nur daß sie nicht weinte, und sie wäre wohl genauso wie Lining auch davongelaufen, hätte sie nicht von klein auf mit ihrem Unkel Bräsig auf vertrautestem Fuße gestanden. Sie warf sich also mit geschlossenen

Augen an Unkel Bräsigs Brust, kroch mit ihrem rundlichen Köpfchen vor Beschämung fast in seine Westentasche hinein und rief: »Unkel Bräsig! Unkel Bräsig! Du bist ein alter abscheulicher Kerl!« – »So?« fragte Bräsig. »Ih, das is jo recht nett.« – »Ja«, sagte Rudolf ein bißchen sehr von oben herab, »Sie sollten sich schämen, hier den Horcher zu spielen.« – »Musche Nüdling!« entgegnete Bräsig, »ich will Sie man ein for allemal was sagen: von Schämen is bei mich meindag nich die Red, un wenn Sie glauben, daß Sie mich mit Vornehmigkeit importieren wollen, denn sitzen Sie sehr in Bisternis.«

Das mußte nun wohl auch Rudolf einsehen, und wenn er sich auch vor einer kräftigen kleinen Auseinandersetzung nicht scheute, so war ihm doch so viel deutlich, daß er in diesem Fall um Minings willen nachgeben mußte. Er sagte also ein wenig sanftmütiger, wenn Bräsig durch einen Zufall – dies wolle er einmal annehmen – in den Baum geraten sei, dann hätte er anständigerweise doch durch Husten oder sonstwie sich bemerkbar machen müssen, anstatt ihre Angelegenheiten von A bis Z mit anzuhören. »So?« sagte Bräsig, »*Hausten* sollt ich auch noch? *Stähnt* hab ich naug, un wenn Sie's in die Angelegenheiten nich so hild gehabt hätten, denn hätten Sie's woll hören können. Aber *Sie* sollten sich schämen, daß Sie sich hier ohne Erlaubnis von Madam Nüßlern in Mining verlieben.« Das sei *seine* Sache, erwiderte Rudolf, und das kümmere niemanden, und Bräsig kenne das nicht, habe davon wohl *keine Ahnung*. »So?« fragte Bräsig darauf, »haben *Sie* mal drei Brauten mit enmal gehabt? Das hab *ich*, Herr. Und ganz apenbore Brauten waren *das*, un denn nich *kennen*? – Abersten Sie sünd so'n ollen Heimlichen, fischen mich da heimlich meine Sli aus das swarze Soll un fischen mich vor meine sichtbaren Augen hier lütt Mining aus der Laube? Na, laß man sin, Mining: er soll dich nichts nich tun.«

»Ach Unkel Bräsig«, bat Mining verzagt, »hilf uns, wir haben uns beide doch so lieb.« – »Ja, laß man, Mining, du büst min lütt Pät, das geht allens wieder vorüber.« – »Nein, Herr Inspektor«, rief Rudolf und legte dem Alten die Hand auf die Schulter, »nein, lieber, guter Onkel Bräsig, das geht *nicht* vorüber, das soll durchhalten bis ans Lebensende. Ich will Landmann werden, und wenn ich die Aussicht habe, Mining einmal mein zu nennen, und«, setzte er hinzu, denn so gewitzigt war er, »und Sie mir guten Rat geben, dann müßte es mit dem Teufel zugehen, wenn ich nicht ein tüchtiger Landmann würde.« – »Ein verfluchter Bengel!« sagte sich Bräsig im stillen, und laut setzte er hinzu: »Ja, so'n lateinischen woll'n Sie werden, as Pistorius un Prätorius un Trebonius, un wollen sich auf die Grabenburt setzen un in den Kerl mit den langen Titel sein Buch von den sauren Stoff un den Stinkstoff lesen un von Organismussen, wildeß die ßackermentschen Hawjungens achter Ihren Rüggen Mess streuen un Klümp hinsmeißen as en Kinnskopp groß. Oh, ich kenn euch! Einen einzigsten hab ich man gekannt, der auf die großen Schulen gewesen ist und aus dem was geworden ist: das war der junge Herr von Rambow bei Hawermannen.« – »Ach, Unkel Bräsig«, sagte Mining, richtete langsam ihren Kopf auf und strich dem Alten über die Backen, »was Franz kann, kann ja Rudolf doch auch.« – »Nein, Mining, das kann er *nich*! Un warum? Weil er ein Windhund is, un der andere war ein positiver Mensch!«

»Onkel Bräsig«, sagte Rudolf, »Sie meinen vielleicht wegen des dummen Streichs mit der Predigt, den ich gemacht habe. Aber Gottlieb hat mich hier zu sehr gequält mit seinem Bekehrungseifer, ich mußte ihm mal einen kleinen Possen wieder spielen.« – »Haha!« lachte Bräsig. »Nee, dorüm nich, das hat mich Spaß gemacht, hat mich viel Spaß gemacht. Also hat Sie auch bekehren wollen, vielleicht auch von's Angeln? Oh, der hat hier heut nachmittag auch schon was bekehren wollen, aber Lining is ihm weggelaufen, aber in Richtigkeit is's doch auch.« – »Mit Lining und Gottlieb?« fragte Mining ganz ängstlich, »und das hast du auch mit angehört?« – »Natürlichemang habe ich das gehört, denn um ihrentwegen habe ich ja in den ßackermentschen Kirschenbom gesessen.

Aber nu kommen Sie mal her, Musche Rudolf. Wollen Sie all Ihr Lebtage nich wieder auf die Kanzel gehn und Predigten machen?« – »Nein, niemals wieder.« – »Wollen Sie des Morr'ns Klock vier und Klock drei in'n Sommer aufstehn un Futterkorn geben?« – »Zu jeder Stunde.« – »Wollen Sie ordentlich haken un eggen un mähen un binden lernen, das heißt mit en Schrank – mit en Seil is keine Kunst.« – »Ja«, sagte Rudolf. – »Wollen Sie meindag nich bei's Reisenfahren in den Thürkowschen Krug bei den Punsch sitzen bleiben, wenn Ihre Wagen schon fortgefahren sünd, un nachher plängschass achterher bödeln?« – »Auch das nicht!« beteuerte Rudolf. – »Wollen Sie auch meindag nich – Mining, süh, da hinten steht so ne schöne Lawkoje, die blage mein ich, hol mich die mal, mich riechelt darnach – wollen Sie«, fragte er weiter, als Mining fort war, »sich auch meindag nich mit die ßackermentschen Hofdirns einlassen?« – »Oh, Herr Inspektor, was denken Sie von mir«, sagte Rudolf und wandte sich ärgerlich ab. – »Na, na«, sagte Bräsig, »jedes Geschäft muß vorher abgemacht werden, un *das* sag ich Sie: for jede Tran, die mein lütt Pät um Ihrentwillen vergießt, dreh ich Ihnen einmal das Gnick um«, und machte dazu ein Gesicht, als solle es gleich losgehen.

»Ich dank dich auch, Mining«, sagte er, als sie ihm nun die Blume brachte, und er roch daran und steckte sie sich darauf ins Knopfloch. »Un nu komm her, Mining, nu will ich dich auch meinen Segen geben. Nee, auf die Knie fallen brauchst du nich, indem daß ich nich einer von deine natürliche Eltern bün, man blos dein Pät. – Und Sie, Musche Rudolf, will ich heut nachmittag beistehen, wenn Ihr Vater kommt, daß Sie von die Geistlichkeit loskommen. Un nu kommt man beide, wir müssen rin gehen.

Aber das sag ich Sie, Rudolf, daß Sie mir nich auf der Grabenburt lesen, sondern auf das Messtreuen passen. Sehn Sie, *so* is der Griff, *so* müssen die ßackermentschen Hofjungens die Fork fassen und denn nich so – baff hinsmeißen, nein! Sie müssen erst en drei bis viermal mit die Fork schütteln, daß de Mess vonein kommt. En ordentlich afmesst Land muß so sauber und fein aussehn as ne Deck von Sanft.« Damit ging er mit den beiden aus der Gartentür.

Kapitel 19

Adam und Eva

Um die Mitte des Nachmittags gelangten Kaufmann Kurz und Rektor Baldrian zu Fuß zum Hof Rexow. Kurz hatte zu seinem eigenen Nachteil den Rektor zu diesem Spaziergang aufgefordert, denn für einen kleinen Menschen geht es sich neben einem langbeinigen recht unbequem: die Natur hatte, was sie Kurz an rechtmäßiger Größe einbehalten, dem Rektor seinerseits von oben her zugelegt. In dieser Weise waren sie die Landstraße nun entlangmarschiert, und der Rektor Baldrian hatte den Witz gemacht, sie beide zusammen schienen ihm ein richtiger Versfuß von der Art, den die Römer einen Dactylus nennen: immer lang, kurz, kurz, lang, kurz, kurz. Dies freilich mußte Kurz vergrämen, denn es warf ein schlechtes Licht auf sein Beinwerk und seine Fähigkeiten als Fußgänger: er verlängerte also seine Schritte nach Kräften. »Nun können wir für einen Spondeus gelten«, bemerkte darauf der Rektor. – »Tu mir den Gefallen, Schwager«, sagte Kurz recht ärgerlich und völlig außer Atem, »und bleib mir mit deiner Gelehrsamkeit vom Leibe, ich bin ohnedies schon ganz und gar verschwitzt.« Damit wischte er sich den Schweiß vom Gesicht, zog sich den Rock aus und hängte ihn über seinen Spazierstock.

Kurz war seines Glaubens eigentlich ein Materialist, denn er hatte einen Materialienladen. Doch handelte er nebenbei auch noch mit Schnittwaren, und weil bei diesem Geschäft stets Reste übrig blieben, war er mit seiner kurzen Statur auch wiederum ganz zufrieden, denn derart konnte er die Reste immer noch für sich selber verwenden. In diesem Jahr war ihm nun bei der Inventur seines Ladens ein Stoffrest von einem vorjährigen Damenmantel in die Hände gefallen, der zeigte schön gemalte Giraffen, die an einem Palmenbaum knabberten. Zum Wegwerfen war er zu schade, und los wurde er ihn auch nicht mehr. So ließ er sich eine Sommerjacke daraus machen. Mit ihr angetan, marschierte er nun zum Hof Rexow, als sei er der jüngste Fahnenjunker in der Armee eines deutschen Fürsten, der einen Palmenbaum und eine Giraffe im Wappen führt. Rektor Baldrian stolzierte in einem gelben Nankingrock an seiner Seite, wie der rechte Flügelmann im Leibregiment eines anderen deutschen Fürsten, der zur Abwechslung einmal gelben Nanking zu seiner Leibfarbe erkoren hat.

»Lieber Gott«, rief Frau Nüßler in der Stube, »nu bringt Kurz den Rektor auch noch mit.« – »Wahrhaftig«, sagte Bräsig, »aber der soll uns heut nich viel inkommandieren, ich werde ihn ümmer das Wort absneiden.« Denn sie hatten beide mit Recht einige Befürchtungen wegen der umständlichen Art des Rektors.
Die beiden Gäste traten ein, und der Rektor begann eine salbungsvolle Ansprache über die Freude des Wiedersehens und über den schönen Anlaß, mit Kurz gemeinsam hier hinauszuwandeln. Bräsig sagte nur kurz: lange Schinken seien die beste Gelegenheit für einen, der über Land gehe, und wandte sich dann ab, so daß der Rektor, da Frau Nüßler sich mit Kurz beschäftigte, lediglich Jochen als Zuhörer behielt, der freilich die ganze langatmige Rede musterhaft mitanhörte und zum Schluß bemerkte: »Guten Tag, Schwager, setz dich ein bißchen hin.«
Kurz aber war ärgerlich: zum ersten, weil er seinem Jungen eine Standpauke halten wollte, zum anderen, weil der Rektor ihn todmüde gehetzt, und zum dritten, weil er sich beim Rockausziehen verkühlt und einen Schluckauf zugezogen hatte. Mit seinem Ärger hatte es freilich nicht allzuviel auf sich, ärgerlich nämlich war er jahraus jahrein, denn er war Demokrat – natürlich kein *Staats*demokrat, denn die gab es damals noch nicht in Mecklenburg, sondern nur ein *städtischer*. Er hatte es sich zur vordringlichen Lebensaufgabe gemacht, dem aufgeblasenen Bäcker am Markt, den der Bürgermeister so schändlich protegierte, die städtischen Zuchtbullen abzujagen.
Jetzt keuchte und schluckaufte er in der Stube umher und hatte mit seinem erhitzten, schweißnassen Gesicht und den kurzen, angegrauten Haaren etwas von einem schönen, roten, frisch aufgeschnittenen Pflasterschinken, der oben mit Pfeffer und Salz bestreut ist und von dessen Fleisch der Saft am Messer entlang heruntertrieft. Der Vergleich paßte nicht so ganz, weil das Messer fehlte, doch Bräsig sorgte dafür, daß ich mit dem Gleichnis nicht schief liegen bleibe. Bräsig langte in den Tischkasten, holte ein blankes, scharfes Tischmesser heraus, ging auf den Pflasterschinken zu und befahl: »So, Kurz, nu setzen Sie sich mal ganz still hierher.« – »Was soll das?« fragte Kurz. – »Zimpathy wegen den Hickup. So. Nu sehn Sie ümmer die Sneide an von das Messer. Nu komm ich Ihnen ümmer neger mit der Sneide, aber Sie müssen sich fürchten, sonst hilft's nicht. – Ümmer neger – ümmer neger, as wenn ich Sie die Nas aufklöben will. – Ümmer neger – bis dicht mang die Augen.« – »Donnerwetter«, Kurz sprang auf:

»Sie stechen mir die Augen noch aus.« – »Schön«, sagte Bräsig, »schön! Sie haben sich gefürcht't, nu wird's auch woll helfen.«
Und es half wirklich, allerdings gegen den Schluckauf, nicht gegen den Ärger. »Wo ist mein Junge?« fragte er. »Er soll heute was zu hören kriegen. Nein, Schwager«, sagte er zu Jochen, »nichts als Ärger. *Hier* mit dem Jungen, auf dem *Rathaus* mit den Stadtbollen, im *Hause* mit der Frau wegen der dämlichen Predigtgeschichte, im *Laden* mit dem Ochsen von Lehrling, verkauft mir ein Lot schwarze Seide für ein Quentin! Und *hier auf der Landstraße* nun noch mit dem Rektor seinen langen Beinen.« – »Mudding«, bemerkte Jung-Jochen und schob eine Kaffeetasse dicht vor ihn hin, »schenk doch Kurzen ein.« – »Ih, Schwager«, sagte Frau Nüßler, »das hat doch auch noch Zeit, wir können ja erst drüber reden. Was wollen Sie denn auch in der ersten Hitze auf den Jungen losfahren, das heißt doch man Öl ins Feuer gießen.« – »Ich will ihn ...«, fuhr Kurz auf. Doch weiter kam er nicht, denn die Tür ging auf, und Gottlieb schritt herein.
Gottliebs Schreiten hatte etwas übermäßig Feierliches, wie er zu seinem Vater trat und ihm Guten Tag sagte. An ihm war etwas unvernünftig Gesetztes und dabei so absonderlich geistlich Zurückhaltendes, daß es aussah, als habe ihn der heilige Salbaderus für seinen besonderen Privatgebrauch auf Band gezogen und hinge ihn allabendlich auf einem Haken auf, damit er beileibe nicht von der bösen Welt beschmutzt werden könne. »Guten Tag, wie geht es dir, Papa?« und dabei küßte er seinen Vater kreuzweise auf beide Backen, während der Alte ihn wiederküßte, jedoch an ihm vorbei, in die Luft, wie ein Karpfen, wenn er aus dem Wasser springt. »Was macht Mama?« fragte der Sohn weiterhin. Denn Gottlieb hatte von kleinauf immer »Papa« und »Mama« sagen müssen, weil die Rektorsleute »Vater« und »Mutter« für einen gewöhnlichen Bürgersmann zwar als gut genug ansahen, jedoch nicht für einen Studierten, worüber die Kurzens natürlich sich jedesmal ärgerten, denn ihr Junge sagte immer nur »Vadding« und »Mudding«. – »Guten Tag, Onkel«, sagte Gottlieb zu Kurz, »Guten Tag, Herr Inspektor«, zu Bräsig, und wandte sich dann wieder seinem Vater zu: »Ich freue mich sehr, daß du heute gekommen bist, denn ich habe in einer für mich sehr wichtigen Angelegenheit mit dir besonders zu sprechen.« – »Haha!« knurrte Bräsig vor sich hin, »der fängt schon an.«
Der Rektor ging mit seinem Sohn auf den Hof hinaus, Bräsig stellte sich ans Fenster und beobachtete die beiden. Frau Nüßler trat zu ihm:

»Bräsig, haben Sie heute nachmittag irgend was wegen meiner beiden Lütten herausbekommen?« – »Madam Nüßlern«, sagte Bräsig, »verjagen Sie sich nich, die Sache hat sich angesponnen.« – »Was denn?« rief Frau Nüßler erregt, »was hat sich angesponnen?« – »Das werden Sie bald zu hören krigen, denn sehn Sie mal aus dem Fenster raus, die Sache spinnt sich weiter. Was meinen Sie, worum der Rekter so handslagt und worum er den Petisten so umgearmt hat? Wegen seinen christlichen Glauben? Nee, ich will's Sie sagen, darum, daß *Sie*, Frau Nüßlern, so düchtig gewirtschaftet haben.«
Bräsig war ein verteufelt guter Menschenkenner und herzenskundig wie ein Prophet, aber er hatte mit den Propheten gemeinsam auch den Fehler, daß er dunkel redete. Frau Nüßler verstand kein Wort: »Was? Weil ich tüchtig gewirtschaftet hab, umarmt er Gottlieb?« Bräsig hatte noch einen weiteren Fehler mit den Propheten gemein: daß er auf vernünftige Fragen keine Antwort gab, wenn sie ihm nicht in den Kram paßten. – »Sehn Sie«, rief er, »worum gibt er ihm nu seinen Segen? Dorum, weil er recht gut weiß, daß sich vor Geld einer allens kaufen kann, und weil er weiß, daß hier was aushängt.« – »Was hat das aber mit meinen Lütten zu tun?« – »Werden Sie bald sehn! – Sehn Sie, nu geht der Petist weg, un nu sehn Sie den Ollen mal an. Gott behüt uns in Gnaden! Er preponiert sich jetzt ne Red auswendig. Un lang wird sie, denn allens is bei ihm lang, aber am längsten sünd seine Sermonien.«
Bräsig war ein verteufelt guter Menschenkenner, und dies war der Beweis, denn als der Rektor eingetreten war, legte er los: »Verehrte Anwesende! Irgendein Weiser des Altertums hat den unumstößlichen Satz aufgestellt, vor allem sei ein Haus glücklich zu preisen, in welchem stiller Friede mit bequemem, ja reichlichem Auskommen wohnt. Hier in diesem Hause ist dies der Fall. Ich bin *nicht* hier herausgekommen, diesen stillen Frieden zu stören – mein lieber Schwager Kurz kann tun, was er will –, ich bin durch Zufall herausgekommen; aber der Zufall ist ein Fall, durch welchen dem Menschen zuweilen etwas ganz Merkwürdiges in den Weg fällt. Dies ist nun heute bei mir der Fall. Dieser Zufall kann nun zum Guten ausfallen, er kann auch zum Übeln ausfallen; aber da ich nicht vorgreifen will, will ich auch nicht weiter darüber reden. Lieber Schwager Jochen, du, als das eigentliche Haupt dieser glücklich situierten Familie ...«
Jochen machte ein Gesicht, als habe ihm sein Rektor-Schwager mitgeteilt, er sei eigentlich der Selbstherrscher aller Reussen und müsse von

Rechts wegen statt hier hinterm Ofen im Kreml zu Moskau auf dem Throne residieren. »Ja«, fuhr der Rektor fort, »du, als das *eigentliche* Haupt der Familie, wirst es mir verzeihen, wenn ich mich auch an meine liebe Schwägerin wende, die stets mit so viel Umsicht und Liebe die *eigenen* Familienangelegenheiten mit so gesegnetem Erfolge besorgt hat, und auch auf die *verwandten* Familien – ich weise hier ausdrücklich auf die freundliche Aufnahme meines Gottliebs hin – einen höchst segensreichen Einfluß ausgeübt hat. Du, mein lieber Schwager Kurz, gehörst auch zu der Familie, und wenn auch unsere beiderseitigen Familien – wenigstens in deren weiblichen Mitgliedern, durch – nun, wir wollen in dieser glücklichen Stunde nicht weiter darüber reden – etwas gespannt sind, so weiß ich doch, daß du innigen Anteil an meinem Glücke nimmst. – Aber nun«, er ging auf Bräsig zu, »Πῶς τ᾽ ἄρ᾽, ἴω πῶς τ᾽ ἄρ προσπτύξομαι αὐτόν; auf deutsch: wie soll ich Sie anreden, Herr Inspektor? Sie, der Sie zwar nicht im eigentlichen Sinne zu der Familie gehören, der Sie aber stets hülfreich zur Tat gewesen sind und weise im Rat ...« – »Na, denn will ich Ihnen auch einen geben«, sagte der Alte, »nehmen Sie Vorspann, sonst kommen Sie nicht zu Ende.« – »Ende?« fragte der Rektor, und seine ursprüngliche Geistlichkeit, die etwas zu lange unterm Schuldunst gemodert hatte, brach bei ihm durch: »Ende?« fragte er feierlich und richtete die Augen nach oben, »wird es zum guten oder zum bösen Ende führen? Wer kennt das Ende?«

»Das kenn *ich*«, sagte Bräsig, »denn ich hab den Anfang heut nachmittag in den ßackermentschen Kirschenbom gehört. Das Ende von das ganze Lied is, der Petist will uns' Lining frigen.«

Dies gab denn nun eine gewaltige Aufregung. »Herr du meines Lebens!« rief Frau Nüßler. *»Gottlieb? Unser Kind?«* – »Ja«, sagte der Rektor, brach seine Rede ab und stand da wie Spritzenmeister Klein in Stavenhagen, als bei der Spritzenübung der Schlauch platze und der ganze Wasserstrahl sich ihm über den Leib ergoß. Kurz sprang auf und rief: »Der Bengel, der Gottlieb, hat zuviel Schwein!« Und Jochen sprang auch auf, jedoch langsam, und fragte Bräsig: »*Mining*, sagt du, Bräsig?« – »Nein, Jung-Jochen, bloß *Lining*«, antwortete Bräsig gelassen. Und Jung-Jochen setzte sich wieder.

»Und Sie haben das gewußt, Bräsig, und Sie *sagen* mir das nicht?« rief Frau Nüßler. – »Oh, ich weiß noch mehr«, sagte Bräsig, »aber wozu sollt ich Ihnen das sagen? Ob Sie das ne Viertelstund eh wissen oder nich. Und ich dacht mich, das sollte für Sie ne fröhliche Überraschung sein.« – »Und hier ist er«, sprach der Rektor und holte Gottlieb von der Diele herein, der so lange hinter der Tür gestanden hatte, »und wünscht sein Urteil von Ihrer Güte zu empfangen.«

Und nun erschien Gottliebchen, und diesmal ohne jede Spur von Lächerlichkeit, wie ein verwandelter Mensch. Die geistlichen Allüren und die Auserwähltheit des Levitenstammes hatte er vollständig von sich abgetan, da für diesen Krimskrams kein Raum in seinem Innern war, das in diesem Augenblick nur reine, lautere Menschlichkeiten, nämlich Zweifel und Hoffnung, Furcht und Liebe erfüllten. Und sie, die alles zum Guten wenden konnten, standen als Menschen von Fleisch und Blut ihm gegenüber. Jochen saß freilich schon wieder. Und die richtige Liebe mit allem, was dazu gehört, mit Verloben und Heiraterei, ist ein solch schönes, reines und menschliches Gefühl, daß es durch geistlichen Aufputz wahrhaftig nicht noch schöner gemacht werden kann. Diesem Satz hätte Gottlieb zu jeder anderen Zeit freilich heftig widersprochen, in diesem Augenblick hatte ihn dies schöne Gefühl aber doch so übermannt, er gab sich so herzlich, so vertrauensvoll zu Frau Nüßler und zu Jochen, daß Bräsig sich sagen mußte: »Wo hat der Mensch sich verändert! Wenn Lining in *der* kurzen Zeit das verursacht hat, denn man ümmer zu! *Der* kann noch ganz gut werden.«

Frau Nüßler vernahm zwar Gottliebs aufrichtige Worte, und sie mochte ja Gottlieb auch sonst immer gut leiden, aber daß sie ihr Kind weggeben sollte, das war ihr denn doch ein wenig zu rasch gekommen. Sie geriet in gewaltige Unruhe: »Herre Gott doch, ja!« rief sie, »Gottlieb, du bist ja immer ein guter Mensch gewesen und hast ja auch dein Zeug gelernt, aber ...« Hier aber geschah es, daß sie zum erstenmal in ihrem Leben von Jochen unterbrochen wurde. Als Jochen vernahm, daß nicht von Mining die Rede sei, hatte er sich beruhigt. Als Gottlieb zu ihm sprach, hatte er seine Gedanken gesammelt, und als er wahrnahm, daß aller Augen sich auf ihn richteten, da hatte er beschlossen zu reden. Und so war er denn seiner Frau ins Wort gefallen: »Ja, Gottlieb, das is alles so, wie das Leder is, und was ich als Vater dazu tun kann, das *will ich*. Und wenn Mutter will, denn will ich, und wenn Lining will, denn will ich auch.« – »Mein Gott, Jochen«, rief Frau Nüßler, »was redst du? So schweig doch still! Nee, ich muß erst mit meinem Kinde reden. Ich muß erst hören, was die dazu sagt.« Und damit lief sie zum Zimmer hinaus.

Doch es dauerte nicht lange, da kam sie mit Lining an der Hand wieder hinein, und hintennach folgten Mining und Rudolf, die daraus möglicherweise eine praktische Nutzanwendung für ihren eigenen Fall zu ziehen beabsichtigten. Lining machte sich, rot wie eine Rose, von der Hand ihrer Mutter los, warf sich an Gottliebs Brust, von dort wieder an die ihrer Mutter, und danach setzte sie sich auf Jochens Knie – denn er saß schon wieder – und wollte ihn küssen, vermochte es aber nicht vor Husten, denn Jochen rauchte in seiner Aufregung verteufelt scharf, und so sagte sie also nur: »Vadding!« und Jochen sagte: »Lining!« Und wie sie aufstand, stand Bräsig neben ihr, gab ihr einen Klaps und streichelte sie: »Laß man sin, Lining, ich schenk dich auch was.«

Und nun kam Gottlieb, ergriff sie an der Hand und führte sie seinem Vater zu. Und der Herr Rektor bog sich, so lang er war, hinab, um Lining den Vaterkuß zu geben, so daß die andern schon glaubten, er wolle eine Stecknadel vom Fußboden aufheben. Er wollte gerade von neuem mit seiner Ansprache beginnen, gelangte aber nicht dazu, denn Bräsig stand am Fenster und trommelte dort den »Alten Dessauer«, so daß niemand zu Wort kommen konnte, und dabei blickte er über Jochens Scheunendach hinweg in den hellen Sonnenschein, als sei dort weit hinten etwas ganz Besonderes zu sehen. Und für ihn gab es dort auch wirklich ganz etwas Besonderes. Er erblickte dort hinten, weit hinten, einen Apfelbaum, der hatte einmal in rosaroter Blüte gestanden, und es war sein Baum. Er hatte ihn gepfropft und veredelt, denn es war sein Baum, doch Jochen hatte ihn in seinen Garten verpflanzt, und er hatte es leiden müssen. Gleichwohl aber hatte er den Baum unablässig gehegt und gepflegt, und der Baum hatte auch Früchte getragen, schöne, rote, runde Früchte. Und die Früchte waren reif geworden, und sie waren für seine Augen schön anzusehen. Und nun waren da ein paar Jungen über den Zaun geklettert, und der eine hatte sich den einen Apfel schon gepflückt und hatte ihn in der Tasche stecken, und der andere streckte bereits seine Hand nach dem anderen aus. Nun, Jungen sind Jungen, und Äpfel und Jungen, die gehören zusammen. Dies wußte er, und daß es so kommen müsse, das hatte er sich oftmals gesagt. Er gönnte sie ihnen auch, aber daß die *Pflege* von seinen kleinen Druwäppeln nun in andere Hände übergehen sollte, das tat ihm weh. Die *Pflege* von seinem kleinen Kropzeug gönnte er ihnen nicht, und deshalb trommelte er mit aller Gewalt an die Fensterscheiben.

Und Kaufmann Kurz schnaubte so laut an seiner Nase herum, als müsse er zu Bräsigs Trommel die Posaune blasen. Nicht aus Rührung blies er so nachdrücklich, sondern nur aus Ärger, denn er kam sich beim Anblick dieses häuslichen Glücks recht überflüssig vor, und er war doch in einer wichtigen Angelegenheit hergekommen. Aber die Umstände verlangten nun einmal, daß er gleichwohl freundlich gratulierte, und so setzte er also ein so süßsaures Gesicht auf wie eine Essigpflaume, ging an seinem Sohne Rudolf vorüber, sah ihn nicht an und gratulierte nach rechts und nach links, als stünde er hinter seinem Ladentisch und bediente seine Kunden und müsse für jeden ein freundliches Wort bereithalten, wiewohl er sehr genau wahrnahm, daß hinter seinem Rücken das ganze Essigfaß auslief.

Als er aber jetzt zum Rektor trat und ihm zu dessen salbungsvoller Rede ein Pegel Öl einfüllen sollte, da stand ihm der Essig, den sein Junge hatte auslaufen lassen, bereits bis an die Hacken, und länger konnte er sich nun nicht mehr mit seinen Kunden abgeben. Er drehte sich stracks auf den Hacken herum und rief seinem Rudolf zu: »Schämst du dich nicht?« und sprang wieder zu den Kunden: »Um Verzeihung! Aber diese Sache muß erst abgemacht werden. – Schämst du dich nicht? Hast du mir nicht mehr gekostet als Gottlieb seinen Vater? Hast du was gelernt? Sag mal bloß, was du gelernt hast! Sag mal bloß.« – »Lieber Schwager!« sagte der Rektor und legte Kurz freundlich die Hand auf den Kopf, als habe dieser für sein lateinisches Exerzitium ein »sehr gut« verdient, »was er gelernt hat, kann er dir in dem Augenblick nicht alles sagen.« – »Ei was!« rief Kurz, rutschte ihm unter der Hand weg und stieß sie zurück: »Hast du *mich* mitgenommen oder hab ich *dich* mitgenommen? Ich denke, ich habe *dich* mitgenommen. Nachgrade müssen *meine* Sachen an die Reih kommen. – Schämst du dich nicht?« rief er Rudolf zu, »da steht Gottlieb, hat sein Examen gemacht, hat ne Braut – ne schöne – ne liebe Braut«, dabei meinte er Lining, machte sein Kompliment in seiner Aufregung aber in Frau Nüßlers Richtung, »kann übermorgen Pastor sein«, diese Verbeugung erhielt Bräsig statt Gottlieb, »und du? und du – oh, hast dich herumgefechtet, und was hast du nun? Schulden hast du, aber ich bezahl sie nicht!« Und obwohl ihn niemand dazu ermuntert hatte, er solle sie bezahlen, rief er in einem fort: »Ich bezahl sie nicht! Nein! Ich bezahl sie nicht!« und stellte sich zu Bräsig ans Fenster und half ihm trommeln.

Rudolf, der arme Junge, stand unter diesen Worten gräßliche Qualen aus. Zwar hatte unser Herrgott ihm eine dicke Haut mitgegeben, und sein Kopf war schon allzu oft vom Donnerwetter seines Vaters getroffen worden, um dies viel anders zu nehmen, als es gemeint war. Denn man darf nicht glauben, daß Kurz im innersten Herzen seinem Jungen gram war, Gott bewahre, ganz im Gegenteil! Gerade weil er ihm gut war, erboste es ihn, daß *sein* Junge nicht auch so schön in der Butter saß wie der des Rektors. Aber trotz alledem und obwohl Rudolf recht gut wußte, welch große Stücke sein Vater auf ihn hielt, wäre es diesmal wohl nicht gut abgelaufen, denn der Alte hatte ihn doch zu hart angefaßt, und dies vor allen Leuten. Und schon hatte er einen ganzen Schwall häßlicher Widerworte auf der Zunge, als zum Glück sein Auge auf Mining fiel, die sich seit heute nachmittag in Fleisch und Bein platterdings mit Rudolf eins fühlte, denn ihr Fleisch war statt seines blaß geworden, und ihre Beine zitterten für ihn. Rudolf schluckte also seine bitteren Worte hinunter, und zum erstenmal ging es ihm auf, daß er von nun an nicht mehr allein auf eigene Rechnung dumme Streiche machen dürfe und daß er bei allen seinen Vorhaben zuallererst Mining in die Augen sehen müsse. Und *ich* meine, das ist die gute Seite einer jungen, aufrichtigen Liebe.

»Vater«, sagte er, als er sich innerlich bezwungen hatte, und ging, ohne sich um die langen Gesichter um sich her zu kümmern, auf seinen Vater zu und legte ihm die Hand auf die Schulter, »Vater, komm! Mit den dummen Streichen bin ich von jetzt an fertig.« Kurz trommelte weiter, aber Bräsig hielt damit ein. »Vater«, fuhr Rudolf fort, »du hast recht, wenn du böse auf mich bist, ich verdien es, aber ...« – »So lassen sie doch das verdammte Trommeln sein«, sagte Bräsig und hielt Kurzens Finger fest. – »Vater«, sagte Rudolf und griff nach der Hand seines Vaters, »laß es vergeben und vergessen sein.« – »Nein«, sagte Kurz und steckte seine beiden Hände in die Taschen.

»Was?« fragte Bräsig, »Sie wollen nich? Ich weiß recht gut, zwischen einen Vater und ein Kind soll sich keiner mang stechen, abersten ich *will* mich mang stechen, indem daß Sie selbst schuld daran sind, daß das hier in die öffentliche Gegenwärtigkeit gekommen ist. Was? Sie wollen den jungen Burssen, der Ihr geborener Sohn is, nich die Dummheiten vergeben und vergessen? Haben Sie dunnmals mich nich ümmer den ollen, süßen preuß'schen Käm geschickt? Und hab ich das nich vergeben und vergessen und ümmer wieder bei Ihnen gekauft und ehrlich bezahlt?« – »Ich habe Sie immer redlich bedient«, sagte Kurz. – »So?« fragte Bräsig spöttisch, »auch woll mit Hosenzeug? Jung-Jochen, du kennst ihr noch, du weißt dir noch zu besinnen, wie sie nahsten aussah.« – »Ach, mit der alten dummen Hose!« rief Kurz,

»davon haben Sie schon so viel Lärm gemacht, daß ...« – »Haha«, fiel ihm Bräsig ins Wort, »so wollen Sie also? War das nich ne pure Slechtigkeit von Sie, mich damit rumlaufen zu lassen, und Sie wußten, daß sie rot wurd, und hab ich Ihnen das nich vergeben und vergessen? Vergessen zwarsten nich, denn ich habe eine starke Erinnerungskraft for das, was passiert is. Aber Sie brauchen das den jungen Menschen auch nich zu vergessen, Sie sollen ihm das man vergeben.«

»Lieber Schwager ...«, fing jetzt der Rektor an, der glaubte, es werde von ihm als ehemalig geistlicher Person erwartet, zum Frieden zu reden. – »Tu mir den einzigen Gefallen«, rief Kurz und sprang auf ihn los, »du hast ne Braut un kriegst ne Pfarr, das heißt dein Gottlieb kriegt sie, und wir – wir – wir haben nichts gelernt, wir haben keine Braut, keine Pfarr, und haben ne Schmarr!« und lief in der Stube umher. – »Vater«, rief Rudolf, »so hör mich doch!« – »Ja«, sagte jetzt Frau Nüßler, die nunmehr fast überkochte und Kurz beim Arm ergriff, »nu hören Sie auf ihn, was er zu sagen hat. Und hat er nu auch den dummen Streich mit der Predigt angestellt, und keiner hat sich mehr darüber geärgert als *ich,* so ist er sonst doch ein guter alter Junge, und so mancher Vater würd sich über ihn freuen.« – »Ja, ja«, sagte Kurz, »ich will ihn hören, ich will ihn anhören«, und stellte sich vor Rudolf und stemmte die Hände in die Seiten: »Na, und nu sag, was du zu sagen hast, nu sag.« – »Lieber Vater«, – und dabei stand Rudolf mit bittender, aber entschlossener Miene vor ihm: »Ich weiß, es wird dich tief bekümmern, aber ich kann nicht anders, ich bleibe nicht Theologe, ich werde Landmann.«

Die Leute erzählen, daß man die Bären in Polen dadurch zum Tanzen bringt, daß man sie auf eine heiße, eiserne Platte stellt, so daß sie die Beine immer abwechselnd heben müssen, um sich nicht zu verbrennen. Just bei diesen Worten seines Rudolf begann Kurz immerzu abwechselnd von einem Bein aufs andere in der Stube umherzuspringen, als sitze der Teufel unter Frau Nüßlers Stubendielen und wärme ihm die Fußsohlen an. »Das ist ja reizend«, rief er bei jedem Sprung, »das ist ja nett! Mein Sohn, der mir so viel gekostet hat, der so viel gelernt hat, will en Landmann werden! Will en Klutenpedder werden, en Kaffschreiber, en Mistfink!«

»Jung-Jochen«, rief Bräsig, »sollen wir uns das bieten lassen? Steh auf, Jung-Jochen! – Was, Herr!« rief er und ging auf Kurz los, »so'n Hiringshengst, so'n Zyrupsprinz, der will uns hier die Landmänner verachten? Herr, wissen Sie, wer wir sünd? – Wir sünd der Urstand.

Wenn wir nicht sünd und kaufen Ihnen was ab, denn können alle Kaufleute mit en Snurrbüdel in den Lann rumlaufen, und zu so'n Stand soll Ihr Sohn zuviel gelernt haben? – Bald hat er zuviel gelernt, und bald hat er nicht genug gelernt. – Glauben Sie, Herr, daß zu einem richtigen Ökonomiker – stell dir hier mal bei mir her, Jochen! – bloß Schafsköppe un Eselsohren vernutzt werden können?«

»Lieber Schwager«, begann der Rektor von neuem. – »Willst du mich totmachen mit deinen langen Reden?« fuhr Kurz auf, »du hast hier dein Schäflein geschoren. Ich bin auch herausgekommen, um mein schwarzes Schaf zu scheren, und nun fährt alles auf *mich* los, um mich zu scheren.« – »Kurz«, rief jetzt Frau Nüßler, »nehmen Sie doch Vernunft an. Was nicht *ist, ist* doch einmal nicht. Wenn er nu doch nicht Pfarrer werden *will*, so ist er doch der *Nächste* dazu, wie die Frau Pastern sagt. Und mir scheint, wenn er man ein tüchtiger Kerl wird, dann ist es ganz egal, ob er predigt oder ackert.« – »Vater«, sagte Rudolf, denn er merkte, daß der Alte zu überlegen begann, »gib mir deine Einwilligung. Du glaubst nicht, wieviel zu meinem Lebensglück davon abhängt.«

»Wer nimmt dich in die Lehre?« fragte Kurz noch recht ärgerlich, »kein Mensch!« – »Das is meine Sache«, sagte Bräsig, »ich weiß einen, das is Hilgendorff zu Tetzleben, der versteht sich auf lateinische Ökonomiker, der hat schon ganz gebild'te zum Menschen gemacht. Der hätte mal einen, der war noch außerdem mit Gedichten, die er achter die Hock schrieb. Wenn der sagen wollt, die Sünn is aufgegangen, denn sagte er: Aurora schaut schon über das Hakelwerk, und wenn er sagen wollt, es treckt en Swark auf, denn sagte er: es bläht und türmt sich in Westen empor, und wenn er sagen wollt, es drüppelt, denn sagte er: es tauet in leisen Tropfen vom Himmel hernieder – und dennoch! er hat noch en handlichen Menschen aus ihm zurecht gekrigt. Nach Hilgendorffen muß er auch.« – »Ja«, sagte Kurz, »aber ich will mit Hilgendorff sprechen, ich will ihm sagen ...« – »Sag ihm alles, Vater«, rief Rudolf und umarmte seinen Alten herzlich, »aber ich habe noch *eine* Bitte ...« – »Haha!« rief Kurz, »mit den Schulden, die du gemacht hast. Aber damit bleib mir heute vom Leibe, ich hab am Kaffschreiber genug, und ich bezahl sie nicht!« und damit schob er seinen Sohn zurück.

»Das sollst du auch nicht, Vater«, sagte Rudolf und richtete sich frei auf, und aus seinem Gehaben sprachen frischer Mut und sichere Zuversicht, so daß er aller Augen auf sich lenkte: »das sollst du auch nicht!«

rief er, »ich habe heute Schulden gemacht, und ich habe mein Ehrenwort gegeben, mir selbst habe ich es gegeben, sie richtig zu bezahlen und sie einzulösen, und sollt's mit meinem Herzblut sein. Und hier habe ich sie gemacht!« rief er und ging auf Mining zu, die die ganze Zeit des Streites über an der Brust ihrer Schwester gelegen hatte und der zumute war, als sei dies der Anfang des Jüngsten Gerichtes.

»Hier«, sagte er und nahm Mining an seine eigene Brust. »Und wenn ich dereinst ein tüchtiger Kerl geworden bin, dann hast du dich *hier* bei *dieser* zu bedanken – *hier* bei *dieser*!« und die Tränen stürzten ihm aus den Augen, »*hier* bei meiner lieben Braut.« – »Verfluchter Bengel!« sagte Bräsig und fuhr sich über die Augen, stellte sich ans Fenster und trommelte den Dessauer Marsch, denn er war der einzige, der sich eine Melodie auf diesen Vers zu machen wußte. Die anderen standen alle sehr betreten da.

»Herre Jesus«, rief Frau Nüßler, »was heißt das?« – »Was«, rief Jochen, »*Mining*, sagt er?« – »Herre Gott doch, Jochen, so red doch nicht!« rief Frau Nüßler. »Mining, was *ist* dies, was *heißt* dies?« Aber Mining lag so weiß und still an Rudolfs Brust, als könne sie nie wieder ihren Kopf in die Höhe heben und nie wieder ein Wort sagen. Kurz hatte die Angelegenheit am schnellsten begriffen. Ihm waren in aller Geschwindigkeit einige Rechenexempel durch den Kopf geschossen, bei denen Jochens Vermögensverhältnisse den Hauptposten abgaben, und über das Fazit wurde er so ausgelassen, daß er auf seinen Beinen wieder abwechselnd zu tanzen anfing, diesmal aber *nicht* wie ein Bär aus Polenland, sondern wie ein wilder Indianer, der einen Siegestanz aufführt, und Bräsig trommelte den Takt dazu. Rektor Baldrians Gesicht war der einzig ruhende Pol inmitten dieser allgemeinen Aufregung, denn es sah just so verständnislos aus wie mein eigenes, wenn ich in eine hebräische Bibel hineinblicke.

»Was ist dies, was heißt dies und was bedeutet dies?« rief Frau Nüßler und warf sich auf einen Stuhl. »Meine beiden! Meine *beiden* kleinen Dirns an *ein*- und demselbigen Tag! – Und denn sagen *Sie*«, und sie fuhr auf Bräsig los, »*Sie* wollen drauf aufpassen?« – »Madam Nüßlern«, entgegnete Bräsig, »hab ich nicht aufgepaßt, daß mir noch alle Knochen davon wehtun? Aber Unglück slöppt nicht, wer kann da was for? Was sagst *du*, Jochen?« – »Ich sag gar nichts. Mein selig Mudding sagte aber immer, en Kandidat und ne Erzieherin ...« – »Jochen«, rief Frau Nüßler, »du redest mich noch tot, und das viele Reden hast du auch bloß von dem Schlingel gelernt, dem Rudolf.« – »Schafs-

kopf«, warf Kurz hier ein und tanzte um das Paar herum, »warum hast du mir das nicht gleich gesagt? Ich hätte dir alles gleich vergeben, um dieser kleinen, kleinen lieben Schwiegertochter willen«, und dabei holte er sich richtig Minings Kopf heran und küßte sie.
»Gott im hohen Himmel«, rief Frau Nüßler, »nu nennt Kurz sie auch schon Schwiegertochter und küßt sie schon, und sein Junge ist doch noch rein gar nichts, und Mining ist doch noch so unbedächtig!« – »So«, fragte Bräsig, »Sie meinen, weil sie die Jüngst is? Nu kommen Sie mal her, ich will Ihnen mal was allein sagen«, und dabei zog er Frau Nüßler in eine Ecke, und dort blickten sie beide einträchtig in den Spuckkasten, der dort stand.
»Madam Nüßlern«, sprach er, »was einen recht is, is den annern billig! Sie haben Ihren Segen zu Lining gegeben, warum nicht zu Mining? Ja, 's is wahr, sie is die Unverständigst, indem daß sie die Jüngste is. Aber, Madam Nüßlern, der Unterschied in den Jahren is bei ein Paar Tweschen zu klein, darauf können Sie nicht respektieren, und denn – den Bekehrer müssen Sie Ihre Tochter geben. Was er damit aufstellt, das kann kein Deuwel wissen, weil wir nichts von der Priesterei verstehen, indem daß Sie und Jochen und ich nicht Priester gelernt haben. Aber mit dem Duwellfechter – haben Sie woll gesehen, wie er stand, as wenn er die ganze Welt vor den Säbel krigen wollt – en hellscher Bengel! – sehn Sie, mit dem, as Landmann, kommen wir überein, den können Sie un Hawermann un ich un, wenn alle Sträng reißen, auch Jochen auf die Finger sehn und ihn regardieren und konfrontieren und eindressieren. Und sehn Sie, Madam Nüßlern, ich dächte ümmer, Jochen sollte sich mit die Jahren besser aufrappeln, aber rappelte er sich? Nee, er rappelte sich nich, und da kann for Sie dieser Jüngling als mittlerweiler Swiegersohn ein Segen werden, wenn er einschlägt, denn wir werden älter, und wenn ich mal die Augen zumach – na, das dauert denn woll noch ne Weil –, abersten es würd mich doch en großer Trost sein, wenn ich wüßt, daß Sie einen an die Hand hätten, der aufs Ihrige säh.« Und der alte Herr blickte starr in den Spuckkasten, und Frau Nüßler schlang den Arm um seinen Nacken und gab ihm den ersten Kuß, den sie ihm jemals in ihrem Leben gegeben, und sagte freundlich und gelassen: »Bräsig, wenn Sie das ernstlich meinen, daß es recht ist, denn kann es nicht gegen Gottes Willen sein.« Manche Laube hat schon einen frischeren, röteren, glühenderen Kuß gesehen, aber der alte Spuckkasten in der Ecke würde doch nicht mit ihr tauschen.
Frau Nüßler wandte sich um und ging auf Rudolf zu: »Rudolf, ich

sage nichts weiter als: in Gottes Namen«, und zog ihr Mining an sich und griff nach ihrem Lining und legte sich die beiden kleinen Zwillinge abwechselnd an die Brust, wie sie es vor Jahren getan, und die Hoffnung stand im frischesten grünen Kranz von neuem ihr zur Seite, wie sie es vor Jahren getan, und goß ihr die gleichen leisen Worte ins Herz, wie vor Jahren geschehen. Und doch war es heute anders, ganz anders als damals. Damals hatte sie ihr die beiden kleinen Druwäppel geschenkt, und heute wollte sie sie ihr nehmen. Aber die Hoffnung ist unermüdlich wie die Biene, sie drängt sich an jede Blume und saugt aus jeder ihren Honig.

Bräsig aber ging mit großen Schritten in der Stube auf und ab, hielt die Nase in die Luft, schnaubte daran herum, zog die Augenbrauen in die Höhe und stellte seine kleinen Beine mit solcher Würde und Wichtigkeit nach außen, als sei er leibhaftig der Vater, der die Kinder zu vergeben habe, und er habe sich dafür entschieden. Und an seiner Seite schritt ein wunderschönes Frauenbild, ebenfalls mit einem Kranz. Es war ein Mooskranz mit gelben Strohblumen, und der Kranz stimmte schön mit den stillen, treuen Augen zusammen. Und sie nahm ihn sanft an die Hand und zog ihn mit Macht zur Mutter und zu den Kindern hinüber, so daß er schließlich seine Hände auf ihre Köpfe legte und ihnen in die Ohren flüsterte: »Laßt man sinning, laßt sinning, ihr sollt sie ja auch haben.«

Rudolf war auf Gottlieb zugegangen und hatte ihm die Hand gereicht: »Nicht wahr, Gottlieb, heut bist du mir nicht mehr böse?« und Gottlieb hatte die Hand gedrückt: »Wie kannst du das denken, lieber Bruder! Vergeben ist ja des Christen Pflicht.« Und der Rektor hatte bereits gehüstelt, als müsse er nunmehr eine kurze Ansprache halten, und Kurz hatte ihn am Rock gezogen und ihn um Gottes Willen angefleht, er möge die Sache doch nicht verderben – da erst gewahrte die Gesellschaft, daß Jochen fehlte. Wo war *Jochen*? »Herre Gott«, rief Frau Nüßler als erste, »wo ist mein Jochen?« – »Mein Gott, wo ist Jochen?« fragte alles durcheinander, und Bräsig war der erste, der daran ging, Jochen an seinen richtigen Platz zurückzuführen. Er lief nach draußen und rief mit starker Stimme aus der Vordertür über den Hof hinüber: »Jochen!« und lief nach der Hintertür und schrie durch den Garten: »Jochen!« Und wie er zurückkehrte, da erblickte er in der Küche ein feuerrotes Gesicht, das blies unter einem großen Kupferkessel in die Kohlen, und es war Jochens Gesicht.

Im Zimmer hatte Jochen plötzlich das Gefühl übermannt, bei einem so außergewöhnlichen Anlaß müsse auch er etwas dazu tun, und weil ihm *so* heiß ums Herz geworden, daß ihm 25 Grad im Schatten draußen noch kühl dünkten, war er, um seinen äußeren mit seinem inneren Menschen ins Gleichgewicht zu bringen und weil er sich ein Familienfest gar nicht anders vorzustellen vermochte, auf Punsch verfallen, und blies und braute nun nach Kräften. Und Bräsig half ihm dabei und übernahm das Probieren, und so erschienen denn endlich die beiden und trugen gemeinsam Frau Nüßlers allergrößte Suppenterrine herein, feurig wie die Drachen, die einen Hort behüten. Und als Jochen die Terrine auf den Tisch gestellt hatte, sagte er nur: »Da!« und Bräsig flüsterte den beiden kleinen Druwäppeln vernehmlich zu: »Geht hin nach euren Vater un bedankt euch! Euer Vater denkt gleich an allens.«

Als nun die alten Herren um den Punschtopf saßen, denn die jungen Leute hatten wohl besseres zu tun, da ging Frau Nüßler leise aus dem Zimmer. Sie mußte mit sich selbst zu Rate gehen und mit einem noch älteren Freunde, als Bräsig es war. Und die kleinen Druwäppel waren wie eingetaucht in Hoffnungsgrün. Wie unter grünem Blattwerk verborgen glühten sie einer glücklichen Zukunft entgegen und nur, wenn ihr alter Onkel Bräsig mit seinen Späßen hineinblies und das schöne grüne Laub für einen Augenblick beiseite schob, wurden darunter ihre roten, verschämt leuchtenden Backen sichtbar, so daß Bräsig immer aufs neue die Lust überkam, seine Späße mit ihnen zu treiben.

»Ja«, sagte er zu Gottlieb, »es gibt sich allens in der Welt, auch die boshaftigste Petisterei gibt sich. Sie wollten *mir* bekehren! Passen Sie Achtung, ich bekehr *Sie* – vermittelst *Lining* bekehr ich Sie.« Und als Gottlieb widersprechen wollte, stand er auf und gab ihm so richtig treuherzig die Hand: »Nee, lassen Sie das man sin, Feuer sollen Sie doch haben, un wenn Sie auch der Pastor von's Dorf sind, und ich mein's gut mit Ihnen, denn Tobaksbrüder verlassen sich nich.« Und zu Rudolf sagte er: »Warten Sie! Sie Racker haben mich die Sli raus geangelt. Aber Hilgendorff soll Ihnen die Flötentön beibringen«, und mit diesen Worten trat er an seinen jungen Angelkumpan heran und flüsterte ihm ins Ohr: »'s is all so bös nich! Sie müssen man ümmer bei jeden Scheffel Korn, den Sie aufmessen, an Mining denken, und wenn Sie in'n Frühjohr bei so'n sturren Ostwind mang so'n Dutzend Eggers stehen, daß der Lehmstaub Ihnen so häßlich in die Nas steigt und Sie zuzieht, als säß ne Schwalb davor und wollt Ihnen ihr Nest in die Nas bauen, und die Sünn kuckt durch den Staub so rund und rot as en

Kupfer-Kessel, denn müssen Sie denken, das is Mining ihr Gesicht, was auf Sie niederblickt. – Nich wohr, mein klein Pät?«

Währenddessen hatte der Rektor nun drei Gläser Punsch zu sich genommen, je eines zu Ehren jedes Brautpaars sowie noch ein weiteres zu Ehren des Ganzen. Und so ließ er sich nicht mehr zurückhalten, selbst von Kurz nicht mehr. Er hielt endlich seine lang aufgeschobene Rede und begann mit der Einleitung zur Einleitung. Er erhob sich, langte nach einem Teelöffel und nach einer Zuckerzange, die noch vom Kaffee her auf dem Tisch lagen, und hüstelte einige Male zum Zeichen, daß es losgehen solle. Und als er sicher war, daß ein jeder ihn anblickte, und als Jochen sogar die Hände faltete, betrachtete er erst einmal tiefsinnig bald den Löffel und bald die Zange. Unvermittelt hielt er dann Bräsig den Teelöffel dicht unter die Nase und befragte ihn so eindringlich, als habe Bräsig den Löffel gestohlen und müsse und solle nun gestehen: »Kennen Sie dies?« – »Ja«, sagte Bräsig, »was weiter?« Und der Rektor hielt danach Kurz die Zuckerzange vor die Augen und befragte auch ihn, ob er sie wohl kenne. Kurz kannte sie ebenfalls, denn sie gehörten Jochen. – »Ja«, hob er an und war schon ganz und gar in seinem Fahrwasser, »ihr kennt sie, das heißt: ihr habt den sinnlichen Eindruck davon, ihr wißt sie zu unterscheiden von andern Gegenständen nach Farbe, Glanz und Gestalt; aber den sittlichen Begriff, den ich damit verbinde, den kennt ihr *nicht*.« Hier blickte er um sich, als solle ihm dies nur jemand bestreiten, doch alles schwieg. – »Nein«, ihr kennt ihn *nicht*! *Ich* muß ihn euch verkünden und erklären. Seht, wie lange wird es währen, dann wird die sorgsame Hausfrau dieses Hauses kommen und wird Löffel und Zange nehmen und wird sie, die hier scheinbar getrennt auf dem Tische umherlagen, zusammenlegen in den gemeinsamen Teekasten, dort ruhen sie zusammen; in tausend und abertausend Haushaltungen ruhen sie zusammen in *einem* Teekasten; und vor tausend und abertausend Jahren ruhten sie zusammen in *einem* Teekasten. Das ist ein durch Alter geheiligter Brauch, denn was zusammengehört, soll nicht geschieden werden. Und Adam« – er hielt die Zuckerzange in die Höhe – »und Eva« – er hielt den Teelöffel in die Höhe – »gehörten zusammen, denn sie waren füreinander geschaffen« – und er hielt sie beide in die Höhe – »und der Herr selber legte sie zusammen in den Teekasten des Paradieses. Und was tat Noah? Er bauete sich eine Arche, einen Teekasten – und wenn ihr wollt, meine Lieben – und rief Männlein und Fräulein, und sie folgten seinem Ruf« – und ließ die Zuckerzange über den Tisch spazieren, indem er sie immer abwechselnd zusammenklemmte und wieder losließ, und schob den Teelöffel hinter ihr her – »und gingen ...«

»Herein!« rief Bräsig, denn es hatte an der Tür geklopft, und herein trat Fritzing Triddelfitz: Ne Empfehlung von Herrn Hawermann an Herrn Nüßler, und ob er ihm nicht ein paar Rapslaken leihen könne, denn sie wollten inzwischen mit der Rapsernte anfangen. Dies war nun eine Störung, aber der Rektor blieb auf dem Sprunge. »Ja«, sagte Jochen, er wolle das gerne. Und als Fritz aus dem Punschgeruch und am Gehabe des Rektors, den er von ehedem wirklich gut kannte, dieweil er ihm öfter den Buckel blau geprügelt hatte, ersah, daß hier etwas Besonderes im Gange war und auf Zehen durch die Stube ging und sich seinen Platz gesucht hatte, bemerkte Jochen: »Mining, schenk doch Triddelfitzen ein.«

Fritz trank, und der Rektor stand auf dem Sprunge. »Fangen Sie man wieder von vornen an«, sagte Bräsig, »denn Triddelfitz weiß sonsten nich Bescheid.« – »Wir sprachen also ...«, fing der Rektor an. – »Von der Zuckerzange und dem Teelöffel«, rief Kurz ärgerlich, »und daß sie in den Teekasten gehören« und nahm ihm das Silberzeug aus der Hand und warf es in den Kasten: »So, nu ist Männlein und Fräulein in der Arche Noah, und ich denk, unsere sollen wohl auch reinkommen. Sie müssen wissen, Triddelfitz, wir feiern hier heute Doppel-Verlobung, und das ist die Hauptsache, und was der Rektor hier predigt, das sind man die Fransen am Kleid. – Was macht Hawermann?« – Oh, ich danke«, sagte Fritz, »er befind't sich ja noch«, und stand auf und gratulierte zur Verlobung den beiden Paaren, zwar in recht kleidsamen Worten, aber doch so von oben herab, als sei es bloß ein Geburtstag und die kleinen Druwäppel verlobten sich alle Jahre wieder. Der Rektor stand immer noch auf dem Sprunge.

»Lining, schenk doch Unkel Rektern ein«, bemerkte Jochen. Dies geschah, und der Rektor trank. Aber anstatt ihn auf andere Gedanken zu bringen, mengte und mischte, quetschte und quirlte der Punsch die Gedanken, die er für seine Rede aufgeboten hatte, so heillos durcheinander, daß in seinem Kopf jede militärische Ordnung zerbrach und alle zugleich an der Spitze marschieren wollten. Dort aber wurden sie von einer verständnislosen Umwelt nacheinander immer wieder aufs neue zurückgeschlagen, bald von Jochen, bald von Kurz, bald von Fritz, und als der Rektor nun schließlich doch noch mit dem schweren Geschütz seiner Ehe-Betrachtungen ins Treffen rücken wollte, da fragte ihn Bräsig mit seiner unschuldigsten Miene: »Sie haben woll ümmer in ner recht plesierlichen Eh gelebt, Herr Rekter?« Und darauf setzte der Rektor sich mit einem tiefen Seufzer nieder, und bis zum heutigen Tage weiß niemand, ob dieser Seufzer seiner Ehe oder seiner Rede gegolten. Ich nehme das letztere an, denn ich halte es für leichter, auf eine glückliche Ehe als auf eine glückliche Rede zu verzichten.

Nun aber war es Abend geworden, und der Rektor, Kurz und Triddelfitz verabschiedeten sich. Auch Rudolf mußte mitgehen, denn sowohl Bräsig wie Frau Nüßler hatten beide ihre Ansicht dahingehend kundgetan, er müsse unverzüglich in die Sielen seines neuen Berufs, und mit dem Herumlungern habe es nun ein Ende. Jochen und Bräsig begleiteten die Gesellschaft ein Stück des Weges.

»Was macht Ihr neuer Herr, Triddelfitz?« fragte Bräsig. »Danke Ihnen, Herr Inspektor, er ist ganz ungemein. Er hat heute morgen an die Tagelöhner eine Rede gehalten, die sagte man so: ›Paß Achtung!‹« – »Was?« rief Kurz, »redet *der* auch?« – »Was hat er zu reden?« fragte Bräsig. – »*Was* hat er gehalten?« fragte Jochen. – »Eine Rede«, erwiderte Triddelfitz. – »Ich mein, er will Landmann sein«, bemerkte Jochen. – »Nu ja«, sagte Triddelfitz, »aber kann er denn als Landmann keine Rede halten?« Dies war nun für Jochen zuviel, ein Landmann und eine Rede? Das war ihm noch nicht vorgekommen. Er sprach den ganzen Abend über kein Wort mehr, und als er gerade am Einschlafen war, bemerkte er bloß noch zuguterletzt: »Das muß ja ein Teufelskerl sein!«

Bräsig gab sich nicht so leicht zufrieden: »Was hat er zu reden?« fragte er abermals, »wenn mit die Tagelöhners was abzumachen is, denn is jo Hawermann da.« – »Herr Inspektor«, fiel der Rektor ein, »eine gute Rede ist stets an rechter Stelle. Cicero ...« – »Was war dieser Cicero?« – »Der größte Redner des Altertums.« – »Ih, da frag ich nich nach; ich mein, was er for'n Geschäft hatt': war er en Landmann oder en Kaufmann, oder war er bei's Amt angestellt, oder war er en Dokter, oder was war er?« – »Ich sage Ihnen ja, er war der größte Redner des Altertums.« – »Ih, Altertum hin, Altertum her! Wenn er weiter nichts war – ich kann die ollen Drähnbartels nich leiden. Der Mensch soll was prestiren. Und das sag ich Ihnen, Rudolf, werden Sie mich kein Redner, meinentwegen angeln Sie – is ganz egal: Bors oder Plötz – aber mit die Reden, das's grad so, as wenn Sie die Angel in'n Brunnen hängen. – Un nu gu'n Nacht! Jochen, komm!« Damit gingen sie davon. Auch Fritz schlug sich nach rechts in Richtung auf die Pümpelhäger Brache, und ihm kamen allerlei Gedanken.

Der Jüngling war nicht mißgünstig, aber es war ihm doch sehr entgegen, daß seine beiden Schulkameraden von Rahnstädt her nun schon eine Braut hatten und er noch nicht. Er wußte sich aber zu trösten. Nein, sagte er sich, solche Bräute, wie *die* sie bekommen hatten, da bedanke er sich denn doch dafür: die beiden Druwäppel hätte ihm einer auf den Präsentierteller legen mögen, *er* hätte sie nicht genommen. Auch Luise Hawermann könne dahin gehen, wo der Pfeffer wächst. Er sei doch kein Narr, um die ersten besten Zwetschgen zu nehmen, denn die ersten Zwetschgen sind madig. Er wollte warten, bis sie erst ordentlich reif waren, und dann konnte er sie sich pflücken, von oben oder von unten vom Baum. Und bis dahin gehörten ihm noch *all* die kleinen Mädchen, die auf zwei niedlichen Beinen in der Welt herumliefen, und denn bekam er ja nun auch noch den Gaul, und in den allernächsten Tagen wollte er doch hinüber und wollte von Gust Prebberow sich die Whalebone-Stute kaufen.

Kapitel 20

Visiten

So gingen nun einige Wochen vorüber, die Axel, anstatt sich mit seinen Feldern und mit der Wirtschaftsweise vertraut zu machen, die auf seinem Gute üblich war, zumeist in der Heuscheuer bei Rademacher Flegel verbrachte, weil nämlich das Modell seiner kombinierten Ackermaschine eingetroffen war, mit der er gleichzeitig pflügen, eggen und Schollen brechen wollte und die er nun doch für seinen Ruhm und zum Wohle der Menschheit ins Werk setzen mußte. Briefe, Rechnungen und was an dergleichen schriftlichen Geschäften auf einem großen Gute anfällt, mußten demgegenüber natürlich zurückstehen, und wenn er zum Mittag- oder zum Abendessen nach Hause kam, dann setzte er ein feierliches Gesicht auf, um seiner jungen Frau zu zeigen, wie sauer er es sich in der Wirtschaft hatte ankommen lassen.

Und wer ist leichtgläubiger als eine junge Frau? – etwa eine Braut? – O nein – eine Braut ist unsicher, sie fühlt sich tastend vor und forscht umher: sie möchte den Mann, den sie liebt, erst kennenlernen. Aber wenn sie glaubt, sie habe ihn kennengelernt, und sie hat ihm ihre Hand fürs Leben gereicht, dann wird sie sicher und folgt ihm blindlings, bis ihr vielleicht einmal mit Gewalt die Binde von den Augen gerissen wird. Doch auch dann noch sträubt sie sich und wehrt sich und *will* nicht sehen und hält es vielleicht sogar für ihre Schuldigkeit, nicht wahrzuhaben, was sie sieht.

Es war ja auch nichts Schlimmes, das er vor ihr verheimlichen wollte. Es waren nichts anderes als Torheiten, die er ihr vorzumachen suchte. Und er glaubte sogar selber daran, daß er derart für seine Zukunft wirke und schaffe. Aber es war schlimm, daß er es nicht einsah, und daß sie es nicht einsah. Denn trotz ihrer klaren Augen und ihres hellen Verstandes kam sie nicht darauf, daß es mit ihm vielleicht anders stehen könne als mit ihr selber, die sich in Küche und Keller, in Milchhaus und Butterkammer umsah und dort zu lernen suchte, um die Wirtschaft einmal selber in die Hand nehmen zu können.

Doch alles hat seine Zeit, und der alte Schäfer Köpke sagte: Am neunten Tag bekommen die jungen Hunde auch Augen.

So ging sie einmal gegen Abend im Garten im Schatten des hohen Hakelwerks auf und ab, jener aus miteinander verschränkten Stäben bestehenden, oben durch spitze Dornen gesicherten Umzäunung, die gegen die Hofecke stieß, an der sich die Heuscheuer befand. Wie sie nun in Gedanken auf und ab schritt, hörte sie es jenseits des Zaunes räsonnieren und schimpfen, als ob zwei sich an den Kragen wollten: »So? – das paßt dir wohl nicht? – Meinst du, daß *mir* das paßt? – Halunk, was liegst du mir im Wege? Was treibst dich hier rum? – Ich werd dich gleich . . .« und krachend fiel etwas gegen die Scheunentür.

Neugierig geworden, blickte sie durch die Zaunlücken, gewahrte aber nur einen einzigen, den alten Rademacher Fritz Flegel. Niemand außer ihm war im Augenblick zu sehen, und das Schimpfen und Räsonnieren richtete sich einzig und allein gegen sein Werkzeug und gegen seine Arbeit. Nun ist solche Wut auf eigne Faust ja recht spaßhaft, und die junge Frau beobachtete denn auch mit heiterer Miene, wie der Alte unter Fluchen und Schimpfen – »Geht meinswegen zum Teufel! – Soll ich mich über euch ärgern?« – seine Geräte nacheinander in die Scheuer werfen wollte, dabei aber immerzu nur das halbgeöffnete Scheunentor traf und sich dann immer wieder in die Haare griff und an ihnen herumzerrte. Und dann blickte er auch wieder starr vor sich hin auf die Erde: »Entfamtes Kretur! – Machst mir hier so'n Verdruß und so'n Elend!«

»Gu'n Abend, Vadder«, vernahm sie eine zweite Stimme, und Tagelöhner Kegel trat zu Flegel und stützte sich dabei auf seine Schaufel: »Was tust du hier noch? – Ist ja schon Feierabend.« – »Tun sagst du? Hat sich hier was mit tun! – Sag lieber sich abmarachen! – Was, das soll ne Modell sein? Ich kann ganz gut nach ne Modell arbeiten, aber nach so ne Modell, da arbeit der Deuwel nach.« – »Ist denn das noch immer dasselbe Biest, wo ihr damals mit angefangen habt?« – »Das soll es wohl! Und nächsten Sommer kannst nachfragen, ob's fertig ist.« – »Er muß doch ein kluges Köpfchen haben, daß er sich so was ausklamüsern kann.« – »So? meinst du? – denn laß dir sagen, ausklamüsern kann sich jeder Schafskopf was, aber *machen*, Vadder, *machen*, daß es stimmt! Süh, es gibt dreierlei Menschen in der Welt: die einen verstehens, könnens aber nicht machen. Die andern verstehens nicht, könnens aber machen, und die dritten verstehens nicht und könnens auch nicht machen, und zur letzten Sorte gehört *er*«, und damit schmetterte er abermals einen Keil gegen das Tor. »Und da muß ein Mensch sich mit abängstigen?«

»Ja, Vadder, unbegreiflich ist er schon. Da hat er doch damals gesagt,

wir sollen man immer dreist zu ihm kommen und ihm sagen, was uns fehlen tät. Na, ich ging denn auch nach ihm hin und sagt ihm wegen des Kartoffellands, daß ich mehr haben müßt. Denn sagt er mir aberst, er wüßt da nicht recht mit Bescheid, er will mit unserm Ollen drüber reden. – Ja, wenn der erst da dazwischenkommt, denn kann ich mir was malen lassen, denn der weiß ja, daß ich das mit dem Hacken verpaßt habe.« – »Laß mir den Ollen zufrieden! Er ist so, wie er ist. Er sagt zu mir: Flegel, hau Er mir die Hakenbretter aus, und denn mach ich das. Und er sagt: Flegel, die Räder müssen neue Radkränze kriegen, und denn felg ich sie auf, und für weiter hab ich nicht zu sorgen. Aber mit *ihm*! ... Du sollst sehn, Vadder, *er* legt in die Nesseln, und *wir* liegen in den Nesseln.« – »Das ist gewiß«, sagte Kegel, »und mit dem Tüftenland habe ich schon in die Nesseln gelegt.« – »Ja«, sagte Flegel, schloß die Schuppentür zu und zog seinen Kittel über: »Aber alles was recht ist! Daß du keine Kartoffeln gebaut hast, da bist du selbst dran schuld. Was hackst du sie nicht? Und wenn der Inspektor dir mehr Land gibt, denn hilft dir das auch nicht.« – »Das ist gewiß«, sagte Kegel, warf sich die Schaufel über die Schulter und ging mit Flegel davon, »*helfen* tut mir das nicht, zumal bei den vielen Gören, aber es ist doch, daß ich mir damit *helfen* kann.«
Die Leute sagen, und es ist auch wahr, daß ein Lob aus Kindermund und aus dem Mund geringer Leute den Verständigsten wie den Vornehmsten erfreut. Aber ebenso gewiß ist, daß ein hartes Urteil aus dem gleichen unbewanderten Munde auch schmerzt, und besonders schmerzt es dann, wenn es einen Menschen betrifft, den wir lieben. Und was war es denn Großes? Es war ein Tagelöhnerschnack, wie er tausendfach unter einfältigen Menschen gehalten wird, aber das Lachen war aus den Augen der jungen Frau geschwunden, es war einem Unbehagen gewichen. Die Einsichten ihres Ehemannes und sogar sein guter Wille, dem nachzukommen, was er in seiner Ansprache ausdrücklich zugesagt hatte, waren ins Zwielicht geraten, und insgesamt lief es darauf hinaus, daß er der Sache nicht gewachsen war, die er sich zugetraut hatte.
Sie war verstimmt, als er zum Abendessen kam, und er wiederum war aufgeräumt, und das geht ohnedies schlecht zusammen. »So, liebe Frida«, sagte er, »nun sind wir schon so ziemlich eingewohnt, nun denke ich, wär's wohl Zeit, wenn wir unsere Visiten in der Nachbarschaft abmachten.« – »Ja, Axel, aber bei wem?« – »Nun, ich denke, zunächst bei unsern Feldnachbarn.« – »Doch vor allem bei unserem Prediger.« – »Jawohl, bei dem auch – später.« – »Wer ist außerdem

denn noch vorhanden?« fragte die junge Frau und rechnete in Gedanken nach, »der Gutsbesitzer Herr Pomuchelskopp, und der Pächter Nüßler.« – »Liebe Frida«, sagte Axel, und er setzte eine etwas ernstere Miene auf, »mit dem Pächter Nüßler ist's wohl bloß dein Scherz. Mit Pächtersleuten werden wir doch wohl keinen Umgang haben können.« – »Hier bin ich mit dir verschiedener Meinung«, sagte Frida gelassen, »ich sehe mehr auf den Menschen als auf seinen Stand. – Es mag hier anders sein als bei uns im Preußischen, aber in meines Vaters Hause waren wir doch mit mehreren Pächterfamilien eng befreundet. Warum nicht hier? Die Nüßler soll eine sehr brave Frau sein.« – »Die Schwester meines Inspektors. *Der* kann ich keinen Besuch machen; das paßt sich nicht.« – »Aber dem Gutsbesitzer Pomuchelskopp?« – »Natürlich; der Mann ist Gutsbesitzer, ist reich, ist *Landstand*, so gut wie ich ...« – »Und ist in der ganzen Gegend verrufen, und seine Frau noch mehr. Dort mache ich keine Besuche.« – »Mein liebes Kind ...« – »Nein, Axel, ich glaube, du siehst das Verhältnis nicht durch – wenn nun der Pächter Nüßler das Gut Gürlitz gekauft hätte, wäre er dann ein anderer und würdest du ihm dann deinen Besuch gemacht haben?« – »Das sind Annahmen, die gar nicht hierher gehören. Bei dem Pächter mache ich keinen Besuch«, sagte er ärgerlich. – »Und *ich* nicht beim Gutsbesitzer, die Leute sind mir zuwider«, setzte Frida ihren Trumpf darauf. – »Frida!« bat Axel. – »Nein, Axel«, sagte sie entschieden, »ich fahre morgen mit dir nach Gürlitz, steige aber beim Pastor ab.«

Dies war der Abschluß. Es wurde just kein Streit und kein Erzürnen daraus, aber jeder von beiden beharrte doch auf seiner Ansicht. Und wie leicht und wie gern hätte Frida nachgegeben, hätte sie sich nicht mit dem unguten Gefühl zum Abendessen niedergesetzt, Axel fehle es an Verstand, um die Dinge zu durchschauen, und an der Beharrlichkeit, um sie durchzuführen. Und wie leicht und wie gern hätte nicht Axel nachgegeben und wäre nicht zu Pomuchelskopp gefahren, hätte er sich nicht immer wieder vorgehalten, Pomuchelskopp sei ein reicher Mann, und den müsse er sich warmhalten, der könne ihm einmal nützlich werden. Wie leicht und wie gern hätte er den Pächtersleuten nicht einen Besuch abgestattet, hätte ihm nicht der bunte Trödel von Anschauungen, die er sich beim Rrr-ment angeeignet hatte, im Nacken gesessen.

Doch dies war nun einmal geschehen, daran ließ sich nichts mehr ändern. Die ersten Anfänge des Unfriedens waren ins Haus gelangt, und die Tür war zur Hälfte offen geblieben, so daß auch das böse Ende nachkommen konnte. Denn der Unfriede hat etwas vom Schwanz eines Papierdrachens, mit dem die Kinder spielen: Lang ist seine Schnur, und daran sitzt Schnipsel an Schnipsel, und wenn jedes einzelne Schnipsel auch nur eine Bagatelle ist, so wird daraus doch ein wahrer Rattenkönig, wenn man sie auf *einen* Haufen legt, und niemand kann ihn entwirren, denn darin ist kein Anfang und kein Ende zu finden.

Am nächsten Nachmittag gingen sie nach Gürlitz – darin hatte Axel Frida nachgegeben, die lieber gehen als fahren wollte –, und Axel geleitete seine Frau bis vors Pastorenhaus und versprach, sie danach wieder abzuholen. Er selber ging aufs Gut.

Bei der Familie Pomuchelskopp war gerade die Kaffeemahlzeit vorüber. Lipping und Nanting und die anderen Kleinen waren gerade noch beim Resteverputzen und standen um den Tisch herum, wie Fohlen an der Raufe. Sie tunkten Rosinenbrot in den Zichorienkaffee, schmierten sich die Gesichter ein, manschten mit Teelöffeln und Fingern in Tassen und aufgeweichtem Rosinenbrot herum und schrieben ihren schönen Namen »Pomuchelskopp« mit verschüttetem Kaffee und Milch quer über den Tisch, schubsten und stießen sich und blickten dann unschuldig ihr liebes Mudding an, als seien sie es nicht gewesen, denn Hühnchen saß in ihrem widerspenstigen schwarzen Überrock am Kaffeetisch und hielt das Regiment aufrecht.

Es war ein schönes Familienbild voller häuslichen Glücks, Rosinenbrotkrümel und Zichorienkaffee, und Pomuchelskopp lag in seiner Sofaecke und rauchte aus seiner kurzen Pfeife. Er war mit seinem Kaffee bereits fertig, denn Vati trank vorweg reinen Kaffee aus einer besonderen Kanne. Doch dies aber war auch nur Schwindel, denn Malchen und Salchen, die abwechselnd das Kaffeekochen zu übernehmen hatten, tranken ihrem Vati immer den ersten Aufguß weg und füllten ihn mit Zichorie aus der Familienkanne wieder auf. So saß er also in seiner Sofaecke und hatte das linke Bein über das rechte geschlagen, so richtig nach der Verordnung des Herzogs Adolf von Kleve: »So ein Richter zu Gericht sitzet, soll er das linke Bein über das rechte schlagen.« Und wenn er in diesem Augenblick auch nicht Richter war, so war er doch noch ein ganz Teil mehr, denn er war in diesem Augenblick Gesetzgeber und dachte an den diesjährigen Landtag, den er auf jeden Fall besuchen wollte.

»Hühnchen«, sagte er, »übers Jahr reis ich hin nach dem Landtag.« –

»So«, sagte die Alte, »hast wohl sonst keine Gelegenheit, Geld auszugeben?« – »Mein Kluckchen, es wird von mir verlangt. Ich muß mich zeigen, und kostbar wird mir das nicht. Dies Jahr ist der Landtag ganz dichting bei, zu Malchin, und wenn ich mir denn ne Kiepe mitnehme ...« – »So? Und ich soll hier wohl unterdessen in deinen Stiefeln im tiefen Dreck auf dem Hof rumwaten und die Drescher visentieren?« – »Mein Kückchen, dazu ist ja Gustäving hier, und wenn ich nötig bin, kann ich ja zu jeder Stunde wieder hier sein.« – »Aber Vati«, sagte Malchen, die ab und an als einzige der ganzen Runde in die »Rostocker Zeitung« blickte und deswegen, und weil sie stets wußte, wo der Großherzog und die Frau Großherzogin sich im Augenblick gerade aufhielten, für in der Politik ungemein bewandert galt – denn Pomuchelskopp las nur die Getreidepreise und die Börsenkurse –, »aber Vati«, sagte sie, »wenn nun mal was Wichtiges vorkommt, zum Beispiel wegen der roten Röcke, ob ihr bürgerliche Gutsbesitzer auch rote Röcke tragen dürft, oder wegen der Klosterfrage, denn kannst du doch nicht fort.« Denn sie hatte es vielleicht schon im Gefühl, daß die Klosterfrage einmal ihre eigene Frage werden konnte.

»Na, du meinst doch wohl nicht«, sagte Pomuchelskopp, stand auf und ging mit großen Schritten in der Stube auf und ab, »daß dein Vater sich so gemein machen und mit den übrigen bürgerlichen Gutsbesitzern in eine Kerbe hauen wird und da groß mit abstimmen und sein Hauswesen versäumen? – Nein, wenn hier was los ist, denn schreibst du, denn komm ich, und wenn *ich* den roten Rock haben will, denn weiß ich einen bessern Weg – jeder sorge für sich selbst. Und es ist ehrenvoller für mich, wenn ich *allein* ihn kriege und nicht mit Lumpen zusammen, die vielleicht ein paar tausend Taler haben, und wenn ich dann einst zurückkehre und sage: Malchen, ich *allein* habe ihn gekriegt, denn kannst du stolz sein auf deinen Vater.« Und dabei marschierte er in der Stube umher und blies seinen unschuldigen Kindern den Tabakrauch in die Augen, so daß sie aussahen wie die Posaunenengel in den Wolken, die nur das Mundstück aufzusetzen brauchten, um seinen künftigen Ruhm in alle Welt hinauszutrompeten.

»Kopp, bist du närrisch geworden?« rief seine liebe Frau. – »Laß mich, Hühnchen! Ümmer nobel! Sage mir, mit wem du umgehst, und ich sage dir, wer du bist. Wenn ich mit den Edelleuten stimme und ...« – »Mir scheint, du hast von den Edelleuten schon genug Nasenstüber gekriegt.« – »Hühnchen«, sagte Pomuchelskopp, kam aber nicht weiter, denn Salchen, die am Fenster stickte, sprang auf: »Herregott, da kommt der Herr von Rambow auf den Hof.« – »Hühnchen!« wiederholte Pomuchelskopp, und ein großer Vorwurf lag dabei in seinen ausdrucksvollen Augen, »siehst du, der Edelmann kommt zu mir. – Aber nun, raus! raus!«, damit drehte er sich zu seiner Nachkommenschaft um und jagte und scheuchte sie aus der Tür. – »Malchen, das Kaffeezeug weg! Salchen, ein Wischtuch! Und Hühnchen«, er faltete richtig die Hände, »nu geh auch hin und zieh dir einen anderen Rock an!« – »Was?« sagte sie, »komm ich zu *ihm*, oder kommt er zu *mir*? Wie er mich trifft, werd ich ihm wohl gut genug sein.« – »Hühnchen!« flehte Pomuchelskopp sie an wie um Himmel und Erde, »ich bitt dich, du verdirbst mir mit dem schwarzen Morgenrock die ganze Szene.« – »Muchel, bist du ganz unklug?« fragte sie nur und rührte sich nicht von der Stelle, »glaubst du, er kommt um dich und um mich? Er kommt, weil er uns braucht, und fürn Schnorrer ist der schwarze Überrock gut genug.« – Muchel flehte immer noch vergebens. Malchen und Salchen schlüpften aus der Tür, um sich ein wenig aufzuputzen. Die Alte blieb sitzen, steif wie ein Pfahl.

Axel trat ein und begrüßte das Pärchen, und der alte schwarze Überrock erhielt gut eben soviel Höflichkeit wie die grünkarierten Hosen, denn der junge Herr wußte seine gute Lebensart zu rechter Zeit und Gelegenheit anzubringen, so daß Pomuchelskopp rein weg war über die Freundlichkeit und Gnädigkeit des jungen Edelmanns und Hühnchen sogar so munter und aufgeräumt wurde, daß sie ihren lieben Ehemann »Pöking« nannte. Ja, selbst das alte reißfeste Schwarze schämte sich seiner eigenen Dummdreistigkeit, so daß es unter all dem Sonnenschein von Höflichkeit sogar in den Augen der Frau Pomuchelskopp ins Fuchsrote zu spielen begann.

Und nun kam Salchen herein und tat, als habe sie etwas vergessen, und dann kam Malchen herein und tat, als habe sie etwas zu besorgen. Pomuchelskopp stellte sie vor, und aus dem höflichen Gespräch wurde nun ein durchaus gebildetes über Salchens Stickerei. Und als Malchen die »Rostocker Zeitung« zur Hand nahm, wurde daraus ein politisches Gespräch. Und Lipping kam herein und stellte sich in die Ecke hinter Mudding, und Nanting kam herein und stellte sich neben Lipping, und die anderen Kleinen kamen auch allesamt, immer einzeln, und stellten sich zu den beiden, so daß Hühnchen schließlich aussah wie unsere alte schwarze Kluckhenne, hinter die die Küken kriechen, wenn der Habicht in der Luft ist. Und als Mudding nun den Leinenschrankschlüssel aus dem Schlüsselkorb holte und nach draußen ging – denn, hatte sie sich gesagt, bei soviel Höflichkeit muß man auch etwas tun – folgte ihr die ganze Schar. Im Leinenschrank wurden nämlich die Raderkuchen aufbewahrt, die Hühnchen das Jahr über in Vorrat hielt und die sie jährlich zweimal frisch buk. Und diese Raderkuchen waren immer sehr schön, nur daß sie mit der Zeit ein wenig nach grüner Seife zu schmecken anfingen, da sie den Geschmack des Leinzeugs annahmen. Aber das machte nichts: ihre Art war nicht wählerisch und war an den Geschmack von kleinauf gewöhnt. Und wenn Axel nicht Pomuchelskopp hätte zuhören müssen, dann hätte er wohl von draußen das Bitten und Betteln vernommen: »Mudding, mir!« – »Mudding, mir auch!«

Doch Pomuchelskopp hatte ihn in Beschlag genommen und war dabei, ihm eine gute Meinung von sich und seiner lieben Familie beizubringen: »Sehen Sie, Herr von Rambow«, sagte er, »Sie finden hier eine höchst einfache Familie. Ich bin sehr einfach, und meine Frau« – hier blickte er um sich, ob Hühnchen noch zugange sei – »ist höchst einfach, wie Sie gesehen haben. Meine Töchter, meine übrigen Kinder sind höchst einfach erzogen. Wir machen gar keine Ansprüche, wir leben bloß für uns in einem glücklichen Familienverhältnisse. Jeder Umgang sagt uns nicht zu, gottseidank, wir sind uns selbst genug, aber«, setzte er hinzu, und sein Gebaren nahm etwas ehrwürdig Patriarchalisches an, »jeder muß auch an seinem Strang ziehen, jeder hat auch seine bestimmte Beschäftigung, die er verrichten *muß, muß,* sage ich, wenn er sie einmal übernommen hat, und denn bleibt auch der Segen Gottes nicht aus.«

Axel bemerkte höflich, er glaube, dies sei eine vortreffliche Einrichtung.

»Ja«, sagte Pomuchelskopp und bekam Lipping beim Kragen, der seinen Mund zu achtundneunzig Prozent voller Schürzkuchen und zu zwei Prozent voller grüner Seife hatte, und präsentierte ihn dem jungen Herrn: »Philipping, mach dein Komplimang! – Sehn Sie diesen kleinen Burschen. Er hat das Eiersuchen, wenn nämlich die Hühner vorbeilegen. Für das Dutzend Eier kriegt er einen Schilling, und das Geld wird in die Sparkasse gelegt. – Philipping, wieviel hast du schon zusammen, mein Söhnchen?« – »Sieben Taler, dreiundvierzig Schilling«, antwortete Philipping. – »Siehst du, mein Sohn«, sagte Pomuchelskopp und patschte seinem lieben Sohne auf den Kopf, »Gottes Segen bleibt für den Fleißigen nicht aus, und so« – wandte er sich wieder Axel zu – »hat Nanting das alte Eisen, Nägel, Hufeisen, und so was, das kriegt er pfundweise bezahlt, und Marieing und

Heining und Stöffing haben die Äpfel und Birnen und Pflaumen, das heißt Fallobst. 's sind meistens noch lauter Külpen, schad't ihm aber nicht, die Städter kaufen's doch. Und sehn Sie, Herr von Rambow, so hat jedes von meinen Kindern seinen eigenen Appartement.«

Axel lächelte ein wenig verstohlen bei dieser Wendung, und Malchen und Salchen blickten einander an, senkten ihre Köpfe und belustigten sich heimlich über diesen Schnitzer ihres Vaters, denn Pomuchelskopp widerfuhr derlei nicht weniger oft als Bräsig, aber es war ein großer Unterschied zwischen den beiden. Bräsig wußte recht gut, daß er allerlei Dummheiten mit Fremdworten anrichten konnte, aber er hatte es sich nun einmal angewöhnt, er konnte es nicht lassen. Er hatte seinen Spaß daran und scherte sich nicht groß um sein Renommée. Pomuchelskopp aber wollte seine Rede damit aufdekorieren, und wenn er merkte, daß er etwas Dummes gesagt hatte, so wurde er verlegen. Als er nun seine beiden lieben Töchter über sich lächeln sah, da wußte er Bescheid, und es war ein Glück, daß soeben sein Hühnchen mit einer Flasche Wein und einem Teller voller Raderkuchen eintrat, und, zu seiner Freude, *ohne* das Schwarze, in einem knallgelben Seidenkleid und mit einer gewaltigen Bänderhaube auf dem Kopf.

»Hühnchen«, sagte Pomuchelskopp, »*nicht* von *dem* Wein! Wenn wir solchen hochgeehrten Besuch haben, denn ümmer von's beste Ende!« – »Denn bestell *du* em«, sagte die Alte hart. Dies geschah, und Pomuchelskopp nahm den Faden wieder auf: »Ja, und meine beiden ältesten Töchter haben auch jede ihren besonderen Zug, Salchen ist mehr für die Kunst, mit Sticken und Klavierspielen, und Malchen mehr für Zeitungen und Politik.« – Axel bemerkte, er müsse sich darüber wundern, daß Malchen an Dingen Gefallen finde, um die Damen sich gewöhnlich nicht viel kümmerten, und Malchen antwortete ihm, *einer* im Hause müsse sich doch darum kümmern, denn Vating tue dies nicht. Und da Vating doch nun einmal Landstand sei, so müsse er doch auch wissen, was auf dem Landtag anstünde, und gerade, wie der Herr von Rambow gekommen sei, hätten sie davon gesprochen, daß Vating in diesem Jahr nach dem Landtag sollte.

»Ja, Herr von Rambow«, sagte Muchel, »ich will auch mal hin. Nicht wegen der Geschichten, die meine bürgerlichen Kollegen da angerührt haben, die gehn mich nichts an, und ich weiß den Unterschied zwischen adlig und bürgerlich recht gut – nein! Ich will bloß einmal hin und will die Leute zeigen, daß ich *der Mann* bün!« – Axel fragte nun, um etwas zu sagen, ob Pomuchelskopp keinen Umgang mit Landleuten aus der Nachbarschaft habe. – »Mit wem sollte ich umgehen?« fragte Pomuchelskopp, »mit dem Pächter von Rexow? – Das ist ein Schafskopf. Mit den Inspektoren? – Das paßt sich nicht für mich. Und weiter gibt's hier nichts herum.« – »Dann verkehren Sie also wohl bloß noch mit dem Pastor?« – »Nein, auch mit *dem* nicht. Der Mann hat sich von Anfang an nicht so gestellt, daß ich mit ihm zu tun haben möchte, er hat Umgang mit Leuten, die mir nicht passen, er hat auch die Tochter von Ihrem Inspektor Hawermann angenommen, und das wäre mir doch nicht lieb, wenn meine Töchter mit *der* in ein Verhältnis kämen.« – »Ich meine, das soll ein liebenswürdiges Mädchen sein«, sagte Axel. – »Oh, ja, das glaub ich«, sagte Pomuchelskopp, »und ich will auch nichts Böses von dem Mädchen reden – sehn Sie, Herr von Rambow, ich bin ein alter einfacher Mann –, aber Hawermann kenne ich von früher, ich will nicht sagen, daß er mich damals betrogen hat, aber ... Nein! die Art und Weise konnte mir denn doch nicht gefallen, wie sie mit dem jungen Herrn von Rambow von ihrem eigenen Vater und den Pastorleuten zusammengebracht wurde.«

»Mit meinem Vetter Franz?« fragte Axel. – »Ja, er heißt ja wohl Franz? Den meine ich, der hier bei Hawermann in der Wirtschaft war. Ich kenne ihn nicht, denn mein Haus hat er nicht betreten. Ist mir auch recht lieb nach dem, was die Leute sich erzählen.«

»Er schreibt ja auch noch immer an sie«, sagte Hühnchen. – »Nein, Mutter«, sagte Malchen, »das kannst du *nicht* sagen, seine Briefe sind immer an den Pastor. Unser Postbote bringt nämlich immer die Briefe für den Pastor mit«, setzte sie für Axel hinzu. – »Das ist ganz egal«, sagte Hühnchen, »auf den Sack schlag ich, und den Esel mein ich.« – »Das ist das erste, was ich von der Sache erfahre«, sagte Axel und blickte überaus bedächtig an seiner Nase herunter. – »Ja«, sagte Pomuchelskopp, »das weiß ja die ganze Gegend. Sie ist ihm unter dem Vorwand, ihren Vater und Ihre Fräulein Schwestern zu besuchen, ja immer auf Schritt und Tritt nachgelaufen, und wenn mal was dazwischen gekommen ist, denn haben Hawermann und die Pastersleute es wieder ins Gleiche gebracht.«

»Nein, Vating«, rief Salchen, »der Hauptkanal ist der alte Bräsig gewesen, der hat immer die Apporten von einem zum andern getragen.« – »Wer ist eigentlich dieser alte Bräsig?« fragte Axel, jetzt schon sehr ärgerlich. – »En Schnorrer is er!« rief Hühnchen. – »Das ist er«, sagte Pomuchelskopp und blies sich auf, »und hat ne kleine Pension von dem Herrn Grafen gekriegt und hat nu Gott in der Welt nichts weiter zu tun, als von einem zum andern zu laufen und die Leute schlecht zu machen, und denn ist er dabei ...« – »Nein, Vating«, fiel Malchen ein, »das will *ich* sagen. Herr von Rambow, der alte Kerl ist – ein Demokrat, durch und durch ein De-mo-krat!« – »Das ist er«, fiel Pomuchelskopp nun wieder ein, »und mich soll wundern, ob der Halunk nicht noch einmal ein Brandstifter wird.«

Und dies nichtswürdige Subjekt hatte Axel an seinem eigenen Tisch gehabt, und wer war daran schuld? – Hawermann. Diese Unterhaltung hatte dem jungen Herrn jetzt genug Ärger ins Blut getrieben, und die Raderkuchen verlockten ihn auch nicht übermäßig. Er nahm also Abschied, und Pomuchelskopp gab ihm übern Hof das Geleit bis zum Tor.

»Ist das mit meinem Vetter wirklich wahr?« fragte Axel, als sie draußen nebeneinander schritten. – »Herr von Rambow«, sagte Pomuchelskopp, »ich bin ein alter, einfacher Mann, und in meinen Jahren bekümmert man sich nicht um solche Geschichten, ich sage bloß, was die Leute sagen.«– »Nun, es ist wohl so eine vorübergehende Sponsage: aus den Augen, aus dem Sinn?« – »Das glaube ich nicht«, sagte Pomuchelskopp sehr bedenklich, »so wie *ich* Hawermann kenne, ist er ein alter überlegter Schleicher, der einen bestimmten Zweck im Auge behält. Ihr Herr Vetter ist geangelt.« – »Der Junge ist ja wohl rein toll«, sagte Axel, »aber er wird Vernunft annehmen müssen. – Leben Sie wohl, Herr Nachbar! Ich danke Ihnen für die Mitteilungen und hoffe, Sie bald bei mir zu sehen. Adieu!« und damit bog er nach rechts in den Weg ein. »Bitte«, rief Pomuchelskopp ihm nach, »Sie gehen falsch; hier links geht's nach Pümpelhagen.« – »Ich weiß«, sagte Axel, »ich muß nur noch zum Pastor, um meine Frau abzuholen. Adieu!«

»Ah«, sagte Pomuchelskopp, als er über den Hof zurückkehrte, »das ist ja sehr nett, das ist ja reizend! Die gnädige Frau ist beim Herrn Pastor! Oh, warum nicht? Für den jungen Herrn bin ich gut genug; aber für die gnädige Frau? – Kinder!« rief er, als er durch die Tür trat, »die gnädige Frau ist beim Herrn Pastor. Wir sind ihr wohl zu schlecht.« – »Das freut mich richtig, Pöking«, sagte die Alte, »daß der Edelmann dich wieder so schön angeschmiert hat.« – »Ist es möglich!« rief Salchen. – »Ja woll ist es möglich«, sagte Vating, »es ist gewiß«, und gab Nanting und Lipping, die eifrig dabei waren, den Rest der Raderkuchen zu mausen, eins an den Kopf. »Raus mit euch, Bagage!«

Und warf sich in die Sofaecke und schlug sich mit den Fliegen. Und die Alte, die stichelte an ihm herum mit allerlei Redensarten von vornehmen Bekanntschaften, Schnorrern und Edelleuten und sagte: »Salchen, trag mal die Buddel von dem teuren Wein in den Keller. Da is noch was in, da kann Vadding noch mal einen hochverehrten Freund mit traktieren.« Nach einer Weile aber rief sie: »Vadding, komm doch mal ans Fenster! Kik, da geht dein vornehmer Freund mit seiner gnädigen Frau – die Schmalzfee! – und wen haben sie bei sich? – deinen Brandstifter, den ollen Bräsig!«

Und so war es: Bräsig schritt mit den beiden nach Pümpelhagen zu, und daß Axel ihn ganz links liegen ließ und ihm sogar allerlei schnöde Antworten gab, machte ihm weiter nichts aus, denn er hatte seine Freude an der jungen gnädigen Frau, die er bei dem Pastor getroffen hatte und die ihm heute noch sehr viel mehr gefiel als damals beim Mittagessen.

Und sie durfte ihm auch wohl gefallen. Sie durfte allen wohl gefallen, wie sie so umgänglich und so freundlich in Frau Pastors Stube getreten war, wie sie sich zum alten Herrn Pastor setzte, der recht geschwächt und nicht eben gesund auf dem Sofa lag, wie sie den alten Herrn, der dem Besuch zu Ehren sich aufrichten wollte, davor zurückhielt, wie sie ihre beiden Hände der zierlichen Frau Pastorin auf die Schultern gelegt, sie aus klaren Augen angeblickt und sie gefragt hatte, ob sie wohl geneigt sei, auch ein Beichtkind anzunehmen, das hier fremd sei und guten Rat benötige, und wie sie dann auf Bräsig zugeschritten war und ihm kräftig die Hand geschüttelt hatte, wie einem alten Bekannten. Und dann war Luise ins Zimmer getreten, und die junge Frau hatte auch sie begrüßt wie eine alte Bekannte, hatte sie aber zwischendurch immer wieder angeblickt, als finde sie immer wieder etwas Neues in diesem Angesicht zu lesen und sei darüber nachdenklich geworden, wie jemand, der ein schönes Buch zu lesen beginnt und die Seite nicht eher umschlägt, bevor er sie gründlich verstanden hat.

Und die junge Frau hatte gar viele Seiten hier umzublättern und auf jeder Seite fand sie etwas Schönes und etwas Verständiges: Auf den Seiten des Pastors standen Lebenserfahrung und eine warme Menschenliebe, auf denen der Frau Pastorin standen kraus durcheinander praktischer Verstand, Lebensfreude und treuherzige Gutmütigkeit, und auf Luisens Seiten fand sie Bescheidenheit und Zartgefühl und die Freude, es mit einer Frau zu tun zu haben, die einen Namen trug, der ihr einmal liebgeworden. Und auf Bräsigs Seiten waren freilich nur Anmerkungen zum Ganzen verzeichnet, doch sie gehörten dazu und machten die Sache verständlich, und die junge Frau las diese Anmerkungen mit dem gleichen Vergnügen wie wir Schlingels dazumal die Eselsbrücken ad modum Minelli unter dem Cornelius Nepos. Und all dies stimmte so schön und ohne Falsch zusammen, und es war so viel Liebe und Fröhlichkeit darin, daß der jungen gnädigen Frau zumute wurde, als sei ihr eine Schar hübscher Kinder begegnet, die in einem schönen Garten im kühlen Schatten alter Bäume einen Ringelreihen tanzte, und inmitten des Kreises stand Luise und streckte ihr die Hand entgegen und rief: »Komm, jetzt bist du dran!«

Und in diesen schönen Frieden brach Axel nun ein, verdrießlich über das, was ihm in die Ohren geblasen worden, und ärgerlich darüber, daß er seine Frau hier aus einer derartigen Runde abholen mußte. Und als zu allem Überfluß ihn noch Bräsig mit: »Guten Tag, Herr Leutnant« begrüßte, wurde seine Laune dadurch auch nicht gerade besser. Er wandte sich kurz ab und dem Pastor zu und wechselte einige Worte mit ihm über sein Befinden und über das Wetter – aber dabei so kühl, daß es wie ein Eiszapfen ins warme Herz seiner Frau eindrang und sie rasch aufsprang, um Abschied zu nehmen, damit nicht eine noch größere Kälte wie ein Hagelschauer zur Sommerszeit die warme Freundlichkeit ganz zum Erstarren brachte.

Sie gingen also, doch Unkel Bräsig ging mit ihnen. Die Unhöflichkeit des jungen Herrn ließ ihn kalt. Er hatte ihm nichts getan und hatte ein gutes Gewissen. Zudem besaß er eine hohe Meinung von seiner Kunst, die Menschen zu unterhalten und sie auf andere Gedanken zu bringen, wenn sie verdrießlich waren. Er stapfte denn also neben dem Herrn Leutnant einher und erzählte von diesem und jenem, ohne daß es ihm gelingen wollte, die kurzen und schnöden Antworten des jungen Herrn in Freundlichkeiten zu verwandeln. Als aber der junge Herr an der Stelle, wo der Kirchsteig auf den Landweg stieß, innehielt und ihn fragte, welchen Weg *er* gehen wolle, da schoß es ihm mit einem Male durch den Kopf, der verdammte Kerl glaube womöglich, er wolle sich ihm aufdrängen: »Hören Sie mal, Herr Leutnant«, sagte er und blieb ebenfalls stehen, »dieses ist mich wunderbar. Schanieren Sie sich vielleicht, mit mir auf der Landstraße zu gehen? Dann lassen Sie sich sagen, ich geh eigentlich gar nicht mit Ihnen, ich gehe bloß mit Ihrer geehrten gnedigen Frau Gemahlin, indem daß sie freundlich gegen mich ist. – Im übrigen will ich nicht inkommandieren«, erwies der jungen Frau eine tiefe Verbeugung und schritt quer über die Rapsstoppeln auf Hawermann zu, der dort in der Nähe eine Miete aus Rapsstroh setzen ließ.

»Axel«, sagte Frida, »warum hast du den alten gutmütigen Mann so gekränkt?« – »Dein alter gutmütiger Mann ist nichts weiter als ein alter Unheilstifter und Gelegenheitsmacher.« – »Glaubst du das wirklich? Und glaubst du, wenn er das wäre, unser Hawermann würde mit ihm so genauen Umgang haben?« – »Warum nicht, wenn er ihm nützt?«

Die junge Frau sah ihn halb verwundert, halb betrübt an: »Axel, was ist dir? Du bist sonst so freundlich gegen jedermann und vertrauest jedem, was hat dich gegen diese beiden Leute eingenommen? Gegen *diese* beiden, die uns nur Freundlichkeit und Ehrlichkeit entgegengebracht haben?« – »Freundlichkeit? Warum nicht? – Ich bin ja der *Herr* auf dem Gute. Aber Ehrlichkeit? – Das wird die Zeit lehren, und was ich davon gehört habe, stimmt schlecht mit meinen Begriffen von Ehrlichkeit.« – »*Was* hast du gehört? Von *wem* hast du's gehört?« fragte Frida hastig und eindringlich. »Sag mir's, Axel! Ich bin deine Frau.« – »Ich habe vielerlei gehört«, sagte Axel mit spöttischem Ton, »ich habe gehört, daß *unser* Hawermann, wie du ihn nennst, schon einmal Bankerott gemacht hat. Und das Schönste, was ich gehört habe, ist das, daß er seinen Einfluß, den er als Lehrmeister ausübte, dazu angewendet hat, seine Tochter mit Hilfe von den Pastorleuten und diesem alten Zwischenträger, den ich habe ablaufen lassen, an unsern Vetter Franz zu verkuppeln. Und«, setzte er ärgerlich und giftig hinzu, »der dumme Klas hat sich angeln lassen!«

Nun aber regte sich in Frida ein kräftiger Widerstand: Mit *dieser* Niederträchtigkeit war nicht bloß das arme Kind Luise Hawermann, mit ihr war ihr ganzes Geschlecht getroffen und beleidigt worden. Ihre Augen funkelten, wie sie Axels Arm ergriff und ihn zum Stillstehen zwang: »Du bist in *schlechter* Gesellschaft gewesen und hast den nichtswürdigsten Einflüssen nachgegeben!«

Ihre Hände ließen ihn los, ihr Zorn war verflogen, eine tiefe Traurigkeit kam über sie. »Oh, Axel«, rief sie, »du bist ja sonst so gut, wie kann solche Einflüsterung dein ehrliches Urteil trüben?« – Axel war erschrocken über den Eifer, mit dem Frida die Angelegenheit aufgriff. Er hätte gern wieder zurückgenommen, was er gesprochen hatte. Aber er hatte es nun einmal gesagt. Und wenn er jetzt klein beigegeben hätte, wäre er vor sich selber als leichtgläubiger, unüberlegter Mensch dagestanden, und er wollte doch als besonders klarblickend gelten. So konnte er also nichts rückgängig machen: »Frida, was hast du? Dagegen läßt sich ja doch nicht streiten. Daß mein alberner Vetter sich mit diesem Mädchen verplempert hat, weiß ja die ganze Gegend.« – »Wenn du diesen Teil deiner Nachricht anders ausdrücken willst, wenn du sagst, daß dein Vetter sich in das Mädchen verliebt hat, so will ich das gerne glauben, und dein Vetter, den ich noch nicht genauer kenne, wird mir darum um so lieber sein.« – »Was? Mein Vetter, in einer reichen, unabhängigen Stellung, sollte die Tochter meines Inspektors heiraten?« – »Das ist ja gerade der Vorteil einer reichen, unabhängigen Lage für einen jungen Mann, daß er frei wählen kann. Und wahrlich! dieser hat nicht unwürdig gewählt.« – »Und *ich* sollte am Ende noch mit meinem Inspektor in eine Art verwandtschaftlichen Verhältnisses treten, und die Gelegenheitsmacher, die die Partie eingefädelt und geschürzt und geknotet haben, die sollten triumphieren? – Nie und nimmer werde ich dazu stillschweigen.«

»Sieh, hierin«, rief Frida, »in diesem Teil deiner Nachrichten steckt die Lüge und die Verleumdung. Und wie ist es möglich, daß du einer so plumpen Verdächtigung Glauben schenkst? Wie kannst du – ganz abgesehen von der lieblichen Unschuld des Mädchens selbst – einem alten einfachen Manne, einem liebevollen Vater, der nur in dieser einen Tochter Glück sein eigenes findet, wie kannst du diesem ehrwürdigen Prediger und seiner treuherzigen Frau, ja wie kannst du auch nur diesem alten Manne, der uns soeben gekränkt verlassen hat und der in seiner Aufrichtigkeit manches unpassende Wort herausschlagen mag, wie kannst du diesen Leuten zutrauen, daß sie den Liebling ihres Herzens zum Gegenstand der Spekulation machen sollten?« – »Nun, das ist doch leicht begreiflich«, sagte Axel, »sie wollen ihr Glück machen.« – »Oh«, sagte Frida ernst und traurig, »dann sind wir über den Begriff von Glück weit, weit auseinander. Mit solchen Mitteln schafft man kein Glück.«

»Ich spreche ja nicht von *meiner* Ansicht von Glück«, sagte Axel, von dem Vorwurf betroffen, »ich meine nur, diese Art Leute hält das einmal für ein Glück.« – »Täusche dich nicht darin, Axel, um Gottes willen täusche dich nicht darin! Eine höhere Stellung im Leben mag der Einsicht einen freieren Blick in *menschliche* Verhältnisse gestatten. In der bescheidneren Lebensstellung waltet dagegen die Liebe, die auch über die Verhältnisse dieser Welt hinaus blickt und – die wir so oft

entbehren müssen«, setzte sie langsam hinzu und trocknete sich eine Träne vom Auge, denn sie erinnerte sich ihrer Mädchenjahre, die mutterlos dahingegangen waren, nur auf einen Vater angewiesen, der kümmerlich seinen Stand aufrechterhielt und seinen Trost für Mühe und Not in junkerhaften Vergnügungen fand.
So gingen sie dem Hause zu. Und Axel in seiner Gutherzigkeit war freundlich zu ihr, und sie nahm die Freundlichkeit so auf, wie sie dargeboten wurde, und beide fanden sich wieder in Eintracht – äußerlich zumindest –, denn über den Streit selbst behielt jeder seine eigene Meinung.

Bräsig war auf Hawermann zugegangen, der das Setzen der Strohmiete beaufsichtigte. Er war mehr als ärgerlich, fuchsteufelswild. Derartiges war ihm bisher nur von Pomuchelskopp widerfahren, und sein Zorn konnte nur durch anderen Ärger gelöscht werden, und er sehnte sich richtig nach solch kleinem Hofjungenärger. – »Gu'n Dag, Korl«, sagte er und keuchte an Hawermann vorüber, hielt den Kopf im Nakken, zog die Augenbrauen nach oben, starrte unablässig die Miete an und ging in starken Schritten, ohne sich aufzuhalten, um sie herum. »Willst dich hier woll einen Pannkauken backen?« fragte er seinen Freund, als er die Miete umschritten hatte, und stellte sich patzig vor ihn hin.
»Ach, red mir nicht davon!« rief Hawermann verdrießlich, »ich habe mich schon genug drüber geärgert. Ich sage gestern zu Triddelfitz, er soll mir die Miete mit zwanzig Schritt Durchmesser anlegen, und er legt sie mir mit zwanzig Schritt Halbmesser an, und wie ich nun heut rauskomme, steht das Unding da. Auseinander kann ich sie doch nicht wieder reißen lassen, dazu ist zu viel andres zu erledigen. – Na, soll sie zum Kuckuck stehn bleiben! – 's ist bloß Stroh, und wenn es auch durchregnet. Aber ärgerlich ist mir's doch, daß auf meinen Feldern so ein Klackeierkuchen steht.« – »Ja, Korl, und dein Nahwer Pomuchelskopp wird woll seine Galossen darüber machen.« – »Laß ihn! – Aber was mit meinem Triddelfitz los ist, weiß ich nicht. Seit ihm der junge Herr das Pferd versprochen hat, ist er für Gott und die Welt nicht mehr zu brauchen.« – »Na, du strakst ihn doch woll mal ab und an eins über?« – »Ach, was hilft's? Er denkt an nichts anderes als an die Gäule. – Mich fragt er nicht mehr danach, denn unser jung Herr hat ihm den Rat gegeben, er soll sich ne englische Mutterstute anschaffen, dann will er ihm immer die Fohlen abkaufen. Und heut morgen

habe ich ihn hingeschickt – es ist ja nicht mehr auszuhalten! –, er soll endlich ein Ende machen und soll sich die alte Stute holen.« – »Von Gust Prebberow die Voßstute, die Whalebone-Stute?« – »Ja, die soll's ja doch nu einmal sein!« – »Prächtig!« rief Bräsig, »wunderschön! Und auf dieser Stute will er rumexieren, wenn der Großherzog in Rahnstädt eintriumphiert? Korl, an diesen Windhund hast du einen großen Schatz.«

»Ja, das weiß Gott,« sagte Hawermann und blickte auf seine Miete. – »Ich sage nicht als Ökonomiker, Korl, ich sage bloß als plesierlicher Mensch, un wenn er sich mit deinem jungen Herrn zusammentut . . .« – »Bräsig, von meinem Herrn red mir hier nicht in Gegenwart der Leute.« – »Dorin geb ich dir Beifall, Korl, das paßt sich nicht, aber komm mal mit!«

Und als sie ein Stück in Richtung auf den Landweg gegangen waren, blieb er stehen und sagte langsam und nachdrücklich: »Korl, *dieser junge Mensch* estimiert sich das for schanierlich, mit mich auf der Landstraße zu gehen. Was sagst du? Er hat mich ne Thimothee in Gegenwart von seiner lieblichen Frau gegeben«, und nun erzählte er die Angelegenheit, und Hawermann versuchte ihm seinen Zorn auszureden. Das gelang ihm aber nicht so recht, denn Bräsig war zu ärgerlich: »Korl«, sagte er, »er hat in seiner Dämlichkeit diesen Pfeiler abgeschossen, aber zugespitzt hat ihn Zamel Pomuchelskopp, denn bei den is er auf Vesite gewesen. Und du magst sagen, was du willst, Korl – dein junger Herr is man dämlich, und wenn du mal ausgereist bist, denn mach ich mir den Plesier un komm hir mal rüber un stelle mir hir oben auf den Barg, daß ich das Feld übersehen kann, und sehe zu, was dein Herr und dein Windhund zusammen for Anstalten betreiben.« – »Na«, rief Hawermann, »da kannst du ja schon welche zu sehen kriegen – sieh doch mal dort rüber!« und zeigte den Landweg entlang, an welchem sie hinter einem Dornbusch zufällig standen.

Bräsig blickte stumm und starr und konnte vor Verwunderung kein Wort herausbringen. Schließlich entrang es sich ihm: »Korl, dein Windhund hat übersnappt. Aptekers sollen männigmal übersnappen, und wenn sich das man nich auf die Kinder vererbt.«

Doch es hatte wirklich den Anschein, als habe Bräsig recht. Fritz kam auf der berühmten Fuchsstute angeritten, unbeirrbar in langsamem Schritt. Er hatte seinen Hut vom Kopf gerissen, schwenkte ihn mit großer Geste in der Luft und schrie, so laut er nur konnte: »Hurrah!

Hurrah!« und dies alles aus freien Stücken, denn die beiden hinter dem Dornbusch konnte er offenbar nicht wahrnehmen, bis sie ihm dann unversehens entgegentraten und Hawermann ihn fragte, ob in seinem Kopf noch alles richtig sei.

»Das sind lauter Lügen«, rief Fritz. – »Was sind Lügen?« fragte Hawermann ärgerlich. – »Daß die Stute kein Hurrahrufen vertragen kann«, und damit begann er von neuem »Hurrah« zu schreien. »Sehn Sie«, und sprang herab vom Pferd, band es an eine Weide und stellte sich ein Stück davon ab und schrie abermals: »Hurrah! – Sehn Sie, sie muckst nicht einmal. – Und *Sie*«, wandte er sich an Bräsig, der sich halbtot lachen wollte, »*Sie* haben mir das gesagt, aber es ist alles nicht wahr.« – »Ja«, sagte Bräsig, und lachte laut und fuhrwerkte dabei mit Armen und Beinen herum, »und es ist *doch* wahr. Was ich gesagt habe, habe ich gesagt: sie kann's nich hören, denn die oll Tanten is sörre die fünf Jahren, daß ich sie gekannt habe, stockdoof.«

Da stand Fritzing Triddelfitz, der kluge, der pfiffige Fritzing Triddelfitz, und hatte das schafsdämlichste Gesicht von der Welt aufgesetzt. »Aber«, stammelte er schließlich, »Gust Prebberow ist doch so ein guter Freund von mir, und dies hat er mir ja gar nicht gesagt.« – »Ja«, erwiderte Bräsig, »da müssen Sie sich nu schon an gewöhnen, in den Pferdehandel gilt kein Fründschaft.« – »Na, lassen Sie nur sein, Triddelfitz«, meinte Hawermann gutmütig, denn dies jammerte ihn, »mit ner Tauben geht es ja noch; hüten Sie sich aber vor ner Dummen!« – »Oh«, sagte Fritz, jetzt schon wieder obenauf, »weiß Bescheid! – Sehn Sie aber einmal, was für eine Leiste von Pferd! – Vollblut – tragend vom Hektor – und die Füllen kauft mir Herr von Rambow alle ab, und wenn ich denn so ein drei oder vier Füllen verkauft habe...« – »Denn kaufen Sie sich en Rittergut«, fiel ihm Bräsig ins Wort. »Na, das kennen wir schon. Nu reiten Sie man ruhig nach Hause und smeißen Sie unterwegs nicht den Milchpott entzwei, as jen'n Mädchen – Korl, weißt woll noch? – von Gellerten.«

Und Fritzing ritt davon. »Entfahmter Windhund!« entfuhr es Bräsig. – »Je, ich weiß nicht«, sagte Hawermann, »ich mag den ollen Bengel doch immer wieder gern leiden, er hat ein gar zu zufriedenes Gemüt.« – »Das macht die Jugend, Korl.« – »Ja, es muß wohl«, meinte Hawermann nachdenklich, »da reitet er nun hin, ganz glückselig über eine alte, stocktaube Fohlenstute.«

Kapitel 21

Der Fasan

Und Fritz Triddelfitz war glücklich. Er war sogar der glücklichste Mensch auf dem Gute Pümpelhagen, denn dort war von Glück sonst nicht viel anzutreffen, und was sich jeder davon ausmalte, das hielt nur schlecht Farbe. Hawermann mußte es von Tag zu Tag deutlicher gewahr werden, daß seine guten Zeiten vorüber waren, denn sein junger Herr kümmerte sich um Dinge, die er nicht verstand, und dies immer nur sprunghaft und mit einem Eifer und einer Hast, die die Wirtschaft in Verwirrung bringen und die Leute kopfscheu machen mußten. Und wenn es dann nicht so gehen wollte, wie es sollte, und die Karre im Dreck stak, dann erhielt Hawermann die Nackenschläge dafür.

Der junge Herr war auch nicht glücklich. Ihn quälten seine Schulden, die er vor seiner Frau verheimlichen wollte. Ihn quälten die Briefe von David und von Schlitzohr – persönlich durften sie ihm nicht mehr kommen, das hatte er sich der Heimlichkeit wegen ausbedungen. Sie hatten sich dies auch gerne gefallen lassen, denn je heimlicher die Sache verlief, desto besser konnten sie ihn zur Ader lassen. Wenn sie ihn so recht verschwiegen bei sich in Rahnstädt hatten, dann konnten sie ihm die Daumenschrauben ganz anders ansetzen als in Pümpelhagen, wo er der Herr war und sie ihm doch immer noch in Grenzen Respekt bezeigen mußten. Auch sonst war er nicht glücklich: er wollte den Herrn spielen und hatte nicht das Zeug dazu, denn wer kommandieren will, muß auch etwas *können* – nicht *kennen,* denn in Kenntnissen kannte er sich vortrefflich aus, weitaus besser als jeder andere –, aber *können*! Vadder, *können*! hatte Rademacher Flegel gesagt, und er hatte recht: der unglücklichste Mensch ist der, der *will* und nicht *kann.*

Und Frida? Auch sie war nicht glücklich: sie spürte, daß es ihr am vollen Vertrauen ihres Mannes mangelte. Sie merkte, daß in mancherlei ernsten Angelegenheiten ihre Auffassungen nicht übereinstimmten. Sie merkte, daß er dem, was er nun einmal zu seiner Lebensaufgabe gemacht, nicht gewachsen war. Sie spürte, daß er in seiner Ungerechtigkeit dazu neigte, sein eigenes Versagen anderen in die Schuhe zu schieben, und vor allem fühlte sie heraus – und dies ist das schlimmste für eine kluge Frau –, daß er sich lächerlich machte und daß es bei

Pomuchelskopp, der oft und gegen ihren Willen nach Pümpelhagen kam, andere Gründe als die der konventionellen Höflichkeit sein mußten, sich über die verworrenen und unbedachten Ansichten ihres Ehemannes nicht zu belustigen. Hier allerdings beschloß sie, die Augen offen zu halten, aber dem Glück ist ein derartiger Vorsatz auch nicht gerade förderlich.

Fritzing Triddelfitz war also der glücklichste Mensch in ganz Pümpelhagen, und wenn wir die beiden kleinen Druwäppel ausnehmen, sogar in der ganzen Gegend. Und die müssen wir ausnehmen, denn in Glück und Seligkeit steht eine wirkliche Braut dem ganzen übrigen Rest der Menschheit denn doch weit, weit voran, einschließlich sogar ihrer verschiedenen eigenen Verlobten. Denn wenn Gottlieb auch eine Kandidatenstelle bei einem munter aufgeschlossenen bürgerlichen Gutsbesitzer angenommen hatte und dortselbst in gottwohlgefälliger Heiterkeit seine Zöglinge unverdrossen züchtigte und unterwies, und wenn Rudolf auch bei Hilgendorff in Klein-Tetzleben den Mist streuen ließ, daß es nur so eine Lust war und daß die Tetzlebener Brache aussah wie eine Decke aus Samt, und wiewohl er abends singend und pfeifend zu Bett ging und vor Müdigkeit regelmäßig immer mitten im Vers einschlief – gegen die Seligkeit der beiden kleinen Druwäppel, wenn sie beisammensaßen und nähten, fleißig an ihrer Aussteuer nähten, unentwegt schwatzten, mit Mudding und mit Vadding spaßten, Luise ihr Herz ausschütteten und ihr Briefe vorwiesen, konnte die ganze Bräutigamsseligkeit, konnte selbst Fritzings Fuchsstutenseligkeit nicht aufkommen.

Indes Fritz, der gute Junge, war doch immerhin überaus glücklich. Sein erster Gang am Morgen führte ihn zum Reitstall, wo die beiden Reitpferde des jungen Herrn und Hawermanns alter Schimmel Seite an Seite neben seinem Schatz standen. Er fütterte seine Stute. Er stahl den beiden anderen Mähren den Hafer vor der Nase weg. Ja, obwohl er die Arbeit nicht eigentlich erfunden, tat er ihr doch eigenhändig Reinlichkeit an, denn Krischan Däsel, der den Reitstall unter sich hatte, verrichtete ihm dies durchaus nicht zu Dank.

Am Sonntagnachmittag, wenn sonst nichts zu erledigen war, schlenderte er zum Stall, zog die Tür hinter sich zu, setzte sich auf die Futterkiste, faltete die Hände über dem Leibe und sah andächtig zu, wie das liebe alte Geschöpf seinen Hafer und seinen Häcksel verzehrte. Und wenn es dann gesättigt aufstöhnte, erhob sich Fritz, strich ihm zart den Rücken entlang, nannte es »seine gute Alte«, und dreimal des

Tages maß er ihre Rundungen, was ihm nicht zu verdenken war, denn auf ihnen beruhten seine künftigen Einnahmen.

Doch kein Glück ist vollkommen, ein wenig Ärger mischt sich immer darein. Und auch Fritz erhielt sein Teil. Zum einen war es ihm überaus zuwider, daß *seine* Fuchsstute Seite an Seite neben Hawermanns altem, steifen Schimmel ihren Platz hatte: diese Gesellschaft behagte ihm nicht. Zum andern haderte er unablässig mit Krischan Däsel des Futterns und des Putzens wegen. »Herr Triddelfitz«, sagte Krischan, als Fritz ihm wieder einmal Vorhaltungen gemacht hatte, »ich will Ihnen was sagen. Ich futtere die Pferde hier ganz egal und striegele sie auch ganz egal. Aber das hab ich ganz gut gemerkt, daß Sie immer dem Inspektor seinen alten Schimmel den Hafer wegnehmen und ihn Ihrer Stute hinraufen. Und nehmen Sie's mir nicht übel, Herr Triddelfitz, der Schimmel ist ebensogut ne Kreatur wie die andre und will auch leben. – Und was soll *das* heißen?« fragte er und ging zur Raufe. »Wie? Das ist ja Kälberheu! Wo kommt hier das Kälberheu her? – Ich will mir hier keine Läus in'n Pelz setzen lassen, wenn der Inspektor hierher kommt.«

»Das weiß ich nicht«, sagte Fritzing, und er wußte es auch wirklich nicht. – »Ja, das ist mir auch ganz egal«, sagte Krischan, »aber dem, der mir das hier in den Stall rein trägt, dem schlag ich die Knochen entzwei, denn ich will mich hier in keine Ungelegenheiten setzen.«

Und somit legte sich Krischan Däsel denn auf die Lauer, um den Spender des Kälberheus zu erwischen, und es währte nicht lange, da hatte er ihn ertappt. Und wer war es, der Fritzens Fuchsstute zuliebe alle gesetzliche Ordnung umstieß, der so hartgesotten war, ihr zuliebe die unmündigen Kälber um das Ihrige zu bringen, und so tollkühn, ihretwegen seine Knochen der Gefahr auszusetzen, sie sich von Krischan Däsel kurz und klein schlagen zu lassen? Wer war es? – Ja, ich muß es nun gestehen, erraten kann es doch niemand: Marie Möllers war es, die jedesmal, wenn sie vom Kälbertränken kam und am Reitstall vorüberging, Fritzens Alten heimlich ein Bündel des süßesten Heus spendierte.

Hier aber mag jemand nun einwenden: Halt! Hier hast du dich vergaloppiert! Wo kommen im Sommer die Tränkkälber her? Dann werde ich ihm antworten: Freundchen, das ist meine Sache, und es ist mein gutes Recht, denn ich kann eine ganze Zeitspanne überspringen und stehe nun schon mitten im Winter, kurz nach Neujahr 1844. Und wenn er mich noch weiter fragt: Wie kommt Mariechen Möllers zu solcher

Untat? Dann werde ich ihm antworten: Das ist eine genauso dumme Frage wie die nach den Tränkkälbern. Habe ich nicht das Recht, in meinem Buch ebensogut versöhnliche Menschen vorzuführen, die vergeben und vergessen können, wie giftige und zänkische, die alles in Ewigkeit nachtragen? – Marie Möllers *wollte* eben vergeben und vergessen, und da es wenig schicklich gewesen wäre, sich mir nichts dir nichts Fritz wieder an den Hals zu werfen, so warf sie sich mit ihrer Liebe und mit ihrem Kälberheu der Fuchsstute an den Hals, da diese doch im Augenblick das Liebste war, das Fritz auf dieser Welt besaß. Und es war eine rührende Szene, und Fritz wurde ganz weich ums Herz, als er aus dem Krach zwischen seiner ehemaligen Liebsten und Krischan Däsel diesen Grund herausgehört hatte. Er vertrug sich also wieder mit seiner verflossenen Angebeteten, und das gute alte Wurst- und Schinkenverhältnis ward aufs neue aufgenommen.

So war es denn also Winter geworden, wie ich bereits erwähnt habe, und in der ganzen Gegend war nichts Besonderes vorgefallen. Nur bei Pomuchelskopp hatte sich im Spätherbst die Reise zum Landtag ereignet und hatte die stille, einfache Familie gänzlich außer Rand und Band gebracht. Hühnchen schimpfte im Haus herum und warf mit Geschirr um sich her – freilich mit solchem, das unzerbrechlich war. Sie knallte mit den Türen und sagte es frei heraus, der Herr Gutsbesitzer müsse wohl verrückt geworden sein. Malchen und Salchen hielten ihr Widerpart, wenn auch nur unter der Hand, denn sie hatten erfahren, daß der Leutnant, der die Landtagsgarde kommandierte, einen großen Teil seiner Einkünfte aus einem glanzvollen Festball bezog, den er gegen nur einen Louisdor Eintrittsgeld veranstaltete. Auf dem Rostocker Pfingstmarktball waren sie gewesen, auf der Tierschau waren sie auch schon gewesen, aber ein Landtagsball? – dies mußte denn doch über jede nur erdenkliche Vorstellung hinausgehen! So stachelten sie denn auch Vating nach Kräften auf, damit er den Mut aufrecht erhielt, gegen seine liebe Frau anzutreten.
»Kluckchen«, sprach er, »ich kann ja nicht anders. Ich hab es ja dem Herrn von Rambow versprochen, und der ist gestern schon hingefahren und wartet auf mich.« – »So?« fragte Hühnchen, »und seine Fasanhenne von Frau, die wartet wohl auf *mich*?« – »Kluckchen, die kommt ja gar nicht hin. Und wenn ich jede Gelegenheit versäume, mich mal zu zeigen, daß ich *der Mann* bin, der für den Adel einsteht, wie kann ich verlangen, daß sie mich zum Edelmann machen

sollen? – Sieh, heute reise ich nun noch mit ner swarzen Frack hin, wir wollen uns aber mal sprechen, wenn ich mit ner roten hinreise.« – »Ja, du wirst dich lecker ausnehmen«, erwiderte die Alte und verließ das Zimmer. – »Ebensogut wie jeder andere Edelmann«, brummte Pomuchelskopp hinter ihr her.

»Herrje, Vating, ich weiß ..., ich weiß ...«, rief Salchen, lief aus der Tür, kam mit einem scharlachroten Unterrock wieder herein, warf Vating den wie einen Heroldsmantel über die Schultern und schleppte ihn vor den Spiegel. Und der Herr Gutsbesitzer zog daran herum und betrachtete sich genau, und es ward eine überwältigende Belustigung, bis die Alte wieder hineinkam und ihm den roten Rock herunterriß: »Willst du dich absolut zum Ulenspiegel machen, denn mach dich da auf dem Landtag zum Ulenspiegel, aber nicht hier in meinen Haus.«

Dies nahm der Herr Gutsbesitzer nun als vollgültige Erlaubnis, zum Landtag reisen zu dürfen, und so fuhr er denn auch ab. Doch als er zu Malchin angekommen und bei Voitel abgestiegen war, ging seine Not erst richtig an, denn er hatte sich geirrt und hätte bei Büll absteigen müssen, wo die Edelleute einkehrten. Jetzt sah er sich inmitten von lauter Bürgermeistern und bürgerlichen Gutsbesitzern, was keineswegs in seinen Absichten gelegen hatte. Er stand auch jedermann im Wege und wußte nicht, was mit sich anfangen, und von den anderen wußte es eigentlich auch niemand, bis er sich endlich ein Herz faßte und herumfragte, ob keiner den Herrn von Rambow auf Pümpelhagen gesehen habe, denn auf Axel hatte er seine Hoffnungen gesetzt.

Keiner hatte ihn gesehen. Schließlich aber verriet ihm jemand, der Herr von Rambow sei heute nachmittag mit dem Herrn von Brülow nach Brülowshof gefahren und wolle dort Vollbluthengste besichtigen. Das war sehr schlimm für Pomuchelskopp, denn einzig und allein Axel sollte seine Stütze beim Landtag abgeben: der sollte ihn bei den vornehmen Herren einführen, und nun war er nicht einmal da und ließ sich anderswo Vollbluthengste vorführen. In seiner großen Verlegenheit näherte er sich schließlich einem etwas fülligen und stattlichen Herrn, der von freundlicher Wesensart schien, aus dessen Augen jedoch ein wenig der Schalk herausblickte, als erlaube er sich dann und wann gern auch einmal einen kleinen Spaß, was aber Pomuchelskopp nicht merkte.

»Um Vergebung!« sprach er, »ich bin der Gutsbesitzer Pomuchelskopp auf Gürlitz und bin zum ersten Male hier als Landstand. Sie scheinen mir ein freundlicher Mann, und da wollte ich Sie doch mal fragen,

wie ich mich eigentlich hier zu haben habe?« – »Je«, sagte der freundliche ältere Herr, nahm eine Prise und blickte ihn fragend an: »Wie Sie sich hier zu haben haben? Sie haben sich hier weiter gar nicht zu haben. Ihre notwendigen Visiten haben Sie ja wohl schon gemacht?« – »Nee«, sagte Pomuchelskopp. – »Ja, denn müssen Sie beim Regierungskommissarius, beim Landmarschall und beim Landrat erst Ihre Aufwartung machen. – Gu'n Abend, Langfeldt, wo willst du hen?« unterbrach er sich und richtete diese Frage an einen Mann, der mit der Laterne in der Hand zur Tür hinausstrebte. – »Die ollen dämlichen Visiten abmachen«, sagte der und drehte sich in der Tür noch einmal um: »Bleibst du hier, Brückner? Ich komm nachher noch vorbei.« – »Na, denn mach auch nicht zu lang«, sagte der freundliche ältere Herr und wandte sich wieder Pomuchelskopp zu: »und die Visiten haben Sie noch nicht gemacht?« – »Nee«, erwiderte der Herr Gutsbesitzer. – »Herregott, dann machen Sie! Der Herr mit der Laterne macht dieselben Visiten, Sie brauchen nur immer hinter der Laterne herzugehen. – Das paßt sich ja prächtig! Aber rasch, rasch!« Und Pomuchelskopp riß den Hut vom Haken, stürzte aus der Tür und rannte durch die Straßen von Malchin hinter dem matten Funzellicht her, so gut es ihm seine Korpulenz und Kurzatmigkeit erlaubten. Der freundliche ältere Herr nahm eine Prise, und der Schelm kam bei ihm so recht zum Vorschein. Er setzte sich still am Tisch nieder und schmunzelte belustigt vor sich hin: »Ich wollte bloß, ich könnte Langfeldt dabei sehen.«
Und wirklich, dies wäre der Mühe wert gewesen. Als Langfeldt, der Bürgermeister der Vorderstadt Güstrow, beim Regierungskommissar von Schwerin kaum eingetreten war und seine Laterne beim Lakaien gerade abgegeben hatte, keuchte dort etwas die Treppe hinauf, und Pomuchelskopp machte dem Lakaien eine tiefe Verbeugung und fragte: »Herr Lakai, wo is der Herr, bei dem man hier Vesiten macht?« Der Mensch öffnete ihm die Tür, und Pomuchelskopp verbeugte sich nun in die Tür hinein und erwies Langfeldt die ehrerbietigsten Komplimente, weil er ihn für den Regierungskommissar hielt, was ihm auch nicht zu verdenken war, denn der Herr Bürgermeister der Vorderstadt Güstrow hielt immer den Kopf so nach vorn gestreckt, als wolle er damit durch die Wand, was ja einem mecklenburgischen Regierungskommissar durchaus wohl ansteht. Er drehte dann jedoch Pomuchelskopp um seine Achse und zeigte ihm den richtigen Mann, und weil für ihn nun alles überstanden war, brach er auf und holte sich seine Later-

ne, Pomuchelskopp aber bekam es mit der Angst zu tun, er könne ihm entwischen. Er machte also nur noch einige wenige Verbeugungen, und dann wieder hinter Langfeldts Laterne her.
Beim Landmarschall verlief es nicht anders: der Herr Bürgermeister begann ein höfliches Gespräch, dann wurde Pomuchelskopps starker Atem abermals hinter ihm vernehmbar. – »Wie kommt das Untier wieder hierher?« fragte sich Langfeldt, nahm rasch Abschied und gedachte, ihn abzuhängen. Doch der Herr Gutsbesitzer war hartnäckig, die Laterne war seine einzige Hoffnung, er stürzte abermals hinter ihr drein.
Beim Landrat des Wendischen Kreises trafen sie sich wieder. Der Ärger stand dem Herrn Bürgermeister nun bis zum Halse, und dieweil er mit dem Landrat gut bekannt war, da sie gemeinsam im engeren Ausschuß saßen, legte er sich keine Zurückhaltung auf und fragte: »Herr, was laufen Sie mir immer nach?« – »Ich – ich«, stammelte Pomuchelskopp, »ich kann ja ebensogut Visiten machen wie Sie!« – »Denn machen Sie dieselben für sich allein!« – rief der Bürgermeister.
Der Landrat suchte nun ein wenig zu beschwichtigen, und so bekam Pomuchelskopp Oberwasser und stand schon im Begriff sich aufzuspielen. Doch als der Bürgermeister aus der Türe schritt, stürmte er der Laterne wegen wieder hinter ihm drein. Jetzt aber war beim Bürgermeister der Geduldsfaden endgültig gerissen: »Herr!« rief er und wandte sich auf der Straße nach ihm um, »was laufen Sie hinter mir her?« Doch Pomuchelskopp hatte nun alle Befangenheit vor feinerer Lebensart verloren, denn er hatte mitbekommen, daß es sich hier lediglich um einen ganz gewöhnlichen Bürgermeister handelte, und so brüllten ihm denn seine Taler aus der Kehle: »Herr, ich bin ebenso gut en Fasan von dem Großherzog wie Sie!« Er wollte »Vasall« sagen, hatte sich aber vertan.
Nun, solch dummer Ausrutscher kann auch einen ziemlich erbosten Menschen aufheitern, und bei dem Herrn Bürgermeister, der ein fideles Haus war, war der Ärger auch alsbald verflogen. Er brach also in herzliches Gelächter aus: »Na, denn man ümmer tau! Denn weit ick jo doch, wat Sei för einer sünd.« – »Und wo *Sie* gehen können«, rief Pomuchelskopp, bei dem der Ärger noch anhielt, »da kann *ich* alle Tage gehen!« und trabte abermals hinter der Laterne an.
Dies hätte er *nicht* tun sollen, denn Langfeldt hatte seine Visiten beendet und ging in sein Quartier zurück, um sich den Hausschlüssel und ein wenig L'Hombregeld zu holen. Pomuchelskopp aber ging nun mit

Langfeldt zusammen auf dessen Zimmer. Der Herr Bürgermeister setzte die Laterne auf den Tisch – die Sache fing an, ihn köstlich zu belustigen –, drehte sich um und fragte ihn lachend: »Nun sagen Sie mir aber bloß, was wollen Sie eigentlich?« – »Ebensogut meine Visiten machen wie Sie!« rief Pomuchelskopp, der über dem Gelächter jetzt vollends wütend geworden war. – »Bei wem denn aber *hier*?« – »Das geht Ihnen nichts an!« rief Pomuchelskopp, »der Herr wird wohl kommen« und setzte sich mit Aplomb auf den nächsten besten Stuhl. – »Na, dit ward jo ne reine Komedi«, bemerkte der Herr Bürgermeister und rief aus der Tür: »Fiken, bring mal Licht!« Und als Fiken erschien, zeigte er auf Pomuchelskopp und fragte sie: »Fiken, hest all mal en Fasan seihn? Süh, dit is en Fasan! Dit is den Großherzog sin Fasan!« Und Fiken kreischte auf, wieherte los und lachte sich aus der Tür hinaus. Und der Wirt des Herrn Bürgermeisters kam herein und besah sich auch den Fasan, und die Kinder des Wirtes erschienen, und es wurde zu einer derart überwältigenden Belustigung, daß Pomuchelskopp es denn doch wohl endlich auch selber merken mußte, bei wem er hier Visite machte. Wutschnaubend stürzte er zur Tür hinaus, und jetzt schritt der Bürgermeister mit seiner Laterne langsam hinter *ihm* her.

»Langfeldt«, fragte der freundliche ältere Herr in der Gaststube bei Voitel und nahm eine Prise, »hast du deine Besuche richtig erledigt?« und dabei blickte ihm der Schelm aus den Augen. – »Na, hör mal«, rief der Herr Bürgermeister, »jetzt weiß ich Bescheid! Das hätte ich mir aber auch gleich denken können, daß *du* mir das Untier nachgeschickt hast.« Und er erzählte ihm die Geschichte, und so kam sie herum, denn die Herren auf dem Landtag wollen auch ihren Spaß haben, und Pomuchelskopp wurde der »Fasan« genannt. Und Axel, dem er dann ständig hinterhertrottete, hieß der »Fasanenwächter«. Und als Malchen und Salchen auf dem Landtagsball erschienen, überaus bunt, da waren sie die »Fasanenküken«. Und als Pomuchelskopp auf einem Stimmzettel seine Zustimmung mit »J – a – H!« niedergeschrieben hatte, wollten einige ihn zum »Landtagsesel« ernennen. Es ging aber nicht durch, der Fasan hatte bereits allzusehr überhand genommen.

Nein, viel Freude hatte er nicht auf dem Landtag, denn selbst die Edelleute, hinter denen er hertrottete und denen zur Seite er abstimmte, wollten wenig von ihm wissen, um sich nicht lächerlich zu machen. Und als er nach Hause gekommen war, da ging sein Leiden erst richtig an, denn sein liebes Hühnchen nannte ihn ein übers andere Mal »Pöking«, und was dann die Stunde geschlagen hatte, das wußte er

recht genau. Und Malchen und Salchen standen ihm *nicht* bei, denn sie hatten auf dem Landtagsball gesessen, als säßen sie auf Eiern.
Und nun stichelten und stachelten sie an dem armen einfachen Mann und Gesetzgeber in seiner Sofaecke herum, daß es einen Stein hätte erbarmen können: »Pöking, was hast du nu eigentlich auf dem Landtag profentiert?« und: »Vating, wirst du nu bald ein Edelmann?« und: »Pöking, was tun sie da eigentlich auf dem Landtag?« – »Ih, das weiß ich auch nicht, sie hauen sich da immer rüber.« – »Pöking, wer haut sich denn da rüber?« – »Ih, das weiß ich auch nicht. Der eine haut den einen über, und der andere haut den andern über.« – »Vating, was ist denn eigentlich ausgemacht in der Klostergeschichte?« – »Ih, das weiß ich auch nicht; das wirst du noch zeitig genug in der ›Rostocker Zeitung‹ zu lesen kriegen.« Und damit stand er auf und ging zur Tenne hinüber und schalt sich mit den Dreschern herum.

Kapitel 22

Das Vollblutfohlen

Doch – wie ich bereits berichtet habe – das neue Jahr 1844 war eingekehrt. Der Winter war vergangen, und das Frühjahr stand mit Laub und Gras und Blumen schon hinter der Erdentür und wartete nur noch darauf, daß der Hausherr ihm einen Wink gebe, um mit dem Aufputz anfangen zu können. Und wie Schnee und Eis auf der Erde dahinschmolzen, so taute es auch in den Seelen der Menschen, und ihre Augen wurden so hell wie der Sonnenschein, der über der Erde lag.

Auch die Augen des alten Hawermann waren heller und seine Brust war weiter geworden. Über seinem Schaffen und Wirken draußen auf den Feldern war das Frühjahr eingezogen, und wie er der dunklen Erde die Sommersaat anvertraute, so war ihm auch neue Hoffnung ins Herz gegossen worden. Sein Herr war mit seiner jungen Frau zu Verwandten gereist, er hatte also sein Reich recht behaglich für sich allein, und auch sein Töchterchen bekam er jetzt häufiger zu Gesicht als während des Winters. Diesen Morgen hatte er sie gesprochen, als er zur Kirche gewesen, und jetzt am Sonntagnachmittag saß er recht gemütlich in seiner Stube und ließ seine Gedanken wandern. Niemand störte ihn dabei, denn Fritz saß im Reitstall bei seiner Stute, was für den Alten recht angenehm war, weil er jetzt immer genau wußte, wo Fritz zu finden sei, was vordem nicht immer der Fall gewesen.

Bräsig trat zur Tür herein: »Gu'n Dag, Korl!« – »Was?« rief Hawermann und sprang auf, »ich denk, du hast wieder das Podagra? Ich hab mir schon ernstlich überlegt, ob ich dich nicht heut besuchen sollte. Aber der Herr ist nicht zuhaus, und auf Triddelfitz ist in letzter Zeit wieder mal gar kein Verlaß.« – »Na, was hat er denn?« – »Ach, jetzt soll seine alte Stute ihr Fohlen bekommen.« – »Haha!« rief Bräsig, »und noch dazu en vollblütiges, und das will er ja denn an deinen jungen Herrn verkaufen.« – »Ja, so ists wohl. Aber hat dich nun wieder das Podagra erwischt oder nicht?« – »Korl, bei *die* verfluchte Krankheit läßt sich das gar nicht sagen, ob es der *richtige* Podagra is oder nich. Eigentlich ist es egal, denn die Smerzen bleiben sich gleich, aber in Hinsichten der Ursach is en großer Unterschied. Süh mal, Korl, krigst du den Podagra von gut Essen und Trinken, denn is es der *richtige;* krigst du ihn aber bloß von die entfamten, niederträchtigen

zweinähtigen Wichsstiebel, denn ist es der unrichtige, und den hab ich gehabt.« – »Ja, was ziehst du denn immer die alten Dinger an?« – »Korl, ich hab sie ja noch aus meinen gräflichen Verhältnissen, ich kann sie ja doch nicht wegsmeißen.
Aber was ich fragen wollt – bist du heut bei Pasters gewesen?« – »Ja.« – »Na, wo ist es da?« – »Ach, es sieht schlecht aus, der alte Herr ist schon sehr schwach. Als er heut von der Kanzel kam, da lief ihm der helle Schweiß über die Backen, und es dauerte eine ganze Weile, bis er sich auf seinem Sofa wieder erholt hatte.« – »Hm! Hm!« sagte Bräsig und schüttelte den Kopf, »das gefällt mich nich; aber, Korl, in die Jahren is er.« – »Ja, das ist er«, sagte Hawermann nachdenklich. »Was macht denn deine Kleine?« fragte Bräsig. – »Ich dank dir, Zacharies. Gott sei Dank! die ist gut zuwege. Sie war vergangene Woche hier, ich hatte aber keine Zeit, ich mußte raus zur Erbsensaat. Aber die gnädige Frau hat sie gesehn und holte sie sich, und bei der ist sie dann bis zum Abend gewesen.« – »Korl!« rief Bräsig, sprang auf, begann in der Stube umherzulaufen und biß in seinem Eifer ein Stück von seiner Pfeifenspitze ab, »das kannst du mich zuglauben, deine gne' Frau, das ist ein kaptales Produkt von der ganzen Menschheit.« – Und auch Hawermann sprang auf und begann auf und ab zu wandern. Und jedesmal, wenn sie in der Stube zusammentrafen, dann rauchten sie kräftiger, und Bräsig fragte: »Hab ich nicht recht, Korl?« und Hawermann antwortete: »Du hast recht, Zacharies!« Und wer weiß, wie lange sie sich noch in ihre Meinungen verbissen hätten, wäre nicht ein Wagen vorgefahren, von welchem Kurz und der Rektor herunterstiegen.
»Gu'n Dag! Gu'n Dag!« rief Kurz, als er in die Stube trat. »Sieh da! sieh da! Da ist ja der Herr Inspektor auch. – Na, wie geht's, alter Freund? – Hawermann, ich komm wegen das Kleesaat.« – »Guten Tag!« sagte Rektor Baldrian zu Bräsig und dehnte das Wort »Tag« so überlang, als solle der Tag ewig dauern, »wie geht es Ihnen, mein Verehrtester?« – »Es geht mich ja noch«, sagte Bräsig. – »Hawermann«, warf Kurz ein, »nich wahr? Kaptales Saat! « – »Je, Kurz«, sagte Hawermann, »so doll ist das nicht mit der Saat, ich hab sie auf der glühenden Feuerschippe ausprobiert. Wenn's in Ordnung wäre, dann müßten die Körner wie die Flöhe von der Schippe hüppen, aber hier blieb doch viel Korn liegen.« – »Sie sehen lange nicht so blühend aus, mein Verehrtester«, unterbrach der Rektor und wandte sich wieder an Bräsig, »als in jener gesegneten Stunde, in der wir beim Punsch die

Verlobung feierten.« – »Das hat seinen Grund«, sagte Hawermann und legte seinen Arm um Bräsig, »mein guter alter Freund hat wieder mal ein bißchen Podagra gehabt.« – »Ja, ja«, lachte der Rektor und wollte recht spaßig sein:

»Vinum, der Vater,
Und coena, die Mutter,
Und Venus, die Hebamm,
Die machen podagram.« –

»Und das Saat ist so schön«, warf Kurz ein, »daß sie kein besseres zwischen Grimmen und Greifswald finden.« – »Hoho, Kurz«, bemerkte Hawermann, »prahl sacht! ist auch ein Wort.« – »Hören Sie mal!« rief Bräsig unterdessen dem Rektor zu, »mit Ihr Französch bleiben Sie mich vom Leibe! Das versteh ich nich. Was wollen Sie aber mit der *Fenus* sagen? Was hab *ich* und mein entfamter Podagra mit der *Fenus* zu tun?« – »Mein verehrtester Freund und Gönner«, entgegnete der Rektor mit Salbung, »Venus war im Altertum die Göttin der Liebe.« – »Is mich ganz egal«, rief Bräsig, »sie kann meinswegens noch ganz was anders gewesen sein, aufstunns wird jeder dämliche Schäferhund Fenus genannt.« – »Nee, Hawermann«, krähte Kurz wieder dazwischen, »wenn das Kleesaat den richtigen Glanz hat und so violettblau aussieht, denn ...« – »Je, Kurz«, sagte Hawermann, »so sieht Ihre man nicht aus.«

»Mein Gönner«, wandte sich der Rektor wieder Bräsig zu, »Venus war, wie ich gesagt habe, eine Göttin, und wie ein Schäferhund ...« – »Ei was!« sagte Bräsig, »das mit der Göttin, das haben Sie Ihnen eingebildt, Fenus bedeutet eine Art von Vogel. – Korl, weißt woll noch die Geschichten aus unsre kindlichen Johren von den Vogel Fenus?« – »Ach«, bemerkte der Rektor, als ginge ihm nun ein Licht auf, »nun weiß ich, was Sie meinen. Sie meinen den Vogel Phönix, der in Arabien sich ein Nest aus köstlichem Gewürze bauet ...« – »Das ist partout eine Unmöglichkeit!« mischte Kurz sich ein, »wie kann auch der geschickteste Vogel sich aus Gewürznelke, schwarzem Pfeffer, Kardamom und Muskatnuß en Nest bauen!« – »Lieber Schwager, es ist ja nur eine Sage.« – »Denn besagt die Sage was Falsches«, verkündete Bräsig, »und Sie sprechen das Wort ganz unrichtig aus. Das heißt nich Phönix, das heißt Ponyx, und das sind keine Vögel, das sind kleine Pferde, un stammen sich nicht aus Arabien, sondern aus Sweden und Öland, und ich kenne sie sehr gut, denn meine gnedigste Frau Gräfin hatte zwei Ponyxen, wo sie ümmer mit spazieren fuhr.«

Der Rektor wollte schon aufs neue berichtigen, doch Kurz fiel ihm ins Wort: »Nein, Schwager, laß das! Daß du in solchen gelehrten Sachen Bräsig überlegen bist, glauben wir wohl.« – »Nee«, sagte Bräsig, »laß ihn man kommen!« und stellte sich vor den Rektor, als könne seinetwegen der Streit wieder losgehen. – »Nee, nee«, rief Kurz, »wir sind hier nicht hergekommen, uns um Venus und Kleesaat zu streiten. Wir sind bloß rausgekommen, ne recht gemütliche Partie Boston zu spielen.« – »Das wollen wir denn auch man lieber tun«, sagte Hawermann und stellte den Tisch zurecht. – »Holt, Korl«, sagte Bräsig, »das ist mich entgegen, daß du das selbst hier anrangieren willst, das hört sich for den Wirtschafter.« Und damit schrie er über den Hof: »Triddelfitz!« Und Fritz kam angelaufen. – »Triddelfitz, wir wollen Bostohn spielen, machen Sie uns den Tisch in den Gang un den Poh for die Beeten, und stoppen Sie die Pfeifen un machen Sie ne Hand voll Filibussen.«

Und als Fritz dies schön bewerkstelligt hatte, setzten sie sich nieder, und nun konnte es losgehen. Aber so rasch ging es nicht: es mußte doch erst ausgemacht werden, wie hoch gespielt werden sollte. Kurz wollte den Boston Grandissimo zum Schilling spielen, aber Kurz war immer sehr waghalsig. Dies war denn doch ein bißchen zu hoch, und Bräsig erklärte, er setze sich nicht zum Spiel nieder, um anderen Leuten das Geld aus den Taschen zu ziehen.

Schließlich kam unter Hawermanns Vermittlung ein billigeres Spiel zustande, und es ward gezogen. »Wer hat Karo?« fragte der Rektor, »der gibt an.« – »Kurz gibt an«, sagte Bräsig. – So, nun konnte es endlich losgehen. Aber es ging immer noch nicht los. Der Rektor legte die Hand auf die Karten und stellte fest, indem er im Kreise umherblickte: »Es ist merkwürdig! Wir sind doch alle ganz vernünftige Menschen, und wir spielen ein Spiel, nämlich das Kartenspiel, welches nach urkundlichen Nachrichten zur Unterhaltung eines wahnsinnigen Königs erfunden ist. König Karl von Frankreich nämlich ...« – »Nee, Kinnings«, sagte Kurz und nahm dem Rektor die Karten aus der Hand, »wenn wir spielen, denn wollen wir spielen, und wenn wir uns was erzählen wollen, denn wollen wir uns was erzählen.«

»Vorwärts!« rief Bräsig, und Kurz gab, vergab sich aber in der Eile: »Also: Nochmal!« – Diesmal glückte es, und nun konnte das Ansagen anfangen. »Ich passe«, sagte Hawermann in der Vorhand. Jetzt kam der Rektor. Mit ihm dauerte es aber ein wenig, bis er sein Spiel geordnet hatte, denn er war des vernünftigen Aberglaubens, daß die

Karten besser würden, wenn er sie einzeln aufnahm. Und weil er alle seine Angelegenheiten mit großer Gewissenhaftigkeit betrieb, steckte er die Karten immer genau der Reihe nach ein und drehte die Siebenen und Fünfen derart, daß er auch das mittelste Auge zu sehen vermochte, um sie nur ja nicht mit den Sechsen und Vieren zu verwechseln. Kurz hatte unterdes seine Karten auf den Tisch gelegt, die Hände darüber gefaltet, blickte den Rektor an und seufzte. – »Ich passe«, sagte der Rektor. – »Das wußte ich sowieso«, sagte Kurz, denn er wußte, daß die Karten seines Schwagers schnurrig aussehen mußten, sollte er aus der Hand etwas ansagen. Hingegen hatte er eine Höllenangst davor, daß sein Schwager mitging, wenn er selber etwas ansagte, dieweil er dann nie was zum Bedienen hatte oder, hatte er was, das Spiel verlor. – »Passe!« sagte Bräsig, der jetzt an der Reihe war. – »Boston Grandissimo!« sagte Kurz. – »Wer geht mit?«

»Passe!« sagte Hawermann. – »Lieber Schwager«, sagte der Rektor, »ich – *ein* Stich – *zwei* Stich – nun, der dritte, der findet sich, ich gehe mit.« – »Ja«, sagte Kurz, »aber zusammen wird nicht bezahlt, jeder bezahlt für sich.« – »Na, Korl«, sagte Bräsig, »denn man raus! denn wollen wir ihnen die Fiddeln mal inzwei slagen.« – »Ja«, sagte Kurz, »aber gesagt wird nichts.« – »Bewahre«, sagte Hawermann und spielte Herz-Zehn aus: »Herzog Michel fiel ins Land.« – »Coeur, Herr Oberförster«, sagte der Rektor und warf Herzbuben darauf. – »Herze mich un küsse mich, und krünkle meine Krause nich«, bemerkte Bräsig und stach die Dame. – »Das Mädchen muß einen Mann haben«, sagte Kurz und stach mit dem König, legte seinen Stich vor sich hin und spielte ein kleines Kreuz: »Kreuz, Kringel un Zwieback!« – »Friß, Peter! 's sind Linsen!« rief Bräsig Hawermann zu. – »Halt! rief Kurz, »gesagt darf nichts werden.« – »Bewahre«, sagte Hawermann und warf ein kleines Kreuz bei. – »Trefflich schön singt unser Küster«, sagte der Rektor und spielte die Neun. – »Ein Kreuz, ein Leid, ein böses Weib hat mich der Herr beschieden«, sagte Bräsig und nahm den Stich mit der Dame. – »Na«, sagte Kurz, »das weiß der Deuwel! Kreuz hat er auch nicht. Was er nu wohl wieder hat.«

»Paß Achtung, Korl, nu geht die Reis los«, rief Bräsig. »Herr«, sagte er zu Kurz, »ich war Ihr Whist. – Hier! Pik-As war ein Hühnerhund«, und damit spielte er Pik-As aus und zog den König nach: »Vivat der König!« – und dann die Dame: »Respekt for die Dams!« – »Herre Gott doch!« rief Kurz, warf die Karten auf den Tisch und blickte den Rektor an, »was er nun wohl hat? Pik hat er auch nicht.«

– »Lieber Schwager«, sagte der Rektor, »ich komme auch noch.« – »Aber zu spät«, sagte Kurz und nahm die Karten mit einem tiefen Seufzer wieder auf, als habe der Rektor ihn nichtswürdig behandelt, er wolle es als Christ aber geduldig ertragen.
»Korl«, fragte Bräsig, »woviel haben wir all?« – »Vier Stiche«, sagte Hawermann. – »Nee«, sagte Kurz, »das ist kein Spiel. Gesagt darf nichts werden.« – »Ist das Was-sagen?« fragte Bräsig, »wenn ich bloß frag? – Nu paß Achtung, Korl, *einen* mach ich noch, un wenn du noch einen machst, denn is es rum.« – »Ich krieg meine«, sagte Kurz. – »Und ich kriege meine auch«, sagte der Rektor.
Nach einigen Runden legte Kurz die Hand auf seine Stiche: »So, ich hab meine.« Karo lag auf dem Tisch, der Rektor riskierte einen Stich mit der Dame, Bräsig aber stach mit dem König: »Mädchen, wo willst du hin?« und der bedauernswerte Rektor saß da mit einem Unterstich: »Ja, wie *das* zugehen kann, begreife ich nicht.« – »Ach, du hattest ja keinen Whist«, rief Kurz. – »Korl«, sagte Bräsig, »wenn du richtig aufgepaßt hättst, denn hätten sie noch en Unterstich gehabt.« – »Je, du hast nur den Fehler gemacht, du spielst mir nicht Herz nach.« – »Korl, hätte ich auch einen? Ich hätte ja keinen, ich hätte ja bloß den König blank.« – »Nein, Schwager«, unterbrach sie Kurz aufs neue, »gibst das ganze Spiel aus Händen, hast den Treff-König und setzt die Neun vor. Das Spiel war groß gewonnen.« – »Ach, was wollen *Sie*?« sagte Bräsig mit spürbarer Verachtung, »Sie *Knabe*, Sie *Wald*knabe! Ich sitze hier in der Hinterhand mit der ganzen Garangtion in Pik un denn noch mit en paar richtigen Brummshagens – was wollen *Sie*?« – »Herr, glauben Sie, daß ich mich, wenn ich Boston angesagt habe, vor Ihren lumpigen Brummshagens fürchte?« – »Nee, nee!« unterbrach Hawermann und legte ein neues Spiel auf, »nu laßt das mal sein, das dumme Nachspielen ist unangenehm.«
Und in diesem Tempo spielten sie denn nun weiter, und es war immerzu, als ob sie aneinandergeraten wollten, und hegten doch die besten Gesinnungen gegeneinander. Der Rektor gewann, und er hatte auch am meisten Aussicht zu gewinnen, denn wer das erste Spiel verliert, gewinnt ja bekanntlich nachher immer. – Kurz saß im Pech, aber das gleicht sich oft schön aus: »Zehn Grandissimo!« rief er. Alles erschrak, er selber auch. Er sah seine Karten noch einmal durch. »Zehn Grandissimo!« rief er noch einmal, legte die Karten auf den Tisch und schritt in der Stube auf und ab: »So spielt man in Venedig und in andern großen Bädern.«

Just inmitten seines höchsten Triumphes und der größten Verlegenheit der anderen trat Fritz Triddelfitz ins Zimmer, ganz verstört und sehr blaß: »Herr Inspektor, Herr Hawermann, ach, kommen Sie doch mal mit!« – »Mein Gott«, sagte Hawermann, »was ist passiert?« und wollte aufstehen. Kurz hielt ihn aber zurück: »Nein«, sagte er, »das Spiel muß erst gespielt werden. 's ist mir schon mal so gegangen, damals als das große Feuer war und ich gerade einen Grand auf den Tisch gedeckt hatte, da liefen sie auch alle weg.« – »Herr Inspektor«, bat Fritz aufs neue, »Sie müssen kommen.« – »Herre Gott!« rief Hawermann, ließ sich von Kurz nicht mehr halten und sprang auf, »was ist denn los? Brennt es?« – »Nein«, stammelte Fritz, »ich ... mir ... mir ist was passiert.« – »Was ist Ihnen denn passiert?« schalt Bräsig über den Tisch hinüber. – »Meine Fuchsstute hat ein Fohlen gekriegt«, sagte Fritz beklommen. – »Na, das is schon oft passiert«, sagte Bräsig, »aber was machen Sie denn dabei for en Gesicht as en Leichenbitter? So was ist ja ein erfreulicher Umstand in diesen Umständen.« – »Ja«, sagte Fritz, »aber ... aber ... es ist so schnurrig. – Sie müssen mitkommen, Herr Inspektor.« – »Na, ist das Fohlen denn tot?« fragte Hawermann. – »Nein«, sagte Fritz, »es ist ganz gesund. Aber es ist so schnurrig ... Krischan Däsel sagt, es wäre ja wohl ein junges Kamel.« – »Na«, sagte Hawermann, »denn wollen wir das Spiel nachher spielen, wollen mal mitgehn.« Und was Kurz auch einwandte, sie gingen alle mit Fritz zum Stall. »So ein Füllen habe ich noch nie gesehen«, sagte Fritz auf dem Wege, »solch lange Ohren hat es« und zeigte an seinem Ellbogen abwärts.

Als sie den Stall betraten, stand Krischan Däsel an der Bucht, in der die Stute mütterlich besorgt an ihrem Füllen herumschnoberte und das Kleine erste unbeholfene Versuche zu späteren lustigen Fohlensprüngen machte. Krischan schüttelte den Kopf und sagte zu Bräsig, der sich neben ihn stellte: »Je, nun sagen Sie mal, Herr Inspektor, was alles in der Welt jung wird!« – »Ja«, sagte Bräsig, blickte dabei auf Hawermann und erklärte mit Nachdruck: »Ich wills dich sagen, Korl, was er for einer is: dieses *Vollblutfüllen* ist ein *Maulesel.*« – »Das ist es«, bestätigte Hawermann. – »Ein *Maulesel*?« rief Fritz, sprang mit beiden Beinen über die Bucht und bekam trotz des Gewiehers der Alten das Fohlen am Halse zu fassen, starrte ihm auf Gesicht, Augen und Ohren, und als ihm die schreckliche Wahrheit daraus entgegenleuchtete, schrie er wütend: »Oh, ich möchte der Kretur das Genick umdrehen, und Gust Prebberow auch!« – »Schämen Sie sich,

Triddelfitz«, sagte Hawermann ernst, »sehn Sie doch, wie die Mutter sich freut, und wenn's auch kein Vollblut ist.« – »Ja«, rief Bräsig, »un sie is doch die Negste dazu, as die Frau Pastern sagt. Gust Prebberown können Sie meinswegens das Gnick umdrehen, denn er ist ein dreimal destillierter, kontrakarrierter Halunk.«

»Nee«, sagte Fritz und kletterte sehr langsam wieder aus der Bucht heraus, und seine Wut war einer starken Wehmut gewichen: »Wie ist's möglich«, rief er aus, »ist mein bester Freund, und denn betrügt er mich mit ner Tauben und mit nem Maulesel. Ich verklag ihn.« – »Ich sag Sie ja, in den Pferdehandel gilt keine Freundschaft un keine Redlichkeit«, wiederholte Bräsig, nahm Fritz unter den Arm und zog ihn aus dem Stall: »Aber Sie jammern mir in Ihrem gerechten Smerz. Lehrgeld in den Pferde*handel* haben Sie nu schon bezahlt, und das muß jeder. Aber vor einem Pferde*prozeß* will ich Ihnen schützen, denn selbst wenn der Maulesel schon lange dod is, is so en Prozeß noch lange nich zu Ende.

Sehn Sie«, sagte er und führte Fritz im Hofe auf und ab, »da will ich Sie ne Geschicht als Exempel erzählen. Sehn Sie, da war der alte Rütebusch auf Schwenzin, der verkaufte an seinen leibhaftigen Swager, der hier vor Hawermannen seine Zeiten Entspekter war, ne entfamte Kretur von einen Stachelschimmel als Reitpferd. – Gut, oder as Sie sich angewöhnt haben: Bong! Drei Tag darauf will der Entspekter seine neue Inquisition mal probieren, er klattert also auf die Kretur rauf, denn es war so'n ollen Himmelhogen, un was *er* war, war man hellschen kurz geraten. Aber knappemang sitzt er drauf, da läuft dieser Schinder plängschaß mit ihm in den Dorfteich – gor kein Hollen! – bis an den Hals, un da bleibt er stehen; un nu nich rügg- noch vorwärts. Das war en Glück for den Stachelschimmel und for den Entspekter, sonst hätten sie sich beide versoffen. Der Entspekter bröllte nu mäglich nach Hülf, denn er könnte hier nicht gründen, un swimmen könnte er auch nich, un der olle Rad'macher Flegel müßte ihn mit en Kahn erretten.

Na, nu gung denn der Prozeß los, denn der Entspekter sagte, es wäre en Dummen, was wir Ökonomiker en Studierten benennen, und Rütebusch müßte ihn wiedernehmen, denn Dummheit schützt vor allens, auch in den Pferdehandel. Das wollte nu Rütebusch nich, und die beiden Swägers spannten sich erst über den Fuß, und nahsten verfeind'ten sie sich so, daß sie sich auf drei Meilen nich mehr sehn konnten. Der Prozeß gung aber ümmer weiter. Ganz Schwenzin müßte swören, daß das Kretur bei sie seinen richtigen Klug gehabt hätte, und die Pümpelhäger Leute müßten wieder swören, daß er bei sie sich als en Studierten auserwiesen.

So gung denn der Prozeß schon in sein fünftes Jahr, und wildeß stand das Kretur ruhig in den Stall un fraß Haber, denn der Entspekter hat seindag nich mehr auf ihm gesessen, indem daß er ihn for einen Seelenverkäufer und lebensgefährlichen Schinder taxierte; dodslagen dürfte er ihn auch nich, indem daß er das corpus delictus von's Ganze wäre, wie sie das nennen.

Nu wurden die gelehrtesten Pferdedoktors ran gebracht, ihrer söß. Aber es half auch nich, sie waren sich uneins, drei davon sagten, er wäre klug, drei davon, er wäre dumm. Der Prozeß gung aber ümmer sachten weiter, und ne ganze Partie neuer Prozessen hatten sich daraus entsponnen, denn die gelehrten Pferdedoktors hatten sich untereinander mit Maliziösigkeiten und Grobigkeiten heruntergemacht und sich verklagt.

Nu wurd denn an einen berühmten Pferdeprofesser in Berlin geschrieben, woans er die Sache taxierte. Der schrieb nu wieder, sie sollten den ollen Schinder den Kopp absneiden und ihm hinschicken, er müßte das inwendige Gehirn besehen; es wäre schon sehr swer, von einem vernünftigen Menschen zu sagen, ob er dumm oder klug wär, aber bei ein unvernünftiges Stück Vieh wäre es noch viel swerer, indem daß es nicht Hals geben könnte. Na, das sollte nu geschehen, da legte sich aber der alte Rütebusch mit seinen Advokaten davor und setzte es auch durch, und der Prozeß konnte nu also wieder weitergehn.

Da sturb nu der alte Rütebusch, un en halb Jahr darauf sein Swager, und haben sich beide nich vertragen, auch nich auf dem Totenbett, und sind beid in die Ewigkeit gegangen, ein jeder auf seine Meinung, der eine, daß der Schinder klug wäre, der andere, daß er dumm wäre.

Nu wurd der Prozeß einstweilen sistituwiert und sistituwierte sich von selbsten, indem daß der olle Schimmel drei Wochen nachher auch krapierte, an pure Fettigkeit von wegen der guten Tage. Nu wurde denn auch der Kopp sauber eingesalzen und an den gelehrten Professer nach Berlin geschickt, und der hat dann klar und deutlich zurückgeschrieben, der Schimmel hätte all sein Lebstage ebensowenig studiert gehabt als er selbsten und er wolle nur wünschen, daß ein jeder von die Prozessisten so verständig gewesen wäre als die Kretur, so vernünftig hätte ihr Gehirn ausgesehen.

Und der Mann hatte recht, denn ich habe nahsten den entfamten Slüngel von Jungen, der den Entspekter das Pferd vorgeführt hat, als Knecht gehabt, und er hat es mich eingestanden, daß er der armen Kretur en Stück brennen Swamm unter den Swanz gebunden hat, aus puren Schawernack, daß der Entspekter ihm den Tag vorher den Puckel voll geslagen hat. Und nu frag ich jeden vernünftigen Menschen, wo verständig muß das Tier gewesen sein, daß es in den Dorfteich läuft, um sich den Brand zu löschen! Und so war denn der große Prozeß zu Ende; aber die kleinen Prozessen zwischen die gelehrten Pferdedokters, die laufen noch ümmer fort.

Un nu will ich Ihnen was sagen: Hawermann is en guter Freund von den ollen Prebberow, was den Halunken sein Vater is, und er soll mit ihm reden, daß Sie zu das Ihrige kommen. Un nu gehen Sie und smeißen Sie keinen Haß auf das unschuldige kleine Vieh, auch auf die Mutter nich, denn sie können beide nich dafor, und die Mutter is ebensogut eine betrogene Kretur wie Sie.«

Damit ging er den anderen nach, die schon wieder am Kartentisch saßen.

»Na, nu!« sagte Kurz, »also: zehn Grandissimo! ich spiele selbst aus.« – »Korl«, sagte Bräsig, »du mußt mal mit den ollen Prebberow reden, daß dein verdammter Windhund nich in zu große Ungelegenheiten kommt.« – »Das will ich auch, Zacharies, und das kommt auch zurecht. Aber mich jammert das richtig, daß die ganze Freude des alten Jungen so zu Wasser geworden ist. Wer denkt auch an einen Maulesel!« – »Ich bemerke«, sagte der Rektor und legte die Karten, die er eben gerade wieder in Ordnung gebracht hatte, auf den Tisch – Kurz saß wie auf Kohlen –, »daß man hier allgemein dies kleine neugeborene Tierchen einen Maulesel nennt, da es doch nach naturgeschichtlichem Sprachgebrauche ein Maul*tier* genannt zu werden verdient. Der Unterschied ist nämlich *der* ...« – »Du kannst einen verrückt machen mit deiner Naturgeschichte!« rief Kurz. »Spielen wir hier Naturgeschichte, oder spielen wir Karten? Hier, Karo-As liegt auf dem Tisch!« Nun half es nichts mehr, nun wurde bedient und bedient, und Kurz gewann sein Spiel und damit das Recht, vier Wochen danach immerzu noch von seinen zehn Grandissimo zu erzählen.

So spielten denn die Herren in freundschaftlicher Aufgeregtheit weiter, bis der Rektor, als er sein Geld in Bausch und Bogen überschlug, gewahr wurde, daß er bereits drei Taler und acht Groschen gewonnen hatte. Weil ihm aber in letzter Zeit das Glück nicht mehr so recht hold gewesen, beschloß er aufzuhören. Er stand also auf und erklärte, er habe kalte Füße bekommen, und steckte seinen Gewinn in die Tasche. – »Wenn Sie an kalte Füß leiden«, sagte Bräsig, »denn will ich Ihnen ein gutes Mittel sagen: Nehmen Sie alle Morgen auf den nüchternen Magen eine Prise Schnupftobak, das hilft gegen kalte Füß.« – »Ach was!« rief Kurz, der in den letzten Minuten gewonnen hatte, »wie kann er kalte Füße kriegen!« – »So?« erwiderte der Rektor erregt, denn er hatte seinen Gewinn zu verteidigen, »kann ich nicht ebensogut kalte Füße kriegen wie du? Kriegst du nicht immer auf unserem Klub kalte Füße, wenn du gewonnen hast?« Und er setzte es durch, er behielt seine kalten Füße und seinen Gewinn, und nach einiger Zeit fuhren die beiden Stadtherren ab und nahmen Bräsig ein Stück mit.

Hawermann war schon im Begriff schlafen zu gehen, als vor seiner Tür ein lautes Reden und Schelten anhob und danach Fritz Triddelfitz und Krischan Däsel in seine Stube traten. – »Gu'n Abend, Herr Inspektor«, sagte Krischan, »und das ist mir auch ganz egal.« – »Was ist denn nu wieder los?« fragte Hawermann. – »Herr Inspektor«, sagte Fritz, »Sie wissen, wie mir das mit dem – nu – mit dem Maulesel gegangen ist, und nu will Krischan das Tier nicht in dem Stalle leiden.« – »Was fällt dir ein?« fragte Hawermann. – »Ja, Herr, das ist mir auch ganz egal! Aber *das* kann mir nicht egal sein. Ich habe mich bei Pferden und Fohlen verdingt und nicht bei Kamelen und Mauleseln. Wie? Denn kann mir Herr Triddelfitz wohl auch Affen und Bären in den Reitstall bringen?« – »Na, wenn *ich* dir aber sage, das Tier *soll* im Reitstall bleiben und du sollst es genauso handhaben wie jedes andere Fohlen.« – »Ja, wenn *Sie* mir das denn befehlen, denn ist mir das ja auch ganz egal, und denn kann das ja auch gut. – Na, denn Gu'n Nacht, Herr Inspektor, und nehmen Sie's nicht für übel.« Und damit ging er.

»Herr Hawermann«, sagte Fritz, »was wird der Herr von Rambow zu diesem Vorfall sagen? Und gar die gnädige Frau?« – »Nun, da beruhigen Sie sich nur, die werden sich nicht viel darum kümmern.« – »Je«, sagte Fritz und verließ die Stube, um schlafen zu gehen, »es ist mir doch gar zu genierlich, daß dies grad mit meiner Stute passiert ist.«

Als der Herr von seiner Reise zurückkehrte, wurde ihm die Geschichte von der Fuchsstute brühwarm von Krischan berichtet, und weil

Axel ein gutmütiger Mensch war und Fritz gern hatte, dieweil sie sich ja in mancher Hinsicht recht ähnlich waren, tröstete er ihn und sagte: »Lassen Sie das! Mit unserm Vollblutfüllenhandel ist's nichts geworden. Sie müssen denken, es sind die gewöhnlichen Folgen einer Mesalliance. Wir jagen später die Stute und das Füllen in die Koppel, und Sie sollen sehen, wir haben noch unsere Freude daran.«

Und so kam es denn auch: jedermann hatte seine Freude an dem Tierchen. Und wenn die Dorfkinder am Sonntagnachmittag durchs Feld streiften, gingen sie nach der Fohlenkoppel und betrachteten den kleinen Maulesel: »Kik, Jöching, dat is hei.« – »Ja, dat's en echten! Kik, wo hei mit de Uhren deiht.«– »Nu kik mal, nu sleiht hei ordentlich achter ut!« Wenn die Mädchen an der Koppel vorbei zum Melkplatz gingen, blieben auch sie stehen: »Kik, Stine, dor's Herr Triddelfitzen sin Mulesel!« – »Kumm, willn mal ran gahn, Fik.« – »Ne, dat dau'k nich, wo süht dat Diert gruglich ut!« – »Ih, wo du di hest! Du hest doch för em sülwst nich so'n Grugel, denn hei giwwt di jo ok ümmer de lichtste Arbeit.«

Und in der ganzen Gegend wurden die Fuchsstute, der Maulesel und Fritz nun berühmt. Und wo immer Fritzing sich blicken ließ, da wurde er nach dem Befinden des Maulesels befragt, zu seinem großen Verdruß. Das niedliche kleine Eselfohlen aber kümmerte sich nicht darum. Es sprang den Sommer über mit anderen, wohlgeborenen und hochwohlgeborenen Fohlen in der Koppel umher, und kam ihm eines von diesen zu nahe, so verstand es sehr wohl, ihm eins zu versetzen.

Kapitel 23

Die Hausapotheke

Dies Jahr war für Pümpelhagen ein Jahr des Segens. Als der Herbst heranrückte und auch die Getreidepreise aufschlugen, da war Axel von Rambow seiner Sorgen und Verlegenheiten ganz schön ledig geworden. Er rechnete unablässig und meinte es denn auch ganz genau zu wissen, sofern er den Raps *so* hoch veranschlage, die Schäferei *so* hoch, die Holländerei *so* hoch, wann er dann mit dem wievielten Scheffel Weizen den letzten Taler von seinen Schulden abbezahlen konnte. Das hätte ja mit dem Kuckuck zugehen müssen, wenn er in diesem Jahr nicht von allen seinen Schulden freikam. Aber mit diesem Jahr hatte es auch eine andere Bewandtnis: War er nicht *selber* auf Pümpelhagen anwesend, hatte er sich nicht als Herr sogar selber um die Wirtschaft gekümmert, und ist das Auge des Herrn für die Wirtschaft nicht das gleiche wie die Sonne für die Erde? Unter ihren Strahlen wächst und gedeiht es ringsumher, und unter den Füßen des Herrn ergrünen Laub und Gras. Und so währte es auch gar nicht lange, und Axel hatte unserem Herrgott die Gaben und Gnaden sanft aus der Hand genommen und das gesegnete Jahr sich und seinen eigenen Vorzügen zugerechnet. Sogar die höheren Getreidepreise dünkten ihm fast sein persönliches Verdienst.

Er saß nun hoch zu Pferde. Wenn ihm für die notwendigen Wirtschaftsausgaben und zum Bezahlen der fälligen Wechselschulden bei David und Schlitzohr jetzt manchmal auch vorübergehend das Kleingeld ein wenig knapp wurde, so hatte das doch weiter nichts auf sich, denn er hatte sich, wie er meinte, durch sein kundiges und energisches Wirtschaften in der ganzen Gegend schon einen beträchtlichen Kredit verschafft. Er schloß dies daraus, daß Pomuchelskopp ihm bei verschiedenen Gelegenheiten Geld angeboten hatte. Davon hatte er denn auch ohne Bedenken Gebrauch gemacht, um sich David vom Hals zu schaffen. Jetzt zahlte er mit Pomuchelskopps Geld David und Schlitzohr aus, und die zahlten wiederum an Pomuchelskopp, und der wieder an Axel, und so lief das Geld immer schön im Kreis herum. Diese Regelung wäre auch soweit ganz vortrefflich gewesen, wäre Axel nicht der einzige geblieben, der bei diesem Verfahren Haare lassen mußte, und hätte Pomuchelskopp nicht die Unbequemlichkeit auf sich nehmen müssen, die Geldtüten immer wieder neu umzupacken, damit Axel nicht darauf kam, daß er sein eigenes Geld immer wieder zurückerhielt. Das aber war nun nicht zu ändern, wollte Pomuchelskopp nicht vorzeitig aus der Deckung hervortreten, hinter der er auf Pümpelhagen im Anschlag lag. Muchel fügte sich also darein, vorzüglich deswegen, weil auch er seine Freude daran hatte, daß der Verkehr so schön lebhaft geworden war.

Axel hatte ebenfalls an diesen Geschäften seine Freude, denn er verfügte stets über Zahlungsmittel, um die ärgste Not zu wenden, und das bißchen Geld, das er dabei zusetzte, schien ihm unbedeutend, da es ihm niemals einfiel, seine Einnahmen und Ausgaben einmal fürs ganze Jahr zusammenzurechnen. Daher gedachte er auch in allem Ernst, in Pümpelhagen große Verbesserungen durchzuführen.

Nun ist es aber eine alte Erfahrung, die so bewährt ist und so wehmutsvoll stimmt wie eine alte geflickte Hose, daß nämlich die jungen Herren, die von der Wirtschaft wenig verstehen, gerade an der Stelle mit ihren Verbesserungen ansetzen, an der sie sich am schnellsten ruinieren können, nämlich bei der Viehzucht. Warum dem so ist? Vermutlich, weil es die jungen Herren nicht viel Mühe kostet, sich einen feurigen Bullen oder ein paar neumodische Schafböcke anzuschaffen, und weil die Gesetze der Viehzucht noch derart im dunkeln liegen, daß auch die Dümmsten gescheit darüber reden können. Sie brauchen nur langjährig bewährte Erfahrungen beiseite zu schieben, was ihnen ja nicht schwerfällt, und sie stehen dann mit ihrer jugendlichen Tolle fast ebenso ehrwürdig da wie die alten Herren in ihrem grauen Haar.

In Pümpelhagen wurde die Holländerei mit Breitenburger Kühen betrieben, die der alte Kammerrat noch mit Hawermanns Hilfe und auf sein Anraten hin angeschafft hatte. Hier schien infolgedessen eine Neuerung dringend geboten. Axel reiste also nach Sommersdorf in Pommern, wo eine große Viehauktion stattfand, und ersteigerte dort auf Pomuchelskopps Anraten einen wunderschönen Ayrshire-Bullen. Warum gerade den? — Nun, erstens war er schön, zweitens war er aus Schottland, und drittens war es einmal etwas Neues.

In Pümpelhagen gab es Schafe vom Negretti-Stamm, der reichlich Wolle lieferte und sich stets als überaus einträglich erwiesen hatte. Doch auf dem Wollmarkt hatte Pomuchelskopp, *wie er sagte*, für den Stein anderthalb Taler mehr erzielt, und demgemäß ließ sich der junge Herr von seinem Herrn Nachbarn für teures Geld ein paar hochfeine Elektoral-Böcke aufschwatzen. Daß er aus dem pro-Kopf-Ertrag in Pfunden und der Gesamtzahl seiner Schafe seinen ganzen Ertrag an Wolle leicht hätte errechnen können und daß er mit ihm Pomuchelskopp gegenüber sogar recht vorteilhaft abschnitt, darauf kam er nicht. Er hatte ja ohnedies genug anderes zu rechnen.

Hawermann wehrte sich mit Händen und Füßen gegen diese Neuerungen, aber vergeblich. In den Augen seines jungen Herrn war er ein alter Mann, der ins Hintertreffen geraten war und nun mit der Welt nicht mehr Schritt halten konnte. Wenn ihm der Alte allzusehr mit Vernunftgründen zusetzte, erhielt er die immer gleiche Antwort: »Aber mein Gott! Wir können's doch einmal probieren«, wobei Axel nicht begreifen wollte, daß bei manchen Dingen Probieren und Ruinieren auf das gleiche hinausläuft. Der Inspektor vermochte in der Sache nichts zu bewirken und mußte noch Gott dafür danken, daß sein Herr nicht auf die Aufzucht von Vollblutpferden verfallen war, was jedoch auch schon bedrohlich in der Luft zu liegen schien. Die junge Frau konnte ebenfalls nichts verhüten, denn ihr war unbekannt geblieben, auf welche Manier ihr Mann sich seine Geldverlegenheiten vom Halse schaffte. Sie war darauf angewiesen, ohne deswegen in Gleichgültigkeit zu verfallen, sich einstweilen an das zu halten, was ihr vor Augen kam, und dies waren bei Axel offensichtlich eine bemerkenswerte Selbstzufriedenheit und goldene Zukunftshoffnungen.

Auch in Gürlitz, bei Pomuchelskopp und seinem Hühnchen, herrschte eitel Zufriedenheit, wenn auch nicht gerade häusliches Behagen – nach diesem aber verlangten sie in ihrer Bescheidenheit auch gar nicht. Sie waren vielmehr überaus angetan vom reibungslosen Kreislauf des Geldgeschäfts, und ihre Zukunftshoffnungen nahmen im eigentlichen Sinne immer mehr zu an goldenem Glanz, denn die Grenzscheide zwischen Pümpelhagen und Gürlitz verlor in dem Maße an Bestimmtheit, je häufiger dort quergeschrieben wurde. Und Pomuchelskopp war lediglich die freilich manchmal undankbare Aufgabe verblieben, seinem Hühnchen die Flügel ein wenig zu beschneiden, wenn es partout bereits zu diesem Zeitpunkt über den Grenzzaun hinwegfliegen und jenseits seine Nahrung suchen wollte.

Im Hause Jochen Nüßler hatte die alte Dame Zufriedenheit so recht behaglich auf dem Diwan Platz genommen, und hätte man dort von goldenen Zukunftshoffnungen sprechen wollen, so hätte dies in dem gleichen Sinne geschehen müssen, wie die Dichter den Morgenhimmel als einen goldenen preisen: nicht weil sie ernstlich meinen, daß der

Glanz des Goldes dem Morgenhimmel gleichkomme, sondern lediglich, weil sie nichts Schöneres kennen, dieweil sie des Goldes nur selten ansichtig werden.

Bei Gottlieb war allgemach aus der langbehaarten Pietistenraupe ein vollständig verwandeltes Geschöpf ausgeschlüpft. Er fing langsam an, die Welt mit andern Augen als durch die Gläser jener blauen Brille zu betrachten, die man ihm in Erlangen oder anderswo aufgesetzt hatte. Er spielte sogar schon Boston, wenn auch, zu Bräsigs nicht geringem Vergnügen, herzlich schlecht. Er hatte sich auch schon einmal aufs Pferd geschwungen und war, ohne darüber zu Schaden zu kommen, wieder heruntergefallen. Sogar auf Jochen Nüßlers Erntefest hatte er sich gezeigt, hatte freilich nicht getanzt, zumindest nicht öffentlich, vor aller Leute Augen, hatte sich aber doch in der Nebenstube von Lining einen Schottischen einüben lassen und hatte schließlich mit vernehmlicher, wenngleich ein wenig kläglicher Stimme »Vivallera!« gesungen.

Und Rudolf? Von dem wäre nun weiter nichts zu berichten, als was Hilgendorff in eigener Person zu Bräsig geäußert hatte: »Bräsig, *der*? – gerade so, wie *ich* war: nicht totzukriegen! Knochen wie Elfenbein! – Er wirft nur ein Auge hen, denn weiß er Bescheid, gerade so wie *ich*! Und Bücher? – *Nich rühr an*! Genau so wie *ich*!«

Frau Nüßler war glücklich über das Glück ihrer Kinder, und Jung-Jochen und Jung-Bauschan saßen viele Stunden einträchtiglich beisammen und blickten, ohne sich weiter zu äußern, einander in die Augen und gedachten der Zeit, da ihnen ein neuer Thronfolger beschert werden sollte: für Jung-Jochen: Rudolf, und für Jung-Bauschan: Jung Bauschan der Siebente. Dies war zwar nicht gerade ein Morgenhimmel, aber für genügsame Wesen, wie Jochen und Bauschan es nun einmal waren, hat auch der Abendhimmel oftmals goldenen Glanz.

So herrschte also das Glück in manchem Hause in dieser Gegend, für jedes Haus in seiner besonderen Art. Nur in jenem Hause, in welchem der Friede sich so recht behaglich eingemietet hatte, im Winter am warmen Ofen, im Sommer unter der Linde vor der Tür und in der Laube im Garten, wo er wie ein braver alter Großvater immer zum rechten gesehen, die munteren Spiele der kleinen Luise in Obhut genommen, das Staubtuch der Frau Pastorin regiert und die Schriften des Herrn Pastors in Ordnung gehalten hatte, dort stand es gar nicht mehr gut um ihn. Und eines Tages hatte er still Abschied genommen, hatte die Tür leise hinter sich zugemacht und war dorthin gegangen, von wannen er gekommen war. Und an seiner Statt waren Ruhelosigkeit und Sorge eingezogen, denn der gute alte Pastor war immer schwächer geworden. Er hatte kein eigentliches Leiden und keine bestimmte Krankheit, und Dr. Strumpf aus Rahnstädt hatte beim besten Willen aus all den dreitausendsiebenhundertundsiebenundsiebzig Krankheitsarten, die den Menschen von Rechts wegen zustehen, keine einzige herausgefunden, die auf ihn zutraf. So mußte der Herr Pastor sich also ohne sie behelfen, und dies geschah denn auch. Denn der getreue alte Großvater Friede hatte ihm, wie er Abschied nahm, sanft seine Hand auf den Scheitel gelegt und ihm zugeflüstert: »Ich gehe, aber nur für kurze Zeit, dann zieh ich wieder bei deiner Regina ein. In deiner kleinen Welt benötigst du meiner auch nicht, denn ich bin vor vielen Jahren schon in deinem Herzen eingezogen, als du in einer schweren Stunde mit Gott und mit der Welt schon abgeschlossen zu haben meintest. Nun schlaf ein! Müde wirst du wohl sein.«

Und müde war er, sehr müde. Seine Regina hatte ihn auf das Sofa unter die Bildergalerie gelegt, derart, wie er es wünschte, so daß er aus dem Fenster blicken konnte. Luise hatte ihn warm zugedeckt, und beide hatten auf den Zehenspitzen das Zimmer verlassen, um seine Ruhe nicht zu stören. Draußen fielen sanft, so sanft die ersten Schneeflocken dieses Winters vom Himmel hernieder, und draußen war es so still wie drinnen im Zimmer und wie innen in seinem Herzen. Und ihm war, als winkten ihm die segnenden Christushände und zeigten auf etwas hin – niemand hat es gesehen, aber seine Regina hat sich die Sache dann so zurechtgelegt. Und er ist aufgestanden und hat den Schrank aufgeschlossen, den er noch von seinem seligen Vater her besaß und den seine selige Muter immer mit Möbelpolitur eigenhändig aufgefrischt hatte. Er hatte sich davor in den Lehnstuhl gesetzt und wohl noch einmal betrachten wollen, was ihm auf Erden lieblich und schön dünkte.

Dieser Schrank war für ihn eine Art von Schatzkammer, in der er beiseite legte, was für ihn im Laufe seines Lebens einmal bedeutungsvoll und des Erinnerns wert geworden war. Er war seine Hausapotheke, in der er aufbewahrte, was er als Heilmittel gegen Not und Sorge in dieser Welt für sich ausprobiert hatte, die er immer in Gebrauch nahm, wenn seine Seele sich matt fühlte. Es waren einfache Hausmittel, aber sie schlugen immer an. Sie waren nicht in Gläsern,

Flaschen oder Schachteln verwahrt, und sie waren durch keinerlei Gebrauchsanweisung gekennzeichnet. Er hatte sie alle einmal zu guter, glücklicher Stunde mit eigener Hand aufgehoben und zum späteren Gebrauche aufbewahrt. Was immer dazu dienen konnte, eine vergangene, reine und lautere Freude sich wieder ins Gedächtnis zu rufen, das lag in diesem Schrank, und war er einmal niedergeschlagen, dann frischte er seine Seele an ihnen wieder auf, und niemals schloß er ihn ab, ohne die Wirkung seiner Hausmittel wieder verspürt zu haben und dafür seinen Dank zu sagen.

Da lag die erste Bibel, die er als Kind von seinem Vater erhalten. Da stand das schöne Kristallglas, das ihm seine besten Freunde auf der Universität zum Abschied geschenkt. Da lag das Taschenbüchlein, das ihm seine Regina als Braut bestickt, da lag die Muschel, die ihm einst nach langen Jahren jener Seemann zugesandt, den er einmal auf einen guten Weg gebracht hatte. Da lagen die Neujahrs- und die Weihnachtsgrüße von Luise, von Mining und Lining, die sie auf dem Papier mit Tinte und Feder mühsam zusammengestümpert, und daneben ihre allerersten ungeschickten Handarbeiten. Da lagen nebeneinander der vertrocknete Brautkranz vom Ehrentag seiner Regina, die große, silberbeschlagene Bilderbibel, die ihm Hawermann, da lag der silberbeschlagene Pfeifenkopf aus Meerschaum, den ihm Bräsig zum fünfundsiebzigsten Geburtstag geschenkt hatten. Und unten im Schrank stand Schuhwerk: jenes Schuhwerk, das Luise, Regina und er trugen, als sie das erste Mal das Gürlitzer Pfarrhaus betraten.

Altes Schuhwerk ist nicht schön, für ihn aber war es wohl lieblich anzusehen gewesen, denn er hatte es sich herausgeholt, es um sich her gelegt, es lange betrachtet und sich mancherlei dabei gedacht. Er hatte sich seine alte Bibel auf den Schoß genommen, die Bergpredigt von unserm Herrn Jesus Christus aufgeschlagen und darin gelesen. Kein Mensch hat es gesehen, doch es war auch nicht nötig, seine Regina wußte ja ohnedies, wie alles geschehen war. Und dann ist er sehr müde geworden und hat den Kopf in die Lehnstuhlecke hineingedrückt und ist sanft eingeschlafen.

So haben sie ihn gefunden. Die kleine Frau Pastor hat sich zu ihm auf den Lehnstuhl gesetzt, hat ihn umarmt, ihm die Augen zugedrückt, ihren Kopf an den seinen gelegt und still vor sich hin geweint. Und Luise hat sich zu seinen Füßen niedergeworfen, die Hände über seine Knie gefaltet, und weinenden Auges die beiden lieben, stillen Gesichter betrachtet. Dann hat die kleine Frau Pastor die Ecke jenes Blattes

in der Bibel sorgfältig eingebogen und hat sie ihm sanft aus der Hand genommen. Sie war aufgestanden, wie Luise auch, und ihr um den Hals gefallen. Und dann sind sie beide in lautes Weinen ausgebrochen und haben Schutz und Trost aneinander gesucht, bis der Abend hereinbrach. Dann hat die kleine Frau Pastor des Pastors Stiefel und ihre eigenen Schuhe zusammen in den Schrank gestellt und hat gesagt: »Ich segne den Tag, als ihr zusammen in dies Haus getreten seid.« Daneben hat sie Luises Kinderschuhe gestellt: »und auch den Tag, als *ihr* zuerst über die Diele gegangen seid«, und dann hat sie den Schrank mit allen seinen Freuden wieder abgeschlossen.
Nach drei Tagen war der gute Pastor Behrens auf seinem Kirchhof an einem Platz begraben worden, den er sich bei Lebzeiten einmal selber ausgesucht, von dem aus man durch die hellen Fenster des Pastorenhauses hindurch in die Wohnstube hineinblicken konnte, und auf den die erste Morgensonne fiel.

Die Leidtragenden waren gegangen. Auch Hawermann hatte gehen müssen. Nur Onkel Bräsig hatte freiheraus bekundet, er wolle die Nacht über im Pastorenhaus bleiben, und war den Tag über hilfreich zur Hand gegangen. Dann aber schlich er sich leise aus der Stube nach seiner Schlafkammer hinauf, als er die beiden Frauensleut Arm in Arm, in ihre traurigen Gedanken verloren, am Fenster stehen sah. Er blickte derart in der Dämmerung zum Kirchhof hinüber, wo die dunkle Grabstätte sich vom stillen weißen Schnee deutlich abhob. Er gedachte des Mannes, der in diesem Grabe schlummerte, wie oft der ihm die Hand entgegengestreckt hatte, ihm zu helfen und zu raten, und er gelobte sich das an, er wolle es an der kleinen Frau Pastorin nach Kräften vergelten.
Und unten am Fenster in der Wohnstube standen die beiden verwaisten Frauensleut, blickten ebenfalls nach der dunklen Grabstätte hinüber und gelobten sich einander in ihren Herzen still die gleiche Liebe und Freundlichkeit zu, die der stille Mann, der dort unten schlief, ihnen vorgelebt und an ihnen so oft geübt hatte. Und die kleine Frau Pastorin dankte Gott und ihrem Pastor, daß ihr in ihrem tiefen Schmerz doch solch schöner Trost zuteil geworden, wie sie ihn in ihren Armen hielt, und sie strich Luise über das glatte Haar und küßte sie immer aufs neue, und Luise betete zu Gott und ihrem anderen Vater, sie sollten sie ausrüsten mit allem, was schön und gut wäre, um es ihrer Pflegemutter in den Schoß legen zu können.

Ja, eine frische Grabstätte ist ein Treibbeet, wie es der Gärtner anlegt, um die schönsten Blumen darin zu ziehen – aber auch giftige Pilze gedeihen in solchen Beeten.
Am gleichen Abend standen in Gürlitz auch noch zwei Menschen am Fenster und blickten im Halbdämmern durch die Scheiben hindurch – beileibe nicht nach dem Gottesacker, denn derlei lag ihnen weit ab, vielmehr nach dem Priesteracker. Pomuchelskopp sagte zu seinem Hühnchen, jetzt könne es ihnen nicht fehlen, jetzt falle der Acker aus der Pacht, jetzt solle sie ihn nur gewähren lassen, mit dem neuen Pfarrer wolle er vor der Wahl wohl einmal ein Wörtchen reden.
»Muchel«, sagte Hühnchen, »der Pümpelhäger wird das nicht leiden, der läßt den Acker nicht aus den Fingern.« – »Hühnchen, aus den Fingern? Den hab *ich* ja selbst in den Fingern.« – »Ja, wenn der jung Herr sich wohl auch schicken muß, wie aber denn, wenn wir so'n jungen Priester herkriegen, der selbst wirtschaften will?« – »Kluckchen, ich kenn dich ja gar nich wieder, mein liebes Kluckchen – wir haben ja die Wahl: wir wählen uns nen Petisten. Die Art ist bloß mit Bibel und Gesangbüchern und Traktaten und haben zum Wirtschaften keine Zeit.« – »Je, du wählst man nich allein, da is noch Pümpelhagen und Rexow und Warnitz.« – »Kluckchen, Warnitz und Rexow! Was können die gegen Pümpelhagen und Gürlitz? Wenn die Pümpelhäger und meine Leute zusammen stimmen ...« – »Verlaß dich nicht auf deine Leut, die Bande tut dir alles zum Schabernack. Und was meinst du, was dir die Pasterfrau wohl alles zum Schabernack tut? Und sie kanns. Das ganze Dorf hängt ihr an wie die Kletten.« – »Kann ich sie nicht wieder schikanieren? – Die soll mir fort hier aus dem Dorf! – Ein Prediger-Witwenhaus ist nicht hier, und ich soll ihr wohl eins bauen? – Prosit die Mahlzeit, Frau Pastohrin, gehn Sie man ein Haus weiter.« – »Kopp, du bist ein großer Schafskopf! Die Wahl ist ja schon vorher.« – Damit ging sie. – »Kluckchen«, rief er ihr nach, »ich bitte dich, liebes Kluckchen, ich kriege das alles zurecht.«
Ja, auf einer frischen Grabstätte blüht auch mancherlei Unkraut, wenn die Erben gierig ihre Hände nach Geld und Gut des stillen Mannes ausstrecken, wenn der Nachbar die Not von Witwen und Waisen ausnutzt, Haus und Hof, Garten und Feld zu erweitern und stattlicher zu machen, und wenn die Gemeinheit in ihrer bequemen Sofaecke sitzt und darüber nachgrübelt, wie ein großes Unglück sich für sie in eine melkende Kuh verwandeln läßt.

Kapitel 24

2000 Taler

Bräsig war eine Woche über im Pastorenhaus geblieben. Er verrichtete gern und eifrig so mancherlei, wie es bei solchen Veränderungen notwendig wird. Er nahm das ganze Inventar auf, schrieb eine Menge der sonderbarsten Trauerbriefe, trug sie selber trotz Schnee und Kälte und Podagra als Bote zur Post, rechnete in Rahnstädt mit Schuster und Schneider ab und saß nun am Montag nach dem Begräbnis mit der Frau Pastorin und Luise am Frühstückstisch, dieweil er gleich nachher abmarschieren wollte, als ein Wagen vor der Tür hielt, Franz von Rambow heraussprang und gleich darauf gesund und fröhlich in die Stube trat. Aber wie still und bedrückt wurde er, als er die schwarzen Trauerkleider der beiden Frauen erblickte. »Mein Gott«, rief er überrascht und beklommen, »was ist passiert? Wo ist der Herr Pastor?«
Die kleine Frau Pastorin hatte sich aus ihrem Korblehnstuhl erhoben. Sie ging auf den jungen Herrn zu, gab ihm die Hand und sagte mit Mühe: »Mein Pastor ist verreist, in seine Heimat verreist, und er läßt alle grüßen, alle« – hier überkam es sie, und sie weinte hinter dem Taschentuch – »alle, die er einmal liebgehabt hat, Sie auch.« – Und Luise trat ebenfalls auf ihn zu und reichte ihm wortlos die Hand. Ihr war, als sie ihn als erste gesehen und erkannt, das Blut ins Gesicht getreten, dann aber war es wieder still in ihr geworden und sie hatte sich gefaßt. Auch Bräsig schüttelte ihm die Hand und sprach von diesem und jenem, um die Gesellschaft auf andere Gedanken zu bringen und ihr über den ersten Schmerz hinwegzuhelfen. Doch Franz hörte nicht darauf, er war wie vor den Kopf geschlagen: die Nachricht war zu jäh und hart über seine freudige Hoffnung hereingebrochen.
Er war nun zwei Jahre auf der Landwirtschaftlichen Akademie in Eldena gewesen, hatte dort fleißig gearbeitet und sich Kenntnisse nach allen Richtungen angeeignet, wie sie das weitläufige Feld der Landwirtschaft verlangt und wie eine derartige Anstalt sie bietet; den praktischen Dienst kannte er durch Hawermann genau. Er wurde jetzt mündig und konnte seine Güter übernehmen. Ihm stellte sich nichts mehr in den Weg, wenn er einen Hausstand gründen wollte, als seine eigene Überlegung. Diese aber und die gelassenen, verständigen Briefe des verstorbenen Pastors, die jede entfernte Aufforderung oder An-

spielung ängstlich vermieden und bei aller Heiterkeit und Herzlichkeit unablässig auf Verstand und Vernunft hinwiesen, hatten ihn vor voreiligen Schritten und übereilten Entscheidungen bewahrt.
Sein Herz war nicht kalt. Es schlug ebenso heiß in seiner Brust wie in der jedes anderen jungen Menschen, der bei einer ersten Begegnung sich bis über die Ohren verliebt und Hand und Herz wie auf dem Präsentierteller vor sich herträgt. Doch war er von klein an auf seine eigene Vernunft und sein eigenes Handeln verwiesen worden und hatte auch Geringes mit Überlegung betrieben – manche sagten: mit *zuviel* Überlegung –, aber dies schadet nicht. In diesem Punkte hatte er recht: den wichtigsten Schritt seines Lebens wollte er, seinem Herzen folgend, doch auch mit kühlem Verstande tun.
Er hatte sein Herz bezwungen. Er hielt alle Träume von Glück und Seligkeit fest in seiner Brust verschlossen wie einen süßen Kern in einer harten Schale, die er nicht für eitel Lust und Genuß aufbrechen wollte. Er hatte in Geduld abgewartet, bis die glückliche Abfolge der Ereignisse selber, wie Sonne und Regen, leise die Schale zum Aufspringen brachte, damit der gesunde Kern zutage trete und ein Baum daraus erwachse, unter dessen Schatten er dereinst einmal glücklich mit seiner Luise verweilen könne. Und schlug sein Herz einmal heftiger und trieb es ihn zu Besuch und Wiedersehen, dann focht er wacker dagegen an, mit gerechtem Sinn gegen sein Mädchen, um sie nicht zu drängen, um ihr Zeit zu geben, sich zu finden und zu fassen. Und mit Stolz hatte er dagegen angefochten: er wollte nicht seine glücklichen Lebensumstände für sich als Freiwerber vorauslaufen lassen. Und wenn ihm in diesem Streit auch manchmal schmerzlich zumute war, so hatte er sich doch frisch und kühn zugerufen: »Hand davon! – Lotterie spielen wir nicht! – Solch Gewinn wird zu leicht erworben und geht zu leicht wieder verloren – *der* Gewinn soll gelten, der einem sauer geworden ist – an ihm hat man danach auch seine Freude. Was nicht säuert, das süßt auch nicht.«
Doch nun war er mündig geworden und in jeder Hinsicht zu einem Manne gereift. Nun war der Augenblick gekommen, seinem Stolz und seiner Aufrichtigkeit dem geliebten Mädchen gegenüber zu ihrem vollen Recht zu verhelfen. Nun strebte der süße Kern durch die harte Schale hindurch kräftig und wohlgemut aus der dunklen Erde empor dem Lichte entgegen. Nun war es an der Zeit, ihn zu hegen und zu pflegen, damit ein Baum daraus erwachsen könne. Und da die Zeit gekommen war, gebot dies auch sein Pflichtgefühl. Und so hatte er

sich in seinen Wagen geworfen, denn der Streit zwischen der kühlen Überlegung und seinem warmen Herzen war ausgestanden. Seine Überlegung hatte er, sorgfältig verwahrt, zu Hause gelassen, auf daß sie ihm nicht abhanden komme, denn sie brauchte er auch späterhin noch, doch seine Leidenschaft nahm er mit. Sein Herz schlug ungeduldig, und er hatte es unterwegs mit besänftigendem Zuspruch und süßen Weisen zur Ruhe bringen müssen, wie eine Mutter ihr Kind.
Ach, und nun war seine Freude dahin. Vergebens hatte er sich die Weise vom Liebesglück vorgesungen. Angesichts der beiden bedrückten, schwarzgekleideten Trauergestalten schlug sein Herz wohl noch stürmischer als vordem. Freilich hatte er seine kühle Überlegung zu Hause gelassen, doch seine menschlichen Gefühle, sein Mitempfinden, seine Ehrfurcht vor einem großen Schmerz, sein Angedenken an den ehrwürdigen, stillen Mann in seinem Grabe, die waren mit ihm gefahren, und gegen diese Mächte vermag ein ehrliches Herz nicht anzufechten, da muß es sich, wenngleich unter Schmerzen und Wunden, ergeben.
Die Liebe ist voller Eigensucht und kennt keinerlei Rücksicht, sagen die Menschen, und auch dies ist wahr. Sie ist eine ganze Welt für sich und geht ihren eigenen Gang, als brauche sie sich um nichts anderes zu kümmern. Stammt sie aber von Gott, dann ist ihr Gang nach ewigen Gesetzen vorgezeichnet, so daß sie nichts aus der Richtung ihrer ureigenen Bewegung zu bringen vermag, daß sie nirgend anstößt und die Strahlen ihres milden, besänftigenden Lichts auf die anderen Welten fallen läßt, wie das Leuchten des Abendsterns, wenn es das kranke Herz zur Ruhe bringt.
So war auch Franz von Rambows Liebe. Sie vermochte nicht anzustoßen, nicht Unruhe über andere zu bringen. Sie mußte trösten und heilen, und darum bezwang er sein Herz und schwieg. Und als er Abschied nahm im Pastorhaus, da war ihm zumute wie dem Wandersmann, der nach langer, ermüdender Fahrt auf heißen, staubigen Wegen den Kirchturm erreicht hat, der ihm aus der Ferne winkte, und der bei den ersten Häusern erfahren muß, daß dies nicht der richtige Kirchturm war und daß das Ende seiner Wanderfahrt noch weit vor ihm liegt. Er nimmt einen tiefen, erfrischenden Trunk und wandert dann rüstig weiter.

Es war ein schöner, heller Wintertag, als Franz nach Pümpelhagen weiterschritt und den Wagen langsam folgen ließ. Bräsig ging mit ihm. Der junge Mann hing seinen eigenen Betrachtungen nach, und

Bräsig tat nichts dergleichen, und so stimmten sie nicht recht zusammen.
Bräsig hätte wohl auch den Mund halten können über all die Geschichten, die heute in seinem Kopfe spukten. Aber dies war eine von Unkel Bräsigs glücklichsten Eigenschaften: niemals merkte er, wenn er einmal lästig wurde. Schließlich allerdings mußte er es doch gewahr werden, daß der junge Herr ihm aber auch auf rein alles eine Antwort schuldig blieb. Er blieb also stehen, ungefähr an derselben Stelle, wo Axel ihn damals so schmählich hatte ablaufen lassen, und sagte ihm auf den Kopf zu: »Wo? – bün ich vielleicht hier bei Sie in Unbequemlichkeiten? Es ist mich das hier auf dieses Flag schon mal passiert mit Ihren gnedigsten Herrn Vetter. Denn kann ich ja auch wie dazumalen ein Haus weiter gehen.« – »Lieber Herr Inspektor«, sagte Franz und ergriff die Hand des Alten, »Sie dürfen mir das nicht übelnehmen; der Tod von dem alten braven Pastor und die traurige Veränderung in dem lieben Pastorhause haben mich gar zu tief ergriffen.« – »So«, sagte Bräsig und drückte ihm die Hand, »wenn das ist, denn nehm ich Ihnen das gut, und das hab ich ümmer gesagt, auch zu die Frau Pastern und die kleine Lowise, Sie sind der gebild'te Ökonomiker, wie er ins Buch steht, indem daß Sie menschliches Gefühl in der Brust haben und zugleich auch aufpassen auf die ßackermentschen Hofjungs. Und Rudolfen habe ich ümmer gesagt, er soll Sie zum Augenspiegel nehmen. Kennen Sie Rudolfen?«
Und damit fing er an, von Rudolf und Mining, von Gottlieb und Lining zu erzählen, und brachte die ganze Gegend mit ins Spiel, und Franz bezwang sich und hörte aufmerksam zu, so daß er, als sie nach Pümpelhagen gelangt waren, genauestens über alles Bescheid wußte, selbst über Pomuchelskopp und sein Hühnchen: »So«, sagte Bräsig, als sie den Gutshof betraten, »Sie gehen nu zu Ihren gnedigsten Herrn Vetter und ich zu Hawermannen, und was ich Ihnen von Pomuchelskoppen und seine heimlichen Projektionen gesagt habe, das bleibt so präter propter unter uns, und darauf können Sie sich verlassen, aufpassen tu ich, und macht er hier noch weitere Fisematenten, denn krig *ich* sie raus.«
Doch Franz ging keineswegs ins Herrenhaus. Vielmehr sah er, sogar noch vor Bräsig, ins Wirtschaftshaus hinein, in die Inspektorenstube, in der er so manche stille, freundliche Stunde mit seinem treuen alten Lehrmeister verbracht hatte. Er fiel Hawermann um den Hals, und Alt und Jung lagen sich in den Armen, als seien Zeiten und Jahre

zwischen den beiden ausgestrichen, und die alten Augen wurden feucht, und die jungen Wangen färbten sich frischer, als müsse das Alter seinen Abendtau und seinen Segen dazu geben, wenn ein junges Herz heller aufblühen soll. – So war es, und so soll es immer sein!
Franz trat auch auf Fritz Triddelfitz zu und streckte ihm die Hand entgegen: »Guten Tag, Fritz.« Aber Fritzing hatte auch seinen Stolz, wenngleich einen bürgerlichen, und er hatte auch seine Rachsucht, jene nämlich, die er nach dem Graben-Rendezvous in den Erbsenacker eingestampft hatte, und so antwortete er nur kühl: »Wie befinden Sie sich, Herr von Rambow?« – »Fritz, bist nicht klug?« fragte ihn Franz, drehte ihn um seine Achse und ließ ihn stehen, als sei Fritz eine unergründliche Frage, an der sich nun ein anderer versuchen solle. Er reichte den beiden alten Herren die Hand zum Abschied und ging zu seinem Vetter. »Korl«, sagte Bräsig und setzte sich an den Tisch, auf dem das Essen bereits aufgetragen war, »ein exzellenter junger Mensch, dieser Herr Von! – Und was habt ihr hier for einen schönen Sweinbraten! In sieben kolle Winter habe ich keinen Sweinbraten mehr gesehen.«

Der Empfang, den Franz bei seinem Vetter Axel fand, war herzlich, und die Freude über seinen Besuch war aufrichtig. Dies ließ sich wohl denken, denn die beiden Vettern waren die einzigen männlichen Nachkommen ihres Geschlechts. Vor allem Frida, die schon vordem auf ihrer Hochzeit mit Franz bekanntgeworden war, hatte ihre Freude an dem gut gearteten und verständigen jungen Menschen und tat alles, um ihm seinen Besuch angenehm zu machen. So ließ sie, als Hawermann nach dem Mittagessen Bräsig das Geleit gegeben hatte und über den Hof zurückschritt, nach ihm schicken und ihn zum Kaffee bitten, weil sie mit Recht annahm, Franz werde dies lieb sein. Bei diesem Anlaß stellte es sich nun freilich heraus, daß Franz bereits vorher im Wirtschaftshaus gewesen war und seine erste Aufwartung dem Inspektor erwiesen hatte, was Axel ein wenig verschnupfte. Er krauste die Stirn bei dieser Nachricht, und zumindest seine Frau spürte es gleich, daß ihm der *Herr* wieder aufstieß. Dies hätte freilich nichts auf sich gehabt, hätte Axel sich nicht so unverständig und ungerecht betragen, Hawermann durch kühles, vornehmes Gehabe entgelten zu lassen, was Franz versehen hatte – sofern es überhaupt ein Versehen war.
Die Gesellschaft stimmte also wiederum nicht ganz zusammen. Jedes

freundliche Wort, das zwischen Hawermann und Franz gewechselt wurde, war Axel zuwider. Er wurde immer steifer und kühler, und die Unterhaltung war bereits, trotz der strahlenden Wärme, die die junge Frau um sich zu verbreiten wußte, auf dem Punkt, ganz einzufrieren, als Hawermann plötzlich aufsprang, ans Fenster eilte und dann ohne weiteres aus der Tür stürzte. Axels Gesicht lief dunkelrot an vor Ärger, der in ihm aufstieg: »Das ist doch ein zu rücksichtsloses Betragen!« rief er, »mein Herr Inspektor scheint sich von jeder gewöhnlichen Höflichkeit emanzipieren zu wollen.« – »Das muß etwas Wichtiges sein«, meinte Frida und trat zum Fenster. »Was hat er da mit dem Tagelöhner?« – »Das ist ja der Tagelöhner Regel«, bemerkte Franz, der ebenfalls aus dem Fenster blickte. – »Regel? Regel?« fragte Axel und sprang nun ebenfalls auf, »das ist ja der Bote, den ich gestern mit zweitausend Talern in Gold nach Rostock geschickt habe, der kann ja noch nicht wieder zurück sein.« – »Das wird's sein«, rief Franz, »was den alten Mann so außer Fassung bringt. – Sieh bloß, er vergreift sich an dem Menschen! – So hab ich ihn noch nie gesehn!« rief er, und damit stürzte er aus der Tür, und Axel hinter ihm drein.

Als sie auf dem Hof anlangten, hatte der Inspektor, der sonst die Ruhe selbst war, gerade den jungen, kräftigen Tagelöhner am Kragen gepackt und schüttelte ihn so, daß ihm der Hut in den Schnee fiel: »Halunke, Er lügt!« rief er dabei. »Das sind Lügen, niederträchtige Lügen! Herr von Rambow, der Kerl hat das Geld verloren!« rief er seinem Herrn zu. – »Nee, Sei hewwen mi't afnahmen«, verteidigte sich der Tagelöhner und war leichenblaß.

Axel war ebenfalls erblaßt. Die zweitausend Taler hätte er eigentlich schon längst in Rostock bezahlen müssen, hatte es aber immer wieder auf die lange Bank geschoben, bis ihm das Feuer auf den Nägeln brannte und er sie sich von Pomuchelskopp geliehen hatte – und jetzt waren sie weg.

»Es sind Lügen«, rief Hawermann, »ich kenne den Kerl. Der sollte sich mit Gewalt Geld nehmen lassen? Keine zehn Kerle sind imstande, ihm auch nur eine Pfeife Tabak mit Gewalt zu nehmen«, und fuhr wieder auf den Mann ein. – »Halt!« rief Franz und trat dazwischen, »lassen Sie den Menschen einmal ganz ruhig erzählen. – Wie ist es mit dem Geld?« – »Sie haben's mir genommen«, beteuerte Regel. »Wie ich heute morgen hinter Rahnstädt bin, beim Galliner Holz, kommen mir zwei Kerls entgegen, und der eine bat mich um Feuer für seine Pfeife, und als ich ihm das anschlagen will, faßt mich der andere von hinten an die Gurgel und reißt mich nach hinten, und denn nehmen sie mir das schwarze Paket aus der Tasche, und denn laufen sie ins Galliner Holz rein, und ich hinterher, konnte sie aber nicht wiederkriegen.« – »Was ist das?« fiel Axel hier ein. »Wie kommt Er heute morgen erst beim Galliner Holz an, das eine halbe Meile hinter Rahnstädt liegt? – Hab ich Ihm nicht ausdrücklich anbefohlen: Er solle sich vom Bürgermeister zu Rahnstädt einen Paß geben lassen und dann die Nacht durch gehen, damit das Geld heute mittag um zwölf Uhr in Rostock sei?« (Dies war der letzte Termin, an dem das Geld bezahlt werden mußte, sonst wurde er verklagt.)

»Ja, Herr«, sagte der Tagelöhner, »und den Paß hab ich mir auch geben lassen, und hier ist er« und holte ihn aus seinem Hutunterfutter heraus, »aber die Winternacht durchzugehn, das ist doch auch so'ne Sache, und ich bin bei meiner Freundschaft in Rahnstädt geblieben und dachte mir auch so, ich komm doch wohl noch zu rechter Zeit nach Rostock.«

»Krischan Däsel!« rief Hawermann über den Hof und hatte sich wieder vollkommen in der Gewalt, denn allein die sichere Überzeugung, daß ihm der Tagelöhner ins Gesicht gelogen, hatte den Alten durcheinander gebracht. – »Herr von Rambow«, sagte er, als Krischan herankam, »befehlen Sie nicht, daß der Justitiarius geholt werden soll?« – Und als Axel zugestimmt hatte, wandte er sich an Krischan: »Krischan, nimm dir mal von den Kutschpferden die beiden Vorpferde und spann sie vor die Halbchaise. Du sollst den Herrn Bürgermeister aus Rahnstädt holen. Einen Brief dazu will ich dir schreiben. – Und Er, Regel, komm Er mal mit, Ihm will ich einen stillen Platz anweisen, wo Er sich besinnen kann.« Damit entfernte er sich mit dem Tagelöhner und sperrte ihn in eine Kammer.

Als Axel mit seinem Vetter ins Herrenhaus zurückging, wäre für ihn wohl Gelegenheit gewesen, Franz mit seinen Geldverlegenheiten bekannt zu machen. Doch er schwieg, obwohl er wußte, daß sein Vetter ihm mit Leichtigkeit hätte helfen können und wollen. Und dies ist eine wahre und überall gültige Erfahrung, daß die richtigen Schuldenmacher sich lieber an die Hartherzigkeit eines Wucherers wenden als an das Verständnis von Freunden und Verwandten. Sie sind zu stolz, um ihre Schulden und ihre Schuld einzugestehen, aber wiederum nicht stolz genug, um nicht bei den nichtswürdigsten Geldjuden zu betteln und zu borgen. Doch dies ist kein Stolz, dies ist nichts weiter als jämmerliche Feigheit, die sich vor den vernünftigen und wohlgemeinten Vorstellungen von Freunden und Verwandten fürchtet. Axel schwieg also und wanderte im Zimmer unruhig auf und ab, wo Frida und Franz sich leise über die sonderbare Angelegenheit unterhielten. Die Sache war allerdings für Axel gar nicht unbedenklich, denn das Geld mußte beschafft werden, sonst konnte man ihn verklagen, vielleicht hatte man ihn sogar schon verklagt. Er hielt es nicht länger aus. Er ließ sich sein Pferd bringen, und obwohl es schon zu dämmern begann, ritt er spazieren – so sagte er wenigstens –, ritt aber zu Pomuchelskopp.

Pomuchelskopp hörte sich das Malheur des Herrn von Rambow mit übergroßem Mitgefühl an, salbaderte einiges über die Schlechtigkeit der Menschen und stellte dann die Frage, wozu denn Herr von Rambow sich überhaupt einen Inspektor hielte, wenn der noch nicht einmal soviel Verstand besäße, um ihm für eine solche wichtige Angelegenheit einen sicheren Menschen beizubringen. Er meinte, er wolle noch nichts dazu sagen, aber da könne wohl auch noch was anderes dahinterstecken, und infolgedessen sage er vorläufig noch gar nichts. Aber dies wolle er denn doch sagen, daß Hawermann immer sehr auf seinen eigenen Vorteil bedacht gewesen sei, so zum Beispiel mit dem Priesteracker. Zu dieser Pachtung hätte er den verstorbenen Herrn Kammerrat auch nur beredet, um selber mehr Lastengeld zu erhalten, denn die Pümpelhäger Gutswirtschaft habe offenbar von dieser Pachtung nur Schaden, und dies wolle er ihm beweisen.

Und dann rechnete er Axel ein langes Stück vor, in welchem dieser ihm durchaus nicht zu folgen vermochte, weil er sich aufs Rechnen ganz und gar nicht verstand und im Augenblick auch einzig und allein an seine Geldverlegenheit dachte. Er sagte also zu allem »Ja« und kam dann endlich mit seinem Anliegen heraus, Pomuchelskopp möge ihm doch noch einmal zweitausend Taler vorschießen. Pomuchelskopp wand sich erst ein wenig, kratzte sich hinter den Ohren und willigte schließlich auch ein, jedoch unter der Bedingung, daß Axel den Priesteracker von dem neuen Pfarrer nicht wieder pachten sollte.

Dies hätte den jungen Herrn nun stutzig machen können, und Muchel fühlte dies auch ganz richtig heraus. So bewies er ihm also abermals mit Zahlen, daß die Gürlitzer Wirtschaft diese Pachtung viel eher vertrage und daß sie derart beide bei dem Tausch gewinnen könnten.

Axel hatte mit halbem Ohr zugehört und war schließlich auch damit einverstanden, sein Versprechen auch noch schriftlich zu geben. Seine

Geldverlegenheit war dringend, die erste Not mußte gewendet werden, und er war so recht der Mann dazu, seiner Milchkuh den Hals abzuschneiden, um ihr Fell zu verkaufen.

Die Angelegenheit war nun abgemacht: Axel brachte seinen Revers zu Papier, Pomuchelskopp packte die zweitausend Taler ein und schickte sie, mit einem Brief von Axel, durch seinen eigenen Reitknecht nach Rahnstädt zur Post. So war es auch am besten, denn auf diese Weise bekam niemand in Pümpelhagen von der Angelegenheit zu wissen.

Als Axel nach Hause ritt, log er sich zwei Dinge so lange bündig vor, bis er selber an sie glaubte: erstens, daß Hawermann eigentlich an dem Verlust ganz allein schuld sei, und zweitens, daß er froh sein könne, den Priesteracker auf diese Art losgeworden zu sein.

Kapitel 25

Les Adieux

In Pümpelhagen war unterdes Axels Justitiar, der Bürgermeister von Rahnstädt, mit dem Herrn Notar Schlitzohr als Protokollführer eingetroffen. Der Bürgermeister war umsichtig vorgegangen. Gleich nachdem er Hawermanns Brief gelesen, hatte er einen tüchtigen Polizeidiener in alle Wirtshäuser und Kaufläden, in denen Tagelöhner verkehren, herumgeschickt, um festzustellen, ob und wann Tagelöhner Regel aus Pümpelhagen möglicherweise dort gewesen sei, und derart hatte er eine Reihe von Einzelheiten in Erfahrung gebracht, die ihm bei der gerichtlichen Untersuchung der Angelegenheit nützlich sein konnten.

Beim Bürgermeister selbst war der Tagelöhner gestern gegen vier Uhr nachmittags eingetroffen. Er hatte sich einen Paß ausstellen lassen und ihm dabei das Geldpaket vorgewiesen. Das Geld war in schwarzes Wachstuch eingenäht, und der Bürgermeister hatte selbst genau nachgeprüft, ob das Siegel noch unbeschädigt war. Der Mann hatte ihm berichtet – er war überhaupt ein wenig sehr redselig gewesen –, er solle die Nacht hindurch marschieren. Das war nun freilich in dieser Jahreszeit ein wenig viel verlangt, aber der Mann war ja auch ein gesunder, frischer Kerl. Zu dunkel konnte es nicht werden, da der Schnee leuchtete und gegen Mitternacht auch noch der Mond aufging. Er hatte ihm also den Rat gegeben, sich sogleich auf den Weg zu machen. Diesen Rat hatte der Mann aber, wie er für sicher erfahren, nicht befolgt. Er war in einigen Wirtschaften eingekehrt und hatte sich dort Schnaps geben lassen. Auch noch gegen neun Uhr war er nicht aus Rahnstädt hinausgelangt. Er hatte da noch vor einem Kaufladen gestanden, Branntwein getrunken, dort herumgeprahlt und vom vielen Geld gefaselt, hatte sogar das Paket auch noch dem Ladendiener gezeigt. Wo er danach abgeblieben, das wußte der Justitiar noch nicht. Aber soviel schien ihm gewiß, der Mann war stark angetrunken, und er fragte nun Axel und Hawermann, ob der Mensch vielleicht trunkfällig sei.

»Das kann ich nicht wissen«, sagte Axel, »ich muß mich in dieser Hinsicht auf meinen Inspektor verlassen.« – Hawermann blickte ihn dabei an, wie wenn diese Bemerkung ihn eigenartig berühre, wollte auch etwas einwenden, sagte aber nur zum Bürgermeister: Er habe bisher an dem Menschen nie etwas derartiges festgestellt oder auch nur davon gehört. Regel gelte als der nüchternste Mensch auf dem ganzen Gut, und er habe in dieser Hinsicht auch sonst über das Gutsgesinde nicht zu klagen. – »Mag sein!« sagte der Bürgermeister »aber ganz richtig wars mit dem Manne nicht. *Einmal* ist das *erste* Mal. Er hatte gewiß schon vorher getrunken, als er zu mir kam. Lassen Sie seine Frau mal hereinkommen.«

Die Frau wurde vorgeführt. Sie war jung und hübsch. Es war noch nicht lange her, da hatte sie als schmucke Dirn noch so frisch in die Welt hineingeblickt wie nur je ein mecklenburgisches Landmädchen. Jetzt aber hatten schon die Kindbetten die Rosen von ihren Wangen gewischt, und die häusliche Arbeit hatte die weichen, geschmeidigen Glieder eckiger werden lassen – unsere Hausfrauen auf dem Lande werden rasch alt –, zudem trug sie Trauer, und die Angst jagte ihr durch die Glieder.

Hawermann tat die Frau leid. Er trat zu ihr: »Regelsch, fürcht Sie sich nicht, sag Sie in allen Dingen die Wahrheit, und es wird alles wieder gut werden.« – »Herre Jesus, Herr Inspektor, was ist dies? Was heißt dies? Was ist das mit meinem Mann?« – »Sag Sie mal, Regelsch, trinkt Ihr Mann öfters mehr Branntwein, als er vertragen kann?« fragte der Justitiar. – »Nee, Herr, all sein Tag nicht, er trinkt gar keinen Branntwein. Wir halten uns auch keinen im Haus. Bloß in der Ernte trinkt er einen Schluck, wenn der Hof einen ausgibt.« – »Hat er gestern, als er von zu Hause losging, keinen Branntwein getrunken?« fragte der Justitiar weiter. – »Nee, Herr! Er aß erst noch, und dann ist er so gegen Klock halbdrei weggegangen. Nee, Herr ... Aber warten Sie mal, warten Sie mal! – Nee, gesehn hab ichs nicht; aber doch! ... Herregott doch ja! Gestern abend, als ich beim Schrank war, da war die Branntweinflasche leer!« – »Ich meine, ihr haltet euch keinen Branntwein im Haus?« fragte der Bürgermeister. – »Nee, das tun wir auch nicht, aber das ist noch vom Begräbnisbranntwein. Wir haben vergangenen Freitag unsere älteste Kleine begraben lassen, und da ist welcher übrig geblieben. – Ach, und was hat er sich gegrämt! Was hat er sich gegrämt!« – »Und Sie meint, Ihr Mann hat ihn ausgetrunken?« – »Ja, Herr, wer solls sonst gewesen sein?« Das Protokoll ward aufgenommen, und Regelsch konnte hinausgehen.

»So!« sagte Schlitzohr ungeniert zu Axel und blinzelte dabei mit einem Auge zum Bürgermeister hinüber, »den Branntwein hätten wir nu raus, wenn wir das Geld man auch erst raushätten.« – »Herr Notarius, schreiben Sie«, sagte der Bürgermeister sehr trocken und ein wenig von oben herab und wies dabei mit dem Finger auf den Platz des Protokollanten: »Der Tagelöhner Regel wird vorgeführt, zur Wahrheit ermahnt und sagt aus.« – »Herr Bürgermeister«, fuhr Axel auf, »ich weiß nicht, was diese Branntweingeschichte mit meinem Gelde zu tun hat. Der Kerl hat es gestohlen!« – »Grade das«, sagte der Bürgermeister betont ruhig, »wollte ich nur wissen, ob ers gestohlen oder besser – unterschlagen – hat und ob er überhaupt in der Verfassung war, so etwas zu begehen«, trat nahe zu dem jungen Herrn und sagte recht freundlich, aber auch recht bestimmt: »Herr von Rambow, ein Dieb, der 2000 Taler stehlen will, betrinkt sich nicht vorher. Übrigens muß ich Ihnen sagen, daß ich als Richter nicht bloß Ihre Interessen, sondern auch die des Angeklagten zu verfolgen habe.«

Der Tagelöhner Regel kam herein. Er war leichenblaß. Doch die Angst, die heute nachmittag Hawermann gegenüber aus seinem Gesicht gesprochen, hatte ihn verlassen – er hatte jetzt etwas Zuverlässiges an sich, wie altes Eichenholz, an das der Wurm sich nicht wagt. Er gestand ein, schon zu Hause Branntwein getrunken zu haben, noch mehr in Rahnstädt, daß er um neun noch beim Kaufmann gewesen, darauf über Nacht bei seiner Verwandtschaft in Rahnstädt geblieben und dann gegen sechs auf der Landstraße nach Rostock zu gegangen sei. Aber dabei blieb er: beim Galliner Holz hätten zwei Kerle ihm mit Gewalt das Geld abgenommen.

Während diese Aussage noch zu Protokoll genommen wurde, ging die Tür auf, und die junge Tagelöhnerfrau stürzte auf ihren Mann zu – denn so streng polizeilich-gerichtlich geht es bei unseren mecklenburgischen Patrimonalgerichten nicht zu – und faßte ihn am Arm: »Jochen! Jochen! Hast du Frau und Kinder für immer unglücklich gemacht?« – »Marik! – Marik!« rief der Mann, »ich habs nicht getan. Meine Hände sind rein. Habe ich überhaupt je gestohlen und genommen?« – »Jochen!« rief die Frau, »sag die Wahrheit vor den Herren!«

In der Brust des Tagelöhners arbeitete es, dunkelrot lief es ihm übers Gesicht, aber unversehens ward er wieder leichenblaß und warf einen seltsam scheuen, unsicheren Blick auf die Frau: »Marik, hab ich je was gestohlen und genommen?« Die Frau ließ ihre Hände von seinen Schultern sinken: »Nee, Jochen, das hast du nicht, das hast du wirklich nicht! – Aber du lügst, du hast mir schon öfters was vorgelogen.« Sie nahm die Schürze vor die Augen und verließ den Raum; Hawermann schritt hinter ihr her. Der Tagelöhner wurde abgeführt.

Der Bürgermeister hatte die Auseinandersetzung zwischen Mann und Frau nicht unterbrochen. Das war zwar nicht in der Ordnung, aber dies konnte ihm vielleicht einen Faden an die Hand geben, mit dessen Hilfe sich die Wahrheit ans Licht ziehen ließ.

Axel war bei den Worten der Frau »Du lügst, du hast mir öfters was vorgelogen« aufgesprungen und hatte angefangen, unruhig in der Stube auf und ab zu wandern. Ihm schlug das Gewissen. Er wußte nicht recht, weshalb gerade heute abend. Er wußte nur, gestohlen und genommen hatte er ebenfalls nichts, aber *gelogen* hatte er vordem auch schon. Doch so geht es in der Seele eines Menschen her, dem es an Aufrichtigkeit fehlt: selbst in dem Augenblick, da ihm das Gewissen schlägt, lügt er zu seinem eigenen Vorteil sich wieder etwas vor. *Sein* Fall war ja ganz und gar verschieden von dem des *Tagelöhners. Er* hatte ja nur ein wenig aus Rücksicht auf seine Frau, um sie zu schonen, die Unwahrheit gesagt, der *Tagelöhner* aber hatte *gelogen*, um unrecht Gut an sich zu bringen. Ja, bleiben Sie nur so, Herr von Rambow, dann wird der Teufel an Ihnen dermaleinst noch reiche Ernte halten können!

Schlitzohr hatte sein Protokoll beendet und trat nun wieder recht ungeniert zu Axel: »Ja, Herr von Rambow, wer da lügt, der stiehlt auch.« Das war für Axels augenblickliche Stimmung genau das falsche Wort, zumal ihm bekannt war, wie wenig Schlitzohrs Geschäfte sich vom Stehlen unterschieden. Axel war nicht nur peinlich überrascht, vielmehr erschrak er geradezu über die Frechheit dieses Menschen. Dies wäre ihm freilich kaum wiederfahren, hätte er gewußt, was sich die Leute über den Herrn Notarius erzählten.

Die Leute raunten sich nämlich zu, der Vater des Herrn Notars habe ihn als kleinen Jungen an den Großherzog von Mecklenburg als Läufer verkaufen wollen, und zu diesem Zweck habe der Herr Doktor und Chirurgius Kohlmann zu Neu-Brandenburg den Auftrag erhalten, ihm die Milz ausschneiden zu lassen: nach dieser Operation kann man bekanntlich schneller laufen. Doch der Herr Doktor, der sonst in den Wissenschaften überaus bewandert und von Gott selbst eigens zum Minister der »Auswärtigen Allweisheit« für Neu-Brandenburg bestellt worden war, habe in einer schlechten Stunde, als seine Augen ein wenig überanstrengt waren, ihm anstelle der Milz das Gewissen weggeschnitten, und so mußte Schlitzohr sein Leben *mit* seiner Milz und

ohne sein Gewissen, und nicht als Läufer, sondern als Notar hinbringen.
Im Augenblick war für den Richter hier weiter nichts zu machen. Die Verwandtschaft des Tagelöhners, jene Zeugen, die ihn zuletzt noch gesehen hatten, waren nicht zur Hand, und so ordnete der Bürgermeister denn an, der Gefangene solle diese Nacht noch in Pümpelhagen in Gewahrsam bleiben und am nächsten Tage nach Rahnstädt verbracht werden.
»Dann soll er hier unter dem Herrenhaus in den Vorkeller gebracht werden«, sagte Axel zu Hawermann, der wieder ins Zimmer gekommen war. – »Herr von Rambow«, entgegnete Hawermann, »wär's nicht besser, ihn in der Kammer des Wirtschaftshauses zu lassen, es sind dort eiserne Gitter...« – »Nein«, sagte Axel scharf, »im Keller sind auch eiserne Gitter. Ich wünsche, Kollusionen zu vermeiden, die im Wirtschaftshause vorkommen könnten.« – »Herr von Rambow, ich habe einen leichten Schlaf, und wenn Sie's befehlen, kann ja auch noch ein zuverlässiger Mensch an der Tür wachen.« – »Was ich befohlen habe, habe ich befohlen. Die Sache ist mir denn doch zu wichtig, als daß ich sie Ihrem leichten Schlaf und einem Kameraden des Spitzbuben anvertrauen möchte.« – Hawermann blickte ihm fragend ins Gesicht: »Wie Sie befehlen«, und verließ den Raum.

Es war jetzt gegen zehn. Das Abendessen stand längst auf dem Tisch. Marie Möllers schwor Stein und Bein, die gebratenen Karauschen seien ihr völlig verbrannt. Auch Frida war verdrießlich über das lange Hinauszögern des Abendessens; nur durch die Unterhaltung mit Franz war ihre Ungeduld ein wenig gezügelt worden. Da kamen die Gerichtsherren endlich. Frida in ihrer frischen Art trat auf den Bürgermeister zu: »Nicht wahr? Er hat's nicht gestohlen?« – »Nein, gnädige Frau«, antwortete der Bürgermeister mit ruhiger Bestimmtheit, »der *Tagelöhner* hat's nicht gestohlen, aber es ist ihm gestohlen worden, oder er hat's verloren.« – »Gott sei Dank!« rief sie erleichtert, »daß der Mann kein Dieb ist! Der Gedanke, unehrliche Leute auf dem Gute zu haben, wäre für mich schrecklich gewesen.«
»Du glaubst doch wohl nicht, daß unsere Leute besser sind als alle anderen? Es ist das eben solche Bande wie auf andern Gütern, Sie stehlen alle«, erwiderte Axel. – »Herr von Rambow«, mischte Hawermann sich ein, der auch zum Abendessen erschienen war, »unsere Leute sind ehrlich, ich bin lange genug hier, um davon überzeugt zu

sein. In der ganzen Zeit ist kein Diebstahl vorgekommen.« – »Ach, das haben Sie mir schon immer gesagt, und nun haben wir's ja – nun haben wir's ja! Meine törichte Leichtgläubigkeit bringt mich um zweitausend Taler. Und wenn Sie die Leute denn so genau kennen, warum bestellen Sie mir gerade *diesen* Menschen?«

Hawermann sah ihn groß an. »Wie es scheint«, sagte er, »wollen Sie mir die Schuld in die Schuhe schieben, aber wenn hier ein Versehen passiert ist, so nehme ich es nicht auf mich. Es ist wahr«, setzte er mit steigender Heftigkeit hinzu, und der Ärger schoß ihm rot ins Gesicht, »*ich* habe diesen Mann bestellt: Aber nur darum, weil *Sie* sich desselben stets als Boten bei Geldsendungen bedient haben. Er ist schon mehr als zehnmal von Ihnen nach Gürlitz geschickt, und hier der Herr Notarius kann bezeugen, wie oft er bei ihm auf solchen Gängen gewesen ist.«

Bei diesen Worten blickte Frida rasch zu Schlitzohr hinüber, und die Augen des Herrn Notars hatten sich gleichzeitig auf sie gerichtet. Beide blieben sie schweigsam, und so unterschiedlich ihre Gedanken auch waren, es war doch so, als könnten sie gegenseitig in ihren Seelen lesen. Frida las den Augen des Notars eine heimliche Schadenfreude ab und daß er der Hauptfeind ihres Glücks war, und der Notar erkannte in den klaren, klugen Augen der jungen Frau, sie sei das eigentliche Hindernis, das seinen und Pomuchelskopps Plänen im Wege stand.

Axel war schon dabei, eine rasche Antwort auf die Worte seines Inspektors zu geben, aber er hielt sich zurück, als er gewahrte, wie der feste Blick des Alten und danach Fridas Augen sich fragend auf ihn richteten. Schlitzohr schwieg ebenfalls und lag auf der Lauer. Er war der einzige, der durch das dichte Dornengestrüpp, das in diesem Gelände emporgeschossen war, hindurchzublicken vermochte, und nun lag er hinter diesem Gestrüpp und lauerte darauf, ob ihm nicht ein Häslein über den Weg lief.

So ahnten denn einzig und allein der Justitiar und Franz nichts davon, an welchen wunden Punkt Hawermann mit seinen unbedachten Worten gerührt hatte, und sie allein setzten denn auch die Unterhaltung bei Tische fort. Als sie sich erhoben hatten, trennten sie sich. Der Justitiar blieb über Nacht.

Alles schlief in Pümpelhagen, nur zwei Ehepaare wachten noch. Das eine Paar war Herr von Rambow mit seiner Gemahlin, das andere der Tagelöhner Regel mit seiner Frau. Das eine Paar saß eng beieinander im warmen Zimmer, und die Nacht, die sie umgab, war sehr still, so daß einen wohl die Lust ankommen konnte, sein Herz auszuschütten, und der Mut, einmal die Wahrheit zu sagen. Doch dies geschah nicht.

Frida freilich redete ihrem Ehemanne warm und eindringlich zu, er möge es ihr doch eingestehen. Sie wisse es nun doch, daß er sich in großen Geldverlegenheiten befinde. Sie wollten sich einschränken, aber die Geschäfte mit Pomuchelskopp und mit Schlitzohr solle er aufgeben. Er möge doch mit Hawermann reden, der werde ihm auf rechte Weise zu helfen wissen.

Bei Axel war alles nur halb; er log nicht geradezu, doch er sagte auch nicht die Wahrheit. Daß er sich in einer augenblicklichen Verlegenheit befinde, das wolle er nicht abstreiten, denn wenn einem zweitausend Taler gestohlen würden, so geriete man wohl in Verlegenheit. Er habe ja auch noch bis dahin nichts ausgedroschen, habe also auch noch nichts verkaufen können – daß er bereits einen schönen Posten Weizen auf dem Halm verkauft und dafür Geld erhalten hatte, das sagte er nicht.

Was er mit Pomuchelskopp und Schlitzohr zu erledigen habe – David ließ er unerwähnt –, könne ihm nicht schaden, das seien alte, abgemachte Geschichten – über das neue Darlehen bei Pomuchelskopp schwieg er sich aus –, und die Leute hätten sich ihm gegenüber immer anständig betragen. Doch mit Hawermann – und hier wurde er zum ersten Male erregt –, mit seinem Inspektor könne er sich in Geldsachen nicht beraten, das passe sich nicht für ihn als Herrn. Axel log nicht geradezu. Und als er seinen Arm um seine Frau schlang und ihr versicherte, es werde schon alles wieder gut werden, da sagte er auch die Wahrheit, denn in diesem Augenblick glaubte er es selber. Sie trennte sich von ihm bedrückten Herzens.

Das andere Paar saß nicht in einer warmen Stube. Der Tagelöhner lag in einem kalten Kellerloch, und seine Frau lag draußen auf den Knien vor dem Kellerfenster, im kalten, feinen Novemberregen. Sie saßen nicht eng beisammen, zwischen sie schoben sich eiserne Gitterstäbe.

»Jochen«, flüsterte die Frau durch die zerbrochene Fensterscheibe, »sag die Wahrheit.« – »Sie haben's mir abgenommen«, war die Antwort. – »Jochen, wer?« – »Je, weiß ich's?« entgegnete er und sagte die Wahrheit. Er wußte nicht, was für ein Frauenzimmer es gewesen war, das ihm das schwarze Paket am hellerlichten Morgen auf der offenen

Landstraße aus der Westentasche gezogen hatte, als er, noch alträuschig vom vergangenen Tage und erneut angetrunken von wenigen Schlukken auf nüchternen Magen, auf dem Weg nach Gallin einhergetorkelt war.
Er log nicht, doch die Wahrheit konnte er auch nicht sagen. Wie hätte er wohl eingestehen sollen, daß ihm, dem jungen, forschen Kerl, ein Frauenzimmer auf der offenen Landstraße zweitausend Taler abgenommen hatte? Das konnte er nicht, und hätte es sein Leben gekostet.
»Jochen, du lügst! Wenn du *mir* nicht die Wahrheit sagen willst, so sag sie doch unserm alten Inspektor.« – Nein, dem vor allen anderen konnte er die Wahrheit nicht sagen, denn dem hatte er es einmal versprochen, nicht wieder zu lügen, und er hatte ihn so eindringlich vermahnt – dem konnte er es nicht sagen.
»Marik, hol mir mein Stemmeisen, und hol mir ein paar Taler Geld.« – »Jochen, was willst du?« – »Ich will weg.« – »Jochen, Jochen! Und du willst mich mit den Würmern hier sitzen lassen?« – »Marik, ich muß weg, oder 's geht mir all mein Tag nicht gut.« – »Jochen, sag die Wahrheit, und es wird alles wieder gut.« – »Wenn du mir das Stemmeisen und das Geld nicht holst, dann muß ich mich diese Nacht umbringen.«
Und hier wurde nicht weniger eindringlich gesprochen und gefleht als oben im warmen Zimmer. Aber die lichte Wahrheit wollte nicht an den Tag, hier ebensowenig wie dort. Hier wie dort wurde sie von der Scham zurückgehalten, unüberlegte und anrüchtige Taten freiweg eingestehen zu müssen, und auch hier trennte sich die Frau schweren Herzens von dem Manne.

Am anderen Morgen in aller Frühe versetzte die Nachricht, daß der Tagelöhner Regel ausgebrochen und entflohen war, ganz Pümpelhagen in Aufregung. Der Justitiar ordnete das Notwendige an, um seiner wieder habhaft werden zu können, und fuhr mit dem Herrn Notar nach Hause. Axel war aufgebracht. Niemand wußte recht weshalb, aber er war es wohl über sich selber und darüber, daß er die Schuld nicht auf einen andern schieben konnte, da er selbst es angeordnet hatte, der Mann solle im Keller seines Herrenhauses eingesperrt werden.
Zum Frühstück erschien Pomuchelskopp, um über die Angelegenheit, von der er gehört habe, wie er sagte, Erkundigungen einzuziehen. Die Begrüßung zwischen ihm und Franz von Rambow war fremd und

kühl; um so freundlicher wurde er von Axel empfangen. Er wußte mancherlei davon zu berichten, daß die Gerichte viel zu glimpflich mit dem gemeinen Manne umgingen und daß der Bürgermeister von Rahnstädt viel zu gutmütig gegen die Spitzbuben sei. Er erzählte Diebesgeschichten, wie sie ihm selber und seinen Bekannten widerfahren seien, und schloß endlich damit, daß er beteuerte: er glaube nun freilich auch, ebenso wie Hawermann, daß der *Kerl* es nicht getan habe. »Das heißt«, setzte er hinzu, »er hat es nicht aus sich selbst getan, er kann bloß von einem andern dazu angestiftet sein, denn das wagt kein Tagelöhner, zweitausend Taler, die ihm anvertraut sind, zu stehlen; da muß ein Klügerer dahinterstecken. Und darum«, sagte er, »rate ich Ihnen, Herr von Rambow, auf *die* Leute ein Auge zu haben, die die Flucht des Tagelöhners begünstigt haben können oder die überhaupt nur seine Partei nehmen.« – Der Verlust und der Ärger hatten in Axels Gemüt bereits grobe Furchen gerissen, so daß eine dahinein geworfene Saat, und sei es auch Unkraut, wie Kornrade oder Trespe, prächtig darin gedeihen mußte.
Axel wanderte durchs Zimmer: Ja, Pomuchelskopp konnte recht haben. Er war ein alter Praktikus, der die Welt kannte, freilich nur die landwirtschaftliche. Wer aber konnte mit dem Tagelöhner gemeinsame Sache machen? – Er wußte keinen. – Wer hatte Regels Partei ergriffen? – Das war Hawermann gewesen, Hawermann hatte als erster ausdrücklich erklärt, Regel werde das Geld wohl verloren haben. Aber er war ja gleich bei der ersten Nachricht an dem Kerl handgreiflich geworden? – Na, das konnte auch ein abgekartetes Spiel gewesen sein. Und warum hatte er durchaus gewollt, daß der Tagelöhner dicht neben seiner Stube in die Kammer eingesperrt werden sollte? – Vielleicht, daß er mit ihm sprechen, vielleicht, daß er ihm auf diese Weise besser forthelfen konnte?
Für jeden vernünftigen Menschen waren dies ausgemachte Torheiten. Aber der Teufel ist »ein feiner Mann«, er sucht sich nicht die Klugen und Starken aus, wenn er seine Kornraden und Trespen in einen aufgebrochenen Acker säen will, er nimmt sich die Dummen und Schwachen her.

»Was hat Ihr Inspektor da mit der Frau?« fragte Pomuchelskopp, der ans Fenster getreten war. – »Das ist ja Regelsch«, sagte Franz, der neben ihm stand. – »Ja«, rief Axel erregt, »was hat er mit ihr? Das möchte ich wissen.« – »Das ist sehr sonderbar«, sagte Pomuchelskopp.

Auf dem Hof stand Hawermann vor der Tagelöhnerfrau und forderte sie augenscheinlich zu etwas auf. Sie schien sich zu sträuben, gab aber schließlich nach und ging mit ihm zum Herrenhaus. Sie kamen ins Haus, sie traten in die Stube.

»Herr von Rambow«, sagte Hawermann, »die Frau hat mir eben eingestanden, sie hat ihrem Manne in dieser Nacht fortgeholfen.« – »Ja, Herr«, sagte die Frau und zitterte an Händen und Füßen, »ich habs getan, ich bin da schuldig an. Aber ich konnt nicht anders, er wollte sich sonst etwas antun.« Ihr stürzten die Tränen aus den Augen, und sie nahm die Schürze vors Gesicht. – »Ne saubere Geschichte!« rief Axel, der doch sonst so gutherzig war, mit scharfer Stimme, »ne saubere Geschichte! Dies scheint ja ein ordentliches Komplott zu sein!« Franz trat auf die Frau zu, zog sie auf einen Stuhl nieder und fragte: »Regelsch, hat er Ihr denn nicht eingestanden, wo er mit dem Geld geblieben ist?« – »Nee, jung' Herr, er hat mir nichts gesagt, und was er sagte, waren Lügen, das weiß ich. Aber genommen hat er's nicht.«

»Wie kommen Sie dazu«, fuhr Axel auf Hawermann los, »mit der Frau ohne meinen Befehl ein Verhör anzustellen?« – Hawermann stutzte bei dieser Frage, noch mehr aber über den Ton, in dem sie gestellt wurde. »Ich glaubte«, sagte er endlich gelassen, »daß es gut sein würde, zu erfahren, wie und wann der Gefangene ausgebrochen ist, um einen Fingerzeig für seinen jetzigen Aufenthaltsort zu erhalten.« – »Oder auch Fingerzeige zu geben!« rief Axel und wandte sich rasch um, als habe er etwas begangen, was ihn vielleicht noch reuen könne. – So schlimm, wie er mit recht befürchten mußte, wurde nun die Angelegenheit freilich nicht, denn den *Sinn* dieser Worte hatte Hawermann nicht verstanden. Er vernahm nur ihren *Ton*, aber das genügte bereits. Er entgegnete mit Ernst und Nachdruck: »Was Sie mit Ihren *Worten* sagen wollen, weiß ich nicht, ist mir auch ganz gleichgültig. Aber die Art und Weise, in der Sie gestern abend und heute morgen zu mir gesprochen haben, nehme ich nicht von Ihnen an. Gestern schwieg ich aus Rücksicht vor der gnädigen Frau, in der Gesellschaft von heute morgen aber« – und dabei blickte er auf Pomuchelskopp – »brauche ich solche Rücksichten nicht zu nehmen«, und damit verließ er das Zimmer. Die Tagelöhnerfrau folgte.

Axel wollte ihm nach. Franz trat ihm in den Weg: »Was willst du, Axel? Besinne dich doch! Du hast schuld, du hast den alten Mann ärger gekränkt, als er überhaupt ahnt.« Das sei ein starkes Stück, sagte Po-

muchelskopp, wie wenn er mit sich selbst spräche, für einen Inspektor sei das ein starkes Stück. Doch er müsse machen, daß er nach Hause komme, sagte er und rief aus dem Fenster nach seinem Pferd. Er hatte ja nun alles schön in Gang gebracht.
Das Pferd wurde vorgeführt. Axel begleitete seinen Herrn Nachbarn vor die Tür, Franz blieb im Zimmer. – »Gewiß ein sehr guter Mann, Ihr Herr Vetter!« sagte Pomuchelskopp, »aber er kennt die Welt noch nicht; weiß noch nicht, was sich für den *Herrn* schickt und was für den *Diener.*« Damit ritt er davon.

Als Axel ins Zimmer trat, warf er die Mütze, die er sich des kühlen Morgens wegen aufgesetzt hatte, in die Sofaecke: »Verdammte Spitzbubengeschichte! Hol der Teufel den ganzen Kram, wenn man sich auf keinen Menschen mehr verlassen kann!« – »Axel«, sagte Franz und trat freundlich auf ihn zu, »du tust deinen Leuten bitteres Unrecht an, du tust dir selbst unrecht, lieber Bruder, wenn du bei deinem wohlwollenden Herzen dich in einen so ungerechten Haß hineinarbeitest.« – »Ungerecht? Was? – Mir sind 2000 Taler gestohlen ...« – »Sie sind dir verlorengegangen, Axel, durch leichtsinnige Schuld eines Tagelöhners.« – »Ach was, *verloren*!« rief Axel und wandte sich von ihm ab, »komm du mir mit demselben Märchen wie mein Herr Inspektor!« – »Axel, alle verständigen Leute sind dieser Meinung, der Bürgermeister sagte selbst ...« – »Ach, schweig mir von der alten Schlafmütze! *Ich* sollte nur die Untersuchung geführt haben, dann sollte schon was anderes ans Licht gekommen sein. Ja, wenn ich heute morgen bloß die Frau zuerst vorgekriegt hätte, dann sollte ihre Aussage ganz anders lauten; aber so? – Oh, 's ist ja reine Durchstecherei!« – »Hör mal, Axel, du machtest vorher schon einmal eine Anspielung«, rief Franz scharf und bestimmt, »zum Glück wurde sie nicht verstanden, nun machst du sie zum zweiten Male, und *ich* für mein Teil *muß* sie verstehen.« – »Nun, dann versteh sie; ohne genügenden Grund ist sie nicht gemacht.« – »Und solche Andeutung wolltest du vor deinem Gewissen vertreten? Du wolltest in deiner ungerechten Aufwallung mit frevelhaftem Übermut einen Schmutzfleck auf ein sechzigjähriges ehrenhaftes Leben werfen?«
Dies steigerte Axels künstliche Erregung ebensosehr, wie es ihn ein wenig abkühlte. Und er sagte verdrießlich, weil die Erregung nicht vorhielt: »Ich habe nicht gesagt, daß er's getan hat; ich habe nur gesagt, er könnte es getan haben.« – »*Der* Verdacht«, sagte Franz

kalt, »ist ebenso schlimm wie der andere; für *dich* ebenso schlimm wie für den *alten Mann.* – Besinne dich doch, Axel!« sagte er eindringlich und legte dem Vetter die Hand auf die Schulter, »wie lange ist der alte Mann nicht *deinem Vater* und *dir* ein treuer, aufrichtiger Verwalter gewesen? – *Mir*«, fügte er leise für sich hinzu, »war er mehr, *mir* ist er Freund und Lehrer gewesen.«

Axel wanderte im Zimmer unruhig auf und ab. Er empfand sein Unrecht – zumindest in diesem Augenblick –, aber frei und frank es einzugestehen, daß er einem anderen unbilligerweise seine eigenen Dummheiten und Unaufrichtigkeiten hatte unterschieben wollen, dazu gebrach es ihm an Mut. Er begann, mit sich selber zu feilschen und zu schachern und griff nach der Ausflucht, nach der die Schwachen und Ungerechten stets greifen: er spielte, nachdem er mit sich selbst hinreichend gefeilscht hatte, den Streit ins Lager des Gegners hinüber. Noch heutigentags wird die reine Wahrheit in einer schwachen Menschenseele allzeit für dreißig Silberlinge verschachert.

»Oh, *dir*«, sagte er, »*dir* wird er ja wohl noch *mehr* sein.« – »Wie meinst du das?« fragte Franz und wandte sich rasch nach ihm um. – »Oh?« sagte Axel, »weiter nichts! – Ich meinte nur: du wirst ihn ja wohl nächstens ›Papa‹ nennen.« – In dieser Redeweise lag etwas Nichtswürdiges. Es lag die Absicht darin, den anderen zu kränken, der ihm gegenüber für die Wahrheit eingetreten war. Es war der Schmutz, den er bei Pomuchelskopp aufgegriffen hatte.

Franz übergoß es dunkelrot. Sein verborgenes, ihm heiliges Geheimnis war ans Licht gebracht worden, und bei *dieser* verdrießlichen Gelegenheit und auf *diese* Art ans Licht gebracht worden. Die höhnische Absicht lag klar zutage. – Dunkel schoß ihm das Blut ins Gesicht, und während er sich zu fassen suchte, bemerkte er knapp: »Das gehört nicht hierher.« – »Warum nicht?« sagte Axel, »das erklärt wenigstens die Wärme, mit der du deinen Herrn Hawermann verteidigst.« – »*Der* Mann braucht nicht verteidigt zu werden, sein ganzes Leben verteidigt ihn.« – »Und seine schöne Tochter«, sagte Axel und ging in großen Schritten und im Gefühl des Triumphs auf und ab.

In Franz wallte es auf, doch er bezwang sich: »Kennst du sie?« fragte er gelassen. – »Ja-nein-, das heißt, ich habe sie gesehen. Ich habe sie im Pastorhause gesehen, und sie ist öfters hier bei meiner Frau gewesen, und diese ja auch wohl bei ihr; *ich* kenne sie bloß von Ansehn: ein hübsches Mädchen, ein sehr hübsches Mädchen, auf Ehre! Sie fiel mir als Kind schon auf dem Begräbnis meines Vaters auf.« – »Und als du erfahren hattest, daß mir das Mädchen lieb sei, hast du da nicht ihre nähere Bekanntschaft gesucht?« – »Nein, Franz, nein! Wozu? Ich wußte ja doch, daß aus dieser Partie im Leben nichts werden konnte.« – »Dann hast du freilich mehr gewußt als ich.«

»Oh, ich weiß noch mehr, ich weiß, wie man dich geködert und gekirrt hat und daß man noch immer damit umgeht, dir bei Gelegenheit das Seil über die Hörner zu werfen.« – »Und von wem weißt du denn dies alles? – Doch was frage ich da lange! Solch bübische Klätschereien können in der ganzen Gegend nur in *einem* Hause ausgebrütet werden. – Aber da nun einmal zwischen uns die Rede darauf gekommen ist, so will ich dir nur frei eingestehen, daß ich allerdings die Absicht habe, das Mädchen zu heiraten, das heißt, wenn sie mich nicht ausschlägt.« – »Sie wird sich wohl hüten! Sie wird sich wohl hüten!« rief Axel, und sein Gang wurde erregt. »Und diese Torheit willst du begehen? Und diesen Affront willst du *mir* antun?« – »Axel, sieh nach deinen Worten!« rief Franz, dessen Ärger sich nicht mehr zurückhalten ließ, »was geht dich die ganze Sache an?« – »Was? *Mich*, als den Ältesten unseres alten Geschlechts, sollte es nichts angehen, wenn es von einem jüngeren Angehörigen durch eine Mißheirat beschimpft wird?«

Noch einmal bezwang sich Franz: »Du selbst hast nach reiner Neigung geheiratet und hast dabei nicht auf Nebendinge geachtet.« – »Das ist etwas anderes!« rief Axel hochmütig und glaubte nun Oberwasser zu haben: »Meine Frau ist mir gleichgeboren, ist die Tochter eines alten Hauses; deine Liebste ist die Tochter meines Inspektors, aus Gnade und Barmherzigkeit von den Predigerleuten angenommen.« – »Schäme dich!« rief Franz in heller Wut, »eine Unschuldige ein großes Unglück entgelten zu lassen!« – »Ist mir ganz gleich!« brauste Axel auf, »ich *will* nun einmal nicht die Tochter meines Inspektors Cousine nennen; die Dirne soll mir mit keinem Fuß über die Schwelle.«

Alles Blut, das ihm vor kurzem noch durch Gesicht und Adern glühte, drängte sich Franz jetzt ins Herz. Bleich stand er vor seinem Vetter und rief mit einer Stimme, die vor innerer Erregung bebte: »Du hast es gesagt. Du hast ein Wort gesagt, was uns scheidet. Luise soll deine Schwelle nicht betreten, aber ich auch nicht.«

Damit ging er. In der Türe begegnete er Frida, die den Streit im Nebenzimmer mit angehört hatte: »Franz, Franz, was ist Ihnen?« – »Leben Sie wohl, Frida«, sagte er mit bewegter Stimme und ging nach draußen, dem Wirtschaftshause zu.

»Axel«, rief Frida, als sie auf ihren Mann zutrat, »was hast du getan? Was hast du getan?« – »Einem jungen Menschen«, sagte Axel, der mit großen Schritten im Zimmer auf und ab ging, als habe er mit einem gewaltigen Sieg in die verkehrte Weltordnung eingegriffen und sie wieder ins richtige Gleichgewicht gebracht, »einem jungen Burschen, der sich an ein glatt Gesicht verplempern will, habe ich seinen Standpunkt klar gemacht.« – »Und das hast *du gewagt*?« sagte Frida, sank blaß auf einen Stuhl und folgte mit ihren großen, hellen Augen dem Triumphzug ihres Mannes durchs Zimmer. »*Du* hast es gewagt, deinen kleinlichen Geburtsstolz zwischen die Empfindungen zweier edlen Herzen zu drängen?« – »Frida«, sagte Axel – und er wußte dabei recht gut, daß er unrecht getan hatte, das Gewissen schlug ihm, aber er durfte es nicht eingestehen –: »Ich glaube, meine Pflicht getan zu haben.« – Und dies mag man sich merken, wenn man will: jene Leute, die niemals ihrer Pflicht genügen, die versteifen sich am meisten auf dieses Wort.
»Oh«, rief Frida und sprang auf, »und hast ein biederes, braves Herz bis zum Tode verwundet! – Axel«, bat sie und legte ihm ihre gefalteten Hände auf die Schulter, »Franz ist ins Wirtschaftshaus gegangen. Geh ihm nach, mach wieder gut, was du schlimm gemacht hast, bring ihn wieder zu uns zurück.« – »Ich soll ihm wohl in Gegenwart meines Inspektors Abbitte tun? – Nein, das wollen wir denn doch lieber *nicht* tun! Oh, es ist köstlich«, und er steigerte sich von neuem in künstliche Wut, »mir werden 2000 Taler gestohlen, mein Herr Inspektor meistert mich, mein Herr Vetter steht seinem lieben Schwiegerpapa bei, und nun schlägt sich meine eigene Frau auch noch zu der Gesellschaft!« – Frida blickte ihn an, ließ seine Hände los und warf sich einen Schal über die Schultern: »Wenn *du* nicht willst, dann will *ich*«, verließ das Zimmer und hörte ihn nur noch rufen: »Ja, geh nur! geh nur! Aber der alte Schleicher soll mir aus dem Hause!«
Wie sie über den Hof schritt, wurde Franzens Wagen schon angespannt, und als sie die Inspektorenstube betrat, hatte Hawermann dem jungen Herrn gerade gesagt: »Herr von Rambow, Sie werden das vergessen. Sie haben Ihr Leben bisher in unserm engen Kreise zugebracht. Wenn Sie auf Reisen gehen – was ich ganz recht finde –, dann werden Ihnen andere Gedanken kommen. – Aber lieber Franz«, sagte der Alte mit Herzlichkeit und erinnerte sich früherer Zeiten, »setzen Sie mir das Herz meines Kindes nicht in Unruhe.« – »Nein, Hawermann«, entgegnete Franz gerade, als Frida hereinkam. – »Lieber Himmel!« rief Hawermann, »ich habe etwas draußen vergessen. Sie ent-

schuldigen, gnädige Frau!« Damit verließ er die Stube. »Immer rücksichtsvoll, immer bescheiden«, sagte Frida. – »Ja, *das* ist er«, sagte Franz und blickte dem Alten nach.

Der Wagen fuhr vor, aber er mußte noch lange warten: die beiden hatten noch mancherlei miteinander zu bereden. Und als endlich Franz den Wagen bestieg, da waren die Augen der jungen Frau rot, und auch Franz hatte feuchte Augen. »Grüßen Sie den alten, braven Mann!« sagte er. »Und grüßen Sie auch Axel!« setzte er leiser hinzu, wie er ihr die Hand drückte.

Der Wagen fuhr ab.

Kapitel 26

Spuk

Jung-Jochen saß in seiner Sofaecke und rauchte aus seiner Pfeife. Jung-Bauschan lag unter seinem Stuhl, hatte aber den Kopf so weit vorgestreckt, daß er Jung-Jochen anblicken konnte. Jung-Jochen seinerseits blickte wieder auf Bauschan, enthielt sich aber jeder Bemerkung, und auch Bauschan sagte nichts. Es war recht still und ruhig im Hause Rexow an diesem Dezember-Nachmittag, und einzig allein an *einer* einzigen Stelle im Zimmer quäkte und knarrte es immerzu. Dies war Frau Nüßlers Korblehnstuhl, auf dem sie am Fenster saß und strickte. Immer wenn sie eine Masche aufnahm, steuerte er eine Anmerkung bei, was ihm nicht zu verdenken war, denn sie bedrückte ihn über die Maßen, dieweil sie mit der Zeit zu dem geworden war, was man ein komplettes Frauenzimmer zu nennen pflegt.

Heute knarrte der alte Stuhl freilich noch heftiger als sonst, denn Frau Nüßler hatte sich tief in ihre Gedanken hinein verstrickt. Diese Gedanken wurden in ihr immer reger und bedrückten sowohl ihre Seele wie den Stuhl, und der alte Stuhl knarrte nur immer heftiger. »Ach Gott«, sagte sie halblaut und legte ihr Strickzeug in den Schoß, »warum muß es so in der Welt sein, daß dem einen sein Unglück dem andern sein Glück werden kann? Jochen, weißt du, woran ich eben gedacht habe?« – »Nee«, bemerkte Jung-Jochen und blickte auf Bauschan; Bauschan wußte es ebenfalls nicht. – »Jochen«, sprach sie, »was meinst du dazu, wenn Gottlieb sich für die Gürlitzer Pfarre melden würde? – Gottlieb ist ja gegen den alten Herrn Pastor ein wahres Dreierlicht. Aber einer kriegt die Pfarre ja doch, warum wär er denn nicht ebenso gut wie jeder andere?« Jochen schwieg. »Wenn Pomuchelskopp ihm auch entgegen wäre, unsere Leute und die Warnitzer wählen ihn. Es käme also bloß auf den Pümpelhäger Herrn an. Was sagst du, Jochen?« – »Je«, bemerkte Jochen, »es is alles so, wie das Leder is.« Weil ihm aber die Sache sehr nahe ging, fuhr er in seinen Bemerkungen fort und fragte noch: »Was soll einer dabei tun?« – »Ach«, sagte Frau Nüßler, »mit dir ist nicht zu reden. Ich wollte, Bräsig wär man hier, der könnt einen Rat geben«, und strickte rastlos weiter.

»Na«, rief sie nach einer halben Stunde, »wenn einer vom Wolf redet, denn ist er nicht weit. Da kommt Bräsig auf den Hof zu fahren. –

Und wen hat er bei sich? – Rudolf. Nu denk mal eins, Rudolf! Wo kommt Rudolf heut hierher? – Jochen, nu tu mir aber den einzigen Gefallen – der Junge macht sich doch so gut –, und stoß ihn auch nicht mit deinen alten abgedroschenen Redensarten vor den Kopf.« Damit lief sie zur Tür hinaus und nahm die Gäste in Empfang.

Doch sie hatte sich wohl allzu lange mit der Vorrede aufgehalten, denn als sie draußen war, da lag Mining schon in Rudolfs Armen. »Gott bewahr uns!« rief Frau Nüßler, »Mining, man sachten!« und führte Rudolf ins Zimmer. – »Na«, bemerkte Jochen, »Bräsig, setzt dich ein bißchen hin! – Rudolf, setz dich auch ein bißchen hin!«

Doch so einfach ging dies nicht. Rudolf hatte mit Mining und Lining allzuviel zu erledigen, um es im Sitzen abmachen zu können, und in Bräsigs Kopf schnurrte es wie in einem Uhrwerk. Er lief in der Stube auf und ab, als müßten seine Beine als Perpendikel für dies Räderwerk dienen. »Jung-Jochen«, sagte er, »weißt was Neues? Sie haben ihn *nich* gekrigt.« – *»Wen?«* bemerkte Jochen. – »Mein Gott doch, Jochen«, sagte Frau Nüßler, »so laß Bräsig doch auserzählen. Du fällst den Leuten immer so plump in die Rede. So laß sie doch ausreden! Bräsig, wen haben sie nicht gekriegt?«

»Regeln«, sagte Bräsig. »Sie haben ihn nachgespürt bis in die Wismer, da hat sich das aber befunden, daß da ne Eul gesessen hat, indem daß er da justement acht Tage vorher mit en swedschen Kalfaterschiff ausgerissen und in die Ostsee gestochen is.« – »Herre Jesus«, rief Frau Nüßler, »was muß meinem Karl-Bruder dies für Elend machen!« – »Madam Nüßlern, da haben Sie recht: Korl is gor nich wiederzuerkennen, indem daß er sich vollständig insuliert hat un mit swore Gedanken umgeht. Es greift ihn die Sache hellschen an's Mager – nicht um seinetwillen – nee! um seinen Herrn seinetwillen. Denn Sie sollen sehn, der junge Mensch wird sich über kurz oder lang öffentlich for insolent erklären müssen.« – »Das wär Karl sein Tod!« rief Frau Nüßler.

»Was hilft das all?« sagte Bräsig. »Der junge Eddelmann rungeniert sich mit wissentlichen Augen: er fängt nu mit die höhere Pferdezucht an. Denn, wie ich von den alten Prebberow weiß, hat er sich mit Lichtwarken insinuwiert, und der hat ihm einen Vollbluthengst angesnackt, der hinten Hasenhack und Spatt und vorn Sehnenklapp, kurz die ganze Musik an die Beinen hat, und dann hat er sich ne Vollblutstute mit Pauken und Trumpeten dazu angeschafft und will ja auch Triddelfitzen seine olle Dowe kaufen, um en vollständig Pferdelazarett in Meckelnborg aufzurichten. Den kleinen Maulesel krigt er zu – und darüber freu ich mir, denn das ist noch der einzige Vernünftige von der ganzen Gesellschaft.«

»Na, denn lasen Sie ihn, Bräsig; er muß seine Gefahr durchstehen«, erwiderte Frau Nüßler. »Aber Jochen und ich sprechen gerade von dem jungen Herrn – Mining, du kannst wohl mit Rudolf ein bißchen rausgehn! Und, Lining, du bleibst ein bißchen bei ihr!« – und als sie draußen waren, fuhr sie fort: »Bräsig, es ist wegen der Priesterstelle in Gürlitz. Wenn Gottlieb *die* so kriegen könnt.« – »Madam Nüßlern«, sprach Bräsig, hielt seine beiden Perpendikel an und stand vor Frau Nüßler, als habe die Uhr zwölf geschlagen, »was Sie da eben sagen, is ne Idee, un kein Mensch auf der ganzen Welt is so fix in den Stand, ne Idee zu verfassen als die Frauensleut. Wo haben Sie diese Idee her?« – »Ganz von selber«, sagte Frau Nüßler, »denn Jochen stimmt ja mit mir jetzt gar nicht mehr überein. Er hat in solchen Sachen immer Widerworte.«

»Jochen, sweig rein still!« sagte Bräsig, »du hast unrecht; denn diese Ansicht von deiner lieben Frau hat Hand und Fuß. For Warnitz steh ich ein. Die Leute wählen *meinen* Pasterkannedaten, und wenn sich mein gnedigst Graf un Gräfin auf den Kopp stellen. For Rexow büst du da, Jung-Jochen. Pomuchelskopp tut's nich, schon aus Schawernack. Aber das schad't nich, auf die Pümpelhäger kommt's an.

Wer soll aber mit dem jungen Edelmann dieserhalb reden? – Hawermann? – Der steht mit ihm in diesem Augenblicke ganz auf den Apropoh. – Ich? – Nichtsdestoweniger! Denn er hat mich beleidigt. – *Jung-Jochen* selber? – Ich trau Jung-Jochen nich: er überläßt sich in der letzt zu sehr seinen Redensarten. – *Gottlieb?* – 's ist en guter Kerl, aber ein Schafskopp. – Also wer? – *Rudolf!* – Ein hellscher Bengel, wie mich Hilgendorff geschrieben hat. – *Rudolf* muß hin, und Sie, Madam Nüßlern, müssen mit, wegen das Fomilienverhältnis, daß sich der junge Mensch darüber leguminieren kann.« – »Herre Gott!« rief Frau Nüßler, »ich soll nach dem jungen Herrn gehn!« – »Nein«, sagte Zacharias Bräsig, »Sie gehn zu die junge Frau, und Rudolf zu den jungen Herrn. – Wo is Rudolf? Rudolf muß gleich reinkommen.«

Rudolf war auch gleich bereit, den Bittgang für seinen Vetter Gottlieb zu übernehmen. So wurde abgemacht, er solle am nächsten Tage mit seiner Tante nach Pümpelhagen fahren.

Dies geschah denn auch. Als aber die Deputation vorm Herrenhause vorfuhr, stand Herr von Rambow nicht zur Verfügung. Er war ausgeritten. Sie ließen sich also bei der gnädigen Frau anmelden, und dort wurden sie denn auch freundlich aufgenommen.

»Gnädige Frau«, sagte Frau Nüßler und ging treuherzig und ohne viel Umstände auf die junge Frau zu, »nehmen Sie's mir nicht übel, wenn ich manchmal plattdeutsch mit Ihnen rede – ich kann auch wohl en bischen hochdeutsch, aber 's ist auch danach. Unsereins stammt noch ut den ollen Sekulum, und ich sage immer, ein blanker Zinnteller gefällt mir viel besser als ein silberner, der nicht propper ist.«

Frida nahm der guten Frau das Tuch selber ab, bat sie zu sich aufs Sofa, machte eine freundliche Handbewegung zu Rudolf hinüber in Richtung auf einen Stuhl und wollte mit dem Besuch schon Platz nehmen. Da aber wurde sie von Frau Nüßler aufgehalten, die ihr recht freundnachbarlich anvertraute: »Sehn Sie, gnädige Frau, dies ist ein Neffe von mir, der nu mein Schwiegersohn werden will. Er ist ein Sohn von Kaufmann Kurz in Rahnstädt, von dem Sie ja auch kaufen.«

Rudolf produzierte daraufhin eine vollendete Verbeugung. Die junge Frau in ihrer frischen Art machte aber dieser Vorstellerei bald ein Ende. Auch gelang es ihr, nach einer Reihe von Knicksen Frau Nüßler denn doch richtig aufs Sofa zu placieren.

»Ja«, fuhr die komplette Dame fort, »er hat auch studiert, ist aber wohl nicht weit gekommen. Aber jetzt, wo er Landmann geworden ist, schickt er sich ja prächtig an, wie Hilgendorff an Bräsig geschrieben hat.« Dies war nun alles recht erfreulich für Rudolf, für ihn selbst aber doch ein bißchen genant, und so fiel er seiner Tante ins Wort: »Aber, liebe Tante, du wolltest ja nicht von *mir,* du wolltest ja von *Gottlieb* reden.«

»Ja, gnädige Frau, deswegen komm ich ja eigentlich. Sehn Sie, ich hab noch einen, der auch mein Schwiegersohn werden will, auch ein Neffe, der Sohn vom Rektor Baldrian in Rahnstädt. Der hat richtig ausstudiert und hat ja auch alles, was dazu gehört, richtig gewußt und kann ja nu auch alle Tage Pastor werden. Und da ist ja nu unser alter guter Herr Pastor in die Ewigkeit gegangen – ach, gnädige Frau, was war das für ein prächtiger Mann! –, und Sie könnens mir nicht verdenken, wenn ich jetzt möchte, daß mein Lining bei mir auf der Näh bleibt und Gottlieb die Pfarre kriegt.« – »Nein, liebe Frau Nüßler«, sagte Frida, »*das* verdenke ich Ihnen nicht, und wenn's auf mich ankäme, würde jedenfalls Ihr zukünftiger Herr Schwiegersohn von unserer Seite die Präsentation erhalten. Ich habe zu viel Gutes von Ihnen und Ihren Töchtern gehört.« – »Hewwen Sei dat würklich?« fragte Frau Nüßler, erwärmt bis ins Herz hinein. »Ja, 't sünd olle leiwe Gören!« rief sie aus.

In diesem Augenblick wurden draußen Schritte vernehmbar, und Herr von Rambow, der seinen Ritt beendet hatte, trat ins Zimmer. Die junge Frau übernahm die Vorstellung, und Axel blickte bei der Nennung der Namen ungemein ausdrucksvoll seine Nase entlang. Rudolf aber ließ sich dadurch nicht einschüchtern. Er hatte einen schönen Trumpf in der Hand, den er nicht unter Wert ausspielen wollte. Er wandte sich an Axel: »Herr von Rambow, dürfte ich Sie vielleicht auf ein paar Worte allein sprechen?« Axel ging mit ihm ins Nebenzimmer.

»Herr von Rambow«, sagte Rudolf, »Ihnen sind in der vorletzten Woche 2000 Taler Gold, wie Sie selbst gesagt haben, in lauter dänischen Doppellouisdor abhanden gekommen. Der Tagelöhner ist flüchtig geworden, und es scheint so, als wenn man seiner nicht mehr habhaft werden kann. Aber dem Gelde ist man auf der Spur.« – »Was?« rief Axel, »woher wissen Sie das?« – »Seit gestern nachmittag weiß ich, daß dem Untersuchungsrichter, dem Bürgermeister in Rahnstädt, ein sehr deutlicher Fingerzeig in dieser Richtung geworden ist: Ich stand mit meinem Vater in dessen Laden, da kam eine Frau, eine Weberfrau, die mit ihrem Manne im Scheidungsprozeß liegt, und wollte einen dänischen Doppellouisdor einwechseln. Ich kenne die Frau, sie ist blut*arm,* und der Bürgermeister weiß aus den Scheidungsverhandlungen, daß sie *nichts*, rein *gar nichts* besitzt. Mein Vater und ich machten über diesen Vorfall die Anzeige, und in dem Verhör mit ihr hat sich herausgestellt, daß sie außer dem vorgezeigten Goldstück noch weiteres Geld besessen hat, über welches sie keine Auskunft zu geben vermochte, und – was die Hauptsache ist – es hat sich herausgestellt, daß sie an demselben Morgen mit dem Boten denselben Weg gegangen ist.«

»Wie ist es möglich!« rief Axel, »dann hätte der Kerl es doch nicht selbst gestohlen!« – »Es scheint«, sagte Rudolf, »als wenn es ihm gestohlen worden ist. Unser alter, umsichtiger Bürgermeister hat die Frau wegen anderer, kleiner und eingestandener Diebstähle einsperren lassen und meinem Vater und mir jede Mitteilung über den Fall verboten, Ihnen gegenüber, da er hörte, daß ich hier in die Gegend reiste, hat er sie mir jedoch ausdrücklich erlaubt. Sie werden gewiß noch heute brieflich darüber Bericht erhalten.«

»Herr Kurz«, sagte Axel, »ich danke Ihnen aufrichtig, daß Sie eigens hierher gefahren sind, um mir diese Mitteilung zu machen«, und reichte dem jungen Mann die Hand.

Rudolf lachte ein wenig und sagte nach einigem Zögern: »Wenn es dies allein gewesen wäre, wäre ich auch wohl allein gekommen. Aber Sie haben wohl meine Tante bemerkt, die hat noch allerlei auf dem Herzen.« – »Wenn ich irgendwie dienen kann ...« bemerkte Axel höflich. – »Nun, dann will ich's nur gerade heraussagen, ein Vetter von mir, ein Kandidat der Theologie, bewirbt sich durch meine Tante um die Präsentation für die Gürlitzer Pfarre.« – »Ein Vetter? – Ich meine, Sie selbst sind Theologe.« – »Gewesen! Herr von Rambow, gewesen!« rief Rudolf frisch von der Leber weg, »ich glaube, ich bin wohl nicht hoch genug organisiert, wie man das heutzutage nennt, und bin lieber Landmann geworden, und ich kann Ihnen sagen«, und dabei blickte er dem jungen Herrn frisch und fröhlich ins Auge, »ich bin seitdem recht glücklich geworden.«

Es hätte schon ein tief verdorbener Mensch sein müssen, der sich von dieser Lebensfrische nicht hätte anstecken lassen, und Axel war ja eigentlich noch wie ein recht schöner Apfel. Hier und da war er freilich schon ein bißchen arg angestoßen und auf der Außenseite hier und da auch schon ein wenig angefault, aber im Innern war er noch kerngesund. So rief er also mit bewegter Stimme: »Das ist recht! Das ist recht! Ich hab's auch so gemacht. Das Leben eines mecklenburgischen Landmannes soll doch gelten! Wo halten Sie sich jetzt auf, Herr Kurz?« – »Beim größten Landmann dieses Jahrhunderts, bei Hilgendorff auf Klein-Tetzleben«, war Rudolfs fröhliche Antwort. – »Ein ganz vorzüglicher Mann!« rief Axel, »auch Vollblut! – Das heißt Pferde!«

Und dann fingen sie an, über Gray Momus und Herodot zu plaudern und würdigten auch den Black-Overshire gebührend. Auch Hilgendorff erhielt sein Recht. Als Rudolf schließlich aufstand und Herrn von Rambow die Hand zum Abschied reichte, da wurde sie sehr freundlich ergriffen, und der junge Herr sagte: »Verlassen Sie sich darauf, kein anderer kriegt von meiner Seite die Präsentation als Ihr Vetter.«

Als sie danach das Damenzimmer betraten, erhob sich Frau Nüßler vom Sofa. Sie hatte gerade zu Frida gesagt: »Er läßt sein Leben für Sie und den Herrn«, und wandte sich an Axel: »Nicht wahr, Sie tuns,

Herr von Rambow? Was würd es doch für ein Glück für mich sein, wenn ich mein Lining so dicht auf der Näh bei mir behalte.«

Axel neigte sonst keineswegs zu einer solchermaßen ungezwungenen und offenherzigen Art des Umgangs und war – natürlich ohne jeden vernünftigen Grund – auch keineswegs zugunsten der Familie Nüßler voreingenommen. Aber die Nachricht, daß er möglicherweise seine zweitausend Taler wiedererhalten werde, das Vollblutgespräch mit Rudolf und die wirklich gewinnende, einfache und treuherzige Art von Frau Nüßler hatten doch das ihrige getan. Er trat zu seiner Frau: »Liebe Frida, wir haben Aussicht, unsere 2000 Taler wiederzuerhalten.« – »Das geb der liebe Gott!« sagte Frau Nüßler. »Rudolf, hast du mit dem gnädigen Herrn geredet?« – »Ja«, antwortete Axel an seiner Statt, »die Sache ist abgemacht, von meiner Seite erhält er die Präsentation; aber – ich möchte ihn vorher einmal sehn.«

»Das ist nicht mehr als recht und billig!« bemerkte Frau Nüßler. »Wer kauft schon die Katze im Sack? Und Sie sollen sehn, wenn er sich vor Sie hinstellen will und will predigen, denn sollen Sie sehen, das *kann* er. Aber, du lieber Gott! Dummheiten? Na, die hat ja jeder Mensch an sich. Davon kann ich auch ihn nicht lossprechen.«

Und danach reisten sie denn wieder ab, – und Gottlieb hatte die Präsentation.

»So«, sagte Bräsig, »*die* Sache wäre in den Swung. Nu kommts for Gottliebchen nur noch auf die letzte Exkutschon bei Pomuchelskoppen an und dann auf die Wahl! Aber smäd't muß das Eisen nu werden, und indem ihm bei Zamel Pomuchelskoppen kein Mensch und kein Gott helfen kann, muß er selber seine Gefohr stehn, und das bald ...« – Diese Ansicht war einleuchtend. So erhielt Gottlieb Nachricht und strengen Befehl, sich in den nächsten Tagen in Rexow einzufinden und dort seine Instruktionen in Empfang zu nehmen.

Er kam, und nachdem Bräsig ihm die Angelegenheit bündig dargelegt hatte, war er denn auch entschlossen, den schweren Gang zu wagen. Kutscher Krischan fuhr mit dem »Phantom« vor. Lining holte Fußsack, Mäntel und Schals und packte ihren Zukünftigen warm ein. »Das 's recht«, sagte Bräsig, »balsamier ihn man orndlich in, Lining, daß er dich nich verklamt un daß die Katt nich mit seine schöne Stimm zu's Absingen davon läuft. 's is heut grusig Weder.«

Unerwartet aber erhob sich Jochen aus seiner Ofenecke, richtig mit einem Ruck, und ordnete an: »Mining, meinen Mantäng!« – »Na,

nu wird's hellig Dag!« rief Bräsig. – »Jochen, was fehlt dir?« rief Frau Nüßler. – »Mudding«, sagte Jochen, »du bist mit Rudolf gefahren, ich fahr mit Gottlieb. Ich will auch in der Sache das Meinige tun«, und dabei machte er eine derartig bestimmte Bewegung mit dem Kopf und blickte alle mit solchem Nachdruck an, daß Bräsig ausrief: »Daß du die Nase ins Gesicht behältst! So was is mich doch mein Lebtag noch nicht passiert.« – »Ach, Bräsig«, sagte Frau Nüßler, »so war er in der letzten Zeit ja immer schon. Aber nun lassen Sie ihn man, reden hilft hier nicht.« Und Jochen fuhr mit. Lining aber ging nach oben in ihre kleine Giebelstube und betete so heiß zu Gott um Gottliebs schweren Gang, als ginge es mit ihm wirklich zu seiner Hinrichtung.
Die Fahrt von Jochen und Gottlieb ging auf dem grundlosen Vicinalweg in tiefem Schweigen langsam und stetig voran. Keiner sprach ein Wort, denn jeder hing seinen Gedanken nach, und so wurde denn überhaupt nichts gesprochen, außer daß Kutscher Krischan einmal über die Schulter hinweg bemerkte: »Herr, wenn einer an dieser Stelle im Dunkeln fährt und schläft, denn kann er hier bequem umschmeißen.« Nachmittags gegen drei Uhr fuhren sie bei Pomuchelskopp vor.

Pomuchelskopp lag gerade wie ein Häufchen Unglück auf seinem Sofa und rieb sich die Augen, denn Gustäwing hatte ihn aus seinem Mittagsschlaf aufgestört. Er hatte den Schlüssel zum Kornboden geholt, denn es war Sonnabend, und er wollte, wie üblich, zur Bestimmung der Drescherlöhne das gedroschene Korn ausmessen lassen. »Gustäwing«, rief Pomuchelskopp verdrießlich, »du bleibst doch dein Lebtag eine Schlafmütze, du büst der richtige Klas! Schafskopp! Ich werde dich auf einen Pfahl stellen, daß auch alle Leute sehn, was du für ein Schafskopp büst!« – »Je, Vating ...« – »Ei was hier Vating! Wie oft hab ich dir gesagt, du sollst das Klappern mit die Schlüssel sein lassen, wenn dein Vater seine Ruhe sucht! – Was kommt da für ein Wagen auf den Hof zu fahren?« – »Herreje«, rief Gustäwing, »das ist ja doch unser Nachbar Nüßler mit noch nem Herrn.« – »Schafskopp!« rief Pomuchelskopp, »wo oft hab ich dir gesagt, du sollst nich jedermann Nachbar nennen! Am Ende ist der Tagelöhner Brinkmann auch noch mein Nachbar, weil er an meinen Garten wohnt. Ich will nich mit jedermann Nachbar sein«, und damit ging er zur Tür hinaus, um nachzusehen, was vorgefallen war.
Jochen und Gottlieb waren unterdeß dem Wagen entstiegen, und Jochen trat auf ihn zu: »Guten Tag, Nachbar!« Pomuchelskopp erwies

ihm eine sehr vornehme Verbeugung, so vollendet, wie er sie auf dem Landtag erlernt hatte, und bat die Herren in die Stube.
Es war recht still im Zimmer, wenn man das leise Schurren und Knarren der Stühle abrechnete. Jochen nahm an, Gottlieb solle reden, Gottlieb nahm an, Jochen solle reden, und Pomuchelskopp nahm an, er dürfe nicht reden, sonst vergebe er sich etwas.
Schließlich aber faßte sich Gottlieb doch ein Herz: »Herr Pomuchelskopp, der gute, brave Pastor Behrens hier ist zu Gott gegangen, und wenn es auch hart und gleichsam unchristlich erscheint, daß ich so bald nach seinem Tode mich um die von ihm erledigte Pfarre bewerbe, so glaube ich doch nicht, dadurch gegen das menschliche Gefühl im allgemeinen noch gegen die Pflichten eines wahren Christen im besonderen zu verstoßen, weil ich mir bewußt bin, durch diese Bewerbung nur den Wünschen meiner eigenen Eltern sowie auch denen meiner zukünftigen Schwiegereltern nachzukommen.« – Das war eine recht schöne Ansprache von Gottlieb, und er hatte auch in vieler Hinsicht recht. Doch auch Pomuchelskopp hatte recht, als er keineswegs darauf antwortete, sondern ein wenig von oben herab zu Gottlieb bemerkte, dem möge wohl schon so sein, aber er wünsche doch zu wissen, mit wem er eigentlich die Ehre habe.
Jochen nickte Gottlieb zu, er solle es nur offen eingestehen, und Gottlieb bekannte denn nun auch, er sei der Sohn des Rektors Baldrian und ein Kandidat. Jochen legte sich bei dieser Eröffnung bequem in seinem Stuhl nach rücklings, als habe die Sache jetzt ihre Richtigkeit und er könne in aller Ruhe seine Pfeife rauchen. Weil ihm aber Muchel keine Pfeife Tabak antrug, mußte er sich damit begnügen, mit seinem Mundwerk unfruchtbare Rauchbewegungen zu machen, wie ein böhmischer Karpfen, der nach Luft schnappt.
»Herr Kandidat«, erklärte Pomuchelskopp, »es sind in dieser Angelegenheit schon mehrere von Ihrer Sorte bei mir gewesen« – dies log er, aber er wußte sich bei einer Pfarre keinen anderen Kriegsplan als bei einer Partie Mastschweine, wenn der Schlachter erschien, um sie ihm abzunehmen –, »aber«, setzte er hinzu, »ich habe sie alle bis dato gehen lassen, weil die Sache bei mir auf einen Punkt hinauskommt.« – »Und der wäre?« fragte Gottlieb. – »Meine Examina . . .« – »Die sind mir ganz partie egal«, erklärte der Herr Gutsbesitzer, »ich meine den Pastoracker. Wenn Sie sich dazu verstehen, den Acker an mich zu verpachten – natürlich gegen eine gute, gegen eine sehr gute Pacht – denn kriegen Sie meine Stimme, sonst nicht.« – »Wie ich meine gehört

zu haben«, erwiderte Gottlieb, »ist der Acker an den Herrn von Rambow verpachtet, und ich möchte nicht gern ...« – »Darüber können Sie sich beruhigen, Herr von Rambow nimmt den Acker nicht wieder«, sagte Pomuchelskopp und blickte Gottlieb dabei so überlegen ins Gesicht, als habe er seine Mastschweine bereits zum allerhöchsten Preise abgesetzt.

Jochen sagte nichts, stellte jedoch seine Rauchbewegungen ein und blickte seinen Kandidaten-Schwiegerwohn bedeutungsvoll an, wie wenn er fragen wollte: »Was sagst du nu?«

Gottlieb war völlig überrascht, denn er war in weltlichen Dingen nur schwer von Begriff. Dann besann er sich aber, und seine angeborene Rechtschaffenheit sträubte sich dagegen, durch einen derart gemeinen Schacher ins geistliche Amt zu gelangen. Er bekannte also frank und frei: »Das kann und werde ich Ihnen nicht versprechen. Durch solche Mittel wünsche ich nicht ins Amt zu kommen. Die Sache hat ja aber auch noch Zeit, bis ich im Amte bin.« – »So«, entgegnete der Herr Gutsbesitzer und grinste Gottlieb und Jochen von der Seite an, »denn lassen Sie sich sagen, Herr Kandidat, der Fuchs ist Ihnen zu klug. Was nachkommt, beißt der Wolf, und wenn der Herr von Rambow auch nicht auf den Acker reflektiert, so könnten Sie ihn doch an Ihren Herrn Schwiegervater verpachten. – Nicht wahr, an Ihren Schwiegervater?«

Dies war allerdings eine ganz ungewöhnlich gemeine Unterstellung von Pomuchelskopp. Jochen sollte den Acker pachten, Jochen, der ohnedies schon von morgens bis abends seine schwere Last hatte, sollte sich auch diese Last noch zusätzlich aufbürden! Jochen sprang also steil in die Höhe: »Herr Nachbar, wenn einer tut, was er tut, denn kann er nich mehr tun, als er tut. Und was soll ich dabei tun? Wenn der Pümpelhäger Herr den Acker nich haben will, ich will ihn auch nich, habe so genug zu tun.« – »Herr Nüßler«, fragte Pomuchelskopp ein wenig lauernd, »wollen Sie mir das schriftlich geben, daß Sie den Acker nicht pachten wollen?« – »Ja!« rief Jochen frischweg, setzte sich wieder bequem im Stuhl zurecht und nahm seine Rauchbewegungen wieder auf.

Pomuchelskopp ging im Zimmer auf und ab und überlegte: Herr von Rambow gibt die Pacht auf, Jochen will sie nicht haben. Sie waren die einzigen, die den Priesteracker als Außenstehende nutzen konnten. Für einen eigenen Pächter war das Grundstück zu klein, er als der Gutsbesitzer brauchte dies auch nicht zuzulassen. Jetzt kam es bloß darauf

an, ob Gottlieb nicht vielleicht selber wirtschaften wollte. Und daraufhin taxierte ihn nun Pomuchelskopp, als er auf und ab schritt und ihn von der Seite betrachtete.
Nun hat unser Herrgott viele Arten von Menschen erschaffen. Jeder hat als Mitgift seine besonderen Anlagen erhalten, jeder von *einer* Art Anlagen eine große Menge, von einer *anderen* Art aber immer nur ein Quentchen. Bei Gottlieb aber war unserem Herrgott ein kleines Versehen unterlaufen. Er hatte ihm, zumindest sah es danach aus, auch nicht die Spur landwirtschaftlicher Befähigung mit auf den Weg gegeben. Bräsig hatte bereits das Menschenmögliche getan, um Gottlieb in dieser Hinsicht ein wenig auf die Sprünge zu helfen, aber vergeblich: was nicht in den Menschen hineingelegt ist, das läßt sich auch nicht herausholen. Gottlieb vermochte nicht Hafer von Gerste zu unterscheiden. Er wußte nicht, was ein Ochse und was ein Bulle ist. Als er eines Tages mit einem Fuß in einen Kuhfladen hineingetreten war und ausrief: »Pfui, der ekelhafte Pferdemist!«, da ließ ihn Bräsig mit seinem schmutzigen Stiefel einfach stehen, setzte sich in Jochen Nüßlers Laube und sprach zu sich selber: »Herre Gott, wo sall dat Worm dörch de Welt kamen!«
Eben diesen Mangel hatte nun auch Pomuchelskopp, der alte Praktikus, an Gottlieb alsbald festgestellt, und deshalb gefiel er ihm über die Maßen: »Der wirtschaftet in seinem Leben nicht«, sagte er sich, »das ist mein Mann – aber nur nicht merken lassen!« – »Herr Kandidat«, sagte er laut, »Sie gefallen mich, Sie sind ein höllisch aufgeweckter Mann und auch ein Mann von Moralität« – hätte er es gewußt, hätte er wahrscheinlich den schmutzigen Stiefel damit gemeint –, »Sie wollen auf meine Forderung nicht eingehen – schön! Ich gehe aber auch nicht auf Ihre Bitte ein. Wenn aber Herr Nüßler einen schriftlichen Revers unterzeichnet, daß er den Pastoracker *nicht* pachten will, denn läßt sich noch weiter über die Sache reden. Denn, wie gesagt, Sie gefallen mir.«
Und so gab denn Jung-Jochen seine Unterschrift, und die beiden Tröpfe fuhren vom Hof, überaus angetan vom Verlauf der Verhandlung. Sie hatten nichts erhalten, lediglich ein Viertels-Versprechen des Herrn Gutsbesitzers, und dafür hatte Jochen mit seinem Namen unterschreiben müssen. Gleichwohl waren sie überaus zufrieden. Jochen war der festen Meinung – und in ihr ist er auch gestorben –, mit seiner Unterschrift habe er seinem Schwiegersohn die Pfarre überschrieben.

Jochen und Gottlieb hatten nicht übel Lust, noch ein wenig im Pastorenhause vorzusprechen. Doch Kutscher Krischan legte sich ins Mittel und eröffnete, dies ginge nicht, es sei ohnehin schon stockdunkel. Und so holperte denn also das Phantom in Nacht und Nebel den grundlosen Landweg entlang zurück in Richtung Rexow.

Zu Nacht, Nebel und Phantomen gehört nun bekanntlich auch der Schlaf, und trifft man einmal auf dies vierblättrige Kleeblatt, so hat man die allergrößte Aussicht auf mancherlei Glück. Der Schlaf hatte sich denn auch bald eingestellt. Jochen schlief schon, als sie gerade aus Gürlitz heraus waren. Wäre es Tag gewesen, hätte man an der Peitsche merken können, daß auch Krischan bereits an der Weidendrift eingenickt war, dort, wo der Landweg mit Weiden bepflanzt ist. Gottlieb schlummerte freilich nicht. Er war aber eigentlich mit seinen Gedanken noch viel weiter entfernt als die anderen, denn er träumte von seiner Lining, seiner Pfarre, seiner Wahlpredigt und von seiner Antrittspredigt. Und als sie an die Wegstelle gelangten, an der Kutscher Krischan auf der Hinfahrt seine verständige Bemerkung hatte fallen lassen, und wie nun die Bedingungen des Schlafens und Dunklerwerdens mit eben jener Stelle zusammentrafen und Gottlieb in seinem Traum gerade beim letzten Wahlzettel angekommen war, der zu seinen Gunsten den Ausschlag gab, da begann das teuflische Phantom zu spuken. Das Vorderrad erklomm einen hohen, trockenen Ackerhügel, das Hinterrad, über dem Gottlieb thronte, sackte in ein tiefes Loch –, so, jetzt nur noch zwei Schritte weiter, und – hast du nicht gesehen! – lag die ganze Fuhre im Graben.

Ich kann hier von meiner Stube aus beobachten, wie bei meiner Nachbarin Frau Lorenz, der Inhaberin des »Fürstenhofes« zu Neu-Brandenburg, manch großherzoglicher Kammerpächter seinen Wagen verläßt. Aber die Geschwindigkeit, mit der Jochen aus dem Wagen gelangte, habe ich denn dort doch noch nie zu Gesicht bekommen können. In einem großen Bogen schoß er über Gottlieb, der nach unten zu liegen kam, hinweg in den weichen Morast. Doch Kutscher Krischan, die alte, treue, ehrliche Seele, ließ seinen Herrn auch in dieser mißlichen Lage nicht im Stich. Auch er schoß Hals über Kopf vom Kutschersitz herab und legte sich längelangs neben seinen guten Herrn. – »Purr, öh! – Herr, bleiben Sie fein still so liegen!« rief die alte ehrliche Haut. »Die Pferde stehn.« – »Du Schapskopp!« rief Jochen. – »Gottlob«, rief Krischan und stand auf, »mir fehlt nichts. Aber, Herr, bleiben Sie fein still so liegen, die Pferde halt *ich*.« – »Du Schapskopp!« rief Jochen und rappelte sich hoch, während Gottlieb in den tiefen Schlaglöchern umherpatschte und -tastete, »wie kannst du uns hier umschmeißen?« – »Je, das is alles so, wie's Leder is«, bemerkte Krischan, der in seinen langen Dienstjahren die Redeweise seines Herrn fehlerlos übernommen hatte, »was soll einer bei solchem Weg im Stockdustern tun?« – Damit waren Jochens Redensarten ihm buchstäblich aus dem Munde genommen. Er wußte demgemäß auch nicht mehr recht, was er noch weiterhin bemerken sollte. Er fragte also: »Gottlieb, sind deine Knochen heil?« – »Ja, Onkel«, erwiderte der Kandidat, »und deine auch?« – »Ja«, bemerkte Jochen, »bis auf die Nase, aber die is mir ja wohl schon rein aus dem Gesichte raus.«

Der Wagen war mittlerweile wieder aufgerichtet. Als sie ihn bestiegen hatten, drehte sich Krischan abermals halb um und erläuterte: »Herr, habe ich das heut nachmittag nicht vorausgesagt: dies war die Stelle?« – »Schapskopp!« rief Jochen und wischte an seiner Nase herum, »du hast geschlafen.« – »Schlafen, Herr, schlafen? – In so ner Stockfinsternis ist es ganz egal, was einer schläft oder wacht. Aber ich habs wohl vorhergesagt. Ich weiß den Weg ja auswendig, und ich habs ja gleich gesagt.« – Und wenn er in der Folgezeit diese Geschichte den andern Knechten erzählte, so behauptete er ständig und unentwegt: Er habe es ja vorher gesagt; aber der Herr habe ja nicht hören wollen, und machte aus Jochen einen wahren Wagehals, der um nichts und wieder nichts sein Leben riskiert.

So fuhren sie zu Hause vor, und Gottlieb entstieg als erster dem Wagen. – Lining hatte schon lange auf den Dornen und Nesseln der Ungeduld gesessen und in den dunklen Abend hinaus auf jeden Ton gehorcht, der ihr über Glück oder Unglück Gewißheit bringen sollte. Nun war etwas zu hören – das sind sie. Nein, es war nur der Wind in den Pappeln. Doch jetzt! – ja, das war ein Wagen – und jetzt! – er näherte sich, er fuhr vor. Sie sprang auf, sie lief zur Türe, mußte aber erst noch ihre Hand auf ihr unruhig klopfendes Herz legen – ach Gott, wie schlug es ihr stürmisch in Hoffen und Bangen! Brachte Gottlieb Glück oder Unglück ins Haus?

Sie lief zur Diele. – »Bleib mir vom Leibe!« rief Gottlieb, aber zu spät – Lining war, obwohl die Älteste, doch noch sehr unbedachtsam –, rundum faßte sie Gottlieb und drückte ihn sich ans heiße Herz: Doch unversehens ward ihr so kühl an Händen und Armen und an der warmen Brust; ihr schien, sie habe einen Frosch in ihren Arm

genommen. Sie ließ ihn los: »Herrgott, was ist dir?« – »Umgeworfen«, erwiderte Gottlieb, »wir sind mit Gottes gnädiger Hilfe umgeworfen. Das heißt, das Umwerfen hat Krischan besorgt, aber Gottes gnädige Hilfe hat uns vor schlimmem Schaden geschützt.« – »Wo seht ihr aus!« rief Bräsig, der mit einem Licht auf die Diele trat, als Jochen gerade zur Haustür hineinkam.
»Je, Bräsig«, bemerkte Jochen, »'s is schon so, wie's is: wir sind umgeworfen.« – »Ih, wo?« rief Bräsig, »wo kann ein vernünftiger Mensch auf deine Jahre auf seinen eigenen Weg umsmeißen? Du hast geslafen, Jochen.« – »Herre Gott!« rief Frau Nüßler, »Jochen, wie siehst du aus!« und drehte Jochen mehrmals rund um das Licht herum, als sei er ein Kalbsbraten, der am Spieß gebraten werden sollte und den sie schön mit Rahm begoß. »Mein Gott, Jochen, und deine Nase.« – »Un wo süht der geistliche Herr aus!« rief Bräsig und beleuchtete Gottlieb von hinten und vorn. – »Nee«, rief er und ließ ihn stehen, »un nu Lining! – Wo, Lining, du büst ja doch nich umgesmissen! – Madam Nüßlern, sehn Sie, sie hat ja woll den halben Weg von hir nach Gürlitz auf ihren Kledaschen.«
Lining aber wurde jetzt feuerrot, und Mining putzte an ihr herum, und das gleiche verrichtete Frau Nüßler an ihrem Jochen: »Mein Gott, Jochen, wie hast du dich zugerichtet! Nee, nu sieh mal einer an, der schöne neue Mantäng!« – Jochen hatte ihn sich als Bräutigam vor etlichen zwanzig Jahren zugelegt. – »Nee, das schafft all nicht. Ihr müßt alles ausziehen, und morgen muß der ganze Hopphei am Bach gespült werden.«
Diese Anordnung galt denn nun, und über ein kleines saßen die beiden reisenden Geschäftsleute in trocknen Kleidern am Tisch in der Stube. Doch jetzt erst gewahrte Frau Nüßler Jochens Nase im richtigen Licht. »Jochen«, rief sie, »wie sieht deine Nase aus!« – »Je, das sag man mal«, bemerkte Jochen. – »Jochen«, rief Bräsig, »ich müßte entfamten lügen, wenn ich allmeindag was besonders Schönes an deiner Nase regardiert hätte. Aber daß du die Nase ins Gesicht behältst! – was hast du for ne Nase ins Gesicht.« – »Schämen *Sie* sich was, Bräsig, wie können Sie ihm wünschen, daß er *diese* Nase ins Gesicht behält! Gott bewahr uns, sie wird immer dicker! Was machen wir nur?« – »Madam Nüßlern«, erwiderte Bräsig, »er muß in die Wasserkunst.« – »Was?« rief Frau Nüßler, »mein Jochen in die Wasserkur, weil er sich die Nase en bischen verstaucht hat?« – »Verstehen Sie mir recht«, erläuterte Bräsig, »er soll jo nich heil un deil, mit Arm un Bein, in

die Wasserkunst; er soll bloß mit seine Nas hinein: wir müssen ihm kalte Umsläg machen. – Oder, Jochen, kannst du woll en bischen aus der Nas bluten? Das würd dich sehr rekolljieren.« – Dies vermochte Jochen nun aber durchaus nicht, und so begann es denn mit den kalten Umschlägen, und Jochen wirkte überaus stattlich und zufrieden, auf der Nase die Leinenlappen und unter der Nase seine Tabakspfeife.

»Aber«, sagte Bräsig, »noch weiß keine Menschenseel, was ihr bei Zamel Pomuchelskoppen ausgericht't habt.« – »Ja«, sagte Lining, »Gottlieb, wie ist es geworden?« – Gottlieb berichtete denn nun, wie es ihnen beim Herrn Gutsbesitzer ergangen war, und als er geendet hatte, bemerkte Jochen: »Ja, 's is alles in Richtigkeit. Ich hab mich unterschrieben.« – »Jochen, *was* hast du dich unterschrieben?« fragte Bräsig ärgerlich. – »Mit dem Priesteracker, daß ich ihn nicht pachten will.« – »Denn hast du dich was Dämliches unterschrieben. – Oh, der Jesuwiter! Den Acker will er – Nachtigall, ich hör dir laufen, aus das Bächlein willst du saufen. Das ist dein großer Ziel und Zweck! – Aber – aber« – hier sprang Bräsig auf und fing an, mit großen Schritten in der Stube umherzumarschieren, »ich stech dir einen Sticken. – Horch ans End, sagt Kotelmann. – Zamel Pomuchelskopp, wir sprechen uns noch mal!
Wo sagt der berühmte Dichter von Daviden und Goliathen? – indem ich mir als Daviden betrachte und ihn als Goliathen: ›Hei namm de Sluder in de Fust un smet em an den Bregen, dat't man so prust't.‹ Un wo schön sagt derselbige berühmte Dichter in seine herrlichen Slußworten: ›So geiht't de Prahlhäns alle Tid, un wenn sei mein'n, sei stahn, denn ligg'n sei in de Schit.‹ – Und so soll dich das gehen, Zamel! – Und, Madam Nüßlern, nu habe ich mir geärgert, und Abendbrot kann ich nicht essen, und ich will ›Gun Nacht‹ sagen, indem daß ich noch mit allerlei Gedanken umgehe.«
Er nahm sein Licht und verabschiedete sich. Nach dem Abendessen gingen sie denn auch bald alle früh zu Bett. Nur Lining lag noch lange Zeit schlaflos in Sorgen und Bangen und horchte auf den Wind in den Bäumen und auf die Schritte in der Stube unter ihr, die unentwegt im gleichen Takte einherstampften, denn dort wohnte Unkel Bräsig. Wie er selber am Morgen zu verstehen gab, planisierte er in dieser Nacht.

Kapitel 27

Paddocks

Das Jahr 1845 war ins Land gezogen, und die Erde war ihren altgewohnten schrägen Gang weitergegangen und hatte sich gedreht. Tag und Nacht, Freud und Leid hatten miteinander gewechselt, nicht anders, als es schon immer gewesen, seitdem unser Herrgott Tag und Nacht voneinander schied, den Menschen im Garten des Paradieses einsetzte und ihn daraus wieder vertrieb. Wie viele Tage und Nächte, wieviel Freud und Leid! – Der Tag leuchtet über jeden, und die Nacht bricht über alle herein – da ist kein Unterschied. Doch ist es mit Freud und Leid genauso? Sind sie ebenso gerecht verteilt? – Ich meine doch – des Herren Hand streckt sich aus über jeden, und aus seiner Hand fallen Glück und Ungemach, Trost und Bangen in gleichem Maße zur Erde hernieder, und jedweder erhält sein Teil davon. Doch die Menschen sind nicht danach: Sie wollen das Unglück in Glück verkehren, und das Glück sehen sie für ein Unglück an, den Trostbecher schieben sie von sich ab, als sei ihnen Galle eingeschenkt, und das Bangen lachen sie von sich weg.

Die Menschen, von denen ich in diesem Buche berichte, waren auch nicht besser, als sie alle sind. Sie machten es genauso wie alle die anderen. Zwei Dinge hat unser Herrgott ein für allemal als Glück und Unglück über die Welt gesetzt: aus dem einen läßt sich keine Galle saugen, und das andere läßt sich nicht weglachen. Dies sind Geburt und Grab, Anfang und Ende. Und auch in meiner kleinen Welt gab es Anfang und Ende, Geburt und Grab.

In Pümpelhagen saß die schöne junge Frau und wiegte ein kleines Kind, ein Töchterchen, auf ihrem Schoß. Sie hatte die Tür zu ihrem Herzen weit aufgetan, auf daß unseres Herrgotts heller Tag hineinscheinen möge. Sie konnte nicht anders. Die Schatten der Nacht, die sich um sie her aufgetürmt hatten, waren ihren Augen entschwunden: sie mußte sich freuen. Sie mußte sich freuen.

Vor dem Pastorenhaus zu Gürlitz aber lag das Grab. Still gingen zwei schwarzgekleidete Wesen dort hin und still kamen sie wieder, und als das Frühjahr einzog, da pflanzten sie Blumen darauf. Als die Linde vor dem Hause grün geworden war und der Flieder blühte, da saßen sie gemeinsam auf der Bank und wärmten sich aneinander wie dazumal, als die Frau Pastorin die kleine Luise in ihr Umschlagtuch mit eingehüllt hatte. Nun aber war es umgekehrt, nun schlug Luise ihr Tuch um die kleine Frau Pastorin. So saßen die zwei beisammen und blickten hinüber nach dem Friedhof, und wenn Hawermann dazukam, dann waren es ihrer drei, und ließen geduldig die Nacht über sich hereinbrechen, aber den Trostbecher schoben sie nicht von sich ab, und wenn sie sich voneinander trennten, dann leuchtete ihnen der Abendstern.

Der erste heftige Schmerz hatte vom Pastorenhaus Abschied genommen, aber seine Spuren hatte er dort hinterlassen. Es waren schöne Spuren, wie der Todesengel sie Menschengesichtern einprägt. Luise hatte er zum Abschied auf die hohe, klare Stirne geküßt, und dieser Kuß ward nicht ausgelöscht, sondern leuchtete von ihr herab wie ein ernster Gedanke. Die zierliche, runde Frau Pastor hatte der Todesengel zum Abschied umfangen, hatte ihr darüber beinahe ihr eigenes inneres, frisches Leben genommen und dafür das lebendige Andenken an ihren Pastor in die Seele gegeben. Darin nur lebte sie noch.

Alles mußte so bleiben, wie es zu seiner Zeit gewesen. In seiner Studierstube stand der Lehnstuhl vor dem Schreibtisch, die letzte Predigt, an der er gearbeitet hatte, lag darauf, und die Feder daneben. Die Bibel aus seinen Kinderjahren lag aufgeschlagen an jener Stelle, die sie in seiner Todesstunde markiert hatte. Jeden Morgen ging sie als erstes mit ihrem Staubtuch ins Zimmer, wischte und werkte und brachte die Stube in Ordnung, stand dann lange in Gedanken und blickte nach der Tür, als müsse er eintreten in seinem Schlafrock, ihr einen Kuß geben und sagen: »Ich danke dir, liebe Regina.« Des Mittags deckte Luise für drei, der Stuhl des Pastors stand an seiner Stelle, und ihr war dann, als sei er zugegen und plaudere mit ihr in seiner muntersten Weise, und was der erste Schmerz in ihr vom eigenen frischen Leben noch hinterlassen hatte, das brach dann durch, denn den Trostbecher schob sie *nicht* beiseite.

Aber wie lange konnte das noch währen? Die Pfarre mußte wieder besetzt werden, und dann mußte sie aus dem Hause, ja aus dem Dorf. Dann mußte sie von dem Grabe sich trennen, denn ein Witwenhaus gab es nicht. Pomuchelskopp wollte keines bauen lassen, denn er hatte es ja nicht nötig.

Zum letzten Male sah sie die Obstbäume blühen, die ihr Pastor gepflanzt, zum letzten Mal saß sie unter dem Fliederbaum, wo sie in glücklichen Zeiten mit ihm gesessen, zum letzten Male zog das Frühjahr ein und wand seinen Kranz um die Stätte des Glücks, zum letzten Mal streute der Sommer seinen goldenen Segen darüber aus. »Luise, wenn im Herbst die Sommerfäden ziehen, dann ziehen wir auch«, sagte sie traurig, und ihr war zumute, als solle noch einmal ein Sterben über sie kommen.

Hawermann war ihr treuester Freund. Sie gab sich ganz in seine Hand. Was *er* tat, das mußte gut sein. Er sann und sann, doch wie sehr er auch nachdachte, das Scheiden konnte er ihr nicht ersparen – aber leichter wollte er es ihr machen. Kaufmann Kurz besaß ein geräumiges Nebenhaus mit einem Garten dahinter, das ließ sich einrichten, das ließ sich *so* einrichten, wie es im Pastorenhause gewesen. Und Luise mußte dort heimlich im Hause herummessen, wie groß die Stube und wie lang jene Wand war. Sie fuhr mit ihrem Vater nach Rahnstädt hinein, und Zimmermeister Schulz mußte kommen und sollte einen Plan nach Luises Vermessung zeichnen. Er wollte aber nicht recht heran, »denn«, sagte er, »das könnte ich nicht: nach Frauensleute ihre Ansläge von Fitzelbän'n un Schürzenbän'n könnte ich keinen Plan zeichnen. Aber das täte ja auch nicht nötig. Planzeichnen ist Planzeichnen, ich bin nicht für das Planzeichnen. Ich hätte meine Plans in den Kopf.«

Und Kurz bekundete, wenn es anders gemacht werde, dann sei es sehr viel besser. Hawermann jedoch blieb dabei, *so* solle es werden, und wenn es nicht *so* gemacht werden solle, dann unterbleibe das Ganze. Und der Meister erklärte: »Das hätte ja auch gar keine Gefährlichkeit, un wenn es nu einmal *so* eingericht't werden soll, denn käme ich heraus und mieße mir die Verhältnissen selbst aus.«

Dies wurde denn nun gebilligt, und »Zimmerling« Schulz – wie er sich selbst auf hochdeutsch zu nennen pflegte – maß vor Tau und Tag, wenn die Frau Pastorin noch schlief, das Haus aus und sprach dabei mancherlei mit sich selbst: »Säben, säben – fiwuntwintig – fiwuntwintig – Kurz – Hawermann – Kurz – Hawermann – unklauk – unklauk! – hir möt en verzahnten Dräger – tau grote Spannung – en Bolten dörchtreckt – so, so – allens in Richtigkeit – so, nu: rut! rut!« und damit schritt er nach draußen zu seinem faulen braunen Pony und fuhr gemächlich nach Hause mit dem allerschönsten Bauplan im Kopf, den ein Mensch sich überhaupt ausdenken kann.

Der Umbau begann denn auch. Hawermann, der fleißig nach dem Rechten sah, war damit im großen und ganzen auch sehr zufrieden.

Nur mit dem verzahnten Träger war er nicht einverstanden. Er schickte sich aber darein, als er merkte, daß »Zimmerling« Schulz sich in den »Verzahnten« heftig verbissen, und als er erfuhr, daß sein Baumeister noch nie ein Gebäude aufgeführt hatte, in dem nicht mindestens ein »Verzahnter« angebracht worden war. Kurz gab sich ebenfalls darein, und so ward zumindest der Übergang so leicht gemacht, als er sich nur bewerkstelligen ließ.

In Pümpelhagen – wie schon berichtet – herrschte große Freude: Fridas klare Augen ruhten auf ihrem Töchterchen. Über ihre hellen Blicke hatte die Mutterliebe einen leichten, süßen Schleier gebreitet, als solle der Mutter die Zukunft des kleinen Wesens einstweilen verborgen bleiben, damit sie im engsten Umkreis ungehindert zu wirken und zu schaffen vermochte. Und was sonst gar nicht in ihrer Art lag: glückliche Träume lösten einander ab, und dann wiederum schlug auch die helle Freude aus ihrem Innern Axel entgegen, wenn sie ihm in seliger Lust ihr Kind entgegenhielt.

Auch Axels Herz war voller Freude. Wieder und wieder stellte er sich ein, um nach Mutter und Kind zu sehen. Doch seine Freude war nicht ganz ungetrübt, ein kleiner Haken war dabei: er hatte sich einen Sohn gewünscht, einen Stammhalter für sein altes Geschlecht.

Es ist in der Welt doch häßlich eingerichtet, daß selbst solch kleines, unschuldiges Geschöpf vom ersten Augenblicke an, da ihm die Sonne leuchtet, den ungerechtfertigten Wünschen und Vorurteilen anderer Menschen ausgesetzt ist und unter ihnen zu leiden hat. Hätte jemand dies Axel freilich gesagt, er wäre böse, bitterböse geworden, denn er hatte sich trotz des kleinen Hakens wirklich gefreut. Er hatte sich auch gleich hingesetzt und das »erfreuliche Ereignis« allen seinen Bekannten, selbst bloßen Pferdebekanntschaften und auch Pomuchelskopp mitgeteilt. Nur drei Menschen hatte er absichtlich vergessen: seinen Vetter Franz – »den dummen Jungen« –, die Frau Pastorin in Gürlitz – »die Gelegenheitsmacherin« – und Frau Nüßler – »die alte, ungebildete Person«. Und als nun auf dem Bett der Wöchnerin die Briefe mit den Geburtsanzeigen lagen und sie sich wunderte, daß diese drei Menschen dabei vergessen worden waren, da bemerkte er kühl, mit solchen Menschen gebe er sich nicht ab. Wenn ihr das wichtig sei, so müsse sie es schon auf eigene Hand bewerkstelligen.

Und das tat sie. Nach einigen Tagen erschien Luise, um im Namen der Frau Pastorin zu gratulieren. Dabei trat Axel ins Zimmer, und als er die Inspektorentochter gewahrte, sagte er nur: »Ah, Mamsell Hawermann! Bitte um Entschuldigung«, und ging rasch aus dem Zimmer. Und wieder nach einigen Tagen kamen Frau Nüßler, Krischan und das »Phantom« auf den Hof gefahren. Axel ging feldein, wie er sie erblickte. Als er wiederkehrte und von Daniel erfuhr, daß Frau Nüßler noch bei der gnädigen Frau sei, rief er heftig: »Ich begreife meine Frau nicht, wie sie an solch ungebildetem Umgang Vergnügen finden kann!«

Daß er sich so vernehmen ließ, war ein wenig sonderbar, hatte er doch noch vor wenigen Wochen in einer Gesellschaft von Pferdezüchtern seinen Freund, den Herrn von Brülow auf Brülowshof, geradezu als einen sehr gebildeten Mann von Kenntnissen bezeichnet. Als ein junger Arzt, der zufällig zugegen war, sich die Andeutung erlaubt hatte, mit der Bildung und mit den Kenntnissen dieses Herrn sei es wohl gerade nicht sehr weit her, da war Axel aufgestanden und hatte über die Schulter hinweg den vorlauten jungen Mann zurechtgewiesen: Wenn jemand in einer bestimmten Hinsicht solche Erfolge aufzuweisen habe, wie dies bei Herrn von Brülow in der höheren Pferdezucht und namentlich in der Hege und Wartung von Fohlen der Fall sei, so könne ihm selbst die grasgrüne Abgunst die Qualifikation eines gebildeten und kenntnisreichen Mannes nicht absprechen, auch wenn er sonst nichts weiter verstünde, denn dafür sei die Sache denn doch, gewissermaßen weltwirtschaftlich betrachtet, gar zu bedeutsam. Und nun war in seinen Augen just jene gute Frau ungebildet, die mit wohlmeinenden, verständigen Ratschlägen seiner Frau an die Hand ging, um mit ihrer Hilfe ein junges Menschenwesen, sein eigenes Kind, hegen und pflegen zu können.

Auch Pomuchelskopp war gekommen, im blauen Frack mit den vergoldeten Knöpfen, in seiner viersitzigen Kutsche mit dem Wappen und mit den vier Braunen, und hatte seine Gratulation dargebracht. Dies war etwas anderes, dies war doch ein gebildetes Auftreten.

Er wurde von Axel überaus freundlich aufgenommen und mußte mit ihm vespern, und danach führte ihm Axel seine Vollblutstuten und deren Fohlen vor. Pomuchelskopp schien davon sehr angetan. Er hatte Axel die Hand eindringlich auf den Arm gelegt, ihm überaus aufrichtig ins Auge geblickt und gesagt: »Alles sehr schön, Herr von Rambow. Der Anfang ist sehr schön. Aber wenn Sie wirklich etwas Tüchtiges in der Vollblutzucht leisten wollen, denn müssen Sie Pad-

docks einrichten. Das junge Tier will naturgemäß in der freien Luft erzogen sein. Freiheit, Freiheit, Herr von Rambow! Das ist die erste Bedingung, wenn überall etwas Tüchtiges geleistet werden soll.
Und sehen Sie! Hier haben Sie die schönste Gelegenheit. Wenn Sie hier hinter dem Park für Ihre vier Vollblutstuten vier Paddocks abnehmen lassen, und lassen bis an den Berg hinauf den Acker mit Gras- und Kleesamen besäen statt mit Sommerkorn – unten fließt der Bach, und Sie haben die schönste Tränke – denn kann was draus werden. – Natürlich«, setzte er hinzu, als Axel ein wenig nachdenklich geworden war, »Ihr Inspektor wird nicht dran wollen.« – »Mein Inspektor hat nichts zu sagen, wenn *ich* etwas befehle«, fuhr Axel auf. – »Das weiß ich«, begütigte ihn Pomuchelskopp, »er versteht auch nichts davon.« – »Aber der Schlag wird mir zu klein, wenn ich diese Ecke des besten Bodens davon abnehme«, sagte Axel. – »Ja«, entgegnete Pomuchelskopp und zuckte die Achseln, »*Sie* müssen *doch* eine Änderung mit den Schlägen treffen, denn zu diesem haben Sie ja bisher den Prediger-Acker geschlagen, und der fällt ja sowieso aus der Pacht, und denn kanns auf ein bißchen mehr oder weniger nicht ankommen.« – »Das ist wahr«, erwiderte Axel zögernd, denn was er einmal in der Not versprochen, das rückte ihm jetzt verdrießlich zu Leibe, und es verstimmt den Menschen stets, wenn er etwas hergeben soll, daran er bisher seinen Vorteil und seine Freude gehabt.
Doch Pomuchelskopp gab sich freundschaftlich, wohlmeinend und aufrichtig. Er erteilte Axel so viele gute Ratschläge und bemerkte dazu beiläufig: wenn es am besten fehlen sollte, *er* sei immer zur Stelle, so daß Axel ihm beim Aufbruch herzlich die Hand drückte und sich dann sehr in Gedanken in sein Zimmer zurückzog, den Kopf voller Paddocks.
Hawermann ging über den Hof. Axel riß das Fenster auf und rief ihn heran: »Herr Hawermann!« und als der Alte vorm Fenster stand: »Wie weit sind Sie mit dem Gerste-Säen hinter dem Park?« – »Ich denke, übermorgen werden wir mit dem Schlage fertig. Morgen fangen wir hier hinten beim Bach an.« – »Gut! Es soll jedoch bis an den Berg heran – das Nähere will ich Ihnen noch zeigen – Thimothee, Raygras und weißer Klee unter die Gerste gesät werden. Schicken Sie morgen Triddelfitz nach Rahnstädt zu David, daß er das Saatquantum dort abholt.« – »Aber nach der Gerste folgt ja kein Weideschlag.« – »Sie hören ja, ich *will,* daß dies Ackerstück zur Weide angesät werden soll. Ich will da Paddocks für die Mutterstuten einrichten lassen.«

– »Paddocks? Paddocks?« fragte der Alte, als traue er eine derartige Torheit seinem Herrn nicht zu. »Ja, Paddocks«, erwiderte Axel und wollte das Fenster schon schließen. »Herr von Rambow«, wandte Hawermann ein und legte dabei seine Hand aufs Fensterbrett, »dies ist der schönste Boden im ganzen Schlage. Nehmen Sie den davon ab, so wird der Schlag zu klein. Deswegen gerade hat der selige Herr Kammerrat ja den Pastor-Acker dazugepachtet.«

Er sagte das gleiche, das Axel selber gesagt, und der junge Herr wußte nur zu gut, daß sein Inspektor recht hatte. Aber es ist für einen Herrn doch sehr empfindlich, seinem Untergebenen recht geben zu müssen. »Ich pachte den Pastor-Acker nicht wieder«, sagte er. Dem Alten sanken die Hände herab: »Den Pastor-Acker nicht wieder?« fragte er. »Herr, der Acker hat uns soviel eingetragen ... Ich habe besonders Buch darüber geführt ...« – »Ist mir ganz gleich. Sie hören ja, ich pachte ihn nicht wieder.« – »Herr von Rambow, das ist unmöglich ...« – »Sie hörens ja doch! *Ich pachte ihn nicht wieder!*« – »Herr, ich bitte Sie, bedenken Sie ...« – »Ei was!« rief Axel und warf das Fenster zu. »Ein alter, langweiliger Kerl!« rief er, »ein alter Wichtigtuer!«, ging zu seinem Lehnstuhl, warf sich hinein und dachte an die Paddocks. Doch die schönen Bilder, die er sich vordem ausgemalt, wollten nicht wiederkehren – erst mußte er sich den Gedanken fortlügen, daß er wieder einmal im Unrecht war.

Und der Alte? Bitter gekränkt schritt er zu seinem Sommerschlag hinüber. In seiner Brust stritten Dankbarkeit und seine alte Anhänglichkeit an den verstorbenen Kammerrat gegen den Schimpf an, der ihm immer wieder durch den einzigen Sohn seines ehemaligen Herrn angetan wurde. Aber was half dieser Zwiespalt? Was half er *ihm*? Was nützte *er* dem jungen Herrn? Nichts. Schritt für Schritt näherte sich der junge Mensch dem Abgrund. Seine Hand, die ihn hätte retten können und ihn auch gerne retten wollte, wurde zurückgestoßen, und sein Herz, das von Liebe und Freundlichkeit für den jungen Herrn und sein ganzes Haus erfüllt war, wurde gedemütigt, als schlage es träge und faul in der Brust eines ungetreuen Knechts, der nur an seinen Lohn denkt. »Triddelfitz«, sagte Hawermann, als er beim Saatschlag angelangt war, »diese Ecke hier den Bach entlang bis an den Berg heran will der Herr mit Gras besäen lassen. Er wird wohl selbst rauskommen und Ihnen das genauer zeigen. Lassen Sie die Gerste hier ein bißchen dünner säen.« – »Was will er denn damit anstellen?« fragte Fritz. – »Das wird er Ihnen wohl selbst sagen, wenn er es für gut befindet. Da kommt er aus dem Garten«, setzte der Alte hinzu und ging seinem Herrn aus dem Wege.

»Triddelfitz«, ordnete Herr von Rambow im Näherkommen an, »dies Ackerstück bis an den Berg hinan wird mit Gras besät. Sie sollen morgen den Samen von David holen. Ich will hier Paddocks anlegen.« – »Famos!« rief Fritz, »ich habe schon immer daran gedacht, ob wir hier nicht einmal Paddocks oder so was Ähnliches kriegten.« – »Ja, es ist notwendig!« – »Jawoll ist es notwendig!« rief Fritz aus voller Überzeugung. Doch es soll niemand glauben, daß Fritzing ein Speichellecker war. Er meinte es wirklich so, wie er es sagte, und hätte er gewußt, welche Ausgaben und welches Elend diese Paddocks noch nach sich ziehen sollten, er hätte gewiß nicht so begeistert zugestimmt: aber – wie ich schon erwähnt habe – in manchen Narrenstreichen stimmte er mit seinem Herrn aufs beste überein.

»Haben Sie eine Meßrute hier?« fragte Axel. – »Eine Meß*rute*? nein,« entgegnete Fritz und lächelte ein wenig verächtlich, zugleich aber verschämt und bescheiden, »ich habe mir selbst ein Meßinstrument erfunden. Erlauben Sie, ich will's Ihnen einmal zeigen.« Und damit lief er zum nächsten Graben und holte einen großen Tonnenreifen heraus, in welchem Stricke und Bindfaden derart miteinander verspannt waren, daß man in ihre Mitte einen Handstock als Nabe einsetzen und das Instrument daran laufen lassen konnte: »Der Umfang des Bügels ist grade eine Rute«, erklärte er, »und hier dieser Hammer schlägt immer an das Brett, wenn eine Rute umgelaufen ist.« – »Sieh! – Sieh mal!« rief Axel, in dem seine alte Freude an Erfindungen wieder auflebte, »und das haben Sie so ganz aus sich selbst erfunden?« – »Ganz aus mir selbst«, bestätigte Fritz. Besser hätte er wohl gesagt, seine Bequemlichkeit habe es erfunden, denn er bückte sich mit seinem langen Leibe nur ungern. »Na, denn messen Sie mir das Land mal aus«, rief Axel, ging ins Haus und sagte sich: Triddelfitz sei doch ein tüchtiger Wirtschafter und ein aufgeweckter Kopf. Mit ihm lasse sich eher wirtschaften als mit Hawermann.

Nach einiger Zeit kehrte Hawermann, recht verdrießlich, wieder zu Fritz zurück: »Triddelfitz«, rief er, »was sind das für Sachen? Sie lassen mir ja die Gerste viel zu dicht säen!« – »Bewahre!« sagte Fritz, »ich habe die Maschine grad *so* gestellt, wie Sie's befohlen haben. Ich habe das Land selbst abgemessen.« – »Das ist nicht möglich«, rief Hawermann, »dann müßten mich meine Augen täuschen. Wo haben

Sie die Meßrute?« – »Eine Meßrute hab ich nicht«, erwiderte Fritz, »brauch ich auch nicht«, setzte er trotzig hinzu, denn die Anerkennung durch den gnädigen Herrn war ihm zu Kopf gestiegen, »ich messe alles mit meinem Instrument.« Damit zeigte er auf seine Erfindung, die in aller Unschuld zu seinen Füßen lag. »Was?« rief Hawermann, »was soll denn das bedeuten?« – »Ne Erfindung von mir«, erläuterte Fritz und sah dabei so stolz drein, als habe er die erste Dampfmaschine konstruiert. »Ach, so herum!« rief Hawermann. »Dann nehmen Sie mal den Bettel und messen mir hier damit mal zehn Ruten ab.«

Fritz nahm nun seine Erfindung zur Hand und ließ das Werk laufen. Hawermann ging nebenher und zählte: »Wieviel haben Sie?« – »Zehn Ruten«, antwortete Fritz. – »Und ich habe neun und zwei Fuß«, sagte der Alte. – »Das ist nicht möglich«, ereiferte sich Fritz, »dann haben Sie sich verzählt, mein Instrument geht richtig.« – »Fünf meiner Schritte sind eine mecklenburgische Rute«, sagte der Alte ärgerlich, »aber weil Sie dämlich sind, verderben Sie mir den ganzen Gerstenschlag. Wie können Sie mit solchem Bettel in der rauhen Furche messen, was allenfalls auf ganz ebenem Boden stimmen könnte! Aber die Bequemlichkeit – die Bequemlichkeit! – Jetzt gehn Sie gleich und holen sich eine anständige Meßrute!« und damit nahm er sein Taschenmesser und zerschnitt Fritzings Erfindung in lauter kleine Stücke. Danach ging er zur Sämaschine und stellte sie anders ein.

Fritz stand betroffen, sah ihm nach und blickte dann wieder auf seine Erfindung, die jetzt zerstört vor ihm lag. Es ist keine leichte Sache für einen Menschen, der es in der Welt einmal zu etwas bringen möchte, wenn er gleich beim ersten Anlauf derart peinlich auf sein Hinterteil gesetzt wird. Er hatte es doch so gut gemeint – zu allererst freilich mit sich selbst, sodann aber auch mit allen seinen Kollegen, mit allen Gutsschreibern im Lande Mecklenburg, um damit das unangenehme Bücken endlich aus der Welt zu schaffen, und nun lag seine gute Absicht kurz und klein geschnitten zu seinen Füßen. »Die Meßrute muß ich holen«, sagte er sich, »da hilft nun nichts. Aber tausendmal lieber will ich mit dem gnädigen Herrn wirtschaften als mit dem alten Hawermann.« Und wie er ins Haus ging, um seine Rute zu holen, da überkam ihn eine große Erbitterung gegen Hawermann. Er hatte alles vergessen, was er ihm in einer schönen Stunde einst zugesichert hatte: die schönste Stube auf seinem Rittergut, die beiden Wagenpferde und das Reitpferd.

Als Fritzing für einen Augenblick bei Marie Möllers vorsprach, die nun wieder in sein unversorgtes Herz eingezogen war, und von ihr hörte, daß es draußen vorm Fenster zwischen Hawermann und dem jungen Herrn einen scharfen Zusammenstoß gegeben habe, da war er in der Hauptsache aber schon wieder getröstet, und als er sich von Marieken trennte, trug er die Meßrute überm Rücken und ein Stück Wurst in der Hand. Und sprach zu sich: »Nee, es geht nicht mehr mit dem Alten. Er wird *zu* alt. Für neue Ideen hat der Mann kein Verständnis.«

Kapitel 28

Segen der Ordnung

So ging die Saatzeit vorüber und kam der Sommer heran.

Die Paddocks waren hergerichtet, und Fritzings alte, taube Tante von Vollblutstute promenierte wie eine würdige Dame in einem dieser Gehege auf und ab, nebst einem Gefolge von etwas jüngeren Mähren, die man, wären es Menschen gewesen, nur als »skrofulöses Gesindel« hätte bezeichnen können.

Die junge Frau kam nur noch selten nach draußen. Hawermann mußte nun also den Trost missen, der sonst für ihn aus ihren Augen leuchtete und aus ihrem Munde sprach, denn ihr lag Wichtigeres am Herzen. Wenngleich diese ganze Wichtigkeit nur auf ein Bündel mit Windeln hinauslief, so wußte sie doch, wie schwer die Wünsche und Hoffnungen wogen, die sie mit ihrem Kinde im Arm hielt. Und um sich diese Last zu erleichtern, warf sie ihre Pflicht und Schuldigkeit in die andere Waagschale.

Auch Axel ward durch seine Vaterschaft von dem dunklen und vagen Vorgefühl bewegt, es sei fortan seine verfluchte Pflicht und Schuldigkeit, die Zukunft seiner Nachkommenschaft zu sichern. Er begann also, verbissen zu wirtschaften. Während er bis dahin nur wie eine Art Feldmarschall im großen auf seinen Äckern herumkommandierte, trat er jetzt auf wie ein Korporal, der sich auch um die kleinsten Montierungsstücke seines Zuges kümmert. In alles steckte er seine Nase, selbst in den Bottich mit der Wagenschmiere. Dies freilich hätte er längst schon tun können, denn es ist nur gut und recht, wenn der Gutsherr sich um alles kümmert. Doch das Kommandieren hätte er bleiben lassen sollen, denn davon verstand er nichts. Er griff aufs unverständigste in den Gang der Wirtschaft ein und brachte die Einteilung des Alten völlig durcheinander. Hatte er dann alles so recht in Verwirrung gebracht, so ging er nach Hause und schalt auf Hawermann: »Der alte Mann hat gar keine, *gar keine* Disposition! – Ist mir doch schon zu alt geworden. – Nein, 's geht nicht länger!«

Und Krischan Segel bemerkte zu Didrich Snäsel: »Je, was sollen wir denn nu eigentlich tun? Der Herr sagt *so*, und der Inspektor sagt *so*.« – »Je, Vadder«, sagte Didrich, »wenn's der *Herr* sagt ...« – »Je,

ist aber man alles dumm Zeug.« – »Da brauchst du nicht für aufzukommen, und wenn ers sagt, dann hilft das nicht.«
So war die Zeit der Ernte herangerückt, und der Segen der Felder sollte unter Dach und Fach gebracht werden. Der Roggen war gemäht und stand seit drei Tagen in Hocken. »Herr Inspektor«, rief Axel aus dem Fenster Hawermann zu. Als der vor ihm stand, ordnete er an: »Morgen wollen wir Roggen einfahren lassen.« – »Herr von Rambow, es geht noch nicht. Wir haben gestern und heute bedeckte Luft gehabt. Es hat nicht getrocknet, und das Korn ist noch zu weich. Einzelne Halme sind noch grün.« – »Na, es wird schon gehen. Wie wollen Sie denn einfahren lassen?« – »Wenn eingefahren werden soll, dann müssen wir hier gleich hinterm Dorf anfangen und müssen in zwei Gängen einfahren, mit dem einen in die große Scheune, mit dem andern in die Gerstenscheune.« – »Hinterm Dorf anfangen? In zwei Gängen? Warum?« – »Je näher wir beim Dorf anfangen, desto mehr fahren wir in einem Tage ein, und das Wetter sieht bedenklich aus. Und in zwei Gängen auf zwei Tennen müssen wir fahren, sonst stehen sich die Leute im Wege, und die Wagen kommen sich in die Quere.« – »Hm«, sagte Axel und schloß das Fenster, »darüber will ich mich noch bedenken.«
Und er bedachte sich und gelangte zu dem Beschluß, *diese* Ernte einmal mit Fritz Triddelfitz allein zu besorgen. Hawermann sollte auf keine Weise damit zu tun haben. Und um ihm gründlich nachzuweisen, daß er das fünfte Rad am Wagen war, sollte nun gerade hinten von den Äckern her angefangen und in *einem* Gang eingefahren werden. Was *ein* Gang und was *zwei* Gänge waren, das war ihm nicht recht deutlich, aber dies waren ja auch bloß Nebendinge – wahrscheinlich nichts anderes als die Schrullen eines alten Inspektors, und mit denen wollte er sich nicht mehr abgeben, davon wollte er sich ja nachgerade frei machen.
Am nächsten Morgen um fünf Uhr war er schon auf den Beinen und trat überaus freundlich an den Alten heran, der auf dem Hof bereits tätig war: »Lieber Herr Hawermann, ich habe mir das reiflich überlegt – Sie dürfen mir das nicht übelnehmen. Ich habe beschlossen, diese Ernte mit dem jungen Triddelfitz ganz für mich allein selbst zu besorgen und die dahin zielenden Anordnungen selbst zu treffen.« Der Alte vor ihm stand verblüfft und verwirrt. Endlich entrang es sich schwer und bedrängt seiner Brust: »Und *ich*, Herr, soll hier bloß zusehen? und die Hilfe eines dummen Schreibers ziehen Sie *meiner*

Hilfe vor?« Er stemmte seinen Handstock vor sich hin, blickte den jungen Menschen mit Augen an, die aus dem alten Gesicht so jung herausleuchteten, als sei das Wirken und Schaffen eines ganzen Lebens in ihnen lebendig geworden, und sagte ihm frei heraus: »Herr, Sie waren ein kleiner Junge, als ich meine ganze Tätigkeit Ihrem braven Vater widmete. – Er hat's mir gedankt, auf seinem Sterbelager gedankt! Aber Sie? – Sie haben mir den Undank reichlich ins Glas gegossen, und nun wollen Sie mich noch beschimpfen?«
Damit schritt er davon – und Axel ihm nach: »Lieber Herr Hawermann, es ist ja nicht so gemeint. Ich wollte nur selbst mal versuchen ...« Aber es war wohl so gemeint, und er wußte recht gut, daß es so gemeint war. Er wollte den Alten nicht mehr in seine Angelegenheiten hineinreden lassen. Hawermann sah ihm zu genau auf die Finger, und Axel mußte sich vor ihm schämen.

Der Alte ging in sein Zimmer, schloß seinen Schreibschrank auf und setzte sich davor. Aber es dauerte lange, ehe er auch nur zum Nachdenken gelangte, und inzwischen ging es nun auf dem Hof los: »Triddelfitz!« – »Herr von Rambow!« – »Wo willst du hin, Jochen?« – »Je, *ich* weiß nicht, mir hat keiner was gesagt.« – »Fritz Päsel, wo willst du mit den Eggen hin?« – »Je, was weiß *ich*? Ich soll damit ja in der Brache eggen.« – »Schafskopf!« – dies war Fritzens Stimme – »Wir wollen ja Roggen einfahren.« – »Das ist mir auch ganz egal. Wenn das nicht ist, denn ist das nicht«, und warf die eisernen Eggen vom Wagen, »was mir der Inspektor sagt, das tu ich.« – »Flegel!« rief der junge Herr. – »Fritz Flegel!« rief Triddelfitz hinterher. – »Was soll er?« schrie jemand aus der Heuscheuer heraus. – »Wo sind die Ernteleitern?« rief Fritz Triddelfitz. – »Da, wo sie stehn«, rief der Rademacher, »und mir hat keiner was gesagt.« – »Je, was sollen wir denn nu eigentlich?« fragte Tagelöhner Näsel. – »Je, Vadder, das weiß der liebe Gott«, sagte Pegel, »uns hat ja keiner was gesagt.« – »Flegel!« rief Fritz auf einmal, »wir wollen doch einfahren lassen, die Erntewagen müssen geschmiert werden.« – »Meinswegen«, rief Flegel aus der Scheuer heraus, »die Schmiere steht ja hier.« – »Herr von Rambow«, sagte Fritz, »wo ist Hawermann, soll ich den Inspektor nicht rufen?« – »Nein«, sagte Axel langsam und wandte sich zum Weggehen. – »Je«, sagte Fritz, der es nun ein wenig mit der Angst bekam, »mit dem Einfahren wird's heut morgen nichts.« – »Ist auch nicht nötig, dann fangen wir heut nachmittag an.« – »Was befehlen

Sie denn aber, was sollen die Tagelöhner tun?« – »Ach Gott, die Tagelöhner!« sagte Axel und entfernte sich, »immer die Tagelöhner! – die Menschen können sich während der Zeit nützlich hier auf dem Hofe beschäftigen. Hören Sie mal«, und er wandte sich um, »sie können die Wagen schmieren helfen.«

Unterdes saß der Alte vor seinem Sekretär und wollte etwas schreiben, etwas Schweres, das ihm ans innerste Leben griff. Er wollte sich von seinem Herrn lossagen. Er wollte die Brücke abbrechen, die einst von Herz zu Herz zwischen dem seligen Kammerrat und ihm geschlagen worden war: er wollte kündigen. An sein Ohr drang – wenn auch nicht in allen Einzelheiten – das törichte Treiben, das sich draußen abspielte. Er ging eilig ans Fenster, wie um eine vernünftige Weisung zu erteilen. Aber das war vorbei, damit hatte er nichts mehr zu tun: Er knüllte den Brief zusammen, den er angefangen hatte, und begann einen anderen. Aber auch der gefiel ihm nicht. Er schob sein Schreibzeug zurück und schloß die Klappe seines Schreibschranks ab. Aber was jetzt? Was sollte er anfangen? Er hatte keine Aufgabe mehr, er war ausgespannt. Er warf sich in die Sofaecke und brütete vor sich hin.

Am Nachmittag waren mit Hilfe des alten Rademachers und einiger besonnener älterer Tagelöhner das Wagengeschirr und das Scheunenfach so weit in Ordnung gebracht, daß mit dem Einfahren begonnen werden konnte, und nun fing es denn auch an. Axel setzte sich zu Pferde und kommandierte das Ganze. Fritz mußte sich auf Anordnung seines Herrn ebenfalls aufs Pferd setzen. Da aber seine alte, taube Stute lahmte, mußte er den alten Vollblutwallach besteigen, der aber war ein Durchgänger. Fritzing selbst spielte eine Art von Adjutant.

Jetzt konnte es losgehen. Sechs Pferdegespanne wurden vor sechs Erntewagen angeschirrt und fuhren in einer Reihe auf dem Hofe vor – Ordnung ist das halbe Leben. Auf einer Seite standen die Abstaker und Garbenschichter, auf der anderen die Beistaker, die Lader und die Nachharker. Auf ein gegebenes Zeichen marschierten die Garbenschichter in die Scheune, und die Feldarbeiter erstiegen die Wagen. Axel und Fritz ritten voraus, die Erntewagen folgten, und noch nie hatte auf dem Pümpelhäger Gutshof bisher eine derartige Ordnung geherrscht wie an diesem schönen Nachmittag, und Ordnung muß sein. Der alte Rademacher Fritz Flegel aber stand in der Heuscheuer und sah dem Zuge nach: »Na, was das wohl wird«, sagte er und kratzte sich am Kopf, so greulich ungewohnt kam ihm diese Art von Ordnung vor.

»Je, was geht das *mich* an?« murmelte er und ging an seine Arbeit. »Wo ist aber unser alter Herr Inspektor?«

Der aber saß in seiner Stube und grübelte vor sich hin. Die erste heftige Aufregung hatte sich gelegt. Dann war er aufgestanden und hatte einen kurzen Kündigungsbrief zum Weihnachtstermin geschrieben. Er bat um Urlaub für die Zeit der Ernte, da er unter den gegebenen Umständen währenddessen überflüssig sei. Dann nahm er Hut und Stock vom Nagel, ging aus der Stube und zum Hoftor hinaus, er konnte es drinnen nicht aushalten. Er setzte sich draußen auf eine Steinmauer unter den Schatten eines Fliederbusches und blickte auf den Weg nach Warnitz zu, auf welchem die Erntewagen eintreffen mußten. Sie kamen aber nicht. Nur Bräsig kam des Weges.
»Daß du die Nase ins Gesicht behältst, Korl, was betreibt ihr da an der Scheide for Anstalten? Wo kannst du den Roggen schon einfahren lassen, er is ja noch grasgrün? Un wo kannst du mit sechs Wagens in einen Gang fahren lassen? Un was halten die vollen Wagens da in den Weg?« – »Bräsig, das weiß ich nicht, da mußt du den Herrn und Triddelfitz nach fragen.« – »Was?« – »Bräsig, ich habe nichts mehr zu sagen.« – »Wo? – Wie? – Was sagst du da?« rief Bräsig und zog seine Augenbrauen gewaltig in die Höhe.
»Ich habe nichts mehr zu sagen«, wiederholte der Alte leise vor sich hin. »Ich bin beiseite geschoben. Ich werde dem jungen Herrn allmählich zu alt.« – »Korl«, sagte Bräsig und legte seinem alten Freunde die Hand auf die Schulter, »was is dich? Verzähl mich das!«
Und Hawermann berichtete ihm, wie alles gekommen war, und als ers erzählt hatte, da wandte Bräsig sich ab, blickte grimmig in die Welt hinein und biß die Zähne so aufeinander, als habe er die schöne Welt im Gebiß und wolle sie knacken wie eine taube Haselnuß, und rief mit einer heiseren, vor Wut zusammengepreßten Stimme den Warnitzer Weg hinunter: »Jesuwiter! – Entfamtiger Jesuwiter!« und wandte sich wieder nach Hawermann um: »Korl, auch in diesen Triddelfitz hast du dich eine Slange an deinen Busen groß gesogen!« – »Bräsig, was kann der dafür? Er muß tun, was ihm geheißen wird.« – »Da kommt er angepromscht, un all die sechs Austwagen achterher, was das Zeug halten will – mit en vollen Wagen. Dies wird ne Kemedi, dies wird eine landwirtschaftliche Kemedi! – Paß auf! da bei die olle Brügg smeißen sie um«, rief Unkel Bräsig und tanzte ohne jede Rücksicht auf seine armen Podagra-Beine herum, als seien sie an dem ganzen

Unwesen schuld und müßten dafür bestraft werden, denn – daß ich es eingestehen muß – seine grimmige Wut hatte sich in helle Schadenfreude verwandelt. »Da haben wir die Pastet!« rief er mit einem Mal mit großer Genugtuung, denn wie er gesagt hatte, so geschah es: als der erste volle Wagen im schlanken Trabe an die Brücke gelangt war, da kippte er um.

»Halt!« rief es von dort. »Donnerwetter, halt! So haltet doch!« Fritz Triddelfitz blickte sich hilflos um: ja, was nun? Er wußte sich auch keinen Rat. Zum Glück aber sah er Hawermann und Bräsig an der Steinmauer. Er jagte auf sie zu: »Herr Inspektor . . .« – »Herr, Sie haben sich das eingebrockt, nu fressen Sie's auch aus!« rief Bräsig. – »Lieber Herr Inspektor, was sollen wir machen? Der Wagen liegt quer vor der Brücke, und die andern können nicht durch.« – »Reiten Sie rasch . . .« – »Korl, du hältst die Mund, du büst abgesetzt as en Bucklamm, du hast nichts nich zu sagen«, fuhr Bräsig dazwischen. – »Reiten Sie rasch . . .«, sagte Hawermann. »Nein, lassen Sie nur, die Knechte sind verständiger gewesen als Sie, sie räumen schon die Garben aus dem Wege.« – »Herr Inspektor«, sagte Fritz betreten, »ich kann nichts dafür, der Herr von Rambow hat alles so befohlen: die Wagen sollen alle in einer Reihe fahren, und die Knechte sollen mit dem vollen Fuder jagen.« – »Denn jagen Sie, daß Ihnen die Zunge zum Halse heraushängt!« rief Bräsig. – »Und er hält zu Pferde auf dem Haidberg und übersieht und kommandiert das Ganze.« – »Hat woll in der einen Hand en Sperfektiv und in der andern en Kommandostab, as der olle Blüchert auf dem Hoppenmark in Rostock?« fragte Bräsig höhnisch. – »Reiten Sie nach dem Hofe«, warf Hawermann ein, »und sorgen Sie dafür, daß der erste abgeladene Wagen gleich wieder rausfährt.« – »Das darf ich nicht«, sagte Fritz, »der Herr hat ausdrücklich befohlen, daß die Wagen wieder in einer Reihe herausfahren sollen. Er will Ordnung in der Sache haben, sagt er.« – »Denn sagen Sie ihm, der prächtigste Esel, den ich mein Lebtag gesehen . . .« – »Bräsig, sieh auf deine Worte!« warnte Hawermann hastig – »wäre – wäre Ihr kleiner Maulesel, Herr Triddelfitz«, schloß Unkel Bräsig mit großer Geistesgegenwart.

Fritz ritt auf den Hof. »Korl«, sagte Bräsig, »wir könnten auch en bitschen hingehen un könnten die schöne Ordnung aus deinem Fenster regardieren.« – »Ja, es ist schon alles einerlei«, entgegnete Hawermann mit einem tiefen Seufzer, »hier oder dort.«

Sie gingen. Die Wagen fuhren auf den Hof, der erste in die Scheunendiele, die andern hielten in einer Reihe dahinter. Die Abstaker murrten, sie müßten sich zu Tode schinden. Die Tagelöhner murrten über den nassen Roggen und fragten, wer denn den im Winter dreschen solle. Die Knechte lachten und trieben aus Langerweile Dummheiten. Nur Fritz ritt mit einem ungeheuer ruhigen Gewissen auf dem Hofe umher, denn er tat seine Schuldigkeit und befolgte die Befehle seines Herrn.

Als alles abgeladen war, setzte Fritz sich wieder an die Spitze der leeren Wagen. Der Zug setzte sich abermals in Bewegung. Die Staker und Garbenschichter zogen sachte das Scheunentor auf, wegen des Schattens, legten sich hin und schliefen ein bißchen, Zeit hatten sie ja genug. »En rechter, schöner, ruhiger Aust, Korl«, sagte Bräsig, »auf den ganzen Hof is Dodsgeruch, un dazu rögt sich kein Lowbladd. Es ist recht plesierlich for mir, denn ich habe einen solchen noch nicht erlebt.« – »Mir ist das gar nicht plaisierlich«, sagte Hawermann, »ich seh das Unglück kommen. Nur noch drei solcher Dummheiten, und der Respekt bei den Leuten ist hin. Merken sie erst mal, daß einer was anordnet, das er nicht versteht, dann tun sie, was sie wollen. Und der arme, unglückliche junge Mann! Und vor allem die arme, *arme* junge Frau!« – »Da kommt deine gnedige Frau just aus dem Hause heraus, und das Kindermädchen folgt mit dem Wagen, worin die kleine Slummergöttin liegt. – Aber, Korl, komm fix ans Fenster! – was is dies?«
Und es war wirklich der Mühe wert, ans Fenster zu treten, denn quer über den stillen Hof galoppierte, was das Zeug hielt, Fritz Triddelfitz auf dem alten Vollblutwallach Bill, und etwa fünfzig Schritt hinterher jagte Axel und rief: »Triddelfitz!« – »Gleich!« rief Fritz zurück, flog aber aus dem andern Tor wieder hinaus und Axel hinterdrein. »Was zum Deuwel is dies?« fragte Bräsig, und kaum hatte er Zeit, sich über die Maßen darob zu verwundern, da kamen Fritz und Bill und Axel durchs Wassertor schon abermals herein und quer wieder über den Hof geschossen: »Triddelfitz!« – »Gleich!«
»Herr, sünd Sie verwurrn?« rief Bräsig, als Fritz am Wirtschaftshaus vorbeijagte. Doch Fritz gab keine Antwort, saß ganz verkrümmt auf Bill, lächelte mühsam unter Angst und Schmerzen vom Pferde herab und wollte die gnädige Frau begrüßen, stieß sich aber nur die Mütze herunter, und die junge Frau rief ängstlich: »Axel, Axel, was soll das?«, erhielt aber auch keine Antwort, denn Axel hatte es ebenfalls sehr eilig. Unversehens jedoch hatte Bill die Hürde vorm Schafsstall genommen, und Fritz schoß kopfvornüber in einen Haufen Erbsenstroh.

Axel parierte sein Pferd und rief nochmals »Triddelfitz!« – »Gleich, Herr von Rambow«, antwortete Fritz aus dem Erbsenstroh heraus. – »Welcher Teufel reitet Sie?« rief Axel. – »Er hat *mich* nicht geritten«, erwiderte Fritz und stand – Gott sei Dank! schon wieder aufrecht, »ich habe *ihn* geritten. Ich glaube, Bill ist mit mir durchgegangen.« – »Und das ist er richtig!« erläuterte Krischan Däsel, der aus dem Reitstall angelaufen kam. »Sehen Sie, gnädigster Herr, Bill ist beim Herrn Grafen immer auf Steeplechase geritten worden, und wenn er denn nu so seine Nücken kriegt, denn rennt er so lang, bis er eine Art von Hakelwerk oder Koppelzaun zu fassen kriegt, weil er drüberspringen will, und wenn er's denn gefaßt und das Stück gemacht hat, denn steht er da wie ein Lamm. Sehen Sie, da steht er.«
»Axel«, näherte sich jetzt die junge Frau, »was hat dies zu bedeuten?« – »Nichts, mein Kind. Ich hatte dem Wirtschafter einen Befehl gegeben, und als er fortgeritten war, fiel mir etwas Besseres ein, ich wollte meine Anordnung widerrufen, folgte ihm, sein Pferd ging mit ihm durch, und ich ritt hinterher.« – »Gott sei Dank!« sagte sie, »daß es so abgelaufen ist. Aber willst du nicht hineinkommen und Vesperbrot essen?« – »Ja«, erwiderte er, »ich habe mich heute etwas angestrengt. – Triddelfitz, es bleibt alles in der gewöhnlichen Ordnung.« – »Zu Befehl!« sagte Fritz, und Axel schritt mit seiner Frau ins Haus.

»Axel«, fragte sie, als sie am Vespertisch saßen, »was heißt das? Bei uns zu Hause kam in der Ernte immer nur ein Fuder zur gleichen Zeit auf den Hof, hier kommen ja aber immer sechs zur gleichen Zeit.« – »Liebe Frida, ich kenne diese alte Methode auch ganz genau. Aber bei derselben sind Unordnungen unvermeidlich. Wir lassen der größeren Ordnung wegen alle Wagen in einer Reihe fahren.« – »Und hat Hawermann das so angeordnet?« – »Hawermann? Nein, der hat nichts damit zu tun. Ich fühlte das Bedürfnis, mich von den Anordnungen meines Inspektors endlich einmal zu emanzipieren, und habe ihm angezeigt, daß ich diese Ernte ohne seine Hilfe beschaffen wollte.« – »Axel, was hast du gemacht! Das *kann* der Mann ja gar nicht leiden.« – »*Muß* er doch! Er muß sich daran gewöhnen, daß *ich* Herr auf dem Gute bin.« – »Als solchen hat er dich immer anerkannt. Lieber Axel, dies wird eine Quelle bitterer Sorgen für uns werden«, und sie lehnte sich bekümmert im Stuhl zurück und blickte vor sich hin.
Axel war nicht wohl zumute. Dann öffnete sich die Tür, und Daniel Sadenwater brachte einen Brief: »Ne Empfehlung von Herrn Inspek-

tor.« – »Da ist's«, sagte Frida. Axel las den Brief: »Der Herr Inspektor kündigt zu Weihnachten. – Kann gleich abgehen – brauch keinen Inspektor. – Kann hundert für einen kriegen. – Aber daß *er* mir die Kündigung zuschickt, daß *ich* ihm nicht zuvorgekommen bin, das ärgert mich!« Und damit sprang er auf und lief im Zimmer auf und ab. Frida saß still da und sagte kein Wort.

Dies aber legte sich Axel als Vorwurf aus, denn er wußte recht gut, daß er sich wiederum auf einem argen Holzweg befand. Doch er durfte es sich nicht merken lassen, er mußte seine Schuld wieder auf andere Schultern legen, und so sagte er denn in seiner Unaufrichtigkeit: »Aber das kommt davon her, das kommt von deiner Vorliebe für den alten, prätentiösen Schleicher!« Frida sagte kein Wort, sie stand schweigend auf und verließ das Zimmer.

Am Abend saß sie an der Wiege ihres Töchterchens und wiegte ihr Kind in den Schlaf. – Ach, wer doch auch seine Gedanken so in den Schlaf wiegen könnte! – Doch solch kleines Kind stammt von unserm Herrgott und trägt noch ein Stück jenes ewigen Friedens in sich, den es vom Himmel mitgebracht hat. Die Menschengedanken aber stammen von der Erde, und an ihren unsicheren, ermatteten Fußtritt heften sich Kummer und Sorge, und ein übermüdeter Mensch kann nicht einschlafen. – Ja, Axel hatte recht, er konnte wohl einen Inspektor wieder bekommen, er bekam hundert für einen. Doch auch Frida hatte recht: ein treues Herz wollte sich von ihr lösen.

Kapitel 29

Samuel

In Jochen Nüßlers Haus herrschte eitel Freude und Sonnenschein: Gottlieb war gewählt, er war zum richtigen Pfarrer gewählt, und wem hatte er dies vor allem zu verdanken? Wem anders als unserem alten braven, einfachen Pomuchelskopp. Der hatte den Ausschlag gegeben.

»Hühnchen«, sagte unser alter guter Freund in der Kirche und kalkulierte, während die drei jungen Priesterkandidaten auf der Kanzel in Angst und Bangen miteinander wetteiferten und jeder auf seine Art mit Gottes Wort nach der Pfarrerstelle warf, »Hühnchen«, sprach er, als Gottlieb als letzter schloß und sich den bittersauren Schweiß vom blassen Angesicht abwischte, »Kluckchen«, sprach er, »wir wählen diesen. Der ist der Dummste.« – »Wenn das man stimmt«, entgegnete seine liebe Frau. »Wie will *ein* Schafskopf den *andern* taxieren?« – »Kückchen«, sprach Pomuchelskopp weiter und hatte ganz und gar die feine Anspielung und Pikanterie seiner lieben Frau überhört – vielleicht weil er es so gewohnt war, vielleicht weil Gottliebs Predigt ihn gerührt hatte, denn Gottlieb hatte über den Text gepredigt: Vergebet euren Feinden – »Hühnchen, der erste, der mit das rote Gesicht, is en Sohn von den ollen Pächter Hamann, un Art läßt nich von Art. Du sollst sehen, der wirtschaftet selbst. Und der zweite, süh, das ist ein Filou. Gustäwing hat ihn gesehen, wie er sich kurzfertig den Acker besehen hat, und den Pasterkutscher hat er gefragt: wer die Pasterscheune zu erhalten hätte, das Ding wollte ja einfallen. Mit den beiden ist das nichts. Der Rektorsohn, das ist unser Mann.« – »Wer falsch rechnet, rechnet zweimal«, entgegnete Hühnchen. – »Ich verrechne mich nicht«, betonte Pomuchelskopp. »Der Herr Baron von Rambow und Nüßler haben schriftlich der Sache entsagt. Selbst kann der junge Mensch nicht wirtschaften, dazu ist er zu dumm, und einen Unterpächter brauch ich nicht zu leiden. Er *muß* den Acker an mich verpachten, und ich hab's in der Hand, ich kann ihm sagen *dafür*! und *mehr nicht en Schilling*!«

Und derart ward nun Gottlieb gewählt. Fast alle Stimmen fielen ihm zu, nur einige alte Tagelöhner aus Rexow wählten ihren Herrn, Jochen Nüßler. Dies war aber ein bloßes Versehen, weil sie angenommen hatten, es sei ja auch einerlei, denn es bliebe ja doch in der Freundschaft.

So herrschte in Jochen Nüßlers Haus eitel Freude und Sonnenschein. Die beiden kleinen Druwäppel schwammen wie im hellen Sonnenlicht einen klaren Bach hinunter, tief eingetaucht in selige Hoffnungen und schöne Erwartungen, und wirbelten dabei lustig umeinander, und Mining schwamm immer fröhlich mit ihrer Schwester mit, obwohl es sie ja selber gar nichts anging. Aber einen kleinen persönlichen Grund gab es doch für ihre Freude. Vater Jung-Jochen war eines Tages vom Feld gekommen und hatte bemerkt, das ewige Wirtschaften griffe ihn denn doch zu sehr an, er wolle, Rudolf wäre endlich so weit. Darauf hatte Mudding freilich erwidert: ob er sich nicht schäme, er sei doch noch ein junger Kerl. Und darauf hatte Vadding freilich entgegnet: na, denn wolle er ja auch weiter wirtschaften. Aber dies war doch schon der Anfang zur irdischen Glückseligkeit, und zudem hatte die Sache ja auch noch einen Haken, an den sich gewisse Hoffnungen knüpfen ließen.

Bei Lining war aber nun alles in allerschönster Ordnung. Die Aussteuer ward besorgt, und in Frau Nüßlers Wohnstube sah es aus wie in einem Spinnhaus und in einer Baumwollfabrik: hier wurde gesponnen und dort wurde gestrickt, hier wurde genäht, dort wurde gestickt und drelliert und gehaspelt, Knäuel über Knäuel wurden aufgewickelt und wieder abgewickelt, und jeder hatte seinen Anteil daran, auch Jung-Jochen und Jung-Bauschan. Jung-Jochen diente als Garnwinde. Er saß, die Pfeife im Munde, stocksteif da und hielt die Arme, mit einem Strang Garn umwunden, hoch nach oben gestreckt. Seine liebe Frau stand vor ihm und wickelte das Garn wieder ab. Wenn er glaubte, er könne sich eine kleine Erholung vergönnen, dann kam erst Lining und danach kam Mining an die Reihe – er war ein geschlagener Mensch. Aber auch Jung-Bauschan erhielt sein Teil. Ihm ward andauernd auf die Pfoten getreten, und keiner verwünschte diese Hochzeit mehr als Jung-Bauschan, bis er sich schließlich von all diesem Treiben zurückzog und sogar den Düngerhof für einen behaglicheren Ort estimierte als eine Stube, in der eine Aussteuer hergestellt wird.

»So«, sagte Frau Nüßler eines Abends und legte die Hände in den Schoß, »Bräsig, meinetwegen kann morgen schon Hochzeit sein, ich bin fertig mit allem.« – »Na«, sagte Bräsig, »denn machen Sie Anstalten, denn der Petist un Lining werden auch woll so weit prat sein.« – »Ach, Bräsig, was reden Sie! Die Hauptsache, die fehlt ja doch noch. Die Regierung hat ja noch nicht ihren Senf zu der Pfarre gegeben. Wie heißt das Ding noch?« – »Haha, ich weiß, Sie meinen die Vokatschon, wie sie's for gewöhnlich nennen, ich halte aber Vokativus for richtiger, indem der sel' Paster Behrensen in meine jugendliche Jahren ümmer Vokativus sagte.«

In diesem Augenblick kam Kutscher Krischan herein: »Gu'n Abend, Madamming, und hier sind auch die Zeitungen.« – »Sind keine Briefe auf der Post gewesen?« fragte Frau Nüßler. – »Ja«, sagte Krischan, »ein Brief war auch dabei.« – »Warum hat denn Er den nicht mitgebracht?« – »Nee«, sagte Krischan und wies dies weit von sich, als könne er sich derartige Torheiten durchaus nicht zuschulden kommen lassen, »das war ja ein Sündengeld, was sie dafür verlangten, und ich hatte soviel ja auch gar nicht bei mir.« – »Na, was soll er denn kosten?« – »Je, nun sagen S' man mal: acht Taler! Und sie sagen ja, da liegt ein Postvorschub oder ein Postvorschuß oder so was drauf, jedenfalls, mit einem Postvorspann war er angekommen, und an den jungen Herrn, was unser Bräutigam ist, war er.« – »Mein Gott, Krischan, so'n teuren Brief! Von wem kann denn der wohl sein?« – »Wissen tu ich's«, sagte Krischan, »aber sagen tu ich's nicht«, und blickte dabei auf Bräsig. – »Vor dem Herrn Inspektor kannst du alles sagen«, sagte Frau Nüßler. – »Na, denn meinswegen!« sagte Krischan, »er war von nem Frauensmensch, den Namen hab ich aber vergessen.« – »Mein Gott!« rief Frau Nüßler, »von einem Frauensmensch! an meinen Schwiegersohn! und denn acht Taler!« – »Kommt allens vor!« sagte Bräsig, »kommt auch bei die Petisten vor!« – »Ja, 's kommt alles vor!« sagte Krischan und wollte die Stube verlassen. – »Krischan«, sprang Frau Nüßler auf, »Er muß ja morgen wieder nach Rahnstädt mit dem Roggen, frag Er doch mal ganz genau nach dem Namen, und acht Taler will ich Ihm geben. Den Brief muß ich haben.« – »Schön, Madamming«, sagte Krischan und verließ die Stube, »das wollen wir wohl kriegen.«

»Bräsig«, rief Frau Nüßler und warf sich im Korblehnstuhl zurück, daß das alte Möbel richtig zu stöhnen anfing, »was hat mein Schwiegersohn mit einem Frauensmensch zu tun?« – »Weiß ich nicht!« erwiderte Bräsig, »is mich gänzlich unbekannt, indem daß ich mich nie um Heimlichkeiten bekümmer. Hork an't En'n, sagt Kotelmann, morgen krigen wir's zu wissen.« – »Nee«, rief Frau Nüßler,

»dieser Gottlieb, dieser stille Mensch!« – »Die Petisten is gar nich zu trauen«, sagte Bräsig. »Trau keinen Jesuwiter nicht!« – »Bräsig«, rief Frau Nüßler, und der alte Stuhl schrie laut auf, wie sie aufsprang, »steckt hier was hinter, denn nehm ich mein Kind wieder zurück. Hätte Rudolf das getan, denn könnt ich ihm das vergeben, denn Rudolf ist ein strubbeliges Fohlen und macht auch kein Hehl draus, aber Gottlieb? – Nee, nie und nimmer! Wer sich so heilig anstellen und verstellen kann und denn so ne Streiche macht – der bleib mir vom Wagen! Der bleib mir vom Leib! Mit so 'n Menschen habe ich nichts zu tun.«

Als Gottlieb abends zu Tisch kam, beäugte ihn seine künftige Schwiegermutter mißtrauisch von allen Seiten, so als sei *sie* ein Ladendiener, dem *er* ein falsches Geldstück hatte andrehen wollen. Und als Gottlieb nach dem Essen Lining bat, sie möge ihm doch ein Glas frisches Wasser in seine Dachstube bringen, sagte sie, Lining habe anderes zu tun, und als Gottlieb sich nun an Marik, das Stubenmädchen, wandte, da bedeutete ihm Frau Nüßler, er solle nur selber zur Pumpe gehen, er habe es genau so weit dahin wie Marik. Und so hatte sie in aller Geschwindigkeit einen richtigen Zauberkreis um ihn gezogen, den kein Frauensmensch überschreiten durfte.

Am nächsten Mittag, als alle bei Tisch saßen, erschien Kutscher Krischan in der Tür und winkte Frau Nüßler heraus: »Madamming, oh, auf ein Wort.« Frau Nüßler winkte Bräsig heraus, und die beiden alten Liebesleute gingen mit Krischan auf die Diele. »Na?« fragte Frau Nüßler. – »Hier ist er«, sagte Krischan und holte einen großen Brief aus seiner Westentasche hervor, »und den Namen von dem Frauenzimmer weiß ich auch.« – »Na?« fragte Frau Nüßler wieder. – »Je«, flüsterte Krischan heimlich Frau Nüßler ins Ohr, »Mine heißt sie mit Vornamen, und Sterijum wird wohl ihr Vatersname sein.« – »Was? – Mine Sterium heißt sie?« rief Frau Nüßler. – »Hoho!« rief Bräsig und riß Frau Nüßler den Brief aus der Hand, »das kommt von die Ungebild'theit mit ausländische Namens, das is ja die Vokatschon von's Ministerium«, und riß die Tür auf und rief mit starker Stimme in die Stube: »Hurra! Sie oller Petist, Sie! Hier ist's und ander Woch' ist Hochzeit!« Und Frau Nüßler fiel Gottliebchen um den Hals, küßte ihn und rief: »Gottlieb, mein lieber Gottlieb, ich habe dir ein großes Unrecht getan. Laß man sein, Gottlieb, Lining soll dir auch alle Abend Wasser raufbringen, und wenn du willst, soll auch die Hochzeit sein.« – »Mein Gott!« rief Gottlieb, »was ist denn ...?«

– »Nee, Gottlieb, sagen kann ich dir's noch nicht: das ist mir zu schanierlich. Aber wenn du drei Jahre verheiratet bist, denn will ich dir alles erzählen.«

Und die Hochzeit ward gehalten, und davon ließe sich mancherlei erzählen: Wie Mining und ihre Schwester Lining bitterlich nach der Trauung geweint haben, wie Gottlieb ordentlich schmuck aussah, als Lining ihm die Radnägel hinten aus dem Nacken herausgeschnitten hatte, wie Frau Nüßler jedem, der ihr über den Weg lief, versicherte, *sie* fühle ihre Beine gar nicht, womit sie nichts anderes sagen wollte, als daß sie sie gar zu sehr fühlte. Ich berichte aber von dieser Hochzeit gar nichts außer diesem, das ich selbst gesehen habe: wie morgens gegen halb vier die beiden alten Freunde, Jung-Jochen und Jung-Bauschan, eng umschlungen nebeneinander auf dem Sofa lagen und schlummerten.

Hawermann nahm an der Hochzeit teil, blieb aber still und in sich gekehrt. Seine Luise war auch dort, voll herzinniger Zuneigung zu ihrer kleinen Lining, aber still war sie auch, still selig. Frau Pastorin hatte die Einladung ausgeschlagen. Als aber die Gäste das Hoch auf Braut und Bräutigam ausbrachten und Jochen nachgerade auch ein Wort reden wollte, da öffnete sich die Tür, und Frau Pastor trat in ihrem schwarzen Witwenkleid hinein in die helle Hochzeitsfreude und fiel Lining um den Hals: »Ich gönne es dir, ich gönne es dir von Herzen, und magst du so glücklich dort sein, wie ich es gewesen bin. Du bist nun die Nächste dazu!« Sie küßte sie, streichelte an ihr herum, wandte sich abrupt ab und ging ohne Gruß zur Tür. Dort rief sie: »Hawermann!« Sie hätte dies aber nicht nötig gehabt, er stand bereits an ihrer Seite, und als sie in den Wagen stieg, saß er auch schon darin. Sie fuhren nach Gürlitz.

In Gürlitz verließen sie den Wagen – Pastorkutscher Jürn mußte halten. Sie gingen auf den Friedhof, und er hatte ihre Hand ergriffen. Sie sahen auf ein grünes Grab, auf dem helle, bunte Blumen wuchsen. Als sie umkehrten, sagte die kleine Frau Pastorin mit einem tiefen, tiefen Seufzer, als habe sie einen Becher bis auf den Grund geleert: »Hawermann, ich bin fertig.« Sie stieg in den Wagen, und Hawermann fuhr mit ihr nach Rahnstädt. »Luise weiß Bescheid«, sagte sie, »sie besorgt mir morgen die Sachen hierher.«

Sie gingen miteinander durch das neue Haus. Die kleine Frau Pastorin dankte Hawermann und küßte ihn für seine Freundschaft und dafür, daß er alles so hatte einrichten lassen, wie es in Gürlitz gewesen war. Sie blickte aus dem Fenster hinaus: »Ja, alles, alles, aber kein Grab!« Eine ganze Weile blickten sie gemeinsam aus dem Fenster. Dann drückte Hawermann ihr die Hand: »Frau Pastorin, ich habe eine Bitte auf dem Herzen. Ich habe dem Herrn von Rambow gekündigt und gehe diese Weihnachten dort ab. Können Sie mir oben das Giebelstübchen abtreten und wollen Sie mich an Ihrem Tisch aufnehmen?« Ach, sie hätte wohl mancherlei gefragt und viel geredet, wenn sie in diesem Augenblick nicht so gerührt gewesen wäre. Deshalb sagte sie diesmal nur: »Wo Luise und ich wohnen, sind Sie stets der Nächste dazu.«

Ja, so ist es nun einmal in der Welt. Was des einen Freude, ist des anderen Leid, Hochzeit und Grab liegen dicht beieinander, und doch ist ihr Abstand voneinander weitaus größer als der zwischen der Hitze des Sommers und der Kälte des Winters. Doch es gibt wundervolle Menschen auf dieser Erde – sucht sie nur, zu finden sind sie. Sie bauen wundersame, gen Himmel strebende Brücken von einem Herzen zum andern über die Abgründe hinweg, die die Welt aufgerissen hat. Solche Brücken bauten die beiden kleinen Pastorenfrauen, Lining aus Rexow und Frau Pastorin in Rahnstädt, einander zu, und als sie den Schlußstein genau überm Pastorenhaus zu Gürlitz eingefügt hatten, da sanken sie sich in die Arme und hielten einander so fest umschlungen, daß sie bis an ihr Lebensende nicht mehr voneinander zu trennen waren.

Und nun zu unserem alten Freunde Gottlieb: auch er tat seine Schuldigkeit. Er trug fleißig Lehm und Kalk zu diesem Brückenbau herbei – er war ja einstweilen auch nur erst ein Handlanger im Pfarrergeschäft. Doch das muß man ihm lassen: als er seine Antrittspredigt hielt, da dachte er weniger an sich selbst, als daß er seines getreuen Vorgängers gedachte, des alten Pastors Behrens.

»Er legt sich zu was Verständiges an«, sagte Bräsig, als er die Kirche verließ, strich dabei Lining über die Wangen und gab Mining einen Kuß. »Die Petisten werden männigmal ganz vernünftige Leute; aber sie sind des Deuwels. Ich habe einen sehr guten Petisten-Bekannten, das ist der Pastor Mehlsack, ein ordentlicher, netter Mann, der hat sich mit den Deuwel so weit eingelassen, daß er von unsern Herrgott gar nich mehr red't. Und was der Paster da in die liebliche Krakowsche Gegend is, der hat es paddagraphisch ausfündig gemacht, daß *dreihundertdreiunddreißigtausend* verschiedentliche Deuwel in der Welt herumlaufen, den eigentlichen Deuwel und seine Großmutter gar nicht mitzurechnen. Und nu sieh mal, Lining, was das for unsereinen for ne Unbequemlichkeit is: du setzt dich meinswegens in Rahnstädt mit gute Freunde bei ner Bowle Punsch hin, und du drinkst diese aus und noch eine und noch eine, und an deiner Seite sitzt en Herr mit einem braunen Leibrock – denn der Deuwel geht nur in einem braunen Leibrock, das muß er, das is sein Pakt – un red't den ganzen Abend freundschaftliche Dinge mit dir, und wenn du denn's morgens aufwachst, steht dieser Herr vor dir und sagt zu dir: ›Schönen guten Morgen, Sie haben sich mir gestern verschrieben‹, und denn zeigt er dir den Klunkfuß, und wenn er höflich is, holt er auch noch seinen Start zum Vorschein und schlägt dich damit um die Ohren, und damit bist du denn nu sein erbliches Eigentum. – So ist's mit die ehrlichen Petisten. Mit die andern is das noch gar zu viel doller.«

So war denn Gottlieb mit seiner Lining ins Pastorenhaus eingezogen. Mining war natürlich mit dabei, und es kam öfters vor, daß das gute Gottliebchen in der Dämmerung Mining umfaßte und ihr statt Lining einen Kuß gab. Doch es blieb in der Freundschaft, und es hatte auch weiter nichts auf sich.

Etwas auf sich dagegen hatte es freilich damit, daß Pomuchelskopp mit seiner lieben Frau, mit Malchen und Salchen, dem jungen Herrn Pastor auf seinen Besuch hin eine Gegenvisite erwies. Und zwar ging es dabei um den Priesteracker, und der blaue Frack mit den blanken Knöpfen setzte dem schwarzen Anzug auseinander: Er wolle den Acker nehmen, und bot ihm ungefähr halb soviel, wie der Herr von Rambow gegeben, und unser altes braves Hühnchen erhob sich und beteuerte: dies sei aller Ehren wert, und es ginge ja auch nicht anders, denn Jochen Nüßler habe sich ja bereits verschrieben. Gottliebchen stand nun da und verbeugte sich vor dem blauen Frack und wollte schon »Ja« sagen. Da aber sprang Lining wie ein Ball aus ihrer Sofaecke hoch und rief: »Halt! In *der* Sache hab ich denn doch auch ein bißchen mit einzureden. Da müssen wir doch ordentliche Leute fragen.« Sie rief zur Tür hinaus: »Onkel Bräsig, komm doch ein bißchen herein!« Und Bräsig trat ein, stellte sich in seinem Leinenkittel keck und unbekümmert vor den schönen blauen Frack und fragte: »Wo so?« – Lining sprang auf ihn zu: »Onkel Bräsig, der Acker *soll* nicht verpachtet werden. Das wird meine Hauptfreude.« – »Das *soll* er auch nicht, meine liebe Frau Pasturin Lining«, bückte sich und gab ihr einen Kuß, »ich for meine Perßon selber will ihn bewirtschaften.« – »Ich brauche hier keinen Unterpächter zu leiden«, rief Pomuchelskopp. – »Sollst du auch nicht – sollen Sie auch nicht, *Herr* Zamel! Ich werde mir bloß bei dem Herrn Pastor hieselbst als Entspekter behabilitieren.« – »Herr Nüßler hat es mir schriftlich gegeben ...« – »Dat du en Schapskopp büst«, bemerkte Hühnchen und zog ihn zur Tür hinaus.

»Mein lieber Herr Pastor«, sagte Onkel Bräsig und ging mit Gottlieb in den Garten, »diese Anrangierung haben sie *mir* nicht zu verdanken, sondern nur Ihrer lieben Frau Lining. Es ist eine würkliche Merkwürdigkeit, wo diese kleinen, unschuldigen Wesen nach der Hochzeit gleich positiver werden. Na, man lasse ihr, sie weiß es vielleicht am besten. – Aber *Sie* mit Ihrem christlichen Standpunkt von wegen den Maulschellen auf der rechten und linken Backe, Sie werden mich woll den Haß ausreden wollen, aber ein *Haß muß sin.* Wo kein Haß is, is auch keine Liebe, und die Geschichte von den Maulschellen is for mich ein purer Schwindel. – Ich hasse einmal, ich hasse Zamel Pomuchelskoppen! – Wo? – Wie? – Was? – Er sagt zu Ihnen ›Sie‹, und Sie hätten keinen Haß?«

»Mein lieber Herr Inspektor, dieser ruchlose Grundsatz« – und er hätte nun vielleicht in seiner neuen Würde als Pfarrer dem Alten eine noch eindringlichere Predigt gehalten als vordem beim Angeln, als zum Glück Lining erschien und dem Alten schlankweg um den Hals fiel: »Onkel Bräsig, Onkel Bräsig, wie sollen wir dir das vergelten, daß du uns zu Gefallen deine bisherige Ruhe aufgibst?« – »Darüber krepiere dich nicht, Lining, wo en Haß is, is auch ne Liebe. Aber hast du woll gewahr geworden, wo ich ihn so obenweg bloß *Herr Zamel* nannte, obschonst er viel vornehmer ›*Zamwel*‹ getauft is?« – »Sie meinen wohl *Samuel*«, fiel Gottlieb ein. – »Nein, Herr Pastohr, ›Samuel‹ is en Judenname, und obschonst er ein würklicher Jude ist, das heißt ein weißer, so ist er doch auf den christlichen Namen *Zamwel* getauft worden, und seine Frau auf den Namen *Karnallje.*« – »Onkel Bräsig«, rief Lining und lachte hell auf, »was rührst du alles zusammen! Ihr Vorname ist Kornelia.« – »'s is möglich, Lining, daß sie sich auf stun'ns der Schanierlichkeit wegen so nennen läßt, aber ich hab's mit meine itzigen Augen gelesen:

Als dunn der olle Paster zu Bobzin gestorben war und der Küster die

Kirchenbücher führen müßt, dunn stand drin: ›Herr *Zamwel* Pomuchelskopp mit Jungfrau *Karnallje* Kläterpott‹, denn sie is ne geborne Kläterpott, und ne Karnallje is sie auch. Aber, Lining, laß ihr. Die Art soll uns nicht an den Wagen fahren, und wir drei wollen eine vergnügliche Ehe zusammen führen, und die kleine Eckstub, die gebt ihr mir, daß ich den Hof übersehen kann, und es müßt mit den Deubel zugehn, wenn der junge Herr Pastohr nicht über Jahr und Tag imstande wär, seinen Acker selbst zu bewirtschaften. – Aber nu adjes! Ich weiß ein paar ochsbändige Milchküh, die kauf ich uns vorläufig, und denn die beiden Schimmel von den ollen Prebberow, und den alten Paster-Jürn, den behalten wir, denn er ist en wahres Staats-Infentarium bei Pferd un bei Küh. Und nu adjes!« Und damit ging er hin, der alte Unchrist, der den Haß nicht lassen konnte.
Aber wer hassen will, muß sich auch gefallen lassen, daß er wieder gehaßt wird. Und keiner ist an diesem Tage so gehaßt worden wie Unkel Bräsig.

Nachdem die Familie Pomuchelskopp zu Hause eingetroffen war, striegelte und streichelte Hühnchen den stillen, einfachen Familienvater und mecklenburgischen Gesetzgeber unablässig gegen den Strich und kitzelte sein armes ritterschaftliches Fleisch mit Dornen und Nesseln. Der ständig wiederkehrende Abschluß ihrer anzüglichen Redensarten war: »Ja, Kopp, du bist so klug wie en dänisches Pferd, kommst drei Tage vorm Regen nach Hause!« Schließlich aber vermochte es unser alter Freund nicht länger auszuhalten. Er sprang aus seiner Sofaecke auf und rief: »Malchen, ich bitte dich, hab ich nicht ümmer für euch gesorgt als ein Vater?« Jedoch Malchen blickte so angelegentlich in die »Rostocker Zeitung«, als stünde ihre eigene Verlobung darin zu lesen. »Salchen, kann ich dafür, daß die Welt so schlecht ist?« Jedoch Salchen stickte und stichelte so eifrig im Fleisch eines kleinen Amors herum und seufzte, als bedauere sie es, daß ihr liebes Vating nicht dieser kleine Amor war. Und zu allem Überfluß kam noch Gustäwing hinein und klapperte mit den Schlüsseln am Brett, als sei er dazu berufen, diesen schönen Familienauftritt in passende Musik zu setzen.
Doch was zu arg ist, ist zu arg! Was übern Schraubstock geht, hält die menschliche Natur nur schlecht aus: unser alter Freund mußte seiner obstinaten Familie doch weisen, wer *Herr* im Hause war. Er schritt also zur Tür hinaus und überließ sie einigermaßen ratlos sich

selbst. Er schnaufte durch den Garten bis zur Sonnenuhr, aber was half ihm das? An seinem eigenen Fleisch und Blut hatte er freilich seine rechtmäßige Gewalt ausgeübt, doch er selber war dadurch nicht glücklicher geworden, denn vor seinen Augen lag der Priesteracker, der schöne Priesteracker. Und dahinter Pümpelhagen, das schöne, schöne Pümpelhagen, die ihm beide rechtmäßig zukamen, denn er hatte für den Priesteracker zweitausend Taler Vorschuß geleistet, und wieviel erst an Schlitzohr, an David und an den Schnorrer, den Herrn von Rambow!

Er vermochte diesen Anblick nicht länger zu ertragen. Er wandte sich ab, blickte nach jenseits in den blauen Herbsthimmel hinaus und fragte sich: ob noch Gerechtigkeit sei in der Welt. Dann aber erschien Philipping und zupfte ihn am blauen Frack – denn aus Trotz gegen Hühnchen hatte er ihn gegen alle Ordnung anbehalten – und gab zu verstehen, der Herr von Rambow sei da und wolle ihn sprechen.

Herr von Rambow? – na, wart! Jetzt hatte er doch einen, den *er* wieder piesacken konnte, der herhalten mußte für all die Quengeleien und Quälereien, mit denen seine Familie ihm zugesetzt hatte. Herr von Rambow? – na, wart! Er wollte schon hineingehen, aber da kam er ja schon selbst: »Guten Morgen, mein verehrtester Herr Nachbar! nun, wie geht's? – Wollte mich doch mal erkundigen, wie es mit dem Predigeracker geworden ist.« – So? Predigeracker? – na, wart! aber ja nicht merken lassen! Pomuchelskopp blickte das Endchen Nase entlang, das ihm die Natur gegeben hatte, und sagte kein Wort. »Nun, wie ist es denn geworden?« fragte Axel. Doch Pomuchel schwieg beharrlich und blickte an seinem Endchen Nase entlang, als erstrecke es sich meilenweit.

»Mein lieber Herr Nachbar, was ist Ihnen? Es ist doch alles in Richtigkeit, hoff' ich?« – »Das hoff' ich auch«, sagte Muchel, wandte sich ab und riß im Kartoffelacker eine Meldenstaude aus, »wenigstens der Wechsel über die 2000 Taler mit Ihnen ist in Richtigkeit.« – »Was?« fragte Axel überrascht, »was hat das hier zu tun?« Warte nur, Axel! – es kommt schon alles zurecht, halt nur still! Er wird dich jetzt ein klein wenig kneifen. Was sein muß, muß sein.

»Sie, Herr von Rambow«, sagte Muchel, erntete noch ein wenig unter den schönen Meldestauden herum und wandte sich dann dunkelrot dem jungen Herrn zu, »*Sie* haben die 2000 Taler und *ich* den Predigeracker, das heißt, ich habe ihn *nicht.*« – »Mein Gott, Herr Nachbar, Sie waren ja doch so sicher ...« – »Lang nicht so sicher wie Sie, *Sie* haben die 2000 Taler – nicht wahr? Sie haben sie doch gekriegt? – und *ich*«, und hier begann er mit dem linken Bein zu zittern und keuchte seine Worte aus dem untersten Magen hervor, »und *ich*, *ich* habe en Quark!« – »Aber ...« – »Ach, lassen Sie doch die ›Abers‹, ich habe heute morgen schon ›Abers‹ genug gehört. Die Sache handelt sich hier um die Wechsels«, und er tastete an seinen Taschen herum. »Ja so! ich habe einen andern Rock an, habe meine Brieftasche nicht bei mir, wo sie drin stecken. Vor drei Wochen war einer schon fällig.« – »Aber, mein lieber Herr Nachbar, ich bitte Sie – wie kommen Sie heute grade darauf? Ich kann ja nichts dafür, daß Sie den Acker nicht in Pacht erhalten haben.« Es hilft dir nichts, Axel, halt nur still! Tun wird er dir noch nichts, er kneift dich bloß ein bißchen.

Pomuchelskopp hatte heute schon zuviel von dem verflixten Acker gehört, als daß er sich damit noch länger abgeben wollte. Er überhörte also Axels Gerede und kniff weiter: »Ich bin ein gefälliger Mann, ich bin ein freundschaftlicher Mann. Die Leute sagen auch, ich bin ein reicher Mann, aber so reich bin ich nicht, daß ich mein Geld auf die Straße schmeißen sollte. Dazu ist's noch immer Zeit. Aber, Herr von Rambow, ich muß was *sehen*, *sehen* muß ich was. Ich muß sehen, daß die Seele beim Herrn bleibt, und wenn einer 'n Wechsel unterschrieben hat, denn muß er auch *sehen* ...« – »Bester Herr Nachbar«, fiel ihm Axel verängstigt ins Wort, »ich habe das rein vergessen. Ich bitte Sie ... Ich habe gar nicht daran gedacht.« – »So?« fragte Muchel, »nicht daran gedacht? Aber der Mensch *soll* daran denken, und ...« Nun wollte er loslegen, aber sein Auge fiel auf Pümpelhagen – nee, ja nicht merken lassen! – Wozu den Baum schütteln, die Zwetschgen waren ja noch nicht reif.

»Und«, fuhr er also fort, »das alles habe ich meiner Freundschaft mit diesem erbärmlichen Kerl, diesem Bräsig, zu verdanken. So hat er mir die Wohltaten vergolten, die ich ihm in jungen Jahren habe zukommen lassen. Ich hab ihm Geld geliehen, als er sich eine Uhr anschaffen wollte, Hosen hat er von mir getragen, als seine entzwei waren, und nun? – Ah! Ich weiß woll, wie das zusammenhängt, da steckt der alte Schleicher, der Hawermann, dahinter.«

Gebt dem Teufel nur *einen Finger*, er nimmt gleich die *ganze Hand* – und dann führt er euch, wohin er will. Und wenn es in seinen Kram paßt, dann stößt er euch vor sich nieder, damit ihr ihn anbeten müßt in Angst und in Schmerz, in Not und in Pein.

So erging es Axel: er mußte den Herrn Gutsbesitzer doch freundlich stimmen, er mußte mit ihm doch in die gleiche Kerbe hauen, er mußte doch gegen Ehre und Gewissen Bräsig und Hawermann schlecht machen – warum? Weil ihn der Teufel, den Wechsel in seiner Hand, auf die Knie gezwungen hatte. Und er brachte es fertig: der frische, sorglose Kürassierleutnant von ehedem lag vor dem Teufel auf den Knien und redete ihm mit allerlei Schlechtigkeit und Niedertracht zu Munde, die er von Bräsig und Hawermann zu berichten wußte, nur um seinen alten Moloch im blauen Frack zum Schweigen zu bringen – er verriet seine wirklich besten Freunde. Er hatte seinen Herrgott verraten.

Doch als er sich so weit erniedrigt hatte und sich sein eigenes Verhalten vergegenwärtigte, da stieg ihm der Ekel bis zum Hals. Er ritt fort von dem Hause, in welchem er ein gutes Stück seiner Ehre gelassen hatte.

Er ritt nach Hause. Als er an seine Feldscheide kam, erblickte er Hawermann, der unter der gleißenden Sonne hinter der Sämaschine einherschritt und das Notwendige für die Aussaat besorgte, und für wen? – allein nur für ihn, mußte er sich sagen, und die feurigen Kohlen brannten ihm auf dem Haupt. Und als er ein Stück weiter geritten war, schritt ein Leinenkittel vor ihm her. Unkel Bräsig schwitzte den Weg entlang und rief über den Saatacker hinüber: »Guten Tag, Korl! – Ich bin auf den richtigen Apropoh, das heißt auf en vorläufigen Kuhhandel, un allens is in Richtigkeit: wir wirtschaften selbst, und Zamel Pomuchelskopp kann sich was malen lassen.«

Und dann hörte Bräsig Axels Pferd hinter sich, und er drehte sich um. Der Wurm, der in Axels Brust nagte, hatte ihn freundlicher gegen den alten Knaben gestimmt, und er rief ihm zu: »Guten Tag, Herr Inspektor! – Nun? immer auf den Beinen?« – »Worum nich, Herr Leutnant? – Sie hollen ja noch trotz den Podagra, und indem ich mich das übernommen habe, for die jungen Pasterleute en Infentarium anzuschaffen, befinde ich mich hier auf der Landstraße nach Gülzow zu. Da ist Bauer Pagels, der hat en paar Milchküh', die wollt' ich for den Herrn Paster ackerieren.« – »Sie wissen hier wohl in allen Verhältnissen Bescheid, Herr Inspektor?« fragte Axel, um freundlich zu sein. »Gott sei Dank«, sagte Bräsig, »die Verhältnisse hier sünd mich so bekannt, daß ich sie gar nicht zu kennen brauche. Unserein braucht nur en Og' hinzuslagen, denn weiß er, woans es ist. Sehn Sie, da bin ich gestern«, und er zeigte nach Axels Paddocks hin-

über, »da bin ich gestern an Ihre Podexen vorbeigegangen, und da habe ich denn gesehen, daß da unten, in dem hintersten, die Stute und das Fohlen ganz verkommen, denn worum? Sie stehlen Ihnen da den Hawer aus der Krippe, und wenn da was draus werden soll, denn müssen Sie sich davor en Sloß legen lassen.«
Axel blickte ihn an: war das nicht die reine Niedertracht von dem Alten? Natürlich! Er gab seinem Pferde die Sporen: »Adieu!« – Bräsig blickte ihm nach: »Will der Schafskopp nich, denn läßt er's bleiben! Ich hab's gut genug gemeint. Überall is mich das so, as wenn der junge Edelmann nicht zu Gott will ... na, paß Achtung! Du wirst noch mal auf Händen und Füßen zu deiner Erkenntnis heraufkraufen. – Korl!« rief er über das Feld hinüber, »er hat mir wieder vor die Bost gestoßen!« und schritt zum Kuhhandel.

Kapitel 30

Der Schuß

So war denn der Winter gekommen, und die Erde mußte es sich gefallen lassen, daß der rauhe, alte Gast bei ihr einsprach. Kommt er nur richtig, so wird er auch freudig aufgenommen. Tritt er aber zur Weihnachtszeit mit einem nassen Flauschrock in die Türe, trägt er Schmutz in die Stube hinein und riecht nach Transtiefeln, dann mag er meinetwegen gern auch draußen bleiben. Diesmal aber kam er nun richtig und genau so, wie er oft vor meiner Tür erschienen ist: mit Glockenklang und Peitschenkall. Die beiden Schimmel vor seinem Schlitten, die dampften nur so. Vom Schlitten sprang er herab, genau wie Wilhelm aus Siden-Bollentin, rieb sich die blauen gefrorenen Backen und schlug sich die Arme kräftig um den Leib – einmal – zweimal – dreimal: »Gu'n Morgen, Herr Reuter. Hier bin ich nu und soll Sie holen. Und ne Empfehlung vom Herrn und von der Madame, und Sie brauchen nur in den Schlitten zu steigen, denn Fußsäcke und Mäntel liegen schon haufenweis drin herum, und morgen ist Heilchrist-Abend. Und Klein-Hans hat mir befohlen, ich soll auch tüchtig jagen.«

Ja, wenn der Winter auf diese Weise kommt, dann singen wir beide, meine Frau und ich: »Herein, herein, du lieber Gast!« und tauen den alten Burschen auf mit einem Glase Wein, setzen uns in den Schlitten und heidi! geht's los, mit zwei Meilen die Stunde. Und hat uns der Winter dann vor der Tür in Bollentin abgesetzt, so wundert sich Fritz Peters: »Was Deuwel, ihr habt ja so lange auf euch warten lassen!« und seine Madame fährt meiner Frau erst einmal zärtlich übers Gesicht und nimmt ihr die Nebelkappe ab, und zu mir sagt sie: »Unkel Reuting, für Sie habe ich Grünkohl mit Lungenwurst aufgehoben.«

Und dann kommen die beiden lieben Dirns, Lising und Anning, die ich so oft auf dem Arm getragen, als sie noch klein, ganz, ganz klein waren. Sie geben ihrem alten Onkel einen Kuß und hängen sich dann an meine liebe Frau. Fritz und Max treten heran, die nun beide schon große Anklamer Gymnasiasten sind, und begrüßen uns mit »biderbem« Handschlag. Unterdessen liegt Hänschen schon auf der Lauer, damit er endlich auch drankommt. Er kribbelt und krabbelt an

mir herum, nimmt dann mein linkes Bein in Beschlag, so daß ich ihn am ganzen Abend mit mir herumschleppen muß.
Dann aber wird Klein-Ernsting, das Nestküken, vorgeführt. Wir stellen uns im Kreise auf um das kleine Weltwunder, schlagen die Hände überm Kopf zusammen und staunen nur, wie über die Maßen dies Kind an Weisheit und Verstand doch zugenommen hat, und dann erscheint *Großmudding*. Und danach geht die Winters- und Weihnachtslust erst richtig los, und der Tannenbaum brennt, und der Julklapp klappt. Und dann wird sogar ein Julklapp mit einem Gedicht von meiner lieben Frau hereingeworfen. Es ist das einzige, das sie all ihr Lebtag zustandegebracht hat und fängt an: »Hier sitz ich und schwitz ich, und fördre nichts zutage ...«, und weiter geht die Melodie nicht. Für diese Sorte aber reicht es auch.
Und dann kommt der erste Weihnachtstag herauf. Da herrscht allenthalben feierliche Stille, und unser Herrgott streut, um alles Geräusch zu dämpfen, weiße Schneeflocken wie Daunen über die Erde. Und wenn der zweite Weihnachtsfeiertag herabgekommen ist, dann treffen ein Herr Pastor Pieper und seine Frau Pastorin, der Herr Superintendent mit seiner Frau Anna, die mein Liebling ist, denn sie war einmal meine Schülerin, die Frau Doktorin Adam und die Frau Oberamtmännin Schönermark. Und was Luzie Dolle anbetrifft, die setzt sich auf die linke Lende von der Adam und auf die rechte von der Schönermark, und selbstverständlich sitzt sie schief.
Und dann! – ja, dann kommt ein rundes Knäuel angefahren, und der Herr Doktor Dolle sitzt an der Seite dieses Knäuels. Er wälzt es aus dem Schlitten heraus und überantwortet es zwei Stubenmädchen, die schon bereitstehen, denn sie wissen Bescheid. Und sie entwirren das Knäuel aus Pelzen und Mänteln, Überziehern und Fußsäcken, bis daraus endlich der Herr Justizrat Schröder zum Vorschein kommt. Aber damit ist die Sache noch lange nicht abgetan. Er muß sich nun erst auf einen Stuhl setzen, und danach macht sich Fik an seinem einen und Marik an seinem anderen Bein zu schaffen, und dann ziehen wir ihm gemeinsam die Pelzstiefel aus, denn ich muß ihn von oben kräftig festhalten, damit sie ihm den Leib nicht von unten her auseinanderreißen.
Und wieder ein Schlitten! und heraus springt Rudolf Kurz – wie? springt er nicht sogar über die Peitsche des Kutschers hinweg? – und nach ihm kommt Hilgendorff. Kennen Sie Hilgendorff? Hilgendorff, unseres Rudolfs Prinzi*pal*? Nicht? Ist auch nicht nötig. In aller Kürze: Hilgendorff ist ein Naturwunder. Er hat Knochen aus Elfenbein

– reineweg aus Elfenbein –, und so übermäßig ist dieser Gutsbesitzer von der Natur ausgestattet worden, daß jedermann, der ihm nur auf die Schulter oder auf die Knie schlägt, davon blaue Flecke heimträgt – und das nur wegen des Elfenbeins.

Danach wird Kaffee getrunken, und der Herr Justizrat erzählt Geschichten, wunderschöne Geschichten. Er erzählt sie mit Feuer, denn er steckt sich immer wieder einen frischen Fidibus an, dieweil er seine Pfeife immerzu ausgehen läßt. So raucht er so ganz allmählich den ganzen Fidibusbecher leer, und Max wird ihm ausdrücklich deswegen an die Seite gestellt, um ihn immerzu unter Feuer zu halten. Und dann wird Whist gespielt, mit »van der Heydt« und »Manteufel« und allen anderen Niederträchtigkeiten und Schikanen, denn anders spielt der Herr Justizrat nicht. Und danach wird Abendbrot gegessen, und der Herr Justizrat macht beim Puten- und Gänsebraten die allerschönsten Gedichte mit den allergewagtesten Reimen, die es gibt oder auch gar nicht gibt. Er reimt auf »Hilgendorff«: »Schorf« und »Torf«, und auf »Peters« reimt er: »Köters« und »versteht er's«. Bei jedem schönen Reim wird angestoßen, und wenn wir uns dazu erheben, dann drücken wir uns die Hände. Und danach trennen wir uns in Friede und Freude, und aus jedem Gesicht spricht es unwiderlegbar: Also denn übers Jahr wieder!

In dieser Art aber wurde in Pümpelhagen der zweite Weihnachtstag nicht begangen. Der Winter war dort zwar schneeweiß eingezogen, doch was ihn schön macht, dies innige Miteinander von Herzen zu Herzen, war draußen vor der Tür geblieben. Und auch die Freude war nicht eingekehrt, keiner hatte sich bemüht, sie am Rocksaum zu fassen und festzuhalten. Ein jeder blieb in seinen Gedanken still für sich. Keiner gab, keiner empfing Liebe, ausgenommen etwa Fritzing Triddelfitz und Marie Möllers. Sie beide zumindest saßen am Nachmittag des zweiten Festtages beisammen und aßen Pfeffernüsse, bis Fritz schließlich beteuerte: »Nee, 's geht nicht mehr, Meriken. Ich muß doch morgen zur Stadt fahren. Ich soll in Demmin drei Last Weizen abliefern. Und eß ich noch mehr Pfeffernüsse, so könnt mir das schlecht bekommen, und das hab ich nicht so gern, und denn muß ich nachher noch die Bücher für die Leihbibliothek einpacken. Ich will sie doch in Demmin umtauschen, damit wir abends auch was zu schmökern haben.« Und damit stand er auf, um nach seiner

Fuchsstute zu sehen, und Marie Möllers hatte es im Gefühl, daß sein Herz nicht mehr ihr allein gehörte, daß sie es mit seiner Stute teilen mußte.

In einer anderen Stube saß Hawermann für sich allein und hing seinen Gedanken nach. Es waren sehr ernste Gedanken, denn er mußte sich sagen, daß das Ende seines irdischen Wirkens und Schaffens gekommen war und daß er fortan die Hände in den Schoß legen mußte. Und es waren sehr traurige Gedanken, wenn er bedachte, zu welchem Ende sein Wirken und Schaffen geführt hatte und daß alles, das er zum Segen gesät, zum Unsegen ausgeschlagen war.

Und wieder in einem andern Zimmer saßen Axel und Frida, wohl beisammen und doch jeder für sich allein, denn beide hatten ihre eigenen Gedanken, und jeder scheute davor zurück, sie dem anderen zu offenbaren. Sie saßen schweigend. Frida blickte still vor sich hin, Axel verdrießlich. Dann waren Schlittenglocken auf dem Hof zu hören, und Pomuchelskopp hielt vor dem Hause. Frida nahm ihre Handarbeit und ging hinaus. Axel mußte den Herrn Nachbar allein in Empfang nehmen.

Bald war denn auch zwischen den beiden Herren ein gebildetes ökonomisches Gespräch über Pferdezucht und Getreidepreise in vollen Gang gekommen, und der Festtagsnachmittag wäre diesmal harmlos und friedvoll verlaufen, hätte nicht Daniel Sadenwater die Posttasche gebracht. Axel schloß sie auf und fand in ihr einen Brief an Hawermann. Er wollte ihn schon an Daniel zur Besorgung geben, als er auf dem Brief sein eigenes Wappen erblickte und – bei genauerem Hinsehen – die Handschrift seines Vetters erkannte. »Spukt die verdammte Geschichte denn noch immer hinter meinem Rücken?« rief er und warf Daniel den Brief fast ins Gesicht: »An den Inspektor!«

Daniel entfernte sich verwundert, und Pomuchelskopp erkundigte sich so recht teilnahmsvoll, was den jungen Herrn denn so verdrossen hätte. »Soll man sich denn nicht ärgern, wenn so'n Dummkopf von Vetter die angefangene, alberne Geschichte mit dem alten Schleicher und seiner Tochter hartnäckig fortsetzt?« – »Oh«, sagte Pomuchel, »und ich glaubte, die Sache wäre längst zu Ende. Mir ist erzählt worden, daß Ihr Herr Vetter, als ihm das Gerücht zu Ohren gekommen, was ja nun in aller Leute Mund ist, die Sache plötzlich abgebrochen habe und davon nichts mehr hören wolle.« – »Was für ein Gerücht?« fragte Axel. – »Nun, das von Ihrem Inspektor und dem Tagelöhner, Regel heißt er ja woll, und den 2000 Talern.« – »Erzählen Sie, was sagen die Leute?« – »Nun, das wissen Sie ja. Ich meine, Sie haben deshalb dem Alten gekündigt.« – »Ich weiß nichts davon, erzählen Sie!« – »Nun, es ist ja allgemein bekannt. Die Leute sagen, Hawermann und der Tagelöhner haben Kippe gemacht. Sie sagen, dafür, daß er den Tagelöhner hat laufen lassen, habe der Inspektor die Hälfte oder noch mehr von dem gestohlenen Gelde erhalten und habe ihm einen Gutspaß ausgestellt, auf welchen hin er in Wismar als Matrose angenommen sei.«

Axel ging unruhig auf und ab: »'s ist nicht möglich! So schändlich sollt ich betrogen sein!« – »Ach, die Leute sagen ja sogar, die beiden hätten's vorher schon miteinander abgemacht; aber das glaube ich nicht.« – »Und warum nicht? Was hatte der alte Sünder hinter meinem Rücken Heimliches mit der Frau abzumachen? Der Kerl, der sonst immer nüchtern war, mußte nun gerade für diesmal besoffen sein!« – »Ja, das will ja aber der Bürgermeister in Rahnstädt selbst bemerkt haben.« – »Ach, der Bürgermeister! Was tue ich mit solchem Untersuchungsrichter! Nun sollt es ne arme Weberfrau getan haben, die sollt auf der Landstraße dem Tagelöhner das Geld abgenommen haben, und warum? Weil sie einen dänischen Doppellouisdor hat wechseln wollen, den sie gefunden hat. Denn dabei ist sie geblieben, und der weise Herr Bürgermeister hat sie darauf entlassen müssen.«

»Ja, und der den Louisdor gesehen haben will, der Kaufmann Kurz, ist ein Verwandter von Hawermann.« – »Oh«, rief Axel, »noch tausend Taler wollt ich geben, wenn ich hinter diese Niederträchtigkeit kommen könnte.« – »Das wird schwerhalten«, sagte Pomuchelskopp, »fürs erste würde ich aber – wann geht er ab?« – »Hawermann? Morgen.« – »Nun, da würd' ich aber aufs strengste seine Bücher revidieren. Man kann nicht wissen, ob *die* auch in Richtigkeit sind. Sehn Sie vor allem die Geldrechnung nach. Es findet sich manchmal so etwas. Er muß überhaupt in guten Umständen sein; er will ja in Rahnstädt von seinen Zinsen leben. Na, er ist freilich lange Jahre auf einer guten Stelle gewesen. Aber ich weiß auch mit Bestimmtheit, daß er alte Schulden hat abtragen müssen, die nicht unbedeutend waren. Nachher hat er – wie ich nur so von dem Notarius Schlitzohr gehört habe – allerlei kleine Geldgeschäfte zu Wucherzinsen, mit seinen paar Groschen, vielleicht auch mit dem Gutsgelde, gemacht.«

»Oh«, rief Axel, »und als ich ihn damals bat« – und brach ab, um sich nicht zu verraten. Doch heller Haß stieg in ihm auf bei dem Ge-

danken, daß Hawermann ihm damals hätte helfen können, es aber unterließ, weil er ihm, wie er jetzt argwöhnte, nicht genügend hohe Zinsen hatte bieten können.
Nach diesem lebhaften Gespräch wollte kein weiteres von Belang mehr aufkommen, denn jeder der beiden Herren hatte mit seinen Gedanken genug zu tun. Während Pomuchelskopp über das, was er ausgerichtet, recht zufrieden nach Hause fuhr, verblieb der junge Herr von Rambow in solch giftig vergällter Laune, daß er aller Welt und sich selber zuwider war und die ganze Nacht vor Haßgefühlen nicht schlafen konnte.

In einer dritten Stube auf dem Gutshof Pümpelhagen war es ebenfalls still und einsam. In ihr saß Hawermann vor seinem Schreibschrank. Er hatte sein Wirtschaftsbuch vor sich liegen und rechnete die letzten Monate noch einmal nach, ob seine Kasse auch stimme. Während er mit dem jungen Herrn gewirtschaftet hatte, hatte er ihm regelmäßig zum Quartal sein Kassenbuch überreicht und Rechnung ablegen wollen. Jedoch der junge Herr hatte einmal keine Zeit, ein andermal sagte er, es sei schon alles in Ordnung, und hatte doch keinen Federstrich angesehen. Und wieder ein anderes Mal hatte er geäußert, es sei auch gar nicht notwendig, es ihm vorzulegen. Dies aber hatte Hawermann sich nicht zunutze gemacht, hatte vielmehr nach wie vor sein Wirtschaftsbuch so sorgfältig geführt, wie er es von Jugend an gewohnt war. Er hatte auch Triddelfitz dazu angehalten, alle Woche seine Getreiderechnung pünktlich und korrekt abzuliefern, und war in diesem Punkte, wenn sie nicht aufs genaueste stimmte, mit Fritz heikler als in anderen Angelegenheiten.
Wie der Alte noch über seiner Arbeit saß, kam Fritz herein und fragte ihn nach diesem und jenem, das mit seiner Getreidefuhre nach Demmin zusammenhing. Als Hawermann ihm Auskunft gegeben hatte und Fritz das Zimmer verlassen wollte, rief der Alte ihm nach: »Triddelfitz, Ihre Kornrechnung ist doch in Ordnung?« – »Ja«, sagte Fritz, »das heißt, ich habe sie schon angefangen.« – »Na, ich möchte mir doch ausbitten, daß sie heute abend noch ausgeliefert wird und daß sie besser stimmt als beim letzten Mal.« – »Jawohl«, sagte Fritz und ging nach draußen.
Dann kam Daniel Sadenwater herein und brachte einen Brief. Der Alte stand auf und setzte sich ans Fenster. Wie er Franzens Handschrift erkannte, begann sein Herz rascher zu schlagen, und wie er

weiterlas, wurden seine Augen heller. Eine große Freude durchdrang sein Herz und brachte dort Eis und Frost zum Schmelzen, die sich in der letzten Zeit darüber gelegt, nicht anders als draußen die Sonne den Schnee auf den Dächern herabtauen ließ, so daß er in leisen Tropfen zur Erde fiel. Im Weiterlesen wurden seine Augen feucht, und seine Tränen benetzten das Papier.

Franz schrieb ihm, er habe gehört, er wolle Pümpelhagen verlassen und sei nun also ganz frei. Alle Bedenken, die Hawermann bisher gehabt, müßten jetzt zurückstehen gegenüber seinem eigenen, aufrichtigen Wunsch, der ihm keine Ruhe lasse und der ihn treibe, entgegen seiner Bitte, an Luise selber zu schreiben. Er möge doch den beiliegenden Brief seiner Tochter übergeben, dann, hoffe er, sollten drei Menschen einmal recht glücklich werden.

Als der Alte den Brief an Luise in seine Brieftasche legte, zitterten ihm die Hände, und wie er in seinem Zimmer auf- und abschritt, wurden ihm die Knie weich. Ihm war deutlich, daß mit diesem Schritt, um den ihn Franz gebeten, wohl über Glück oder Unglück seines Kindes entschieden werden mochte. Er setzte sich in seine Sofaecke, und es dauerte geraume Zeit, bis er die Ruhe gefunden hatte, um die Angelegenheit gründlich zu bedenken. So geht des Morgens die See in hohen Wogen, und am Mittag ist sie ruhiger geworden, doch dunkel und drohend liegt es noch über den Wassern. Kommt aber der Abend, dann leuchtet aus dem glatten Spiegel der See der blaue Himmel wider, helle Sommerwolken ziehen darüber hin, und die Abendsonne legt um das Bild einen goldschimmernden Rahmen.

Und dem Alten erging es nicht anders: als die wilden Wogen in seinem Innern sich gelegt hatten, da regten sich seine Bedenken. Ernst und gewissenhaft befragte er sich, ob es recht sei nachzugeben, ob er seine Schuldigkeit versäume, wenn er entgegen dem Willen seines jungen Herrn seine Zustimmung gebe. Aber trug er dem Menschen gegenüber noch Verantwortung, der ihm mit Undank gelohnt, der ihn beinahe mit Schimpf und Schande davongejagt hatte? Und in ihm bäumte der Stolz sich auf, der in abhängigen Lagen so oft schweigen muß und den nur *der* kennt, der sich in ihnen ein reines Gewissen bewahrt hat. Er wollte nicht länger sein lauterstes, innerstes Gefühl für den Undank eines unverständigen Knaben zum Schweigen bringen. Er war nicht länger gewillt, das Glück seines Kindes ungerechtfertigten adligen Launen aufzuopfern.

Und als er diese Bedenklichkeiten überwunden hatte, da strahlte ihm aus der ruhig gewordenen See das Bild eines schönen Abendhimmels entgegen. Lange saß er da und sann der Zukunft seiner beiden Kinder nach und erträumte sich einen Erntesegen von Glück auf seine alten Tage. Wie helle Sommerwolken zog es darüber hin. Draußen leuchtete die Abendsonne über dem weißen Schnee, und ihre Strahlen trafen sein weißes Haar.

Wie er noch so in freudigen Gedanken versunken dasaß, wurde die Tür aufgerissen, und Krischan Degel stürzte hinein: »Herr Inspektor, Sie müssen kommen. Die Rubens-Stute hat ne fürchterliche Kolik, und wir wissen doch nicht, was dabei zu tun ist.« Der Alte sprang auf und ging rasch zum Stall hinüber.

Kaum war er fort, erschien Fritz Triddelfitz mit einem Mantelsack und beladen mit Büchern aus der Leihbibliothek, mit seinen Vorhemden und seiner ganzen Gutsbesitzer-Ausstattung, legte dies alles auf dem Stuhl vorm Fenster ab und wollte es gerade einpacken, um in Demmin damit paradieren zu können. Da fiel sein Blick auf Hawermanns Wirtschaftsbuch, denn der Alte hatte in seiner Aufregung vergessen, den Schreibschrank abzuschließen. »Das kommt mir gerade richtig«, meinte Fritzing, nahm das Buch und schrieb sich die Getreiderechnung ab, mußte sich dazu aber ans Fenster setzen, denn es wurde schon dunkel. Er war noch nicht ganz damit fertig geworden, da stürzte Krischan Degel schon wieder ins Zimmer: »Herr Triddelfitz, Sie sollen gleich – aber fix – ein Rapslaken vom Speicher holen. Wir müssen die Stute in nasse Tücher wickeln.« Als Fritz Schritte hörte, hatte er Hawermanns Wirtschaftsbuch auf dem Stuhl hinter sich versteckt. Als Krischan ihn nun zur Eile trieb und ihm den Speicherschlüssel in die Hand drückte, ließ er Buch Buch sein und lief mit Krischan hinaus. Vor der Speichertür begegnete ihm Marie Möllers, die aus dem Stall vom Melken kam. »Mariken«, rief er ihr zu, »tun Sie mir den Gefallen, packen Sie mir meine Sachen in den Mantelsack. Sie liegen auf dem Stuhl vorm Fenster. Vergessen Sie aber auch die Bücher nicht!« Und Mariken tat, wie ihr geheißen, und packte, halb im Dunkeln und ganz in ihren Liebesgedanken, Hawermanns Wirtschaftsbuch zusammen mit den Büchern aus der Leihbibliothek in Fritzens Mantelsack.

Wie Hawermann aus dem Pferdestall zurückkam, schloß er seinen Sekretär ab und ahnte nichts Böses, und am nächsten Morgen fuhr Fritz Triddelfitz beim ersten Hahnenschrei auf seiner Weizenfuhre und mit dem Mantelsack nach Demmin, auch ohne Böses zu ahnen.

Nachdem der alte Inspektor zum letzten Male die Tagelöhner zur Arbeit eingeteilt hatte, wandte er sich seinen eigenen Angelegenheiten zu und begann, seine sieben Sachen zusammenzupacken, um am Nachmittag abreisen zu können. Er war aber noch mitten in den Vorbereitungen, da erschien Daniel Sadenwater und bestellte ihn zu Herrn von Rambow.

Axel hatte eine unruhige Nacht verbracht. Seine beste Vollblutstute, auf die er große Hoffnungen gesetzt hatte, war ihm krank geworden. Die Flöhe, die ihm Pomuchelskopp ins Ohr gesetzt, hatten ihn gepeinigt. Die ungewohnte Aussicht, von nun an selber wirtschaften zu müssen, machte ihn verdrießlich. Und nun sollte er auch noch Hawermanns Gehalt und zudem noch mancherlei Auslagen erstatten, die der Alte beim Gesindeauslöhnen ihm vorgeschossen hatte, und er wußte noch nicht einmal, wie hoch diese Summe war und ob seine Kasse dafür reichte. Vor dem Inspektor, der *ihm* gekündigt hatte, durfte er sich doch nicht blamieren. Er mußte also ein Haar darin zu finden suchen und einen Grund ausfindig machen, um ihm das Geld nicht gleich zahlen zu müssen.

Ein solcher *Grund* läßt sich nicht immer leicht finden, aber ein *Streit* findet sich immer, und der muß dann als *Grund* herhalten. Dies ist zwar eine armselige Ausflucht, aber eine nicht ungewöhnliche. Und daß Axel darauf verfiel, war ein Zeichen dafür, daß es mit seinem Stolz als Mann und Edelmann schon gefährlich bergab gegangen war. Aber nichts bringt einen schwachen Menschen rascher ins Hintertreffen als Geldnot, zumal wenn der Schein aufrechterhalten werden soll, und »power und patzig« ist eine sehr zutreffende Redensart.

Als Hawermann bei ihm eintrat, drehte sich Axel zum Fenster und blickte durch die Scheiben: »Ist die Stute wieder gesund?« – »Nein«, sagte Hawermann, »sie ist noch krank. Es wäre wohl am besten, wir ließen den Tierarzt holen.« – »Das werde *ich* bestimmen. – Aber«, setzte er hinzu und blickte weiterhin unverwandt aus dem Fenster, »das kommt davon her, wenn keine Aufsicht im Stalle ist, wenn man das verdorbene, dumpfige Heu füttert.« – »Herr von Rambow, Sie wissen selbst, daß das Heu uns diesen Sommer verregnet ist, aber dumpfig ist es nicht. Und die Aufsicht über die Vollblutpferde haben Sie selbst übernommen, denn noch vor einigen Wochen, als ich eine kleine Änderung im Stall vorgenommen hatte, haben Sie sich das mit harten Worten verbeten und die Vollblutpferde in eigene Aufsicht genommen.« – »Schon gut! schon gut!« rief Axel, trat vom Fenster weg und nahm seine Wanderung durchs Zimmer auf, »das wissen wir schon, es ist die alte Geschichte.« – Unvermittelt blieb er vor Hawermann stehen und blickte ihm, wenngleich reichlich verlegen, ins Gesicht: »Sie wollen heute abgehen?« – »Ja«, sagte Hawermann, »nach unserer letzten Verabredung ...« – »Ich habe eigentlich gar nicht nötig«, fiel ihm der junge Herr ins Wort, »Sie vor Ostern abgehen zu lassen, bis den Tag nach Neujahr müßten Sie wenigstens hierbleiben.« – »Das ist richtig, aber ...« – »Ach, es ist ja ganz gleich«, unterbrach Axel ihn abermals, »doch unsere Rechnung müssen wir erst abmachen. Gehn Sie hin, holen Sie Ihre Bücher.« Hawermann ging.

Axel hatte sich gut darauf vorbereitet, durch seine Verpflichtungen nicht in Verlegenheit zu geraten: Sobald Hawermann mit dem Wirtschaftsbuch erschien, konnte er sagen, er habe jetzt keine Zeit, es durchzusehen, und sollte Hawermann darauf dringen, so konnte er sich aufs hohe Pferd setzen und sagen: am Tage nach Neujahr sei erst Zeit dafür.

Doch er sollte es einfacher haben, denn Hawermann erschien nicht wieder. Er wartete und wartete, aber Hawermann kam nicht. Schließlich schickte er Daniel hinüber, und mit ihm kam denn auch der Alte. Er war in großer Aufregung, ganz bleich, und rief schon im Eintreten: »Mein Gott, was ist mir da passiert! Wie ist das möglich, wie kann das zugehen!« – »Was ist denn los?« fragte Axel. – »Herr von Rambow«, rief Hawermann, »ich habe gestern nachmittag noch den Abschluß in der Korn- und in der Geldrechnung gemacht, habe mein Buch in meinem Schranke verschlossen, und nun ist es fort.« – »Oh, das ist ja wunderschön!« rief Axel schneidend, und die schöne Saat, die Pomuchelskopp gestern ausgestreut hatte, begann in ihm zu keimen und zu wachsen und hell aufzugrünen, »ja, das ist ja wunderschön! Als man das Buch nicht brauchte, war's zum Überdruß da, und nun, da man's braucht, ist es fort!« – »Ich bitte Sie«, rief Hawermann wie in großer Angst, »urteilen Sie nicht so rasch, es wird sich finden, es muß sich finden«, und damit stürzte er wieder aus dem Zimmer.

Nach einer Weile kam er zurück. »Es ist nicht da«, sagte er mit matter Stimme, »es ist mir gestohlen.« – »Oh, das ist lustig!« rief Axel, lief im Zimmer auf und ab und steigerte sich dabei in künstlichen Zorn, »dann einmal wird hier durchaus nicht gestohlen – wissen Sie, bei meinen zweitausend Talern – und dann einmal muß hier gestohlen sein, grade wie's in Ihren Kram paßt.« – »Mein Gott! mein Gott!« rief der Alte, »lassen Sie mir Zeit, Herr!« – Und er schlug die Hände zusammen: »Herre Gott, mein Buch ist fort.« – »Ja«, rief Axel, »und der Tagelöhner Regel ist auch fort, und die Leute wissen, *wie* er fortgekommen ist, und meine zweitausend Taler sind auch fort, und die Leute wissen, *wo* sie geblieben sind. – Haben Sie die auch gebucht?« fragte er dann, trat dabei näher an Hawermann heran und sah ihm scharf ins Gesicht. Der Alte hielt seinem Blick stand, sah sich dann um, als wolle er sich vergewissern, wo er sei, und seine gefalteten Hände taten sich auseinander. Seine Glieder überlief ein furchtbares Beben, wie wenn ein mächtiger Strom die Eisdecke sprengt, und das Blut schoß durch seine Glieder und trat ihm ins Gesicht, wie wenn das Wasser im Riesenstrom, hat es sich erst einmal befreit, Scholle auf Scholle türmt, und der Damm zu brechen beginnt: Hütet euch, ihr Menschenkinder!

»Halunke!« rief Hawermann und drang auf Axel ein, der zurückgewichen war, als er sah, wie es in dem alten Mann arbeitete. »Halunke!« rief er, »meinen ehrlichen Namen ...« – Axel griff in die Ecke, dort stand ein Gewehr. »Halunke!« rief der Alte, »dein Gewehr und mein ehrlicher Name!« – und sie rangen und kämpften um das Gewehr: der Alte hatte es oben am Laufe ergriffen und wollte es Axel aus der Hand winden. Da ging der Schuß los. »Herr Jesus!« rief Axel und fiel rücklings gegen das Sofa. Der Alte stand vor ihm, das Gewehr in der Hand. Da wurde die Türe aufgerissen, und durch den Pulverdampf stürzte Frida auf Axel zu: »Gott im Himmel! Was ist hier?« – und alle die Liebe, die ehedem in ihrem Herzen für ihn geschlagen, brach nun wie ein heller Strahl aus den düsteren Wolken hervor, die sich darüber gelegt hatten. Sie warf sich neben ihm zu Boden, sie riß ihm das Hemd auf: »Mein Gott! Mein Gott! Blut!« – »Laß«, sagte Axel und versuchte sich aufzurichten, »laß sein, es ist der Arm.«

Der Alte stand bewegungslos, das Gewehr in der Hand: Der Strom war zurückgetreten, aber viel Menschenglück hatte er zunichte gemacht, und über den Wiesen und Feldern eines einst fruchtbaren Landes lagen jetzt Treibsand und Schlamm, und es war, als werde dort niemals wieder etwas wachsen.

Daniel kam hereingestürzt, danach ein Stubenmädchen. Mit ihrer Hilfe wurde Axel aufs Sofa gelegt und ihm der Rock ausgezogen. Der Arm schien vom Schrotschuß wie zerfetzt, das Blut rann in Strömen herab. »Nach dem Arzt!« rief Frida. Sie suchte mit Tüchern das Blut zu stillen, doch was gerade zur Hand war, reichte nicht aus. Sie sprang auf, um mehr zu holen. Sie mußte an Hawermann vorüber, der noch immer schweigend dastand und starr und bleich auf seinen Herrn blickte.

»Mörder!« rief sie ihm zu, als sie hinausging. »Mörder!« rief sie noch einmal, als sie wiederkam.
Der Alte schwieg, aber Axel richtete sich ein wenig auf: »Nein, Frida, nein! daran ist er unschuldig«, sagte er mit matter Stimme – denn auch ein unaufrichtiger Mensch gibt seinem Herrgott die Ehre, wenn er dessen Hand dicht an seinem Leben gefühlt hat – »aber«, setzte er hinzu, denn die alte Entschuldigung und Anschuldigung mochte er nicht missen, »ein Betrüger, ein Dieb ist er. – Machen Sie, daß Sie mir aus den Augen kommen!« Das Blut schoß dem Alten wieder ins Gesicht. Er wollte etwas sagen, aber dann wurde er gewahr, daß sich die junge Frau von ihm abwandte. Er wankte aus dem Zimmer.

Er ging in seine Stube. »Ein Betrüger, ein Dieb ist er«, ging es ihm durch den Kopf. Er stellte sich ans Fenster und blickte auf den Hof hinaus. Er sah alles, was dort vor sich ging, doch alles geschah wie im Traum. »Ein Betrüger, ein Dieb ist er«, dies allein begriff er, dies allein war Wirklichkeit. Krischan Degel fuhr vom Hof: er wußte recht gut, er sollte den Arzt holen. Er riß das Fenster auf. Er wollte ihm zurufen, er solle jagen, was er könne. Aber – »ein Betrüger, ein Dieb ist er«, rief es in ihm und lähmte seinen Willen. Er schloß das Fenster.
Doch das Buch! Das Buch mußte sich finden – das Buch! Er riß noch einmal Kisten und Kasten auf, die er schon gepackt hatte. Er streute seine wenigen Habseligkeiten in der Stube umher. Er warf sich auf seine alten Knie – nicht zum Beten, denn »ein Betrüger, ein Dieb ist er« – hörte er es rufen. Er tastete suchend mit seinem Stock unter seinen Schreibschrank, unter seine Kommode, unter sein Bett: das Buch mußte sich finden, das Buch! – Aber nichts fand sich. »Ein Betrüger, ein Dieb ist er.« Er stand wieder am Fenster, er blickte wieder nach draußen. Doch er hielt seinen Stock in der Hand. Was wollte er mit dem Stock? Wollte er ausgehen? – Ja, er wollte ausgehen. Er wollte fort, fort von hier. Nur fort. Er setzte sich den Hut auf. Er ging aus der Tür, aus dem Tor. – Wohin? – Es war ja einerlei! Es war alles ganz allerlei! Aber die alte Gewohnheit trieb ihn nach Gürlitz zu. Und mit dem vertrauten Wege stellten sich altvertraute Gedanken ein: »Mein Kind! mein Kind!« rief er, »mein ehrlicher Name!« Er griff nach seiner Brusttasche – ja, er hatte die Brieftasche eingesteckt, er hatte den Brief an seine Tochter. Was sollte *der* nun?
Er hatte das Glück seines Kindes zuschanden gemacht, es war mit seinem ehrlichen Namen und mit dem unseligen Schuß auf immer zer-

stört. Und die ersten bitteren Tränen entrangen sich seinem gequälten Innern. Mit ihnen stellte sich sein gutes Gewissen wieder ein, und es befreite seine beengte Seele, so daß er wieder Atem zu holen vermochte – doch sein ehrlicher Name und das Glück seines Kindes waren für immer dahin.

Ach, wie glücklich hatte er gestern mit dem Brief in der Hand, den Franz an seine Tochter geschrieben, in seiner Stube gesessen. Welche Seligkeit sollte dieser Brief ihr bringen, welch Glück ihm selbst erblühen, wie schön hatte er sich die Zukunft ausgemalt! Und *nun* war das alles versunken und verloren, und das Brandmal, das *ihm* aufgedrückt worden war, brannte auch im Herzen seines Kindes, mußte darin sich weiterfressen und würde es verzehren.

Was aber hatte Luise damit zu tun? Was konnte ihrem Glück im Wege stehen? Doch Fluch und Brandmal, wenn sie auf dem Vater liegen, vererben sich über das Kind bis ins vierte Glied, und die gleiche Dornenhecke, die ihn von nun an von allen ehrlichen Menschen schied, sie schob sich auch vor das Glück seines Kindes.

Doch er war unschuldig. Wer aber kehrte sich daran, wenn er es beteuerte? Wessen Unschuldskleid einmal mit Unrat besudelt worden, der muß darin durch die Welt gehen. Keiner wäscht ihm den ab, und selbst wenn unser Herrgott Zeichen und Wunder tut, um die Unschuld an den Tag zu bringen – die Welt glaubt ihm nicht. »Oh«, rief er, »ich kenne die Welt!«

Dann fiel sein Auge auf Gürlitz, auf Pomuchelkopps Herrenhaus, und aus einem Winkel seines Herzens, den er für immer fest verschlossen wähnte, stieg eine düstere Gestalt empor, breitete ihre schwarzen Fittiche über ihn aus und verdunkelte die helle Wintersonne: Der Haß schoß in ihm hoch. Die Tränen des Mitleids um sein Kind waren versiegt, und die Stimme, die ohne sein Zutun aus ihm gesprochen hatte, rief abermals: »Ein Betrüger, ein Dieb ist er«, und die schwarze Gestalt regte die Schwingen und fachte Gedanken in ihm an, die wie helle Lohe aus ihm herausschlugen: »Und er ist schuld daran, und wir machen es einmal wieder quitt!«

Er schritt durch Gürlitz. Er sah weder nach rechts noch nach links. Alles, was ihm hier einmal lieb geworden, war für ihn jetzt versunken. Allein sein Haß war ihm geblieben, und der trieb ihn geradeaus, einem einzigen Zweck und einem bestimmten Ziele entgegen.

Bräsig stand an seinem Wege, neben der Pastorscheune, und ging seinem Freund entgegen: »Gu'n Morr'n, Korl. Na, wo ist's? – Aber was

is dich?« – »Nichts, Bräsig. Aber laß mich, laß mich allein! Komm morgen nach Rahnstädt, komm morgen!« und damit schritt er an ihm vorüber.
Als er jenseits von Gürlitz auf die Anhöhe gelangte, von der aus Axel seiner jungen Frau sein schönes Gut Pümpelhagen zum ersten Male gewiesen und wo damals die helle Freude ihr warmes Herz durchströmte, hielt er inne. Es war das letzte Stückchen Erde, von dem aus er den Ort erblicken konnte, an dem er glückliche Tage erlebt und an dem er bis aufs Blut gequält worden, wo seine Ehre und sein Glück zuschanden geworden waren. Und nun durchtobte es ihn wie Gewittersturm: »Jämmerlicher Kerl! Lügner! – Und sie? ›Mörder!‹ hat sie zu mir gesagt, und noch einmal ›Mörder!‹ Und als sie das schändliche Wort aussprach, da wandte sie sich von mir ab. Aber euer Unglück läßt nicht auf sich warten. Ich hätte es wenden können, und ich wollte es wenden. Treu wie ein Hund habe ich über euch gewacht, und wie einen Hund habt ihr mich von euch gejagt, aber ...« Und er schritt auf Rahnstädt zu, und der Haß schlug über ihn seine dunklen Schwingen.

DRITTER TEIL

Kapitel 31

Westwind

In Rahnstädt im Hause der Frau Pastor gab es am Tage nach Weihnachten ein emsiges Laufen treppauf, treppab, denn Luise legte letzte Hand an die Herrichtung von ihres Vaters Stube, und wenn sie meinte, so, nun ist's recht, dann fehlte doch immer noch etwas, das sich ihm zuliebe noch tun ließ.

Der Mittag kam heran, aber ihr Vater war noch nicht da, und sie hatte doch das Essen für ihn gerichtet. Sie deckte also auch für ihren Vater mit, denn er könnte mittlerweile ja eintreffen. »Ich weiß nicht«, sagte sie zur kleinen Frau Pastorin, »mir ist heute gar zu bange ums Herz.« – »Was?« rief die kleine Frau, »bist erst ein Vierteljahr in der Stadt und kriegst schon Ahnungen wie eine städtische Teedame? Wo ist denn mein frisches Landmädchen geblieben?« und dabei strich sie ihrem Pflegekind munter und freundlich übers Gesicht. – »Nein«, sagte Luise, ergriff die freundliche Hand und hielt sie fest in ihrer eigenen, »solchen unbestimmten Ahnungen hänge ich nicht nach. Es sind sehr bestimmte Befürchtungen, ob der Vater sich bei dem Mangel an Tätigkeit hier wohlfühlen und sich an das städtische Leben gewöhnen wird.« – »Kind, du tust, als ob Rahnstädt eine Residenz wäre. Nein, – Gottlob! – hier gehn die Gänse ebenso gut barfuß wie in Pümpelhagen, und wenn dein Vater an einer ökonomischen Tätigkeit seine Freude haben will, dann kann er unsern Nachbarn rechts seinen Dung mit *zwei* und unsern Nachbarn links denselben mit *drei* Pferden fahren sehn. Und will er eine landwirtschaftliche Unterhaltung, dann braucht er sich bloß an unsern Hauswirt Kurz zu wenden, der wird ihm so viel von Wiesenverpachtung und Stadtbullen erzählen, bis er's ebenso satt hat wie wir.« Luise mußte lachen, und als das Mittagessen abgetragen war, sagte sie: »So, Mutter, nun leg dich ein bißchen zur Ruhe. Ich will doch einmal den Weg nach Gürlitz entlanggehen, ob ich den Vater nicht treffen kann.«

Sie nahm ihren Mantel um, setzte sich eine warme Kapuze auf den Kopf und schritt den Weg entlang, den sie gleich anfangs sich zum Spazierengehen ausgesucht hatte, denn er führte sie näher an den Ort, an dem sie glücklich gewesen war. Sobald sie ein wenig Zeit erübrigte, war sie immer bis auf die Anhöhe gegangen, von der aus sie Gürlitz mit der Kirche, dem Pastorenhaus und dem Kirchhof hatte liegen sehen können. Und hatte sie noch mehr Zeit, dann war sie bei Lining und Gottlieb untergetreten und hatte ein bißchen von alten und neuen Zeiten geplaudert.

Sie schritt weiter und weiter, aber ihr Vater kam nicht. Der Ostwind blies ihr ins Gesicht und färbte ihre Backen rosenrot, so daß ihr liebliches Angesicht unter der dunklen Kapuze hervorlugte wie der helle Frühlingstag, wenn er aus dunklen Regenwolken hervorbricht und die Erde mit Hoffnung und Freude erfüllt. Doch in die Augen war ihr das Wasser getreten. Kam es vom schnöden Ostwind? Oder weil sie den ganzen Weg entlang so angestrengt nach ihrem Vater Ausschau hielt? Oder waren es ihre Gedanken?

Es war nicht der Ostwind, denn sie war stehen geblieben und blickte nach Westen, aber ihre Augen blieben doch feucht. Es war nicht das Ausschauen nach ihrem Vater, denn sie sah nun in eine andere Richtung: dorthin, wo die Sonne wie ein feuerroter Ball allgemach hinter den schwarzen Tannen versinken wollte.

Es waren also wohl doch ihre Gedanken – Gedanken, wie sie freudvoll und leidvoll ein junges Herz umspielen, die es mit Rosenkränzen umwinden, daß es darüber oft aufjauchzen möchte vor Lust ohne Ende und oft sich zu Tode weinen, wenn die Dornen im Rosengewinde sich allzu tief in das junge Herz drücken.

Und warum nach Westen? Ach, sie wußte ja, daß *er* dort weilte, daß von dort seine sehnsüchtigen Gedanken sie suchten:

»Nach Westen, oh, nach Westen hin
beflügle dich, mein Kiel,
Dich grüßt noch sterbend Herz und Sinn,
du meiner Sehnsucht Ziel . . .«

flüsterte es in ihr, so daß sie rotübergossen dastand, in süßer Unruhe über die heimliche Gewalt, die ihr aus dem Herzen sprach, rosenrot wie der schöne Frühlingstag, wenn er, die Wolken färbend, zur Neige geht und einen neuen schönen Tag für den nächsten Morgen verspricht.

Sie schritt weiter bis zu jener Anhöhe, auf der ihr Vater vor wenigen

Stunden gestanden und wo die Bitterkeit ihn überkommen hatte über das, was Menschen ihm angetan. Sie hielt inne und blickte nach Pümpelhagen und Gürlitz hinüber, und all die Liebe, die Menschen ihr dort erwiesen hatten, durchströmte ihr junges Herz. Und die Verwünschungen des Alten, die dort der gemarterten Seele in Jammer und Haß sich entrungen hatten, die wusch die innige Empfindung seiner Tochter mit Tränen der Liebe und Dankbarkeit von jener Tafel wieder ab, darauf alles verzeichnet steht.

Der Weg von Rahnstädt nach Gürlitz betrug eine Meile, und die Wintersonne schlich schon dicht an der Erde den Horizont entlang, ihrem Untergang entgegen. Luise mußte zurückkehren. Da sah sie einen Mann von Gürlitz des Weges kommen: es konnte ihr Vater sein. Sie blieb noch ein Weilchen stehen und hielt Ausschau: nein, es war ihr Vater nicht. Sie ging ein Stückchen weiter, blickte sich abermals um, und nun gewahrte sie, daß es ihr Onkel Bräsig war, der geradewegs auf sie zukam: »Gott du bewohre, Lowise! wo? Du stehst ja woll hier auf der offenbaren Landstraß in den spöttschen Wind? Was kommst du denn nich runter zu die jungen Pasterleut?« – »Nein, Onkel Bräsig, heute nicht. Ich bin bloß meinem Vater entgegengegangen.« – »Was? Korl Hawermannen? Na, ist der noch nicht bei euch?« – »Nein, noch nicht!« – »Na, er is aber doch schon heute morr'n so gegen halb zwölwen durch Gürlitz gegangen.« – »Er ist schon hier gewesen? Mein Gott, wo ist er denn geblieben?«
Doch nun erinnerte sich Bräsig des verstörten Wesens von Hawermann, und er verspürte die Unruhe des geliebten Kindes. Er sagte also, um sie zu trösten: »Ja, mit uns Landmännern hat das männigmal ne Bewandtnis. Da hat einer hier und der andere da was zu besorgen. Möglich, daß er hier rechtsch nach Gülzow gegangen is; möglich, daß er schon in Rahnstädt is un da Geschäften abmacht. Aber ich«, setzte er hinzu, »ich geh mit dich, Kindting, ich hab auch noch Geschäften in Rahnstädt und bleibe da die Nacht, indem ich den überklugen Zyropsprinzen, den Kurzen, die drei Daler wieder abnehmen will, die er mich in dem ßackermentschen Bostohn abgenommen hat. 's ist heute nämlich Klubbtag.«
Als sie ein Stück weitergegangen waren, kam ihnen eine Halbchaise von Rahnstädt her im Galopp entgegen. Es war Krischan Däsel mit Doktor Strumpf. Der Doktor ließ halten: »Haben sie schon gehört? Herr von Rambow hat Unglück mit einem Jagdgewehr gehabt, er hat

sich den Arm zerschossen. Aber ich habe keine Zeit, der Kutscher hat schon lange auf mich warten müssen; ich war nicht zu Hause. – Weiter!« – »Was soll das bedeuten?« rief Luise, »mein Vater sollte aus Pümpelhagen fortgegangen sein, wenn dort ein solches Unglück geschehen ist? Das hätte er nicht getan.« – »Das kann ja aber nach ihm passiert sein«, erwiderte Bräsig. Doch wenn er sich Hawermanns Verstörtheit von heute früh vergegenwärtigte, dann glaubte er selber nicht an seine Ausflucht. Luise wurde immer ängstlicher und trieb zur Eile. Zwischen ihres Vaters Ausbleiben und dem Unglück in Pümpelhagen vermochte sie keinen Zusammenhang zu entdecken, und doch war es ihr, als müsse das eine mit dem anderen zu tun haben.

Inzwischen war Hawermann in Rahnstädt bei Frau Pastorin eingetroffen. Er hatte den geraden Weg verlassen und einen Umweg gemacht, um sich zu sammeln, um nicht in seiner furchtbaren Aufregung seiner Tochter vor Augen zu kommen. Als er nun bei Frau Pastor ins Zimmer trat, hatte er sich freilich gefaßt. Doch der heftige Streit, den er in seinem Innern hatte ausfechten müssen, hatte in ihm eine Erschlaffung und eine Mattigkeit zurückgelassen, die ihn zehn Jahre älter erscheinen ließ und der kleinen Frau nicht gut verborgen bleiben konnte. Sie sprang auf und ließ den Kaffee überkochen, mit dem sie gerade zugange war: »Gott im Himmel! Hawermann, was ist Ihnen? Sind Sie krank?« – »Nein! – Ja, ich glaube. – Wo ist Luise?« »Die ist Ihnen ja entgegengegangen. Haben Sie sie denn nicht getroffen? Aber setzen Sie sich doch! Mein Gott, Sie sehen so angegriffen aus.«
Hawermann setzte sich und blickte sich im Zimmer um, als wolle er sich vergewissern, ob er mit der Frau Pastorin auch allein sei. »Hawermann, sagen Sie mir, was ist Ihnen?« fragte die kleine Frau und nahm seine schlaffen Hände in die ihren. – »Mit mir ist's vorbei. Ich muß von jetzt ab als unnützer und unehrlicher Mensch durch die Welt gehen.« – »Oh, nicht doch! Sagen Sie doch nicht so etwas!« – »Daß mir die Gelegenheit zum Wirken genommen wurde, darin hatte ich mich gefunden, wenn auch schwer, aber daß ich auch meinen ehrlichen Namen verlieren soll, das brennt mir auf der Seele, das kann ich nicht verwinden.« – »Und wer sollte Ihnen den nehmen?« fragte die Frau Pastorin und sah ihm offen und teilnahmsvoll ins Gesicht. – »Die Leute, die's am sichersten können, der Herr von Rambow und seine Frau«, erwiderte der Alte und begann stockend und mit matter Stimme seine Geschichte zu erzählen. Doch als er damit schloß, daß auch die

junge Frau ihn im Stich gelassen, ihm den Rücken gekehrt und ihn als Dieb und Betrüger aus der Tür habe gehen lassen, da brach der Zorn bei ihm wieder durch. Er sprang auf und wanderte mit funkelnden Augen und geballten Fäusten in der Stube auf und ab, als wolle er den Kampf mit der Schlechtigkeit der Welt aufnehmen. »Oh«, rief er aus, »wenn es nur das wäre! Aber sie haben mich schändlicher getroffen, als sie ahnen können, sie haben das Glück meines armen Kindes in mein Unglück hineingerissen. Da! Lesen Sie, Frau Pastorin!« und er reichte ihr Franzens Brief.

Sie las. Das Blatt knitterte in ihrer Hand, so sehr hatte die Geschichte sie in Aufregung versetzte. Er stand vor ihr und blickte auf sie, ohne die Augen abzuwenden. »Hawermann«, sagte sie und ergriff seine Hand, nachdem sie gelesen, »sehn Sie denn nicht den Finger Gottes: was der eine Vetter an Ihnen gesündigt, soll der andere wieder gutmachen.« – »Nein, Frau Pastorin«, sagte er hart, »ich müßte ein solcher Schurke sein, wie die Welt mich von jetzt ab nennen wird, wollte ich einem braven, vertrauenden Mann eine Frau mit beflecktem Namen ins Haus führen. Arm und ehrlich, meinetwegen! Aber unehrlich? Nimmermehr!«

»Ach Gott«, rief die kleine Frau, »wo ist nun mein Pastor? Wenn nun doch mein Pastor hier wäre! Der könnte helfen und raten.« – »Das könnt er«, murmelte Hawermann vor sich hin. »*Ich* kann's nicht«, rief er aus, »mein Kind muß sich selber raten. Und Sie müssen dazu helfen, Sie haben mehr für ihr Gefühl für Recht und Unrecht getan, als ich leider tun konnte. Wenn mein Kind es für recht und ehrlich hält, *trotzdem* sein Jawort zu geben, und wenn Sie selbst Ihre Zustimmung geben, dann mags sein! – Ich will keinen Einfluß auf sie üben, ich will sie nicht eher sehn, als bis sie entschieden hat. Hier ist ein Brief von Franz an sie. Geben Sie ihr den und erzählen Sie ihr vorher, was vorgefallen ist. So wie ichs Ihnen erzählt habe, so ist es wahr. Ich gehe in mein Zimmer. Ich kann nicht, ich darf nicht die Hand dazu bieten!«

Er ging aus dem Zimmer, er kehrte zurück: »Frau Pastorin, halten Sie's für ihr Glück – keine Rücksicht auf mich! Vergessen Sie, was ich vorher gesagt habe. Ich will tun, was ich kann, damit mein beschimpfter Name im Verborgenen bleibt.« Er verließ wieder das Zimmer. Auf der Treppe sprach er vor sich hin: »Ich kann nicht anders, ich kann nicht anders.«

Als er sich in seinem Stübchen aufs Sofa geworfen und um sich her gewahrte, wie Luises liebevolle Hand alles rings umher geordnet und gerichtet hatte, legte er die Hand über die Augen: »Und das soll ich dann alles missen?« Tief seufzte er auf: »Und warum nicht? warum nicht? Wenn es zu ihrem Glück ist«, rief er aus, »ich will sie ja auch nicht wiedersehn.«

An der Haustür schellte es. Er hörte Bräsigs Stimme, er vernahm den hellen Gruß seines Kindes. Alles wurde wieder still. Er horchte auf jeden Laut. Nun erzählte Frau Pastor, was geschehen war, nun zerriß es das Herz seines Kindes. Langsam kamen Schritte die Treppe herauf. Bräsig trat ein. Er wirkte so still und ergriffen, als sei ihm der Tod übers Grab gelaufen. Seine Brauen, die er sonst hoch hinaufzog, wenn ihm etwas Ungewöhnliches widerfuhr, lagen tief und schwer über den Augen. Er sagte nur: »Ich weiß, Korl, ich weiß allens«, und setzte sich zu seinem Freunde aufs Sofa.

So saßen sie lange im Halbdunkel. Keiner sprach. Schließlich tastete Bräsig nach Hawermanns Hand: »Korl«, sagte er, »wir kennen uns nu schon an die finfzig Jahr. Weitst woll noch bei den ollen Knirkstädt? Was haben wir doch for ne schöne Jugendzeit gehabt! Ümmer zufrieden und fröhlich! Und ausbenommen ein paar dumme Streiche, die ich for dir mitmachte, haben wir uns in'n ganzen nichts vorzuwerfen. Korl, es ist doch ein gewissermaßenes Gefühl, wenn man sich so in ollen Dagen sagen kann: ja, Dummheiten! aber Slechtigkeiten nich!« Hawermann zuckte zusammen und entzog ihm seine Hand.

»Korl«, fuhr Bräsig fort, »ein gut Gewissen is doch ne schöne Sach in ollen Dagen. Un es is markwürdig, ganz markwürdig, daß diese guten Gewissen in ollen Dagen sich ümmer stets un ständig zusammenfinden un nich von einander lassen. Korl, min leiw oll Jung!« und er fiel ihm um den Hals und weinte bitterlich.

»Bräsig«, sagte Hawermann, »mach mir das Herz nicht schwer, es ist so schon schwer genug.« – »Ih wo, Korl! Wo kann dein Hart swor sein? Dein Hart is jo rein wie Hiob, das muß jo so leicht sein as ne Lerch, die in den kloren Hewen steigt, denn *die* Geschicht mit den entfamtigten – nein, davon wollt ich nich sagen, ich wollt sagen ... Na, wovon sprachen wir doch noch? – Je so! – Von die Gewissen. 's doch sonderboren mit die Gewissen, Korl! Da is zum Exempel Kurz mit sein, denn er hat ebensogut eins als du und ich, und ich glaube auch, daß er damit mal vor Gott bestehen wird. Aber vor mir besteht er man sehr slecht, denn er kuckt beim Bostohn in die Korten, er hat ne Art von Gröschens-Gewissen. Denn siehst du, in großen Dingen ist

er ganz reellemang, zum Exempel: mit der Hausmiete von die Frau Pasturin. Aber so ellenwis un pottwis und pundwis, da nimmt er's, wo er's krigen kann, da schaniert er sich gar nicht, das heißt, wenn er's krigt. Krigt er's aber nicht, denn ist's ihm aber doch schanierlich.
Und da wollt ich nu man sagen, Korl, wenn du nu hier wohnst, denn mußt du doch mit ihm Umgängnis halten, und das Plesier ist auch man ebenso so, als sein Gewissen, denn er will männigmal als Ökonomiker mit diskurieren und kommt denn zu Raum, als wenn er in ner Mergelkarr spazieren fährt. Das kann for dir also kein Plesier sein, und da habe ich mich so gedacht, wenn ich unsern jungen Paster seine Frühjohrssaatzeit besorgt habe, un allens en bitschen zu Schick is, denn zieh ich hier zu dir her, un denn müntern wir uns gegenseitig hier auf, und können jo denn während der Ernte ümmer nach Gürlitz rausgehen, daß das olle Worm von Gottspriester nich in Ungelegenheiten kommt, und das wird er nicht, denn Jürn is ein nachdenklicher Mensch, und er selbst nimmt sich ja auch – Gott sei Dank – schon allerlei Dugenden an, indem daß Lining ihm beisteht.
Und wenn er mit das erste Jahr durch is, denn sollst du sehn, hat er die Petisterei beiseite gestellt. Aber wir müssen ihn männigmal en bitschen zappeln lassen, daß er sich quälen muß und das Weltliche erkennt, un daß zu's menschliche Leben mehr hört, as in die Gesangbücher lesen. – Ja, und denn komm ich zu dich her, Korl, und es soll en Leben werden as in Paris, und du sollst mal sehn, Korl, das letzte Viertel von unsere Lebenszeit soll noch das beste Stück an den ganzen Ochsen werden.« Und damit legte er ihm wieder den Arm um die Schulter und redete von vergangenen und zukünftigen Zeiten, alles bunt durcheinander, wie wenn eine Mutter ihr Kind auf andere Gedanken bringen will.
Der Mond schien ins Fenster hinein, und was kann eine verwundete Seele besser heilen als sein lichter Schein und die Zuneigung eines langjährigen alten Freundes, der treu zu uns steht? Mich dünkt immer, für einen richtig Verliebten paßt die helle, heiße Sonne, aber mit einer Freundschaft stimmt der Mond besser zusammen.
Als sie noch so saßen, öffnete sich die Tür, und mit leisen Schritten trat eine schlanke Gestalt ins Zimmer und stand dort im vollen Lichte des Mondes. Die Arme hielt sie über der Brust verschränkt, und ihr bleiches Gesicht leuchtete im Mondschein, als sei es ein Bild aus weißem Marmor vor dunkler Taxuswand: »Was hat man dir, du armes Kind, getan?«

Bräsig ging wortlos aus dem Zimmer. Hawermann hatte sich die Hand über die Augen gelegt, als ginge der Schmerz von dort tief in sein Inneres. Die schlanke Gestalt warf sich an seine Seite, die verschränkten Arme öffneten sich und schlangen sich um ihn, und das bleiche Gesicht legte sich an seines. Lange Zeit war es still. Dann vernahm der Alte leise, sanfte, geflüsterte Worte an seinem Ohr: »Ich weiß, was du für Recht hältst. Ich bin dein Kind, nicht wahr? – dein liebes Kind?« Hawermann legte den Arm um Luise. »Vater! Vater!« rief sie, »wir scheiden uns nicht! – Mein anderer Vater, der nun bei Gott ist, hat mir's erzählt, wie du dich nicht hast von mir trennen wollen, als du im tiefsten Kummer und Leid warst, als die gute Tagelöhnerfrau mich behalten wollte. Nun bist du wieder in Kummer und Leid und wolltest dich *jetzt* von mir scheiden? Sollte ich dich *jetzt* lassen?« Und sie drückte sich an ihn und sagte leise: »*Dein* Name ist *mein* Name, *deine* Ehre ist *meine* Ehre, *dein* Leben ist mein *Leben.*«

Viel wurde dort gesprochen im milden Mondenschein, im traulichen Stübchen, aber was alles, das soll niemand verraten. Denn wenn ein treuer Vater und ein geliebtes Kind sich miteinander bereden, sich über ihr ganzes Leben bereden, dann spricht unser Herrgott mit ein, und das ist nicht für die Welt bestimmt, sondern nur für diese beiden.

Unten, in Frau Pastors Stube, ging es anders zu. Frau Pastor saß im Lehnstuhl und weinte bitterlich. Die liebe, gute Frau war völlig durcheinander. Hawermanns Unglück hatte ihr hart zugesetzt. Doch als sie dann den furchtbaren Streit in der Brust des geliebten Kindes selber entfachen mußte, als sie diesen Zwiespalt aufbrechen sah und wie sie dann miterleben mußte, wie Mut und Zuversicht in dem geliebten Herzen trotz Wunden und Schmerz die Oberhand behielten, da dünkte ihr doch, sie habe mutwillig das Glück ihres Pflegekindes mit Füßen getreten. Und Kummer, Vorwürfe, Reue und Mitleid zerrissen ihr Herz, so daß sie bitterlich weinen mußte.

Im Gegensatz zu ihr hatte Bräsig aber sein Mitgefühl bereits abgeladen. Er hatte sein möglichstes getan, vor Hawermann seinen Ingrimm über menschliche Schlechtigkeit zurückzuhalten, und wie er nun zur Frau Pastorin hinunterkam und in der Dunkelheit ihren Jammer nicht bemerkte, da brach es aus ihm heraus: »Entfamtigte Jesuwiter-Package! Was? so'n Menschen, as Korl Hawermann is, den wollt ihr um Ehre und Reputatschon bringen? Das is ja nächst den Satan! – Das ist ja, als wenn einer die Katt hält und der andere sie stökert. Ver-

flucht soll die ...« – »Bräsig, Bräsig, ich bitte Sie«, rief die kleine Frau Pastor, »lassen Sie doch Ihr unchristliches Wesen!« – »Das nennen Sie ein unchristliches Wesen? Mich kommt es vor als ein Gesang der heiligen Engel ins Paradies, wenn ich es so gegen die Schuftenstreiche der Jesuwiter-Package vergleichen tu.« – »Bräsig, wir sind nicht die Richter dieser Leute.« – »Das weiß ich woll, Frau Pastorin, daß ich nich Stadtrichter un Sie nich bei die Justizkanzlei sünd. Aber wenn mich ne Kröt über den Weg krüppt, denn werden Sie doch nich von mich verlangen, ich soll ihr for en schönen Karnalljenvogel ansehen? Nein, Frau Pastorin, Kröt is Kröt, un Zamel Pomuchelskopp ist die Oberkröt, die ihren Gift auf uns alle ausgespuckt hat.
Was sagen Sie zu seine Schikanerien, die er nu wieder gegen mich angestift't hat? Sehn Sie, da hat er in den einen Fußsteig, der nach dem Pasteracker schon meinenswegens tausend Jahr lang hinführt, en Pfahl stechen lassen, daß wir da nicht gehen sollen, und hat mich sagen lassen, so drad ich darauf güng, wollt er mir die Stiewel ausziehen lassen und wollt mir in den Snei rumhüppen lassen as ne Kreih. Nennen Sie das ne christliche Besinnung? Aber ich will ihn verklagen. Wo kann so'n Kerl mich for ne Kreih schellen? Un der Pastor Gottlieb muß ihn verklagen. Wie kann er ihm den Fußsteig verbieten? Un Jung-Jochen muß ihn verklagen, denn er hat verschiedentlich in offenbarer Gesellschaft gesagt: Jung-Jochen wär en ollen Schafskopp, und das braucht Jung-Jochen nicht for sein Voll zu nehmen.
Und Sie müssen ihn verklagen, daß er ein Witwenhaus bauen muß, indem daß mich alte Leute gesagt haben, daß noch Akten darüber sein müssen. Un Korl Hawermann muß den jungen Herrn verklagen. Wir müssen ne ordentliche Revolutschon gegen die Jesuwiter anstiften, und wenn's nach mir geht, denn fahren wir morgen in 'n Tag all nah Güstrow zu die Justizkanzlei un verklagen die ganze Gesellschaft in Bausch un Bogen un nehmen uns en Stückener fünf Avkaten mit, daß jeder seinen eigenen hat, un denn meinenswegen ümmer ›Jüh! rin in den Prozeß‹.«
Hätte er gewußt, daß Luise am meisten unter den »Jesuwitern« zu leiden hatte, dann hätte er wohl auch für sie einen Advokaten vorgesehen, aber von ihrem Jammer wußte er noch nichts. Frau Pastor versuchte ihn denn nun zu beschwichtigen, aber dies war nicht so einfach. Er wollte alles auf den Kopf stellen, und das Unglück seines alten Freundes hatte sein Inneres so durcheinandergerüttelt, daß alles, was sonst zuunterst lag, seine kleinen Hofjungenärgernisse und seine Po-

dagra- und Kartenspielverdrießlichkeiten, nun unaufhaltsam nach oben drängte.
»Komm hier her«, rief er, »daß ich mich hier amusiren will, indem daß es Klubbtag is, un daß ich das olle Krät von Tütendreiher, den Kurzen, meine drei Daler wieder abjagen will, die er mir mit seine entfamte Kartenkuckerei abgeluchst hat, un nu muß mich der Deuwel sein ßackermentsches Sperfektiv vor die Augen halten, daß ich doch die niederträchtigsten menschlichen Schandtaten ganz in der Nähe sehen soll! – Na, das nenne ich amusiren! Und, Frau Pastorin, wenn Sie's nich for ungut nehmen, so möchte ich wohl die Nacht hier bei Ihnen bleiben, denn aus das dämliche Bostohnspiel wird doch nichts, und's wäre woll gut, wenn ich mit Korlen zusammen slafen täte wegen der Notwendigkeit seiner Aufmünterung.« Frau Pastorin meinte denn auch, daß ihr das sehr lieb sei, und der Abend ging hin unter Verwünschungen von Bräsigs und Beschwichtigungen von Frau Pastorins Seite. Hawermann und Luise aber ließen sich nicht blicken, und als Bräsig zu seinem alten Freund nach oben ging, war Luise nicht mehr da.

Am nächsten Morgen nahm Bräsig Abschied von seinem alten Freunde: »Verlaß dir darauf, Korl, ich will selbsten nach Pümpelhagen fahren und deine Sachen besorgen. Du krigst allens, wenn's mich durch den ganzen Leib kriechen soll, daß ich noch mal die Schwelle betreten muß, wo sie dich mit solcher Niederträchtigkeit rüber gestoßen haben.«
Am gleichen Morgen setzte sich Hawermann hin und schrieb an Franz. Er berichtete ihm umständlich und wahrheitsgetreu alles, was ihm in jüngster Zeit in Pümpelhagen widerfahren, er berichtete ihm von dem schrecklichen Ausgang, den die Sache genommen. Er teilte ihm den schimpflichen Verdacht mit, der auf seinen Namen gefallen, und schloß damit, er und sein Kind seien sich darüber einig geworden, seinen Antrag ablehnen zu müssen. Er wollte warm und herzlich von jener Freundschaft schreiben, die er für den jungen Mann empfand. Aber es kam nicht so frei heraus wie sonst, es klang zu bedrückt. Zuletzt bat er ihn noch in allem Ernst, ihn und sein Kind sich selber zu überlassen, sie beide müßten ihr Schicksal allein tragen.
Luise schrieb ebenfalls. Und als gegen Abend das Mädchen der Frau Pastorin ihren Brief zur Post brachte, da stand sie am Fenster und blickte hinter dem Mädchen her, als habe das Liebste auf der Welt für ewig von ihr Abschied genommen. Sie blickte der Sonne nach, die sich im Westen zum Untergang anschickte:

»Dich grüßt noch sterbend Herz und Sinn,
Du meiner Sehnsucht Ziel«,

sprach es aus ihr. Aber sie stand nicht rotübergossen da wie gestern, sie war bleich, und als der letzte Strahl der Sonne hinter den Häusern verschwunden war, entrang sich ihrer gequälten Seele ein gequälter Seufzer, und wie sie sich umdrehte, tropften ihr die bitteren Tränen die blassen Wangen herunter. Die Tränen flossen nicht um ihres, sie flossen um seines Glückes willen.

Als Bräsig ans Pastorenhaus gelangte, lief ihm die junge Frau Pastor schon aus der Tür entgegen: »Ach Gott, Onkel Bräsig, es ist gut, daß du kommst. Hier – nein, hier nicht – in Pümpelhagen sind schreckliche Geschichten passiert. Doktor Strumpf ist hier gewesen – unser Jürn ist gestern abend plötzlich so krank geworden, er hat phantasiert –, und da ließ ich dem Doktor, der nach Pümpelhagen gefahren war, vorn am Dorfe aufpassen, und der hat schreckliche Dinge erzählt. Er eigentlich nicht, er ließ sich alles nur mühsam abfragen, aber sein Kutscher hat's erzählt, daß – ach, komm hinein, hier zieht es so!« Und damit zog sie ihn in die Stube. Hier berichtete sie ihm denn, daß die Leute erzählten, ihr lieber Onkel Hawermann habe auf Axel geschossen und sei dann fortgegangen, keiner wisse wohin, aber doch vermutlich, um sich etwas anzutun. Bräsig tröstete sie also daraufhin mit der Nachricht, daß Hawermann am Leben sei, und redete ihr das Gerücht vom gezielten Schuß aus, fragte jedoch, wie es um den jungen Herrn stehe, und als er hörte, daß Strumpf die Sache nicht für gefährlich ansah, ging er zu Jürn, der anscheinend eine Lungenentzündung hatte.

So war es inzwischen Mittag geworden, und er mußte zu seiner Fahrt nach Pümpelhagen rüsten, um Hawermanns Sachen zu holen, und mußte sich also nach einem anderen Kutscher umsehen. Er fragte im Dorf herum. Keiner wollte ihn fahren und ihm die Sachen aufladen helfen. Der eine hatte diesen, der andere jenen Vorwand. Schließlich wollte er schon selber Kutscher spielen, aber da meinte der alte Weber Rührdanz: »Ja, das ist mir denn auch ganz egal, was er dazu sagt. Wenn er das will, und er will mich schikanieren, denn kann er das ja tun. Ich fahr mit Ihnen, Herr Inspektor.« Bräsig sagte hierzu weiter nichts und war nur froh, endlich einen Menschen gefunden zu haben, der ihm beim Aufladen behilflich sein wollte, und sie fuhren ab.

»Rührdanz«, fragte Bräsig, »was wollte Er mit dem Schikanieren

sagen?« – »Je, Herr, er hat uns das ja alles verbieten lassen, wir sollen ja absolut keine Arbeit für den Priesterhof tun, nicht mal nen Gang sollen wir für ihn gehn.« – »Wer hat euch das verboten?« – »Je, *er*, uns' Herr Pomuchelskopp.« – »Entfamter Jesuwiter!« knurrte Bräsig vor sich hin. – »Wenn wir das täten, hat er uns gesagt, denn können wir nächsten Winter unser Vieh mit Sägespäne füttern, er gäb uns nicht ne Handvoll Heu und Stroh, und einheizen können wir uns mit Ziegelstein', denn von Holz und Torf wird wohl nicht viel die Rede sein.«
Bräsig ärgerte sich derart darüber, daß er beinahe braun anlief. Der Weber aber war nun einmal im Zuge und nicht mehr zu halten: »Und sehn Sie, für ihn müssen wir denn ja immer parat sein, das ist Tag oder Nacht. Ich bin das ganze Fest über für ihn aus gewesen und gestern abend erst Klock zehn nach Haus gekommen.« – »Wo ist Er denn hin gewesen?« – »Je, nach Ludwigslust, nach der dussligen Eisenbahn!« – »Was hat Er denn da getan?« – »Ih, getan hab ich da nichts.« – »Je, Er hat doch woll Geschäften gehabt?« – »Jawoll, Geschäften hatte ich, aber da wurde ja nichts draus, denn er hatte ja keine Papiere.« – »Na, was war das denn?« – »Je, sehn Sie, da schicken sie vom Hof nach mir hin, ich soll einen Schafbock nach der dussligen Eisenbahn fahren. Na, das tu ich und kam mit ihm denn auch richtig da an. – Nu steht da ein Kerl in der Eisenbahn, der sah nach was aus, ich sag also zu ihm: Gu'n Morn, sag ich, hier ist er. – Wer? fragt er. – Der Bock, sag ich. – Was soll er? fragt er. – Je, das weiß ich auch nicht, sag ich. – Hat Er keine Papiere? fragt er. – Nee, sag ich, Papiere hat er nicht. – Schapskopp, sagt er, ich frag, ob *Er* keine Papiere hat? – Nee, sag ich, ich sag Ihnen ja, der Schafbock hat keine Papiere. – Donnerwetter, sagt er, ich frag ihn ja, ob *Er selber* keine Papiere hat. – Was? sag ich, *ich*? Wozu brauch *ich* Papiere? Ich soll hier ja nicht abgeliefert werden.
Sehn Sie, da wurde der Kerl unbescheiden und ließ erst mich dort rausschmeißen, und denn schmissen sie mir den Bock nach, und denn standen wir beide vor der Eisenbahn. – Huiiiiii! machte das dusslige Ding, da ging sie hin, und wir beide standen da. – *Er* hatte keine Papiere, *ich* hatte keine Papiere, was sollt ich nu aber tun? Ich lud ihn wieder auf und fuhr wieder mit ihm nach Hause. Und wie ich gestern abend nach Haus kam, da ging der Lärm erst richtig los. Ich denk, unser Herr will mich fressen, so fuhr er auf mich los. Aber was weiß ich? Wenn er Papiere haben mußte, denn hätten sie ihm welche mitgeben müssen.

So viel weiß ich aber, wenn unser Herr nicht so'n großer Herr wär, und wenn ihm der Rücken nicht von oben so gesteift würde, denn wollten wir ihm mal nen Zahn ziehn. Und sein altes langes Register von Frau, die ist noch tausendmal schlechter als er selbst. Hat sie nicht meinem Vetter Kapphengst seine Dirn im Frühjahr halb totgeschlagen? Dreimal ist sie mit dem Besenstiel über der Dirn hergewesen und hat sie in den Schuppen gesperrt und hat sie hungern lassen. Und warum? Nur weil der Habicht ihr ein mickriges Küken geschlagen hat. Was kann die Dirn dafür, daß der Habicht Küken schlägt, und was kann ich dafür, daß sie mir keine Papiere gegeben haben?«
Bräsig hörte das alles mit an, und er, der gestern noch eine komplette Revolution gegen Pomuchelskopp hatte anzetteln wollen, schwieg sich heute aus, denn er hätte es sich sein Lebtag nicht vergeben, wenn er mit einem unbedachten Wort die Leute gegen ihren Herrn aufgebracht hätte.

So trafen sie denn in Pümpelhagen ein und hielten vor dem Wirtschaftsgebäude an. Mit einem großen Satz kam Fritz Triddelfitz aus dem Haus auf Bräsig zugestürzt: »Herr Inspektor, Herr Inspektor! Ich kann wahrhaftig nicht dafür, Marie Möllers hat das Buch aus Unverstand mit eingepackt, und als ich in Demmin mich umkleiden wollte, da fiel mir das Buch in die Hand.« – »Was for en Buch?« fragte Bräsig aufgeregt. – »Herre Gott doch! Hawermann sein Buch, und davon soll ja der ganze Lärm hergekommen sein.« – »Und das Buch«, rief Bräsig, bekam Fritz vorn am Kragen zu fassen und schüttelte ihn, daß ihm die Zähne aufeinanderschlugen, »das haben Sie, entfamter Windhund, mit nach Demmin genommen?« und gab ihm einen Stoß zur Tür hin: »Rin mit Sie! Her mit das Buch!«
Zitternd brachte Fritz das Buch herbei. Bräsig riß es ihm aus der Hand: »Entfamtigter Windhund! Wissen Sie, was Sie angestellt haben? Den Mann, der mit Liebreichigkeit Sie zum Menschen hat machen wollen, der alle Ihre Dummheiten mit en seidenen Deckmantel zugedeckt hat, den haben Sie rungeniert, den haben Sie in die schändlichste Demolei gebracht.« – »Herr Inspektor, Herr Inspektor!« rief Fritz und war leichenblaß, »ach, du lieber Gott, ich kann ja auch nicht dafür. Marie Möllers hat ja das Buch eingepackt, und ich bin heute in zwei Stunden von Demmin hergejagt, damit ich das Buch wieder schnell zur Stelle brächte.« – »Marie Möllers!« rief Bräsig, »was haben Sie mit Marie Möllers zu tun? – Oh, wenn ich Ihr Herr Vater oder Ihre

Frau Mutter oder auch nur Ihre Frau Tanten wär, ich wollte Sie hauen, daß Sie as en Eichkater die Wand lang leepen. – Was haben sie mit die olle Zanzel von Marie Möllers zu tun? Und meinen Sie, durch Galopp auf der Landstraß Ihre Dummheiten wieder gutmachen zu können? Soll das unschüllige Veih for Sie aufkommen? Abersten nu kommen Sie mal vors Brett, vors Brett kommen Sie! Nu kommen Sie mal vors Gericht bei der gne Frau! Da sollen Sie mal erzählen, wo die Sache zugegangen is, und da können Sie denn mal orntlich mit Marie Möllers Staat machen.« Und damit schritt er voran, und Fritz trottete langsam hinter ihm her, sehr kläglich, denn ihm war jämmerlich ums Herz.

»Melden Sie mir mit dem jungen Menschen mal bei der gne Frau«, sagte Bräsig zu Daniel Sadenwater, als sie im Hausflur waren, und zeigte dabei auf Fritz Triddelfitz. Daniel machte die Andeutung einer Verbeugung und ging. Fritz, wie man so sagt, stand da wie Butter an der Sonne und machte ein Gesicht, wie es ihm von Parchim her noch sehr geläufig war – er pflegte es vordem dort aufzusetzen, wenn eine Lehrerkonferenz abgehalten wurde und seine Angelegenheiten zur Sprache kamen. Bräsig stand tief gebückt in der Ecke, hatte das Buch unter den Arm geklemmt und zog abwechselnd an seinen linken und an seinen rechten Stiefelzügen, als wolle er seine gelben Stulpen bis nach obenhin voll zur Geltung bringen.

Als die gnädige Frau eintraf und ihnen voraus das Wohnzimmer betrat, folgte Bräsig ihr, hochrot vor innerer Erregung und vom Bücken, und Fritz ging leichenblaß hinterher. »Sie wünschten mich zu sprechen, Herr Inspektor?« fragte die junge Frau und richtete ihren Blick bald auf Bräsig, bald auf Triddelfitz. – »Ja, gne Frau, aber in diesen Hinsichten wollte ich Sie gnedigst gebeten haben, was Sie nich ersten diesen Aphtekersohn, diesen ...« – ›entfamten Windhund‹, wollte er sagen, verkniff es sich aber – »jungen Menschen hören wollen, er hat Ihnen saubere Geschichten zu erzählen.«

Frida richtete nun einen fragenden Blick auf Fritz, und der Jüngling fing an etwas daherzustammeln und wurde bald blaß, bald rot. Er berichtete so ungefähr, wie es sich wirklich zugetragen hatte, nur Marie Möllers Namen nannte er nicht, und schloß: »und so ist das Buch denn aus Versehen in meinen Mantelsack gekommen.« – »Man raus mit Marie Möllers!« unterbrach ihn Bräsig, »die Wahrheit muß endlich zum Vorschein!« – »Ja«, sagte Fritz, »Marie Möllers hat es eingepackt, ich hatte den Tag so viel zu tun.«

Die junge Frau geriet in große Unruhe: »Und so wäre das alles nur ein unseliger Zufall?« – »Ja, gne Frau, so ist's«, sagte Bräsig, »und hier ist das Buch, und hier auf der letzten Seite ist Hawermannen seine Abrechnung, und er krigt noch außer seinem Salair gegen 400 Daler raus, un richtig ist's und wird auch stimmen, denn Korl Hawermann verrechnet sich nich und war mir selbst von jung an in der Richtigkeit von's Rechnen überlegen.«
Frida nahm das Buch mit zitternder Hand, und als sie, ohne sich dabei viel zu denken, die Zahlen auf der letzten Seite überflog, schossen ihr die Gedanken wirr durch den Kopf: in dieser Sache war Hawermann unschuldig, warum nicht auch in der anderen, an die sie selber nie recht geglaubt hatte? Fritzens Geschichte konnte nicht erfunden sein, und dann hatte sie Hawermann das bitterste Unrecht angetan. Doch er hatte auf ihren Mann geschossen! – darin fand sie für sich eine Art Rechtfertigung, und sie rief aus: »Aber um Gottes Willen, wie konnte er auf Axel schießen?«
»Gne Frau«, erwiderte Bräsig, zog die Augenbrauen in höchste Höhen und setzte sein ernsthaftestes Gesicht auf, »mit Ihrem Wollnehmen, das sünd ausgestunkene Lügen, der junge Herr hat auf ihn angelegt, und als ihn Hawermann das Gewehr hat abnehmen wollen, da is's losgegangen, und das is das Ganze, und ich weiß allens, denn er hat's mir selbst erzählt, und er lügt nicht.«
Lieber Gott, das wußte sie ja, und sie wußte auch, daß sie das gleiche von *ihrem Manne* nicht sagen konnte. Anfänglich, in der ersten Aufregung, hatte er ja auch beteuert: »Ein Mörder ist er nicht.« Aber seither hatte er immer nur zu verstehen gegeben, Hawermann habe auf ihn geschossen. Sie setzte sich, legte die Hand über die Augen und wollte mit sich zu Rate gehen, aber es gelang ihr nicht. Indes faßte sie sich mühsam: »Sie sind gewiß gekommen, um das Geld für den Inspektor in Empfang zu nehmen. Mein Mann ist leidend, ich darf ihm jetzt nicht damit kommen, ich werde es schicken.«
»Nein, gne Frau, darum bin ich *nicht* gekommen«, sagte Bräsig und reckte sich auf, »ich bin hierher gekommen, um die Wahrheit zu sagen. Ich bin hierher gekommen, daß ich meinen Freund, der vor sechzig Jahren mein Spielkamerad gewesen ist, verdeffendieren will.« – »Das brauchen Sie nicht, wenn Ihr Freund ein gutes Gewissen hat, und ich glaube, er hat es.« – »Daraus seh ich, gne Frau, daß Sie die menschliche Natur man slecht kennen. Der Mensch hat zwei Gewissen. Das eine sitzt inwendig in ihm, und das kann ihm kein Deuwel nehmen.

Das andere aber sitzt auswendig von ihm, und das ist sein guter Namen, und den kann ihm jeder Schuft nehmen, wenn er die Gewalt hat und klug ist, und kann ihn totmachen for die Welt, denn der Mensch lebt nich for sich allein, er lebt auch for die Welt.
Und mit den bösen Leumund is das as mit ner Distelstang, die der Deuwel und seine Helfershelfer in unsern Acker säen. Die steht da, und je besser der Boden ist, desto mastiger wächst sie und blüht und schießt ins Saat, und wenn der Kopp reif ist, denn kommt der Wind – keiner weiß, woher er kommt und wohin er fährt – und der trägt die Federn von den Distelkopp über Feld, und das nächste Jahr steht das ganze Feld voll, und die Menschen stehen da und schelten auf das Feld, und keiner will daran, das Unkraut auszuziehen, denn sie wollen sich keine Dornen in die Fingern stechen. Un Sie, gne Frau, haben sich auch for die Dornen gefürcht't, als mein alter Freund for einen Betrüger und Dieb aus Ihrem Hause gejagt is, und das wollt ich Ihnen sagen und wollt Ihnen sagen, daß das meinen Korl Hawermann am meisten gesmerzt hat. – Un nu leben Sie wohl! Weiter wollt ich nichts sagen!« Und damit verließ er das Zimmer, und Fritz trottete langsam hinter ihm her.
Und Frida? War dies noch die junge, frische Frau mit den hellen Augen, mit dem sicheren Verstand, der alles so klar und gelassen aufnahm? Sie war nicht mehr dieselbe wie ehedem. Aus der kühlen, verständigen Ruhe war drängende Unrast geworden, und über ihr klares Auge hatte sich ein Schatten gelegt, der sie daran hindern wollte, um sich zu blicken. »Oh!« rief sie aus, »also auch wieder nicht wahr! Also alle diese Verdächtigungen bloße Ausgeburten der Lüge, der Selbsttäuschung und der unmännlichsten Schwäche. Und meine Angst um ihn, meine Liebe zu ihm mußten mich zu einer Mitschuldigen machen, ich mußte das ehrlichste Herz, das für mich schlug, bis auf den Tod verwunden! – Aber ich will's ihm sagen!« Damit sprang sie auf, »ich will das Gewebe um mich zerreißen!«, doch matt setzte sie sich wieder. »Nein, jetzt nicht, ich kann's nicht, er ist zu leidend.« – Ach, sie hatte ja recht: Unwahrheit und Lüge lagern sich in weitem Umkreis auch um das argloseste Herz, bedrängen es, rücken ihm näher und näher und ziehen es in ihren Wirbel hinein, so daß es schließlich seinen kühlen Gleichmut verliert und die bedächtige Überlegung sich in blinde Furcht oder Hoffnung verkehrt.

Als Bräsig zu seinem Wagen kam, hatte Rührdanz mit Hilfe von

Krischan Dägel und einigen anderen die Sachen nahezu aufgeladen, und was noch fehlte, hatte bald auch seinen Platz gefunden. Als Bräsig sich neben Rührdanz auf den Wagen setzen wollte, hielt ihn Fritz Triddelfitz zurück: »Herr Inspektor, ich bitte Sie, sagen Sie Herrn Hawermann, daß ich unschuldig bin, daß ich nicht dafür kann.« Bräsig wollte ihn schon zurückweisen, aber als er Fritzings klägliche Miene sah, da jammerte es ihn: »Ja, ich will's ihm sagen, aber bessern Sie sich.« Und damit fuhr er ab.

»Herr Inspektor«, sagte Rührdanz nach einer Weile, »das geht mich ja nichts an, und das ist ja auch man, daß ich davon rede, aber wer hätt das gedacht! – ich mein hier mit Herr Hawermannen.« – »Was meint Er?« – »Oh, nichts nich. Ich mein man, daß er so auf den Sturz weggekommen ist, und denn mit dem Schießen.« – »Ih, das ist jo allens dummes Tüg«, entgegnete Bräsig verdrießlich. – »Das sag ich auch, Herr Inspektor. Aber der Reitknecht Krischan, der stand dabei, als wir aufpackten, und der sagte ja, der ganze Lärm wär bloß von den ßackermentschen Papieren hergekommen, indem daß Herr Hawermann keine richtigen Papiere hat aufweisen können. Ja, das sag ich man, mit den verfluchten Papieren!« – »Hawermannen seine Papiere sünd ganz in Richtigkeit.« – »Ja, das sag ich auch, Herr Inspektor, aber mit dem dussligen Schießen! Heut morgen erzählte uns' jung' Herr Gustäwing das schon im ganzen Dorf herum.« – »Gustäwing«, rief Bräsig wütend, »is en Bengel as en junger Hund! En Bengel, der noch nicht achter die Ohren trocken is!« – »Das sag ich auch, und nehmen Sie's nicht übel, Herr Inspektor, aber er ist noch der Beste von der ganzen Meute da auf dem Hof.

Denn seh'n Sie, da is ja nu der Alte. Na, Arndt sein Schwestersohn war ja vergangene Woche hier, und der ischa nu aus dem Preuß'schen bei Anklam her, und der sagte man, was unser Herr ist, der hat immer Menschenhaut an seinem Stock gehabt, so hat er mang den Leuten rumgeprügelt. Aber was die Preußen sind, die wollen ja das nu nicht mehr so haben, und die Leute sind denn immer nach dem Landgrafenamt oder nach dem Landratenamt – ich weiß auch nicht, wie das komische Ding heißt – hingegangen und haben ihn dort verklagt. Und der Landrat soll ihm ja eklig eins verpaßt haben. Ich wollt, wir hätten auch so einen Landgrafen in der Näh, denn die Justizkanzlei ist gar zu weit.« – »Ja«, rief Bräsig ärgerlich, »wenn ihr so einen Landrat hättet, hätt' ihr auch was Rares.« – »Das sag ich auch, Herr Inspektor. Aber einmal hat er's zu arg getrieben. Da hat er eine Frau in andern Umständen zusammengeschlagen, und nehmen Sie's nicht übel, Herr Inspektor, das halt ich für ein sehr schlimmes Stück. Das hat ja nu aber der König zu wissen bekommen und hat denn anbefohlen, er soll zeitlebens nach Stettin und soll dort Kugeln schleppen. Na, denn ist seine alte lange Rieke ja beim König gewesen und hat nen Fußfall getan, und der König hat ihm das auch geschenkt, aber mit der Bedingung, daß er zeitlebens nen eisernen Ring um den Hals tragen muß, und jeden Herbst vier Wochen lang in Stettin Kugeln schleppen – diesen Herbst ist er auch wieder hin gewesen – und daß er aus seinen Landen wegmachte. Und so ist er denn nu hierher gekommen. Aber, nu sagen Sie mal, Herr Inspektor, wenn er nu hier weggejagt wird, wo bleibt er denn?«

»Meinentwegen, wo der Pfeffer wächst«, rief Bräsig. – »Ja, das sag ich auch, Herr Inspektor. Aber nehmen Sie's nicht übel, ich glaube, sie nehmen ihn da auch nicht, denn sehn Sie, Geld hat er ja, daß er sich da ankaufen kann, aber wie sieht das mit seinen Papieren aus? Denn wenn der König da seine Papiere zu sehn kriegt und er liest darin, daß er einen eisernen Ring um den Hals hat und daß er bloß darum immer das dusslige, dicke, aufgeplusterte Halstuch um den Hals trägt, denn wird er sich auch nicht mit ihm bemengen wollen.« – »Je, denn werd't ihr ihn wohl behalten müssen«, entgegnete Bräsig. – »Je, denn ist das wohl nicht anders, denn müssen wir ihn behalten, denn ischa uns wohl angetraut. – Jüh!« rief er und fuhr in schlankem Trab durch Gürlitz.

Und Bräsig versank ins Grübeln. Wie sonderbar ging es doch zu in der Welt! Ein solcher Kerl, der einen derart schlechten Ruf hatte, war imstande, einem so grundehrlichen Menschen den guten Namen zu nehmen. Und die Welt glaubte solch einem Kerl mehr als dem braven Manne – denn dies nahm er für gewiß, daß Pomuchelskopp hinter der Geschichte steckte. Und daß er alles daransetzte, seine Lügen in Umlauf zu bringen, das bewies ihm Gustäwings Gerede. – »'t is schändlich«, sagte er, als er in Rahnstädt vor dem Haus der Frau Pastorin abstieg, »aber warte, Zamel! Ich hab dir schon einen Sticken gestochen mit dem Paster-Acker, ich stech dir noch einen andern. Zuerst verklag ich dir aber wegen der ›Kreih‹!«

Kapitel 32

Fama

Der Neujahrstag 1846 war gekommen und hatte seine Glückwünsche dargebracht, und die Rahnstädter gratulierten einander auf der kalten Straße und in den warmen Stuben, wie es sich gerade traf. Welche schliefen bis halbwegs Mittag und aßen viel sauren Hering wegen des Silvesterabends davor, und mancherlei wurde unter den jungen Leuten geraunt von diesem und jenem, das gestern auf dem Silvesterball vorgefallen war. Und auch die Alten saßen beisammen und erzählten einander auch etwas, zwar nicht davon, was auf dem Ball, vielmehr von dem, was draußen auf dem Lande geschehen war. Und da war denn die Geschichte von Hawermann und dem Herrn von Rambow ein Haupt- und Tafelstück, das allenthalben aufgetischt wurde. Und wie jedes Haus seine eigene Küche hat, so hat es auch seine eigene Gerüchtemacherei. Dem einen schmeckt das Gericht nach diesem, dem anderen nach jenem Rezept, und jeder macht es sich mundgerecht und bittet dann seinen Nachbarn zu Gast. Schlitzohr und David kamen meist ungebeten, und der eine gab seinen Pfeffer und der andere gab seinen Knoblauch dazu.

Und so war denn auch bald für die Stadt Rahnstädt und Umgebung eine Geschichte und ein Gericht zusammengerührt, das einem jeden munden mußte, denn jeder hatte sein Lieblingsgewürz dazugetan: Hawermann hatte schon seit Jahr und Tag seine beiden Herren betrogen und schrecklich viel Geld zusammengescharrt, weswegen denn auch der junge Herr von Rambow immer in Geldverlegenheiten hatte sitzen müssen. Mit dem Tagelöhner Regel hatte er bei dem Diebstahl halbehalbe gemacht, ihn auch deswegen laufen lassen und ihm mit einem Gutspaß fortgeholfen. Ob Jochen Nüßler den Plan zu dem Ganzen ausgeheckt hatte, das wußten einige noch nicht so genau.

Aber schließlich war der Sohn des Apothekers Triddelfitz, ein ungemein aufgeweckter und umsichtiger junger Mann, ihm auf die Sprünge gekommen, indem er heimlich einmal sein Wirtschaftsbuch durchgesehen und darin die ganze Betrügerei Wort für Wort entdeckt hatte. Der hatte dies nun der Wirtschafterin Marie Möllers erzählt, und beide waren sie übereingekommen: Triddelfitz müsse das Buch an sich nehmen, bis Hawermann gegangen sei, und dies hatte der verständige

junge Mann auch getan und hatte es mit nach Demmin auf die Reise genommen, um es nachher dem Herrn von Rambow zu übergeben.
Nun hatte aber Hawermann am nächsten Tage das Buch vermißt und war auf den Gedanken verfallen, Herr von Rambow habe es sich angeeignet. Er war also zu ihm herübergegangen und hatte ihn beschuldigt, er sei ein Spitzbube und er solle ihm sein Buch wiedergeben. Und als der junge Herr sich weigerte, da hatte er ihm das Gewehr auf die Brust gesetzt. Das hatte der junge Herr nicht leiden wollen, hatte nach dem Gewehr gegriffen, und dabei war es losgegangen, und der Herr von Rambow lag nun auf den Tod darnieder. Hawermann aber sollte sich in der Stadt heimlich verborgen halten. – Das war so ungefähr die Geschichte, die sich die Rahnstädter zusammengebraut hatten, und ein jeder wunderte sich nur, daß der Bürgermeister einen derart gefährlichen Menschen nicht in Eisen legen ließ.
Nun gab es aber zum Glück zwei verständige Menschen in der Stadt, die auf die Geschichte nicht hereinfielen. Der eine war Moses. Als David ihm die Sache erzählte, sagte er bloß: »David, du büst ßu dumm!« und ging an sein Geschäft. Der andere war der Bürgermeister selber, der schüttelte seinen Kopf und ging auch an sein Geschäft.
Der Rektor Baldrian hingegen ging nicht seinen Geschäften nach, denn er hatte Ferien, und er meinte, wenn die ganze Stadt es sage, dann müsse doch wohl etwas daran sein. Aber so viel wolle er offenbaren, und darauf wolle er das heilige Abendmahl nehmen: der Schwiegervater seines Gottlieb, nämlich Jochen Nüßler, der sei nicht mit im Komplott. – Kurz beteuerte: es sei alles möglich, jedoch dies hätte er dem alten Hawermann nicht zugetraut, doch könne keiner dem andern ins Herz sehen. Indes müsse er doch gestehen, einiges scheine ihm denn doch unglaubwürdig, nämlich daß Fritz Triddelfitz mit so viel Umsicht gehandelt habe, und darum glaube er, daß sich die Sache ein bißchen anders zugetragen hätte. Gerade nun aber deswegen, weil sein Fritz dabei so hoch gerühmt wurde, glaubte der Apotheker an die Geschichte und erzählte sie in der ganzen Stadt herum, um seinen lieben Sohn noch mehr herauszustreichen.
Und so sonderbar spielt das Schicksal: genau zu der Zeit, als Fritzings Ruhm in der Stadt verkündet wurde, stand Fritz selber vor dem gräßlichen Verbrecher Hawermann mit einem Arme-Sünder-Gesicht und bat ihn um Himmel und Erde, er möge ihm den dummen Streich verzeihen, er habe ihn nicht mit Absicht begangen. Hawermann strich ihm über das semmelblonde Haar und sagte: »Lassen Sie's gut sein,

Triddelfitz! – Aber eines merken Sie sich: Manche gute Tat hat schlimme Folgen in der Welt, und manche schlechte Tat hat gute. Aber für die Folgen brauchen wir nicht einzustehen, die liegen in einer anderen Hand, und nicht die Folgen machen eine Tat gut oder schlecht. Hätten Sie nicht schlecht gehandelt, als Sie mich mit der Getreideabrechnung hinters Licht führen wollten, dann brauchte Ihnen jetzt nicht das Gewissen zu schlagen, und Sie hätten nicht nötig, so vor mir zu stehen. Ich trage Ihnen das aber nicht nach, und nun nehmen Sie hier die Quittung über das Geld und werden Sie ein ordentlicher Kerl! Und damit adieu!« Er übergab ihm die Quittung, denn die gnädige Frau hatte ihm durch Fritz sein Gehalt und seine Auslagen übersandt.
Fritz schritt zum Gasthaus, wo sein Pferd stand. Viele Menschen waren dort versammelt, und manch einer kam zu ihm: »Na, wie steht's? – Das haben Sie richtig gemacht!« – »Ist das mit dem Herrn von Rambow gefährlich? Und lebt er noch?« – »Mein Gott, so laß doch Herr Triddelfitzen erzählen!« – »Sagen Sie mal ...« – »Nee, sagen Sie mal, haben Sie Hawermann schon?« – Fritz aber war keineswegs zum Erzählen zumute, mochte auch seine eigene Dummheit nicht zu Markte tragen. Unter allgemeinen Redensarten bahnte er sich also seinen Weg durch die Menge und bestieg sein Pferd. Und die Rahnstädter beteuerten alle wie aus einem Munde, er sei ein recht bescheidener junger Mensch, er wolle sein Lob nicht selbst verkünden.

Hatten die Rahnstädter sich nun schon alle rings um Fritzens Eröffnungen eingefunden und sich darin eingetaucht, als sei er eine Sirupstulle und sie seien die Fliegen, so sollte es aber nun noch ganz anders kommen: dieser Neujahrstag sollte zu einem wahren Neuigkeitstag werden.
Kaum war Fritz, von außen löblich und stolz, inwendig aber de- und wehmütig, aus dem Tor geritten, da kam ein Wagen vors Wirtshaus vorgefahren – der Herr fuhr selber, der Kutscher saß hinten auf der Pritsche –, und die Rahnstädter drückten sich die Nasen an den Fensterscheiben platt: wer das wohl sei. – »Mir kommt er verteufelt bekannt vor«, sagte der eine. – »Ja, gesehn hab ich ihn auch schon«, sagte der andere. – »Ist das nicht ...?« hob der dritte an. – »Ih wo?« sagte Schuster Bank, »den du meinst, der ist es nicht.« – »Ich weiß es«, rief Schneider Wimmersdorf, »ich habe ihm manchen Rock gemacht. Das ist der Herr von Rambow, der jetzt da hinter Schwerin auf Hohen-Selchow sitzt, der Vetter von dem Pümpelhäger.« – »Der

Schneider hat recht, das ist er auch.« – »Das ist er auch.« – »Paßt auf, der kommt wegen der Geschichte.« – »Das muß er auch, denn der Pümpelhäger, der liegt ja, der kann ja nichts besorgen. Du sollst sehen, der wird die Sache wohl in Angriff nehmen.« Und als Franz zur Tür hereinkam, um seinen Pelz abzulegen, da standen die Rahnstädter einträchtig mit dem Rücken gegen das Fenster, mit dem Rücken gegen den Ofen, mit dem Rücken gegen die Wand und blickten zur Mitte der Gaststube, wo Franz sich aufhielt, und hatten im Handumdrehen ein Spinnennetz von Neugier um ihn herumgewoben, dessen Fäden alle zur Mitte liefen, wo er saß wie eine hilflose Fliege.

Franz ging nach draußen, sprach einige Worte mit dem Hausknecht und schritt dann dem Marktplatz zu. »Jehann«, fragte einer aus dem Fenster heraus, »was hat er dir gesagt?« – »Oh«, sagte Jehann, »er frug bloß nach dem Bürgermeister, ob der wohl zu Hause wär.« – »Habt ihr's gehört? Er hat nach dem Bürgermeister gefragt. Der macht ernst in der Sache.« – »Jehann«, fragte ein anderer, »hat er sonst noch was gesagt?« – »Ja, er frug, ob die Pastorsfrau, die hierher gezogen ist, nicht nebenan bei Kaufmann Kurz wohnt.« – »Haha! Merkt ihr was? Bei der Pastorsfrau hat der Inspektor sich gewiß versteckt. Adjüs auch!« – »Vadder Wimmersdörp, wo willst du hen?« – »Ach, ich will nur mal nach Kaufmann Kurz.« – »Wart', ich komm mit.« – »Himmel ja«, sagte ein anderer, »das stimmt ja, bei Kurz können wir alles am besten sehn.« – »Ja, wollen zu Kurz gehn!« Und es währte nicht lange, da war Kurzens Kramladen so voller Kunden, wie er ihn lange nicht gesehen hatte, und jeder trank einen Schluck oder auch zwei, und Kurz meinte im stillen: »Gott sei Dank! Dies Neujahr fängt recht schön an.«

Nach einer Weile kam Franz vom Markt zurück und ging an Kurzens Laden vorüber auf die Haustür der Frau Pastorin zu. »Was? Er hat ja gar keinen Polizeidiener bei sich?« wunderte sich der eine. – »Ja, Höppner ist nicht zu Haus, der holt sich heute ein Schwein von den Pribbenower Bauern.« – »Ja, daher kommt das denn wohl auch.« – »Wie dem alten Inspektor wohl zumute ist, wenn der ihm nun so über'n Hals kommt?« fragte Wimmersdorf. – »Kinnings, mir werden die Füße kalt«, sagte Schuster Bank, »ich geh nach Haus.« – »Was? Du wirst ja wohl noch warten können, bis sich hier was tut«, sagte Tischler Thiel. – »Wißt ihr was?« bemerkte Bank, »mir kommt das so vor, wie wenn an der Geschichte kein wahres Wort ist.« – »Was? Du hast mir die Geschichte doch heute morgen selber erzählt«, sagte

Tischler Thiel. – »Ja, das stimmt wohl, aber Morgenred ist keine Abendred. Ich hab mir seitdem die Sache überlegt.« – »Das heißt, du hast kalte Füße dabei gekriegt«, sagte Schneider Wimmersdorf. – Alles lachte. »Das ist ein dummer Snack«, sagte der Schuster, »und die ganze Geschichte ist ein dummer Snack: der alte Inspektor hat so lange bei mir arbeiten lassen, und immer hat er seine Rechnung ehrlich bezahlt, und der soll auf seine alten Tage auf Stehlen und Schießen und solche Sachen verfallen?« – »Ih, red nur, red nur! Wenns aber die ganze Stadt sagt?« – »Ih, die ganze Stadt? – Hier steht Herr Kurz, fragt den, ob er ihn nicht auch immer ehrlich bezahlt hat? Fragt den Mann, was der dazu sagt.« – »Was ich dazu sage, ich sage gar nichts«, antwortete Kurz; »aber glauben kann ich's nicht, und ich habe meine eigenen Gründe.« – »Na, hört ihr?« – »Ja, denn ischa das auch schon möglich.« – »Ja, ich hab gleich gesagt, das käm mir doch spanisch vor mit der Sache.« – »Na«, sagte Wimmersdorf, »bei mir hat er nicht arbeiten lassen, ich seh nicht ein, weshalb ich da nicht dran glauben soll.« – »Ih, Schneider, laß dich doch nicht auslachen!« – »Ja, Kinnings, lacht doch den Schneider aus!« – »Nu will ich euch was sagen«, sprach Bank und schlug auf den Ladentisch, »kommt alle her – Herr Kurz, lassen Sie uns noch einen einschenken! – nu wollen wir alle auf den alten, braven, ehrlichen Inspektor anstoßen.« Dies machten sie denn auch, und so gingen sie mit einer wesentlich besseren Meinung von Hawermann nach Hause – bis auf Schneider Wimmersdorf –, und damit war der Alte bei ihnen vollauf in seinen guten Namen wieder eingesetzt. Und weshalb? Weil Schuster Bank kalte Füße bekommen hatte.

Von derlei Umständen hängt die gute oder schlechte Meinung der Menschen oftmals ab. Hier setzte sich nun die gute durch. Aber was besagt schon die gute Meinung von einigen unbedachten Handwerkern gegen jene heimliche, unsichtbare Gewalt, die in jeder kleinen Stadt das Schicksal der Menschenkinder bestimmt, die die verworrenen Fäden ihres Glücks und Unglücks in Händen hält und sie derart regiert, daß sie auf dem Drahtseil tanzen müssen, just wie *sie* es gebietet. Ich meine das heimliche Gericht, das die Frauensleut in stiller Abendstunde zum Schrecken aller Bösewichter bei Strickzeug und Teekanne veranstalten. Dort geschieht jedem Sünder sein Recht, dort wird er mit den Stricknadeln gekitzelt, mit der Zuckerzange gekniffen, mit der Spiri-

tusflamme gebrannt, und alle in den Tee eingeweichten Zwiebacks oder Mürbchen geben ein durchaus eindeutiges Bild vom Seelenzustand des Delinquenten, stünde er leibhaftig vor diesem Richterstuhl.
Was galten dem Rahnstädter Frauenskollegium Hanne Banks gute Meinung und seine kalten Füße? Was Hawermanns bezahlte Rechnungen? Diese Richter gingen ernsthafter zu Werk. Sie nahmen sich vor allem in durchaus sinnvoller Weise der – wie die Juristen es nennen – Antezedenzien an, und schon *deswegen* befanden sie die Sache als nur schwach für Hawermann, für Luise, für die Frau Pastorin, sogar für Bräsig. Malchen und Salchen Pomuchelskopp hatten – wie die Diplomaten es nennen – nach allen Seiten hin interveniert, hier ein Tröpfchen und dort einen Tropfen fallen lassend. Schlitzohr hatte diese köstlichen Perlen gesammelt und sie – wie die Gelehrten es nennen – unter *einen* Gesichtspunkt gebracht. Und selbst David hatte ein weniges beigetragen und etwas von krummen Sachen gemunkelt, und so vermochte das Richterkollegium sich ein sehr genaues Bild von Franzens Liebe zu Luise, von Hawermanns und der Frau Pastorin Kuppelwirtschaft und Bräsigs abscheulicher Zwischenträgerei zu machen, was denn auch aufs beste besorgt wurde.
Just nachdem die Vorfragen erledigt worden waren, traten die Frau Stadtsyndikus und die Kaufmannsfrau Madame Krummhorn zur Tür hinein und erhielten von der Teewirtin die freundschaftlichsten Vorwürfe, daß sie so spät gekommen seien. Sie verteidigten sich demgegenüber freilich nur so ein wenig von oben herab und sagten nichts weiter von rechter Bedeutung. Aber wie sie sich nun hinsetzten, da geschah dies mit solchem Aplomb, und wie sie sich ans Stricken machten, da geschah dies mit solch selbstbewußtem Kopfnicken, daß das hohe Gericht hätte arglos und unerfahren sein müssen, hätte es nicht gemerkt, daß *sie* etwas Besonderes im Schilde führten. Es tat also nur seine Schuldigkeit, wenn es bei kleinem hintenherum ein bißchen vorzufühlen begann. Doch die Frau Syndikus und die Krummhorn hatten sich auf diesen Punkt wohlweislich vorbereitet und kniffen die Lippen so fest zusammen wie frische Austern ihre Schalen, und was der hohe Gerichtshof auch an Werkzeugen ansetzte, sie wollten sich nicht öffnen lassen. Seufzend griff das Kollegium zum Strickzeug und weichte einige weitere Mürbchen im Tee auf, und mit Schrecken wurden die beiden Austern nun gewahr, ihre festversiegelten Enthüllungen könnten veralten und ihren Saft verlieren. So taten sie sich also von selber auseinander, und die Frau Syndikus fragte die Frau Bürgermeister, ob nicht

an diesem Nachmittag ein junger Herr beim Herrn Bürgermeister gewesen sei.

Ja, entgegnete die Frau Bürgermeister, der Vetter des Herrn von Rambow sei bei ihrem Mann gewesen, sie hätten eben davon gesprochen. – »Und was wollte er?« fragte die Frau Syndikus. – »Sich erkundigen, wie die Untersuchung wegen des gestohlenen Geldes ausgefallen sei, und hat auch gefragt, ob wegen der Geschichten in Pümpelhagen – Sie wissen: das Schießen – etwas anhängig gemacht worden wäre.« – »Und was weiter?« fragte die Frau Syndikus und blickte auf ihr Strickzeug herunter. – »Weiter hat mir mein Mann nichts gesagt«, beteuerte die Frau Bürgermeister. – »Und das glauben Sie?« fragte die Frau Syndikus. Nun ist es aber eine Beleidigung für jeden Gerichtshof, vor allem aber für einen solchen, wenn jemand von ihm verlangt, daß er eine einfache und natürliche Sache so ohne weiteres glauben solle. Die Frau Bürgermeister fühlte demgemäß auch gleich den Affront, der in dieser Frage lag, richtig heraus, und sagte spitz: »Wenn Sie's besser wissen, Liebe, dann sagen Sie's.« Die eine Auster blickte die andere an, und beide lachten jetzt hell auf. Tja, wenn uns eine so richtig fette Auster – denn die Frau Syndikus war fett, und die Krummhorn war auch wohl ausgestattet – so kräftig anlacht, dann macht dies immer einen großen Eindruck, und so konnte es auch hier nicht ausbleiben, daß die Gesellschaft die Stricksachen in den Schoß legte und die Austern stumm anstarrte. »Mein Gott«, rief die Teewirtin schließlich, »was wissen Sie denn?« – »Die Krummhorn kann's erzählen«, sagte die Frau Syndikus kühl, »sie hat's ebensogut gesehen wie ich.«

Die Krummhorn war eine gute Frau, und sie erzählte auch flott und reichlich, aber ihr Mundwerk litt an demselben Gebrechen wie die Beine des Obergerichtssekretärs Schäfer in Rostock. Es ging mit ihr durch, und genau wie der Herr Obergerichtssekretär mußte sie von Zeit zu Zeit entsprechende Weisungen erteilen: »Halt mich fest« oder: »Dreh mich um!« Sie begann also: »Ja, er kam quer über den Markt her ...« – »Wer?« fragte so ein rechter junger, naiver Gerichtsassessor, der sich auf die Sache noch keinen Reim zu machen wußte. – »Still!« rief alles. – »Also er kam quer über den Markt her, ich kannte ihn gleich wieder, er hat sich bei meinem Mann vordem einmal einen neuen Anzug gekauft, einen schwarzen Leibrock und eine blaue Hose – ih, was sag ich! – einen blauen Leibrock und eine schwarze Hose. Ich seh ihn noch wie heute, er trug immer gelblederne Beinkleider und Stulpenstiefel – oder war das Fritz Triddelfitz? – Das weiß ich doch wirklich nicht mehr gewiß. – Ja, was wollte ich doch noch sagen?« – »Er kam quer über den Markt herüber«, sagten Stücker drei Stimmen. – »Richtig! Er kam quer über den Markt herüber und kam in die Frau Syndikus ihre Straße, ich war grade bei der Frau Syndikus, denn die Frau Syndikus wollte mir ihre neuen Gardinen zeigen, sie sind von Jud Hirsch – nein, ich weiß schon – von Jud Bär, der neulich erst banquerutt gemacht hat. Es ist merkwürdig, mein Mann sagt, alle unsere Juden machen banquerutt und werden dadurch nur immer reicher, ein christlicher Kaufmann kann gar nicht gegen die verdammten Juden aufkommen. Wie weit war ich doch noch?« – »Er kam in die Straße der Frau Syndikus.« – »Ja so! Die Frau Syndikus und ich standen gerade am Fenster und konnten in die Stube der Frau Pastorin Behrens hineinsehen, und die Frau Syndikus sagte, ihr Mann habe gesagt, wenn die Frau Pastorin es auf einen Prozeß wollte ankommen lassen – nein, nicht die Frau Pastorin – die Kirche oder das Konsistorium oder sonst wer, dann müßte der Herr Pomuchelskopp oder sonst wer ein neues Predigerhaus zu Gürlitz bauen, und die Frau Syndikus . . .«

Aber der Frau Syndikus stand die Geschichte jetzt schon bis zum Halse. Sie hatte sich, als sie die Krummhorn zum Erzählen aufforderte, eine kräftige Rute für ihre eigene Ungeduld gebunden, und so fiel sie ihr ins Wort: »Und da ging er in das Haus der Frau Pastorin, und, ohne sich weiter auf dem Flur aufzuhalten, gleich in die Wohnstube, und die alte Frau fuhr vom Sofa auf und machte solche Handbewegung, als müßte sie sich ihn vom Leibe halten, und sah so ängstlich aus, als wäre ein Unglück über sie gekommen, und das mag wohl auch sein. Und nachher setzte sie einen Stuhl hin und nötigte ihn zum Sitzen. Er setzte sich aber nicht, und als die Pastorin hinausging, ging er in der Stube auf und nieder als . . . nun als . . .« – »Frau Syndikus«, fiel hier die Krummhorn ein, »Sie sagten heute nachmittag dabei so einen schönen Vers her.« – »Nun ja: ›Wüstenkönig ist der Löwe, wenn er sein Gebiet durchschreitet.‹ Ja, wie son Wüstenkönig ging er auf und nieder, und als der alte Inspektor mit seiner Tochter hineinkam, fuhr er auf ihn los und machte ihm die bittersten Vorwürfe.«

»Aber mein Gott«, sagte der recht junge, naive Gerichtsassessor und legte sein Strickzeug in den Schoß, »konnten Sie denn das hören?« – »Nein, Liebe«, sagte die Frau Syndikus und lachte über die Dummheit des Assessors, »*gehört* haben wir es nicht. Aber die Krummhorn und

ich haben es beide *gesehen,* mit unseren eigenen Augen *gesehen.* – Und der alte Inspektor stand vor ihm wie ein armer Sünder und sah vor sich nieder und ließ alles über sich ergehen, und seine Tochter hatte den Arm um seinen Hals geschlungen, als wenn sie ihn schützen wollte.« – »Ja«, fiel hier die Krummhorn ein, »es war grad so wie damals mit dem alten Böttcher Stahl, der eingesteckt werden sollte, weil er die Bandstöcke gestohlen hatte. Da sprang auch seine Tochter, Mariken, zwischen ihn und den Polizeidiener Höppner und wollt's nicht leiden, daß ihr Vater aufs Rathaus gebracht werden sollte, wegen seiner weißen Haare. Und die Bandstöcke hatte er doch gestohlen, das weiß ich, denn er hat mir davon drei neue Bänder um meinen Milcheimer gelegt, und mein Mann sagt, für uns kann's gleich sein, ob sie gestohlen sind oder nicht, und für die Milch auch, die würde auch nicht von den gestohlenen Bändern sauer werden. Ich habe aber doch bemerkt...«
»Schön, Krummhorn«, sagte die Frau Syndikus und arretierte ihr das Mundwerk, »haben Sie auch wohl bemerkt, wie blaß das Mädchen aussah, und wie sie zitterte, als der junge Herr sich an sie wandte und sich von ihr lossagte?« – »Nein«, sagte die Krummhorn ehrlich, »blaß sah sie aus, aber daß sie zitterte, habe ich nicht gesehen.« – »Das habe *ich* gesehen«, beteuerte die Frau Syndikus, »*so* zitterte sie«, setzte sie hinzu und bewegte sich in ihrem Lehnstuhl hin und her, als sei es ein Sommertag und sie könne sich vor Fliegen nicht retten, »und *so* stand er vor ihr«, dabei stand sie auf, »›Das Band ist zerrissen‹, wie mein Sohn, der Student, singt, und *so* sah er sie an«, und dabei blickte sie den kleinen Assessor so wütend an, daß dieser dunkelrot anlief. »Und da legte sich die alte Pastorin ins Mittel und drängte sich zwischen sie und suchte ihn zu besänftigen und streichelte ihn und red'te so viel, und es mochte ihr auch wohl glücken, denn er gab beim Abschied den beiden die Hand. Aber als er aus dem Haus ging, war auf seinem Gesicht deutlich zu lesen, wie froh er war, mit dieser Gesellschaft gebrochen zu haben. Nicht wahr, Krummhorn?« – »Das habe ich nicht gesehen«, sagte die Kaufmannsfrau, »ich hatte das junge Mädchen im Auge, wie sie dastand, die Arme über die Brust geschlagen, und so blaß. Du lieber Gott, ich habe viele blasse Mädchen gesehen, noch neulich meine Bruder-Tochter, sie hat die Bleichsucht, und der Arzt sagt immer: Eisen! Eisen! aber Eisen hat sie genug, ihr Vater ist ein Schmied. Er hätte auch was anders werden können, denn unser seliger Vater...« – »Ach das arme Mädchen!« rief der recht junge,

naive Assessor aus, »es ist so ein hübsches Mädchen. Und der arme, alte Mann! Ich kann's nicht glauben, daß er mit seinen weißen Haaren solche Schandtat ausgeübt hat.« – »Liebe«, sagte die Frau Syndikus und sah den jungen Assessor mit einem Blick an, der in jede andere Sprache übersetzt nur »du Schaf« heißen konnte, »Liebe, hüten Sie sich vor solchem übelangebrachten Mitleid, und hüten Sie sich vor dem Umgang mit Leuten, die Verbrechen begangen haben.« – »Ja, getan hat er's«, ging es nun von Mund zu Mund, von Strumpf zu Strumpf, von Tasse zu Tasse.

Der junge Assessor war geschlagen. Aber unversehens standen zu seinen Gunsten ein paar alte, graue, erfahrene Advokaten auf, die schon oftmals auf den Tees als Ankläger der Staatsanwaltschaft fungiert hatten, aber heute einmal die Verteidigung übernehmen wollten. Sie hatten sich, während die Frau Syndikus sprach, unablässig leise zugeblinzelt und zugenickt: sie wollten sie ruhig ausreden lassen, aber danach wollten sie loslegen. Und die Frau Syndikus hatte eine Dummheit begangen, sie hatte die Verwandtschaft außer acht gelassen. Denn die beiden Advokaten waren die Frau Kurz und die Rektorin Baldrian, und jetzt war ihre Zeit gekommen, jetzt gingen sie der Frau Syndikus an den Kragen. – »Liebe, woher wissen Sie denn, daß Hawermann ein Verbrecher ist?« – »Liebing, wissen Sie, daß Hawermann der Schwager von meinem Bruder ist?« – »Liebe, Sie sollten sich doch mit Ihrer scharfen Zunge etwas in acht nehmen.« – »Liebing, Sie haben schon öfter deswegen Unannehmlichkeiten gehabt.«

Und so schossen sie mit »Liebe« und »Liebing« immer quer über den Tisch hinüber. Und die Teelöffel klirrten in den Tassen, und die Haubenbänder zitterten unter dem Kinn, die unschuldigen Strickzeuge wurden zusammengewickelt und in die Pompadours gestopft. Die Frau Bürgermeister schlug sich auf die Seite der beiden Advokaten, denn sie hatte die spitzen Worte der Frau Syndikus nicht vergessen. Die Teewirtin lief von einer zur anderen und beschwor sie bei Gott und allen Heiligen, sie sollten *ihr* doch nicht den Schimpf antun, daß gerade auf *ihrem* Tee solch ein Krieg ausbräche, und der kleine Assessor fing bitterlich an zu weinen, weil er glaubte, er sei an der ganzen Aufregung schuld. Aber es war nun einmal geschehen: die eine Hälfte zog ab, die andere Hälfte blieb dort, und Rahnstädt war in zwei Parteien zerfallen.

Und die Menschen, um derentwillen all dies geschah, saßen, wenn auch nicht gelassen, so doch still in ihrer Stube und ahnten nicht einmal, wieviel Mühe und Kopfzerbrechen sie ihren neugierigen Mitbürgerinnen bereitet hatten und wieviel Streit und Haß um ihretwillen entstanden war. Sie dachten nicht entfernt daran, daß der scharfe Blick, den die Frau Syndikus von gegenüber aus ihrem roten Gesicht abschoß, ihnen gelten könne. Und unsere kleine Frau Pastor sagte mehr als einmal, ihrem Aussehen nach müsse die Frau Syndikus von gegenüber eine sehr energische und gesetzte Person sein, wohl imstande, das Regiment im Hause zu führen. Und Luise ahnte nicht das Geringste davon, daß das hübsche junge Mädchen, das ab und zu an ihrem Haus vorüberging und einen verlorenen Blick in ihr Fenster warf, tiefes Mitleid für sie empfand, und daß dies der kleine, naive Assessor war, der sich auf dem Damentee zu ihrer Partei geschlagen hatte.

Ach nein, diese Menschen hatten an etwas ganz anderes zu denken und für ganz etwas anderes zu sorgen: Luise mußte ihr wehes Herz zur Ruhe bringen und es vor der Welt verbergen, damit ihr Vater die Wunden nicht sah, die der Abschied von Franz von neuem aufgerissen.
Hawermann war nach diesem Abschied noch stiller und trübsinniger geworden als vordem schon. Er hatte nur noch Sinn und Augen für sein Kind. Er versank in dumpfes Brüten. Nur wenn seine Tochter noch blasser aussah als gewöhnlich und noch obendrein stumm vor sich hingrübelte, dann sprang er auf, lief in den kleinen Hintergarten und schritt dort auf und ab, um Ruhe zu finden. Ach, wo war sein Haß geblieben, wenn er ihn gegen die Liebe seines Kindes hielt? Wo der Zorn gegen die arge Welt, wenn er spürte, wie die kleine Welt um ihn herum voller Güte und Freundlichkeit um ihn bemüht war?
Haß und Zorn mußten so allgemach von ihm weichen, aber die Traurigkeit und sein tiefes Mitgefühl mit dem harten Schicksal seines einzigen Kindes, die hielten stand. Die kleine Frau Pastor hatte ihr Staubtuch ganz und gar vergessen, sie hatte jetzt anderes zu tun, als Tische oder Bänke abzureiben. Sie wollte den Makel von zwei Herzen, die ihr ans eigene gewachsen waren, wieder abtun, und an ihnen scheuerte sie herum und mühte sich ab, mit ihren Trostmitteln herumzuwerkeln, um sie wieder blank und hell, rein und strahlend zu machen. Doch ihre Mühe war vergebens, zumindest bei Hawermann.
Der Kraft des Alten waren die Sehnen wie durchgeschnitten. Mit seinem guten Namen waren auch Lebenslust und Lebensmut von ihm gewichen, und die ungewohnte Ruhe und die Untätigkeit brachten ihn immer aufs neue ins Grübeln, so daß sein Zustand Anlaß zur Besorgnis

gegeben hätte, wäre nicht die sanfte Stimme seines Kindes gewesen, die den bösen Geist stets aufs neue zu beschwichtigen wußte, wie der Gesang des Knaben David den bösen Geist von König Saul.
Alle Gründe, die Franz in jener schweren Stunde eindringlich ihm angeführt hatte: daß die Hauptanschuldigung mit dem Wiederauffinden des Wirtschaftsbuches ja aus dem Weg geräumt sei, daß ihm bekannt sein müsse, ein wie haltloser und gedankenloser Mensch sein Vetter Axel sei und daß dessen Urteil ihm nicht schaden könne, weil *er* ja an ihn glaube, wenngleich die Welt sich gegen ihn stelle, denn in seiner Brust male die Welt sich anders – alles dies, was ihm auch die Frau Pastorin unablässig wiederholte, wies er von sich ab und blieb dabei, solange seine Unschuld in der Diebstahlsgeschichte nicht an den Tag komme, solange bleibe sein Name gebrandmarkt, und er müsse den jungen Menschen, auch gegen dessen Willen, davor bewahren, nicht auch noch am eigenen Namen Schaden zu nehmen.
Dies war allerdings, bei Licht besehen, purer Unverstand. Und mancher mag hier mit Recht einwenden: Weshalb trat er mit seinem guten Gewissen nicht frank und frei vor die Welt und trotzte ihren Lügen? Und ich sage: der mich *so* befragt, der hat recht. Das hätte er tun müssen, und er hätte es auch getan – wäre er der *alte* Hawermann noch gewesen. Aber er war es nicht mehr. Verdrießlichkeiten, Beleidigungen und Zurücksetzungen hatten ihn mürbe gemacht. Und hinzu traten die offene Anschuldigung und der grauenhafte Auftritt mit seinem Herrn. Endlich hatte ihn sogar noch die junge Frau im Stich gelassen, für die er gern sein Leben hingegeben hätte. Und all dies geschah zu einer Zeit, da sich alles in ihm für ein künftiges, nahes Glück weit aufgetan hatte.
Der Frost des Winters richtet keinen Schaden an, denn das Frühjahr kommt doch. Aber wenn es schon grünt und blüht, und Schnee fällt mitten hinein in die grünende Hoffnung, dann beginnt es allenthalben zu kümmern, und all die kleinen Singvögel, die auf den Frühling bauten und vertrauten, erstarren und erfrieren in ihren Nestern, und im öden Gehölz wird es totenstill.
Der Alte hatte in seinem Herzen ein Freudenfest zugerichtet und wollte dabei schöne Hoffnungen willkommen heißen, und da drängten sich düstere Gestalten herzu, verkehrten alles ins Gegenteil und raubten ihm den einzigen Schatz, den er ein ganzes Leben hindurch fleißig zusammengetragen. Dies war der Schlag, von dem er sich nicht mehr zu erholen vermochte. Nimm einem Geizhals den Schatz, den er sich in

sechzig langen Jahren zusammengescharrt, und du nimmst ihm sein Leben. Und es ist doch nur ein Schatz, den der Rost und die Motten fressen, und was ist dieser Schatz gegen einen ehrlichen Namen?
So war denn der Frau Pastorin kein anderer Trost geblieben als jene Worte, die Franz beim Abschied sprach: er könne warten, und er komme wieder.

Kapitel 33

Das Sieb

Hawermann blieb also für sich allein. Er saß in seinem Zimmer oder ging in den Garten, wenn Frau Pastor Besuch erhielt. Und dies war oft der Fall, denn die eine Hälfte von Rahnstädt glaubte, der anderen Hälfte, die das Haus der Frau Pastor in den Bann getan hatte, einen teuflischen Schabernack zu spielen, wenn sie dort fleißig Besuche machte.

So geschah es denn, daß Rektor Baldrian und Kaufmann Kurz tagtäglich bei der Frau Pastor vorsprachen, denn ihre beiden Frauensleute hatten ihnen zu Hause so eindringlich über Hawermanns Unschuld gepredigt, daß sie ihre Zweifel unmöglich aufrecht erhalten konnten. Von auswärts kam Jung-Jochen oftmals mit seiner Frau und mit Mining herein, und auch Pastor Gottlieb kam mit Lining am Nachmittag. Doch vor allem Bräsig erschien alle naselang und machte Frau Pastors Haus zu einem Taubenschlag, in welchem er in der Unschuld seines Herzens unablässig aus- und einflog, den Kropf randvoll gefüllt mit allerlei Neuigkeiten, die er auf seinen Wegen in Rexow und Pümpelhagen und Gürlitz für seinen alten Freund fleißig aufgesammelt hatte.

Er berichtete ihm, ob der Boden schon trocken war – nämlich fürs Ackern. Doch den Ölzweig hielt Bräsig nicht immerzu im Schnabel. Kam die Rede auf Pomuchelskopp und Axel, dann ließ er ihn in seinem Ingrimm fallen, und aus der Taube ward eine ausgewachsene Krähe. Hatte er sich einmal auf den Weg gemacht, dann ließ er sich auch nicht abweisen und sagte es Hawermann denn auch unentwegt geradezu ins Gesicht: er komme, ihn auf andere Gedanken zu bringen. Und glückte ihm das nicht, dann nahm er es auch nicht übel, kam am nächsten Tage wieder an und wußte wiederum mancherlei von Witterung und Wirtschaft zu erzählen.

Und es war auch mancherlei zu berichten von Witterung und Wirtschaft, in diesem Frühjahr 1846. Der Winter war warm und mild gewesen, und der Frühling kam so zeitig, wie sich dessen die ältesten Leute kaum zu entsinnen vermochten. Im Februar schon begannen Gras und Winterkorn hellauf zu grünen, der Klee schlug aus, der Acker war zu trocken zur Bestellung, und der Landmann schritt sorgenvoll auf ihm einher, ob die Zeit zur Saat schon gekommen sei und ob er Erbsen säen solle oder nicht.

»Korl«, sagte Bräsig, »du sollst sehen, dies wird ne slimme Geschicht. Das Frühjahr ist *zu* schön, und wenn ein Vogel des Morr'ns zu zeitig singt, denn frißt ihn des Abends die Katz. Du sollst sehen, in nen Aust werden uns die Augen snurrig aufgehn. Die schönen Frühjahrs hal der Deuwel!«

Und an Palmsonntag erschien er bei Hawermann in der Tür mit einer aufgeblühten Rapsstaude in der Hand und legte sie vor ihm auf den Tisch: »Da siehst du mir, da hast du mir! Ich hab ihr auf deinen Rapp in Pümpelhagen gepflückt. – Du sollst sehen, Korl, in acht Tagen blühn die Luggerdors. Aber 's is Essig, von oben bis unten voll Käwers!« – »Ih, Zacharies, das haben wir schon oft gehabt, und 's hat doch schönen Raps gegeben.« – »Ja, Korl, die *swarzen*, aber die *grisen* – ich hab dich die Probe zu deiner Unterhaltung mitgebracht« – und damit griff er in die Tasche und holte eine kleine Tüte heraus, aber als er sie aufmachte, war nichts mehr darin.

»Das sag ich man, Korl! Diese ollen tück'schen grisen Käwers sünd solche olle heimliche Hun'n, die gar nich zu berechnen sind, und der Schaden, den sie anstiften, auch nich. Du sollst sehn, Korl, dies ganze Jahr wird en Klackeierkuchen, allens geht aufstunns in die Natur kunträr. – Wo? Sonst Jahrs soll sich an'n Maidag ne Kreih in den Roggen verstechen können? Dies Jahr versticht sich en mastiger Truthahn darin. Nein, Korl, die Welt hat sich umgedreht, und da und dort haben die Pasters schon von der Kanzel gepredigt, daß sich der Mond mang die Sonne und die Erde drängen würd, und daß die Sonne denn zu neg' an die Erde käm und allens versengen müßte, daß dies der Anfang von den jüngsten Tag sei, und daß die Leute nu Buße tun müßten.« – »Ach Gott, Zacharies, das ist ja alles dummes Zeug.« – »Sag ich auch, Korl, und mit die Buße hat das da und dort slecht ausgehau't. Denn zu Lütten-Bibow haben die Tagelöhner die Arbeit niedergelegt und haben ihr bischen Habseligkeiten an die Juden verkauft un saufen nu den ganzen Tag, indem sie ihr Eigentum hier noch verzehren wollen. Mein Gottlieb Paster wollt auch so was vorbringen, ich stach mich aber achter Lining, und die hat's ihm ausgered't. Aber keinen guten Gang geht's nich, Korl.« – »Daß wir eine schlechte Ernte kriegen, glaub ich schon. Aber gestern war Kurz bei mir, der red't ja viel vom schönen Winterkorn, das überall auf den Feldern steht.« – »Korl, ich hätt dir for verständiger taxiert. – Kurz! ich bitt dir: Kurz! Was en solten Hiring bedeuten tut, das versteht er, denn er is en gelernter Kaufmann, aber wenn er Winterkorn taxieren will, denn muß er zeitiger aufstehn, denn dazu gehören Ökonomiker, *gelernte* Ökonomiker.

Und das ist das man, was ich sage, Korl, jedwerein fuschert uns in unsern Kram, un de ollen Städter sünd so klug as de Immen. Ja, wenn einer die Ackerei so pour paster la tante betreibt, daß er sein Vergnügen dran haben will, à la boncoeur! habe nichts dagegen, wenn er aber seinen Vorteil drin sucht – na! – Kurz! In die Syrupstunn un in die Karten kann er kucken, wenn er aber in en Roggenfeld kuckt, denn is es vor seine Augen verborgen.

Aber was ich sagen wollt, Korl, in der zukünftigen Woche ziehe ich mit Sack und Pack zu dir.« – »Nee, Bräsig, nee! Wenn dies ein schlimmes Jahr wird, dann bist du bei den jungen Leuten nötig, und der junge Pastor versteht gewiß noch zu wenig von der Wirtschaft, als daß er dich entbehren könnte.« – »Ja, Korl, dumm is er man noch, un wenn du meinst – denn ich habe mich dir ganz begeben –, denn bleib ich noch bei ihm. Abersten nu adjes! Ich weiß nich, mich is so snurrig in die Mag', ich will doch mal bei die Frau Pastern vorsprechen, was sie nich en lütten Kümmel for mich hat.«

Damit ging er aus der Tür, steckte aber gleich wieder den Kopf herein: »Beinah hätte ich ganz von Pümpelhagen vergessen. Na, das is da ne Wirtschaft aufstunns, da kann sich einer Händ und Füß dran wärmen. Gestern traf ich deinen Triddelfitzen an der Scheid, und obschonst er ein entfamter Windhund is, heulte er beinah: Herr Entspekter, sagt er, sehn Sie, die ganze Nacht lieg ich und laß mir die Wirtschaft durch den Kopf gehen und zerbrech ihn mir in vollständiger Slaflosigkeit, und wenn ich mir allens aufs schönste ausgedacht habe und stelle die Leute des Morr'ns an, sehn Sie, denn kommt der Herr mit dem Arm in der Binde raus und reißt mich die ganze Wirtschaft inzwei, und schickt mich den einen Tagelöhner hierhin un den anderen dahin, daß sie in dem Feld herumlaufen as die Hühner, wenn ihnen der Kopp abgesnitten is, und ich lauf denn achter her, daß ich sie wieder zusammen krig, und habe ich sie wieder auf en Hümpel, denn reißt er sie mich nachmittags wieder auseinander – Korl, dies muß doch ne große Satisfikatschon for dich sein – nämlich daß es ohne dich nich geht.« Damit machte er die Tür zu und ging weg.

Aber nach kurzer Zeit war er schon wieder da: »Korl! was ich noch sagen wollt – die Hälften Pferd in Pümpelhagen sünd müd. Vor ein paar Tag stunn die eine Mergelkul ganz vull – da stunnen die ollen

Mähren denn so andächtig dor, Kopp un Uhren dal, grad as die Bauern in der Kirch. Und das ist nicht von wegen der Vielheit der Arbeit, die sie tun, nein, das is bloß von wegen der Wenigkeit von Futter, was sie kriegen, denn was dein junger Herr war, hat kein Überslägnis über das, was er in den Scheunen hat, und hat über Frühjahr noch drei Last Hawern und zwei Last Erbsen an die Juden verkauft, un nu's sein Kornboden so blank, as hätt ihn der Bull lickt. Un nu muß er selbst Hawern köpen. Aber die armen Schinder, die's Brot verdienen, krigen ihn nicht, das meist krigen die ollen Vollbluttantens, die nichts tun und den lieben Gott den Tag abstehlen. Es ist doch eine große Ungerechtigkeit in der Welt! Na, adjes, Korl!« und jetzt ging er wirklich.

Es war ein trauriges Bild, das Bräsig von den Zuständen in Pümpelhagen gegeben hatte. Doch in Wirklichkeit war es dort noch viel schlechter bestellt, denn von den Einwirkungen, die die ständige Geldnot auf Axels Gemütszustand hatte, sagte er nichts, und gleichwohl war dies das Schlimmste. Ständige Geldverlegenheit macht den Menschen nicht nur unlustig, sie macht ihn auch hart gegen seine Untergebenen, und unser Axel verfiel denn auch in den üblichen Fehler anzunehmen, er komme deshalb auf keinen grünen Zweig, weil es seinen Leuten zu gut ginge, und dies hatte Pomuchelskopp ihm schon immer gesagt. So fing er an, sie hier und dort kürzer zu halten. Und gewann einmal seine angeborene Gutmütigkeit die Oberhand, dann legte er ihnen hier wieder etwas und dort wieder etwas zu, jedoch alles unüberlegt und impulsiv und ohne rechte Art. Zuerst hatten sich seine Leute über sein unsinniges Verfahren beim Wirtschaften lustig gemacht, aber dies ist immer nur der Anfang. Aus der Belustigung wird bald ein Murren, und aus dem Murren werden Vorstellungen und Beschwerden. Unter Hawermanns Regiment hatten die Tagelöhner ihr Getreide und ihre Löhnung immer rechtzeitig erhalten. Nun sollten sie darauf warten, bis etwas da war; das schmeckt bitter. Und wenn sie ihrem Herren mit Beschwerden kamen, dann wurden sie angeschnauzt, und das schmeckt noch bitterer. Unfriede herrschte allenthalben.
Axel tröstete sich mit der neuen Ernte und mit den neuen Einnahmen. Doch leider Gottes hatte Bräsig richtig prophezeit: als die Ernte heranrückte, war es auf den Äckern leer wie der helle Tag, und als sie in die Scheunen eingebracht war, waren die Bansen und Fächer nur halb voll, und die alten, erfahrenen Landleute sagten zu den jungen Anfängern:

»Nehmt euch in acht! Spart in der Zeit, dann habt ihr in der Not! Das Korn, das lohnt nicht.«
Der Rat war gut, aber was konnte er Axel helfen? Er brauchte dringend Geld. Er ließ also im Herbst mit aller Gewalt dreschen, um Saatkorn zu gewinnen und verkaufen zu können. Und verkaufen ließ sich das Getreide zu einem schönen Preis, denn die Kornjuden hatten vorausgesehen, wie es kommen mußte, und kauften auf Spekulation, und auf diese Weise wurde die natürliche Not noch durch eine künstliche vermehrt. Die alten Tagelöhner in Pümpelhagen schüttelten die Köpfe, wenn die Reisewagen mit Roggen vom Hof fuhren: »Was soll das werden! Was soll das werden! Wir behalten ja kein Brotgetreide.« Und die Hausfrauen standen zusammen und rangen die Hände: »Süh, Vaddersching, diese kleinen Hümpel, das sind meine ganzen Kartoffeln, und alle sind krank. Wovon sollen wir im Winter leben?«
Und so wurde die Not allenthalben spürbar. Über das reiche, gesegnete Land war sie hereingebrochen wie der Dieb in der Nacht. Niemand hatte daran gedacht, niemand hatte Vorsorge getroffen, denn niemand vermochte sich dergleichen zu entsinnen. Am ärgsten aber hatte es die kleinen Städte getroffen, und dort wieder war es am schlimmsten bei den kleinen Handwerkern. Für den Arbeiter ward Arbeit beschafft, und die Kinder gingen mit dem Bettelsack von Tür zu Tür, und später wurden Suppenküchen eingerichtet – aber der arme Handwerker? Arbeit hatte er nicht, keiner ließ etwas machen, und das Betteln verstand er nicht, seine Ehre und Reputation ließen dies auch nicht zu.
Ach, ich bin in jenen Tagen einmal zu einer ordentlichen, fleißigen Bürgersfrau in die Stube gekommen. Das Mittagessen stand auf dem Tisch, und die Kinder standen hungrig drum herum. Und als ich eintrat, da warf die Frau ein Tuch über die Schüssel, und als sie hinunterging, um ihren Mann zu rufen, da hob ich das Tuch auf, und was sah ich? – gekochte Kartoffelschalen. Das war ihr Mittagbrot.

In derlei Zeiten sondert unser Herrgott im Himmel die guten Menschen von den schlechten, wie in einem Sieb, damit ein jeder sie deutlich zu unterscheiden vermag. Die guten bewahrt er bei sich, um seine Freude an ihnen zu haben und auf daß sie Frucht tragen sollen. Die schlechten aber läßt er durchs Sieb fallen, zusammen mit allerlei Unkraut wie Schwindelhafer, Tremse und Kornrade – das sind ihre ungerechten Wünsche, ihre schnöden Pläne, ihre schlechten Gesinnungen. Und wenn sie ausgesät werden, damit sie Frucht tragen sollen, dann schießt dies

Unkraut in die Höhe. Vor der Welt gibt es freilich ein stolzes Blühen, doch wenn die Ernte kommt und die Sense durchs Feld geht, dann wiegt dieser Same leicht, und der Herr wendet sich ab von diesem Acker, denn es steht geschrieben: »An ihren Früchten sollt ihr sie erkennen.«

Manch einer nahm sich dieser Not an und gab trotz eigener Verlegenheit mit vollen Händen. Der Landrat von Oe . . ., der Kammerherr von E . . ., der Pächter H . . ., auch unser alter Moses und noch manch anderer blieben in ihres Herrgotts Sieb und trugen reiche Furcht in diesen schlimmen Zeiten. Pomuchelskopp aber fiel durchs Sieb, und mit ihm Schlitzohr und David. Inmitten ihres Schwindelhafers und ihrer Kornrade saßen sie beisammen zu Gürlitz im Herrenhause und heckten ihre Pläne aus, wie sie ihre Schweine am Unglück, das das Land getroffen, mästen könnten. Und David und Schlitzohr wußten es ganz genau, wie man es anfangen müsse. Hätten sie nur genug Geld beisammen, dann wollten sie es an die Bedrückten und Bedrängten, an die Hungrigen und Frierenden zu hohen Zinsen ausleihen. Doch das Kapital, über das sie im Augenblick verfügten, hatten sie schon ganz und gar in ihr gebräuchliches sauberes Geschäft gesteckt. Und nun gingen sie den Herrn Rittergutsbesitzer an, er solle Geld dazu herausrücken, er werde an dem schönen Verdienst auch beteiligt werden. Dies aber wollte der vorsichtige Herr nicht, es komme zu leicht unter die Leute und könne seinen Ruf schädigen. Er beteuerte also, er habe nichts, und was er habe, das müsse er behalten, um sein Vieh und seine Leute durchzubringen.

»Mit dem Vieh«, sagte Schlitzohr anzüglich, »das will ich zugeben, aber mit den Leuten? Tun Sie mir den Gefallen und verstellen Sie sich nicht! Ihre Leute schnorren doch schon im ganzen Land herum, und eben, als wir vorm Pastorhaus vorbeifuhren, da standen Ihre Hausfrauen und die Kinder dazu auf dem Hof bei dem frommen Pastor, und Ihr alter Freund Bräsig stand neben zwei großen Eimern mit Erbsensuppe, und die junge Frau Pastor schöpfte sie in die Henkeltöpfe.« – »Lassen Sie sie doch! Lassen Sie sich doch!« sagte Pomuchelskopp, »ich will keinen an guten Werken hindern. *Die* mögen es wohl dazu haben, ich habs nicht, und Geld habe ich auch nicht.«

»Sie haben aber die Pümpelhäger Wechsels«, sagte David. – »Je, meinen Sie, daß der bezahlen kann? Der hat noch weniger vorgebaut als wir andern alle, und das bißchen hat er schon ausgedroschen und verkauft.« – »Das ist es ja gerade«, sagte Schlitzohr, »jetzt ist es Zeit.

So eine schöne Gelegenheit kommt so leicht nicht wieder, und er kanns Ihnen nicht einmal übelnehmen, denn Sie sind ja selber in Verlegenheit und haben die Wechsel an mich und David verkaufen müssen. Nu machen Sie weiter keine Sperenzien, schütteln Sie jetzt den Baum, jetzt sind die Pflaumen reif.«
»Wie hoch is de Masumm?« fragte David. – »Je«, sagte Pomuchelskopp, ging an seinen Schrank und kratzte sich hinter den Ohren, »Wechsel habe ich hier über elftausend Taler.« – »Ach, Unsinn!« sagte Schlitzohr, »das muß ja mehr sein.« – »Nee, mehr ist es nicht. Achttausend hab ich von vor anderthalb Jahren, als er mich darum bat, sie aufs Gut eintragen zu lassen.« – »Denn haben Sie nen dummen Streich gemacht, die müssen Sie erst kündigen und denn können Sie noch lange klagen«, sagte der Notar, »aber schad't nicht! Geben Sie die elftausend man her, mit denen können wir ihn in diesen schönen Zeiten ganz schön ängstigen.« – Muchel wollte erst noch nicht so recht an die Sache heran, aber Hühnchen erschien in der Tür, und deren Absichten kannte er recht genau. Er gab die Wechsel also an Schlitzohr und David.

Nun begann in Pümpelhagen wieder das alte Spiel. Schlitzohr und David erschienen und machten Axel die Hölle heiß. Sie faßten ihn aber diesmal schärfer an, und von Prolongieren war nicht mehr die Rede. Er solle und müsse bezahlen. Und er besaß keinen Schilling, hatte nicht einmal die Aussicht, von irgendwoher Geld zu erhalten. Dies war so unvermutet über ihn gekommen wie Nikodemus in der Nacht, und zum erstenmal stieg eine dunkle Ahnung in ihm auf, dies könne ein abgekartetes Spiel sein – als sei sein freundlicher Nachbar in Gürlitz die eigentliche Ursache seiner Verlegenheit und als müsse er damit eine bestimmte Absicht verfolgen, wenn er die Wechsel durch diese beiden Halunken einkassieren ließ. Welche allerdings, das blieb ihm verborgen. Aber was half ihm das Denken und Grübeln, er mußte das Geld haben. Und von wem? Er wußte niemanden. Und trotz des Verdachts, der in ihm aufgestiegen war, kehrten seine Gedanken immer wieder zu seinem Nachbarn Pomuchelskopp zurück. Der mußte helfen, wer sonst? Er setzte sich aufs Pferd und ritt zu ihm hinüber.
Muchel empfing ihn ungeheuer freundlich, richtig herzlich, als müßten die schlimmen Zeiten Nachbarsleute enger zusammenbringen und einer dem anderen in solcher Notzeit getreulich Beistand leisten. Er stöhnte

lange Enden von seiner schlechten Ernte und klagte Stein und Bein über seine Geldverlegenheiten, so daß Axel anfänglich nicht einmal mit seinem Anliegen herausrücken konnte und sich über sich selbst fast schämte, an den Mann, der in solch schlimmer Lage war, auch noch mit seiner Bitte heranzutreten. Aber Not bricht Eisen. Schließlich fragte er ihn geradeheraus, warum er ihm das angetan habe, seine Wechsel den beiden Blutsaugern zu übergeben. Und Pomuchel faltete die Hände über dem Magen, blickte dem jungen Menschen fast tränenden Auges ins Gesicht und beteuerte: »Ach, Herr von Rambow, in der großen Not. Sehn Sie!« und er schloß seinen Schrank auf und zeigte eine Schublade, in der einige hundert Taler liegen mochten, »sehn Sie, das ist alles, was ich habe, und ich muß doch für meine Leute und mein Vieh sorgen, und da dachte ich, Sie würden vielleicht überflüssiges Geld liegen haben.« – Aber, fragte Axel, warum er sich denn nicht an ihn selbst gewandt habe? – »Das ist mir zuwider«, entgegnete Muchel, »Sie kennen den Spruch: Geld verbindet Fremde und scheidet Freunde, und wir sind doch so gute Freunde.« – Ja, es sei wohl an dem, stimmte Axel zu, aber diese beiden hätten ihn so abscheulich gedrängt, und er sei in der schrecklichsten Verlegenheit. – »Das haben sie getan?« rief Pomuchelskopp aus. »Das sollen sie aber nicht! Ich habs ihnen zur Bedingung gemacht, mein lieber Herr Nachbar soll nicht gedrängt werden. Sie werden schon prolongieren – das kost't Ihnen vielleicht ne Kleinigkeit, aber darauf kanns unter solchen Umständen nicht ankommen.«
Dies wußte Axel auch, aber so leicht ließ er sich diesmal nicht abfertigen, dazu war seine Lage zu prekär. Er faßte noch einmal nach und flehte ihn an um Himmel und Erde, wenn der Herr Gutsbesitzer kein Geld habe, dann möge er ihm mit seinem Kredit aushelfen. »Lieber Gott, gern«, sagte Muchel, »aber bei wem? Wer hat jetzt Geld?« – Ob Moses nicht helfen könne, fragte Axel. – »Den kenne ich gar nicht«, war die Antwort, »ich habe nie Geschäfte mit ihm gemacht. Ihr Herr Vater stand ja mit ihm in Verbindung, und Sie selbst kennen ihn ja. Ja, wenden Sie sich doch mal an den.« Dies war der letzte Trost, den Axel erhielt. Glatt wie ein Aal hatte sich der feiste Gutsbesitzer aus seinen Fingern gewunden, und als Axel zu Pferde saß und nach Hause ritt, war es draußen bereits dunkel, aber in seinem Innern sah es noch weitaus dunkler aus.

David und Schlitzohr erschienen aufs neue. Sie nahmen ihn aufs unverschämteste in die Zange, und was er auch von Pomuchelskopps nachsichtigen Bedingungen vorbrachte, sie wollten davon nichts wissen, sie wollten nichts weiter als Geld.

Er reiste hierhin und dorthin, er klopfte hier an und dort an, aber es war überall nichts, es war nirgends etwas zu machen. Und verängstigt, müde und zerquält kam er wieder nach Hause. Und da trafen ihn dann die stillen Blicke seiner Frau, die deutlich genug verrieten, daß sie alles ahnte. Doch ihr Mund schwieg, und ihre Lippen preßten sich zusammen, als solle ein schönes Buch, in dem so manches Trostwort zu finden wäre, ihm für immer verschlossen bleiben. Seit damals, als Hawermann auf solch schändliche Weise entfernt worden war, und seit sie erfahren, welch großes Unrecht sie ihrem Mann zuliebe Hawermann angetan, hatte sie nicht mehr mit Axel über seine Angelegenheiten gesprochen. Helfen konnte sie ihm doch nicht, und derart gab sie ihm zumindest keine Gelegenheit, sich selber und anderen mit neuen Unaufrichtigkeiten etwas vorzugaukeln. Doch diesmal war er offensichtlich in allzu großer Unruhe, und sein unstetes, bedrücktes, fahriges Verhalten offenbarte seine Notlage deutlicher als je zuvor. Als sie an einem dieser Abende zu Bette ging, blickte sie lange auf ihr Kind. Da fuhr es ihr durchs Herz: er ist ja doch der Vater des Liebsten, das ich auf Erden habe. Und es jammerte sie seiner, so daß sie bitterlich um ihn weinen mußte und sich vornahm, sie wolle am nächsten Morgen freundlich mit ihm reden und willig ihren Teil seiner selbstverschuldeten Last auf sich nehmen.

Am nächsten Morgen aber kam Axel pfeifend und singend die Treppe hinunter, rief nach Triddelfitz, gab ihm Anweisungen und rief nach Krischan Degel, er solle anspannen und sich auf mehrere Tage einrichten. Er betrat das Zimmer seiner Frau mit einer Miene, der nichts von Beunruhigung, wohl aber von Selbstgewißheit abzulesen war, so daß sie unsicher wurde und mit ihrem Vorhaben zurückhielt. »Du willst verreisen?« fragte sie. – »Ja, ich habe eine Geschäftsreise vor und werde wahrscheinlich auch nach Schwerin kommen. Hast du was an die Schwestern zu bestellen?« – Sie hatte nur Grüße mitzugeben, und recht bald sagte Axel ihr Adieu, stieg auf den Wagen und fuhr nach Schwerin.

Er hatte seiner Frau wieder einmal nur die halbe Wahrheit gesagt. Er hatte keine andere Geschäftsreise vor als nur nach Schwerin zu seinen Schwestern. In der Nacht war es ihm eingefallen: seine Schwestern besaßen ja etwas. Sein Vater hatte ihnen ein kleines Haus mit einem Garten hinterlassen und fünfzehntausend Taler ausgesetzt. Das Kapital stand zu viereinhalb Prozent, und davon lebten sie, freilich nur in bescheidenen Umständen, aber der Kammerrat hatte es nicht anders einrichten können und darauf gerechnet, daß die Schwäger und vor allem Axel ihnen später ein wenig unter die Arme greifen würden. Dies Kapital war Axel nun in der Nacht eingefallen, das konnte er durchaus brauchen, das konnte ihm gerade helfen, und er könnte es ihnen ebenso gut verzinsen wie fremde Menschen. Aber er wollte ihnen dann volle 5 Prozent geben, und wenn das Kapital im Augenblick auch festgelegt war, so mußte es doch mit dem Teufel zugehen, wenn es nicht zu kündigen wäre, und sollte es ihn auch etwas kosten. Diese Aussicht hatte ihn so aufgemuntert.

Als der junge Herr nach Schwerin kam, seinen Schwestern sein Anliegen vorbrachte und über das schlechte Jahr klagte, da waren die guten armen Seelen von Mitleid überwältigt und versuchten ihn zu trösten, als habe sich die ganze Welt an ihm vergangen. Als Albertine, die als die Klügste galt und die Geldangelegenheiten zu besorgen hatte, ganz vorsichtig von Sicherstellung zu reden anfing, da fielen die beiden anderen, vor allem Fidelia, ihr ins Wort: das sei engherzig, ihr Bruder sei in Not und dies seien jetzt viele Landwirte, und ihr Bruder sei ihr Stolz und ihr einziger Halt, dies habe ihr seliger Vater noch kurz vor seinem Ende gesagt. Und als Axel nun versprach, das Geld auf das Gut eintragen zu lassen, da begab sich auch Albertine, und große Freude kehrte bei den guten alten Mädchen ein, daß sie ihrem lieben Bruder helfen konnten. Auch mit der Kündigung des Geldes hatte er Glück. Ein paar Juden waren dazu nötig, und *die* fand er. Und ein bißchen viel Verlust gehörte auch dazu, und das nahm er auf sich. Den trug *er* natürlich. Seinen guten Schwestern sollten ihre fünfzehntausend Taler voll verbleiben, und es sollten ihnen von nun an auch noch fünf Prozent Zinsen zufließen.

In der Woche nach Neujahr 1847 kam er recht vergnügt nach Hause, und ein paar Tage darauf, als David und Schlitzohr wieder eintrafen und ihm kräftig zusetzen wollten, da zählte er ihnen das Geld auf den Tisch, bat sich seine Wechsel aus, machte ihren langen Gesichtern eine Verbeugung, die sich beide in die Worte übersetzten: »Meine Herren, scheren Sie sich.«

»Was ist denn da los?« fragte Schlitzohr, als sie auf dem Wagen saßen.

– »Gott bestraf mich!« rief David, »er hat Geld. – Haben Sie gesehen? Hat er noch gehabt ne ganze Paket von de Kassenscheins.« – »Ja, aber wo zum Donnerwetter er's wohl her hat?« – »Na, woll'n mal Zodick fragen.« – Zodick war ein armer Vetter von David, den er immer als Kutscher mitnahm, dessen eigentliches Geschäft aber darin bestand, die Leute auf den Gütern auszuhorchen. »Zodick, hast de gesehn, hast de gehört, wo er ist gewesen hin?« – »Nu, nach Schwerin ist er gewesen, hat der Kutscher gesagt.« – »Nach Schwerin? Was tut er mit Schwerin?« – »Hat er geholt das Geld«, sagte Zodick. – »Aus Schwerin? Hab ich doch immer gesagt zu meinem Vater: die Edelleut stehen sich einander bei. Hat er's doch gewiß von dem raichen, von dem Vetter.« – »So?« fragte Schlitzohr, holte ein Paket der Kassenanweisungen aus der Tasche und hielt es David unter die Nase: »Da, riech dran! Riecht das nach Edelleuten? Das riecht nach Knoblauch. Von euch verdammten Juden hat er's. Aber das ist egal. Wir müssen zu Pomuchelskopp. Hahaha! Wie das alte brummige Biest darüber vor Ärger in die Luft gehn wird.«

Und darin hatte er recht. Pomuchel geriet aus Rand und Band, als er hörte, daß ihm der Anschlag nicht gelungen war: »Das hab ich doch gesagt, das hab ich doch gesagt, es war noch nicht soweit! Aber Hühnchen, Hühnchen! Ihr habt mich so gedrängt!« – »Du büst en Schapskopp!« gab Hühnchen zurück und verließ das Zimmer. – »Nu man frisch nachgefaßt!« sagte Schlitzohr, »nu hilft das nicht, nu kündigen Sie ihm mal zu Johanni die achttausend, die Sie haben eintragen lassen.« – »Nee, nee«, weimerte Pomuchelskopp in der Stube herum, »das ist der einzigste Fuß, den ich auf das schöne Gut gesetzt habe. Wenn er mich nu auszahlt, denn bün ich ja um alle meine Pött.

Und er hatte noch mehr Geld?« fragte er David. – »Er hatt noch ne große Paket un ne klaine Paket.« – »Na«, warf Schlitzohr ein, »Sie haben Ihren Willen gehabt wie der Hund, der in den Brunnen fiel. Aber das will ich meinen, er müßte doch ganz und gar mit dem Dummbeutel bekloppt sein, wenn er auch jetzt noch nicht Lunte riecht, daß *Sie* hinter dem Kram stecken. Und wenn er erst Mäuse merkt, denn ist es ganz egal, ob Sie ihm jetzt kündigen oder nach ein paar Jahren.« – »Kinnings, Kinnings«, rief der alte ehrwürdige Gesetzgeber und stampfte und keuchte wie eine Dampfmaschine in der Stube auf und ab, »wenn er's auch wirklich merken täte, er kann mich ja doch nicht missen, ich bün ja sein einzigster Freund, der ihm helfen kann.« – »Na, denn helfen Sie ihm nicht. Johanni ist die beste Zeit, denn hat er keine Einnahme.« – »Wie soll er nicht, er hat ja das Wollgeld und das Rapsgeld.« – »Ach, du lieber Gott! und denn hat er Zinsen zu bezahlen, und das meiste wird wohl wieder im voraus weg sein.« – »Nee, das kann ich nicht, das kann ich nicht. Den Fuß, den ich einmal auf das Gut gesetzt habe, den kann ich nicht wieder zurückziehn«, und dabei blieb unser alter Menschenfreund.

»Es ist ein wahrer Jammer mit einem Menschen«, bemerkte der Herr Notar, als sie nach Hause fuhren, »der was durchsetzen will und denn sich vor den Mitteln scheut. Passen Sie auf, unsere schönen Geschäfte in Pümpelhagen sind zu Ende. Hätt ich bloß mit der Alten zu tun statt mit ihm, die Alte zieht mit.« – »Ne gewaltsame, grausam gescheute Frau«, warf David ein. – »Je, es hilft uns man nicht, unsre Milchkuh in Pümpelhagen steht trocken. Und es würde doch schön noch alles laufen, wenn Sie man nicht so ein Döskopp wären, David. Was? Sie sollten Ihren Alten nicht dazu kriegen können, daß er seine siebentausend Taler kündigt? Denn könnten wir beide schön wieder melken.«

»Gott, du gerechter!« rief David, »er tut's nich. Da geht er hin zu den alten Hawermann, und da sitzen sie, und da reden sie, und wenn ich sag: ›Tatterleben, kündig‹, dann sagt er: ›kündig du dein Geld, ich kündige mein‹.« – »Denn ist er ja schon kindisch, und ein Mensch, der so weit ist und seinen Vorteil nicht mehr wahrnimmt, muß unter Kuratel gestellt werden.« – »Na, wissen Sie – ich hab schon daran gedacht. Aber wissen Sie – es is so – na, so – so –, un denn wissen Sie: der Vater is ßu klug.«

Kapitel 34

Die Frösche

Axel brachte sich mit dem Überschuß vom Gelde seiner Schwestern so leidlich durchs Frühjahr und den halben Sommer des Jahres 1847. Als er schließlich mit seinem Geldbeutel doch wieder ins Hintertreffen geriet, verkaufte er lieber seine Wolle im voraus, als daß er sich an seinen getreuen alten Nachbarn gewandt hätte. Er sah, wie aus allem doch zuletzt immer wieder Pomuchelskopps feiste Finger zum Vorschein kamen, und in ihm verstärkte sich der Verdacht immer mehr, daß er als Schaf geschoren worden war und sein lieber, alter Nachbar die Wolle beiseite geschafft hatte. Doch was dessen eigentliche Absicht dabei war, darauf konnte er unmöglich verfallen.

Sein Verhältnis zu Pomuchelskopp kühlte sich immer mehr ab. Er besuchte ihn nicht mehr, er ging hinten durch den Garten feldein, wenn er aus seinem Fenster den Herrn Gutsbesitzer zu Besuch kommen sah, und seine Frau freute sich insgeheim über diese Wandlung.

Wir könnten uns ebenfalls freuen, sofern er dabei mit Verstand und Überlegung vorgegangen wäre und mit kühlem Kopf sich losgesagt hätte. So aber steigerte er sich in seinen Widerwillen gegen Pomuchelskopp derart hinein, daß er sich einbildete, seinen Anblick nicht mehr ertragen zu können. Und als sich am dritten Ort, beim Patriotischen Verein in Rahnstädt, einmal die Gelegenheit ergab, da ließ er den Herrn Gutsbesitzer, der sich freundschaftlich an ihn herandrängeln wollte, nicht nur aufs schnödeste abfahren, sondern er beleidigte ihn noch überdies aufs empfindlichste. Er führte derart spitze Reden, daß alle Anwesenden sich seitdem den richtigen Vers auf Pomuchelskopps Geldgeschäfte zu machen wußten. Dies war freilich, wenn auch ehrlich, so doch wieder geradezu dumm. Er schuldete Pomuchelskopp immerhin achttausend Taler, die er für ihn nicht bereitliegen hatte, und hätte er den Herrn Gutsbesitzer so gut gekannt, wie er behauptete, dann hätte er auch wissen müssen, was daraus für ihn entstehen konnte. Pomuchelskopp wußte allerhand Grobheiten zu vertragen, dies aber, zudem in Gegenwart zahlreicher Landleute, war ihm denn doch zu arg, und seine Rache lag für ihn zu leicht bei der Hand, um sie nicht in Gang zu bringen. Er schwieg dazu, stand auf und ging zum Notar Schlitzohr hinüber: »Kündigen Sie an Johanni doch mal dem

Herrn von Rambow zu Antoni meine achttausend Taler. Ich weiß nu, woran ich bin. In die Finger kriegen wir ihn doch nicht wieder. Jetzt soll er mir dafür aber zappeln.« – »Wenn Moses doch jetzt auch kündigte!« bemerkte Schlitzohr. Und dieser fromme Wunsch sollte ihm auch erfüllt werden, wenngleich später.

Bei Jung-Jochen war ebenfalls eine Veränderung eingetreten, die, mit Ausnahme von Frau Nüßler, kein Mensch erwartet hatte. Die freilich hatte schon immer geahnt, daß es mit Jochen einmal ein schlechtes Ende nehmen und daß er schließlich von keinem Menschen mehr sich etwas sagen lassen würde. Und diese Zeit war nun gekommen. Jochen hatte seit Anbeginn alljährlich etwas Geld zurückgelegt, anfänglich freilich nur ein paar hundert Taler, doch dann waren aus den hunderten allmählich tausende geworden. Obwohl er seine Geldangelegenheiten nicht einmal selber besorgte, so hatte ihm doch seine liebe Frau alle Neujahrsmorgen getreulich berichtet, wieviel das Jahr eingebracht hatte, und seine Seele hatte sich dessen erfreut, wiewohl er nicht so recht wußte, weshalb eigentlich. Doch in den langen Jahren war es ihm nun einmal zur lieben Gewohnheit geworden, und Gewohnheit und Leben waren für Jochen so ziemlich ein- und dasselbe.
Als nun das böse Jahr gekommen war, sagte Frau Nüßler im Herbst zu Jochen: »Dies wird ein schlimmes Jahr, du sollst sehn, wir müssen Kapital aufnehmen«. – »Mudding«, bemerkte Jochen und blickte ihr höchst überrascht ins Gesicht, »du wirst doch wohl nicht!«
An diesem Neujahrmorgen aber kam seine liebe Frau mit der Nachricht, sie habe in diesem Jahr tatsächlich dreitausend Taler aufgenommen, und gebe Gott, daß sie damit auskämen. »Wir können unsere Leute und unser Vieh doch nicht hungern lassen«, setzte sie hinzu. Jochen sprang pfeilgerad in die Höhe, was sonst nicht seine Art war, trat Bauschan auf die Zehen, was sonst ebenfalls nicht seine Art war, sah seiner Frau benommen ins Gesicht, bemerkte jedoch nichts, wie es auch sonst meist seine Art war, und ging stumm aus der Tür. Bauschan hinkte hinter ihm her.
Die Mittagsstunde kam heran, Jochen erschien nicht. Das gute Rippspeer stand auf dem Tisch, aber Jochen blieb verschwunden. Seine Frau rief ihn, er antwortete nicht, sie suchte ihn, fand ihn jedoch nicht. Er stand nämlich im dunklen Stall, in der einen Hand den Eimer mit der Wagenschmiere, in der anderen den Teerpinsel, und malte Kreuze auf sein Vieh; Bauschan war an seiner Seite. Schließlich, nach großer

Unruhe und langem Suchen, traf ihn seine Frau bei dieser Beschäftigung an: »Mein Gott, Jochen, was kommst du denn nicht zu Mittag?« – »Mudding, ich hab noch keine Zeit.« – »Was machst du denn hier im Stall mit dem Teereimer?« – »Ich zeichne mir die Kühe aus, die wir verkaufen müssen.« – »Gott du bewahre!« rief Frau Nüßler und riß ihm den Pinsel mit der Wagenschmiere aus der Hand, »was soll das heißen? – meine besten Milchkühe!« – »Mudding«, entgegnete Jochen gelassen, »wir müssen von unseren Leuten und unseren Kühen welche abschaffen, sie fressen uns Nase und Ohren auf.«

Und es war noch ein Glück, daß er zu allererst auf die Kühe und nicht auf die Leute verfallen war, sonst hätten seine Knechte und Mägde vielleicht an diesem Neujahrstag alle mit einem Teerkreuz auf dem Rücken herumlaufen müssen. Doch hier zeigte Jochen sich nun vollends störrisch wie ein widerspenstiger Ochse: er wolle nicht mehr wirtschaften, und er könne nicht mehr wirtschaften, Rudolf solle kommen und solle Mining heiraten und solle die Wirtschaft übernehmen. Da Frau Nüßler mit ihm nichts anzustellen vermochte, mußte sie Bräsig zu sich bitten lassen.

Mining, die ihrerseits genug mitangehört hatte, schlich sich in ihre Giebelstube hinauf, griff sich mit beiden Händen ans Herz und sagte sich insgeheim: dies sei ja auch Unrecht. Warum solle ihr Vater denn nicht seine Ruhe haben, und warum solle Rudolf denn nicht wirtschaften? Er konnte es doch, das hatte Hilgendorff doch eigenhändig geschrieben. Und wenn nun Unkel Bräsig in dieser Sache gegen sie sei, dann wolle sie es ihm mal ordentlich geben, dann wolle sie nicht mehr sein Patenkind sein.

Als Bräsig nun gekommen und die Sache ihm berichtet worden war, stellte er sich vor Jung-Jochen in Positur, die Beine ganz unmäßig auswärts verdreht, und sprach auf ihn ein: »Was machst du aber auch, Jung-Jochen? Malst deine Küh an den heiligen Nijohrsmorgen mit Teerkreuzen an? Und willst deine Frau ihre besten Milchgeber verkaufen? Und willst nich mehr wirtschaften?« – »Bräsig, Rudolf kann wirtschaften. Warum soll Mining nich heiraten, wenn Lining geheiratet hat. Is Mining schlechter?« Dabei blickte er von der Seite auf Bauschan, Bauschan schüttelte den Kopf. – »Jochen«, sagte Bräsig, »allens, wat recht is! Du hast eben in deine Dämlichkeit ein sehr kluges Wort gesprochen« – Jochen sah hoch – »nein, Jochen, es soll keine Lobeserhebung for dich sein, es is man, weil es in meinen Ansichten paßt, denn ich bin auch die Meinung, daß Rudolf hier wirtschaften

muß. – Still, Madam Nüßlern!« rief er, »kommen Sie hier mal her.«
Und damit zog er Frau Nüßler in die Nebenstube und setzte ihr auseinander: bis Ostern bleibe er noch bei Pastor Gottlieb, und bis dahin könne er hier noch nach dem rechten sehen. Aber von Ostern an müsse Rudolf hier wirtschaften, »und das wird for Sie gut sein«, fügte er hinzu, »denn er wird Ihnen keine Kreuzen auf die Küh malen, un for ihn wird's auch gut sein, er wird sich so bei lütten in de Wirtschaft hineinfinden, und zu Ostern übers Jahr muß dann die erfreuliche Hochzeit sein.« – »Herre Jesus, nee, Bräsig, das geht nich! Wie können Mining und Rudolf denn zusammen in einem Haus wohnen? Was würden die Leute wohl dazu sagen?« – »Madam Nüßlern, das weiß ich, in Brautschaften taxieren die Menschen ihre Mitmenschen slecht, das weiß ich, als ich damals die dreie – je, was wollt ich sagen? Na, Mining kann ja zu Pastor Gottliebs ziehen, zu Ostern zieh ich nach Rahnstädt zu Hawermannen, un denn is meine Stube leer.« – »Ja, das ginge«, sagte Frau Nüßler. Und nun war alles in Ordnung.

Zu Ostern kam Rudolf. Doch Mining mußte fort. Und als sie mit Sack und Pack auf dem Wagen saß, da trocknete sie sich die Tränen aus den Augen und hielt sich für das unglücklichste Wesen auf der ganzen weiten Welt, weil ihre liebe Mutter sie aus ihrem Elternhause zu fremden Leuten – womit sie ihre Schwester Lining meinte – verstieß, und dies ohne alle Ursache. Und sie ballte richtig ihre kleine Faust, als sie an Bräsig dachte, denn ihrer Mutter war es entfahren: Bräsig habe es so für gut befunden. »Ja«, rief sie, »und nun soll ich in seine Stube hinein, die er mit Tabak so eingeräuchert hat, daß man seinen Namen mit dem Finger an die Wände schreiben kann!«
Doch was machte sie für Augen, als sie diese Stube betrat, was machte sie für Augen! Mitten im Zimmer stand ein Tisch mit einer weißen Decke darauf, und auf ihm prangte in einer hübschen Glasvase ein großer Blumenstrauß, wie die Jahreszeit ihn bot, mit Schneeglöckchen, Leberblümchen, gelben Narzissen und Hyazinthen, und darunter lag ein Brief an Mining Nüßler von Unkel Bräsigs eigener Hand. Und als sie ihn aufmachte, da erschrak sie richtig, denn es waren Verse, und es war das erstemal, daß sie es persönlich mit Versen zu tun bekam. Unkel Bräsig hatte von Zimmerling Schulz einen alten Zimmermannsspruch übernommen, den für seine Stube paßgerecht adap-

tiert und zuletzt noch selber einen Streifen Trostlied hintangedichtet, und *so* lautete der Brief:

Meine liebe Pät!
Die Stub is mein,
Un doch nich mein,
Der vor mich war
Dacht auch 's wir sein.
Er gung hinaus,
Ich gung hinein;
Und bin ich fort,
Wird's auch so sein.
Ja, Scheiden und Meiden tut weih,
Aber'n Jahr is bald vorbei,
Setz *du* dich hier getrost hinein,
Denn übers Jahr wird Hochzeit sein.

Mining errötete wohl ein bißchen beim Gedanken an die Hochzeit, fiel aber ihrer Schwester Lining lachend um den Hals und schalt auf Bräsig. Doch in ihrem Herzen versprach sie ihm einen freundlichen Kuß. Und so war Mining jetzt hier, Rudolf war in Rexow, Bräsig bei der Frau Pastor und Hawermann in Rahnstädt.

Mit Hawermann hatte sich kaum etwas geändert. Er blieb für sich, obwohl viele sich um ihn bemühten. Der Rektor hielt ihm ab und an eine kleine Rede, Kurz verwickelte ihn in ein ökonomisches Gespräch, und auch Moses humpelte zuweilen die Treppe hinauf und unterhielt sich mit ihm von alten Zeiten und fragte ihn um Rat bei seinen Geschäften. Doch das alles vermochte den Alten nicht aufzumuntern. Er quälte sich Tag und Nacht ab in Gedanken an sein Kind und mit der weitläufigen Hoffnung, der Tagelöhner Regel werde doch einmal wiederkommen und ihn durch ein aufrichtiges Geständnis vom schmählichen Verdacht reinigen. Schreiben hatte der Tagelöhner öfters lassen und hatte an Frau und Kinder auch Geld geschickt; er selber wollte sich aber nicht zeigen.

Die kleine Frau Pastor befürchtete insgeheim, bei ihrem alten Freunde könnten sich die Wahnvorstellungen festsetzen, und sie dankte ihrem Schöpfer, als Bräsig endlich zu ihr zog: Bräsig würde sicher helfen können. Und Bräsig wollte dies auch, und wenn überhaupt jemand, dann war er der Mann dazu. In seiner unsteten und dabei gutherzigen Art ließ er seinem Karl keine Ruhe: Karl mußte dies tun und das tun, er mußte mit ihm spazierengehen, er mußte sich all die kuriosen Bücher vorlesen lassen, die Bräsig sich aus der Rahnstädter Leihbibliothek holte. Und wenn das alles nichts half, dann versteifte sich Bräsig auf die verrücktesten Behauptungen und Ansichten, um Karl zum Widerspruch zu zwingen und ihn in eine freundschaftliche Plänkelei zu verwickeln. Auf diese Weise wurde es wirklich besser mit Hawermann, doch sobald von Pümpelhagen oder von Franz die Rede war, dann war es vorbei, und der böse Geist kam wieder über ihn.

Um Luise stand es viel besser. Sie war keine der Frauen, die da glauben, wenn ihre Liebe zu Schaden gekommen ist, so müßten sie ihr Leben lang daran tragen und der Welt auch von außen durch ein mattes, schlaffes Gehabe zeigen, wie krank ihr Herz ist, daß nur der Tod sie zu erlösen vermag und daß sie auf der Welt zu gar nichts mehr zu gebrauchen sind. Zu dieser Sorte gehörte sie keineswegs. In ihr waren Kraft und Mut, für sich allein ein großes Unglück zu ertragen, das Mitleid der Welt brauchte sie nicht. Tief, tief unten, auf dem Grund ihres Herzens, lag ihre Liebe wie lauteres Gold, und keinem gönnte sie den Anblick. Für die Welt draußen blieb sogar sein bloßer Glanz verborgen. Und wenn sie in stillen Stunden hinabstieg zu ihrem Hort und davon etwas mit sich nahm, dann münzte sie es um in Kleingeld für den Tag und spendete hier und dort all jenen, mit denen sie umging. *Dieser* Liebe wurde die Welt ansichtig, der *anderen* nicht. Und wenn unser Herrgott sieht, daß ein Herz tapfer gegen das Unglück angeht und danach trachtet, gleichwohl Gutes zu wirken und zu schaffen, dann hilft er weiter und schickt manchen Zufall zu Hilfe, dessen niemand gedacht. Zufall nennen es die Menschen, aber wenn man richtig hinblickt, dann ist dieser Zufall die Folge von vielen anderen Zufälligkeiten, deren eigentliche Ursache uns verborgen bleibt.

Solch Zufall sollte Luise im Frühjahr nach dem Femegericht der Damen widerfahren. Sie kam von Lining aus Gürlitz zurück und schritt zwischen den Rahnstädter Gärten einen Fußpfad entlang, als sich eine Gartenpforte öffnete und daraus ein zierliches, hübsches Mädchen ihr entgegentrat, rot übergossen, in der Hand einen Strauß von Fliederblüten, Tulpen und Narzissen. »Ach, nehmen Sie«, sprach der kleine Assessor – denn er war es –, und als Luise ein wenig verwundert dastand, als wisse sie nicht, wie sie dazu komme, da liefen dem kleinen Assessor die Tränen die Backen herab. Sie hielt sich die Hand vor die Augen und sagte: »Ich wollt Ihnen so gerne eine Freude machen.« Und dies klang weich und warmherzig. Luise schlang den

Arm um sie und küßte den kleinen Assessor, und der zog sie in den Garten hinein zur Laube. Dort setzten sie sich unter den blühenden Flieder, und Luise schloß mit dem unschuldigen jungen Mädchen eine herzliche Freundschaft, denn aus der Glut, die die Liebe zurückläßt, entfacht sich leicht die Wärme der Freundschaft. Und von da an war der kleine Assessor täglicher Gast bei der Frau Pastorin, und alle im Hause freuten sich, wenn sie kam. Sobald Hawermann den ersten Ton auf Frau Pastors altehrwürdigem Klavizimbel vernahm, stieg er die Treppe hinunter, setzte sich in eine Ecke und hörte zu, wie schön der kleine Assessor sogar noch auf diesem uralten Instrument zu spielen vermochte. Und hatte sie geendet, so kam die Frau Pastor auf ihre Rechnung, denn der kleine Assessor war die Tochter eines Arztes, und Doktoren und Doktorskinder wissen immer viel Neues zu berichten, und wenn die Frau Pastor auch nicht geradezu neugierig war, so mochte sie doch recht gerne allerlei erfahren. Seitdem sie in einer kleinen Stadt wohnte, hatte sie auch diese kleinstädtische Eigenart übernommen, und sie pflegte zu Luise zu bemerken: »Ich weiß nicht, aber es ist doch einmal so, man mag doch gerne wissen, was um einen herum vorgeht. Aber wenn meine Schwester, die Triddelfitz, mir das erzählt, dann hört sich das alles so scharf an. Wenn mir aber die kleine Anna etwas erzählt, dann hört sich das so unschuldig und lustig an. Es muß doch ein klein gutes Kind sein.«

Ihre eigentliche Bedeutung aber erhielt diese Freundschaft erst, als das schlimme Jahr in die kleine Stadt einzog mit Hunger, Not und Elend im Gefolge. Der Vater der kleinen Anna war Arzt, aber er hatte keinen besonderen Amtstitel. Er hatte etwas Besseres aufzuweisen: ein Herz für die Armen. Und wenn er zu Hause dies und jenes erzählt hatte, dann ging der kleine Assessor zur Frau Pastorin und zu Luise und berichtete wiederum, wie es hier und dort stünde, und dann ging die Frau Pastor in ihre Speisekammer, auf den Vorratsboden und in den Keller und packte einen Korb – das tat sie selber, das überließ sie keinem anderen –, und die beiden jungen Mädchen gingen dann in der Dämmerung damit fort, und wenn sie wiederkamen, dann gaben sie einander einen Kuß, auch der Frau Pastorin einen und Hawermann einen, und dies war alles.

Als die Suppenküche eingerichtet werden sollte, hielten die Rahnstädter Damen einen großen Parpendikel – wie Bräsig dies nannte. Darin sollte ausgemacht werden, wie derartiges am besten ins Werk gesetzt werde, und die Frau Syndikus erklärte: »So etwas muß *groß-*

artig sein.« Als sie gefragt wurde, was sie damit meine, erklärte sie, dies sei ihr ganz einerlei, aber *großartig* müsse es sein, sonst werde nichts daraus. Und die alten Femerichterinnen verlangten, es müsse ein Unterschied gemacht werden zwischen den Gottlosen und den Frommen, die Gottlosen könnten hungern. Eine junge Frau, die gerade eben geheiratet hatte, forderte, Männer müßten an der Spitze stehen. Doch damit kam sie schön an. Alles stand gegen sie auf, und die Frau Syndikus beteuerte: so lang sie lebe – und das sind schon schön ein paar Jahre, warf die Krummhorn ein –, hätten Kochen und Mildtätigkeit zum Regiment der Frauen gehört, was Männer denn davon verstünden? Doch *großartig* müsse die Sache angepackt werden. Und das Konventikel ging auseinander, genauso klug, wie es vordem gewesen. Und als das Suppenkochen losging, da hantierten zwei hübsche junge Mädchen am Herde, mit weißen Latzschürzen angetan, schöpften den Armen die Gaben in die Henkeltöpfe und saßen mit den gottlosen und mit den frommen Armen gemeinsam auf einer Bank, schälten Kartoffeln für den morgigen Tag und schabten Rüben. Dies war das Kleingeld, in das Luise ihren Hort umgemünzt hatte, und der kleine Assessor gab seine Groschen auch dazu.

Jetzt aber trat Bräsig in Aktion und nahm dem kleinen Assessor die auswärtigen Angelegenheiten ab, denn er war ganz und gar eigens für das Auswärtige geschaffen, wie dies bereits seine Beine auswiesen. Und hatte er nicht das verdammte Podagra, so lief er in der Stadt herum und erläuterte Hawermann: »Korl, Doktor Strump sagt: Polchikum un Bewegung, und der Wasserdoktor sagt: kalt Wasser un Bewegung; mit der Bewegung kommen sie beid überein, und ich fühl das, die erhält mir. – Was ich sagen wollt – Moses läßt dich vielmal grüßen, und heut nachmittag käm er.« – »Was? Ist er schon von Doberan aus dem Bad zurück? Ich denke, er wollte erst im August zurückkommen.« – »Je, Korl, wir schreiben heut auch schon Jakobitag, un die Ernt geht los. – Aber – was ich sagen wollt – das olle Judenpapachen hat sich ganz verrenowiert. Er süht ordentlich nüdlich aus und lief in die Stub rum, bloß um mich zu zeigen, wo beinig er worden was. Abersten nu muß ich zu die alte Witwe Klähnen, sie lauert schon in ihren Garten auf mich, indem ich ihr Rübensaat versprochen habe, un denn muß ich nach die Kaufmann Krummhorn, sie will mich ihre jungen Katzen mal zeigen, was sie eine for uns beliegen lassen soll, denn, Korl, ne gute Maus'katz müssen wir haben, un denn muß ich zu

Smidt Rischen wegen das Pantoffeleisen für Kurzen seine olle Sattelstut. De Ollsch hat Steingallen, so viel – ich sag dich, Korl, – als Mosessen sein David Hühneraugen.
Du weißt woll nich, was dein junger Herr schon einen Steingalligen hat, sonst könnt er sich die alte Tant von Kurzen anhandeln, wegen der Vollständigkeit von sein Lazarett. Un gegen Abend muß ich zu die Frau Burmeistern, denn sie haben auch en Scheffelner drei Aussaat Roggen, un da will sie nu ne Festlichkeit draus machen, indem daß er heut gemäht is, un ich soll en natürliches Streichelbier anrangieren, daß es ordentlich auf ökonomisch herauskommt. Na, adjes, Korl, heut nachmittag les ich dir was vor, ich hab ein plesierlich Buch mitgebracht.«
Und damit lief er aufs neue straßauf, straßab wie Hans Dampf in allen Gassen und schwitzte sich für andere Leute ab. Denn weil sich in einer kleinen mecklenburgischen Stadt alles in der Hauptsache um den Ackerbau dreht und Bräsig hier geraten und dort prophezeit, hier geholfen und dort mit angefaßt hatte, war er allgemach zum Orakel und zum Nothelfer für die ganze Stadt geworden.
Am Nachmittag saß er bei seinem Freunde Karl, hatte ein Buch in der Hand und wollte ihm daraus vorlesen. Und wenn wir ihm dabei über die Schulter blicken, dann lesen wir den Titel: »Die Frösche des Aristophanes, aus dem Griechischen übersetzt«, und machen große Augen. Doch was hätte der alte griechische Schelm erst für Augen über die Rahnstädter Bildungsfortschritte gemacht, hätte er nach zweitausend Jahren über Unkel Bräsigs Schulter blicken und aus dem Stempel entnehmen können, daß seine unverschämte Froschbüberei zusammen mit diversen »Blüten«, »Perlen«, »Vergißmeinnicht« und »Rosen« in der Rahnstädter Leihbibliothek figurierte. Wie hätte der alte Spitzbube wohl gelacht!
Unkel Bräsig lachte nicht. Er blickte sehr ernsthaft drein, hatte sich seine Hornbrille mit den großen, runden Gläsern aufgesetzt, die wie ein paar Kutscherlaternen leuchteten, hielt sich das Buch so weit vom Leibe, wie seine Arme nur reichten, und hob nun an: »Die Frösche – damit meint er, was wir Poggen nennen, Korl, des Aristop-Hannes – ich lese Hannes, Korl, denn ich muß ›Hanes‹ for en Druckfehler estimieren; denn es heißt ja auch ›Schinder-Hannes‹, welches ich vordem mal gelesen habe, und wenn dies nur halb so graulich ist, denn können wir schon zufrieden sin, Korl.« Und nun begann er zu lesen, einfach abzulesen, nicht anders als Schulmeister Strull, unentwegt hin-

tereinander weg und ohne abzusetzen, und Hawermann saß da, als höre er ganz genau zu. Doch schon auf der ersten Seite verfiel er in seine eigenen Gedanken, und als Bräsig sich den Finger naß machte, um die vierte Seite umzuschlagen, da mußte er mit berechtigtem Ärger feststellen, daß seinem alten Freunde die Augen zugefallen waren.

Bräsig stand auf, stellte sich vor ihn in Positur und blickte ihn an. Nun ist es aber eine alte Erfahrung, daß der Müller aufwacht, wenn die Mühle stillsteht, und daß die Zuhörer aufwachen, wenn die Predigt beendigt ist. Und so erging es auch Hawermann. Er schlug die Augen auf, zog einige Male kräftig an seiner Pfeife und sagte: »Schön Zacharies, sehr schön!« – »Wo? Du sagst ›schön‹ un hast slafen?« – »Nimm mir's nicht übel«, sagte der Alte, der nun erst ganz aufgewacht war, »aber ich hab kein Wort davon verstanden. Das Buch trag man wieder weg, oder verstehst *du* was davon?« – »Dieses weniger, Korl, aber ich habe einen Gröschen dafor bezahlt, un wenn ich einen Gröschen bezahle, denn will ich auch was dafor haben.« – »Ja, wenn du nun aber nichts davon verstehst?« – »Der Mensch liest auch nicht wegen Verstehen, Korl, der Mensch liest pour paster la tante aus die Bücher. Süh mal ...«, und er wollte es ihm begreiflich machen, aber da klopfte es an der Tür, und Moses trat ein.

Hawermann ging ihm entgegen: »Das ist schön, Moses! Und wie frisch Sie aussehen, richtig schmuck.« – »Hat mir die Blümche auch schon gesagt, aber vor funfzig Jahren hat se's mir auch schon gesagt.« – »Na, wie hat's Ihnen denn im Bad gefallen?« – »Wissen Sie was Neues, Hawermann? Man freut sich zweimal zu's Bad, einmal, wenn man kommt hin, und zum zweitenmal, wenn man reist weg. Es is grad so wie mit en Pferd und en Garten und en Haus. Man freut sich, wenn man se kriegt, und man freut sich, wenn man se is los.«

»Ja, die faulen Tage haben Sie wohl schlecht vertragen können, das Geschäft ist Ihnen wohl sehr im Kopf herumgegangen?« – »Nu, was heißt Geschäft? Ich bin en alter Mann. Mein Geschäft is, daß ich mich nicht laß ein auf neue Geschäften, und mein Geld raus zieh aus de alten Geschäften. Und darum bin ich gekommen her zu Sie: ich will kindigen die siebentausend Taler in Pümpelhagen.« – »Oh, Moses, nicht doch! Sie würden den Herrn von Rambow in große Verlegenheit bringen.« – »Nu, ich weiß nich; er muß haben Geld, er muß haben viel Geld. Da hat David und der Notarjus und der Pömüffelskopp mit ihm gemacht, und haben ihn diesen Neujahr aufs Nest schneren wollen, hat er aber bezahlt elftausend Taler auf *einen* Tisch. Ich weiß; ich hab mit Daviden immer schon gemerkt. Ich hab also den Zodick vorgekriegt. Wo seid ihr gestern gewesen hin? hab ich gefragt. Zu dem Grafen, hat er gesagt. Zodick, du lügst, hab ich gesagt. Da hat er geschworen, daß er wollt verschwarzen. Ich hab aber immer gesagt: Zodick, du lügst. Zuletzt hab ich gesagt: ich will dir was sagen, hab ich gesagt. Die Pferde sind mein, und der Wagen is mein, und der Kutscher is mein. As du nich sagst de Wohrheit, jag ich dich weg, und denn bist du ein Schnudder. Da hat er gegeben Hals und hat mir erzählt von die elftausend Taler, und gestern hat er mir erzählt, daß Pömüffelskopp hat gekindigt achttausend Taler zu Antoni. Nu, de Pömüffelskopp is en kluger Mann, er muß wissen, wie's steht.«

»Du lieber Gott!« rief Hawermann, und sein Haß war vergessen, die alte Anhänglichkeit erfüllte ihn wieder ganz, ohne daß er sich dessen bewußt war, »und dann wollen Sie auch noch kündigen? Moses, Ihr Geld steht ja doch sicher.« – »Nu, wollen sagen, es steht sicher. Aber ich weiß noch viele Stellen, wo's steht auch sicher.«

Und damit blickte er den beiden alten Inspektoren nacheinander scharf ins Gesicht und sagte mit eigentümlichem Nachdruck: »Ich hab en gesehen, ich hab auch mit ihm gesprochen.« – »Wen? den Herrn von Rambow? Wo denn da?« fragte Hawermann. – »Zu Doberan, bei der Spielerbank hab ich en gesehn«, sagte Moses giftig, »und in meinem Mietsquartier hab ich en gesprochen.« – »Mein Gott«, rief Hawermann aus, »das hat er sonst doch nie getan. Wie kommt der Unglücksmensch dazu!« – »Das hab ich ümmer gesagt«, begehrte Bräsig auf, »dieser Herr Leutnant rungeniert sich mit wissentliche Augen« – »Gott, Du gerechter!« warf Moses ein, »wie haben sie geschmissen mit das große Geld, große Haufen von de Luggedors haben sie vor sich gehabt und haben sie hierhin gesetzt und haben sie dahin gesetzt, und haben sie hierüber geschoben und darüber geschoben, und das soll sein ein Geschäft? und das soll sein ein Vergnügen? wo einem die Haare zu Berge steigen? Und da's er gewesen immer mitten mang.

Zodick hab ich gesagt – denn Zodick war gekommen mit meinem Wagen, ich wollt den andern Tag fahren – Zodick, stell dich hierher un paß Achtung auf den Pümpelhäger Herrn, wie's ihm geht, mir wird ganz schlimm. Und den Abend is Zodick gekommen und hat gesagt: er is pleite. Und den Morgen is der junge Herr gekommen und hat von mir haben wollen tausend Taler. Ich will Sie was sagen, habe ich gesagt, wenn ich soll sein als Vater zu Ihnen, denn kommen Sie mit mir, mein Zodick hält mit den Wagen vor der Tür, ich nehm Sie mit, kost't Ihnen keinen Schilling. Hat er nicht gewollt, und ist er dageblieben.«

»Der arme, unglückselige Mensch!« rief Hawermann aus. – »Dieser Jüngling!« rief Bräsig, »der Frau und Kind hat! – Oh, wenn du meiner wärst, wo wollt ich dir hohalieren!« – »Aber Moses, Moses!« rief Hawermann, »ich bitte Sie um alles in der Welt, kündigen Sie ihm das Geld nicht. Er wird sich besinnen, und Ihr Geld steht ja sicher.«

»Hawermann«, sagte Moses, »Sie sind en guter Mann, Sie sind auch en kluger Mann; aber hören Sie: as ich hab angefangen mit die Geldgeschäften, hab ich gesagt zu mir, wenn einer kommt und macht große Geschichten mit Kutsch und Pferden un mit de kostbaren Möbels, den borgst du Geld, der Mann schafft sich doch was an. Wenn einer kommt und macht sich lustig und trinkt Schepanger – nu, junge Leute! was sie heute ausgeben, können sie auch wieder morgen verdienen – den borgst du auch. Aber wenn einer kommt und hat de Karten in de Tasch un de Würfels in de Tasch und schmeißt sein Geld in den Dreck haufenweis – nimm dich vor die in acht, hab ich gesagt, der Spieler findt sein Geld nicht wieder aus dem Dreck.

Un denn, Hawermann, wie würd's heißen unter de Leut? Der Jud, würden sie sagen, hat sich hintergesteckt hinter den jungen Mann, hat ihn Vorschuß gemacht zu's Spiel, daß er gehen soll kapores, damit der Jud kann fischen in den Trüben.« Und Moses richtete sich stolz auf: »Nein, der Jud hat auch seine Ehr! Und keiner soll kommen und auf mein Grab zeigen und sagen: der da hat gemacht faule Geschichten. – Und ich werd mir nicht nehmen lassen meinen guten Namen in meine alten Tage von einem Menschen, der noch nicht trocken ist hinter de Ohren. – Hat er Ihnen nicht gestohlen Ihren ehrlichen Namen, und Sie sind doch en guter Mann un en reeller Mann. – Nein«, sagte er, »setzen Sie sich«, als Hawermann aufsprang und in der Stube auf und ab lief, »ich sprech nicht darüber; de Menschen sind verschieden. Sie wollen's leiden und haben Ihre Gründe. Ich will's nicht leiden und hab auch meine Gründe. – Un nu adjö, Hawermann, adjö, Herr Entspekter!« und verließ das Zimmer, »aber Antoni wird gekindigt.«

So zogen denn auch von dieser Seite her schwarze Wolken an Axels Himmel auf, die er gar nicht vermutete. Dunkle Wetterwolken verdüsterten den Horizont, und wenn das Unwetter hereinbrach, dann konnte niemand wissen, ob dabei nicht auch ein Hagelschlag herniederging, der seine Hoffnungen für immer vernichten konnte. Er freilich wollte den Gedanken nicht in sich aufkommen lassen, daß ihm die Sache an den Kragen gehen könne. Er tröstete sich mit einer guten Ernte, mit Vorschuß, den er bei Getreide- und Wollhändlern nehmen konnte, und zudem mit anderen, unerwarteten glücklichen Zufällen, die ja durchaus auch eintreten können, wenn sie es wollen. Doch ebenso oft, wie sie den Menschen eine Hilfe sind, können auch Zufälle über ihn hereinbrechen, die selbst den Besten so vor den Kopf schlagen, daß ihm zumute wird, als solle ihm für alle Zukunft Hören und Sehen vergehen. So geschah es im Jahre 1848.

Kapitel 35

1848

Hier ist naturgemäß nicht der Ort, sich darüber zu verbreiten, ob jenes Jahr für die Welt gut oder ob es für die Welt schlecht war. Das mag ein jeder sich nach seinen Umständen zurechtlegen. Auch möchte ich mich nicht darauf einlassen, darüber zu rechten, welche Folgen es für die Nachwelt hatte noch auch, wo seine eigentlichen Ursachen zu suchen sind. Doch was dies Jahr für jene kleine Gesellschaft mit sich brachte, mit der vor allem ich mich abgebe, das darf ich nicht übergehen, denn anders würde dies Buch womöglich ein gar zu dummes Ende nehmen.

Als im Februar das Spektakel in Paris losging, da schien es für Mecklenburg sich noch hinten weit in der Türkei abzuspielen. Für die meisten unserer Mitbürger war es indes ganz erheiternd, wenn es draußen in der Welt einmal recht hoch herging. Auch in Rahnstädt regte sich ein starker Geist für das politische Wesen, und der Postmeister sagte, wenn es so beibliebe, dann nehme die Sache noch überhand. Er hatte nun schon elf neue Zeitungsabonnements aufgeben müssen, vier »Hamburger Korrespondent« und sieben »Tante Voss«, und dies Verhältnis sei ein schlimmes Zeichen, denn »Tante Voss« untergrabe mit ihren Redensarten die Grundfesten der gesellschaftlichen Ordnung. Sie möge sich ja vielleicht nichts weiter Schlimmes dabei denken, aber sie *tue* es eben doch. Auf diese Weise war also in Rahnstädt für vierundvierzig Politiker vorgesorgt, denn immer jeweils vier und vier von ihnen hielten, in Bausch und Bogen berechnet, ein und dieselbe Zeitung. Der jugendliche Nachwuchs der Honoratioren von Rahnstädt lief in den Straßen mit diesen Zeitungen herum und brachte sie pünktlich von Haus zu Haus, als hätten ihre lieben Eltern es darauf angelegt, aus ihnen lauter Postboten heranzuziehen. Doch was bedeuten schon elf Zeitungen für eine Stadt wie Rahnstädt? Die Bürgerschaft insgesamt hatte nur wenig davon, und für den Bürger mußten doch ebenfalls Vorkehrungen getroffen werden. Und dies geschah denn auch.

»Jehann«, fragte Hanne Bankens Frau, »wo willst du schon wieder hin?« – »Ih, Dürten, ein bischen zu Grammelin.« – »Du läufst mir jetzt aber viel zuviel ins Wirtshaus.« – »Ih, Dürten, *ein* Glas Bier! –

Advokat Rein liest heute abend wieder aus den Zeitungen vor. Der Mensch will doch wissen, wie's in der Welt zugeht.« Und Hanne Bank und mit ihm noch fünfzig andere gingen zum Bier.
Oben am Tisch saß der Advokat Rein, hielt die Zeitung in der Hand, blickte mehrmals den Tisch hinunter und räusperte sich mehrmals. »Ruhig!« – »Ruhig!« – »Grammelin, mir noch ein Glas Bier!« – »Korl, so halt doch dein Maul! er will ja lesen.« – »Dunnerwetter! Ich werd mir doch erst noch ein Glas Bier geben lassen können?« – »Na, nun aber Ruhe!«
Und der Advokat begann mit seiner Vorlesung. Er las über Lyon und Mailand und München. Allenthalben war es ausgebrochen, und es ging toll zu in der Welt. – »Na, hier ist noch was«, sagte er: »Insel Ferro, den 5. – Die Insel ist im vollen Aufstand. Man will uns den Meridian nehmen, der nun schon über dreihundert Jahre über unsere Insel gelegt ist, und will ihn nach Greenwich in England verlegen. Große Erbitterung gegen die Engländer. Das Volk greift zu den Waffen. Unsere beiden Husarenregimenter sind zur Deckung des Meridians kommandiert.«
»Na, denkt euch nur, jetzt fangen die auch schon an!« – »Ja, Vadder, das ist auch keine Kleinigkeit. Wenn einer dreihundert Jahr so was gewöhnt ist, denn will er's auch nicht missen.« – »Vadder, weißt du, was ne Meridian is?« – »Ih, was wird es schon sein?« – »Das wird wohl was sein, was der Engländer gut brauchen kann. – Süh, du wolltest mir das vorgestern nicht abnehmen, daß der Engländer an dem ganzen Lärm schuld ist, nu hörst du's ja.«
Advokat Rein legte die Zeitung auf den Tisch: »Nee, jetzt wird mir die Sache doch ein bißchen zu toll. Da kann einem ja angst und bange bei werden.« – »Herre Jesus, was ist nun schon wieder los?« – »Ist noch was Tolles passiert?« – »Je, wat wull dat nich! Hürt mal: Nordpol, den 27. Februar. – Ein höchst gefährlicher und bedenklicher Aufruhr ist unter den Eskimos ausgebrochen. Sie weigern sich hartnäkkig, ferner die Erdachse zu drehen, und schützen den Mangel an Tran zum Schmieren vor, weil im vorigen Jahr der Walfischfang so schlecht ausgefallen sei. Die Folgen dieser Empörung sind für die ganze Welt unberechenbar.«
»Gotts ein Dunnerwetter! Was soll das heißen?« – »Nu steht ja wohl die Geschichte still?« – »Ih, da müßte aber die Regierung ja doch was tun!« – »Ih, Vadder, das litte ja wieder die Ritterschaft nicht.« – »Ih, das glaub ich noch gar nicht«, sagte Hanne Bank. –

»Das glaubst du nicht? Na, du als Schuster solltest das doch wohl am besten wissen. Hat der Tran seit vorigem Jahr nicht aufgeschlagen?« – »Na, Kinnings«, rief Schneider Wimmersdorf, »soviel sag ich, keinen guten Gang geht es nicht.« – »Na«, rief ein anderer, »mir ist es egal! Fällt der Himmel ein, sind alle Spatzen tot. Aber so viel sag ich, *wir* müssen arbeiten, und die *verdammten Hunde* am Nordpol, die wollen die Hände in den Schoß legen? – Grammelin, mir noch ein Glas Bier!«

Aus diesem Vorkommnis läßt sich dreierlei entnehmen: erstens, daß der Herr Advokat Rein nicht nur manches aus der Zeitung, sondern zuweilen auch einiges aus seinem eigenen Kopf zum besten gab und daß er possierliche Einfälle hatte, zweitens, daß die Bürger von Rahnstädt für den Umgang mit der Presse noch nicht recht reif waren, und drittens, daß der Mensch einer Sache, die ihm selber noch nicht unter die Haut geht, im ganzen doch immer noch recht kaltblütig gegenübersteht.

Doch die Sache sollte uns allen noch näher auf den Leib rücken. Eines schönen Tages blieb die Post aus Berlin aus. Die Rahnstädter standen in dichten Haufen gedrängt vorm Postamt und fragten sich, was das denn wohl zu bedeuten habe. Die Reitknechte aber, die die Posttaschen für die Güter abholen sollten, fragten sich, ob sie warten sollten oder nicht. Der einzige glückliche und unbesorgte Mensch inmitten dieser allgemeinen Verwirrung war der Herr Postmeister selbst. Er stand vor seiner Tür, hielt die Hände überm Magen gefaltet, drehte Däumchen und bekundete: seit dreißig Jahren habe er mittags zwischen elf und zwölf nicht soviel schöne freie Zeit gehabt wie gerade heute.

Am Tage darauf bemühten sich statt der jugendlichen Zeitungsträger die Honoratioren selber zur Post, und statt der Reitknechte kamen die Gutsherren hereingesprengt. Aber das half auch nicht viel, denn die Post kam deswegen doch nicht. Stattdessen aber begann man zu munkeln: in Berlin sei es nun auch ausgebrochen. Der eine wußte dies, der andere das, und der alte Töpfer Düsing, der draußen vorm Tor wohnte, beteuerte, er habe heute den ganzen Morgen über deutlich Kanonendonner gehört, was ihm alle denn auch gutgläubig abnahmen, wenngleich zwischen Rahnstädt und Berlin vierundzwanzig Meilen liegen. Nur sein Nachbar Rademacher Hagen hatte eine Erklärung dafür: »Vadder, das Kanonenschießen, das bin *ich* gewesen. Ich hab heut früh in meinem Holzschuppen Buchenstämme kleingehackt.«

Am dritten Tag traf dann endlich die Post ein, aber sie kam nicht von Berlin, sondern nur von Oranienburg. Indes brachte sie doch jemanden mit, der über alles genau hätte berichten können, dieweil er die ganze Zeit über selber in Berlin gewesen war, hätte er sich unterwegs bloß nicht derart heiser geredet, daß er in Rahnstädt kein einziges Wort mehr herausbringen konnte.

Es handelte sich um einen Theologie-Kandidaten aus der Umgebung. Er war den Rahnstädtern wohlbekannt, und sie pflegten seiner mit Eiergrog, um ihn in die Lage zu versetzen, Auskünfte erteilen zu können. Er nahm auch ganz beträchtliche Portionen dieser Medizin zu sich, aber sie schlug gleichwohl nicht an. Er deutete auf Hals und Brust, schüttelte den Kopf und wollte weiterreisen.

Das war von ihm nun recht unüberlegt, denn um mit langen Nasen nach Hause zu ziehen, hatten die Rahnstädter sich nicht zum Postamt begeben. Sie ließen ihn einfach nicht durch. So mußte der Kandidat sich dazu bequemen, ihnen die Revolution in Berlin zumindest mimisch, mit Armen und Beinen, vorzuführen. Er errichtete also einige Barrikaden in der Luft, freilich nur metaphorisch, denn hätte er sich tatsächlich am Rahnstädter Straßenpflaster vergriffen, so wäre ihm vermutlich die Polizei auf den Hals gerückt. Er gab mittels seines Spazierstocks aus seiner Deckung hinter den Barrikaden heraus Tirailleurfeuer ab. Er erstürmte die Barrikaden frontal, abermals mittels des Spazierstocks, und darauf vollführte er eine Reiterattacke mitten hinein in die Rahnstädter Bürger, um ihnen das Vorgehen der Dragoner deutlich zu machen. Auch der Kanonendonner gelang ihm so leidlich, denn »bummbumm!« konnte er gerade noch herausbringen.

Damit waren die Rahnstädter also hinreichend darüber informiert, wie eine Revolution aussieht und wie sie anzulegen ist. Sie saßen beisammen, tranken ihr Bier und gerieten ins Streiten. Die Sache wurde aber doch sehr ernst genommen, so daß selbst unser Freund Rein es nicht mehr wagte, seine Nordpolhistörchen vorzulesen, zumal sich jetzt auch die Herren Honoratioren einstellten und ebenfalls ihr Bier tranken, dieweil sie sich rechtzeitig beliebt machen wollten für den Fall, daß es auch hier losgehen sollte. Und dies wurde in der Tat sehr ernstlich erwogen.

In Rahnstädt gab es nicht weniger helle Köpfe als anderwärts. Wenn auch nicht die ganze Stadt unter den gleichen Mißhelligkeiten zu leiden hatte, so hatte doch ein jeder einen kleinen Haken, an dem er seine Unzufriedenheit aufhängen konnte. Den einen beschwerte dies, den anderen das, und Kaufmann Kurz beschwerten die Stadtbullen. Es kam aber schließlich darauf hinaus, daß alle darüber sich einig wurden: anders müsse es werden, und keinen guten Gang ginge es nicht, sofern sie nicht ebenfalls ihre Revolution bekämen, freilich nur eine kleine.

Aus der törichten Zeitungsvorleserei wurde ein geistreicher Reformverein mit einem Präsidenten und einer Tischglocke an seiner Spitze. Aus dem unregelmäßigen Hinkommen und Wegbleiben wurde ein regelmäßiges Kommen und Gehen. Der Zustrom nahm derartige Ausmaße an, daß die Gesellschaft sich eines Abends aus der Bierstube in den Saal verfügen mußte. Die Bierseidel nahm sie jedoch mit. Alles aber vollzog sich in der allergrößten Ordnung, was überaus verwunderlich ist, bedenkt man nur, daß der Reformverein sich ausnahmslos aus unzufriedenen Elementen zusammensetzte. Das einzige zufriedene Mitglied des Vereins war nämlich der Gastwirt Grammelin.

Im Saal wurden jetzt Reden gehalten, anfänglich von Tischen und Bänken aus, doch dies sollte bald anders werden. Tischler Thiel erbaute eine Art rundes Monstrum, das eine Rednertribüne vorstellte. Die erste Rede, die daraus zu vernehmen war, war von Böttcher Dreier gegen Tischler Thiel gerichtet. Dreier erkannte nämlich dem Tischlerhandwerk das Gebilde ab und nahm es für das Böttcherhandwerk in Anspruch, nicht ohne zugleich die Versammlung um Schutz und Hilfe für seine Zunft zu ersuchen. Damit kam er aber nicht durch, wenngleich es in die Augen fiel, daß das Ding recht genau einem Kühlfaß glich, wie es beim Branntweinbrennen verwendet wird.

Auch der dicke alte Bäcker Wredow hatte mit seinem Antrag kein Glück. Er forderte nämlich, die Rednertonne müsse ausgeweitet werden, dieweil man sich in ihr nicht zu rühren vermöge. Dem begegnete jedoch Schneider Wimmersdorf mit dem recht einleuchtenden Argument, das Gebilde sei auch gar nicht für die Wohlbeleibten gedacht, die ohnehin in ihrem Fett säßen und darin schmorten. Die Zeiten seien vorüber, da alles sich nur um diese Menschenart gedreht habe. Vielmehr sei das Gebilde ausgesprochen für jene bestimmt, die unter den Rippen noch nichts aufzuweisen hätten, und für ihn selber sei es hinreichend geräumig. Und so kam es denn, daß eigentlich nur noch die Hageren und Schmächtigen zu Wort kamen und die Wohlbeleibten aus Ärger und Verdrießlichkeit schon gar nicht mehr hingingen, welche Regelung die anderen hinwiederum mit Genugtuung erfüllte.

Dies war jedoch ein Fehler. Man hatte derart »das ruhige Element« – wie es genannt wurde – aus dem Verein gewiesen, und in dies Vakuum drängten jetzt die Tagelöhner hinein, und damit konnte denn also die Revolution ihren Anfang nehmen. Die beiden einzigen ein wenig Korpulenten, die gleichwohl geblieben waren, waren Unkel Bräsig und »Zimmerling« Schulz.

Niemand konnte über diese unruhigen Zeiten beglückter sein als Unkel Bräsig. Er war unablässig auf dem Damm, unentwegt zur Stelle. Er war emsig wie eine Biene – oder besser: wie eine Hummel – und sah jede Haustür und jedes Fenster in Rahnstädt gleichsam für eine Blüte an, in die sich eintauchen und aus der sich Honig saugen ließ. Hatte er sich mit dem Nektar von Neuigkeiten und Gerüchten hinreichend vollgesogen, dann summte er zu seinem Bienenstock zurück und fütterte seinen Karl mit diesem Bienenbrot: »Korl, Lurwig Philippen haben sie weggejagt.« – »Steht das in der Zeitung?« – »Hab's selbst gelesen:

Korl, es muß doch man ne olle Bang'büx gewesen sein. Wo is es möglich, daß sich en König wegjagen lassen kann?« – »Je, Bräsig, das ist doch alles schon dagewesen. Erinnerst du dich nicht mehr an Gustav von Schweden? Wenn sich ein Volk gegen ihn einig ist, dann steht so ein König auch nur allein.« – »Darin hast du recht, Korl. Aber weglaufen tät ich derentwegen doch nicht. Donnerwetter! Ich setzt' mir auf meinen Thron und setzt' mir die Kron auf und stangelte mit Arm un Bein, wenn mich einer anfieß.«

Und später hieß es: »Korl, die Post aus Berlin is heut wieder nich gekommen, und dein junger Herr jog plängschaß durch die Straßen nach das Posthaus, um eigenhändig nachzufragen, worum nich. Abersten das wär ihm beinah slecht gangen, denn da hatten sich schon welche von die Bürgers zusammengerottiert und fragten sich so beispielsweise, was sie das zu leiden brauchten, daß so'n Eddelmann in'n Glopp durch die Straßen bädelte. Na, er ritt nahsten en annern Weg un Schritt nah Mosessen seinen Haus, und da hat sich die Sache denn verblut't.

Ich hatt auch en Wort mit Mosessen zu reden un gung nach en bitschen ihm nach, und als ich ankam, kam er grad aus der Tür raus, kuckte mich an, kannte mir aber nich, was ich ihm aber nicht übel nehme, denn er hatte seinen Kopf voll eigene Gedanken, in dem daß ich noch hörte, wie Moses sagte: ›Was ich gesagt hab, hab ich gesagt: einem Spieler leih ich kein Geld.‹ – Moses kommt heute nachmittag.«

Am Nachmittag erschien denn auch Moses: »Hawermann, 's is richtig, mit Berlin is's richtig.« – »Was? Ist es dort auch ausgebrochen?« – »'s is ausgebrochen – aber sprechen Sie nicht drüber – is zu mir gekommen heute morgen der Sohn von Manasse aus Berlin selbst mit der Exterpost, will machen en Geschäft mit alte Flintenstein, hat noch an dreißigdausend auf dem Lager, noch her von anno 15.« – »Was will er mit seine Flintensteine?« rief Bräsig, »jeder gebildte Mensch hat jetzt Perkutschon.« – »Nu, was weiß ich«, sagte Moses, »ich weiß viel, ich weiß gar nichts. Er meint, wenn's los geht, werden de alten Gewehren mit de Flintenstein auch rausgeholt, und hat mir gesagt, in Berlin haben sie geschossen mit de Flinten und de Säbels und de Pistolen und de Kanonen auf die Leute und ›Puh!‹ ›Puh!‹ is's gegangen de ganze Nacht, und de Kürassierers reiten in de Straßen, und das Volk schmeißt mit de Stain und schießt aus de Fenstern und hinter die Brikaden. Grausam! grausam! – Aber sprechen Sie nicht drüber.« – »Also, ne ordentliche Kanonisierung?« erkundigte sich Bräsig.
»Mein Gott!« rief Hawermann, »was ist das für eine Zeit! Was ist das für ne schlimme Zeit!« – »Nu, was haißt schlimme Szait? Für de Dummen is immer schlimme Szait und für de Klugen immer gute. Als wir gehabt hätten gute Szait, hätt ich nich Grund gehabt zu ziehn mein Vermögen zaruck und zu kindigen hier und zu kindigen da. Für mich alten Mann is's ne gute Szait.« – »Aber, Moses, haben Sie denn keine Angst, wenn alles kopfüber – kopfunter geht? Sie sind doch nun mal als reicher Mann bekannt.« – »Nu, ich förcht mich nicht. Is de Blümche gekommen un hat geweihmert. Is David gekommen – so hat er gebewert –, ›Vater, wo bleiben wir mit's Geld‹? hat er gefragt. – ›Wo wir geblieben sind, bleiben wir nu auch‹, hab ich gesagt. – ›Wir borgen, wo's gut is; wir machen mit, was gut is. Wir werden auch Volk, wenn's verlangt wird. Laß dir en Bort stehn, David‹, hab ich gesagt, ›de Szaiten sind dernach.‹ – ›Na, und wenn

andere Szaiten kommen?‹ hat er gefragt. – ›Denn schneidst du den Bort ab‹, hab ich gesagt, ›denn sind de Szaiten nich mehr dernach‹.«

Sie waren dann auf Axel zu sprechen gekommen, auf seine Geldverlegenheiten und darauf, daß nirgends mehr Geld und Kredit aufzutreiben war. Darüber war mancherlei zu sagen, denn wenn der Kredit fiel, so mußten auch die Güter fallen, und manch einer würde sein Gut nicht halten können. Als Moses gegangen war, saßen die beiden alten Landleute am Abend noch lange mit der Frau Pastor zusammen, und ihre Rede ging bekümmert hin und her. Die Frau Pastorin schlug ein übers andere Mal die Hände zusammen über die gottlose Welt, und zum ersten Male dankte sie ihrem Schöpfer dafür, daß er ihren Pastor *vor* dieser schlimmen Zeit zu sich genommen hatte, auf daß ihm der Anblick solch unchristlichen Wesens erspart geblieben. Und Hawermann fühlte sich wie einer, der sein schönes Geschäft aufgegeben, das ihm vormals ans Herz gewachsen, der aber jetzt erleben muß, wie sein Nachfolger daran zugrundegeht.

Nur Bräsig ließ sich nicht einschüchtern. Er behielt den Kopf oben und erläuterte: die Unruhe, die jetzt die ganze Welt ergriffen habe, sei doch wohl nicht allein in den Köpfen der Menschen ausgeheckt worden. Wie gewöhnlich, habe unser Herrgott gewiß auch hier seine Hand ein bißchen dazwischen gehalten. Zumindest habe er es doch zugelassen, und nach diesem Gewitter werde die Luft wohl auch wieder rein werden. »Un, Korl«, setzte er hinzu, – »von Sie, Frau Pastern, sage ich nich – aber wenn ich dir raten kann, Korl, dann kommst du morgen abend auch mit nach Grammelinen, denn lauter Rebeller sünd wir nich, und weißt du, wo mich das vorkommt? Just als mit en Unwetter. Wenn einer das so von der Stub' aus ansieht, sieht sich das schauderösen an, un wenn man da mitten drin is, markt man's beinah gor nich.«

So gelangte Bräsig in den Reformverein zu Rahnstädt, und alle Abende, wenn er nach Hause gekommen, berichtete er, was sich dort abgespielt hatte. Eines Abends erschien er später als gewöhnlich: »Heute is's doll hergangen, Korl, un ich hab en paar Gläser Bier mehr verkonsumtiert as süs, bloß wegen der großen Wichtigkeit. Süh, nu sünd doch die Daglöhner auch all Reformglieder geworden, un worum auch nich? Wir sünd ja alle Brüder. Un die verfluchten Kerls haben sich das ausspintisiert, die ganze Rahnstädter Feldmark müßte aufs frische ausgemessen werden un in gleiche Quadrate aus-

gesnitten, und jeder Einwohner müßte gleich viel Land haben, un mit das Stadtholz, da müßte jeder auf den Harwst das Recht haben, sich ne schöne Bäuk for den Winter abzustämmen, denn wär erst ordentliche Gleichheit unter die Menschen.
Da sünd aber die Ackerbesitzer aufgetreten: sie wären auch for die Gleichheit, aber ihr Eigentum wollten sie behalten, und Kurz hat ne lange Red gehalten von Acker und Wiesen und brachte richtig auch wieder die Stadtbullen mit mang. Und als er damit fertig war, haben sie ihn for einen Aristokraten ausgescholten und haben ihn rausgesmissen.
Un dunn is Sneider Wimmersdörp aufgetreten, der hat von der Gewerbefreiheit gepredigt, und da sünd die andern Sneider über ihn gekommen un haben ihn gottserbärmlich gehauen: Gleichheit wollten sie, haben sie gesagt, aber Zunft müßte sin. Un da is en junger Mensch aufgetreten und hat spöttschen gefragt, woans es aber mit die Sneidermamsells werden sollt? Was die in die Zunft aufgenommen werden könnten oder nicht? Und das haben die ollen Sneidermeisters nich gewollt, und da haben die jungen Leute sich for die Sneidermamsells aufgesmissen und haben die ollen Sneiders rausgesmissen, und draußen hat's denn noch hellschen was gesetzt. Un inwendig in dem Saal hielt Rekter Baldrian ne lange, lange Rede, wo viel von ner Emanzipulatschon – oder sonst was – von die Frauensleut vorkam, und stellte den Antrag, wenn die Sneidermeister die Sneidermamsells nich in ihre Zunft aufnehmen wollten, es sollte for die Sneidermamsells ne eigne Zunft aufgericht't werden, denn sie wären ebensogut menschliche Swestern von uns als jede andere Zunft. Und das ist durchgegangen, und die Mamsells sünd nu zünftig, und wie ich man gehört habe, als ich fort ging, wollen ja die Sneidermamsells übermorgen in weiße Kleider mit ihren Oltgesellen an die Spitz – Korl, die olle gele Jumfer, die hier ümmer vorbeigeht, zu die sie ümmer ›Tater‹ sagen – nah den Rekter seinen Haus ziehn und sich bei ihm bedanken und ihm zum Andenken an seine Rede ne wollene Unterziehjacke und Unterziehhose auf en Küssen übergeben.«
»Bräsig! Bräsig!« rief Hawermann, »was macht ihr nur für Dummheiten! Ihr tut ja grade so, als ob keiner mehr über euch ist, als wenn *ihr* über alles zu bestimmen habt.« – »Worüm nich, Korl? Wer will uns was? – Wir machen unsere Beslüssen, so gut jeder das lihrt hett, und wird da nichts draus, denn wird da nichts draus, und werden kann mein Dag nichts draus, denn süh mal, Korl, die Geschichte

kommt auf einen Punkt raus: alle woll'n sie was haben, un keiner will nichts missen.«

»So ist's wohl, Zacharies, und ich glaub auch nicht, daß hier in der Kleinstadt draus groß Unheil entstehen kann, denn hier hält einer dem andern immer Widerpart. Aber stell dir doch mal vor, wenn die Tagelöhner auf dem Lande auch auf den Gedanken kämen, die Güter aufzuteilen, wie würde uns das *dann* schmecken?« – »Ih, Korl, sie werden jo doch nicht!« – »Bräsig, es liegt tief in der menschlichen Natur, daß jeder ein noch so kleines Stück unserer Erde sein eigen nennen möchte, und es sind nicht die schlechtesten Menschen, die danach trachten. Sieh dich doch nur um! Wenn der Handwerker sich was gespart hat, dann kauft er sich einen kleinen Garten oder ein kleines Stück Acker. Außer seinem Vorteil hat er noch seine Freude dran. Und der Tagelöhner in der Stadt macht es genauso, denn er hat ja die Möglichkeit dazu. Und darum glaub ich auch, daß die Unzufriedenheit der Tagelöhner hier in der Stadt nicht viel zu bedeuten hat. Mit dem Tagelöhner auf dem Lande steht es aber anders: er hat kein Eigentum, er kann auch bei aller Sparsamkeit und allem Fleiß nicht zu Eigentum gelangen. Wenn diese Auffassungen bei ihm erst Eingang finden und sich bei ihm verbreiten, und unverständige Menschen heizen ihm ein bißchen ein, dann sollst du sehn, dann kann es schlimm werden.

Ja«, rief er aus, »zuerst wird es sich wohl nur gegen die schlechten Herren richten. Aber wer steht uns dafür, daß es nicht auch die guten trifft?« – »Korl, du kannst recht haben, Korl, denn heut abend hat mich Kurz gesagt – das heißt vordem, daß er rausgesmissen wurd' –, daß den letzten Sonntag en paar Gürlitzer Tagelöhner sonderbore Redensarten an seinen Ladentisch geführt hätten.« – »Siehst du«, sagte Hawermann und nahm sein Licht, um zu Bett zu gehen, »ich wünsche niemandem was Böses, obwohl mancher es verdient haben könnte. Aber schlimm ist's, daß die guten Herren mit den schlechten mitleiden müssen, und daß die wohlverdiente Strafe, die den einen oder den andern trifft, das ganze Land befällt.« Damit ging er, und Bräsig sagte sich: »Wahrhaftig! Korl kann recht haben, auf dem Lande kann's schlimm werden. Ich werde mich nachgradens doch mal nach Jung-Jochen un den Paster Gottlieb umsehn müssen. Na, mit Jung-Jochen hat's keine Gefahr. Er hat seine Daglöhners seindag nichts gesagt, un die werden ihm nu auch woll nichts sagen, und der Paster-Jürn is partutemang kein Rebeller.«

Hawermann hatte die Menschen, mit denen er ein Leben lang zu tun gehabt, richtig eingeschätzt: Das ganze Land wurde von Unrast ergriffen wie von einem Fieber. Die begründetsten Beschwerden und die unvernünftigsten und unverschämtesten Forderungen sprachen sich in Windeseile in allen Schichten herum. Was anfänglich nur leises Unbehagen war, das sollte bald zu heller Unzufriedenheit aufflammen. Daran waren die Gutsherren aber meist selber schuld. Sie hatten den Kopf verloren. Jeder handelte auf eigene Faust, und die Eigensucht zeigte sich deutlich darin, wie jeder nur für sich selber sorgte – wenn *er* nur mit seinen Leuten in Frieden lebte, der Nachbar kümmerte ihn nicht.

Statt ihren Leuten mit gutem Gewissen und in althergebrachter Menschenfreundlichkeit auch in diesen Zeiten frei entgegenzutreten, kuschten manche vor ihren eigenen Tagelöhnern und bewilligten alles, was diese in ihrem Unverstand forderten. Andere setzten sich hoch zu Roß und wollten es mit Degen und Pistolen erzwingen, und ich habe einige gekannt, die nicht anders als mit zwei geladenen Gewehren im Wagen auf ihren eigenen Äckern umherfuhren. Und warum? Weil ihr Gewissen schon vordem nicht rein und weil die Menschenfreundlichkeit ihnen längst schon abhanden gekommen war. Dies gilt natürlich nicht von allen Gutsherren.

Auch von Axel galt es nicht. Seinen Leuten gegenüber hatte er sich auch vordem nicht böswillig gezeigt. Auch war er für gewöhnlich nicht hart, konnte es jedoch werden, sofern er seine Stellung als Herr gefährdet glaubte. Unter solchen Umständen, wie sie damals allenthalben eintraten, drängt sich bei jedem fast das Innerste nach außen, wie man dies auch von Betrunkenen sagt. Es hätte schon eines überaus erfahrenen und kühlen Kopfes bedurft, um all den Tumult und Wirrwarr zu überblicken, sich vorsichtig herauszuhalten, aus sicherer Entfernung zuzuschauen und, das Gute und das Schlechte sorgfältig gegeneinander abwägend, sein Schiff sicher durch die hochgehenden Wogen zu steuern.

Dies war nun Axels Sache gerade nicht. Er steckte bald bis zum Hals inmitten der allgemeinen Verwirrung und griff in seiner Hilflosigkeit blindlings nach jedem Mittel, das ihm Rettung und Hilfe zu versprechen schien. So geschah es, daß er beide Torheiten der Gutsherren zugleich mitmachte, daß er das eine Mal in unverständiger Weise nachgab und daß ein anderes Mal der Kürassierleutnant in ihm aufstieß und er nach seinem Säbel und nach seinen Pistolen griff.

Axels Tagelöhner waren auch nicht mehr, wie sie vordem gewesen, und daran war er selber schuld: denn einmal hatte er sie um Belanglosigkeiten gebracht, an denen doch das Herz des kleinen Mannes und alte Gewohnheiten hängen, und ein andermal hatte er ihnen in seiner Gutmütigkeit wieder mit vollen Händen mancherlei Gnaden ausgeteilt und dadurch die Begehrlichkeit seiner Leute aufgestachelt, denn er war kein Menschenkenner, vor allem waren ihm die Gefühle und die Bedürfnisse des kleinen Mannes auf dem Lande unbekannt geblieben. Er hatte die Tagelöhner belobigt, wenn sie faul, und er hatte sie gescholten, wenn sie fleißig gewesen waren, denn er wußte nicht, was sie leisten konnten und was nicht. Kurzum, er war mit ihnen nicht nach Recht und Gerechtigkeit umgegangen, sondern nach seinen Launen umgesprungen. Weil diese aber in letzter Zeit nicht gerade die rosigsten waren, war auch unter den Tagelöhnern die Unzufriedenheit angewachsen. Wenngleich es noch von alten Zeiten her unter ihnen kernfestes Eichenholz gab, das brandfest war und die offene Flamme nicht hochkommen ließ, so wurde doch von außen her wieder und wieder kieniger Tannenspan nachgeschoben, so daß es schließlich doch anfangen mußte, Feuer zu fangen. Jedermann weiß, daß es nur kranke Tannen sind, die solchen Kienspan hergeben. Aber in Axels Nachbarschaft stand eine solche kranke Tanne, die solchen Kienspan reichlich lieferte: das war Gürlitz.
Auch dieser Baum war einmal durchaus gesund gewesen. Und obwohl Pastor Behrens alles getan hatte, um ihn auch gesund zu erhalten, war er dann doch erkrankt, denn jeder der Gutsherren, die im Wege des Güterschachers dort einander oft ablösten, hatte sich einen Ast nach dem anderen abgebrochen. Pomuchelskopp, der sich gewissermaßen aufs Köhlergewerbe verstand, war im Grunde noch nicht einmal so ganz unzufrieden darüber, daß dieser Baum krank war. Er dachte nur an den Gewinn, der sich daraus für ihn selber ziehen ließ, denn es gibt – so schrecklich diese Wahrheit ist – tatsächlich Gutsherren, die es statt mit einem gedeihenden lieber mit einem heruntergebrachten Tagelöhnerstand zu tun haben und die Genugtuung darüber empfinden, wenn ihre Leute bei ihnen tief in der Kreide stehen, weil sie sich dann leichter schinden lassen.
Freilich hatte Pomuchelskopp dabei übersehen, daß eine kranke, verkiente Tanne, schlägt der Blitz einmal ein, sehr viel leichter lichterloh aufbrennt als ein gesunder Baum. Und auch die Nachbarn unseres Herrn Gutsbesitzers, die recht gut wußten, wie schlecht die Leute in

Gürlitz gehalten wurden und die sich oft genug darüber mokierten, hatten ebenfalls nicht bedacht, daß die Flamme, die Pomuchel sich für seinen eigenen Steiß – freilich unbeabsichtigt – zugerichtet hatte, sie vielleicht selber bei Gelegenheit in Unannehmlichkeiten bringen konnte.

So wurde Gürlitz denn die Feuerstelle, von der aus der ganzen Gegend eingeheizt werden sollte. Die Tagelöhner von Gürlitz hatten sich das Branntweintrinken angewöhnt, weil auf dem Gut eine Brennerei stand und weil ihnen für ihren Branntweinbedarf ein Wochenvorschuß eingeräumt worden war, der ihnen am Löhnungstag dann wieder abgezogen wurde. Aus dem gleichen Grunde waren sie inzwischen auch zu Stadtläufern geworden, die jeden überschüssigen oder auch nicht überschüssigen Schilling nach Rahnstädt in die Kramläden trugen, in denen ebenfalls Branntwein ausgeschenkt wurde. Dort hatten sie dann zur Genüge in Erfahrung bringen können, was dem Vernehmen nach in der Welt draußen vor sich ging, und zudem hatten ihnen die Herren Ladendiener auseinandergesetzt, wie es dermaleinst in der Welt eigentlich zugehen sollte. Dann waren sie wieder nach Hause getorkelt und hatten all ihren Branntweinsunverstand in einem großen Topf zusammengerührt, hatten dies Unglücksgericht mit ihren begehrlichen Wünschen angeheizt, bis es in blauen, undeutlichen Flammen aufblakte, während hinter ihnen wie die Gespenster ihre halbverhungerten Frauen und Kinder umherstanden. Die Kienspäne der kranken Tanne – ihre Not und ihr Elend – hatten sie in die Flamme hineingehalten, waren mit diesen Fackeln in der Nachbarschaft einhergeschwärmt und hatten damit schließlich sogar das alte, kernfeste Eichenholz zum Schwelen gebracht.

Zur hellen Lohe langte es freilich anfänglich noch nicht, denn da waren noch mancherlei Hemmnisse zu überwinden. Da gab es die gutgemeinten Worte verständiger Menschen, da war manch altüberlieferte treue Anhänglichkeit, da gab es die Erinnerung an manche Wohltat von ehedem, da gab es den Gedanken an die ewige Gerechtigkeit, der auch in verstörten Seelen lange aushält und seinen Stachel in die Gewissen senkt. Dies alles fiel wie ein kühlender Regen in die Glut hinein und erschwerte einstweilen das Auflodern der Flamme. Selbst bei den Tagelöhnern von Gürlitz loderte sie noch nicht. Hätten sie jedoch in der Seele ihres Herrn zu lesen vermocht, dann wäre die Flamme womöglich schon eher hochgeschossen. In seinem Innern stritten sich nämlich der gemeine Haß und die erbärmliche Feigheit darum, wer Oberhand gewinnen sollte, denn das reine Gewissen war Pomuchelskopp längst schon abhanden gekommen, und auf seine Wohltaten von ehedem konnte er auch just nicht pochen.

Einmal schrie er wütend auf: »Oh, diese Bande! Ich sollte nur ... Es müssen andere Gesetze gegeben werden! Was tu ich mit ner Regierung, die Soldaten hat und sie nicht marschieren läßt? Was? – Mein Eigentum ist in Gefahr. Meine Regierung muß mein Eigentum schützen.« Und im nächsten Augenblick rief er Gustäwing vom Hof zu sich: »Gustäwing, du Schapskopp, was läufst du nach den Dröschern? Laß sie dröschen, wie sie wollen. Ich will keinen Lärm mit meinen Leuten haben«, und wandte sich nach seinem Hühnchen um, die steif wie ein Pfahl dasaß und ihn mit ihrer spitzen Nase und aus ihren spitzen Augen gleichgültig anblickte und nicht einmal den Kopf bewegte: »Hühnchen«, rief er, »ich weiß, was du denkst. Du meinst, ich soll mich zeigen, daß ich *der Mann* bin. Aber es geht nicht, es geht wahrhaftig nicht! Kluckchen! Wir müssen lavieren, wir müssen lavieren. Mit einem vorsichtigen Lavement kommen wir vielleicht durch.«
Hühnchen äußerte sich nicht zu diesem Vorschlag. Es hatte aber nicht den Anschein, als wolle sie sich für ihren Teil darauf einlassen, und Pomuchelskopp wandte sich an Malchen und Salchen: »Kinder, ich bitte euch, kein Wort von dem, was hier gesprochen wird! Ja nicht zu den Dienstboten! Und seid freundlich gegen sie und bittet eure liebe Mama, daß sie auch freundlich sein soll. – Herre Gott! Ich bin ja immer für die Freundlichkeit gewesen.«
Und Malchen und Salchen gingen nun auf Hühnchen los: »Mama, du hast es nicht gehört. Du weißt es nicht, was schon alles passiert ist. Johann-Jochen hat heut in der Küche erzählt, daß die Tagelöhnerfrauen den Gutsbesitzer Z. auf X. mit Nesseln gepeitscht haben. Mama, wir müssen nachgeben. Es geht nicht gut, es geht nicht gut!« – »Ihr seid ja alle unklug!« sagte Hühnchen und verließ das Zimmer. »Und vor so'n Pack soll ich mich fürchten«, rief sie und schloß die Tür.
Doch dieser unter derlei Umständen nahezu widernatürliche Heldenmut stand allein. Er mußte sich ohne jegliche Unterstützung ganz nutzlos in sich selbst verzehren, denn Muchel ließ sich in seiner Angst vor dem kommenden Unwetter weder verhetzen noch verlok-

ken, und die übrigen Angehörigen der stillen, einfachen Familie stimmten diesmal mit Vating überein.
»Kinder«, rief Vating, »ein jeder muß mit Freundlichkeit behandelt werden. Die verfluchte Bande! Wer hätte das vor einem Vierteljahr gedacht? Philipping und Nanting, daß ihr mir nicht die Dorfkinder schlagt und nicht wieder dem alten Brinkmann einen Eselskopf hinten auf den Kittel malt! Diese Rasselbande! Aber sie sind aufgehetzt von dem verdammten Rahnstädter Reformverein und von den Juden und von den Ladendienern, aber wartet nur . . .!«
»Ja, Vating«, sagte Salchen, »und Weber Rohrdanz hat sich schon in Rahnstädt in den Reformverein aufnehmen lassen, und die andern im Dorfe wollen auch alle hin. Das kann schlimm werden.« – »Herre Gott, was wollt das nicht! Aber wartet, da muß ich zuvorkommen. Ich will mich selbst aufnehmen lassen.« – »Du?« riefen die beiden Töchter wie aus einem Munde, als wolle ihr Vating mit eigener Hand Haus und Hof in Brand setzen. – »Ich muß! ich muß! Das wird mich beliebt machen bei den Bürgern, daß sie mir die Kanaillen nicht mehr aufhetzen. Ich will den Handwerkern ihre Rechnungen bezahlen, und – ja, es *muß* sein! – es ist ne verfluchte Geschichte, aber es muß sein! Ich will über den Vorschuß bei meinen Tagelöhnern einen Strich machen.«
Malchen und Salchen waren über die Maßen erschrocken, denn so hatten sie ihren Vating noch nie gesehen. Doch sie sollten noch weit mehr erschrecken, als Vating erklärte: »Und euch will ich nur sagen, seid ja recht höflich gegen den Herrn Pastohren und die Frau Pastohrin – lieber Gott, ja! – Mutter tut's nicht – Hühnchen! Hühnchen, was machst du mir für Elend! – Die Pastohrenleute können uns schrecklich viel nützen und schaden. Ach, was kann ein Gutsbesitzer und ein Pastohr nicht alles, wenn sie treu zusammenhalten in so schlimmen Zeiten! Wir müssen die Leute mal freundlich einladen. Später, wenn's wieder ruhig ist, können wir ja den Umgang abbrechen, wenn er uns nicht gefällt.«

Und richtig – nach einigen Tagen traf bei Pastor Gottlieb eine schöne Empfehlung von Herrn und Frau Pomuchelskopp ein – das tapfere Hühnchen hatte also in diesem Punkte nachgegeben – für den Herrn Pastor und die Frau Pastorin, und ob sie ihnen nicht die Ehre geben würden zum Mittagessen – das Mädchen warte auf Antwort. Bräsig war gerade anwesend, um einmal wieder nach dem rechten zu sehen.

Als Gottlieb die Einladung gelesen hatte, bot er fast den Anblick, als habe er wegen falscher Lehre oder unmoralischen Lebenswandels eine Ladung vors geistliche Konsistorium erhalten. – »Was?« rief er aus, »eine Einladung von unserm Gutsbesitzer? – Wo ist Lining? – Lining!« – rief er zur Tür heraus.

Lining erschien. Sie las den Brief und blickte auf Gottlieb – der stand ratlos vor ihr. Sie blickte auf Bräsig – der saß in seiner Sofaecke und griente sie an wie ein Pfingstfuchs. »Na«, sagte sie schließlich, »da gehn wir doch nicht hin?« – »Liebe Frau«, erwiderte Pastor Gottlieb – denn er nannte sie stets »liebe Frau«, wenn er sein geistliches Gewicht gegen sie in die Waagschale legen wollte, sonst sagte er nur »Lining« – »liebe Frau, du sollst die Hand nicht zurückstoßen, die dir dein Bruder bietet«. – »Gottlieb«, sagte Lining, »dies ist keine Hand, dies ist ein Mittagessen, und der Bruder heißt Pomuchelskopp. Hab ich nicht recht, Onkel Bräsig?« – Bräsig schwieg sich aus und grinste nur. Er saß da wie Moses' David, wenn er einen Louisdor abwog, und schien abwarten zu wollen, ob auf der Waagschale das geistliche Gewicht oder das Gold des gesunden Menschenverstandes den Ausschlag geben würde.

»Liebe Frau«, sagte Gottlieb, »es steht geschrieben: Du sollst die Sonne nicht über deinem Zorn untergehen lassen, und wenn dir einer einen Backenstreich ...« – »Gottlieb, das paßt alles nicht. Wir haben ja keinen Zorn, und mit dem Backenstreich, da bin ich Onkel Bräsigen seiner Meinung. Gott verzeih mir die Sünde! Aber es mag früher wohl anders gewesen sein. Soviel weiß ich aber, wenn das jetzt Mode würde, das würde ein Maulschellieren in der Welt geben, daß alles mit geschwollenen Backen umherlaufen müßte.« – »Aber, liebe Frau ...« – »Gottlieb, du weißt, in deine geistlichen Angelegenheiten misch ich mich niemals. Aber ein Mittagessen ist ne weltliche Angelegenheit, und bei Pomuchelskopp eine mehr als weltliche. Und denn vergißt du ganz: wir haben ja Besuch. Ist Onkel Bräsig nicht hier? Und willst du nicht lieber mit Onkel Bräsig heute mittag hier ne Erbsensuppe mit Schweinsohren essen als bei Pomuchelskopp ein Diner? – Und Mining haben sie auch nicht eingeladen«, setzte sie hinzu, als Mining ins Zimmer trat, »und sie wissen doch, daß Mining bei uns wohnt.«

Dies schlug nun bei Gottlieb durch, denn Erbsensuppe hatte er für sein Leben gern, und die Schweinsohren von seinem Pökelfleisch aß er am liebsten ganz allein auf. Dem muß ich auch noch hinzufügen, daß er tatsächlich viel auf Unkel Bräsig gab, der ihm in mancherlei Hinsicht geholfen und getreulich beigestanden hatte, und eine seiner schwersten geistlichen Anfechtungen war, daß solch ein Mensch wie Bräsig, der so treu und ehrlich zu handeln vermochte, doch so wenig christliches und kirchliches Wesen an den Tag legte.

Er sagte also bei Pomuchel ab. Als sie aber nun über ihrer Erbsensuppe saßen und Bräsig so beiläufig damit herausrückte, daß er *wirkliches* Mitglied im Rahnstädter Reformverein sei, da sprang Pastor Gottlieb pfeilgrad in die Höhe, ließ Schweinsohren Schweinsohren sein und begann eine kräftige Predigt gegen die Reformvereine zu halten. Währenddessen zog Lining ihn von Zeit zu Zeit am Rock: die Suppe werde ja kalt. Doch Gottlieb ließ sich nicht beirren: »Ja«, rief er, »es ist über die Welt die Zuchtrute Gottes gekommen. Aber wehe dem Menschen, den der Herr zu seiner Zuchtrute wählt!« Weil sich dies aber nun ausnahmsweise einmal nicht in der Kirche abspielte, fiel Bräsig ihm ins Wort und fragte ihn, wen unser Herrgott sich denn wohl dazu erwähle. »Das steht in der Hand des Herren!« rief Gottlieb. »Er kann mich, er kann Lining, er kann Sie dazu erwählen.« – »Lining und mir wählt er nich«, sagte Bräsig und wischte sich den Mund ab. »Lining hat anno 47 die Armen ausgefuttert, un ich hab vor etliche Wochen noch Gleichheit und Brüderlichkeit in den Reformverein besworen. Ich bün keine Zuchtrute, ich tu keinen Menschen was zuleide. Aber wenn ich Zamel Pomuchelskopp mal krigen könnte, denn . . . «

Gottlieb war allzusehr in Eifer geraten. Er überhörte diese Einwände und fuhr in seiner Predigt fort: »Oh, der Teufel geht jetzt in der Welt um wie ein brüllender Löwe, und jede Rednerbühne, die in den verfluchten Reformvereinen aufgerichtet ist, ist ein Altar, auf welchem ihm geopfert wird. Aber ich will diesem Altare einen andern entgegenstellen. In dem Hause Gottes will ich predigen gegen die Rauchopfer des Teufels, gegen die Reformvereine, gegen diese falschen Götzen und ihre Altäre!«

Damit setzte er sich hin und aß hastig einige Löffel Erbsensuppe. Bräsig ließ ihn schweigend gewähren. Als er sah, daß der junge geistliche Herr sich schon so weit wieder mit dem Weltlichen eingelassen hatte, um sich vollauf seinen Schweinsohren widmen zu können, entgegnete er: »Herr Pastohr, in *einen* Punkt haben Sie recht. Die Rahnstädter Rednerbühne süht ungefähr so aus als den Deuwel sein Altor, nämlich als en Kühlfatt aus ner Bramwinsbrenneri. Aber-

sten daß ihm da geopfert wird, kann ich nich sagen. Es müßte denn sein, daß Sneider Wimmersdörp es täte, oder Kurz oder Ihr eigener lieber Herr Vater, denn der hält ümmer die längsten Predigten – nee! sagen Sie nichts! Ich will nur sagen: solang ich den Deuwel kenn, un das sind nu auch schon lange Jahre her, wird er sich nich mit den Rahnstädter Reformverein einlassen, denn so dumm is er nich.«
»Gottlieb«, sagte Lining, »du weißt, ich mische mich nie in deine geistlichen Angelegenheiten, aber du wirst doch gewiß nicht eine so weltliche Sache, wie der Reformverein ist, auf die Kanzel bringen?« – Doch, erklärte Gottlieb, dies wolle er allerdings. »Na, denn man zu!« sagte Bräsig, »aber was die Leut sagen, daß von allen die Pasters zum besten ihren Vurtel verstünnen, dieses ist nicht wahr, denn stats *die* Leut, die *nich* in die Kirche gehn, *hinein*zupredigen, predigen sie *die raus,* die noch *darin* sind.«
Und Unkel Bräsig sollte recht behalten. Als nämlich Gottlieb am nächsten Sonntag mit erschröcklichem Eifer gegen die neue Zeit, von der er, beiläufig gesagt, genausoviel verstand, als wäre er erst gestern auf die Welt gekommen – und gegen die Reformvereine gepredigt hatte und am Sonntag darauf noch unverdrossen nachstoßen wollte, da waren nur noch Lining, Mining und der Küster in seiner Kirche, denn die wenigen alten Spinnfrauen, die sonst noch hier und da in den Kirchenbänken saßen, durfte er nicht mitzählen, denn er wußte sehr wohl, daß sie nicht wegen seiner Predigt, sondern bloß der Suppe wegen gekommen waren, die ihnen im Pastorenhaus am Sonntagnachmittag ausgeteilt wurde.
Er kehrte also *mit* seiner Predigt und *mit* seinen Frauensleuten wieder nach Hause zurück. Die wenigen alten Spinnfrauen humpelten mit ihren Henkeltöpfen hinterdrein. Der Küster schloß die Kirche ab, und Gottlieb mußte sich vorkommen wie ein Soldat, der im Eifer des Gefechts seinen tapferen Degen in den dicksten Haufen seiner Feinde wirft und ihnen danach, seiner Waffe entblößt, ungeschützt gegenübersteht.

So stand es denn allenthalben schlimm im Lande. Eines jeden Hand hob sich auf gegen die Hand eines jeden. Die Welt war wie um- und umgekehrt: Die etwas besaßen und sonst den Hochnäsigen spielten, waren demütig geworden, und die nichts besaßen, waren dreist geworden. Die sonst für klug galten, wurden jetzt dumm gescholten, und die Dummen wurden über Nacht intelligent. Edelleute verzichteten auf ihren Adel, und Tagelöhner wollten »Herr« genannt werden.

Zwei Dinge aber zogen sich wie farbige Bänder durch dieses Gewirr von Feigheit und Überhebung, und sie waren es, die den Menschen doch auch wieder zu trösten und zu erquicken vermochten. Das eine dieser Bänder war kunterbunt. Ging man ihm nach und gelang es dabei, sich vom landläufigen Kleinmut und von der landläufigen Begehrlichkeit frei zu halten, so konnte einem dies jede nur erdenkliche Erheiterung verschaffen. Es war die lächerliche Seite der Menschheit, die hier zu Tage trat.

Das andere Band war rosenrot, und an ihm hing alles, womit Menschen einander glücklich machen können: Erbarmen und Mitleid, Vernunft und gesunder Menschenverstand, geduldige Arbeit und weiser Verzicht. Und dieses Band war die Liebe, die reine Menschenliebe, die in dieses Gewebe von mißfarben-grauer Eigensucht von hilfreichen Händen eingeflochten wurde, einstweilen, nach göttlichem Ratschluß, nur als ein Zeichen, daß sie wirksam bleiben solle auch in den schlimmsten Zeiten.

Doch wer weiß? *Er* kann einmal den feinen Streifen breiter werden lassen, das ganze mißfarben-graue Gewebe mag dermaleinst rosenrot leuchten, denn das Band ist – Gott sei Dank – nicht zerschnitten.

Kapitel 36

Kronprätendenten

Rexow war ruhig. Dies galt, soweit es die Tagelöhner, Frau Nüßler und Rudolf anbetraf. Mit Jung-Jochen und Jung-Bauschan stand es dagegen weniger gut. Jung-Bauschan war einmal ein wenig im Kuhstall umhergetrottet und hatte dort unter der Obhut des alten Kuhhirten Flasskopp ein kurioses kleines Geschöpf erblicken müssen, das ihn beinahe wie eine Photographie seiner selbst dünkte und das gleichfalls Bauschan genannt wurde. Noch aus seinen Kinderjahren wußte er sich der Umstände genauer zu entsinnen, unter welchen er Bauschan »dem Sechsten« auf dem Throne zu Rexow gefolgt war. Ihn überkam schließlich die bedrohliche Vorahnung, daß diese Photographie seiner selbst, die von Jochen Flasskopp mit eitel süßer Milch sorgsam aufgetränkt wurde, zu etwas Hohem berufen sei, möglicherweise unter dem Namen »Bauschan der Achte« seine Nachfolge antreten könne – die Zeiten waren danach.

Er geriet in große Unruhe und wußte seinem Leibe keinen Rat. Sollte er lieber unter dem Vorwand, er wisse sich nicht mehr in die Zeiten zu schicken, sich damit einverstanden erklären, Bauschan den Achten unter dem Titel Mitregent anzunehmen und das Regiment auf Hof Rexow mit ihm zu teilen, oder sollte er ihn als zudringlichen Kronprätendenten behandeln, ihm die süße Milch vorm Maule wegsaufen, ihm Flöhe in den Pelz setzen, ihn über die Rexower Grenze abschieben und auf Reisen schicken, mit anderen Worten: das Bein gegen ihn aufheben? Er beobachtete daraufhin unablässig Jochens Gesichtszüge, um zu erfahren, worauf die Sache schließlich hinauslaufen sollte. Doch Jung-Jochen hatte genug mit sich selber zu tun. Auch er befand sich in einem nicht unbedenklichen nervlichen Zustand. Und so schlimm waren die Zeiten geworden, daß selbst diese beiden alten Freunde nicht mehr miteinander harmonierten und daß sie aus genau entgegengesetzten Gründen umgetrieben wurden: für Bauschan war der Kronprätendent ein wahres Greuel und Scheuel, Jochen aber verlangte dringlichst nach dem Nachfolger. Bauschan wollte nichts vom Privatisieren wissen, das auf abgenagte Knochen hinauslief, die er dann vielleicht nicht einmal mehr beißen konnte. Jochen hingegen sah ins Privatisieren hinein wie in einen goldenen

Topf, den ihm Mining morgens rundum mit Kaffee, Mudding mittags mit Doppelbier, abends mit Schokolade, und, falls Bräsig anwesend war, mit köstlichem Punsch auffüllen sollte. Er wollte sich des Regierens auf alle Weise begeben, zumal in den jetzigen Zeiten, in denen einem darüber ja geradezu die Pfeife ausgehen konnte.
Jung-Jochen las immer noch die »Rostocker Zeitung«. Er warf das Blatt jetzt aber jedesmal verdrießlich beiseite und bemerkte dann zu seiner lieben Frau: »Mudding, sie schreibt noch nichts über die Gänse.« Er bildete sich nämlich ein, er gelte im ganzen Lande für einen hartherzigen Herrn, denn er hatte auf Rudolfs Anraten die Gänsehaltung der Tagelöhner durch ein schönes Entgelt abgelöst. Seitdem aber sah er es als die verfluchte Pflicht und Schuldigkeit der »Rostokker Zeitung« an, die er schon seit vierzig Jahren las, seine Partei in der Gänsefrage zu ergreifen. Dies hätte die »Rostocker Zeitung« übrigens, auch meiner Meinung nach, ohne weiteres tun können, denn Jung-Jochen war an der ganzen Sache so unschuldig wie ein neugeborenes Kind. Doch es mochte ihr die Angelegenheit vielleicht entfallen sein oder sie hatte sie am Ende gar nicht einmal erfahren.
Aber es war Jochen nicht aus dem Kopf zu bringen: Standen zwei Hofdirns zusammen und schnackten über ihre Mützenbänder, dann glaubte er, sie ereiferten sich darüber, daß dies Jahr in Rexow keine Gänseeier ausgebrütet würden. Klöhnten zwei Tagelöhner beim Haferdreschen auf der Tenne über den Ertrag der Halferernte, dann meinte er, sie judizierten darüber, daß ihnen im Herbst die Gänse fehlen würden, die den Hafer fressen konnten. Er vermochte sich also keineswegs in diese neue Zeit und in die neue Wirtschaftsweise zu schicken, und er *wollte* es auch nicht mehr, er wollte durchaus und ganz und gar nicht mehr regieren. Bauschan wollte dies jedoch noch sehr wohl, und so war denn auch zwischen diesen beiden alten Freunden, wie man so sagt, das Ei entzwei, und das Band war zerrissen.

Frau Nüßler blieb auch in diesen wilden Zeiten – wie ich schon erwähnte – überaus gelassen. Aber Jochens Zustände machten ihr doch Sorge, und so hielt sie des öfteren nach Bräsig Ausschau: »Ich weiß gar nicht«, sagte sie zu Rudolf, »daß Bräsig nicht kommt. Hat doch Gott in der Welt nichts zu tun und sieht sich nicht einmal nach mir um.« – »Ih, Mudding«, entgegnete Rudolf, »du kennst ihn ja. Hat er nichts zu tun, dann macht er sich zu tun. Indes: morgen kommt er.« – »Woher weißt du das?« – »Ih, Mudding«, kam es ein wenig zögernd heraus, »ich – ich war heute morgen nach unserm Roggen an der Feldscheide von Gürlitz, und da bin ich auf einen Augenblick zum Pastorenhaus hinüber. Da saß er, und morgen will er kommen.« – »Rudolf, du sollst mir da nicht hinlaufen, das will ich nicht. Ja, wenn ich *mit*komme, sonntags, denn ist das was anderes. Da sitzt ihr denn zusammen und schmachtet und jankert, und du setzst meiner Mining allerlei voreilige Geschichten mit Hochzeit und Heiraterei in den Kopf, und da kann doch nichts draus werden.« – »Je, Mudding, wenn jetzt nicht bald aus der Heiraterei was wird, denn werden wir ja alt und kalt dabei.« – »Rudolf«, fragte Frau Nüßler abschließend und verließ das Zimmer, »was soll denn aus Jochen und mir werden? Wir sind doch noch jung und können was leisten. Sollen wir uns denn schon auf die faule Bank setzen lassen?« – »Na«, sagte Rudolf, als sie draußen war, »so jung seid ihr denn doch auch nicht mehr. – Daß solche alten Leute sich nicht in Ruhe begeben können! Der Alte tät es gleich. Aber *die* Alte! Die wirtschaftet noch drei Junge tot. – Na, morgen kommt Bräsig, ich werd mich mal hinter Bräsig stecken.«

Und Bräsig erschien. »Gu'n Morrn auch. Bleib still sitzen, Jochen! Na, habt ihr hier auch schon ne kleine Rebelljon?« – »Je«, bemerkte Jochen und rauchte, wie wenn ein Häusler backt, »was soll einer dabei tun – Bauschan?« war seine Antwort, die er als Frage an Bauschan richten mußte, denn Bräsig war schon längst wieder zur Tür hinaus und rief draußen nach Frau Nüßler.

»Mein Gott, Bräsig«, sagte sie und trocknete sich die Hände an ihrer Schürze ab, denn sie hatte sie eilig waschen müssen, um Bräsig nicht Teighände zu reichen, sie war nämlich gerade beim Teigauskneten für Feinbrot. »Mein Gott, Bräsig, Sie lassen sich nicht sehn, und das in diesen schlimmen Zeiten! Was macht mein Karl-Bruder?« – »›Bonus‹, as der Herr Avkat Rein sagt, oder ›Bong‹, as der Windhund sagt, oder ›er ist schön zu Weg‹, as ich sage. Bloß daß er sich ümmerfort mit den Gedanken von der Parzellierung seines ehrlichen Namens trägt und mit der Separatschon von der kleinen Lowise von Franzen, und daß diese inwendige Wunde ihn in jedem Verhältnis verletzt, so daß er sich nicht mit Reformverein und Parlament und hohe polit'sche Gedanken einlassen will.« – »Gott sei Dank!« bemerkte Frau Nüßler, »da kenn ich meinen Karl-Bruder auch zu gut, als daß er sich mit solchen Narrheiten einläßt.« – »Madam Nüßlern«, erklärte Bräsig und stellte sich dabei vor seiner alten Liebsten energisch auf die Hinterbeine, »Sie haben da eben ein großes Wort

gelassen ausgesprochen, as der Rekter Baldrian neulich sagte, as die Red auf das Tüftenland von die Taglöhners kam. Aber in dieser Zeit soll man nach seinen Worten sehn – Kurzen haben sie neulich schon rausgesmissen –, und ich bün würkliches Mitglied des Reformvereins zu Rahnstädt und kann mich ›Narrheit‹ nich gefallen lassen.« – »Na, ich glaube gar, Sie werden mich noch am Ende aus meiner eigenen Küche rausschmeißen«, rief Frau Nüßler und stemmte die Hände in die Seiten. »Hab ich das gesagt?« fragte Bräsig. »Lurwig Philippen haben sie rausgesmissen, den baierschen Lurwig haben sie rausgesmissen, Lurwig Kurzen haben sie rausgesmissen; heißen Sie Lurwig? – Nein, ich bün hierher gekommen, daß ich zum Rechten sehn will, un wenn's hier losbricht, denn komm ich mit den Reformverein von Rahnstädt und mit die Bürgergard – wir haben uns all Piken angeschafft, weck auch Flinten, und dann beschütz ich Ihnen.«
»Das Donnerwetter soll den regieren, der mir mit Piken und Flinten auf den Hof kommt!« rief Frau Nüßler. »Sagen Sie Ihrem infamen Takelzeug, sie sollen sich erst andere Arme und Beine auf Vorrat bestellen, denn die sie nu haben, würden ihnen hier entzweigeschlagen.« Damit machte sie eine Kehrtwendung, verschwand in ihrer Speisekammer und ließ das Schloß hinter sich zuschnappen.
Ach, es war eine schlimme Zeit. Sogar zwischen dieses alte ehrliche Pärchen hatte der Teufel sein Unkraut gesät. Als Bräsig eine Weile vor der Speisekammer gestanden hatte, wie Bauschan so oft, ergriff ihn das gleiche Gefühl wie Bauschan: er solle abgesetzt werden. Er ging kleinlaut in die Wohnstube zurück und gab Jochen zu bedenken: »Ja, das ist wahrhaftig ne slimme Zeit! Und du sitzt da un rögst nich Hand un Fuß? In deinen eigenen sichtlichen Haus ist ja die Rebelljon bis in die graue Grund ausgebrochen!« – »Ja, Bräsig, das weiß ich, das ist wegen der Gänse«, bemerkte Jochen. »Aber was soll einer dabei tun? – Bräsig, schenk dir nen lütten Käm ein!« und er wies mit dem Fuß nach dem untersten Fache des Schenkschranks: »Da steht die Buddel.«
Bräsig aber hatte anderes im Sinn als einen lütten Käm. Er stellte sich ans Fenster und blickte ins Wetter hinaus. Wie der Frühjahrswind mit Aprilschauern am Himmel daherjagte und zwischendurch auch einmal die Sonne wieder scheinen ließ, so jagten ihm allerlei düstere Regengedanken von schwerer Trübsal und von Rosenbändern durch den Kopf, die der Sturm zerrissen und zerschlissen hatte: »Wo?« rief er, »auch *das* soll seine Endschaft kriegen? Sie stößt mir vor die Bost,

wenn ich ihr helfen will?« Und dann wieder erstrahlte auf einmal die Sonne in seinem Innern, aber nur für kurze Zeit und mit einem spöttischen und höhnischen Glanz, der nicht wärmte, und er lachte laut auf: »Haha! Ich wollt, ich könn't ihr sehn, wo sie gegen die ganze Rahnstädter Bürgergard fecht't, un Sneider Wimmersdörp müßt voran stehn und de oll kluge Färber ›Meinswegens‹. Wo die woll ausrissen!«

Rudolf schritt just über den Hof, und wie er Bräsig am Fenster stehen sah, kam er hinein, da er doch mit ihm reden wollte: »'n Tag, Unkel Bräsig.« – »Gu'n Dag, Rudolf.« – »Na, wo steht's? Ich mein mit die Taglöhners? – Allens ruhig?« – »Aber ja! Bis jetzt hat noch keiner sich gemuckst.« – »Du sollst sehn, mit den Gänsen ...« murmelte Jung-Jochen dazwischen. – »Ach, Vadding, laß doch die Gänse«, sagte Rudolf. – »Was ist denn das mit die ßackertmentschen Gäns?« fragte Bräsig. – »Oh, nichts«, sagte Rudolf. »Sehn Sie, voriges Jahr hab ich mich immer darüber ärgern müssen, erst mit dem Hüten auf den Grabenrändern, dann mit dem Graspflücken auf den Wiesen, und als die Stoppel frei war, da haben sie mir immer ins Korn reingehütet. Da ließ ich die Tagelöhner einmal alle zusammenkommen und versprach jedem für den Herbst vier Taler, wenn sie die Gänsehalterei aufgeben wollten, und das nahmen sie auch an. Und jetzt hat Vadding sich's in den Kopf gesetzt, daß er unter den Leuten als Wüterich gilt und daß wegen der dummen Gänse ne Rebellion ausbrechen wird.« – »Du sollst sehn, Rudolf, die Gänse.« – »Mein Gott!« rief Frau Nüßler, die wieder hereingekommen war, »schon wieder die Gänse!« und warf sich in ihren Stuhl, schlug die Schürze vors Gesicht und begann bitterlich zu weinen.

»Herregott, Mudding, was heißt das?« rief Rudolf und lief zu ihr. »Wie kannst du dich darüber kränken?« – »Was soll einer dabei tun?« fragte Jochen und war ebenfalls aufgestanden. Bräsig wollte auch etwas sagen. Er hielt aber an sich, denn er mußte es wohl schließlich am besten wissen, was in Frau Nüßlers Innern vor sich gehen mochte. Er drehte sich zum Fenster, zog die Augenbrauen hoch hinauf und blickte starr ins Aprilwetter hinaus.

Frau Nüßler sprang auf, trocknete sich die Augen, schob Rudolf und Jochen beiseite – ein wenig übereilt –, ging auf Bräsig zu, legte den Arm um ihn und sagte: »Bräsig, ich weiß, Sie haben's gut mit mir gemeint. Ich will auch keinem Menschen Arme und Beine entzweischlagen.« – »Oh, Madam Nüßler«, rief Bräsig, und das Aprilwetter mit Regen und Sonnenschein spiegelte sich in seinen Augen, denn er lachte übers ganze Gesicht, aus den Augen aber tropfte es ihm nach unten, »Sneider Wimmersdörp und den ollen neunmalklugen Färber ›Meinswegens‹ können Sie meinswegens ümmer Ihren Dezem geben.« – »Was heißt das?« rief Rudolf. – »Das will ich Sie sagen«, erwiderte Bräsig, löste sich leise aus Frau Nüßlers Arm und ergriff ihre Hand. »Das heißt, daß Sie einen wohren Engel zu ner Swigermutter krigen. Nich so einen sogenannten, as sie nu auf die Bällen un die Spazierpromenaden in Rahnstädt rumlaufen, nein! so'n ollen gediegenen aus dem Alten Testament, so'n ollen streitboren, so'n ollen tapfern Engel, der sich in seiner guten Sach vor den Deuwel nicht fürcht und Sie, Herr, dreimal in die Tasche sticht!«

Und dabei stand er vor Rudolf, als habe dieser Frau Nüßler, wie man so sagt, das gebrannte Herzeleid angetan. »Meines Lebens!« rief Rudolf, »ich hab doch gar nichts getan!« und blickte Jochen an. Jochen blickte auf Bauschan, Bauschan wußte es nicht, Jochen wußte es auch nicht, und Rudolf rief: »Ich weiß doch wahrhaftig nicht ...« – »Is auch gar nich nötig«, knurrte Bräsig und wandte sich mit einem Ruck zu Jochen: »Un du, Jung-Jochen, du bringst mit deine dämliche Gausgeschicht noch deinen ganzen Hausstand in eine mutwillige Revlutschon. – Du sollst dir lieber ganz in Ruh hersetzen. Und Sie, Rudolf, Sie kommen mit mich, ich will mich mal die Wirtschaft kurzfertig revedieren und mal sehen, was Sie bei Hilgendorffen gelernt haben.«

Dies war nun für Jochen ein willkommener Anlaß, für Rudolf aber eine schöne Gelegenheit, Unkel Bräsig zu einer baldigen Hochzeit anzustiften. Sie fanden sich demgemäß auch beide leicht in Bräsigs Anordnung.

Am Nachmittag kam Fritzing Triddelfitz ein bißchen auf den Hof zu reiten, diesmal auf einem Schimmel, der aber eine kuriose Gangart an sich hatte. Von vorn gesehen schritt er auswärts wie ein Mensch, aber im ganzen ging er nur auf drei Beinen, woraus man entnehmen mag, daß die Natur oft auf nicht sehr sinnvolle Weise mancherlei Überflüssiges erschafft: beim Pintscher zum Beispiel den Schwanz, beim Mops die Ohren, und bei einem Schreiberklepper das linke Hinterbein. Einen schönen Anblick bot Fritzings Schimmel also gerade nicht, zumal, wenn er sich in Bewegung befand. Doch war er ein überaus höfliches Pferd. Er dienerte die ganze Landstraße entlang, und so stimmte er mit Fritzing gut überein, denn der war bei seinem Edelmann auch übermäßig höflich geworden. Wenn manche seiner Kameraden sich über Fritzings Schimmel mokierten, dann lachte er nur still vor sich hin: »Ihr Schafsköppe! Ich habe schön profitiert beim Pferdetausch, den Schwarzen gegen die Fuchsstute, den Braunen gegen den Schwarzen, und nun wieder den Schimmel gegen den Braunen: immer hab ich bar Geld zubekommen.«

Der Schimmel gelangte denn also in überaus höflicher Manier nach Hof Rexow. Fritz stieg höflich ab, kam höflich zur Tür hinein und sagte sehr höflich »Gu'n Tag«. – »Mudding«, bemerkte Jung-Jochen, »schenk doch Herr Triddelfitzen ein«, denn sie saßen gerade beim Kaffee. – »Gott soll mir bewahren!« dachte Bräsig, »nu wird das auch schon ›Herr‹ genannt.«

Fritz zog unterdes seinen Regenrock aus, holte dabei etwas aus der Tasche, setzte sich hin und legte links und rechts von seiner Kaffeetasse auf den Tisch je einen Revolver, wie sie damals gerade aufkamen. »Herr«, rief Bräsig, »plagt Sie der Deuwel? Was wolln Sie mit die entfamten Schießdinger mang die Koffetassen?« Und Frau Nüßler stand gelassen auf, nahm die beiden Schlüsselbüchsen in ihre eine, den Teekessel in ihre andere Hand, goß die Revolver-Mündungen bis obenhin voll heißen Wassers und sagte dann bedächtig: »So! Jetzt gehn sie nicht los!« – »Um Gotteswillen!« rief Fritz, »den einzigen Schutz, den wir jetzt noch haben...« – »Herr«, warf Bräsig ein, »glauben Sie, daß Sie hier bei Jung-Jochen in ner Räuberhöhle sünd?« – »Die ganze Welt ist jetzt eine Räuberhöhle«, entgegnete Fritz, »das hat gestern der Herr von Rambow unsern Tagelöhnern deutlich in seiner Rede auseinandergesetzt. Und darum habe ich nach Rahnstädt reiten und diese beiden Revolver kaufen müssen – einen für mich, einen für ihn – wir wollen uns wehren bis aufs Blut.«

Frau Nüßler blickte auf Bräsig und lächelte ein wenig gequält. Bräsig lachte laut: »Und mit *die* Dinger und mit ner Red von den Herrn von Rambow wollen Sie die Tagelöhner das Maul stoppen und sie auf andere Gedanken bringen?« – »Ja, das wollen wir. Mein gnädiger Herr hat's den Leuten gut gesagt: mit Milde, aber auch mit Strenge wollt er das Regiment führen, danach könnten sie sich richten.« – »Je, es is alles so, wie das Leder is«, rutschte es Jochen unvermutet heraus. – »Kannst diesmal recht haben, Jung-Jochen: je nachdem das Leder ist, muß es gerbt werden. Aber der junge Eddelmann is man nich der Mann danach. Sollst sehn, der behandelt die Ausverschamtigen mit

Milde und die Zaghaftigen mit Strenge!« – »Und er hat wieder ne Rede gehalten?« fragte Jung-Jochen. – »Ne höllische!« rief Fritz. – Wo er's her hat? – Ich weiß's auch nicht.« – »Das's auch partie egal«, sagte Bräsig, »aber was sagen die Tagelöhners zu diese Expektatschon?« – »Das Pack«, sagte Fritz, denn er hatte sich außer der Höflichkeit auch noch einiges andere von seinem Herrn angewöhnt, »ist nicht die Luft wert. Denn als ich man nachher über den Hof ging, da stand die Bande zusammen, und ich hörte man, daß sie da von ›Glattsnacken‹ und ›Hü- und Hott-Wirtschaft‹ red'ten.« – »Da haben sie Ihnen woll mit gemeint«, grinste Bräsig. – »Je, nun nehmen Sie mal an!« versetzte Fritz treuherzig.

»Und den Nachmittag kamen ihrer fünf zu dem Herrn, grade solche, die ich für die vernünftigsten gehalten habe, und der alte Rademacher Flegel führte das Wort und sagte: wie sie nur gehört hätten, hätte der Herr Pomuchelskopp seinen Leuten allen Vorschuß geschenkt und hätte ihnen mehr Kartoffelland versprochen und sonst noch allerlei, aber davon wollten sie nichts sagen, denn so schlecht als die Gürlitzer Leute hätten sie das lange nicht, und mit dem, was sie kriegten, wären sie auch zufrieden. Aber mit der Behandlung wären sie nicht zufrieden, denn sie kriegten unschuldigerweise Schelte und würden angeranzt, wenn sie's nicht verdienten, und mit ihnen würde auf dem Hofe und auf dem Felde herumgejagt, so daß sie zuletzt nicht mehr wüßten, was sie zu tun hätten. Und am besten wär's wohl, der Herr von Rambow ließe mich gehen, denn ich verstände doch wohl noch nicht, solche Wirtschaft zu führen und mit den Leuten umzugehn, ich wäre überall noch zu jung. Und wenn sie noch ne Bitte hätten, so wär's die: sie wollten ihren alten Inspektor Hawermann wieder haben. – Nun denken Sie sich mal bloß! – So'n Volk!«

»Hm!« machte Bräsig und grinste übers ganze Gesicht. »Na, was sagte denn der junge Herr?« – »Oh, der hat ihnen einen schönen Marsch geblasen und sagte zu ihnen: wenn *er* mit mir zufrieden wäre – und dabei zeigte er auf mich, worauf ich höflich einen Diener machte –, denn würden seine *Herrn* Tagelöhner auch wohl zufrieden sein können.

Sehn Sie, da trat der alte Kerl, der Johann Egel, vor – Sie kennen ihn ja: er ist so was der Älteste, mit den weißen Haaren – und sagte: *Herrn* wären sie nicht, das wüßt keiner besser als sie selbst, und wenn sie zu ihm als ihrem Herrn gekommen wären, denn hätten sie's aus gutem Herzen getan und nicht darum, daß sie sich mit spitzen

Worten wollten abfertigen lassen. Der Herr von Rambow wäre *Herr*, und er könnte ja nun tun und lassen, was er wollte.«

»Das ist jo en ollen verdeuwelten Kerl!« bemerkte Bräsig und hörte nicht auf zu grinsen. – »Je, nu nehmen Sie mal bloß an! Aber das war's noch lange nich all. Das dicke End kam nach.

Gegen Abend seh ich denn nun, daß sich immer einer nach dem andern von den Tagelöhnern in den Reitstall begibt, und weil ich weiß, daß Krischan Däsel, unser Reitknecht, ne Pike auf mich hat, so denke ich, was wird da wohl ausgeheckt? und geh in den Pferdestall, denn von dem Pferdestall ist ein Loch nach dem Kuhstall und da hör ich denn, daß Krischan Däsel die andern anstiftet.«

»Das heißt«, fiel Bräsig ein, »Sie horkten ein bischen.« – »Nun, ja«, sagte Fritz. – »Is auch ganz gut«, sagte Bräsig, »man weiter!« – »Je, nu muß ich noch sagen: Krischan Däsel will abslut Fik Degels freien und zieht sich schon etzliche Jahre mit ihr, und der Herr will keinen verheirateten Reitknecht haben, indem er meint, daß ein verheirateter Reitknecht sich mehr um seine eigenen Kinder als um die Fohlen bekümmern wird, was denn auch wohl richtig ist. Aber missen will er ihn auch nicht, weil er glaubt, daß er gut bei dem Vieh ist – ich für mein Part sage aber: es ist nicht wahr. Und nun hat sich Krischan Däsel das in den Kopf gesetzt, wenn bei uns die höhere Pferdezucht mit den Paddocks einginge, denn ließe ihn der Herr Fik Degels heiraten, und so stiftete er also die Tagelöhner in den Reitstall an, sie sollten die Paddocks zu Kartoffelland verlangen.«

»Na, Sie liefen doch gleich zu dem Herrn und sagten ihm das?« fragte Bräsig. – »Natürlich«, sagte Fritz, »er mußte es ja vorher wissen, daß er sich darauf präkavieren konnte. Und als sie nun kamen und von Paddocks und Kartoffelland anfingen und meinten, daß ihre Frauen und Kinder doch ebensogut wären als den Herrn seine Stuten und Fohlen und doch für die eher gesorgt werden müßte, dann ging er schön mit ihnen ins Gericht, und ungesegent sind sie aus der Tür rausgekommen. – Krischan Däsel ist natürlich gleich ausgelohnt und weggejagt worden.«

»Na, was sagt denn Ihre gne Frau dazu?« fragte Unkel Bräsig. – »Je«, sagte Fritz und zuckte mit der Schulter, »was soll ich sagen? Die sagt gar nichts dazu. – Ich weiß nicht, was mit *der* ist. – Vordem grüßte sie mich – freilich en bißchen vornehm, aber doch höflich –, nu sieht sie mich gar nicht an, und das ist seit der dummen Büchergeschichte damals mit Marie Möllers.

Na, die ist ja nun schon längst fort, und das ist auch recht gut, denn sie war doch nur en altes Alf. Und nun wirtschaftet die gnädige Frau ganz allein, und das muß ich sagen: die Wirtschaft hat sie im Zug, obschonst sie mich nicht mehr grüßt. Und Korlin Kegels sagt, sie tät's nur, um auf andere Gedanken zu kommen, und manchmal säße sie und schriebe Briefe, riß sie aber immer wieder inzwei und legte dann die Händ' in den Schoß und kuckte das kleine gnädige Frölen an. Es wär' ein Jammer, sagt Korlin Kegels.

Aber die Wirtschaft, die geht, und dabei kein Schelten und Rumregieren: nein, *so soll's* und *so wird's*. Wenn sie nur irgend ne Freundin oder einen Freund hätte, sagt Korlin Kegels – na, für mich paßt sich ja das nicht –, und *er* hat auch keinen Freund.«

»Na, für mich paßt sich das aber«, rief Frau Nüßler und sprang auf, »und morgen will ich nach ihr hin. Und du, Jochen, kannst auch wohl mal nach dem alten armen dämlichen jungen Menschen hingehen und zum Guten reden. Solche Zeit soll Nachbarsleute bißchen zusammenbringen.« – »Je, Mudding«, bemerkte Jochen, «was soll ich dabei tun? – Und denn die dumme Gänsegeschichte bei uns – aber Gottlieb und Lining ...« – »Nicht wahr?« rief Frau Nüßler, *denen* haben Sie ins Brot geholfen, und das wollen wir ihnen *nicht* vergessen.« – »Na, *Er*«, fragte Bräsig und sah wie ein ausgefuchster alter Spitzbube aus, »*Er* hat ja doch wohl noch Freunde? – Was sagt denn der Herr Zamel Pomuchelskopp dazu?« – »Pomuchelskopp?« war Fritzings Gegenfrage. »*Wir* kommen nicht mehr mit ihm zusammen«, erwiderte er. Dies warf er mit großer Verachtung hin, beugte sich dann zu Bräsig hinüber und flüsterte: »Wir sind von ihm verklagt, er hat uns das Geld gekündigt. Ich weiß es von Zodicken, von Mosessen seinen Zodick. Nee, der Pott is ganz inzwei, und Schlitzohr kommt alle Augenblick, denn eins schriftlich, denn eins mündlich. Aber wir haben uns auch einen angenommen, den Avkaten Rein. Kennen Sie ihn?« »Jawoll«, flüsterte Bräsig seinerseits, »ich kenn ihn wegen den Nordpol und die Insel Ferro.« – »Nicht wahr, ein verfluchter Kerl?« fragte Fritzing. – »Jawohl«, bemerkte Bräsig, »der kann die Leute orndlich an die Nas herumführen. – Aber«, fragte er laut, »was hat denn Ihr junger Herr mit die Tagelöhners beslossen?«

»Das will ich Ihnen sagen«, erwiderte Fritz. »Wir haben beide beschlossen, uns aufs Blut zu wehren, und ich mußte gleich nach Rahnstädt und diese beiden Revolvers kaufen.« – »Na, und wenn die Tagelöhners nu wiederkommen?« – »Denn schießen wir«, sagte Fritz. –

»Recht«, sagte Bräsig und nahm den einen Revolver in die Hand und begann wie verloren daran ein bißchen herumzuspielen: »Aber, Madam Nüßlern, Sie haben ihn ja ganz naß gegossen, er könnt rustern«, und wischte mit den Rockschößen daran herum. Und ging mit ihm ans Fenster, als wolle er den Gegenstand genauer betrachten, während Fritzing am anderen Revolver Jochen Nüßler den Mechanismus erklärte.

»Jochen, wo hast du deinen Eiserkasten?« fragte Bräsig. Jochen wies mit dem Bein unten auf den Schrank. Fritzing hörte, wie hinter ihm etwas klapperte und rasselte, und danach einen ziemlich scharfen Ton, als wenn etwas Festes bräche. Als er sich daraufhin umblickte, hielt ihm Bräsig den Revolver entgegen, jedoch ohne Hahn, denn diesen hielt er an einer Kneifzange in seiner anderen Hand: »Da!«

»Donnerwetter!« sprang Fritzing auf. – »So!« sagte Bräsig, »nu können Sie mit das Ding keine Leute mehr in die Augen schießen.« – »Herr, wie können Sie wagen, mir meinen Revolver zu ruinieren?« – »Weil Sie ein dummer Junge sind, und keine Kinder mit Schießgewehren spielen sollen.« – »Sie sind ein alter ...« – »Sie wollen wohl ›Esel‹ sagen? Und 's is möglich, daß ich einer bin, indem daß ich mich mit Sie einlasse. Aber Herr, ich steh hier als Ihre Tanten, und wegen dieser hab ich das getan.« – »Mein Herr hat mir befohlen, ich soll die Revolver kaufen, und was der mir sagt, das tu ich.« – »Is auch ganz in der Ordnung, und hier ist auch *der* für Ihren Herrn. Er kann ja schießen, wenn er Lust hat – hat ja schon vordem geschossen, aber Sie . . .?« Und der Gedanke an Hawermann stieg in ihm auf: »Entfahmter Windhund, haben Sie noch nich naug Elend angericht't?« Und dann fuhr auch Frau Nüßler hoch: »Still, Bräsig, still! *Davon* nicht. – Aber sie sollen sich was schämen, Triddelfitz, daß Sie so leichtsinnig von Schießen und Menschenleben reden.« – »Was?« rief Jochen und sprang ebenfalls hoch, »Mudding, will er Leute totschießen?«

Und Bauschan fuhr auch auf und warf einige vernehmliche Worte mit ein, und Fritzing wurde über diesen Einreden von allen Seiten derart perplex, daß er der Höflichkeit ganz und gar vergaß, seinen Regenrock zusammenraffte, seine anderthalb Revolver in die Tasche steckte, in der Tür sich noch einmal umwandte und mit großem Nachdruck beteuerte: keine zehn Pferde würden ihn je wieder über diese Schwelle führen. »Is auch gar nich nötig«, bemerkte Bräsig sehr gelassen.

Hätte er aber die Anmerkungen vernommen, die Fritzing entfuhren, als er auf seinem Schimmel die Landstraße entlang dienerte und dann und wann einmal seinen halben Revolver inspizierte, dann wäre er wohl so gelassen nicht geblieben, denn gegen die Ehrentitel, die Bräsig von Fritz erhielt, waren die des Kaisers von Österreich nur recht knapp geraten.
Zum Glück aber hörte er sie nicht, und im ganzen machte er sich auch nicht übermäßig viel daraus, daß Fritzing das Haus Nüßler in Acht und Bann getan hatte. Doch war er heute früh um die Erfahrung reicher geworden, daß in solchen Zeiten die besten Freundschaften zerbrechen können, und er hatte sich das heilige Versprechen gegeben, unter *keinen* Umständen mit der Rahnstädter Bürgergarde auf Hof Rexow einzurücken. Seine verfluchten Einfälle liefen ihm oftmals davon, doch sein gutes Herz strampelte dann immer gleich hinter ihnen her und fing sie wieder ein, denn Lärmen und Streiten lag keineswegs in seinem Sinn. Er wollte eigentlich nichts anderes als eitel Freude und Friede bewirken, obwohl es bei seiner absonderlichen Betriebsamkeit meist auf Lärm und Streit hinauszulaufen pflegte.

Als dann gegen Abend zur Dämmerstunde Jochen und Bauschan schon allgemach eingeschlummert und die schöne Zeit für ein richtiges gutes Gespräch herangekommen war, da begann Bräsig von Rudolf und Mining zu reden: »Madam Nüßlern, schon ein altes Sprüchwort besagt die Worte: wer lang leiwt, den wird die Leiw olt, un wer lang...« – »Lassen Sie Ihre dämlichen alten Redensarten, Bräsig, das paßt sich nicht für mich und für Sie! Was Sie sagen wollen, das weiß ich, und ich bin auch damit einverstanden, daß es nicht viel länger mehr dauern darf: aber was wird aus *ihm* und aus *mir*?« – »Madam Nüßlern, Sie meinen Jung-Jochen...« – »Still, Bräsig, nennen Sie keine Namen! Seinetwegen« – und sie zeigte auf Jochen – »können Sie ihn immer nennen, aber seinetwegen« – und sie zeigte auf Bauschan – »muß man sich höllisch in acht nehmen, denn er ist klüger als wir alle zusammen. Sehn Sie nur, wie er die Ohren spitzt.«
»Hm!« bemerkte Bräsig und blickte unter Jochens Lehnstuhl, »wahrhaftig! Aber das hindert nich. Madam Nüßlern, die Sache muß zu einer glücklichen Endschaft kommen.« – »Ja, Bräsig, das sag ich mir alle Tage selber, aber sagen Sie mal, was soll aus *mir* werden und aus *ihm*?« Dabei zeigte sie wieder auf Jochen. »Wenn nun Mining und

Rudolf das Regieren kriegen, was soll *ich*, was soll *er*?« – »Madam Nüßlern, Sie haben denn ruhige Tage un freuen sich an Ihre nachkommenschaftlichen Existenten.« – »Das mag schön sein, Bräsig, und der Mensch gewöhnt sich an alles, sogar an die Faulheit. Aber sehn Sie mich an, ich werd bei aller meiner Wirtschafterei immer kompletter, und wenn ich denn nur noch im Lehnstuhl sitz, denn bleibt er ja ganz an mir hängen, und ich werd dann noch ein richtiger Fladen.« – »Madam Nüßlern«, sprach Unkel Bräsig und stand vor ihr auf, und die Erinnerungen aus schöner Jugendzeit stiegen in ihm auf: »Sie sünd ümmer schön gewesen un werden auch schön bleiben«, und machte eine Verbeugung vor ihr und griff nach ihrer Hand. – »Bräsig, das ist ein dummer Schnack!« sagte Frau Nüßler und entzog ihm die Hand, »nu kucken Sie bloß den alten Hund an! Hat er's nicht richtig wieder mitbekommen? – Aber von mir ist hier weniger die Rede. Was soll aber aus *ihm* werden? Ich kann mir noch allerlei Hantierungen machen, aber er – wenn er gar nichts mehr zu tun hat?« – »Er raucht Toback un släft«, sagte Bräsig. – »Ja«, sagte sie, »jetzt, in diesem Augenblick. Aber er hat sich mächtig verändert in letzter Zeit – von der alten dummen Gansgeschichte will ich nichts sagen, denn das red ich ihm wohl noch wieder aus –, aber er ist jüngst so widerspenstig geworden, er hat immer Widerworte. Und wenn er nachher nu gar nichts mehr zu tun hat, da sinnt er sich die niederträchtigsten Akten aus.« – *»Jochen?«* fragte Bräsig äußerst ungläubig. – »Ja«, sagte Frau Nüßler, »aber jetzt ist es vorbei – sehn Sie mal!« – Und Bräsig blickte auf und sah, wie Bauschan aufstand und wie er Jung-Jochen mehrmals mit seinem rauhhaarigen Schweif unter der Nase entlangfuhr, so daß Jochen sich endlich aufrichtete und unmißverständlich fragte: »Mudding, wat is de Klock?«

Damit reckte und streckte er sich, und als er Bräsigs gewahr wurde, bemerkte er: »Bräsig, das ist doch ein höll'scher Kerl, der Herr von Rambow. Er hat wieder ne Rede gehalten.«

Rudolf trat ein. Es wurde Licht gebracht, und Bräsig schnitt über den Tisch hinüber zu Rudolf eine abscheuliche Fratze. Das war aber nicht böse gemeint, es sollte bloß ein Zublinzeln sein und soviel bedeuten wie: »Schweig ganz still, verlaß dich ganz auf mich, deine Sache ist in gutem Gang.«

Der Abend verlief recht langweilig, denn jeder hatte seine eigenen Gedanken, und als Schlafenszeit gekommen war, da war Bräsig der einzige, der gleich einschlief. Rudolf dachte an Mining und die Hochzeit, Frau Nüßler an die schreckliche Zeit der Untätigkeit, die ihr bevorstand, und Jochen an die Gänse und an die Rede des Herrn von Rambow. Dieser letzte Gedanke raubte ihm den Schlaf, und als Frau Nüßler gegen Morgen sich ein wenig auf die andere Seite legte, um noch ein Auge voll zu nehmen, da sah sie Jochen, wie er in voller Montur, mit Bauschan an seiner Seite, zur Türe hinausschritt. – Daß dies einiges zu bedeuten hatte, das wußte sie. Aber was? – das mochte der Deuwel wissen.

Kapitel 37

Die Gänserede

Jung-Jochen schritt mit Bauschan auf dem Hofe auf und ab, blieb einige Male stehen und rieb sich den Kopf, als sei ihm etwas unklar geblieben. Bauschan hielt dann auch ein, blickte Jochen an, wedelte ein wenig mit dem Schweif und versank dann ebenfalls in sein eigenes trauriges Brüten über die ßackermentsche Mitregentschaft.

Rudolf erschien: »Mein Gott, Vadding, bist du auch schon auf?« – »Ja, Rudolf. 's ist wegen der dummen Gänse.« Er wollte noch einiges hinzufügen wurde damit aber nicht so schnell fertig, und Rudolf ermunterte ihn: »Na, Vadding, laß doch die alte Geschichte! Heute ists mir aber wirklich recht lieb, daß du schon auf den Beinen bist. Du sagst wohl dem Vogt Bescheid, was die Leute tun sollen. Ich bin gestern nicht an die Pümpelhäger Feldscheide gekommen. Ich will mal fix rüberlaufen und zusehn, ob man dort schon pflügen kann. Sonst bleibt's wie gestern, beim Mistfahren fürs Kartoffelland.« – »Ja, Rudolf, aber ...« – »Na, Vadding, das findet sich ja alles. Ich muß aber machen, daß ich hinkomme.« – Damit ging er. Jochen schritt wieder auf und ab. Die Tagelöhner waren inzwischen auf dem Hof eingetroffen, und Gesindevogt Kalsow begab sich zu Jochen: »Kalsow«, ordnete Jochen an, »die Leute sollen sich hier alle versammeln«, und damit begab er sich mit Bauschan zurück in sein Zimmer.

Tagelöhner, Hausfrauen und Hofleute standen nun schon vorm Hause versammelt und fragten: »Was sollen wir denn?« – »Das weiß ich auch nicht«, entgegnete Vogt Kalsow. – »Je, denn geh doch mal rein und frag ihn.« – Kalsow ging hinein. Jung-Jochen schritt in der Stube auf und ab. Bauschan trottete an seiner Seite, denn Jung-Jochen hatte seine Mütze aufbehalten, und dies war für Bauschan das Zeichen, daß seine Begleitung vonnöten war. »Herr«, sagte Kalsow, »die Leut sind nu all da.« – »Schön!« bemerkte Jochen. – »Was sollen wir denn?« fragte Kalsow. – »Warten«, bemerkte Jochen. Kalsow ging wieder nach draußen. Er sagte den Leuten Bescheid, und sie warteten weiter.

Nach einiger Zeit kam er wieder hinein: »Herr, sie warten.« – »Schön!« bemerkte Jochen. »Sag Er ihnen, sie sollen noch ein bißchen warten, ich will ihnen nachher ne Rede halten.« – Kalsow ging wieder nach draußen und erklärte: sie müßten noch warten, der Herr wolle ihnen nachher ne Rede halten.

Die Leute warteten also. Doch als sich durchaus nichts ereignete, regte sich Kutscher Krischan: »Kalsow, ich kenn ihn. Geh noch mal rein und purr ihn ein bißchen an.« – Kalsow ging also wieder hinein und trieb ihn an: »Na, Herr, wie ist's mit der Rede?« – »Dunnerwetter«, fuhr Jochen ihn an, »meint Er, daß mir die Gedanken auf dem Buckel wachsen?« – Vogt Kalsow war erschrocken, begab sich nach draußen zu den Leuten und erklärte: »Das hilft uns nicht, der Herr wird falsch, wir müssen warten.«

»Mein Gott«, wunderte sich Frau Nüßler auf dem Vorratsboden, wo sie schon fleißig herumregiert hatte, »was soll das nur bedeuten, die Leute stehn ja immer noch vorm Haus?« Sie riß das Fenster auf: »Was steht ihr hier?« – »Je, Frau, wir stehn hier und warten.« – »Worauf wartet ihr?« – »Je, Frau, wir wissen's auch nicht. Der Herr will uns ja ne Red halten.« – *»Wer?«* fragte Frau Nüßler. – »Der Herr«, antwortete Kalsow. – »*Was* will er halten?« fragte Frau Nüßler. – »Ne Red«, sagte Kalsow. – »Da muß ja wohl ein Donnerwetter dreinschlagen!« rief Frau Nüßler und warf das Fenster zu, lief nach unten zu Jochen, bekam ihn am Arm zu packen und schüttelte ihn, als müsse sie ihn erst zur Besinnung bringen, »was *willst* du? Du willst hier Reden halten? – *Was* willst du für Reden halten? – Über *mich* oder Rudolf und Mining?« – »Mudding«, bemerkte Jochen – aber er sprach mit Nachdruck –, »über die Gänse.« – »Gnad dir Gott!« rief Frau Nüßler in höchstem Ärger, »wenn du mir über die Gänse das Maul aufreißt.« – »Was?« rief Jochen und lehnte sich zum ersten Mal in seinem Leben sichtbar gegen seine Frau auf: »Kann *ich* nicht Reden halten? *Alle* halten sie Reden. Herr von Rambow hält Reden, Pomuchelskopp, Bräsig redt in der Reform, *was*? und *ich* bin dir zu *schlecht* dazu?« und er schlug mit der Faust auf den Tisch, «Weib! bin ich nicht Herr? Und ich soll nicht über meine *Gänse* reden?« Frau Nüßler ward totenbleich. Sie erstarrte und blickte Jochen ins Auge, sagte kein Sterbenswort, griff mit einer Hand nach ihrem Herzen und tastete mit der andern hinter sich nach der Türklinke. Und als sie die gefaßt hatte, machte sie sie auf und wankte rücklings aus dem Zimmer, die Augen unablässig auf Jochen gerichtet – wie ein Dompteur, wenn er merkt, daß der Löwe den Respekt verliert. Doch als sie draußen war, warf sie sich auf die Bank in der Diele und begann geradezu fürchterlich zu weinen. Ach, das Jahr 1848 war ein schreckliches Jahr, kein Regiment wurde mehr respektiert, und selbst in diesem Hause war der schiere Ungehorsam ausgebrochen.

Bräsig kam pfeifend und singend die Treppe herunter, doch wie schnappte er ab, als er seinen alten Schatz in seinem Jammer erblikken mußte! – »Daß du die Nase ins Gesicht behältst! Was ist los? Zu *dieser* klockenigen Stun'n, Madam Nüßlern, halwig säben, sitzen Sie in Tranen?« Damit warf er sich neben sie auf die Bank und wollte ihr die Schürze vom Gesicht ziehen, Frau Nüßler aber wehrte seinen Händen. »Madam Nüßlern, ich bitt Ihnen um Gottes willen, sagen Sie mich doch Bescheid.« – Nach langer Zeit endlich entrang es sich ihr aus tiefster Brust: »Jochen!« – »Herre Gott!« rief Bräsig, »war doch noch gestern ganz gesund! – Is er dod?« – »Den Deuwel ist er tot«, rief Frau Nüßler, riß sich selber die Schürze vom Gesicht und blickte Bräsig aus rotunterlaufenen, funkelnden Augen an, »verrückt ist er geworden!« – »Gott soll mir bewohren!« rief Bräsig und sprang entsetzt auf, »was macht er denn?« – »Ne Red will er halten.« – »Was? Jung-Jochen ne Red? Das 's en slimm Zeichen!« – »Herregott! Herregott!« jammerte Frau Nüßler, »und die Tagelöhner stehn schon ne Stunde auf dem Hof, und mich hat er doch sogar zur Tür rausgeworfen, ich weiß gar nicht, wie ich herausgekommen bin.« – »Na, so was krauft nich auf den bäwelsten Bähn!« rief Bräsig, »aber sein Sie ruhig, Madam Nüßlern, ich fürcht mich nich, ich wag mich rin.« Damit ging er in die Stube.
Jochen ging auf und ab und rieb sich den Kopf. Bräsig setzte sich auf einen Stuhl nahe der Tür und folgte ihm unablässig mit den Augen, sagte aber kein Wort. Auf der andern Seite der Stube saß Bauschan, folgte seinem Herrn ebenfalls unablässig mit seinen Blicken und sagte ebenfalls kein Wort; es war eine recht beängstigende Situation, zumindest für Jochen und für Bräsig – Bauschan hielt sich ziemlich ruhig.
Schließlich fragte Bräsig, recht sanftmütig: »Wo is dich, Jochen?« – »Ich weiß nicht«, sagte Jochen, »mir ist so verworren im Kopf und meine Gedanken laufen so durcheinander, als wenn mir da jemand einen Scheffel ungedroschenen Hafer eingeschüttet hätt.« – »Glaub ich dich, Jochen, glaub ich dich«, sagte Bräsig und blickte ihm wieder hinterdrein, wie er auf und ab schritt. Plötzlich aber blieb Jochen stehen und rief überaus aufgebracht: »Und der Deuwel kann Andacht

zu ne Rede haben, wenn ihr beide einen immer so ankuckt!« – »Also ne Red wollst du halten? Wozu wollst du ne Red halten?« – »Bräsig, bin ich schlechter als jeder andere? Sind meine Tagelöhner schlechter als anderer Leut ihre Tagelöhner? – Sie wollen in diesen schlechten Zeiten auch ihr Vergnügen haben. Aber ich bin da nicht richtig drauf eingepaßt, mir wird die Sache zu sauer. Du bist auf so was gewitzter, tu mir den Gefallen, halt du ihnen eine.« – »Worüm nich?« sagte Bräsig, »wenn ich dich einen Gefallen damit tun kann; aber nu stör mir auch nich!«

Und jetzt ging *Bräsig* in der Stube auf und ab, und *Jochen* saß auf dem Stuhl und blickte ihm hinterdrein. Mit einem Male riß der Herr Inspektor das Fenster auf und rief: »Kommt hier mal alle ran!« – Die Tagelöhner kamen. – »Mitbürger ...«, begann Bräsig, aber ebenso plötzlich warf er das Fenster wieder zu. »Donnerwetter, das paßt jo doch nich, denn es sünd jo doch man Daglöhners, und *die* kann man jo doch nich als Bürgersleut anreden! – Un nu sühst du, Jochen, wo swer das is, ne Red zu hollen. Un *du* wolltst dich mit ner Sach bemengen, die *ich* nich mal fertigkrige?« – »Je, Bräsig, aber ...« – »Sweig still, Jochen, ich weiß, was du sagen willst!«

Und er trat ans Fenster, öffnete es abermals und sprach: »Kinnings, geh ein jeder für heut an seine Arbeit, aus der Red wird heut nix.« – »Ja, das ist auch ganz egal«, sagte Kalsow, »aber der Herr ... « – »Der hat sich besonnen«, fiel Bräsig ihm ins Wort, »er meint, fürs Frühjahr ists ihm noch ein bißchen zu zeitig dazu. Auf den Herbst, beim Erntefest, will er euch dafür ne recht kräftige Rede halten.« – »Ja«, bemerkte Kalsow, »das ist denn wohl auch das beste. – Na, Leut, denn kommt man!« Und sie gingen an ihre Arbeit.

Doch wie nun die Luft rein war, drehte sich Bräsig nach Jochen um, und alle Würde, die er nur in sich hatte, sprach aus ihm mit Armen und Beinen zu Jochen, und aller Einfluß, den er seit Jahr und Tag auf ihn ausgeübt, ergoß sich nun über den armen großherzoglichen Kammerpächter: »Wo? Du sollst *verrückt* sein? Du büst so wenig verrückt as Bauschan un ich; aber du büst *dämlich*. – Wozu haben dich deine lieben – wollt ich sagen – seligen – wollt ich sagen – ßackermentschen Eltern in die Welt gesetzt? Dazu, daß du Reden halten sollst und sollst deine liebe Frau auf den Proppen setzen, die dich fünfundzwanzig Jahre an ihren Brüsten gesogen hat as en neugebornes Kind? Gleich kommst du mit un verbittst dich un sagst, du willst das nicht wieder tun.«

Und Jochen hätte vermutlich auch alles getan, aber diese Abbitte, zumindest die Art und Weise, in der Bräsig sie ihm abverlangte, sollte ihm doch geschenkt werden, denn Frau Nüßler trat ins Zimmer: »Jöching, Jöching! Was hast du mir für Elend gemacht!« – »Je, Mudding …« – »Jöching, du bringst mich noch unter die Erde!« – »Und *das* noch dazu mit verfluchte imposante Redensorten«, fiel Bräsig ein. – »Mudding, ich will ja auch nicht …« – »Ach, Jöching, ich glaub, du läßt das nu nicht mehr, du hast dich *einmal* drauf eingelassen, sollst sehn, das kommt öfter.« – Jochen bemerkte jedoch: nein, er habe genug davon. – »Das gebe der liebe Gott!« sagte Frau Nüßler, »und damit du siehst, daß ich dir auch zu Willen bin, so kann ja meinetwegen Rudolf schon übermorgen heiraten.« – »So«, sagte Bräsig, »un nu is wieder Fred' in den Hus', nu is allens in die Reih, nu gebt euch en Kuß! Noch einen, Jochen, daß die linksche Hälfte von deinen Mund nicht zu kurz kommt!«

Und dies geschah, und Unkel Bräsig marschierte ab, geradenwegs nach Gürlitz, um seinem Pätchen Mining ihre glücklichen Aussichten zu verkünden. Er nahm den nächsten Weg, und das war der, auf dem der Herr Rittergutsbesitzer die Stange mit dem Strohwisch hatte einstecken lassen, um ihn für verboten zu erklären. Er war damit aber nicht durchgekommen: Gottlieb hatte auf Bräsigs Anstiften sich das nicht gefallen lassen und hatte den Prozeß gewonnen.

Als Bräsig nun den Feldweg entlangmarschierte, mußte ihm just der Herr Gutsbesitzer entgegenkommen. Schon von weither zeigte er ihm ein überaus freundliches Gesicht und begrüßte ihn im Näherkommen: »Guten Morgen, mein lieber …« – weiter aber kam er nicht, denn Bräsig schoß blitzschnell auf ihn los und bemerkte, ohne ihn anzusehen: »Ein Gewisser will mir ja hier die Stiebel ausziehn lassen, daß ich as ne Kreih mit nakte Beinen hier rümhüppen soll«, und damit marschierte er weiter und blickte sich nicht einmal um.

Und als er nun seine Geschäfte bei Mining in Gürlitz erledigt hatte und wie, nach dem Freudenüberschwang seines lütten Kropzeugs, Lining ihn bat, er möge diesen Tag über noch bei ihr bleiben, müsse freilich Gottlieb entschuldigen, denn es sei Sonnabend und er müsse seine Predigt vorbereiten, da sagte er: »Frau Pasturin Lining, jedermann hat seine Geschäften, und wenn der Herr Pastohr Gottlieb seine Predigt macht, worum *ich* nicht auch eine? Denn ich muß heute abend noch in die Reform.« Und damit enteilte er nach Rahnstädt.

Kapitel 38

Die Rednertonne

Nachdem Bräsig seine Neuigkeiten aus Rexow und Gürlitz ausgekramt hatte und als für die Frau Pastor und für Hawermann nichts mehr zu fragen übrig blieb, machte sich Bräsig neu beflügelt wieder auf den Weg: »Nehmen Sie mich's nicht übel, Frau Pastohrin, und du auch nicht, Korl, ich muß, so drad ich mich andere Stiebeln angezogen habe, in die Reform. Du sollst mitkommen, Korl, wir wählen uns heute einen neuen Herrn Presendenten, indem daß der alte, wie er sagt, nicht mehr mang durchfinden kann. Ich wähle den Herrn Avkaten Rein – kennst du ihn? Ein netter Mann, en wahrer Lebermann; aber Stückschen macht er, das's wahr. Und denn haben wir for heut ne wichtige Frage aufgesmissen. Rekter Baldrian sagt, sie berührt sich mit dem Zeitgeist – wir wollen nämlich ausfündig machen, woher sich die große Armut in der Welt stammt. – Du sollst mitkommen, Korl.« – Karl wollte aber nicht, und Bräsig ging allein.

Der erste Mensch, der Bräsig im Saale des Reformvereins in den Weg lief, war – Zamel Pomuchelskopp, der zudem, als er seiner gewahr wurde, stracks auf Bräsig lossteuerte: »Guten Abend, lieber Bruder, was machst du, lieber Zacharias?«

Viele haben es nicht gesehen, wie Bräsig sich auf diese Anrede hin verhielt, und die es gesehen haben, wußten es nicht richtig zu verdeutlichen, die Sache hatte sie überwältigt. Doch Schuster Bank hat es gesehen und hat es mir erzählt: »Fritz«, sagte er, »süh, wie wenn du das Gesicht des Herrn Inspektors durch ne Schusterkugel ankuckst, so sah er aus. Der Mund war noch einmal so breit, und die Nase noch mal so dick, und das ganze Gesicht sah aus wie Feuer und Fett, und wie er ein Bein so voranstellte und sagte: ›*Herr* Zamwel Pomuchelskopf, ich bün kein du von Sie‹ – weißt du, wie er da aussah? – akkerinenrat wie der alte Sandwirt Hofer aus Tirol, wie er bei Gastwirt Voss zu Ivenack an der Wand hängt, bloß daß er kein Schießgewehr in der Hand hatte. Und dann drehte er sich um und zeigte ihm seine Achterseite, und was für eine Achterseite! Und ging an den Wahltisch und gab seine Stimme ab für den neuen Präsidenten und rief laut durch den Saal: ›Ich wähle den Herrn Avkaten Rein, denn rein muß unsere Sache sein, und wenn hier ein Smutz-

lümmel in die Tür kommt, denn muß er rausgesmissen werden.‹ Das verstand nu allerdings keiner, aber alle waren mäuschenstill, denn daß hier was passiert war, das wußte ein jeder. Und wie er so durch den Saal ging, da machten ihm alle Platz, denn er sah aus wie ein Bulle, der stoßen will, setzte sich aber ruhig ans andere Ende vom Saal, und was danach kam, das weiß ein jedes Reformglied.«
So erzählte es mir Hanne Bank, und ich glaube es ihm, denn er war ein guter Freund von mir und war ein ehrlicher Kerl, obwohl er nichts anderes war als nur ein Schuster. Er wurde von einem nichtswürdigen Schurken in seinen besten Jahren ins blutige Grab gestoßen, weil er für das Recht eingetreten ist, und wenn es auch nicht hierher gehört, so will ich es doch niederschreiben, damit das Andenken eines so ehrenwerten Mannes und lieben Freundes nicht nur auf seinem Grabstein vermerkt bleibt.

Also Zacharias Bräsig setzte sich ans andere Ende des Saales und saß da wie ein Gewitter, das alle Augenblicke losbrechen will. Der Advokat Rein war Präsident geworden. Er bediente sich folglich der Glokke, kroch in die Tonne hinein, bedankte sich vielmals für die ihm gewordene Ehre und sagte dann noch: »Meine Herren, bevor wir an unsere Arbeit in der Armutsfrage gehen, habe ich das Vergnügen, Ihnen anzuzeigen, daß der Herr Rittergutsbesitzer Pomuchelskopp auf Gürlitz sich zur Aufnahme in unseren Verein gemeldet hat. Ich glaube, es wird wohl keiner gegen seine Aufnahme etwas einzuwenden haben.« – »So?« schrie hinter ihm eine überaus ärgerliche Stimme, »wissen Sie das so prick? Ich bitt ums Wort!« Als sich der neue Präsident umwandte, stand Unkel Bräsig bereits am Kühlfaß.
»Herr Inspektor Bräsig hat das Wort«, erklärte der Präsident, und Unkel Bräsig klemmte sich in die Rednertonne. »Mitbürger!« begann er, »wo lang is das her, daß wir hir in Grammelinen seinen sonstigen Danzlokal Freiheit, Gleichheit un Brüderlichkeit besworen haben? Von die Freiheit will ich hier nichts nich sagen, obschonst ich mich in diesen verfluchten Kasten mit meinem natürlichen Leibe nich rögen kann. Von die Gleichheit will ich auch nichts sagen, denn was unser neuer Herr Presendent is, gibt uns ein gutes Beispiel, indem daß er ümmer in einem grauen Rocke geht und nicht wie gewisse Leute in einem blauen Leibrocke mit blanke Knöpfe; aber von die Brüderlichkeit will ich reden.
Mitbürger! Ich frage Ihnen, is das Brüderlichkeit, wenn einer seinen

Mitbruder die Stiebeln ausziehen lassen will? und einer seinen Mitmenschen as ne Kreih in den Snee will rumhüppen lassen oder, wenn der Snee weg is, in der Morast? und einer berühmt sich das allentwegen? und einer hängt einen einen Lack an? Ich frage Sie, ob das ne Brüderlichkeit is? und sage: der *Herr* Zamwel Pomuchelskopp is solche Brüderlichkeit. Und weiter wollte ich nichts nich sagen.« Bräsig stieg von der Rednerbühne herab und schnaubte sich die Nase so gewaltig, als müsse er für sich selber auf seine Rede hin einen Tusch ausbringen.

Nach ihm kam Schneider Wimmersdorf zu Worte und gab zu verstehen: die Rahnstädter Reform müsse es sich zur hohen Ehre anrechnen, daß sie in ihren Reihen auch einen Gutsbesitzer aufweise. Soviel er wisse, sei dies der einzige, denn mit dem Herrn von Zanzel sei, obwohl er ein Gut besitze und ebenfalls Mitglied sei, nicht zu rechnen, denn er kaufe nicht in Rahnstädt und ließe dort auch nichts machen. Er stimme also für den Herrn Gutsbesitzer.

»Bravo!« ging es durch den Saal. »Wimmersdorf hat recht! – Vadder, du hast recht! – Wovon sollen wir leben, wenn wir uns solche Leute nicht warmhalten?«

»Das wäre nicht meine Meinung«, führte Zimmerling Schulz aus und kroch langsam aus der Tonne wie eine wohlgenährte Schnecke aus ihrem Schneckenhäuschen, das ihr justament auf den Leib geschneidert ist: »Sneider Wimmersdörp – Dummes Zeug! – dummes Zeug! Hätte sich der Gürlitzer Potentat vordem um uns kümmert, hätte er vordem seine Rechnungen bezahlt, als er uns noch nicht brauchte? Was stände er hier in dem Saal, wenn über ihn abgestimmt wird? Könnte er nich in Bescheidenheit rausgehn? – Aber nein! – Denn worum? – Weil er ein Großmogul ist. – Ich sage: ›rut! rut‹.«

Und die Schnecke kroch zurück in ihr Schneckenhäuschen, aber ihre Rede hatte doch gewaltig durchgeschlagen: »Rut! rut!« riefen einige Stimmen, und andere riefen: »Weiterreden! Noch mal anfangen!« Und einer von den üblen Schustergesellen sang sogar mit vernehmlicher Stimme:

»Snickermus, komm herut!
Steck din vierfacht Hürn herut!«

Aber Zimmerling Schulz kam nicht wieder. Er wußte allzu gut, daß er den mächtigen Eindruck, den seine Rede hinterlassen, nur abgeschwächt hätte. Er wollte ihre Wirkung lieber verstärken und stellte sich also neben Bräsig hinter das Faß, und alle beide schrien unausgesetzt immer nur: »Rut! rut!« und sie hätten gewiß obgesiegt, hätte der Teufel nicht David und Schlitzohr ins Kühlfaß gekarrt. Beide trugen Schnurrbärte, zum Zeichen, daß sie ungeheuer liberal waren.

Beide sangen denn nun um die Wette Pomuchelskopps Lob mit Psaltern und Geigen. Er sei ein »hülfreicher Engel«, beteuerte Schlitzohr. »Ja, en Speckengel!« schrie der Witzbold von Schustergeselle. Er habe hier in Rahnstädt manchem armen Hausvater mit Vorschüssen unter die Arme gegriffen – die zehn Prozent Zinsen verschwieg er –, und er werde noch weitaus mehr für die Stadt tun.

David sang das gleiche Lied, nur war dessen Melodie ein wenig mit Safran angefärbt und mit Knoblauch angewürzt. »Meine Herren!« begann er und erwies dem Witzbold von Schustergesellen eine tiefe Verbeugung, um Ruhe vor ihm zu haben, »bedenken Se! bedenken Se das Wohl von die ganze Stadt! – Sehn Sie, da is per primo der Herr Permuchelskopf selber in eigener Person, denn is da die gnedige Frau Permuchelskopfen – ne grausam gescheute Frau! –, denn is da de Fräulein Salchen und de Fräulein Malchen und der Herr Gustäwing und der Herr Nanting und der Herr Philipping, und denn kommt die Fräulein Mariechen und die Fräulein Sophiechen und die Fräulein Melaniechen, und denn kommt der kleine Herr Krischäning und der kleine Herr Jöching, und denn kommen erst die ganz Kleinen – nu! Warten Se noch, ich bin noch nicht zu End –, und denn kommen de Stubenmädchen und de Köchinnen un de Kindermädchen und de Schweinemädchen – nu, was weiß *ich*? –, und denn kommt der Kutscher, und denn kommen de Pferdeknechte, und denn kommt der Ochsenknecht – nu? er braucht *auch* was.

Warum sollt er nichts gebrauchen? Jeder Mensch hat seine Gebräuche! Und se gebrauchen Röcke, und se gebrauchen Hosen, und se gebrauchen Schuh und Stiebeln, und se gebrauchen Strümpfe und Hemden und Nachtjacken. Und wenn's wird *kalt*, müssen se haben en *warmen* Rock, und wenn's wird *warm*, müssen se haben en *kalten* Rock, und wenn's kommt zu Palmsünndag, daß se werden konfemiert, müssen se haben en *guten* Rock, und nu zu Weihnachten! – Gott, du gerechter! Hab ich doch immer gesagt: dieser Christus is doch gewesen ein großer Mann! Was hat er nicht gebracht in die Welt für'n Geschäft zu Weihnachten! Und das allens sollen wir schaffen an und sollen's halten in den Laden. Aber wer kauft's uns ab? – Der Herr Permuchelskopf kauft's uns ab. – Weiter sag ich nichts.«

Dies war auch nicht notwendig, denn als er seine Rede beendet hatte, saßen alle Schuster und Schneider und machten in Gedanken Schuhe und Stiefel und nähten Hosen und Jacken für die kleinen Pomuchelsköppe, und die Kaufleute handelten mit Muchel um ihre Reste, und Kurz hatte im Handumdrehen sein halbes Warenlager an ihn verkauft.

Aber trotz alledem schrien Bräsig und Zimmerling Schulz aufs neue: »rut! rut!« und dagegen schrie es: »Hiergeblieben!« – »rut! rut!« – »Hiergeblieben.« Und es entstand ein fürchterlicher Tumult. Die materiellen Interessen in Gestalt von Pomuchelskopps Stiefeln und Hosen bäumten sich auf gegen die ideale Brüderlichkeit: es ward ein harter Kampf.

Schließlich verschaffte sich die Klingel vom Präsidentenstuhl doch soweit Luft, daß Herr Präsident Rein sich vernehmen lassen konnte: »Meine Herrn«, rief er. – »rut! rut!« – »Hiergeblieben!« – »Meine Herrn«, begann er von neuem, »Gott sei Dank! . . . « – »rut! rut!« – »Hiergeblieben!« – »Gottseidank! Die Meinung der Versammlung hat sich in so glänzender Weise geklärt, daß wir zu einer Abstimmung schreiten können. Also: alle diejenigen, die für die Aufnahme sind, gehen zum Musikantenchor. Die dagegen sind, gehen zur Rednerbühne.« Nun kam die Rahnstädter Reform in Bewegung. Jeder trat so kräftig auf, wie er nur konnte, um die Festigkeit seiner Überzeugung zu bekunden, und von weitem hörte es sich an, als sei bei Grammelin eine Walkmühle in vollem Gange. Die Folgen dieses guten Geschäftsgangs sollten jedoch alsbald noch näherrücken und handgreiflich sichtbar werden, denn Grammelin stürzte zur Tür hinein und schrie: »Herr Präsident! Kinnings! Ich bitt um eine andere Art, um ne ruhigere Art von Abstimmung!« – »Ei was!« rief Tischler Thiel, »abgestimmt muß werden! Sonst ist's keine Reform.« – »Das weiß ich, Thiel, aber ihr stimmt ja so ab, daß mir der Kalk von der Decke fällt.« Derart vermochte jedermann einzusehen, daß das politische Geschäft ein wenig zu kräftig betrieben worden war, und auf Grammelins Antrag hin wurde nun beschlossen, fortan solle nicht mehr mit den Beinen, sondern nur noch mit den Armen abgestimmt werden. Die Stimmen wurden gezählt: Pomuchelskopp war als wirkliches Mitglied in den Rahnstädter Reformverein aufgenommen worden. Zimmerling Schulz drehte sich nach Bräsig um und fragte ihn beiläufig über die Schulter hinweg: »Na, wenn's so geht, Herr Inspektor, was soll denn aus Deutschland werden?« – »Is mich ganz egal«, erwiderte Bräsig. »Aber mit die Brüderlichkeit bleib einer mich jetzt vom Leibe.«

Danach kam die Armutsfrage an die Reihe. Nachdem der Präsident ihren Inhalt genauer bestimmt hatte, sollte der Rahnstädter Reformverein feststellen: »Wie die Armut zuerst in die Welt gekommen ist und weshalb sie dort immer noch ihr Unwesen treibt?« Der erste Referent war Rektor Baldrian. Er bestieg, wie auch die anderen alle, die Rednerbühne von hinten, ließ sich jedoch von vorn durch seinen Primus einen großen Stapel von Büchern überreichen, um auf diese Weise vorab erst einmal in der Versammlung ein für sich selber günstiges Vorurteil zu erzeugen. Als er sodann die Bibel und Xenophon, Plato und Aristoteles, Livius und Tacitus, und was ihm von Cicero gerade zur Hand war, beiseite gerückt hatte, machte er eine Verbeugung und äußerte bescheiden: dies seien seine Hilfstruppen. »Vadder«, sagte Jehann Bank zu Schuster Deichert, »dies wird langwierig, wir kennen ihn ja. Wollen uns erst noch mal ein Glas Bier kommen lassen.«

Dann legte der Rektor los und bewies aus der Bibel, daß bei den Juden schon in den ältesten Zeiten Armut geherrscht habe. – »Dat 's nich wohr!« schrie eine heisere Stimme aus der dichtgedrängten Menge hinten im Saal, »de verfluchten Juden haben's Geld ganz allein, de wissen viel, wie's n' armen Menschen zumut ist.« Der Rektor ließ sich aber nicht stören. Er wies den Sachverhalt aus der Bibel genau nach, nahm sodann Xenophon zur Hand und berichtete allerlei über die spartanischen Heloten, was jedoch offenbar von der Versammlung nicht so ganz verstanden wurde. Darauf nahm er sich Plato vor und schlug auf ihn drein, freilich nur auf das Buch von der »Republik«, und dies noch dazu mit allem Wohlwollen. Er führte aus: Wenn es in Rahnstädt so wäre, wie Plato es sich in seinen Feierabendstunden für die Athener ausgedacht habe, dann könnte jeder Rahnstädter Tagelöhner täglich zu Mittag Rindfleisch mit Kartoffeln zu sich nehmen und des Sonntagsnachmittags gar in einer Kutsche spazieren fahren, und die Kinder, die jetzt mit einem Bettelsack um den Hals herumschwärmten, würden dann mit goldenen Ketten um den Hals durch die Straßen wandeln.

»Das muß er uns genauer ausdeuten.« – »Hoch! Plato, hoch!« ging es durch den Saal. – »Vadder, ist das der alte Judenrabbi Platow, der auf dem *einen* Auge nichts mehr sehn kann?« – »Ih, Vadder, den

hab ich gut gekannt, der hat manches Stück Rindvieh bei mir geschächtet«, rief Schlachter Kräuger.
Die Klingel des Präsidenten sorgte für Ruhe. Advokat Rein, der es faustdick hinter den Ohren hatte, wandte sich an den Rektor und bat ihn im Namen der Versammlung, er möge doch die Freundlichkeit haben und dem Rahnstädter Reformverein ein genaueres Bild von der platonischen »Republik« vermitteln. Dies hieß nun aber wahrhaftig abgefeimt viel verlangen, und dem armen alten Rektor lief der Schweiß in Strömen vom Angesicht, als er dreimal ansetzte und dreimal stecken blieb, dieweil er selber nicht besonders gut darüber unterrichtet war. Schließlich entrang es sich ihm also in seiner Herzensangst: die platonische Republik sei eine Republik gewesen, und was eine Republik sei, das würden seine politisch gebildeten Zuhörer doch wohl wissen.
Selbstverständlich wußte dies ein jeder, und so kam der Rektor alsbald auf die Römer. Er verbreitete sich über den ganz außergewöhnlichen Umstand, daß auch die alten Römer von Zeit zu Zeit alle einmal gehungert und daß sie dann lauthals nach »panem et circenses« geschrien hätten. » ›Panem‹, meine lieben Zuhörer«, sagte er, bedeutet nämlich ›Brot‹, und ›circenses‹ bedeutet ›öffentliche Spiele‹.«
Da aber sprang Schuster Deichert auf die Bank, obwohl ihn Hanne Bank am Rockschoß zurückzuhalten suchte, und rief: »Das sag ich nur! Die alten Römers sind so dumm nicht gewesen. Und was die können, können wir Rahnstädter allemal. – Was! mir und Bökel und Jürendt und allen andern, wie wir bei Pfeifer sitzen und ein bißchen Siebzehn und Vier spielen, läßt der Bürgermeister die Karten wegnehmen, und wir müssen mit Vadder Pfeifern aufs Rathaus und müssen da Strafe und Gerichtskosten bezahlen? – Was? – Ich sag wie die alten Römers: Freies, öffentliches Spiel muß sein!« – »Da hast du recht, Vadder«, rief Jürendt, »und die alten Römers und der Herr Rektor sollen leben, hoch!« – »Hoch!« ging es nun, und abermals »Hoch!« Der Rektor nahm dies Hoch für sich und die Römer mit einer Verbeugung entgegen, und als er wahrnahm, daß der Präsident des öfteren nach der Uhr blickte, machte er sich an den Schluß seiner Rede und gelangte auch tatsächlich zum Ende: »Meine geehrten Zuhörer«, sagte er, »wenn wir also unsere jetzige Armut betrachten, so sind es eigentlich nur die Kinder armer Leute und die Handwerksburschen, die in unserer Stadt betteln gehn.« Damit trat er ab und nahm seine Hilfstruppen unter den Arm.

Nach ihm kam Jehann »Meinswegens«. – »Meine Herrns«, sagte er, »ich bin meinswegens ein Färber.« Dabei streckte er seine beiden Hände mit solchem Nachdruck aus der Tonne, daß es dem ganzen Reformverein blau vor Augen wurde. »Ich bün auch bei den Herrn Rekter in de Schul gegangen, un recht hat er, wir müssen ne Replik haben. Meinswegens kann sie von Plato'n sein, meinswegens von en andern. Aber was der Herr Rekter sagt von die Handwerksburssen, das ist ne Sünde und ne Schande. Ich meine meinswegens die Handwerksburssen, nicht den Herrn Rekter. – Meine Herrns, ich bün meinswegens auch als Handwerksburss in die Frömde gereist.« – »Hinterm Ofen bei Muttern hast du gesessen«, rief eine Stimme. – »Was? – Bis nach Birnbaum in Polen bün ich gekommen und meinswegens noch weiter, ümmer zu! so weit der Himmel blau ist und ein ehrlicher Blaufärber meinswegens noch was gilt«, und damit schlug er sich vor die Brust. »Und, meine Herrns, ich könnte meinswegens noch zwei Gesellen halten. Aber ich kann's nich, denn der Indigo is zu teuer.« – »Ih, du Racker! du färbst mit Blauholz«, rief Schuster Deichert. – »Das is meinswegens en dummen Snack!« rief Jehann. – »Was Indigo? Hier!« riefen viele Stimmen, »er färbt mit Blauholz!« – »Ja«, rief der Witzbold von Schustergesell, »die Frauensleut, die bei ihm färben, kann man gleich erkennen. Die sehn doch schon alle aus wie die Teerschweler, der elende Krusch von Blauholz färbt allemal ab.« – »Junger Mensch«, rief Jehann ziemlich geringschätzig, »haben Se meinswegens in meine kalte Küpe hineingekuckt?« – »Halt du nur das Maul, wenn von Armut die Red ist, du sitzt ganz schön im Speck«, rief ein anderer. – »Meine Herrns, das is meinswegens en dummen Snack! Es is wahr, ich habe mir en neues Haus gebaut...« – »Von Blauholz«, rief der Schustergeselle. – »Von Blauholz!« rief alles durcheinander. – »Nein!« rief der Färber, »von Dannenholz, meinswegens mit eichene Bohlen!« – »Von Blauholz!« rief es wieder. – »Meine Herrns«, faßte Jehann noch einmal eindringlich nach, reckte sich hoch und schlug sich mit der blauen Faust vor die Brust, »ich bün meinswegens Rahnstädter Bürger, un weiter sag ich nichts.« – »Ist auch genug!« riefen einige. – »Denn büst ok wat Rechts!« riefen die Tagelöhner. »Runner mit den Döskopp! Wat de weit, weiten wie all lang!« Und Jehann »Meinswegens« mußte abtreten.
Nach ihm kam Kurz: »Mitbürger! Wir sprechen hier von der Armut, und mein geehrter Herr Vorredner sprach von dem Indigo. Da muß ein Donnerwetter dreinschlagen! Woher sollen wir Kaufleute

Steuern bezahlen, wenn sich jeder Färber seinen Indigo selbst kommen läßt. Und das tut der geehrte Herr Vorredner bloß darum, daß ihm keiner in die Karten kucken kann, wieviel Indigo und wieviel Blauholz er gebraucht!« – »Sie kucken selbst in die Karten!« rief es hinter ihm. Er wandte sich um und blickte genau in Bräsigs Gesicht, ließ sich aber nicht stören und fuhr fort: »denn den Indigo kann er von mir wohlfeiler kriegen als in Rostock selbst.

Aber, Mitbürger, von der Armut. Wenn das so beibleibt, werden wir alle arm.« – »Da hat er recht, Vadder«, bemerkte Schuster Deichert zu Jehann Bank. – »Mitbürger, ich habe mir expreß Pferd un Wagen angeschafft, um mir meine Waren selbst heranzufahren und auch diesen kleinen Vorteil wahrzunehmen« – »Den kleinen Vorteil gönnt uns das Takel auch nicht mehr!« warf Fuhrmann Fritz Siewert mit lauter Stimme ein –, »aber«, fuhr Kurz fort, »wie ist's mir ergangen? Sie haben mir vergangen Jahr in Teterow mein Fuhrwerk mit Beschlag belegt.« – »Weil er die Steuer bemogeln wollte«, war Fritz Siewerts Zwischenruf.

Doch auf solche Kleinigkeiten, wie es Unterbrechungen sind, achtete Kurz nicht weiter, denn er war schon einmal hinausgeworfen worden, und Prügel hatte er auch schon einmal bezogen. Er fuhr also fort: »Unser Herr Bürgermeister ließ mich kommen und fragte mich, durch welchen Fuhrmann ich die Waren besorgt hätte? – Durch mein eigen Fuhrwerk, sagte ich. – Also *per se*, sagte er. – Nein, sage ich, nicht per See, Rahnstädt ist keine Seestadt, per Achs. – Da lachte er und sagte, er hätte sich lateinisch ausgedrückt. – Mitbürger! Wohin soll das führen, wenn die Gerichten sich lateinisch ausdrücken, wenn einem Pferd und Wagen mit Beschlag belegt wird? Das ist der Weg zur Armut.

Wie sollen wir Kaufleute bestehn bei dem geringen Aufschlag, den wir von Kaffee und Zucker, von Tabak und Schnupftabak nehmen?« – »Von Ihrem verfluchten Schnupftabak schweigen Sie still!« rief Schuster Deichert, »*solche* Nase hab ich davon gekriegt«, und er hielt sich die Faust vor die Nase, doch er kam damit nicht durch. Alles lachte, denn seine natürliche Nase quoll rechts und links noch unter seiner Faust hervor.

»Mitbürger!« fuhr Kurz fort, »ich weiß das recht gut: Armut muß sein, aber ne vernünftige, solche mein ich, die jedermann mit sich selber abzumachen hat und bei der er nicht nötig hat, seinen Mitmenschen zur Last zu fallen. Aber ist *das* möglich bei den traurigen Zu-

ständen in unserer Stadt? – Mitbürger! Schon seit Jahren streite ich gegen die unberechtigten Privilegien, die sich gewisse Leute angemaßt haben und die von oben herunter geschützt werden.« – »Vadder«, sagte Tischler Thiel zu Jürendt, »sollst sehn, jetzt kommt er wieder mit den Stadtbullen. Denn muß er runter, Bäcker Wredow ist mein Schwager.« Und richtig!: »Mitbürger!« rief Kurz, »ich meine die Stadtbollen. Dieser Unfug ...« – »Runter mit ihm!« schrie Tischler Thiel. »Ja, runter mit ihm!« ging es durch den Saal. – »Wir wollen hier nichts von Bullen und Rindvieh hören!« riefen einige. – »Nicht den kleinsten Vorteil gönnt er einem!« rief Fritz Siewert. »Er will nur alles allein schlucken, nu auch noch die Stadtbullen!«
Der Präsident strapazierte die Glocke aufs unmenschlichste. Kurz richtete und reckte sich auf der Bühne so hoch, als es seine kurze Natur nur hergab: »Mitbürger! ...« – »Ei, was hier? Mitbürger?« riefen Tischler Thiel und Schuster Deichert und zogen den unglücklichen Handelsherrn rücklings an seinen Rockschößen aus dem Kühlfaß heraus, bis er allmählich untertauchte. Nur seine Hände wedelten noch eine Zeitlang über Bord, als sei jemand am Ertrinken, und aus der Tiefe des Fasses brodelte es noch dumpf herauf: »Stadtbollen. – Bollen – Bollen – Bollen –.« Dann wurde es still, und Kurz, am Rande der Bewußtlosigkeit, sank Bräsig in die Arme. Bräsig und der Zimmerling schleppten ihn nach draußen. – »So halten Sie doch Ihr ßackermentsches Maul!« rief Unkel Bräsig und zurrte Kurz in die Nebenstube, bis er ihn dort in eine Ecke hineinbugsiert hatte, »wollen Sie denn abslutemang noch mal Schacht kriegen?«
Und dann stellten sich die zwei alten Burschen rechts und links neben Kurz auf und waren anzusehen wie die beiden Kerle auf dem »Wilden-Manns-Gulden«, die einen springenden Löwen bewachen, damit er die Menschen nicht anfällt. Nur daß die beiden alten Knaben anständiger in ihrer Kleidung einhergingen als jene wilden Männer, und daß sie anstelle von Keulen lange Pfeifen in den Händen führten.

Unterdes hatte Fritz Siewert nachgewiesen, daß die Armut vom Chausseegelde herkam. Das Chausseegeld müsse abgeschafft werden. Schneider Wimmersdorf hatte den vernünftigen Satz aufgestellt: für die Armut müsse etwas getan werden, und für den Augenblick sei nichts anderes dagegen zu tun, als am Großherzoglichen Schloß in Rahnstädt die Inschrift »Nationaleigentum« anzubringen. Würde es

verkauft, dann könnte damit schon ein ganzes Stück Armut beseitigt werden. Dies wurde beschlossen, und sieben Mann marschierten mit Grammelins Stallaterne und einem Stück Kreide bewaffnet zum Schloß und regelten die Angelegenheit.
»Krischan«, sagte jemand hinter Pomuchelskopp, »*die* Sache gefällt mir. – Du büst ja schreiben gewohnt. Das solltst du morgen abend auch an unserm Herrn seine Haustür schreiben.« – Pomuchelskopp blickte sich um – die Stimme kam ihm bekannt vor – und blickte gerade in das Gesicht eines seiner Reform-Tagelöhner, und der verfluchte Kerl nickte ihm auch noch zu. Ihm ward ganz sonderbar zumute, und er wußte sich beileibe keinen Rat: sollte er den *Herrn* als Trumpf ausspielen oder die *Brüderlichkeit*? Geschehen mußte etwas, zumindest mußte er den Reformverein für sich einnehmen, damit dieser *seine* Partei nahm. Und wie Bräsig und Schulz den Saal betraten, dieweil sie Kurz eben noch nach Hause gescheucht hatten, sagte der Präsident gerade: »Herr Pomuchelskopp hat das Wort.«
Langsam drängte sich Pomuchelskopp durch die Reihen, drückte Tischler Thiel unterwegs die Hand, schlug Schneider Wimmersdorf auf die Schulter und sprach einige freundliche Worte mit dem Witzbold von Schustergesellen.
Als er sich in die Tonne hineingezwängt hatte, begann er: »Meine *Herren!«* – Nun macht es immer einen großen Eindruck, wenn ein blauer Frack mit vergoldeten Knöpfen einen Tagelöhnerkittel und einen geflickten Handwerkerrock mit *»Herren«* anredet, und so ging denn auch sofort ein Murmeln durch den Saal: »Der Mann hat recht!« – »Er weiß, was uns zukommt.« – »Meine Herren!« sagte Pomuchel noch einmal, als sich das Murmeln gelegt hatte, »ich bün kein Redner, ich bün ein einfacher Landmann. Ich habe hier bessere Redner gehört« – und er erwies dem Rektor und Jehann Meinswegens sowie Schneider Wimmersdorf wegen des Chausseegeldes eine Verbeugung, auch Fritz Siewert erhielt eine halbe – »ich habe auch schlechtere gehört« –, und er blickte nach der Tür, durch die Kurz herausgebracht worden war – »aber meine *Herren*! Nicht die *Reden* haben mich zu Ihnen gezogen, sondern die *Gesinnung*, die ich hier finde.« – »Bravo, bravo!« – »Meine *Herren*! Ich bün ganz for Freiheit, ganz for Gleichheit, ganz for Brüderlichkeit! Ich danke Ihnen, daß Sie mich in diesem edelen Vereine aufgenommen haben.« – Hier zog er ein blütenweißes Taschentuch heraus und legte es neben sich hin.
»Meine *Herren,* Sie sprechen hier über die Armut. Manche stille

Stunde habe ich damit hingebracht, darüber nachzudenken, manche schlaflose Nacht habe ich mich abgemüht mit der Frage, wie diesem Übel zu steuern wäre« – hier wischte er sich mit dem Taschentuch den Schweiß ab, offenbar um zu zeigen, wie sauer ihm die Sache geworden –, »das heißt, meine Herren, wegen der Armut in den kleinen Städten, denn unsere Tagelöhner auf dem Lande, die kennen keine Armut.« – »So?« rief eine Stimme von hinten, »Krischan, nu is't Tid, nu red!« – »Unsere Tagelöhner«, fuhr Pomuchelskopp fort und ließ sich nicht beirren, obwohl er die Stimme nur zu gut kannte, »erhalten: freie Wohnung mit einem Garten, freie Weide für eine Kuh, Heu und Stroh dafür, Holz und Torf und Kartoffel- und Leinland, soviel sie gebrauchen, umschichtig für die Woche einen Scheffel Gerste, einen Scheffel Roggen oder einen Taler, und denn all das Dröscherkorn, und die Hausfrauen können sich noch täglich fünf Schilling verdienen. – Nun frage ich Sie, meine Herren, steht sich ein Tagelöhner in der Stadt so gut? Kann ein Tagelöhner überall mehr verlangen?«

»Nee, nee!« riefen die städtischen Tagelöhner. – »Meine Herrn«, rief der Zimmergeselle Stöffe Rutschow, »ich bin Zimmergeselle und kriege den Sommer über neun Groschen, und einen Groschen muß ich noch an den Meister geben. Ich möcht ja lieber Tagelöhner bei Herr Pomuchelskoppen sein!« – »Swinegel!« rief Zimmerling Schulz. »Büst du diesen ganzen Frühjahr schon mal auf Arbeit gewesen? Du treibst dich rum.« – »Ruhig! Ruhig!« rief es.

»Meine *Herren*«, fuhr Pomuchelskopp fort, »sehn Sie, so sünd unsere Taglöhner gestellt, und denn die Behandlung! – Jeder Tagelöhner kann zu jeder Zeit kündigen und sich eine andere Stelle suchen; ist das nicht aller Ehren wert? Ist das nicht genug?« – »Krischan, nu red du, nu is't Tid!« rief es abermals von hinten. – »Meine *Herren*«, rief Pomuchelskopp nun mit erhobener Stimme und gelangte zum Schluß, »wegen der Gesinnung und grade wegen der Armut in den kleinen Städten bin ich diesem edelen Vereine beigetreten, und Sie sollen sehen – ich bin kein reicher Mann –, aber was ich tun kann, soll getan werden.

Und nun, meine Herren, fordere ich Sie noch zum gegenseitigen Schutz auf. Wenn Stadt und Land treu zusammenhalten, denn wird Ordnung sein, und wir werden alles in friedlicher Weise in diesem schönen Reformverein abmachen und einrichten können. – Es lebe der Rahnstädter Reformverein!«

»Hurrah! – Hoch! – Vivat, hoch!« rief es nun aus allen Ecken und Winkeln heraus. – »Der Herr Pomuchelskopp soll leben!« riefen auch noch einige, und Muchel begab sich unter Verbeugungen und mit seiner freundlichst lächelnden Miene zu seinem Sitz.

Als er sich umdrehte, war sein Platz auf der Rednerbühne schon wieder besetzt, und Zacharias Bräsigs gerötetes Antlitz leuchtete ihm von dort entgegen, nicht friedlich wie Sonne und Mond, sondern wie eine Feuerkugel, die unser Herrgott zum Zeichen seines Strafgerichts auf die Menschheit losläßt. – »Mitbürger!« rief Bräsig und machte dazu seinen Mitbürgern ein Gesicht, als habe er heute früh schon zwei von ihnen zum Frühstück verspeist und wolle sich nun noch einen weiteren, wohlgenährten zum Abendbrot aussuchen.

»Mitbürger! Wenn der Herr Zamwell Pomuchelskopp ruhig auf seinen Meß in Gürlitz sitzen geblieben wäre, ich hätt nichts nich sagt. Wenn er mir nicht hier in diesem Saale geduzt hätte und hätte nicht an diesem erhabenen Vaterlandsorte« – dabei schlug er aufs Kühlfaß – »ausgestunkene Lügen in Vortrag gebracht, ich hätte auch nichts nich sagt.« – »Das gehört gar nicht hierher!« rief Schneider Wimmersdorf, »das ist bloßes Gedrähn!« – »Ruhig! – Er kann so gut reden wie jeder andere.« – »Herr Sneider Wimmersdörp«, fuhr Bräsig fort, »wenn Sie meine Rede for Gedrähn estimieren, denn können Sie sich for meinentwegen die Ohren zuhalten, denn Sie sind mich zu *dumm*! Und nu können Sie hingehn und mich verklagen: ich bün der Entspekter Bräsig!« – »Er hat recht! – Fortfahren!« rief es.

»Mitbürger, ich hätte nichts nich sagt, denn ich halte es for eine Unpaßlichkeit for jeden Ökonomiker und andern Menschen, wenn er die Tagelöhner gegen den Herrn aufhitzt, aber wenn sich einer« – »En Großmogul!« ließ sich Zimmerling Schulz vernehmen – »auf diesem Altare der Brüderlichkeit aufstellt, daß er die hiesige Reform mit Lügen unter die Augen gehen und sich weiß brennen und ne falsche Einbildung von das Glück seiner Tagelöhner in Ümswang setzen will, denn will ich auch mal reden. – Mitbürger! Mein Nam is Entspekter Zacharias Bräsig!« – »Bravo! bravo!«

»Der Herr Zamwell Pomuchelskopp hat euch gesagt, daß auf dem Lande keine Armut zu finden sein täte, indem daß er alle Elemente aufregaliert hat, die der Tagelöhner eigentlich haben soll – bonus! wie unser geehrter Herr Presendent Rein sagt –, aber, Mitbürger, mit die

Tagelöhner-Elemente ist es grademang so as mit Rindfleisch un Plummen: sie smecken sehr gut, aber wir krigen sie man nich.
Zum Exempel und bloß so präter propter, mit die Wohnung: Gleich rechtschen in Gürlitz steht ne Art von Sweinstall, was ne Wohnung bedeuten soll, da wohnt Willgaus drin – is Willgaus hier?« – Willgaus war nicht hier. »Schad't ihm auch nich. Das Dach is seit drei Jahr nicht dicht macht, und oben läuft der Regen piplings hinein, und wenn en ordentlichen Gewitterregen kommt, denn läuft den Mann die Stub' voll, daß seine kleinen Würmer, wildeß er mit der Frau in den Aust ist, als die Poggen darin herumasen. Und als er sich darüber beswerte, sagte der Herr Pomuchelskopp: er hieße ja Wildgans und för Gäns' wäre das Wasser ja angenehm.« – »Pfui! pfui! – Das hätt er nicht sagen müßt!«
»Und nun mit die freie Weide und das Heu für die Kuh! Wo is denn die Weide! ne halbe Meile von dem Dorf, auf dem Außenacker, wo nichts as Bocksbart waßt, und in die Dannen, und da sollen die Hausfrauens dreimal auf den Tag zum Milchen hingehn? – Na, drei haben's man noch nötig, denn achtzehn Tagelöhner von die einundzwanzig haben ihre Kühe an Rückenblut und Rotwasser, und was weiß ich, verloren und haben keine mehr. Und die drei, die noch da sünd, sünd wohre Danzmeisters.« – »De Kirl is en Großmogul!« rief der Zimmerling hinter ihm, »rut! rut« – »Ruhig! ruhig! weiter reden lassen!«
»Ja, Mitbürger, ich will weiter reden. Mit das Holz und den Torf: Der Torf is Moostorf aus dem Bruch un krümelt ausenander und hat keine Hitz, und das Holz sünd Dannenzweig un Sammelholz, was die Kinder auf dem Puckel nach Hause tragen müssen. Und dann das Kartoffel- und Leinland! Wo ist's?: Im Außenacker, auf dem abtragen Slag. – Wer mist's?: Der Vogel mist's, und wenn einer denn im Herbst das bischen Kartoffeln sieht, slägt er die Hän'n übern Kopp zusammen und sagt: Gott, du bewohre! Davon soll die Fomilie und das Swein den Winter über von leben!
Aber sie leben nich davon, denn sie stehlen. Bei den Herrn Pomuchelskopp stehlen sie nich, denn das würd sie slecht bekommen, sie stehlen in der Nachbarschaft, und was ne Freundin von mir ist, die Madam Nüßlern, hat Ordre ausgegeben, so drad ein Gürlitzer Daglöhner bei ihre Kartoffelmieten attrapiert würd, sollt man ihn laufen lassen, denn er tät's aus Not, und es wär ein Jammer!«
»Fru Nüßlern hoch!« rief Jehann Bank. – »Hoch!« rief es, »un noch einmal hoch!«

»Und nu das Lein!« sprach Bräsig weiter, »*so* lang!« und markierte an seinem Arm eine Fußlänge, »daß schon selbst der Herr Notorjus Schlitzohr, was doch ein namentlicher Freund von den Herrn Pomuchelskopp sein will, in meiner Gegenwart den slechten Witz gemacht hat: derowegen trügen die Frauensleut in Gürlitz so kurze Hemden, indem daß das kurze Lein zu lange Hemden nich reckte.« – »Dat is en entfamten Swinegel«, rief der Zimmerling, »wenn er über die Not noch seine Galoschen machen will. – Rut! rut!«
»Mitbürger!« begann Bräsig aufs neue, »ich will man sagen: die Wohnung, die Kuhweide und das Holz und Torf und das Kartoffel- und Leinland, das sünd for den Tagelöhner auf dem Lande sein Rindfleisch un Plummen. Sie smecken sehr gut, aber sie krigen's man nich, und daher stammt sich die Armut auf dem Lande.
Aber woher stammt sie sich in der Stadt? – Mitbürger, ich will's euch sagen, denn ich wohn hier schon lange genug in der Stadt und regardier' die Menschheit: *die große Armut in der Stadt kommt von der großen Powerteh her!«*
Damit machte er eine Verbeugung und trat ab, und »Bravo!« ging es durch den ganzen Saal. – »Der Mann hat recht!« – »Herr Inspektor Bräsig soll leben!«

Und Präsident Rein schloß die Versammlung und erklärte: einer solchen Rede werde wohl niemand mehr etwas hinzufügen wollen. Und jetzt kam denn alles auf Bräsig zu und gratulierte ihm, und alle, alle schüttelten ihm die Hände, bis auf Pomuchelskopp und den Stadtmusikanten David Berger. Der eine hatte sich still davongeschlichen, und der andere war nach Hause gelaufen, um seine Musikantenschar zusammenzutrommeln.
Und wie Bräsig bei Grammelin aus der Tür trat, da hatten sieben Blasinstrumente vor ihm sich in einem Halbkreis versammelt und bliesen ihm die Ohren voll mit »Heil dir im Siegerkranz«, und David Berger hatte sich seine Brille aufgesetzt und schlug mit Grammelins Billardqueue den Takt dazu, so daß Unkel Bräsig sich vor Schlägen hüten mußte. Doch die Gürlitzer Tagelöhner standen in einem dichtgedrängten Häuflein um ihn herum, und Weber Rührdanz sprach: »Fürchten Sie sich nicht, Herr Inspektor, Sie haben *uns* beigestanden, wir stehn *Ihnen* wieder bei.«
Und als nun mit Bräsig an der Spitze ein feierlicher Umzug über den Markt und durch alle nur erdenklichen Straßen in Rahnstädt statt-

fand, da schritten diese armseligen, erniedrigten und beleidigten Menschen in Treue und Ehrbarkeit an seiner Seite, denn es war das allererste Mal, daß die Welt von ihrer Not und ihrem Jammer Notiz genommen hatte, und das Gefühl, daß man nicht ganz alleinsteht, läßt das Gute in der Menschenseele heller aufleuchten als alle Vermahnung.

Vor dem Hause der Frau Pastor richtete Bräsig noch eine kurze Ansprache an sein Ehrengeleit und erklärte: daß er die Herren heute abend hineinbitte, das schicke sich nicht, denn dies sei ein geistliches Haus, insofern er zur Miete bei der Frau Pastorin wohne. Aber zu übermorgen abend lade er die Runde auf eine Bowle Punsch zu Grammelin. Diese Einladung nahmen denn auch alle unter Hurrah-Rufen an, und als Bräsig schon im Bett lag und sich gerade anschicken wollte, seinem Karl das Vorgefallene zu berichten, da sang draußen der Rahnstädter Gesangverein das schöne Lied: »Hohe Lorbeern stehen, wo der Krieger schläft«, und auf dem Weg nach Gürlitz zu schritten in ernstem Schweigen die Gürlitzer Tagelöhner, und Weber Rührdanz sagte: »Kinnings, folgt *mir*! Los wollen wir ihn wohl werden, aber nicht mit Gewalt, nee, in aller Glimpflichkeit. Denn was würden wohl der Großherzog und der Herr Inspektor Bräsig dazu sagen, wenn wir zum Dank für seine Rede uns wie die Swinegel betragen wollten?«

Kapitel 39

Das schwarze Paket

Am andern Nachmittag nach dem Kirchgang – denn es war Sonntag – trat Kurz zu Hawermann und Bräsig ins Zimmer: »Gu'n Dag! – Gu'n Dag! – Ich bin falsch. Nichts als Ärger den ganzen Tag! – Was? – So'n Volk! – Läßt einen ja nicht mal ausreden! – Ih, da möcht ja doch einer lieber Schweine hüten als Demokrat sein! – Die dummsten Reden hören sie an und rufen ›Bravo!‹ und bringen Ständschen und stören die Leute zur nachtschlafenden Zeit, und wenn einer ihnen einen bedeutenden Standpunkt klarmachen will, denn trommeln und pfeifen sie! – Und das will ein Reformverein sein!« – »Hören Sie mal, Herr Kurz«, sagte Bräsig und stellte sich ihm gegenüber, einige Zoll größer als für gewöhnlich, »das ist ne große Unpaßlichkeit von Sie, daß Sie sich über das Ständschen monkieren, denn *ich* habe das Ständschen gekrigt, und *Sie* hätten wieder Hau gekrigt, wenn der wollmeinende Herr Schulz und ich Sie nicht unter unsere Flügeldecken genommen hätten. – Was? – Wie sagt das schöne Sprüchwort: ›Wo't Mod is, rit't einer up en Bullen tau Stadt.‹ Aber in den Reformverein is das keine Mod, und wenn da einer ümmer auf en Bullen rumreiten un rumexieren will, denn wird das die Leute über, und sie smeißen einen mitsamt den Bullen raus. Denn dazu is der Reformverein nicht da.« – »'s ist mir ganz egal! ganz egal!« rief Kurz. »Andere reiten da auf'm Esel rum un werden noch fetiert.« – »Sie sünd jo ein Grobian!« rief Unkel Bräsig, »Sie sünd jo ein impenetranter Kerl! Wenn dies nich Korl Hawermannen seine Stub wär, ich smiß Ihnen ja hier die Trepp herunter, daß Sie Ihre Knochen in en Sack nach Haus tragen müßten.« – »Still, Bräsig, still!« trat Hawermann dazwischen, »und Sie, Kurz, sollten sich was schämen, daß Sie grundlos hier Lärm und Streit anfangen.« – »Lärm und Streit hab ich gestern abend gehabt, Lärm und Streit hab ich den ganzen Tag gehabt. Heut morgen, als ich knapp die Augen aufmachte, fing meine Frau schon an mit Lärm und Streit. Sie will nicht, daß ich in den Reformverein gehen soll.« – »Dann hat sie nicht mehr als recht«, sagte Hawermann ziemlich ärgerlich, »Sie passen da gar nicht hin, denn Sie richten mit Ihrem hastigen und unbedachten Wesen nichts wie Unheil an.«

Er ließ ihn stehen und wandte sich Bräsig zu, der in der Stube auf und ab lief und wie eine Natter fauchte: »Bräsig, er wird's nicht so gemeint haben.« – »Is mir ganz egal, Korl, was so'n brummiges, wormmadiges, mißgestaltiges Dirt von mir meint. – Auf'm Esel rumreiten? – Pfui, das is ja bloß die niederträchtigste Abgunst.« – »Ich hab *Sie* aber nicht gemeint«, rief Kurz und lief auf der anderen Seite der Stube auf und ab, »ich hab meinen Schwager Baldrian und den Färber damit gemeint, und die andern Schafsköpfe. – Und da soll einer nicht toll werden? – Erst Lärm mit der Frau wegen Reformverein, dann Lärm mit dem Ladendiener, schläft bis neune, singt gestern abend mit auf der Straße rum, kneipt bis heut morgen um vier. Dann Lärm mit den Knecht und den Tierarzt, mein Sattelpferd hat die Influenza. Dann wieder Lärm mit meiner Frau. Sie will nicht, daß ich ne Ökonomie einrichten soll.« – »Da hat sie *auch* wieder recht«, fiel Hawermann ein, »aus Ihrem ganzen Wirtschaftskram wird nichts, weil Sie nichts davon verstehen.« – »So? Nichts davon verstehen? Nichts als Ärger! Nachher mit der dummen Stubendirn, hat zu Mittag ein Tischtuch aufgedeckt, was bis auf die Erde reicht. Na, wir sitzen, nu kommt ein Kunde, ich ärger mich über den Ladendiener, daß er nicht fix aufspringt, spring selbst auf, krieg das Tischtuch zwischen die Beine und reiß die Suppenschüssel und die ganze Musik in die Stube. – Sehn Sie, nun kommt meine Frau und hält mich fest und sagt: ›Kurz, geh zu Bett, du hast heut Unglück.‹ Und jedesmal, wenn ich mich ärgern will, sagt sie: ›Kurz, geh zu Bett!‹ – Dabei muß einer doch toll werden.«
»Und Ihre Frau hat wieder recht: hätten Sie sich heut ins Bett gelegt, dann hätten Sie hier keinen Streit angefangen«, meinte Hawermann. – »So?« rief Kurz, »haben Sie schon mal mit gesunden Gliedern den ganzen Tag im Bett gelegen, weil's ein Unglückstag ist? – Ich tu's nicht wieder, und wenn meine Frau auch noch so viel bittet. – Da muß sich ja einer tot bei ärgern! – Sie nimmt mir dann die Stiebeln und die Hosen weg, und ich liege denn da und ärgere mich, daß ich nicht aufstehen kann, wenn ich will.« – Hier mußte nun Bräsig laut loslachen. – »Na«, sagte Hawermann, »nun kommt her und vertragt euch wieder.« – »Ach wo«, sagte Kurz, »ich hab ihn ja gar nicht gemeint. Ich komme hier bloß her, um die beiden Herren Inspektors zu bitten, ob sie nicht mit mir nach meinem Acker gehen und zusehen wollten, ob das Pflügen wohl schon ginge.«
Durch Hawermanns gutes Zureden kam nun die Versöhnung zustan-

de, und die drei Landwirte gingen aufs Feld, denn Kurz rechnete sich forsch dazu und verhaspelte sich derart in landwirtschaftlichen Redensarten, daß Unkel Bräsig sich fragte: »Wer nu woll auf'm Esel rumreitet?«
»Ich habe hier ein Stück Acker«, erläuterte Kurz, »es sind hundertfünfzig Quadratruten, dazu habe ich mir zehn Fuder Dung gekauft von Schlächter Krüger, rechten, fetten, kurzen Schlächterdung, ich will da Runkelrüben pflanzen. Gestern hab ich ihn streuen lassen. Ist's nicht genug, meine Herren? – Sehn Sie hier!« – und er bog vom Weg aufs Feld ab. – »Sehr slecht gestreut!« sagte Bräsig, »en ordentlich afmest't Land muß wie ne Decke von Sanft aussehen«, und begann, auf die Dungklumpen einzuschlagen. – »Schad't nich«, sagte Kurz, »da soll doch wohl was wachsen. 's ist Schlächtermist, kost't mich zehn Taler.«
Plötzlich aber stand er stockstill, fuhr mit den Händen in die Luft und blickte wirr um sich. »Donnerwetter!« rief Bräsig, »was ist?« – »Allmächtiger!« rief Kurz, »ja, da schlag doch ein Deuwel drein! Das ist ja gar nicht mein Acker, hier nebenan ist ja mein Acker. Und da fährt mir der verfluchte Kerl meinen Mist auf fremden Acker! Und ich laß ihn noch dazu streuen! – Zehn Taler! Fuhrlohn! Streulohn! Da soll einer nicht toll bei werden?« – »Ih, Kurz, das ist ja doch nicht so gefährlich«, sagte Hawermann, »das kommt doch vor. Ihr Nachbar wird ja so anständig sein und wird Ihnen den Mist bezahlen.« – »Das ist es ja eben«, rief Kurz. »Das ist Bäcker Wredows Ackerstück, den ich mit den Stadtbullen am Hals sitze. Der wird sich hüten!« – »Un das will nu en Ökonomiker sein«, bemerkte Bräsig trocken, »fährt seinen Mist auf andere Leute Acker!«
»Und da soll einer nicht toll bei werden!« rief Kurz. »Aber was gerettet werden kann, muß gerettet werden!« und damit lief er an die Ackerscheide, stach mit seinem Stock in die Klumpen, warf sie auf seinen eigenen Acker hinüber und erntete im Mist herum, bis er vor Ärger und Anstrengung den Atem fast verlor. Dann nahm er den Stock, warf ihn auf seinen Acker und keuchte, blaß geworden: »Ich will von nichts mehr wissen! Warum hab ich mich auch nicht ins Bett gelegt! – Wenn ich nach Haus komm und den Kerl von Knecht kriege – Kinnings, ich bitt euch, haltet mich fest – sonst geschieht ein Unglück!« – »Verlassen Sie sich ganz auf mir«, erklärte Bräsig, »ich halt Ihnen«, und griff Kurz einstweilen am Rockkragen. – »Aber was kann der Stock dafür?« sagte Hawermann und ging hin, um ihn aufzuheben.

Am Stock hatte sich etwas festgehakt. Kurz hatte beim Herumfuhrwerken etwas damit durchstoßen, und dies hatte sich am Stock emporgeschoben. Der Alte wollte es abstreifen, doch wie er es ins Auge faßte, blieb er stumm und starr stehen. Bräsig gab sich noch mit Kurz ab und hatte auf seinen alten Freund nicht geachtet. Jetzt rief er: »Komm, Korl, wollen man gehn! Bei *die* Geschicht ist doch nichts zu machen.«

Er erhielt keine Antwort, und als er sich nach seinem Freunde umblickte, sah er ihn dastehen, etwas Schwarzes in seiner Hand haltend, darauf starren und es drehen und wenden. – »Mein Gott, Korl, was hast *du* denn?« fragte Zacharias Bräsig und ging zu ihm hinüber.

Er bekam keine Antwort. Hawermann blickte, blaß wie der Tod, auf das, was er in der Hand hielt, und in ihm arbeitete es derart, daß ein heftiges Ziehen und Zucken über sein Gesicht lief. – »Korl, mein Gott, Korl! Was hast du, was is dich?« – Und tief aus Hawermanns Brust entrang es sich schließlich: »Das Paket! – Das Paket! – Dies ist das Paket!« – und damit hielt er Bräsig ein Stück schwarzes Wachstuch hin. – »Was? Was for'n Paket?« – »Oh, ich hab es doch einmal in meiner Hand gehabt, ich hab es Jahre lang gesehn, im Wachen und im Träumen! – Sieh, hier ist das Rambowsche Wappen! – Sieh, hier sind die Kniffe im Waschtuch! – So war es zusammengelegt, so groß ist es gewesen! – So war es zusammengelegt für die zweitausend Taler Gold! – Dies ist das Paket, das Regel nach Rostock bringen sollte!«

Das alles kam so stoßweise, so bedrückend und beklommen heraus, wie wenn einer im Traum spricht, und der Alte wurde von seiner Aufregung so offensichtlich überwältigt, daß Bräsig zu ihm lief und ihn stützte. Doch das Wachstuch hielt er fest, als sei es ihm an die Seele gewachsen, und Bräsig mußte davon abstehen, den Fund genauer zu betrachten.

Kurz kam nun auch heran, doch ohne etwas zu merken, denn er hatte seinen Ärger noch nicht hinuntergeschluckt: »Na, nun sagen Sie, soll einer nicht toll darüber werden? Da liegt mein Mist, da liegen meine zehn Taler auf Bäcker Wredow'n seinen Acker.« – »Zum Donnerwetter!« rief Bräsig, »so lassen Sie uns endlich mit Ihrem dämlichen Mist in Ruh! Wenn Sie ins Reden kommen, denn ist's doch gerade, als wenn's Ihnen aus das Maul rausgeschüppt wird. – Da is Ihr Stock – wir müssen nach Haus. – Komm, Korl, besinn dich!«

Und als Hawermann einige Schritte gegangen war, kehrte die Farbe in sein Gesicht zurück, und nun kam eine fliegende Unruhe, eine jagende Hast über ihn. Er fragte nach diesem und fragte nach jenem: von wem Kurz den Mist gekauft habe, *wann* er abgeladen, *wo* er aufgeladen worden war, was Schlächter Krüger für ein Mann sei. Dann wieder blieb er stehen, legte das Paket zusammen und besah die Brüche im Wachstuch und das Siegel, so daß Kurz seinen Ärger ganz und gar vergaß und den Alten anstarrte, was ihm denn wohl widerfahren sei, daß er derartigen Anteil an seinem Dung und an seinen zehn Talern nahm. Endlich aber mußte Bräsig ihn denn doch mit der Sache bekanntmachen. Aber indem dies geschah, bedrohte er Kurz zugleich in starken Worten mit fürchterlichen Verwünschungen, sofern dieser auch nur ein einziges Wort davon weitererzählte: »Denn« schloß er, »Sie sünd einer von den Leuten, die das Maul wegläuft.«

Und nun standen sie wieder auf der Landstraße beisammen und judizierten, wie der Paketumschlag auf den Hof des Schlachters gekommen sein könne, und Kurz sowohl wie Bräsig waren der Meinung, der Schlachter könne unmöglich mit der Sache etwas zu tun haben, der sei ein zu ordentlicher Mann. – »Ja«, sagte Hawermann, und die Tatkraft, die Bestimmtheit und die Überlegung, die ihm in der langen Zeit seines Grams abhanden gekommen waren, hatten jetzt wieder von ihm Besitz ergriffen, »ja, aber ein Nachbar kann es hinübergeworfen haben. Und wohnt denn der Schlachter allein im Haus?« – Er habe in seinem Hinterhaus Mietsleute, sagte Kurz, aber welche, das wisse er auch nicht. – »Ich muß zum Bürgermeister«, sagte Hawermann, und als sie in die Stadt kamen, ging er zu dessen Haus. Kurz wollte mitgehen, jedoch Bräsig hielt ihn zurück: »Wir beiden haben da nichts nich verloren.« Und als sie sich vor seinem Hause trennten, setzte er hinzu: »Sie haben mir heute auf das erbärmlichste beleidigt. Ich hab Ihnen das vergeben, das ›auf'm Esel rumreiten‹. Sagen Sie aber ein Wort zu einem von Korl Hawermannen seine Geschichten, denn dreh ich Ihnen das Gnick um bei lebendigem Leibe, Sie oller verdrehter Zyropsprinz, Sie!«

Hawermann traf den Bürgermeister zu Hause an. Er gab Bericht von seinem Fund. Er legte das Wachstuch nach den vorhandenen Brüchen zusammen, und der Bürgermeister hörte zu, wurde immer gespannter und sagte schließlich: »Ja, wirklich! wirklich! – Ich habe das Paket ja auch in der Hand gehabt, als ich dem Boten den Paß ausstellte; durch die gleich nachfolgende Untersuchung ist mir die Erinnerung daran ganz deutlich geblieben, und wenn ich selber Zeugnis ablegen sollte, ich müßt es für ein ganz ähnliches oder für dasselbe erklären. Aber, lieber Herr Hawermann, die Spur ist gar zu undeutlich, denn der Schlachter Krüger etwa hat sicher nichts mit der Sache zu tun. Das ist einer unserer besten Bürger, dem ist solches nicht zuzutrauen.« – »Da sollen aber noch andere Leute in seinem Hinterhaus wohnen.« – »Das ist wahr, ja! – Warten Sie einmal, wer wohnt da noch? – Nun, das wollen wir gleich erfahren.« Und er ging an die Klingel und schellte. Sein Stubenmädchen kam herein: »Fiken, wer wohnt im Hinterhaus bei Schlachter Krüger?« – »Je, Herr, da wohnt doch die Witwe Kählert und denn der Weber Schmidt«, sagte Fiken. – »Schmidt? – Schmidt? – Ist das *der* Weber Schmidt, der von seiner Frau geschieden ist?« – »Ja, Herr, und die Leute sagen ja, er will jetzt die Witwe Kählert heiraten.« – »So? so? – Das sagen die Leute? – Na, du kannst wieder rausgehn«, und der Bürgermeister schritt auf und ab und dachte nach, blieb dann vor Hawermann stehen und sagte: »Ein merkwürdiges Zusammentreffen ist es freilich: das ist der geschiedene Mann von der Weberfrau Schmidt, die wir schon einmal wegen dieser Sache zur Untersuchung gezogen haben. Sie wissen, die damals den dänischen Doppellouisdor gefunden haben wollte.« – Hawermann schwieg, Furcht und Hoffnung rangen in seinem Innern. Der Bürgermeister ging abermals zur Klingel. Fiken erschien aufs neue: »Fiken, geh doch mal zum Schlachter Krüger, und ich laß ihn bitten, ob er mich nicht auf eine Viertelstunde ein bißchen besuchen möchte.« Fiken ging, und der Bürgermeister sagte zu Hawermann: »Herr Inspektor, dies sind alles noch sehr weitschichtige Indizien. Aber es ist möglich, daß ein festerer Anhalt daraus hervorgeht – ich kann Ihnen deshalb auch nur wenig Hoffnung machen. – Aber wenn wir auch keine Gewißheit erlangen, was liegt daran? Kein vernünftiger Mensch kann Sie in Verdacht haben. Mit wirklicher Betrübnis habe ich gesehen, daß Sie sich einen so haltlosen Verdacht zu Gemüte gezogen haben.

Aber nun muß ich Sie bitten, sich zu entfernen; die Leute halten Sie doch gewissermaßen für Partei. Schweigen Sie aber durchaus über die Sache und sorgen Sie dafür, daß Kurz und Bräsig auch schweigen. – Ja, – und – ja, das geht! – Den Inspektor Bräsig können Sie mir zu morgen um 9 Uhr herschicken.«

Hawermann ging, und Schlachter Krüger kam. – »Lieber Herr Krüger«, sagte der Bürgermeister, »ich habe Sie bitten lassen, mir über einige Fragen Aufschluß zu geben. – Bei Ihnen wohnen ja wohl die Witwe Kählert und der Weber Schmidt?« – »Ja, Herr Burgemeister, die wohnen in meinem Hinterhaus.« – »Wie ich höre, will ja wohl der Weber Schmidt die Kählert heiraten? – Weiß die Frau aber auch, daß dem Schmidt allerlei gesetzliche Hindernisse zur Wiederverheiratung entgegenstehen?« – »Je, Herr Burgemeister, dies letzte, das weiß ich nicht. Ich kümmere mich um die Leute überhaupt nicht. Aber Sie wissen ja – die Frauensleut! – wenn Heiraterei in der Luft liegt, dann sind sie da wie die Bienen und tragen einem Nachrichten ins Haus. Na, Herr Burgemeister, nehmen Sie's nicht übel: meine ist ja natürlich auch nicht besser als alle die andern, und die kam denn neulich und sagte, die Sache würde wohl soweit schon richtig sein, daß Kählertsch abs'lut will, der Weber will aber noch nicht. – Und Kählertsch hat ja zur Borchert gesagt, sie kochte und wusch ihm nu schon über ein Jahr, und nachgerade wär's denn auch wohl Zeit, daß er nu Anstalten machte. Aber da wär nur das Bosnickel von seiner geschiedenen Frau dran schuld: die läuft dem Weber das Haus ein, daß er sie wieder heiraten soll. – Wenn sie aber nu wiederkommt, denn will Kählertsch ihr die Knochen entzweischlagen, und der Weber kann sich selber kochen und waschen.«

»Die Witwe Kählert muß rein töricht sein«, warf der Bürgermeister hin, »den Mann heiraten zu wollen. Sie hat doch noch ein bißchen, wovon sie notdürftig leben kann. Er hat aber doch rein gar nichts als seinen Webstuhl, das kam ja damals bei der Scheidung zum Vorschein.« – »Ja, so war's *damals* wohl. Aber, sehn Sie, Herr Burgemeister, ich kümmer mich da nicht drum. Wenn einer mir seine Miete bezahlt, geht er mich weiter nichts nich an, und das hat er immer ehrlich und pünktlich auf die Minute getan, und hat mir noch – das war ja wohl vor einem Jahr? – die kleine Stube, die an seine stößt, dazu abgemietet. Und jetzt sagt meine Frau ja, sie ist dort mal mit Kählertsch drin gewesen, und es soll da ja ganz nett aussehen, ordentlich mit nem Sofa und mit Bildern an der Wand.« – »Dann muß er doch viel zu tun haben und muß viel verdienen.« – »Je, Herr Burgemeister, ein Weber! – Und denn ist das so'n verfluchtes Geschäft: die ganze Nachbarschaft hört ja gleich, wenn der alte Webstuhl mal stillsteht. Und es gehn viele Tage hin, daß ich die Musik nicht hör. – Nee, er muß doch noch was unter der Hand haben.« – »Und leben tut er denn auch wohl recht gut?« – »Aber ja! Er hat sein Fleisch alle Tage, und ich sage zu meiner Frau: sollst sehen, sag ich, das ist bloß von wegen dem schönen Hammelfleisch und Rindfleisch, daß Kählertsch ihn heiraten will.«

»Na, Herr Krüger, sagen Sie mal aufrichtig – ich frag Sie das bloß im Vertrauen – halten Sie den Mann für einen durchaus ehrlichen Menschen?« – »Ja, Herr Burgemeister, das ist er. – Nee, auf so was versteh ich mich ganz gut. Ich hab da Mieter gehabt, die stoßen sich auf dem Hof nen Splitter in die Finger, und wenn sie sich den in ihrer Küche herausziehn, denn ist es ein vier Fuß langer Kloben von meinem Buchenblankholz, und wenn sie über die Diele gehn, denn rutscht ihnen ein Pfund Rindfleisch in die Rocktasche, und die Äpfel von meinen Äpfelbäumen fallen immer nach *ihrer* Seite. – Nee, mit ihm ist das nicht so. Ich sag Ihnen: nich' rühr an!«

Der Bürgermeister war ein wohlmeinender Mensch, er war ein Ehrenmann. Aber in diesem Augenblick war ihm dies gute Zeugnis über einen seiner Mitmenschen durchaus zuwider. Er hätte es lieber gesehen, wenn die Leute den Weber für einen Spitzbuben gehalten hätten.

Derartiges ist schwer zu erklären. Aber soviel ist gewiß, in der menschlichen Natur gibt es manch dunkle Abgründe, und diese Abgründe, wenn sie beim Amt des Richters sich auftun, haben schon Tausende von unschuldigen Menschen verschlungen. – ›Richter, richte recht! – Gott ist dein *Herr* und du sein Knecht!‹ ist ein schöner Spruch, den mir als kleinem Jungen schon mein seliger Vater beigebracht hat. Doch die Erbärmlichkeit der menschlichen Natur arbeitet dem nicht selten entgegen, von der offenbaren Niedertracht, die eben darin ihren Vorteil sucht, gar nicht zu reden.

Der Fleischermeister war gegangen, und der Bürgermeister wanderte in seinem Zimmer auf und ab und ließ es sich durch den Kopf gehen, wie man es anfassen müsse, um herauszubekommen, auf welche Weise das Wachstuch auf den Hof des Schlachters geraten war. Zweierlei trieb ihn zu dieser Untersuchung: einmal das Mitgefühl mit Hawermanns Lage, zum andern die feste Überzeugung, daß dies der Umschlag jenes Geldpakets war, das er einmal selber in der Hand gehalten. Aber so sehr er auch sann – einen sicheren Faden, um sich an ihm entlangzutasten, hatte er nicht in der Hand. Doch soviel wußte er doch schon, daß die geschiedene Frau des Webers mit diesem immer noch Umgang hielt.

Auch Hawermann ging in seiner Stube auf und ab, rasch, erregt und voller Unruhe. Ach, wie trieb es ihn, seine Vermutungen und seine Hoffnungen vor Luise und vor der kleinen Frau Pastorin auszubreiten! – Doch Sorgen für die beiden? – Er hatte genug an seinen eigenen. – Bräsig saß auf einem Stuhl, folgte ihm mit den Augen und drehte, wie Hawermann auf und ab ging, seinen Kopf nach rechts und nach links, nicht anders als Bauschan, wenn Jochen Nüßler sich seine Mütze aufgesetzt hatte.
»Korl«, sagte er endlich, »ich freu mir ordentlich über dich. Es ist ne Alertigkeit über dich gekommen, und du sollst sehn, daß die ne Wohltätigkeit über dir ausübt. Aber ich sage, du mußt dich einen Avkaten annehmen. Nimm dich den Herrn Avkaten Rein: er is en Lebermann, der sich zu drehn un zu wen'n weiß trotz seiner Längde. Allein findest du da nich mit durch, Korl. Er kann dir aber helfen, und wenn du das verlangst, kann ich ja die Sache in den Reformverein vorbringen, daß dich deine Mitbürger zu dein Recht verhelfen.« – »Bräsig, ich bitt dich um Gotteswillen! Wie kannst du so etwas nur an die große Glocke bringen! Ich sitze schon in tausend Ängsten, daß Kurz darüber redet.« – »Kurz? Ne, Korl, hab du keine Bange. Heut red't er noch nich drüber, denn ich bün bei ihm gewesen und hab ihm so rekommandiert, daß ihm Hören und Sehen vergangen ist, und, sollst sehn, morgen steht er so im Kropp, daß er kein Wort Hals geben kann.« – »Bräsig, ich bitt dich: Kurz im Kropp?« rief Hawermann und mußte trotz seiner Unruhe lachen. »Was redst du eigentlich alles?« – »Korl, lach du da nich drüber! – Süh, seine Sadelstute hat doch die Inflorentia. Das hat der Tierarzt auch gesagt und hat das anordniert, daß die alte Tant von ihre Nebengenossen separiert werden soll wegen der Ansteckung, und nun läuft Kurz ümmer in seinen bomwullen auswattierten Slaprock zu die Kranke und befühlt ihr hier und befühlt ihr da, und denn läuft er wieder zu die gesunden, was sie es auch schon haben, und so sticht er sich die gesunden auch mit an, denn der Stickstoff von die Krankheit setzt sich in die Bomwull von den Slaprock – wattierte Bomwull is nämlich for den Stickstoff un for den Stinkstoff das allerangenehmste – un du sollst sehn, er sticht sich noch selbst an, un morgen steht er in'n Kropp. – Der Rotz sticht an, worum denn nich die Inflorentia?«

Hawermann verbrachte eine schreckliche Nacht voller Unruhe, doch obwohl er kein Auge zugetan hatte, fühlte er sich am andern Morgen frisch und kräftig. Ein Hoffnungsstrahl war in seine Nacht gefallen und vergoldete seine Hoffnungen ringsum. Doch es litt ihn nicht im Hause, die vier Wände preßten ihm das Herz zusammen. Er mußte Raum haben für seine Unruhe, und lange bevor Bräsig um 9 Uhr auf dem Rathaus erschien, wie der Bürgermeister es gewünscht hatte, wandelte Hawermann den stillen Feldweg entlang durch die grünen Frühjahrsfelder. – Und was war es für ein schönes Frühjahr! Es war so recht, als habe der Himmel zur Erde gesprochen: »Hoff du nur zuversichtlich!« Und die Erde wieder zu den Menschen: »Hofft ihr nur zuversichtlich!« und auch Hawermann rief es aus grünem Frühjahrslaub und Vogelsang entgegen: »Hoff du nur zuversichtlich!« Der Himmel hielt der Erde nicht Wort: dies Jahr wurde ein Jahr der Not. Die Erde hielt den Menschen nicht Wort, dies Jahr wurde ein Jahr des Elends. – Würde sie dem Alten ihr Wort halten? Er wußte es nicht, doch er vertraute ihrer Botschaft.

Hawermann schritt weiter und weiter. Er kam durch Gürlitz. Er ging den gleichen Fußweg entlang, auf dem er einmal an einem Palmsonntagmorgen gemeinsam mit Franz geschritten war, als sein Töchterchen konfirmiert werden sollte. Er wußte, an diesem Tage hatte sich in Franzens Brust zum ersten Male die Liebe geregt – der junge Mann hatte es ihm einmal geschrieben, er schrieb oft an ihn –, und Bitterkeit wollte in ihm aufbegehren, daß ein Glück, das leise und lauter in zwei unschuldigen Herzen sich angesponnen hatte, durch die Torheit und Ungerechtigkeit eines einzigen Menschen zerbrochen und zerstört worden war. Und er bog auf einen andern Weg ein, der rechts ab nach Rexow führte, um zu vermeiden, den Pümpelhager Gutsgarten zu betreten.

Da kam ihm ein Mädchen entgegen, das hatte ein Kind auf dem Arm, und als sie sich näherte, blieb sie stehen und rief: »Herregott doch, Herr Inspektor, Herr Inspektor! – Ich hab sie doch schon gar zu lange nicht gesehn.« – »Guten Tag, Fik«, sagte Hawermann, und sein Blick fiel auf das Kind, »wie geht's dir denn?« – »Ach, Herr, *schlecht* geht's mir: Krischan Däsel hat sich doch mit der Sache gegen den Herrn eingelassen, weil wir uns nachgerade nu heiraten wollten, und der Herr hat ihn weggejagt, und ich sollt auch weg, aber das hat ja wohl die gnädige Frau nicht gelitten. – Na, willst du runter, denn lauf!« sagte sie zu der Kleinen, die mit Armen und Beinen strampelte, weil sie vom Arm herunterwollte. – »Um diese Zeit«, setzte sie hinzu, »muß ich immer ein bißchen mit ihr ausgehn, weil die gnädige

Frau sich dann immer in der Wirtschaft zu schaffen macht und die Lütte dann nach ihr unruhig wird.«

Hawermann sah auf das Kind. Es pflückte Blumen am Grabenrand und kam auf ihn zu: »Da! – Mann!« und gab ihm ein Maßliebchen in die Hand, und in Hawermann stieg jäh die Erinnerung auf an ein Maßliebchen, das ihm vor langen Jahren auch einmal ein Kind – es war *sein* Kind – in die Hand gegeben, und er hob das Kind auf und küßte es, und das Kind strich ihm über sein weißes Haar: »Ei! ei!« Er setzte es wieder ab und wandte sich zum Gehen: »Fik Degels, geh nach Haus, es wird gleich regnen.« Und als er seines Weges schritt, fiel der Frühjahrsregen in leisen Tropfen zur Erde, und in seinem Innern glänzte es auf wie die junge Saat. Wo war sein Haß geblieben?

Als Hawermann auf Rexow eintraf, lief ihm seine Schwester entgegen, so gut es ihre Korpulenz gestattete: »Karl! Herre Jesus, Karl! – Wie, kommst du endlich mal her? Herregott, und was du munter aussiehst! und so schmuck! Karl-Bruder, ist dir was passiert? Ist dir was Gutes passiert?« – »Ja, Kind, ja, aber davon nachher. – Wo ist Jochen?« – »Jochen? – Du lieber Gott, da fragst du viel. Wo *der* ist, das weiß kein Mensch. Der kommt und geht jetzt wie der Vogel auf dem Zaun. – Seitdem nu festgesetzt ist, daß Rudolf und Mining in der nächsten Woche, am Freitag, heiraten – du kommst doch auch zur Hochzeit? – gibt er keine Ruh bei Tag und Nacht. Jetzt hat er's mit dem Wirtschaften bekommen, jetzt, wo die Frühjahrssaat bestellt ist, jetzt, wo bei Gott und Welt nichts mehr zu tun ist, jetzt läuft er auf den Äckern herum, und wenn er nach Haus kommt, macht er uns Elend.

Ja, es ist doch gerade so, als wollt er in den gut acht Tagen, die noch bis zur Hochzeit sind, all *das* nachholen, was er in seinen fünfundzwanzig Jahren versäumt hat.« – »Ach, laß ihn! – Das ist ja doch nichts Schlimmes.« – »Das *sag* ich ja, aber Rudolf ärgert sich doch drüber, daß er ihm überall nachspürt.«

»Ach, das wird sich schon geben. Sonst ist doch alles ruhig bei euch?« – »Aber ja doch, und hätt Jochen damals nicht diese Rede wegen der Gänse halten wollen, dann hätten wir von dem ganzen Spektakel überhaupt nichts gemerkt. Aber in Gürlitz und in Pümpelhagen soll's schlimm aussehn.« – »In Pümpelhagen auch?« – »Aber ja doch, ja! – Sie sagen's beide nicht. *Er* sagt es nicht und *sie* sagt's auch nicht. Aber die ganze Gegend weiß ja, daß es dort jeden Tag losgehn kann.

Er soll doch so viele Schulden haben, und nu wollen die Tagelöhner ihren Lohn haben, und den hat er sicher doch anstehn lassen, und denn wollen sie *dich* ja wieder zum Inspektor haben.« – »Ih, das letzte ist doch dummes Zeug!« – »Das hab ich auch gesagt. Nee, sag ich zu der gnädigen Frau: auf diese Stelle geht mein Karl nicht wieder hin.« – »Was?« fragte Hawermann erregt, »bist du denn bei ihr gewesen?« – »Aber ja doch, Karl. Hat Bräsig 's dir nicht erzählt, daß wir hin wollten?« – »Daß ihr das wolltet, hat er gesagt, aber daß ihr dagewesen seid, davon weiß ich nichts.«

»Je, Karl, das war so: Triddelfitz kam ja hierher mit allerlei Schießgewehr und sagte, sie wollten die Tagelöhner damit begrüßen, und da sagt ich zu Jochen, wir müßten hin zu den Leuten. – Na, sie haben uns ja vordem vor'n Kopf gestoßen, und wir hatten's ja eigentlich auch gar nicht nötig. Aber, Karl, *die Zeit*! – Wenn einer doch nun mal Nachbar ist, und er will in *solcher Zeit* die Hand nicht ausstrekken, denn kann er mich meinetwegen – vielmals grüßen lassen.

Na, wir fuhren denn ja auch zu ihnen rüber. Aber was Jochen da mit dem jungen Herrn abgesprochen hat, das kriegt natürlich kein Mensch zu wissen. – Jochen, frag ich, was hat er zu dir gesagt? Nix nich, sagt er. – Habt ihr denn miteinander gesprochen? frag ich. – Je, was sollen wir viel reden, sagt er. – Was hat er denn zuletzt zu dir gesagt? – Adjüs, hat er gesagt, sagt er, aber, Mudding, ich fahr da nicht wieder hin. Da soll nun einer dumm oder klug draus werden!«

»Na, wie nahm *sie* dich denn auf?« fragte Hawermann. – »Je, Karl, ich glaub, wenn sie es sich hätt merken lassen wollen, sie wär mir mit blutigen Tränen um den Hals gefallen. So aber nötigte sie mich in ihre Stube hinein und sah dabei freundlich, aber einerlei aus. Und als ich zu ihr sagte, daß Freundschaft und Nachbarschaft mich zu ihr bringt, ob ich ihr nicht von Nutzen sein könnte in irgendeiner Sache, sah sie mir freundlich und ruhig ins Gesicht und fragte: Sagen Sie, was macht Ihr Bruder? Und als ich ihr gesagt hatte, es ginge ja noch – Gott sei Dank! – mit dir, Karl, fragte sie nach Luise, und als ich da auch gute Nachrichten gab, da wurde sie ganz fröhlich und erzählte von ihrer Wirtschaft, von diesem und jenem. Aber es war doch nicht so, wie wenn sich ein paar ordentliche Frauensleute, so von meiner Art, vernünftig zusammen hinsetzen und so bei kleinem ihre Wirtschaft durchsprechen. Es war mir en bischen zu hastig, aber so viel konnte man doch sehn, sparsam einzurichten versteht sie sich. Lieber Gott, sie wird's ja wohl auch nötig haben!

Süh, Karl, da faßt ich mir ein Herz und stand auf und nahm ihre Hand in meine beiden und sagte: sie soll mich nicht zurückweisen. Keiner soll unrein Wasser ausgießen, eh er nicht rein Wasser wieder hat. Sie könnt in Verlegenheit kommen – und gewiß hätt sie Freunde, aber die wären vielleicht gerade nicht zur Hand –, denn soll sie mich rufen lassen, denn als Nachbarin wär ich doch die Nächste dazu, wie die Frau Pastern sagt, und was ich irgend könnte, das sollte geschehn. – Süh, Karl, da stand ihr eine Träne im Auge, und sie wandte sich ab und wischte sie weg, und als sie sich wieder nach mir umdrehte, war über ihrem Gesicht solche Freundlichkeit und Fröhlichkeit, und sie nahm mich bei der Hand und sagte, dafür sollte ich auch meinen Dank haben, und sie zog mich in die andere Stube hinein und nahm ihr lütt Kindting auf den Arm und reichte sie mir hin, und die Lütte mußte mir einen Kuß geben. – Was war das aber auch für ein süßes, klein-liebes Gör!«
»Ja!« sagte Hawermann, »ich habe es heut morgen gesehn. Aber hat sie dir nichts geklagt?« – »Kein Wort, Karl. Sie sprach nicht von ihm und auch nicht von ihrer Lage, und als wir nach Hause fuhren, da waren wir ebenso klug wie vordem, wenigstens ich, denn Jochen sagt mir ja nichts, wenn er wirklich was von dem jungen Herrn gehört hat.« – »Na, Swesting, 's ist auch gleich. Daß der junge Herr in großen Geldverlegenheiten sitzt, das weiß alle Welt: Pomuchelskopp hat ihm sein Geld gekündigt und hat es zu Antoni nicht gekriegt und hat ihn jetzt verklagt. Moses hat ihm zu Johanni gekündigt und wird sein Geld auch nicht kriegen, denn in solcher Zeit und unter solchen Umständen kann er nichts beibringen, und dann wird ihm das Gut verkauft, und wohlfeil wird's weggehn, und Pomuchelskopp kauft es. Wenn aber andere Zeiten ins Land kämen und auf dem Gut vernünftig gewirtschaftet würde, dann könnte das Gut noch allerlei tragen.
Du willst der gnädigen Frau helfen, und ich auch. Mein bißchen Kapital will ich gern hergeben, wenn der junge Herr sich zu einer vernünftigen Wirtschaft bequemt, aber das macht den Kohl nicht fett. *Ihr* müßt auch was tun. Mit Moses werd ich noch mal ernstlich reden, und es wär ja doch ein Schimpf und eine Schande, wenn ehrliche Leute nicht gegen einen Halunken aufkommen könnten, der erst das Wasser trübe macht, um sich dann seine Karpfen besser rausfischen zu können.« – »Ja, Körling, wenn er vernünftig wirtschaften wollte und du würdest dort wieder Inspektor, denn ...« – »Nee, Kind«, unterbrach sie Hawermann entschieden, »auf *die* Stelle geh ich mein

Lebtag nicht wieder. Aber – Gott sei Dank! – es gibt in unserem Lande noch tüchtige Landleute genug, und so einen *muß* er sich nehmen, und den *muß* er wirtschaften lassen, das setzen wir ihm als feste Bedingung.«

»Ja, Karl, das ist alles recht gut, aber da haben wir nun noch die Aussteuer für Mining. – Kurz könnte ja mehr dabei tun, Rudolf ist doch nun mal sein einziger Sohn. Aber er jammert einem ja immer die Ohren voll. – Und, Karl, nu müssen wir uns doch auch noch mit Rudolf selber auseinandersetzen und müssen doch auch dafür sorgen, daß wir in unsern alten Tagen zu leben haben, und denn steht all unser Geld fest auf Hypotheken.« – »Das bringt Moses in Ordnung. Süh, Swesting, du hast zu der Frau gesagt, du willst helfen, und ich weiß, daß du das nicht so leicht vom Herzen weg gesagt hast – jetzt ist Zeit, jetzt hilf!« – »Ja, Karl, aber Jochen! Was sagt Jochen?« – »Ih, Jochen! Jochen hat doch nun schon fünfundzwanzig Jahre lang getan, wie du's haben wolltest, er wird's doch jetzt wohl auch tun.« – »Karl, da hast du recht, er *muß* es auch tun. Was? Ich hab immer zum Guten gewirtschaftet, und jetzt will er sich mir widersetzen? Er macht uns überhaupt immer solchen Lärm jetzt. Das ist mit ihm ja gar nicht mehr auszuhalten!« und damit sprang Frau Nüßler von ihrem Stuhl auf und schlug mit der Faust vor ihrem Bruder auf den Tisch, als ob der Jochen hieße. – »Mein liebes Kind«, sagte Hawermann, »du hast in den langen Jahren viel Gutes durchgesetzt, du wirst dies auch durchsetzen – und dabei erhalt dich Gott! Und nun adjüs!« Und er gab seiner Schwester einen Kuß und ging seiner Wege.

Was war das für ein schöner Gang! Die Unrast von gestern und von heute früh war von ihm abgefallen. Eine starke Zuversicht hatte von ihm Besitz ergriffen, und alles, das er um sich her gewahrte, der blaue Himmel und die grünende Erde, stimmte damit so schön überein, stimmte zu dem Frieden, der in seine Brust eingezogen war. Als er nach Hause kam, als Luise ihn ausschalt und die Frau Pastorin sich des Todes darüber verwundern wollte, daß er zu Mittag nicht nach Hause gekommen war, zum ersten Mal die Zeit nicht mit dem Glokkenschlag eingehalten hatte, da strahlte er eine derartige Heiterkeit aus, daß Zacharias Bräsig ihn überaus verwundert anstarrte und bei sich meinte: »Korl muß ne neue Indizium ausfündig gemacht haben«, denn am Vormittag hatte er viele neue lateinische Ausdrücke gelernt. Und jetzt saß er vor ihm und schnitt zu Hawermann hinüber die fürchterlichsten Grimassen, die der Alte sich endlich richtig als Aufforderung zum Verlassen des Zimmers zurechtlegte und mit ihm in seine Stube hinaufging.

»Bräsig«, rief Hawermann erregt, »weißt du was über die Sache? Ist was rausgekommen?« – »Korl«, sagte Bräsig, ging mit seiner langen Pfeife auf und ab und zog an seinen Vatermördern, die ihm höchst unbequem saßen, da er für gewöhnlich keine trug, »Korl, siehst du mir gar nichts an?« – »Ja, Bräsig«, erwiderte Hawermann, »Vatermörder, und daß du mächtig aufgekratzt bist.« – »Das ist nichts gor. Höher ruff!« – »Je, denn weiß ich's nicht.« – »Korl«, sagte Bräsig und nahm dabei vor ihm Aufstellung, »so as du mir hier siehst, bün ich zum Akzesser bei das kriminalische Gericht ernannt worden un krig for die Stunde Sitzen acht Schilling preußschen Courant.« – »Ach, laß das! Sag mir aber, ist denn Aussicht, daß die Sache auskommt?« – Bräsig blickte seinem Freunde forsch ins Auge, blinzelte noch ein bißchen und entgegnete: »Korl, ich darf dich nichts sagen und sag dich auch nichts. Der Herr Burmeister hat es mich express verboten, hier in der Stadt was zu sagen, un for allem nich zu dir, denn der Herr Burmeister sagt, for dich wäre das ne unnütze Quälerei, und wir müßten mehr Indiziums haben, denn ohne Indiziums kann er auch nichts machen. Und diese verfluchten Dinger spinnen sich bloß in großer Verschwiegenheit an, sagt der Herr Burmeister, und wenn das die ganze Stadt wüßte, so gäbe das bloß Gelegenheit zu allerlei Konfusionen mang die Gaunerbande. So viel kann ich dich aber sagen, gelogen haben sie schon, und sie werden weiter lügen, bis sie sich festlügen, das heißt bis sie eingestochen werden.«

Es klopfte an der Tür. Ein Briefträger kam herein und brachte einen Brief für Hawermann: »Aus Paris!« sagte er und ging wieder. – »Gott du bewohre, Korl! Du hast ja hellschen vornehme Bekanntschaften, den Deuwel nich mal! Aus Paris!« – »Er ist von Franz«, sagte Hawermann und brach hastig den Brief auf; dabei zitterten ihm die Hände. Franz freilich hatte öfter an ihn geschrieben, doch jedesmal war Hawermann von Unruhe ergriffen worden, wenn er von Franz einen Brief erhielt, und jedesmal waren ihm Zweifel gekommen, ob er seiner Tochter von diesem Briefwechsel etwas sagen sollte oder nicht. Bis jetzt hatte er darüber geschwiegen.

Er las. Der Brief zeugte von Freundschaft und alter Anhänglichkeit; jedes Wort weckte Erinnerungen an alte Zeiten, doch kein einziges sprach von seiner Liebe. Zum Schluß schrieb Franz, er wolle noch bis

gegen Johanni in Paris bleiben und dann nach Hause zurückkehren. Dies letzte teilte Hawermann Bräsig mit, als er den Brief in die Tasche steckte.
Bräsig war unterdes nachdenklich auf und ab gegangen. Hawermann hätte eigentlich hören müssen, was er vor sich hin murmelte, hätte der Brief ihm nicht einiges zu schaffen gemacht: »Merkwürdig, ganz merkwürdig! Das is mich wie ein Fingerzeig von der Gnade Gottes. Dagegen kann der Herr Burmeister nichts nich sagen. Paris hat nichts mit die Indiziums zu tun, dies ist ne reine Provatgeschichte. – Korl«, sagte er schließlich mit seiner gewohnten lauten Stimme, stellte sich dabei vor Hawermann auf und warf ihm einen Blick zu, den er heute früh dem Herrn Bürgermeister abgesehen hatte, als dieser den Weber ausfragte, »Korl, sag mich die reine Wohrheit: weiß dein junger Herr von Rambow, versteh mir, dein voriges Element mein ich, daß ich weiß, daß *du* und die Frau *Pastern* wissen, daß mang ihm und Lowise was passiert is, was kein Mensch wissen soll?« – »Je, Bräsig, ich weiß nicht...« – »Schön, Korl, ich seh, ich hab meine Meinung nich richtig ausdrückt: Ich meine, was er woll die Meinung is, daß *du* und die Frau Pastern meinen, daß *ich* es mit seiner Liebe zu Lowisen gut meine, und daß ihr mich das gesagt habt. Das is meine Meinung, nu sag mich deine.« – »Ach, Bräsig, daß du dies weißt, das weiß er, und daß du's gut meinst, das weiß er auch. Aber was soll das?« – »Schön, Korl, verlier kein Wort! Aber ich muß nu gehn, ich hab zu heut abend bei Grammelinen David Bergern mit seine Posaun'engels und den ganzen männlichen Gesangverein auf Punsch eingeladen, und nu muß ich das besorgen. Also adje, Korl!« und er ging, sah aber noch einmal herein: »Korl, sag die Frau Pastern, daß ich heut nich zu's Abendbrot komme. Wenn ich ihr das von den Punsch sag, denn macht sie mich noch geistliche Anmerkungen, und du, Korl, verjag dich nich, wenn ich diese Nacht spät nach Haus komm. Den Slüssel hab ich.« Doch er kam noch ein weiteres Mal zurück: »Korl, was gemacht werden kann, wird gemacht.« – »Das glaub ich«, sagte Hawermann, denn er dachte an den Punsch, »du wirst deine Sache wohl machen.« – Bräsig nickte ihm zu, als könne Hawermann sich ganz auf ihn verlassen, und ging dann wirklich.
Hawermann blieb sitzen und las noch einmal seinen Brief durch, und wer wollte es ihm verdenken, wenn ihm daraus aufs neue mancherlei schöne Hoffnung entgegenblühte? Das warme Gefühl, das ihm aus diesem Brief entgegentrat, wehte ihn freundlich an wie heute morgen

das Frühlingswetter, und seine treuherzige Sprache dünkte ihm lieblich wie der Vogelsang am Morgen. Soll seine Hoffnung abermals betrogen werden? Die Zeit wird's lehren.
Ach, *Zeit* und *Hoffnung*! – Sie stehen einander entgegen wie Kukkuck und Siebengestirn. Wer immer nach langer Nacht im innersten Herzen wieder zu hoffen wagt und den ersten Schimmer des Glücks am dunklen Horizont meint aufsteigen zu sehen, möchte nicht zugleich auch voll Ungeduld die Zeitspanne überspringen, bis endlich die Sonne hoch im Mittag steht?

Kapitel 40

Das Vogelbauer

Am nächsten Morgen, als Zacharias Bräsig aufstand, griff er sich von Zeit zu Zeit mit beiden Händen an den Kopf und sagte zu Hawermann: »Korl, du kannst dir gratulieren, daß ich nich noch dollere Kopfsmerzen habe as ich sie in Würklichkeit habe; denn wer sollt sonst heut Akzesser spielen? – Hätt ich Grammelinen seinen verfluchten Punschrezept nachgegeben, so säß mir jo woll heute morgen ein vollständiges Sperlingsnest in den Kopp. So aber habe ich ihn selbst gemacht.«

»Na, denn seid ihr wohl recht fidel gewesen?« fragte Hawermann. – »Ih, ja! was die jüngere Mitteilnahme anbetrifft, so war sie jo so handlich, indessen, was ich war, ich hielt mir ümmer sehr returneh. Ich saß mit den Stadtmuskanten Berger zusammen. Aber – hör mal, Korl! – kann der Kerl was vertragen! Ich denk mich so, das hört zu sein Geschäft; aber ümmer *ein* Glas, ein Glas nach dem *andern,* ümmer helleweg! Bloß zuletzt, da wurde er, was man sentimal nennt. Da fieß er mich um, und die Tran stand ihm in den Augen, as er mir klagte: sein Verdienst wäre so slecht in diesen politischen Zeiten, daß mich und Herr Süßmannen, der bei Kurzen Ladendiener is, das jammern wurde. Und Herr Süßmann machte den Vorslag in der Gesellschaft, was wir nicht in der nächsten Zeit zum Besten von David Bergern einen Verbrüderungsball anstiften wollten – das heißt einen politischen, wo sich alle Stände, Edelleute und Rittergutsbesitzer und Pächter und Bürger mit Frau und Kindern zusammenfinden sollten und sich die Hände drückten und mitenander tanzten und meinentwegen auch küßten. Und dies Indizium wurde angenommen, und Sonntag über acht Tage soll es sein. Und Herr Süßmann setzte gleich ne Massive auf, und for dir und mir und die Frau Pastern und Lowise habe ich gleich unterschrieben.« – »Bräsig, ich bitt dich, als ob die Frau Pastorin und Luise wohl zum Ball gehn wollten, und *ich* erst.« – »Das müßt ihr, Korl, denn es ist ein edler Zweck.« – »Und du wirst auch nicht dazu kommen, Zacharies, denn Freitag über acht Tage ist Minings Hochzeit, und am Sonntag drauf ist Kirchgang, und was würde meine Schwester dazu sagen, wenn du fehltest und stattdessen auf eurem dämlichen Reformball rumschwirren würdest.« – »Denn wird na-

türlich die Sache abgeändert. Un darum nu adjüs, Korl, ich will gleich mal zu den Herrn Süßmann und das besorgen, und denn muß ich zu Rathaus – weitst du? – sitzen, vier Groschen die Stunde.«
Er ging stracks in Kurzens Ladengeschäft, Herr Süßmann aber war nicht da. Kurz selber lief im Laden herum, riß die Schubladen auf, blickte hinein und stieß sie wieder zu. »Gu'n Morgen, Kurz, wo ist woll Ihr junger Herr?« – »Ich hab keinen jungen Herrn, ich bin selbst Herr.« – »Kurz, nehmen Sie sich mit Ihre Worten in acht, wir leben in einem demokratischen Zeitpunkte, indem daß ...« – »Ah was! Hier? In acht nehmen? Ich huste in die ganze Demokratie, wenn mein Ladendiener des Morgens sich nicht aus dem Bette finden kann und die Nacht über Punsch trinkt, und alte Leute sollten sich schämen ...« – »Halt, Kurz! Sie fangen woll wieder an mit Ihre feinen Schmeicheleien von dem Sonntag her. Aber auf Stun'ns leid ich so was nicht, wegen meiner Stellung bei's Gericht. Und adje, Kurz! Aber sie jammern mir, Sie haben sich angestochen mit der Inflorentia, Sie sollten zu Bette gehen, Ihnen liegt was in die Knochen, und wenn Sie sich unter die Ganaschen fühlen wollten, würden Sie schon einen vollständigen Ansatz zum Kropp fühlen. Aber adje, Kurz!« – Er ging, und Kurz wütete im Laden umher und schimpfte auf die ganze Welt, bis ihn seine Frau, just als der Ladendiener seinem Bette entstiegen war, ins Bett befahl und ihn dort für diesmal in Arrest nahm.
Nach diesem kleinen Trubel schritt Bräsig zum Rathaus und verdiente sich an diesem Tage in aller Gemütsruhe und ohne besondere Anstrengung fünf mal vier Groschen, denn die Sitzung dauerte fünf Stunden. Als er nach Hause kam, war das Mittagessen schon abgetragen, und als für ihn gesondert wieder gedeckt wurde und Frau Pastorin anfing, über Unregelmäßigkeiten im Lebenswandel – »des Morgens Klock zwei zu Hause, und des Mittags Klock zwei zu Tische kommen« – ihre spitzen Reden zu führen, ließ sich Unkel Bräsig das stillschweigend gefallen und grinste recht selbstzufrieden vor sich hin, als wolle er sagen: Ja, wenn du nur wüßtest, welch schwere Geschäfte ich betreibe und in welcher Art ich sie durchführe, du würdest mich striegeln und streicheln, du würdest mich küssen und herzen und mir antun, was du dein Lebtag noch nicht getan. Als er sich vom Essen erhob, da verkündete er feierlich: »Frau Pastern, es kommt all an die Sonne, as der Herr Burmeister sagt«, und plinkte Hawermann zu: »Bonus! as der Herr Presendent Rein sagt«, ging auf Luise zu, faßte sie rundum, gab ihr einen Kuß und sagte: »Lowising, gib mich mal den fein-

sten Bogen Postpapier, den du finden kannst, denn ich will da ein kleines – na, Indizium will ich sagen – verpacken, daß es sich nicht scheuert, denn es soll weit verschickt werden.« – Und wie er aus der Türe schritt, den Briefbogen in der Hand, wandte er sich noch einmal um und sagte: »Korl, as ich gesagt habe, was gemacht werden kann, wird gemacht.« – Und kehrte ein weiteres Mal zurück und sagte: »Frau Pastern, heut abend komm ich zu's Abendbrot.«
Er schritt zum Posthaus. Der Herr Postmeister war anwesend: er war immerzu anwesend. Für 150 Taler Gehalt hatte er sich auf Lebenszeit einsperren lassen, zwar nicht in eine Stube, aber doch in ein Vogelbauer, welches er sein Kontor nannte. Und hatte er nichts an Postgeschäften zu erledigen, so saß er dort tagsüber und pfiff und sang wie der allerschönste Kanarienvogel. In diesem anmutigen Geschäft war er just begriffen, als Bräsig bei ihm eintrat: »Gu'n Dag, Herr Postmeister. Sie sünd ein Ehrenmann, darum will ich mir Ihnen in einer delenkaten Sache ganz dekoffrieren. Das Eigentliche natürlich brauchen Sie nicht zu wissen, das bleibt in Verswigenheit, und das, was ich Ihnen sage, muß auch in Verswigenheit bleiben. Ich will nämlich nach Paris schreiben.« – »Nach *Paris*? Plagt Sie der Deuwel? Was haben *Sie* nach *Paris* zu schreiben?« – »Nach *Paris*«, wiederholte Bräsig und reckte sich höher auf. – »Weiß der Deuwel!« sagte der Postmeister, »der eine von den Inspektors kriegt Briefe aus Paris, und der andere will Briefe nach Paris schicken. Na, wollen zusehn, was es kostet.«
Er schlug dann längere Zeit in seinen Büchern nach und meinte schließlich: »Das ist hier gar nicht vorgesehen. Wollen in Bausch und Bogen rechnen: unter sechzehn Groschen kann ich's nicht machen.« – »Schadt auch nicht. Ich habe vermorrnzu schon zwanzig Gröschen aufs Gericht verdient.« – »An wen soll er?« – »An den jungen Herrn Franz von Rambow.« – »Wissen Sie denn seine Adresse, wo er wohnt?« – »Na, in Paris.« – »Ja, Paris ist groß. Die Straße müssen Sie wissen und die Hausnummer.« – »Gott soll mir bewohren!« rief Bräsig, »was Umstän'n! Die weiß ich nich.« – »Fragen Sie doch Hawermann.« – »Dat is's jo grad, der soll nichts davon wissen.« – »Je, dann weiß ich auch keinen anderen Rat, denn schreiben Sie den Brief, und denn müssen wir ihn an die mecklenburgische Gesandtschaft, an Doktor Ortling schicken, der kann ihn doch wohl ausfindig machen.« – »Das muß er«, sagte Bräsig, »denn die Sache is von großer Wichtigkeit, und dafor krigt er seinen Salehr. Aber was ich sagen wollt, wollen Sie

mir woll erlauben, daß ich den Brief bei Sie schreibe, indem daß es for Hawermann ein Geheimnis sein soll?« – »Ih ja«, sagte der Postmeister, »kommen Sie hier man fix rein, damit meine Frau nichts sieht, denn obschon das hier eigentlich die Passagierstube sein soll, leidet sie's nicht, daß außer Grafen hier jemand reingeht. Das Einschließen müssen Sie sich schon gefallen lassen.«

Damit sei er einverstanden, erklärte Bräsig. Und so saß er dort von nachmittags drei Uhr bis in die Abenddämmerung hinein und schrieb seinen Brief. Vorn in seinem Vogelbauer pfiff, flötete und sang der Herr Postmeister. Bräsig schrieb. An der Tür rüttelte die Frau Postmeisterin; sie wollte in ihr Allerheiligstes hinein und protestierte. Der Herr Postmeister hatte den Schlüssel dazu in seiner Tasche und pfiff, flötete und sang. Bräsig schrieb seinen Brief. Endlich war er fertig. Er überlas ihn noch einmal, und wir können ja ganz gut auch einmal hineinschauen. Hier ist er:

Hochwohlgeborner junger Herr von Rambow!

Es hat sich hier eine große Merkwürdigkeit begeben, indem daß Kaufmann Kurz seinen Meß auf Bäcker Wredow'n seinen Acker hat fahren lassen, der sein Gegenbuhler ist in Hinsicht der Stadtbollen. Darin hat Hawermann ein Stück schwarzen Waßduch mit das Rambowsche Wapen gefunden, was for ihn eine große Erleichterung in Hinsicht des Verdachts wegen den Luggerdor-Diebstahl von Anno 45 sein mußte, indem auch der Herr Burgermeister sagt, daß dies ein Indizium sei. Der Herr Burmeister hat mich zum Akzesser beis Gericht gemacht; es ist auch ein bischen dabei, aber for mich sehr sauer zu verdienen, indem daß ich als Ökonomiker an Bewegung gewöhnt bin, auch wegen dem Podagra *soll*; Mühe wäre grade nicht viel dabei; aber Schlaf, der einen in die Augen tritt wegen langwierigen Sitzen. Aber das Gute ist dabei, daß ich davon ganz genau Bescheid weiß, was Hawermann gar nicht weiß, weil es mich der Herr Burgemeister versagt hat.

Da Sie aber in Paris und nicht in Rahnstädt sind, kann ich als Freund mit Ihnen frei über die Sache reden, und die Sache ist so: der Weber, der lügt, daß er keinen Umgang mit seiner geschiedenen Frau mehr hat, und der Herr Burgemeister sagt, daß dies wieder ein Indizium ist. Wir haben überhaupt schon so viele Indiziums, daß es einen Hund jammern könnte. Die Hauptgeschichte aber kommt noch, nämlich: Kählertsch. Kählertsch will nämlich den Weber abslutemang heiraten und is die richtige Meinung, daß der Weber ihr nicht will, indem daß die geschiedene Frau ihn selbst wieder ergattern will. Dies hat nun bei

Kählertschen eine Bosheit zurückgelassen, was man Eifersucht benennen könnte, und so ist sie mit lauter verfluchte neue Indiziums rausgekommen, die, wie der Herr Burmeister sagt, important und elewant sind oder, wie ich mir deutsch ausdrücke, sehr bewandt sind. Der Herr Burmeister sagt aber, einer muß da sehr vorsichtig sein, indem das Frauenzimmer vor Bosheit spuckt und auch Lügen aussagen kann. Indessen ihre Lügen haben sich bewährt, indem daß sie die volle Wahrheit gesagt hat, daß der Weber ümmer dänsche Luggerdors gezeigt hat, wie auch Schlachter Krüger in zwei kompertinenten Fällen ausgesagt hat; nämlich als der Weber heute morgen vors Gericht stand und uns mit neue Lügen und neue Indiziums unter die Augen ging, haben sie, Höppnern an der Spitze, bei dem Weber Haussuchung gehalten und haben da neun dänische Doppelluggerdors in sein Schapp gefunden, an einem unbekannten Orte. Was er nachher auch sogar streiten wollte, aber nicht mit durchkam. Sie, die Weberfrau, was die eigentlich Erztkarnallge is, is heute vermorrnzu auch eingestochen, indem daß sie bei ihrer Haussuchung eine Snuwtobacksdose gehabt hat, die den seligen Herrn Pastor hieselbst gehört hat und von der nachgelassenen Pastor-Fomilie als ein Heiligtum in einem Glaskasten aufbewahrt wurde, welche schändliche Tat ihr nun frei Quartier geschafft hat.

Kählertsch sitzt auch; aber vorläufig bloß puncto cichuriarum, indem sie in ihrer Bosheit das ganze Gericht, den Herrn Burmeister und mir selbst, als Akzesser, beleidigt hat. – Sie lügen alle, daß sie schwarz werden; aber was hilft ihnen das? – Der Herr Burmeister sagt, er wäre als moralischer Mensch überzeugt, daß sie es getan haben, und raus muß es, und raus kommt es.

Was wäre das for meinen Korl Hawermann for einen Tirumpf, wenn er auf seine alten Tagen als ein vollständiger Unschuldsengel weißgebrannt dastände und mit seine weißen Haaren in dem weißen Unschuldskleide mang die Leute wieder herumginge! – Sie müssen sich schämen als ein begossener Pudel, daß Sie ihm das angetan haben, ich meine – mit Respekt zu sagen – Pomuchelskoppen und den Pümpelhäger, die nun auch auseinander sünd, weil Zamwel den andern verklagt hat, was mich nicht weiter arretiert, indem daß ich Pomuchelskoppen in unsern Reformverein die Meinung gesagt habe und Ihr Herr Vetter auf Pümpelhagen mir vor die Brust gestoßen hat. – Keinen guten Gang geht's mit dem nich, denn vermöge der Kündigung zu Johanni von Mosessen sitzt er sehr in der Pardullge, indem er kein

Geld hat, auch kein Futterkorn, und wovon soll er denn leben? – Er ist ein gänzlich unbewußter Mensch.
Diesem Briefe dürfen Sie meine Tage nicht vor Hawermannen Erwähnung tun, indem das heimlich ist. Sondern ich dachte mir, daß es for Sie interessant sein würde, die würklichen Spitzbuben kennen zu lernen, und daß Korl Hawermann – Gott sei Dank! – nich mang sie ist. – Er ist durch die letzten Verhältnissen sehr aufgemüntert und slägt auch mankerdurch schon achter aus as en Fohlen, wenn ihm der Sadel abgenommen ist. – Dieses halte ich for ein erfreuliches Zeichen der Zukunft. Neues aus der Gegend von alten Bekannten kann ich Sie nur melden, daß echter Freitag Mining und Rudolf ihrer ehelichen Vereinigung in Erwartung stehen. Die Madame Nüßlern, die Ihnen wohl noch als eine sehr schöne junge Frau in der Erinnerung steht, ist – unberufen! – noch sehr wohl, aber etwas kompletter geworden; auch Jochen befindet sich ja noch und zieht sich vor seine zukünftige Pangsionierung einen neuen Thronfolger auf. – Ihr Herr Mitkollege von vordem, Triddelfitz, ist nun das Totum in Pümpelhagen; Hawermann sagt, er wird noch; ich sage, er ist ein Windhund, der mit Schießgewehren auf die Leute geht, weswegen er mir und die Madame Nüßlern förmlich in den Bann getan hat.
Eine Reform haben wir auf Stunds in Rahnstädt auch; der junge Herr Paster Gottlieb predigt gegen ihr, aber die junge Pastorin Lining weiß ihn zu bequemen. – Rekter Baldrian hat die Sneidermamsells und einen gewissen Platow oder Patow oder Pätow oder *so rum* in der Reform durchgebracht; aber Kurz ist wiederholentlicher Maßen rausgesmissen; seine vier Pferde haben die Inflorentia; mit seine alte Sadelstut spann sich die Sache an, und mit ihm selber wird sie woll aufhören, denn er kroppt schon.
Die alte Frau Pastern Behrendsen ist noch immer unsere geehrte Hauswirtin, auch mit Essen und Trinken, indem daß Hawermann und ich Schlaf- und Wohnställe sowie auch unsere tägliche Nahrung bei ihr haben; sie würde Ihnen ebenso as Hawermann grüßen lassen, aber sie kann's nich, denn sie weiß nichts nich davon. – Aber sprechen tun wir oftmals von Ihnen, indem Sie uns noch immer als ein gegenwärtiges Bild vor Augen stehen. – Mehr weiß ich auf den Sturz auch nicht zu erzählen – doch da fällt mich ein: Pomuchelskopp hat sich in die Reform aufnehmen lassen; der Zimmermeister Schulz ist ein sehr braver Mann, er stand mir dazumalen bei; Krischan Däsel ist von Ihren Herrn Vetter weggejagt worden, und von Regeln keine erfindsame Spur;

aber Lowise Hawermann befindet sich – gottlob! – noch sehr wohl. In Erwartung der nicht vorhandenen Störung oder Unbequemlichkeit meines geneigten Schreibens, habe ich die Ehre, mich in tiefster Ehrfurcht zu empfehlen und grüße Ihnen recht von Herzen als alten Freund! Ew. hohen Gnaden ganz gehorsamster

Zacharias Bräsig,
immerierter Entspekter
und augenblicklicher Akzesser.
Rahnstädt, 13. Mai 1848.

Nachschrift.

Apopoh! Diesen Brief schreibe ich in der Frau Postmeistern ihr Allerheiligstes, indem mich der Herr Postmeister expreß derowegen eingeschlossen hat, und er hat es mir zugeschworen, nichts davon zu sagen. Dies geschieht allens wegen der Heimlichkeit, denn Hawermann und die Frau Pastern und Lowise wissen nichts davon; Lowise hat mich aber diesen Postpapierbogen gegeben, er stammt von ihr, und glaube ich, daß dies for Sie eine kleine Beglückung ist, indem ich mich meine eigenen jugendlichen Zeiten erinnere, wo ich dazumalen drei Brauten auf einem Male hatte. – Sie ist aber auch in aller Liebe und Wehmütigkeit um ihren alten Vater rum und um andere eine kostbare Perle des menschlichen Geschlechts. – Wenn ich Antwort von Ihnen erhalte, daß Sie nichts dawider haben, schreibe ich noch öfter über die eingestochenen Spitzbuben. – Wenn Sie den Sonntag über 8 Tage schon wieder in unserer Gegend sind, so lade ich Sie zu unsere Verbrüderung ein; die Näh- und Schneidermamsells werden alle eingeladen.

Der Obigte.

Als Bräsig sein saures Stück Arbeit beendet hatte, pochte und rüttelte er an der Tür, und als der Herr Postmeister ihm aufschloß und ihn hinausließ, stand er schon bereit, und der Schweiß tropfte ihm vom Gesicht. »Mein Gott!« rief der Postmeister, »wie sehn Sie aus! – Nicht wahr? Ungewohnte Arbeit macht Schwielen.«

Damit nahm er ihm den Brief ab, legte ihn in einen Umschlag, schrieb die Adresse an den Herrn von Rambow darauf und nahm einen weiteren Umschlag; dieser wurde mit der Adresse der Mecklenburgischen Gesandtschaft zu Paris versehen. Bräsig bezahlte einstweilen, gleichsam zum Pfand, die Summe von sechzehn Groschen. Der Brief konnte denn auch in Gottes Namen nun seine Reise antreten, denn die Post, die ihn mitnehmen sollte, hielt bereits vor der Tür. Und zu dem allen sang der Herr Postmeister in seinem Vogelbauer:

Ein Leipziger Student
hat jüngst nach Haus geschrieben:
Frau Mutter, sagen Sie,
darf denn kein Mädchen lieben?

Und als Bräsig aus der Tür schritt, sang der Postmeister:

Custine schickt eine schnelle Post,
die nach Paris reiten muß:
die Sachsen und Preußen marschieren ins Feld,
um Mainz zu bombardieren,
und wenn ich keinen Sukkurs bekomm,
denn muß ich kapitulieren.

»Meinetwegen kapitelieren Sie, soviel Sie wollen, aber halten Sie reine Mund, as Sie das versprochen haben!« bemerkte unser alter Freund und ging nach Hause: mit geschwellter Brust, erfüllt nicht nur von dem erhebenden Empfinden, ein gutes Werk zustandegebracht, sondern auch von dem fast ebenso schönen Gefühl, eine schwierige Aufgabe mit bedeutendem Anstand gelöst zu haben. Als besondere Finesse dabei rechnete er es sich an, überaus diskret, oder wie er es selber nannte, so praeter propter und so circa, Luise Hawermann in seinen Brief mit eingeflochten zu haben, so daß einer schon eine sehr feine Nase besitzen mußte, um es überhaupt zu merken.

Wer nun aber in sich ein derart beseligendes Hochgefühl von guten und geistreichen Taten heimträgt, um sich ein wenig daran aufzuwärmen wie am warmen Ofen zur Winterszeit, den berührt es doppelt unangenehm, wenn ein wahrer Orkan und Wolkenbruch aus den unterschiedlichsten Vorwürfen und Bezichtigungen unversehens auf ihn hereinbricht. Und just dies widerfuhr Bräsig, als er zur Frau Pastorin ins Zimmer trat, die mit dem kleinen Assessor zusammensaß. Luise war nicht daheim.

Frau Pastorin war gerade damit beschäftigt, die Lampe anzuzünden. Doch die Streichhölzer wollten nicht brennen, zum einen, weil Kurzens Streichhölzer überhaupt niemals richtig Feuer fingen, zum andern, weil Frau Pastorin – möglicherweise aus Sparsamkeit – die Gewohnheit angenommen hatte, die angebrannten und ausprobierten Hölzer, die nicht brennen wollten, der Reihe nach wieder in die Schachtel zurückzulegen, wodurch einem Streichholz in seinem kurzen Leben mindestens zwanzigmal das Vergnügen widerfährt, ausprobiert zu werden, was für ein Streichholz recht angenehm sein mag, für den Rest der Welt jedoch eher ärgerniserregend.

»Na, da sind Sie ja!« rief die Frau Pastorin verärgert und probierte ein Streichholz aus. »Endlich sind Sie ja da!« – das zweite Streichholz. »Sie treiben sich den ganzen Tag in der Stadt herum« – wiederum ein Streichholz. – »Aber Sie gehn ja wohl mit blinden Augen umher« – zwei Streichhölzer auf einmal. »Und mit tauben Ohren« – ein weiteres Streichholz. – »Sie wissen ja sonst immer alles?« – ein Streichholz –»und wenn's drauf ankommt, denn wissen Sie *nichts*« – drei Streichhölzer auf einmal. Bräsig verhielt sich der Frau Pastorin gegenüber für gewöhnlich sehr höflich und gefällig. Er nahm ihr demgemäß die Schachtel aus der Hand: »Erlauben Sie!« – ein Streichholz. »Woans meinen Sie das?« – das zweite Streichholz. »Habe ich Sie was zuleide getan?« – das dritte Streichholz. – »Kurz kann sich mit seine Dinger vergolden lassen!« – zwei Streichhölzer nacheinander. »Was bei ihm anstechen soll, das sticht nich an, und was bei ihm nicht anstechen soll, das sticht an« – drei Streichhölzer. – »Die verfluchten Dinger haben ja woll auch die Inflorentia!« und damit warf er die ganze Schachtel auf den Tisch, holte sich sein Feuerzeug mit Stahl und Zunder aus der Tasche und machte Licht.

»Bräsig«, sagte die Frau Pastorin, während sie sorgfältig die ausprobierten Streichhölzer wieder einsammelte und sie in die Schachtel zurücklegte, »ich muß mich sehr über Sie ärgern. Ich bin nicht neugierig. Aber wenn etwas passiert, was Hawermann und Luise angeht, so bin *ich* doch gewiß die Nächste dazu, die es wissen muß. Warum muß unsere kleine Anna damit herauskommen, was Sie mir schon längst hätten sagen müssen, denn Sie haben's gewußt, ich seh's Ihnen an, Sie haben's gewußt.« – »Woso?« fragte Bräsig und wollte noch weiter den Unschuldigen spielen. Doch die Frau Pastorin war *zu* ärgerlich, dieweil sie sich aufs schändlichste für betrogen erachtete: »Sie wollen sich noch verstellen? – Ich weiß, daß Sie alles wissen, und Sie sagen mir nichts?«

Und nun begann sie, den Alten anzuzapfen, und der *kleine* Assessor bohrte den *Herrn* Akzesser seinerseits an. Fein und immer feiner fädelten die beiden Frauensleut ihre Fäden ein und zogen an ihnen alles aus Bräsig heraus, was er auf dem Herzen hatte, denn Schweigen war seine Sache so recht eigentlich nicht. Und als er schließlich in heller Verzweiflung ausrief: »So, nun weiß ich aber nichts mehr«, da stellte sich die zierliche, runde Frau Pastorin vor ihn in Positur: »Bräsig, ich kenne Sie, ich sehe es Ihrem Gesicht an, ich sehe, Sie wissen noch was. Heraus damit! Was wissen Sie noch?« – »Frau Pastern, es ist ne Provatangelegenheit.« – »Das ist ganz gleich, heraus damit!« – Und Bräsig rutschte auf seinem Stuhl hin und her und blickte nach rechts und blickte nach links, aber es half ihm gar nichts, er mußte Rede und Antwort stehen und bekannte endlich: »Ich habe derentwegen an den Herrn Franz von Rambow nach Paris geschrieben, aber Korl Hawermann darf es nicht wissen.« – *»Nach Paris!«* rief die Frau Pastorin und stemmte die Hände in die Seiten, *»an den jungen Herrn von Rambow!* – Was haben Sie an ihn zu schreiben? – Sie haben was von Luise geschrieben, ich sehe es Ihnen an! Ja, Sie haben was geschrieben, und was *ich* mir kaum getraut haben würde, das haben *Sie* getan!«, sprang zur Klingel und läutete Sturm: »Fik, lauf nach dem Posthaus, der Postmeister soll gleich den Brief wieder rausrücken, den Herr Bräsig nach Paris geschrieben hat.«

»Terängterängterängtänteräng!« blies der Postillon, und die Post und Bräsigs Brief fuhren unter Trompetengeschmetter just an Frau Pastorins Nase vorbei geradewegs nach Paris. Frau Pastorin sank in höchstem Ärger in ihrer Sofaecke zusammen, jagte Fik wieder in die Küche zurück, und – leider Gottes müssen wir es eingestehen – fast wäre in ihr ein leises Murren gegen Gottes Ratschluß aufbegehrt, daß Er – dies freilich wohl zum allerersten Male – es zugelassen hatte, daß die Rahnstädter Post zu richtiggehender Postzeit pünktlich abfuhr, um Bräsigs Dummheiten nach Paris zu befördern.

Bräsig schwor Stein und Bein, er habe die Angelegenheit mit allem nur erdenklichen Feingefühl angesponnen, so daß auch nicht das geringste Indizium vorliege. – »Haben Sie von ihr gegrüßt?« fragte die Frau Pastorin. – »Nein«, erwiderte Bräsig, »ich habe bloß geschrieben, sie befindet sich sehr woll.« – »Haben Sie sonst noch was von ihr geschrieben?« – »Ich habe bloß geschrieben, daß der Postpapierbogen von ihr herstammte, und daß sie eine Perle des menschlichen Geslechts ist.« – »Das ist sie«, warf die Frau Pastorin ein. – »Und denn habe ich einen freundlichen Sluß gemacht, indem ich den jungen Herrn zu unsern Verbrüderungsball eingeladen habe.« – »Darin liegt eine Dummheit«, rief die Frau Pastorin, »das kann er merken, und daraus kann er die Absicht herauslesen, daß er wieder mit Luise zusammenkommen soll.« – »Frau Pastern«, sagte Bräsig und stellte sich sehr aufrecht vor sie hin, »Ihre Worte, die Sie hier gesprochen haben, in allen Ehren! Aber is das ne Dummheit un ne Slechtigkeit, wenn einer die Absicht hat, daß er zwei Menschen wieder zusammenbringen will, die die Boshaftigkeit und die Niederträchtigkeit von anderen Menschen auseinandergespalten hat? – Ich habe diese Absicht gehabt, und derowegen habe ich den Brief geschrieben: Hawermann konnt's nicht; denn worum? Er ist der Vater dazu, und es hätte ihn slecht gekleidet. – Sie konnten's nicht, denn worum? Weil sie Ihnen hier in Rahnstädt in diesen Hinsichten schon allerlei entfamte Ehrentitel angehängt haben. – Mich aber is es ganz Partie egal, was sie mich for einen ollen Aportendräger schimpfen; mich hackt so was nich an. Ich will nu mal Aporten nach Paris tragen, und wenn sie mich man in Paris for einen ehrlichen Mann und ausbefundenen Freund von Korl Hawermannen und Lowise taxieren, ist es mich Partie, ob ganz Rahnstädt mich for einen alten Kuppelpelz schimpft.«

»Ja, Frau Pastorin, ja!« rief der kleine Assessor und fiel der alten Dame um den Hals, »der Herr Inspektor hat recht. Was liegt an dem Geklätsch von Rahnstädt? Was liegt an den dummen Urteilen der Welt, wenn zwei Menschen glücklich werden sollen? – Franz muß kommen, und Luise muß glücklich werden«, und damit sprang sie in ihrer Herzensfreude zu Bräsig, umarmte ihn und küßte ihn genau auf den Mund. »Sie sind ein alter lieber Onkel Bräsig!« – Und Bräsig gab ihr den Kuß zurück und sagte: »Je, Sie olle lütte Klaviermamsell, Sie olle lütte Lerch, Sie! Sie möchten auch wohl mal in solchen Verhältnissen Ihr Glück probieren! – Aber halt! Wir wollen nicht zu zeitig kakeln, noch is die Sach weit inzwei, noch haben die Spitzbuben nicht eingestanden, und so, as ich Korl Hawermann kenne, muß er erst ganz rein in der Sache sein, ehe er sich in die Verhältnissen bequemt, und darum habe ich nichts nich von der Sache gesagt, daß er und Lowise nicht in Unruh kommen sollen. Und ne Gnade von Gott ist es, daß Kurz die Inflorentia hat, denn sonst hätt der schon lange sein Maul aufgetan.«

»Bräsig«, sagte Frau Pastorin, »alles in allem – ich glaub, Sie haben's recht gemacht.« – »Nich wohr, Fru Pastern? Und es war Sie bloß ärgerlich, daß Sie nicht zuerst geschrieben hatten. Dafor aber sollen Sie auch die Ehre haben, daß Sie an den jungen Herrn schreiben, wenn erst allens raus ist.«

Es war drei Tage nach dieser Unterredung, als Bräsig nach Hause kam, in der Diele auf die kleine Frau Pastorin traf, die die rechte Hand in einer Binde trug, denn sie hatte sie sich durch einen Fall auf der Kellertreppe verstaucht, und mit gelassenem Ernst und großem Nachdruck die Worte sprach: »Frau Pastern, ich komme gleich wieder runter und sag Ihnen was.« Damit erklomm er die Treppe zu Hawermann. Er sagte weder Guten Tag noch irgendein Wort, als er bei Hawermann eintrat, sondern blickte überaus feierlich und gemessen und ging stracks durchs Zimmer hindurch in den Schlafraum. Dort füllte er ein Glas mit kaltem Wasser und trat mit diesem Glas an Hawermann heran: »Hier, Korl, trink mal!« – »Was? Wozu soll ich trinken?« – »Weil dich das gut is. Was dir nachher von Notwendigkeit is, kann dir vorher nicht schaden.« – »Bräsig, was hast du?« rief Hawermann und verwahrte sich gegen das Wasser; freilich hatte er gemerkt, daß ihm etwas Besonderes bevorstand.

»Na, Korl, wenn du nicht willst, denn willst du nicht. Aber nimm dich zusammen, nimm dich forsch zusammen.« Damit begann Bräsig seinen Marsch durchs Zimmer, und Hawermann folgte ihm, sehr blaß geworden, mit den Augen: er fühlte aus Bräsigs Vorbereitungen heraus, daß dieser Augenblick Aufschlüsse über sein Schicksal bereithielt. »Korl«, fragte Bräsig und stellte sich vor ihn hin, »hast du dich zusammengenommen?« – Und dies war wirklich der Fall. Hawermann stand auf und rief: »Bräsig, sag, was du zu sagen hast. Was ich so lange getragen habe, kann ich noch länger tragen.« – »*So* is nicht die Meinung«, entgegnete Bräsig. »Es ist raus: die Spitzbuben haben's eingestanden, und wir haben das Geld, wenn auch nich allens, doch was.«

Freilich hatte der Alte sich offenbar auf etwas gefaßt gemacht: auf das abermalige Verlöschen des Schimmers, den die Hoffnung am Himmel für ihn hatte aufdämmern lassen. Wie aber die Sonne der Gewißheit, daß für ihn ein neuer Tag anbreche, hell und grell sein Auge traf, da war er geblendet, und wie tausend Sonnen flimmerte es um ihn auf: »Bräsig! Bräsig! Mein ehrlicher Name! – Luises Glück!«, und er sank auf den Stuhl zurück, und Bräsig hielt ihm das Glas Wasser hin, und der Alte trank und erholte sich allmählich und faßte Bräsig, der vor ihm stand, um die Knie: »Zacharies, du hast mir nie etwas vorgelogen.« – »Nein, Korl, es ist die pure Wohrheit und steht ins Protokoll, und die Spitzbuben kommen nach Dreibergen, as der Herr Burmeister sagt, erst aber nach Bützow ins Kriminal.« – »Bräsig«, sagte Hawermann, stand auf und ging in die Schlafkammer, »laß

mich allein und sag nichts zu Luise! sag Luise nichts! – Ja, sag ihr, sie soll raufkommen!« – »Ja, Korl«, sagte Bräsig, stellte sich ans Fenster, blickte in die Luft und wischte sich die hellen Tränen aus den Augen, und als er die Stube verließ, konnte er seinen Karl in der Schlafkammer knien sehen.
Luise ging zu ihrem Vater hinauf, und Bräsig sagte ihr weiter nichts.

Aber bei der Frau Pastorin lief es nicht so stillschweigend ab. »Mein Gott«, sagte die kleine Frau, »nun ist Luise weggegangen, und Hawermann kommt nicht, und Sie, Bräsig, kommen auch nicht zur rechten Zeit. Das Essen wird kalt, und wir haben solche schöne Fische. – Was wollten Sie mir denn sagen, Bräsig?« – »Oh nichts nich«, und es hatte den Anschein, als hätten die Spitzbuben Unkel Bräsig zu argen Bübereien angestiftet, mit denen er sich an Frau Pastorin nun dafür rächen wollte, daß sie ihn wegen des Briefes so abgekanzelt hatte.
»Nichts nich weiter, als daß Hawermann und Lowise nicht zu Tisch kommen. Wir beiden können ja aber essen.« – »Ih, Bräsig, warum kommen sie denn nicht?« – »Nun, wegen der Schürze!« – »Der Schürze?« – »Ja, weil sie naß war.« – »Welche Schürze war naß?« – »Nun, Kählertschen ihre. – Aber wir wollen essen, Frau Pastorin, die Fische werden kalt.« – »Keinen Happen!« rief die Frau Pastorin, deckte ein paar Teller über die Fische, legte noch eine Serviette darüber, darauf ihre runden, zierlichen Hände, und starrte Bräsig aus ihren runden Augen so wild ins Gesicht, daß er aus seiner Rolle fallen mußte und herausplatzte: »Wir haben's raus, Frau Pastern, und sie haben's eingestanden, un das meiste Geld haben wir auch wieder.« – »Und das sagen Sie mir nun erst!« rief die kleine Frau, schwirrte um den Tisch herum, wollte aus der Tür hinaus und zu Hawermann hinaufstürzen. Das aber ließ Bräsig nicht zu, und durch das Versprechen, er wolle ihr alles ausführlich berichten, brachte er sie auch richtig wieder neben sich aufs Sofa.
»Frau Pastorin«, sagte Bräsig, »das Eigentliche, was das oberste Indizium war, ist durch Kählertschen rausgekommen, das heißt eigentlich nicht durch ihr selber, sondern durch ihre boshaftige Eifersucht, was eine hellisch tücksche Eigenschaft von viele Frauenzimmers ist, die die erbärmlichsten Folgen an sich trägt. – Ihnen mein ich nicht damit, ich mein hier bloß Kählertschen.
Sehn Sie, das Frauenzimmer hatte sich das prekawiert, sie wollte den Weber heiraten, und der Weber wollte ihr nicht. Nun ist sie die richtige

Meinung, daß das geschiedene Weberweib ihn selbst wieder heiraten will und lauert ihnen auf Schritt und Tritt nach, und so begab es sich, daß ihre Schürze – ich meine Kählertschen ihre – einmal naß geworden war und daß sie sie auf dem Gartenzaune trocknen wollte. Indem da sie nun achter die Schürze in halber Verborgenheit steht, regardiert sie den Weber, daß er mit seine Geschiedene da ne Rangdewuh abhält – na, Sie wissen ja Bescheid, Frau Pastorin!« – »Bräsig, ich sage Ihnen . . .« – »Ruhig, Frau Pastorin! Und in einem Graben saßen sie nicht, sie standen mang die Stakbohnen, indem daß das Frauenzimmer von achter in den Garten über den Zaun geklettert sein mußte, weil sie nicht durch das Haus gekommen war. – Kählertsch in ihrer boshaftigen Eifersucht rief nun die Slachterfrau Krügern zu der gleichen Betrachtung. Und da sahen sie denn, daß die beiden hinter die Bohnenstaken verswanden und daß ne kurze Zeit darauf das Frauenzimmer über den Zaun stieg und der Weber sich vorsichtig in den Gartensteig begab, worauf sich die beiden Frauen heimlich exküsierten. So weit waren wir nu, und wahr war es, denn die Slachterfrau hatte es besworen. Da sagte der Herr Burmeister, wenn Kählertsch bloß reden wollte, die würde noch mehr wissen. Da sage ich: Herr Burmeister, mit der weiblichen Eifersucht! Da sagt er: Aber wie? Da sage ich: Herr Burmeister, ich kenne das von dazumalen her, als ich die drei Brauten mit en Mal hatte, es ist ne abscheuliche Natur in der Eifersucht, und sie kennt kein Gnad und Erbarmen. Lassen Sie mich man machen.

Und als nu Kählertsch wieder vorkam, sag ich so verloren: Na, wenn nu der Weber auch nicht jede andere so schlankweg heiraten kann, seine Geschiedene kann er jo woll stantepeh wieder heiraten. Und der Herr Burmeister verstand meinen Pfiff und sagte: ja, wenn er das will, dazu gibt ihm allerheiligstes Kunserstorium gleich ne Desperatschon, und sehn Sie, da geriet dies Frauenzimmer selbst in ne Desperatschon und prust'te raus: wenn's *so* kommen sollte, denn wollt sie auch allens sagen. Der Weber hätte Geld mit aus dem Garten gebracht, denn erst hätte er kein Geld ins Schapp gehabt, aber nachher hätte sie nachgesehen, und da hätte er Geld, lauter Doppelluggerdors gehabt. Sehn Sie, nu hatte sie sich selbst verfangen, indem sie mit en Nachslüssel bei anderer Leute Schapp gegangen war. Der Herr Burmeister ließ ihr also abführen und auch einstechen. So hätten wir nu also schon ihrer drei Karnallgen fest.

As der Weber nun wieder vorkam und wieder log, woans er zu das

Geld gekommen war, und wieder die Slachterfrau ins Gesicht log, daß seine Frau nicht bei ihm im Garten gewesen wäre, sehn Sie, da wurde die Slachterfrau auch giftig und sagte, sie hätte das Mensch nicht bloß im Garten gesehn, sondern sie hätte auch ihre Waden gesehn, as sie über den Zaun gestiegen wäre – nehmen S' nich übel, Frau Pastorin –, aber so sagte sie. – Und so wurden denn nu dem Weber zehn auf die Jacke zudiktiert, denn bei uns sind – Gott sei Dank! – for entfamte Lügen noch Prügel in der Gewohnheit; und der Herr Burmeister stellte ihm Himmel und Hölle vor, daß er Meister wäre und aus das Weberamt gestoßen würde; aber wollte er woll? Er wollte nich.

So drad er aber die ersten drei in die Jacke hätte, fiel er auf die Knie, was for mich ein schauderhaftiger Anblick war, indem daß ich mich umwenden müßte, und sagte, er wollt allens gestehn, und das tat er, indem daß er es nicht selbst gestohlen hatte, sondern das Weib. Das Weib hat nämlich den Tagelöhner Regeln in bewußtlosen Zustand das swarze Paket aus der Westentasche gerissen und hat es im Holze unter Moos und Busch verstochen und hat es da an die zwei Jahr liegen gelassen, indem daß sie, wenn sie zum Holzsammeln gegangen ist, ümmer ein paar Füchse rausgeholt hat, die sie mit Hilfe von alte Judenweiber umgewechselt hat – bei Kurzen is sie ja auch gewesen.

Und da is sie denn vor ungefähr anderthalb Jahr den Weber mal begegnet und hat ihm gefragt, was sie sich nich wieder heiraten wollten, denn sie wäre nu nich mehr power, sie hätte nu was, und da hat sie ihm eine Doppelluggerdor geschenkt. Er hat aber noch nich wollen, indem daß er dazumalen sich in Kählertschen verliebt hat – ich bitt Sie, Frau Pastorin: in Kählertschen! Mir kann einer Kählertschen auf en Presentierteller bringen, ich verliebe mich nicht in ihr. – Die Luggerdor hat er aber genommen, aber sie hat nach mehr gesmeckt, und sie hat ihm auch noch mehr zu genießen gegeben, bis ihm zuletzt ne Zuneigung zu ihr wieder erwacht ist, daß er nichts mehr von Kählertschen hat wissen wollen. Und da hat sie ihm ihren ganzen Schatz gezeigt, und da haben sie mit ihm rum gehurrickt, bald hier, bald da, daß sie ihn verbergen wollten, und zuletzt haben sie ihn diesen Frühjahr in eine Schachtel verfestigt, und er hat das swarze Waßduch in den Slachter seine Mistkuhl gesmissen, und den Schatz haben sie in den Garten vergraben.

Und da sünd wir mit dem Weber hingegangen und haben da in die

Tüften vierzehnhundert Daler gefunden. – Denken Sie sich, vierzehnhundert Daler in die Tüften! Denn das andere haben sie vermöbelt.«

»Herregott doch!« rief die Frau Pastorin, »der Herr Bürgermeister und Sie müssen doch gefährlich klug gewesen sein, so etwas herauszukriegen!« – »Sünd wir auch, Frau Pastorin«, entgegnete Unkel Bräsig gelassen. – »Aber das Weib?« rief die kleine Frau. »Sie ist ja doch die Nächste dazu.«

»Ja, Frau Pastorin, das war denn nu ein erhabener Anblick, denn der Herr Burmeister hatte das Indizium von Schachtel und Geld unter seinem täglichen Hute verborgen, und als das Weberweib in Gegenwart ihres Mannes vorgeführt und noch einmal zur Wahrheit ermahnt war und demgemäß log, so nahm der Herr Burmeister den Hut zu Höchten und sagte: ›Schad't ihm nicht, wir haben sogar schon das Geld.‹

Sehn Sie, wie sie die Schachtel sah, da fuhr sie als ne Kriegsfurie auf den Weber los, und in'n Ümseihn hätte sie ihm das ganze Gesicht abgezogen, bloß mit die Nägel, und rief: ›Verfluchte Kirl! Ick wull em glücklich maken, un nu makt hei mi unglücklich!‹ – Frau Pastorin, die Liebe is noch doller als die boshaftigste Eifersucht. Das hätt Kählertsch nie getan!

Aber, Frau Pastorin, ich glaub, unsere Fische werden wohl kalt.« – »Ach, Bräsig, wie können Sie an so was denken! Ich muß rauf zu Hawermann, ich muß ihm sagen ...« – »Daß Sie sich sehr freuen zu seiner endlichen Reinigung«, sagte Bräsig und zog die Frau Pastorin sanft wieder aufs Sofa, »das sollen Sie auch, aber nahsten. Denn sehn Sie, ich glaub, Hawermann hat sich en bischen mit unsern Herrgott zu besprechen, und Lowise wird ihm woll dabei helfen, und das ist auch gut, aber auch genug; denn, Frau Pasturin – als Pasturin müssen Sie das wissen –, unser Herrgott ist ein eifersüchtiger Gott, und wenn er sich mit einer dankbaren Seele bespricht, denn leid't er nicht, daß andere Frauenzimmer da mang rein reden, sondern zieht sich zurück, und wo früher der heilige Schein Gottes geglänzt hat, da stellt sich denn die menschliche Erbärmlichkeit wieder ein.«

Die kleine Frau Pastorin blickte ihn starr an und brach dann in die Worte aus: »Mein Gott, Bräsig! Ich habe Sie immer für einen greulichen Heiden gehalten; Sie sind am Ende gar ein Christ!« – »Weiß ich nicht, Frau Pasturin; ist mich nichts nich von bewußt. Das weiß ich aber, daß ich das, was ich mit meine swachen Kräften in diese

Sache getan habe, nicht als Christ ausgeführt habe, sondern als Akzesser bei's Kriminal.

Aber, Frau Pasturin, aus uns' Fischessen wird woll nich recht was, mich is auch gar nich recht esserig zumut, mich is allens hier zu eng. – Adje, Frau Pasturin! Ich muß ein bitschen auf die Luft.«

Kapitel 41

Der Kunsttempel

Der Freitag, an welchem Rudolf und Mining Hochzeit halten sollten, war herangekommen, und das schönste Pfingstwetter leuchtete über Rexow wie auch über dem seltsamen Gebäude, das Jochen neben seinem bescheidenen Pächterhause durch Zimmerling Schulz hatte errichten lassen. Von außen bot das Gebilde nicht gerade den Anschein überwältigender Eigenart: es war nur aus Brettern zusammengeschlagen und sah eher so aus wie eine der Schaubuden, in denen man auf der Leipziger Messe dem Publikum wilde Tiere vorführt. Im Innern erwies sich das Kunstgebilde jedoch als weitaus stattlicher. Denn einmal waren die Bretter von innen mit himmelblauen und safrangelben Tapeten ausgeklebt, und zwar war die eine Hälfte des Baus himmelblau, die andere gelb ausgeziert worden, weil in Rahnstädt in der Eile für einen derart großen Saal nicht genügend Tapeten von einer Sorte greifbar gewesen waren. Zum andern aber war dieser Saal mit sechs verzahnten Trägern dekoriert, denn anders hatte Schulz den Auftrag nicht übernehmen wollen. Eigentlich, sagte er, müßten es neun sein: angesichts der Spannung in einem Hochzeitssaal sei der Druck auf die Widerlager zu groß. Weil aber Jochen von Baukunst nicht allzuviel verstand, und Frau Nüßler hinreichend mit der Bereitung von Speis und Trank für die Hochzeitsgäste beschäftigt und Bräsig sein Freund war, der ihm, weil er im Reformverein seine Stange gehalten, auch nicht widersprochen hatte, bekam Zimmerling Schulz durchaus seinen Willen und konnte sich, wie man so sagt, entfalten wie die Laus im Schorf. Er hatte für Jung-Jochen sechs verzahnte Träger derart errichtet, daß sie sich präsentierten, als sagten sie nur: »Paß Achtung!«
Bräsig versah jeden verzahnten Träger mit einer Art Schwenkglocke, die einen Kronleuchter vorstellen sollte, und Kutscher Krischan ritt acht Tage lang in bocksledernen Hosen auf den verzahnten Trägern einher, weil er sie mit Eichenlaub ausschmücken wollte, was ihm auch leidlich gelang, jedoch zum Schaden seiner Bekleidung, dieweil die Verzahnten mit ihren lästigen Holzsplittern allmählich seine bockslederne Hose zerfetzt hatten. Jochen langte tief hinein in seinen blutenden Geldbeutel und spendierte ihm den Betrag für ein neues Kleidungsstück. Und da er zum Ehrentag seiner Mining alles nur vom

Besten haben wollte, hatte er derweil denn auch Krischans bestes Ende sorgsam bedacht.

»Mudding!« rief er seiner Frau zu, »Komm! Kiek! Was soll einer nu noch weiter dabei tun?« – »Ja, Jochen, ischa wohl schon alles ganz recht, aber, Herre Jesus, da müssen doch noch Lichter auf die Kronleuchter!« Sie wollte schon wieder enteilen, da aber sprach aus den Wolken eine Stimme zu ihr herab, aus Eichenlaubwolken, und gleichsam eine Lichtgestalt – denn sie war rundum mit Talglichtern behangen –, beugte sich zu ihr hernieder und verkündete mit feierlicher Stimme: »Wird allens besorgt, Madam Nüßlern.« Und als sie genauer in die Wolken hineinblickte, da sah sie das schön gerötete Angesicht ihres alten Engels Bräsig, wie es aus Laubwolken und Talglichtern herausschaute, denn er hatte sich die Talglichter wie eine heilige priesterliche Halskrause um den Hals gewunden, um beim Aufstecken der Lichter die Hände frei zu haben. Als dies nun alles besorgt war, standen die drei beisammen und betrachteten ihr Werk, und Bräsig sagte: »Wahrhaftig, Jochen! As ein Feenpalast aus Tausendundeine Nacht, was ich letzten Winter aus die Leihbibliothek gelesen habe!« – Und Jochen bemerkte: »Ja, Bräsig, allens as das Leder is. Das soll aber bloß für eine Nacht gelten, denn übermorgen laß ich's wieder abreißen.« – »Das wäre ja borborschen«, ereiferte sich der Zimmerling, »denn die sechs Dräger könnten halten for die halbe Ewigkeit, und hier könnte jede Fee hineintreten, wie sie gebacken und geboren is.«

Und am nächsten Tage stellten die Feen sich ein, aber doch wohl nicht ganz so, wie Herr Schulz sie sich vorgestellt hatte. Vielmehr kamen sie damals alle in Krinolinen, freilich noch in halbwüchsigen Krinolinen aus Pferdehaar, noch nicht mit Glocken und Schwengeln und Wespentaille, Panzern und stählernen Bügeln wie heutzutage, aber es fing doch schon langsam damit an. Und Tante Klein aus Rostock hatte sich bereits einen stattlichen Tonnenreif aus federndem Eschenholz in ihren Unterrock hineinpraktiziert, mit dem sie ihrer lieben Schwester aus Schwasdorf bereits unterwegs die Schienbeine derart wundgescheuert hatte, daß die gute alte Frau während der ganzen Hochzeit eines ihrer Beine in einem fort kühlen lassen mußte. Doch die Feen stellten sich ein, und sie kamen mit Kränzen in den Haaren aus wirklichen Naturblumen, nicht solchen aus Putzmachererzeugnissen. Dies war sehr schade, denn als gegen Ende der Hochzeit die Beine müde wurden, die schönen Augen sich schließen wollten und die frischen

Lockenwolken so zerzaust waren, als habe der Sturm darin gewütet, da senkten auch die müden Blumen ihre Köpfchen zur Erde, und die eine flüsterte der anderen mit mattem Atem zu: »Ich wollte, es wäre vorbei. Nichts gibt doch solche Sehnsucht nach der stillen Nacht wie die helle Lust.«

Wie schön ist es dagegen heutzutage! Heutzutage stehen die Blumen, die Putzmacherblumen, wenn alles müde ist, noch immer stolz aufrecht und sprechen zueinander: »Immer tüchtig heran! Unser Draht und Bindfaden hält es aus. Und wenn dies vorbei ist, dann legen sie uns in die Schachtel, und wir können uns ausruhen, aber wenn es wieder so kommt, dann sind wir wieder tüchtig dabei.« Ach, um wieviel schöner ist die Welt doch geworden! Wenn sie nur auch noch die jungen Beine und die frischen Lungen und die unschuldigen Herzen – ja, meinetwegen durchaus auch noch die schmucken Feen selber noch mit Draht, Bindfaden, federndem Eschenholz und Eisenbügeln frisch aufstählen könnte!

Hinsichtlich der Einladungen hatte Bräsig von Frau Nüßler und Jochen völlig freie Hand erhalten. Er hatte es sich in Rahnstädt und Umgebung mächtig sauer werden lassen und hatte, der dafür aufgewandten Zeit entsprechend, eine ganz beträchtliche Anzahl von reizenden, ansehnlichen, zierlichen, willfährigen und unermüdlichen Tanzbeinen für das Fest in Rexow aufgeboten. Und lief dabei zwischen den Mannsleuten auch hier und da einmal ein etwas plumperer Fuß mit unter, so schadete das nicht viel, sagte Unkel Bräsig, denn bei den Mannsleuten seien die Beine hinreichend deutlich in die Augen fallend, und man könne sich vor Schaden hüten.

Außer den Rahnstädtern und einigen Leuten aus der Umgegend hatte Jochen Nüßler auch noch durch Rudolf anläßlich der Hochzeit alle seine Verwandten einladen lassen, die zu einer ungemein weitläufigen Sippe gehörten. Nicht daß sie an sich besonders weitläufig waren – Gott bewahre! –, ich meine lediglich, daß die Sippe selber weitläufig, und daß sie überdies sehr weitläufig über ganz Mecklenburg und Pommern auseinandergebreitet war. Da saß Onkel Luting, da Onkel Krischäning, da Onkel Hanning und da Vetter Wilhelming – »was mein richtiger Cousin und Vetter zweiten Grades und ein gewaltiger Witzbold is«, bemerkte Jochen, »wenn's ums Essen und Trinken geht.« Und da saßen nun Tante Dining und Tante Stining und Tante Mining und Tante Lining und Tante Rining – »und denn kommt auch Tante Zaphie«, bemerkte Jochen, »was zu ihrer Zeit ein erlesenes

Stück von einem Frauenzimmer war.« – »Is woll schon lang her«, sagte Bräsig.

Und als nun immer ein stattliches Fuhrwerk nach dem andern auf Hof Rexow gerumpelt kam und die ganze Nüßlersippe in einem dichten Haufen um Jochen herumstand und sich bewillkommnete und sich erkundigte, wie es ihnen in den letzten fünfzehn oder zwanzig Jahren ergangen sei – denn so lange hatte jeder entschieden für sich auf seinem Düngerhaufen gesessen und nichts von dem anderen erfahren, dieweil die, die schreiben konnten, einander nicht geschrieben hatten –, da sagte Bräsig zu Frau Nüßler: »Ne sehr konstante Rasse, die Nüßlers-Ort! Lauter vollblütige Nüßlers! Bloß Jochen is en bischen aus der Art geslagen in Hinsicht seiner Dünndarwigkeit und seiner Beredsamkeit.« Und ging in den »Kunsttempel«, wie Zimmerling Schulz seine verzahnte Trägerkonstruktion nannte, und als er dort den Schöpfer dieses Gebildes antraf, wie er bei einer Flasche Bayrisch Bier sich tief in sein Kunstwerk versenkte, setzte er Schulz auseinander: »Sie haben das Ihrigte getan, und ich auch das Meinigte. Aber Sie sollen sehn, Schulz, Jochen sauert uns die ganze Festlichkeit mit seine dämliche Verwandtschaft an, daß sie sich zuletzt wie eine kläterige Satt Dickmilch ausnehmen wird.« – »Ich hätte weiter nichts dabei zu sagen«, sagte Herr Schulz, »indem daß ich hier selbst bloß ein Gast wäre. Aber wenn sie *so* wären, als Sie sagen, denn: rut! rut!«

Und Bräsig wandelte danach im Garten auf und nieder wie ein Laubfrosch, keineswegs, weil er einen *grünen* Frack anhatte, denn er trug seinen schönen braunen mit der gelben Weste, sondern er verhielt sich insofern wie ein Laubfrosch, als er für die Nacht schlecht Wetter prophezeite. Mit einem Mal blickte er über den Gartenzaun hinüber und sah Jochens eigenes »Phantom« ankommen, nicht mit Krischan, sondern mit einem Tagelöhner als Kutscher, und als er genauer hinsah, saßen zwei Frauensleute darin, und als er noch genauer hinsah, da saßen darin seine eigene Schwester, die verwitwete Holländerfrau Korthals, mit ihrer einzigen Tochter, die weit hinten in Vorpommern auf einem Dorfe unter bedrängten Umständen lebten. »Gott soll mir bewohren!« rief er aus, »meine eigene Swester! Und das noch dazu mit ihr Lotting! – Das hat *sie* getan!« rief er und rannte durch die Küche zur Diele, traf dortselbst Frau Nüßler und sagte: »Das haben Sie mich getan. Oh, Sie sünd ...«

Dann erschienen die zwei Frauensleut auf der Diele in sehr, *sehr* einfacher Kleidung, aber sie waren beide in ihrer Art *schön, bildschön*!

Die Ältere war in Tränen aufgelöst, die vor Rührung und Dankbarkeit über ihr altes, treuherziges Gesicht liefen, und die Jüngere, ein frisches, unbefangenes Wesen, deren große, blaue Augen unter goldenen Haaren herausleuchteten, erkundigte sich mit klarer Stimme nach ihrem lieben guten Zacharias-Onkel, denn sie hatte ihn nur einmal vor langen, halbvergessenen Jahren zu Gesicht bekommen. »Da! Da!« rief der und schob und drängelte sich mit seiner lieblichen und leiblichen Verwandtschaft durch die Diele, um sie zu Frau Nüßler zu geleiten, und erklärte dann: »Da is sie. Da bedankt euch!« Und als die beiden dies mit freundlichen Worten gut besorgt hatten und sich nach ihm umblickten, da war er schon wieder verschwunden. Wie ein Müller, wenn er die Mühle in vollen Gang gebracht und sein Getreide in den Mahlkorb ausgeschüttet hat, wand er sich durch die dicken Mehlsäcke der Nüßlersippe hindurch und saß jetzt in der Laube im Garten, schnaubte und trompetete an seiner Nase herum, so daß Zimmerling Schulz mit seiner Bierflasche aus dem Kunsttempel entschritt, weil er glaubte, die Musikanten kämen schon.

Aber sie kamen noch nicht. Vielmehr erschienen nun Kurz und der Rektor, alle beide mit ihrem braven alten Advokaten zur Seite, und als sie vorgestellt worden und eine Weile in der Stube gemeinsam mit der Nüßlersippe umhergetrampelt waren, kam Onkel Luting Nüßler recht dickbäuchig und überheblich auf Kurz zu und sprach tief aus seinem Magen heraus: »Sie können sich freuen, daß Sie durch diese Heirat wieder aufs neue in solch reiche und noble Verwandtschaft kommen. Sehn Sie«, und er zeigte auf Onkel Krischan, der sich just auf ein Sofa warf, »da fallen hunderttausend Taler hin.« – »Dafür tu ich's nicht«, rief Onkel Krischan. Doch dies mußte Kurz nun freilich erbosen, er hielt aber noch an sich. Doch als Onkel Luting ihn nunmehr fragte: »Haben Sie schon mal in Ihrem Leben soviel reiche Leute auf einem Haufen zusammen gesehen?«, da brach bei Kurz die Galle durch. »Nee«, rief er, »aber auch noch nie soviel Schafsköpfe!« und wandte sich ab. Seine Frau, die dies mitangehört hatte, trat auf ihn zu und flüsterte: »Kurz, ich bitt dich um alles in der Welt! Du fängst hier schon wieder mit Demokraterie an. Am besten wärs, du legtest dich gleich zu Bett.« Dies wollte er nun aber ganz und gar nicht, war jedoch für den ganzen Abend von der Nüßler-Sippe in Acht und Bann getan.

Pastor Gottlieb erschien mit Lining, und beide sahen sie für ihr Alter schon recht ehrwürdig aus, dieweil sie beide die Trauung verrichten wollten. Man verstehe mich hier jedoch richtig! Es war keineswegs so, daß Lining selber im buchstäblichen Sinne mit Gottlieb gemeinsam amtieren wollte, vielmehr hatte sie für dies *eine* Mal in ihrem ganzen Leben ausnahmsweise Gottlieb in seinen Kram gepfuscht und seine Traurede ein wenig durchgesehen, freilich derart, daß Gottlieb erklärte: dies sei ja gar keine christliche Pfarrerrede, dies sei ja eine Familienpredigt. Doch sie blieb dabei, sie als Zwilling von Mining müsse es am besten wissen, was ihr zu Herzen gehe, und Gottlieb hatte sich notgedrungen darein geschickt.

Und dann kamen Hawermann mit der Frau Pastorin, mit Luise und dem kleinen Assessor in einer Glaskutsche angefahren, denn die Frau Pastorin hatte erklärt: »So und nicht anders!« Sie hatte einmal bei Frau Nüßler aus tiefer Traurigkeit eine Hochzeit verpassen müssen. Jetzt aber wollte sie dafür auch in herzlicher Freude an dieser zweiten Hochzeit teilnehmen und hatte Hawermann und Luise und dem kleinen Assessor die Hand gedrückt: »Nicht wahr? Wir sind heute alle lustig.« – Und in dieser Weise trafen sie denn auch in Rexow ein.

Und wie sie eingetroffen waren, bekam Hawermann Bräsigs Schwester zu Gesicht, die er vor Jahren gekannt, und es währte denn auch nicht lange, da saß er neben ihr und plauderte mit ihr von alten Zeiten, und jedes dritte Wort war immer: »Zacharies«, und Luise und der kleine Assessor hatten Lotting in ihrer Mitte, und auch ihr drittes Wort war immer wieder: »Unkel Bräsig.«

Und dann kam ein großer Erntewagen mit Blumen und Kränzen, den Kutscher Krischan – in seinen neuen bocksledernen Hosen – vom Sattel aus lenkte. Die Schweife seiner vier Pferde waren mit roten und blauen Bändern ausstaffiert. Krischan selber trug ein Gewinde von Rosen um seinen Hut, was etwa so aussah, als wolle bei dieser Gelegenheit auch der alte Hut seine eigene 50jährige Goldene Hochzeitsfeier begehen.

Vorne auf dem ersten Sack saß David Berger, der Stadtmusikant, und blies auf der Klarinette: »Wer niemals einen Rausch gehabt, das ist kein braver Mann.« Und hinter ihm saßen seine Musikantengesellen und bliesen dieselbe Melodie, jedoch nicht im gleichen Tempo, denn dieweil sie auf dem zweiten, dem dritten und dem vierten Sack saßen, konnten sie ganz unmöglich Takt halten. Herr David Berger war ihnen nämlich immer um drei Säcke voraus, und wenn er sich dann ärgerlich umdrehte oder wenn Krischan einmal jagen oder seine Peitsche brauchen wollte, dann riß es ihm immer an den Haaren, denn einer von seinen verdammten Gesellen hatte das Ende von Krischans Peitschenschnur ihm hinten ins Nackenhaar eingeknüpft, und rührte Krischan die Peitsche, oder rührte er sich selber, dann riß ihm das immer.

Und hinter diesem Wagen fuhr wiederum ein Erntewagen, ganz voller weißer Kleider, und unten aus den weißen Kleidern sahen die appetitlichsten kleinen Tanzbeine heraus, und oben auf den runden Köpfen wiegten sich Nelken und Rosen, und fast wie verlegen schauten sie über die vollen Locken hinüber, als sei es ihnen genierlich, von den schmucken Gesichtern abzustechen. Dies waren die kleinen Feen. Inmitten dieser Feen saß der Herr Postmeister in seiner neuen Uniform, der einzigen, die Rahnstädt aufzuweisen hatte, anders hätte er es auch zu dieser Ehre nicht gebracht – und sang, bunt wie ein Stieglitz, inmitten dieses Blumengartens seine allerschönsten Lieder. Hinter diesem Wagen kam noch ein weiterer Erntewagen angefahren, aber voller Herren, voller Tänzer, voller Tänzer von der auserlesensten Rahnstädter Art, und vorneweg, unten auf der Erde, tanzte Kurzens Herr Süßmann die Wagenreihe entlang, und hinten heraus schlenkerte der jüngste Seminarist des Herrn Rektors mit seinen Beinen durch die Luft.

Die Gäste waren durch die Bank in heiterster und fröhlichster Laune. Nur die Frau Wirtin war in der größten Verlegenheit, denn kein einziger all ihrer Gäste war ihr persönlich bekannt, dieweil Bräsig sie alle nur nach seiner Kenntnis von Tanzbeinen ausgesucht hatte. Sie rief nach Bräsig. Als er aber endlich aufkreuzte, hatte Kutscher Krischan alles schon in Ordnung gebracht und die Zeremonien eingeleitet. Er hatte die Küchentür und die Speisekammertür aufgerissen und alles, was er in Rahnstädt aufgeladen, vor sich her in die Speisekammer geschoben: »So, nu man ümmer rin! Nu man ümmer sachte! Vernüchtern Sie sich erst man en bitschen, das andere hält man auf!« Und der Rat war gut, denn mit der Trauung zögerte es sich noch ein wenig hinaus: der eine Brautdiener, Fritz Triddelfitz nämlich, der sich auf Rudolfs Bitten hatte dazu bewegen lassen, den Bann gegen das Nüßlersche Haus aufzuheben und dies Amt sogar in eigener Person zu versehen, war noch nicht erschienen.

Endlich kam er auf seinem Schimmel und in seinem vollen Staat auf den Hof geritten, trat mit einem derart auserlesenen Gehabe unter die Gäste und verbeugte sich mit einem solchen Anstand nach rechts und nach links, daß des Rektors kleiner einfältiger Seminarist Herrn Süßmann ins Ohr flüsterte: »Schade! Schade! daß wir schon damit fertig sind, hier hätte man sich ein Vorbild entnehmen können.« – Worauf Herr Süßmann ihn mitleidig anblickte und zu Bräsig bemerkte, der auf der andern Seite neben ihm stand: »Herr Inspektor, haben Sie's schon gehört, ich bin zu übermorgen für unseren Verbrüderungsball zum Tanzdirektor gewählt.« Bräsig wollte ihm gerade erwidern, er sei ein Schafskopf, wenn er dies annehme, denn Kurz werde ihn davonjagen. Er gelangte aber nicht mehr dazu, denn soeben trat das Brautpaar in die Stube.

Rudolf war wirklich ein schöner Bräutigam. Über sein frisches, fröhliches Wesen hatte sich heute ein stiller Ernst gelegt, so daß seine Lustigkeit diesmal nicht recht zum Vorschein kommen konnte, und einzig der helle Mut, unter allen Umständen als tüchtiger Kerl sich und seine Frau tapfer durchs Leben zu bringen, leuchtete aus seinen braunen Augen. Ja, er war ein schöner Bräutigam, denn wann ist der Mann schöner, als wenn er voller Mut und Hoffnung den ernsten Streit aufnimmt? Wer konnte es seiner Mutter, dem braven alten Advokaten verdenken, daß sie just in diesem Augenblick zu ihm trat, ihm einen Kuß gab, ihm über die braunen Locken strich und heimlich eine Manschette unter dem Frack ein bißchen weiter hervorzog, damit die Leute dieser doch auch ansichtig würden?

Und nun Mining! Mining sah in ihrem weißen Atlaskleid und unter ihrem Myrthenkranz aus wie ein Borsdorfer Apfel, der mitsamt seinen grünen Blättern soeben frisch vom Baum gepflückt und auf einen schimmernd silbernen Präsentierteller gelegt worden war. Von außen kühl und frisch wie die gesunde Frucht, tief innen aber glühte es ihr im Herzen, und bevor Gottlieb noch seine Trauungspredigt gehalten, war dort bereits ein Paar zusammengegeben worden: die gewisseste Hoffnung und die stillste Seligkeit hatten dort einander schon die Hand gereicht. Und Frau Nüßler weinte leise in ihr Taschentuch hinein und sagte zu Bräsig: »Ich kann mir nicht helfen, denn sie ist meine Letzte, meine Jüngste.« – Und Bräsig blickte sie voller Freundlichkeit an und bemerkte: »Madam Nüßlern, begreifen Sie sich! Es geht bald vorüber«, und er schritt auf Luise Hawermann los, machte eine Verbeugung und sagte: »Mein Fräulein, wenn's Sie paßt, so is es nu Zeit« – sonst sagte er nur: »Lowising«, aber heute war er Brautdiener und mußte ein übriges tun. Und Fritzing Triddelfitz schritt auf den kleinen Assessor zu, denn dies war das andere Brautdienerpaar, und Kurz und Rektor Baldrian stellten sich als Bräutigamsführer neben Rudolf. Und als mit Jung-Jochen eine Weile herumgestoßen und herumgeschoben worden war, stand auch er richtig neben seiner Mining, und an ihrer anderen Seite stand Hawermann – dies waren ihre beiden Brautführer. Und der Zug setzte sich in Bewegung in Richtung auf den Kunsttempel von Zimmerling Schulz, woselbst Gottlieb hinter einem weißen und grünen Altar bereits Aufstellung genommen hatte und sich anschickte, Linings Traurede zu halten.

Ich weiß wohl, daß die Trauung im Hause heutzutage nichts mehr gilt, daß die Trauung vielmehr in der Kirche gehalten werden soll, und ich habe auch gar nichts dagegen, dieweil ich selber etwa zur gleichen Zeit mich in der Kirche habe trauen lassen, weil meine Frau von Geburt nämlich eine Pfarrerstochter ist, für die es sich anders nicht geschickt hätte. Doch in *einer* Hinsicht war es dazumal besser als heutzutage. Denn als die Trauung vorbei war, da war nicht eine der älteren jungen Damen von Scham rot übergossen, und die kleinen Backfische liefen nicht zu ihren Müttern und fragten: »Mutter, was soll das heißen: Du sollst in Schmerzen ...«, und die Mütter brauchten ihnen nicht ins Wort zu fallen und ihnen den Mund zu verbieten: »Still! Still! Das kriegst du alles noch einmal zu wissen!« Und es standen nicht ein paar rohe Gesellen hinter den jungen Mädchen und hatten ihre Freude daran, wenn die armen Kinder nicht wußten, wo sie mit ihren Augen bleiben sollten – und all das nur, weil diese Stellen zufällig in der Bibel stehen? Oh, dann sollten die jungen Herren Pastoren dem Brautpaar ebenfalls das Hohe Lied Salomonis vorlesen, denn das steht doch auch in der Bibel. – Ich glaube, wenn unser Herr Christus wieder auferstünde, er würde sich wiederum der unschuldigen Kinder erbarmen und manchen aus seinem Tempel treiben. – Für eine solche Unterweisung ist die schlichteste, die ungebildetste *Mutter* immer noch ein weitaus heiligerer Geistlicher als ein junger Kandidat, der sein Examen gemacht, seine Antrittsrede gehalten und nach lustigen Studentenjahren allgemach sich die christliche Gesinnung und eine nahrhafte Pfarre ergattert hat.
Ja, wie ich schon sagte, dazumalen war diese Art von Traureden für Mecklenburg noch nicht von einem allerheiligsten Konsistorium erfunden worden, und die alten Sitten galten noch, und die Kinder wurden damals noch so getraut, wie ihre Eltern getraut worden waren. Nun gelten auch hierin die neuen Moden, wie Krischan Schult sagte, als er seinen Braunen beim Schwanz aufzäumte. Doch Gottlieb wußte

damals noch nichts davon, und hätte er davon etwas gewußt und seinen Braunen nach der neuen Mode aufzäumen wollen, so hätte Lining das nicht zugelassen. Lining war eine verheiratete Frau, aber sie hätte es nicht gelitten, daß ihre andere Hälfte inmitten der reichen, dicken, einfältigen Nüßlersippe und inmitten der Rahnstädter Ladendiener und Seminaristen sich hätte schämen müssen und daß das schönste Lebensfest ihrer Zwillingsschwester durch ein allerheiligstes Konsistorium verhunzt wird, obgleich sie die allereifrigste Pfarrersfrau war – freilich, versteht sich, *nach* der Frau Pastorin Behrens, denn die war doch immer die Nächste dazu.

So lagen nach der Trauung denn die beiden kleinen Druwäppel in voller, ungetrübter Seligkeit einander in den Armen, und Rudolf hielt sie beide umschlungen. Frau Nüßler stand ein wenig weiter ab, blickte über ihr Taschentuch hinweg und hielt den Kopf schräg auf eine Schulter geneigt, als horche sie nach oben – möglicherweise auf Engelsgesang. Und wie jetzt die dicke, reiche, einfältige Nüßlersippe sich zum Gratulieren herandrängte, stand Jung-Jochen mitten darin und dienerte unter ihnen umher, als sei heute sein eigener Ehrentag zum anderen Male: »Unkel Luting, 's is mein Lining! – Vetter Wilhelming, 's is unsere kleine Erzieherin! – Tanten Zaphie, was soll einer dabei tun!« Und die Sippe drängte nun nach vorn, die Mannsleut mit den bunten Westen und den goldenen Uhrketten quer über dem Magen, und die Frauensleut mit kompletten Blumentöpfen auf den Hauben, und einigen tropfte es aus den Augen, als seien die Töpfe oben zu stark begossen und liefen unten über.
Und die Mannsleut und Frauensleut von Jochens Sippe küßten immer abwechselnd an Rudolf und Mining herum, als müßten sie sie *vor allen Dingen* erst einmal in ihren dicken, reichen, einfältigen Orden aufnehmen, so daß Kurz am Ende sich gewaltig darüber erboste. Er gelangte nämlich nicht an seine neue Schwiegertochter heran, worin ihm diesmal sein braver alter Advokat sogar recht gab, dieweil nicht einmal sie selber an ihren eigenen Sohn herangelangen konnte. Und auch die Rahnstädter Tanzbeine drängten sich heran und machten ihre Kratzfüße rings um das Paar, und was blieb ihnen auch anderes übrig, Küsse konnten sie nun doch einmal nicht in Empfang nehmen, das lag auf der Hand. Und inmitten dieses Gedränges stand Fritz Triddelfitz neben dem kleinen Assessor, lang und schlank und groß, nicht als Brautdiener, sondern als Kommandeur des Ganzen, und hinter ihm

stand des Rektors kleiner Seminarist und machte mit kurzem Oberkörper und schwarzen baumwollenen Strümpfen genauestens alles nach, was Fritz mit langem Oberkörper und schwarzseidenen Strümpfen ihm vormachte. Er war Fritzings natürlicher Schatten, freilich um die Mittagszeit, wenn die Schatten kürzer werden.

Und ganz abseits standen noch zwei Paare beisammen, die sich nicht vordrängten, denn sie hatten noch mit sich selber genug zu tun und hatten auch noch sehr viel Zeit. Dies waren Hawermann mit seiner Luise und Unkel Bräsig mit der Frau Pastorin. Luise lag mit ihrem Kopf an ihres Vaters Brust und blickte zu ihm auf, als sei sie lange krank gewesen und werde von ihrem Schmerzenslager jetzt zum ersten Male in die freie Gottesluft hinausgetragen, und vom blauen Himmel strahle ihr »Genesung!«, immer nur »Genesung!« entgegen. Und Hawermanns Gesicht blickte so still glücklich und selig wie der blaue Himmel: Sonne, Mond und alle Sterne können darauf wandeln, und Tau und Regen sinken von dort hernieder und können Menschen erquicken, Menschen erfreuen und Menschen erleuchten.

Und dicht neben diesem Paar stand Zacharias Bräsig und hatte die zierliche runde Frau Pastorin rundum gefaßt, hatte die Augenbrauen nach oben gezogen, schnaubte an seiner Nase herum und sagte: »Mein lütt Mining! Mein lütt Pät! Was sie glücklich is!« und jedesmal, wenn einer von den alten dicken Nüßlers Mining einen Kuß gab, dann beugte er sich zur Frau Pastor herunter und gab ihr ebenfalls einen Kuß, als müsse er bei der guten alten geistlichen Dame wieder gut machen, worin die überhebliche Sippe in ihrem alteingefahrenen Trott sich aufs allerweltlichste an Mining versündigte. »Sehn Sie, aus dieser Absicht!« sagt mein Dienstmädchen Lisette hier in Eisenach, wenn sie sonst nicht recht weiter etwas zu sagen weiß. Und so küßte Bräsig die Frau Pastorin, und die Frau Pastorin ließ es geschehen, ohne sich weiter Schlimmes dabei zu denken. Als aber Tante Zaphie, die früher einmal sehr schön und eine Art von Venus unter den Nüßlers gewesen war, Rudolf mit drei oder vier Küssen unter die Augen trat, da erschrak die kleine Frau Pastorin ungemein und sagte, als Bräsig ihr seinen Mund in freundschaftlicher Unschuld wieder hinhielt: »Bräsig, Sie schämen sich ja wohl gar nicht. Was habe ich überhaupt mit Ihnen zu schaffen?« Und Bräsig zuckte sehr verlegen zurück und sagte: »Frau Pasturin, nehmen Sie mich es nich übel, aber mir is das Gefühl übergelaufen«, führte die Frau Pastor zu Hawermann und erklärte: »Korl, du maßt dich hier was an! Lowise is meine Brautjungfer, indem ich

Junggesell bün, die Frau Pastern und du sünd beide Witwers, und das stimmt.«

Mining hatte ihren Rudolf an die Hand gefaßt, und als sie ihre liebsten und ältesten Freunde ein wenig abseits stehen sah, hatte sie schon mehrmals vergeblich gegen die reichen, dicken, einfältigen Nüßler-Sandsäcke und gegen die hölzernen Seminaristen- und Ladendiener-Palisaden Sturm gelaufen, war damit aber nicht durchgekommen. Als aber ihr funkelnagelneuer Herr Ehegemahl ihre vergeblichen Manöver bemerkte, rückte er selber vor, schob Sandsack Numero 1, den reichen Onkel Luting, und Sandsack Numero 2, den Witzbold Wilhelming, beiseite, bekam die längste Palisade, Fritzing Triddelfitz höchstselbst, in die kurzen Rippen zu fassen und stellte ihn sanft auf einen anderen Platz sowie seinen Seminaristenschatten säuberlich daneben. Als Rudolf nun durch Überheblichkeit, Einfalt und Langeweile eine Bresche geschlagen, was gewiß nicht immer leicht ist, führte er seine kleine, funkelnagelneue Ehefrau jenen Menschen zu, die ihr statt mit Blumentöpfen, bunten Westen und goldenen Uhrketten mit dem gratulierten, was darunter sitzt, nämlich mit Kopf und Herz. Und als Frau Nüßler hinzutrat und ihre Kinder abwechselnd ans Herz drückte, wischte sich Rudolf eine Träne aus dem Auge und bemerkte: »Wollen alle en bischen in den Garten gehn, damit wir für uns sind.« Und Zimmerling Schulz, der in der Nähe war und dies gehört hatte, rief: »Ja, rut! rut! All rut! Hier soll gedeckt werden!« und fing an, an den reichen Nüßlers herumzuschieben, als seien sie Holzklötze und Sägeböcke.

Und als unsere Gesellschaft – ich sage *unsere* – an der berühmten Laube vorbeikam, wies Bräsig auf den Kirschbaum und sagte: »Mining, dieser Bom muß dir for dein ganzes Leben ein Indizium und gewissermaßenes Wohrzeichen sein, indem sich deine Zukunft unter ihm und unter mir dazumalen angesponnen hat. Und indem wir von Wohrzeichen reden, Mining, hol mich mal wieder eine blage Lawkoje, da steht eine.« Und als Mining hingesprungen war, fragte Unkel Bräsig: »Rudolf, haben Sie ümmer an die blage Lawkoje von dazumalen gedacht?« Und als Rudolf bestätigte, dies habe er, da blickte Bräsig ihm in die hellen Augen, musterte ihn vom Kopf bis zu den Waden hinunter und sagte: »Ich glaub's Ihnen!« Und als Mining mit der Blume kam, sagte er: »Dank dich, Mining! Un ich will dich dafor auch gleich mein Hochzeitsgeschenk schenken«, und holte eine alte, dicke,

schwarze Brieftasche aus seinem braunen Frack hervor, blätterte zwischen alten Milch- und Getreiderechnungen herum und holte schließlich aus einem Nebenfach der Brieftasche eine vertrocknete Blume heraus und erklärte: »Süh, mein klein Pät, dies ist die Blume von dazumalen!«, und er hielt die andere, frisch abgepflückte Blüte dagegen, »und wenn nach lange Johren Rudolf imstande is, dir mit dieselben kloren Augen diese neue Blume zu übergeben, denn kannst du sagen: ich bün eine glückliche Frau gewesen. Weiter sage ich nichts nich, nichts! Und ich habe auch weiter nichts nich zu verschenken, nichts nich!« Derweil war er aber schon ein Stück weitergegangen, und *unsere* Gesellschaft hörte ihn nur noch aus der Ferne: »Nichts nich! as dies Indizium – Rudolfen sein Indizium!« Und als *unsere* Gesellschaft ihn wieder traf, da war er mit seiner Schwester und seiner Schwestertochter Lotting zusammen, und die beiden Frauensleut strichen an ihm herum und dankten ihm zärtlich dafür, daß er sie sein Lebtag nicht vergessen und verlassen hatte.
Jetzt trat Frau Nüßler zu *unserer* Gesellschaft: »Kinnings, nu kommt! Nu ist allens in der Reih. Aber nehmt's mir nicht übel! Jochens Freundschaft ist nu doch einmal die vornehmste, und ich kann Jochen – er is nu doch mal Herr – nicht vor den Kopf stoßen, sie müssen nu doch mal um das Brautpaar herumsitzen. Kurz, natürlich, und seine Frau sitzen da mittenmang, denn, wie Sie sagen, Frau Pastorin, sie sind ja die Nächsten dazu, und Gottlieb und Lining müssen doch da auch mang sitzen, er als Priester und sie als Zwilling, und denn auch Jochen, indem er doch zu seiner Freundschaft gehört. Aber wir, Frau Pastorin, Korl, Lowise und Sie, Bräsig, wir setzen uns auf diesem Ende zusammen, und es soll eine lustige Hochzeit werden.« – »Alabongkör«, äußerte Bräsig, »wo sitzt aber der Herr Ladendiener Süßmann? Ich muß noch wegen den Verbrüderungsball mit ihm reden.« – »Ach Gott, das Wurm sitzt in unserer Hinterstube. Er hat ja Triddelfitz was vormachen wollen mit Angterschahs über einen Hümpel Erbsenstroh rüber, und dabei ist er gefallen und ihm ist was geplatzt. Krischan hat ihm schon eine alte blaue Hose von Jochen bringen müssen, aber damit will er sich ja bei Tag nicht sehn lassen und rechnet auf den Abend, weil es bei Licht nicht zu sehn sein soll.« – »Und das will Tanzdirektor spielen!« sagte Bräsig und schritt mit *unserer* Gesellschaft in den Saal.

Und das Festmahl begann. Frau Nüßlers schmucke Dienstmädchen mit

ihren frischen Gesichtern, ihren dreistöckigen Mützen und weißen Latzschürzen liefen in den Kunsttempel und drehten und wendeten sich dort wie die Brummkreisel – denn die Lohndiener mit ihren schäbigen schwarzen Fräcken und weißen Halsbinden nach der Kleiderordnung des Grafen Kuno Hahn auf Basedow, mit ihren weißen Baumwollhandschuhen, bei denen das Handgelenk immer in die Bratensoße stippt, waren dazumal noch nicht Mode. Die dicken Nüßlers saßen da und fraßen, als sitze ein französischer Proviantkommissar von 1812 in ihrem Magen und wolle eine Armee gegen Rußland versorgen. Wenn sie mit dem Frikassee fertig waren, gingen sie auf den Pudding los, und wenn sie den Pudding hinter sich hatten, warfen sie sich auf den Taubenbraten mit Spargel und wunderten sich, daß die Tauben in Mecklenburg nicht so groß waren wie die Gänse, und schalten auf unseren Herrgott, daß er die Spargel nicht so dick wie die Hopfenstangen wachsen ließ. Als der Braten kam, da stand Vetter Wilhelming auf, der Witzbold der Nüßlersippe, klingelte ans Glas, rief dreimal vernehmlich »Ruhig!« durch den Saal, hielt sein Glas in die Höhe und rief: »Auf dem Wohle des alten Generals Knusemong, welcher ein berühmter General gewesen ist und auch heut noch gilt!« Und dabei blickte er auf das junge Paar und blinzelte mit dem linken Auge Mining zu und mit dem rechten Auge Rudolf. Und kein Geringerer als Onkel Luting – man verstehe mich recht: der *reiche* Onkel Luting – erhob sich eigens deswegen und rief aus: »Wilhelming, du büst doch en hellsche Kirl!« Und Bräsig bemerkte zur Frau Pastorin: »Frau Pasturin, ich weiß, Sie sünd gegen die Reform, aber der Witzenmacher von Schustergesell in der Reform macht's doch besser.«
Frau Nüßler aber saß auf Disteln und Dornen, denn sie schwebte ständig in der Angst, Jochen werde nun auch noch mit Reden anfangen. Doch Jochen hielt sich. Seine Reden waren nicht für das Ganze, sondern nur für die Nachbarschaft bestimmt, und sie liefen bloß darauf hinaus: »Wilhelming, schenk doch mal Luting ein. Luting, schenk doch mal Wilhelming ein.« Und wie nun die Bowlen auf den Tisch kamen und der Champagner, da blickten die alten dicken Nüßlers immer nur nach den Etiketten und erklärten: Diese Sorte hätten sie in ihrem Keller ebenfalls, und Fritzing Triddelfitz und die Herren Ladendiener und die Herren Seminaristen tranken immer *ein* Glas nach dem *anderen*, um ja nichts zu verpassen. Und der linke Flügel der Hochzeitsarmee, wo das Tanzbeinkorps saß, geriet in eine derartige Aufregung, daß der kleine Assessor zum Kommandeur dieser leichten Truppen, näm-

lich zu Fritz Triddelfitz, bemerkte: wenn er in *dieser* Weise gegen den Feind vorrücken wolle, dann müsse *er* sich zurückziehen. Und wie Fritz gegen diesen Rückzug gerade seine Einwendungen vorbringen wollte, just in diesem Augenblick mußte sich für ihn wie für die ganze Gesellschaft ein sonderbarer Zwischenfall ereignen.

Nein, man stelle sich nur vor, was ein unverständiges Vieh manchmal doch für Einfälle hat. Bauschan! Jochens Bauschan! Unser alter Bauschan! Bauschan also saß mit einem Male, seinen grünen Kranz um den Hals und einen ebensolchen um den Schweif – wie es ihm Kutscher Krischan für diese Festlichkeit besorgt hatte – auf dem weißen und grünen Altar, der noch hinter dem Brautpaar aufragte und auf welchem Gottlieb und Lining die Trauung vollzogen hatten, blickte mit seinem altehrwürdigen Autokratengesicht zwischen dem jungen Ehepaar hindurch und leckte Lining mit seiner Zunge und schlug Rudolf mit dem Schweif ins Gesicht, und leckte wiederum Rudolf und schlug Mining mit dem Schweif. Und nachdem er dies vollbracht, nahm der alte Hund seine vormalige Denkmalspositur auf dem Altare in vollkommener Ehrwürdigkeit wieder ein und blickte so darein, als sei er mit dem Ganzen überaus zufrieden, wolle nun aber zu seinem Vergnügen doch auch bis zum Ende der Festlichkeit dort ausharren.
Da sprang Jochen in die Höhe: »Bauschan, du schämst dich wohl nicht? Willst du mal runter!« Doch darauf sprang Unkel Bräsig hoch und rief: »Jochen, so behandelst du in dieser feierlichen Stimmung deinen besten Freund?« Und er wandte sich an Pastor Gottlieb und bedeutete ihm: »Herr Pastohr, lassen Sie Bauschanen! Wenn dieses Vieh hier auf dem christlichen Altar seine Liebe kundgibt, denn weiß dieses Vieh es, obschonst wir es nicht wissen. – Und Bauschan ist ein kluger Hund! Ich weiß es, denn als ich von oben in den Kirschbom der Liebe kund wurde, wurde er von unten derselben kund, indem daß er in der Laube unter der Bank lag. Herr Pastohr, dieser Bauschan ist gewissenermaßen Trauzeuge, denn er ist dabei gewesen, als Sie sich verlobt haben.«
Gottlieb war erblaßt ob dieser abscheulichen Gesinnung, doch zum Ausbruch einer Predigt gelangte es bei ihm diesmal nicht, denn um ihn herum begann es zu brummen und zu summen wie ein Bienenschwarm. Nach dem Zwischenfall war nämlich ein allgemeiner Aufstand ausgebrochen, und alle schleppten sich ab mit Stühlen und Tischen – »rut! rut!« ließ sich der Zimmerling vernehmen –, wie

auch mit Schüsseln und Tellern. Und des Rektors kleiner Seminarist warf in diesen Trubel einen Stapel von Frau Nüßlers Porzellangeschirr mitten hinein, so daß die Scherben durch den ganzen Saal klirrten, und stand nun vor seinem Zerstörungswerk und suchte eifrig in seiner Westentasche nach Schätzen, die so vor seinen wie vor den Augen seiner Mitwelt gleicherweise verborgen blieben. Als Frau Nüßler vorüberging und die Bescherung gewahrte, errötete er über die Maßen und beteuerte, er wolle es gern bezahlen, habe aber nur nicht soviel bei sich. Doch Frau Nüßler klopfte ihm freundlich auf die Schulter und sagte: »Ih, Spaß! Aber Strafe muß sein!«, griff ihn an der Hand, brachte ihn zu Bräsigs Schwestertochter Lotting und befahl: »Hier sollen Sie heute abend meine Teller abtanzen.« Und er hat seine Schulden ehrlich bezahlt.

Und nun gings los. Zuerst die Polonaise – Fritzing Triddelfitz hatte das Kommando, denn Herr Süßmann war noch nicht wieder in Sicht –, und *wie* führte er sie an! Durch den Saal, durch den Garten, durch die Küche, durch die Diele, durch die Wohnstube, die Schlafstube, und wieder ein Stück durch den Saal und durch den Garten ging der Zug, so daß Jochens dicke Sippe ganz außer Atem geriet und Bräsig ihm zurief: ob er auf seinem Wege so nebenbei nicht auch noch den Düngerhof mitnehmen wolle. Und Jochen Nüßler tanzte diesen Tanz mit, selbdritt, zur einen Seite Tante Zaphie, zur anderen Seite Bauschan, und er bot zwischen dem Blumentopf von Tante Zaphie und den Kränzen von Bauschan den Anblick einer in Gold gefaßten Perle oder des Esels zwischen zwei Heubündeln.
Und als die Polonaise beendet war, spielte David Berger einen langsamen Walzer: »Du, du liegst mir am Herzen, du, du liegst mir im Sinn«, und aus der Ferne antwortete ihm ein anderes Musikkorps: »Unse Katt hat negen Jung'n, dat hett Nahwers Kater dahn«, und als er dann weiterspielte: »Du, du machst mir viel Schmerzen, weißt ja, wie gut ich dir bin«, kam aus der Ferne die Antwort: »Nimm den Kater, smit 'n in't Water«, und so weiter, denn Frau Nüßler hatte angeordnet, daß die Leute ebenfalls tanzten: im Milchkeller.
Da saßen denn nun der alte Hartloff mit dem einen Auge und Tischler Wiechmann und Weber Rührdanz und alle die andern, und Hartloff hatte allen den andern einen herzhaften Schluck eingeschenkt und sie aufgefordert, sie sollten sich nicht lumpen lassen, mit solchen Stadtmusikanten könnten sie es alle Tage aufnehmen, und jetzt strapazier-

ten sie sich also für ihr Renommee ab, und Kutscher Krischan schenkte ihnen immer wieder flugs ein.
Und als die Lust hochgestiegen war, da kamen Rudolf und Mining in den Milchkeller hinabgestiegen, und Mining tanzte mit Kutscher Krischan und Rudolf mit der Köchin, und der Gesindevogt brachte ein »Vivat!« auf das Brautpaar aus, und Hartloff fiedelte dabei so rücksichtslos drauflos, daß Rührdanz mit seiner Klarinette gar nicht mehr mitkonnte und ein ganzes Stück nachexerzieren mußte.
Als das Brautpaar gegangen war, standen Kutscher Krischan und die Köchin hinter der Tür beisammen und judizierten miteinander: »Dürt, was sein muß, muß sein!« – »Ih, Krischan, was hast du?« – »Dürt, wir sind doch auch Brautleute, und was dem einen recht ist, ist dem andern billig. Wir müssen uns ihnen zum Dank doch auch zeigen, sie könnten uns das sonst übelnehmen.« Und Dürten erklärte: ihr sei es ein bißchen sehr genierlich. Aber wenn sie's täte, denn tanzte sie lieber mit dem Herrn Inspektor Bräsig, denn den kennte sie, und Krischan sagte: von ihm aus gerne, und er wolle dann mit der Frau tanzen. Und wie im Kunsttempel noch niemand etwas Arges sich vermutend war, da standen unversehens Krischan mit Frau Nüßler und Bräsig mit Dürten in der Reihe und chassierten da herum, was das Zeug hielt.
So war es dazumalen, und es ist schade, daß es heute nicht mehr so ist – zumindest vielerorts nicht mehr. Helle Lustbarkeit und tiefe Trauer bringen Hoch und Niedrig zusammen. Weshalb also will der Herr, der auf seinem Totenbett wünscht, daß seine Tagelöhner in aufrichtiger Trauer hinter seinem Sarge einherschreiten, nicht auch seine Freudentage mit ihnen teilen?
Es war ein Freudentag, und es ist so gut wie unmöglich, all die Lustbarkeit zu beschreiben, die eines jeden Herz durchdrang, die die Beine so munter springen und die Hände so innig einander drücken hieß. Ich weiß nur, daß Fritz Triddelfitz als Kommandeur das Ganze überragte, daß es den kleinen Assessor Anna an seiner Seite des öfteren rot übergoß und er nach dem Tanz zu Luise lief, als müsse er dort Schutz suchen. Ich weiß nur, daß der kleine Seminarist einige Tänze ausließ, weil er sich in ein Rechenexempel verwickelt hatte: ob er, erhielte sein Vormann die ausgeschriebene Küsterstelle, vielleicht nicht doch auf dessen Schulmeisterstelle rechnen könnte. Würde er sich dann sehr einschränken und das Kartoffelland des Schusters pachten, die Quadratrute zu vier Schilling, und würde ihm der reiche Onkel Bräsig noch

mit ein paar Talern unter die Arme greifen, könnte er dann vielleicht nicht doch die gelbgoldenen Haare und die schönen blauen Augen heiraten, die in frischer, heller Fröhlichkeit zu ihm aufblickten und sich beim Tanzen ein wenig verwirrt auf seinen schwarzen Frack senkten, der bei Kaufmann Kurz erst zu einem Drittel bezahlt war. Ich weiß nur, daß der einzige unglückliche Mensch in der ganzen Gesellschaft Herr Süßmann war, und dies auch nur dann, wenn seine Blicke zufällig nach unten, auf Jochens abgetragene blaue Hosen fielen.

Ja, es war eine überwältigende Lustbarkeit. Aber alles hat ein Ende. Die kleinen Feen, die Ladendiener und die Seminaristen, die Tanzbeine und David Berger mit seiner Tanzmusik fuhren nach Hause – die Alten waren schon fort –, und Jochen marschierte seiner Sippe voran und quartierte einen jeden ein, und Frau Nüßler brachte die Frauensleut zu Bett, und jede verheiratete Frau erhielt, jede für sich, ein schönes Nachtlager. Aber was noch nicht verheiratet war, Tante Zaphie an der Spitze, das mußte in der großen blauen Stube auf »table d'hôte«, nämlich gemeinschaftlich auf ausgeschüttetem Stroh, schlafen.

Kapitel 42

Verbrüderung

Am Sonntagmorgen nach jener Hochzeit war die junge Frau von Rambow in ihrem Hauswesen tätig, versah ihre Angelegenheiten und trug ihre Einnahmen und Ausgaben in ihr Rechnungsbuch ein. Dabei aber gingen ihre Gedanken sorgenvoll ins Weite: Verworrene Ängste griffen ihr ans Herz und machten sie verzagt, denn sie fühlte es deutlich, daß es mit Axel schlimm stehen mußte. Aber *wie* trostlos es infolge seiner törichten Wirtschafterei um ihn wirklich bestellt war, das vermochte sie doch nicht zu ahnen, denn was sie auch fürchtete und bangte, es reichte noch lange nicht an die Wirklichkeit heran. Aus seinem unbeständigen und fahrigen Gehabe, aus der Unruhe, die ihn jagte und trieb, ließ sich allenfalls vermuten, daß seine Verlegenheiten beträchtlich waren. Daß aber dies die letzte Verlegenheit war, daß ihm das Messer schon an der Kehle saß, daß ein kleiner Zufall, ein wenig Böswilligkeit mehr ihm den Rest geben konnten, das wußte sie freilich noch nicht. Er hatte ihr nichts gesagt. Er hatte am Morgen anspannen lassen und war auf drei Tage verreist. Wohin? Wozu? Das waren Fragen, die ihr schon lange nicht mehr über die Lippen gekommen waren, denn wozu sollte sie an eine Tür klopfen, hinter der nur Unwahrheit, Ausflüchte und Lügen lauerten?

Mit einem Seufzer klappte sie ihr Rechnungsbuch zu und murmelte vor sich hin: »Was hilft mir das alles? Frauenhände können den Einsturz eines Hauses nicht aufhalten.« Und wie sie durchs Fenster Fritz Triddelfitz müde und schläfrig über den Hof wanken sah, ließ sie die Hände in den Schoß sinken: »Und auf dem ruht nun die ganze Wirtschaft, und es ist noch ein Glück, denn er ist ehrlich, und Hawermann hat ihn in der Lehre gehabt. – Ach, Hawermann! Hawermann!« seufzte sie, und Gedanken der Trauer und Reue kamen über sie und zogen sie in ihren Kreis.

Wer kennt wohl nicht solche Stunden in seinem Leben, in denen ihn die schwarzen Gedanken wie Gespenster aus vergangener Zeit umstehen und mit den Fingern immer wieder auf jene Stelle zeigen, an der das Menschenherz einmal schwach geworden ist? Sie weichen und wanken nicht, sie stehen wie Wälle und Mauern, sie weisen unablässig auf jenen schwachen Punkt und knüpfen an ihn die Pein jenes Augenblicks und rufen dir in die Ohren: Das ist die Folge, warum hast du damals so gehandelt? Doch was *sie* getan hatte, das hatte sie doch nur aus Liebe getan! Daran aber kehren sich die Gespenster nicht – was weiß ein Gespenst schon von Liebe?

Als sie noch so dasaß, trat Daniel Sadenwater herein und meldete den Herrn Rittergutsbesitzer Pomuchelskopp. Der Herr sei doch nicht zu Hause, bemerkte Frida. Das habe er auch schon gesagt, erklärte Daniel, doch der Herr Pomuchelskopp habe ausdrücklich betont, er wünsche die gnädige Frau zu sprechen. »Ich werde gleich kommen«, entgegnete Frida. – Das hätte sie sonst wohl nicht gesagt, hätte sie sich für den Augenblick nicht gerne die schwarzen Gedanken vom Leibe schaffen wollen, denn Pomuchelskopp war ihr in der Seele zuwider. Aber er war doch ein Mensch aus Fleisch und Blut, und keines von ihren grauen Gespenstern.

Freilich hätte sie es wohl doch nicht getan, hätte sie gewußt, was ihr bevorstand. Pomuchel hatte schon des öfteren, zuletzt aber noch am gleichen Morgen, mit David und Schlitzohr weisen Rat gehalten, und sie waren darin übereingekommen: das beste sei, wenn er Axel das Gut unter der Hand abkaufte. »Denn«, sagte Pomuchelskopp, »kommt das Gut zur Versteigerung, denn treiben sie es mir in die Höhe. Ach, denn wird es mir in die Höhe getrieben, ach, denn kommen die eingebildeten Edelleute – da sind welche mang, die haben so viel Geld – und sie lassen ja doch nicht voneinander – sie halten zusammen wie die Kletten –, die sind imstande und bezahlen seine Schulden, wenn's zum Klappen kommt, oder kaufen's ihm wieder.« – »Sie werden sich hüten«, sagte Schlitzohr. – »Nee, nee!« rief Pomuchel, »wenn ich's unter der Hand bekommen kann, das wär am besten. – Er ist so mürbe, so mürbe wie ein fauler Apfel. Und ich kenn ihn, er sieht nie übern Zaun, er langt man bloß nach dem nächsten, und wenn ich ihm ein Stück Geld biete, was ihm die Schulden vom Halse schafft und ihm noch ein bißchen was über läßt, denn langt er zu.« – »Sie vergessen bloß eines«, sagte der Notar, »*sie* ist auch noch da.« – »Ach, sie weiß nichts davon«, sagte Muchel. – »Das ist ihr Glück, sonst wären Sie nicht so weit gekommen. Sie hat mich mal – damals, als die Sache mit dem gestohlenen Geld lief – mit ein paar Augen angesehen, die vergeß ich mein Lebtag nicht wieder.« – »Nu«, sagte David, »was is? Sie is ne Frau – nich ne Frau as die Frau Pomüffelskoppen, denn das is ne grausam gescheute Frau –, sie is ne Eddelfrau, sie weiß viel, sie weiß nichts, sie weiß gar nichts. Is *er* geworden mürb, nu so muß *sie* auch werden gemacht mürb.« – David drang mit seiner Ansicht durch. Ja, wenn die arme Frau jetzt so Schlag auf Schlag alles zu wissen bekomme, dann müsse sie wohl mürbe werden, dann würde sie sich nicht gegen einen Verkauf zur Wehr setzen. Und es wurde ausgemacht, Pomuchelskopp solle den Anfang machen, und die andern beiden sollten nachfolgen, diesen Morgen noch. Axel war nicht zu Hause, das wußten sie.

Als die junge Frau von Rambow zu Pomuchelskopp ins Zimmer trat, bot Pomuchel einen so sanftmütigen und teilnehmenden Anblick, als sei er ein Gottes-Priester und wolle sie über den Tod ihrer lieben Mutter trösten. Er streckte ihr mit einem so herzlichen Ruck die beiden Hände entgegen, als wolle er ihre Hand in die seine nehmen und sie in biederster Treuherzigkeit umklammern. Als sie ihm aber ihre Hand nicht gab, da faltete er seine beiden Hände zusammen und blickte sie aus seinen alten fetten Augen so väterlich an wie ein Krokodil, das gerade anfangen will loszuweinen.

Er sei gekommen, sagte er, als alter Freund, als treuer Nachbar, und er habe den Herrn von Rambow sprechen wollen. Die Sache habe Eile, große Eile, und da der junge Herr nicht zu Hause sei, müsse er notwendig mit der gnädigen Frau reden. Es jammere ihn so sehr, daß er als Nachbar nicht helfen solle, wenn solch Unglück bevorstünde wie ein öffentlicher, meistbietender Verkauf von Pümpelhagen.

Frida prallte zurück und rief: »Verkauf von Pümpelhagen?« Und jetzt blickte Pomuchelskopp tatsächlich drein wie eine unglückliche, unschuldige Mutter, die im Schlaf ihr eigenes Kind totgedrückt hat: »Ach Gott!« rief er zur Antwort, »was hab ich getan! Ich glaubte, gnädige Frau wüßten schon ...« – »Ich weiß nichts«, sagte Frida blaß, aber beherzt und sah den alten Sünder an, als wolle sie durch ihn hindurchblicken: »Ich weiß nichts, aber ich wünsche alles zu wissen. Warum soll Pümpelhagen verkauft werden?« – »Gnädige Frau«, sagte der Herr Gutsbesitzer und krümmte sich nahezu, »die vielen Schulden ...« – »Wem ist mein Mann schuldig?« – »Ich glaube vielen.« – »Ihnen auch?« – Und jetzt war es, als seien in Pomuchelskopps Innern die Schleusen aufgezogen worden, hinter denen er seit langen Jahren all seine Menschenfreundlichkeit aufgestaut hatte, um sie heute recht aus dem vollen über das Pümpelhäger Haus verströmen lassen zu können. Ja, sagte er, er habe ebenfalls zu fordern, das Geld jedoch, das er gelegentlich vorgeschossen, habe er aus Freundschaft gegeben, und so solle es auch bleiben. Er sei heute morgen bloß herübergekommen, um dem Herrn von Rambow seinen guten Rat nicht vorzuenthalten, wie die Sache sich vielleicht drehen und wenden ließe, damit der junge Herr aus der Patsche käme. – Soviel er wisse, sei es Moses, der auf dem Verkauf bestehe, und wenn dem das Maul gestopft werde, denn könne die Sache sich wieder einrenken.

Und wie er Abschied nahm, setzte er noch treuherzig auseinander, mit ehrenwertem Kopfgeschüttel und unter viel Augengeblinzel, als müsse er die Tränen zurückhalten: wenn er gewußt hätte, daß die gnädige Frau nichts davon wissen sollte, denn hätte er sich ja lieber die Zunge herausreißen lassen als nur ein Sterbenswörtchen davon zu sagen.

Hätte es sich um eine Angelegenheit gehandelt, die sie nicht so nahe anging, dann wäre Frida die listige Falschheit in Pomüchelskopps Gehabe vermutlich deutlicher ins Auge gesprungen. So aber hatte sie nur ein dunkles Gefühl davon; zu deutlicherer Einsicht ließen Schreck und Angst sie nicht kommen. Ihr war fast, als erschüttere ein Erdbeben ihr Haus, als wollten die Wände, die ihr sonst Schutz gegen das Unwetter boten, über ihr zusammenstürzen und sie und ihr Kind und das bißchen Glück, auf das sie in Zukunft noch hoffte, unter sich begraben. Sie mußte hinaus ins Freie, in den Garten. Und dort schritt sie jetzt auf und ab in der Sonnenhitze, setzte sich in den kühlen Schatten nieder und sann und sann, und ihr ward zumute, als gehöre ihr der Schatten nicht mehr, den die Bäume warfen, und als gehörten ihr die Blumen nicht mehr, die zu ihren Füßen blühten und die sie selber gepflanzt. Sie saß auf der gleichen Bank, auf welcher vormals ihr Schwiegervater gesessen, der alte Kammerrat, als er Hawermann seine Not klagte. Damals hatte Hawermann geholfen – wo war Hawermann jetzt? Und die gleichen Bäume gaben ihr Schatten, die sie als erste erblickt hatte, als Axel ihr von fern mit Stolz das schöne Gut gezeigt – wo war dieser Stolz geblieben? Wo blieb das Gut? Wem gehörten nun die Bäume? Sie setzte sich für einen Augenblick nieder, doch dieser Augenblick dauerte zwei Stunden. Sie wußte es nicht. Sie hörte Schritte auf dem Gürlitzer Kirchsteig, sie wollte gehen. Aber noch ehe sie fortkonnte, standen der Notar und David vor ihr.

Schlitzohr schrak ein wenig zusammen, als er so plötzlich der Frau ansichtig wurde, die er quälen und martern wollte. David grinste wie ein Affe, dem unversehens ein Apfel in die Hände fällt. Der Notar näherte sich der gnädigen Frau mit bedachtem Respekt und fragte mit einem tiefen Bückling an, ob der gnädige Herr wohl nicht zu sprechen

sei. – Er sei verreist, entgegnete Frida. – »Wir müssen ihn aber notwendig sprechen«, bemerkte David.
Schlitzohr blickte über die Achsel zu David hinüber, als wolle er sagen: wenn du doch dein dämliches Maul halten wolltest, sagte aber das gleiche: »Ja, gnädige Frau, wir müssen ihn notwendig sprechen.« – »Dann müssen Sie am Mittwoch wiederkommen. Am Dienstag kommt der Herr von Rambow zurück«, und damit wollte sie sich entfernen.
Der Notar stellte sich ihr halb in den Weg: »Es ist nicht sowohl unsere Angelegenheit als die des Herrn vom Rambow, die uns hierher führt. Vielleicht ließe sich ein Bote nachschicken. Es ist wirklich ein höchst dringlicher Fall. Wir wissen einen Käufer für Pümpelhagen, einen durchaus sicheren Mann, der aber binnen drei Tagen vorläufige Resolution haben will, ob der Herr von Rambow das Gut unter der Hand verkaufen oder ob er es auf ein Meistgebot am Verkaufstermin ankommen lassen will. Der Herr hier ist der Sohn von Moses, der sein Geld zu Johanni gekündigt hat, und dringend durch mich, seinen Geschäftsträger, zum Verkauf unter der Hand raten läßt.« Dies war natürlich alles gelogen.
Die schöne junge Frau stand schweigend und blickte auf die beiden Halunken. Der erste Schreck war vorüber, und nun bäumte sich in ihrer reinen Seele der ganze Stolz gegen ein unverschuldetes Unglück auf. »Gnädige Frau«, sagte David, der unter ihrem Blick eine Zeitlang sehr verlegen an seiner goldenen Uhrkette herumgespielt hatte, »bedenken Se: da is mein Vater mit de siebentausend Taler – mit de Zinsen und de Kosten werden's acht –, da is der Herr Pomüffelskopp mit de achttausend Taler, da sind de Handwerker aus Rahnstädt – nu, wir haben de Rechnungen bei uns – sind auch ein dreitausend –, denn sind noch da de Wechsels, und denn sind noch da an de zehntausend – na, was weiß ich – meinetwegen bei Israel in Schwerin. – Wenn Se nu verkaufen an en sichern Mann, und Se verkaufen de Möbels und de Betten und das Leinzeug, können Se haben noch überweg zehntausend Taler, nu auch elf, nu meinentwegen auch zwölftausend Taler. Und wenn Se nu ziehn nach Rahnstädt und Se mieten sich ein, haben Se mit nichts zu tun un können leben as ne Gräwin.«
Frida schwieg, erwies den beiden Gesellen eine kühle Verbeugung und ging ins Haus.
Nichts befähigt ein großes, tapferes Herz mehr dazu, sich der Sorge und Pein dieser Welt kaltblütig zu erwehren, als wenn die Welt in ihrer niederträchtigen Gemeinheit ihm unverhüllt entgegentritt. Dann hebt

sich der Fuß, um der Schlange den Kopf zu zertreten, und Stolz, Ehre und gutes Gewissen vertreiben, was vordem Unruhe im Herzen wirkte und webte, und dann ist der Streit in ihm ausgestanden und kühle Ruhe ist in ihm eingekehrt, freilich Kirchhofsruhe.

»Da geht se hin, as ne Förschtin!« sagte David. – »Sie Schafskopf, Sie!« rief Schlitzohr. »Na, mit solchem Döskopp möcht ich doch nie wieder ein Geschäft betreiben!« – »Nu, wo is?« fragte David. »Haben wir's nicht gemacht ebenso mit dem Bauern zu Kanin, un hat er nicht gegeben klein bei?« – »Ja, beim Bauern! Sind Sie denn erst seit gestern auf der Welt und wissen Sie noch nicht, daß eine Edeldame kein Bauer ist? Wir wollten Sie müde und mürbe machen – ja, prost die Mahlzeit! – den Nacken haben wir ihr gesteift. Wären wir *ihm* so über den Hals gekommen, *er* hätte zu allem ja gesagt, aber«, setzte er mehr für sich als für David hinzu: »es gibt wirklich Menschen, und – wahrhaftig! – sogar Frauenzimmer, die macht ein wirkliches Unglück erst richtig forsch.«

Als sie bei dem Herrn Rittergutsbesitzer eintrafen und er erfuhr, wie die junge Frau sich angestellt hatte, geriet er in große Not: »Herregott doch, nee! Wie ist das möglich!« sagte er zu David, »wer schlägt denn auch in so ner heiklen Sache gleich mit der Keule dazwischen? – Ihr hättet mehr bohren, triezen und ängstigen müssen, anstatt ihr gleich ihre neue angenehme Zukunft auszumalen. Herregott, ich hatte doch alles so schön in Gang. Nun sollt ihr sehen, wenn er jetzt nach Hause kommt, denn wird sie ihm auch den Rücken noch steifen, und das Ende wird sein, das Gut kommt auf den Termin.« – »Und denn kaufen Sie es«, sagte Schlitzohr. – »Nee, nee! Das wird mir zu sehr in die Höhe getrieben, und es liegt mir doch so schön an der Feldscheid!« So jammerte der würdige Herr, judizierte mit den beiden und hielt weisen Rat, wie es werden könnte und wie es gemacht werden müßte.

An einem anderen Ort in Gürlitz wurde ebenfalls Rat gehalten. In der Stube von Weber Rührdanz saßen an diesem Morgen die Tagelöhner und Tagelöhnerfrauen beisammen, und die Rede ging rund, nicht hitzig und übereilt, vielmehr bedächtig und bedenklich, aber giftig: »Na, was sagst du, Bruder?« – »Je, was soll einer dazu sagen? Weg muß er, er ist ein Menschenschinder! Na, und du, Rührdanz?« – »Da hast du recht, das sag ich auch: Weg muß er! Aber, Leute, ihr sollt sehn, sie bringen ihn uns wieder. Ja, wenn wir Papiere drüber hätten, daß er nicht wiederkommen dürft ...« – »Ach, mit deine dussligen Papiere!« rief eine große, kräftige Tagelöhnerfrau hinter dem Ofen hervor, »wenn ihr des Abends aus der Stadt kommt und habt den Kopf voll Branntwein, denn wollt ihr alles erobern, und nachher klappt ihr zusammen wie die Waschlappen. – Was? Ich muß meine Gören mit nem Schnorrbeutel im Land rumschicken! Seit drei Tagen hab ich kein Brot mehr im Haus, als was die Gören angeschleppt haben.« – »Es ist doch jüngst ein bißchen besser geworden«, sagte Altvater Brinkmann. – »Ja«, rief Willgaus, »aber aus Angst, nicht aus gutem Herzen. – Wir wollen nach dem Hof gehen, jeder mit nem guten Stock, und denn wollen wir ihm mal ordentlich unseren Herrgott kennen lehren, und denn wollen wir mit ihm über die Feldscheid gehn und ihm nen guten Tritt auf den Weg geben: Da! nu reis!« – »Was«, rief die Kapphengst, »und den Satan, das Weib, das mir wegen nem mickrigen Kücken meine Dirn beinah totgeschlagen hat, das wollt ihr hier lassen?« – »Und die dämlichen Fräuleins«, rief eine junge Frau, »die uns getriezt haben, als wir auf dem Hof dienten, die in der Stube, wenn Besuch da ist, aussehn wie die barmherzigen Engels und draußen uns rumstoßen wie die leibhaftigen Deuwels, die sollen hierbleiben?« – »Die ganze Meute muß weg!« rief Willgaus.

»Nee, Kinnings, nee!« sagte Altvater Brinkmann, »vergreift euch nicht an den unmündigen Kindern!« – »Ja«, sagte Rührdanz' Alte, die etwas abseits saß und zu Mittag Kartoffeln schälte, »Brinkmann, du hast recht, auch Gustäwing muß hierbleiben. Ich hab gesehn, wie er der alten Schultsch heimlich ein Viert Tüften gebracht hat. Er hat beim Kartoffel- und Leinacker auch immer ein paar Ruten mehr gemessen, als *er's* wollte. Und, Willgaus, süh! Dein Ältester trägt ja auch noch eine abgelegte Büx von ihm. Er kann man nicht so, wie er will. Der Alte süht ihm zu sehr auf die Finger. – Nee, gegen Gustäwing und die Lütten, da hebt sich keine Hand auf.« – »Mudder, das sag ich auch«, sagte Rührdanz. »Und nu will ich euch was sagen: Allens mit Ordentlichkeit! Die andern sind jetzt nicht hier, heute abend wollen wir nochmal davon reden. *Er* ist nicht zu Haus, Jehann-Jochen hat die Glaskutsche parat machen müssen. Sie wollen heute abend in die Stadt zu Ball fahren, denn können wir drüber reden.« – »Ja«, rief die große, kräftige Frau hinter dem Ofen, »ja, reden und reden. Ihr sauft euch den Kopf voll Branntwein, und wir haben die Not. Schafft *ihr* uns das Volk nicht vom Hals, denn tun *wir* das, denn machen wir das so, wie andre Frauen im Lande das schon gemacht haben: Ein

Dornbusch und ne Nesselstaude wird ja wohl noch zu finden sein.« – Damit verließ sie den Raum und die Gesellschaft löste sich auf. »Birnhard«, sagte Rührdanz' Alte zu ihrem Mann, »die Sache, die kann schlimm ausschlagen.« – »Das sag ich auch, Mudder, und du hast ganz recht. Aber wenn die Sache in aller Ordentlichkeit betrieben wird, denn hat der Großherzog auch gar nichts dawider. Das einzigste ist man, daß wir keine richtigen Papiere drüber vorweisen können. Aber wenn *er* seine Papiere auch vorweisen soll, das werden denn auch schöne Papiere sein.«

Rührdanz hatte recht. Ob mit dem Großherzog, das weiß ich nicht. Aber mit der Glaskutsche und mit Pomuchels Reise zum Ball hatte er recht: denn gegen Abend saß der Herr Gutsbesitzer in seinem blauen Frack in seiner Glaskutsche. Ihm zur Seite saß sein tapferes Hühnchen und hatte in ihrem gelbbraunen Seidenkleid einige Ähnlichkeit mit ihren eigenen, mit allerlei eckigen Randverzierungen versehenen Raderkuchen. Freilich ermangelte sie des Gänseschmalzes, denn sie war trocken und zäh wie ein Lederriemen, und ihr Knochengerüst klapperte auf dem schlechten Landweg, wie man so sagt, wie ein Beutel mit Haselnüssen, der in den Rauch gehängt wird. Ihr gegenüber saßen ihre lieblichen Töchter, aufs feinste herausgeputzt, mit künstlichen Blumen im Haar, überaus schön anzusehen, aber überaus verdrießlich, weil Vating durchaus darauf bestanden hatte, sie auf *diesen* Ball, auf eine Art von *Bürgerball* mitzunehmen. Sie wollten sich indes Vating zum Tort dort keineswegs amüsieren und wollten das Bürgerpack wie die Karnalljen traktieren. Einstweilen ließen sie ihren Zorn unterwegs an Vatings Schienbeinen aus – mittels der soliden Tonnenreifen in ihren Krinolinen, in die der Rademacher heute früh neue Bandstücke aus Haselgerte hatte einziehen müssen. Gustäwing saß neben Kutscher, Jehann-Jochen vorn auf dem Bock.
Ich werde es mir nun nicht einfallen lassen, heute abend mit meinen hübschen Leserinnen schon wieder auf dem Verbrüderungsball herumzutanzen. Dafür bin ich schon zu alt, und Rudolfs Hochzeit liegt ja auch nur drei Tage hinter uns, wo ich das Menschenmögliche getan habe. Ich will also man bloß ein bißchen zum Zuschauen hingehen und werde mich dieserhalb in der schönen Sommernacht auf die Bank vor Grammelins Lokal setzen. Ich kann denn ja auch nachher ein bißchen in den Saal hinaufgehen und ein Glas Punsch trinken, und kann mich bei dieser Gelegenheit ja auch ein bißchen verbrüdern.

Heute war großer Auftrieb bei Grammelin. Alle Honoratioren aus Rahnstädt, die Bürger mit Hüten und Mützen, mit Mann und Maus und Kind und Kegel, einige Gutsbesitzer, an ihrer Spitze Pomuchelskopp, ein Paar Edelleute mit ihren Herren Söhnen – die Damen waren nicht mitgekommen, sie hatten alle beide an diesem Nachmittag fürchterliche Zahnschmerzen gekriegt, und ihre Töchter waren verreist –, die Pächter aus der Umgegend sowie die jungen Landleute waren in hellen Scharen eingetroffen.
Von unseren Freunden war nur wenig zu sehen, denn bei Jochen Nüßler war heute Kirchgang, und Frau Pastorin, Hawermann und Luise waren mit dabei. Auch Rektor Baldrian und Kurz mit ihren Frauen sowie Bräsig waren mittags draußen gewesen, waren jedoch noch so rechtzeitig zurück, um zu Ball gehen zu können. Kurz aber konnte nicht. Er hatte sich heute wieder derart über Jochens dicke Sippschaft geärgert, daß ihn seine liebe Frau zu Bett bringen mußte, was nicht allein ihm selbst, sondern vor allen Dingen Herrn Süßmann und dem Ball zugute kam, denn nunmehr konnte dieser junge Kavalier sich unbehindert an sein Geschäft als Tanzdirektor machen. Dazu hatte er sich eine neue Hose schneidern lassen und soviel Schweineschmalz in sein Haar geschmiert, daß er damit gut und gern alle seine Tanzgelenke hätte schmeidigen können. Der kleine Assessor war mit seinen Eltern erschienen, und Fritz Triddelfitz, der dies ausgekundschaftet hatte, trat auf als Gutsbesitzer ersten Ranges – von rezipiertem Adel. Der kleine Seminarist, dem die Groschen ausgegangen waren und der es sich an den Fingern abzählen konnte, daß Bräsigs Schwestertochter nicht kommen würde, saß schräg gegenüber von Grammelins Lokal vor einem altersschwachen Pianino, litt über die Maßen und sang dazu: »Mich fliehen alle Freuden, ich sterb vor Ungeduld«, und so weiter, versprach sich aber in seinem Kummer immerzu und sang dann: »Mich freuen alle Fliegen.«
Rektor Baldrian kam mit seiner Frau, Bräsig mit Zimmerling Schulz, und Schlitzohr und David kamen auch. David hatte an seine Finger zwei goldene Ringe mehr als für gewöhnlich angesteckt, die bei ihm in Versatz gegeben worden waren. Er kaute Zimtstangen wegen des Wohlgeruchs aus dem Produktengeschäft.
Und als sie nun alle da waren, da konnte es ja auch losgehen: David Berger spielte die Mamselljäse – wie Färber Meinswegens die Sache nannte –, und Herr Süßmann sang dazu mit überlauter Stimme: »Allons, enfants de la partie!«

Anfänglich ließ sich alles sehr gut an, aber mit der Verbrüderung wollte es im ganzen doch nicht so recht. Ih ja, von der *einen* Seite ging es ziemlich stark darauf zu, und die jungen Herren aus der Honoratiorenschaft und die jungen Herren vom Lande verbrüderten sich mit den kleinen schmucken Bürgerstöchtern, daß es nur so eine Art hatte. Doch die jungen Damen vom Lande und die Honoratiorentöchter wollten sich durchaus nicht mit den Bürgersöhnen verbrüdern, und der erste offenbare Stank und Stunk nahm seinen Ausgang von Malchen Pomuchelskopp. Der Schustergeselle, der Witzbold aus dem Reformverein, der übrigens ein Rahnstädter Bürgersohn war, hatte sie aufgefordert, und sie hatte gedankt, sie sei bereits versagt. Und jetzt saß sie da und lauerte auf Fritz Triddelfitz oder auf Herrn Süßmann oder einen anderen hilfreichen Engel, den unser Herrgott ihr schicken sollte, um den nächsten Hopser mit ihr zu tanzen. Doch unser Herrgott hatte offenbar just keinen von dieser Sorte Engel griffbereit, und sie blieb sitzen.
Der Witzbold von Schustergesell riß denn also seine Witze darüber und erklärte schließlich auch ganz laut, wenn die vornehmen *Damen* nicht mit seinesgleichen tanzen wollten, denn brauchten die vornehmen *Herren* auch nicht mit ihren Frauensleuten zu tanzen, zum Zusehen seien sie nicht hergekommen. Und danach brach ein wahrer Sturm über die kleinen, niedlichen, unschuldigen Bürgertöchter hernieder, die sich in die Sache schon so schön hineingefunden hatten, und ihre Brüder und Galane fuhren auf sie ein: »Fiken, tanz du mir noch einmal mit dem schrägelbeinigen Apothekerbengel!« und: »Dürten, wart, ich werd es Muttern sagen!« und: »Stine, noch *einen* Tanz mit dem Advokaten, denn sind wir auseinander!« So ging es durch den Saal, und schließlich mußte es auch Vater Pomuchelskopp zu Ohren kommen, woher dieser Verdruß seinen Ausgang nahm. Dies versetzte ihn derart in Unruhe, daß er sich zu seinem Malchen bemühte und ihr Himmel und Hölle vorstellte, was sie alles angerichtet hatte. Der Schustergeselle, sagte er, sei eine überaus wichtige Persönlichkeit, er wiege im Reformverein infolge seiner fürchterlichen Witze gut zehn andere auf, und es müsse wiedergutgemacht werden. Und wie sehr sie sich auch sträubte, Vater Pomuchelskopp faßte seine gebildete Tochter unter den Arm, führte sie den Saal entlang dem Schustergesellen zu und erklärte: dies sei ein großes Mißverständnis, seine Tochter werde es als eine ganz besondere Ehre zu schätzen wissen, mit einem so ausgezeichneten Mitglied des Reformvereins zu tanzen. Und siehe da! Jetzt hopste der Schustergeselle mit Malchen herum.

Vater Pomuchelskopp hatte auf diese Weise sozusagen seine Erstgeburt auf dem Altar der Brüderlichkeit geopfert. Doch es half nicht viel, die Sache wollte sich nicht wieder einrenken. Unkel Bräsig tat von der anderen Seite her sein möglichstes. Er schwitzte in seinem braunen Frack im Saal umher, denn er wollte, trotz Pomuchelskopp, durchaus die Brüderlichkeit in Gang bringen: er stellte den Herrn von Soundso bei Tischler Thiels Frau vor. Er bezwang sich und ging mit seinem ärgsten Gegner im Reformverein, mit Schneider Wimmersdorf, Arm in Arm im Saale auf und ab und gab sogar schließlich vor den Augen aller Öffentlichkeit der Frau von Färber Jehann Meinswegens einige Verbrüderungsküsse mitten ins rote Gesicht. Aber es wollte alles nichts verschlagen. Was kann ein einzelner Mensch, auch mit dem besten guten Willen, schon ausrichten? »Herr Schulz«, sagte er, bereits zur Gänze von seiner Arbeit ermüdet und ermattet, »wenn wir's nachgehends nich mit Essen un Trinken zwingen, daß die Brüderlichkeit später uns zu Kopp steigt: das Danzent bringt uns bloß weiter auseinander.«

Doch auch die Speisen und Getränke wollten nicht recht anschlagen. Auf die eine Seite der Tafel hatten sich die Vornehmen gesetzt, auf der anderen saßen die Bürger. Auf dem einen Ende wurde Champagner getrunken, auf dem anderen Ende ein grauenhaftes Getränk, das Grammelin mit frecher Stirn als schönen Rotwein, die Flasche zu 12 Schilling, feilhielt.

Freilich, den Schustergesellen hatte sich Pomuchelskopp als Tischgast eingeladen. Er saß neben Malchen, und Vater Pomuchel schenkte ihm immer fleißig ein. Freilich, Färber Jehann Meinswegens hatte sich mit seiner Ehefrau zwischen zwei Gutsbesitzer gesetzt und verlangte ebenfalls Panschamber, denn er hatte sich die Tasche schön voller Viergroschenstücke gepackt. Doch als er bezahlen wollte, merkte er, daß er sich in der Dämmerung vergriffen hatte, denn er brachte nur eine Handvoll Färberzeichen zum Vorschein. Freilich, Bräsig hatte sich zwischen einige allerliebste Bürgertöchterchen gesetzt und bevaterte sie so angelegentlich, daß Frau Nüßler ihm gewiß in den ersten acht Tagen kein gutes Wort, Pastor Gottlieb dagegen manch christliches Wort gegönnt hätte. Doch was half dies alles? Grammelins saurer Rotwein stimmte nun einmal mit seinem Champagner nicht überein, und so war es auch bei Tisch allenthalben sehr weit auseinander. »Herr Schulz«, sagte Bräsig zu seinem alten Mitstreiter, der ihm gegenübersaß, »nu heißt es, unsern letzten Triumpf ausspielen. Fragen Sie

Herr Süßmannen, ich will mit Herr Bergern reden.« – Und Herr Schulz trat an Herrn Süßmann heran: »Hätten Sie die Gesangbücher parat?« – »Jawoll.« – »Na, denn man zu! Nu wäre es Zeit!« Und Herr Süßmann teilte Bücher am Tisch aus, und Bräsig trat zu David Berger und fragte ihn: »Herr Berger, kennen Sie die Melodie von Schillern: Swester mit das Leinwandmieder, Bruder in das Ordensband?« – »Jawoll«, sagte David. – »Na denn man zu! Denn legen Sie los!«

Und mit einem Male brauste es durch den Saal: »Freude, schöner Götterfunken.« Doch immer weniger Stimmen sangen mit, immer lahmer wurde der Gesang, und schließlich stand nur noch mein alter Unkel Bräsig da und hatte sein Gesangbuch vor der Nase, und die Tränen liefen ihm die Backen herunter, und er sang: »Seid umschlungen, Millionen – Untergang der Lügenbrut!«

Dies war zuviel, das konnten sie nicht vertragen. – »Lügenbrut?« – Nein, dies war zu toll. Ach, sie logen ja alle: aber nur dann, wenn es nötig war. Die Gesellschaft stand, äußerst verstimmt, von Tische auf, und Bräsig setzte sich in eine Ecke und fing Grillen. Er war ärgerlich bis ins innerste Herz. Das junge Volk fing wieder an zu tanzen, und Schlitzohr und David saßen zusammen in einem Nebenraum und tranken Champagner und machten ihre Glossen über unseren Unkel Bräsig.

»Herr Inspektor«, sagte nach einiger Zeit Zimmerling Schulz zu Bräsig, »da in Nummer 3 sitzen welche zusammen, und der Notorjus und David monkieren sich über Ihnen, indem daß sie allerlei Politisierung zum Vorschein bringen, und der Notorjus sagte eben, wenn die Franzosen keinen König nach Ludwig Philippen wieder kriegen könnten, denn könnten *Sie* ja König von Frankreich werden. Sie hätten ja aufstunns nichts zu tun un könnten sich ja mit das Geschäft begeben.« – »*Das* sagte er?« fragte Unkel Bräsig und stand aus seiner Ecke mit Nachdruck auf. – »Ja, das sagte er, und die anderen lächelten darüber.« – »Und in Grammelinen seine Nummer 3 sitzt er?« – »Ja, da säße er.« – »Kommen Sie mit, Herr Schulz.«

Bräsig war ärgerlich – wie ich bereits gesagt habe –, er war sehr ärgerlich, fuchsteufelswild: das schöne Verbrüderungsfest, von dem er sich so mancherlei für die Menschheit erhofft, war gründlich ins Wasser gefallen, und ihm war zumute wie Erzvater Abraham. Er wollte schon sein Lieblingskind opfern, wollte von nichts mehr wissen und wollte nach Hause gehen, da schickte ihm unser Herrgott einen Sündenbock, an dem er seinen Zorn auslassen konnte, und dazu noch just den, den er, nach seinem Freunde Pomuchelskopp, mit seiner jetzigen Laune am liebsten bedient hätte. »Kommen Sie, Herr Schulz«, sagte er und ging mit starken Schritten quer durch den Saal in die Garderobe, wo er seinen Hut und seinen Spazierstock von Kreuzdorn abgelegt hatte. Den Hut ließ er dort, aber den Kreuzdornstock nahm er mit sich nach Nummer 3.

Hier saßen zahlreiche Gäste bei der Flasche beisammen und lachten über einen Witz, den der Herr Notar soeben gemacht hatte. Mit einem Male aber wurde es sehr still, denn die lustige Gesellschaft erblickte in ihrer Mitte ein Gesicht, bei dem einem freilich das Lachen vergehen konnte. Dies war Bräsigs Gesicht, das auf eine sehr sonderbare Art bald den Kreuzdornstock und bald den Notar anblickte – so sonderbar, daß die Gesellschaft sehr rasch eine Art Vorgeschmack erhielt von dem, was hier möglicherweise sich abspielen konnte, und sich mit einer gewissen Hast von den Tischen entfernte. »Welcher Halunke hat mir zum König von Frankreich machen wollen?« schrie Bräsig, so daß der Kalk von der Wand rieselte, und der Kreuzstock in seiner Hand wurde wie lebendig: »Ich will nicht König von Frankreich werden!« und damit saß der Kreuzdorn dem Notar zwischen den Schulterblättern. – »Herre Jesus!« – »Ich will nicht König von Frankreich werden!« und wieder tat der Kreuzdorn seine Schuldigkeit. Und nun versicherten Unkel Bräsig und sein Kreuzdorn sich immer abwechselnd, daß sie gar nicht daran dächten, nach dem französischen Königsthron zu trachten. Lichter, Lampen und Flaschen kamen in diesen Thronstreitigkeiten ums Leben, und David gelangte darüber unter den Tisch, allerdings freiwillig, denn er verkroch sich darunter. Der Notar schrie um Hilfe, aber keiner stand ihm bei. Nur als die Sache bereits beendigt war, faßte sich David unter dem Tisch ein Herz und sagte: »Erlauben Se, verßeihn Se, Herr Inspektor, un dies soll eine Verbrüderung sein?« – »Ja«, rief Bräsig, »Sie Jammerlappen! Mang einen Menschen und einen Hund sünd Prügel die beste Verbrüderung.« – »Rut! rut!« rief Herr Schulz, griff unter den Tisch und brachte David zum Vorschein. – »Meine Herren«, rief Schlitzohr, »Sie sind Zeugen, wie ich behandelt bin, ich werde klagen.« – »Ich habe nichts gesehn«, sagte der eine. – »Ich weiß von nichts«, sagte der andere. – »Ich habe aus dem Fenster gesehen«, sagte der dritte, obwohl es stockfinster war. – »Herr Schulz«, sagte Bräsig,

»Sie sünd mein Zeuge, daß ich den Herrn Notorius Schlitzohr hier gottserbärmlich durchgehauen habe.« Damit verließ er den Raum, holte seinen Hut und ging nach Hause.

Die Prügel, die Schlitzohr in Nummer 3 erhalten hatte, hatten sich mittlerweile schon bis in den Saal herumgesprochen. Herrschte dort bereits vordem eine erhebliche Verstimmung, so wurde sie dadurch nun auch nicht gerade besser. Die beiden Herren von Soundso mit ihren Herren Söhnen hatten sich schon vor längerer Zeit entfernt. Einige von den Honoratioren hatten sich auch schon leise aus dem Staube gemacht, und der kleine Assessor hatte seinen Hut schon auf und sein Umschlagetuch schon um, obwohl Fritz Triddelfitz beinahe auf den Knien vor ihm lag und ihn nur noch um *einen*, um *einen* kleinen Bummelschottschen anflehte. Pomuchelskopp rüstete sich ebenfalls schon zum Aufbruch. Er hatte ein undeutliches, aber richtiges Vorgefühl, ihm könne heute abend noch allerlei zustoßen. Er ging also zu seiner lieben Familie und tat ihr kund, er glaube, nun sei es an der Zeit, nach Hause zu fahren.

Seine liebe Familie war ein trauriges Abbild des ganzen Festes: auch sie war ganz auseinander. Gustäwing hüpfte noch vergnügt mit Schneider Wimmerdorfs jüngster Tochter einher, Salchen stand mit Herrn Süßmann ein wenig abseits und hörte angelegentlich dem zu, was er ihr erzählte: daß er nämlich nur so – aus Spaß – die lumpige Kondition bei Kurz angenommen habe, daß er aber nicht länger bleiben wolle, daß er nur noch nicht wisse, ob er eine von den Stellen annehmen wolle, die in Hamburg, Lübeck und Stettin ihm angeboten seien, oder ob er sich nicht selber in Rostock etablieren wolle, denn dort hätte er einen alten steinreichen Onkel, der ihn in jedem Brief anflehe, er solle doch nun nachgerade Anstalten treffen und sich eine Frau nehmen, damit er, der alte Onkel, ihm sein Vermögen hinterlassen und bei ihm wohnen könne. Malchen saß in einer Sofaecke und weinte wegen ihres Schustergesellen.

Nur Hühnchen, unser altes, tapferes Hühnchen, saß da wie ein Pfahl. Wie sehr auch an diesem Abend an ihr gerüttelt worden war, sie hatte sich nicht gerührt, sie war standhaft geblieben. Sogar der Schustergeselle hatte sie nicht in dieser Verfassung erschüttern können. Und als Muchel ihr nun die Anzeige überbrachte, daß es wohl Zeit sei abzufahren, bemerkte sie nur überaus freundlich: »Pöking, willst du nicht deinen Freund, den Schustergesellen, einladen, damit er mit uns fährt? Du kannst ja denn auch einen von deinen Edelmannsbekanntschaften dazu bitten. Du kannst ja auch noch Weber Rührdanz und Willgaus und deine andern Brüder aus dem Reformverein dazu einladen, denn wird die Sache erst vollständig.«

Und mit diesem ehelichen Stachel in seinem großen Verbrüderungsherzen mußte unser Freund nach Hause fahren.

Kapitel 43

Die Glaskutsche

Der Mensch soll nie sagen, wie etwas ausgeht. Vor allem aber soll er den Teufel nicht an die Wand malen, denn dieser kommt oft, ohne daß man ihn ruft. Er kommt ungerufen und ungeladen. Jene Gäste, die Pomuchelskopp auf Hühnchens Anraten hin hätte einladen sollen, standen schon in Gürlitz vor dem Hoftor und warteten auf ihren Wirt und ihre Wirtin. Alle Einwohner von Gürlitz und dazu Pomuchels sämtliche Tagelöhner standen, als der Sommermorgen graute, einträchtig beieinander vorm Hoftor und waren willens und bereit, ihren Herrn gebührend in Empfang zu nehmen.

»Kinnings«, sagte Rührdanz, »was sein muß, muß sein. Aber allens mit Ordentlichkeit!« – »Ach, mit deiner Ordentlichkeit!« rief Willgaus. »Ist er ordentlich gegen uns gewesen?« – »Schad't nicht«, erwiderte Rührdanz, »wir dürfen unser Recht nicht aus der Hand geben. Süh, das ist ein Unverstand von dir. Wenn wir nachher zu unserm Großherzog hingehn und sagen ihm davon Bescheid, denn das ist nicht mehr als billig, und er fragt denn: ›Willgaus, wie habt ihr's denn gemacht?‹ und du willst ihm denn sagen: ›Je, Herr, erst haben wir ihn und das Weib tüchtig verdroschen und nachher haben wir ihn über die Grenze gebracht‹, wie würde das wohl zusammengehn? Was soll der Mann da wohl zu sagen?« – »Je«, sagte Altvater Brinkmann, »Rührdanz hat recht! Wenn wir ihn über die Feldscheid bringen, denn sind wir ihn los, und auf Weitläufigkeiten brauchen wir uns weiter nicht einzulassen.« – Derart wurde es also beschlossen und festgesetzt.

Und hinter den Männern standen die Weiber und die Gören, und die große kräftige Frau von gestern früh stand dabei und sagte: »Nun haben wir sie so weit, wie wir sie haben wollen. Wenn sie's jetzt nicht tun und schaffen uns den Kerl und das Weib nicht vom Hof, ich schlag meinen Kerl so lang, bis er an den Wänden hochgeht.« – »Ja, Vaddersch«, rief eine andere Frau, »wir müssen, wir *müssen*! Ich bin gestern nach dem Priester gewesen – ja, die Frau Pastorin hat mir was gegeben, und *er* hat mich auf die Geduld verwiesen – was? Geduld? Hat der Hunger Geduld?« – »Jochen Smidt«, rief eine große schlanke Dirn, »lauf mal nach dem Seeberg und kiek mal rüber, ob sie schon kommen! Fiken, was werden uns' beid Mamsellings für Augen machen, wenn sie auf Reisen geschickt werden.« – »Vadder«, wandte sich Tagelöhner Zorndt an Brinkmann, »wollen wir unsere Sache dem Priester nicht sagen? Es ist doch vielleicht gut, daß er das auch wissen tut.« – »Nee, Vadder Zorndt, das hat keinen richtigen Zweck, das nützt uns nicht, denn er ist in der Sache nicht bewandt, er ist mir noch zu unbedarftsam. Ja, wenn der alte Herr Paster noch leben täte!« – »Jetzt kommen sie«, kam Jochen Schmidt gelaufen. – »Na, wer red't nu?« fragte Willgaus. »Die Vorderpferde will ich wohl anfassen.« – »Ih, Rührdanz«, ging es nun von Mund zu Mund. – »Ja, wenn ihr das zufrieden seid, warum soll ich nicht reden?« sagte Rührdanz. Dann war alles still.

Kutscher Jehann-Jochen kam jetzt angefahren und wollte ins Hoftor abbiegen. Willgaus griff den beiden Vorderpferden an die Köpfe, drehte sie ein bißchen schräg zur Seite und sagte: »Jehann-Jochen, halt hier man nen lütten Augenblick still.« Pomuchelskopp blickte aus der Glaskutsche heraus und sah das ganze Dorf vor sich stehen: »Was soll das?« Rührdanz, mit ihm der ganze Haufe, stand bereits am Kutschenschlag: »Herr, wir haben's so unter uns ausgemacht, daß Sie nicht länger als Herr von uns estimiert werden können, denn Sie haben sich nicht so als ein Herr gegen uns betragen, und auch schon vordem nicht gegen andere Leut, denn Sie haben doch wohl nen Ring um den Hals, und einen Herrn mit nem Ring um den Hals, den brauchen wir nicht zu leiden.« – »Ihr Räuber! Ihr Spitzbuben!« schrie Pomuchel, nachdem er begriffen hatte, um was es ging. »Was wollt ihr denn? Ihr wollt euch an mir und den Meinigen vergreifen?« – »Nee, das wollen wir *nicht*«, beteuerte Altvater Brinkmann, »wir wollen Sie bloß über die Feldscheid bringen.« – »Jehann-Jochen!« rief Pomuchelskopp, »führ tau! Hau mit de Pietsch dormang!« – »Jehann-Jochen«, sagte Willgaus, »sobald du die Peitsche rührst, schmeißen wir dich vom Gaul. Und nu, wend um! – So! – So recht!« und Kutsche und Pferde standen jetzt in Richtung auf Rahnstädt.

Salchen und Malchen hatten laut aufgekreischt. Gustäwing war vom Bock gesprungen und hatte sich zwischen die Tagelöhner und seinen Vater gedrängt, um sie ihm vom Leibe zu halten. Alle waren in schrecklicher Aufregung, nur unser tapferes Hühnchen saß steif und aufrecht da und sagte kein Wort.

»Was habt ihr mit mir vor, ihr Räuberbande?« rief Pomuchelskopp. – »Das sind wir nicht!« erwiderte Schmidt. »Ihnen soll auch nicht ein Nadelkopf entfernigt werden, und Gustäwing kann hier bleiben und kann wirtschaften und kann uns sagen, was wir tun sollen.« — »Aber das Weib und die beiden Dirns«, rief die Kapphengst, »die wollen wir nicht länger haben, die müssen mit weg.« — »Still, Kinnings!« sagte Rührdanz. »Allens mit Ordentlichkeit. Bloß über die Feldscheid bringen, das geht nicht. Wir müssen ihn an unsern Gerichtsherrn, an den Rahnstädter Burmeister abliefern. Dies muß allens mit rechten Dingen zugehen.« — »Rührdanz hat recht«, ging es nun. »Und, Gustäwing, Sie gehen ruhig nach dem Hof, Ihnen tut keiner was. Und du, Jehann-Jochen, du fährst langsamen Schritt!« Und darauf stellten sich welche auf die eine, welche auf die andere Seite, und so setzte sich der Zug in Bewegung — langsam, wie im schönsten Paradeschritt.

Pomuchelskopp hatte sich gefügt, doch in sein Schicksal hatte er sich nicht ergeben. Er saß da, rang die Hände und weimerte vor sich hin: »Herre Jesus! Herre Jesus! Wie geht mir das? Wie geht mir das?« und nickte zum Kutschenschlag heraus: »Leute, ich bin ja doch immer so'n guten Herrn gegen euch gewesen.« — »Nen Menschenschinder bist du gegen uns gewesen«, schrie eine Stimme aus der Menge.

Salchen und Malchen schluchzten. Hühnchen saß steif und aufrecht wie eine Thermometerstange. Hätten aber die Tagelöhner sich auf Thermometer verstanden, so hätten sie ihr wohl ansehen können, daß sie schon weit über ihren Siedepunkt hinausgelangt war, und Willgaus, der dicht an ihrer Seite am Kutschenschlag einherging, hätte sich ein bißchen in acht genommen. Denn plötzlich, wortlos, packte Hühnchen zu, hatte ihm in die krausen, fuchsigen Haare gegriffen und in ihrer Wut nach Herzenslust darin herumgezerrt, und ihre Augen blinkten und blitzten aus dem halbdunklen Wagen heraus, als säße dort ein Uhu und Willgaus' Rotschopf sei ein junger Hase. — »Gotts en Donnerwetter! Nu kik dat Aas an!« rief Willgaus. »Vadder Düsing! Schlag! Gotts ein Dunner! Nu kik dat Nickel an! — Schlag ihr doch auf die Finger!« — Je ja! Je ja! — bevor noch Vadder Düsing Willgaus zu Hilfe kommen konnte, hatte unser tapferes altes Hühnchen ihn schon mehrmals so mit der Nase auf den Kutschengriff gestaucht, daß ihm das Blut in Strömen herunterlief. — »Gott's ein Dunner! Das sag ich man! — so'n Ekel ist doch gar nicht zu trauen. Aber wart, ich will dir ...!« — »Halt!« rief Rührdanz, »Vadder, das kannst du ihr nicht verdenken, denn dies ist weiter nichts als die natürliche Boshaftigkeit. Darin mußt du dich für diesmal geben. Aber du kannst ja dem Großherzog das sagen und kannst ihm ja auch zum Spaß deine Nase weisen, wie sie dich hier traktiert hat.«

Hühnchen schwieg, der Zug ging weiter. An der Feldscheide scheuchten die Tagelöhner ihre Weiber und Gören nach Hause, die bis dorthin hinter dem Wagen hergelaufen waren, und gegen sieben Uhr wurde dann in Rahnstädt Einzug gehalten, langsam und feierlich.

Unkel Bräsig lag im Fenster, rauchte seine lange Pfeife und überdachte wohlgefällig seine Heldentaten vom vergangenen Abend. Kurz hingegen, obwohl er sich gestern abend gar nicht einmal mitverbrüdert hatte, war überaus gereizt und schalt in seinem Laden herum: »Der dumme Bengel! Der Hanswurst! Warte nur! Du komm mir nur nach Hause!« Aber was sollte er denn auch viel anderes machen? – er mußte ja schließlich einmal nach Hause kommen, Kurzens und unser Herr Süßmann.

Endlich tänzelte Herr Süßmann leicht schwankend über die Schwelle. Kurz stemmte beide Hände auf den Ladentisch, und es hatte fast den Anschein, als wolle er in seinem Ärger darüber hinwegspringen und Herrn Süßmann bereits in der Diele den ihm gebührenden Empfang bereiten. Er ließ ihn jedoch erst einmal in den Laden hinein. »Morgen, Prinzipal, Prinzipälchen, Prinziphälchen!« trällerte Herr Süßmann, torkelte im Laden umher und nahm schließlich, seinen Hut ziemlich schief auf dem Schädel, auf dem Rande der Heringstonne Platz: »Morgen, Kürzchen, Schürzchen, Würzchen, F...« Aber die allerletzte Variation vermochte er nicht mehr herauszubringen, denn Kurz war ihm mit beiden Händen in die Haare gefahren, stieß seinen Hut in die Heringstonne und zog Süßmann dann an seinen öligen Bonjourlocken noch tiefer in den Laden hinein. Herr Süßmann tastete blindlings hinter sich herum, um sich an irgend etwas festzuhalten, und bekam den Zapfhahn der Öltonne zu fassen. Der Zapfhahn riß aus, und das Öl schoß durchs Zapfloch in den Laden. – »Herr du meines Lebens!« rief Kurz, »mein Öl! mein Öl!«, ließ Herrn Süßmann Süßmann sein und steckte den Zeigefinger seiner rechten Hand ins Spundloch. Herr Süßmann hielt den Zapfhahn wie ein Siegeszeichen hoch in die Luft.

Und da sich oft erweist, daß Narren und Betrunkene sich ungemein anschlägig zeigen, so schoß es jetzt Herrn Süßmann durch den Kopf: Die Sache muß gründlich besorgt werden! und deshalb riß er auch noch den Zapfhahn aus der Essigtonne. – »Herr du meines Lebens! Mein Essig!« schrie Kurz und steckte jetzt auch den Zeigefinger seiner linken Hand in die Essigtonne. Und dieweil er nun derart gänzlich festgenagelt war, sich dabei auch noch tief bücken mußte und zudem in Hosenträgern lief, schien Herrn Süßmann die Gelegenheit jetzt doch gar zu günstig: »Prinzipälchen! Kürzchen!« – ein Rülpser – »Leben Sie wohl, Tütendreherchen!« – ein zweiter Rülpser – »Johanna geht, und nimmer kehrt sie wieder!« – drei Rülpser auf einmal. Damit langte er sich seinen Hut aus der Heringstonne, setzte ihn sich so schief wie möglich auf den Kopf, legte sorgfältig die beiden Zapfhähne, etwa zwanzig Fuß von Kurz entfernt, auf den Ladentisch und tänzelte lachend zur Tür hinaus.

»*Hilfe*!« rief Kurz, »*Hilfe*! – *Hil* – *fe*!« – Aber seine Familie war nicht zu Hause, seine gute Alte war im Hintergarten beim Spargelstechen, und der einzige, der ihn hörte, war Unkel Bräsig. »Korl!« sagte der, »mir is, als wenn bei Kurzen was bröllt. Ich will doch mal herumgehn, ob da was arriwiert ist.« – *»Hilfe!«* rief Kurz. – »Gott du bewohr uns«, wunderte sich Bräsig, »was machen Sie denn schon des morgens Klock söben for en Aufstand!« – »Infamer Halunke!« – »Wo! So wollen Sie mir kommen?« – »Niederträchtiger Spitzbube!« – »Sie sünd ja ein Grobian!« – »Geben Sie mir die Hähne, die auf dem Tisch liegen.« – »Holen Sie sich Ihre smierigen Hahns selbst, Sie Esel, Sie!« – »Ich kann ja nicht, mir läuft ja das Öl und der Essig aus, und ich mein ja nicht Sie, ich meine ja Süßmannen.« – »Das ist denn was anderes«, erwiderte Bräsig, setzte sich schwungvoll auf den Ladentisch und ließ die Beine herunterbaumeln. »Was fehlt Sie denn eigentlich?« – Kurz berichtete denn also, wie er in diese Lage geraten. – »Sie kommen mich komisch vor, Kurz. Aber nehmen Sie sich hieran einen Exempel: Der Mensch wird ümmer an die Glieder gestraft, womit er gesündigt hat.« – »Ich bitt Sie . . .« – »Ruhig, Kurz! Sie haben ümmer mit Öl und Essig gesündigt, indem daß Sie ümmer die Pottmaß mit en Wupp ausgegossen haben, damit daß ümmer noch en Eßlöffelner drei drin geblieben sünd. Wollen Sie ümmer richtig Maß geben? Wollen Sie allmeindag nich wieder beim Bostohn in die Karten kucken?« – »Herre Jesus, ja, ja!« – »Na, denn will ich Ihnen erlösen«, und damit brachte er ihm die Hähne.

Kaum war Kurz frei, stürzte er aus der Tür, als ob Herr Süßmann, ihn erwartend, noch dahinterstünde. Bräsig folgte ihm, und so waren die beiden just zur Stelle, als Pomuchel unter dem Geleit seiner Tagelöhner seinen Einzug in Rahnstädt hielt. »Gott bewohr uns, was soll dies bedeuten? Rührdanz, wat heit dit?« – »Nehmen Sie's nicht übel, Herr Inspektor, wir haben unserm Herrn heimgeleuchtet.« Bräsig schüttelte den Kopf: »Dor hewwt ji en schönen dummen Streich makt!« und schloß sich dem Zuge an. Und viele Leute, die sich in der Straße drängten, folgten ebenfalls dem Zuge bis ans Haus des Bürgermeisters. Hier strängten die Tagelöhner die Pferde ab, und Rührdanz, Willgaus, Brinkmann und noch ein paar andere gingen hinein zum Bürgermeister.

»Na, Herr«, sagte Rührdanz, »nu bringen wir ihn her.« – »Wen?« – »Je, unsern Herrn Pomuchelskoppen.« – »Was? Was soll das heißen?« – »Oh, nichts nich weiter. Wir wollen ihn bloß nicht weiter als unsern Herrn haben.« – »Mein Gott, Leute, was habt ihr gemacht?« – »Nichts weiter, als was recht ist, Herr Burmeister.« – »Habt ihr euch an dem Herrn vergriffen?« – »Nicht die Spur. Aber was *sie* ist, das Weib, das hat sich an unserm Vadder Willgaus vergriffen, indem sie ...«

Doch der Bürgermeister war schon aus dem Zimmer. Er stand am Wagen und bat die Gesellschaft auszusteigen. Dies geschah, und der Bürgermeister brachte die Familie in sein Wohnzimmer.

»Wie geht uns dies? Wie geht uns dies?« jammerte Pomuchel. »Herr Bürgermeister, Sie wissen, ich bin so ein guter Herr gegen meine Leute gewesen.« – »Kopp, schäm dich!« unterbrach ihn Hühnchen. – »Nein«, sagte der Bürgermeister, ohne auf Hühnchen zu achten, und blickte dem Herrn Gutsbesitzer unbewegt ins Gesicht, »das sind Sie *nicht* gewesen. Sie wissen, daß ich Ihnen oft deswegen Vorstellungen gemacht habe. Sie wissen, daß ich gerade wegen Ihres Verhaltens zu den Leuten als Ihr früherer Justitiarius zurückgetreten bin. Ich habe mit der Sache deshalb gar nichts zu tun, und wenn ich mich als bloße Privatperson da hineinmische, so geschieht's nicht um Ihretwillen, sondern der armen verblendeten Leute wegen. Entschuldigen Sie deshalb ...« – »Ach Gott, geben Sie mir doch Ihren Rat: was soll ich nun anfangen?« – »Nach Gürlitz können Sie nicht wieder zurück. Jetzt noch nicht. Das würde Gelegenheit zu Gewalttätigkeiten geben. Sie müssen das Ende hier abwarten. – Aber, warten Sie – ich will nochmal mit den Leuten reden.«

Doch was sollte das helfen? Die Leute hatten sich die Sache zu sehr in den Kopf gesetzt. Die schlechten Gesellen, die es unter ihnen auch gab, hatten sich in den Beschluß der ruhigeren und älteren Tagelöhner und Anwohner fügen müssen, und jetzt waren sie so fest überzeugt davon, auf dem richtigen Wege zu sein, daß sich daran nicht mehr rütteln und rühren ließ. »Nee, Herr«, sagte Rührdanz, »zurücknehmen tun wir ihn nicht. Das mag gehn, wie's geht.« – »Ihr habt euch ein großes Verbrechen zuschulden kommen lassen, und das wird euch teuer zu stehen kommen.« – »Ja, das mag schon sein. Aber wenn von Verbrechen die Rede ist, denn hat Herr Pomuchelskopp mehr an uns verbrochen als wir an ihm.« – »Leute, ihr habt euch von törichten Menschen im Reformverein den Kopf dumm reden lassen.« – »Nehmen Sie's nicht übel, Herr Burmeister, das wird immer gesagt. Ist aber nicht wahr. Was? Unser Herr Pomuchelskopp ischa auch im Reformverein und hat ja auch dort geredet. Aber, Herr, er red't Lügen, und das müssen wir besser wissen.«– »Na, was wollt ihr denn jetzt aber anfangen?« – »Herr Gustäwing ist da, und wenn der sagt, wir sollen dies und das tun, denn tun wir das. Willgaus aber und ich, wir wollen nach dem Großherzog und wollen ihm die Sache vorstellen. Und derentwegen wollten wir Sie bitten, daß Sie uns dazu Papiere mitgeben.« – »Je, was für Papiere soll ich euch denn mitgeben?« – »Na, Herr Burmeister, nehmen Sie's nicht übel, denn schad't das ja auch nicht. Sehn Sie, ich bin schon mal ohne Papiere nach der dussligen Eisenbahn gewesen – da haben sie mich natürlich rausgeschmissen –, aber unser Großherzog ist ja keine Eisenbahn und er wird ja so unbescheiden nicht sein, und wenn wir keine Papiere vorzuweisen haben, denn kannst du, Vadder Willgaus, ja deine Nase vorweisen, wie dich das Weib traktiert hat, und ich zeig meine ehrlichen Hände, daß da kein unrecht Gut an klebt.« Damit verließ der Alte das Zimmer.

Draußen standen die Tagelöhner beisammen, stöberten in ihren Taschen und brachten zum Vorschein, was sie an Schillingen und Groschen bei sich hatten: »So, nu geht. Aber auch geradewegs nach Schwerin!« und: »Vadder, vergiß das auch nicht mit Kapphengst seiner Dirn«, und: »Vadder, wenn er dich fragen tut, wovon wir denn eigentlich gelebt haben, denn kannst du ihm ja ehrlich sagen, unserm Herrn hatten wir nichts gestohlen, aber bei Frau Nüßlern hatten wir bei den Kartoffelmieten ein bißchen revidiert, indem daß sie sich gar nichts daraus machen tut.«
Die beiden marschierten ab nach Schwerin, die anderen Tagelöhner gingen nach Hause. Jehann-Jochen fuhr mit der leeren Glaskutsche hinter ihnen her. Das Volk, das sich in hellen Haufen vor der Tür des Bürgermeisterhauses gedrängt hatte – denn die Sache hatte sich wie ein Lauffeuer in der ganzen Stadt verbreitet –, verlief sich, und

Unkel Bräsig sagte zu Hawermann: »Korl, er is seinen gerechten Richter nicht entgangen. – Ich bün en bitschen mitgegangen, nicht wegen ihn, sondern wegen die armen Kerls von Tagelöhner. Als er selbst zu Raum kam, bün ich weggegangen, ich mocht ihn in seiner smutzigen Erniederung nicht sehn.«

Pomuchelskopp war mit seiner lieben Familie bei Grammelin eingezogen. Dort saß er in tiefer Verzagtheit vor Notarius Schlitzohr, der sich nach den genossenen Prügeln gleich zu Bett gelegt hatte, um der Sache einen recht gefährlichen Anstrich zu geben: »Ich habe gleich nach dem Doktor geschickt und will mich untersuchen lassen, damit ich den Herrn Inspektor richtig zu fassen kriege. Strumpf ist nicht zu Hause, der andere wird aber gleich kommen.« – »Ach, was sind Sie glücklich!« jammerte Muchel. – »Das wüßte ich gerade nicht«, erwiderte der Herr Notar und legte sich auf die andere Seite, »daß es ein besonderes Glück ist, wenn einer mit nem baumdicken Kreuzdorn die Jacke voll gehauen kriegt.« – »Sie können sich doch rächen. Aber ich, ich armer Mann! Was kann ich tun?« – »Ein Kommando Soldaten sollten Sie sich kommen lassen, und denn sollen Sie die Kerls schinden, daß sie am Leben verzagen, und wenn Sie zu waschlappig sind dazu, denn folgen Sie man Ihrer lieben Frau, die kriegt so was fertig.« – »Du lieber Gott! Nein! Nein! Ich hab genug! – Mit Pümpelhagen wird's doch nichts, und nach Gürlitz geh ich nicht wieder. Die stechen mir ja das Haus über den Kopf an. Nein, nein! Ich verkaufe, ich verkaufe!«
»Wissen Se was Neues?« sagte David, der eben eintrat und die letzten Worte gehört hatte, »Se haben recht: verkaufen Se. Ich besorg's Ihnen, ich weiß ...« – »Entfamter Judenbengel!« rief Schlitzohr und wechselte abermals seine Lage: »Au! Donnerwetter! – Meinst du, dat wi dat nich allein farig krigen? – Ja, Herr Pomuchelskopp, verkaufen Sie man! Denn wenn sie auch nicht grade das Wohnhaus anstecken – die Mieten und die Scheunen werden sie wohl zu finden wissen, denn Sie haben sich da mit der Zeit ne schöne Brut herangezüchtet.« – »Nu, Herr Notorius, was wollen Se? Se haben verdient viel Geld, Sie können machen ein klein Geschäft mit en Bauerhof, mit ner Mühl. Aber mit en Rittergut? Da muß kommen mein Vater.« – »Ihr Vater? Wenn der hört, daß es für Pomuchelskopp sein soll, denn sagt er: ›Kasten!‹ Wir stehen alle drei bei ihm in schönem Kredit.«
»Wenn ich sag«, begann David von neuem, aber da erschien der Dok-

tor, der Vater des kleinen Assessors: »Guten Morgen, Sie haben mich rufen lassen?« wandte er sich an Schlitzohr. »Sie wünschen?« – »Ach, Herr Doktor, Sie sind ja gestern auch auf dem Ball gewesen? – Oh, meine Schmerzen! Sie haben gewiß schon gehört...?« – »Hat gekriegt Schacht«, sagte David, »ich bin gewesen Zeuge. – Er is geworden mißgehandelt for die Gewalt.« – »Halten Sie Ihr verfluchtes Maul!« rief Schlitzohr. »Herr Doktor, ich wünsche, daß Sie mich ärztlich untersuchen. Ich kriege ja wohl den Gebrauch meiner Glieder nie wieder.«

Der Arzt trat wortlos an den Patienten heran und zog ihm das Hemd vom Rücken. Darauf war freilich mancherlei abzulesen, was auf einem gewöhnlichen menschlichen Rücken nicht verzeichnet steht, und die Inschrift war mit roter Tinte und in recht grober und deutlicher Fraktur abgefaßt. Pomuchelskopp saß da und hielt in starkem Mitgefühl seine Hände gefaltet. Wie er aber jene Inschrift zu lesen bekam, flog über seine Züge ein leiser, freudiger Schimmer [est solamen miseris, socios habuisse malorum: Trost für jeden im Leid ist es, Unglücksgefährten zu haben. Anmerkung des Verfassers], und David sprang auf: »Gott du Gerechter! Wie sieht er aus! – Herr Doktor, ich will mich auch lassen besichtigen. Der Zimmermeister Schulz hat mich rausgeßogen aus dem Tisch und hat mir gerissen entzwei den ganzen Frack.« – »Schicken Sie zum Schneider«, bemerkte der Doktor trocken und wandte sich an den Notar: »Ich werde Ihnen unten bei Grammelin sogleich ein Attest ausstellen. Guten Morgen, meine Herren!« Damit ging er, und nach einer kleinen Weile erschien Grammelins Stubendirn und brachte ein Papier, das der Arzt dem Herrn Notar übersenden ließ. Schlitzohr entfaltete den Zettel und las:

»Pflichtschuldigst bezeuge ich hiemit, daß der Herr Notarius Schlitzohr recht gehörige, raisonnable Prügel erhalten hat, wie es an den Sugillationen auf dem Rücken desselben deutlich zu ersehen. Sie haben ihm aber nicht geschadet.

Unterschrift:
So und So, Dr. med.«

»Das schreibt der Kerl mir?« fuhr der Notar auf, »›sie haben ihm aber nicht geschadet‹? – Na, wart! Wir sprechen uns noch mal an anderer Stelle.« – »Gott, du gerechter!« rief David, »as es is doch besser: sie haben mir *nicht* geschadet, as: sie haben mir geschadet.« – »Sie sind ein Pinsel. – Aber wozu liege ich hier noch länger?« fragte

Schlitzohr. »Nehmen Sie's nicht übel, ich muß raus, ich muß mich bei dem Herrn Inspektor doch für die Schläge bedanken – mit ner kleinen Klageschrift.«

»Vergessen Sie mich nicht, lieber Freund«, sagte Pomuchel, »Sie wollten für mich heute noch nach Pümpelhagen schreiben.« – »Verlassen Sie sich auf mich. Mir ist überall so giftig zumute, ich möchte am liebsten gegen die ganze Welt schreiben. Haben Sie nicht auch was zu schreiben, David?« – »Hab ich was ze schreiben, denn schreib ich, und hab ich nichts ze schreiben, schreib ich nicht«, sagte David und verließ mit Pomuchelskopp das Zimmer.

Kapitel 44

Gewitter

Seit dem Besuch von Pomuchelskopp hatten auf der Seele der jungen Frau von Rambow schwere, traurige Stunden bleiern gelastet. Freilich waren sie Schritt vor Schritt langsam über sie hinweggegangen, doch waren hinter jedem ihrer Schritte neue Sorgen und Ängste aufgeschossen. Mit kräftiger Hand hatte sie dies Unkraut immer aufs neue aus ihrem Acker gerissen, aber mit der Zeit werden auch fleißige Hände müde, und das tapferste Herz sehnt sich nach Ruhe und Frieden, nach der Stille des Abends.

Ihr Mann war nicht an dem von ihm festgesetzten Tage heimgekehrt. Statt dessen war durch einen Expreßboten ein Brief angekommen, der Schlitzohrs Siegel trug, und der Bote hatte gesagt, er habe Order, so lange zu warten, bis er den Brief selbst abgeben könne. Was das zu bedeuten hatte, konnte sie sich denken.

Sie saß im Dämmern in ihrem Zimmer am Bett ihres Kindes. Die Hände waren ihr in den Schoß gesunken, und sie blickte in den dunstigen Sommerabend hinaus: schwere Wolken waren am Himmel aufgezogen. Der Tag war schwül gewesen, und dann fließt das Blut träge durch die Adern: es strömt und perlt nicht wie ein lebendiger Quell klaren Wassers, es schleicht so müde und schläfrig dahin wie die schwarze Lake in einem Torfgraben. Und wie die Natur im Umkreis des Menschen dann sich seufzend nach dem Gewitter sehnt, um danach aufs neue frisch aufleben zu können, so sehnt sich auch das Menschenherz und seufzt in Ungeduld nach Wirbelsturm und Schicksalsschlag, um endlich von träger Qual erlöst zu werden: mag kommen, was will – nur heraus aus der lastenden Not.

So war Frida zumute. Sie sehnte sich nach kräftigen Gewitterschlägen, die die schwere Luft zerreißen, um Atem holen zu können, damit es drinnen und draußen um sie endlich wieder einmal licht und klar werde. Und sie seufzte nicht vergebens.

Korlin Kegels trat ein und brachte die Posttasche. Sie blieb im Zimmer, als wolle sie sich noch etwas zu tun machen. Sie schloß die Tasche auf, legte einen Brief für ihre Herrin auf den Tisch, stand wieder untätig und fragte endlich: »Gnädigste Frau, soll ich Licht machen?« – »Nein, laß nur.« – Korlin aber ging nicht, sie blieb noch einmal stehen: »Gnädigste Frau, Sie haben uns das verboten, wir sollen Ihnen keine Geschichten zutragen, aber ...« – »Was ist denn?« fuhr Frida aus ihren Gedanken auf. – »Ach, gnädigste Frau, die Gürlitzer Leute haben doch den Herrn Pomuchelskopp weggejagt, mitsamt seiner Frau und seinen beiden Töchtern.« – »Also doch!« rief Frida. – »Ja, und nu stehn all unsere Tagelöhner unten und möchten mit Ihnen reden.« – »Wollen sie uns auch fortjagen?« fragte Frida und richtete sich stolz und gefaßt auf. – »Nee, nee! liebe gnädige Frau«, rief Korlin, warf sich ihr zu Füßen, umfing ihre Knie, und die Tränen stürzten ihr aus den Augen: »Nee, nee! da ist keine Rede von. Und mein Vater sagt, dem ersten, der so was vorbringt, dem schlägt er mit der Schippe übern Bregen. Sie sagen bloß, mit dem Herrn ist nicht zu reden, der bricht ihnen die Rede zu kurz ab. Sie wollen mit *Ihnen* reden, denn zu Ihnen haben sie das Zuvertrauen.« – »Wo ist Triddelfitz?« – »Du lieber Gott! der geht da unten zwischen ihnen rum, aber von dem wollen sie nichts hören. Sie sagen, sie hätten nichts mit ihm zu schaffen, sie wollen die gnädige Frau sprechen.« – »Komm!« sagte Frida und ging nach unten.

»Was wollt ihr, Leute?« fragte Frida draußen vor der Haustür, vor der die Tagelöhner dicht gedrängt beisammen standen. Rademacher Fritz Flegel trat vor: »Gnädigste Frau, es ist man, daß wir zu Ihnen kommen, indem daß wir uns alle einig sind und daß wir vordem mit dem Herrn schon geredet haben. Aber da ist nichts nachgekommen. Und der Herr schnauzt uns denn an, und an Herrn Triddelfitz haben wir auch keinen rechten Anhalt, denn er ist noch zu unbedarftsam und kennt sich noch nicht aus. Und da dachten wir so, Sie könnten uns helfen, wenn Sie so gut sein wollten. Wir sind auch nicht unbescheiden, indem daß wir mehr haben wollen. Wir sind zufrieden mit dem, was wir kriegen. Und wir kriegen das ja auch, was uns zukommt, aber niemals zu rechter Zeit, und da kann sich unsereins nicht drauf einrichten.« – »Ja«, fiel Päsel ein, »vergangenes Jahr, in dem Notjahr, da wurde der Roggen all verkauft. Und sehn Sie, gnädige Frau, ich bin ein Deputäter und krieg zwölf Scheffel Roggen, und davon soll ich leben, und die krieg ich nicht, und denn heißt's, ich soll mich gedulden. – Ja, gedulden! Bei der Kartoffelkrankheit! Wovon soll einer denn leben?«

»Gnädigste Frau«, fiel hier ein alter weißhaariger Mann ein, »von Lebensmitteln will ich gar nicht reden, denn hungern haben wir nicht grade müssen. Aber da soll ich als alter Mann den Tag über krumm in der Modergrube stehn und Wasser schippen und kann mich des Abends nicht rühren und vor Schmerzen des Nachts nicht schlafen. Das muß doch einmal eingesehen werden. Wir sind das doch anders gewöhnt, als Herr Hawermann noch hier war. Aber jetzt wird kommandiert und kommandiert, und die Kommandeurs kennen die Arbeit nicht.« – »Ja, gnädige Frau«, meldete sich nun der Rademacher wieder, »und darum wollten wir Sie bitten, ob wir nicht einen ordentlichen Inspektor wieder kriegen können, und wenn Herr Hawermann nicht will, denn nen andern. Aber so einen, der uns mit Glimpflichkeit anfaßt und uns anhört, wenn wir ihm was zu sagen haben. Aber uns nicht anschnauzt und auf uns losschilt, wenn wir's nicht verdient haben, und unsere Kinder, wenn sie zu Hof gehn, mit nem Stock traktieren tut, wie das vordem bei Herr Triddelfitz an der Mode war.« – »Das soll nicht geschehn!« rief Frida. – »Nee, gnädige Frau, nu hat er sich das ja auch abgewöhnt. Es ist nu wohl bald ein halbes Jahr, da haben wir uns das mal unter vier Augen ordentlich ernstlich besprochen, und seit der Zeit ist er zu ganz sauberen Manieren und zu Einsichten gekommen. – Und wenn uns' gnädigster Herr auch mal zu Einsichten käme, daß er seinen eigenen Vorteil wahrnehmen täte, denn schaffte er sich einen tüchtigen Inspektor an, indem daß er doch selber nichts von der Wirtschaft versteht, und denn wird ihm auch nicht ein ganzer Schlag Weizen vom Wind ausgeschlagen, wie uns das vergangen Jahr passiert ist, und die Leute, die würden nicht über ihn reden. Und, gnädige Frau, die Leute reden viel, und sie sagen ja, der Herr muß das Gut verkaufen und will's an den Herrn Pomuchelskopp verkaufen. Aber den nehmen wir nicht als Herrn an.« – »Nee«, rief es nun durcheinander, »den nehmen wir nicht.« – »Ein Kerl, den seine eigenen Tagelöhner über die Feldscheid gebracht haben.« – »Den brauchen wir nicht zu nehmen.«

Wie Keulenschläge waren die Worte der Tagelöhner auf Frida herniedergegangen. Der Mangel an Liebe und Respekt für ihren Mann, der sich darin kundtat, die Kenntnis ihrer eigenen bedrängten Lage, die schon bis zum Gutsgesinde gedrungen war, dies alles traf sie ins Herz. Nur mühsam gelang es ihr, Fassung zu bewahren: »Ruhig, Leute! Über alles das, was ihr mir gesagt habt, muß der Herr bestimmen, wenn er nach Hause kommt. Geht nun ruhig nach Hause und kommt in solcher Gemeinschaft nicht wieder vor das Haus gerückt. Ich will dem Herrn eure Bitten mitteilen, und ich glaube euch versprechen zu können, daß zu Johanni eine Änderung in der Wirtschaft eintreten wird – so oder so« –, setzte sie mit einem schweren Seufzer hinzu. Dabei unterbrach sie sich einen Augenblick, als müsse sie sich bedenken und etwas hinunterschlucken. »Ja, bis Johanni wartet, dann soll's anders werden.« – »Das ist denn auch ganz egal.« – »Und das ist denn auch soweit richtig.« – »Und denn bedanken wir uns auch vielmal.« – »Na, denn gu'n Nacht auch, gnädige Frau.« – So zogen sie ab.

Frida ging zurück in ihr Zimmer. Draußen blitzte und donnerte es. Der Wind fegte in Stößen über den Hof und warf Sand und Stroh an die Fensterscheiben. – »Ja«, sprach sie vor sich hin, »zu Johanni muß es sich entscheiden. Ich habe nicht zuviel versprochen, zu Johanni muß eine Änderung eintreten. Aber welche?« Und vor ihren Augen stieg das bedrückende Bild auf, das David in seiner Gemeinheit von ihrer Zukunft ausgemalt hatte: sie sah sich dazu verurteilt, in einer kleinen Stadt zur Miete zu wohnen, untätig, mit Mann und Kind, und ohne absehbare Änderung zum Besseren. Sie hörte die Nachbarn flüstern: die hätte es auch besser haben können. Sie sah ihren Mann morgens aufstehen und in die Stadt gehen, des Mittags zurückkehren, nachmittags sich aufs Sofa werfen, wiederum ins Städtchen und des Abends zu Bett gehen. So würde er seinem Herrgott den Tag stehlen, und das immer wieder und wieder aufs neue. Sie sah sich selber unter häuslichen Sorgen verkümmern und vertrocknen, ohne Trost, ohne Freunde. Sie sah sich selber auf ihrem Totenbett, und ihr Kind davor. Ihr Kind! Von nun an also ein mutterloses Kind, ein Kind ohne Heim! – ein armes Edelfräulein ...

Es ist wie ein Fluch, der auf dem Adel lastet, sofern die Mittel fehlen, diesen Stand aufrechtzuerhalten. Ein armer Junker schlägt sich wohl durch, er wird Soldat, aber ein armes Edelfräulein? Und wäre Gott selber vom Himmel gestiegen und hätte sie mit aller Lieblichkeit seiner Engel bedacht und ihre Eltern hätten an ihr alles getan, was Menschen für ihre Kinder tun können, die Welt geht an ihr vorüber, und der Junker sagt: »Sie ist arm«, und der Bürger sagt: »Sie macht Ansprüche.« So blickte Frida auf ihr Töchterchen herab, das in ungetrübtem Kinderfrieden bei Gewitter und Sturm dort draußen und bei Gewitter und Sturm im Innern ruhig an der Brust seiner Mutter lag und schlummerte.

Korlin Kegels brachte Licht. Die junge Frau griff nach dem Brief, der vor ihr auf dem Tisch lag, so wie von ungefähr, wie wenn man vor Fremden nicht merken lassen will, daß man tief ins eigene Innere hinabgestiegen ist. Sie sah nach der Anschrift: den Brief hatte ihre Schwägerin Albertine an sie gerichtet. Sie riß den Umschlag auf, und ein anderer Brief fiel ihr entgegen, der war an ihren Mann. »Leg den Brief auf den Schreibtisch des Herrn«, sagte sie dem Mädchen. Korlin ging.

Die Schwestern ihres Mannes schrieben oft an sie, und es waren meist Briefe, wie Frauen sie einander schreiben, wenn sie sich ein wenig die Langeweile vertreiben wollen. Frida öffnete den Brief, aber – ach! dies war kein Brief aus Langeweile. Albertine schrieb:

Liebe Schwester!

Ob ich recht tue, weiß ich nicht; Berta rät dazu, und Fidelia hat mir schon zweimal den Brief unter der Feder weggenommen, sie meint, es kann unserm lieben Bruder Axel nur böse Stunden machen. Aber – ich weiß nicht, ich kann mir nicht helfen – uns zwingt die wirkliche Not. Wir haben schon ein paarmal an Axel geschrieben; er hat uns ohne Antwort gelassen, er mag wohl in diesen schlimmen Zeiten vielfach verreist und außerdem sehr beschäftigt sein – denn nun kommt ja noch die leidige Politik hinzu, von der wir hier in Schwerin auch allerlei widerwärtige Proben haben –, und deshalb glaube ich recht zu tun, wenn ich mich an Dich wende; Du wirst uns Antwort geben.

Du weißt, daß Axel das Kapital, was unser seliger Vater für uns ausgesetzt hat, an sich genommen hat, um es in Pümpelhagen eintragen zu lassen. Er versprach uns fünf Prozent Zinsen statt der vier und ein halb, die wir bisher erhielten – das wäre nicht nötig gewesen, denn wir wären auch so ausgekommen –, aber er versprach uns, die Zinsen pünktlich alle Vierteljahr zu schicken, und hat sie uns in drei Vierteljahren nicht geschickt. Liebe Frida, wir hätten gewiß nichts davon gesagt, wenn wir nicht in größter Verlegenheit wären.

Dazu kommt noch, daß unser Schwager Breitenburg bei uns gewesen ist, der von Axels Anleihe bei uns nichts wußte, und als er sie erfuhr, roh wie er ist, auf das fürchterlichste auf Axel schimpfte und uns für drei Gänse erklärte. Er verlangte unsern Hypothekenschein zu sehn, den wir ihm nicht zeigen konnten, weil Axel es bisher immer versäumt hat, ihn uns zu schicken, und sagte uns dann geradezu vor den Kopf: wir wären um unser Geld, denn es wäre landkundig, daß Axel durch seine schlechte Wirtschaft so verschuldet sei, daß ihm Pümpelhagen über den Kopf weg verkauft würde.

Wir wissen nun freilich, was wir von unsers Schwagers Redensarten zu halten haben, denn er ist unserm lieben Axel stets feindlich gewesen, und – wie wäre es möglich? Pümpelhagen verkauft? Hunderte von Jahren in unserer Familie! Das litte ja der Großherzog nicht! – und wir sagten ihm das auch – Fidelia in ihrer großen Lebhaftigkeit –, da nahm er Hut und Stock und sagte in seiner groben Manier: »Euer Bruder Axel ist von jeher ein Lump gewesen, nun ist er gegen euch auch noch zum Hundsfott geworden«, worauf Fidelia vorsprang und ihm die Tür zeigte.

Es war eine abscheuliche Szene, und niemals würde ich Dir von derselben geschrieben haben, wenn mich nicht eine heimliche Angst dazu getrieben hätte, daß Axel und Breitenburg einmal zusammentreffen könnten und daß sie sich dann ebenso wie die beiden Schwäger Dannenberg und Malzahn aus hohem verletzten Ehrgefühl gegenseitig übers Schnupftuch totschießen könnten.

Nimm Axel also ja in acht, daß er eine derartige Begegnung vermeidet, und wenn es irgend möglich ist, so sorge dafür, daß er uns die Zinsen schickt. – Zur Ernte denken wir Euch zu besuchen. Wir freuen uns kindisch darauf, Euch und die Plätze wiederzusehen, wo wir als Kinder gespielt und als Jungfrauen geträumt und, ach! unsern herrlichen Vater scheiden gesehen haben. – Ja, Frida, auch darauf freue ich mich, und mit mir Berta und Fidelia, denn wir leben eigentlich nur in der Erinnerung, die Gegenwart ist öde und trostlos. Nur ab und an kommt einer oder der andere alte Freund unsers seligen lieben Vaters und erzählt uns, was in der Stadt passiert, und es ist für Berta und mich ordentlich rührend anzusehn, wie unsere kleine Fidelia in ihrer natürlichen Lebhaftigkeit die Handarbeit bei Seite wirft und sich für alles interessiert. – Sie interessiert sich nämlich sehr für den Hof.

Nun lebe wohl, liebe Frida, verzeihe mein Plaudern und gib Axel den inliegenden Brief. Ich habe darin ernstlich und vertrauensvoll gebeten, ihn aber, soviel als möglich, mit Unannehmlichkeiten verschont. – Im August sehn wir uns.

Deine Albertine von Rambow.

Schwerin, den 11. Juni 1848.

Frida las den Brief, aber sie las ihn nicht zu Ende. Als sie an die Stelle kam: »Euer Bruder Axel ist von jeher ein Lump gewesen, nun ist er gegen euch noch zum Hundsfott geworden«, warf sie den Brief zu Boden, rang die Hände, sprang auf und begann, unruhig im Zimmer auf und ab zu wandern. »Das ist er! Das ist er!«

Vor ihr lag ihr Kind und schlief. Sie warf sich in den Stuhl, nahm den Brief wieder auf und las abermals die furchtbaren Worte, und das schreckliche Bild, das ihr vordem von der Zukunft ihres Kindes vorgeschwebt, verging wie ein Schatten. Davor hatte sich ein anderes geschoben, das in grellen Farben schmerzlich ihr Auge blendete. Auf ihm waren ihre drei ältlichen Schwägerinnen zu erblicken, und darunter stand geschrieben: »Betrogen! Vom Bruder betrogen!« und im Hintergrund, jedoch in undeutlichen Konturen, stand ihr Mann. Sie vermochte nicht mehr herauszufinden, was Wahrheit war, was Lüge, und unter dem Bilde stand: »Hundsfott!«

Es war grauenhaft – denn ihr schien alles verloren, und doppelt verloren. Denn nicht durch eigene Schuld – durch anderer Schuld glaubte sie jenen Menschen verloren, den sie einst mehr noch als die eigene Seele geliebt hatte. Aber dies war nicht das Furchtbarste: Sie sah keine Möglichkeit mehr, von jener Stirn, die sie so oft in Liebe und Treue geküßt, das drohende Brandmal der Schande abzuwenden. Helfen! Aber *wie* ließ sich helfen? Und *wer* konnte helfen? Ach, ihr gingen Namen durch den Kopf, viele Namen, doch diese Namen waren wie in weiter Ferne an glatte Felsenwände eingezeichnet, an denen ihr Fuß keinen Halt finden konnte. In ihrer Angst rang sie hilflos die Hände, und das Bild verengte sich zusehends. Sie sah die Namen von Pomuchelskopp, von Schlitzohr und von David, und sie sprang auf und machte eine Handbewegung, als wolle sie die grauen Gespenster wieder verscheuchen, und das Bild zog sich mehr und mehr zusammen und ward noch enger und kleiner. Doch mit einem Male leuchtete ihr aus all der Angst und Qual ein freundliches Frauenantlitz entgegen. Es trug Frau Nüßlers Züge, und es hatte den gleichen Ausdruck wie damals, als diese ihr Töchterchen im Arm hielt und küßte.

Die junge Frau sprang auf und rief: »Endlich ein Herz, ein menschliches Herz!« Draußen donnerte und blitzte es, und der Regen stürzte in Güssen hernieder. Sie griff nach einem Tuch, stürzte hinaus, hinaus in den Regen. »Gnädigste Frau! Um Gottes Willen!« rief Korlin Kegels, »in den Regen? In die Nacht?« – »Laß mich!« – »Nee, das tu ich nicht!« rief das Mädchen und lief hinter ihr her. – »Ein menschliches Herz, ein menschliches Herz«, stammelte die Ärmste immerfort vor sich hin. Der Regen schlug ihr ins Gesicht – nur weiter! Nur

weiter! – Das Tuch hielt sie in der Hand. Sie achtete dessen nicht. Ihr Fuß glitt in dem tiefen Lehmweg immer wieder aus, und sie nahm es nicht wahr. In ihr rief es: Nur fort! nur fort!
»Wenn es denn sein soll, gnädige Frau, denn kommen Sie«, rief Korlin, nahm ihr das Tuch mit Gewalt aus der Hand, legte es ihr über Kopf und Schultern, faßte sie mit festem Arm um den Leib und fragte: »Wohin?« – »Frau Nüßler«, erwiderte Frida nur und stammelte vor sich hin: »Ein menschliches Herz.«
Ein menschliches Herz aber schlug dicht neben dem ihren, doch daran dachte sie nicht. Nichts scheidet die Herzen mehr voneinander als die Worte: Befehlen und Gehorchen. Sie war ihren Leuten immer eine gute Herrin gewesen, und jeder Aufmerksamkeit ihres Gesindes war sie mit Liebe und Freundlichkeit begegnet. Aber in diesem Augenblick dachte sie nicht an Korlin Kegels. Es zerriß ihr das Herz, und sie war wie besessen von dem Gedanken, Axel müsse vor Unehre bewahrt und vor Schande gerettet werden, und Frau Nüßlers ehrliches Gesicht strahlte ihr durch Regen und Nacht entgegen wie der nächste, der einzige Stern. Zu ihm strebte sie hin.

»Gott im hohen Himmel!« seufzte Frau Nüßler und trat ans Fenster, »Jochen, was ist das nur für ein Wetter!« – »Ja, Mudding, aber was soll einer dabei tun?« – »Lieber Gott!« sagte Frau Nüßler und setzte sich wieder in ihren Korbstuhl, »wenn jetzt jemand auf der Landstraße wäre! – Ich würde mich ja halbtot ängstigen.« Frau Nüßler strickte weiter, und Jochen rauchte weiter, und in der Stube war es still und überaus behaglich. Da gab Bauschan unter Jochens Stuhl ein kurzes, verlorenes Blaffen von sich, das in der Hundesprache bedeutet: »Was ist los?« – Als keine Antwort kam, blieb er still liegen. Mit einem Male aber stand er auf, stelzte auf seinen alten, steifen Beinen zur Tür und begann nach seiner Weise kräftig zu bellen.
»Bauschan!« rief Frau Nüßler. »Was hat der alte Hund? – Willst du mal!« – »Mudding«, bemerkte Jochen, denn er kannte Bauschan mindestens ebensogut wie Bauschan ihn, »da kommt wer.«
Die Tür wurde aufgerissen, und hinein wankte eine bleiche Frauengestalt. Eine kräftige Dirn hielt sie aufrecht und setzte sie auf Frau Nüßlers Diwan. »Lieber Gott!« rief Frau Nüßler, sprang auf und ergriff beide Hände der jungen Frau: »Was heißt das? Was bedeutet das? – Herregott, und durch und durch naß!« – »Ach Gott, ja!« sagte Korlin. – »Mein Gott, Jochen, was sitzt du da? Lauf zu Mining.

Mining soll kommen, und Dürt soll Kamillentee machen.« Und Jochen war wirklich aufgesprungen und war, so schnell er es vermochte, aus der Tür gelaufen, und Frau Nüßler nahm der jungen Frau das Tuch ab und trocknete ihr mit dem Taschentuch den Regen vom Gesicht und aus dem schönen Haar. Dann stürzte Mining herein wie aus der Pistole geschossen, wollte fragen, doch Frau Nüßler rief: »Mining, jetzt ist nicht Zeit zu gucken und zu fragen. Bring von deinem Zeug und von deiner Wäsche fix nach meiner Schlafstube.« Und wie Mining fortstürzte, fragte sie selber: »Korlin Kegels, was soll denn das bedeuten?« – »Ach, Madamming, ich weiß es auch nicht. Sie hat ja wohl heut abend nen schlechten Brief gekriegt.«

Mining war rasch bei der Hand gewesen, und Frau Nüßler und Korlin brachten Frau von Rambow in die Schlafstube. Nachdem sie umgekleidet war, Tee getrunken hatte und auf Frau Nüßlers Bett lag, kam es ihr wieder zurück, was sie eigentlich wollte, denn es war nur körperliche Ermattung gewesen, die sie hatte schwach werden lassen. Und hatten auch der erste Schock und das schreckliche Gefühl, keinen Menschen um sich zu haben, der ihr beistehen konnte, ihr Bewußtsein zeitweise verwirrt, hier, vor diesem freundlichen Angesicht, im Anblick solch zutunlicher Herzlichkeit, kam alles wieder ins Lot.

Frida setzte sich im Bett auf und blickte Frau Nüßler arglos und zuversichtlich in die Augen: »Sie haben mir einmal gesagt, wenn ich in Not wäre, wollten Sie mir beistehen.« – »Und das will ich auch«, sagte Frau Nüßler, vor Rührung ganz überwältigt und streichelte ihr die Hände, »erzählen Sie mir aber: was ist denn los?« – »Ach, viel!« rief Frida, »unsere Tagelöhner sind unzufrieden, wir haben Schulden, viele Schulden, man will uns das Gut verkaufen . . .« – »Gott bewahr uns!« unterbrach Frau Nüßler, »das hat denn doch wohl noch Zeit!« – »Darein könnte ich mich finden«, fuhr Frida fort, »aber noch ein anderer Grund hat mich zu Ihnen getrieben, und den kann und darf ich Ihnen nicht sagen.« – »Sagen Sie ihn mir nicht, gnädige Frau! – Aber hier kann keine Frau raten, hier gehört Mannesrat her, und wenn Sie sich danach fühlen, denn fahren wir am besten zu meinem Bruder nach Rahnstädt.« – »Ach, das könnte ich wohl, aber wie sollte ich wohl dem Manne unter die Augen treten, den . . .« – »Das ist ein Unverstand von Ihnen, gnädige Frau, dann kennen Sie ihn nicht. – Jochen!« rief sie zur Tür hinaus, »Krischan soll anspannen. Er soll sich aber sputen, und du sput dich auch. – Mining!« rief sie aus der andern Tür, »fix deinen neuen Sonntagsmantel, Hut und Decken, wir fahren aus.«

Das alles wurde schnell besorgt. Als sie im Wagen saßen, sagte Frau Nüßler zu Krischan: »Krischan, du weißt, ich bin nicht sehr fürs Jagen. Aber heut jag! In einer halben Stunde müssen wir in Rahnstädt sein. – Sie gehn uns dort sonst zu Bett«, erläuterte sie der jungen Frau.

Der kleine Assessor hatte sich gerade von Frau Pastorin verabschiedet, Hawermann und Bräsig hatten gute Nacht gewünscht und waren zum Oberstock hinaufgestiegen, Bräsig hatte gerade das Fenster aufgemacht und ins Wetter hinausgerochen: »Korl, was is das nach das Gewitter for ein Wollgeruch, die ganze Luft is voll Asmusfäre«, da fuhr ein Wagen vor Frau Pastors Tür, und das Licht aus ihrer Stube fiel genau auf den Wagen.
»Gott soll mir bewohren«, rief Bräsig, »Korl, dor sitzt deine liebe Swester drin un Mining, un das in nachtslafender Zeit!« – »Da wird doch kein Unglück passiert sein?« sagte Hawermann, nahm das Licht und war schon zur Tür hinaus. »Swesting«, fragte er hastig, wie er die Treppe hinunterlief und Frau Nüßler ihm entgegentrat, »wie kommst du in der Nacht hierher? – Mining ...« Aber hier unterbrach er sich: »Gnädige Frau, Sie hier, zu dieser Zeit?« – »Rasch, Karl!« sagte Frau Nüßler, »die gnädige Frau hat mit dir allein zu reden. Mach fix, eh die andern dazukommen!«
Hawermann schloß schnell Frau Pastors gute Stube auf, die junge Frau ging voran, er hinter ihr drein, und er hörte nur noch den Anfang von dem, was Bräsig auf dem Treppenabsatz von sich gab: »Daß du die Nase ins Gesicht behältst! – Wo kommen Sie her? – Entschuldigen Sie mir, daß ich in Hemdsärmeln komm. Korl is en unbewandter Mensch, indem daß er mir das Licht wegnimmt und ich in'n Düstern auf den Sturz meinen Rock nich finnen kann. – Wo is er aber, un wo's Mining?« Frau Nüßler brauchte auf diese Fragen nicht zu antworten, denn aus Frau Pastors Stube kam Luise mit einem Licht: »Mein Gott, Tante!« – »Lowising, komm rein, und Sie, Bräsig, ziehen Sie sich einen Rock an, und kommen Sie auch in Frau Pastors Stube.« Und dies geschah, die Frau Pastorin war auch schon dazugestoßen, und auf der Diele ward es leer und still.
Hätte freilich einer sein Ohr an die rechte Tür halten können, so hätte er die rührend aufrichtige Beichte der jungen Edelfrau vernommen, die sie anfänglich verlegen und unter Tränen, danach aber in offenem Vertrauen und voll heimlicher Hoffnung vor Hawermann ablegte. Und hätte dieser Jemand sein Ohr an die linke Tür gehalten, so hätte

er die haarsträubendsten Lügen aus Frau Nüßlers Mund vernehmen können. Unserer guten alten Dame war es nämlich unversehens eingefallen, es sei doch das beste, wenn alle doch schon einmal Frau von Rambow für Mining hielten, daß dies auch so bliebe, zumindest bis ihre Angelegenheiten geregelt seien, damit Frida von lästigen Fragen verschont bleibe. Und so erzählte sie denn, Mining habe entsetzliche Zahnschmerzen, und ihr Bruder Karl wisse eine Sympathie-Kur dagegen, die aber nur des Nachts zwischen zwölf und eins und überdies nur unter allerstrengstem Stillschweigen gelingen könne. Und die Frau Pastorin ereiferte sich über die Maßen, denn sie erachtete solches für ein ganz und gar unchristliches Werk, und Bräsig wunderte sich: »Das hab ich mein Dag nich wußt, daß Korl sich mit Zympatien un Dokterschaften abgibt.«

Nach einiger Zeit steckte Hawermann seinen Kopf zur Tür hinein: »Frau Pastorin, lassen Sie die Tür auf, ich habe noch einen notwendigen Gang, komme aber bald wieder.« Und als Frau Pastorin noch etwas sagen wollte, war er schon unterwegs und schritt der Straße zu, wo Moses wohnte.

Kapitel 45

Morgendämmerung

Moses war ein steinalter Mann geworden, aber er war bei aller Hinfälligkeit noch vollkommen gesund. Nur das Gehen wurde ihm schon sehr schwer, und der Schlaf mied ihn des Abends lange. Er saß dann bis tief in die Nacht hinein, wenn sein altes Blümchen schon längst eingeschlafen war, in seinem Lehnstuhl, an ein Kissen gelehnt, und ließ sich alte Geschichten durch den Kopf gehen – von den neuen wollte er nichts mehr wissen.

David lag dann meist auf dem Sofa, plauderte mit ihm oder schlief, je nachdem. Doch dies muß ich zu Davids Ehre sagen: er war keine Ausnahme unter seinen Glaubensgenossen. Treulich pflegte er seinen alten Vater in seinem hohen Alter, und an diesen jüdischen Familiensitten mag mancher Christenmensch sich ein Beispiel nehmen.

Heute abend waren sie in traulichem Gespräch begriffen: »David«, sagte der Alte, »was hab ich dir gesagt? – Du sollst dir nicht lassen ein mit de Pömüffelsköpp. « – »Nu? Hab ich mich eingelassen, hab ich auch gut verdient.« – »Du hast dir gestreut Staub auf dein Haupt, du hast gefressen Kot.« – »Sind de Luggerdohrs Kot?« – »An de Pömüffelsköppschen hackt er dran.« – »Vatter, wenn du wollst, wir könnten machen en groß Geschäft: der Pömüffelskopp will verkaufen Gürlitz.« – »Worum?« – »Nu, er will verkaufen.« – »Ich will's dir sagen, David: weil er sich is nich sicher mang seine Tagelöhners, daß sie ihm nich stecken an die Scheunen, daß sie ihm nich schlagen auf den Kopf. – Ich will dir noch sagen mehr: *ich* mach nicht das Geschäft, *du* machst nicht das Geschäft. Das Geschäft wird gemacht, aber es macht der Notorjus, was dein Freund is. Er is dir ßu klug, un du bist noch ßu jung.« – »Vatter, ich ...« – »Schweig, David! Ich will dir noch sagen mehr: du willst werden raich, raich mit en Mal. Sieh, da steht en Krug mit en engen Hals, halb voll von de Luggerdohrs. Du langst hinein, nimmst de Hand voll un kannst se nich bringen raus, du langst hinein un nimmst einen un bringst en raus, und langst wieder und langst wieder, bis se alle sind, und du hast se.« – »Hab ich denn genommen de Hand *zu* voll?« – »Still, David, ich bin noch nich zu Ende: Du siehst zwei Leute, der eine wirft en Luggerdohr ins klare Wasser, und der andre wirft ne Handvoll in en Abtritt. Du gehst in das kalte Wasser und in das nasse Wasser und holst den Luggerdohr aus dem Wasser, und er ist blank und er ist rein. Du gehst in den Abtritt und holst de Handvoll raus, un de Leute wenden sich von dir ab, denn es ist ein Gestank in ihre Nasen. Der Pömüffelskopp hat dir geworfen de Luggerdohrs in den Abtritt.« – »Nu, se riechen nich.« – »Wenn se de Menschen nich riechen, so stinken se zum Himmel. Aber de Menschen riechen se auch, das haißt, was sind ehrliche Menschen. Aber de Pömüffelsköpp und de Notorjussen, de riechen se nich, denn vor sie ist der Gestank Myrrhen und Weihrauch.«

David wollte etwas entgegnen, aber da klopfte es an der Haustür. »Was üs?« fragte David. Der Alte schwieg. Es wurde ein weiteres Mal und stärker geklopft. – »David, geh hin, mach auf de Tür.« – »Nu? zu dieser Szait?« – »David, mach auf! Als ich war jung und bin gegangen mit en Packen auf dem Land, hab ich geklopft oft an de Tür und se haben mir gemacht auf de Tür. Nu bin ich geworden alt un steh auch vor ne Tür und werde kloppen an, und der Gott Abrahams wird sagen: laßt en rein, es is en Mensch! Dies is auch en Mensch. – Mach auf, David!« David ging, und Hawermann trat ein.

»Gotts Wunder!« rief der Alte, »der Entspekter!« – »Ja, Moses, Sie dürfen's nicht übelnehmen. Aber ich kann nicht anders, ich muß Sie in einer Sache unter vier Augen sprechen.« – »David, geh raus!« – David machte eine säuerliche Miene, trollte sich aber. – »'s hilft uns nichts«, sagte Moses, »er steht doch an de Tür un horcht.« – »Das ist egal, Moses, hier kann ich Ihnen doch nicht sagen, was ich will. Können Sie nicht zu mir nach Hause kommen?« – »Hawermann, ich bin en alter Mann.« – »Ach Gott, ja! das weiß ich. Aber draußen ist die Luft warm, der Mond ist schon aufgegangen. Ich nehme Sie unter den Arm. Ja, Moses, ich will Sie tragen, wenn Sie's verlangen.« – »Nu, was is denn?« – »Moses, ich kann's Ihnen hier nicht sagen. Sie müssen's mit Ihren eigenen Ohren hören, mit Ihren eigenen Augen sehn. Sie können ein gutes Werk tun.« – »Hawermann, Sie sind en ehrlicher Mann, Sie sind en Freund gewesen zu mir von Jugend an, Sie werden machen, was gerecht ist. – Rufen Sie David.«

Hawermann öffnete die Tür und – richtig! – da stand er: »Herr Entspekter, Sie werden nicht nehmen meinen Vatter heute nacht, er ist en alter Mann.« – »David«, rief der Alte, »bring mer de Pelzstiefeln!« – »Vatter, du gehst nich! Ich ruf de Memme.« – »Ruf du de Memme, ich geh!« – »Was willst du?« – »Ich will machen en Geschäft, en großes Geschäft.« – »Denn will ich gehen mit.« – »David, du bist noch ßu jung, du holst de Pelzstiefeln.« Es ging nicht anders, David mußte die Stiefel bringen und sie ihm anziehen. Hawermann faßte den Alten fest unter den Arm. Moses griff sich in die linke Rocktasche, des fehlenden Hosenträgers wegen, und schleppte sich langsam, Fuß vor Fuß, an Hawermanns Arm auf Frau Pastors Haus zu.

Als Hawermann den alten Moses über Frau Pastors Türschwelle zog, ging es so still nicht ab. Moses stieß gegen die Tür und stolperte über die Schwelle, so daß er fast hingefallen wäre. Dies freilich mußte die Frau Pastorin nicht weniger deutlich vernehmen als die bei ihr versammelte Gesellschaft: »Ach Gott, da kommt Hawermann mit dem armen Mining wieder zurück«, rief sie, schwirrte zur Tür und steckte ihren Kopf heraus. Wie sie aber schon meinte, Minings liebliches Gesicht, wenn auch durch eine dicke Backe verunziert, zu erblicken, da stand vor ihr Moses in seinem Schlafrock, mit seinen Pelzstiefeln und mit seinem alten, zerknitterten Gesicht und blickte sie aus seinen großen schwarzen Augen an: »Gu'n Abend, Frau Pastern!«
Die kleine Frau Pastor prallte zurück, fast bis zur Mitte der Stube: »Gott bewahr uns!« rief sie, »Hawermann betreibt ja wohl diese Nacht allerlei Zauberei und unchristlich Wesen. Nu bringt er uns ja um Mitternacht seinen alten Juden ins Haus. Was soll der bei Mining ihrem Zahnweh?«
Frau Nüßler wurde zumute, als stehe sie in ihrer Küche in Rexow, mache Fische zurecht und habe gerade einen gewaltigen Hecht am Wickel, und die Bestie schnappe nach ihrem Daumen und drücke ganz, ganz langsam die Zähne tiefer und tiefer ins Fleisch, und sie müsse stillhalten, sonst schlitze sie sich den ganzen Daumen auf. Weshalb aber mußte Frau Nüßler auch schwindeln? Und noch dazu mit Lügen, die jeden Augenblick auskommen mußten?
»Frau Pastorin«, bemerkte Bräsig, »mit Mosessen, das is woll ne bloße Erscheinung for Sie gewesen. Er selbst kann's nich sein, denn ich bin vorgestern bei ihm gewesen, und da hat er mir mit seine eigene Ausdrücke gesagt, er könne nich mehr auf die Straße kommen.« – »Ach«, fiel Luise ein, »Vater hat gewiß etwas Wichtiges mit dem alten Mann abzumachen, und Tante weiß darum und hat uns das Märchen von Mining nur so erzählt. Wie sollte Vater dazu kommen, zu

dieser Zeit solche Alfanzereien zu betreiben!« – Der Hecht drückte seine Zähne tiefer in Frau Nüßlers Fleisch, aber sie biß ihre eigenen Zähne zusammen und hielt noch aus: »Ih, süh!« rief sie, »Lowising, du bist ja gefährlich klug! – Kluge Kinder sind ein Segen für die Eltern, aber« – und jetzt riß sie mit einem Male ihren Daumen aus den Zähnen des Hechts – »ich wollte doch, daß du ein gutes Scheffel dämlicher wärst. Denn will ich es man sagen: Mining ist gar nicht da. Es ist die gnädige Frau von Pümpelhagen, die hat etwas mit Karl und Moses abzumachen.«

Darob wurde die kleine Frau Pastorin sehr ärgerlich, zum einen, weil sie dies nicht zu wissen bekommen hatte, obwohl sie in ihrem eigenen Hause doch die Nächste dazu war, zum andern, weil sie nach so langen Jahren zum ersten Mal erfahren mußte, daß Frau Nüßler, ihre treue und geschätzte Nachbarin, auch ganz abscheulich, ganz unchristlich zu lügen vermochte: »Und das haben Sie uns ganz ausführlich und bündig vorgelogen?« fragte sie. – »Ja, Frau Pastorin, das hab ich«, erwiderte Frau Nüßler und benahm sich sogar noch dabei, als sei sie von den Gerechten eine. – »Frau Nüßler«, ereiferte sich Frau Pastorin, und es war fast, als habe ihr eine unsichtbare Hand rücklings das kleine schwarze Mäntelchen ihres seligen Pastors angeknüpft, »Lügen ist ein abscheuliches, unchristliches Laster.« – »Das weiß ich, Frau Pastorin. Ich lüge auch mein Tag nicht für mich selbst. Wenn ich lüge, lüge ich bloß für anderer Leute Bestes. Es hat mich zu sehr gejammert, daß die arme Frau, mit der es schon so weit gekommen ist, hier mit Fragen gequält werden soll, und weil sie sie alle hier für Mining gehalten haben, habe ich bloß ›Ja‹ gesagt und eine kleine Geschichte dazugelogen.«

Nun aber hatte es den Anschein, als habe jene unsichtbare Hand der Frau Pastorin auch noch die Bäffchen ihres seligen Pastors umgebunden, und so zog sie denn alle Register: »Liebe, Sie sind in dem schlimmsten Falle. Sie belügen sich in diesem Augenblick selbst. Sie halten für gut, was schlecht ist. Sie lügen ...« – »Mit Ihren liebwerten Wollnehmen, Frau Pastorin«, fiel Zacharias Bräsig ein und schlug sich gänzlich auf die Seite seiner alten Liebe, »daß ich Sie hier in Ihre Predigt fall. Ich bün ganz die Meinung von der Madam Nüßlern. Sehn Sie, vergangen Woch ruft mich die Frau Syndikussen an un fragt mich sehr liebreich: ›Herr Entspekter, is das wahr, daß die Frau Pastern mal ne Rangdewuh in en Graben‹ ...« – »Bräsig«, fuhr die kleine Frau Pastorin hoch, und Mäntelchen und Bäffchen waren verschwunden. – »Ohne Sorge!« beruhigte sie Unkel Bräsig und warf einen Blick auf Luise, »ich kenne die Beurteilung der Verhältnisse. – ›Nein‹, sage ich, ›Frau Syndikussen, das sünd ausgestunkene Lügen.‹ Und somit log ich for Sie, Frau Pastorin, und wenn ich dafor mal in die Hölle braten muß, denn bitt ich Sie, daß Sie mich von dem Himmel aus mal mit ner kleinen Verlöschung unter die Augen gehn.« – Die Frau Pastorin wollte noch etwas erwidern, da aber blickte Hawermann ins Zimmer: »Oh, Bräsig, komm doch mal en bischen nach draußen.« – »Hawermann ...«, begann die Frau Pastor von neuem. – »Frau Pastorin, ich komme gleich wieder.« – Bräsig ging nach draußen.

Auf der anderen Seite der Diele war es nicht minder lebhaft zugegangen, wenngleich auf eine andere Weise. Als Hawermann und Moses zusammen Frau Pastors gute Stube betraten, gab es Frida einen Stich ins Herz. Sie war vom Sofa aufgestanden. Moses schien überrascht. »Die gnädige Frau von Rambow«, sagte Hawermann und wandte sich dann zu Frida: »Dies ist mein alter Freund Moses. Aber er ist sehr angegriffen von dem Gange. Sie entschuldigen, gnädige Frau«, und damit führte er ihn zum Sofa, bettete ihn darauf, brachte Rückenkissen und Schlummerrolle und legte ihm diese unter.
Als der Alte sich ein wenig erholt hatte, fragte Hawermann: »Moses, kennen Sie die gnädige Frau?« – »Hab ich se doch gesehn zu fahren vor meinem Haus. Hab ich se doch gesehn zu spazieren zu Pümpelhagen an der Landstraß. Hab ich se gegrüßt, hat se den alten Juden freundlich wieder gegrüßt.« – »Moses, Sie wissen, der Herr von Rambow hat Schulden, viele Schulden.« – »Weuß ich.« – »Sie haben ihn auch verklagt.« – »Weuß ich.« – »Moses, Sie müssen Ihre Klage zurücknehmen. Ihr Geld ist sicher eingetragen.« – »Was haißt sicher? Hab ich doch gesprochen mit Ihnen schon darüber im Frühjahr. In den jetzigen Szaiten is mer nich sicher das Gut, sicher is mer der Mann, un der Herr von Rambow is nicht der Mann, der mer is sicher, er ist ein schlechter Wirt, er ist ein Pferdenarr. Er ist ein Sp ...« – »Halt! – Bedenken Sie, daß seine Frau hier bei uns sitzt.« – »Nu, ich bedenk.«
Frida litt unsäglich. Eine Zeitlang war es still. Hawermann begann von neuem: »Wenn man eine Übereinkunft träfe, daß das Gut verpachtet würde ...« – »Wer pachtet zu *die* Szaiten?« warf Moses ein. – »Oder mit dem Herrn von Rambow würde ein Abkommen getrof-

fen, daß er einen tüchtigen Inspektor wirtschaften läßt und nicht mehr in die Wirtschaft hineinredet.« – »Hawermann«, unterbrach ihn Moses: »Se sind en alter Mann, und Se sind en kluger Mann. Se kennen die Welt und kennen den Herrn von Rambow. Haben Sie schon mal gesehn einen Herrn, der gesagt hat: Ich will nicht mehr Herr sein, ich will lassen einen andern Herr sein?«
Diese Frage machte Hawermann ersichtlich zu schaffen. Forschend blickte er zu Frida hinüber. Sie schlug die Augen nieder: »Ich fürchte, der Herr Moses hat recht, ich fürchte, mein Mann versteht sich nicht dazu.« Moses blickte wohlgefällig zu ihr hinüber und brummte vor sich hin: »'s ist ne kluge Frau, 's ist ne ehrliche Frau.« Hawermann war unsicher geworden. Still überlegte er längere Zeit und sagte endlich: »Na, Moses, wenn nun die Frau von Rambow oder ich oder die Umstände den jungen Herrn dazu bringen, daß er drauf eingeht, und wenn es zur Sicherheit noch von den Gläubigern gerichtlich – so unter der Hand – festgesetzt wird, daß er aufs Selberwirtschaften verzichtet und einen tüchtigen Inspektor für sich wirtschaften läßt, ziehn Sie dann die Klage zurück?« – »Ich nehm se auf en Jahr zaruck. Na, sagen Se, ßzwai Jahr.« – »Na, Sie lassen Ihr Geld also auf dem Gut stehen. Aber nun sind da noch andre Schulden, die auch bezahlt werden müssen. Da ist Pomuchelskopp mit 8000 Talern.« – »Weuß ich«, murmelte Moses vor sich hin. – »Dann sind da noch Schulden an Kaufleute und Handwerker, die seit Jahr und Tag nicht bezahlt sind. Auch Gesindelohn muß nachbezahlt und Inventar instandgesetzt werden. Das kann auch gegen 6000 Taler ausmachen.« – »Weuß ich«, murmelte Moses. – »Aber dann ist da noch ein Posten von 15 000 Talern in Schwerin, der vor allen Dingen bezahlt werden muß.« – »Gott, du gerechter!« fuhr Moses auf, »weuß ich kein Wort.« »Ja, und dann«, sagte Hawermann, ohne sich daran zu kehren, »müssen wir noch 2 bis 3000 Taler in der Hinterhand haben, um die Wirtschaft richtig und ordentlich wieder in Gang zu bringen.« – »Lassen Se mich! De Geschichten sind faul, sind sehr faul!« rief Moses und machte eine Bewegung, als wolle er vom Sofa aufstehen. – »Halt, Moses! Ich bin noch nicht zu Ende.« – »Lassen Se mich! Lassen Se mich! Ich bin en alter Mann, ich werd mich nicht lassen ein in solche Geschichten«, und damit richtete er sich auf und schien aufbrechen zu wollen.
»Hören Sie mich doch erst an, Moses! Sie sollen das Geld – es sind ja wohl gegen 31 000 Taler – ja gar nicht hergeben. Es sind andere Leute, es sind sichere Leute, die wollen es geben. Sie sollen es bloß

zum Johannitermin beschaffen.« – »Gott Abrahams! Ich soll schaffen an in *die Szaiten* in verzehn Tagen *einunddreißigtausend Taler*! – *Einunddreißigtausend Taler!* Und das for Narren, de sich lassen ein mit so'n Geschäft!« – »Na, Moses, das lassen Sie nur! Schreiben Sie sich doch einmal die Namen und die Posten auf, die ich Ihnen sagen werde. – Sie kennen doch die Frau Pastorin? Schreiben Sie mal für die Frau Pastorin 5000 Taler an.« – »Nu, ich kenn se, 's is ne gute Frau. Se hilft de Armen, woßu soll ich aber schreiben?« – »Na, so schreiben Sie doch mal.«

Moses holte sich seine Brieftasche aus dem Schlafrock, machte den Bleistift naß und schrieb: »Nu, 's schteht: 5000 Taler.« – »Sie kennen doch Bräsig?« – »Nu, was wollt ich nicht kennen Bräsigen? Wer kennt nicht Bräsigen? Is en guter Mann. Is en unterhaltsamer Mann, hat er mich immer besucht, as ich war krank, hat er mich machen wollen zum Demekraten, hat er verlangt, ich soll Reden halten in de Reform, aber 's ist en guter Mann.« – »Schreiben Sie ihn mal an mit 6000 Talern. – Meinen Schwager Nüßler kennen Sie doch auch?« – »Hab ich doch immer gekauft von ihm de Wull. Er ist en stiller Mann und guter Mann, er raucht Toback, aber er ist nicht der Mann, der Mann is de Frau.« – »Na, denn schreiben Sie für meine Schwester mal 13 000 Taler.« – »Schreib ich nicht. Sie is ne Frau, sie is ne vorsichtige Frau. Hat se doch gehandelt beim Schtain um ßwai Groschen.« – »Schreiben Sie! Meine Schwester wird Ihnen das heute nacht noch selber sagen. – So! Und jetzt schreiben Sie für mich auch noch 7000. Das sind zusammen 31 000 Taler.« – »Gott, du gerechter!« rief Moses, »er will geben sein Geld, was er hat verdient sauer, was er hat gespart for seine alten Tage, for sein einzigst Kind! Un for wen denn? – For en jungen Menschen, der is gegangen mit Schießen auf seinen Leib, der ihm hat geschnitten de Ehr ab, der ihn behandelt hat as en Hund!« – »Das geht Sie nichts an, Moses, das ist meine Sache. Wir . . .«

Bisher hatte Frida unter Qualen still dagesessen und gewaltsam die Bitterkeit bezwungen, die in ihr aufstieg. Jetzt aber konnte sie nicht länger an sich halten. Sie sprang auf, trat an Hawermann heran und legte ihre beiden Hände auf seine Schultern: »Nein, nein! Das soll nicht sein! Nicht diese braven Leute, nicht sie sollen in unser Unglück hineingezogen werden. Ist es unsere Schuld, wollen wir's auch tragen. Ich will's tragen, oh, und Axel wird's auch lieber tragen – Unglück und Schande! – aber – aber –« hier brach es unwillkürlich aus ihr heraus: »Die armen Schwestern!«

Hawermann umfaßte sie sanft, führte sie zu ihrem Stuhl zurück und flüsterte ihr zu: »Fassen Sie sich! Sie haben die Angelegenheit in meine Hände gelegt. Ich führ sie zum Ende, zum glücklichen Ende.« Aus ihren Augen brach ein Strom von Tränen.
»Gott, du gerechter!« murmelte Moses vor sich hin und legte seinen Bleistift ins Taschenbuch zurück, »nu fängt se auch an mit de Großmut. – Is das en Geschäft? Das is kein Geschäft. Und allens ist doch ehrlich! 's ist bloß zu bringen en alten Mann auch in Tränen«, und er wischte sich mit dem Zipfel seines Schlafrocks die Tränen aus den Augen. »Nu, wollen sehn, wo schteht der Jud.«

Hawermann war nach draußen gegangen, hatte Bräsig herausgerufen, ihm auf der Diele in aller Eile schon auseinandergesetzt, um was es ging, und kam jetzt mit ihm zusammen wieder ins Zimmer. Bräsig stellte sich in Positur und trug dabei einen ganz sonderbaren Ausdruck zur Schau, so daß Hawermann insgeheim schon ein bißchen ärgerlich war. Er hatte etwas von einem Jahrmarktschreier, der lärmend seinen Trödel anbietet, und zugleich von einem milden Knecht Ruprecht am Weihnachtsabend, der mit Geschenken um sich wirft. Mit ganz unmäßig auswärts gestellten Beinen, schrägelbeinig wie noch nie, trat er auf Moses zu: »Moses, was Korl Hawermann for mir unterzeichnet hat, unterschreib *ich, Zacharias Bräsig*. Is mich ganz engal, bar Geld oder Obligatschonen, aber erst zu Antoni.« – »Schön«, sagte Moses, »Se sind en sicherer Mann, Herr Entspekter, ich werd's schaffen an.«
Bräsig trat dann zu Frida, die, den Arm auf den Tisch gestützt, die Hand über ihre Augen hielt, als schmerze sie das Licht. Er erwies ihr eine tiefe Verbeugung und erkundigte sich nach ihrem Befinden. Und als sie vage darauf antwortete, fragte er: »Und woans befindet sich denn der junge Herr von Rambow?« Frida zuckte zusammen, und Hawermann, der sich eigentlich vorgenommen hatte, selber die einzelnen nach und nach hereinzurufen, merkte, daß es an der Zeit sei, einzugreifen, damit Bräsig in aller Unschuld die junge Frau durch seine unbedachten Fragen und Redensarten nicht noch weiter aus dem Gleichgewicht brachte. »Zacharies«, rief er, »tu mir den Gefallen und ruf die Frau Pastorin und meine Schwester herüber. Luise kann auch mitkommen.« – »Jawoll, Korl«, und nach kurzer Zeit war Bräsig mit den Frauen wieder da. Frau Pastorin stürzte sich auch gleich auf die junge Frau, drückte sie mehrmals ans Herz, vermochte nicht an sich

zu halten und begann bitterlich zu weinen, und neben ihr stand Luise in tiefem, lautlosem Mitgefühl.
»Gott Abrahams«, murmelte Moses vor sich hin, »was is dies for ne Nacht! Se wollen machen en Geschäft, un se weinen aneinander un se drücken sich de Händ un fassen sich um den Hals un sind großmütig zueinander und liebraich, un mich alten Mann lassen se sitzen bis an den Morgen. – Mamsell Hawermann«, sagte er endlich vernehmlich, »wenn Se fertig sind mit de schönen Gefühlen, bringen Se mir en Schnäpschen Wein. Ich bin en alter Mann.« Luise lief, brachte eine Flasche Wein und ein Glas herbei, und Bräsig sagte daraufhin: »Lowising, bring mich auch en Glas!«. Offenbar hatte er den trefflichen Einfall, noch in dieser Nacht mit Moses eine fröhliche kleine Kneiperei zu veranstalten, denn er setzte sich dicht an seine Seite und begann mit ihm anzustoßen: »Auf Ihrem Wohle, Moses!« Aber daraus wurde nichts Rechtes. Moses schien keine richtige Lust zu haben, und Hawermann brachte seine Schwester zu ihm. Moses machte seinen Bleistift naß und schrieb. Nach Frau Nüßler war Frau Pastorin an der Reihe. Moses schrieb aufs neue, und ohne daß Frida, die mit Luise zusammen in einer Ecke saß, davon etwas bemerkt hätte, war nun alles in Richtigkeit.
Moses erhob sich: »Wissen Se was Neues? Ich will Se was sagen: de einunddreißigtausend Taler sind gedeckt, und alle Leute sind gut; aber's ist kein Geschäft, de Großmut ist mit Se weggelaufen. Nu, wie haißt? Ich bin en Jud, mit mir ist se auch weggelaufen; ich schaff an das Geld. Aber ich bin en alter Mann, ich bin en vorsichtiger Mann. Wenn der Herr von Rambow sich nicht will stellen unter den Entspekter und macht's nicht gerichtlich, denn is de Sache *faul*, und ich schaff's nicht an, denn dann is de Sache for de Katz.
Wenn se mich begraben auf den Kirchhof, da bei de Tannen, wo ich hab machen lassen ne Bewehrung for mein Geld, denn sollen de Leute nicht sagen: nu, er hat machen lassen ne Bewehrung – was ist ne Bewehrung von eichen Holz? Hat er doch gebracht kurz vor seinem Tod lauter ehrliche Leute ins Unglück, bloß um zu machen en Geschäft. Da is de Madamme Nüßlern, da ist de Madamme Pastern, da ist der Hawermann, und da is auch der Herr Bräsig. Ich bin gewesen en Geschäftsmann von Jugend an, zuerst mit dem Packen und dann mit de Perdukten und mit de Wull und zuletzt mit das Geld, und als en Geschäftsmann will ich sterben, aber als en vorsichtiger.
Kommen Se, Hawermann, fassen Se mich an, bringen Se mich wieder

nach Hause. – Gute Nacht, Madamme Nüßlern, grüßen Se den Herrn Jochen, soll mich mal besuchen. – Gute Nacht, Herr Entspekter Bräsig, besuchen Se mich auch, aber predigen Se nicht mehr von de Reform, ich bin en alter Mann. – Gute Nacht auch, Mamsell Hawermann, wenn Se gehn vor meinem Haus vorbei, grüßen Se mer wieder so freundlich wie das letzte Mal. – Gute Nacht, Frau Pastoren, wenn Se heute gehn zu Bett, können Se doch sagen: hab ich gehabt heut doch lauter ehrliche Leut unter meinem Dach; auch der alte Jud war en ehrlicher Mann.«

Dann wandte er sich an Frida: »Gute Nacht auch, gnedige Frau, Se haben heute geweint, weil Se nicht sind gewohnt. Aber lassen Se sein, es wird allens werden gut. Se haben en neuen Freund, 's ist en alter Jud. Aber der alter Jud hat fließen lassen die Tränen über Sie, und das vergißt er nicht, denn sie sind ihm geworden knapp, die Tränen.« Hier wandte er sich ab, sagte noch einmal »Gute Nacht!« und sah sich nicht mehr um. Hawermann brachte ihn aus der Haustür, Luise hielt das Licht.

Im Zimmer herrschte Schweigen, alle hingen ihren Gedanken nach. Die sich als erste gefaßt hatte, war Frau Nüßler. Sie rief nach Krischan, der auf der Diele schlief, er solle anspannen. Krischan erwies sich an diesem Tage – oder vielmehr in dieser Nacht – als das genaue Gegenteil von dem, was man sonst von ihm gewohnt war. Als nämlich Hawermann von Moses zurückkehrte, bestiegen Frida und Frau Nüßler schon den Wagen, so daß Hawermann gerade noch der jungen Frau einige wenige freundliche, hoffnungsvolle Worte auf den Weg geben konnte, da sagte Frau Nüßler schon: »Gute Nacht, Karl! Sie muß zu ihrem Kindchen. Krischan, nach Pümpelhagen!« Und damit fuhren sie davon.

Hawermann stand noch in Gedanken versunken auf der Straße, blickte hinter dem Wagen her und wollte schon ins Haus treten, da kam ein anderer Wagen langsam die Straße hinuntergefahren, und vor dem Wagen erglänzte im Mondschein ein Schimmelgespann. Der Alte war zurückgetreten und stand im Haustor – Luise hatte für ihn ein Licht in die Diele gestellt, so daß er sich als Schattenriß deutlich von der Helligkeit abhob. Er wollte doch sehen, wer zu so später oder früher Stunde durch ihre stille Straße fuhr. Der Wagen näherte sich und hielt vor dem Hause an.

»Faß die Leine!« rief eine Stimme, die ihm sonderbar bekannt vorkam, und ein Mann auf dem Vordersitz warf die Leine nach hinten dem Kutscher zu und war mit einem Satz vom Wagen herabgesprungen: »Hawermann! Hawermann! Kennen Sie mich noch?« – »Franz! Herr von Rambow!« – »Was ist hier los, daß Sie so spät auf sind?« und er schob ihn zurück, »doch kein Unglück?« – »Nein, Gottseidank nicht. Ich werd's Ihnen gleich sagen.« Der junge Mann umarmte den Alten, drückte ihn ans Herz und küßte ihn, einmal und immer wieder.

Und es war kein Unglück, sondern das reinste, lauterste Glück, und doch hätte es ein Unglück werden können. Denn in der Stube saß ein Mädchen – die Farbe war aus ihrem frischen Gesicht gewichen, ihre großen Augen waren noch größer geworden und blickten starr auf die Stubentür, ihre Hände hatte sie an die Brust gedrückt, und wie sie aufstehen wollte, war ihr, als wenn der Boden unter ihr wanke. Und oben grollte der Donner, und die Stimme von draußen schlug wie Blitz auf Blitz in ihr Herz.

Sie wußte es nicht, sie konnte in diesem kurzen Augenblick es sich auch nicht deutlich machen. Doch der Garten, in dem sie seit Jahren stille, bescheidene Blumen gepflanzt, der Garten mit seinen schattigen Lauben, wo sie so oft zum Abendstern emporgeblickt und über den sich für immer die Ruhe der Nacht gesenkt hatte, lag jetzt unter dem zuckenden, grellen Licht von Blitzen und Wetterleuchten. Als aber das Gewitter abgezogen und ihr das Herz noch niedergedrückt war, da glühte die Sonne auf, so blendend und heiß, daß sie die Augen schon abwenden wollte. Aber sie vermochte es nicht, denn in ihrem stillen Garten war nun unversehens unter den Strahlen der Sonne Wunder auf Wunder erblüht: aus den bescheidenen Veilchen glühten dunkelrote Rosen empor, wie sie aus Brautkränzen leuchten, und der Duft der dunklen Nachtviolen wurde zum Nachtigallenchor, der lockte und rief zum Nestbau, zu Frühling und Liebe.

Ihre Hände sanken herab. Ihr Herz schlug jetzt kräftig und voll. Und als Franz mit Hawermann zusammen ihr Zimmer betrat, da warf sie sich an seine Brust, und die Erde unter ihr bebte nicht mehr, und der Donner über ihr grollte nicht mehr, und kein Blitz konnte ihr mehr etwas anhaben. Und um sie her war es Licht geworden, helles Licht.

Dann sprachen sie miteinander, viel sprachen sie miteinander: »Franz!« – »Luise!« Doch keiner verstand ihre Rede. Alle standen um sie umher und hörten kein einziges Wort, denn es war schon sehr lange her, seit sie selber diese Sprache vernommen hatten. Aber Verständigung mußte doch sein. Und so erbarmte sich Unkel Bräsig der jungen Leute, die willens zu sein schienen, ein für allemal über Erde und Wolken hinweg zu entschweben.

Mit einem kleinen Ruck brachte er sie wieder auf den festen Boden zurück: »Frau Pastern«, sagte er, »als ich dazumalen die drei Brauten mit en Mal hatte, da ...« – »Schämen Sie sich, Bräsig!« unterbrach ihn Frau Pastor unter Tränen der Rührung. – »Frau Pastern, das Selbige haben Sie mir gesagt, als ich dazumalen durch den Doktor Ürtlingen an den jungen Herrn von Rambow nach Paris schreiben tat, aber ich habe mir damals nicht geschämt. Ich werde mir heut auch nicht schämen. Ich hab mir überall in meinem ganzen Leben meindag nich geschämt. Denn sehn Sie, Frau Pastorin«, und damit stellte er sich überaus schrägelbeinig vor die Frau Pastor hin und schnaubte wieder einmal an seiner Nase herum, jedoch ein wenig höher, als sei ihm etwas in die Augen gekommen: »Sehn Sie, Frau Pastorin, ich habe in der letzten Zeit männigen Rangdewuh zu Stande gebracht: erstens in dem Wassergraben ...« – »Bräsig!« rief die kleine Frau Pastor. – »Sein Sie ganz ruhig, Frau Pastorin, ich sage nichts, und ich lüge auch for Sie, wenn's verlangt wird. Zweitens: Gottlieb und Lining in dem Kirschbaum. Drittens: Rudolf und Mining, wieder in dem Kirschbaum. Aber das nehmen Sie mich nicht übel, wenn en Menschen en gewissermaßenes Gefühl von Stolz übersleicht, wenn der Mensch Rahnstädt und Paris zu ner Rangdewuh bringt. Und das hab *ich* getan.«

»Ja«, sagte Franz und stand schon wieder mit einem Bein auf der Erde, »das haben *Sie* getan, und ich dank Ihnen recht von Herzen für Ihren schönen, schönen Brief. Hier ist er, ich hab ihn stets bei mir gehabt.« – »Hm!« bemerkte Unkel Bräsig, »also ümmer bei sich. – Sehr oblischiert for mir! Nu sagen Sie mich aber mal so ganz pöh a pöh, so ganz aufrichtig: haben Sie den Brief eingestochen wegen meinen Stiel – denn Korl, das kannst du nicht streiten, in dem Stiele war ich dich bei Paster Behrens über – oder haben Sie ihn eingestochen, weil das Postpapier von Lowise ist?« – »Aus beiden Gründen«, rief Franz hell auflachend, »aber auch wegen der frohen Nachrichten, die in Ihrem Brief enthalten sind. – Ja«, sagte er, ging auf Hawermann zu und umarmte ihn, »nun hat diese Quälerei, diese Selbstquälerei ein Ende, nun ist auch der letzte Scheingrund für unsere Trennung gefallen.« Und trat zu Luise und gab ihr einen Kuß, und es war ein sonderbarer Kuß, denn man konnte ihn durch zwölf dividieren, und das Fazit blieb immer noch ein ganzer Kuß.

»Lieber Gott«, rief die Frau Pastorin endlich, »der Morgen scheint schon ins Fenster hinein.« – »Ja, Frau Pastern«, rief Bräsig, »und Sie huhlwaken hier rum, und sünd ne alte Dam' und das nich gewennt. Sie sollten zu Bett gehen.« – »Bräsig hat recht«, entschied Hawermann, »und du, Wising, geh auch zu Bett.« – »Komm, Kind«, und damit nahm die Frau Pastorin Luise in den Arm, »morgen ist auch ein Tag, auch ein Freudentag«, und küßte sie. »Oh, nun kommen deine Freudentage, und in deinen werden meine wieder aufleben!« – Und sie verließen das Zimmer.

»Sie, Herr von Rambow«, fing Hawermann an ... – »Warum denn nicht: Franz?« fragte der junge Mann. – »Nun denn, Franz, mein lieber Sohn, du kannst oben auf meinem Bett bei Bräsig schlafen, ich ...« – »Ich kann nicht schlafen«, unterbrach ihn Franz. – »Korl«, sagte Bräsig, »mich is auch gar nich sleperich zu Sinn, meine nachtslafende Zeit un meine nächtliche Ruh is vorüber.« Er ging ans Fenster, machte es auf und sah nach dem Wetter: »Korl, mich is das so, as wenn das vermorrnzu en Tag is, wo woll der Bors beißen kann. Raus muß ich, hier is mich das zu beängstlich, ich geh nach angeln. In de Rexowschen Dannen, in den Lauban, da weiß ich en Flag, da steht en hartlicher Bors. – Also – gu'n Morrn, junger Herr von Rambow, gu'n Morrn, Korl, unterhalt dir gut mit deinen jungen Herrn Zukünftigen.« Und damit ging auch er.

»Was heißt das aber, lieber Vater«, fragte Franz, »daß ich euch hier so spät noch alle munter fand? Ich bin gleich nach dem Empfang von Bräsigs Schreiben von Paris abgereist, bin Tag und Nacht gefahren, und vorgestern kam ich auf meinem Gute an. Aber da war so mancherlei zu besorgen – mein Inspektor geht ab, er verheiratet sich –, daß ich erst gestern Morgen um diese Zeit hierher fahren konnte. Ich hatte aber Relais vorausgeschickt, und als ich hier ankam – nun, ich will's nur gestehen«, und dabei lächelte er ein wenig verlegen – »mußte ich wenigstens das Haus sehen, in welchem Luise schlief. Und da find ich euch noch munter.« – »Ach«, seufzte Hawermann, »es war eine traurige Veranlassung. Es war wegen des Herrn von Rambow auf Pümpelhagen, die junge Frau war selber hier. Sie hat schrecklich gelitten, aber es war ihr nicht zu ersparen, und doch ist noch alles in der Schwebe. Wollte Gott Sie ... du wärst eine halbe Stunde früher gekommen, dann, glaube ich, wäre alles im reinen.«

Und nun erzählte er, was vorgefallen war, vorher und nachher. Und das alles im Tone so aufrichtigen Mitgefühls und in so hilfreicher Absicht, daß sich bei Franz im Innern der unwiderstehliche Wunsch regte: hier möchtest du wohl helfen. Das Beste aber war: er konnte auch helfen. Ihm war das Glück widerfahren, daß seine Vormünder ehrenhaft und seine Inspektoren tüchtig und ehrlich gewesen. So war sein Hab und Gut unter ihren Händen gewachsen, wie danach auch unter seinen eigenen, denn er hatte es nicht zu einer Leiter werden lassen, um daran herabzusteigen und die Abgründe des Leichtsinns und der Liederlichkeit zu erkunden, und vor Torheiten hatte sein gesunder Menschenverstand ihn bewahrt. – Nun war der Augenblick gekommen, da er sein Glück segnen durfte, denn er hatte nicht nur den Wunsch, Gutes zu tun, er vermochte es auch.

Viel wurde zwischen den beiden besprochen. Was der eine wollte, wollte der andere auch, denn beide wollten sie helfen. Und folgendes wurde abgemacht: Franz solle sich noch heute mit Moses treffen. Doch trotz aller Aufrichtigkeit hatten sie beide noch Heimlichkeiten voreinander: Hawermann durfte dem jungen Mann nichts von Axels Schulden bei seinen Schwestern erzählen. Dies war etwas, das ihm die junge Frau unter Tränen und blutenden Herzens anvertraut hatte, es war nicht eigenes, es war fremdes Gut, und es war teuer erkauft und teuer erworben. – Auch Franz hatte sein Geheimnis. Doch dies mußte ein gutes Geheimnis sein, denn sein Gesicht sah auf frohe Art nachdenklich aus. Behaglich legte er ein Bein aufs Sofa, behaglich zog er das andere nach und nickte Hawermann, der immer weiter sprach, freundlich zu, und nickte immer wieder und nickte sich so zuletzt in den Schlaf. Die Jugend und die Natur verlangen ihr Recht.

Der Alte stand leise auf und blickte in das Gesicht des jungen Mannes. Auf ihm spiegelten sich noch seine letzten, frohen Gedanken, wie die Abendsonnenstrahlen auf einem klaren, stillen, durchsichtigen See. Er ging hinaus, holte eine Decke und deckte ihn sanft zu. Dann ging er in den kleinen Garten hinter dem Hause der Frau Pastor und setzte sich in die Laube, die er vor etlichen Jahren in Kummer und Trübsal selber aufgepflanzt hatte. Er blickte zum Fenster hinüber, hinter dem seine Tochter schlief.

Aber schlief sie wirklich? Denn wer kann schlafen, wenn ihm die helle Sonne das Herz erfüllt? Wer kann schlafen, wenn jeder Ton zu einer Melodie wird, die von Glück und von Liebe singt?

Leise klirrte die Klinke an der Gartenpforte, und im leichten Morgengewande trat ein schönes Mädchen heraus. Sie wandte ihr Gesicht

dem Sonnenaufgang entgegen, faltete die Hände über der Brust und blickte in die Morgensonne hinein, als könne kein Glanz sie mehr blenden. Doch die Tränen liefen ihr über die rosenroten Wangen.
Recht so, Luise! Die Sonne ist Gottessonne, das Glück ist Gottesglück, und scheint es uns einmal blendend grell in die Augen, dann sind die Tränen dafür gut, sie brechen den Strahl. – Und sie bückte sich zur Erde, hob eine Rose empor und sog ihren Duft ein, doch sie pflückte sie nicht. – Recht so, Luise! Rosen sind Erden-Rosen, Freuden sind Erden-Freuden, beide blühen zu ihrer Zeit. Laß ihnen die Zeit! Willst du sie vorzeitig genießen, dann hast du verwelkte Blumen an der Brust und verwelkte Freuden im Herzen.
Langsam schritt sie tiefer in den Garten hinein, und als sie an die Laube kam, in der ihr Vater saß, lief sie eilig auf ihn zu, warf sich an seine Brust und schmiegte den Kopf an sein Herz: »Vater, Vater.« – Recht so, Luise! Dies ist dein rechter Platz: in deines Vaters Herz scheint die Gottes-Sonne, in deines Vaters Herz blühen Erdenrosen.

Kapitel 46

Am Laubansee

Frida war von Frau Nüßler nach Pümpelhagen gebracht worden, und so manches ihrer Trostworte war wie milder Morgentau der jungen Frau ins Herz gefallen, das dalag wie ein versengtes Feld. Und wenn es dort noch nicht so recht wieder aufgrünen wollte, dann hatte Frau Nüßler nur immer wiederholt: »Lassen Sie gut sein, lassen Sie gut sein! Mein Karl-Bruder bringt alles wieder in Schick.«

Und so trat denn die junge Frau beim Morgengrauen in ihr Zimmer, und in ihr sah es sehr anders aus als am Abend zuvor, als sie davongestürzt war. Mit der Hoffnung gemeinsam waren auch Glaube und Liebe bei ihr wieder eingekehrt. Leise und freundlich trat sie an Fiek Degels heran, die als Wache neben ihrem Kinde im Lehnstuhl saß und darüber eingeschlafen war. Frida strich ihr sanft übers Haar: »Fieken, ich dank dir auch sehr. Aber du bist müd, geh zu Bett.« – »Gnedigste Frau«, schrak Fieken hoch – möglicherweise hatte sie gerade von ihrem Liebsten geträumt –, »sie hat ruhig geschlafen. Nur einmal hab ich ihr zu trinken gegeben.« – »Schön«, sagte die junge Frau, »geh zu Bett.«

Nachdem das Mädchen gegangen, stand Frida vor ihrer kleinen Tochter und richtete lange ihren Blick auf sie. Ach nein, das traurige Los eines armen Edelfräuleins stimmte nicht überein mit dem lieblichen Gesichtchen, und ihre eigenen Gedanken vom Abend zuvor stimmten nicht zu denen des Morgens. In jener Nacht war ihre Seele gemartert worden, aufs unerträglichste gemartert. Doch unter den Qualen jener Nacht war in ihrem Herzen auch eine neue Hoffnung geboren worden, und dies Kind ihrer Schmerzen fiel ihr nun um den Hals, drängte sich an sie, küßte sie, strich ihr übers Gesicht: seine blauen Augen leuchteten zum Himmel empor, und aus ihnen sprach es: Vertrauen, ja, und: Sieg!

Frida legte sich schlafen. Alle Gestalten dieser Nacht stiegen vor ihren Augen noch einmal auf: Korlin Kegels und Frau Nüßler, die Frau Pastorin und Luise, Hawermann und Bräsig. Klar und deutlich ihr vor Augen standen sie alle, sie verstand sie alle in ihrem treuen, rechtschaffenen Wesen und Wirken. Zwischen diese aber drängte sich ein Bild, das sie nicht verstand: es war der alte Jude. Helle Lichter fielen darauf,

und dunkle Schatten fielen über die Falten seines Schlafrocks und die Falten seines Gesichts – dergleichen hatte sie noch nie gesehen, aber dies alles verschwamm vor ihren Augen. Und als sie an den Abschied des alten Juden dachte, da wurde dies Bild immer größer und größer, doch auch immer undeutlicher. Sie faltete die Hände über ihrer Brust und schlief ein.
Sie schlief, und der alte Jude erschien ihr im Traum. Doch träumte sie einen glücklichen Traum, und nur einmal fuhr sie hoch, denn ihr war, als habe sie einen Wagen auf den Hof fahren hören. Sie lauschte dem nach, doch Leib und Seele sehnten sich nach Ruhe. Ihr Kopf sank in die Kissen zurück, und der liebliche Traum spielte aufs neue um ihr blondes Haar und flüsterte ihr Wunderdinge ins Ohr.

Doch sie hatte sich nicht verhört: es war wirklich ein Wagen gekommen, und in diesem Wagen saß ihr Mann. Axel war in diesen Tagen im Lande umhergefahren wie ein Aufkäufer für Geflügel und Eier. Vor jeder Türe hatte er wie ein Lumpensammler angehalten und angeklopft. Er hatte bei Geschäftsleuten angefragt und hatte bei alten Freunden, die er auf Pferderennen kennengelernt und die ihm sein Geld abgenommen hatten, sein Leid klagen wollen. Keiner war zu Hause, und alle, denen er durch Zufall begegnete, hatten ihre Geldbörse daheim gelassen.
So lange wir in Spendierhosen einhergehen, haben wir viele Freunde. Ziehen wir sie aber aus und die Hose, die wir nun tragen, hat Flicken am Knie, dann ist dies jenen Freunden doch arg genierlich. Dies mußte Axel nun bitter erfahren. Heimlich, ohne daß seine Schwestern es wußten, war er in Schwerin gewesen und zu dem Juden gegangen, der damals das Geschäft so gern und so glatt abgewickelt hatte. Doch wo waren die Hypothekenscheine? – Er hatte aus seinem Gasthof nach der Gegend hinübergeblickt, wo Franzens Güter lagen, doch wo war Franz? – Er hatte sich nicht vor dem Allerletzten gescheut: er war zu seinem Schwager Breitenburg gefahren, mit dem er sich immer schlecht gestanden. Er hatte den kühlen Empfang verwunden, hatte ihm seine schreckliche Lage geschildert, ihm aber nichts vom Geld seiner Schwestern gesagt. Sein Schwager hatte ihn forsch angeblickt und ihm den Rücken gekehrt: »Tu l'as voulu, Georges Dandin! Und in diesen Brunnen, den dein Leichtsinn gegraben hat, verlangst du, soll ich mein Geld werfen? Mein Geld, das ich mir unter Entbehrungen und Sorgen verdient habe? Denn deine Schwester hat mir's doch nicht zugebracht.«

Axel wollte schon etwas sagen von den 7000 Talern, die sein alter Vater sich damals von Moses für Breitenburg geliehen hatte, da drehte sein Schwager sich um und fragte ihn geradeheraus: »Wo sind die 15 000 Taler, die du den Schwestern abgeschwindelt hast?« Das traf Axel wie ein Blitz: sein Schwager wußte alles! Bleich wankte er aus dem Zimmer und bestieg seinen Wagen. »Wohin?« fragte der Kutscher. – »Nach Hause.« – »Wo bleiben wir über Nacht?« – »Zu Hause.« – »Herr, das halten ja die Pferde nicht aus.« – »Sie müssen.« – So fuhr er nach Hause, und als er ausgestiegen war, stand Jehann bei den beiden schönen Braunen: »So, die beiden Hinterpferde haben wir schon zu Schanden gefahren, nun sind die beiden Vordergäule auch hin. Nun bin ich bei einem Krüppelgespann.«

Axel ging mit schweren Schritten nach seiner Stube. Es war schon heller Tag. In seinem Zimmer war alles wie sonst auch. Ehedem hatte er sich behaglich darin gefühlt, und die Gewohnheit hätte sich ihm sanft wieder ans Herz gelegt. Doch dies Herz war nicht mehr das alte. Sinn und Herz waren anders geworden und wollten mit alten Gewohnheiten nicht mehr übereinstimmen. Ihm wurde angst. Er riß das Fenster auf, um die heiße Stirn an der frischen Morgenluft zu kühlen. Er warf sich in den Lehnstuhl, der vor seinem Schreibtisch stand, und preßte den Kopf mit beiden Händen, als müsse er ihn in einen Schraubstock spannen. Dann fielen seine Augen auf einen Brief. Die Handschrift kam ihm bekannt vor, er mußte sie schon einmal gesehen haben. Er riß den Brief auf. Ja, er war von seiner Schwester.

Was hatte doch noch sein Schwager Breitenburg zu ihm gesagt? – Ja, das war's! Er blickte aus dem Fenster. Dort, hinter den Tannen von Rexow, ging die Sonne auf. Er blickte wieder in den Brief. Er enthielt freundliche Worte, aber was sollten ihm Worte, er hatte ja kein Geld. – Und wieder blickte er aus dem Fenster: vor ihm lag ein Schlag Weizen. Ach, wenn der reif und ausgedroschen wäre und hätte zwanzigfach getragen, ja, dann – nein, nein, auch der konnte ihm dann nicht mehr helfen. Er blickte wiederum in den Brief: freundliche Worte! Doch unversehens waren die Worte ernster geworden und blickten ihn strenger an. Er konnte die Augen nicht mehr abwenden, er las den Brief bis zum Ende, und da stand es: »Ich habe dieserhalb auch an Frida geschrieben, denn lieber, lieber Bruder! wenn Du unser Kapital nicht sichergestellt hast, so sind wir armen Mädchen ja ganz verloren!«

»Ja, verloren!« rief er, »verloren!« – Er sprang von seinem Stuhl auf und schritt unruhig im Zimmer auf und ab, er trat ans Fenster. Vor ihm lag die Natur in ihrer vollen Pracht, und sie übt ihre Macht aus über ein jedes Herz. Doch das Herz muß mit der Natur im Einklang stehen, klar und aufrichtig muß es sich dem Sonnenstrahl öffnen und mit innigem Verlangen die grüne Erde, den blauen Himmel und die goldenen Strahlen in sich aufnehmen. Aber sein Herz war kein Gottesherz mehr, die Lüge hatte darüber Gewalt erlangt, sein Sinnen und Trachten drehte sich kümmerlich und jämmerlich nur noch um erbärmliches Menschenwerk. – Geld! Geld! – Aus Sonnenstrahlen lassen sich keine Louisdors schlagen.

Er warf sich wieder in seinen Lehnstuhl: also *sie* wußte es auch. Er hatte ihr so oft etwas vorgelogen, das sie ihm nicht nachweisen konnte, dies aber konnte er ihr nicht mehr vorlügen, dies wußte sie. Er sah sie vor sich stehen, ihr Kind auf dem Arm, und sie blickte ihn an, unverwandt an, und ihre klaren grauen Augen schienen zu fragen: »Haben wir das um dich verdient?« Und seine drei Schwestern umstanden ihn und sprachen mit eingefallenen Wangen und bleichen Lippen: »Ja, Axel, lieber Axel, ganz verloren!« – Und hinter den alten Mädchen stand eine dunkle Gestalt, und sie umgab ein Glanz, der nicht von dieser Erde war. Und diese Gestalt war sein Vater, und er rief ihm zu: »Du solltest sein eine Stütze für mein altes Haus, aber du hast Baustein auf Baustein abgetragen, und mein Haus ist gleich dem Erdboden.«

Da hielt er es nicht länger aus, er sprang auf – die Gestalten waren verschwunden. Er ging unruhig umher, und als er zu sich kam, stand er vor einem Schrank, vor seinem Gewehrschrank. Oh, er wußte eine Stelle, dort war es so einsam, so still, es war der Laubansee in den Tannen von Rexow. Oft war er auf fröhlicher Jagd dort gewesen, wenn der gute alte Förster Schlange ein Jagen abgehalten hatte: dort konnte er es vollbringen. Er griff in den Schrank und holte den Revolver heraus, den Triddelfitz einmal ihm besorgt hatte, weil er damit auf die Tagelöhner schießen wollte. Er überzeugte sich: ja, er war geladen.

Er ging aus der Stube, doch als er über den Vorplatz kam, gewahrte er die Tür, die zu dem Zimmer führte, in welchem seine Frau und sein Kind schliefen. Er erschrak, hielt inne und wankte zurück. Alle schönen Freuden, die er einst hier empfunden, am treuen Herzen seiner Frau, beim allmählichen Erwachen einer Kinderseele, ergriffen ihn noch einmal von neuem. Auf der Türschwelle fiel er nieder, und heiße Tränen stürzten aus seinen Augen. Und diese Tränen, dies heiße Gebet zu Gott können ihn gerettet haben – wir werden es ja sehen –, denn unser Herrgott hält uns an einem leisen, unsichtbaren Faden.

Axel stand auf. Er hatte nicht für sich, er hatte für andere gebetet. Er schritt davon, er schritt zum stillen Laubansee. Er warf sich unter die Tannen hinter dem Busch, holte den Revolver aus seiner Tasche und legte ihn neben sich. Noch einmal blickte er voll tiefen Lebensdurstes auf die Welt, noch einmal in die Sonne, die schöne Gottessonne, zum letzten Mal, denn in ihm selber war es tiefe Nacht. Die Sonne blendete ihn. Er nahm sein Taschentuch und deckte es sich über die Augen, und nun überwältigten ihn die letzten, die furchtbaren Gedanken. Tief seufzte er auf: »Es muß!« rief er aus.

»Schönen, guten Morrn, Herr von Rambow!« rief eine freundliche Menschenstimme neben ihm. Axel riß sich das Tuch vom Gesicht und deckte es über seinen Revolver. – »Schon so zeitig?« fragte Zacharias Bräsig, denn er war es, und warf sich an Axels Seite ins Gras. – »Wollen Sie möglicherweise auch angeln?« – Damit legte er seine Hand auf das Schnupftuch und auf den Revolver: »Ah, so! Sie wollen sich en bischen üben in das Pistolenschießen. Bün ich auch mal sehr bewandt drin gewesen, hab mal Pik-As un Köhr-As ümmer so rausgeschossen.« Damit stand er auf und hatte den Revolver in die Hand genommen: »Sehn Sie mal die Markierung an der Tanne – Slang will jo woll hier hauen lassen – ich pariere vier Gröschen, denn höher pariere ich meindag nich« – und damit schoß er los und vorbei – noch einmal und wieder vorbei und noch einmal, und so gab er sechs Schüsse ab: »Hätt ich nicht gedacht! Alle vorbei! – Hätt ich nicht gedacht! – Hab ich doch verloren! – Hier sünd de vier Gröschen. – Das ist jo ne olle Slätelbüß!« rief er und warf den Revolver weit hinaus in den Laubansee, »da können sich ja mal Kinder und junge Leute unvorsichtigerweise mit dodschießen.«

Axel war sonderbar zumute. Mit einem Male hatte sich zwischen den festen und ernstlichen Entschluß, zu dem er sich unter Qualen und Nöten durchgerungen hatte, und vor jene dunkle Pforte, die er wagen wollte zu durchschreiten, das allergewöhnlichste, ja, in seinen Augen, das allergemeinste Leben geschoben, und dies auch noch so dreist und plumpvertraulich wie der Bauernlümmel auf dem Jahrmarkt, und ließ sich nach rechts und nach links nicht beiseitedrängeln. Er war aufgesprungen: »Herr . . .!« – »Herrrr . . .!« rief ihm Bräsig entgegen. – »Was wollen Sie hier?« – »Und was wollen *Sie* hier?« fragte Bräsig zurück. – »Sie sind ein aufdringlicher Narr!« rief Axel. – Und Sie sind der größte Narr!« rief Unkel Bräsig, »Sie wollen in einem unsinnigen Zustand die schauderöseste Tat begehn und haben alles verges-

sen: Ihre Frau und Ihr Kind. – Hm! so'n kleinen Sprung machen, denn sünd wir über alles weg! Nich wahr? – Wer is nu der Narr?«
Axel hatte sich an eine Tanne gelehnt. Die eine Hand drückte er gegen sein Herz, mit der anderen schützte er die Augen vor der Sonne, und vor ihm stand das allerplatteste Menschenleben mit einer Angelrute in seiner Hand und hatte sich zwischen ihn und die dunkle Pforte gedrängt – aber es war doch *Leben*! – »Sehn Sie« fuhr Unkel Bräsig fort, »wenn Sie drei Minuten früher kommen as ich« – es waren genau die drei Minuten, die Axel auf der Türschwelle für Frau und Kind gebetet hatte –, »denn lägen Sie da mit en Loch in den Kopf als ein abscheuliches Beispiel, und wenn Sie denn vor den Thron Gottes gekommen wären, denn hätte unser Herrgott zu Sie gesagt: Hans Narr! Du weißt nich, was in dieser Nacht deine liebe gnädige Frau getan hat, und der Herr Entspekter Hawermann und die Madam Nüßlern und die Frau Pastern und Moses und – und die andern, und wenn unser Herrgott Ihnen denn en Licht aufgesteckt hätte, wissen Sie, was Sie gehabt hätten? – Die Hölle hätten Sie gehabt!«
Axel hatte die Hand von den Augen genommen und starrte Bräsig ins Gesicht: »Was? was sagen Sie?« – »Daß for Sie in dieser Nacht 31 000 Daler angeschafft sünd, und daß Moses sie schafft, und daß Ihr Vetter Franz angekommen ist, der möglicherweise noch mehr tut. – Aber Sie sünd ja en unbewußter Mensch, der sich von den Windhund, den Triddelfitz, Rewolwers anschaffen läßt, daß er auf die Tagelöhners schießen will, und nachher sich mit Rewolwers selbst auf's Leib geht.« – »Franz ist hier? Franz, sagen Sie?« – »Ja, der is hier, aber um Ihrentwegen ist er nicht gekommen. Der is hier, daß er Lowise Hawermann abslutemang zu ner gnedigen Frau von Rambow machen will. Aber wenn Sie an jichtens einen Menschen Ihren Dank anbringen wollen – Franz will was tun, will vielleicht was übriges tun –, aber dann gehn Sie zu Ihrer lieben gnedigen Frau un zu Korl Hawermannen. Können auch mal zu Mosessen gehn, und die Madam Nüßlern vergessen Sie nicht, und auch die Frau Pastern nicht – sie sind diese Nacht alle gut gegen Sie gewesen.«
Ich habe mich noch nicht totschießen wollen und weiß nicht, wie solchem armen Menschen zumute ist, wenn sich zwischen ihn und seinen Entschluß das allergewöhnlichste Leben hineindrängt. Ich stelle mir vor, es müsse so recht etwas *Verdrießliches* an sich haben, wie wenn einem müden, abgematteten Wanderer ein Glas abgestandenes saures Bier vorgesetzt wird – und Unkel Bräsig blickte an diesem

Morgen wirklich ein wenig säuerlich drein –, und er mag es nicht trinken. Doch dann tritt das geliebte Leben, das liebe Menschenleben zur Tür herein, und eine junge Frau mit einem Kind auf dem Arm reicht ihm ein Glas kühlen, frischen Weines, und er trinkt es aus bis auf den Grund: »So, nun könnt ihr mir erzählen, was vorgefallen ist.«

Und Unkel Bräsig erzählte und überbrachte gute Nachrichten, und Axel löste sich schwankend von seiner Tanne und fiel dem Alten um den Hals: »Herr Bräsig! Lieber Herr Bräsig! Ist das alles wahr?« – »Wo meinen Sie das? Glauben Sie, daß ich Ihnen in diesem heiligen Augenblick mit Lügen unter die Augen geh?« – Axel begann es vor dem dunklen Abgrund zu schwindeln, der sich vor ihm aufgetan und in den er eben noch leichtfertig und tollkühn hinabgeblickt hatte. Er taumelte rückwärts, und um ihn her begann ein Singen und Klingen in der Luft, und auf der Erde begann es zu glühen und zu leuchten, und was ihm bisher fast gleichgültig an Auge und Ohr vorübergegangen, das drang nun mächtig auf ihn ein.

Er deckte die Hand über die Augen und weinte bitterlich. Unkel Bräsig stand vor ihm und sah ihn mitleidig an. Voller herzlichen Erbarmens ging er auf ihn zu, faßte ihn an die Schulter und schüttelte ihn, aber sehr sanft: »Wir wandeln hier alle in Bisternis, und Sie haben große Schuld an Ihrem Unglück. Aber alle Schuld haben Sie auch nicht. Denn worum ritt Ihre selige Frau Mutter der Deuwel und ließ Ihnen erst Leutnant werden? Was soll ein Ökonomiker mit ner Leutnantschaft? – Das wäre jo doch grademang so, as wenn der Stadtmuskant David Berger, der sich auf der Trumpet den halben Aten aus der Seele geblasen hat, nu wollt Paster werden und predigen, mit halben Aten predigen, er holt's ja nicht durch! – Aber«, und er faßte den jungen Mann unter den Arm, »kommen Sie fort von diesem Ort, denn wird Ihnen besser.« – »Ja, ja«, rief Axel, »Sie haben recht! Von dieser unseligen Soldatenkarriere rührt all mein Unglück her, da machte ich die ersten Schulden, und die zogen alle andern nach sich.

Aber«, sagte er nach einer Weile und blieb stehen, »was sag ich nur meiner Frau?« – »Gor nichts nich«, sagte Bräsig. – »Nein«, rief Axel, »ich habe mir soeben feierlich gelobt, von nun an ihr stets die Wahrheit zu sagen.« – »Sollen Sie auch«, entgegnete Bräsig. »Glauben Sie denn, daß die junge gnedige Frau Sie so – baff vor den Kopp! – fragen wird, was Sie sich nicht heute morgen haben dodschießen wollen? Und wenn Sie in die Verlegenheit kommen durch Hin- und Herreden, denn lüg ich for Sie, darauf soll's mich nicht ankommen. Denn

das wäre doch grausamlich, daß solche brave junge Frau ihr ganzes Leben lang mit dem Gedanken sollte rumgehn, daß der Mann, der for sie sorgen sollte, sie und ihr Kind hat feige verlassen wollen. Nein!« setzte er fest hinzu, »das darf sie nicht wissen, das darf keiner wissen als Sie und ich. – Und passen Sie auf, noch schläft sie, denn sie kann erst heute morgen zu Bett gekommen sein und muß schrecklich müd gewesen sein.«
So kamen sie denn nach Pümpelhagen. Daniel Seidenwater war auf der Diele. »Daniel«, sagte Bräsig, »besorgen Sie uns mal en bitschen Frühstück, denn«, fügte er hinzu, als Daniel gegangen war, »Sie müssen en bitschen essen, daß Sie en andern Globen in die Mag' kriegen, denn so was greift den Menschen an.« – Aber diesmal war es doch sehr zweifelhaft, ob er aus Menschenliebe oder aus Eigenliebe handelte, denn als das Frühstück gebracht wurde, vermochte Axel keinen Bissen hinunterzubringen, er aber aß wie ein Scheunendrescher.

Gegen 10 Uhr kam Frida ins Zimmer: »Mein Gott, Herr Inspektor! und Axel, du?« – »Ja, liebe Frida, ich bin heute morgen nach Hause gekommen«, erwiderte der junge Mann mit weicher Stimme. – »Und nun reisest du nicht wieder fort, nun bleibst du hier«, sagte Frida bestimmt. »Ach, Axel, ich habe dir vieles zu erzählen, viel Gutes. – Aber wie kommst du mit dem Herrn Inspektor zusammen?« Unkel Bräsig meinte, nun sei es an der Zeit, sein Lügenversprechen wahrzumachen: »Ich bin vermorrnzu en bitschen nach's Angeln gewesen – Sie nehmen nich übel, gnedige Frau, daß ich meinen Angelschacht en bitschen auf Ihnen Ihre Diele gestellt habe – und da traf ich den Herrn von Rambow, der en bitschen promeniren ging, un da besahn wir seinen Weizen zusammen, und er hat mir hir zu's Frühstück eingeladen. – Aber, gne Frau, was haben Sie for ne Wust! den Rezept haben Sie gewiß von die Madam Nüßlern?« – »Nein«, sagte Frida obenhin und sah Bräsig an und sah Axel an, als sei es ihr doch recht verwunderlich, daß Axel den Alten eingeladen habe.
»Wie aber geht es zu, Herr Inspektor . . .?« fragte sie. – Holt! dachte Bräsig, nu lüggst du di fast, nu möst du sei up en annern Turnus bringen. Also unterbrach er sie: »Mit Erlaubnis, gne Frau, Sie nennen mir immer noch ›Entspekter‹, das bün ich mal gewesen. Aber ich bün awansirt, ich bün jetzt Akzesser bei's Gericht. – Apohpoh!« wandte er sich an Axel, »worum holen Sie sich denn das Geld nicht ab, was for Sie bei's Gericht in Rahnstädt liegt?« – »Was für Geld?«

fragte Axel. – »Nu, die 1500 Daler, die die Package noch übrig gelassen hat. – Sie haben ja doch in voriger Woche schon einen Brief darüber von's Gericht gekrigt.« – »Ach, Gott«, rief Axel, »ich habe in der letzten Zeit so viele Briefe von Gerichten gekriegt, daß ich keinen mehr geöffnet habe.« – »Ich weiß die Sache«, rief Frida, »Frau Nüßler hat's mir unterwegs erzählt, ich will den Brief holen«, und damit lief sie aus dem Zimmer.

»Junger Herr von Rambow«, sagte Bräsig und reckte sich hoch, »da haben Sie wieder mal Unrecht getan, denn wir Gerichten sünd nicht bloß Bestrafer der Menschheit, wir sünd auch Wohltäter der Menschheit.« – »Aber sagen Sie mir nur bloß, was ist das für Geld?«

»Hier ist der Brief«, sagte da Frida und übergab ihn Axel. Axel öffnete ihn, aber wie wurde ihm zu Mute! »Geld!« hatte es in ihm in der letzten Zeit immerzu geschrien, immer nur »Geld!« Nun fiel ihm unverhofft ein schönes Stück Geld in den Schoß, doch was war dies für Geld! »O Gott! o Gott!« rief er aus und wankte und taumelte verstört umher, als sei er ein Nachtwandler: »Auch das nicht wahr, alles nicht wahr! In welchen Händen bin ich gewesen! Von allen betrogen! Von mir selber betrogen! – am meisten betrogen!«

Damit stürzte er aus dem Zimmer. Frida wollte ihm nach, aber Bräsig hielt sie zurück: »Lassen Sie mich, gne Frau! Ich weiß en Mittel, ihn ruhig zu machen!«

Er ging ihm nach in den Garten, in welchem es Axel unablässig voller Unrast hin- und hertrieb. Der Alte trat ihm in den Weg: »Herr, was stiften Sie for Schosen an!« – »Gehen Sie mir aus dem Wege!« rief Axel. – »Nein«, erwiderte Bräsig, »das hab ich ja wohl nicht nötig. – Schämen Sie sich, Sie martern ja Ihre Frau tot mit das wütende Wesen!« – »Warum haben Sie mich nicht gewähren lassen?« rief Axel gequält, »dies ist tausendmal bitterer als der Tod: Wohltaten – und was für Wohltaten! – annehmen zu sollen von Leuten, die man in bessern Zeiten mißachtet und beleidigt, ja in's Verderben gestoßen hat. – Oh, nicht annehmen zu *sollen* – nein –, wenn man leben will – annehmen zu *müssen*!« Er schlug sich vor den Kopf: »Warum leben? Warum leben mit diesem Stachel in der Brust?«

So raste er gegen sich selber und gegen die Welt, und Unkel Bräsig stand unbewegt daneben und blickte ihn schweigend an. Endlich sagte er: »So bleiben Sie man noch en Strämel bei. So gefallen Sie mir ganz vorzüglich, so kommen die ollen Eddelmanns-Nücken raus aus Sie! – Was? – Sie wollen keine Freundschaft annehmen von ehrliche bürgerliche Leut? – Nich wahr? – Wenn so die Herrn Vons kämen, oder gar die Pomuchelsköpp und die Schlitzohrs und die Davids, daß jo bei Leibe keiner was davon zu wissen krigte, das wär Ihnen bequemer. Aber die kommen nicht mehr. Das wär mir aber nur noch eine Nebensache. Schämen Sie sich aber, daß Sie unter den Augen unsers Herrgotts, der Ihnen heute morgen errettet hat, nochmal den Wunsch aussprechen, sich dodschießen zu wollen! – Wo? – Sie sünd ja ein doppelter Selbstmörder!«

Axel war verstummt und erblaßt. Ihn schwindelte bei dem Gedanken an den Abgrund, in den er heute morgen hineingeblickt hatte. Bräsig faßte ihn unter den Arm und führte ihn zu der Bank, auf der dereinst sein Vater und seine Frau in ihren Ängsten und Nöten gesessen. Allmählich gelangte Axel wieder zur Besinnung, und Zacharias Bräsig zog ihn mit sich fort: »Kommen Sie! – Kommen Sie zu Ihrer gnedigen Frau! – Das is auf Stunn's Ihr richtiges Flag«, und Axel folgte ihm wie ein Lamm.

Als ihn im Zimmer die liebliche junge Frau in den Arm nahm, zu sich aufs Sofa zog und ihn zu trösten suchte, da stürzten ihm die Tränen aus den Augen, und jetzt erst brach das letzte Eis. Nun erst, unter der warmen Frühjahrssonne ihrer zärtlichen Blicke, floß seine Seele offen und ungefesselt dahin, noch stürmisch aufgewühlt, aber doch *frei*! Und Zacharias Bräsig hatte sich ans Fenster gestellt und trommelte seinen Dessauer Marsch, so daß Fritz Triddelfitz, der gerade vorüberging, zu ihm sich erkundigen kam: »Herr Inspektor, meinen Sie mich?« – »Nein«, schrie Bräsig ihn an, »sorgen Sie for Ihren Kram und sehn Sie nach der Wirtschaft.«

Nun fuhr ein Wagen vor, dem Hawermann und Franz entstiegen.

Franz war mit Hawermann gegen neun zu Moses gegangen und hatte ihm bedeutet, er wolle anstelle der anderen guten Leute die 31 000 für seinen Vetter übernehmen. Moses hatte immerzu mit dem Kopf genickt und gemurmelt: »Sie sind mir gut, die andern sind mir auch gut, aber Sie sind raich, besser is besser.« – Und als die Sache abgemacht und Franz mit Hawermann schon ein Stück die Straße hinaufgegangen war, bat er ihn: »Lieber Vater, setze dich hier einen Augenblick auf die Bank. Ich komme gleich wieder, ich habe vergessen, mit Moses noch über einen Punkt zu sprechen.« – Bei Moses sagte er dann: »Moses, mein Schwiegervater Hawermann hat mir heute morgen gesagt, daß Pomuchelskopp Gürlitz verkaufen will ...« –

»Gotts Wunder«, rief Moses aus, »Hawermann, Schwiegervater! – Wie haißt?« – »Daß ich die Tochter heirate.« – »Und der alte Jude erhob sich mühsam aus seinem Stuhl, legte seine welke Hand auf das junge Haar des Christen und Edelmanns und sagte: »Der Gott Abrahams segne Sie! Sie freien in ne gute Art.« – Nach einer Weile brach Franz das Schweigen: »Kaufen Sie für mich, machen Sie die Sache für mich ab, mein Name soll aber nicht genannt werden, und keiner – namentlich Hawermann – soll etwas davon wissen. Zum Johannistermin kann ich 100 000 Taler anzahlen.« – »Aber wie hoch soll ich gehen?« – »Das bleibt Ihnen überlassen, aber fragen Sie heute schon an. Ich komme morgen, und dann sprechen wir näher darüber.« – »Nu«, sagte Moses, »das ist en Geschäft, das ist en ehrlich Geschäft. Warum sollt ich nicht machen en Geschäft?« Und Franz ging.

Als Axel die beiden vom Wagen steigen sah, wollte er sich zusammennehmen und sich nichts anmerken lassen. Doch das war so gut wie vergeblich. Ein zu wilder Sturm hatte seine Seele durchtobt, das grüne Laub war in Stücke zerfetzt und zerrissen, und kahle Äste und Strünke waren zum Vorschein gekommen, so daß Frida und Bräsig sich schonend vor ihn stellen mußten. Als er in seinem Herzensüberschwang gleich zu Hawermann stürzen wollte, umfaßte ihn Frida und hielt ihn zurück: »Axel, lieber Axel, jetzt nicht! – Morgen, übermorgen, alle Tage! – *Den* Mann findest du immer.« Und Hawermann nahm seinen Hut und sagte, er habe eine Bestellung an Fritz Triddelfitz von dessen Vater, und damit verließ er das Zimmer.

Dann trat Franz zu Axel und umarmte ihn brüderlich: »Axel, komm in das andere Zimmer, ich habe dir viel zu sagen.« – Und als sie dort eine Zeit lang allein geblieben waren, blickte Franz durch die Tür und rief Frida. Und wiederum nach einiger Zeit lief Daniel Sadenwater auf dem Hof umher und suchte den Herrn Inspektor Hawermann, und als dieser Bräsig dicht vor der Nase vorübergegangen war, da wurde es Bräsig doch zu einsam im Zimmer. Er ging in den Garten, stellte sich auf eine Anhöhe, blickte nach den Tannen von Rexow, nach dem Laubansee hinüber und machte sich seine eigenen Gedanken, und das hörte sich so an: »Markwürdig! – Was is das Lebent, was is das menschliche Lebent!« – Und als er in seinen Gedanken an die anderthalb Stunden herumgestanden und ihm so mancherlei durch den Kopf gegangen war, brach er schließlich in die Worte aus: »Ich wollt, es gäb nachher was zu essen, un es gäb denn en ruhiges Flag, wo ich mir en bitschen rekolljiren könnte!«

Sein Wunsch sollte alsbald erfüllt werden, denn Daniel kam und rief ihn. Als er ins Zimmer trat, stand Hawermann neben Axel und hielt dessen Hand, während Franz sich die Hände reibend und den Mittagstisch inspizierend ihm entgegenkam: »Herr Inspektor, *das* soll uns schmecken!« rief er Bräsig zu. Und auch Frida, voll anmutiger, gelöster Heiterkeit, ging Bräsig entgegen: »Herr Inspektor – Herr Assessor, wollte ich sagen – als wir in Pümpelhagen einzogen, waren Sie mein Tischnachbar, nun, da wir abziehen, müssen Sie's wieder sein.« – »Wo so, abziehen?« – »Je, alter Freund«, sagte Hawermann, »du bist sonst doch immer der Hans Dampf in allen Gassen und merkst gleich alles. Aber dies hast du doch nicht gemerkt: der Herr von Rambow hat mit Franz getauscht, der Herr von Rambow bekommt Hohen-Selchow und Franz Pümpelhagen.« – »So is die Sache richtig gehandhabt, Korl, un wenn du auch deinen Spitakel darüber treibst, daß ich nichts nich gemerkt habe, so habe ich doch schon vor so und so viel Jahren gemerkt, daß der Herr von Rambow, als er noch dein Element war, *werden* würd.« Und damit trat er zu Franz und schüttelte ihm überaus kräftig die Hand.

Nach dem Mittagessen wurde noch mancherlei Absprache getroffen, und es war Axel anzusehen, wie leicht es ihm ums Herz geworden war, daß er es nun nicht mehr mit *jenen Leuten,* daß er es nur noch mit seinem Vetter zu tun hatte. In dieser aufgeheiterten Stimmung ließ er sich alles gefallen, auch daß er einen tüchtigen Inspektor für sich wirtschaften und sich hierzu, zu Franzens Sicherheit, in aller Form gerichtlich verpflichten lassen wollte.
Unsere Geschichte geht nun rasch ihrem Ende entgegen. Nach knapp acht Tagen hatte Moses mit Pomuchelskopp den Handel über Gürlitz abgeschlossen. Auf 192 000 Taler war es gekommen. Franz griff mit beiden Händen zu. Er ging dann von Moses gleich zu Zimmerling Schulz: »Herr Schulz, können Sie schweigen?« – »Das könnte ich stark.« – »Nun, – ich bin jetzt Besitzer von Pümpelhagen, schicken Sie mal einige von Ihren Leuten dorthin, und lassen Sie die Paddocks abreißen, die Sie da gebaut haben.« – »Das dächte ich mich damals doch gleich, daß die Biester ein kurzes Leben haben würden.« – »Schön! – Ich bin aber auch von Johanni ab Besitzer von Gürlitz ...« – »Sieh! Sieh! – Also mit dem Herrn Pomuchelskopp heißt es doch zuletzt: ›rut! rut!‹« – »Ja. – Aber nun hören Sie: Ich will dort ein Prediger-Witwenhaus bauen lassen, und zwar soll's ganz so ein-

gerichtet sein wie das Predigerhaus selbst, und soll geradeüber, dicht am Kirchhof stehen. – Nehmen Sie also schon morgen den Riß auf.«

»Hätte ich nicht nötig, ich hätte schon zwei Rissen davon, einen von mir selbst und einen, den hätte die Mamsell Hawermann mit ihre Schürzenbän'n und Fitzelbän'n aufgenommen.« – »Gut«, sagte Franz und eine leise Heiterkeit flog dabei über seine Züge, »den letzten, den nehmen Sie.« – »Er wäre aber nicht richtig.« – »Schadt nich! – Nach diesem Riß sollen Sie doch bauen. Schaffen Sie morgen das nötige Holz an, und nehmen Sie hier in Rahnstädt Fuhrleute und einen tüchtigen Maurermeister. Aber vor allen Dingen halten Sie reinen Mund gegen jedermann. – Brauchen Sie Geld, so wenden Sie sich an Moses.« – Damit ging er, und der alte Zimmerling Schulz stand in der Tür und blickte ihm nach: »Eddellüd'! Eddellüd'! – Verrückte Anstalten! – Fitzelbän'n! – Schörtenbän'n! – Aber Pomuchelskopp: ›rut! rut!‹ – Wo uns dies woll kleid't?«

Franz reiste ab nach Hohen-Selchow. Hawermann und Inspektor Bremer, der für Axel angeworben worden war, fuhren mit ihm. Mit Sack und Pack traf auch Axel ein, und nach ihm erschien der Bürgermeister aus Rahnstädt, der die notarielle Übergabe zu besorgen hatte, und mit ihm kam Bräsig als »Assessor«. Darüber und mit der Instandsetzung des Pümpelhagener Inventars vergingen drei Wochen. Dann war alles zu bester Zufriedenheit geordnet.

Und bei Frau Pastor war auch alles zur Hochzeit gerichtet. Von dieser Hochzeit will ich genau so berichten, wie sie verlief. Sie ward im stillen abgehalten, und ich mache sie auch im stillen ab.

Am Tage nach der Hochzeit saßen Luise, Franz, die Frau Pastorin und Hawermann alle zusammen in einer großen Kutsche und fuhren nach Pümpelhagen. Bräsig saß vorn auf dem Bock. Wie sie durch Gürlitz kamen, war dort schon ein geschäftiges Treiben mit Tannenbalken und -sparren und Eichenbohlen im Gange, und *ein* verzahnter Träger lag schon fix und fertig nebenbei. Zimmerling Schulz stand in Hemdsärmeln daneben und schwitzte sehr, da er fleißig zusah, wie seine Männer das Holz bearbeiteten. Franz ließ halten und winkte den verdienten, rührigen Meister näher zu sich heran: »Alles in Ordnung, Herr Schulz?« – »Allens in Ordnung!« – »Nun können Sie frei reden, Herr Schulz.« – »Na, denn man zu«, sagte Schulz. »Aber Mamsell Haw..., wollt ich sagen: gnedige Frau, was haben

Sie mich in Unverlegenheiten gebracht! Wenn ich meinte, ich hätte es, denn hätte ich es noch lange nicht. Ich muß derowegen einen verzahnten Träger mehr anbringen.«

»Was?« fragte Luise und blickte auf Franz. – »Nichts weiter, liebes Kind«, antwortete Franz und schlang den Arm um sie, »als daß ich Gürlitz gekauft habe und lasse hier ein Prediger-Witwenhaus bauen, grade so wie das Pfarrhaus.« – »Für mich?« rief die alte kleine Frau Pastor, und die Tränenflut, die schon längst in ihren Augen schwamm, seitdem sie den Friedhof erblickt, auf dem ihr Pastor schlief, brach sich stürmisch jetzt Bahn. Sie ergriff Franzens Hand und benetzte sie mit Freudentränen, denn Zähren, aus Wehmut vergossen, werden oftmals den Menschen zu Tränen des Glücks. »Und da hab ich mir gedacht«, sagte Franz stillvergnügt, »mein Schwiegervater und Bräsig sollen, wie bisher, bei Ihnen wohnen. – Und ich dachte mir, Vater, du solltest hier die Wirtschaftsführung übernehmen, und du und Bräsig sollten auch einmal das Auge nach Pümpelhagen hin schlagen, ob's da auch vernünftig zuginge.« – »Alle Mal!« rief Bräsig vom Bock, denn er hatte alles mitangehört, dieweil das Kutschdach zurückgeschlagen war. »Korl, was hab ich dich gesagt? – Der wird!«

Und Hawermanns Augen strahlten vor Freude: noch einmal wirtschaften, noch einmal tätig sein können, noch einmal wirken und schaffen! Luise warf sich an die Brust ihres jungen Ehemannes: »Franz, du bist ein lieber, lieber Mensch!«

Und der Wagen fuhr weiter und fuhr ein in Pümpelhagen. Es gab keinen feierlichen Empfang, keine Ehrenpforten, doch in aller Herzen standen Ehrenpforten, und sie waren aufgerichtet für unsern Herrgott im Himmel.

Ich habe die Geschichte nun vollständig zu Ende erzählt und könnte damit nun auch ein Ende machen. Doch ich weiß schon, wie es gehen wird: viele wollen wissen, was denn aus diesen Menschen in den fünfzehn Jahren seit 1848 geworden ist, und deshalb schreibe ich nun also auch noch das ...

Kapitel 47

Drei Dörfer

Vor einem Jahr, bevor ich von Mecklenburg nach Thüringen zog, suchte ich noch einmal die vertrauten, alten Stätten auf, an denen ich in jungen Jahren so manch schönen Tag verlebt habe. Und so kam ich nach Rahnstädt und trat von dort aus, ohne mich aufzuhalten, an einem Sonntagnachmittag im Monat Juni den Weg nach Gürlitz an. Ich wollte Hawermann, Bräsig und die Frau Pastor besuchen – ich kannte sie von damals her, als ich selber noch, wie man so sagt, Strom, das heißt junger Landmann war, und oftmals bin ich bei ihnen in Rahnstädt zu Gast gewesen. Auch mit Gottlieb war ich gut bekannt geworden, freilich in seiner allerfrömmsten Zeit, und – merkwürdigerweise! – wurden auch wir gute Freunde, obwohl ich einer sehr anderen Glaubensmeinung bin als er. Wahrscheinlich habe ich etwas recht Gesetztes in meiner Art, das Gottlieb denn doch sehr gefallen mochte.

Als ich Gürlitz erreicht hatte, schritt ich aufs Witwenhaus zu. Ich griff nach dem Drücker der Haustür, die Tür war abgeschlossen. »Hm«, sagte ich mir, »'s ist Sonntagnachmittag. 's ist heiß, sie schlafen wohl noch ein bißchen.« Ich ging ans Fenster und stellte mich auf die Zehenspitzen, um hineinzuspähen, da sagte eine Stimme hinter mir: »Je, Herr, das wird Ihnen nicht viel helfen, da drinnen wohnt keiner mehr.« – »Wohnt denn die Frau Pastor nicht mehr hier?« – »Die ist gestorben.« – »Und Hawermann?« fragte ich. – »Der ist zur gnädigen Frau nach Pümpelhagen gezogen.« – »Ist der Herr Pastor denn zu Hause?« – »Ja, der ist zu Hause«, sagte der alte Pastor-Jürn, denn er war es, »ja, der ist zu Hause, und die Frau Pastorin auch. Sie trinken gerade Kaffee.«

Ich ging zum Pastorhaus und klopfte an die Tür. – »Herein!« rief eine satte Stimme. Ich trat ein, aber – nun ja, mir ist in meinem Leben schon mancherlei begegnet, auf das ich mir keinen Reim zu machen wußte, und öfters habe ich mich wundern müssen. Aber dies war kein Wundern mehr, dies war fast ein Erschrecken. Dort saß also Gottlieb. Seine Haare waren ganz manierlich geschnitten. An der gleichen Stelle, wo sich vordem gleichsam die Hohlseite einer Backmulde befunden hatte, wie sie Frau Nüßler ihr eigen nannte, prangte

nun ein schon recht stattliches Bäuchlein, und es stand ersichtlich im Zeichen des zunehmenden Mondes. Aus den bleichen, eingefallenen Wangen waren runde, rosenrote Bäcklein geworden, und von den vollen roten Lippen konnte man ablesen: das Mittagessen hat uns wieder mal prächtig geschmeckt! Aber wir selber und unsere kräftigen Zähne haben dazu auch unsere Schuldigkeit getan . . . – Und so wirkte eigentlich auch der ganze Mann: als ob er es sich gern einmal schmecken ließe, aber doch seine Schuldigkeit tat. Es war nichts Weichliches mehr an ihm, alles war prall und drall, alles ließ auf gediegenes Tun, gelassene Ruhe und gesegnete Mahlzeiten schließen. Ja, und was weiter? Über Frau Pastorin Linings leiblichen Anblick war erst recht kaum etwas zu sagen. Sie hatte sich auch in dieser Hinsicht die zierliche, runde Frau Pastorin Behrens zum Vorbild genommen. »Hm«, sagte ich bei mir, »es liegt hier wohl an der Luft.«
Als die erste Begrüßung vorüber war, ließen wir uns nieder, und jetzt ging das Gefrage los, vor allem von meiner Seite. Die Geschichte, die ich erzählt habe, habe ich zum größten Teil von Bräsig erfahren, und auch Hawermann hatte dann und wann ein Wörtchen fallen lassen, denn der Alte mochte mich wirklich gut leiden. Nach anderen Begebenheiten erkundigte ich mich anderwärts, manchmal ein bißchen hintenherum, und darauf setzte ich mich hin und schrieb es auf. Und weil die wichtigsten Ereignisse just zu der Zeit geschehen sind, als ich selber Landmann war, so habe ich die Geschichte »Ut mine Stromtid« genannt.
Gottlieb berichtete mir nun mancherlei, und Frau Pastorin Lining half ihm dabei getreulich, indem sie ihn fortwährend unterbrach. Und als ich aufstand, um nach Pümpelhagen weiterzuwandern – denn auch Franz war mir von meiner Landmannszeit her bekannt –, sagte Gottlieb: »Ja, geh nur! Du wirst heute dort alle versammelt finden. Wir kommen auch bald nach, und dann bring ich auch meine drei Gören mit. Der Älteste fehlt, der ist schon auf dem Gymnasium.« Ich ging den Gürlitzer Kirchsteig entlang und ließ es mir durch den Kopf gehen, was ich vernommen hatte. Und es war nicht anders, als es auch sonst gang und gäbe ist auf unserer Erde: Freude und Leid, Geburt und Tod.

Der erste von unseren Freunden, der verstorben, war Bauschan. Er war keines natürlichen Todes verblichen. Freilich war er auch kein Selbstmörder. Vielmehr war eines schönen Tages Weber Rührdanz mit einer verrosteten Flinte auf Hof Rexow erschienen, hatte Bauschan einen Strick um den Hals gelegt und ihn in den Garten geführt. Der neue Thronfolger war mitgelaufen zum Zuschauen und hatte sich – wie später bekannt wurde – dabei recht ungebührlich aufgeführt: er war immerzu umhergetollt. Man hörte einen Schuß fallen. Nach einer Weile kam Rührdanz und berichtete, Bauschan habe ein sehr christliches Ende gefunden: er habe ihm einen Blattschuß verpaßt und keinen Kopfschuß, dieweil es Bauschan anders zu sehr gedröhnt hätte.

Als Frau Nüßler dann Krischan einen Schnaps einschenkte, habe er ihn recht bekümmert ausgetrunken und dabei berichtet, er und alle die anderen Gürlitzer Tagelöhner seien schon heute morgen vor Gericht gewesen. Sie hätten alle ein Jahr abzubrummen. Ihn hätten sie für den Anstifter, oder wie sie es nannten, für den Rätselführer angesehen, und dafür müsse er noch ein halbes Jahr länger sitzen. Er hatte die Stube verlassen, war aber noch einmal zurückgekehrt und hatte gesagt: »Madamming, vergessen Sie meine gute Alte nicht! Aber woher kommt das alles? – Wir hatten eben keine Papiere.«

Der zweite, der verstorben, war Jochen selber. Seitdem er keine eigene Wirtschaft mehr besaß, hatte er es mit dem Wirtschaften bekommen. Er lief den ganzen lieben langen Tag auf den Feldern herum und visitierte meist an jenen Stellen, wo gerade nichts zu erledigen war, und dann stand er da und schüttelte den Kopf. Sagen tat er aber nichts. Und eines Sonntags zwischen Weihnachten und Neujahr, als der Schnee fußhoch auf den Äckern lag, hatte er ebenfalls gewirtschaftet und war dabei in einen Graben gefallen. Er war klamm und durchgefroren nach Hause zurückgekehrt. Frau Nüßler hatte ihm Kamillentee bereitet, ganze Schüsseln voll. Er trank sie auch ehrlich herunter, aber am nächsten Morgen hatte er bemerkt: »Mudding, was nicht is, is nich. Was sein muß, muß sein. Es is alles so, wie das Leder is. Hier kann keiner mehr was tun«, und damit war er sanft entschlafen. – Er hatte sich zu Tode gewirtschaftet, und Frau Nüßler hatte schon daran gedacht, ihm als Grabschrift setzen zu lassen: »Er starb in Ausübung seines Berufs.«

Nach ihm verstarb Moses. Der alte Mann war recht und gerecht *durch* das Leben gegangen, und recht und gerecht ging er auch *aus* dem Leben. Er starb gefestigt in seinem Glauben, und wie er verstorben war,

gaben sie ihm zu seinem Sarge jene Bretter, die dem Stamme Juda zustehen, denn er war aus dem Stamme Juda. Und als er begraben wurde, saß David im zerrissenen Rock und hatte sich Asche aufs Haupt gestreut, und zahlreiche Christenmenschen folgten dem Sarge zum Friedhof, für den Moses selber noch die Einfriedung aus Eichenholz gestiftet hatte, und ich meine, er ist in Abrahams Schoß gelangt, wenn auch Christen seinem Sarge gefolgt sind.
Am Tage nach der Beerdigung standen drei Menschen an seinem Grabe. Es waren Hawermann und die beiden jungen Frauen von Rambow – Frida war zu Besuch gekommen –, und Hawermann fuhr sich über seine alten Augen, und die beiden jungen Frauen legten Kränze aus frischem Grün auf das Grab des alten Juden. Als sie danach still und nachdenklich über die Rahnstädter Wiesen schritten, sagte Hawermann: »Er war ein Jude in seinem Glauben, und ein Christ in seinen Werken.«

Und danach war Hühnchen an der Reihe – unser altes tapferes Hühnchen! Pomuchel war mit Rock und Kamisol, mit Kind und Kegel, mit Sack und Pack in der blauen Glaskutsche mit dem Wappen und mit so und so viel Möbelwagen hinterdrein, wie man so sagt, als »Fetthammel«, nämlich als wohlhabender Rentier, nach Rostock gezogen. Als die Zeiten für den Kredit wieder besser geworden waren, hatte er sich einen Spitznamen erworben. Sie nannten ihn allenthalben: »Viel zu wohlfeil!« Er hatte jedem, der es nur hören wollte, sein Schicksal und den Verkauf von Gürlitz eindringlich geschildert und schloß dann seine Erzählung regelmäßig mit einem tiefen Aufseufzer, der ihm aus dem Magen kam: »Viel zu wohlfeil, gar zu viel zu wohlfeil!«
Sein tapferes Hühnchen aber wirtschaftete ungebrochen weiter und hielt das Regiment aufrecht. Aber weiß der Deuwel, was in die Rostocker Dienstmädchen für Mucken gefahren waren! – Sie wollten sich keineswegs mehr gefallen lassen, was die Gürlitzer sich doch hatten gefallen lassen müssen. Alle acht Tage hatte sie ein anderes Mädchen. Einmal hatte sie eine, die ließ sich besser an; es war ein tüchtiger und erfahrener Küchen-Pußler. Aber als sie ein Vierteljahr gewirkt und gepusselt hatte, setzte sich auch diese nichtswürdige Kreatur auf die Hinterbeine. Hühnchen, kurz entschlossen, nahm die Feuerzange und gab ihr damit kräftig eins über den Kopf. Die Dirn machte nun auch keine Widerworte mehr, denn sie war wortlos ne-

ben dem Küchenherd zu Boden gesunken. Ein Arzt kam und erzählte mancherlei von »Sugillationen« und »Fissuren«. Aber das Ende vom Liede war: die arme Dirn kam ins Krankenhaus.
Der Doktor war ein aufrechter Mann. Er brachte die Angelegenheit an der zuständigen Stelle zur Anzeige, und Hühnchen kam vors Tribunal. Hätte sie sich lediglich eines Rohrstocks bedient von der und der Länge und der und der Dicke, dann wäre ihr nichts geschehen, aber in ihrer hirnverbrannten Tollkühnheit hatte sie nach der Feuerzange gegriffen – und Feuerzangen sind im Mecklenburgischen Gesetzbuch noch nicht vorgesehen. So wurde Hühnchen dazu verurteilt, zusätzlich zu den Gerichtskosten und dem, was sie dem Mädchen sonst noch zu zahlen hatte, sechs Wochen abzusitzen. Pomuchel protestierte, er appellierte, er supplizierte – es half ihm nichts: Hühnchen mußte sitzen, ihrer übergroßen Tapferkeit wegen.
Pomuchel erzählte nun jedem, der es hören wollte, seine Geschichte, er schimpfte die ganze Blutstraße – so heißt die Hauptstraße von Rostock – hinauf und hinunter über das Gericht. Durch Zufall mußte dies einer der Gerichtspersonen zu Ohren kommen, und Pomuchel erhielt von seiten der Justiz-Kanzlei vier Wochen Gefängnis als Draufgabe zudiktiert. Er wollte die Sache mit Geld abmachen, aber dies war nicht möglich. Sogar der Herr Senator Bank sagte: Nein! – diesmal wollten sie doch mal sehen, wie der Hase lief.
Und nun saßen die beiden braven alten Leute gewissermaßen Stube an Stube, zu Weihnachten 1852 und zu Neujahr 1853. Als sie vierzehn Tage gesessen hatten, kam der Beschließer nach unten zu seiner Frau und berichtete: »Fieken, das ist mal ein Unterschied zwischen den beiden: *Er* läuft in der Zelle herum wie verrückt und schimpft auf Gott und die Welt, und *sie* sitzt noch immer steif und aufrecht auf demselben Fleck, auf den ich sie am ersten Abend hingesetzt habe.«
Malchen und Salchen gaben währenddessen, zu Ehren des Unglücks ihrer Eltern, einen großen gemischten Herren- und Damen-Tee, auf dem auch Herr Süßmann erschien, der aus Gnade und Barmherzigkeit wieder eine Stelle irgendwo in der Mühlenstraße angenommen hatte.
Als unsere beiden alten Freunde wieder in Freiheit waren, ging Pomuchel ins Wohnzimmer und jammerte seinen lieben Töchtern etwas vor. Hühnchen aber ging geradewegs in die Küche und traf dort eine Tagelöhnerfrau an. Denn während sie in aller Ruhe ihre Zeit abgesessen hatte, war ein großer Aufruhr entstanden, und in Schlepe-

grells Tanzlokal hatten die Rahnstädter Dienstmädchen unter sich eine Verschwörung angezettelt: kein Mädchen, das auf sich hält, solle je bei Pomuchelskopps wieder in Dienst gehen. Und deshalb war es jetzt eine Tagelöhnerfrau.
»Was kriegt Sie für den Tag?« fragte Hühnchen. – »Sechzehn Groschen«, war die Antwort. Hühnchen griff nach der Feuerzange, besann sich aber gerade noch rechtzeitig. Und über diesem Besinnen war ihr die Galle ins Blut getreten, und drei Tage danach war sie tot, und drei Tage darauf war sie begraben. Pomuchelskopp und seine beiden Töchter kennen nicht die Stelle, wo sie liegt, und wenn sie danach gefragt werden, dann sagen sie: »Dahinten liegt sie, – dahinten.« Nur Gustäwing, der als Inspektor in der Umgegend sitzt, kommt öfters nach Rostock und kennt sich aus. Er nimmt dann eins von den Kleinen an die Hand und zeigt ihm den Platz: »Sieh, Krischäning, da liegt Mudding.«

Ich habe von Leid erzählt und bin damit noch lange nicht am Ende. Weshalb aber nicht auch von Freude? Und Freude herrschte Jahre hindurch im Pfarrer-Witwenhaus. Frau Pastorin saß oftmals in der Dämmerung und blickte zum Grab ihres Pastors hinüber: Ach! sie wollte so gerne sterben. Wenn aber Dürten das Licht brachte, so wandte sie sich um, und ihr Blick fiel auf ihre alten Möbel, die Bildergalerie und auf das Staubtuch auf seinem angestammten Platz, und unterhalb der Bildergalerie erblickte sie zwei wohlvertraute freundliche Gesichter, die schon zu Zeiten ihres Pastors oft dort gesessen hatten, und dann wollte sie so gerne noch leben!
Hawermann wirkte und schaffte, nicht mehr für fremde Menschen, vielmehr für seine eigenen Kinder und seine Kindeskinder, denn Luise hatte schon zwei allerliebste kleine Mädchen. Einmal jedoch widerfuhr ihm eine ganz besondere Freude.
Fritz Triddelfitz trat mit dem kleinen Assessor zur Tür hinein, in seinem blauen Frack, versteht sich, stellte sich als Gutsbesitzer in Hinterpommern vor, und den kleinen Assessor als seine Braut. Und nachdem er den Abend über dies und jenes erzählt hatte und schließlich gegangen war, sagte Bräsig: »Korl, diesmal hast mal wieder recht gehabt – wer hätt das aber denken können? Dein Windhund ist ja ein ganz vernünftiger Mensch geworden. Aber tu dir man jo nich dick darauf. Du hast's nich gemacht, der kleine Akzesser hat's gemacht.«

Und Bräsig selber? Er klapperte die ganze Gegend nach Neuigkeiten ab. Einmal war er in Rexow, einmal in Pümpelhagen, dann wieder in Rahnstädt. Aber seine Haupt- und Staatsaktionen vollzogen sich doch in Hohen-Selchow. Dorthin begab er sich ungefähr alle Vierteljahr, und wenn er zurückkam, dann berichtete er: »Korl, es geht gut, er hat sich die Wirtschaft ganz begeben und sitzt in der Heuscheuer beim Rademacher un erfinnt was. Lauter dumm Zeug natürlich. Aber Bremer sagt: en bessern Herrn will er sich gar nicht wünschen, und die gnedige Frau sieht aus so glücklich und so selig, as en Engel aus dem Paris.

Aber, Korl, so dumm ist er gor nicht. Eine Erfindung hat er gemacht, die will ich bei mir selbst einführen. Siehst du, da nimmst du en alten Hut, schneidst vorn en förmliches Loch hinein und setzt ne Laterne darin, un wenn du's Abends bei Winterzeiten ausreitst und hast die Laterne angestochen, dann reitst du wie bei helligen Tage.« Bräsig hat danach Axels Erfindung tatsächlich zur Anwendung gebracht und jagte damit allen Leuten auf den Landwegen in der Umgebung einen furchtbaren Schrecken ein.

Einmal aber war er wieder nach Hohen-Selchow gefahren, obwohl er gerade eine leichte Attacke seines alten liebvertrauten Freundes Podagra hinter sich gebracht hatte. Bei seiner Rückkehr hatte er sich noch erheblich verkühlt, und so war ihm der alte Vertraute auch noch mit beiden Beinen in den Magen getreten. Und mit ihm kam es zum Sterben.

An seinem Bett saßen die Frau Pastor, die Frau Nüßler und sein alter Karl Hawermann. Die Frau Pastorin fragte: »Lieber Bräsig, soll ich nicht den jungen Herrn Pastor rüber rufen?« – »Lassen Sie das, Frau Pastorin, Sie haben mich mein Lewen lang ümmer for einen ollen Heiden taxiert. 's mag nicht recht gewesen sein, daß ich solchen Lebenslauf geführt habe; aber die Paster-Geschichten! ... Nee! es is mich so bequemer.

Un Korl, 2000 Taler soll meine Swesterdochter Lotting haben. Und das andere soll die Schule in Rahnstädt haben, denn, Korl, die Frau Pastern hat zu leben, und du hast auch zu leben, aber mit die kleinen Schulkinder ist es ein Jammer! Und die Madam Nüßlern hat zu leben, und mein Pät Mining hat zu leben, und, Korl, du hast zu leben, und ihr alle habt zu leben, und ich hab zu sterben.«

Und damit begann er zu phantasieren. Nun ging es los mit seiner frühesten Jugend, als er bei seinem Vater hatte Schafe hüten müssen.

Ein alter Hammel machte ihm viel Beschwerlichkeiten, und er rief nach Frau Nüßler, sie solle ihm helfen. Und Frau Nüßler setzte sich auf sein Bett und umfaßte ihn rundum. Und danach ging es weiter mit den drei Bräuten und Frau Nüßler. Und immerzu rief er laut: sie allein habe er wirklich lieb gehabt, und Frau Nüßler küßte ihm die Worte vom Munde: »Das weiß ich, Bräsig, mein lieber alter Zacharies, das weiß ich.«

Und immer wirrer phantasierte er. Daß er Akzesser gewesen sei bei der Sache – und die Indiziums – und der junge Herr von Rambow und der Laubansee, und wie er die Pistole in den See geworfen und vier Groschen in der Wette verloren hatte. – Und dann wieder ging es wie ein wundersames Licht in ihm auf, und er erzählte seiner lieben alten Frau Nüßler wunderschöne Geschichten von den beiden Druwäppeln und von seinem Patenkind Mining, und Karl Hawermann von seiner Luise, aber alles wirr durcheinander und dabei umklammerte er fest Frau Nüßlers Hand und mit einem Male richtete er sich auf und sagte: »Frau Nüßlern, legen Sie mich die Hand auf den Kopf; ich habe Ihnen ümmer geliebt. – Korl Hawermann, reib mir die Beine, sie sünd mir kalt.« Hawermann tat es. Darauf flog ein belustigtes Lächeln über Bräsigs Gesicht, und mühsam kam es heraus: »In dem Stiel war ich dich doch über.« Und dann war alles vorbei.

Unsere kleine Frau Pastorin folgte ihm bald. Es gibt nur wenige Menschen, die im ganzen am Leben auf Erden noch Freude haben und doch gerne sterben. Zu diesen wenigen gehörte die zierliche, runde Frau. Ihr gefiel es noch ganz gut hier unten, aber wenn sie ans Jenseits dachte, dann stieg ein altes, schönes Bild vor ihr auf, und wohlvertraute Töne erklangen in ihren Ohren. Sie stellte sich den Himmel vor wie eine kleine, helle und freundliche Dorfkirche, in der die Engel sangen und ihr Pastor predigte. Nun ist sie bei ihm da oben, steckt ihm das Mäntelchen wieder hinten in den Rockkragen, bindet ihm die Bäffchen um und singt mit in der kleinen Kirche: keine Sterbelieder mehr, vielmehr Auferstehungslieder.

Dies alles ging mir durch den Kopf, als ich um die Ecke bog und die Laube gewahrte, in der schon so viele Menschen in ihren Sorgen und Nöten gesessen. Da sah ich, wie auf dem grünen Rasen drei kleine Mädchen im Alter von vier bis elf Jahren miteinander spielten, und als ich noch ein wenig näher herantrat, erblickte ich eine Frau mit ge-

lassener und heiterer Miene. Sie legte ihre Handarbeit in den Schoß, lächelte zu den kleinen Mädchen auf der Wiese hinüber und drohte ihnen mit dem Finger: »Treibt's mir nur nicht zu arg!« Neben ihr saß ein frischer, kräftiger Mann. Er las die Zeitung, legte sie aber beiseite und schüttelte den Kopf, als wolle er sagen: es macht keine Freude mehr. Und weiter hinten saß ein sehr alter Mann, an dessen Knien ein kleines, zwölfjähriges Mädchen lehnte und mit ihm schwätzte. Er unterbrach ihr munteres Kindergeplapper und wandte sich an die junge Frau: »Laß sie, Wising, laß sie! Sie werden noch früh genug gesetzt und verständig werden ...«
Als ich um die Ecke bog, rief der alte Mann: »Mein Gott, ist das nicht ...?«
Franz und Luise kamen mir entgegen, und Franz begrüßte mich: »Sieh an! Sieh an! Das ist recht, Fritz, daß du uns mal besuchst!« – »Viele Grüße, gnädige Frau«, sagte ich, »von meiner Luise«, denn meine Frau heißt auch Luise. Und nun wurde denn hin und her erzählt. Aber die Freude währte nicht lange, denn durch den Garten tobte es wie die wilde Jagd, und vier Jungen mit braunen Augen und braunen Backen, in grauen Hosen und grauen Jacken, rannten lärmend den Steig entlang. Ein kleiner sechsjähriger Schlingel lief auf Franz zu, umfaßte seine Knie und rief über die Achsel hinweg: »Ich bin der erste!« – »Ja«, rief ein anderer, der etwa zwölf Jahre alt sein mochte, »das glaub ich, du bist durch die Wiese gelaufen, aber wie siehst du auch aus! – Na, Mutter wird schön schelten!« – Und nun betrachtete der Kleine sein unterwärtiges Teil, und wirklich! wenn seine Mutter daran nichts auszusetzen fand, dann konnte er nur von Glück sagen.
»Kommen eure Eltern nicht bald?« – »Ja«, sagte der Älteste, »sie sind ganz dicht dabei. – Und Großmutter kommt auch und Frau von Rambow, die ist gestern abend bei uns angekommen.« – »Ach, Frida!« rief Luise, »das ist schön!« Und es dauerte nicht lange, da kamen Rudolf und Mining, und sie hatten etwas wie von einem schönen Tag zur Mittagsstunde, wenn das Licht weithin über die Felder leuchtet, die Schatten kurz sind und die Menschen hemdsärmelig umhergehen, um ungehindert schaffen und wirken zu können.
Rudolf ist ein tüchtiger Mann geworden, wohl angesehen unter seinen Kollegen, denn er betreibt die Wirtschaft nicht nach dem alten Schlendrian und hat neben *seinem* Vorteil auch den *anderer* Menschen und den des *ganzen Landes* im Auge. – Und nach ihnen kamen

Frau Nüßler und Frida. – Frau von Rambow blickte sich um nach allen Seiten, und über ihre Züge flog ein Schatten von Wehmut, als sie an der Laube vorbeikam. Die ersten herzlichen Begrüßungsworte waren verklungen, Luise rief ihrem ältesten Töchterchen zu: »Frida, bring für Tante einen Stuhl!«, denn Frida hatte irgendwann früher einmal geäußert, sie möge die Bank nicht, auf der sie einst in großer Not gesessen.

Frau Nüßler ging zu Hawermann: »Karl-Bruder, wie geht's denn so?« – »Schön«, rief Hawermann mit lauter Stimme, denn Frau Nüßler war schwerhörig geworden, »und mit dir?« – »So weit gut, bis aufs Gehör, das wird schlimmer. Sie sagen, das kommt von ner Verkühlung. Unsinn! wie kann *ich* mich verkühlen? Ich will's dir sagen, Karl, 's kommt von Jochen. Denn in der letzten Zeit hat er so viel gered't und gered't, und das hat's mir wohl eingebracht. Na, er konnte da nichts für, das lag ja wohl in seiner Natur.«

Und nun kamen auch Pastor Gottlieb und Lining mit ihren drei Gören. Und die Kinder spielten zusammen, und die Alten plauderten miteinander. Gegen Abend wurde im Freien gedeckt, die Erwachsenen für sich und die Kinder für sich. Am Kindertisch hielt Luises älteste Tochter die Ordnung aufrecht, am anderen Tisch präsidierte Großvater Hawermann, und beide führten ein anderes Regiment als vordem unser altes tapferes Hühnchen. Wie freundlich und wie liebevoll ging es hier zu! Und als wir alle, Hawermanns ehemalige Untertanen, in heiterer Gelöstheit beisammen saßen und sein Regiment priesen, wer kommt den Gartensteig entlang? – Fritz Triddelfitz mit dem kleinen Assessor. Das gab einen Aufstand! Was wurde in der kurzen Zeit nicht alles zusammengefragt und zusammengeredet!

Plötzlich aber erblickt mich Fritz Triddelfitz, der Unglücksmensch: »Fritz, wo kommst *du* her?« – »Je, Fritz, wo kommst *du* her?« – »Fritz, ich hab dich ja in sieben kalten Wintern nicht gesehn.« – »Und ich dich auch nicht, Fritz.« Und nun befritzten wir uns, daß es für die ganze Gesellschaft eine wahre Lust war. – »Fritz«, fragt er, »schreibst du noch immer Bücher, Fritz?« – »Ja, Fritz, ich hab schon nen ganzen Haufen zusammengeschmiert.« – »Na, Fritz, denn tu mir nur den einen Gefallen und bring mich nicht in deine alten dämlichen Schmöker.« – »Je«, sage ich, »ich kann dir nicht helfen, Fritz, du stehst ja schon drinnen, Fritz.« – »Womit steh ich denn drinnen«, fragt er besorgt. – »Mit dem Rendezvous in dem großen Wassergraben.« – »Was ist *das*?« fragte Luise, die mir genau gegenübersaß. – Franz lachte hell auf: »Das erzähl ich dir mal bei Gelegenheit.« – »Nein, nein«, rief Fritz. – »Na, was *ist* denn das?« fragte der kleine Assessor und blickte bald mich, Fritz Reuter, bald ihn, Fritz Triddelfitz an. Ich schwieg, und er wiederholte: »Das erzähl ich dir mal bei Gelegenheit.« Der alte Großvater Hawermann aber brach in herzliches Lachen aus.

Wie wir nach dem Essen allein sind, nimmt Fritz mich unter den Arm: »Sag mal, wer hat dir die Geschichte erzählt?« – »Bräsig«, erwidere ich. – »Hab ich's mir doch gedacht«, sagt er, »Bräsig ist die Hauptperson in der ganzen Geschichte.« – »Das ist er auch«, bekräftige ich.

Nun mag wohl mancher mich fragen: Wo liegen denn Pümpelhagen und Gürlitz und Rexow? – Ja, auf der Landkarte werdet ihr sie vergebens suchen, und doch liegen sie in unserem deutschen Vaterlande, und ich will nur hoffen, sie sind mehr als einmal zu finden.

Überall dort, wo ein Edelmann lebt, der sich nicht besser dünkt als seine Mitmenschen und im niedrigsten seiner Arbeiter den Mitbruder erkennt und selber mit anpackt – da liegt Pümpelhagen. – Überall, wo ein Pfarrer predigt, der nicht in seinem Hochmut erwartet, daß alle Menschen das glauben sollen, was *er* glaubt, der keinen Unterschied macht zwischen arm und reich, der nicht nur predigt, sondern der auch mit Rat und Tat zur Stelle ist, wenn es nottut – da liegt Gürlitz. – Und überall dort, wo Bürger wirken und schaffen, die den Drang verspüren, ihr Wissen und Können zu erweitern und denen das Ganze mehr gilt als nur der eigene Vorteil – da liegt Rexow. – Und überall dort, wo diese drei durch die Liebe lieblicher Frauen und die Hoffnung auf frische, fröhliche Kinder miteinander verbunden sind, da liegen auch diese drei Dörfer beisammen.

Anmerkungen

S. 5 *Scheffel ... Großmaß* — in Mecklenburg Strelitz, auch in Stavenhagen geltender Berliner Scheffel (ca. 55 l), im Gegensatz zum kleineren mecklenburgischen (ca. 38½ l)

kleinviertweise — Viert = ¼ Scheffel

Dazumal ging die Not im Lande um — 1822 sanken nach Englands Weizeneinfuhrverbot die Getreidepreise, um erst nach 15 Jahren wieder zu steigen. Damals gingen viele schwache Wirtschaften bankrott.

Landreiter — berittener Gerichtsvollzieher

abgemeiert — aus dem Pachtbesitz gesetzt

Damm — Straße

S. 18 *Reisewagen* — Wagen für die Getreidefuhren zur Stadt oder zum Hafen

S. 19 *Druwäppel* — in kleinen Trauben zusammensitzende kleine, rotbäckige »Trauben«-Äpfel (WI)

Nüßler — Nuß = langsamer, lässiger Mensch

S. 21 *Movemangs* — (frz.) mouvements = Bewegungen

assistieren — gemeint: existieren

Sommermark — Sommer-Jahrmarkt

Kropzeug — noch nicht Erwachsene, unerwachsenes Volk

Größings — Großeltern

S. 22 *Fladdus* — volkstüml. für reich bebänderte Frauenhaube

verrungeniert — gemeint: ruiniert

Sacksband — Schnur, um Säcke zu binden

S. 25 *»Ja, 't is all so, as 't is. — »'t is all so, as dat Ledder is.«* — Jung-Jochens Lieblingswendung, hier im plattdeutschen Urtext, ist zweifellos nicht so töricht nichtssagend, wie sie sich anhört; recht verstanden,

---

Die mit (WI) gekennzeichneten Erläuterungen beziehen sich auf den von *Walter Ihrke* herausgegebenen Band V: »Ut mine Stromtid« der heute maßgeblichen, von *Kurt Batt* im VEB Hinstorff Verlag Rostock o. J. [1967] veranstalteten Ausgabe: Fritz Reuter, Gesammelte Werke und Briefe in 9 Bänden, hier sonst als FREGA zitiert.

enthält sie sogar eine Art Lebensphilosophie. Hierzu bedarf es freilich einiger Konjekturen (von übrigens hohem Wahrscheinlichkeitsgrad).
Bei dem hier gebrauchten plattdeutschen Wort »Ledder« darf man ein dahinterliegendes, verballhorntes hochdeutsches »leider« vermuten. Auch erfährt Jung-Jochens Sentenz eine zusätzliche Dimensionserweiterung durch den Doppelsinn von plattdeutsch »all«: zugleich »alle, alles« wie »schon«. Im Klartext meint Jung-Jochen also: »Es ist schon so, wie es ist. Es ist alles so, wie es leider ist.«
Derart eröffnen sich aus den Reflexionen Jung-Jochens ungeahnte Ausblicke auf den die zweite Hälfte des 19. Jahrhunderts beherrschenden realistischen und heroischen Pessimismus — nicht etwa umgekehrt, denn *Jung-Jochen* (1792—1853) als einer Figur des Biedermeier käme geradezu eine Art Vorläuferrolle zu, die freilich, so auch in *Karl Joëls* »Wandlungen der Weltanschauung« (2 Bd., 1928—34), noch viel zu wenig gewürdigt worden ist. Er repräsentiert gleichsam, gemeinsam mit *Schopenhauer, Jacob Burckhardt* sowie etwa *Flauberts* »Bouvard et Pécuchet«, die resignative Spielart dieses Pessimismus, dessen heroische Komponente dann bei *Nietzsche* sowie natürlich auch bei *Richard Wagner* seine eigentliche Ausformung fand. So kommt es denn auch gewiß nicht von ungefähr, daß *Fritz Reuter* als Schöpfer auch dieser Figur, gemeinsam mit *Richard Wagner*, von der Nachwelt im gleichen Hause zu Eisenach museale Ehrung zuteil geworden ist.

S. 26 *rekummandieren* — (frz.) recommander = empfehlen

muddelt — arbeitet unsauber, mengt dazwischen

Taudahten — Zutaten

ausgemist'tes Swein — gemästetes Schwein

liwern — liefern, hergeben

Kunditschon — Kondition, Dienstverhältnis, insbesondere bei Inspektorenstellen

Jesuwiter — herabsetzende Bezeichnung für Angehörige des Jesuitenordens: »Jesu — widrich«, Fischart, 16. Jh., im Sinn von »tückischer Heuchler«; bei Bräsig auch für Spekulanten wie für alle Sorten von Dunkelmännern und Bösewichtern.

Kledrock — Frack

S. 27 *Kammerrat* — der besoldete Verwalter der großherzoglichen Güter

Salehr — (frz.) salaire = Gehalt

S. 28 *Rekolljierung* — (frz.) collation = leichte Nachmittags- oder Abendmahlzeit, sowie (frz.) se recueillir = sich sammeln, kräftigen: Erfrischung

S. 30 *Zackermenter* — Weiterbildung des Fluchs »Sakrament« = verfluchte Leute

prästieren — (lat.) se praestare = sich bewähren, etwas darstellen, auskommen

S. 31 *Krippensetzer* — Pferde, die das Maul auf den Krippenrand setzen, geräuschvoll Wind schlucken und ausstoßen, übertragen auf alte, nicht mehr arbeitsfähige Menschen (WI)

Allertigkeit — (frz.) alerte = munter, wachsam

Streichelbir — kleines Fest, das der Gutsherr vor der Ernte gibt, zu der Zeit, da die Sensen »gestrichen«, d. h. geschliffen werden

grawe (graue) Grund — die tiefere Erdschicht, die beim Pflügen aufgedeckt wird

S. 32 *Flag* — Platz, Fleck; Plural: *Fläg*

Drakenei — Drachenei

sitten — brüten

ruminieren — (frz.) nachdenken

Ossenpantöffel — Ochsenpantoffel

S. 33 *aufgeseiht* — abgesahnt

Feldscheid — Gutsgrenze

Wer seinen Kindern gibt das Brot ... fataler Spruch — ähnliche Inschriften befanden sich an alten Stadttoren, so in Müncheberg, das Reuter kannte (s. »Festungstid«, Kap. 13). (WI)

S. 34 *die Nächste dazu ...* — nach Jerem. 32, 7 und 8

S. 35 *Mess* — Mist

Winterslag — Schlag heißt eine zusammenhängende, in festliegendem Wechsel zu bestellende Feldabteilung. Winterschlag wird mit Winterkorn (Herbstsaat) bestellt.

S. 36 *Hauptgut* — Gut, an dem die ritterschaftlichen Rechte hängen

Boniteh — Bonität, im 18. Jahrhundert nach dem Ertrag amtlich festgestellte Bodenwertklasse

Last — 1 Last = 96 Scheffel, entspricht etwa 13 ha Ackerboden

Apotheken — gemeint: Hypotheken

Vesiten — Visiten, Besuche

Traktierungen — Bewirtungen

Kalür, Kalören — (frz.) couleur = Farbe, Farben

dusemang — (frz.) doucement = leise, behutsam, sachte

ahn vel Ümstänn — ohne viel Umstände

Vokativus — durchtriebener Mensch, verballhornt aus (lat.) volaticus = Leichtfuß (?)

S. 37 *Provat* — Privatstunde

kaptal — kapital, prächtig

snorkte — schnarchte

S. 38 *bögten* — bogen

Ottographie — Orthographie

Stiel — gemeint: Stil

avec — (frz.) avec = mit, gemeint: mit Schwung

S. 39 *Konjekturen* — gemeint: Konjunktur, Wirtschaftslage

kopphester — kopfüber, hier gemeint: in Konkurs gegangen

S. 40 *preh* — (lat.) prae = vor, hier: Vortritt

Vorbeipferd — vorderes Beipferd, rechtes Vorderpferd im Vierergespann

Spatt (Spat) — Spatlahmheit, eine Entzündung des Sprunggelenks mit Wucherungen, die als Beulen an der Innenseite der Hinterfüße hervortreten (WI)

Hasenhacken — Schwellung zwischen Fersenbeinhöcker und Sprunggelenk, so daß der hintere Rand des Hinterfußes gekrümmt statt geradlinig verläuft (WI)

S. 41 *Plüh* — (frz.) pli = Zuschnitt, Gewohnheit, Schliff

S. 44 *Haupt Johannis des Täufers* — Matth. 14, 1

S. 45 *hartlich* — kräftig

Esel in den Brunnen gefallen — nach Luk. 14, 5

Notsache — am Sonntag von der Kirche erlaubte Not- und Liebeswerke (vgl. Mark. 2, 27)

S. 46 *respektiert* — gemeint: reflektiert, erwünscht

S. 47 *Staatsekklepasch'* — gemeint: Luxusequipage

gelbeinig — gelbbeinig, mit gelben Rädern

aus dem Bock — dem äußeren Rand der Nabe, in dem die Speichen befestigt sind

S. 48 *»Main Gewissen beußt mich nicht ...«* — Kirchenlied von Erdmann Neumeister (gest. 1756), Strophe 7

S. 51 *Auf dem Schlag an der Mühle ...* — »Pümpelhagen ... liegt in 11 Schlägen und zwar wie folgt: 1. Brache, gedüngt, 2. Weizen, 3. Gerste und Hafer, 4. Erbsen und Kartoffeln, gedüngt, 5. Roggen und Gerste, 6. Mähklee, 7. Mürbbrache, gedüngt, 8. Raps und Weizen, 9. Weizen und Gerste, 10. Kuhweide, 11. Schafweide« (Fritz Reuter: »Herr von Hakensterz und seine Tagelöhner«, FREGA 1, 61)

besser gejahrt — das Jahr ist besser gewesen

S. 52 *Schwammdose* — unterer Teil der Pfeife, »Jauchenfänger«

S. 54 *Paddagrafen* — gemeint: Paragraphen

S. 55 *mergeln und modern* — mit Mergel, einem Kalk- und Tongemenge, und Morasterde düngen

Jühlke — Freund Reuters, 1858 Erfurt, später Hofgartendirektor in Sanssouci

Fischzug — Lukas 5, 9

Fischspeisung — Matth. 15, 37

S. 60 *Rost* — Pilzkrankheit des Getreides

S. 64 *Items* — (lat.) desgleichen, hier Warensorten

runksen — sich ungesittet benehmen, dehnen und strecken

S. 65 *trefe* — nicht koscher, unreine Speise

eingefluscht — dazwischen geschmuggelt

Klatten — knotige Haarzotten

Sterblingswull — minderwertige Wolle von verendeten Schafen

Schmierwull — schmierige Wolle von räudigen Schafen

S. 66 *schandiert* — von schänden = schelten, fluchen, herumschimpfen

Pegel — 1/5 l

S. 68 *Religionen* — gemeint: Regionen

Aust — Ernte

Weihdag — Schmerzen

Lilien auf dem Felde ... — Matth. 6, 28

S. 69 *staken* — mit hohen Schritten gehen

befießen — gemeint: befassen

blag — blau

unbegeben — unverheiratet

Balangzen — Volants; (frz.) balançoire = Wippe

S. 70 *witten Wesel* — weißes Wieselchen, Hungerblümchen

Feuerblumen — roter Klatschmohn

vom Wildfire gefallen — Abkömmling vom Hengst Wildfire

S. 73 *Flechsen* — getrocknete Sehnen

S. 75 *König Pharaos sieben magere Kühe* — Mos. 1, 41

S. 76 *Schabracke* — farbige Paradedecke unter dem Sattel der Pferde

Sie liebte ihre Kinder nach der Schrift — Sirach 30, 1

ebenfalls nach der Schrift — Sirach 33, 30

S. 78 *kumpabel* — (frz.) capable = fähig

S. 80 *um das letzte Scheffel* — von 12 Scheffeln stand einer dem Drescher als Naturallohn zu (WI)

S. 81 *»Nachtseiten der menschlichen Natur«* — nach dem Titel des damals verbreiteten Buches von G. A. von Schubert »Ansichten von der Nachtseite der Naturwissenschaft«, in dem pathologische Geisteszustände beschrieben werden. (WI)

S. 83 *magnetischer Rapport* — magnetische Beziehung nach der Lehre F. A. Mesmers (1734—1815) über vom Menschen ausstrahlende Kräfte (»animalischer Magnetismus«)

S. 84 *Trumpf sechs* — kann im l'Hombre nur als niedrigster Trumpf vorkommen; hier: fünftes Rad am Wagen.

S. 87 *Trinitatisball* — Fest am Dreifaltigkeitstag, dem Sonntag nach Pfingsten

S. 88 *Kegelquadrille* — mecklenburgischer Bauerntanz

Schleifer — volkstümliche Bezeichnung für Ländler

Hopser — volkstümliche Bezeichnung für Polka

S. 92 *was Legs* — etwas Schlechtes

S. 93 *eingeremst* — eingebläut

S. 94 *»Vorstellungen von seiner neuen Rolle als Mitglied des Landtags ...«* — Bis 1918 blieb Mecklenburg ein verfassungsrechtliches Kuriosum: eine Art spätmittelalterlicher Ständestaat, dessen »Staatsgewalt« zwischen Großherzog und »Ritterschaft« dergestalt aufgeteilt war, daß man von diesem Staat »als einem Nebeneinander wohlerworbener Sonderrechte« (Treitschke) sprach. Die »Ritterschaft«, aus den beiden »Landständen« — adliger und bürgerlicher Großgrundbesitz — und den städtischen Magistraten bestehend, die sich zweimal jährlich zu den »Landtagen« in Malchin oder Güstrow traf (rd. 700 meist adlige »Rittergutsbesitzer« und rd. 40 städtische Bürgermeister), besaß nach dem »Erbvergleich« von 1755 nicht nur zahlreiche Sonderrechte wie Zoll-, Steuerfreiheit und Patrimonialgerichtsbarkeit, sondern auch das politisch ausschlaggebende Privileg des Steuerbewilligungsrechts, das sie recht rigoros im Sinne der Aufrechterhaltung ihrer Privilegien handhabte.

S. 95 *»... gnädige Frau von Pomuchelskopp ...«* — Pomuchelskopps Hoffnung, sich einmal zum mecklenburgischen Adel zählen zu dürfen, war nicht unbegründet. In den »rezipierten«, d. i. Brief-Adel, gelangte man gemeinhin über Verdienst und Verdienste sowie durch Wohlverhalten, in Mecklenburg aber auch noch durch »Verjährung«, d. h. wenn eines der großen ritterschaftlichen Hauptgüter lange genug im Besitz einer Familie war; P. hätte sich also vielleicht einmal »P. von Gürlitz« nennen dürfen. Was eine unglückliche Verkettung widriger Umstände P. und den Seinen leider versagen sollte, gelang einer Reihe ursprünglich bürgerlicher Familien in Mecklenburg im 19. Jahrhundert durchaus, z. B. den Amsbergs, von denen 1966 ein Nachfahre die Kronprinzessin Beatrix der Niederlande ehelichte.

Parforce-Meute — Hundemeute für die Hetzjagd zu Pferde

Osterlamm — ein Lamm, das nach altem Gewohnheitsrecht zu Ostern vom Gut an die Pfarre zu liefern war (WI)

S. 96 *Michaelis* — 29. September

S. 98 *Spreuschreiber* — scherzhafte Bezeichnung des jüngsten Wirtschafters

Reiseschreiber — Bezeichnung des Inspektors, der die Reisewagen begleitet

S. 102 *Polchikum* — gemeint Kolchikum = das Gift der Herbstzeitlose, das als Medikament gegen Gicht verwandt wird

Fetthammel — scherzhafte Benennung der von ihren Renten in der Stadt lebenden ehemaligen Landwirte

despektierlich — respektlos

Suteräng — (frz.) souterrain = halb unter der Erde gelegener Wohnraum

Apanage — (frz.) Leibrente, Unterhalt, Jahrgeld; gemeint: Wohnungsausbau, (frz.) appartenance (?)

Aquademie — gemeint: Akademie

S. 103 *Kuhhessigkeit* — X-Beine bei Pferden

Rump — Rumpf, kräftiger Körper

S. 105 *Julklapp* — in Mecklenburg übliche Art der Weihnachtsbescherung, vom nordischen Julfest herrührend. Vor dem Hineinwerfen durch die Tür klopft der unerkannt bleibende Geber an (klappen). Die Sitte bürgerte sich in der ersten Hälfte des 19. Jahrhunderts aus Schweden kommend ein. (WI)

S. 110 *Pät* — Patenkind

S. 112 *Hannöhrs* — (frz.) honneurs = Ehrenbezeigungen

S. 113 *lateinischen Reuter* — Sonntagsreiter, analog »lateinischer Ökonomiker« = nur theoretisch geschulter Landwirt

S. 114 *gelbe Stulpenstiefel* — Stiefel, deren Tragen Wirtschaftern vorbehalten ist

S. 116 *Potentaten* — scherzhaft für Poten, hier Füße

S. 118 *Bummelschottscher* — aus der Ecossaise entwickelter Volkstanz, bei dem der junge Mann hinter dem jungen Mädchen steht und sie langsam einmal links, einmal rechts dreht

S. 120 *Wappenamt in Wien* — Der Hinweis auf die Wiener Herkunft von P. 's Wappen (FREGA 1, 182) führte auf eine buchenswerte kriminalistische Spur. Nach Ansicht des (Wiener) Haus-, Hof- und Staatsarchivs (Brief v. 11. 11. 74) handele es sich bei den diesbezüglichen Angaben kaum um dichterische Freiheit: »Viel wahrscheinlicher ist es, daß der genannte Gutsbesitzer von Wappenfälschern betrogen wurde, die sich auf Unterlagen in einem Wiener Amt beriefen. Diese Art der Wappenfälschung ist für das 19. Jahrhundert keine Seltenheit.« Nach Prof. Dr. Hanns Jäger-Sunstenau, Wien, der über diesen Komplex eine Veröffentlichung vorbereitet (Brief v. 28. 11. 74), war durch den Fortfall der Rechtsgrundlagen für die Verleihung (nichtadeliger) Wappenurkunden durch den Kaiser in Wien infolge Auflösung des Römisch-deutschen Reiches 1806 ein Vakuum entstanden, das bis Mitte des Jahrhunderts vom Heraldischen Institut des Wiener Wappenmalers Josef *Stein* ausgenutzt wurde, um einen schwunghaften Handel mit dubiosen Wappenbriefen aufzuziehen. Man fühlt sich an gewisse konsularische Titel und Ehrendoktorhüte der Gegenwart erinnert. — Demnach war es mit P. 's Wappen »auch nur so so«.

Dorschkopf im blauen Felde — Pomuchel ist die niederdeutsche, aus dem Slawischen (Kassubischen) kommende Bezeichnung für Dorsch.

S. 126 *frisch verstahlt* — frisch gestählt, gut erholt

kläterig — durchnäßt

Pogg — Frosch

rögen — rühren

Fläg' — Plural von Flag = Platz

haken — pflügen

S. 127 *gläugnigen* — glühenden

Karmenaden — Karbonaden

Tüften — Kartoffeln

Fenusgürtel — statt »Neptunsgürtel«, feuchte Binden

blinde Dinger — Furunkel

S. 128 *Lowisiana von Justussen* — Tabaksorte »Louisiana« der Hamburger Tabakfirma Justus

Rauße, der eigentlich Frank heißt — Heinrich Friedrich Franke (1805 bis 1848), Vorkämpfer und Reformator der Wasserheilkunde, veröffentlichte seine Schriften unter dem Pseudonym Rauße. Begründer der von Reuter in den Wintern 1847/48 und 1868/69 aufgesuchten Wasserheilanstalt Bad Stuer am Plauer See.

S. 129 *apoplexieren* — für applizieren, anbringen

S. 130 *Corydon* — Korridor

S. 131 *Gregorius* — aus der Soldatensprache: Chirurg

furtsen — sofort

Elemente — Eleven

S. 143 *unter einen Scheffel stellen* — Matth. 5, 15

S. 146 *Prenzlau verraten* — etwas Unerhörtes tun. Als wenn sie Prenzlau verraten hätten, so ließen dessen Bürger, wie in Seckts Stadtgeschichte (1787) berichtet wird, »die Köpfe hängen«, als nach der freiwilligen Übergabe der vom Herzog von Pommern belagerten Stadt im Jahre 1425 dieser sie noch obendrein als feige verspottete. (WI)

S. 147 *Spritzwäsch* — durch Spritzen gründlich gereinigte Schafwolle

Stein — Gewichtseinheit für Wolle; 1 Stein = 22 Pfund

Antoni — 17. Januar

Obligationen — Schuldverschreibungen

S. 151 *Prolongation* — Verlängerung einer Zahlungsfrist, Stundung einer Wechselverpflichtung

S. 152 *verstocktes und verzagtes Ding* — Jer. 17, 9

Metze — 1/2 Scheffel

S. 153 *Albrecht Thaer* — (1752—1828) Begründer der »rationalen Landwirtschaft«

Gray-Momus — berühmter Vollbluthengst des Basedower Gestüts

S. 154 *Justus v. Liebig* — »Die organische Chemie in ihrer Anwendung auf Agrikultur, Chemie und Physiologie«, Berlin 1840

S. 157 *Konduitenliste* — beim preuß. Militär Bezeichnung für Führungslisten

S. 158 *Hechelzinken der Eifersucht* — Hechel (von (ahd.) hechan, hecchan = stechen), ein Gerät mit scharfen Drahtspitzen zum Durchziehen und Reinigen des Flachses — »von der bösen Hechel itzt, / scharfgespitzt, / wirst du (Flachs) durchgepeinigt.« (J. H. Voß)

S. 159 *Feldschers* — unterste, unstudierte Stufe des Militärarztes, aus den Bartscherern hervorgegangen

S. 160 *Luise Mühlbach* — Die 1814 geb. Neubrandenburger Bürgermeisterstochter Klara Müller schrieb unter dem Pseudonym Luise Mühlbach s. Zt. vielgelesene historische Romane.

S. 167 *Lex* — (lat.) Lektion, Aufgabe

S. 168 *Die große Wasserfrage* — 3. Frage im 4. Hauptstück des Lutherschen Katechismus, die die längste Antwort erfordert

S. 169 *Sie redeten mit »Zungen«* — Apg. 2, 4

abgesagter — öffentlich zum Feind erklärter

S. 170 *Snuwdäuk* — Schnupftuch

S. 171 *Kotillon* — Gesellschaftsspiel in Tanzform, im 19. Jahrhundert als Abschluß eines Balles reich ausgestaltet

»Steine sammeln und Steine zerstreuen« — nach Prediger Salomo 3, 5

S. 172 *Akkih* — (frz.) par manière d'acquit = mit lässigem Schwung

S. 178 *Dreierlicht* — gewöhnliches Talglicht von 1 Witten (Dreipfennigstück), wovon erst 4 einen Schilling zu 12 Pfennigen ausmachen

S. 179 *»Stavenhäger Burmeisterbier«* — erstmalig in Mecklenburg nach bayerischer Art hergestelltes Bier aus der Brauerei von Fritz Reuters Vater

S. 181 *Pagode* — asiatische Götterbilder, kleine Figuren aus Porzellan mit nickendem Kopf

S. 189 *Das Mittelste von Schillern* — aus »Hektors Abschied«

S. 190 *Ravage* — (frz.) Verwüstung, Durcheinander

Flüchten — Flügeln

inkommandieren — inkommodieren, belästigen

hild — eilig, beschäftigt

Pfähle — gemeint: Schoten

Newöh — (frz.) neveu = Neffe

stantepeh — (lat.) stante pede, stehenden Fußes

Kik — Kinderspiel »Verstecken«

dukerten — duckten

ümschichtig — umschichtig

S. 191 *schulsch* — schielend

Drom — Traum

leger als leg — schlimmer als schlimm

Voß — Fuchs

Spatium — (lat.) Zwischenraum

Plesir — (frz.) plaisir = Spaß, Vergnügen

Turnus — (frz.) tournure = Schick

S. 192 *Gördel* — Gurgel

dünnriwwig — dünnrippig

S. 193 *Philister über dir!* — Richter, Kap. 16

gehujahnt — gegähnt

S. 194 *Lewerenzen sin Kind* — Nach chron. Überlieferung soll bald nach 1600 der Sohn eines Hamburgers, Lewerenz Damm, von übermäßiger und deshalb sprichwörtlich gewordener Körperlänge gewesen sein. (WI)

Wiesenknarrer — bräunliche Ralle (crex crex)

S. 196 *Schaum und Bärme* — Schaum und Unterhefe beim Brauvorgang

S. 198 *Appanage* — (frz.) apanage = Ausrüstung (veraltet)

S. 205 *dünndarwig* — schmächtig

Unnußligkeit — Saumseligkeit, Schlafmützigkeit

Pietismus — eine auf Innerlichkeit gerichtete Erneuerungsbewegung im Protestantismus; Pietist bei Bräsig religiöser Eiferer und Heuchler

S. 206 *Söll* — von Suhl, Weiher

för Schuh verdrägt — für Schuhe verträgt (Sprichwort)

S. 207 *Basilisk* — Drache, dessen Blick tötet (Jes. 59, 5)

S. 209 *bis sie im Johannismond anfriert* — 24. 6.; gemeint: in alle Ewigkeit, bis Unmögliches geschieht

S. 210 *Appanage* — hier: Leibgedinge

verposamentiert — verziert

Friedrich Franz — Friedrich Franz I. von Mecklenburg-Schwerin (1785—1837)

S. 211 *Schweinemarkür* — (frz.) marqueur = veraltetes Fremdwort für Kellner, hier: scherzhaft für Schweinejunge

S. 213 *malkontang* — (frz.) malcontent = unzufrieden, unbefriedigend

parforst — (frz.) par force = kräftig

Akki — (frz.) acquit, hier: Zeichen, Wink

S. 215 *Krapp* — Färberröte, *Wau* — Färberreseda, *Waid* — Färberwaid, alles Färbepflanzen, die auch von Fritz Reuters Vater angebaut wurden

S. 219 *Knaken* — Knochen

S. 220 *Moloch* — kananäische Bezeichnung für ein Götzenbild, dem Menschen und Kinder zum Brandopfer dargebracht wurden (vgl. 2 Kön. 23, 16)

S. 221 *slachen* — schlagen, ausfallen

S. 222 *umgewendten Napoleon* — im Volksmund entstelltes »unguentum Napolitanum« = Quecksilbersalbe gegen Ungeziefer

rigolen — tief umgraben oder pflügen

Guano — stickstoff- und phosphorhaltiger Seevogeldünger

Preposition — gemeint: Präparation = Vorbereitung

S. 223 *farig* — fertig

fikatzen — nach (frz.) fricasser (?) »zerkleinern«

S. 225 *Whalebonestute* — von dem berühmten Hengst Whalebone stammend

Schiewel — Überbein am vorderen Schienbein

Schalm — Schale: Knochenwucherung am Kronbein, unmittelbar oberhalb des Hufes

Steingallen — Erkrankung in der Hornschicht der Fußsohlen des Pferdes

Stollschwamm — Am Ellenhöcker der Vorderbeine neben der Unterseite des Rumpfes entsteht beim Liegen auf den Stollen des Hufeisens eine Geschwulst. (WI)

S. 227 *was Lateinisches* — richtig: Englisches: »... zu Stockholm, der Royal Society zu London ...«

S. 228 *Mag* — Magen

S. 230 *Jagdschniepel* — Jagdrock

S. 238 *Moritzen lehren* — Redensart, von mores (lat.) = gute Sitten, Betragen lehren

S. 239 *Bors* — Barsch

täuw man! — warte mal!

emigrieren — gemeint: aigrieren, von (frz.) aigrir = ärgern

retiriert — gemeint: refusiert, von (frz.) refuser = verweigern

Petisten — Pietisten, von Bräsig im ursprünglichen Wortsinn: Frömmler, Heuchler gemeint, daneben wohl auch gegen Auswüchse rechthaberischer, engherziger Frömmelei in der damaligen protestantischen »Erweckungsbewegung« gerichtet, die mit der Opposition gegen den Rationalismus zusammenhingen.

S. 241 *Witings* — Weißlinge, kleine Fische

S. 242 *Duwellfechter* — Duellfechter

Invitatschon — (frz.) invitation = Einladung, gemeint: Zurechtweisung

S. 243 *Blaumenstruz* — Blumenstrauß

Bomwull — Baumwolle

inventieren — gemeint: (frz.) inviter = einladen

Scherfen — Schärpen

S. 244 *Weichselkirschbaum* — Sauerkirschbaum

S. 247 *koppschu* — kopfscheu

S. 249 *wer nich kümmt tau rechter Tid, den geiht de Maltid quit.* — Entspricht: Wer nicht kommt zur rechten Zeit, der muß essen, was übrig bleibt; quit (frz.) quitte = einer Sache ledig sein

S. 250 *Katt* — Katze

S. 252 *3. Kapitel, 1. Buch Moses* — Geschichte vom Sündenfall

Schanierung — Verlegenheit

S. 253 *Fischlein im Silberbach* — veränderter Text des 1817 v. C. M. v. Weber vertonten Liedes von Castelli »Wenn ich die Blümlein schau«

S. 257 *Musche Nüdling* — Monsieur Niedlich = spöttische Anrede an männliche Jugendliche

importieren — gemeint: imponieren; (frz.) important: wichtig

Bisternis — Finsternis, hier gemeint: Irrtum

apenbore — offenbar, öffentlich erklärt

so'n lateinischen ... Landwirt — Spottname für nach dem Besuch von Landwirtschaftsschulen ohne praktische Erfahrung wirtschaftenden Ökonomen

Pistorius, Prätorius, Trebonius — Namen lateinischer Ökonomiker aus Reuters Schnurre »Abenteuer des Entspekter Bräsig aus Mecklenborg-Schwerin, von ihm selbst erzählt«, in: »Schurr-Murr«

S. 258 *Kerl mit den langen Titel* — Justus v. Liebigs Buch

blage Lawkoje — blaue Levkoje

Schrank — nach Art einer Schlinge zusammengedrehte Getreidehalme als Garbenband

Seil — festgeknotetes Strohband

plängschaß achterher bödeln — (frz.) chasse = Jagd, pleine = voll; gemeint: in vollem Galopp hinterherjagen

S. 259 *Sanft* — Sammet

S. 261 *Pflasterschinken* — geschmorter Schinken, dessen eingeschnittene Schwarte »afplastert«, abblättert (WI)

Zympathy — Sympathie, hier: Sympathiekur

Hickup — Schluckauf

neger — näher

aufklöben — aufspalten

Lot — 1/30 Pfund

Quentin — 4 Quentin = 1 Lot

S. 263 *preponiert* — präpariert

auf deutsch — wie soll ich nun gehen und wie soll ich ihn nun anreden? (Homer, Odyssee 3, 22)

S. 264 *frigen* — freien

S. 268 *Käm* — Kümmel

S. 269 *Klutenpedder* — spöttischer Name für Landmann, Schollentreter

Kaffschreiber — Kaff = Spreu, Scherzname des jüngsten Wirtschafters

S. 270 *Snurrbüdel* — Bettelsack

Hock — aufgestellte Getreidegarbe

S. 272 *Tweschen* — Zwillinge

respektieren — (frz.) respecter = achten

S. 276 *Rapslaken* — Tücher zum Auffangen der ausfallenden Rapskörner

S. 280 *Vadder* — Gevatter, vertrauliche Anrede wie »Nachbar« o. ä.

abmarachen — abrackern

S. 281 *Hakenbrett* — das schräge Brett des Hakenpfluges, an dem die Schar befestigt ist

S. 282 *Landstand* — Mitgliedschaft im Landtag, die am Rittergut haftet

S. 283 *Landtag* — Die Landstände, die Ritterschaft und die als »Landschaft« bezeichneten Bürgermeister der Städte kamen 2mal im Jahr, abwechselnd in Malchin und Sternberg, zusammen.

S. 284 *Kiepe* — Eßkorb

visentieren — (frz.) visiter = besuchen, beaufsichtigen

roten Röcke — Nur Adlige durften rote Röcke (Landtagsröcke) mit Achselstücken tragen.

Klosterfrage — Die 1527 von der Landesherrschaft »zur christlichen Auferziehung inländischer Jungfrauen der Ritter- und Landschaft« gegründeten Jungfrauenklöster Dobbertin, Malchow und Ribnitz dienten der Unterbringung und Versorgung unverheirateter Töchter und waren den adligen Rittergutsbesitzern vorenthalten.

S.287 *Külpen* — unreife Früchte

Appartement — statt département = Bereich

S. 288 *Apporten getragen* — statt: Rapporte, (Berichte) getragen, hier den Zwischenträger gespielt

S. 289 *Sponsage* — (lat. sponsa = Braut) Studentensprache = Liebschaft

S. 291 *ad modum Minelli* — Nach Art des Minellius, Rektors in Rotterdam, dessen Schulausgaben lateinischer Klassiker unter dem Text wörtliche Erklärungen brachten, die den Schülern später als Eselsbrücken dienten.

S. 294 *Pannkauken* — Pfannkuchen

Klackeierkuchen — mißglückter Eierkuchen

Nahwer — Nachbar

Galossen — gemeint Glossen, Witze

stakst ihm was über — gibst ihm einen Rüffel

S. 295 *schanierlich* — (frz.) gênant, lästig

Thimotee — nach dem Engländer Thimothy benanntes Futtergras, hier irrtümlich für (frz.) démenti = Absage

S. 296 *sörre* — seit

stockdoof — stocktaub

Mäten von Gellerten — Anspielung auf die (nicht von Gellert) bearbeitete Fabel »Das Milchmädchen« von La Fontaine.

S. 302 *notwendigen Visiten* — Die Ankommenden trugen sich bei den Kommissarien, den Vertretern der Großherzöge, in die Besucherliste ein, um zu den auf Regierungskosten veranstalteten Prunkmählern eingeladen zu werden.

Vorderstadt Güstrow — Die Städte Güstrow, Neubrandenburg und Parchim waren Vorderstädte für die Städte der von ihnen vertretenen drei Kreise.

S. 305 *haun sich da rüber* — Vor 1848 kam es zwischen adligen und bürgerlichen Gutsbesitzern während der Landtagssitzungen auch zu handgreiflichen Auseinandersetzungen. (WI)

S. 308 *Vinum ... coena ... Venus* — (lat.) Wein — Mahl — Liebe

Fenus — gemeint: Venus

S. 309 *Poh* — (frz.) pot = Topf, hier Spielkasse

Beeten — (frz.) bêtes = Strafgelder

Filibussen — Fidibusse, Zigarren- und Pfeifenanzünder

eines wahnsinnigen Königs — nach einer irrtümlichen Überlieferung Karl VI. v. Frankreich (1380—1422)

S. 310 *Whist* — Spielgehilfe

S. 311 *Garangtion* — Garantie

Brummshagens — große Kartentrümpfe

kontrakarrierter — (frz.) contrecarré = widersetzlich

S. 313 *Inquisition* — statt (frz.) acquisition = Erwerbung

Himmelhogen — himmelhohes, hochbeiniges Pferd

hollen — halten

nicht gründen — keinen Grund unter den Füßen erreichen

S. 314 *söß* — sechs

nicht Hals geben können — nichts sagen können

sistituwiert — gemeint: sistiert = eingestellt

S. 319 *Holländerei* — Milchwirtschaftsbetrieb, seit dem 17. Jahrhundert nach holländischem Vorbild angelegt

Ayrshire — schottischer Bezirk, in dem hörnerlose Milchkühe gezüchtet werden (WI)

Negretti — besondere Art von Merinoschafen

S. 320 *Elektoralböcke* — im Elektorat (Kurfürstentum Sachsen) gezüchtete Schafe mit besonders feiner Wolle

S. 321 *blaue Brille aus Erlangen* — Erlangen war theologisches Hauptquartier der protestantischen »Erweckungsbewegung« in der 1. Hälfte des 19. Jahrhunderts

S. 329 *Projektionen* — gemeint: Projekte, Absichten

präter propter — (lat.) etwa, ungefähr; gemeint: nebenbei gesagt

Fisematenten — Flausen, Finten

S. 330 *kolle* — kalte

S. 332 *Justitiarius* — vom Gutsbesitzer eingesetzter Gerichtshalter für das Rittergut

S. 333 *Lastengeld* — Gewinnanteil des Inspektors an jeder verkauften Last (96 Scheffel) Korn

S. 337 *Mecklenburgische Patrimonialgerichte* — Mit dem Gut (lat. patrimonium = Erbgut) war die Privatgerichtsbarkeit des Gutsbesitzers verbunden, in Mecklenburg bis in die 70er Jahre. Der Gutsbesitzer, der einen Justitiar besoldete, behielt dafür die Strafgelder ein. (WI)

S. 339 *Kollusionen* — Durchstechereien

S. 351 *Wismer* — Hafenstadt Wismar

Kalfaterschiff — gemeint: Kauffahrteischiff; falsche Wortbildung von kalfatern = Schiffsfugen mit Werg abdichten

insuliert — isoliert

swore — schwere

Mager — Magen

insolent — gemeint: insolvent = nicht zahlungsfähig

rungeniert — ruiniert

insinuwiert — insinuiert, gemeint: eingelassen

Sehnenklapp — Entzündung der Beugesehnen an der Hinterfläche der Füße

S. 352 *Apropoh* — (frz.) à propos, gemeint: auf schlechtem Fuß

leguminieren — gemeint: legitimieren = ausweisen

S. 353 *ut den ollen Sekulum* — aus dem alten (lat.) saeculum = Zeitalter gemeint: vor 1800 geboren

S. 355 *Herodot* usw. — berühmte Zuchthengste

S. 356 *Exkutschon* — Execution, gemeint: Vorstellung

smäd't — geschmiedet

Katt — Katze

Weder — Wetter

Mantäng — Mantel, volksfranzösisch

S. 357 *Vicinalweg* — von Anliegern unterhaltener Landweg, meist in schlechtem Zustand

S. 363 *Kledaschen* — Kleider

regardiert — (frz.) regarder = ansehen, betrachten

heil und deil — ganz und gar

S. 364 *ich stech dir einen Sticken* — ich mache dir einen Strich durch die Rechnung (stecke einen Pflock davor)

Horch an's End, sagt Kotelmann — Sprichwort, sinngemäß: warte das Ende ab

berühmter Dichter von David und Goliath — Der Dichter dieses im 18. Jahrhundert in Norddeutschland verbreiteten Heldenepos ist unbekannt.

Bregen — Schädel, Kopf

planisierte — machte Pläne

S. 367 *Fitzelbän'n* — Garnfaden, der um jede Fitz (Gebinde Garn von 100 Fäden) gebunden wird

unklauk — unklug

verzahnte Dräger — Tragebalken

en Bolten dörchtreckt — ein Bolzen durchgezogen

S. 369 *Paddocks* — (von engl. pad = Klepper) eingezäunte Weidefläche als Laufgang für Pferde, insbesondere für die Aufzucht rassiger Luxuspferde (WI)

S. 372 *Rute* — 4,58 m. Dieses Maß im Quadrat ergibt ungefähr die ebenfalls als Rute bezeichnete Quadratrute (21,67 qm). (WI)

S. 377 *Ernteleitern* — Leitern am Erntewagen

S. 378 *Scheunenfach* — Fächer auf beiden Seiten der Tenne zum Aufschichten der Garben

Abstaker — Die Abstaker laden (staken) die Garben in der Scheune vom Wagen ab, *Gänge* — Wagenabteilungen, deren Leute zu verschiedenen Zeiten laden und abladen, *Garbenschichter* schichten die Garben ins Scheunenfach, *Beistaker* legen die Garben auf dem Felde auf den Wagen, *Lader* ordnen die Garben auf dem Erntewagen, *Nachharker* harken mit dem Rechen das Feld nach

S. 379 *Austwagen* — Erntewagen

Kemedi — Komödie

S. 380 *Bucklamm* — männliches Lamm, das »abgesetzt«, das heißt von der Muttermilch entwöhnt wird

Sperfektiv — gemeint: Perspektiv = Fernrohr

S. 381 *Lowbladd* — Laubblatt

verwurrn — wirr, verrückt

S. 386 *Vokatschon* — gemeint: Vokation = Berufung zu einem Amt, zur Pfarre

S. 389 *»paddagraphisch ausfündig gemacht«* — In seinen »Thesen über Diabolie« stellt Plass, seit 1852 Pastor in Serrahn am Krakower See, 6000 Teufel auf Grund von Markus 5,9 fest. Die Reuterforschung (vgl. FREGA, V, 747) hat bisher jedoch nicht ausfindig machen können, woher Bräsig die Zahl von 333 000 bezieht. Bräsig befindet sich damit zweifellos, was ihm nicht zur Unehre gereicht, in besserer Übereinstimmung mit gesicherten Erkenntnissen der protestantischen wie der katholischen Theologie als Plaß: Luther: »Der Teufel hat ein gewaltiges Kaisertum, mit vielen Fürsten und Potentaten, von denen jeder wieder von einem Haufen Teufel als Hofgesinde umgeben ist.« »Die Zahl der rebellierenden Engel war sehr beträchtlich, ohne daß es möglich wäre, sie genau festzustellen.« (Suarez: De Angelis)

S. 390 *»das ist sein Pakt«* — Auch dies stimmt genau mit Erkenntnissen der (katholischen) Theologie überein: »Man hätte unrecht, als kindische Fabel alles zurückzuweisen, was über zwischen dem Menschen und dem Bösen geschlossene Pakte berichtet wird. Die Theologie hat diese Möglichkeit des Umgangs zwischen Mensch und Dämon nachgewiesen.« (Vacant, Mangenot, Amann: Dictionnaire de Théologie Catholique, Paris 1924)

Start — Schwanz

S. 391 *behabilitieren* — (lat.) habitare, (frz.) habiter = wohnen, sich niederlassen

Anrangierung — (frz.) arrangement = Anordnung, Maßregel

krepier dich nicht — (ital.) crepare = sich ärgern, hier: sich beunruhigen

itzigen — gemeint: eigenen

S. 392 *Kläterpott* — Klatschmaul

ochsbändig — missingsch: »bannig as Ossen« = stark wie Ochsen

Staats-Infentarium — so voller Sachkenntnisse, daß er zum lebenden Inventar wie zum Staate, d. h. zum Pferde- und Kuhstall, gehört

S. 393 *pisacken* — quälen

S. 395 *ackerieren* — (frz.) acquérir = erwerben

S. 396 *nicht zu Gott will ...* — Redensart, hergeleitet von »to Goden« = zum Guten

S. 397 *Wilhelm* — Kutscher von Fritz Peters

Siden-Bollentin — Auf dem von Fritz Peters gepachteten Gut Siden-Bollentin feierte Fritz Reuter oft das Weihnachtsfest. Die Freundschaft mit Peters entstand, als Reuter bei dessen Schwager Rust auf Demzin von 1842—1845 als »Strom« (Volontär) arbeitete.

Nebelkappe — Weibliche Kopfbedeckung aus Tuch, die unter dem Kinn zugebunden wurde und unten mit einem kragenartigen Ansatz abschloß.

biderb — biedermännisch, redlich, treuherzig

S. 399 *von der Heydt, Manteufel* — Spielarten im Whist

S. 401 *Gutspaß* — wurde den Knechten ausgestellt, die mit landwirtschaftlichen Erzeugnissen zur Stadt fuhren, um die Herkunft der Ware von einem nicht landzollpflichtigen Rittergut auszuweisen

S. 413 *Halbchaise* — halboffener Wagen

S. 417 *müntern* — aufmuntern

Paris — für Paradies

»Was hat man dir . . .« — aus Goethes Mignon-Lied

S. 418 *Reputatschon* — gemeint: Reputation = guter Ruf, (frz.) réputation

stökert — stochert, kitzelt mit einem Stecken

S. 419 *drad* — bald

Kreih — Krähe

schellen — schelten, benennen

for sein Voll nehmen — sich bieten lassen

S. 421 *»Dich grüßt noch sterbend . . .«* — aus dem Gedicht »Kolumbus« von Luise Brachmann, einer 1797 in Schillers »Horen« und »Musenalmanach« publizierenden Dichterin

S. 423 *Demolei* — (frz.) démêlé = Streit, Händel; auch von demolieren

S. 424 *Zanzel* — unordentliches Weibsbild

Veih — Vieh

vors Brett — gemeint: vor den Richterstuhl

S. 425 *verdeffendieren* — (frz.) défendre = verteidigen, beschützen

S. 426 *Distelstang, die der Deuwel* — Matth. 13, 25 u. 39

S. 436 *»Wüstenkönig ist der Löwe«* — Beginn des Gedichtes »Löwenritt« von Ferdinand v. Freiligrath (1810—1876)

S. 437 *»Das Band ist zerrissen . . .«* — Studentenlied von August von Binzer

S. 443 *Luggerdors* — Vergleich der gelbfarbigen Rapsblüten mit den Goldstücken (Louis d'or), die sich mit der Rapsernte verdienen lassen

David und König Saul — nach 1 Sam. 16, 23

die *swarzen*, aber die *grisen* — Von den zwei Arten der Rapskäfer, auch Verborgenrüßler genannt, hält Bräsig die grauen für schlimmer als die schwarzen. (WI)

kunträr — (frz.) contraire = widrig, nachteilig

S. 444 *pour paster la tante* — (frz.) pour passer le temps = zum Zeitvertreib

à la boncoeur — (frz.) à la bonheur = aller Ehren wert, recht so *aufstunns* — zur Stunde, zur Zeit

Satisfikatschon — (frz.) satisfaction = Befriedigung, Genugtuung

S. 445 *dal* — gesenkt

as hätt ihn der Bull lickt — sprichwörtlich: wie vom Bullen geleckt

Hawern köpen — Hafer kaufen

S. 446 *Bansen und Fächer* — Scheunenteile, in denen Getreide bis zum Dreschen aufbewahrt und später Stroh zusammengepackt wird

Schwindelhafer — taube Trespe

S. 448 *Masumm* — (jiddisch) Geldbetrag, Summe

Nikodemus in der Nacht — Johannis 3, 1—2, für unerwartet

S. 453 *Tatterleben* — (jiddisch) Vater

S. 454 *Patriotischer Verein* — »Mecklenburgischer Patriotischer Verein«, 1817 aus der 1798 gegründeten »Landwirtschaftsgesellschaft« hervorgegangen, diente dem gegenseitigen Erfahrungsaustausch der Landwirte

S. 460 *Parpendikel* — für Konventikel, kleine Zusammenkunft

S. 461 *Jakobitag* — 25. Juli, an dem die Roggenernte begonnen wird

verrenowiert — gemeint: renoviert = erneuert

S. 462 *estimieren* — (frz.) achten

S. 463 *aufs Nest schneren* — am Nest festbinden, wie man es mit brütenden Hennen tut

S. 464 *verschwarzen* — schwarz werden

Schnudder — (jiddisch) Bettler

S. 465 *hohalieren* — etwa: dir hoha! kommen, dich mir vorknöpfen

kapores — (jiddisch) kaputt, hier gemeint: pleite

S. 467 »*Tante Voss*« — gemeint: die liberale »Vossische Zeitung«, Berlin

S. 468 *das litte ja wieder die Ritterschaft nicht* — Die Rittergutsbesitzer im Landtag waren dafür bekannt, daß sie alle Neuerungen ablehnten.

S. 472 *jog plängschass* — jagte pleine-chasse, gemeint: galoppierte in voller Jagd *in'n Glopp durch die Strassen bädelte* — im Galopp durch die Straßen sprengte

S. 473 *Perkutschon* — gemeint: Perkussionsgewehr, mit einem mit Knallquecksilber gefüllten Kupferzündhütchen statt der früher üblichen Feuersteine

Kanonisierung — eigentliche Bedeutung: Heiligsprechung, gemeint: Kanonade

S. 475 *Harwst* — Herbst

Bäuk — Buche

»Emanzipulatschon oder sonstwas« — gemeint: »Emanzipation«, aber zugleich durch »Manipulation« bereicherte neue Wortschöpfung *Bräsigs*, die eine interessante Vorausschau auf die Entwicklung des Freiheitsproblems eröffnet. »Manipulation«, heute als Inbegriff der Mechanismen verstanden, durch die in der »verwalteten Welt« totale Fremdbestimmung sich durchsetzt (*Horkheimer/Adorno:* Dialektik der Aufklärung, Amsterdam 1947), »Emanzipation« als Gegenbewegung mit dem Ziel, dereinst »Emanzipation der Gattung« (was immer das sein mag) zu bewirken (*Habermas:* Legitimationsprobleme im Spätkapitalismus, Frankfurt 1973), sind relevante (vgl. *unsere Anm.* zu »elewant« S. 676) Zentralvorstellungen der sog. »Kritischen Theorie« der »Frankfurter Schule«. *Bräsigs* bereits 1848 mit seiner Wortschöpfung »Emanzipulation oder sonstwas« geleistete Verschmelzung dieser beiden Kategorien zu einer neuen Zielvorstellung, in welcher nach dem Kontext positiver, emanzipatorischer Akzent durchaus vorwaltet, muß als ein über die bisherigen Positionen der »Frankfurter Schule« emanzipativ, also befreiend hinausführender Schritt bzw. Akt verstanden werden, der von dieser überraschenderweise bisher weder gewürdigt noch hinreichend reflektiert worden zu sein scheint.

Tater — Zigeuner

S. 480 *Lavement* — (frz.) Einlauf, gemeint: lavieren = sich geschickt verhalten

S. 483 *Bramwinsbrenneri* — Branntweinbrennerei

S. 484 *Vurtel* — Vorteil

S. 488 *Parzellierung* — Aufteilung, hier gemeint: Zerschlagung, Vernichtung seines ehrlichen Namens

Separatschon — (frz.) séparation = Trennung

S. 489 *Bost* — Brust

S. 491 *Dezem* — den Zehnten, hier: gebührender Anteil, Strafrede

S. 493 *partie egal* — gemeint: (frz.) partout égal = ganz und gar gleichgültig

Expektatschon — gemeint: Expectoration = Äußerung

glattsnacken — schönreden, zum Munde reden

S. 494 *präkavieren* — (lat.) praecavere = sich vor etwas hüten, gemeint: sich vorbereiten

S. 495 *Alf* — albernes Geschöpf

S. 496 *rustern* — gemeint: rosten

Eiserkasten — Kasten für eisernes Handwerkszeug

S. 498 *Existenten* — gemeint: Existenzen, nachkommenschaftliche Existenzen = Enkel

S. 502 *so was krauft nich auf den bäwelsten Bähn* — Redensart, die starke Verwunderung ausdrücken soll: so etwas findet man nicht einmal auf dem obersten Dachboden

S. 503 *auf den Proppen setzen* — in Verlegenheit bringen

verbittst dich — gemeint: bittest um Verzeihung

S. 505 *Lebermann* — ein umgänglicher, lieber Mann

akkerinenrat — Steigerung von ›akkurat‹ = genau, also: genauestens

S. 506 *prick* — ganz genau

S. 507 *Lack* — Makel

Snickermus ... — Kinderreim, um die Schnecke (Snickermus) aus ihrem Haus zu locken

S. 508 *Speckengel* — Wucherer

S. 510 *seine Hilfstruppen* — Plato (427—347 a. C.) und Aristoteles (384 bis 322 a. C.), griechische Philosophen. Xenophon (ca. 430—354 a. C.), griechischer, Livius (59—17 p. C.), Tacitus (50—117), römische Geschichtsschreiber, Cicero (106—43 a. C.), Roms größter politischer Redner (und Philosoph)

S. 511 *»politisch gebildete Zuhörer«* — Diese Form wohlwollender Einschätzung seines Publikums durch Rektor *Baldrian* ist zugleich ein Vorgang, bei dem die frappierende und ganz und gar nicht selbstverständliche Zusammenstellung der Begriffe »Politik« und »Bildung« in Deutschland zum ersten Mal sichtbar wird. Bei *Goethe* findet sie sich noch nicht, dagegen später bei *Treitschke*.

S. 512 *Blauholz* — braunrotes, blau färbendes Kernholz des amerikanischen Campaechebaumes

Kalte Küpe — Färberbottich zum Kaltfärben

Indigo — blauer Farbstoff mehrerer tropischer und einheimischer Pflanzen, heute meist künstlich hergestellt

S. 513 *Takel* — Gesindel

S. 514 *Stadtbollen* — Stadtbullen = Zuchtstiere für die Kuhherde der Gemeinde; derjenige, der sie unterbrachte und fütterte, erhielt erhebliche Entschädigungen, so z. B. die Nutznießung einer städtischen Wiese. (WI)

Schacht — Prügel

die beiden Kerle auf dem »Wilden-Manns-Gulden« — Wildemannsgulden, eine braunschweigisch-lüneburgische Münze mit faunartigen Waldmenschen als Schildhalter des herzoglichen Löwenwappens

Chausseegeld — Die erste Steinstraße in Mecklenburg, ein Stück der großen Hamburg-Berliner Chaussee, wurde erst 1826 durch eine englische Gesellschaft erbaut; Chausseegelder wurden innerhalb des Landes erhoben, ebenso wie »Zölle, die an 83 landesfürstliche Stellen gezahlt werden mußten. Der Ertrag (der Zölle) lag bei etwa 60 000 Talern jährlich« (Treitschke).

Nationaleigentum — Nach dem Muster der Inschrift, die 1848 auf dem Berliner Palais des späteren deutschen Kaisers Wilhelm I. angebracht wurde

S. 518 *Tagelöhner-Elemente* — gemeint: Emolumente = Bezüge der Tagelöhner in Naturalien

piplings — in Strömen

Rückenblut und Rotwasser — Milzbrand und Blutharnen

Danzmeister — Bezeichnung für abgemagertes Vieh

abtragen Slag — Ackerstück im letzten Bestellungsjahr vor dem Brachjahr

attrapiert — (frz.) attraper = erwischen, gemeint: ertappt

S. 519 *Galoschen* — gemeint: Glossen

»... Armut ... von der großen Powerteh ...« — (frz.) pauvreté = Armut. *Bräsigs* bekanntes Aperçu hat unterschiedliche Auslegung erfahren, von Ignoranten abgesehen, die darin eine bloße Tautologie erblicken wollen. *Ihrke* (FREGA V, 751) interpretiert den

Ausspruch eng spezialistisch-historisch, verweist auf »die Knauserigkeit ..., zu der die Bevölkerung, insbesondere die ländliche, durch die Krisenjahre hinsichtlich der Aufträge an städtische Handwerker und der Einkäufe bei den Kaufleuten gezwungen worden sei«, und beruft sich dafür auf *Seelmann.* Demgegenüber erhärten die Arbeitsergebnisse der nationalökonomischen Forschung durchgehend die übliche Auslegung von *Bräsigs* Beobachtung in ihrer weitesten und allgemeinsten Bedeutung, insofern sie die Armut und insbesondere den Mangel auf den Naturzustand zurückführt. Gegen diesen bemüht sich die klassische (»bürgerliche«) Nationalökonomie, ihre dem »ökonomischen Prinzip« (»mit Einsatz eines knapp bemessenen Mittelvorrats maximale Erfolge anzielen«, *Lothar Schmidt*) entsprechenden Instrumentarien zu entwickeln und anzuwenden, wohingegen die auf dem sog. »wissenschaftlichen Sozialismus« von *Marx, Engels* fußende »Polit-Ökonomie« zusichert, jenen Naturzustand durch Abschaffung des Privateigentums an den Produktionsmitteln sowie Nichtbeachtung des ökonomischen Prinzips außer Kraft setzen zu können. Ob *Zacharias Bräsig* allerdings bereit gewesen wäre, auch den Auffassungen der zuletzt gekennzeichneten Schule vollinhaltlich beizutreten, mag füglich bezweifelt werden (vgl. S. 423, 475, 476, 517).

S. 520 *»Hohe Lorbeern stehen, ...«* — Aus »Nachtlied des Kriegers«, vertont von C. Blum (1786—1844)

S. 521 *monkieren* — gemeint: mokieren

rumexieren — gemeint: herumexerzieren

fetiert — von frz. fêter: gefeiert

impenetranter Kerl — gemeint: impertinenter Kerl; *impenetrant:* Verschmelzung aus »impertinent« = ungehörig, und »penetrant« = zudringlich

S. 522 ... *Dirt* — widerliches, wurmstichiges, verwachsenes Wesen

S. 529 *Kropp* — Pferdekrankheit, eitrige Drüsenanschwellung, hochdtsch. Druse

Sadelstut — Sattelstute

Inflorentia — gemeint: Influenza

S. 533 *Swesting* — Schwesterchen

S. 535 *acht Schilling preußschen Courant* — 50 Pfennige; 1 Schilling = 1/32 Taler

Konfusionen — gemeint: Kollusionen = Durchstechereien

hellschen — höllisch

S. 536 *Element* — Eleve

verjag dich nicht — gemeint: erschrick dich nicht

S. 537 *entgegen wie Kuckuck und Siebengestirn* — Das Siebengestirn wird erst sichtbar, wenn der Kuckuck, Anfang September, nicht mehr zu hören ist.

S. 538 *sentimal* — gemeint: sentimental

fieß — faßte

Massive — gemeint Missive = Bittschrift

liehrt — gelernt

S. 539 *Ganaschen* — untere Kinnlade beim Pferd

bonus — (lat.) gut

S. 540 *delenkat* — gemeint: delikat

dekoffrieren — (frz.) se découvrir = sich aufklären, sich eröffnen

vermorrnzu — gegen morgen

S. 542 *important* — (frz.) important = wichtig

»elewant« — oder (andere Schreibweise): »elefant« — gemeint: (lat.) »relevant« = wichtig, wesentlich. »Relevant«, seinerzeit aufs Juristendeutsch beschränkter Ausdruck, inzwischen jedoch auch bei juristischen Laien wie z. B. *Bräsig* gebräuchlich und ausgesprochen beliebt, teilt diese Gunst u. a. mit der heute im politischen Raum gern verwandten Bezeichnung »Chaote«, die ebenfalls dem Vormärz, hier der Studentensprache, entstammen dürfte. In der Schreibung »Kaote« taucht sie 1860 in einem Brief *Reuters* auf, im Gegensatz zu heute aber in eindeutig herabsetzendem Sinn.

kompertinent — gemeint: dazugehörig. Diese nach Juristendeutsch klingende Wendung ließ sich nicht nachweisen, ist aber aus: casūs cum pertinentiis (lat.) = Fälle mit Dazugehörigkeiten korrekt abgeleitet — Beispiel für *Bräsigs* kreative Kombinatorik. Vgl. auch *»Emanzipulatschon«*, *»impenetrant«*, *»importieren«*, *»sich behabilitieren«*

Schapp — Schrank

S. 542 *in puncto cichuriarum* — statt: iniuriarum = wegen Beleidigung *arretiert* — gemeint: irritiert

Pardullge — (frz.) bredouille = Mißerfolg, Niederlage; Verlegenheit

S. 543 *gänzlich unbewußter Mensch* — Vorwegnahme von Erkenntnissen der Psychoanalyse: ein Mensch, dessen Ich die Integration des Es, »das der Träger der Triebregungen ist«, sowie des Über-Ich, »das die für den Menschen charakteristischen Triebhemmungen vertritt« (*Freud:* Ges. Werke, 1948, V., 302), mißlungen ist. Antizipationen dieser Art mögen es gewesen sein, die den großen *Moritz Lazarus,* Schöpfer der Völkerpsychologie, veranlaßt haben, sich zu den Bewunderern *Zacharias Bräsigs* zu zählen (vgl. *Moritz Lazarus:* Vom Leben der Seele, 2. A., 1882—85, II, 376), zu welch letzteren übrigens auch *Sigmund Freud* selber gehören dürfte (vgl. Brief v. 19. 4. 1884 an Martha Bernays, *Freud,* Briefe 1873—1939, Frankfurt/M. 1960, S. 113).

echter Freitag — nächsten Freitag

Totum — gemeint: Faktotum

S. 544 *immerierter* — gemeint: emeritierter

apopoh — gemeint: (frz.) à propos = bei dieser Gelegenheit

S. 545 *»Ein Leipziger Student ...«* — im 18. Jahrhundert viel gesungenes Lied von Picander

»Custine schickt ...« — Volkslied auf die Belagerung der Stadt Mainz 1792 durch den französischen General Custine

Sukkurs — Hilfe, hier durch ein Entsatzheer

S. 548 *Aportendräger* — gemeint: Zwischenträger, in Informationsbeschaffung und -vermittlung vornehmlich tätiger Förderer zwischenmenschlicher Beziehungen

S. 549 *Dreibergen* — Landesstrafanstalt bei Bützow

nach Bützow ins Kriminal — für Strafsachen, für die die Untergerichte nicht zuständig waren, gab es in Bützow bis 1897 das Kriminalkollegium

S. 551 *exküsierten* — (frz.) s'excuser = sich entschuldigen, hier: sich davonmachen

Kunserstorium — gemeint: Konsistorium, die geistliche Behörde in Rostock

Desperatschon — gemeint: Dispensation = kirchliche Genehmigung zur Wiederverheiratung

Desperatschon — gemeint: despération (frz.) = Verzweiflung

Karnallgen — (frz.) canaille = Schurken, Gesindel

S. 552 *Prügel in der Gewohnheit* — Als Reuter die »Stromtid« schrieb, gab es in Mecklenburg noch die Prügelstrafe. Sie wurde erst 1865 eingeschränkt und 1870 gänzlich abgeschafft.

gehurrickt — heimlich gehütet

S. 553 *nahsten* — später

S. 556 *borborschen* — gemeint: barbarisch

S. 558 *Dünndarwigkeit* — Schmächtigkeit

kläterige Dickmilch — wässerige dicke Milch

Holländerfrau — Frau eines Mannes, der die Milchwirtschaft betreibt

S. 563 *Du sollst in Schmerzen gebären ...* — Geschichte vom Sündenfall; vorgeschriebene Trauformel der mecklenburgischen Kirchenordnung.

Das Hohe Lied Salomonis — ironisch: Das Hohelied ist ein in sehr sinnlichen Bildern geführtes Liebesgespräch. (WI)

S. 567 *Angterschahs* — (frz.) entrechats = Kreuz-Luftsprung, im Ballett

S. 568 *Kleiderordnung des Grafen Kuno v. Hahn* — Erblandmarschall Kuno Graf v. Hahn (1832—1885) auf Basedow verlangte von seiner Dienerschaft, daß sie in schwarzem Leibrock und weißer Halsbinde vor ihm erschien.

General Knusemong — scherzhaft gebildeter Name aus »que nous aimons«: (frz.) = was wir lieben

S. 579 *Viert Tüflen* — 1/4 Scheffel Kartoffeln

S. 581 *rezipierter Adel* — im Gegensatz zum eingeborenen Adel erst nach 1572 in den Adelsstand aufgenommen

»Mich fliehen alle Freuden ...« — Lied aus dem Singspiel »Die schöne Müllerin« von Paesiello (gest. 1816)

Mamselljäse — gemeint: Marseillaise = frz. Nationalhymne

partie — richtig: patrie (frz.) = Vaterland

S. 583 *12 Schilling* = 75 Pfennige

S. 584 *»Swester mit das Leinwandmieder, Bruder in das Ordensband ...«* — Verballhornung des Liedes »Im Kreise froher, kluger Zecher« v. Ch. Otto (1763—1828)

»nicht König von Frankreich werden« – Bräsigs gewalttätige Reaktion auf diese doch nur metaphorisch gemeinte Aufforderung erklärt sich einleuchtend durch die für einen aufrechten Republikaner – als den man B. trotz unbezweifelbarer Loyalität zu seinem Großherzog ansehen möchte, geäußert hat er sich darüber freilich nicht – beleidigende Unterstellung, nach Macht statt nach ihrer Abschaffung durch rationalen Diskurs zu streben, noch dazu im Bezugsrahmen eines Staatswesens, dessen republikanische Brüchigkeit durch die Machtergreifung des Abenteurers Louis Bonaparte, vulgo Napoleon III., alsbald offenkundig werden sollte. B.'s Verhalten antizipiert idealtypisch eine auch heutzutage, etwa bei ernsten Friedensforschern, zu beobachtende Ambivalenz: einerseits Herrschaft, für die Aufrechterhaltung von Gesellschaft funktional unerläßlich, gleichwohl als verabscheuungswürdige Ausprägung abstrakter »struktureller Gewalt« einzustufen, andererseits im Dienste ihrer Beseitigung der energischen Anwendung konkreter, »personaler Gewalt« (Bräsigs Kreuzdorn) zumindest nicht zu widerraten (*Lars Dencik* in: *Dieter Senghaas* (Hsg.): Kritische Friedensforschung, Frankfurt 1973). Es wäre dankenswerte Mühewaltung nicht nur der Bräsig-, sondern wohl auch der sog. »Kritischen Friedensforschung« selbst, in dies verwickelte Verhältnis Licht zu bringen.

S. 591 *Bonjourlocken* – (frz). pour les bons jours = für die Feiertage besonders kunstvoll hergerichtete Locken

S. 592 *Pottmaß* – Flüssigkeitsmaß = 4/5 Liter

S. 595 *zu Raum kommen* – zum Vorschein kommen

Kasten! – Redensart, eigentlich vom Versagen des Feuerschlosses gebraucht, gemeint: ist nichts.

S. 596 *Sugillationen* – blutunterlaufene Stellen

S. 599 *Deputäter* – Tagelöhner, der statt Geld Korn usw. erhält

S. 600 *Madergrube* – Modergrube

S. 610 *Memme* – (jiddisch) Mutter

S. 612 *Alfanzereien* – Albereien

S. 620 *pöh a pöh* – (frz.) peu à peu = nach und nach

S. 621 *huhlwaken* – heulen und wachen

Relais – Wechselpferde vorausgeschickt

S. 629 *jichtens* — irgend

S. 631 *Globen* — Glauben, Gedanken

S. 632 *Schosen* — (frz.) chose = Sache; »dumme Sachen«

Strämel — Streifchen, eine Weile

Eddelmanns-Nücken — Edelmannsschrullen

S. 636 *Wo uns dies woll kleid't?* — Was daraus wohl werden mag?

S. 641 *Jene Bretter, die dem Stamme Juda zustehen* — Hier irrt Reuter: Nur religiös oder durch aaronidische bzw. davidische Abstammung ausgezeichnete Persönlichkeiten hatten Anspruch auf eine Beerdigung mit einer besonderen Anzahl (6) von Brettern. (Auskunft von Prof. *Ernst Roth,* Landesrabbiner von Hessen, 9. 7. 1975)

Kamisol — eine kurze Jacke, die über dem Hemd getragen wird

Fissuren — Verletzungen der Schädelknochen

S. 642 *sind im Mecklenburgischen Gesetzbuch nicht vorgesehen* — Das Mecklenburgische Gesetz erkannte nur die Züchtigung der Dienstboten mit dem Stock, nicht aber mit der Feuerzange an.

Pomuchel protestierte, appellierte, supplizierte: er versuchte das Urteil, anzufechten, Berufung einzulegen und eine Bittschrift einzureichen.

Zu dieser Ausgabe

Diese Ausgabe unternimmt es, das Hauptwerk des Erzählers Fritz Reuter dem hochdeutschen Leser zu erschließen. Dies wurde notwendig, weil die Kenntnis des Plattdeutschen, sogar in Norddeutschland, anscheinend unwiderruflich zurückgeht. Das Wagnis, den plattdeutschen Klassiker hochdeutsch reden zu lassen, wird sicherlich nicht überall freundlich gewürdigt werden; gleichwohl könnte es seine Rechtfertigung finden: Goethe bemerkt einmal, eine Übersetzung erwecke, wie eine verschleierte Schöne, beim Leser die unwiderstehliche Neigung nach der unverschleierten Pracht des Originals.

Manche Versuche von Vorgängern sind wohl daran gescheitert, daß sie, bei gründlicher Kenntnis des Mecklenburger Platt, doch jene deutlichen Hinweise geringgeschätzt oder übersehen haben, die Reuters eigene hochdeutsche Diktion daraufhin gibt, wie eine von ihm selbst veranstaltete hochdeutsche Ausgabe seiner plattdeutschen Schriften, die er ja keineswegs *grundsätzlich* ablehnte, sich wohl ausgenommen hätte: keinesfalls, wird man folgern dürfen, »platt« oder undifferenziert.

Demgemäß haben wir uns bemüht, uns an Reuters hochdeutschen Tonfall anzulehnen, wie er z. B. in der bezaubernden spätbiedermeierlichen Idylle »Aus meiner Vaterstadt Stavenhagen« vernehmbar wird. Auch haben wir manche Wendungen und Einzelheiten aus Reuters hochdeutschen Schriften und Briefen übernommen, besonders, mit dankbar vermerktem Einverständnis des Inhabers der Rechte, aus Reuters nachgelassenem, erst 1930 veröffentlichten Romanfragment »Herr von Hakensterz und seine Tagelöhner«, der sog. hochdeutschen Urform der »Stromtid« (die dieses nun freilich gerade *nicht* ist). Gelegentlich wurde behutsam zu verdeutlichen versucht, was dem zeitgenössischen plattdeutschen Leser Reuters in der Form der Anspielung noch geläufig war, heute aber nahezu unverständlich bleibt.

Ansonsten aber war uns der Text heilig. So blieben die mitunter ein wenig betulichen hochdeutschen Dialoge, zumal aus der Adelssphäre, einige geringfügige Glättungen abgerechnet, wie sie waren. Auch wurde gelegentlich Plattdeutsches im Dialog dort stehengelassen, wo es, ohne das Verständnis zu beeinträchtigen, charakterisierende oder illustrierende Funktion hat – auch in den »Buddenbrooks« wird ja gelegentlich plattdeutsch gesprochen. In der Wiedergabe des plattdeutschen Dialogs selbst wurde auf Umgangssprachliches zurückgegriffen, zugleich aber nach Möglichkeit die charakteristische Syntax nachgebildet, so daß zwar keiner der heutigen umgangssprachlichen Lokaldialekte getroffen wird, beim Leser aber möglicherweise doch ein Eindruck von dem behäbigen und bedachtsamen Tonfall entsteht, der dazumal im Lande Mecklenburg zu hören war.

Freilich, Bräsigs schwadronierenden Redefluß in seiner eigenartigen Sprechweise wagten wir nicht anzutasten, Bräsigs »Missingsch« ist zugleich Reutersches Urgestein. Auch scheint Bräsigs Sprache selbst Süddeutschen kaum Schwierigkeiten zu bereiten, wohl aber ein nicht geringes Vergnügen. Möglicherweise gewinnt Zacharias Bräsig derart gegenüber den anderen Figuren des Buches noch mehr an Kontur, als ihm im Urtext ohnedies zufällt. Hiermit aber glaubten wir uns abfinden zu dürfen, ist Bräsig doch, wie der Erzähler der »Stromtid« versichert, »die Hauptperson«.

Nicht zuletzt sollte auch das Schriftbild dem deutlicheren Herausarbeiten der Struktur dienen. In seiner ursprünglichen Form präsentiert es sich, den Zeitgepflogenheiten und vielleicht auch der Sparsamkeitsmanie von Reuters Verleger C. D. Hinstorff entsprechend, mit seinen ineinander verschachtelten, unermeßlich aufgequollenen Absätzen sowie seinen zahllosen Gedanken- und Punktstrichen für den heutigen Leser reichlich unübersichtlich und verwirrend. Dem war jedoch durch leichte Modernisierung der Interpunktion und durch Vermehrung der Absätze und Unterabschnitte unschwer abzuhelfen.

Der Anmerkungsteil enthält unter nach Seitenzahlen des Romans geordneten Stichworten das zum Verständnis sprachlicher Eigentümlichkeiten wie des geschichtlichen Hintergrunds wohl Unerläßliche. Zum Zweck auflockernder Erheiterung wurden freilich, gewissermaßen in der Nachfolge Zacharias Bräsigs, gelegentlich auch sachlich durchaus motivierte Abstecher in Randgebiete veranstaltet, für die wir seitens des doch gewiß interessierten und möglicherweise darüber hinaus etwa gesellschaftspolitisch engagierten, mit einem Wort: politisch gebildeten Lesers auf Nachsicht wie vielleicht sogar Beistimmung rechnen dürfen.

Zum eigentlichen Verständnis des »Lebens auf dem Lande« – der »Stromtid« – bedarf es keines Kommentars: die Erzählung trägt sich selber vor. Gleichwohl wäre einiges über Hintergrund und Bedeutung zu sagen.

Der Erzähler stellt sich die Aufgabe, zu berichten, wie es mit den schlimmen Jahren nach 1830 in Mecklenburg denn eigentlich bestellt gewesen und wie die Menschen sie bestanden haben. Mit dem Blick auf die große Krise, auf die durch den Einbruch moderner, kapitalistischer Erwerbsmethoden ins überkommene Landwirtschaftsgebaren ausgelösten Transformationsschwierigkeiten, stellt sich die »Stromtid« unter das Generalthema des realistischen Romans der Epoche, von Balzac bis Zola – ein Vorgang, dem in Deutschland ansonsten nur zögernd gefolgt worden ist. Daß die Vergegenwärtigung eines solchen epochalen Wandlungsprozesses, noch dazu in einem einzigen Buch, von jenen reizvollen Genrebildchen vielleicht abgesehen, deren Anfertigung Reuters Verliebtheit ins vergnügliche Detail ihm abverlangte, dann doch so prall und überzeugend gelang und dem Leser damit zugleich ein großes Fest des Erzählens angerichtet wurde, das hat ebensosehr mit der Übersichtlichkeit und zugleich Weltverbundenheit von Reuters Region und Lebenssphäre zu tun wie mit seiner eigenen, problematischen, langwierigen und umwegigen Entwicklung als Mensch und als Schriftsteller, die dann dem Werk als reife, epische Substanz zugute kam. Weisheit und Humor, tiefeindringende Menschlichkeit und ein sogar Klassenschranken überwindendes Mitleiden mit der bedrängten Kreatur, mit den Erniedrigten und Beleidigten, das Reuter den großen Russen annähert, ließen die »Stromtid« zu einem bedeutenden und heiteren Buch von zarter Gesittung werden – kein Wunder, daß es der Freundeskreis um Clara Schumann zum Lieblingsbuch erkor – und zugleich ein solches für Zeiten der Not, vor allem der inneren Bedrängnis.

Der skandalöse politisch-soziale Hintergrund – das von Schloezer, Stein und Treitschke gegeißelte verrottete Ständeregiment in Mecklenburg, wo bis 1870 Dienstmädchen von ihren Herrschaften rechtens geprügelt werden durften, wo, von Steuern und Abgaben nahezu befreit, die Herren auf ihren Rittergütern es sich wohlgehen lassen konnten, während der kleine Mann, zumal wenn Mißwuchs eintrat, Hunger litt und die Kinder mit dem Bettelsack über Land geschickt wurden – wird von Reuter nur unaufdringlich ins Bild gebracht. Indem er sich in der »Stromtid« der Anklage enthält, läßt der Autor die Zustände um so nachhaltiger sich selbst bloßstellen. Vor diesem düsteren Hintergrund heben sich freilich jene Menschen, wie »der Landrat von Oe., der Kammerherr von E., auch unser alter Moses und noch manch anderer, die reiche Frucht in diesen schlimmen Zeiten trugen«, um so leuchtender ab. Selbst dort, das ist Reuters Meinung, wo die Zustände so heillos wie unverbesserlich scheinen, ist es der Mühe wert, den Menschen zu helfen und Gutes zu wirken.

Und Bräsig, die Hauptperson, Reuters anderes Ich, wie manche Biographen gemeint haben? Bräsig von allen Gestalten Reuters ist wirklich volkstümlich geworden, auch wohl deshalb, weil er nicht ausschließlich die simpel-komische Figur ist, für die er gemeinhin gilt: ein kleiner Mann in jeder Hinsicht, von Statur wie von Herkommen, ein Plebejer durch und durch, ausgestattet auch mit jenem bekannten, freilich kritisch geschärften Sinn fürs Höhere, selbstgefällig, aufmüpfig, sentimental und zugleich nicht ohne Züge früh anerzogener Servilität, ist er ein Verwandter des Figaro. Er wird Demokrat geheißen, was nach der Definition von Johann Heinrich Voss bedeutet: »ein neues Schimpfwort für den, der nicht alles Hergebrachte für unverbesserlich hält«. Aber er steht durchaus auch auf eigenen, wenngleich etwas zu kurz geratenen und verdrehten Beinen: Er ist jemand, der »den Mut hat, sich seines eigenen Verstandes zu bedienen«. Er kommt »ut dem ollen Seculum«, entstammt noch dem 18. Jahrhundert, ist in seiner streitbaren Hochherzigkeit und seinem praktischen Weltverstand eine norddeutsche, aufgeklärte Mischung aus Don Quichotte und Sancho Pansa – mit einem Einschlag vom Ulenspiegel.

Seine Fremdwortmanie, mit der er eher kokettiert, als daß sie ihn am Kragen hätte, ist zugleich Kritik an kleinbürgerlicher Großtuerei und am Bildungsprotzentum. Übrigens bedient er sich des französischen Vokabulars, das er als Inspektor, unten an der Tafel seines »gnedigsten Herrn Grafen« aufgeschnappt hat, sowie der lateinischen Wendungen, die er außer der Zeitmode wohl der »Kunditschon« »aus seine kindliche Johren« beim guten Pastor Behrens verdanken mag, mit einem erstaunlichen Gespür für das Richtige, wobei er (oder Reuter) sich oft als ein besserer, mindestens witzigerer Kenner der Humaniora und Romania erweist als mancher seiner späteren Kommentatoren. Bräsig ist eine ebenso belustigende wie rührende Verkörperung dessen, was Menschen im Streben nach Selbstverwirklichung auch unter bedrängten Verhältnissen zu vollbringen vermögen.

Freilich ist unser Freund Bräsig eine komische, zudem ist er eine von einem ausgewiesenem Humoristen erschaffene Figur, und dies könnte ihr möglicherweise Abbruch tun, denn es hat gegenwärtig fast den Anschein, als sei vor lauter bitterböser Gesellschaftskritik das Lachen aus der Mode gekommen und mit ihm zusammen der ganze große Bereich des Schönen und Unnützlichen in Verruf geraten.

Und dabei sind es gerade diese beiden und keine anderen Phänomene der geistigen Welt, die solche Kritik überhaupt erst ermöglichen und zugleich das Kritisierte und zu Kritisierende erträglicher machen: die

vom Humor bewerkstelligten »Himmelfahrten der bedrängten Seele« (Jean Paul) sind das Refugium und Trostmittel für die Leidenden und an der Welt Leidenden, und das Schöne, als Vorschein einer menschlicheren Existenzform, wäre wohl nachgerade als Grundlage und Bedingung für jedes soziale und politische Engagement anzusehen.
Doch sollte man ja wohl Moden und zumal geistige Moden nicht überbewerten: ihr Kennzeichen ist, falls sie sich nicht gerade zu politischen Herrschaftssystemen verdichten und verfestigen, daß sie vorübergehen und durch andere Moden abgelöst werden.
Es war nie ganz leicht, Humor angemessen zu definieren. Schopenhauer nannte ihn »den hinter Scherz versteckten Ernst«. Fritz Mauthner hat vor Jahren an einen wesentlichen Beitrag Jean Pauls zu dieser nicht endenwollenden Bemühung erinnert. Die Romantiker, Schlegel und die Seinen, meint er, hätten sich auf eine »Erziehung zur Kunst« eingelassen. Jean Paul aber habe sich, als Humorist, als »Erzieher zum Leben« verstanden. Derlei könnte mit gutem Grund wohl auch für Fritz Reuter und seine »Stromtid« in Anspruch genommen werden.

Frankfurt, im Juni 1975

Friedrich Minssen

Inhalt

10 Konduitenlisten

Der Herr Leutnant in Ängsten. Wie ihm erst David mit Geißeln und danach Schlitzohr mit Skorpionen zuleibe geht. Er geht der Sache aus dem Wege, beginnt zu sparen und die Landwirtschaft zu studieren. Wie der Teufel zuerst den Professor Liebig ritt, daß er ein infames Buch schrieb, und dann Axel, daß er die Menschheit beglücken wollte, und schließlich den alten Obersten, daß er Konduitenlisten schrieb. Daß der Herr von Soundso eine hübsche Tochter hatte, und daß er eigentlich »Herr von Satrup auf Seelsdorf« heißt. – Daß Axel sich in einem schwarzen Frack trauen läßt.

Seite 149

11 Palmsonntag

Weshalb Fritz Triddelfitz sich den Rücken kühlen ließ, und weshalb Marie Möllers ihm die Waschschüssel über den Kopf stülpte. – Ein Sonntag. – Franz sieht etwas anders, als er es sonst sieht, und Bräsig wirft wegen der großen Wasserfrage einen Taler in den Klingelbeutel und schenkt Mining ein Dutzend bunte Taschentücher. Daß der Weg von der Kirche zum Traualtar gerader verläuft als der vom Ballsaal aus. – Wie Mining durchaus eine Erzieherin werden soll, bis der Pastor die Sache wieder ins reine bringt.

Seite 162

12 Liebesbriefe

Fritz Triddelfitz wirft einen Haß aufs weibliche Geschlecht; besinnt sich indes noch einmal und erobert anstelle eines Herzens eine Schwarzbrot-Butterschnitte. Welch festen Entschluß er in den Saatacker hineinstampfte, und welche Zuneigung er seinem braven Schwiegervater entgegenbrachte. Er verfällt in Eifersucht, macht Gedichte und schreibt Briefe, in denen er seine liebe Tante einen Drachen und Bräsig ein Rindvieh nennt. – Wie ihm das bekommt, und weshalb Frau Pastorin sich lang und dünn machen muß und Bräsig in den Graben fällt.

Seite 177

30 Der Schuß

Von Schlitten und von Lungenwurst, von Gedichten, runden Knäueln, Elfenbeinknochen und zweitem Weihnachtsfeiertag. – Weshalb in Pümpelhagen am zweiten Weihnachtsfeiertag jeder für sich blieb. – Was Muchel in Vorschlag brachte, was Franz im Brief geschrieben, was Fritz Triddelfitz für einen klugen Einfall hatte, und was Marie Möllers in den Mantelsack packte. – Muchels Saat geht auf, und der Schuß geht los. – Die Liebe versunken und verloren – der Haß behält das Feld.

Seite 397

DRITTER TEIL

31 Westwind

Weshalb Luise den Gürlitzer Weg entlang ging und weshalb sie nach Westen sehen mußte, bis ihr die Augen tränten. – Hawermann mit der Frau Pastor, und daß die Frau Pastor wünscht, ihr Pastor wäre zur Stelle. – Bräsig erzählt seinem Karl lange Geschichten von längst vergangenen Zeiten. – Eine bleiche Gestalt oder Vater und Kind. – Bräsig verschwört sich auf eigene Faust gegen Pomuchelskopp, weil er für keine Krähe gelten will. – Ein Absagebrief. – Bräsig fährt mit Weber Rührdanz auf der Landstraße, und sie unterhalten sich darüber, ob ein Schafsbock auch Papiere braucht. – Bräsig redet mit der gnädigen Frau über Distelköpfe, und Fritz Triddelfitz muß mit Marie Möllers zum Vorschein kommen. – Weshalb Pomuchel immer ein dikkes Halstuch trug.

Seite 411

32 Fama

Weshalb die Rahnstädter zu Neujahr 1846 viel sauren Hering essen mußten. – Von Gerüchten und Gerichten. – Von Schuster Banks kalten Füßen und dem Rahnstädter Femegericht. – Wie sich die beiden fetten Austern von selber auftaten und wie die Frau Syndikus das Mundwerk der Kaufmannsfrau Krummhorn arretieren mußte. –

Sohn Geschäfte mit Flintensteinen machen will und David sich einen Bart stehen lassen muß. – Kurz wird aus dem Reformverein entfernt, und Rektor Baldrian gründet eine Zunft für Schneidermamsells. – Axel in Dummheit und Pomuchel in Ängsten, Pomuchel lädt Gottlieb und Mining zum Mittagessen. – Lining will nicht, Gottlieb predigt wider die falschen Götter und predigt seine Kirche leer.

Seite 467

36 Kronprätendenten

Weshalb Bauschan und Jochen, Frau Nüßler und Bräsig auseinandergeraten und Jochen und Mining nicht zusammenkommen sollen. – Was Jochen von der »Rostocker Zeitung« verlangte und weshalb Frau Nüßler bei Rudolf durch Bräsig als Engel aus dem Alten Testament vorgestellt wird. – Weshalb sowohl Fritz Triddelfitz wie sein Schimmel überaus höflich sind, Frau Nüßler die beiden Revolver voll heißen Wassers gießt und Bräsig, dieweil er sich für Fritzens Tante ausgibt, an einem Revolver den Hahn abbricht. – Bauschan gibt Jochen ein Zeichen mit dem Schwanz, und Bauschan ist ein kluger Hund.

Seite 486

37 Die Gänserede

Ein kurzes, aber sehr bedeutungsvolles Kapitel, denn Jochen will eine Rede halten.

Seite 500

38 Die Rednertonne

Bräsig und Pomuchelskopp im Reformverein. – Ob *ein* »Mitbruder« dem *andern* die Stiefel ausziehen darf? – Herr Pomuchelskopp wird als Großmogul und Schulz als Schnecke angesprochen. – Woher die Armut in der Welt stammt und weshalb sie dort noch immer ihr Unwesen treibt. – Die platonische Republik muß eingeführt werden. Freies öffentliches Spiel muß sein. Der Indigo ist zu teuer. Armut muß sein, aber eine vernünftige. Das Chausseegeld muß abgeschafft, und für Nationaleigentum muß gesorgt werden. Rindfleisch und Pflaumen schmecken nicht schlecht, aber wir kriegen sie nur nicht. – Onkel Bräsig im Siegerkranz. – »Hohe Lorbeern stehen, wo der Krieger schläft.« – Gute Nacht auch!

39 *Das schwarze Paket*

Wie einer auf einem Bullen und ein anderer auf einem Esel reitet. – Frau Kurz will ihren lieben Mann zu Bett bringen, dieser will aber lieber Ökonomie betreiben und fährt seinen Mist auf Bäcker Wredows Acker. – Das schwarze Paket, und was der Herr Bürgermeister über das Wachstuch sagte. – Weshalb die Kählert durchaus den Weber Schmidt heiraten und seiner Frau die Knochen entzweischlagen will. – Kurz bekommt wahrscheinlich die Inflorentia, und Hawermann empfängt ein Maßliebchen. – Weshalb Jung-Jochen auf dem Acker umherläuft. – Was Frau von Rambow zu Frau Nüßler sagte, und weshalb Bräsig unentwegt »Höher ruff!« rief. – Ein Brief aus Paris.

40 *Das Vogelbauer*

Bräsig hat ein Sperlingsnest im Kopf und stiftet einen Verbrüderungsball an. – Kurz hat Kropp, und der Herr Postmeister singt wie ein Kanarienvogel. – Bräsig sitzt im Allerheiligsten der Frau Postmeisterin und schreibt Briefe nach Paris. – Frau Pastorin probiert ihre Zündhölzer, und wie sie damit fertig ist, übernimmt Bräsig dies Geschäft. – Die Rahnstädter Post geht, seltsamerweise, pünktlich ab. – Bräsig erklärt sich bereit, in ganz Rahnstädt für einen Kuppler zu gelten und bereitet Hawermann auf eine wichtige Nachricht vor, nachdem er vorher Kählertsch eifersüchtig gemacht hat. – Weshalb er die Frau Pastorin festhält, und weshalb diese ihn schließlich fast für einen Christen estimiert.

41 Der Kunsttempel

Sechs verzahnte Tragbalken im Kunsttempel ruinieren Kutscher Krischans bockslederne Hose. – Weshalb Putzmacherblumen denen unseres Herrgotts vorzuziehen sind. – Weshalb Bräsig als Laubfrosch umherwandelt. – »Hier fallen hunderttausend Taler hin.« – Weshalb es Stadtmusikant David Berger immer an den Haaren reißt, wenn Krischan seine Peitsche rührt. – Über neumodische Trauungsformeln. – Von bunten Westen und Blumentöpfen auf Hauben. – Die blaue Levkoie zum anderen Male. – Bauschan auf dem Traualtar. – Der Kunsttempel und der Milchkeller geraten in musikalischen Wettstreit.

Seite 555

42 Verbrüderung

Wenn Gespenster uns umstehen und das Haus zu wanken beginnt. – Ein alter Freund als hilfreicher Engel. – Daß eine Edeldame kein Bauer ist, und weswegen Pümpelhagen zur öffentlichen Versteigerung gelangt. – Andere Leute halten auch weisen Rat und folgern, wenn es richtig und ordentlich angefaßt wird, werde der Großherzog nichts dawider einzuwenden haben. – Die Familie Pomuchelskopp auf dem Verbrüderungsball. – Revolution unter den Bürgersöhnen. – Vater Pomuchel opfert dem Schustergesellen sein eigen Fleisch und Blut. – Bräsig ist fuchsteufelswild und sieht sich als Erzvater Abraham. – Er will durchaus nicht König von Frankreich werden, und die ganze Verbrüderung läuft auf eine Jacke voller Schläge und auf einen Stachel in Pomuchelskopps menschenfreundlichem Herzen hinaus.

Seite 573

43 Die Glaskutsche

Mucheln wird von seinen Tagelöhnern ein feierlicher Empfang ausgerichtet. – Hühnchen beweist ein weiteres Mal ihre große Tapferkeit. – Süßmann, vom Ball kommend, versetzt Kurz in eine wunderbar glückliche Lage, die Bräsig nutzt, um seine Ehrlichkeit ein bißchen aufzufrischen. – Rührdanz und Willgaus gehen zum Großherzog, und Pomuchelskopp, David und der Herr Notar halten geheimen Kriegsrat.